2022

ancloglas.com

Tha na dealbhan-còmhdaich air an tarraing bho *Heroes of the Dawn* le Violet Russell. Rinneadh iad le Beatrice Elvery.

Is e *Deaschló GC* le *GaelChló* an cruth-clò a chleachdadh air a' chòmhdach.

LEABHAR NA FEINNE

VOL. I.
GAELIC TEXTS

HEROIC GAELIC BALLADS

COLLECTED IN SCOTLAND

CHIEFLY FROM 1512 TO 1871

COPIED FROM OLD MANUSCRIPTS PRESERVED AT EDINBURGH AND ELSEWHERE, AND FROM RARE BOOKS; AND ORALLY COLLECTED SINCE 1859; WITH LISTS OF COLLECTIONS, AND OF THEIR CONTENTS; AND WITH A SHORT ACCOUNT OF THE DOCUMENTS QUOTED

ARRANGED BY

J. F. CAMPBELL

NIDDRY LODGE, KENSINGTON, LONDON, W.
October 1872.

LONDON
PRINTED FOR THE AUTHOR BY
SPOTTISWOODE & CO., NEW-STREET SQUARE, E.C.
1872

AUTHORITIES QUOTED IN THIS VOLUME.

List of Texts copied or got together, June 1872.

Earliest Date	Mark	Collector's Name	Place and District	Printed or Manuscript	Lines	Mark
1512	A	Mac Gregor	Dean of Lismore, Argyll	P.	2656	A
1603	A*	Mac Phaill	Dunstaffnage, Argyll	MS.	xxx	A*
1690	B	Mac Lean?	Ardchonaill, Argyll	MS.	1476	B
1739	C	Pope	Minister of Rea, Caithness	MS.	763	C
1755	D	Mac Nicol	Minister of Lismore, Argyll	MS.	2819	D
1755	E	Jerome Stone	Teacher, Dunkeld, Eastern Highlands	P.	132	E
1750	F	Fletcher	Farmer in Auchalladar, Glenorchay. Dunstaffnage to Scone	MS.	2459	F
1762	G	Mac Diarmaid?	Rannoch	MS.	454	G
1774	H	Kennedy	Schoolmaster, Kilbrandon, Argyll	MS.	4448	H
1774	I	Kennedy	do. do. do.	MS.	4460	I
1780	J	Hill	English writer. Dunkeld to Morven, &c.	P.	749	J
1784	K	Mac Arthur	Minister of Mull, Argyll	P.	51	K
1784	L	Young	Bishop of Clonfert. Scotch Highlands	P.	810	L
1786	M	Gillies	Printer. Perth do.	P.	2755	M
1789	N	Miss Brooke	IRELAND	P	1060	N
1801	O	Irvine	Minister of Little Dunkeld, Perth	MS.	3695	O
1802	P	Mac Donald of Staffa	Scribe, Mac Pherson, Teacher, Mull, Argyll	MS.	1342	P
1803	P*	Rev. A. Campbell	Port Ree, Skye	MS.	4187	P*
1804	Q	A. & D. Stewart, A.M.	Scotch Highlands	P.	884	Q
1805	R	Highland Society	do.	P.	2273	R
1805	S	J. Mac Donald	Minister, Northern Highlands	MS.	988	S
1813	T	Turner	Soldier, Pauper. Scotch Highlands	P.	1496	T
1814	U	Grant	Advocate, do.	P.	261	U
1816	V	H. & J. Mac Callum	Travellers, do.	P.	2738	V
1841	W	MacKenzie of Glasgow	do.	P. P.	1674	W
1857	X	Rev. Dr. MacLauchlan	Minister, do.	& MS.	1167	X
1860	Y	J. F. Campbell	Barrister, do.	P.	1022	Y
1862	Z	Do.	do.	MS.	3738	Z
1872	&	Do.	do.	MS.	3612	&
				Total Lines	54,169	

OTHER COLLECTIONS KNOWN TO EXIST, OR TO HAVE EXISTED, IN SCOTLAND.

28. 900 ? Kilbride Manuscript, vellum ; quoted.
29. 1603 A*. 2nd ditto. Report on Ossian. 295 quoted.
30. 1654. 3rd ditto   ditto   ditto quoted.
31. 1690 B. 4th ditto   ditto   296 quoted.
32. 1238. Glen Masan MS.   quoted.
33. 900 ? 'Emanuel,' p. 305   quoted.
34. 900 to 1200 ? No. 4 parchment   quoted.

It is unknown whether all these were written in Scotland or elsewhere. Some were written in Scotland, and they are all in that language which was called 'The Irish Language,' in writing English and Scotch. The following note proves what Gaelic used to be called in Scotland:

BRAAVEN, NOW CALDER, OR CAWDOR.

'1569. Allan McIntosche, who had been "exhorter and reader in the Irische toung" from Candlemas, 1567, was pres. to the patronage by James VI. 19th June, 1569.'

'Fasti Ecclesiæ Scoticanæ,' Part V. p. 248.

P. 90, Report in Ossian. 1805.

35. Mr. Mac Laggan, Minister of Blair in Atholl.
36. Sir George Mackenzie of Coul, Bart.
37. Sir J. Sinclair, Bart.
38. The Rev. Mr. Sage, of Kildonan, Sutherland.
39. General Mackay.
40. Mr. Peter Mac Farlane of Perth.
41. The Rev. Mr. Malcolm Mac Donald in Tarbert of Cantyre.
42. Captain Mac Donald of Brakish.
43. The Rev. Mr. Stewart, Minister of Craignish.

These, 35—43, were considered in reporting on the authenticity of Ossian. I was unable to find any of them in the drawers at the Advocates' Library in 1861. None of them are said to have contained the Gaelic of 1807.

44. 1803. Mention is made of Campbell's collection in Skye. P* was found July, 1872.
45. And of the Ulva Collection in a note, p. 105. H. 1.
46. page 122. Kennedy. 'The difference or outcast betwixt Fingal and Gaul is described in one of Major Mac Lauchlan's MSS. written for Archibald Campbell by Ewen Mac Lean.' (Text B.) ?

LATER COLLECTIONS.

47. 1860 to 1871. Alexander Carmichael, Esq., has been collecting for eleven or twelve years. His collection has been placed at my disposal. It contains some few fragments of the Ossian of 1807.
48. 1859 to 1871. John Dewar has been collecting popular history, and looking out for Heroic Ballads for the Duke of Argyll. I have the collection. 3,443 lines of poetry, 3 vols. of MS.
49. 1870. Several men were set to write what I heard in Mull, but without result, August, 1872.
50. 1871. Mr. Campbell, minister of Tiree, has been collecting Folk-lore.
51. 1871. The policeman in Tiree has a collection, which he will write. I have heard him repeat nearly all that he knows.
52. 1871. The Gaelic Society of Inverness have now begun to collect.
53. 1871. The policeman in Harris made a large collection of popular lore during his service there. I have a general knowledge of the contents.
55. 1871. Miss Mac Leod of Mac Leod and her sisters have been collecting, and they have informed me as to their results. I have copies of some ballads.
56. 1871. During a tour in the Highlands I heard the following people recite Gaelic Ballads and Heroic Stories, which I noted or wrote out :—
   1. William Robertson, weaver, Tobermory, aged 87.
   2. Mac Arthur, tailor, Tiree.
   3. Duncan Cameron, policeman, Tiree, native of Ardnamurchan.
   4. A Tiree man, whose name I have not noted.
   5. A travelling tailor, North Uist.
   6. Alexander Mac Niell, crofter, Castle Bay, Barra.
   7. John, his brother, north end of Barra, both very old men.
   8. John Cameron, crofter, Borve, Barra.
   9. An old man living near the Sound of Barra, South Uist.
   10. Angus Mac Donald, crofter, Gearra Na Moine, South Uist.
   11. Patrick Smith, crofter, Gearra Na Moine, South Uist.
   12. Eachain Mac Leoid, Iochdar, South Uist.
   13. Mac Lellan, Iochdar, South Uist.
   14. Eachain Mac Iosaig or Mac Cisaig, South Uist.
   15. Peggy, parlour-maid, Loch Maddy, North Uist.
   16. The Captain of the *Dream*, Skye.
   17. Donald Mac Donald, styled Na Feinne, Skye. This last can read, and seems to have all Mac Callum's book by heart.
   18. A man at Conan, Easter Ross, can repeat poems which he learnt out of Mac Callum's book.
57. Captain Thomas of the *Survey* made a collection in the Long Island, which he placed at my disposal.
58. Mr. Alexander Mackay, a native of Sutherland, resident in Edinburgh, placed his collection at my disposal.
59. Mr. Malcolm Mac Phail wrote out his collection made in Ness; Lewis. 179 lines.
60. Mr. Donald Mac Pherson, a native of Lochaber, author of the 'Duanaire,' gave me the result of his knowledge.
61. My own collection of Gaelic Folk-lore, xvii vols.
62 to 70. While these sheets were passing through the press, other manuscript collections were found in the Advocates' Library. They are mentioned below.

1872. June 5.—*I concluded that I knew enough of the subject, and began to print the Text of this Volume. I shall be exceedingly obliged if anybody will give me more information, or send me copies of Poems orally collected.*—J. F. Campbell, Niddry Lodge, Kensington, London, W.

CONTENTS
OF
THE COLLECTIONS NAMED.

The right hand column refers to pages in this Volume where the Ballads named are printed.

A.

Dean Mac Gregor's MS. Written 1512 to 1526. Selections printed, Edinburgh: Edmonstone and Douglas, 1862.

Order	Page Quoted	Catch Words	Lines	Page
1	64	Cowchullin	56	1
2	84	Connleich	104	9
3	40	No Kinn	96	15
4	86	Freich	132	29
5	12	Osin agus Padrick	186	40
6	122	Ditto		40
7	1	Tylych Finn	16	47
8	1	La Fadda Noch	36	47
9	10	A Tarring Clooch	48	47
10	11	In Soo Chonnich Maa	86	47
11	50	Na Tullych	24	49
12	62	Twllych ni Faynith	96	50
13	58	Skaile er Choyle	40	50
14	58	Binn Gow	16	51
15	54	Colin Chon	120	51
16	52	Ymich Ochtyr	52	104
17	60	Fleygh	84	83
18	14	Essroyg	162	129
19	6	Traye Fintrath	168	137
20	4	Sleyve ny Ban Finn	68	143
21	66	Cowll	72	146
22	28	Zoell	141	123
23	18	Finn Mac Cowle	120	124
24	50	Kinn Zulle	28	175
25	50	Neyn a Wrata Inn	84	138
26	64	Dyth Wylelyss Myschi	40	152
27	20	Dermit Mac O'zwne	104	157
28	42	Keilta	288	139
29	24	Cath Zawrych	232	180
30	32	Ditto Farris filli	53	182
			2,652	

A.*

The Dunstaffnage MS., dated October, 1603, signed Eoinn Mak Phaill. Written in the Irish character, and much contracted:—

1. Fourteen pages were copied by Donald Mac Pherson from a transcript made by D. Mac Intosh about 1804, but no list of the contents was sent in time. The fragment copied is called The Rebellion of Miodach Mac Colgain Mac Righ Lochlainn, and is a version of the Rowan-tree Dwelling. A copy is in another MS.—86
2. Bruighin Bheag na Halmhuin is about a quarrel between Fionn and Goll. A copy is in Text B.
3. Goll Mear, a poem, is missing.
4. A Poem in praise of a Lady is missing.

B.

The Ardchonaill MS., dated 1690. Transcribed 1804, and extracts copied from the transcript 1872:—

		Lines	Page
1	Conull Gulban, &c., measured prose and verse		
2	Two poems on the Earl of Argyll, and four short poems and maxims		
3	Na Cinn		
4	Fleadh Mhòr Chaim, Fenian tale		
5	Sealg Suaire, ditto		
6	An Dearg Mac Druibheil	267	121
7	Poem on the Earl of Argyll	62	211
	No detailed list was sent to me, but the total number of lines in the MS. is	1,476	

C.

Pope's Collection, made in Caithness about 1739:—

Order	Page Quoted	Catch Words	Lines	Page
1		Iomachd Nionar	56	218
2		Iomachd Ochdnar	85	219
3		Duan Diarmid (Glenshee)	85	219
4		Duan Diurug	61	219
5		Duan Lermon	98	220
6		Duan na Clainn	108	221
7		Duan na Sealg	92	221
8		Duan Conlaoch	82	222
9		Manus (fragment)	16	223
10		Muirbhurtach	128	223
		Total	756	

D.

Mac Nicol's Collection, made about 1755:—

Printed No.		Catch Words	Lines	Page
1		Garbh Mac Stairn	151	3
2		Fraoch	105	30
3	(4)	Urnidh Ossain	146	41
4	(5)	Caoilte and the Boar	65	52
5	(4)	Caoilte and the Giant	95	54
6	(5)	The Carlin	47	59
7	(6)	The Goblin	114	61
8		Rochd	48	63
9		Mhuileirtach	84	68
10		Manus (1755)	188	72
11	(12)	Flags and Cubha Fhinn	43	74
12	(11)	An Tathach	67	83
13		Manus (extract)	68	
14	(20)	The Black Dog	38	91
15	(19)	Cath na 'n Seiseir	62	93
16	(14)	Cath Bein Edin	112	96
17	(18)	Cobhairle Fhinn	80	97
18	(16)	Dearg	229	108
19	(17)	Conn Mac an Deirg	188	113
20	(19)	Eass Ruaidh	139	130
21	(20)	An Invinn	106	135
22	(28)	Oisein's Courting	70	141
23	(22)	Bran's Death	56	148
24	(21)	Diarmaid	66	158
25	(23)	Cairrol	66	166
26	(26)	Cath Ghaibhra	166	183
27	(25)	Murchadh Mac Brian	52	210
28	(22)	An Ionmhuinn	22	135
29		Malvina (see M.)	57	
30		The Smithy	95	65
31		Translation of No. 1.	16	8

E.

Jerome Stone's Collections, made about 1755.

| 1 | | Fraoch | | | 132 | |

The rest of the collection not found 1872.

F.

Fletcher's Collection, learned by heart about 1750.

	Page Quoted	Catch Words	Lines	Page
1	183	Garbh Mac Stairn	210	4
2	25	Deirdre	339	19
3	122	Cuthal	40	147
4	10	Fionn	61	85
5	9	Urnigh Oisain	132	43
6	108	The Carlin	72	59
7	80	Roc Mac Ciochair	7	63
8	148	Ceardoch Luin	169	65
9	75	The Muileartach	86	69
10	70	Rann an fhir Sbichdir	85	93
11	18	Fios fallsa Righ Lochlainn	92	84

Fletcher's Collection—*continued*.

Order	Page Quoted	Catch Words	Lines	Page
12	49	Teanndachd Mòr na Feinne	224	97
13	140	Caoilte and the Boar	88	52
14	64	Caoilte and the Giant	91	55
15	117	Rann a Choin Duibh	60	91
16	127	Bran	58	148
17	161	Conn Mac an Deirg	210	114
18	1	Duan na h-Inghinn	120	136
19	111	Losgadh tidh Farabirne	84	176
20	132	Bàs Fhinn	98	195
21	89	Duan Mu 'n Amadan	238	208
			2,459	

G.

Mac Diarmaid's Collection, written about 1762. Part recovered in Rannoch in 1872:—

Order	Page Quoted	Catch Words	Lines	Page
1		Fraoch	132	
2		Cath Mhànus, written 1762	168	
3		Bàs Oscair	154	182
			454	

H.

Kennedy's First Collection, made about 1774:—

Order	Page Quoted	Catch Words	Lines	Page
1	168	Oisein and Padruig	284	44
2	179	Caoidh Oisiain	68	48
3	74	Caoilte and the Boar	112	58
4	79	Caoilte and the Giant	128	55
5	66	The Timbrel Player	60	57
6	62	Silhalan	86	58
7	83	Sgiathan Mac Sgairbh	60	58
8	84	The Carlin	60	60
9	51	The Goblin	120	62
10	55	Roc	44	63
11	27	The Smithy	92	67
12	11	Manus	284	74
13	57	Dun an Oir	88	94
14	48	The Black Dog	84	92
15	1	Teanndachd Mòr na Feinne	248	98
16	81	Carthon	60	105
17	83	Dearg	256	109
18	92	Conn Mac an Deirg	180	115
19	22	Maighre Borb	124	131
20	43	Liur	128	125
21	69	Sliabh nam Beann Fionn	68	143
22	36	Gleann Diamhair	68	144
23	58	Leana	132	145
24	100	Diarmaid	88	153
25	107	Diarmaid	212	155
26	116	Diarmaid	344	158
27	128	Cairriol and Goll	288	168
28	140	Garabh and the Women	152	177
29	145	Bàs Oscair	580	185
		Total	4,448	
		(Not in I. 760 lines)		

I.

Kennedy's Second Collection, made about 1774:—

Order	Page Quoted	Catch Words	Lines	Page
1	74	Conlaoch (2)	444	10
2	66	Conal Na Cinn	188	16
3	158	Tuiridh Nam Fian	68	48
4	10	Manus	296	76
5	56	Dun an Oir	92	95
6	1	Teanndachd Mòr na Feinne	268	100
7	60	An Cu Dubh	84	92
8	29	Sliabh Nam Beann Fionn	68	144
9	68	Gleann Diamhair	72	144
10	51	Leana	132	146
11	26	Carthon	72	105
12	81	Dearg	256	111
13	20	Maire Borb	128	132
14	40	Conn Mac an Deirg	176	117
15	46	Liur	124	127
16	117	Cairriol	128	167
17	121	Goll	288	171
18	91	Diarmaid	92	154
19	96	Diarmaid	304	156
20	104	Diarmaid	320	161
21	131	Garabh	148	178
22	137	Bàs Oscair	572	189
23	160	Bàs Oisein	140	196
		(Not in H. 1,164 lines)	4,460	

J.

Hill's Collection, printed in the 'Gentleman's Magazine,' got in 1780:—

Order	Page Quoted	Catch Words	Lines	Page
1		Ossian's Prayer	144	
2		Muileartach	87	
3		Manus	188	
4		Fionn's Tribute	46	
5		Bran's Death	54	
6		Diarmaid		
7		Diarmaid	66	
8		Death of Oscar	96	
9		The Tailor to the Feinne	68	
			749	

I have not reprinted any part of Hill's Collection. See the account of it below.

K.

Mac Arthur, Minister of Mull, quoted 1784 in Vol. 1, 'Transactions of the Royal Irish Academy':—

Order	Page Quoted	Catch Words	Lines	Page
1		Magnus (or Fingal)		
2		Ditto	30	
3		Death of Oscar (Temora)	11	
4		Erragon	10	
			51	

The rest of this Collection not found 1872. I have not reprinted any of these fragments. See below, Text L.

L.

Bishop Young's Collection, made in 1784 in Scotland. Printed in the First Volume of the 'Transactions of the Royal Irish Academy':—

Order	Page Quoted	Catch Words	Lines	Page
1		Uruigh Oisian	105	
2		The Maiden	100	
3		Dearg	36	
4		Conn Mac an Deirg	170	
5		Teanndachd Mòr na Feinne	159	
6		Suireadh Oisein	82	
7		Death of Oscar	155	
			810	

I have not reprinted this Collection. See below for an account of it.

M.

Gillies' Collection, published at Perth in 1786, a rare book now:—

Order	Page Quoted	Catch Words	Lines	Page
1	212	Cuchullin's Sword	18	1
2	24	Conlaoch	120	13
3	260	Deirdre	240	22
4	107	Fraoch	186	31
5	288	Ceardach Mhic Luin	104	67
6	250	Muireartach	120	69
7	18	Manus	172	77
8	305	Teanntach Mòr na Feinne	236	101
9	85	Maiden	84	133
10	162	King of Sorcha	136	133
11	300	Dearg	40	112
12	89	Conn Mac an Deirg	144	117
13	85	Goll's Praise	18	125
14	302	Laomuinn	108	106
15	11	Suireadh Oisein	88	142
16	170	Bran	46	149
17	84	Briathran Fhinn	26	157
18	284	Diarmaid	104	162
19	313	Death of Oscar	256	191
20	167	Ditto	120	198
21	210	Mhabhline's Brughdar	57	215
22	29	Aisling Mhala-mhin	57	
23	1	Mordubh	330	
		Total	2,755	

No. 22 is another copy of 21. No. 23 I have not printed. See Text W. for an account of the poem.

N.

Miss Brooke's Irish Collection, printed at Dublin, 1789, the first Irish book of its kind:—

Order	Page Quoted	Catch Words	Lines	Page
1	265	Conlaoch	112	14
2	269	Cuchullin's Lament	72	
3	271	Magnus	196	
4	278	The Chase	334	
5	288	The Maiden	160	
6	296	War Ode of Oscar	42	
7	298	Gaul's Ode	144	
			1,060	

I have only printed one extract from this book, which can easily be referred to. No versions of 4 or 6 are in the Scotch Collections quoted.

CONTENTS OF COLLECTIONS.

O.

Collection by Dr. Irvine of Little Dunkeld, about 1801:—

Order	Page Quoted	Catch Words	Lines	Page
1		Goll agus Fionn	108	213
2		Bran	187	149
3		Bàs Chuthail	90	147
4		Dan an fhir Shicair	78	95
5		Caoilte and the Giant	85	56
6		Cath Chloinne Baoisge agus Morni	140	
7		Conn Mac an Deirg	159	118
8		Losgadh Farmail	108	178
9		Teanndachd Mòr na Feinne	192	103
10		Bàs Chonnlaoich	112	14
11		Laoidh an Amadain Mhòr	144	204
12		Bas Dhiarmaid	132	163
13		Cath Ghabhra	160	194
14		Eas Laoire Manus	134	78
15		Clann Usnachan Deirdre	312	24
16		Am Muireartach	105	70
17		Uraigh Oisein	120	46
18		Roc	132	64
19		Bàs Fhinn	52	196
20		Goll agus Caroll	16	167
21		Bas Ghuill le Muchtan	46	214
22		Failte no Urnigh na Greine	38	216
23		Urnigh na Greine	11	216
24		Dearg Mac an Deirg	24	118
25		Comhairle Oisein	6	157
26		Toir air na Tuathaich	44	212
27		An Gobhain	16	65
28		Dearg Mac Droighuin	11	113
29		Conlach agus Cuthon	177	216
30		Fionn agus Gara	220	6
31		Mar Fhuair Oisein a Fhradharch	64	89
32		Eachdraidh nam Fian	60	40
33		Aithris air Oranaibh nam Fian	80	201
34		Tailthear nam Fian	68	201
35		Labhair Diarmaid	28	202
36		Part of Oisein's Lament	8	49
37		Laoidh an Amadain Mhoir	96	206
38		Carrachd Righ Lochlain	92	85
39		Fionn agus Gara	82	7
40		Fionn's Pedigree	5	85
			3,695	

In this Collection the list gives the order in the MS.; the pages give the order of the story.

P.

Collection written in Mull by Mac Pherson, about 1802, for Mac Donald of Staffa:—

Order	Page Quoted	Catch Words	Lines	Page
1		Fionn's Birth (prose)	378	87
2		Oisein's Last Hunt do.	120	38
3	35	Oisein's Ring do.	12	38
4		Padruig's Building do.	23	39
5	88	Fionn's Expedition to Odhacha's House	117	89
6	49	The Black Dog	115	90
7		The Burning of Farala	72	179
8		Praise of Aodh by Goll	20	172
9		Goll's Petition (Garry's)	24	180
10		Fionn's Trip to Lochlann	64	85
11		The Maiden	82	128
12		The Black Wrapper	85	200
13		The Lay of the Great Fool	148	206
		Total in the MS.	1,342	

The lines were counted in the manuscript at first, and give a different total. The whole manuscript is printed.

P.*

Collections by the Rev. Alexander Campbell, Minister of Port Ree, Skye, about 1803:—

Order	Page Quoted	Catch Words	Lines	Page
1		Dan Inse Croite, in two parts, style low, versification harsh and clumsy. 24 pp. foolscap, written on one side. Part 1.	254	
		Do. do. Part 2.	302	
2		Dan na h-Inghine, or Colmal, incomplete, same size, fol. 8 pp.	242	
3		Mar a Mharbhadh Lamh-fhad 4 pp.	146	165
4		Dan na Muirbhirtich, 15 pp.	426	
5		Tareum, 2 pp.		
		Do. Part 1.	461	
		Do. Part 2.	309	
6		Dargo (pretty correct)	232	
7		Air Fear Mòr	157	
8		Bàs Oscair, 2 editions. 1st	121	
		Do. do. do. 2nd	158	

Order	Page Quoted	Catch Words	Lines	Page
9		Laoidh Phadruig	163	
10		Bàs Chonlaoich	116	
11		Erragon, or Dearmad Fleadh	136	
12		Duan Gharbh Mhic Stairn	141	
13		Laoidh Naois (Deirdre)	88	
14		Ceardoch Mhic Loin	102	
15		Dun Laomonn	81	
16		Trod Chlann Morn agus Chlann Baois	87	
17		Laoigh Fhrsoich	176	
18		Duan a Choin Duibh	56	
19		Caoidh Oisin air Oscar	140	
21		Cruachan Creag an Tullaich	92	
22		Losgadh Bruth Farbairn	26	
			4,187	

This Collection was discovered too late for printing the whole. It consists of versions of the usual Ballads.

Q.

Alexander and Donald Stewart, Vols. II., 1804:—

Order	Page Quoted	Catch Words	Lines	Page
1	545	Fionn and Ailbhe	42	
2	547	Fionn and Dubhan	17	86
3	549	Murcha Mac Brian	88	209
4	554	Mac Stairn	64	8
5	558	The Black Dog	76	
6	562	Deirdre	364	26
7	581	Conlaoch and Cuthon	184	216
8	690	Sun Hymn	88	
9	592	Sun Hymn	11	
			884	

Q.*

List of Heroic Ballads in a Manuscript Collection in the Advocates' Library, found July 17, 1872, by Donald Mac Pherson:—

Order	Page Quoted	Catch Words	Lines	Page
1	103	Cuchullain agus Laoighre Buadhach	60	
2	105	Taireadh Eimire air Chuchul- loinn	52	
3	106	Four Stanzas on Cuchullainn by Conall Cearnach	16	
4	109	Conull and Lughaidh—Diogh- ladh Bac Chuchullainn	44	
5	3	Laoidh na Ceaird	120	
6	116	Caoi Ghormlaidh ni Fhloinn air Nial O Neill Ghlunduibh	72	
7	119	Conn mac an Deirg	180	
8	126	Sgeol Beg agam air Fionn	132	
9	132	A Chleirigh Chanfas na Sailm	192	
10	140	Padruig agus Oisin	72	
11	143	Aithus duinn Fheargais (Cath- ghabehra)	32	
12	144	Caoi Oeain air Oscar	144	
13	151	La da Phadruig na Mhur	120	
14	156	Bruighean Cheise Coreunn (Goll)	64	
		Total	1,800	

This MS. has no date. It evidently belongs to the beginning of this century, and all the above seem to be transcripts. 25 pages are lost at the beginning; the last remaining page is 196. No part is printed.

R.

Report of the Highland Society on the Authenticity of Ossian's Poems. Quotations made in 1805. For references to the pages, &c., see the account of Text R. below:—

| | 297 | Deirdre | | 36 | 29 |

S.

The Rev. J. Mac Donald's Collection, made about 1805:—

Order	Page Quoted	Catch Words	Lines	Page
1		Battle of Ben Edin	400	80
2		Maiden	84	
3		Fall of Roya	104	134
4		Cuchullin's Horses	12	
5		Battle of Lora. Teanndachd Mòr na Feinne	84	103
6		Conn Mac an Deirg	116	
7		Manus	80	
8		Duan Diarag	60	112
9		Iomachd Naodhnar	48	88
			988	

T.

Turner's Collection. The book, printed 1813, contains The Lay of the Great Fool. A MS. Collection in the Advocates' Library, marked XIV., and on p. 44 'Peter Turner, 1808,' was found in the Gaelic press by D. Mac Pherson. The following is his list of the contents:—

Order	Page Quoted	Catch Words	Lines	Page
1(p)	342	The Lay of the Great Fool	212	
1(MS)	108	Cuthullin and Laoighre	60	
2	105	Cuthullin's Lament by Emir	52	
3	106	Connul and Lughaid's Dialogue	44	
4	111	The Lay of the Heads	120	
5	116	Queen O'Flynn's Lament	72	
6	119	Dargo, or Conn mac an Deirg	180	
7	126	Moighrie Borb, or Maid of Craca	132	
8	132	The Chase	192	
9	140	Ossian and Patrick's Dialogue	72	
10	148	Cath-Ghabhra (Fionn's Inquiry)	82	
11	144	Oscar's Lament by Ossian	144	
12	151	Teanntachd Mhor na Feinne	120	
13	156	Ode to Gaul (Brughin Chase Corain)	64	
		Total	1,496	

No part of this manuscript is printed. No. 1. I have not reprinted from the book. I have copies of parts of the MS.

U.

Grant's Collection, printed in his book, 1814:—

1	418	Cuchullin's Car	66	2
2	423	Garbh Mac Stairn	90	
3	429	Part of Fingal, Book III.	16	
4	432	Sun Hymn in Carricthura	11	
5	433	Ditto, in Carthon	38	
6	441	Diarmaid	40	
		Total	261	

I have not reprinted the whole of Grant's Collection, having other versions of the poems.

V.

Collection by Hugh and John Mac Callum, printed 1816:—

1	140	8 Cuchullin's Car	65	2
2	144	9 Conlaoch	144	15
3	182	6 The Heads	60	18
4	221	Deirdre	88	
5	95	1 Dearg	294	
6	118	3 Eamhair Aluinn	129	
7	106	2 Crom Gleann	124	
8	119	4 The Banners	95	
9	124	5 Teanntachd Mòr na Feinne	180	
10	137	7 The Black Dog	76	
11	165	13 The Maiden	130	
12	170	14 Dan Chinthaich	176	
13	197	19 The Greatest Hunt	58	
14	150	Goll's Praise	18	
15	151	10 Fionn's Counsel to Oscar	26	
16	186	Diarmaid	160	
17	154	12 Death of Oscar	247	
18	216	24 The Smithy	102	
19	158	10 Colg-shuil is Trathal	16	
20	179	15 Sun Hymn	74	
21	181	15 Ditto	23	
22	183	17 Mor-ghlan agus Min-fhonn	57	
23	198	18 Garbh Mac Stairn	92	
24	200	20 Conull Ghulbinn	158	
25	207	21 Ursgeul Oisein	45	
26	209	22 Ioma Cheist Oisian	156	
			2,788	

As this book can easily be got, I have not reprinted it. 12,820 subscribers indicate a large edition, and the book is common.

W.

Mackenzie's 'Beauties of Gaelic Poetry,' printed 1841:—

1	1	Mordubh, 3 Books	758	
2	9	Coliath	504	
3	14	Old Bard's Wish	144	
4	17	The Owlet	268	
		Lines of Heroic Poetry	1,674	

I have printed nothing from this Collection.

X.

Collected by the Rev. Dr. Mac Lauchlan after 1857:—

Order	Page Quoted	Catch Words	Lines	Page
1		Cuchullin's Car	7	2
2		The Hag	94	60
3		The Maiden	88	
		Ditto, other versions	52	
		Ditto	27	
		Ditto	44	
		Ditto	21	
4		Duaran agus Goll	10	212
5		Bardachd Dheireannach Oisein	86	106
6		Truiseal	43	202
7		Iulairean	61	208
		(Caithness Collection, from Betty Sutherland.)		
9		Death of Conn	171	119
		Another version from Tiree	106	121
10		The Maiden	92	
11		The March of Nine	56	89
12		The Death of Oscar, Battle of Gabhra	144	
13		Dan an Eich Bar Bhuidhe (Goll) (Mentioned, but not got.)	115	172
14		Duan na Cloinn		
15		Duan na Mnatha		
16		Duan an Amadain Mhoir		
		Total copied by Mac Phail	1,167	

Y.

Heroic Poems in Vol. 3, 'Popular Tales of the West Highlands,' orally collected by J. F. Campbell before 1862:—

1	378	The Smithy (Barra, &c.)	104	65
2	122	Muileartach (South Uist, &c.)	225	
3	182	John, Prince of Bergen (ditto)	88	
4	52	Dearg (Islay, &c.)	16	
5	298	Praise of Goll (Barra, &c.)	18	
6	86	Fionn's Questions (ditto)	15	
7	47	Diarmaid agus Grainne (Islay, &c.)	8	
8	64	Diarmaid and the Boar (Barra, &c.)	122	
9	86	Death of Oscar (ditto)	225	
10	154	Lay of the Great Fool (S. Uist. &c.)	256	
11		The Story of Manus, Prose		
		Lines of Poetry printed	1,022	

I have not reprinted from this book.

Z.

Collected, but not printed. Bound together in Vol. 12 of 'MSS. of Gaelic Stories, &c.' orally collected before 1862. Not arranged:—

1		Rann fir Strath Mhanuis	15	
2		Bran's Colour	4	
3		Righ Breatainn (X. 7)	39	208
4		Leannan Sith	40	211
5		The Heads	62	18
6		Cath Gabhra Fionn agus Fergus	8	
7		Ditto	2	
8		Ditto, Part of the Lament	8	
9		Six Warriors' Lament (Islay)	4	106
10		The Laird of Tarlochan	26	
11		Scraps of Fraoch	20	
12		Ditto	26	
13		Caoilte and the Giant	79	
14		Black Dog	56	
15		Caoilte and the Giant	88	
16		Conn Mac an Deirg	158	
17		Ditto	66	
18		Manus	6	
19		Conn Mac an Deirg	199	
20		Maiden and King of Sorcha	109	
21		Ditto and King of Spain	104	
22		Banners	90	
23		Manus	164	
24		Ditto, Sequel in Prose 'Athach' in Verse	26	
25		Carsal	60	
26		Teanndachd Mòr na Feinne	106	
27		Conn Mac an Deirg	191	
28		Fraoch	80	
29		Conn Mac an Deirg	82	
30		Maiden	88	
31		Fraoch, Prose and Verse	60	
32		Conn Mac an Deirg, Prose Parody	60	
33		An Cu Glas	12	
34		Conlaoch	24	
35		Cailleach Bheinne Bric	8	
36		Duan Collaine	85	

CONTENTS OF COLLECTIONS.

Order	Page Quoted	Catch Words	Lines	Page
37		Ysbel ne St. Kellan (from A.)	18	
38		Careal	44	
39		Suireadh Oisein	41	
40		Laoidh Chleirich	88	
41		The Smithy	84	
42		Ditto	52	
43		Muireartach	75	
44		Sir Neill Campbell	82	
45		Death of Oscar	19	
46		The Black Dog	84	
47		Oisein (Mac Phersonic)	24	
48		Sun Hymn	22	
49		Lay of the Great Fool	142	
50		Diarmaid's Death	72	
51		Mac Reathain (Death of Garry)	7	
52		Mar mharb Cathul a Mhac (Smith)	30	
53		Fionn and Dubhan	8	
54		Maiden. Righ Soracha	58	
55		Maiden	32	
56		Fionn and Dubhan	7	
57		Cuchullin's Car (X. 1.)	7	2
58		Duaran and Goll (Mac Phersonic)	12	212
59		Same as 52	15	
60		Laoidh Chathulaich Mhic Chochullain	24	
61		Oisean in his Old Age	8	
62		Sun Hymn	10	
63		Fionn's Banner	6	
64		Ossian's Maxims	21	
65		Sun Hymn	26	
66		Suiridh Oisein	71	
67		Diarmaid	4	
68		Oisein lamenting Oscar	12	
69		Fionn's Ghost (Mac Phersonic)	12	
70		Oisein in his Age	8	
71		Fionn's Banner	14	
72		Dearsa Greinne	21	
73		The Banners	16	
74		Cuchullin's Funeral Car	7	
75		The Maiden	27	
76		Oisean	29	
77		Hideala	5	
78		Trothal	10	
79		Fionn and Dubhan	18	
80		Cuchullin's Battle Car	54	
81		Beannachd Baird	82	
82		An toglach bhón d' fhalbh a bhean	26	
83		Oisean in his Age	4	
84		Mac Mhathain	4	
85		Fionn	5	
86		Malmhina	4	
87		Hidealan	4	
88		Tigh Didein nan Gormlan	48	
89		Aiseiridh an Rudaire	42	
90		Duan Chollainn	56	
		Total lines of poetry	8,738	

As older collections are more complete, I have not printed my own collections Y. Z.

&c.

Poetry collected between 1862 and 1872 by J. F. Campbell and his assistants.

Dewar's Collection, made for the Duke of Argyll, which consists chiefly of popular history.

Vol. I.

Order	Page Quoted	Catch Words	Lines	Page
1		The Family of Maim (A Lament)	168	
2		Sir Neil Campbell Eilan Gheirg (by Dr. Mac Ealair)	108	
3		The Words of the Lochiel Piobearchd. ('Come hither, ye tribes of the hounds, and get flesh.')	4	
4		A Robber's Song	16	
5		Teanndach Mòr na Feinne. Prose. About	860	
6		A lot of scattered verses in the Stories		
7		Song by the Lady of Dandathragh	68	

Vol. II.

Order	Page Quoted	Catch Words	Lines	Page
8		Diarmaid Donn, Prose, 7 pages		
9		The Black Dog, Prose	266	
10		A Genealogy of the Argyll's (1021) as the Tribe of Diarmaid, 18 pages	630	
11		A lot of scattered Quatrains in Stories		
12		Mary Cameron's Song and Chorus	62	
13		A Genealogy of the Mac Leans of Duart, making them of Irish descent, 12 pp.	408	
14		A Song about a Quarrel between Two Sisters	64	
15		A Miller's Song	168	
16		The Son of Sroinfheasgair	184	
17		Mary Cameron's Song and Chorus	122	
18		Iain-Smittach's Song	8	
19		Mac Pharlan's Song about Graybeards (same as Z.1., with a different Story)	40	
20		Somhairle Cameron's Love Song (Ancient Heroic Ballads)	112	
21		Laoidh Laomuin (version of M. 14. 108.)	108	
22		Cuchullin's Sword (M. 1. 13.)	13	
23		A chorc 's an robh dàil	8	
24		Dearg (M. 11. 40.)	40	
25		Caoilte and the Giant (D. 5. 95., H. 4. 60.)	74	
26		Sgeulachd beag air Cenachar, Prose	82	
27		Version of D. 7., F. 6., H. 8. (The Hag Got,' from Sarallh. Fletcher in Mull, 'I know the Woman'	52	
28		Laoidh. (Thearalais Version of Gara, F. 19., H. 28., I. 21. Never printed. Prose and verse)	76	
30		Version of Z. 3. 39., X. 7. 61. (from 'Machair.' Arthurian Ballad in Gaelic)	64	
31		Brieslich Iain nan Carn	63	
32		Murachadh Mac Brian's Riding Dress. (Also from Sarah Fletcher, in Mull)	84	

Vol. III.

Sandry Scraps of Verse

Dewar's Collection . . . 8,433

Volume XVI. of manuscript of West Highland Tales, orally collected by myself in 1870, contains, of notes and abstracts, about 7,700 lines.

	Page	Catch Words
1	27	A Bard's Answer
2	77	List which includes the Ossianic Fragments
3	126	List of Sarah Fletcher's Budget, which includes 21 fragments
4	131	Robertson's Budget to p. 179. (This man's recitations alone must have amounted to several thousands of lines.)

Volume XVII. of the same collection, written in the autumn of 1871, contains, of similar notes and abstracts, together with copies of songs, &c., written by myself from oral recitation in the Hebrides, &c., about 8,700 lines.

Malcolm Mac Phail sent, May 1872:—

Order	Catch Words	Lines	Page
1	Collun gun Cheann	22	212
2	An Gobhain	24	
3	Muileartach	30	71
4	Cuach Fhinn	8	150
5	Bran	10	150
6	Diarmaid	59	164
7	Buaile an aon Doruis	6	
8	A bit of Manus	20	82
		179	

Mr. James Goodman's Irish Collections. Skibbereen, co. Cork. Collector's list.

'The following is a list of the Ossianic Poems in my possession. A.C. 1858':—

1 Cath Chnuic an áir.
2 Laoi na Seilge.
3 Meisge agus Rádh na m-Ban.
4 Sealg Sléibhe Fuaid.
5 Laoi Mhaghnuis Mhóir.
6 Sealg Ghleanna an Smóil.
7 Laoi an Deirg.
8 Aois Maithe na Féinne.
9 Fearta nó Uamha Taoiseach na Féinne.
10 Tiomna Ghoill mhic Mhórna.
11 Leacht Ghoill.
12 Moladh Ghoill mhic Mhórna.
13 Laoi Mná an Bhruit Bháin.
14 Tarngaireacht Fhinn mhic Chumhaill ar Eirinn.
15 Sealg ar Mhucaibh draoidheachta Aonghusa.
16 Laoi Cholainn gan cheann.
17 Siosma Chuirill agus Ghuill.
18 Laoi an Mhaighre Bhuirb.
19 Sealg Locha Deirg.
20 Laoi Aodha mhic Chéadaigh agus a mhná.
21 Sealg Sléibhe na m-Ban fionn.
22 Laoi ar Gharaidh gharbh mhac Mhórna do loisg tigh agus banntracht Fhinn.
23 Iomarbháidh Chormaic agus Fhinn a d-Teamhair.
24 Turus Laighne mhic righ na bh-Fómhorach.

Mr. James Goodman's Irish Collections—*continued.*

25 Laoi an Duirn.
26 Cumha Oisin a n-diaidh na Féinne.
27 Laoi Oisin ar Thír na n-Og.
28 Laoi Luin mhic Liomhtha.
29 Laoi na Con Duibhe.
30 Laoi Airchin mhic Chrannchair na long.
31 Tuarasgbháil Chatha Gabhra.
32 Marbhrann Osgair mhic Oisin.
33 Laoi Chab an Dosáin.
34 Laoi Dhiarmuda Brice.

Copied from a list in a letter from the Rev. James Goodman of Skibbereen, co. Cork, to Mr. John O'Daly, dated December 22, 1858. Got from O'Daly in December, 1871, transcribed June 29, '72. It appears from this list that Heroic Ballads current in the South of Ireland in manuscript are very similar to those which are now current in the Scotch Islands orally preserved, which have been current there ever since Dean Mac Gregor wrote Text A.

Extra List.

Besides the Collections named above, the following have been found, amongst loose papers and bundles of old letters, at the Advocates' Library, by Donald Mac Pherson:—

62. Col. Fraser of Belladrum, 1778:—

1 A Mhuirbheartach, 118.

Gaelic Poem sent to Sir John Sinclair with a translation. Rude and marvellous. The Muirbheartach is a giantess.

63. Poems sent by Col. Mackay to the Highland Society, June 28, 1801:—

1 Diarmaid.
2 Trostan.
3 Ossian agus an Cleireach, in revenging the death of Trostan.
4 Sealg Naonar.

This marked in the hand of the Rev. Donald Mac Intosh on the back of a letter addressed O.H.M.S. Col. Mackay, Adjutant-General, Edinburgh. The Poems are missing. July 18, 1872.

64. Mr. Murchison. Sent by Col. Robert Murray, October, 1805:—

1 Duan na h-Inghinne, 86.
2 Laoidh Fhraoich (missing).

This probably was the father of the late Sir Roderick I. Murchison, who was a great Gaelic scholar, and kept meteorological registers in Gaelic written in Greek letters.

65. Duncan Sinclair, servant to Hugh Mac Farlane, Esq. of Cullechro Strathgartney:—

1 Conn Mac an Deirg, 176.

66. Sir John Sinclair, Bart. No date:—

1 Dan an Deirg, 132.
2 Tiomnadh Ghuill, 142.
3 Iomairt fiath nam fiann, 122.
4 Conn Mac an Deirg, 114.
5 Seilg Ghlinn Diamhair, 44.

All in one hand and orthography.

67. Sent by the Rev. Wm. Mac Kinnon:—

1 The Death of Oscar, 82.

'Communicated,' says Mr. Mac Kinnon, 'by a recruit belonging to the 42nd, who had not a word of English. It seems only to be an imitation of Ossian; in some parts of it the language is good, and differs greatly from the present style of Lochaber, where this poem is very common. I have copied it from several hands, but I think this is the best, and am convinced that the poem is some centuries old.'

68. [ANON.]

Fragment, fcp. size, 18 pages, and evidently 6 or 7 pages torn. They may be lying among the other papers.

No.	Page	Catch	Lines
1	1	A Tale on the Birth of Fionn (imitation of Rom. et Rem. in Ovid's Fasti). In my younger days I translated 100 lines of this part of the Fasti. D. M.	6½ pages
2	7	'A Phaduig a chana na sailm'	128
3	13	Suidheachadh Cu Fhinn, 1 stanza of the Black Dog. D. M.	4
4	13	Dath Cu Fhinn do. do. D. M.	4
5	14	Dan an amadain Mhòir, a fragment, 6 pages wanting	112

69. [ANON.]

Half-sheet, fcp., no name nor date.

The Smithy (about) 88.
Losgadh Brugh Farbairn, or the Burning of Farala, 72.

70. [ANON.]

1	1	Tiomna Ghuill	84
5	6	Smithy	68

The column on the right refers to pages in this Volume, where the Ballads named are printed. These 70 Collections do not exhaust the store of Gaelic Poetry which has been orally gathered in Scotland alone, but this list of their contents gives some idea of Scotch collections of Folk-lore, from which the contents of this Volume have been selected and arranged.

GAELIC TEXTS.

A Short Account of Documents mentioned in the preceding Lists, and quoted in this Volume, showing their bearing on the Ossianic Controversy.

THE BALLADS which follow are printed from the authorities quoted above. I have referred to every manuscript or printed book which I have been able to discover, which purports to contain Heroic Gaelic Poetry current in Scotland at any date. For reasons which are given below, I except Mac Pherson's 'Ossian,' Smith's 'Sean Dana,' and some minor poems which have been printed as ancient compositions. These can be referred to without difficulty.

For easy reference each collection has been marked with a letter or number, and each ballad with a letter and number. Versions of the same ballad are placed together in order of date, which is alphabetical on the lists.

The ballads are placed according to their contents, so as to tell their story in order. The outline of each story is generally given in English at the beginning of each set of versions. The following is the best account that I am able to give of the authorities quoted.

Manuscripts Earlier than 1512.

These are all written in the Irish character, and might be classed with 'Irish Manuscripts.' To publish them is more than I am able to do. Where extracts have been made I have quoted a few passages, to show what the language is like and how these ancient writings correspond to later writings. The manuscripts themselves can be referred to; they are named above in the lists.

TEXT A.

The Dean of Lismore's Book. Extracts, 2,656 lines.

About 1512 to 1526 a manuscript was written at Lismore in Argyllshire, in two small, indistinct handwritings, by Dean Mac Gregor and his brother, members of a Glenlyon family, who came from the eastern end of Loch Tay to the west coast.

The orthography is phonetic, uncertain, and almost unique. Scotch words creep in amongst the Gaelic; such as 'ane' (one). The history of this manuscript is in the Report of the Highland Society on the Authenticity of Ossian, 1805 (p. 300); in 'Ossian's Poems,' 1807 (vol. iii. p. 566); and in the introduction to the selections published by W. F. Skene and the Rev. Thomas Mac Lauchlan, D.D. (Edinburgh: Edmonstone and Douglas, 1862). The manuscript was transcribed by Mac Lachlan of old Aberdeen, and is mentioned in his 'Abstracts,' made about 1813. These, and the original manuscript, were in the Advocates' Library in November, 1871. At page 104 of the manuscript is the date September 16, 1524, and the legend 'in nonoir Mhuire,' 'in honour of Mary' (p. 141 Mac Lachlan's Abstracts). The manuscript is on quarto paper, ill written, much damaged, and discoloured.

The work done by the Rev. Thomas Mac Lauchlan was, 1st, to read and then to copy from the manuscript; 2nd, to guess what sounds the Scribe meant to express by his orthography, and to spell his words, or their modern equivalents, according to a modern system; 3rd, to translate the whole into English. The book contains the ancient Gaelic as written and the modern equivalent on opposite pages. The translation and introduction are elsewhere. The book is very well printed, and authors and publishers have earned the gratitude of Celtic scholars. Compositions in Scotch and Latin are keys to orthography, but they were not printed. I add a few below, copied from the transcript above mentioned.

The published selections contain thirty fragments of Heroic verse. I have the permission of all concerned to reprint these from the book. It was a common custom of Irish Scribes to head poems thus: 'Padruig, Oisin agus Fionn cct,' meaning 'sang.'

The authors of the printed book place first nine poems which are headed with the name of Oisein, variously spelt. The Dean possibly meant that these were in fact composed by the warrior Bard of the reign of Cormac Mac Art (213—253 A.D.). They are all spoken in his character, and generally form part of a Dialogue with Padruig. But Nos. 10 and 11 are headed with an unknown name, and one at least is part of the same dialogue.

No. 11. The story of the battle of Gabhra is told in the character of Oisein to Padruig, and is headed 'A houdir so seiss Allan Mc Royre' (p. 24). This may possibly mean only that Allane Mac Royre said, sang, or recited (cct) this below. If he composed these two bits, he was capable of composing the rest of the dialogue of which the Dean wrote fragments. Nobody knows anything of the man who bore this name.

No. 12 was said, or recited, or composed, by Farris the '*filli*' (a poet and musician of higher grade than a Bard). It is a song in praise of Goll, spoken in the character of Fergus filli, and addressed by him to his father, Fionn. At the end Goll replies. It is therefore a different dialogue, but part of the same dramatic story. It tells of a quarrel between the tribes of Morna and Baoiscne about hunting rights. One chief character flatters another, and offers terms, which he accepts, and a truce is made. 'Allan Mac Royre,' or some other 'Bard,' or 'Filli,' or 'Ollamh,' composed this; but 'Fearghus of the sweet lips' lived in the reign of Cormac in the third century, if he ever lived at all.

In No. 13 the same character, 'Farris the filli,' tells his father about the battle of Gabhra and the death of Oscar. But No. 11, another part of the same story, was told to Padruig by Oisein, and 'Allan Mac Royre' has the credit of that bit. '*A houdir so*' appears only to mean 'said this.'

No. 14 has the name of 'Gilcallum McYnn Ollaig'— Servant of Callum, Son of the Doctor, or Professor. The name is a Christian name, and the story is part of the Pagan romance of Cuchullin, who belongs to the first century. No single Fenian name appears in this old version of the slaying of Conlaoch by his father Cuchullin. 'Auctor hujus' and all the other headings seem to mean that the person named said or wrote as follows, either as scribe, author, actor, or reciter; cct, he sang.

No. 15 is attributed to a blind Bard, but in this view it seems uncertain whether he was reciter, or composer, or a character in the story of Fraoch. He begins, 'The sigh of a friend,' and speaks throughout as if he belonged to the story. It is divided into four 'sighs.' But the chief characters belong to 'The Tain,' and to Irish history of the first century, not to the sixteenth. I incline to believe that 'the Blind O'Cluain,' if that be his name, is the equivalent character to 'Blind Oisein' and 'Blind Homer.'

No. 16 is a dialogue between two characters in the Tain—'Evir, daughter of Orgill,' and 'Connil Cearnach Mac Edirschol.' He has returned with heads taken in revenging the death of Cuchullin. No one of the Heroes of the later reign of Cormac Mac Art is named in this poem, which thus preserves the unities of Scoto-Irish history. It is part of a different story. The male character was not necessarily the author, though it is said 'A houdir so' (p. 40). He said his part, and the lady said hers, *in the poem*, as actors, but not as joint poets. In any case there is no suggestion that Oisein said these words. This poetry is Heroic, but not Ossianic.

No. 17 is said in the character of 'Keilt Mc Ronane,' 'Cormak Mc Art inir,' who was High King of Ireland 213—253 A.D., has his general Fionn in bondage. Caoilte, the swift Hero in the Fenian romance, rescues him by catching and bringing to Teamhra, from places in Ireland, pairs of birds and beasts. He tells the story, and in the 70th quatrain addresses a Christian, and proclaims his own Christian creed. This seems to be a fragment of the romance in which Caoilte and Oisein, the last of the Pagan warriors, are made to wander about, and converse with early Irish saints. The Dean wrote (p. 42) 'A howdir so,' and he probably meant 'said this.' Like many others, he too may have believed that the warriors composed that which they are made to say in character. I believe that unknown Bards composed all these metrical conversations hundreds of years after the reign of Cormac.

No. 18 has no name, but it is part of the colloquies of the last of the Pagan Heroes, with the first of the Christian Saints.

No. 19 has no author's name, but it is a conversation between Conan and Garraidh, two of the tribe of Goll, about going to seek that Hero's head from the Clanna Baoisge, who slew him according to the story now current. Because one of these proposes to slay Oisein, Oisein does not 'say this.'

No. 20 has no name. It is part of the Fenian story. The wives of the Heroes test their virtue by a magic garment, and all fail but one. They were like the ladies of Arthur's Court, according to their story.

No. 21 has no name. It is part of the Dialogue of Oisein and Padruig, and describes how eight of the chiefs of the Feinne went from Ireland, and conquered in Scotland, England, Italy, France, Spain, &c.

No. 22 has no name. One of nine tells how they went out to seek 'a whelp of Conn,' and fought adverse tribes. Ten banners and ten chiefs of the Feinne are named, so probably this is spoken in the character of Oisein, who was one of the band. It probably means the finding of 'Cormac Mac Art Mac Cuinn,' the true heir after the battle of Magh Machruim, and before the battle of Crionna, about A.D. 213.

No. 23 has no name. It is spoken in the character of one of Fionn's sons, and treats of sweet sounds and sights, of which the best to his taste was that 'cry of hounds'—the seven battalions of the Fians headed by his father, 'Fynn Mac Cowil,' hunting deer.

No. 24 has no name. Some one tells what five of the Heroes held to be the sweetest music, and what they said in reply to Finn, who asked them. Their answers are true to their characters in the story.

No. 25 is part of the Dialogue. A priest politely says at the end that he prefers 'Ossin m' finni' to all the seven chiefs that have gone. The narrator, apparently Oisein, tells how a tall, fair youth came to a feast, and asked Finn to embark with a number of his men and his two best hounds. The youth slew several men, and the sons of Morna, Goll and Conan, swore that they would slay the messenger.

No. 26 is part of the Dialogue between Padruig and Oisein, spoken upon the mound of the Feinne, where Padruig and his priests had taken up their abode, to the great disgust of the Pagan Bard. Probably 'Oiscin cct,' whoever composed this.

No. 27 has no name. It is part of the story of the elopement of Diarmaid and Graidhne—a lamentation for his abandoned comrades by the repentant warrior, whom Graidhne had tempted to run away with her.

No. 28 has fourteen quatrains about Cuchullin and Evir, his wife, and eighteen about the slaying of Cumhall, the father of Fionn. The first part is supposed to be made up of three fragments of the story of Cuchullin.

No. 29. The latter part is a conversation between Fionn son of Cumhall and Garridh Mac Morna, while seated at a deer-pass, in which Garridh tells how Cumhall, Fionn's father, was slain, and how he first thrust a spear into him.

No. 30 is a continuation of 7. Having permission to use the book, instead of the transcript and MS., I divided the 2,656 lines by ear and sense to suit their rhythm, and reprinted from Dr. Mac Lauchlan's excellent work. In this collection, as first written, and as first printed, fragments are not placed with regard to continuity; that I have tried to do.

Several later ballads in the Dean's book allude to the Heroic series, and to the Heroes as ancestors of Scotch tribes. The whole collection, Heroic, historical, Irish, and local, is chiefly founded upon Scoto-Irish romantic history, as it was written in old Irish manuscripts, and in 1630 by Keating. There is not one line in the Dean's book that I can identify with any line in Mac Pherson's Gaelic, as printed in 1763 and 1807. One ballad certainly is the foundation for the 'Maid of Craca,' first printed in English in 1759, No. 6 of 'the Fragments.' It is an episode in the English 'Fingal,' but it is not in the Gaelic 'Fingal.'

Many other parts of Mac Pherson's English manifestly rest upon a knowledge of this kind of Heroic tradition.

At p. 57 of his introduction, Mr. Skene supposes that Mac Pherson's Gaelic text was prepared in Badenoch about 1760, after his return from his Highland tour, with the aid of Lachlan Mac Pherson of Strathmashie and Captain Morrison, and that the English was translated from that text. My opinion now is that Mac Pherson's Translation was first composed by a great genius, partly from a knowledge of Scotch nature and folk-lore, partly from ideas gathered from books; and that he and other translators afterwards worked at it, and made a Gaelic equivalent whose merit varies according to the translator's skill and knowledge of Gaelic. It is said that an early copy of the 7th book of Temora, with corrections in Strathmashie's hand, was found after his death. I suppose that he revised a Gaelic translation by Mac Pherson, or by some other. His own Gaelic songs are idiomatic, whereas the 7th book of Temora is Saxon Gaelic in general, and nonsense in many passages. The English equivalent is like the rest of Mac Pherson's work. In either case, because of matter, manner, orthography, and language, Mac Pherson's English and Gaelic Ossian must have been composed long after Dean Mac Gregor collected his book in Mac Pherson's country, near his district, and in Morven. A list of the Heroic Fragments is with the other lists marked A.

Like scattered bones, these fragments can be sorted when they have been shaken out of the Dean's wallet to be studied apart.

1st. At pp. 64, 34, 40, are fragments of the story of Cuchullin and Eamhir. In the first Cuchullin is called the father of Conlaoch; in the second he slays his son Conlaoch and releases 'Connil;' in the third his own death has been avenged by 'Connil,' who brings heads to console 'Evir,' Cuchullin's love. These are fragments of an Irish story, which was old in 1100. In 1630 Keating made it history, and dated it.

2nd. At p. 36 is part of the story of the Irish queen who figures in the same story of the first century, and who appears with Fraoch in the Dean's book. These four bones are bits of two early pre-Ossianic skeletons. But they were out of their order.

3rd. At p. 12 is a bit of religious dialogue between Oisein and Padruig, and at p. 122 is more of that backbone. To it belong the remaining 24 bones.

These 26 are 'Ossianic fragments.' They all purport to be sung to Christians, by Pagans of whom 'Oisein' was one, and they describe events which happened during the life of Oisein and his father, Fionn, who was General of the Feinne for Cormac Mac Art. Irish history dates the reign from 213 to 253 A.D. The last fragment is a description of the battle of Gabhra, which was fought in 281, according to Keating. The dates assigned to Patrick and to Cormac show that Ossein, if a real man, did not really converse with the saint; but a story was founded upon that romance, and it was current in 1512 in Scotland. That is proved.

The whole of the Ossianic skeleton is not in the Dean's wallet, but enough of it is there to identify it with Keating's story, and to distinguish it from Mac Pherson's 'new species,' which was developed from it. Newly arranged in this volume, the Christian and the Heathen argue about religion for 136 lines (p. 40). The old blind warrior Bard says that he has seen the household of Fionn (p. 47). The clouds of his darkened sight are long (p. 47). He is weary dragging stones for priests to build churches (p. 47). Here, where he is a drudge, he has seen the Feinne in their glory (p. 47); he names the best of them. Here are their graves (p. 49). Were they alive, shavelings would not hold this mound. The sweetest sound to the Heathen's taste was the melody of his father's cry of hounds (p. 50). The sweetest music, according to the taste of his departed friends, he describes for the man of the discordant bells and psalms (p. 51). To him he tells their story. He remembers how nine set out seeking a whelp of Conn (p. 51); how eight went abroad and conquered (p. 104.) He tells how a youth came to a feast at home, to tempt the band to embark, and how the children of Morna slew him (p. 83). He tells how a maiden was protected from a pursuer (p. 162); how the people of the world in arms invaded Ireland, and were repulsed by the Feinne (p. 137).

He tells of hunting and of civil broils; of quarrels between the King and his chief surviving warriors.

He remembers the hunt of the fair dame's hill; how Fionn asked of Garry, one of the tribe of Morna, about the slaying of his father, Cumhal, by Garry's tribe (pp. 143—6).

There is a song in praise of Fionn (p. 123); one in praise of Goll Mac Morna (p. 123). There is a song about the head of Goll (p. 175), slain in this blood feud.

Then comes jealousy. The unfaithful wives appear (p. 138). Diarmaid laments to Graidhne, Fionn's wife, for his deserted comrades (p. 152). Diarmaid is slain through the contrivance of his jealous uncle, Fionn (p. 157). The Clanna Baoisge having beaten their comrades, the Clanna Morna, slay each other for jealousy and revenge, and the power of the Feinne is broken. The Irish King has Fionn in bondage at Tara (p. 139). Caoilte tells how he insulted King Cormac and his son Cairbre, and how he rescued Fionn, his kinsman and commander, from the Irish King. Oisein tells how Cairbre, the son of Cormac, and his own son, Oscar, fought and fell at Gabhra (p. 180). Fionn's son Fergus tells Fionn (p. 182) how the Feinne were slain in that famous fight, which ends the story told by surviving Pagan warriors to Padruig and to early Christians.

Between Glenlyon and Lismore, from one side of the Scotch Highlands to the other, this Ossianic story was told about 1500 as it was told in Ireland a hundred years later by Keating, and 400 years earlier, so far as appears from the contents of the Dean's wallet, compared with Irish writings. That same story has been told in Scotland ever since, and this volume is an attempt to sort the fragments of it which have been gathered in Scotland.

The method followed was this:—Each collection, as it was got, read, and considered, was sorted, like Text A., according to the story told. The fragments were put into their places—new versions with older versions of the same metrical fragments; new bits where they fitted in.

From A. to &c. now makes one 'text,' upon the plan indicated by this account of the contents of Text A.

The following extracts will explain the Dean of Lismore's Gaelic orthography. Dr. Mac Lauchlan's modern versions will be found in the printed book, with his translation.

LATIN AND SCOTCH.—Extracts from a transcript of the 'Dean of Lismore's Book,' made early in this century by Mr. Ewen Mac Lachlan of Old Aberdeen; copied by Malcolm Mac Phail, Advocates' Library, April 17, 1872. Intended to be used as a key to orthography.

Example.—The letter Z in Text A. 1512—26, had the value of the letter G, and may have been intended for a soft G.

At p. 112 is the name *Earla Frzeill*.

At p. 113 it is printed *Iarla Earaghaidheal*.

At p. 148 it is translated *The Earl of Argyle*.

In 1499 the Earl, who fell at Flodden, signed a Charter which I have, and wrote *A. Erl of Ergyle*.

In the same Latin Charter he is *Archibaldus Comes Ergadiæ*.

In a Charter of 1673 the Earl signed *Argyll*.

It is endorsed *The Earle of Argyll*.

In a Pedigree of 1770 the name is written *Argyll*.

In 1872 the name is pronounced with a hard G.

In the Annals of Loch Ce it was *oirer Gaeidhel*.

From which it follows that the letter printed Z was meant to express a sound like that of G in Argyll.

In any doubtful word in Text A. seek the letter in Scots or Latin.

(1) LATIN. Page 27. *Transcript.*

Cum fuerint anni completi mille ducenti
Et ter centeni fuerint in numero pleni
Bix sex et seni veniunt ab æquore remi
Tunc ruet Anglorum mala gens stirpis avorum
Primus Jacobus Jacobus Jacobus Jacobus quoque
    quartus
Et filius Daciæ regno regnavit utroque.

(2) SCOTS. Page 38. *Transcript.*

. . . . . Thre peralis dayis in Special and ge . . .
for all thingis vz. The first Munnunday of Feurzeir the last munnunday of may and ye last munnunday of Semptember and the maleiis of thame is a clerk sayis yat quhat child yat is gott in or born as yᵗ dayer ony ane of thre dayis for virtay he sal owthir be brint or drownit or de sum schameful deth or de suddanly. And it be a madin child she sal be a coñ on voman or ellis sum vyn ewil doyar and is to have ane ewil ending D̵ And gyf ony man or voman ettis ony g̃wss fless in ony of yon thre dayis he sal have ye falland Ewil and na work sal cum to gud end zat he begwn in ony of thir iij Dayis. D̵ The leest dayis of Every monetht for to begin ony werk is or to tak ony . . . . in hand is ye first day ye ferd day ye vi day ye vii ye xiiii day. Itim ther is tre dayis and Saṅt E . . . sayis yat quhat man or voman is born in ony of tham he sal nevir rot vz The xij day of Januar ye xiiii day of marche And ye xviii day of Februar.

(3) SCOTS. Page 77. *Transcript.*

Richt as ye biche in jolying in hir raige,
Sche cheisis not ye greu hand in yᵗ hour
Sche folast tyg quhill yᵗ her lwst be swagit
Richt soo ye meir forsakis ye cwtswr
And cheisis ane crwikit avir and one dowr
So wemen wairris yʳ virgeinite
On catyve creaturis moist onwprthee,
Suppoiss sche haive mony fimby shintur
The fairrest lady yᵗ natur can devyne
Richt swddanly will ye se hir inclye
To tak ane crepill or a treatur
Sic is yair hap and yair werd.
No man may yame wyte in erd rc J.

(4) SCOTS. Pages 82, 83, 84. *Transcript.*

Of Malcolm Kenmoir and Qwene Margret comm King Edgair yᵗ biggit Coldinghame and, Kyng Alexander yat beggit Scoyne an Sant David yat biggit ye Halirud house of Edinburghe off Sanct Daui com Henry of Huntenton and off Henry Huntenton coym Kyng Malcom yat biggit Cupar and Kyng Wilzeam yat biggit Avbrothow and erl Davi of Kyng Villzeam com Allexander of Allexander com Allexander zat deit in Kingorm.

Yan go we till erlle Davi off erlle Davi coym margret and Essabel and Anna Ada eff margret veddit v^t Alan off Galoway, dervargala beddit v^t Johne ye Bailze and off yat John com John ye Bailze Kyng callit himettabert and syne Advart ye Bailze off yssabel veddit w^t Robert ye Bruysse com Robert ye Bruysse and syne Robert ye Brusse Kyng off Scottish off Kyng Robert ye Bruysse com Kyng Davi and Margret yat vis veddit v^t gwrt Sr Valter Stewart off ye said gwrd Sir and Margret com Kyng Robert ye qwhlk vas callit ‖ or he was Kyng ye Stewart of Scotland Off ye foir said Kyng Robert come Robert first Johen and Valter Stewart Robert Duk off Albany Allexander Erlle of Buchqwan David Erle of Strathern and Valter Erl of Catnes of Kynge Rerbt fyrst sohn cam David Duk of Rossay Robert Erl off Athel and James Kyng of Scottis ye qwhilk was tane on ye se w^t Inglis men wndir crewis passand to Franschewartis Yis alk King James vas taking at ye se ye XXX day of Marche ye Zeher off God M^mo cccc^mo and sax zeir.

Finis.

(5) LATIN. Page 181.

Ffili Fuge Ebrietatem et R. J.

Ebritas est tota imbecilt Primo abolet memoriam dessipat Sensum necgligit mentem confundit intellectum concitat libidinem Involvit linguam Implicat *sermonem* Corrumpit Sanguinem obtundit visum Perturbat venas infirmat nervos Obturat aures turbat viscera Subvertit sensum humectat cerebrum debilitat membra frangit somnium Impedit ministeria obruit animam maculat cordus et omnem salutem exterminat R. J.

(6) LATIN. Page 219.

Mulier sic describitur a Pho. Mulier est hominis confusio, insatiabilis bestia, continua solicitudo, solicitudo, indeficiens pugna, quotidianum damnum, domus tempestatis, impedimentum viri, continentis naufragium, vas adulterii, periculosum prædium, animalium pessimum, gravissimum pondus, aspis insanabilis; humanum mancipium in pugna: Unde est mulier quasi mulceus herus J.

SCOTS.

He menit treuth, and sche wes wariabill,
He wess faithfull and sche wes wntrew
He wes stedfast and sche wnstabill
He trust ay one Sche louit thing new
Sche weyrrid collowris of many diverss hew
In sted of bleu quiche stedfast is and cleine
Sche lovit changeiis of many diverss greine.

SCOTCH ORTHOGRAPHY.

In 1778 Shaw, in his 'Analysis of the Gaelic Language,' London, says (p. 16), 'But at present I much doubte whether there be four men in Scotland that would spell one page in the same way.'

This volume shows how men did spell Gaelic. The following samples show how English was written by Highland correspondents and Glasgow merchants:—

'Campbelltoun the 20th of Desember 1695.

'Deir billie,—I thoghtt before this tyme to had a lyne from yow to agwantt me if ye had frayhted thatt shipe for New my land. I hawe bay me fortie barells of beif and the other své barrell . . . I wad baght from Alex^r Mc Conachie and if the shipe be y^r gowine ontt piefullie tack Sandars Mc Gonachie fortine barrells bif upon my a Compt and gie Mans . . . John Mc Kecherane and markgine for the bif with John Mc Kecherne and dra bill on me for the price of the bif and I shall ansure the bill and if the shipe net you my ont propothe. I shall upon your order to me send twentie barells, and if ye tack Sanders Mc Conachie bif upon my a Compt give his brother Archibald Mc Conachie a hundreth merks in pairt payment of the bif and I shall pay you or your order the said soume and if ye be nane for the bif upon my a Compt pray you sell or help to sell Sandie Mc Conachie bif for itt is good bif. I cannott get in y^r rents bott I goten hansell. Resew from Donald Mc Milane at half . . . . (Torn off.)

Draft of a Letter.

Daniel Campbell of Shawfield to the Duke of Argyll before 1695.

'My Lord,—I proposs to Feu the eghtt mark lands posestt by James Cuneson to witt: Smerbey and Cloch ffan as alsoe the four mark land of Drummore posestt by Captt Muir: who hess his lifetime of it and I would alsoe ffeu the two mark lande of Maye. I am willing to pay the yearly rent thus paid and to advance your Lordship 80 ster: Your Lordship may Concider that it will be nine years before I can posses the lands of Smerbey and god knows if I have posesion of the other this 20 yeare,' &c. &c.

A manuscript written at Dunstaffnage in Argyll is dated 1603. It is in the Irish hand and orthography. A sample copied from a transcript is at page 86. From this it appears that instructed scribes wrote 'Irish' in Scotland, though Dean Mac Gregor wrote the vernacular according to a different system. It clearly appears that the language spoken in Argyllshire differed from the language written in Ireland and in Scotland, about as much as modern Scotch Gaelic and the Irish of the North now differ from the Kerry vernacular of 1872.

TEXT B.

At p. 296 of the 'Report on Ossian,' 1805, mention is made of a manuscript written at Aird Chonail, upon Lochowe side, in 1690 and 1691. A note (p. 79) in Gaelic means 'Eoghan Mac Ghilleoin' (Hugh Mac Lean). 'By my hand was finished this history' (or story) 'written on the 7th day of the month of March, one thousand six hundred, eleven, four score' (1691) ' of the era of our Lord Jesus Christ. Caillain Caimpbel, to whom belongs this little book; *i.e.* Caillain, Mac Dhonchai Mhic Dhughil, Mhic Chaillain oig.'

Ard Chonail, now a ruin, is said to have been the first castle owned by the Campbell tribe in Argyllshire. The Ardkinglas Campbells are called 'Sliochd Callen oig,' from 'Young Colin' of Cowal, founder of the family, and son of Colin the Queer, 1389. This Colin probably was one of the Ardkinglas family, but I can only guess. About 1633 Sir Colin Campbell of Glenurchy took charge of the Earl of Argyll's grandson, and caused him to be instructed by 'ane sufficient man quha hes bothe Irisch and Englisch.' In December, 1637, he had begun to 'wearye of the Irische language.' By 1638 'Maister Ihone Makleine' the 'Pedagogue,' who wore 'ane hewit plaid,' had 'misbehawed himself,' and his place was to be filled by 'ane discreit man that is one Scollar and that can speike both Inglis and Erise,' who was to be sought in Argyll.

In 1638 Lord Lorn succeeded his father, Grim Archibald; and in June, 1639, his wife, Margaret Douglas, sent for her son.[1]

The Mac Lean who wrote Gaelic stories fifty years later, in 1691, at the 'stem house' of the Campbells, copied, or composed, a poem upon the imprisonment of the Earl of Argyll in Edinburgh Castle in 1690 (p. 211). It seems probable that Mac Lean was the Earl's old Gaelic tutor, or some one belonging to him. Whoever he was, he wrote 'Tales and Poems,' of which one is a version of A. 3. It is the end of the story of Cuchullin, which is known in Ireland as 'The Bloody Havoc of Connal Ceatharnach,' and is usually called 'The Heads.'

O'Donovan's Catalogue (190, No. 6, H. 2. 12. Trin.

---

[1] 'Sketches of Early Scotch History, 372,' by Cosmo Innes.

Coll., Dublin) mentions 'two leaves of vellum and eight of paper.' The vellum cover is of considerable antiquity. The paper contains two Irish metrical glossaries of considerable value and antiquity. These, we read in the first and last pages, were written in 1698, at Campbell-town, by Eoghan Mac Gilleoin, for the use of Mr. Lochlin Campbell. Apparently this was the same scribe, or tutor, still at work after seven years. O'Donovan remarks upon his name, "O'Reilly," writes Johnson, " is the English of Mac Gilleoin;" but this is certainly an error, as it appears from the annals of the 4 masters and various other Irish authorities that Mac Gilleoin is the Irish form of the name which is now Anglicised Mac Cleane.'

In Scotland the name is now written 'Mac Lean,' but it is so pronounced as to indicate the form of Mac-Ghille-sheathain—Son of the Servant of St. John (S. Ioannes-Seathan-Iain-Eoin-John).

Whoever this Mac Lean was, it is manifest that Campbells who fought Mac Donalds and their Irish allies for two hundred years called their own Gaelic 'the Irish language,' and spoke it, read it, and wrote it, and studied metrical stories and prose tales about Fionn and his Feinne, without suspecting the existence of the neighbouring kingdom of Morven, and the Caledonian Fingalians whom Mac Pherson discovered. 60 years after Mac Lean wrote his glossaries Dr. Smith discovered his Fingalian songs in Argyll, shortly after Fingal appeared, but none of these printed works are in Mac Lean's manuscripts written at Ard Chonail in Loch-awe in 1691. The manuscript is in the Advocates' Library.

It is in the 'Irish hand;' a transcript by Mac Lachlan of Old Aberdeen is in the library.

TEXT C.

Pope's Collection, 1739.

At page 52, 'Appendix to the Report on Ossian,' 1805, is a letter from Mr. Pope, Minister of Rea in Caithness, dated November 15, 1763, and addressed to the Minister of Thurso. He says that 'about 24 years ago'—that is, in 1739—he and another collected Gaelic poetry orally.

When Mac Pherson's translations appeared he identified some with poems in his collection.

This collection was found in July, 1872. Poems current in the North were versions of poems then current elsewhere in Scotland. Versions of some were orally collected in the same district after about a hundred years. (See Text X.) Pope's collection was written in the current hand of his time, and the system of orthography appears to have been his own. The entire collection is printed at the end (p. 218).

TEXT D.

Mac Nicol's Manuscript, 1755, &c. 2,819 lines.

Saddell and Skipness.—Donald Mc Nicol, 1763.—Donald Mc Nicol, M.A., nephew of Stewart of Invernahyle, who introduced Sir Walter Scott 'to the Highlands, their traditions and their manners,' had his degree from the Univ. of St. Andrew in 1756, licen. by the Presb. of Lorn 3rd Dec., 1760, pres. by John, Duke of Argyll, and ord. 5th Oct., 1763; trans. to Lismore in 1766.—'Fasti Ecclesiæ Scoticanæ,' part ii. p. 49.

Lismore.—Donald Mc Nicol, M.A., 1766.—Donald Mc Nicol, M.A., translated from Saddell and Skipness, pres. by John, Duke of Argyll, 3rd Sept., 1765, and adm. 15th July succeeding; died 28th March, 1802, in his 67th year and 39 min. He was noted for his learning, and for being an excellent poet. He marr., 28th Nov., 1771, Lilias Campbell, who died 29th June, 1831, and had a son, Donald of Sockach, and daugh., Alice, who marr. Mr. Ludovick Cameron, writer, Inverness. Publications.—'Remarks on Dr. Samuel Johnson's Journey to the Hebrides,' Lond. 1779, 8vo. (on the perusal of which the great moralist is said to have 'growled hideously').—'Fasti Ecclesiæ Scoticanæ,' part v. p. 75; Edin. 1870.

In the autumn of 1870 I had the good fortune to meet Mr. Ludovick Cameron in the Isle of Mull. He then told me that he owned a considerable collection of Gaelic poetry made by his grandfather, Mr. Donald Mac Nicol, Minister of Lismore in Argyll. The earliest date in the collection is 1755. The Rev. Donald Mac Nicol, M.A., in 1779, published a book called 'Remarks on Dr. Samuel Johnson's Journey to the Hebrides,' &c., in which he strongly defended the authenticity of Mac Pherson's Ossian, published in 1760, &c. Johnson's account of his tour in 1773 was published in 1775; Mac Nicol's reply, 1779. He died 1802.

February 6, 1871, Mr. Cameron was kind enough to bring me his collection, in a tin tea chest $10 \times 7 \times 7$ inches. About 1824 some of the papers, as it is said, passed through the hands of the authors of 'The Lays of the Deer Forest,' &c. In 1836 Mr. Dugald Mac Nicol of the 1st Royals, a son of the collector, had the papers in the West Indies, and made some notes upon them. Dr. Smith may have seen them; he certainly saw Mac Nicol's sermons. An elder brother of Dugald, who went to Calcutta and Australia, may have had some of his father's papers. But the tin tea chest seemed to contain a fair sample of the collection mentioned in Mac Nicol's published works. I found the following papers in the box:—

1. A bit of Hebrew and Latin.
2. A leaf nearly illegible in English, date 1715, political.
3. A form of certificate for the King's service.
4. A bundle marked 'Gaelic Songs by Mac Intyre,' and others containing—
    (a) A MS. book with an index, 54 numbers, all apparently modern Gaelic songs.
    (b) A lot of loose papers, amongst which are 'Auld Robin Gray,' and English verses translated into Gaelic, with a lot of Duncan Mac Intyre's songs. He was born 1724, died 1812.
5. A lot of loose scraps of paper covered with scraps of songs.
6. A book made by folding a sheet of paper, apparently a fair copy of some of the other fragments.

At page 351 Mac Nicol said in 1779, 'I can assure the reader that many poems of the Bards I have already mentioned, as well of several others, are in my own possession, and that many other gentlemen in different parts of the Highlands have likewise large collections, among which there are productions of very old date . . . . and a considerable number of them have lately been published.'

The only books known to me that answer this description and date are Mac Donald's Songs, 8vo., Edinburgh, 1751, which contain no Ossianic ballads; and Mac Intyre's Songs, 12mo., Edinburgh, first published in 1768. Many of his songs are in this collection.

7. A manuscript marked in a modern hand 'Octo. 26 and 27, 1836.' Signed at the end, 'From the confines of Morven, May 17, 1776. Donald Mac Nicol.' This volume contains 245 pages. Most of the contents, if not all, are in the book printed in 1779. This seems to have been a rough copy of published writings.
8. A lot of loose sheets, apparently notes for the book.
9. A lot of loose papers. Letters about Druids, &c. &c., and a fair and rough copy of a paper on the authenticity of Ossian, 1778, 'To the publisher of the "Weekly Messenger."' In this paper the author gives a list of Gaelic poems, which he supposed to be originals of Mac Pherson's poems, or some of them:
    1. Cuchullin's Sword. A version in Gillies, M.
    2. Gaul's Prosnachadh Catha.
    3. Cuchullin's Chariot.
    4. The Three Sons of Usnoch, complete (part of Fingal.)
    5. Fingal and Swaran's Engagement, though Swaran is sometimes called 'Magnus.'

'These and many more can be procured,' he says; therefore I suppose that they were procured, and that they survive in MSS. of the period. At page 263 he mentions two old manuscripts which then existed. One contained the adventures of 'Smerbie More, one of the predecessors of the family of Argyll,' who lived in the 5th century, according to the family genealogy. The other contains the history of Clann-uisneachain, or the sons of *Usnoch*, a fragment *in Fingal* (same as No. 4).

A manuscript, said to be of the 12th century, which answers to the description, was in the possession of the Highland Society in 1805, and is in the Advocates' Library. The first mentioned I know nothing about. Two copies of 'Manus' are in Mac Nicol's collection (p. 72), but they are not in Mac Pherson's Gaelic 'Fingal,' which had not appeared in 1778.

It is said that one of this family lost a portmanteau in the West Indies by the upsetting of a boat, and that he then lost some old Gaelic manuscripts.

10. Eleven separate paper books, home. made, all signed by Donald Mac Nicol. These seem to be fair copies of songs, ballads, and Ossianic fragments.

11. A lot of loose papers and little books like the rest, but not signed. These seem to be rough copies of the same things.

February 13, 1871.—I finished sorting the collection, and made a list of all the Ossianic fragments that I could then find. These I placed together in one large envelope, and on Thursday, February 16, I returned the box and its contents to Mr. Cameron, who shortly afterwards went to China on business of the Oriental Bank. Early in 1872 the box was in the custody of Mr. Nicholson, advocate. Having the permission of Mr. Cameron, Mr. Malcolm Mac Phail was asked to copy the papers marked on my list. March 11.—He sent sixteen of the poems and said, 'Mr. Nicolson gave the other pieces of Mac Nicol's collection, marked on your list, to a friend of his, who has not returned them yet.' On the 8th of April I wrote again about these, and on the 3rd of May got copies of nine fragments. On the 11th of May I got the rest copied by Mr. Donald Mac Pherson, now assistant librarian in the Advocates' Library.

This text of many adventures contains thirty Heroic Poems, 2,819 lines, which are printed below, and the manuscript is in the custody of Mr. Nicholson in Edinburgh, May, 1872. In 1779 Mac Nicol knew that Mac Pherson had published Gaelic for the 7th book of Temora in 1763. There is only one fragment of any similar composition in his entire collection. What he meant is manifest on comparing Mac Pherson's English book of 1762 with Mac Nicol's Gaelic ballads. See list D. above.

TEXT E.
Jerome Stone (Schoolmaster), 1755. 132 *lines.*

At page 23 of the 'Report on Ossian,' 1805, it is said that Jerome Stone of Dunkeld, a young man of 20 or 21, in an obscure situation, to whom Gaelic was an acquired language, had been at the pains to collect 'several of the ancient poems of the Highlands.' According to the reporters, Dunkeld was not a favourable situation for acquiring pure Gaelic, or for gathering ancient poetry. Stone was a schoolmaster. In 1755 Stone wrote from Dunkeld to the editor of the 'Scots Magazine' a letter which is reprinted in the 'Report on Ossian' (p. 24.) In it he speaks of Gaelic as the *Irish* language, and points out that the story of 'Fraoch,' translated by him, and of 'Bellerophon as told by Homer' conform. After his death his collection was bought by Mr. Chalmers of London, and it was communicated to the Committee of the Highland Society. Amongst their papers I found a manuscript copy of the 'Death of Fraoch,' in the Advocates' Library in 1871; but I could not find or identify the rest of the collection made by Stone and bought by Chalmers. A poem called 'Albyn and the Daughter of Mey,' which Stone composed upon the Gaelic ballad and printed as 'a translation' in 1756, is reprinted in the Appendix to the Report, together with the Gaelic and a close translation.

In the Gaelic version are 132 lines. In Text A., 1512, is a version of 132 lines, and in Text D. is another of 105. This poem is current still, orally preserved in the West.

TEXT F.
Fletcher's Collection, 1750 *to* 1800.

The history of this manuscript is given in the Report of the Highland Society on the Authenticity of Ossian, 1805, p. 271. An affidavit by Archibald Fletcher, and the declaration of Archibald Menzies, J.P., at Edinburgh, January 19, 1801, give the collection a date of about 1750 to 1760, some 40 or 50 years before the affidavit was sworn. Fletcher could not write much more than his name, and could not read his manuscript. He learned the poetry by heart in Argyllshire, from people of whom he named some; he dictated it to local scribes from time to time; and when he brought his manuscript for sale, he recited the poems which are named, to Menzies the J.P., who understood his Gaelic, and who verified the accuracy of his recitation by the manuscript. He and Fletcher then signed the manuscript and their declarations. This collection orally made and formally verified, was collected between Scone and Dunstaffnage, the chief seats of the Scoto-Irish Kings; at Bunaw, in Glenorchy, and Glenfalloch; about Loch Tayside, in Breadalbane, in Glendochart, Perthshire; in and about Mac Pherson's country, before and after his publications appeared, before and during the controversy which they raised.

Fletcher identified 'Clann Uisneachain' with Mac Pherson's English Darthula as it then existed in 1801. This manuscript and its story explain the usual Highland verdict on the Ossianic controversy.

Darthula in English is like the story of Clann Uisneachain in Gaelic, which then was and now is familar in Scotland, and which was equally well known in Ireland. But nothing in the Gaelic of 1807 has the remotest resemblance to Fletcher's Gaelic orally collected before Mac Pherson's Gaelic appeared. There can be no doubt of the authenticity of Fletcher's collection, but it is marked on the cover—

'Fletcher.'

54

'Corrupt copies.'

Mac Pherson's Gaelic is quite different from Fletcher's.

The condemnation was pronounced by men who were engaged upon Mac Pherson's Gaelic, which they printed in 1807. In accordance with this belief in the 'authenticity' of that pure 'text,' some one has altered Fletcher's 'corrupt' text by striking out some of his words which make the actor's Irish. The whole collection tells the same story which the others all confirm. From Scone to Dunstaffnage, as from Sutherland to Ceantire, about 1750, the people believed that Fionn and his soldiers were Irish worthies and their own ancestors, and none of them, so far as appears from Fletcher's oral collection, had ever heard of Mac Pherson's *Fingal, King of Morven*, who appeared while Fletcher was collecting, about 1762.

Fletcher's manuscript, ill written and ill spelt, 'corrupt,' imperfect, and despised, has never been printed till now. In November, 1871, it was safe in the Advocates' Library, and I had a copy made of the contents by February, 1872. It is a quarto, written in several different hands, on paper of different kinds, in different systems of orthography, stitched into a limp cover of coarse brown paper. It is a rude country production, and as genuine a bit of folk lore as any in the world. It is signed by Fletcher and Menzies. It has tables of contents which follow. One in English is by a partisan; the other, in Gaelic, is by a neutral, as it appears.

The English list is in the same hand as a note at the end of Kennedy's First Collection, which was in the keeping of Dr. Smith of Campbelltown for a long time. The Gaelic lists have interpolations in the same hand. This probably is the hand of Dr. Donald Smith, brother of the Minister who helped to make the 'Report on Ossian,' and who died about 1805. Fletcher's manuscript is one of the most important documents in the Ossianic controversy, because it is authenticated oral folk-lore of 1750 to 1760. Even the phonetic spelling has value as giving the old value of words. 'Awrd,' instead of Ard, 'high,' preserves a lost vowel sound. 'Bheireamsa' is an obsolete grammatical form; so is 'ni an robh.' 'Machd' expresses the sound now given to 'mac,' a son, and so on. The Gaelic lists, as they stand in the manuscript, with alterations in different hands in italics, follow:—

Poems taken down from the recitation of (collected by) Archd. Fletcher;[1] corrupted copies of the following poems, viz:—

1. Duan na Inghinn.
2. Urnuigh Oisein.
3. Righ Lochlin.
4. Naois agus Deirdir, or Clan Uisneachan.
5. Teanntachd mòr na Feinne.
6. Laoidh Chaoilte Mhic Ronain.
7. Mar chaid Roc Thigh Finn.
8. Amadan Mhòr.
9. Sgeula air Caillich. (Qy. *Muireartach*?)
10. Losgadh Tidh Farabirne. (Qy. *Losga Tauradh*?)
11. Rann a choin duibh.
12. Cuthal.
13. Bran.
14. Eachdruidh mar chaidh Fion a mharbhadh.
15. Ceardach Luin.
16. Garbh Mac Stairn, p. 183. (This poem seems better than the other.)

AN CLAR-INNSEADH.

No.		MS. Page.
1.	Rann na h-Inghinn	1
2.	Urnuigh Oisain	9
3.	N Taathach wghna na Foill Righ Lochlunn	18
4.	Eachdraidh Chonnchair Righ Eirim	25
	Deirdir agus triuir mac Righ Bharrachaoil an da phairt.	
5.	An cath is cruaidhe thug an fheinn Teanntach mòr nam Fian agus dol an orda am Brataichean an da phairt.	49
6.	Laoigh Chaoilte	64
7.	Rann an fhir Shichdir	70
8.	Cailleach Thulaich Fhoirr	75
9.	Mar chaidh Roc a thigh Fhinn	80
10.	Baiste Fhinn	84
11.	Rann an Amadaine mhòir	89
12.	Sgeula air Nicdoiste	103

List copied from page 110.

1.	Losga Bruth Fairbairn	110
2.	Duan a Choin duibh	117
3.	Mar Chaith Cumhal a mharbha	122
4.	Mar Chaith Bran a mharbha	127
5.	Mar Chaith Fionn a mharbha	132
6.	Mar mharbh Caoilt a mhuc ghearr	140
7.	Ceardach mhic Loin	148
8.	Conn Mac an Deirg	161
9.	Garbh Mac Stairn	183

A list of the fragments as sorted marked F. is with the others.

There are two pre-Ossianic fragments, eighteen Ossianic, and one of a later period in the Fenian story: twenty-one in all. Versions of four of these are in A., and several are in D. (See lists.) The whole of this manuscript is printed below.

TEXT G.

Mac Diarmaid's Manuscript, 1762—1769.

At pages 688—179, 'Report on Ossian' 1805, the Rev. Mr. Mac Diarmaid is mentioned. He was Minister of Weem in Perthshire. He got some of his collection of Gaelic poetry about thirty years before 1801— say 1770. He had a collection which he gave away (p. 72). In 1871 a collection by 'Mac Diarmaid' was found in the Highlands, and probably it is part of this Mac Diarmaid's gatherings in 1760.

From Mr. Mac Diarmaid Doctor Irvine of Little Dunkeld got copies of forty-nine lines, which are the addresses to the Sun in Mac Pherson's Gaelic text, p. 215. So far as appears in the Report and elsewhere, he did not get anything else from Mr. Mac Diarmaid of Weem. Dr. Irvine's collection is marked O.

The following is the account which I have of this Text G.:—

To John F. Campbell, Esq.

Sir,—As I was on my travels through Rainneach, I got acquainted with a miller, of the name of John Shaw, who takes much delight in having in his possession rare articles of antiquity. He has got in his possession many old Scotch coins; some of them are silver, and some of them are of copper. Some of the silver coins are as old as the era of King Robert Bruce, and others more moderen. Amongst the copper coins are Marks, Placks, and Scotch Pennies, twelve of which are equivalent to a Penney sterling. He also possesses many old books, such as versions of the first Gaelic Bibles printed. He has a version of the New Testament translated from the ancient Greek by a Roman Catholic priest, and an explanation of the same, and another version translated at the same era by a Protestant minister, and an explanation of it. He has many old song books. Also he possesses a written manuscript bearing the date of 1762—but some of the parts was wrote in 1769—which was written by a man of the name of Eobhan Mc Dhiarmaid, but the manuscript does not explain what Eobhan Mc Diarmaid's profession was. The manuscript is of the size of large note paper, and is bound in pastboard in two volumes. John Shaw does at the present possess but the first vol., but thinks that some time in summer he may also get possession of the second vol. The first vol. contains an Oraid on the Gaelic by Mr. Patruic Stewart of 4 pages. 38 Gaelic songs, viz. Songs, Hymns, and Poems. Some of them are old, and some are moderen. Many have been printed. 500 Gaelic proverbs. 46 Gaelic riddles.

'I have copied the following named poems' which I send to you per post:—

1. Bàs Fhraoich.
2. Cath Mhànus, and
3. Bàs Osgair.

'I also copied out of the said MS. a song composed to Mc Pharlan of Arrochar by a Lochlomond's side Bard. It appears to be a very old song. Although it was composed by a Lochlomond's side Poet, some of the words are now so much out of use, that I do not suppose, that there is one person of the natives of Lochlomond side who can understand them. The song appears to have been an old one when it was wrote by Eobhan Mc Diarmaid in the year 1769, as he considered some of the words in it obsolete even at that time, and wrote an explanation of them at the foot of the page, which I copied, and sent with the song. I also kept a copy of the said song to myself. The words in the moderen songs of Arrochar require no explanation.

'I am your obedient Servant,
'JOHN DEWAR.'

The Ossianic Ballads are of the usual kind. The local song will serve as a sample of the collection.

Oran Fonn air Mac Pharlain an Arair, a channadh le Bard Loimonach.—

1

MHIC Pharlain an Arair
Lamh adh-mohr an Eineich,[1]
Fhir as fial re h-Ealaibh,
Bith tu riar gach File.

2

Mhic fhir-ghlic fhear amhail,[2]
Leis an diolar Scolaidh,[3]
Laoich chròdh nach crion Aine,
Na Nis buaine t-Onoir.

3

Theid t-Eineach[1] s do naire,[4]
Thar Fineach a's uine,
Gach File 'g rach sud
Gu sirthear 's noch diùltar.

---

[1] A good name. [2] Equally wise. [3] Men of learning.
[4] Modesty.

---

[1] In the original MS. the words 'collected by' were struck out, and 'taken down from recitation of' substituted.

4

Òlar Fion a' do Bhaile,
Siomad Cliar s luchd Ealaidh
Air Chlar-Disle[1] s Fo-rainn,[2]
T air Mhìrann teachd a' d Choinne.

5

Laoich threin dheis luth-mhor,
G am fùighteadh[3] Beachd adh-mhor.
Is Sluagh teachd fa d· Luchairt,
Le Buaidh chreich o d Namhaid.

6

'N cur Ruaig dhuts gu dàna,
D' an Dualghas bhith cliùtach
Sud gheibhteadh a' d Chòirse,
Treun laochraidh bhorb lùth-mhor

7

S iomad Geur lann thana,
Lamh a's laidir buille,
Cinn-bheirt chumhdaidh chorraich,
Dhol an Tùs do Choimeisg.

8

'N am Troid b' e t-Aither,
Cuirp a bhith fa Uthar,
T iodhach bhith 'g a caitheadh,
'S Fir ag lùbadh Iubhair.

9

S an Ghreis Ghabhaidh gheibhteadh
Do 'n Mheas chùraidh Ubhall.
Laoich chròdha sar-laimh dheas,
Ag iomart na 'n Luith-chleas,

10

Do d' Naimhdibhse b aithreach,
Dol an dàil do Choi-meisg,
'N cur a Bhlair ann Tainead
Dhoibh bu nàr an Turas.

11

T-oighre Deadh mhac Dhonnachaidh,
Lamh ghleusta air Fiodhaidh,
Fear nach maidhin[4] o 'n Ar-fhaich,
Sluagh nach d' fnuiling Iompach.

12

Le 'm bui' near Buaidh Chosgair,
Re Guala Righ sheäsamh.
S maith an gniomh s an Cosna,
Gun Eagal roimh Ghabhadh

13

'N am Loidraidh na 'm Faobhar,
Na h-Araraich dhàna,
Nach iarr Barant Saoghail,
Lasair Cholg do b ait leo.

14

Dol gu garbh an Toital,
Srann do Phiob air Faiche,
Fir le 'n dioltar Crosan,
Or pealls e dearg-lasta,
Am Barr Crainn Eang shioda,

15

Is G'arbh-laochraidh spàrta,
Ann Scabal teann dionach,
B i Miann a Mhic adh-mhor,
Oireachd a bhi lion-mhor.

16

Ag iomart an Taith-phleasg
Am Proinu-lios an Thiona,
Cho 'n innsear Beachd m· aine,
Air Ar-munn na Fìrinn,
Do Shiolach na 'm Flath e.
S do Fhreamh na 'n Righre

17

S e chualas mar Aithris
Ag Ealaidh gach Tire,
Air teachd chum do Bhaile
Nach b Ainnis an Diola.

[1] Backgammon. [2] Chess. [3] Capable of.
[4] Not to lag behind.

Nois ort-sa Thriath 'n Arair,
Thog mi Caith-reim na Fìrinn
Is gu bu cian maireann
Do Bhain-cheile ghniomhach

18

Cho Bhaoghal na Fir
'S am Faoghar á Muigh
Ta 'n Tàrar air fement T-ean,
Chur Faobhar am Fuil,
Cho teotha Buill, ùird
Air Inuin na 'm Bolg
Na iomairt an Euilg
Air Mire le Feirg.

Marbh rann do Aindrea Mac Pharlain, Fear na Tullaich iar dh a a mhaoin a stroigh le misg. A chàirdean fhaighinn ann ùras air, s an sin bhrist e, ach lean e iar bhi nu mhisgear Iar a chantainn le Atlasdair Mac Pharlain Ministear an Arair.

Foidh an Leac-lighidh so gun suim
Tha Glutaidh-pàiteach air a dhruim,
B, fhearr gu 'n robh e an sin o chian,
'S iomad fulachd chaidh na bhian.
Dh' òl e an Tullaich s sroin Mhèilean
An Tom-buidhe, Fionnairt s an Ainibh,
Shluig e an Goirtean s a coill,
Chreach e na h-Ionnragain le foill.
Dogan Gearrain, s seisear mhairt,
Dh' òl e an Tairbeairt a chasga a thart,
Dh' òl e an Tigh-bheachdadain na crùin
Bu trie sgeith air gu a dha shùil.
Chuir e a Mhaoin an leann s an dram,
Gus gu 'n deach an stùrd na cheann.

TEXTS **H. I.**

Kennedy's 1st, 1774 to 1780. H. 4,448
„   2nd, 1774 to 1783. I. 4,460 } 8,908 *lines.*

In H. are 1,164 lines which have no equivalents in I.

In the 2nd collection (I.) are 760 lines which are not in the 1st; together 1,924 and 3,492 repeated = 5,416 lines, roughly calculated.

The following works are referred to in this notice:—

1. 1512 &c. Texts A. to I. Gaelic.
2. 1759 &c. Mac Pherson's publications. English and Gaelic.
3. 1760 Mr. Mac Lagan's collection. Gaelic.
4. 1780 Dr. John Smith's Gaelic Antiquities. English and Gaelic.
5. 1786 Walker's Irish Bards. English and Irish.
6. 1786 Kennedy's Book of Hymns. Gaelic.
7. 1789 Dr. John Smith's Sean Dana. Gaelic.
8. 1805 Dr. John Smith's Letters and Kennedy's Collection as referred to in the Report on Ossian, together with Remarks by Dr. Donald Smith.
9. 1834 Kennedy's Second Edition of his Hymns.
10. 1852 Drummond's Irish Minstrelsy.

On the title-page of I. is written—

'Kennedy's Ancient Poems belong to the Highland Society of Scotland. 2nd collection divided in two volumes bound in one.'

As appears from Reid's 'Bibliotheca Scoto-Celtica,' page 75, Duncan Kennedy, in 1786, printed a collection of Gaelic Hymns in two vols., 12mo., pp. 84 and 64. He was schoolmaster at Kilmelford in Argyll, and afterwards accountant in Glasgow; when Reid wrote he was living at Loch Gilphead on Lochfyne. The hymns were composed by persons named. 30 to 41 were translated from the English by the person who collected and transcribed the whole. There is no mention of Kennedy's name on the title-page of the only copy of this book that I have been able to see. It has been considerably knocked about, and has no cover. It belongs to Mr. Neil Campbell, bookseller, Lurgan, Ireland, who was kind enough to lend it to me at the request of Mr. Sinclair, Argyll Street, Glasgow, and to the owner it has been returned. The book is correctly described by Reid. My chief object in seeking it was to compare Kennedy's own avowed Gaelic translation from English with his manuscript collections which purport to be orally made. Having read both, I find that the metre of Hymn 30 differs from that of the Heroic Ballads, but approaches sufficiently near to show that the author was familiar with popular poetry which Fletcher (F.) and others also collected about this time. The metre of 31, 32, 33, 34 differs materially. 35, 'How doth the little busy bee,' imitates the rhythm of the original English.

DR. WATTS. SONG XX.
AGAINST IDLENESS AND MISCHIEF.

How doth the little busy bee
   Improve each shining hour,
And gather honey all the day
   From ev'ry opening flow'r!

How skilfully she builds her cell!
   How neat she spreads the wax!
And labours hard to store it well
   With the sweet food she makes.

In works of labour, or of skill,
   I would be busy too;
For Satan finds some mischief still
   For idle hands to do.

In books, or work, or healthful play,
   Let my first years be past,
That I may give for ev'ry day
   Some good account at last.

1786. KENNEDY. P. 140.
AN ADHAIDH DIOMHANAIS.

1 CIA glic ata am beachann meanbh!
   Le geimneach is le stuaim,
   Ag trusadh meala fea' an la,
   As gach blàth 's aille snuagh.

2 Cia h-eolach a thog as i stè
   Gu seolt le ceir a suas?
   Ag tional Ionmhuis measg an fheoir,
   Is loin air son an fhuachd.

3 Gu surdoil grundoil saothraicheams',
   Daonan mar i fein;
   Oir dhealbh an Diubhal olc o chian,
   Do 'n diomhanach gun fheum.

4 Ann leubhadh slainted 's an dea' gnàs
   Do ghnàth biom seasmhach, buan;
   Chum is gu d' thugainn suas faidheoidh,
   'S gach lo, dea' chuntas uam.

AGAINST IDLENESS.
Close translation.

1 How wise is the tiny bee!
   With frugality and abstinence,
   A-gathering honey through the day
   From each flower of most beauteous hue.

2 How knowingly she builds a stance
   Cunningly up with wax,
   A-gathering riches, mongst the grass,
   And meals for the time of cold.

3 Merrily, wisely let me work,
   Even as she herself;
   For the Devil devised ill of old
   For the useless idler.

4 In wholesome reading and worthy ways
   Let me ever steadfastly endure,
   So that I might give up thence
   Each day my good account.

The language is vernacular Scotch Gaelic, with such words as 'Credim' here and there, to show the influence of the language of the Gaelic Bible of that date, which tended towards 'Irish,' or was Irish in dialect. Hymn 40 has something of the rhythm of Dr. Smith's Gaelic and Mac Pherson's Ossian.

VERSE III.
No mar bhotha-frois an la
Mar sgaile, no mar cheò
No mar bhoisgeadh grein air fair
A dealradh roi' dhu neoil.

IV.
Air aonach mar na tuiltidh uisg,
Gun tuisleadh dol na leum;
No mar cheathach air barr bheann,
No cloch le gleann na reis.

41 is like the rest. Having shown these hymns to Dr. Mac Lauchlan of Edinburgh, who happened to be with me when this book came, he said that there was nothing in Kennedy's hymns to distinguish them especially from others of their class. In this copy the names of authors to whom hymns are attributed on page 7 are written in manuscript at the pages, and some others are attributed to authors, of whom one was 'The Wife of Barra.'

The 27th is supposed to be old; the 29th is by 'Daibhidh Mac Ealair;' the 24th by Bishop Carswell of Cill Martin. He published the first printed Celtic book in 1567, of which only one perfect copy exists. There is nothing in Hymn 24 to distinguish it from the rest. In eleven quatrains it describes for a blue-eyed boy the funeral which will be his, and bids him fear. One line in the sixth verse has been taken from a popular tale regarding Cuchullin, or both drew the idea from a common source.

'Druim do thighe ri cuinnein do shroine.'
'The ridge of thine house, at the bridge of thy nose.'

27 is most like an old ballad in style, rhythm, and structure. It is a short dramatic legend, in which Herod, the Virgin 'Muir,' &c., speak. Out of nine verses six are put into the mouths of characters in this rhythmical Christian legend.

Hymn 29 was printed by Gillies, of Perth, in the same year 1716, pp. 14, 120 lines. Kennedy's version has 132 lines. On reading them together, these versions differ in the same manner and proportion as the Heroic Ballads do in the texts quoted above.

Kennedy and Gillies printed the same hymn in the same year; they both got it from oral recitation, as they say, and so it appears on comparing their works. They had no common manuscript from which they copied; they did not copy each other. One printed in Glasgow, the other in Perth, and both found the same hymns orally preserved, *but variously repeated.* Each version has something which the other lacks, so that both fused would make a longer and a better version of 'Davy Mac Kellar's Hymn.' In 33 quatrains it gives an outline of the Old and New Testament story, from the Creation to the Day of Judgment. The first nine, addressed to the Creator, describe creation; to 19 they tell the story; 20 is addressed to hearers, who are bid to believe; 33 is a prayer for grace. The whole is popular in that it tells this sacred story in dramatic form.

In March, 1834, Kennedy printed a second edition of these Hymns, with tracts on the Reformation and on the invasions of Argyllshire by Col. Mac Donnell and his son Alexander with the 'Atholonians.' The book was vouched by the signatures of Norman Mac Leod, D.D., and John Maclaurin, at the request of Duncan Kennedy. He added short memoirs of the authors of the hymns, and at page 93 a memoir of Bishop Carswell. Alluding to the Bishop's notice of Heroic traditions current in 1567, at page 95, Kennedy says, 'This is certainly one great evidence (along with many others promulgated) from a pious prelate, that Mac Pherson did not (as has been alleged by many able critics) *fabricate the whole of "Ossian's Poems"* from tales and legends, but also from songs' . . . Of the ancestry of Fionn (styled by Mac Pherson *Fingal*), according to our traditionary rhymes and tales, the best evidence we have to rely on runs poetically thus:—

'" Fionn Mac Cuthaill, Mac Luthaich, Mac Treanmor
Is cian on thuinich a shinnesir an righeachd na h-Eireann."

'This is the way the ancestry of Fingal has been for ages repeated and preserved by our forefathers . . . .

'*Luthach* signifies a *Leinstrian* and *Mitheach* a *Munstrian*, which terms or patronymics are frequently met with in the "Poems of Ossian" . . . He goes on to say that Luthach, descended from the King of Leinster, commanded the Irish and Caledonian militia with *Moirnna*, second in command.

Cuthall, his son, succeeded, and on his demise *Fionn*, his son, commanded the seven 'Cathana na Feinne.' 'It is believed by all oralists and reciters of these tales and poems that Fingal was born in *Scotland*, and possessed the north and west of the kingdom from *Dundee* forward to Stirling, *Duntreith*, *Dumbarton*, and to the *Mull of Kintyre*, which they defied the Roman legions to conquer.' After more in the same strain, he tells the Story of the Battle of Gabhra, and says, page 98:—

'Fergus goes on with this rapid and tragic rhyme a considerable length before his father, in which he enumerates all the characters of note, and leaders of tribes who fell in this lamentable battle. From hence they moved to the field of battle to get the dead buried, and carried *Oscar's* corpse to *Tara* (properly *T'eamhra*, which Mr. Mac Pherson calls Temora) to be buried.'

These extracts and Kennedy's own collection of poems (except as to the Romans) coincide with current oral traditions (p. 103). He sold his collection for 20l. to the Highland Society. At p. 102 he gives a list of poems which Alexander Mac Larty, an aged man, who lived in Craignish about 1774, could then sing. He wrote them, but through various causes they were lost. There was no copy of this book in the British Museum in June, 1872. I had never seen a copy till Mr. Neil Campbell was good enough to send me one from Lurgan. A copy used to be in Islay with an inscription which tells a sad tale. It ran thus:— 'I bought this book for half a crown from the author in Glasgow, as an act of charity, being moved thereto by his shabby genteel appearance.' Shabby genteel charity was the national reward of good honest work. Mac Pherson also found that honesty was not a paying policy, and he lies in Westminster Abbey.

Kennedy, the author of these books, was for nine or ten years an industrious collector of Heroic Gaelic Ballads. His collections were bought by the Highland Society in 1806 for 20l. The manuscripts are in the Advocates' Library in 1872. I had them copied, and they are printed below.

The first collection is marked thus: 'This is the first collection.' The other collection is divided into 'two volumes bound in one.' At the end is this note: 'This is the only volume which Mr. Kennedy gave to Dr. Smith, and which contains only one verse of "Bas Dhiarmaid," and 31 of "Urnigh Oisein."'

The first collection now begins with page 3 of an introduction, which is misplaced in binding. The language is one of the best specimens extant of English as spoken by Scotch Highlanders. At page 8 the schoolmaster got hold of some book upon the Ossianic controversy, or got some one to write a grand essay upon the 'Poems of Ossian.' He returns to his own language farther on, and ends with another 'elegant extract.' This introduction tells the Fenian story as it was told in Text A. 250 years before. The fine writing does not apply to this Gaelic at all.

On the back of page 98 is this note: 'Edinburgh, 28th January, 1806. This is the manuscript mentioned as manuscript 3rd in the list of Gaelic poems and relative letter and certificates to Henry Mackenzie, Esq., dated 27th inst., and this day certified by me and given to the Highland Society of Scotland.
(Signed) 'DUNCAN KENNEDY.'
This MS. contains 181 pages.

The following are lists of contents copied from page 14 of the 1st collection, pp. 98—166 2nd, followed by a list of persons from whom Kennedy collected the poetry:—

Contents of Kennedy's First Collection, page 14.
Advocates' Library, Nov. 25, 1871.
Copied by Malcolm Macphail.

It is to be noted that these lists are not arranged with any reference to continuity in the story.

THE CONTENTS.

No.		Verses	P. K's MS.
1.	The best day that the Heroes ever fought	62	1
2.	How Manus, King of Denmark, came to take away Fingal's wife and his dog by force	75	11
3.	How Maighri Borb, the son of the King of Soracha, was killt of Goll	31	22
4.	How they got victorious arms from a Smith, who was enchanted by the King of Denmark	23	27
5.	How six persons who went from Fingal to lift taxes from all the kings, or else to keep war with him	15	31
6.	How Crom nan Cnamh killt Sgiathan, the son of the King of Scairbh	15	33
7.	How Goll fall a hundred of the Clana Baoisge in wrestling	17	36
8.	How Fingal and Goll cast out hunting the Leana	33	38
9.	How Liur made peace between Fingal and Goll	32	43
10.	How Bran killt the Black Dog	21	48
11.	How an Inchanter with his wife and child came to keep war with the Heroes	30	51
12.	How Rochd was killt by the Heroes	11	55
13.	How Fingal, with six of his nobles, were enchanted to go to keep war with Clan Chuilgndan in the Golden Hills	22	59
14.	How Silhalan came to kill Fingal	9	62
15.	How a Spirit came in the night-time to kill Fingal and the best of his Heroes	15	64
16.	How a Charmer came to the Heroes named Hard-Scul to sing a timbrel to them	15	
17.	The best day that the Heroes ever hunted	17	69
18.	How Ossian praiseth a woman he had seen in the night, though he was in a deep sleep (Torn out)	18	72
19.	How Caoilte killed a Fairy, who was in the shape of a wild Boar	26	73
20.	How Caoilte killed a Giant	32	78
21.	How Dearg was killt by Goll	64	83
22.	How Conn, the son of Dearg, came to revenge his father's death on the Heroes who was killt by Goll	45	92
23.	How Fingal got Graine to wife, and the way she went away with Diarmaid (Prose and verse)	22	100
24.	How Oscar and Diarmaid kept war with Fingal in Newry	53	107
25.	How Diarmaid was killt	86	116
26.	How Goll died	72	128
27.	How Garay and the Heroes' women died	38	140
28.	How Oscar was killt	145	145
29.	A Dialogue passed between St. Peter and Ossian	71	168
30.	The Heroes' Lament	17	179

Verses, 1,112. Lines, 4,448.

THE CONTENTS.
(2nd Collection. Vol. I.)

	Gaelic.	Bourla.	Page.
1.	Fearginn, Dan	Feargin, a Poem	1
2.	Manus, Dan	The Invation of Magnus	10
3.	Maire-borb, Dan	Maireborb, a Poem	21
4.	Carthonn, Dan	The Defeat of Carthon	26
5.	Sliabh nam Beann Fionn	The Fair Hills	29
6.	Bas Dheirg	The Death of Darg	31
7.	Bas Chuinn	The Death of Con	40
8.	Liur Dan	King Lear	46
9.	An Leana	Conflict of Lena	51
10.	Dun an Oir	The Golden Hill	56
11.	An Cu Dubh	The Black Dog	60
12.	Gleann Diamhair	The Solitary Vale	63
13.	Conall	Conal revenging the Death of Cuchulin	66
14.	Bas Chiuinlaoich	The Death of Conlach	74

THE CONTENTS.
(2nd Collection. Vol. II.)

	Gaelic.	Bourla.	Page.
15.	Bas Dhiarmaid	The Death of Dermid	91
16.	Bas Chairill	The Death of Caril	117
17.	Bas Ghuill	The Death of Gaul	121
18.	Bas Gharabh	The Death of Garf	131
19.	Bas Oscair	The Death of Oscar	137
20.	Tuiridh nam Fiann	The Fingalian's Lament	157
21.	Bas Oisein	The Death of Ossian	161

Names of persons by whom the foregoing Poems of Ossian have been repeated by way of oral tradition to Duncan Kennedy, beginning his First Collection of these poems in 1774, and ending in 1783.

1. Donald Mac Taggart, at Culgalart, near Tarbart, Kintyre.
2. John Morrison, Kildusglan, near Lochgilphead, Glasaie.
3. Alex. Ferguson, Auchnashelich, near Kilmilchael, commonly called Alistir Gasta.
4. Alex. Mac Larty, Coranbeg Craignish, known by the name of Alistir Mac Iain.
5. Nicol Mac Intyre, Polunduich, Lorn, near Kilninver.
6. John Mac Dougall, Duninaran Lochavich, and his brother Allan, known by the name of Alain Ban nan Oran, Parish of Dalavich.
7. John Mac Phail, Bargleenmore, Parish of Kilninvir.
8. Malcolm Mac Phail, Parish of Kilmelford.
9. Mac Phee, from Glenforsa in Mull, residing in the Island of Belnahuay, near Easdale.
10. John Mac Lean, from the Island of Egg, a strolling beggar, nicknamed *Prionsa an Lin*.
11. Donald Mac Phee, in Glenforsa, in the Island of Mull.
12. Hugh Mac Callum, Smith, Island of Belnahuay.
13. Niel (Ban) Mac Larty, a fiddler in Craignish, formerly from the Island of Luing.
14. Gilbert Mac Arthur, Kilmichael, Glasrie.
15. John Mac Lean, Duagie Ardgour, near to Fort William.
16. John Cameron, commonly called Iain Mac Alain, near ditto ditto.
17. Mary Cameron, or Mari Nighean, Eoghain, near High Bridge.

And many other persons that D. Kennedy met with in different journeys through Morven, Sunart, and Lochaber, whose names he does not recollect, they being chiefly old and obscure, and from their age he thinks few are at this time in life.

DUNCAN KENNEDY.
Edinburgh, 28th January, 1806.

This is the manuscript mentioned as Manuscript 2nd in the list of Gaelic Poems, and relative letter and certificates to Henry Mac Kenzie, Esq., dated 27th inst, and this day certified by me and given to the Highland Society of Scotland.

'DUNCAN KENNEDY.

The 2nd collection, orally made or transcribed between 1774 and 1783, as certified 1785 and 1806, consists of two volumes bound in one cover. It belongs to the Highland Society of Scotland, and is preserved in the Advocates' Library, where I read it in Nov., 1871.

On page 90 is this note:—

'Kilbrandon, 30th of May, 1785.—That these poems, as they appear in eighty-nine preceding pages, were transcribed or collected by Mr. Duncan Kennedy is attested by, (signed) 'John Macfarlane, Assist. Minr.—Edinburgh, 23rd January, 1806. This is the manuscript mentioned on Manuscript 1st in the list of Gaelic Poems, and relative letter and certificates to Henry Mackenzie, Esq., dated 27th inst, and this day certified by me, and given to the Highland Society of Scotland. (Signed) 'DUNCAN KENNEDY.'

On page 166 is this note: 'That the above poems were transcribed or collected by Mr. Duncan Kennedy as they appear in the preceding pages is certified by John Macfarlane, Assist. Minr.—Kilbrandon, 30th of May, 1785.'

On the next page is the list of the people from whom the poems were orally collected.

In both collections the poems are headed by 'Arguments.'

These are equivalent to prose stories which are usually told with poems of this class.

'Fionn,' who appears as an Irish hero, and commander of the Feinne throughout both collections, is once called '*Fionngeall*' in Gaelic. He is translated '*Fingal*' throughout in English. In two verses are references to '*Morven*,' or '*Morbheann*,' or '*a Mhorairn*.' Other verses are suspiciously Biblical. After 13 or 25 years Kennedy had followed Mac Pherson's lead so far. But the collection was not much altered in the second MS. He was firmly convinced, as many of his class still are, in 1871, that the Heroes and their Poet really lived and sang. He seems to have believed that Mac Pherson translated from better ballads which he had collected.

MAC PHERSON'S OSSIAN.

Dr. Smith's brother and the Committee of the Highland Society quoted Kennedy, to prove Mac Pherson's authenticity in 1805, before they printed Mac Pherson's text. The following note is stuck in at page 1 of the 2nd collection:—'Mr. Macdonald compared together this copy of Kennedy of a poem called by Mac Pherson in his Ossian "The Battle of Lora," and by Maclaggan of Blair-Athole "Teanntach mór na Feine," and the translation of Mac Pherson and original of Ma laggan, and found them to correspond in a number of passages, especially Kennedy and Maclaggan.[1] It appears from a letter written by Mac Pherson to Mr. Maclaggan, dated Edinburgh, January 16, 1761 (printed p. 154, "Report on Ossian," J. F. C.), that Maclaggan's copy had been communicated to Mac Pherson, though the latter chose to reject and alter many passages of it in his translation, or perhaps reject it altogether, and translate from a different copy. In the letter alluded to, and written before the appearance of Mac Pherson's translation of the works of Ossian, that gentleman expressed himself thus:—" I was favoured with your letter inclosing the Gaelic Poems, for which I hold myself extremely obliged to you. *Duan a Ghiarbh* is less poetical and more obscure than *Teanntach mòr na Feine*. The last is far from being a bad poem, were it complete, and is particularly valuable for the ancient manners it contains, &c.' "Mr. Kennedy's copy appears to be the most complete of the three. The message sent by *Bosmhina* to *Erragon* is more fully detailed, and in better poetry than in Mr. Maclaggan's copy. But the substance of both is the same. The poem itself has not much merit, being surpassed by many in Kennedy and Maclaggan's collections. It merits attention, however, as throwing light upon Mac Pherson's mode of collecting and translating the works which came in his way that were attributed to Ossian.

' Vid. Maclaggan's collection towards the end. Letter No. 2.'

Maclaggan's Collection.—Mr. Maclaggan's collection was made before 1760 (p. 153; 'Report on Ossian,' Appendix X.), and included ballads, of which Dr. Smith translated samples. (12th April, 1708 p. 80, op. cit.) These are bits of '*Manus*,' which are shown to be 'translated' by Mac Pherson in 'Fingal' (154, op. cit.) The Minister of Amulrie in 1761 had '*taken pains to restore the style*' of Ossian, but he did not alter the samples quoted from 'Manus.' The equivalent passages in the Gaelic of 1807 seem to be translations from the English paraphrase.

The 'Report of the Highland Society,' 1805, gives extracts from Kennedy's collection, and a comparison of versions printed by Miss Brooke in 1789, four years after the last date upon Kennedy's 2nd collection, also letters from Dr. John Smith of Campbelton.

From these it appears (p. 75) that the Doctor, who was a native of Glenorquhay, and lived there till 1766, identified the Gaelic of '*Clann Usnothain*' with Mac Pherson's English '*Darthula*,' '*Bàs Oscair*' with part of '*Temora*,' &c. &c. He thought that the liberties taken by Mac Pherson in translating were no more than Dr. Smith himself thought allowable (p. 70) on January 31, 1798. Kennedy's poems are in this volume and may be compared with Mac Pherson's and Smith's.

Dr. Smith's Collection.—A note quoted from Kennedy's 1st collection refers to an action for a share of profits which Kennedy the schoolmaster long threatened to bring against Dr. John Smith, the Minister of Kilbrandon, for publishing in 1780 what he called 'translations of his collection of poems.' The Doctor (writing to Mr. Mackenzie June 21, 1802, p. 89, 'Report on Ossian') denies that he translated from Kennedy's collection. His learned work includes a history of the Druids of Caledonia, a dissertation on the authenticity of Mac Pherson's Ossian, and a collection of poems translated from the Gaelic of ' Ullin,' ' Orran,' ' Ossian,' &c., all dedicated by John Smith to the Gaelic Society of London. The learned author said of the collector, ' On observing the beauty of one or two passages in one of these poems (I forget which), the person who gave it to me as an ancient

[1] I have not found this collection. April, 1872.

poem said these were his own compositions. This assertion I placed to his vanity.' The author further says that he had no profits from his own work.

The English translation of 1780 is a manifest imitation of Mac Pherson's English of 1760.

The notes contain quotations from ballads, of which versions are in Kennedy's collection, pp. 189, 190, 193, 197, 247, 249, 261, 263, 265, 284, 294, 300, 307, 326.

Smith's 'Sean Dana.'—In 1789 Dr. John Smith printed 5,335 lines of Gaelic poetry. In his advertisement, dated 1788, he says plainly, 'These poems were for the most part taken down from oral recitation.' But he adds that he made them up from 'editions' and 'copies,' by which he seems to mean 'versions.'

Walker's 'Irish Bards.'—Dr. Smith quotes J. C. Walker ('Historical Memoirs of the Irish Bards,' London, 1786, 4to, 636 i. Brit. Must.), who had quoted Dr. Smith's previous work of 1870 at pp. 22 and 39. Of it—*not of the Gaelic book*—the Irish author said:—

'I have taken those passages from Dr. Smith's poems, because his poems are known to be translations from the *Irish* in many instances.' P. 20.

'Dr. Smith has freely and elegantly translated a poem on the death of Dermid, entitled *Mar Mharbh Diarmad an Torc Nimhe*.' P. 39.

On referring to Walker, the words are *Mar Mharbh Diarmod an Torne Nemhe*, and special reference is made to Smith's own book as the authority for the statement.

At page 16 Mac Pherson's Ossian is also quoted to support Walker's arguments about Irish customs in early times.

At page 111 are 200 lines of the Irish 'Laoi Na Seilge,' of which another version is in Miss Brooke's Text N., and yet another is freely translated into English verse in 'Ancient Irish Minstrelsy,' by W. H. Drummond (Dublin, 1852, 12mo., 11,595, f. Brit. Mus.)

Walker quoted Keating, Vallancy, and other Irish authorities, and seems to have been torn between a strong desire for the Irish authenticity of Mac Pherson and Smith, restrained by a wish to deny their Scotch authenticity. He quotes both books as authentic for his Irish purposes, and repudiates them both as Scotch forgeries.

As Smith quoted Walker's quotations from his own works, he accepts the conclusion; and we are bound to believe that he translated freely from ballads common to Ireland and Scotland collected orally in Scotland.

Kennedy, living in the same district and parish, collected orally 644 lines of the metrical Story of Diarmaid, Text H., which he gave to the Minister, and he wanted to sue him for using his manuscript without acknowledgment.

In 1789 Dr. Smith said plainly at page 99 that the poem of Diarmaid, as then commonly told, was 'absurd' and 'extravagant,' and that he had separated the dross of the 15th century from the more precious ore of former ages. Kennedy's Diarmaid is at p. 153, and may be compared with Smith's poem.

If Walker was deceived there is no wilful deception in Dr. Smith's work, unless it was self-deception to imagine that the result of these operations was authentic old poetry. On comparison of Texts A. to I. with Dr. Smith's version of Diarmaid, it turns out that Dr. Smith printed four or five out of 644 lines which were orally collected by Kennedy, in his Diarmaid of 331 lines, refined from the dross of the 16th century, as it existed in Text A., 1512, and in the rest of those texts. In the whole of Dr. Smith's 5,355 lines I can only identify a few lines with older texts. The poems seem to me new work of a single mind, built upon old ruins.

May 25, 1812, Mac Lachlan of old Aberdeen, who was a famous scholar, wrote:—'The Dargo and Conn of the late Dr. Smith appear to be compositions of his own, and have nothing common to the productions of genuine antiquity.' ('Manuscript Abstracts,' Advocates' Library, Edinburgh.)

I will not venture beyond that which Dr. Smith openly avowed. He says that this 'precious ore of former ages' contains 'many examples of whatever is beautiful or sublime in composition,' but it is certain that the refined amalgam sublimed and compounded is so exceedingly rare that no specimen of it is known to exist anywhere outside of Dr. Smith's book 'Sean Dana.'

I therefore leave Dr. Smith's 5,335 lines of refined Gaelic, and print from Kennedy's 5,416, with other texts which remain in the rough. The Doctor had 4,448 lines of Text H. six years before he published his translations, and fifteen before he printed 'Sean Dana.'

The stories in Kennedy's arguments and ballads, and quotations from the ballads themselves, are in Dr. Smith's notes, together with quotations from all manner of books.

Conclusion.— Dr. Smith aptly compared the Ossianic controversy to the knightly quarrel about the shield. I have tried to look at all sides of the shield; I have read

Mac Pherson's	. . . .	10,232 lines
Smith's	. . . .	5,335 ,,
Clark's Mordubh	. . . .	320 ,,
		15,897 ,,

besides 54,000 lines of Ballads.

I find four or five distinct sets of poetry existing about 1789. Mac Pherson, Clark, and Smith each found collections which bear the stamp of a single mind, which nobody else ever found anywhere out of their respective books; but the whole lot are founded upon the same traditional Scoto-Irish history.

Kennedy and others, from A. to I. found versions of Heroic Ballads and Hymns orally preserved, which others found about the same time elsewhere.

Dr. Smith's brother Donald afterwards helped to edit Mac Pherson's manuscript in 1807, and many people in Scotland still believe implicitly, confidently affirm, and assert with strong language that Ossian composed these 'Ossian's Poems' in the time of the Romans.

In 1871 a Bard composed a Gaelic song in honour of a royal bride, and sent it with a metrical English translation of his own. The original and the translation had as much to do with each other as the opera and story of William Tell. I can therefore understand why Kennedy accused Dr. Smith of 'translating' his manuscript; why Smith, Mac Pherson, and Stone called their own wild paraphrases 'translations,' while all Scotland and Ireland declared in chorus that these wild paraphrases were translations from originals which everybody knew as Scotch or Irish; and why the United Kingdom now laugh at the authenticity of the 'Ossian's Poems' which are known to the world.

LANGUAGE.

In 1779 an Irishman named John * * * * printed a description of the County of Clare in language translated from his own Irish thoughts. It is the only composition known to me which resembles Kennedy's English. He says (p. 44), 'About a mile N.W. of TULLA lies the River of KILLTANNAN and MILLTOWN famous for its ever amazing and elegant Subterraneous Curiosities, called the TO-MINES. They form a Part of the River Midway between KILLTANNAN House and the Castle of MILLTOWN, extending for a space which (from its Invisible Winding Banks and Chrystal Meanders) may reasonably be computed a Quarter of an English Mile; they are Vaulted and Sheltered with a Solid Rock, transmitting a sufficiency of Light and Air by Intermediate Chinks, and Apertures gradually offering at certain Intervals.

'At each Side of this Elysian-like River, are Roomy Passages or rather Apartments freely communicating One with the Other and scarcely obvious to any Inclemency whatsoever; they are likewise Decorated with a Sandy Beach, level along to walk on, whilst the curious Spectators are crown'd with Garlands of Ivy, hanging in Triplets from the Impending Rocky

Shades: Numbers of the Sporting Game, the Wily Fox, the Wary Hare, and the Multiplying Rabbit, &c., merrily parading in View of their own singular and Various abounding Haunts and Retreats. Ingenious Nature thus Entertains her welcome Visitants from the Entrance to the Extremity of the To-MINES. Lo! when parting liberally Rewarded, and amply Satisfied with such egregious and wonderful Exhibitions, a Bridge or Arch over the same River, curiously composed of Solid Stone, appears to them as a lively Representation of an Artificial one,' &c. &c.

In this florid imitation of a Gaelic tale the writer goes on for 58 duodecimo pages, which make a very curious little book, lent to me by Mr. Standish O'Grady in July, 1872. This author, like Kennedy, thought in Gaelic.

TEXT J.
Hill's Poems, 1780.

In Reid's 'Bibliotheca Scoto-Celtica,' pp. 109 & 166, mention is made of Thomas Ford Hill's Ancient Erse Poems, collected among the Scottish Highlands, in order to illustrate the Ossian of Mr. Mac Pherson, 1784, octavo, pp. 34. No copy is in the British Museum, or in the Advocates' Library, or in Trinity College, or the Bodleian.

The collector was an Englishman who travelled in the Highlands in 1780, and who printed what he gathered, first in the 'Gentleman's Magazine' and afterwards separately. The collection is mentioned at p. 50 of the 'Report on Ossian,' 1805, where it is said that Hill got most of his collection from Mac Nab, a blacksmith at Dalmaly in Argyllshire.

The Report mentions:—
1. *Ossian agus an Cleirich*, or the Battle of Magnus.
2. *Mar Mharbh Diarmad an Torc.*
3. *Mar Mharbhadh Bran.*
4. *Urnigh Ossian.*

A gentleman in the neighbourhood translated these, and Mr. Hill published Gaelic and translation with his own remarks. There can be no question of tampering with the text in his case, for he did not understand Gaelic. The reporters condemn these versions as more corrupt than copies which they had themselves procured, and they point out errors in the translation, and mistakes made by the traveller. In the Appendix No. 8, p. 118, 'Ossian's Prayers,' 144 lines are quoted. In Text A. are 136 lines of a version of 1512—26. At page 130 are Dr. Donald Smith's observations, 23 pages of adverse criticism on Hill's book of 34 pages. In getting Dr. Smith's own authorities, natives of Dalmaly and Loch Awe side, Blair, and Morven, to repeat and to write Gaelic poems attributed to Oisein, and to translate them, this Englishman had invaded the native glen of the brothers John and Donald Smith, the kingdom of Fingal, the country of Ossian, and the stronghold of Mac Pherson. The bold stranger had to be strictly dealt with. His answer might be short and simple now. Of the four poems named by them, the Committee had better versions. In fact, as now appears, Nos. 2 and 4 were in the Text A. (1512). No. 1 was in Text D. (1755). No. 3 was in Text F. (1750). All four were orally collected long before Hill travelled in 1780. His book, with all its errors, was in fact a fair sample of traditional poetry as it has been written in Scotland. The orthography is partly phonetic like Dean Mac Gregor's, partly according to the system of the printed Bible. Any Gaelic reader can understand what is meant, and each poem has its pedigree.

In striving against such a formidable adversary the adverse critic made a great deal of the giant '*Uvarat*.' In 1871 the slaying of *Ubhal-lamhfhad*, a well-known character, who gave Goll a black eye and was smashed with a single blow, was told to me in Uist. All the quotations made by Dr. Smith from Hill are versions of passages in well-known Gaelic ballads.

The critic Dr. Donald Smith demonstrates that Mr. Hill in 1780 collected ballads which all former and later collectors found current; and that he did not find any of the poems which were printed by Dr. John Smith in 1787, or any of those which were going to be printed in 1807 from Mac Pherson's manuscripts as 'The Poems of Ossian.'

The people who had never heard of Mac Pherson (p. 152) sang in 1780 as they sing now about 'Fion Mac Coul, Mac Trathal, Mac Arsht, Riogh Erin, or King of Ireland, thus attributing the origin of his race to the Irish.'

Dr. Smith says of *his* Ossian, 'So inveterate a hold has it taken of all the speakers of Gaelic in Scotland, that they regard the defaming of it to be as idle as the defending of it to be unnecessary.'

> 'Non tali auxilio nec defensoribus istis
> *Oisen eget*.'

Text J., its story, and commentary prove that two Poets were in the field—'Oisein,' the hero of tradition, and 'Ossian' of printed books.

In June 1872, I had begun to think that Hill's heretical work had been destroyed. I have failed to discover a copy in London, Edinburgh, or Dublin, or Oxford, or anywhere, and I have been driven to the 'Gentleman's Magazine' and to the 'Report on Ossian' for information concerning Hill's collection. Hill's papers can be referred to—Vol. 52 'Gentleman's Magazine,' 1782, p. 570; Vol. 53, Part I., 1783, pp. 53, 142, 399; Part II., 1785, p. 590. He says, alluding to the Ossianic controversy:—

'I do not mean, however, to tax any of Ossian's Highland partisans with direct falsehood; they have all heard that the stories of Mr. Mac Pherson relate to Fingal and his Heroes; they themselves have also often heard songs relating to the same people and ascribed to Ossian, and on this loose basis I fear their testimonies often rest' (p. 571, col. 1). Hill got many songs from Mac Nab, blacksmith, at Dalmally. Those written by a man referred to by Dr. Smith were afterwards translated by Mr. Darroch, tutor to Mac Lean of Scallastel in Mull (vol. liii. p. 53); other songs were otherwise authenticated. 24 verses of the 'Death of Oscar' were recited by a carpenter in Gaelic, at the house of Mac Lean of Drumnan, in Morven. A daughter of Sir Alexander Mac Lean translated and Hill wrote. His object was to test Ossian. The ballad was identified with Temora. Two verses I do not know; the rest are fair translations of the current ballad. Mr. Hill finished his publication with a short dissertation, July 10, 1783, in which he comes to the same conclusion which I have reached in June, 1872. A list of the collection is with other lists.

TEXT K.
Mac Arthur's Collection. Mull, 1784.

I have only seen quotations made from this collection, which are printed in the first number of the 'Transactions of the Royal Irish Academy.' See Text L.

TEXT L.
Dr. Young's Scotch Collection of Seven Ballads, 1784.

'Antient Gaelic Poems respecting the Race of Fions, collected in the Highlands of Scotland in the year 1784. By M. Young, D.D., M.R.I.A.'

This paper, read April 17, 1786, before the Royal Irish Academy, is printed in the first volume of their Transactions (British Museum, 741, c. 14). The author afterwards became Bishop of Clonfert. He refers frequently to 'Gillies,' a book which was published, according to the publisher's letter, June 15, 1786.

These dates need explanation. In 1784, during an excursion to Scotland, Dr. Young tested the authenticity of Mac Pherson's English Ossian, and collected current Gaelic poetry. He says that he transcribed 'letter for letter from the copies current in the Highlands, except so far as they have been corrected by the edition lately published at Perth.' According to the dates, the book was published in June, three months later.

He says that he was not well acquainted with the language as an excuse for the translation which he gives with the Gaelic text on opposite pages.

He proved that Mac Pherson was not the sole and original author of the compositions which he published as translations of the works of Ossian, because he, during his Scotch excursion, had met with the originals of some of them. Mac Pherson had taken great liberties with them, he said, but he had discovered great ingenuity in these variations. Dr. Young quoted Dr. Smith, who said, in 1780, 'that Mr. Mac Pherson compiled his publications from those parts of the Highland songs which he most approved, combining them into such forms as, according to his ideas, were most excellent, retaining the old names and leading events.' He says, 'He ought to have permitted the world to judge in these cases for themselves; and when he professed himself to be merely a translator, it would seem that he transgressed the limits of his province when he presumed either to add to or to mutilate the originals.'

Dr. Young also quoted Mr. Hill (Text J.). He quoted Gillies (M.), the Perth bookseller, who printed Gaelic sent to him from the Highlands, and the Irish collector corrected his own collection from the Scotch book. He quoted a third Scotch witness—namely, Mac Arthur (K.) the Mull minister—who wrote to a Glasgow professor 'that there were many of the spurious Irish songs wandering through the country, but, to satisfy his scruples, he sent him the four following fragments as extracts from the genuine poems of Ossian' (p. 46).

Mac Arthur's four fragments of the supposed originals of Mac Pherson's translations were identified by him with (1) Fingal, Book V., description of the Fight between Fingal and Swarran; (2) Book V., on the same subject (Clark's Ossian, 1870, vol. ii. p. 50); (3) the third fragment was identified by Mac Arthur with the 'Death of Oscar,' Book I.; Temora (Clark's Ossian, vol ii. p. 200); the fourth fragment was identified by Mac Arthur with part of the 'Battle of Lora,' for which there is no other Gaelic text. None of Mac Arthur's fragments are in Mac Pherson's Gaelic printed 1807, and none of them are in the latest revised texts.

Mac Arthur's fragments were identified by Dr. Young in 1786 with part of Hill's collection, which Dr. Donald Smith condemned; and with the 'Lay of Magnus the Great.' 'A beautiful copy' of Magnus was then in the library of the University of Dublin. One was afterwards printed in 1789 by Miss Brooke, 197 lines. 'A mutilated copy' was then printed in the Perth edition; namely, in Gillies, 1786, 172 lines. In quantity the difference is 25 lines. The quality is much the same.

Referring to Gillies, from which Dr. Young corrected his own collection, as he says, Mac Arthur's Mull fragments coincide with the Perth edition; thus:—

The first fragment coincides with verses 34—5; verse 34, line 3; and verse 36, lines 2, 3, 4.

The second fragment with verses 20, 21, 23, 24, 25, of 'Comhrag Fheinn agus Mhanuis.'

The third of Mac Arthur's fragments is identified with Oscar's death song. The lines are in verses 59, 61, and the first three lines of verse 58. (p. 191 below).

The fourth fragment was identified with a poem preserved in Ireland under the name of 'Oran eador Ailte agus do Maronnan.' There are ten lines. These belong to the ballad of Erragon which is variously named. A version of 59 verses, 236 lines, at page 101 below. I know of seven Scotch versions.

The whole of these ballads were current in 1871 in the Hebrides, and I have collected the whole orally.

In 1786 it rested upon Texts A. to M., and on the testimony of an Irish bishop, an English traveller, the Minister of Mull, a Glasgow professor, a Perth publisher, and Sir James Foulis of Colinton in Scotland, that the Gaelic originals of some passages in Mac Pherson's English Fingal and Temora were parts of certain ballads then current 'in the Highlands of Scotland,' 'in Scotland,' in 'Argyllshire,' in Mull, in Ireland.

But none of these Scotch originals are in the Gaelic printed in 1763, and in 1807 and 1870, as the Gaelic originals of these translations.

Those who call the Ballads 'spurious' and believe in Mac Pherson, can point out that no mention was made by Dr. Young of the seventh book of Temora, which was published in Gaelic 23 years before Dr. Young read his paper before the Irish Academy, which printed his collection of Scotch Gaelic ballads. He said that the Irish character was unknown in Scotland before 1690.

Mac Donald's Islay Charter, now published, writings by the Beatons, &c., prove that he was mistaken. When he said that the Erse was not written, he was not aware that Carswell's Prayer Book was printed in 1567, and that Martin, as late as 1716, and Stone in 1755, called Hebridean and Dunkeld Gaelic 'Irish.' 'Erse' is a local pronunciation of the word 'Irish,' and both words mean one language.

I have collated this collection of Gaelic Ballads current in Scotland in 1784, as printed by the Royal Irish Academy in 1786, with Gillies, printed at Perth June 15, 1786, according to the publisher's letter. They are versions of the same ballads. The book can easily be read, so I do not print Dr. Young's collection or my own notes upon it. A list is given above.

TEXT M.
Gillies, 1786.

'A Collection of Ancient and Modern Gaelic Poems and Songs, transmitted from Gentlemen in the Highlands of Scotland to the Editor. Perth: Printed for John Gillies, Bookseller, 1786.'

This book is rare. In 1872 the writer knows of thirteen copies only. In May, 1861, there was no copy at the British Museum. The book is described at page 72, Reid's 'Bibliotheca Scoto-Celtica,' Glasgow, 1832, as 'very rare.' There are two editions of the 'Advertisement by the Editor,' of even date, June 15, 1786. There seems to be no second edition of the text. Frequent mention was made of this book in Text L., apparently four months before the book was published. It is therefore possible that an earlier edition was printed. If so, I have never seen a copy.

The book contains 24 Heroic Ballads, many of which are in earlier texts. Most of them are orally preserved in fragments, or almost entire, and oral versions occasionally have verses which are not in old written versions.

In 1871 I made a tabular abstract from these ballads, in order to extract their story. 36 names were written in column, and 23 names of ballads headed the table. Where a man's name occurred in a ballad a cross was made opposite to it.

 1. Fionn appears in . . . . 16 lays.
 2. Oisein, his son 13
 3. Osgur, his grandson . . . 13
 4. Faolan, his son 6
 5. Roidhne, his son 3
 6. Careall, his son 6
 7. Feargus, his son 4
 8. Diarmaid, his twin sister's son . 6
 9. Daorghlas, or Caoilte, his kinsman . 4
    These are all of one tribe, the Clanna Baoisgne.
10. Goll, Fionn's rival 12
11. Conan, Goll's brother . . . 6
12. Garaidh, his brother . . . 1

These are all Fians of Eirin, and belong to one period. The remaining 24 chief names occur occasionally. The lays appear as spoken by 'Oisein,' a warrior Bard, who sings the exploits of his own kindred and comrades.

Cuthullin of the red tree appears once in the collection of battle songs. He reappears in the account of the death of his son *Conlaoch*, with names which do not appear in the 16 Fenian lays.

Fraoch and the *Children of Usnoch* belong to the story, but to a different part of it, for they appear alone.

These Heroic poems, as got in Scotland, relate to the wars of a military order of 7 battalions, who fought Scandinavians and other foes, who aspired to reign in Ireland, and who fought each other at odd times. The story coincides with the story of all previous texts quoted above, from A. to M.

The Dream of Malvina belongs to a different period, and style, and story altogether. Fionn and Oscar are named in it, but that is all. (See p. 214.)

Mordubh does not even name any one of the 36 Heroes who appear in the lays. It differs from them in every respect, and rests upon the sole authority of Mr. Clark, a land surveyor in Badenoch, for no symptom of Mordubh is in any text older than his book.

The English equivalent was printed in 1778—'The Works of the Caledonian Bards, translated from the Gaelic' (200 pages). The Gaelic equivalent for two books of Mordubh appeared in 1786 in Gillies. Gaelic, for a third 'book,' appeared in Mackenzie's 'Beauties of Gaelic Poetry,' in 1841, together with 'Gaelic for the Old Bard's Wish,' of 1778. The Gaelic for the rest of Clark's book had not appeared in 1872.

We now arrive at this curious result: Gaelic poetry in Texts A. to M., 1512 to 1786, is collected only to be condemned as spurious; it is not translated, but there it remains, written and printed, genuine popular poetry known to all Gaelic folk, but rejected by the instructed.

English translations appear after 1759, which are followed by equivalent Gaelic, at long intervals, or remain as English works. The Gaelic differs essentially from that which was orally collected, and which is now orally preserved. No one ever repeats it by heart, few ever read it, but it is declared to be the authentic work of very ancient Caledonian Bards. I suppose that it is 'Caledonian' work of Bards who flourished after 1759, and that James Mac Pherson was their leader in 1763 when he printed the 7th book of Temora.

TEXT N.

Miss Brooke's Irish Collection, 1789. 988 *lines.*

Two hundred and seventy-seven years after the Dean of Lismore wrote Collection A.; thirty-three years after Jerome Stone of Dunkeld printed a translation of Fraoch; thirty years after Mac Pherson's first English publication; nine years after Dr. Smith's 'Book of Translations;' five years after Bishop Young of Clonfert had collected Gaelic ballads in Scotland; three years after the publication by John Gillies, at Perth, of Text M.; and two years after the appearance of Dr. Smith's 'Sean Dana,' Miss Brooke, an Irish lady, published a collection of Heroic Poems in Dublin in 1789.

'Irish Poetry: consisting of Heroic Poems, Odes, Elegies, and Songs, translated into English verse, with Notes explanatory and historical, and the originals in the Irish character; to which is subjoined an Irish Tale. By Miss Brooke. Dublin, 1789.'

The book is a quarto of 369 pages, with a preface and table of contents. So far as I know, it is the first printed Irish publication of the kind.

The following list gives the names of the Heroic Poems, and the number of lines in each, with a reference to earlier Scotch texts in which versions of the same ballads exist:—

No.		Lines.	Scotch	Lines.
1.	Conloch, p. 165	112	A.2.	104
	The Lamentation of Cucullen over the Body of his Son Conloch, p. 169	72		
2.	Magnus the Great, p. 271	196	D.9.	188
3.	The Chase, p. 278	334	A.5.	136
4.	Moira Borb, p. 288	160	A.18.	166
5.	War Ode of Osgur, the Son of Oisin, in front of the Battle of Gabhra, p. 296	42		
6.	Ode to Gaul, the Son of Morni, p. 298, in a metre which may be divided into 114 or 72 lines	144	A.23.(70.)	141
	Lines of Heroic Verse	1,060		735

Texts A. to M. prove that within a Scotch district, bounded by the Atlantic on the west, and extending from Caithness by Dunkeld on the east, to the Mull of Ceantire, certain metrical stories had been current between 1512 and 1786. Text N. proves that four of the same ballads and the same stories were then current in Ireland, together with a great deal of Irish poetry composed by known Bards, such as Carolan.

It is abundantly proved by existing manuscripts that these Heroic Ballads were current in Ireland.

O'Halloran tells the story of Cuchullin and Conlaoch with the date A.M. 3950. The notes explain the story which all the Scotch texts combine to tell. Miss Brooke's work joins Scotch tradition, current wherever Gaelic was spoken, to Scoto-Irish tradition and to the romantic early history of the Celtic tribes.

Yielding to the fashion of her time, Miss Brooke 'translated' some of her collection, so as to make her work an original composition. She tells the story of the ballad, but if Miss Brooke's English were turned into vernacular Irish, the result would differ from the original about as much as the 'Death of Oscar' in Temora varies from the old Gaelic ballad in Text A. In other cases Miss Brooke keeps close to the Irish text. At the end she chooses a subject from Irish history, and boldly composes 'Maon, an Irish Tale,' in English verse. She speaks in the character of Craftine, a contemporary of Cobthach, a deceased Bard, who appears to her to tell the tale, and she makes him talk about the Muses and imitate Mac Pherson's Ossian; thus:—

'While on each blasting beam their forms
    (The sons of death) were reared,
And louder than the mingling storms
    The shrieks of ghosts were heard.'

Miss Brooke's honest work is a fair sample of the Gaelic literature of her time. She gives an Irish text (N.) which corresponds to Gillies (M.) She gives a translation from it which corresponds to the translations of Jerome Stone of Dunkeld (E.) She adds a composition of her own which corresponds to Mac Pherson's Ossian, and to Dr. Smith's 'Gaelic Antiquities;' but she made no pretences; no Irish equivalent followed on the Tale of Maon. It is the fashion in Ireland now to condemn Miss Brooke's work. It seems worthy of praise, if only because of its honesty and industry, and because it contains Text N., the first of its kind.

After these two publications, M. N., there was a pause in collecting traditional poetry in Scotland. That work began again with renewed vigour under the Committee of the Highland Society, who reported on the authenticity of 'Ossian's Poems' in 1805, and printed them in 1807. A circular containing a series of questions was issued by the Society, and it was answered by clergymen and laymen, of whom the chief contributors are named in the advertisement. Some of the papers were preserved. I found some in the Advocates' Library in 1871, and had some copied. Other collections got into other hands, and of these I have marked one O.

TEXT O.

Irvine's Collection, 1800 to 1808, or earlier. 3,695 *lines, or more.*

February 17, 1872, Dr. Mac Lauchlan of Edinburgh wrote as follows:—'I understand that David Laing, Esq., of the Signet Library, has a large collection of Ossianic Ballads made by the late Mr. Irvine, of Little Dunkeld. I think this worth inquiring about, as the collection would be found to have come from a different part of the country from that you have ransacked.'

19th. Mr. Mac Phail was asked to examine and report on the manuscript. 23rd. He sent a list of the contents. 29th. He was asked to copy the MS. April 4th. He sent the last parcel. 6th. I read the collection and made these notes.

The collection appears to have been orally made about 1801, 2, 4, 8 in Rannoch, Kintail, Loch Tayside,

Glenlyon, Dunkeld, &c., from the recitations of farmers, farm servants, fox-hunters, &c., and from the dictation of one man, at least, who could not read. Copies of certain fragments were got from Mr. Mac Diarmaid of Weem, whose name is mentioned in the 'Report on Ossian,' 1805, and from Captain Morrison of Greenock, who helped Mac Pherson. Some are copied from 'Mac Ivor's MS.' In other cases the poems have no pedigree. One at least seems to come from Mac Pherson's text. The collection seems to be one result of the circular issued by the Committee of the Highland Society. See page 2 of their Report, 1805. The following note at the end of the manuscript shows that some one considered these poems to be evidence in support of the authenticity of Mac Pherson's Ossian. It certainly proves its own authenticity by comparison with the other texts from A. to N.:—'There is a collection of Ossianic and other Gaelic poems, by Dr. Irvine of Little Dunkeld, a copy of which has been deposited with the Highland Society of London, which Dr. Smith never saw, and which clearly demonstrates, as many others have affirmed, that poems ascribed to Ossian, Ullin, and others equal in merit to those collected and translated by Mr. Mac Pherson and Dr. Smith, existed in the Highlands. These are written just as collected during a period of nearly forty years, and any competent judge may at once see how old and new poems were mixed together; that is, the attempt made by the successive Bards to supply what was lost, or to model the story so as to please the taste of their hearers. An account of this last collection would of itself furnish an irrefragable evidence that Mac Pherson never could have been the author of the poems which he ascribed to Ossian.—'Edinburgh Encyclopædia,' edited by Brewster, Vol. XVI., Article 'Ossian,' p. 182.

This writer seems to mean the collection copied for me by Mac Phail, and printed below. Mr. Laing, who is the owner of the MS., the Rev. Dr. Irvine's, says he has no objection to its being copied and published. He believes the MS. has been copied from Dr. Irvine's original MS. for Mr. Grant of Laggan, and he understood that it was amongst a lot of books sold by the son of Mrs. Grant some years ago. A list of the contents is given above. Of poetry orally collected in Mac Pherson's country from farmers' servants, fox-hunters, &c.; 3,459 lines are not in Mac Pherson's Ossian; 181 lines are in the Gaelic which was printed in 1807; 49 lines were got from Mac Diarmaid, who was Mac Pherson's schoolfellow, and Captain Morrison, who was his assistant.

A note at the end, apparently by the scribe who copied the manuscript, D. Mc D., says in Gaelic that it was collected by Dr. ('Ollamh') Irvine.

A list of contents is given above; the ballads are incorporated with the text.

Here, at the beginning of a new phrase, let me point to the bearing of these facts.

From Texts A. to N., 1512 to 1789, in fourteen collections, only *one* sample of Mac Pherson's Gaelic text is known now to exist in manuscript. It is D. 30., 57 lines. See p. 214.

In Text O. are 236 lines, which belong to Mac Pherson's Ossian of 1759, &c., got from his friends and helpers, or from people living in his immediate neighbourhood, by a gentleman who also collected 3,450 lines which are *not* in Mac Pherson's text. This in 1808. After 48 years, in 1807, appeared 10,232 lines of span new vernacular Scotch Gaelic, equivalent to the English translations, but of which, so far as I can discover, only these 293 lines had ever been found by anybody else anywhere, at any time, up to that date. A great deal of Mac Pherson's English has no Gaelic equivalent now. Thereupon all the old texts from A. to O., which stick together as Scotchmen are said to do, were pronounced to be 'spurious' and 'corrupt,' or 'Irish' versions of the genuine poems of that Scotch Ossian who lived in the time to the Romans, and spoke modern Scotch Gaelic of ancient Caledonians. The genuine papers were shoved into drawers and forgotten. From that day to this men fight on for their 'Ossian's Poems' as if their own and the national honour were involved in their antiquity, while a different class of men, who have no education, go on spouting the old stuff wherever they dare to delight in such 'lies.'

In all literary history I do not know of a stronger exhibition of human cleverness and gullability, of educated men condemning manifest truth as a lie and sticking to fiction as fact. Over and over again have I wheedled and coaxed old Highlanders to sing old Fenian ballads to me privately, because they dreaded persecution from their neighbours if they told those old lies. Mac Pherson was greater than Ossian, if he earned all the praise lavished upon his author, under a mask, after his own poetry had been condemned. If he deceived all Europe and set critics by the ears for more than a century, he must have been a great man, but that is no good reason for believing his single testimony when opposed to all other evidence of all dates.

TEXT P.

'Ossian's Poems and Music, collected in 1801, 2, 3. *By Mac Donald of Staffa.* No. 2. No. 18.' A quarto paper MS., in the Advocates' Library.

This collection as it stands is a fair sample of broken tradition. By itself it is not good for much, but sorted with other fragments it can be used in mending other texts. The collection is headed by a preface of which the following is a translation:—

'Foresaid—The little that here follows of the crumbs of the history of the Feinne is now taken in writing from the oral utterance of Donald Mac Lean, who was born in the year fifteen' (1715).

'This man got the greater part of the old lore (Seanachas) from Calum Mac Phail, his grandfather, who made up three score great Nollugs (New Year's Days) and two, in a farm whose name is Rothill in the parish of Torasay.

'By John Mac Mhuirich (or Mac Pherson), schoolmaster, in the Isle of Mull, one of the servants of the honourable Society that is for spreading the knowledge of Christ through the Gaeldom and Isles of Alba.' April, 1803.

Page 1. Roimh-raite.

An beagan soi leanas do spruidhleach Eachdraidh na Feinne; Ata nois air a ghabhail ann an sgriobhadh o bheuludas Dhomhnuill Mhic an Leathain, a rugadh Bliadhna cuig deug. Thuair an duinsa chuid a's mo da t-seanachas o Chalum Mac Phail a th' shean-athair sa rinn tri-fichid Nolluig mhòr sa dhà ann am Baile gan ainm Rothill ann an Sgiothreachd Thorasay.

Le Iain Mhac Mhuirich Maighistir—sgoil san Eilein Mhuileach; aon do th' seirbhisich na cuideachd Urramich 'ta chum eolas Chroisd a sgaolidh feadth Gadhealtiachd agus Eileana na h' Albann.

April, 1803.

This scribe thought that he knew better than his uneducated authorities, and altered their stories.

For example, he writes '*Cubhal*,' and makes the proper name mean Fionn's *mother*, apparently because 'handmaid' is the biblical rendering of the word which he spelt. '*Cumall*' was the spelling in 1100. '*Cumhall*' is the usual orthography, and all other authorities, from the 'Book of Leinster' down to living Mull men, say that Cumhall was the *father* of Fionn. In particular an old man of 86, who was servant to Mac Donald of Staffa in his youth, told me a great deal of the Fenian story in 1870 and 1871 in Mull, and gave me the usual pedigree.

The use of orthography in support of theory is common to this day.

In Argyll the name of the county is pronounced as if it were spelt *Arghaidheal* (Land of the Gáel).

In the annals of Loch Ce the name was written '*Oirer Gaeidhel.*' *Oirear* means a district according to O'Donovan, who quotes a triad.

Deich mbliadhna loarn léir bhladh a bhflaitheas *oirir* Alban.

Ten years was Loarn (a notable thing) in the office of prince of the district (firiam) of Alba.

Kanter in Danish means coasts.

Some writers wish Argyll to be written *Oirthir Gaidheal*, and explain the name to mean Coast of the Gael; others would spell and pronounce *iar Gáél*, and translate it Western Gáél. The Western Gáél pronounce '*Ceanntire*' as if it meant *head* land. In spite of all this, in 1872 a Highlander spelt *Earr-Gáél* out of his own head, and translated his own orthography *Tail* of the Highlands, because the *head* land, Ceantire, and the coast '*Kanter*,' look like the *tail* of a fish on the map. Italy might as well be spelt Fit-a-lie, because it is like a foot.

In 1872 I got a copy made of Staffa's manuscript, which is in the Advocates' Library. It contains thirteen fragments. I have placed them with other versions of the same stories and ballads.

P.*

POET REE, SKYE.—Alexander Campbell, A.M., graduated at the University, and King's College, Aberdeen, in 1788; appointed schoolmaster and catechist at Port Ree by the Committee on the Royal Bounty, after a comparative trial from May 17, 1791. These offices he resigned in December, 1799, having been licensed. Presented to the parish 1799: killed by a fall February 16, 1811, aged 41—'Fasti Eccles. Scot.,' Part V. This gentleman made a collection of Heroic Gaelic Poetry, which was found in a drawer in the Advocates' Library by Mr. Donald Mac Pherson, on July 17, 1872. A list is with the rest, marked as above. This collection was taken down about 1797, as appears from an affidavit by Duncan Matheson; 4,187 lines.

TEXT Q.

A. and D. Stewart. 884 lines.

'A Collection of the Works of the Highland Bards. Collected in the Highlands and Isles by Alexander and Donald Stewart, A.M., Edinburgh, 1804.' 8vo. 2 vols. pp. 600. Referred to by 'Reid,' page 100; by Sir John Sinclair in the notices of Gaelic books appended to Ossian, 1807, Vol. III. It is there said to contain several pieces ascribed to Ossian; amongst others the originals of Mac Pherson's—

1. *Darthula*, for which there is no text of Mac Pherson's;
2. *Conlach and Cuthonn*, &c., 184 lines.

Of 10,232 lines of Mac Pherson's Gaelic texts printed in 1807, these 233 lines were known in 1804; but 651 lines which are not in the text of 1807 were then current, and they belong to the system of Texts A. to Q.

Amongst songs attributed to known Bards which are printed in this collection are numerous references to the Heroes of the Ballads.

The book contains:—

Of Mac Pherson's Text	233 lines
Of Heroic Ballads	651
Of Heroic Gaelic Verse	884

One poem is in the Irish Psalter of Tara, H., C. 15, p. 653, Trinity College, Dublin, but the Irish version is longer and better. It is printed below, p. 151.

TEXT R.

Report of the Highland Society on the Authenticity of Ossian's Poems, 1805. 2,273 *lines.*

This Report was drawn up by Henry Mackenzie, as Chairman of a Committee appointed by the Highland Society of Scotland to enquire as to the authenticity of the 'Poems of Ossian,' as translated by James Mac Pherson after 1759.

In 1807 the Gaelic text left by Mac Pherson was printed. In the body of the Report and in the Appendices are numerous quotations from texts above mentioned, which were got together by this Society. Ever since 1805 this book has been quoted by writers on matters Celtic.

In particular in 1829—30 William Hamilton Drummond, D.D., published a quarto essay of 161 pages on the authenticity of 'Ossian's Poems,' which was first read May 25, 1829, before the Royal Irish Academy (11,495 k., British Museum).

Taking most of his facts from this Report from the works of Dr. Smith, and from other publications, the author denies that which the reporters do not affirm. He asserts that which their facts do not indicate. He says in effect, 'All the authentic old Gaelic poetry which exists is Irish.'

In 1852 the same author published *Ancient Irish Minstrelsy* (Dublin, 12mo., 11,595 f., British Museum).

In this book of 292 pages are English arguments and English verses, made out of Irish history and Gaelic poetry. But some of the poems translated are avowedly taken from the 'Report on Ossian,' others are from Texts K. L. M. N. Some only are translated from Irish manuscripts; the rest are avowedly taken from Scotch collections.

The twenty-one poems merit high praise, as I think, but they must be judged by their merits. They are paraphrases, not translations. The metre is like that of Marmion, and it nowhere imitates the Gaelic quatrain. If these English compositions were translated freely into 'Irish,' the result would differ from the original Gaelic so as to make as great a puzzle as the Gaelic of Smith or Clark, or Mac Pherson himself.

The originals preserved in Scotch and Irish writings, and orally preserved on both sides of the narrow sea, are neither *Scotch* nor *Irish*, but *Scoto-Irish*, Gaelic popular Heroic songs current for 350 years, from Caithness to Ceantire, and current in Ireland, as I believe, wherever Gaelic was spoken. They are founded upon 'Irish history,' but on history which Keating and other Irish historians place before Scoto-Irish were declared independent of the Irish Scoti, distant 16 miles. As regards the other poems about which all this stir is made, Dr. Drummond is one of a large body of Irish writers with whom I agree.

They have united to demonstrate that which is now manifest.

The Poets who composed in modern Scotch vernacular Gaelic were Scotch who used 'the Irish language;' to wit, Gaelic, or goidhealg. Mac Pherson's Ossian and Gaelic Heroic Ballads are part of one Gaelic system, and they are not accurately described as 'Irish Minstrelsy.'

The following is a list of the Gaelic poetry which is printed in the 'Report on Ossian:'—

1. p. 32. A fragment, Mac Phersonic, 16 lines.

'Obtained from Mr. Gallie, who says, "With much labour I have recovered some scattered parts of the *translation made at my fireside—I should rather say of the original translated there*—and I communicate to you a few stanzas taken from *the manuscript*."'

2. p. 39. A quatrain ballad; 4 lines.

Also obtained from Mr. Gallie. This seems to be an altered verse of 'Manus.' The last two lines are commonly repeated still.

Page 90. The Committee give a list of persons from whom they obtained—

'Various copies or editions (as they may be called) of the 'Poems of Ossian,' or poems in imitation of Ossian, now in most common circulation in the Highlands.'

1. Mr. M'Laggan, Minister of Blair in Athole.
2. Sir George Mackenzie of Coull, Bart.
3. Sir John Sinclair, Bart.
4. The Rev. Mr. Sage, of Kildonnan, in Sutherland.
5. *Mr. Mac Donald of Staffa* (Text P.).
6. General Mackay.
7. *Archibald Fletcher* in Achalladar Glenorchy (Text F.).
8. Mr. Peter Mac Farlane of Perth.
9. The Rev. Mr. Malcolm Mac Donald in Tarbert of Cantyre.
10. Captain Mac Donald of Brakish.
11. The Rev. Mr. Stewart, Minister of Craignish.

The MSS. obtained 'were chiefly collected in the

Western Highland and Islands, and frequently appeared to be the same poems, but in some of the copies with considerable variations, and what appeared to be corruptions, with those current in Ireland, some of which Miss Brooke, the lady hereinbefore mentioned, published with a metrical translation.' (Text N.)

'A good many pieces seemingly of a purer sort, though always with a mixture of rude and sometimes unintelligible passages, were sent to the Society by' (the gentleman named above). Of these eleven I have copies of two (Texts F. and P.); of the other nine I have some fragments.

12. Major Mac Lachlan of Kilbride furnished a collection of old manuscripts. Some of the poetry which they contained seemed to be 'very much corrupted.' That means, as I suppose, that Dr. Donald Smith, who reported on them, did not find Mac Pherson's Ossian or his brother's Sean Dana there.

13. The Highland Society of London furnished another collection of manuscripts, amongst which was Text A.

At page	93 they quote from it	21 lines.
,,	95 ,, ,, ,,	122 ,,
,,	100 ,, ,, ,,	56 ,,

The Committee point out that the second of these tells a story which Mac Pherson tells in Fingal, but they did not state that Mac Pherson had left no Gaelic equivalent for this bit of his translation. The third story they identify with part of Temora in English, but they do not say how Temora differs from the old ballad.

14. *Duncan Kennedy's* collection is mentioned, p. 107 (Texts H. I.). A list of the contents is given, p. 108.

At page 100 they quote	.	.	.	28 lines
212	.	.	.	8
114 they give Dr. Smith's version of the 8 lines			.	18
116 are quoted	.	.	.	12
117	.	.	.	44
120	.	.	.	4
121	.	.	.	12
122	.	.	.	15
123	.	.	.	36
126	.	.	.	8
130	.	.	.	2
131	.	.	.	2
132	.	.	.	5
133	.	.	.	4
134	.	.	.	6
135	.	.	.	2
136	.	.	.	2
140	.	.	.	20
141	.	.	.	24
143	.	.	.	21
144	.	.	.	11
146	.	.	.	2

The Committee quote in their Report 505 lines.

That which is most conspicuous is the difference between quotations from the doubtful original which was thought worthy of repeated publication, and from the originals whose authenticity was beyond dispute, which remained unpublished till Dr. Mac Lauchlan and Mr. Skene printed A.

In the Appendix are printed—

p. 81.	8 lines of the Flags.		
82.	25	,,	Manus.
84.	25	,,	Manus from Dr. Smith.
99.	128	,,	Fraoch from Stone (Text E.).
119.	124	,,	Oisein's Prayer from Hill (Text J.).
161.	125	,,	a specimen of Mac Pherson's original, with his English, and Mr. Mac Farlane's Latin.
179.	137	,,	Dr. Smith's Gaul, Sean Dana (see Texts H. I.).
184.	24	,,	Leabu Ghuil from Mr. Mac Diarmaid (Text G.).
185.	38	,,	the Address to the Sun from ditto, and from Captain Morrison, Mac Pherson's friend.
187.	11	,,	Address to the Sun from ditto.
187.	26	,,	Extract from Smith's Sean Dana.
p. 190.	807		lines put together by Dr. Donald Smith from poems in the possession of the Committee, and translated for comparison with parts of the Epic Fingal in English.

Appendix 29, p. 284, gives a fuller account of the old manuscripts. Among them were—

1. A manuscript attributed to the eighth century which contains an essay on 'The Tain,' a story of which Cuchullin is the hero. A similar story appears in the publication of the Dublin Ossianic Society, vol. v. 1860. In this manuscript is a story in which the words Fent and Ois are translated Fingal and Ossian. A quotation of eight lines and a facsimile are given. From this MS. the Committee might have seen that Cuchullin and Fionn belonged to different stories, and that these were Scoto-Irish, not exclusively Scotch.

2. The next oldest is named Emanuel, and is ascribed to the ninth or tenth century. A quotation of thirty-five lines is given, and a plate of facsimiles.

3. A parchment book is attributed to the tenth or eleventh century. It contains biblical legends, a Life of St. Columba, &c.

4. A MS. dated 1238 on the cover is supposed to have been then written at Glenmason in Cowal. It contains tales in prose and verse—one about Deardir, Dearduil, or Darthula, from which are quoted thirty-three lines. (See p. 29.)

The quotations and facsimiles given from these ancient documents are alone sufficient to overturn the Ossian of 1807. The names, the language, the orthography, the letters, the rhythm, and the story told differ altogether from the new Ossian.

5. If there were any question as to these being exclusively Irish, medical manuscripts written in Scotland by the Bethunes are in the same language.

6. The manuscript above described as A. 1512—26 is compared as to nine of its Ossianic ballads with collections orally made by Fletcher (F.), Kennedy, (H. I.), Mr. Malcolm Mac Donald, &c. Dr. Donald Smith called the whole 'corrupt.' The Committee knew that these ballads were old.

7. 1603. A manuscript was finished at Dunstaffnage, October 12, 1603. It contains a tale about the Feinne and the Norsemen, an address to 'Gaul' (? Goll), of which two lines are quoted. This is now in the Advocates' Library.

8. 1654—5. Edmund Mac Lachlan wrote a collection of sonnets, odes, and epistles. These are local.

9. 1690. The manuscript described above as Text B. was written at Ardchonail on Lochawe side. The 19th appendix purports to give samples of language from the eighth century to 1690, but does not profess to produce one quatrain of Mac Pherson's Gaelic, or of Dr. Smith's, or anything to support the story of Fingal or Temora.

Appendix 20 quotes seventy-seven lines from Kennedy—the 'Death of Oisein.'

Appendix 21 quotes Miss Brooke and Kennedy, each twenty-nine lines of Conlaoch. (Texts H. I. and N. 58).

These parallel passages give a fair sample of work which has to be done fairly to collate texts.

At p. 330 are thirty-six lines of Manus.

Appendix 22 quotes eighty lines from Kennedy—the 'Death of Carill.'

The Report and Appendix give samples of Gaelic from the 7th century down to 1805, 2,273 lines in all.

Amongst these Mac Pherson's text stands alone.

At page 129 the Committee begin upon Mac Pherson's 'original,' as it is termed.

At page 155 they end a report with the word 'truth.'

They nowhere affirm that the 'original' was authentic. At 157 they say that the original itself will afford an opportunity of examining the language.

They give their evidence and information, and draw inferences. 146. They talk of poems confessed by all parties to be genuine, which Mac Pherson and other collectors thought unworthy of being published or translated, (149) and report on the whole question.

1st. That a great deal of Ossianic Gaelic poetry existed.

2nd. That it is very difficult to answer decisively how far that collection of poetry published by Mr. James Mac Pherson is genuine.

They say, 'The Committee has not been able to obtain any one poem the same in title and tenor with the poems published by him.' 152. They talk of Mac Pherson as diffident at first, publishing Gaelic with modernisms in it; careless and presumptous; commanding applause, producing another work; not careful about his original materials. They speak of him as if he were an original author. In short, the Committee acted 'with jealousy and circumspection which it conceived to be due to itself, to the Society, and to truth.'

At p. 126 is one statement from which I differ. 'In Kennedy's collection are several passages nearly, and sometimes altogether, the same with Mac Pherson's translation.' I should rather say, 'Very few passages indeed in Mac Pherson's English—none in his Gaelic, that I know of—can be identified with passages in Kennedy's collection.

It is a curious study to pick out quotations from Kennedy and to replace them. By carefully selecting detached sentences, a good deal of Milton's 'Paradise Lost' might be extracted from the daily papers.

Appendix 15, p. 189. The comparison of passages, 807 lines of Gaelic, is a very ingenious work, which needs study and previous knowledge for entire appreciation. In 1805 Dr. Donald Smith demonstrated practically how it was possible for his brother, Dr. John Smith, in 1780, and for James Mac Pherson in 1760, to work up genuine old Gaelic materials in constructing new poetry. Dr. Donald, in 1805, had about him the great mass of Gaelic poetry which the Committee had gathered as orally collected, and preserved in ancient manuscripts. He called the whole corrupt. Apparently he thought Mac Pherson's work authentic. He therefore reduced the entire Scotch collection to something like the condition which printers call 'pie.' Having reduced Mac Pherson's English Fingal to a similar condition, he selected from that 'pie' fragments most like the genuine but 'corrupt' Gaelic poems before he broke them up. He took 'Cuchullin's Car,' 'The Maid of Craca,' 'Fionn's Words to Oscar,' and other such plums out of the Fingalian pie as models. He did that which his brother says that he also did in constructing 'Gaelic Antiquities' and 'Sean Dana.' He took passages, quatrains, lines, half-lines, and words out of the 'pie,' which everybody acknowledged to be old, and he set up the broken bits in the shape of the other fragmentary 'pie,' whose entire authenticity nobody affirmed. He worked like a compositor who sets up a new page with old type and woodcuts. He utterly demolished the Scoto-Irish story told in the poems which he broke up.

He took bits of 'Conlaoch,' 'The Lay of the Heads,' 'Cuchullin's Car,' 'The Flags,' 'Manus,' 'Erragon,' 'Mac Stairn,' 'Ossian's Courting,' 'The Prince of Sorcha,' 'The Lay of Conn,' 'The Hunting of Lena,' and other poems of which he had versions, which I have now printed entire, and many others which I have not got. He cut out names which do not occur in 'Fingal,' and he quoted lines or half-lines from Fletcher, or Kennedy, or Mac Laggan, or Sir John Sinclair, or Staffa. Having thus openly made something quite new, Dr. Donald Smith translated it freely, and printed Gaelic and English on opposite pages, with parallel quotations from the English 'Fingal,' and with notes and references to his authorities below.

Metrical dramatic stories from Scoto-Irish history told as Dialogues between Oisein and St. Patrick in 1512 vanished. The story told in 'Fingal' disappeared also. The metre of the Gaelic songs and the irregular cadence of Mac Pherson's English prose were replaced by Dr. Donald Smith's translation of Dr. Donald's own Gaelic composition, which he made himself, as he explains by his references to the writings quoted, which I have now printed below.

As a printed story is lost in 'pie,' and does not reappear when type is newly composed, so it is in Dr. Donald's 'comparison of passages.' He illustrates the older works of Dr. John and of Mac Pherson. As he did, so they did forty years earlier. They worked up these same ballads into their own compositions; they believed their work to be genuine, and they said so.

It seems strange now that men should enlarge on texts in this fashion, but they did it openly, and the work of Dr. Donald Smith is in the Report on the authenticity of 'Ossian's Poems' to speak for itself. The two brothers, John and Donald, were no deceivers, but their ideas as to authenticity differed from modern ideas on that subject.

TEXT 8.

'16.'

'Poems of Ossian. Collected by Jo. M'Donald in the Western Parishes of Strathnaver, Ross, and Inverness-shire, in Septr. & Octr., 1805.'

(The above three lines are on the cover of the MS.—Mal. Mc P.)

The poems contained in this collection, and those by whom recited:—

1. Cath, or Battle of Ben Edin, in two parts. 400 lines.
   Alexander Mc Rae, North Erradale, Parish of Gerloch, aged 80.
2. Dan na Nighean. 84 lines.
   Captain John McDonald, Thurso.
   Alex. Mc Rao, Gerloch, as above.
3. The Fall of Roga, or King of Sora's Son. 104 lines.
   Captain John Mc Donald, Thurso.
4. Description of Cuchullin's Horses. 12 lines.
   Captain John Mc Donald, Thurso.
5. Dibir Dlighe, or the Battle of Lora. 84 lines.
   By Geo. Mac Kay in Dalvighouse, Parish of Farr, aged 55.
   John Mac Kay, Knockbreac, Parish of Durness, aged 58.
   Donald Mackenzie, Duartbeg, Parish of Eddrachilles, aged 61.
6. Conn Mac 'n Deirg, al Leirg. 116 lines.
   Geo. Mackay in Dalvighouse, Farr, aged 55.
   John Mackay, Durness, aged 50.
   John Mackenzie, Duartbeg, Eddrachilles.
   Alex. Mc Rae, Gerloch, as above.
7. 'N Teilgirnach mòr, or Eitridh Mhaonais. 80 lines.
   Alex. Mackay, in Ribbigil, Parish of Tongue, aged 63.
8. Duan Dhiarag. 60 lines.
   Alex. Mackay, Tongue, as above.
   John Mackay, Durness, aged 50.
   John Mackenzie, Duartbeg, Eddrachilles.
9. Iomachd Naodhnar (The Exploit of 9). 48 lines.
   Alex. Mackay, Tongue, as above.

The following note appears to relate to this collector, whose manuscript was found in the drawers of the Advocates' Library:—(Fasti, v. 304.)

'Gaelic Chapel of Ease, 1807.—John Macdonald, M.A., son of a small farmer at Reay, where he was born 12th November, 1779; studied at the Univ. and King's Coll. of Aberdeen, 30th March, 1804, where he attained his degree 30th March, 1801, and afterwards theology; licens. by the Pres. of Caithness 2nd July, 1805; became assistant to the Rev. John Anderson, min., Kingussie; ord. by his former Presb. 16th Sep., 1806, as missionary at Berriedale, with the full approbation of both districts, adm. 29th Jan., 1807; promoted to Urquhart or Fernitosh 1st Sep., 1813.—[Degrees of King's Coll., Aberd., Presb. Reg. New St., Acc. XV., Kay's Portraits.]—'Fasti Ecclesiæ Scoticanæ,' part i. p. 78.

'Urquhart, 1813.—John Mac Donald promoted to the Gaelic Chapel, Edinburgh; pres. by Duncan George Forbes, Esq., of Culloden, in 1812, and adm. 1st Sep., 1813; had D.D. from the Univ. of New York in

1842. On adhering to the Protest, joining in the Free Secession, and signing the Deed of Demission, he was declared no longer a min. of this Church 24th May, 1843; and died 16th April, 1849, in his 70th year and 43 min. He marr., 1st, Georgina Ross of Gladfield, who died 18th Aug., 1814, and had two sons, John, the eldest of whom, became one of the general assembly, and a daugh.; 2nd, 11th May, 1818, Janet, eldest daugh. of Kenneth Mc Kenzie, Esq., of Millbank; she died 22nd June, 1868, and had three sons and two daughters.'

TEXT T.
Turner's Collection, 1813. 212 lines.

In 1813 Peter Turner published a collection of Gaelic poems, octavo, 402 pages, bound in blue paper, and roughly printed. The following is a translation of his Gaelic title-page:—

'A Collection of choice Gaelic Songs that never before were printed till now. Gathered from memory throughout the Gaeldom and Isles of the Alba. By Paruig (Peter) Son of the Turner (Turner), Edinburgh. Printed for the Author by T. Stiubhard. 1813.'

There are 119 Gaelic poems, of which only one is Heroic.

'The Lay of the Great Fool;' 212 lines.

The poem was separately printed in Glasgow, in 1800, by Thomas Duncan, 12mo., pp. 12, price 2d. With it are songs to gentlemen in the Isle of Skye, by Lachann Mac Ionmhain, who had the name of Lachunn Mac Tharlaich oig; also Roghal agus Caristine. (Reid's 'Bibliotheca Scoto-Celtica,' p. 106.)

In 1861 the Dublin Ossianic Society printed a version in their 6th volume of 720 lines. In 1862 I printed a version, orally collected, of 256 lines.

In O'Donovan's Catalogue, 166, Trin. Coll., Dublin, H. 2—6, a manuscript is described which was written about 1716. It contains 38 pages of pure Irish, supposed to be a translation from Welsh. It is a prose tale of knight errantry. King Arthur's knights appear in it with necromancers (Gruagacha).

The title is 'Eachira an Amadain Mhoir' ('the 'Exploits of the Simpleton' or 'Fool.')

This probably is the story of which fragments are orally preserved in Scotland. (See Vol. III. 'Popular Tales of the West Highlands,' 146 and 178.) If so, it has relations in Breton tales and in Arthurian romance. (See Vol. IV. 'Popular Tales,' p. 278, for the Story of Peredur as told in the Red Book of the 15th century.) The earliest printed version of this Gaelic lay is the Glasgow duodecimo of 1800, of which, as it appears, Turner had no knowledge in 1813, when he printed his title-page.

In his old age the author used to wander about the Islands with meal bags, cracking jokes and living on the hospitality of the classes who are ever readiest to help each other out in the West. A manuscript collection of Heroic Ballads made by Turner was found in the Advocates' Library in July, 1872. A list of the contents is above. When Turner was seeking for subscribers, a Bard composed the following quatrain:—

A Phadruig Mhic an Tuarnair
Gur mòr a thug mi luaidh dhut
Na 'n tachradh tu 'n Gleann Ruadh rium
Gun costann uan san drama ruit.

TEXT U.
Grant on the Gael, &c., 1814. 261 lines.

This is a learned work upon matters Celtic founded upon all that the writer could gather from Classical and old English authors, with his own remarks upon Celtic languages and archæology. At page 379 is a paper on the authenticity of Ossian. It contains numerous quotations from the 'Report on Ossian,' R. It quotes a letter from Hume to Dr. Blair, 1761, and what followed. It also quotes the large edition of 'Ossian's Poems,' 1807, and other works to prove that poems attributed to Oisein really were current in the Highlands of Scotland, and that old Celtic manuscripts were there preserved.

The author quotes Gaelic poetry. (See list above.)

TEXT V.
Mac Callum, 1816. 2,738 lines.

'An Original Collection of the Poems of Ossian, Orran Ullin, and other Bards who flourished in the same age. Collected and edited by Hugh and John Mac Callum.' Montrose, 8vo., 1816. This contains 23 Ossianic poems orally collected, with the names of the people from whom they were got; also a Life of St. Columba, and a preface which seems to have been written by an ardent believer in Mac Pherson's Ossian who had not read Mac Callum's book. A separate volume of even date contains a free translation. This book is read by Highlanders, and is sometimes described as 'Leabhar na Feinne.' Versions of nearly all these poems are in older writings and books.

Of the series which belongs to the Story of Cuchulliu and the Children of Usnoch the book contains . . .	302 lines
Of the Ossianic series	1,815
	2,117
Of poetry which belongs to Mac Pherson's series, or seemed to belong to something like it	621
In all	2,738

After the publication of the gratis Ossian, the collectors found very little of it orally preserved. Gratis publication ought to have refreshed popular memory if the poetry was traditional, but it did not make people repeat the poetry attributed to Ossian by Mac Pherson. 12,820 subscribers are named in Mac Callum's list. It is remarkable that even this large edition did not affect tradition. The versions printed are not so close to current oral repetitions as those which are in Gillies and in unpublished MSS.

TEXT W.
Mackenzie, Clark, &c., 1841. 1,262 lines.

In 1841 Mackenzie published a work of which the following is the title:—

'Sar Obair nam Bard Gaelach,' or 'the Beauties of Gaelic Poetry, and Lives of the Highland Bards; with Historical and Critical Notes and Comprehensive Glossary of Provincial Words. By John Mackenzie, Esq., Honorary Member of the Ossianic Society of Glasgow, the Gaelic Society of London, &c. &c. With an Historical Introduction, containing an account of the Manners, Habits, &c., of the Ancient Caledonians, by James Logan, Esq., F.S.A.S., Corresponding Member S. Ant. Normandy; Author of the "Scottish Gael," &c. &c. Glasgow: Mac Gregor, Polson, & Co., 75 Argyll Street; 11 Lothian Street, Edinburgh; 10 Upper Abbey Street, Dublin; and 71 York Street, Belfast. 1841.' 376 pages of small print, large octavo.

The book contains samples of Heroic verse:—
1. Mordubh.

Of this considerable poem Mr. Clark of Badenoch published what he called a translation in three books in 1778. After eight years, Gaelic for two books, 330 lines, appeared in Gillies (M. 1786).

The Committee of the Highland Society in 1805 praise the publication of Mr. John Clark, whom they describe as a land surveyor of Badenoch, and say that Mrs. Grant of Laggan had lately published in verse a translation of the two books, which she had seen. She had no doubt that the third book was genuine, from her knowledge of Mr. Clark's character, and because his father and grandfather were great Gaelic scholars and collectors. Perhaps they were authors.

After fifty-five years, in 1841, appeared 758 lines of Mordubh. The first part is very little altered from the version in Gillies.

At p. 45 of the introduction to Mackenzie's book it is said, 'The authors of some of these ancient compositions are known, as of Mordubh and Collath.'

In the notes, pp. 1 and 9, it is stated that 'Douthal' and 'Fonar' composed these. 'Gillies' and 'Clark's Caledonian Bards,' two printed books, are the only authorities quoted. Gillies printed what he got from gentlemen in the Highlands without further remark.

Mr. Clark gives no authority for his Gaelic originals. His translations have peculiarities which distinguish the works of his neighbour and contemporary James Mac Pherson.

At p. 46 Clark says, 'The King came forward with the strength of Albin, like the rock of Tonmore.' A note explains 'Tonn-more, great waves,' but nothing explains this simile of an advancing rock.

The only other movable rocks known are Homer's.

At 135 mention is made of the 'chief of Tonmore,' and a note again explains 'Tonn-mor, *the Isle* of great waves,' 'one of the Orcades.' The story of 'Colmala and Orwi,' in which this chief appears, is like that of 'Fraoch,' which Stone told in English verse twenty-three years earlier. Clark's manner of telling it in English is like Mac Pherson's style, then only nineteen years old, and Clark's 'original' Gaelic, judged by names, was peculiar. His metrical English, 'Ancient Chief' is very like 'The fine old English Gentleman,' but he had the linguistic peculiarities of Mac Pherson's 'Highlander.'

Mr. Clark of Badenoch rhymes, 1878, 'Young and wrong; come, home; feast, guest; these, praise; noon, sun; dares, stars; return, mourn; glens, reins; home, tomb; breath, heath; train, glen.'

That clearly is the Badenoch English which Mac Pherson also spoke, when he rhymed, in 1758, 'Array and sea; sea, away; way, sea; invade, dead; wound, ground; strokes, ox; ear, bare; stood, blood; took, smoke; repelled, field; oak, stock; day, sea.'

'Dark night approached; the flaming *lord* of day
Had plunged *his* glowing *circle* in the sea.'

Both translators make the sun masculine; both enlarge upon a Druidical solar religion, of which traces appear in their respective books.

In the 'Cave of Creyla,' p. 116, Clark translates his unknown Gaelic original thus:—

'The *father* of light withdrew *his circular* presence beyond the *southern* hill.'

In Gaelic, and in Gaelic verse, *quoted by Clark*, the sun is feminine. Both these Badenoch translators invariably make the sun a father, instead of a mother, or a son instead of a daughter, and Clark makes him set in ' *the south* at noon. I have often seen the sun set near the *north* at *midnight*, but not in Badenoch.

' A mind eager to examine the appearance of nature in her simplest garb' (preface) might get this idea into it by looking at the *sun* out of the window of a fixed habitation, if it happened to be to the north of a hill in Badenoch, where he was wont to 'enjoy a rational pleasure from the compositions of the Celtic Bards.' Mr. Clark, or some of his neighbours or ancestors, may have composed original Gaelic under a hill, but no ancient Caledonians accustomed to look about them from hill-tops could ever imagine this unnatural noontide siesta of the female father of light with the circular presence.

At page 18 Mr. Clark says that he undertook his translation to rescue 'poems which have met with *universal applause from the people for whose use they were composed;*' but who were they? He calls these 'venerable compositions of the Caledonian Bards.' Mordubh he attributes to 'Douthal, Bard of Mordubh, King of the Caledonians,' whose compositions ' *have been industriously handed down.*' But no authority of any kind is quoted. The Caledonians described by 'Douthal,' if he composed the 'Cave of Creyla,' were very unlike other Celts of any known period. A sentimental, snivelling, inane old person named 'Liachan' (Grey Head), who was so named when he was a child, and his six sons, Ranal, Callan, Aspar, Althan, Duchan, and Ogier, made an oak fire in a secret cave, and there ate a venison feast. One of them shot the deer, out of season, promiscuously with an arrow, while another felled the withered oak with his steel, and the rest made the fire. Liachan was weeping tears, as usual. ' And let them come,' said Liachan. 'The drop on one cheek bathes the memory of thy mother; the offspring of the other eye is for the fate of him who has no son to warm his cave in the days of his grey hairs ' (p. 122).

Then he tells a story about his father, 'Tomdubh (? Black Tom). Benvel, and Balden, and Dungeal, Sulgorma, Minaig, Luachas, Malalin, Ervin, Creyla, and Gildea, are some of the Gaelic names. But the story of 'Black Tom' told by 'Grey Head' to his sons ' Black Head,' ' Youngster,' and the rest is utterly devoid of point or incident, and might have been told elsewhere with equal propriety. By my knowledge of unsophisticated human nature and smoky caves, the fire may account for these tears; but the ' Cave of Creyla ' is all my ' eye.' The most remarkable thing about 'Douthal's Poems' is that no other writer or collector seems ever to have heard of Bard or works, or of his King of the Caledonians, ' Big Black.' He was quite as inane, vague, and sentimental as Grey Head and Black Tom and their progeny of sentimental, sententious, hunting troglodytes of the iron and oak tree and arrow period of Caledonian history.

I quote all the Gaelic in Clark's book, pp. 54, 110, 168, 197.

'Dheirich Albin air braidh-tonn,' 'brai, signifying invariably *top*, and toin *waves*.' This is part of the ' original ' of Mordubh (p. 54).

' Le naithes dh' eirich da lann ghorm, &c.'

' Two blue steels rose in wrath.'

Sample of 'the chief of Feyglen,' Lann means blade (p. 110).

'*Bachlach dualach casbhui*' (p. 168). Translated, ' Her smooth neck is the white bed of her golden tresses. Her flowing ringlets fall in sweet disorder over her ivory shoulders.'

The note says that the words have no English equivalents (p. 168). Armstrong says that they mean ' curled; having luxuriant curled or bushy hair; yellow curled (or yellow legged?) In any case they are but three descriptive epithets in a song of praise, and no doubt there was an original for this which Mr. Clark paraphrased in this strange fashion. The last quotation is not translated, but it is given as a sample of language which is inimitable (p. 197).

Mr. Clark translated one line, and erred in that particular point in which he agrees with the whole Mac Phersonic school.

He says 'when *the sun* leans on *his* elbow' (p. 197). English for the Gaelic quoted ought to express something like the following, but the words really are not easy to turn into English equivalents, because of the multitudes of meanings which have been given to them, and which they may bear:—

' Getting up in the morn with our greyhounds,
Cheerily, beautiful, gallant, active,
Turning, destroying, catching, yelling,
Cunning, branching, knobby, shy.'

' In the time when *the sun* goes on *her* elbow,
Bloody, rending, with locks, with guns,
Popping, armed, bristling, finished,
Brindled, slaying, effectual, gay.'

I.

' Sa mhadninn aig èiridh lè r mialchoin
Gu muirneach, maiseach, gasda, gniomhach,
Lubach, leacach, glacach, sgiamhach,
Carach, cabrach, cnagach, fiamhach.

II.

'Nam *da 'n ghrein* dol air *a* huilinn (feminine)
Gu fuilteach, reubach; glensda, gunnach,
Snapach, armach, tarbhach, ullamh,
Riachach, marbhach, tarbhach, giullach.'

We are told that the Bard lived in the last century (*i.e.* 1600), and was Bard and Piper. He manifestly imitated the notes of pipe music in stringing a lot of adverbial adjectives into this shape, and he certainly does express a whole day's deer driving ' as it was really practised of old' in eight lines.

No greater contrast in language can well be imagined than these snatches of genuine Gaelic verse, placed beside the rest of Clark's book and the equivalent Gaelic for his English.

But there, in 1841, is Mordubh in Gaelic, 758 lines, which some Caledonian or other composed at some time, and 330 of these lines are older than 1786.

Mac Kenzie's book contains another poem of like nature, called *Collath*, 504 lines. In that case the ancient Poet was 'Fonar,' who was of the family of 'Collath.' So far as I can learn from books and tradition, nobody ever heard of these persons before 1841. A Badenoch Highlander, Mr. Donald Mac Pherson of the Advocates' Library, informs me that the real composer of this modern antique was Mac Callum of Arisaig.

Metaphorically the Caledonian warrior Bard 'Fonar' is like 'Mac Pherson and water;' but 'Collath' is Gaelic, and somebody composed that Heroic fragment.

These 1,262 lines are amongst the 'Beauties of Gaelic Poetry' printed in 1841. '*The Aged Bard's Wish*' follows. It is not *strictly* Heroic, but it belongs to the series; the author's name is unknown to me. Mr. Clark, in 1778, said tradition does not pretend to give the name of the author.

It first appeared in Mac Donald's songs (p. 141, ed. 1778, Clark). Clark himself printed a translation which differed from Mac Donald's original, as he says. Mrs. Grant of Laggan next gave a metrical version in English, and, in 1841, Mackenzie printed a translation with 144 lines of smooth, good, vague Gaelic verse, composed by somebody somewhere at some date before 1786 and 1778. The poem is in Gillies, p. 158. The verses are differently arranged, but the poem is the same, except variations in orthography.

'*The Owlet*' follows as it was printed by Gillies, 1786. It differs from these three, and from their class, and as I now learn it was composed by a Badenoch deer-stalker about 1550.

The rest of the 'Beauties of Gaelic Poetry' are songs ascribed to local Bards, and short memoirs of the composers. Many of them have great merit. Most of them composed mentally, and recited from memory. Their songs are orally preserved still by people who cannot afford books.

The Heroic poetry in Mackenzie's book, Text W., and these three samples from Gillies lead me to believe that an instructed class of Gaelic students composed a great deal of Gaelic poetry in the 18th century, about the time when mystification was the fashion amongst writers, and texts were treated as things on which to enlarge.

Mac Pherson's Ossian, Smith's Sean Dana, Clark's Mordubh, and Mac Callum's Collath are four samples of that class which claims to be authentic, and calls the other class corrupt.

This work never could be popular amongst unsophisticated people. No uneducated Highlander ever has recited this kind of Gaelic to me, and I cannot find a trace of it in any old writing.

On the other hand, the least educated classes go on reciting the so-called corrupt poems which are in these texts from A. to W.

They sing songs attributed to known Bards; they sing and recite Heroic Ballads which they very commonly attribute to Oisein, in spite of Ossian and the books of which many have never heard. I have heard them do this in parts of the Highlands ever since I began in earnest to gather folk-lore. In 1871 I heard about a dozen men recite Ossianic ballads in Mull, Tiree, the Long Island, and Skye, and wrote from their dictation. In the last twelve years I have not found a single 'uneducated' man who can say by heart twenty lines of the poetry which I believe to be modern, and others believe to be old.

The Ossianic poems which the people recite, and have recited for centuries, are entirely excluded from Mackenzie's 'Beauties of Gaelic Poetry' (Text W.), which is a very remarkable fact in the history of national literature.

My odds against the oral collection of poems published *as traditional* by Mac Pherson 1763, and Smith 1787, Clark 1786, and Mackenzie 1841, are as the number of lines which I have heard repeated (0) are to the printed number which I have not heard, but which I have read. 16,849 to 0 against their traditional origin is long odds.

TEXT X.
1854, &c. 1,167 *lines.*

In 1872 the Rev. Dr. Thomas Mac Lauchlan, Minister of the Gaelic Free Church in Edinburgh, whose name is familiar to Gaelic scholars as one of the best of the present day, was kind enough to allow me to have copies made of Gaelic poems which he had collected in various districts. Mr. Malcolm Mac Phail, one of his Gaelic class, copied the manuscripts. They contained versions of thirteen fragments, of which my list gives the pedigrees. The pieces collected by Mr. Carmichael were gathered by him for me. I had other copies of them from him in 1862. The fragment collected by Mr. Mackay was sent to me from Inverness by that gentleman in 1872. No. 10 I had not found entire elsewhere. Some one published the fragment in the 'Inverness Courier' in 1872. The following account of the Caithness and Tiree collections of (5 poems) are copied from the original letters of the collector, Mr. Cumming:—' The foregoing poems were taken at the mouth of Christina Sutherland, or Widow Simpson, on April 19 and 20, 1854, by George Mac Leod, late teacher, Dunbeath, and James Cumming, Rangag, parish of Latheron.

' This Christina Sutherland is the daughter of Wm. S., one of the tenants of Forsanaird, parish of Rhea. She was born in the year 1775. She had two brothers, who excelled as reciters of old and modern productions of the Highland Muse. They both served in the 78th Highlanders, John and Alexander. The latter obtained a lieutenantcy. He continued to the end of his life to draw amusement and delight from the rehearsal of pieces of poetry with which his memory was so richly stored.

' She heard these and many other old pieces of poetry recited in her father's house, both her parents being remarkable for the quantity which they could say of them, as well as for the precision with which they retained them. And here it may be observed that the writer who penned this at the mouth of Christina Sutherland could not fail to see that this was very probable, for she had many words and phrases the meaning of which became to her entirely obsolete. She remembers herself and one *Isbil Bhàn*, or Isabella Mc Kay, to have sat up for a whole winter night reciting poems of every description, each in turn and sometimes together repeating them. When under 12 years of age she would sooner commit to memory a long Duan than most if not any of her acquaintances who were come to maturity. She would go three miles and more to hear a poem not previously recited in her hearing. Such of the neighbouring hamlets as took pleasure in the exercise of the Muse would assemble at her father's house and keep up a chorus of music and recital from 4, 5, and sometimes 6 hours together. There were many of her contemporaries who, out of the immense store of their memory, could afford fresh pieces of poetry during a long sederunt every day for a month and more. She had the most of Robert Donn's poems, and can recite many of them still. She had all John Mc Raibert's hymns and elegies, some of Duncan McIntyre's, Donald Matheson's; in one word, she has less or more from nearly all the Highland Bards. She never heard these poems imputed to any but Oisein and other Bards of the Fingalian age. She firmly believes that the very words of these poems were those of the Fingalians. She never heard of the Macpherson controversy, nor that even the poems of Oisein were in print. Besides the above she heard and can recite some of the following:—*Duan na cloinn*, as long as any of the above. *Duan na mnatha*, of considerable length; and Duan an Amadan mhoir.'

As to his Tiree version of the 'Death of Conn,' the collector says—

'The above verses I penned from the mouth of a person in the Island of Tyree, locally known by the name of Alisteir Mor, on the 12th day of October current.

'He learned them from a neighbour of his, who since went to America, while at service together. He had very little if any acquaintance with books. I think he said that neither of them were masters of reading the Gaelic Scriptures. I did not learn whether there were any more in the island that could recite any such verses or not. However, there may, for it was by mere accident that I came to learn this same person could do it. The man in whose house I lodged regretted that I was not 15 years earlier in the island, as his grandfather then lived, and had as many tales and Oissianic verses (that he could recite with all the precision of a person reading a chronicle) as would take a month to hear them. He was about 100 years old when he died; till his last illness he delighted much in reciting the songs and *sgeulachd* chronicles of Oissian and less ancient persons. He stated that this same old man prefaced a song or a *sgeulachd* with an introduction, pointing out the various persons who from age to age had handed it down for at least 3 or 4 centuries; that he delighted as much in reciting these things as that no business or condition of life would be laid aside whenever a willing ear was found to listen. By comparing the account here given of the 'Death of Conn,' to the verses taken from the old woman Betty Sutherland, Strathalladale, you will find that, so far as they go, they are almost word for word the one with the other. Two illiterate persons living in the opposite extremes of the Highlands singing the same song with little or no variation, proves that these poems were floating as traditions so far back as authenticated history of the Highlanders goes, for since that time there is no hint about the flourishing of any such persons as the 'Poems of Ossian,' make mention of. I may state that the words underlined are such as I did not well understand or had a doubt regarding their meaning. Their orthography must be bad, as I have no dictionary or authority to consult on such matters. It strikes me that even at this late hour several such pieces might be had from elderly persons in the Highlands if diligent search was made for them. There is a place in the rock of Ceannmhor Tyree called 'Leabraidh Dhiarmaid' (Diarmaid's Bed). Little as my acquaintance with Gaelic is, I am persuaded that in the above poem there are some Irish forms of expressions or at least forms of syntax not met with now elsewhere in the Highlands of Scotland, as "Sin mar dh' imich" and "Sin mar labhair."

'But I must cut short, for I have drawn too much on your patience.

'Oct. 28th, 1857. 'JAMES CUMMING.
'The Rev. T. Mac Lauchlan, Edinburgh.'

Reference was made to this Caithness collection of 1854 at page 120, 'Celtic Gleanings,' by the Rev. Thomas Mac Lauchlan, Edinburgh, 1857. The same author printed one of the poems at p. 183. Gaelic text, 'Book of the Dean of Lismore,' Edinburgh, 1862. It is there called 'Duan Catha Ghabhra.' In my copy it is written 'Duan Cath Gour.'

The fame of this Sutherland or Caithness collection spread through the Highlands. It has been quoted to me as proof of 'the authenticity of "Ossian's Poems."' I was told that many thousands of lines of 'Ossian's Poems' had lately been orally collected from the recitation of an old woman in Sutherland, from which it was argued that my growing doubts as to Mac Pherson's Ossian were erroneous.

So far as I can discover, there is not one line of Mac Pherson's text of 1763 and 1807 in 578 lines of Heroic poetry dictated by Christina Sutherland in 1854 to Mr. Cumming. On reading her recitations, she appears to have been an average sample of a numerous class who, in 1871, repeat Gaelic poetry of which the Heroic part was attributed to Oisein in 1512—26, as Dr. Mac Lauchlan points out in his 'Book of the Dean of Lismore.'

To Mr. Cumming's remarks, which are strictly accurate as to all facts of which I have any knowledge myself, I may add, of my own knowledge, that all the Highland countries are pervaded by Ossianic poetry of the kind which he wrote, of which he sent 684 lines to Dr. Mac Lauchlan. The strange thing about that fact is, that each new educated collector makes a discovery when he finds out that which is perfectly familiar to a class different from his own. There must be hundreds of people now living in Scotland who can repeat fragments of this kind of Ossianic poetry; but, in 1857, this able Northern collector only found out 'by accident,' in Tiree, that somebody there could repeat 'Conn Mac an Deirg.'

In 1871 the Policeman in Tiree, who is a native of Ardnamurchan, sang and recited a considerable number of poems of this class to me, and gave me a list of 31 poems, which he could sing, or which he had heard sung, or which he knew about. The Rev. John Campbell, the Minister of Tiree, gave me a list of 8 Tiree men who were noted for reciting tales and poetry of various kinds. John Dewar made a collection of stories and ballads there for the Duke of Argyll; and I heard several men tell long stories and repeat fragments of Heroic verse in 1871. The strangest part of the whole is, that collectors produce *these* poems in perfect good faith, to prove the authenticity of *other* poems, and call those which they collect orally corrupt versions of those which exist only in one class of books. A very excellent old Highland friend of mine used to drive home, and clinch a statement with the pithy formula. 'I saw it in print, sir; I saw it in print!' There was something sacred about the art of writing in days when scribes began and ended with an invocation or a prayer for writer and reader. Men who cannot read, who have just mastered the art, or who have just left school or college, are apt to pin their faith on books because they are books, and upon teachers because they have been taught. When they grow up to be teachers, they teach their old lessons. So many Scotchmen honestly believe in the Ossian of magnificent books, in spite of the evidence of their own ears.

The argument is of this kind:—

A assorts that David composed the 'Psalms,' and that his own unique metrical bilingual printed version is 'authentic.'
B denies the authenticity of *A's* 'Psalms of David.'
C affirms the authenticity of *the* 'Psalms of David.'
D demands proof.
C produces ancient copies of the Hebrew 'Psalms of David' *which are not A's*, and triumphantly declares the authenticity of the 'Psalms' of A, which are not like David's at all.

TEXT Y.

Popular Tales of West Highlands, 1862. Vols. III. IV., 1052 *lines*.

I have said more than enough about myself and this book. Any reader may see in it unformed opinions of 1862 affected by old beliefs.

I well remember before 1830 hearing one of my earliest friends say, 'My dear, the "Poems of Ossian" are authentic; there can be no doubt about it.'

She was then about 80, a grand old lady in a pearl-grey silk gown, with great thick folds of white about her throat, white hair, and a white cap, or sometimes a quaint silk bonnet above a rosy face. I see her now in a big armchair beside a warm fire, glittering with brass fender and brazen knobs. She sat amongst coral, pink Eastern shells, and Indian boxes, the gifts of sons who had earned a name out in the world.

She was a picturesque old Scotch lady, who spoke Gaelic with a Gaelic tongue and a clear voice, and who spoke the truth. I think she was born in 1745, but I am not sure. Her son, who died at the age of 84, told me in 1859, and again in 1860, and again in 1868, that in about 1800, when he could speak little but Gaelic himself, few peasants in Islay could speak anything else. When at school in Bowmore he used to sit for hours listening to an old tailor, named Mac Niven, or Mac Eacheran, who recited 'Fingal,' and other poems which are in Mac Pherson's Ossian. He thought them tiresome.

He could not remember a line, but he remembered that similes abounded in the poems.

Feb. 27, 1860, an old schoolfellow of his, aged 79, dined with this gentleman in my house, and they agreed as to the fact that an old Islay tailor used to repeat the 'Poems of Ossian' about 1800.

I could not make out that either of them had read the Gaelic of 1807. One set out early in the century to fight his way through the world, and the other staid at home with plenty to do.

Mr. Woodrow, Minister of Islay, in 1781 printed a book about Ossian. In 1805 the Highland Society got Gaelic from an Islay minister, and neither got Mac Pherson's Ossian from Islay.

Early in this century my Grand aunt was taken to hear an old woman at Tarbert repeat 'Ossian's Poems,' and heard, as she was told by her conductor, the 'Address to the Sun.' About 1774 Kennedy (Texts H. I.) did not find the 'Address to the Sun' in this region, but he wrote of other poems orally collected in this same district—8,900 lines.

From before 1830 to 1859 I took it for granted that ' "Ossian's Poems" were authentic.' I knew the ' Address to the Sun' by heart myself. I remember learning it out of Dr. Mac Leod's book when I was learning to read Gaelic, and I can say it by heart now, but I never read Gaelic books or writings in earnest till 1859.

By 1862 I had begun to form an opinion of my own. By 1872 I had formed the opinion which is expressed above, founded upon hard reading and close investigation during more than 12 years.

I thought some parts of Fingal in Gaelic very fine when first I read Ossian of 1807. I think the same now, but the 7th book of Temora of 1763, and a slight examination of Carswell's book, 1567, made me examine older writings, and these finally turned 'authenticity' upside down.

I had got two different things :—

Mac Phersonic Gaelic.	Ossianic Gaelic.
16,849 lines.	More than 60,000 lines.
Beginning in 1763, and standing apart.	Hooked on to Irish Mythical History, and to pedigrees which begin with Adam.

I believed in the first kind without reading the books till I began to collect the second kind, which is not in the books. It is therefore easy for me to understand how other Gaelic men look on this subject from my old points of observation.

The following is a list of collectors who sent me 83 fragments of Gaelic poetry, repeated or written from memory by 26 persons, the whole taken from the lists published, p. 465, Vol. IV. 'Popular Tales,' Feb. 21, 1862 :—

1. J. F. Campbell.
2. Hector Mac Lean, Schoolmaster, Islay.
3. Hector Urquhart, Gamekeeper, Ardkinglas.
4. Alexander Carmichael, Excise Officer, Islay, Lismore, Skye, the Long Island, &c.
5. Donald Torrie, Student, the Long Island.
6. John Dewar, Labourer, Rosneath, &c., &c.
7. John Mac Nair, Shoemaker, Dunoon.
8. Miss Mac Leod, of Mac Leod, Skye, &c.

The 26 contributors named represent a small number of the people who could repeat Ossianic ballads in 1862. The object of collecting was to get popular tales. The collection of poetry was an afterthought, and the scribes worked as long as they could with the same reciter when they had found one who could repeat better than his neighbours. In some districts the whole population seemed to know scraps, verses, or lines of Heroic verse.

LIST OF CONTRIBUTORS.

1. Mrs. Mac Tavish, Islay.
2. Mary Mac Vicar, Pauper, Inverary.
3. Patrick Smith, Crofter, S. Uist.
4. Donald Macintyre, Crofter, Benbecula.
5. Charles Macintyre, Crofter, Benbecula.
6. Islay, Port Wewyss.
7. Donald Mac Killop, Berneray.
8. Islay.
9. Donald Mac Phic, Smith, Barra.
10. Ceite Loamidh, Lismore.
11. Padruig Buidhe, Fisher, &c., Islay.
12. Jannet Currie, S. Uist.
13. Several people, Long Island.
14. Alexander Mac Donald, Barra.
15. Alan Mac Phic, S. Uist.
16. Angus Mac Donald, Barra.
17. Angus Mackinnon, Tailor, S. Uist.
18. Angus Mac Donald, Constable, S. Uist.
19. Catharine Mac Queen, N. Uist.
20. Coinneach Carmichael, Skye.
21. Kenneth Morrison, Skye.
22. Donald Cameron, Skye.
23. John Campbell, Strath Gairloch.
24. Hector Mac Donald, Skye.
25. Catherine Matheson, Skye.
26. Malcolm Mac Phail, Labourer, Islay.

TEXT Z. &c.

It is difficult to explain the condition of my own collection of Gaelic Poetry. The following experiment may serve for illustration :—

John Gilpin.—Cowper was born in 1731, and was buried in 1800. He composed 'the diverting history of "John Gilpin,"' and ever since 1800 English children have learned to say 'John Gilpin' by heart. But it is not the custom of grown-up people to repeat that diverting history, so they forget parts of it. An experiment made May, 1872, to try how forgetfulness overcomes memory gave this result :—

Five people at breakfast remembered the whole story, or all the main incidents of it, in their order, and verses 1, 2, 3, 4, 13, 14, 29, 37, 49, 53, 63. We could all tell the story in our own words, but we had forgotten Cowper's. Memory of verse was as 44 remembered, 208 forgotten = 252 lines. Other trials gave similar results. Everybody knew the main incidents of the story; some knew only $\frac{2}{3}$rds; some more lines; but all who remembered any of Cowper's words repeated them in the order of Cowper's story.

Brought to book, many of Cowper's lines preserved their length, but Cowper's words had given place to other words of *like length and signification*. One knew all about 'John Gilpin.' When set to tell the story, Cowper's incidents followed each other in their right order, but they were not all there, and some were changed into something of *the same kind*. Cowper's Gilpin was going to celebrate his twenty-first wedding day; the Gilpin of forgetfulness was going to be married : so the dates were wrong. In this case not a single line of the poetry was remembered, but the story was, imperfectly. In no case tried could any grown-up person remember that which all learnt by heart as children. People forget, 1st, forms of words, which they alter unconsciously; 2nd, incidents, which they drop out or alter; 3rd, the story; 4th, the names in the story.

I have never found anybody who ever learned 'John Gilpin,' who had entirely forgotten Cowper's diverting history, nor have I ever found anybody able to tell the whole of it in Cowper's words.

As it is with modern English poetry and the memories of single men, so it has been with ancient Gaelic poetry and the memories of generations. At thirty years to a generation, twelve have passed away since Dean McGregor wrote Text A. Before 1526 somebody had composed the 'Lay of the Maiden,' A. 22., and people have been repeating it ever since. Collectors wrote it down, and these figures show the number of lines remembered and forgotten during 360 years by twelve generations:

1512. A.	162	1862. X. . 44
1755. D.	139	21
F.	120	92
H.	124	52
I.	128	27
L.	100	Y. Z. . 88
M.	136	58
M.	84	32
N.	160	27
U.	130	1871, &c. Many versions
V.	130	heard, one written . 102

What I have said of 'John Gilpin' and Z. is true of all texts from A. to &c.

The worst and most broken version orally collected can be identified with the oldest written version. But forms of words which made verses at first are incorporated with the reciter's own words, so that no one could ever suspect them to be fragments of poetry unless he had older or better versions. In the last state of destruction incidents from many different stories are joined together, but even then the general order of sequence is preserved. Having got old and new versions, changes and decay during 360 years correspond in nature and degree to changes which take place during every man's own life, in his power of remembering poetry such as 'John Gilpin.'

COLLATING.

From A. to &c., about 54,000 lines.

These being the number and nature of texts and lines gathered, the next step was to collate them or make them available.

In general, something written long ago by one scribe has been copied with greater or less accuracy by later scribes. The collation of manuscript is hard labour, but the differences amount to words, lines, or passages, ill copied, or to paper destroyed. In my case a great number of scribes had written a great many versions of ballads, orally collected in different parts of the kingdom, at different times during 360 years. But ancient bards wrote no author's copy.

1st.—All versions of each story had been tied together. 2nd.—The stories had all been read and ranged in order on a floor. They made a sequence when placed with a list of Irish worthies named in them, and when tested by their contents. 3rd.—They were packed in order upon a large table, an able assistant was got, and May 24, 1872, we began at the beginning to collate the texts. 4th.—Mr. Hector Mac Lean took one version, and read aloud. I took another, and marked. Of 'Garbh Mac Stairn' we had versions D. F. The first was written by Mac Nicol, Minister of Lismore, D.; the second by Fletcher's scribe, F. Both were parts of the same ballad, but they were differently spelt, and they varied in every line. 5th.—We copied all the verses in Mac Nicol's version. We marked out all Fletcher's duplicates, and fitted in the rest, preserving the orthography of both. The ballad was mended and greatly improved as a metrical story; but the duplicates still varied, so as to be various readings; but if the whole of both versions had to be printed, it seemed best to print them both as they were written at first. 6th.—We thought of reducing the orthography to the modern standard, but after trying that we found that many words might be differently interpreted. We might have produced a mended, polished, modern Gaelic metrical story, but that would not be old work. It seemed best to print both versions just as they were copied from the original manuscripts, and to mend in translating.

So we gave up collating as hopeless. Not a line of Mac Pherson's Gaelic was in either version, but the story seemed to be the foundation of the first book of Fingal, and therefore a literary curiosity.

It seemed interesting to note how this story about Cuchullin, the door-keeper of the King's house at Tara, and Garbh, the shipman, had got mended and made up with names from a different series, and how varying genius had manufactured this rough ore. All the people in this ballad belong to the set who always have been associated with Cuchullin by Irish writers, and they have nothing to do with Fionn and his later series of Feinne, who are placed with them in Fingal by Mac Pherson.

On the second day we had got through the death of Cuchullin's son, Conlaoch. In Text I. is a long and very good metrical version of the story, which we both considered to be made or mended in the last century. But in A. and other texts we found five or six versions of a ballad which old men go on spouting still.

In all these the story was exactly the same, though the whole of it was not told by anybody. It seemed to us that we had no business to make modern Gaelic versions of such old materials. To place these several versions side by side in order of date, would give students of language genuine samples of Gaelic as written in Scotland during 360 years at least, and those who study the growth of tradition would have samples of decay and of reconstruction of different ages.

The simplest plan, and the best clearly, was to print the whole lot; the next best to print the oldest, and selections from later versions; so that was set about on the 29th of May, 1872, instead of going to the Derby.

By June 12, Ascot Cup day, we had got about half-way through the collection, reading, translating, and correcting for press. By July 23 the last scrap was sent to press, and the text was returned for press, August 3, from the Kenmare River in Ireland.

The result is due to the good writing of my scribes and to the extraordinary accuracy of the printer.

ARRANGEMENT OF THIS VOLUME.

The Ballads are sorted on the following plan, under nine heads, according to their chronological sequence:—

	PAGE
I. The Story of CUCHULLIN	1
1 and Eamhair, his Wife	1
2 His Sword	1
3 His Chariots	2
4 and Garbh Mac Stairn	3
5 and Conlaoch	9
6 Connal's Revenge	15
I have many more fragments.	
II. The Story of DEIRDRE	19
III. The Story of FRAOCH	29
IV. The Story of FIONN and the FEINNE	33
1 His Pedigree	34
2 Stories about his Birth, &c.	35
3 OISEIN and Padruig	38
4 Ossien's Last Hunt	38
5 Oisein Building for Padruig	39
6 How he got his Sight	39
7 The Loss of the Fenian History	40
8 Oisein's Controversy with Padruig	40
9 His Lament for his Comrades	47
10 Their Names	50
11 Their Favourite Music	50
12 How Nine Went Forth to Seek a Whelp	51
13 CAOILTE	52
14 How he Slew a Magic Boar	53
15 and a Giant	54
NORSE WARS	57
16 The Adventure with the Timbrel Player	57
17 The Adventure with Silhalan	58
18 OSCAR and Sgiathan Mac Sgairbh	58
19 The Adventure of the Hag	59

#	Title	Page
20	The Stealing of Fionn's Cup	60
21	The Adventure with the Enchanters' Family	61
22	Roc, the King's One-legged Runner	63
23	The Smithy Song: How they got Swords	65
24	The One-eyed Giantess and her Ships	68
25	The Battle with MANUS	71
26	The Norse Herald	83
27	Fionn's Expedition to Lochlan	83
28	The Norse King's Stratagem	85
29	Fionn's Puzzle	86
30	Fionn's Enchantment in the Rowan Booth	86
31	The Adventure of the Nine with a Norseman	88
32	The Adventure in the House of the King of the Fair Strangers	89
33	The Black Dog slain by Bran	92
34	The Adventure of the Six at the Golden Castle	93
35	The Tightest Fight of the Feinne	95
36	The Expedition of Eight or of the Six to Foreign Lands: Carthon	105
37	The Siege of Laomun's Castle	106
38	The Story of DEARG	107
39	,, ,, Diarg	112
40	,, ,, Dearg Mac Deirg	112
41	,, ,, Dearg Mac Druidhan	113
42	,, ,, Con Mac an Deirg	113
43	,, ,, Dearg Mac Druibheil	121
44	The Praise of GOLL	123
45	The Praise of Fionn	124
46	The Story of Liur	125
47	The Distressed Maiden	127
48	at Essroyg	129
49	at Selma, or Teamhra	133
50	in the Plain	136
51	The Battle of Fair Strand, in which the Feinne Defeated the whole World in Arms	137
52	The Maid of the Fair White Garment	138
53	Caoilte rescues Fionn from Cormac	139
54	Oisein's Courting, in which Cormac, the King, is slain	141
55	The Great Hunting on the Fair Dame's Hill	143
56	The Hunting Quarrel with Goll at Leana	144
57	The Story of the Death of Fionn's Father, CUMHAL, told out hunting by one of the Slayers; Garry	146
58	How BRAN was Killed, and Goll's Dog	148
59	Fionn's Cup	150
60	Fionn's Encounter of Wits with Ailbhe, Cormac's Daughter	150
61	The Elopement of Graidhne, Fionn's Wife, with DIARMAID, Fionn's Nephew	151
62	Diarmaid's Lament for his Comrades	152
63	The Adventure at Newry, and Family Quarrel	155
64	Fionn's Council to Oscar	157
65	The Death of Diarmaid	158
66	The Story of GOLL MAC MORNA	164
67	His Adventure with Lamh-fhad	165
68	His Fight with Caireal, who is slain	167
69	How Goll died	168
70	Goll's Praise of Aodh	172
71	Goll's Last Words to his Wife	173
72	Goll's Story of the Battle of the Yellow-faced Horse, and the Fight with Clanna Baoisgne	174
73	Goll's Head	175
74	The Death of the Women and Burning of Teamhra	175
75	The Death of GARADH	178
76	The Battle of Gabhra	180
77	The Death of OSCAR	182
78	The Story told to Fionn by his Son Fergus after the Battle of Gabhra	185
79	The Death of Fionn	195
80	Oisean's Last Words	196
81	The Story of Oisein's Birth, and his Song to his Mother the Hind	198

V. PARODIES . . . 200
82 The Black Wrapper . . . 200
83 A Dream . . . 201
84 The Tailor and the Feinne . . . 201
85 The Truiseal Stone . . . 202
86 Diarmaid's Speech . . . 202

VI. LATER HEROIC BALLADS . . . 203
1 The Lay of the Great Fool . . . 203
2 Oscar and the Giant . . . 208
3 The King of Britain and the Giant . . . 208
4 The Battle of Clontarf . . . 209
5 The Praise of Conall Gulbann's Sword . . . 209
6 Murchadh Mac Brian and the Heiress of Dublin . . . 209
7 Murchadh Mac Brian's Riding Dress . . . 210
8 Hugh O'Neill's Horse (parody) . . . 210
9 Upon Archibald, Earl of Argyll . . . 211

VII. MYTHICAL BALLADS . . . 211
1 Gilbhinn . . . 211
2 Duaran and Goll . . . 212
3 Headless Trunk (Fenian) . . . 212

VIII. POEMS LIKE MAC PHERSON'S OSSIAN . . . 213
1 The Pursuit of the Northerns . . . 213
2 Goll and Fionn . . . 213
3 The Slaying of Goll by Muchtan . . . 214
4 Malvina's Dream . . . 214
5 The Sun Hymns, 2 . . . 215
6 Conlaoch and Cuthon . . . 216

IX. POPE'S COLLECTION of Ten Ballads . . . 218
Got in Caithness before Mac Pherson's translations began. Like other Heroic Ballads; unlike Mac Pherson's Ossian. Placed for contrast.

NOTE.—Versions of Ballads are placed together, but many other versions have to be collated with them. Many other fragments of the story exist in prose tales, which are not placed in this volume of Ballads. It is intended to translate the whole as curious Mythical Romantic Popular History, which has been neglected hitherto.

HEROIC BALLADS.

The Gaelic and the English quoted from Books and Manuscripts in the following pages are printed as written and spelt in the copy. The poetry is divided, and the lines are numbered, by the Editor, J. F. Campbell, Niddry Lodge, Kensington, June 4, 1872.

I. CUCHULLAIN.

The name of this warrior is differently pronounced in different districts of the Highlands, and has been differently spelt by Irish and Scotch writers ever since the Book of Leinster was written, A.D. 1130. Dean Mac Gregor spelt it 'Cowchullin' 360 years ago.

The hero and his exploits are familiar to all who speak Gaelic. He is described as a very strong, very active, energetic, fair-skinned, blue-eyed man, of great stature, but not a giant. 'As strong as Cuchullain' is a Gaelic proverb, as familiar as the English saying, 'As strong as a horse.' A plant with a tall stalk and a white flower, with a sweet scent, was named by Mac Donald (p. 41, edit. 1751):—

    'S cútbhrai faílidh do mhuineil
    A chrios-chomhchuluinn na'n cárn!

    Sweet is the scent of thy neck,
    Thou Belt-of-Co-chullainn of the cairns.

The present sound of the name, as pronounced in Islay, may be expressed by Cochullainn.

This warrior appears in tradition as a horseman and charioteer. He is always associated with certain heroes, such as 'Conlaoch,' his son, and 'Connal.' These names, the hero's own name, and his adventures, join him to Irish history, and that gives him the date of Cæsar's invasion of Britain, or thereabouts. In the Book of Leinster, A.D. 1130, is the story of the Tain bo Cuailgne, in which Cuchullin figures as chief character. Fragments of the story are known to old men in the Highlands, and they correspond to the oldest written version, so far as they go. Of this story, versions are in old MSS. in the Advocates' Library. The oldest manuscript versions of this story are about to be published by Mr. Standish H. O. Grady.

I give elsewhere in English all that I have been able to pick up orally concerning Cuchullin,, to show how tradition agrees with writings about 750 years old.

Of fragments of Gaelic composition I give the following:—

1. *Cuchullin and Eamhair his Wife*, page 1.
2. *Cuchullin's Sword*, p. 1.
3. *Cuchullin's Car*, p. 2.
4. *Garabh mac Stairn*, p. 3.
5. *Conlaoch*, p. 9.
6. *The Heads*, p. 15.

1.—1512. CUCHULLIN AND EAMHAIR.

This fragment is not known to me as orally preserved. From it, in 1512, the hero was considered to be an Irish worthy, and one of the Feinne. He is called of 'Dundalgin,' which is the old name of Dundalk. The story of this ballad seems to be the same as that which is called 'The Jealousy of Eamhair,' which has been published.

COWCHULLIN AGUS EIMHAR.

A. 1. Dean's Book, page 64. 56 lines. 1512.

1 Lay a royth in dundalgin
    Cowchullin ni grow neynti
    O taid ni gur er a gon
    Gin sloig wlli na ochyr

2 Halli in noill erin nerre
    Math si waggidir in nane wlli
    Keltith fekkich fowich
    Feine eltych laye za leetiwe

3 Gwr bei in nansych wllith
    Muan chogn clanni rowre
    In cor sen bi degkir reyve
    Cur ris in naltin dawail

4 In doychis lawee leich
    Atte dr aythr chonleich
    Ni hoynni giderring dalwe
    Ser winn cholla in gallew

5 Gawis in crann tawill
    Glan cowchullin gi . . .
    In lawe bi wath troir
    Er mor ni hoynene gr . .

6 Ryntyr in neltych wo
    Ner zarmit umpith ach awyr,
    Gawis awyr racht fane rynn
    Dayveine ner chart a cheive

7 Geltyr wee no errik sin
    Ni kead oyne elli zayvir
    Lar dorchrith er teive a chnok
    La creif ni norchr nerrik

8 In gen tryle hicgid gow caith
    Za anee gin neigiss noynach
    Ni roe fer gin oe orri
    Wei slawre or datrych

9 Hug bancheill chongullin
    Graw dinani di wllim
    Din charrait eintych aynee
    Hanik a ymill ollanith

10 Agris ayvr in nolt trwme
    A cu rith er chongullin
    Ni hoyne mir gylle deith
    Gin skail na byi umpith

11 Da oyr no tre tilfer leis
    Ni hoyne aldyth sner ammis
    Gir leme couf mir a chur
    Iii wrchir hor ni hannich

12 In hurchir reyve royve
    Sen zol di zaltane gawffee
    Gin virn er wrane di wlyg
    Ryef ach keym sin allane

13 Re bleygin ni deach zea
    Ach twrss nin nane seach
    Ne hay ymichtych nin nane
    Is inleut ach in twrskail

14 Mass fer in dathris a woygr
    Nach darn in cow on chref
    Slat war zall di zrawhe mnaa
    Laywith aig voye a

2.—1786. CUCHULLIN'S SWORD.

This is the only version known to me; but similar measured prose passages about other warriors abound in oral recitations and in old writings. Quoted by Shaw, 1778, p. 149.

CLAIDHAMH GUTH-ULLIN.

M. 1. Gillies, p. 211. 13 lines. 1786.

Chuir e an claidheamh, fada, fiorchruaidh,
Fulanach, tean, tainic, geur,
'S a cheann air a chur ann gu socair,
Mar chuis mholta gan dochair lein,
'S e gu direach, diasadach, dubh-ghorm,
'S e cultuidh, cumtadh, conalach,
Gu leathan, liobhadh, liobharadh,
Gu socair, sasdadh, so-bhuailte,
Air laimh-chli a' ghaisgich;

B

Gur aisaiche do naimhdean a sheachnadh,
Na tachairt ris 's an am sin ;
Cha bu lughe no cnoc sleibh,
Gach ceum a dheanadh an gaisgeach.

3.—1816. CUCHULLIN'S CHARIOT.

Something like this fragment is in the First Book of Fingal (p. 11, edit. 1862). The Gaelic equivalent is at page 107, Ossian, 1818, *Gratis* edition. I give one sample of fragments orally collected, which differ from the book of 1807.

CUCHULIN NA CHARBAD.

V. 1. Mac Callum, p. 140. 64 lines. 1813.

CIA fath do thuruis, no do sgeul ?
Fath mo thuruis, is mo sgeul,
Feara Eirinn sud mar chimear
4 Air teachd chugaibh as a' mhagh
 'N carbad air bheil an dual fioghara fionnduinn
 Air a dheanamh gu luthmhor, lamhach, tachduil
 Far am bu lughor 's far am bu laidir
8 'S far am bu lan-ghlic am pobull ur
 'S a' chathair fhrasanta randuidh,
 Caol, cruaidh, clochara, colbhuidh ;
 Ceithir eich chliabh-mhoir 's a' chaomh charbad sin.
12 Ciod a chimear 'sa' charbad sin ?
 Chimear 'sa' charbad sin,
 Na h-eich bhalg fhionn, chalg-fhionn, chluas-bheag,
 Slios-tana, bas-tana, eachmhor, steudmhor
16 Le sreunaibh chaol, lainnire, limhor,
 Mar leug, no mar chaoir-theine dearg ;
 Mar ghluasad laoidh creuchda maoisleich ;
 Mar fharum ghaoith chruaidh gheamhraidh
20 Teachd chugaibh anns a' charbad sin.
 Ciod a chimear sa' charbad sin ?
 Chimear sa' charbad sin
 Na h-eich liath, lughor, stuadhmhor, laidir,
24 Threismhor, stuaghmhor, luathmhor, taghmhor,
 A bheireadh sparradh air sgeiribh na fairge as an caraigibh.
 Na h-eich mheargantach, tharagaideach, threisead-ach,
 Gu stughmhor, lughmhor, dearsa fhionn,
28 Mar spur iollaire ri gnuis ana-bheathaich,
 D'an goirear an liathmhor mhaiseach
 Mheachtruidh, mhor, mhuirneach.
 Ciod a chimear sa' charbad sin ?
32 Chimear sa' charbad sin
 Na h-eich chinn-fhionn, chrodh-fhionn, chaol-chasach,
 Ghrinn-ghruagach, stobhradach, cheannardach,
 Srol-bhreideach, chliabh-fharsuinn,
36 Bheag-aosda, bheag-ghaoisdneach, bheag-chluas-ach,
 Mhor-chridheach, mhor-chruthach, mhor-chuin-neanach'
 Seanga, seudaidh, is iad searachail,
 Breagha, beadara, boilsgeanta, baoth-leumnach
40 D'an goireadh iad an Dubh-seimhlinn.
 Ciod a bhiodh na shuidhe sa' charbad sin ?
 Bhiodh na shuidhe sa' charbad sin
 An laoch cumaiseach, cumhachdach, deagh-fhoclach,
44 Liobhara, loinneara, deagh mhaiseach.
 Tha seachd seallaidh air a rosg ;
 'S air leinn gur maith a' fraodharc dha.
 Tha se meoir chnamhach reamhar
48 Air gach laimh tha teachd o' ghualainn.
 Tha seachd fuilteana fionn air a cheann ;
 Folt donn ri tointe a chinn
 'S folt sleamhuinn dearg air-uachdar,
52 'S folt fionn-bhuidh air dhath an oir,
 'S na faircill air a bharr 'ga chumail
 D'an ainm Cuchulin mac Seimh-nuailti.
 Mhic Aoidh, mhic Aigh, mhic Aoidh eile,
56 Tha 'eudan mar dhrithleana dearg,
 Lughmhor air leirg, mar luath-cheathach sleibhe,
 No mar luathas eilde faonaich,
 No mar mhaigheach air machair-mail.

60 Gu'm bu cheum tric, ceum luath, ceum muirneach
 Na h-eacha a' teachd chugain,
 Mar shneachd ri snoighead nan sliosaibh
 Ospartaich agus unaghartaich
64 Nan eachaibh g'a t-ionnsuidh.

GUCHULIN NA CHARBAD.

U. 1. Grant, p. 418. 66 lines. 1814.

CEA fath do thurais na do sgeul
Fath mo thurais agus mo sgeul
Feribh Erinn seud mar chimur
4 Tithinn thugibh as a mhaogh.
 An carbad air am bel an dual fighara fionnduinn
 Air a dhianabh gu luathmhar lamhach tacmhal
 Far mo lutha agus far mo ladir
8 Agus far mo langhlic am pobul ūr
 'S a chathair fhrasanta ranndai
 Caol cruai clochara colobhui
 Cether ifera chleamhor a chaomh charbad sin.
12 Cud a chimur 's a charbad sin
 Chimur 's a charbad sin.
 Na heich bhalgionn chalgionn chluasbheg
 Shliostana bhastana eachmhor steudmhor
16 Le streinibh caol lainnir lumhar
 Mar leig na mar chaoir theine dheirg
 Mar ghluaisda chreachdai laoi alluinn
 Mar fharam gaoi chruai geamhrai
20 Teachd thugibh ann 's a charbad sin.
 Cud a chimur annsa charbad sin
 Chimur 's a charbad sin.
 Na h eich lia lu'ar stu'ar ladir
24 Thresmhor stuaghmhor luamhor tadhmhor
 Bheiragh sparag fi fua na fairg asa caraicibh
 Cud a chimur annsa charbad sin
 Chimur 's a charbad sin.
28 Na h eich bharceach tharceach thresadach
 Gu stumhor lumhor duarsinn
 Mar spuir iolair ri gnuis ainbheach
 Dha'n gioradh an liamhor mhaiseach
32 Mheachtroi mhor mhuirnneach.
 Cud a chimur annsa charbad sin
 Chimur 's a charbad sin.
 Na h eich chiuionn chroidhionn chaolchasach
36 Ghrinn ghruagach stobhrādach, cheannardach
 S'rol-bhreidich, chliabh-fharsinn
 Bheg aosda, bheg ghaosdneach, bheg chluasach
 Mhorchri'ach mhor chru'ach, mhor chuimhlean ach
40 Seangh, scadi, isiad, searachail
 Briadha, beadara, baoisgeanda baoleumnach
 Dhan gioradh iad an Duseimhlin.
 Cud a chimur annsa charbad sin
44 Bhithigh na shuighe 's a charbad sin.
 Laoch cuimeaseach, cumhachcach, degh-fhoclach
 Libhara, loinnera demhaiseach
 Tha seac meircid air a ruinn
48 S'ar linn gur math a fradharc dha
 Bha sia meoir chnamch reamhar
 Air gach lamh dhe ghualinn do
 Bha siac fhuilt fhiondai air a cheann
52 Falt donn re tonnibh a chinn
 Falt sleamhuinn dearg air uachgar
 S'falt fionnabhui air dhath an oir
 Sna faircill air a bhar ga chunnabhail
56 Dhan anaim Cuchullinn mac Semh Sualti
 Mhic Ui, mhic Ai, mhic Ai eile
 Tha aodann mar fritheine deirg
 Luthmhar air leirg mar lua' cheach sleibhe
60 Na mar chruas creanda ealta airghe
 Na mar mhial air mhachair mhail
 Gum bu tro tric, tro luath, tro mhuirnneach
 Na heachibh tithion t'orruinn
64 Mar sneachca ri snaithagh na sliosabh
 Ospartaich agus unadhartaich
66 Na h eachibh gu tiunsai.

X. 1. CARBAD ALAIRE CHUCHUILLIN. 1862.

Copied by Malcolm Macphail, from materials furnished by the Rev. Dr. Mac Lauchlan, Edinburgh, Jan. 31, 1872. Sgeulaichte-Eachun Donullach an Talamh-sgeir '*S an Eilean.*

4.—CUCHULLIN, AND GARBH MAC STAIRN. D. 1.

This fragment was got for me, in 1862, by Mr. Carmichael, from a Skye man. A copy was afterwards sent to Dr. Mac Lauchlan by the collector. The same gentleman got from a blind man the following fragments before 1862 :—Z. 57, 7 lines. Z. 74, 7 lines. Z 80, 54 lines. These three are versions of the Gaelic of 1807. It is worth remark that a blind fiddler, in Islay, used to recite passages from Dryden's Virgil, which he learnt from a student to whom he was teaching the fiddle. At page 84 Gaelic of the Book of the Dean of Lismore is a measured prose description of Mac Gregor's horse—28 lines. The last 4 speak of coming from Ireland to praise and to seek it in Alba, and this composition of 1512 is very like the oral descriptions of Cuchullin's Car. Similar passages abound in old Irish writings and in current prose tales. Mac Pherson's English was condemned by critics, but it was founded upon some old Gaelic original. There is nothing to show where the Gaelic of 1807 came from.

Bha moran aig m-athair (Iain mac Iain ic Eoghain, air Carbadan Chuchullinn) Carbad Comhraig agus Carbad Alaire Chuchullin. Cha chuala sibh riamh na bhaaig do bhardachd Oisein. Is cuimhne leamsa nuair bha mi og agus an t aite so lan dhaoine, lan tuath, gum bitheadh an tigh againn cho lan a dh' oigire 's a sheanairi (agus do sheanairibh ?) fad na h-oichegheamhraidh agus a chunnaic sibh tigh bail reamh. Moire 's an a sin a bha an oigiri anns an aite so, agus am pailteas aig duine agus beothach. Ach chuir na caoirich mhor as do 'n aite 's cha 'n fhaighean an diugh ann ach iad fein' *Seanachaidh.*

1 Na h-eich liobhach lairgearach lothar,
  'S na spuir oir fotha (fopa ?),
  Sith-fhada shithsheang,
4 Beag-chileach beag ghaoisneach, beag chluasain,
  Mor chuithach mor cheach, mor chuaileanach
  Uinich 'us osunnaich nan each,
7 Bha tarruing Cuchuillin air chill.

4.—GARBH MAC STAIRN.

This well-known personage is usually mentioned in Gaelic tradition as a real man: very strong and thickset; a mighty wrestler, and a Scandinavian prince. I give the following fragments of poems, &c., in which he figures as a foe to Cuchullin and others :—

1 D 1. 151 lines } versions of the same ballad.
2 F 1. 210 lines }
3 O 1. 225 lines, story, language, rhythm, and names different.
4 O 2. 82 lines, a popular tale, joined to the name.
5 Q 1. 64 lines, no story, vague Mac Phersonic poetry.
6 D 31. 40 lines, translation, by Mac Nicol, of D 1, first 10 verses.

772 lines

The first two, independently collected about 1750, associate Garbh with Cuchullin's warriors. The second, got near Dunkeld, about 1800, associates him with 'Fingal, king of Selma,' and the warriors of Fionn. This I take to be modern Ossianic. The fourth is a popular tale, which has been hooked on to many names, including 'The Fiend.' It is here told of Garbh and Fionn, and Fionn's wife. The fifth is a vague Lament, in which Mac Stairn is named. The six illustrate the changes which naturally befal historical ballads orally preserved.

Part of the story of the ballads (1, 2, 1750) is in Mac Pherson's 'Fragments' (p. 59, No. XIII. 1760.) In 1762 the fragment had expanded into the First Book of Fingal. Many stories of different times got joined, and their heroes became comrades.

On looking through Fingal of 1807, not one line of the Gaelic ballads can be found. The language appears to be modern and stiff, and a translation from the English of 1762. This illustrates the growth of an epic from historical ballads and traditions.

D. 1. DUAN A GHAIRIBH. 157 lines. 1755.

Mac Nicol's Collection, Ossianic Ballad, No. 16. Copied by Malcolm Macphail, Edinburgh, March 9, 1872.

1 Erich a Chu 'n teridh
  Chi mi 'n Longis ha do labhradh;
  Lom lan na'n Cuan clannich,
  Do Longis mor na'n Albharich.
2 Bregich hu Dhorsair gu Muadh,
  Breigich hu Diu 's gach ion uiar;
  She han Longas mor na Maoidh
  Se teasc huginna gar coir.
3 Ha ion Laoich an Doris Teiridh
  An Port an Riodh gu ro mhenmich;
  Gra gu gei 'ir leis gun eal,
4 'S gu ga geal air Feribh Erin.
  Hugidh mis arsa Cuth raoidh;
  Araoin agus O'Connachir;
5 Fear dian Taoibh gheil,
  'S Fraoich fial Mac Fini
6 Aoig masc ārā a ghluin gheil,
  'S Caoilte ro-gheal Mac Ronan.
7 Na tig air sin a Chu Riodh,
  Na cantir chomhradh gun chli;
  Cha chorigir ris gan Fhail,
  Air ard Rioghachd na Herin.
8 Chonnairc mis coig Caha deug,
  Du Dhamharibh as ni'm Breug;
  Breth air a Gharibh a's Tir Hoir.
  An Maoidh Gallan nan Corag;
9 Sin nar huirt Connil Ceardich,
  Sonn Chatha na Claoin Tearach;
  Cha deid mi fein ris am ghuin,
  'S cha bhu 's eoluch mi mu Chlesibh.
10 'Sin nar huirt Mesoidh hall a Stidh,
  Inn Ochidh Flath na Fenidh,
  Na leigibh oglich nan Cath
  Stidh do high Teridh nan Riogh lath.
11 Sin nar hurt Connil gu coir
  Daoi Mhac alin edir sgeoil,
  Cha bhi ro ghraita Bhean,
  Gun duilt sinnidh ri haoin Fhear.
12 Legidh a' stidh an sin an fear mor,
  Na phrop an fianis an Tloidh
  'S Ionnad tri chead a stidh,
  Chaidh retich a gho san tre sin.
13 Hog Cuchulin 'n sin a Sciath,
  Air a mhaoidhlin bharradh lia;
  Heale Snaois air a gha Shlaoith,
  'Sghlac Connil a Claidh.
14 Hug iad a stidh an sin Dronnadh,
  Cheud do Bhiadh agus do Dhibh gun urich,
  Ga Chaigh gus an fhear mhor,
  A hanig as an Esraidh.
15 Nuair bu haich an fear mor,
  Agus a hug e treis air ceoil;
  Huge sealtin air a nuil,
  Air Caogid Mac Riodh mu himcheal.
16 Sin nar huirt Brichgain gu Muadh,
  Mac Mhic Caribridh fan Chraoibh ruadh;
  Fear is Faoilte dhuit gun eale ar
  A fianis faribh Erin.
17 Macanichd Erin nile dhuit san ams,
  A Bhrichdan Bharbhuidh,
  Fad sa bhis misa am Riodh gu tean
  Ar ard riodhac na Herin.
18 Bhrahinsa dhuit na Braidin
  Ana faidhe tu na Tantin
  Bu leat Lugha Mac Curiodh,
  'S Tiabhidh mac Ghoridh,
19 Fear dian taoibh gheil,
  'S Fraoch fial Mac Fiui,
  Aaoig Mac aradha Ghluin gheil,
  'S Caoilte ro gheal Mac Ronan.
20 Lul' im 's dearmid am Blsoidh,
  Deo Mhac Righ-Lehin Lubidh;
  Cormag an Lungais gu Muadh
  Mac Mhic Caribridh faoin Chraoibh ruaidh,
21 Buinni Borruadh 's borb e stidh,
  'S buin leat gu luadh faoi Fhearais.
22 Ghaidh an sin na Mic Riodh,
  An ann Tidh Teridh gu fior;
  Agus schuridh iad a Muidh,
  Don Treun-fear na fhianis.

23 Ga ba Laoidh gach Fear dhiu sin,
   Na 'n Garibh Mac Stairn Star-iaclich;
   Cha le ladh fear soir na Siar,
   Air asridh ghrian Lonair.

24 Sin nar huirt Brichgain gu Muadh,
   Mac Mhic Caribridh on Chraibh ruaidh;
   Cia horidhe dhuit dul ad Luing,
   'Shu gun gheil o Chuchulin.

25 Bheil aig Cuchulin Mac na Nighin
   A sgeile Glac innish gu fior a Bhrichgain;

26 Cha neil aig Cuchulin Mac no Nighin,
   A sgile Glac, na Daltar Banni Brahid;
   Na machd Dilis deo mhair,

27 Ach bansa leis Naoish an naidh,
   Bhrair Alidh as Ardain.

28 Frogair a Choin chulin chaoin
   Mheic Sedrigh so altich
   'Le re bhairt Naois air a chean
   Air a chuid do d'heribh Erin,

29 Ni 'n feara misi na Snios
   Nan fear, Laoich a cho Aois;
   Ach dhinga Snios Ri Horr aigh
   Ceud do gach curidh cola.

30 Bheirimsa Briar Riodh
   Ann F'heribh aile na Herin,
   Nach deid mi fein ann am Luing
   'S mi gun Gheil o Chuchulin.

31 Bheirimsa Briar Righ ele,
   She labhair an tard Chu Armin;
   Nach toir hu mo Gheil 's ar Muir,
   'S mi fein an am Mheidh.

32 'S Bodich bhidhan udlidh
   'S holc hu fein, 's holc do Mhuintir
   'S ro olc Bean do Haidhe;
   'S cha 'n fear a Bean mhuintir

33 'S cha doir hu mo Gheils an sail
   'S cha neil innad fein ach Allabharich.

34 Sin nuair dherich 'n da Hriach,
   Le neart Chlaidh agus Sciadh
   Togadir an Talibh Tath
   Le 'n Tridhe ansa nuair sin.

35 Bimadich Buille o bheil Sciadh,
   'S fuaim Clisniche ri Cliar
   Fuaim Laoin aig Gaoidh nan Gleann,
   Fu Scleo nan Curidh co tean.

36 Seachd oiche agus seach Lo,
   Hug iad an sa'n imid Scleo,
   'N Cean an teachda Lo,
   Cha bairde 'n Garibh air a Mhaoidh

37 Na Cuchulin a Ghaisge.

38 'N Cean an teachda Lo
   Hug Cuchulin Beum dho,
   Scoilt e o Bhruan gu Bran
   An Scia Eugich Orridh.

39 A Choin Chulin ainnich Triach,
   Agamsa cha mhair mo Scia;
   Ach aonna cheim Teiche noir na niar,
   Cha tug mi ribh 's mi 'm bheidh.

40 Heilg Cuchulin uaidhe Scia,
   Air an aiche oir as Jar,
   Gab ennich shud bolc an Fhaoil,
   Le Mhaibh uaisle na Herin.

41 Ach hug Cuchulin Beum eile,
   Le moid a Mhemnidh sa' scennidh;
   Togadar an Lamh leis an lan,
   Scarar Cean o 'n Cholein.

42 Macanichd Erin uile
   Dhuitsa uamsa, arsa Connil,
   Agus an ciad Choin gun Eall,
   Ann a fianis Feribh Erin.

43 Ni Gnimh ar Gili na'n Cuan,
   Credibh an Riogh maras dual
   Leba 'n ion Laoich mar a ta

44 Ha ion Laoich an so a bha air Saul
   Ha nis gun ashig le immairt sluaigh
   Bha trial gu Teridh nan torr tean
   Ghabhail Geil air Feribh Erin.

Fearis Mac Rosidh Mhic Ra 'n Laoich a bairde gheiribh fail, cha Barda Fearis a stidh na 'n Gairibh Mac Stairn na huighe.

Bheirimse Briar Righ ann se labhair an tard Chu Armin aoina Cheim teiche ge bearde leat nach hai du chead a hoirt.

Do Bhesidh fhir Mhoir a hanig as an Esra, na bitidh na bu Leidhe stigh, dheibhe tu fiagh as faoilte hin Tairishe leum air faoilte, gus an gia mur Braide gus an curin an am Luing Raoinin Mhic Righ na herin.

'N sin thainig an Dorsair a steach do thaidh Teamhradh nam beumanan 'schrath e 'n t slabhraidh gu tean Ri'n eisteadh na ceudin.

F. 1. DUAN A GAIRBH MHIC STAIRN.
210 lines. 1750.

AIR dha teachd a thoirt Geil air Righ, Eirinn, agus mur Gheil iad uild dha gus an do dhuilt Cuchullin ris a Gheil, an t son do na Fiannaibh a bha annsa chuirt san am sin. (Da luchd ionidh an Righ.)

Fletcher's Collection, page 183. Advocates' Library, Edinburgh. January 27, 1872. Copied by Malcolm Macphail.

1 EIRICH a Righ na Teimhre,
  Chi mi luingeas mòr 'se labhram;
  Lom lan nan cuan is e elannach,
  Do laingeas mòr nan Allamuireach.

2 Is breugach thu dhorsair gu muaidh,
  'S breugach thu 'n diu 's gach aon uair;
  'S th' ann luingeas nam maogh,
  'S an Fhiann a teachd d' ar cobhair.

3 Cho d' eisd e ri tuille sgeoil,
  Ach leum as làthair an Righ mhoir;
  'S e thachair air laoch mòr a teachd;
  A neoir gu dorus na Teimhre.

4 Do bheannaich an dorsair dha ghu màlt,
  Is dh' fhiosraich e cò as do;
  Is dh' fhreagair am fear mor gu nimhe,
  Thainig mu thoirt gèil air Connul.

5 'S ni 'n gabhain cumha na ceart,
  Ach Eirinn uile theachd fui'm smachd;
  'S gach flath 's gach Righ dhiu thoirt umhluidh
  A dh' aindeoin Chonnuil 's a luchd comhnuidh.

6 Creud d'am bheil ugumsa dheth,
  Ach dearnam do sgeula;
  Agus innsidh mi thu gun fheall,
  Ann an lathair fearaibh Eirinn.

7 Is dh' imich an dorsair a steach,
  Do dh' ard Theimhre nam Beumanan;
  Is chrath e an t slabhraidh gu teann,
  Ris an eisteachd na ceudan.

8 Sin 'nuai' thuirt Connul gu còir,
  Deadh mhac Righ an Eidir sgeòil;
  Am bheil allamhuireach a muigh.

9 Tha aon laoch an dorus na Teimhre,
  An am porsa an Righ ro mheamnach;
  Is e ag radh gun geabhar leis gun fheall,
  'S gun gabh gèil air fearaibh Eirinn.

10 Do bha Corachar thall a stigh,
   Is ard Righ-laochar na Teimhre;
   Fionn mac Righ ruaigh
   An ceathramh cuiridh co mucu.

11 Chuige mise 'n dubhirt Curiogh,
   Araon agus O Conachir;
   Aog mac Garadh a Ghluin-ghil,
   Is Caoilte glegheal Mac Ronain.

12 Na tig air sin a Churiogh,
   'S na canta comhra gun chli;
   Cho torachar leis gun fhoill,
   Gèill air rioghachd Eirinn.

13 Mur e 'n Garbh Mac Stairn a t' ann,
   On' Ghrèig uamharaidh ro ghairg;
   Bheir e leis ar gèill air muir,
   Dh' aindeoin fearaibh Fiannaibh.

14 Chunnaic mi cuig catha deuga,
   Do chathan Fhamhairean 's ni'm breug;
   Aig breath san tir Shoir air a Gharbh,
   A' maogh Gamain nan goirean.

15 Bheirinse briathar Rìgh arm,
   Fhearaibh àilidh na h-Eirinn;
   Nach do leig an Garbh iad o'n mhaogh,
   Gus 'n do ghabh è gèil gach aon fhir.

16 Sin 'nuair dubhirt Connull cearnach,
   Ursan chatha nan blagh teimhreach,
   Cho d' theid mi fein ris dam bhuin,
   Cho mho is eolach mi ma bheusan.

17 Sin 'nuair dubhirt gead mac Machith,
   'N laoch b' fhurast aithsheun;
   Cha deach mi riabh aon cheum sor na siar,
   A dh' fholum gaisge a' hudligheachd.

18 Tabhair mo ghit thali' si stigh,
   Inighin o chli' Flath na feile;
   Na leigibh oglach nan Cath,
   Do thigh teimhre nan Righ-fhlath.

19 Sin 'nuair dubhirt Connull gu còir,
   Deadh mhac aluin an eidirsgeoil;
   Cho bhi è re aratin a bhean
   Gun diult sinn uile re aon fhear.

20 Leigibh a steach am fear mòr,
   Gu prap am lathair an t slòigh;
   Ionad cheud areitichadh dho san t sreth;
   Muna chuireadh e na shuighe.

21 Feargus mac Rossain ic Rà,
   'N laoch a b' àirde dhe fhearaibh Fàil,
   Cho b' àirde Fearguth a stigh,
   No' a Garbh Mac Stairn 'na shuidhe.

22 Pronn cheud do bhiadh 's do dhibhe,
   Chuaidh a dheanamh dosan gun fhuireach;
   Sa thoirt re na chaitheamh don fhear mhòr,
   Thainig as an Eassa Roimh.

23 'Nuair bu shaitheach don fhear mhòr,
   'S a thuigeas greis air an òl;
   Thug se suil uaithe nun,
   Air chaogad mac Rìgh mu thimchioll.

24 Do bheathsa fhir mhòir,
   Thainig as an Eass a roimh;
   'S na bitheadh ni bu leithe steach,
   Gheabha thusa fiall is faoilte.

25 Cho tairis leam air faoilte,
   Gus an iadham mur ar braide;
   Gus an cuir fam an nam luing a steach,
   Righm mhic Rìgh na h- Eirinn.

26 Sin 'nuair ghabha na mic Rìgh,
   Ann an Tigh Teamhre gu fìor;
   'S a chuireadh iad a muigh,
   Don treun laoch na lathair.

27 Ge bu laothadh gach fear dhiubh sin,
   No an Garbh mac Stairn stanfhiaclach;
   Cho tialuigheadh fear siar no soir,
   Dhiubh an asinn a ghniomh lomidh.

28 Sin 'nuair thuirt Brichni gu muaith
   Mac mhic Cairbre o'n Chraoibh Ruaidh,
   Fear is faoilte dhuit gun fheall,
   Ann an lathair fearaibh Eirinn.

29 'S mise Bhrathadh dhuit na Braidean,
   As am fuighe tu na tàintean;
   Buin leat Lugha mac o Rìgh,
   Agus Fiamhi mac Gorigh.

30 Aogh mac Garadh a Ghluin ghil,
   Is Caoilte ro Gheal mac Ronain,
   Fear Dian taobh ghil,
   Agus Fraoch fiall mac Fiuic.

31 Luagha sgia argumeid am blagh,
   Deadh mhac Ri leathan Lùcais,
   Cormaig an Luingeas gu muaidh
   Mac mhic Cairbre o'n Chraoibh Ruaidh.

32 Buinne borburra nach borb a steach,
   Buin leat gu luath o Fhearghuth.

33 Maed aineachd air Eirinn uile,
   Dhuitsa uamsa Bhrichni Bharabhui,
   Ad sa Bhios mise 'm Rìgh gu teann,
   Air ard Rioghachd na h-Eirinn.

34 'S an an sin' thog Cuchulin a sgia,
   Thair a mhaolin Bharraliath;
   Sheal Snaois air a dha shleagh,
   'S ghlac Connull a Chloidheamh.

35 Sin nuair thubhirt Brichni gu muaidh,
   Mac mhic Cairbre o'n Chraoibh Ruaidh;
   Cia thorchrar leat dol' na d' luing,
   'S tu gun ghèil o'n Choinchullin.

36 Am bheil aig Cuchullin mac,
   Innis gu fior a Bhrichni
   Nim bheil aig Cuchullin Mac,
   Na nian is Gile glac.

37 Na Dallan munidh Bràghad,
   Na mac dilis deagh mhàthar,
   Ach b' annsa leis naois anaigh,
   A Bhrathair Ailibhin agus ardan.

38 Freagir a Choinchullain choin,
   A mhic seud riogh subhald;
   Teirbert snaoise an dò cheann,
   'S air do chuid do dh' fhearaibh Eirinn.

39 Nim fearr mir no Snaois,
   Nim fearr laoch a Chomh aois;
   Ach Diongidh Snaois còir nath,
   Ceud do gach cuiridh comhla.

40 Bheirimsa Briathar Riogh ann,
   Fhearibh Ailidh na h-Eirinn;
   Nach d'teid mi fein ann nam Luing,
   'Smi Gnn Gheil on Choinchullin.

41 Bheirimsa Briathar Riogh eile,
   Se labhair e n t ard Chù armach;
   Nach d teid mo Gheilsa air sàil,
   Smi fein an nam Bheatha.

42 'S Bodach ù bhiodh an Ùdluigheachd,
   'S olc u fein 's olc t fhear muintir;
   'S olc Bean do thaigh
   'S cho'n fhearr a luchd aon tigh,

43 'S cho d' tabhir u mo Ghèil air Sàil,
   S gun annad fein ach allamarrach.

44 Sin nuair dh' eirich 'n da thriath,
   Le neart an cloidhean is an sgia;
   Gun d' fhogradh an tallamh team,
   Le traighean ann sa 'nuair sin.

45 'S ioma Buille fuidh bhile sgia,
   S fuaim Clishnich re Cliar,
   Mar fhuaim Coille le gaoith nan Gleann,
   Bha Scleo nan curidhnan co teann.

46 Seachd oidhchean agus seachd là,
   Dhoibh aig Imarscleo sa aig Jomarb hai;
   Sa'n ceann an noidheamh trà
   Cho b' aird e n Garbh air amhoigh na Cuchullin-
   a Ghaisae.

47 Ach an ceann an t seachdamh lò,
   Thug Cuchullin beum dhò,
   Sgoilte leis o Bhruan gu Bran,
   An sgiath eangach òrbhuigh.

48 Noish on a theirig mo sgia,
   A Choinchullin a dhairgneas triath;
   Aon cheim teichidh siar no Sor,
   Cho dliubhram is mi 'm bheatha.

49 Bheirimsa Briathar Riogh eile,
   Se labhair e n t ard Chu Joraghil;
   N t aona Chèim teichi Siar na Sor,
   Cho n eil fuidh d' roghun a dheanadh.

50 Thilg Cuchullin dheth a sgia,
　Thair a mhaolin Bharra-liath;
　Geb einach gum b' olc an fheall,
　Le maitheamh uaisle na h-Eirinn.

51 Thug Cuchullin beum eilli
　Le moid a mheamnidh is asgeine,
　Thogadh leis a lamh sa lann,
　Is sgar e 'n cean ri cholluin.

52 Machd aineachd air Eirinn uilli,
　Dhuitsr uamsa choinchulin;
　Sa chead chorn gun fheall,
　Ann am lathair fearaibh Eirinn.

53 Rinn mise gniomh air gilu nan cuan,
　Creideadh an Ri mur is dual,
　Tha leaba aon laoich 'n so a bha air Cuan,
　Tha niudh gun aisag aig Iomairt stuaigh.

54 Thrial gu tigh teimhre nan Righfhath,
　Ghabhail gèil air fearaibh Eirinn.

O. 1. FIONN IS GARA MAC STAIRN.
225 lines.

Dr. Irvine's MS., page 129. Copied by Malcolm Macphail. Edinburgh, April 1, 1872.

1 Sguab Garbh na sleibhtean,
　'S ghull na glinn fo chois;
　Lub na caoilltean an cinn ualach,
　'S thiormuich suas na tuiltean uisg.

2 Shrannadh a' Mharc shluagh a ghaoth,
　Thuit am fraoch fo fhuaim an tart;
　Loisgeadh am feur le'n dian astar,
　'S ghull man ghlasan gach bachd.

3 Theich an eilid le fuathas baoth,
　Chual i glaodh a rain' a sgairt;
　Sheall am fir eum gu nuathara claon,
　Co iad na daoin tha ruag mo theach?

4 Bha garbh treun mar shruth a ghlinne,
　'S am fireach a' cridheadh fo ghluasad;
　Uamhasach mar thorrun a gheamhraidh,
　Ri oidhche annradh ann àm fuathais.

5 Arda mar Ghiubhas na beinne,
　'San ceò a' tionaladh mu'n cuairt d'i;
　Marbhtach mar cheud tamasg,
　Aig carra daingean Loda bhuailtich.

6 B' fharsaing rioghachd Gharabh Mhoir,
　Bu lionmhor sloigh toirt dha cain;
　Bha clann mhaoth a' busteadh ainm,
　Is daoine a' crathadh an cinn gu cor.

7 Dh' fhag e a thalla stoirmeil,
　Dh' amharc Thuail an fhuilt dhuinn;
　Tual Mac righ Lochlain aigh,
　A choimhich ait an Albinn bhig.

8 Air sgiathaibh gaoithe sgoilt e'n cuan,
　Gu Dun Mhic Tuail nan ioma' creach;
　Theich na sloigh roimh a cheum,
　Bh' an rathad reidh gu Dun nanclach.

9 Co chogadh ri Garabh Mac Stairn?
　Co sheasadh blar na fala?
　B' fharsaing criochan Thuail,
　Thar garbh bheanntan ciar na Tuath.

10 A ghaisgich mar aon bha dana,
　'S lionmhor blar a chuir iad thairis;
　Rainig Garabh crom ghleann nan craobh,
　'Shloid e sia croinn Ghuibhais o thalamh.

11 Chuir *faileas* iar o theas na greine (*dubhar*),
　Fhreagair na creagan do ghlaoth;
　Gheill gach bealach do neart,
　Rainig e ard thir Mhic Tuail.

12 'S fhuair e gu faolaidh fosgailte.

13 Choinnich Mac Tuail e air an thraoch,
　Chuir failt gu caoin *iar* a charaid;
　Do bheatha a dh' Albuinn nam beann,
　A mhic Stairne o 'n duthaich tha 'n ear.]

14 'S lionar feachd gu cleachd s gu tioracht,
　Thig a steach fo sgath mo thighe;
　Biodh cuirm is aighir air bhordaibh,[1]
　Seinneadh mo bhaird cliu nan treunfhear.

15 Tha na bliadhna a threig a pilltinn,
　Latha Sealg nan gleann ciara;
　Thainig Fionn 'sa shloigh nan coir.

16 Co as tha na fir armach ghasda,
　'Se labhair righ Shelma chruinn;
　Bheil am fiadhac a' dol leibh,
　No 'n teid sibh leam gu Dun ban?

17 Bha cliu Ghairbh sna danaibh
　Bha eagal air Fionn roimh a theachd;
　Cha b' ail ail leis a bhann gun am feachd,
　Ri Mac Tuail bha Fionn an sith.
　Ach bha mi run anns a ghaoith.

18 Chuireadh Garbh gu Cuirm is cleas nan treun,
　Gu Dun ban ma 'an eiradh grian,
　Dun bha faoilidh riamh is farsaing,
　Dun am b' ait leam bhi lem' mheann
　Dun o'm faicte mile maise.
　'S tric an d' fhuair an t-aineol biadh.

19 Thainig Garabh le cheathairne chor,
　Ochd fichead fear fo'n earra shroil;
　Floigh Mac Tuail le chomhairlich fein,
　'S le choisridh dhonna dhana threun.

20 'S ann an sin bha chuirm gun aithris,
　Fion na Greige as Beoir na Macharach;
　Ceol nam filidh fonn nan clar,
　Dan nam ban, is eachd nan Treun.

21 'S fad bha aoibhneas an Talla 'n Dun,
　'S cuimhne leam, a ruin an latha;
　Ach mo thruaighe dh' fhalbh am filidh san dan,
　'S cha 'n eil a lathair ach smurach faiche.

22 Ann an sealla Dun Mhic Tuail,
　Bha Dun Fhinn gu uarach ard:

23 A ghaoth a seida seach a bhalla,
　'Se gun chrith, chneth, gun spairn;
　A thuran, daingean da fhilt dealbhach,
　Mar chreig albhinn lamh ri shail.

24 Sheid an glagaire an corn buadhach,
　A dh' adharc buabhull grinn nam beann;
　A thionaladh a steach na coisruidh,
　Do 'm bu choir bhi fiadhach mheall.

25 O chreag gu creag leum an glaodh,
　Mar oiteag ghaoith am bar nan crann;
　Thainig fuidhi mhor a ghlinne,
　Le 'n coin innealta gu sealg.

26 Thainig fir a bhraigh sgairteil,
　Le 'n eachaibh tartarach is le 'n cuim;
　Thainig gaisgich Locha fhuaimnich,
　Thainig Duthich, Buich 's Baimch.

27 Thainig Diarmad donn 's Cullin,
　Thainig Buidhne de gach fine;
　Righ b'e sin na daoine treubhach,
　Bha cruit, bha clar, bha feudan redha.

28 A' cur euslan fad air astar,
　Sheall Garabh gu dur nuathara;
　Air na feachdaibh nuadha, calma;
　Fhinn Mhic Cuthail nan ceud cath,

29 Cha 'n ioghna thu fein bhi dana,
　Agad tha na buidhne crodha,
　Dealbhach, tosach, bonnach, craidhach,
　Toslach, cudthromach, beusach,

30 Gach fear mer reth bhuinne traighe
　'S tearc a chithear an leithid.
　O ob shruth gu ruth nan Gael,
　Ghluais na fir nan ard shunt;
　Gu siubhlach thar gnuis na faiche.

31 Mhic Stairne, thuirt Fionn an cainnt reidh,
　'S mor do neart, tha t' ainm ga reir;
　Tilg a chloch 's thug deuch a dh' Albinn,

32 Thog Garabh a chreag ghaileach luchdmhor,
　'S thug urchar ri aghaidh 'n Duin;
　Chrith Selma le mor eagal,
　Sgoilt peirceall an Dun ge b' aill.

[1] Biodh ard air cuirm is aighir.

33 Dh' fhag eachuiman san fhaiche,
   Bheuchd na creagan le toirm ;
   Theich Mac Talla le bruaidhlean,
   'S dh' fhalbh snuadh na coille gu bas.

34 Deach a ris a Ghairbh nam beum,
   Do mhor spionna fein 's do chliu.
   Thuirt Fionn 's a smaoin a crathadh,
   Mar cheo a sgaradh air carn.

35 Chrom Garbh a cheann gaisge,
   'S thog a chreag gu h-iorsach ur ;
   Dh' fhalbh i o laimh mar dhealan,
   'S rinn i sgar an ceann an Duin.

36 A mhala mhine, tha lan de uisge,
   Leum an ailbhinn air ais ;
   Gu bras beumanach, buarasach, ard,
   Creigean 's orannan a' geilleadh
   Spreidh a' critheadh gu bas,
   Stad i air Dail an fhraoich
   Ged is faon i 'n duigh bhaigh

37 Bha Mic Fhinn 'san gnuis gu deurach,
   Thug Mac Stairne eibhin buaidh ;
   Dh' eirich Goll Mor Mac Morna,
   Fear nach sora riamh am beum.

38 Thog e 'n Tulach a a talhaibh,
   'S thug e urchoir laidir dhian ;
   Theich siol Lochlain le ioghna,
   Thog a chlarsach caithream buaidh,
   Thog siol Alba lachan gaire,
   'S sheall Dun ban air chaochla snuadh.

39 Chaidh iad sin a dh' fheadhach bheann,
   A ruaga 'n tuirc le thuisg oillt ;
   Treis an toir air loin is eild,
   Is air damh alluidh nan ceum calma.

40 Phill Garabh gu Dun Mhic Tuail,
   Thriall Fionn gu Buth nan struth ;
   Thainig sgeul cha cruaidh ri eisd
   Dh' iarr Garabh cios o'n Fheinn le tair.
   No combrag cuig ceud sar ghaisgeach,
   Ceud loghainn chon ceud seobhag suairc
   Ceud each luath a bhuighnadh geall,
   Ceud earra shroil leinteag ur.

41 Bhuail Fionn an ard bheum sgeithe,
   Chruinnich a threun fhearan ri cheil ;
   Bhruchd iad mar thuil nan gleanntan,
   Co sheasadh san am sin roimh an dluthas.

42 Rainig Garabh buth nan struth,
   Le buidhinn cholgara dhana ;
   Bha Grainne san tall fo eagal,
   Fionn a fiadhach am feudanaibh duinte.

43 Dh' iarr Garabh aoidheachd 's muirn,
   Mar charaid a bhitheadh dlu dhi fein ;
   Aoidheachd cha do dhuilt mi riamh,
   Labhair Grainne le ciall cheart.

44 Ach do cheathairne co mor,
   Cha 'n 'eil cro an teid a steach ;
   Gheibh sibh aoidheachd air an raon,
   Ma's miann leibh fhaotainn
   Gheibh le tlachd.

45 Thug i dhoibh sithann bheann,
   As lionn nach do thoga o bhraich ;
   Dh' eirich na h-almaraich ghnotha,
   Gu chomhla a tharruing mach.

46 Ach thogar an glaodh Feinne,
   Is dhuisg gach tom is glaic ;
   Sheall Garabh thar a ghualainn,
   Chunnaic gu luath Fionn le fheachd.

47 An e so diol na h-aoidheachd a Ghairbh,
   Mo theach 's mo bhean a thoirt uam ;
   Teann am rathad gu grad,
   No stad cha 'n fhaigh thu ach bual.

48 Eagal cha bhiodh orm mhic Cuthail,
   'S e labhair Mac Stairn gu fiar dana ;
   Ged eireadh leat mile *leomhainn* (loghainn)
   De fhearaibh an domhain a thainig.

49 Bratach Fhinn sgaoil sa' ghleann,
   An deo ghreine bu deirge cruth ;
   Thog a chlarsach a fuaim catha,
   'Sthog Caorull gu h-ard a ghuth.

50 Bha Fionn mar ghrian fo ghruaim,
   'Nuair dhomhlaicheas uimpe ceo duachni tiugh ;
   Air uairibh chitear a gnuis aoibhinn,
   Air uairibh i gailach duth,

51 Tharruing na sloigh o 'n t-sliabh,
   Gu tosdach dian chum euchd ;
   B' uamhasach sealladh gach mili,
   Bu cinnteach buille an creuchd.

52 Ni 'n d' atharaich Garabh ceum,
   'Sa threun fhearan daingean ri chul ;
   An sleaghan nan cuilg nimhe ri 'n guailinn,
   Am boghan cruaidh deas mar an ruin.

53 Clanna Baoisge thilg an sleaghan,
   'S tharruing an claidhean foinneanta geur ;
   Sgath iad siol Lochlain gu talamh
   Mar loisgeas falaisg an tir fheur.

54 A' m' laimhsa bha neart an la ud,
   A Mhalmhine cha b' eagal leam ;
   Theich Garabh bras mar cholman,
   'San seobhag grad na dheigh,
   Ghleith sinn ar tighean is ar mnathan,
   Ar clann, ar fearann ar n' euchd.

NOTE.—This metre cannot be divided into quatrains. It is irregular, like Mac Pherson's.

O. 2. FIONN IS GARA. 82 lines. 1801.

Dr. Irvine's MS., page 163.   Copied by Malcolm Macphail.   Edinburgh, April 3, 1872.

Along with the fragment (Fionn is Gara) (see page 129) a ridiculous story is told which was formed to bring these ancient heroic poems into contempt. I shall here insert it copied from the same person who recited the other, viz., Alexander Cameron, Tailor, in Drumcharry, Fortingal, before mentioned.   (Dr. Irvine's note.)

1 RAINIG Garabh Dun nam buadh,
  Dun ri' n luaidhear Buchanti ;
  Fhuaras Grainne fuinadh san talla,
  Bha Fionn na chodal an crethaist dhlu
  Le lubaibh gun glacadh Mac Stairn.

2 C' ait bheil Fionn, thuirt Garabh ?
  Cha 'n fhad air falbh, a righ na faich,
  Gabh aran 's leag do sgitheas.

3 Mar d' fhusneadh Grainne le mend a luathas,
  Dh' itheadh an Garabh gu dlu dian ;
  Mar mhada fiadhaich Ghormla,
  Chuir i ghraideall ann am bonnach
  Dh' ith e' n t-earrna foinnamh borba.

4 'S cruaidh t-aran a gheug na maise,
  Mar chreag abharnaich dom' ghoile.

5 Chuir e mheur am beul an leinibh,
  Bha sa chrethail gu tosdach dealbhach ;
  Chaill e a muir a thiola,
  Le fiacail ghuineach a bhanbhi,
  Ciod as aois do d' leanabh a Ghrainne,
  'Se labhair gu h-anrach Garabh.

6 Miosachan beag a th' am,
  Ma dh' fhasas gach mios mar so ;
  'Se fhreagair Garbh gu tiugh dian,
  Bithidh airde mar airde nam beann,
  'Se neart mar neart na iomghaoith dhochorach

7 Dh' fhalbh Garbh a choimhead cumhachdan naraig
  Far an tric a gheill an Roimh,
  'S ann fhuair Sliochd nan Gael buaidh,
  Trusgan a bhuachaill ghabh Fionn,
  S' thachair air Garbh aig murlin nan alt.
  Rinn Faolan le meud a sgoil,

Sheas an roth chloch mhuilin aig an dorus,
Na pilleadh Fionn o 'n t-seilg,
'Se thuirt an Garbh le mor fhiamh,
C' ait am bheil a spionna 'sa threis?

8 Feumaidh e comhrag a thoirt a Ghrabh,
No tuiteam gu balbh fo mhein;
Cha 'n aon mise de na treun,
Deir Luna la treun ghuth.

9 Chunnaic mi Fionn le beag spairn,
Tilgeadh na Gra chloich sin thar an tigh;
G'a comhlachadh air an taobh eile,
M'an ruigeadh i 'm blar g'a luathas.

10 Sheall Garbh le smeithe gaire,
Air a chloich cruin mar an Rè;
Ballach mar an speur ud shuas,
Trom mar Dhungael le choille dheurach,
Cha 'n eil e beo do 'n geilinn luaidh.

11 Ghlac e chlach is rain e 'n righ,
Triallam do shliabh nan agh;
Thachairt air Fionn is mor blagh is brigh,
Thuirt Garbh ard a laimh,
Gu luath thairis air gleam 's air beam.

12 Ghluais Luna bu luaithe ceum,
Thachair air Garbh an gleann caillich;
An Uidham balaich 'se treun,
Bha 'n fheudail ri taobh na aibhne seimh

13 Bheil Fionn sa' choire, no sa chathair?
Cha 'n eil, thuirt Luath bheul le cainnt ghrad,
Tha Fionn an Innis fail nan tonn,
Tha fhonn feadh fhiorach is ghlaic,
Tha Fionn an neart gun choimeas,
Chuir Fionn righ an Domhain fo smachd.

14 Faic an tarbh beucach gruamach,
An cum thu air chluais e air raon?
Rug e air an tarbh ge b' alma
Rug Luath bheul air a chluais eile.

15 Sgaoilteadh an t-annit cha b' fhaoin,
A Luath bheul! cha 'n 'eil thu cli;
Ma tha Fionn am brigh mar sud,
'S tearc righ a theid na choir,

16 Thogadh Fionn a chreag ud shuas,
Thilgeadh gu luath ris an t-sliabh;
Reubadh e coilltean om' freumhaibh,
Thogadh e cnuic o 'n t-athaibh;

17 Thionndaidheadh e aimhnichean uisge,
Thionndaidheadh Grian dreusg ghradhach;
Dhutha e 'n Domhain le torrunn,
Co dh' fheucha' ri botham a haradh?
Fagsm a riogbachd gu luath,
'S truagh teachd fo fheirg sna blaraibh.

Air an cruinnicheadh lis an Olladh Urramach Alastair Irbhinn Ministir an t-soisgeil ann an Dunchailinn bheag.
J. McD.

Q. 5. DUIL MHIC STAIRN RI H-EIRIN. 64 lines.

Stewart's Book. 1813.

1 Is tiamhaidh nochd Gleann comhann,
Gun ghuth gaothair, a's gun cheol,
Gun fhuaim air Chlàraibh nan tèud,
Gun uirsgeul Threun, a's gun òl.

2 Thosd guth nan Filidh na Mhùr,
Tha muirn a Bhuidhne air sgur,
Nior fhan ach mise na'n deigh,
'S mo chònadh air treigsin tur.

3 Is mi an sean-fhear gun treoir,
Mar aon Lon leont' anns a choill,
Mar shònn gun snodhach, gun fhàs,
Air chaileachd buidhir, a's daill.

4 Cha b'ionann ri linn Mhic Stairn,
Bha abhaist Oisein, 'sa neart,
Bu mhaith a dhimreadh e lann,
Cha b'fhànn a dhorn air a beairt.

5 Cha b'amhlaidh iar chath nan Sleagh
Fhònn 'sa mheanma ri fleagh Fhinn,
'Nuair thionail mu'n Righ a Laoich,
'S lasair chraobh ri solus grinn.

6 Chaidh sligean, a's cuirn mu'n cuairt,
Cha'n fhaicteadh gruaim air gnuis,
Agus co-sheirm cheann, a's chlàr,
A' togail àbhachd, a's mùirn.

7 Ri Ulann, a's Cairiol, a's Raoini,
Labhair Fionn Ghaël gu fòil,
Togaibh Dàin luaidh ar Trein fhir,
A choisin o chein cliu, mar chòir.

8 'S ait le Righ Lochlain nam buadh
Na Dàin a luaidheas deagh-ghniomh,
'S is taitneach le Fionn an glèus,
Thig air bèus Ghaisgeach na strì.

9 Leig mo Righ maraon, a's Mac Stairn
Ri h-èisteachd Chlàrsach nam rònn,
Bha cèud Cruit, 's dà chaogad Bàrd,
Mu'n dà Ard Righ air an Tòm.

10 Chaitheadh mar sin an oiche,
Gu soillse maidne sàir-ghil,
'Nuair chluinnteadh caismeachd an stuic,
A' greasadh Fhear Lochlain gu tràigh.

11 Nior liosda astar an long,
Ag ascnadh thonn air an leirg,
A's strann-ghaoth Eire fuasnadh,
An Sleisdean thar cuan-shruth-mear.

12 A mhnathan na tìre a's soir,
A's buidhe fòlt, 's is geal braghad,
A's tric air muir tabhairt shùl,
'S a tathaich brù na traigh.

13 Coisgear re seal ur 'n iomguin,
'S an Cabhlach ag iompaidh nur dàil,
A's subhach leam sibh ga fhairgsin
Air fairge mar eun fàire.

14 Ach 's truagh leam cuid agaibh caoidh,
Nan Saoi math, 's fearr na brathair,
Na leannain caoin, gheal, ciuin,
Nach stiuir am feasd long thar bàrlinn.

15 'S cruaidh leam ur'n airc mu dheibhinn
Na chaidh an Eirin fudh ùir
Is tùrsach leam sgal an con
Air fiadh, na lon nach tabhair suil.

16 Is goirt leam an donnal bròin,
A' togail sgeoil d'an caomhainn
Taibhse nan treun bhi sa cheo
'S an saighdean gun seol aonaich.

D. 31. DUAN A GHAIRIBH.[1] 36 lines.

Mac Nicol's Collection. Ossianic Ballad, No. 27. Copied by Malcolm Macphail. Edinburgh, March 7, 1872.

Song of Garive.

1 ARISE! doorkeeper (chief or commander) of the King's palace;
I see ships innumerable,
The wavy ocean quite full
Of the large ships of the Strangers.

2 Doorkeeper you be this Day, and every Hour (in the Morning),
You Lie (or brings false tidings,) to Day and always;
It is the Fleet of Moy[2]
Coming to our Relief.

3 There stands a Hero in the Gate of Teira;
A Hero in the Gate of the King of lofty soul;
Who says, that openly (or without Deceit),
He'll lead Captive the Fones of Ireland.

. . . . . .

---

[1] *Garibh*—Gross robust gigantick man.
[2] Moy (*Maogh*)—Appears to be yᵉ name of a place.

5 Forwards spring Cuth, the son of Raogh,
And with him Oconnachor;
Also yͤ keen white-sided Warior Taobh-ghil,
And the high, (or liberal) minded Fraoch, the son of Fiuidh,[1]

6 Aogh the son of Garadh, with the white knee,
And the fair Coilte,[2] the son of Ronan.

7 Speak not so, Chu-riogh,
Nor utter thy feeble words;
For, without Guile, he cannot be equalled in War,
By the mighty Land of Erin.

8 Fifteen tribes of Gigantick Warriors
Have I seen in combat with Garive in yͤ East (or East country),
In Moy, the Habitation of Heroes.

9 Then spoke Connil, the chief of the sons of the Forge, who had often conquer'd,
The Prowess of Garive is unknown to me,
Nor will I engage him in Battle.

10 From another quarter, Maya raised her voice,
The beautifull Daughter of one of the Chiefs;
Permitt not that Hero in Battle
To enter the royall Walls of Teira.

[1] *dh* sounds *g*.
[2] Coilte, the son of Ronan, by tradition was one of the Fingalians, and remarkable for his swiftness.

5.—THE DEATH OF CONLAOCH. A.I.M.N.O.V.

THIS is an ancient Aryan story. It was told of Zorab and Rustem in Persia. It was in Marie's Lays (No. 9, ed. 1805, Ellis), written in the early part of the 14th century, in England (Milun, vol. iii. 184, vol. iv. Popular Tales, p. 260.) As part of the Story of Cuchullin, the story was known in Scotland about 1512 (A. 2), and other versions of it are in texts I. 1. M. 2. N. 1. O. V. 2. Y. Z. 34. 52. 59. 60. In all these the main story is that of a son, who is slain in combat by his own father, when he grows up, and comes from his mother to visit him. In the Gaelic ballads Cuchullin, and Conlaoch, his unknown son, are associated with the King of Ulster; the Heroes of the Red Branch, Connul, &c. The heir of Dundalk appears as the love son of a heroine who lived in Skye; and generally all the names agree with Irish history, though the story is British and Aryan.

Closely read, all the Gaelic versions, A. M. N. 1. 2. O. U. Y. Z. tell one story, and may be fused so as to make one translation. I. Kennedy's version is a different Gaelic poem on the same theme. A reference in verse 53 makes me suspect that it was slightly altered after 1762. In any case, it is Scotch Gaelic about a hundred years old.

The Aryan story of this genuine old Gaelic ballad is in Mac Pherson's English Carthon (Note, p. 127, and pp. 134, 142, edit. 1762). Cuchullin is commonly called 'Cu nan cleas,' Cu of feats, or of tricks of fence. In Carthon he is made Clessa mòr, which name is compounded from two words which mean 'great feats.' The geography is about Clyde and Morven, instead of Skye and the coast of Ireland. The son who is slain is named 'Carthon,' instead of 'Conlaoch.' Fingal and other names, which are not in the old story, appear. As a composition, the whole seems to be original. The Gaelic of 1807 ends abruptly where the ballad story begins. I believe the Gaelic to be a modern translation from the English, so far as it goes, for I cannot identify one line with any of my Gaelic texts. Nevertheless, the story told of Cuchullin and Conlaoch in 1512 was in the English 'Carthon' of 1762. In 1787 Dr. Smith, who lived in the same district as Kennedy (I.), published another Gaelic poem on the same theme, which I believe to be his own composition. 548 lines, p. 158.

The following samples are from unpublished manuscripts or rare Gaelic books:—

A. 2. CONNLEICH Mc NO CON. 103 lines.
GILCALLUM M'YNNOLLAIG IN TURSKAIL SO SEISS.

1 Di choala ma fad o hen
Skail di voneis re cowe
Is traa za haythris gow trome
Gata mir anneiss orrinn

2 Clanni rowre ni braa mawle
Fa chonchor is fa chonnil
Di bur low oyg err wyg
Er hurlar chogew ullytht

3 Ga hygh ne hanik ma genn
Fa ullyth leichre vanva
Cath ag waall innoyr ellyth
Dar zymone clannyth rowre

4 Hanik hukkith borbe a reith
Ir gurre croith *connleich*
A zis ni mur glarrith grinn
Oo zown skayth gow errinn

5 Di lawir conchowr re caach
Ca zoveniyn chon in naglath
Di wrea beacht nyn skaillith zaa
Gr teachta la harreith woa

6 Glossis counil nar lag lawe
Di wrea skailleith din vackein
Er darve torrin din leich
Cayvelir connil laa connleich

7 Ner zoive in leich ra lawyth
Connil freich forranych
Cayd dar sloyg di cawleith less
Aygnyth is bone ri haythris

8 Curreith teachtir canni ni conni
Woo hardre ayngneith ulleith
Gow down dalgin zranyth zlyin
Sen down gaylith ni geill

9 Woyn down sin di loyr linni
Di zangnowne neyn orginn
Teggowss gneive nyn serrith sange
Gow reith feiltyth ny warrinn

10 Dissrych sloyg ullith oynnyth
Teiggowss kow ni creive roye
Mak dettin o zoyg mir howe
Nar ettee teacht dor gowir

11 Faddeith or *chonchowr* riss in gon
Wayghiss gin teacht dar gowir
Is connil surrych nyn stead marryth
In gwrych is keada dor sloygh

12 Deakir zoiss wee ym bred
A ir churre er charrit
Ne in raith dole in ayngnyth a lanni
Si taa lar chawleith connil

13 Na smein gin dole na zye
A re ni gormlann granole
A lawe croy gin lagga re nacht
Smoyn er heddyth is a gwreith

14 Cowchullin nyn sann lanni sleim
Noar a choala turyth connil
Di zlossa la trane a lawe
Di wraa skaille dyn wackawe

15 Innis downi er tocht id zailli
A raig in tow nar ob tegwail
A liss raa in nawryth zoe
Fiss tarm ka di zowchiss

16 Dym zaissew er teacht wom hey
Gin skaili a zinsi zoew
Da ninsin di neach elli
Id zraith zinsin dare

17 Corrik rymsith is egin dud
Na skail ainsyth mir charrit
Gawsith zi royg a keyv lag
Ne gail tyigil vin chorrik

18 Ach na wea gne dighow nargenn
A honchow aw ne herrin
A lawe zasga in dowss trot
Mo clow wea in nasge aggit

19 Heymon and dyr chon a chaill
Ni ta corrik a vanvaill
Na makan di tor a zwn
In daltan croye layveith

20 Cowchullin is corrik croye
 Di wee in lay sen fa zemoye
 A invak di marwe less
 In ter lat chalm coive zlass

21 Innis downni er cowe ni glass
 O teith fest for naildeis
 Tarm is di lonni gi lom
 Na terg a zulchin orrin

22 Is me conleich m^c nocon
 Ir zleith zown dalgin
 Is me rown dakgis ym bron
 Is tow ag skay di tollwm

23 Vii bleyn di waa ma horri
 Fylwm zasga wom war
 Ni classi ler horcher maa
 Waa zessew a vylwum urma

24 Smenis cowchullin vor maik
 A v^c ne in draich za chow
 Gur smeine nar wraik feiltyth in ir
 A reyk a chwneith si chateive

25 A arrwm re corp no con
 Di chow is beeg nor skarri
 Re fagsin a cowlwoe a zlyn
 Gasgeith zownyth dalgin

26 Mak sawalti mor a foyme
 Ne low ym broin it ta orrin.

Di.

I. 2. BAS CHIUINLAOICH. 444 lines.

Kennedy's 2nd Collection, page 74. Advocates' Library, April 8, 1872. Copied by Malcolm Macphail.

THE DEATH OF CONLAOCH.

THE ARGUMENT.

The following poem is a perfect Tragedy. Conlach, or rather Ciuinlaoch (signifies a mild hero), was a son of Cuchulin, born and brought up by his mother in the Isle of Skye, with whom he mostly resided during his minority. Cuchulin having held the cief command of Conal's army in Ireland during Conlach's minority, prevented his coming to visit his son to Dunscaich so often as he wished. Conlach was disciplined in hunting, eloquence, music, and the art of war, under the tuition of his mother and her friends in Dunscaich during his less age. Before he became a major he turned out to be the bravest hero and the most accomplished warrior in the Hebride Isles. His mother all this time being surprised that Cuchulin took so little notice of his son during his pubilarity, altho' a natural one, indeed her malnignity to send him to Ireland in disguise to see his father, sworn not to tell his father or any person whatever who he was or to whom he belonged, but one who could defeat him in a single combat, she not doubting but he would overcome his father, overturn his authority in that nation and supplant himself in his place and become King of Dunscaich in Scotland and Dundalgin in Ireland. The brave and beautiful Conlach set sail with two hands from Dunscaich to Ireland and arrived near the palace of Conal the King, and pitched their tent upon the shore. Fingal and great many of the nobles of Ireland were feasting in Conal's halls at Conlach's arrival. Conal sent sixteen chosen men to Conlach to inquire after his news, and to invite him to his halls, who, upon refusal, encountered him one by one, but were all defeated and bound upon the shore. Dall, who watched the shore, went to Conal and told him how it had happened to his men at the shore; whereupon Conal set off and addressed himself to Conlach surprisingly pretty, requested his news and who he belonged to, which the noble youth durst not discover on account of his oath or promise to his mother. They at last engaged, and Conal is defeated. A scout arrived from Cuchulin, who was stationed at Dundalgin, with whom intelligence is conveyed back of Conal's defeat. Cuchulin set off in a tremendous career towards the shore where the mighty Conal lay vanquished, to whom he addressed himself with the highest encomiums, and likewise to the brave and beautiful stranger whom he strenuously pressed to disclose his embasage and tell who he was, and what place or people he belonged to, which the brave stranger durst not make known untill defeated. The invincible and intripid Cuchullin unwillingly engaged his only son, who tremelously studied only to defend himself and spare his father. Cuchullin finding himself uncapable to overcome him by arms begun to throw the Gath-bolg or arrows, wherewith the valorous Conlach fell as being not accustomed to. This method of fighting is thought to have been executed by throwing their darts and lances at each other upon the watter, one standing upon each side at a certain distance. But it is more probable it has been shooting the arrows, as being always mentioned under the term of Comhrag. 'Gath-bolg' signifies fighting by arrows.

No story can be more tragical than this of Cuchulin conversing with his son and reflecting his odious and cruel mother, whose avarice and spirit of revenge rendered herself miserable and Cuchulin unhappy by the unfortunate death of their noble, valiant, and beautiful son Conlach.

BAS CHIUINLAOICH.

1 Gur e so an t-ursgeul fior,
 'S ann leamsa gu sior is cumhain;
 Ann latha bha sinn gu muirneach,
 A steach air urlar Cuig Ulann.

2 Maille ri Conal an t-sloigh,
 Bha 'n t Oscar og, is Riogh Tuire;
 Is Clann or-bhuigh Riogh na magh,
 Is Clann Riogh Loitheann, is Ruridh.

3 Gun do dh' iucas ann ar dail,
 Gach laoch a b' fhearr bha'n tir Chonail;
 Na Luthaich is laoich na Mithibh,
 Agus Fionn gaolach Mac Cumhail.

4 Dh' iucas iad oirnn o gach taobh,
 Ar maithibh caoin-gheal gun tiorna;
 Gu teach lua'-ghaireach an Riogh,
 Gun easbhuidh air ni ach snighe.

5 Labhair Conal Thonna-gorma,
 Biodh gairdeach am ghradh a fhlaithibh;
 Seinnibh caithream buaidh gach filidh,
 'S orain bhinne fea' mo Thalla.

6 An fhea' sa raibh fleagh am aros,
 Deanamh abhachd agus iomairt;
 Cuiribh an t slige mum cuairt duinn,
 Biodh eibhneas air gruaidh gac mithi'.

7 O bhardaibh! seinnibh na duana',
 Cluinnibh an slaugh ar lua'-ghaire;
 Coi'-fhreagradh creugan, is gleantaidh,
 Do choi'-sheirm cheann is chlaraibh.

8 Mar sin duinne subhach, solach,
 Ag eisteachd ceol san teach eibhinn;
 Fea' an lo sin, is na h' oiche,
 Gus na shoillsich madainn ghle-gheal.

9 Chunnaig sinn air bharra chuantaidh,
 Eibheis luath, mar ean air faire;
 Sgoltadh gach tonn mar a dh' eiridh,
 Toirt gu tir nam feara dana.

10 Triuir laoch calma, talmhaidh, treorach,
 'S am folt oir mun guaillean arda;
 Mac samhail cho 'n fhaca 'n iorgail,
 Bha coi-chuimit 'an neart' s an aille.

11 Bha diais diu 'n nigheam Oglaoch,
 'S am fear corr fui' chlogaid stailin;
 Bha cloidheamh ra leis ro an-mhor
 Is sleagh mar chrann luing ra ghairdein.

12 Shuithich iad pubull do 'n toinnte,
 Air carraig luim fui' ar comhnuidh;
 An triuir sin an nigheam catha,
 Bu mhaith gabhail ri h-uchd comhraig.

13 Dh' fhiosraich Conal do'n chle'-armach
 Bu dea-labhrach ann 'sgach co'ail;
 Co reachadh a ghabhail sgeula,
 Do 'n triuir cheutach thainig oirnne.

14 Do fhreagair e laoich na Mitheadh,
 'S na Luthaich bu bhinne comhradh.
 Theid sinne dh' fhaghail an sgeula,
 Chonail fheilidh, ma sa deonach?

15 'S deonach leamsa Chlanna curaidh,
 A fhuair urram ann sna blarabh;
 Bha gu h iochdar, feilidh, soghrach,
 Do gach onrachdan nuair b' àurach.

16 Ghluais sea-deug dhiu chum na tràdhadh,
   Gu muirneach, badhach, faill-labhar;
   'S bheannaich iad do 'n Mhacai uasol,
   Bha ur-shnuadhar, mar an t-earach.

17 Labhair Beuldearg bu bbim comhra',
   Chuir Conal cro' sinn gu d' fheuchainn;
   Fhir is maille rosg, is aill thu,
   No mhadainn air earr an t-sleibhe.

18 Co thu fein, no cia do dhuthaich,
   No cia 'n Tur an d' fhuair thu t arach;
   Ciod a ghluais thu gu rioghachd Eireann,
   Thair na cuanta', beucach, cair-gheal?

19 Shud dh' iarr Conal oirnne fheoraich,
   'S tu dhol comhla ruinn gu aros;
   A chaitheadh na flea' le uaislean,
   Is a dh' eisdeachd dhuana bha' bhinn.

20 Cho 'n fheud mise idir innseadh,
   Co mi fein no cia mo mhuintir;
   Aih do laoch d' an iul ann spair-meachd,
   Mo dhi-armach, is mo chiumbhreach.

21 Mar a feud tha ogain fhior-ghlain,
   Dhuinne innseadh ach mar labhair
   Air tus chaich do bheiream d' fheuchainn,
   Air tu fein a chur fui' cheangal.

22 Dh' eirich an t-Ogen, is Beuldearg,
   Air a cheile 'n spoirneachd ghàbhaidh;
   'S na cara cian taobh na tuinne,
   Leagadh Mac Luthaich fui' shailtean.

23 Chuir e a chaoil fui' n aon rithe,
   An lathair na Mithich threuna;
   'S an croidhe gabhail le ain-teas.
   Gun do cheangladh leis am Beuldearg.

24 Chomhraig iad o fhear gu fear,
   An laoch nach nach roibh meat ann t-eug-bhail;
   Is chuireadh fui' chuibhreach laidir
   Leis an Arman an t-sea deug ud.

25 Daol a bha faire na tuinne,
   Air an eireadh buinnean arda;
   Ghluais e gu lua' dh' ionnsuidh Chonail,
   'S dh' airis e mar so mar tharladh.

26 Tha Mithich nan steuda, meara,
   'S na Luthaich is nimhe 'n comhrag;
   Sea-deug dhiu fui' chuibhreach gabhaidh,
   Aig a bhan laoch ud na onrachd.

27 'S mor is measa no bhi mharbh dhoibh,
   Bhi di'- armaicht' aig aon duine;
   Eirich a Chonail chaomh, bhaghaich,
   'S fuasgail air do chairdean uile.

28 Do ghluais Conal, 's cha bu lag lamh,
   Dhol a ghabhail sgeul do 'n Mhacai:
   A thoirt fuasglaidh do 'n bha 'm bruid,
   Gun euradh roi' thruid, no gealtachd.

29 Is bheannaich e gu binn, oscarr,
   Do dh' Ogan nam bosa calma;
   Teas-ghradh dda do las na chroidhe,
   Ge do bha na Mithich ceansaicht.

30 Fhir mhoir thainig air lear oirnn,
   Las teas am chroidhe le gradh dhuit;
   Tha t fholt mar or no gath greine,
   Loinreadh air na sleibhte lamh-ruinn.

31 Tha do chruth mar ghagan ghleantaibh,
   Ann teas samhraidh fui' bharr aille;
   'Scaol do mhala, 's ciuin do rosgan,
   Mar fhann osnach ghaoith air faire.

32 Mar chrann fui' bhlath tha do ghruaidhean,
   'S fhada buan do shlios a Churaidh;
   Do shuil mar dhealt air magh sleibhe,
   'S deirge do bheul no na sughan.

33 Do dheud mar ur-shneachd air ghougan
   Mar aiteal do 'n ghrein air magh thu,
   Ogain chaoin-ghil nan dual ar-bhuidh,
   'S mor a dh' fhas re, 's math am baile.

34 So dhuit anois bri' mo sgeilse,
   'S maith do ghniomh a threin, 's do ghabhail;
   Ciod a ghluais u o d' theach comhnuidh,
   Mas ann do 'm chonamh, 's mor m' aidhear.

35 Do thainig mise 'n iochd teachdair,
   Dh' fhiosracha' dhiot co do dhaoine;
   Co u fein, no cia do chairdean,
   No cia 'n t-aite 'n d' fhuair u t fhao'lum?

36 Sin a ni nach feudam innseadh,
   Ach do neach bheir dhiom e reiginn;
   No 'n innsin e neach sa chala,
   Do dh' fhear a ghabhail, cho 'n eurainn.

37 So Riogh Ulann, 's Thonna gorma,
   Is aon laoch borbaidh na h-Eeireann;
   No ceill do sgeul ormsa mhilidh,
   Ge mor do ghniomh ann an t-eug-bhail.

38 Mo sgeula cho 'n fheudar innseadh,
   A chonail na mili' catha,
   Co mi fein o 'n tha fui' gheusan,
   Gus an toir treis dhiom e dh' aindeoin.

39 'S mis is urrainn sin, is feucham,
   Do radh Conal treun, is ghlac e;
   'S mi treas laoch gaisgidh an domhain,
   'S cho d' fhuair coimheach riamh mi glaiote.

40 Thug iad na suinn ceud car calma,
   Taobh na fairg air chadach min-geal;
   Chluint' an sraoinich thair na cnocan,
   Is fathrum an cos bu mhileant.

41 Leagadh Conal leis an treun laoch,
   Chuir gun chreuchd fui' chuibhreach chaich e;
   Rinneadh sud is cha bu chruaidh air,
   Air sgath a chuain ruaidh 's na tràdhadh.

42 Do ghluais teachdaire o Chuchulain,
   A dh' ionnsuidh Chonail ghil ghradhaich;
   Riogh Ulann, caomh uasal, greadhnach,
   O shean Dun faoilidh nan gaidheal.

43 Sin an Dun a thurladh leinn,
   Do cheart ain-deoin Mor 'n igh 'n Torr-gaill,
   Leis na faoilich, shaoithreach, sheanga,
   Bu nimhneach, meamnach san torr-ghail.

44 Nuair chunnaig Conal an Luthar,
   Labhair e gu ciuin mar b' abhaist;
   Tha mise fui' chuibhreach coimheich,
   Mar nach raibheas riamh ri'm laithe.

45 Toir fios gu Cuchulin uamsa,
   Gus an Dun ud urad aluin;
   Gu Dundealgain grianach geal,
   'Se sean Dun ciatfach nan gaidheal.

46 Mo dhilsein coibhreach am eiginn,
   Mo Dhalta treun is trom armaibh;
   Innis dho gu bheil gu' m leireadh,
   Fui' chuibhreach an trein laoich chalma.

47 Do ghluais Luthar nan ceum ea-trom,
   Gu Cuchulin treum na cithe;
   'S dh' airis e mar sin le fuathas,
   Mar tharladh do 'n t slaugh sa chithe.

48 Ta Conal suairce nan steud mear,
   Is sia fir dheug da shluagh cuibhricht';
   A Chuchulin nan arm troma,
   Eirich-cobhair air do mhuintir.

49 'S baoghalach dhamh dol an dail,
   Na laimh leis na cheangladh Conal;
   Maille ra Mhithich, 's na Luthaich,
   'S an-fheilidh, cuthaich an coimheach.

50 No smuaintich gun dol na dhail,
   A laoich nan gorm shile suilbhir;
   A lamh threun gun eagal roi' neach,
   Cuimhnich t Aid, is e ann cuibhreach.

51 Ni 'n cuis duinne bhi fui' mhein,
   Fo nach fuasgladh air ar caraid;
   Fhir mhoir gun laigse nach meat,
   Nach cuimhnich ar t Aid' ann carraid.

52 An uair a chuala Cu nan cleas,
   An luadh sin air cuibhreach Chonail;
   Ghluais an laoch le neart is danachd,
   A thabhairt sgeula do 'n Choimheach.

53 Ruigh e siar le tartar namhann,
   'S fuaimneach arm mar spiorad Loda[1];
   Sgaoileadh gioraig is crith chatha,
   Fea' an rathaid gu grad chomhrag.

54 No mar mhiltidh tonn a beucaich,
   Ann stoirm eitidh ri slios carraig;
   B' amhail fuaimneach, arm, 's a luirich,
   'S air a ghnuis bha dullachd catha.

55 Bha cloidheamh liobhaidh a dealradh,
   Toigt' an ard an laimh a churaidh;
   'S na gaoithibh srannar a gluasad,
   A chiabh air snuadh sreothadh buinne.

56 No cnuic air gach taobh dhe' chrithnich,
   Chlisg an t slighe fui' a chosan;
   Las a shuilean dh' at a chroidhe,
   B'an-fheilidh a chith 's choslas.

57 Failte dhuitsa Chonail cheutaich,
   'S iomad ceud a dhiong thu 'n comhrag;
   Ge do tha u 'n diu' fui' cheangal,
   Aon laoch ràthaid gun bhi leointe.

58 Sgaoilte do chliu ann 's gach am,
   Air ceithir randaine an domhain;
   'S measa no bhi marbh a laoich,
   Thu bhi fui' chuibhreach faoin aig coimheach.

59 Tha do ghruaidh mar aiteal sleibhe,
   Do dhreach gu leir mar an cothar;
   Aid uasail an aigneadh fheilidh,
   'S mi nach euradh tigh 'n do d' chabhair.

60 A dhaltain is buirb an comhrag,
   Deis is doghruinneach do natur;
   Duisg do ghaisgedh, faic an laoch so,
   Fiosraich dhe' cia 'n taobh a thainig.

61 Bheamsaich Cuchulain do 'n Macaidh,
   Chliuthaich e ghaisgeadh, is aille;
   An gloir bhinn, mar chomhra' filidh,
   'S theasaich a chroidhe le gradh dha.

62 Oganaich a thainig an ceun,
   'S maith do ghniomh, a threun laoich chalma;
   'N tra' chuir u na seachd fir dhenga,
   Fui' chuibhreach, gun chreuchd le arma.

63 Tha aon choi' aille na h-Eireann,
   Air do cheann mar shleibhte baraich;
   'S ciuin, feuta, fearail leam t urladh,
   Tha 'n cliu' san a nasgaidh agad.

64 Tha do chruth san traidh a soillseadh,
   Mar ghealach ri oi'che shaimhe;
   A teachd roi' na neula bailbhe,
   'S amhail do shnuadh sa choill bhlathor.

65 "'S e'm adhbharsa theachd an ceun,
   Dh' fhiosrachadh dhiot fein, do chomhnuidh;
   Co thu fein, agus cia t Athair,
   No ceilse ni 's faide oirnne.

66 Geusan thainig leam o'm theach,
   Mo sgeula chumail, os iosal;
   Na 'n airisinn do neach eile,
   'S ann do d' ghnuis arraid a dh' insinn.

67 Comhrag a bheireas tu uait,
   Neo do sgeul mar charaid dhamhsa;
   Gu d' rodhain chighle boga,
   Cho ni dhuit taghadh gu 'm chomhrag.

68 Mo gheusan ri tigh 'n air lear,
   Mo sgenla chleith, ach air buadhar;
   No'n insinn e neach thair sàile,
   'Sann do d' ghnuis arraid a luadhain

69 Do sgeul na t arragaill, O fhir!
   Do radh 'n treun, air chrith fui' luirich;
   Le d gheusan, is t aurra bhreugaich,
   No h eur innseadh, mas beud duinn.

70 Fui' gheusan tha mis' o'm theach,
   Gun do neach mo sgeula airis;
   No 'n insinn e neach gun chomhrag,
   Fear do chomhraidh leam a b aithridh.

71 Comhrag 's fheudar dhuit thoirt uait,
   No gu luath do sgeul thoirt dhamhsa;
   Gu d' rodhain a gheugag bhog,
   Cho chiall duit taghadh gu'm choi' stri.

72 Sin a ni nach feud mis' ailis,
   An deidh gealladh thoirt do 'm Mhathair;
   Co mi fein, no cia mo dhuthaich,
   No cia 'n Tur an d' fhuair mi 'm arach.

73 Comhrag riumsa 's fheudar dhuitsa,
   No fios t' ainm is t aite comhnuidh;
   Gabhs' do rodhain a ghiallan boga,
   'S cho chiall duit taghadh gu 'm chomhrags'.

74 Tri fichid agus cuig ceud,
   Is mile treun, cho bhreug dhamhsa;
   Nach deachaidh slan d 'an teach,
   Da'n d' thug mi comhrag am ònar.

75 Is thug mi deothaidh bu duaileadh,
   Comhrag do 'n fhear lia' Mac Damhain;
   An deidh fir lea' nan arma deas,
   Innis do sgeul agus ailis.

76 Mo sgeula cho 'n fheud mi innseadh,
   Ach do neach bheir dhiom e'n comhrag;
   Na 'n innsin do neach tha 'n Eirinn:
   Do dh' fhear h eugaisge bu deonach.

77 O'n thug u freitich nach innseadh,
   Co do thir, no cia do chomhnuidh;
   Tog bo ghath! Is nochd do ghniomha,
   Onach eil do d' dhi ach comhrag.

78 Chuaidh iad ann an dail a cheile,
   Na trein bu docair ann comhrag;
   Gach gaoth neartachadh an saothreach,
   Ruillean baotha, beucach, dòbhaidh.

79 Gu cuidreach, cudthromach, beimneach,
   Bha na trein mar thuinn sa bhairich;
   Gan ruagadh le stoirm toirt nuallain,
   Air carraig chruaidh meaghan bàire.

80 B'ambail sin a ghleachd na Suinn so,
   Chluint fuaim an loinn 's gach aite;
   Faileath feuchainn lu'chleas gaisgidh,
   Le minig na chasradh nàmhan.

81 Chuaidh an sgiathan breac a bhlai'de,
   Chuaidh an cloidheamh gorm a bhearnadh;
   Chuai' an sleaghan fada, liobhaidh,
   A chabadh 'san stri bu ghabhaich.

82 Chuai' a chomhrag nan gath-guainne,
   Gu neo' meinach, 's gu cruai' ghniomhach;
   'S fhuair a Macan grinn a lot,
   Le Daltan a chatha mhilidh.

83 Thuit e mar ghiusaich san fhasach,
   An t iùran àluinn le fathram;
   Gun fhios, thug a charraig fuaim uaith,
   Chrithich, agus ghluais an talamh.

84 A mhacan a thainig a steach,
   'S ann leamsa rinneadh do chreucadh;
   Is gearr gus an togar do leac,
   No ceil 'am feast co u fein duinn.

85 Innis dhamhsa 'nois gulom,
   O na tharladh dhuit am àraich;
   Co u fein, no cia t ainm,
   No cia an taobh as an d' thainig.

86 B' fhurasda dhuit m' aithneacha fein,
   A Cuchulain an t slios aluinn;
   Nuair thilginn ort, gu fiar fann,
   A t sleagh an comhair a h-èara.

87 Gur mi Conalaoch, Mac Cuchulain,
   Oighre dligheach Dun-Dealgainn;
   'S mi 'n run a dh' fhag tu am bruid,
   Ann Danscaich g'am iomsach.

88 Fichead bliadhna dhamh, 's tir shoire,
   A foghlum gaisgidh agus comhrag;
   O! 'sann leatsa thuit do Mhac,
   Do 'n chleas a bha dh' easbhuidh fho' lum.

---

[1] This Spirit of Loda here appears for the first time in a manuscript.

89 Mile mallachd aig do Mhathair,
   Gu Dunscaich lann do chealg;
   'Se mhead 'sa bha lochda' inte,
   A dh' fhag t fhuil na linntidh dearg.

90 Ri' gur diombach mise 'm Mhathair,
   Oir si chuir ormsa na geusan;
   'Sa chuir mi a dh' fheuchainn m' fhullaing,
   Riutsa Chuchulain nan cleasan.

91 A Chuchulain chaoimh, chneas-ghil,
   Leis am brisear gach biran ghàbhaidh;
   Nach feuch thus', is mi gun anam,
   Cia dhiu lamh mum bheil am fainne.

92 Glac an t sleagh fhulangach laidir,
   As mo laimhse laoich gun tioma,
   Glac sin is mo chloidheamh cruadhach,
   Tana cruaidh is snuaghar liobhadh.

93 Glac thusa iad sin maraon,
   Le d' chloidbeamh caol righinn, aghor;
   An sgiath chorcair th' air mo dhrim.
   Mo chlogaid cinn, 's mo chrann-àra.

94 'S truagh an aithne rinn u ormsa,
   Athair uasail uaibhrich ghradhach;
   Nuair thilginn òrt gu fiar fann,
   An t sleagh an comhair a h ears.

95 O na chreachdadh mi 's ann traidh,
   Athair ghraidh, tha bas am chinseal;
   Ulmhaich dhamhsa, leac is uaig,
   Air an tulaich uaine fhior-ghlain.

96 Thuit Cuchulin air a bhlar,
   Gun luth 'n cois no 'n laimh gun chreuchdà;
   Do mheathadh aigneadh le goith,
   Is chaill e chuimhne 'sa cheatfuidh.

97 Bha Cuchulain, a chloidheamh chruaidh
   'S ann la sin tiom, truagh, an-eibhinn;
   'Sa Mhac fein air torchairt leis,
   An t shaor shlat chalma, chaomh, cheutach.

98 'S mise Cuchulain nan cleusan
   A chuir na geusan mo laogh uamsa;
   No ceilidh air na fir fheachda,
   Gur h-ann dhamhsa 's deacair truaighe.

99 Gur mi Cuchulain na ceardach,
   Dalta Chonail, àrd-Riogh Ulann;
   No ceilidh air luchd an Tuire,
   Nach mise dh' uraich a mulad.

100 A mharbh mo Mhacan caomh aluin,
    B' fhearr ann gàbhadh du na chunnaig;
    Na' m bithidh mo mhac a lathair,
    Cha bhithinn mar tha co dubhach.

101 Do tha cloidh' nean is sgiath Chiuinlaoich,
    Thall air an rùgh, a sior dhealradh;
    Mi g' an caoidh mar seach mar sin,
    Bhi gun chaomh, gun Mhac gun bhrathair.

102 Gur maith do na Loithre buadhach,
    Gur fearr do dh' uaisle na h Alla;
    Gur maith do dh' aon neach air thalamh,
    Nach h iad bu bharant gud mharbhadh.

103 Gur maith do 'n fhear liath Mac Damhain,
    Nach e bu cheannas ri d' mharbhadh;
    Nach e fhuair mar shèud ghointe,
    An sgiath chorcair, is an laun so.

104 'S truagh nach ann an criochaibh, Edailt
    Ann 's na Beuga' no san Isbein;
    No ann an rioghachd na Soracha,
    Do thorachaireadh thus a dhilseinn.

105 'S truagh nach ann a Muthann Laithre,
    Nan Laithre nan lanna caola;
    Na 's na Cruachanadh braga bladhar,
    A thuiteadh mo Chiuinlaoch caomhsa.

106 Nan tuiteadh tu ann an Laogam,
    Ann cathan ghaisgeach, is mhilidh;
    Cho ghabhain asad mar eiric,
    Cuig ceud do chlanna Mhic Rioghraidh.

107 Chuala mi, 's fada uaith sin,
    Sgeula bu chosmhuil ri cumha;
    Bhi ga h airis leom gu trom,
    Gun chiall, gun chonn air an tulaich.

108 A Chonnlaoich ud chaoimh mo charaid,
    Is mairg mi ghearraich do shaoghal;
    Na' m bitheadh tu Chiuinlaoich agam,
    Cho bhithinn a noc am aonar.

109 Na' m bithinn, s mo Chonnlaoch caomh,
    Comhla' 'g iomairt chleusa, calma;
    Bh' eireamaid geill o thuinn gu tuinn,
    Do dh' fhearadh Eireann is Albann.

110 Och is ochain! a Mhic dhileis,
    Mo thuras o Chriocha Ulann;
    Dholl a chomhrag nan gath-guainne,
    Ochain! gur a cruaidh am fulang.

111 Och agus och! nan och eithre,
    'S truagh mo thuras chum na beinne;
    Faoighe mo Mhic, san dara laimh,
    Agus airm aun 's an laimh eile.

          Kilbrandon, 1st of May, 1785.

That these Poems as they appear in eighty-nine pages preceding this, were transcribed or collected by Mr. Duncan Kennedy, is attested by John Macfarlane, Assistant Minister.

          Edinburgh, 28th January, 1806.

This is the manuscript, mentioned as Manuscript 1st in the List of Gaelic Poems; relative letter and certificates to Henry Mac Kenzie, Esq., dated 27th inst., and this day certified by me, and given in to the Highland Society of Scotland.   DUNCAN KENNEDY.

M. 2. MARBHADH CHONLAOICH LE CUTH-ULLIN, ATHAIR FEIN. 120 lines.

NUAIR chaidh Cuth-ullin do dh' Eirinn, dh' fhag e a bhean, d' an gair cuid Aoife, an Dun-scàthaich san Eilein Sciathanach, torrach air Connlaoch. Nuair thainig a mac gu foirfeachd, chuir i dhionnsaidh athar e: ach chuir i foi gheasabh e, nach innseadh e re blia'na co e. Ann lorg so a dhiultadh, bhuail athair e leis a *Ghath-bhulga*, no *bhuilg*, a dh' ionnsuich Aoife dha fein, ach a dhearmaid i ionnsachadh do Chonnlaoch, agus leis ambu ghna leo comhrag ann uisge. Deirir gu 'n tilgeadh Connlaoch na gathan air athair ann coinne an earra, ach nach do thuig se e, agus mar sin gu 'n do mharbh e a mhac fein.

1 CHUALAS air fada o shean,
   Soi-sceul a bhuineadh re m' chuimhne,
   La bhi mi gu tuirseach trom
   Air an taobhsa dh' Innse-roghnill.

2 Clanna Ruraibh na 'm breath mall,
   O thigh[1] Chonchair 's o thigh Chonuill,
   Le 'n ur chlainn oig air na maghaibh,
   'S iad air urlar Chuige Ulunn.

3 Na 'm b' e 's gu 'n d'thigeadh 'nar ceann
   Fior laoch Ula, s'nior bhreath theann,
   Gar an' tigeadh oirn a aon bhall eile
   Thoirt diombuaidh do Chlanna ruraibh.[2]

4 Tigidh chugainn am borb fhraoch
   Ancuraidh crothanta Connlaoch,
   Do fhios na 'm fear gradhach grinn,
   O Dhun-scathaich gu h Eirinn.

5 Labhair Conchair re cach,
   Co gheabh sinn chum an og-laoich,
   A thoirt beachd no sgeula dh'e,
   'S gu 'n teachd le h ara uaidhe?

6 Ghluais Conull nach lag lamh,
   Do ghabhail sceula d' an ogan,
   Mar dhearbhadh air toradh an laoich
   Cheangladh Conull le Connlaoch.

7 Greasar chugainn ar fir laoch'or
   Gu Connlaoch fraoch'or furanach:
   Ceud d' ar sluagh a cheangladh leis;
   'S iongna sin 's is buan r'a innseadh.

[1] Thaobh.   [2] Chlannaibh-Rurudh.

8 Chuaidh teachdaireachd gu ceann na 'n conn
   O Ard Righ iongnaidh Uluinn,
   Gu Dun-dealgunn grianach glan,
   Seann Dun ciallach na 'n Gaidheal.

9 An Dun sin a leaghar libh,
   O Mhai aon nighean Ni Mhorguill,
   Gu 'n deach gniomh saor na 'n steud mear
   Gu Righ failteach na 'm fear.

10 Do fhios na h Ula uaine
   Tigidh Cuth na Craobh-ruaidhe,
   Mac deud-gheal is gruaidh mar shugh
   Nach d' eitich teachd 'nar comhair.

11 Labhair Conchair ris a Choin,
   'S fhada bha thu gan teachd d' ar feachainn
   Is Conull suireach na 'n steud mear
   Ann cuibhreach uainn is ceud d'ar sluaghaibh.

12 'S oil leinn am bith uainn am bruid,
   Na fir a chabhradh air an cairdibh;
   Aich ni 'n reidh dhol a shineadh lann
   Ris an ti leis 'n do cheangladh Conull.

13 Na smuainich gan dol na choinne,
   Lamh na 'n geur arm graine'il,
   Lamh nach lagadh roimh neach
   Cuimhnich t Oide is e 'n cuibhreach.

14 Cuth-Ullin an lamh nach sliom,[3]
   Re cuimhneach air cuibhreach Chonuill,
   Ghluais e le treine a lann,
   Ghabhail sceula d' an ogan.

15 Innis duinne, re teachd a d' dhail,
   Labhair an Cuth 's nior ghabh teagmhail,
   O shlios Righ an abhraid duinn,
   Fios do shlainne, 's cia do dhuthaich.

16 Geasan orm air teachd o 'm theach,
   Gu 'n sceula thabhairt do dh' aoidhe,
   Na 'n tugadh do dh' aon neach eile,
   Do d' dhreachsa bheireath gu h araidh.

17 Comhrag is eigin duit,
   No sceula thabhairt mar charaid;
   Gabh do roghainn a chiabh bog,
   Cha chiall toghaidh dhuit ga m' chomhrag.

18 Chum a chomhraig mar bu treun
   Chaidh an Cuth 's a mhac fein:
   A mhac fein gu 'n d' fhuair a ghuin,
   Le daltanaibh cruaidhe cath-bheura.

19 Innis duinn, ars Cuth na 'n cleas,
   O tharladh tu chaoidh' foi m' ailleas
   Fios t' ainm no do shlainne gu lom,
   'S na triall dol ga fholach uainn.

20 'S measa na sin mar thachair dhuit,
   Aon Choin uir agh-mhoir,
   A ghaisgich aird air thus truid;
   Truaidh mo lus a bhith agad an-asgaidh.

21 Mise Connloach Mac a Choin,
   Oighre dligheach Duin-tigh-dealgunn,
   An Run a dh' fhag thu 'm broinn gu 'n fhios,
   Ann Dun-scàthaich ga m' fhoglam.

22 Seachd blia'na san tir sin
   Ag foghlam gaisge o m' mhathair,
   An cleas leis 'n do thorchradh mi
   Bu dheas damh fhoghlam uaidhe.

23 Thoir thusa leat mo shleagh
   Agus buain an sciath so diom-sa,
   'S thoir leat mo chloidheamh cruadhach,
   Lann fhuair mi air a liomhadh.

24 Thoir mo mhallachd gu mo mhathair,
   O 's i chairich mi foi gheasaibh,
   Is chuir mi an lathair m' fhuluing,
   Cuth-ullin, b' ann le do chleasaibh.

25 Cuth-ullin chaoimh chrios-ghil,
   Leis am brisear gach bearn gbaibh,[4]
   Nach amhairc thu is mi gun aithne,
   Cia meur mu 'm bheil am faine.

[3] Tiom.   [4] Chaith.

26 'S olc a thuigeadh tusa uamsa,
   Athair uailse sin-meinich,[5]
   Gur mi thilgeadh gu fann fiar,
   An t sleagh coinne a h earlain.

27 Nuair chunnairc an Cuth air dol eug
   A mhac air call a choi-bheum,
   Air smuainteach air failte an fhir,
   Chaill e a chuimhne 's a cheutfaidh.

28 Cuth-Ullin ge b' ard a chail,
   Gu 'n d' islich sud triall da onoir,
   A mhac fein a thorchradh leis
   An t saor-shlat choranta choi-dheis.

29 Na 'm mairthinns' is Connlaoch slan,
   Ag iomairt air chleas ann comhlan,
   Chuireadhmaid cath formadach treun
   Air fearaibh Alba agus Eirinn.

30 Dh'iath umam ceud cumha,
   Mi bhi dubhach ni h iongnadh,
   O m' chomhrag re m' aon mhac,
   Mo chreuchda a nocht is ioma.

N. 1. TEACHT CONNLAOICH GO HEIRINN.

Miss Brooke's Irish version of this lay will be found at page 265 of the originals of the Heroic Poems. 1789. Dublin. For lack of Irish type and space, I omit this version. 184 lines.

O. 10. BAS CHONLAOCH. 112 lines.

Dr. Irvine's MS., page 49. Copied by Malcolm Macphail. Edinburgh, March 22, 1872.

This oral version, collected in the Central Highlands, clearly is the same ballad as A. M. N. O.; but in a different state of preservation. It is printed to show how a ballad, orally preserved, alters to suit the language of the reciter, and the geography of his district.

1 CHUALA 's cha 'n fhada o sin,
   Sgeul a dhuinne le comha;
   Cha 'n athraisear leam ach trom,
   An ti a Shaor sinn fhin a thoirrara.

2 Clanna Ruro nam breth mall, (cal cam),
   O thir Chonchair gu tir Chonnuill;
   Le 'n ur clann aig Righ na Magh,
   Is iad air Urlar Chuigullin.

3 Nam b' e gu 'n tigeadh nar dail,
   Fir Ullinn Laoich marbhaidh ard, cal-merbhi,
   Teachd a dh' aindeoin air an taobh eile,
   Mar dhiom buaidh ri Clanna Ruro.

4 Nan tigeadh oirnn am borb laoch,
   An curuidh calma Conlaoich;
   A dh' fhios gach modh a ghnathuich leinn,
   O Dhun sgathaich gu Eirin.

5 Gu 'n labhair Conchar ri each,
   Co chuireadh sibh an dail an Ogan;
   A ghabhail beachd mo sgeul dheth,
   G'an tighin le eura uath.

6 Ghluais Cormull, cha lag lamh,
   A ghabhail sgeul dhe 'n mhacan;
   Ge b' ann a thoireadh nan Laoch,
   Cheangla Connull le Conlaoch.

7 Beir fios gus gach Laoch mear lan,
   An coinneamh gach fraoch fear furain;
   Ceud g'ar sloigh cheangladh leis,
   B' ioghnadh sid, bu mhor ri aithris.

8 Teachdaireachd air cheann nan con,
   Gu ard Righ Aonach Ullin;
   Gu Dun grianach dealgach glan
   Leann tnr ceallach nan Gael.

9 An Dun sin a bhuidhicheadh leibh,
   A dh' aindeoin air Nian Thoirgi;
   Air gniomh saor nan steud each seang,
   Bh' aig righ faoilteach nan fearran.

[5] Anmainich.

10 Gu 'm b' aill leinn a bhi fo bhraidibh,
    Fo 'n ti a dh' fhuasgladh air a charaid;
    Cha reith dol an tionsgladh lann,
    Leis an fhear a cheangladh Connull.

11 Na smaonaich gu 'n dol 'na dhail,
    A laoich nan gorm shuilean tla;
    A lamh threun gun eagal ro neach.

12 Cuimhnich air h-oide 'se cuibhreach,
    Nis o 'n thainig mi 'nad Dhail;
    Mar bha laoch na h ol an teugbhail,
    A shlios redh an earra bhain.

13 Co thu fein no co do rioghachd?
    Tha Geasan ormsa o m' theach,
    Gu 'n sgeul a thoirt g dh' aon neach,
    Nan tugainn do neach fo 'n ghrein,
    B' ann do d' dhreachsa araidh.

14 Comhrag 's eigin duit thoirt uath,
    No sgeula innseadh mar charaid;
    Gabh do roghainn a chiabh bhog,
    Cha chiall duit tagha gum' chomhrag.

15 Ghluais na laoich an dail a cheile,
    Bu tearc torra na lan meine;
    A mhac fein thorcha leis,
    An Ealtuinn chruaidh chathara.

16 A mhic gabh thairis do sgeul,
    O 'n tharladh ort fein mo dhioma;
    'S gearr gus an togar a leachd,
    Na ceil a nis do thiomna.

17 Buin thusa leat mo sheagh,
    Is thoirear an sgeul sin uamsa;
    Tog leat mo chlaidheamh crotach,
    Lamh threun a shil air a liomha.

18 A Chuchullin, a chriosain chruinn ghil,
    Leis am bristeadh gach beum gabhaidh;
    Nach amhairc thu a mi g' an aithne,
    Co am meur ma'm bheil am faine?

19 'S olc thuigeadh tusa uamsa,
    Athair Uasail anmeine;
    Mi thilgeadh gu fiar fann,
    An t-sleagh an comhar a h-earlinn.

20 'S mise Conlaoch Mac nan Con,
    Oighre dligheach Dhundealgain;
    An ruin dh' fhag thu na broinn,
    'S mi 'n Dun sgathach gam fhoghinim.

21 Seachd bliadhna dhomh an Duntuilm,
    Ag Foghlum gaisge o mhathair;
    An cleas leis na thorcha mi,
    'S mi fo gheasaibh a dh' fhoghuimin uaithe.

22 Beir mo mhallachd fein do m' mhathair,
    O 'n 'si charaich mi fo gheasaibh;
    O 'n 'si chuir mi 'n lathair m' fhulang,
    A Chuchullin, b' ann fo d' chleasaibh.

23 Anam 's cridhe na Con
    G'a bhron cha mhor nach do sgar;
    An t-oglach ciallach glan,
    An gaisgeach ur a' Dundalgainn.

24 Conlaoch caomh mo charaidsa,
    'S mairg mi a ghiorraich a shaoghal;
    Nann bitheadh Conlaoch agamsa,
    Cha bhithinn an nochd a' m' aonar.

25 Nam bithinnse is Conlaoch caomh,
    Ag iomairt chleas air aon taobh;
    Chuireamaid gu tarabeartach treun,
    Air fearaibh Alb is Eirin.

26 'S mise leannan na craobh ruaidhe,
    Leannan Ioghna 's Ullin;
    Innis a luchd mantra,
    Gur mise Cuchullin.

27 Chuchullin a chridhe chruaidh,
    Gu bheul an nochd fo dhiombuaidh;
    Bhi faicinn a Mhic ga chleth cal gadhi,
    Gun chaill e cheut 's chuimsa.

28 Togamaid leinn airm an fhir,
    Claidhé 's giath Chonlaoich ghil;
    Bheir sinn treis ga chaoidh mar sin,
    Mar bhean gun Mhac gun bhrathair.

* Wrote this poem from the recitation of John Macdonald of Dalchosnie, Bunrannoch, who learned it sixty years ago and more from Donald Stuart, *alias* Donald ruadh, Mac Aonais ruaidh, resident at Jempar, Dalchosnie. March 6, 1804.—A. IRVINE.

V. 2. DAN A'CHONLAOICH. 144 lines.
Mac Callum, page 144.

This book can easily be referred to. The first ballad continues to be the same, but some variation has taken place in every line. The following is the Argument which contains the story:—

ROIMH-RADH.

THA eachdraidh Chuchulin no charbad a'toirt dearbhadh dhuinn gu 'n robh e na fhear-cogaidh curanta, crodha, calma, treun. Bha mac aige ri leannan a bh' aig' ann an Alba do 'm b' ainm Aoife. Thug a mhathair Conlaoch mar ainm air. Gheall Cuchulin, do Aoife, air dha bhith na Ardcheann-feadhna air armailte na h-Eirinn, gu 'm pilleadh e dh' Alba aig am araidh, agus gu 'm biodh Aoife mar mhnaoi aige. Ach cha do phill e. 'Nuair a thainig Conlaoch gu h-aois, chaidh fearas-ghaisge fhoghlam dha ann an Dun-agathaich 'san Eilean-Scitheanach, an t-ait' a b' ainmeil san am sin air son foghluim a thoirt seachad do threun-laoich anns gach cluich rioghail a dheanadh feumail iad ann an la a' bhlair. Fhuair Aoife air fhoghlam d' a mac gach lu-chleas a b' fhiosrach i a bha aig Cuchulin, Athair, ach aon chleas, d' am b' ainm an gath-bolg. Bu tric le gaisgich san am sin an gath-bolg a chleachdadh 'nuair a bhiodh iad a gleachd le saighdibh ann an uisge. 'Nuair a bha Conlaoch air tighinn gu lan spionnadh, chuir a mhathair fo bhoidean e, gu 'n rachadh e do Eirinn, nach innseadh e co e fein, agus gu 'n dthugadh e athair ceanguilte leis do Alba. Bha fios aig Aoife gu 'm marbhadh Cuchulin a mhac leis a' ghath-bholg; agus rinn i so mar dhioghaltas—airson a mheallaidh-dochais a rinn e oirre. Dh' fhalbh Conlaoch do Eirinn: chaidh e 'n toiseach far an robh Conull; cheangail e Conul, oide Chuchulin. Chuir Conull fios gu Cuchulin gu 'n robh e ceangailte. Thainig esan a sgaoileadh chuibhrichean 'Oide; agus an uair a dhiult Conlaoch innse co e, ghleachd athair ris, agus mharbh e a mhac fein.

6.—THE HEADS. A. I. V. Z.

THIS ballad is supposed to tell part of the Story of the Tain, which is in the Book of Leinster, and is about to be published by Mr. Standish H. O'Grady. The oldest Scotch version known to me is given below. A. 3. A version is in B, but I have not yet got a copy of that manuscript. (May 31.)

I. Kennedy's unpublished MS. version begins with 13 verses, of which I have no other version. The rest of the 47 verses correspond to A. They are not copies from any common written original. They are both imperfect oral recitations of the same ballad. The two fused and translated make a longer and better version. The story is known in Irish manuscripts as 'The Bloody Havoc of Connal.' In revenge for the slaying of Cuchullin, his comrade, he takes many heads. These he brings to Eamhir, Cuchullin's love. She questions, and he answers.

V. 3. Mac Callum, p. 132, tells part of the story in his argument, and gives 60 lines of the same ballad, orally collected early in this century. These three versions show how this ballad has altered since 1512, and how it has been orally preserved. Z. Fragments are orally preserved. They are not all worth printing, but they will be considered in translating.

NO KINN.

A. 3. A HOUDIR SO CONNIL CARNYCH M'EDDIRSCHOL. 96 lines.

1 *A chonnil* cha salve no kinn
   Devin lum gyr zergkis tierm
   No kinn di chw er a zad
   Slontir lat no fir foe fyve

2 *A neyn* orgil nyn nach
   A evir oik ne bree binn
   Sanna in nerik chon ni gless
   Hugis loym in ness no kinn

3   Ka in kenn mallych zow mor
    Dergyth nayn ross a xroy glan
    Is sa is gir zin le clea
    A kenn deive ne raa dait

4   Kenn ree mee nyn nach loait
    Arse m'carbre nyn goith camm
    In nerik mo zaltan fen
    Hugis lwm in gayn a kenn

5   Kai in kenn oid er mye haale
    Go volt fand gi malle sleime
    Rosk mir erre dait mir vlait
    Alda no cach crwth a kinn

6   Manne boe fir nyn nach
    Makmeyf zi xrach gyth coyn
    Dagis a chollin gyn kenna
    Is di hwt wlle lum a loye

7   Ka in ken so zawis tow id laive
    A chonnil vor ne bae linn
    O nach marrin kow nin gless
    Keid verre how er less a kinn

8   Kan v'erris nyn nacht
    Verreyth a ceith gyth gurt
    Mac mo fayr in tur hang
    Di akarris a khenn ra chwrp

9   Ka in kenn od hear in nolt inn
    Da greddyth no kinn go laiv
    Hurris annith er a zow
    Gyn roveddir sal da rar

10 Sess a sowd di hwt in kow
    Di rad a chorp fa wrow dass
    Cow mac conna re nyn rann
    Hugis lam a kenn ter aiss

11 Ka in da ken so is fadde mach
    A chonnil vor a vraa byig vinn
    Er araigh tenne na kel orn
    Anym no ver a zon ne herm

12 Kenn leyirre is clar cwlte
    In da kenn di hut lem zonna
    Di zon swt cowchullin charn
    Swn zergis merm na wulle

13 Kai in da kenn so is fadde sorre
    A chonnil vor gi gal xnee
    Ennyn dae er volt ni verr
    Derk in groye na ful leych

14 Cwllin bray is cwnlit croye
    Deiss di verre boye lai ferk
    A evyr seid sor a kinna
    Dagis a gwrp fa linna derk

15 Ka ne vi kinn so solk maine
    De chewe feyn er mye hoyth
    Gwrm in nye dwe a volt
    O hilla rosg connil croye

16 Sessir eascardin a chow
    Chlann challidtein a mwe xnaie
    Is said sud in sessir leyve
    A hut lwm sin nerm no laive

17 A chonnil vor aithr ree
    Kayn in ken od da gallith catht
    Gin or fai treilse wa keyand
    Gyn codyth slem ghardyth vart

18 Kenna v'finn v'rosse roye
    V'necnee hor bas lam nert
    A evir is se so a cheud
    Ardree layyn nyn land brak

19 A chonnil vor mugh a skail
    Creid a hut lad laive gin locht
    Din tloe eignyth a veil sin
    A deiltiss kinn na con

20 Deachnor is seacht fychid kead
    Derym peyn is awyr sloe
    Di hut lomsa drwme er xrum
    Di neve mo cwlk cunlaa rag

21 A chonnil kynis taidda mnae
    Inssefail dessne ni con
    Cowf v'hawalt haye
    Na veil agga fein ar for

22 A evir keid di zarna mai
    Gyn mo kowe ym rer san socht
    Gyn mo zaltan fa mhaa crow
    A dol voym a mugh so n . . .

23 A chonnil tok me sa vert
    Tok mo lacht oss lacht no con
    Os da chowe rachfen ayk
    Cwr mo vail re bail no con

24 Is mai evyr is keyn dalve
    Ne faine sarve daylta zoive
    Di zerr no cha nul mo spess
    Troe murreich er eiss a chon.
                        A chonnil.

I. 2. CONAL REVENGING THE DEATH OF CUCHULIN. 188 lines.

Kennedy's 2nd Collection, page 66. Advocates' Library, April 6, 1872. Copied by Malcolm Macphail.

It is made known by Mr. Mac Pherson, in publication of the Death of C.

(The rest of page 66 is torn out, M. M°P.)

—parts and passeth all between Conal and his wife. The first is addressed to Conal by his wife at his arrival, wherein she mildly reflects upon his long absence in Togorma, &c., and a short account of the Battle to Conal's wife, who soon thereafter died, and desired to be interred with her son Cuchulin.

CONAL.

I. EARRANN.

1   A CHONAIL chaoimh nan arma geura,
    'Se mo leir a mhaille bha;
    Ort ann Eilein nan sruth dian,
    'S Cuchulain mo chiall sa bhlàr.

2   Thainig Torlamh fuileach fiat,
    Mar dhubh nial o 'n airde near;
    Le saighde corranach dlu,
    'Saighead chuil a rinn a nimh.

3   Saighead almhuidh, eitidh, chraidh,
    Saighead a bhais a bha ann;
    A leag gu h-iosal san uir,
    Mo Chuchulain, run nan lann.

4   Feinnidh fearr-bhuilleach nan ruag,
    Mar osag air cuan nan tonn;
    Bha do shiubhal, meamnach mear,
    B' iomad lear na chlaoi' thu sonn.

5   Tha mo dheoir le dealt na h oi'ch,
    Snithe bhroin a' caoidh an laoich;
    'S mo thuireadh ri teachd an la,
    O mhic mo ghraidh! A mhic mo ghaoil

6   A ghaisgich threin nan iomad buaidh,
    'S cian a ghluais do chliu' san stri;
    Dunscaich na cheathach broin,
    Bhi gun chruit, gun cheol, gun Riogh.

7   'S trom m' aigneadh, 's is lag mo chail,
    'S truime maran no muir agith;
    Cuin a Chonail thig an la,
    Thig chugam mo ghradh aria.

8   Ionmhuinn àbbarach nan leug,
    Thuit an treun, ach thuit gu mor;
    An comhrag nan cathan ceud,
    Lamh bu treine do gach sloigh.

9   O near mar ghrian bha do ghàire,
    Ann am aros measg na milidh ;
    Do ghuth mar eigheach creag Ullann,
    'S gach cumasg gun coisgte stri leat.

10 A measg nan triath bha e cosgairt,
    An laoch bu docaire ri teirbirt;
    Builleann cudramach gam bearnadh,
    Mar fhrois o 'n abhar san leirg e.

11 Chi mi t-arma troma liobhaidh,
    Tana direach, math san fhulang;
    Chi mi do sgiath bhreac mar chomhla,
    'S do luireach loinreach nan nlag.

12 Chi im do chlogaide cruadhach,
    A laoich uaibhrich ann san iomairt;
    Mar charraig thu measg na màmhan
    Carraig laidir dh' fhas gun tioma.

13 A bhean thursach, shnithich, dheurach,
    Eist do d' leire—chreach—'s do d' chumha;
    Bas an armain tha ri dhioladh,
    'S tha na miltidh dh 'a gu fulang.

II. Earrann.

14 A Chonail sealbhaich dhuinn na cinn,
    'S deimhinn leam gun dhearg thu t-airm;
    Na cinn a chi mi air a ghad,
    Slointear leat air fad am faoigh.

15 Ionmhuinn shoirbheartach nan each,
    Ainnir og na breithe binn;
    An eiric Cuchulain nan cleas,
    Thug mi leam o dheas na cinn.

16 Co e' n ceann sliom, maileach donn mor,
    Is deirge no 'n ros a ghruaidh ghlan;
    Sin is fhaisge do d' thaobh cli,
    Ceann an Riogh is or-bhuidh dath?

17 Ainnir fhabharrach nan clearc,
    Mac Maibhe le 'n creachta gach cuan;
    Mo chomraic se sud a cheann,
    'S gur h ann leam a thuit a shluagh.

18 Co e'n ceann ud a chi' eam thall,
    'S fholt nach gann mar channach sliom;
    A rosg mar fheur 's a dheud mar bhlath,
    'S gile no cach cro' a chinn.

19 Leis a sud do thuit ar Rùn,
    Dh' fhagas a chorp na chluidh thais;
    Luthach Mac Chuinn Riogh nan lann
    Thugas leam a cheann air ais.

20 Co e'n ceann ud do chi' eam uam,
    Do bha ghruaidh air dath an ros;
    Gur guirme no 'm feur a rosg,
    'S buidh fholt air dhath an oir.

21 Ceann Mhic Luthaich a Rois-ruaidh,
    Mac na h-uaisle thuit le 'm neart;
    Mo chomraic 'se sud a cheann,
    Ard Riogh Loitheann nan lann breac.

22 A Chonail mhoir le 'n aidhear Riogh,
    Co 'n ceann eil air dhiol chaich;
    'S an t òr air dhrisinnibh a chinn,
    Gu finn-bhuidh sliom mar airgead ban.

23 Ceann Biogh Maitheann nan each luath,
    Mac Fearra-bheum nan dual cam;
    An eiric mo Dhaltain fein,
    Thugas leam an cein a cheann.

24 Co e 'n ceann a thogadh tu d' dhornn
    A Chonail mhoir, 's ni 'n aithreach leinn;
    O nach maithreann Cu nan cleas,
    Co bhiodh tu air leas a chinn?

25 Ceann Mhic Fheardhais nan each,
    Muireach dheanadh creach is lot;
    Mac mo pheathar o 'n Tur sheang,
    Gun do sgaras a chean o chorp.

26 Cha mhor an onoir mhic Riogh,
    Imeachar gu min air fholt;
    'S mi nach marbhadh e gu brath,
    Mar biodh e mu bhas a Choin.

27 Co 'n da cheann sin air do laimh bheis,
    A Chonail mhoir nan cleasan aigh;
    An t-aon dath tha air fholt nam fear,
    O 's mairg bean g 'am bheil am bàidh.

28 Ceann Mhanuis is Shuimhne mhoir,
    'Se mo dhoidh gur iad a h-ann;
    Aca fhuaras ceann a Choin,
    Air magh Teamhra nan sgor seimh.

29 Co 'n da cheann is faide uam,
    A Chonail nan cruai' lann geur;
    'S guirme 'n suil no 'n dearc air magh,
    'S gile no blath fiodh am bein!

30 Carlla agus Cathull cruaidh,
    Diais a bheireadh buaidh le feirg;
    Thugas leam an cinn mar luin,
    'S dh' fhagas an cuirp fui' Ghleann-deirg.

31 Co na sia cinn air dhroch gré,
    Chi mi dhiot an taobh mu thuath;
    'S gorm an aghaidh, chlaon an ruisg,
    'S dubh am fuilt a Chonail chruaidh.

32 Seisear bhraithrean do chi' eam ann,
    Tha iad marbh, 's an clab ri gaoith;
    Clann Chuilgeadan luchd nan cleas,
    Dream nach raibh air leas mo ghaoil.

33 Co na cinn is caime dual;
    Fainneach, cuachach, mar shnuagh greinn;
    A' dearladh ri madainn chiuin,
    'S mairg da 'n rùn na h-armainn threun.

34 Triuir Mac Torlamh bu bhorb, baoth,
    'S iad na laoich a chaoichail gnuis;
    Bu neo'-meineach iad sa chath,
    Do Dhaltan nan glac geal ur.

35 Co 'n da cheann is faid o' d' chlì,
    A Chonail mhìn na meall shuilean;
    'S fad an leac is deirg nan t-suth,
    'S dubh am fuilt, mar shneachd an deud.

36 Da Mhac Riogh Lochlan nan ruag,
    D' an ainm Manus is Lua'-lamh;
    Tharladh doibh a bhi sa chàth,
    An adhaidh mo Dhaltan graidh.

37 Co 'n ceann sin air dhath an Loin,
    'S geal a bhos, is dubh a shuil;
    Tha chruth mar bhlathan an fhraoich,
    No 'n gagan air mhaolan ùr.

38 Riogh Muthann nan ceuda tiugh,
    B' ard a ghuth san iomar-bhàigh:
    A comhrag dealain mo rùin,
    Dh' fhagas a chorp na chloidh thlath.

39 A Chonail mhoir, 's maith do sgeul,
    Cia-mead a thuit le d' bheum san trod;
    Do chlanna Maithibh is Riogh,
    Ann 'san stri bu mhor a lot.

40 Ceann thair fichead agus ceud.
    Gun aireamh air creuhd no air goidh;
    Do cheanna Maithibh is Riogh,
    Thuit sud leam an iochd a Choin.

41 Thuit an iomar-bhaigh nan laoch,
    Caogad agus fichead ceud;
    Thuit do dh' fhiantidh Thonnagorm,
    Tri ceud bort, 's bu mhor am beud.

42 A Chonail chul-fhionn nan Tur ard,
    'S mor an t àr, 's is modha 'n gniomh;
    A laoich Churanta nam buadh,
    'S mor an sluagh a dh' fhag thu shios.

43 Mar lithe nam beann gu traidh,
    Dhoirt thu ann san araich fuil;
    Mar iolair a measg nan ean,
    Dh' fhogair thu gach treimh a bun.

44 Ann cath ceatharnail a chraidh,
    Bha do lamh ag deanamh èuchd;
    Mar aiteal teinne nam beann,
    Bha do lann a cosgairt threun.

45 A laoich fhuileachdaich san toir,
    'S mor a leon thu do na Mic;
    Ochoin! mise teirbirt dheur,
    'S Cuchulain nan creuchd fui' lic.

46 Cha dean mi mire san Tur,
    Dh' fholbh mo mhuirne, 's mo cheol-gair;
    Mar ghrian an cogall nan neul,
    Dhubh mo ghné, mo chruth, 's mo chail.

47 A Chonail chaoimh tog mo leac,
    Mu 'n sgarar m' anam o 'm chorp;
    Oir sgearr gus an racham èug,
    'S cuir mo bheul ri bèul a Choin.

V. 3. LAOIDH NAN CEANN. 60 lines.
Mac Callum, page 132.

This book can easily be got. The versions already given suffice to show how the ballad existed in the Highlands.

The following are references to Manuscripts which contain parts of the Story of Cuchullin:—

1. A Manuscript, attributed to the end of the 8th century, described p. 285, Report on Ossian, 1805, Vellum. Marked V. o. A. No. 1. The place of this MS. is known, but it cannot be got at. There is no complete transcript. It contains a copy of 'The Tain,' and a critical exposition of it. A moral and religious poem, and 'some short historical anecdotes.' From the facsimile, p. 293, these relate to 'Fint uao baoiscne' and his son, whom English readers know as 'Fingal and Ossian.'

Trinity College, Dublin. (H. 1. 13. Hugh O'Daly, 1746, 195, a copy of 'The Tain,' p. 342. Birth of Cuchullin, 349. Exploits of Oileal and Meave, King and Queen of Connacht—.) (H. 1. 14, same scribe, 1750, another copy of 'The Tain.') (Book of Leinster, 1130, pp. 41 to 80 contain 'the Tain bo Cuailgne.' Also 'the Manifestation of the Tain,' and a list of prefatory stories. Hennessy's list, Dec. 9, 1871). (Leabhur na h uidhre,' published, written about 1100). (H. 1. 13. The bloody Havoc of Connall Kearnach.) (H. 2. 6. Historical tale, Aoidheadh fir diadh, written about 1716. Part of 'the Tain.') (H. 2. 17. Breisleach Mhòr mhuighe Muirtheimne, in which Cuchullin was killed.) *Royal Irish Academy.* (23. c. 26. 'Luidh nan Ceann.' 'The Heads' in a paper MS. written about 1716, (under the name 'Conlaoch,' are 15 entries in the R.I.A. Catalogue.) (A curious story about the ghost of Cuchulaid's Car is in the Book of the Dun Cow, p. 113. The warrior returns to earth in the days of St. Patrick. He describes his condition in the other world, and tells his earthly story in 96 verses for the conversion of King Loegaire, who flourished A.D. 432.) (H. 2. 16, Book of Leacan, col. 955, Aighead én fir mic ? aifi. Conlaoch's story.) (H. 3. 17 col. 842, a short abstract of the Historical tale of Cuchullin and his son Conlaoch.) The Atalantis, vol. i. 1858, contains a paper by O'Curry. CUCHULLAINN was a Prince of *Ulster*, inheritor of Cuailgne and Muirthemne, between Drogheda and Dundalk, now Lowth. He was a hero of the 'Royal Branch' (? The Red Branch, or the russet tree). *Conchubair Mac Nessa*, king of *Mucha*, was the most distinguished king of Emania, and cotemporary with our Saviour. His chief 'knights' were, *Fergus Mac Roigh*; *Conall Cearnach*; *Fergus Mac Leite*; *Curroi Mac Daire*; and *Cuchullainn mac Solte*, the youngest and the best. *Eimer* was daughter of Forgall Monach, who lived near Dublin, at Lusk. She was Cuchullin's wife.

Vol. II. p. 98, the story of 'the sick bed of Cuchullin' is finished. This is a very wild and curious story, which I have not found in Scotland, unless A. 1. is part of it in verse. When Cuchullainn was angry, he drew one of his eyes back so far that a heron could not reach it. The other he thrust out so that it grew as large as a heifer's cauldron. This is now told of 'Goll,' &c. in Scotland, p. 326. vol. III. Y.

In this story are *Labhar Cam* and *Mananan Mac Lir*. (Pp. 6159. The Atalantis, London, 1858-60, Brit' Mu'). The Catalogue of Irish MSS. British Museum, and other authorities are referred to elsewhere in the Introduction. The Story of Cuchullin is built on Irish history; it pervades Irish literature from A.D. 1130, and pervades all Gaelic Scotland now.

Z. 5. CHEUD SGEULACHD (THE HEADS).

No. 48. Gaelic Index. Y. Vol. IV. 1862. A Gaelic argument, and 62 lines of the ballad sent from Islay by Mr. Alexander Carmichael, who has been collecting ever since.

BE Connal agus Cochullain clann an dithis pheathraichin. Bha iad aig an ionnsuichadh 'san aon Oil-thigh. Nuair a bha iad a dealachadh ri cheile 's gach aon a dol gu obair fein, thug Connal mionnan a cheud duine bheireadh naigheachd bàs Chochullain dha gu'm bitheadh e marbh 'sa mhionaid. La a thuit Cochullain thubhairt e ri gille mor Laoghaire 'falbhaidh thu a nis agus innsidh tha do Chonnal sgeula mo bhais; feuchaidh thu innseadh dha ann an dubh-fhocal, neo bidhioh thu fein ann an cuinnart.' Dh-fhalbh Laoghaire, rainig e Connal, agus fhailtich e gu suilbhire e. Thubhairt an Connal 'Cia mur a tha mo charaid Cochullain.' 'Tha gu maith, arsa an Laoghaire, tha e nis air thigh ur a dheanamh.' 'Gu de, arsa an Connal, an taire a bha aig air an aitribh aosmhor ann s' con do thamh iomadach laoch cho mor risean, na deth am tigh ùr a rinn e.' 'Cha do rinn, arsa an Laoghaire, ach tigh iosal Cumhang. Nuair a shionas e a chasan ruigidh a cheann uachdar, 'sa chasan iochdar, 'sa shronn mullach an tigh.' 'Ne sin ri radh arsa Connal gu bheil mo dheadh charaid marbh.' 'Fhianais sin ort fein, ars' an Laoghaire, 'S tu fein a dh'iomraidh air bàs na misa.' 'O a Laoghaire bhochd, ars' a Connal so leis bo chruaidhe a bhas, no leat fein; lean thusa mise agus a chuille Ceann bu mho na cheile a bha an aghaidh Chochullain bheir mise a mach iad.' Ghabh e troimh an choille leis agus shniomh e seachd gaid agus thug e do Laoghaire iad. Dh-fhalbh iad le cheile agus thoisich an Connal agus a chulla teaghlach a dhinnsidh Laoghaire bha na namhaid do Chochullain, thoisich ann sin an Connal air toirt a mach nan ceann agus Laoghaire cur air a ghad. Cha robh duthaich, na baile, na teaghlach nach deachaidh ann an eagal nuair a chuala iad gun do thoisich an Connal. Bha iad a dol air aghart mar so gus an do lionnadh na seachd goid le cinn. 'Laoghaire, arsa an Connal, tha mi air mo sharachudh agus tha mi ocrach. Bheil na goid air thuair a bhith làn. Bha iad a nis a dol air aghart dhionnsuidh 'Ura-mhor.' Chaidh an duine ann an sgoim agus na bha ma na bhaile nuair a chunnaic iad an Connal a tighean. An sin labhair nighean uasal og ri h-athair, 'na bithibh fo eagal, cha neil unamsa ach boirineuch agus cuiridh mi Connal gu sith.' Ghabh i mach na choinnimh agus dh' fhailtieh i e gu suilbhire Thug an Connul Comain a breathran don nighean oig, Chuir i stigh e roipe don talla gu dhinnir. Nuair a bha an dinnir seachad thannaig na bha 'san teaghlach a mach maille ris, 's thug iad dha nach do chuir e dragh orra. Nuair a rainig e na Cinn thubhairt an Connal ri Laoghaire, 'tog leat do chuid cinn a nis 's ma tha tuillidh a dhi ort gheabh thu iad.'

LABHAIR an nighean ri Connal
'A Chonnuil dhealbhaich nan Ceann
'S cinnteachd mi gun dhearg thu tairm
4 Na cinn sin a thagad air ghad

Sloinnter leat air fad na suinn.'
Nighean thairbheartach nan n' each
Ainnir og na briathraibh binn
8 'N eiric Chochullain nan cleis

Thugadh leinn fo dheas na cinn.
Cia e an ceann molach donn
Mar dheark nan ròs 'su ghruaidh ghlan
12 Shin thu thall air a thaobh chli

'A Chonnul mhor is aillith dreach?'
'Maigheara fairbheartach nan each
Mac dha leir creach gach cuain
16 Sgar mi dheasan fein a cheann

'S gar leam a thuit a shlnugh.'
'Chonnuil mhoir leat dheugadh righ
Co e an ceann ailith air diol chaich
20 Fhalt òr-bhuidhe mar dhealradh grein

Gu mollach slim mar airgiod ban?'
'Mac an laoigh an rois ruaidh
Mac a b'uaisle thuit leam neart
24 Mo dhoigh gur e sin fein a cheann

Ard righ Lochlan nan lann breac.'
'Cia an du cheann sin air do laimh chli
'S ailidh libhse an nis an dealbh
28 A chonnal mhoir leat dhaighah righ

'Soill leam fein gun dheark thu t'airm?'
'Ceann Mhathnais agus Mhaidh Mhor Se
mo dhoigh gur iad a th'ann,
32 Ach a fhuaradh ceann a choin

Air ma theannruith nan sruthaibh seimh.'
Co an dà cheann so air do laimh dheis
Chonnuil nan cleas 's'an aigh
36 'Naon dath air falt nan fear

'Sminic gu bheil am baigh?
Calla agus Connal cruaidh;
Dithis a bheiridh buaidh 'sa 'leirg
40 Thugadh leamsa an Cinn fu dheas

'S gun do dh-fhag mi an Cuirp
Fo 'n aon air.
Co an Ceann ad a chithim thall
44 Fhalt thall gu mollach slim

A rosg mar fheur, 's a dheud mar bhla
'Saille nu cach òr a chinn?'
Mac mo pheathar on tur sheinh
48 Sgar mi fein a cheann ri chorp
Suarach an onair mhic righ
Iomchair ga min air an fhalt.
'Co na se cinn a chithir thall
52 Shìn thu iad an taobh mo thuath,
'S guirme agus Caoine an ros
'S duibhè folt a chinn chruaidh?'
Seasar bhraithre a bha ann
56 Iadsan 's an clab ri gaoith
Bo chlann chalaidir nan cleas
Dream nach robh air leas mo ghaoil.
Ceann air fhichead agus fichead ceud
60 Gun iomradh air fear croin nan lot
Do chlann mhaithibh, 's Mhacaibh righ
Thuit an eiric ceann a choin.'

'Nis a Laoghaire tha do cheannsa a dhith air a ghad agus se mo cheann fein, no do cheann fein a theid eir mar toisich tuille.' 'Cha ruig sin a leas, as a Laoghaire, bo bheag leamsa no thuit le do laimh ann an eiric Chochullain, agus leagaidh mi ruith le fear do no goid.' Laoghaire bhodh bu bheag leasas na thuit le mo lamsha ann an eiric do mhaighstir mhaith. Thoisich e an 'n uair sin agus bha an eachdraidh a dhiomradh gun mo a thuit leis, no an nuair a lionnadh na seachd goid.

II. *DEIRDRE*.

THE STORY OF DEIRDRE. F. M. O. Q. R.

THE oldest copy of the Story of Deirdre known to me is in a vellum manuscript now at the Advocates' Library, described p. 296, Report on Ossian, 1805. The date 1238, the locality of Glenmason, and names of owners are sufficient to prove that the story, of which the scene is partly laid in Argyll, was known in Cowal a long time ago. This manuscript ought to be printed. I can neither read it nor afford time or money for its publication. The Story of Deirdre is related to Indian Epics, and is an Aryan romance which pervades the Old World. A beautiful girl, shut up to baulk a prophecy, is beloved by an old king. She runs away with a family of brothers, and after adventures of many kinds, the story ends in a tragedy. (See 'Mahábhárata' for the Story of Draupadi and the 5 Pandarvas, &c., &c.) In Ireland the Story of Deirdre and the 3 sons of Usnoch has been associated with the Story of Cuchullin the King of Emania, and the warriors named above, ever since 1130, at all events. The Atalantis, vol. iii., 1860, p. 398, has a paper by O'Curry introducing a story about 'the Birth of 'Deirdriu' and her adventures, taken from (H. 2—16, Yellow Book of Leacain. Trin. Coll. Ca. 749, date 1391.) Elsewhere, in the Introduction I have told all I know about this story and the publication of it. In Welsh, bits of the story, as told in Ireland and in Scotland, are told in the Story of Peredur, taken from a MS. of the 15th century (See 'Mabinogion.') The oldest printed Scotch version of the story known to me is quoted by the Highland Society (P. 291. Report on Ossian, 1805). It follows below, divided according to the metre, by Mr. Hector Mac Lean. Fletcher F. 2. got a version in Scotland from oral recitation about 1750. Gillies M. 3. printed part of the story in 1786. Irvine O. got part of the verse, about 1801, from a foxhunter on Loch Tayside. Stewart Q. 1804, printed a version, p. 562. The Highland Society R. 1805, printed a quotation. Mac Callum, 1816, V. 4. got from Mac Lachlan of Old Aberdeen and reprinted the fragment which Mac Lachlan abstracted, and the Highland Society printed, from the MS. of 1238. X. 14. 'Duan na Cloinn,' written in Caithness from the dictation of Betty Sutherland, I have been unable to get, but the name indicates this story. Z. In the autumn of 1870 men in the Isle of Mull could repeat Clann 'Uisneachain'. In the autumn of 1871 an old Mac Neill in Barra could tell the story, and Mr Carmichael had written it down. The story, as I had learned it in Scotland, was shortly this:—

King Connachar, of Ireland, had a sister, whose three sons, Naois, Ardan, and Ainle, ran off with Deirdre, their uncle's sweetheart. They went to Scotland, where they wandered about, chiefly in Argyllshire, according to the names. At last the brothers left Deirdre, in charge of a black-haired lad, in an island, which is identified with a small islet north of Jura, in which are ecclesiastical remains. This character is made steward of the King of Scotland in written versions. The 'black lad' made love to Deirdre. The brothers, in three ships, returned just in time to save her, and told her their adventures. They had been imprisoned in 'Lochlan' or elsewhere, and rescued by a king's daughter. They all embarked, Deirdre sang a Lament for Scotland, and foreboded evil from dreams. They reached Ireland, and after a grand battle the uncle slew the nephews, who had run away with his sweetheart. She bewailed them, and died upon their bodies. Irish history adds—at Emania, the capital of Ulster, in the reign of Conaire, A.D. 145—152; from whom descend the Dalriads, or Scoto-Irish Gaelic tribes of 'Oirear Alban,' as it called in Deirdre's Lament, version R. Fletcher tells a bit of the story about the beginning and end. Gillies tells the return from Scotland, and gives Deirdre's Lament for Scotland. Irvine's foxhunter tells the story told to Deirdre by her lovers on their return. The Highland Society quoted the Lament for Scotland in support of Mac Pherson's Darthula. Peasant reciters tell the story in accordance with Irish history. Mac Pherson's Darthula, edit. 1762, is vaguely related to the traditional tale, but the geography is entirely changed. Upon this geography learned men found theories as to 'Selma' and 'Beregonium' and Vitrified Forts of the Stone Period, which the ignorant who speak Gaelic ignore. There is no Gaelic for Mac Pherson's Darthula. As it is impossible to collate different bits of a story which is more than 800 years old, I print the text, and will endeavour to mend the story which it tells when I translate.

F. 2. EACHDRAIDH AIR CONNACHAR, RIGH EIRINN, agus air truir MHAC RIGH BHARRACHAOIL clann peathar RIGH CONNACHAR roimh ainmichte.

Fletcher's Collection, page 29. Advocates' Library, January 17, 1872. Copied by Malcolm Macphail.

This fragment, written by country scribes from the dictation of a man who could not himself write or read, is partly written in stanzas of four lines. This seems to me to indicate the decay of a ballad, and a change into measured prose, made of lines, and smaller fragments of forgotten quatrains.

NOCHDA air bhi do Righ Eirinn d' am bu cho-aim Connachar a dol a phosa Ban-righ d' am b' ainm Deirdri, agus air bhi dhoibh ag ullachadh fa chomhair na bainnse mharbh iad laogh òg. Air bhi do shneachda òg air a chuir san àm, dhoirt iad fuil an laoigh a muigh air an t-sneachda, agus do luidh fitheach air an fhuil. Air do Dheirdri bhi sealltuinn a mach air uinneig Chunnairc i 'm fitheach aig òl na fola, agus a deir si ris an Righ, nach bu mhaiseach an Duine aig am bitheadh a chneas co-geal ris an t-sneachda, a ghruaidh co-dearg ris an fhuil agus fholt co-dubh ris an fhitheach. Fhreagair an Righ ag radh gun robh clann peathar aigsan, agus gun robh aon diubh air an robh gach buaidh a dh' ainmich i Thubhairt Deirdri ris an Righ a rist nach cuireadh ise cos na leabaidh gus am faiceadh i an duine sin. Air an aobhar sin chuir an Righ fios air. Thainig e féin agus a dha bhràthair. Agus do b' e an ainmeanan Snaois. Aille, agus Ardan.

Air do Dheirdri Snaois fhaicsinn lionadh i le gaol dha ionnas gun d' fhalbh i leis, agus dh' fhàg i 'n Righ. Air do Shnaois agus do dhà bhrathair long a ghabhail sheòil iad gus an deachaidh iad air tìr aig Beinn-aird. Agus bha giullabeag na 'n cuideachd d' am b' ainm an Gille dubh, bha na chomhalta dhoibh agus a' feitheamh orra.

I. Phàirt.

1 TUB g'an deachaidh iad air tuinn,
Clann Uisneachan a Dù-lochlunn;
Dh' fhàg iad Deirdri agus an Gille dubh,
A'm Beinn-aird nau aonaran.

2 C' àite an cualas dàn bu duileadh,
Na 'n Giulla dubh ri dùr shuiridh;
Air Deirdri chruinneagach gheal,
Bu Chuibhte orm 'us ort bhi cuideachd.

3 Cha bu chuibhte mi is tu,
Ghiullan duibh nam mi-rùn;
Ach gus an d' thig iad dhachaidh slàn,
Clann Uisneachan a' Dù-lochlunn

4 Ge b'eùg a rachadh tu dheth,
   'S ge d' fhaitheadh tu bas g'an cumha;
   Bithidh tu 'us Ian dubh an aon leabaidh,
   Gus an d' theid ùir air do leachdain.

5 Gheibheadh thusa Dheirdri ghuanach,
   Bh' uamsa air mhadain a màireach;
   Gheibheadh tu bainne chruidh chraobhaich,
   Agus maorach à Innis-aonaich.

6 Gheibhte tu muinealan mhuc,
   Mar sin agus sruthaga shean-tuirc;
   Gheibhte tu braoideach 'us bò,
   'S a laoigh mhin na fuiling aon so

7 Ge d' gheibhinn uait caolaich fhiadha,
   Agus bradain bhroinne gheala;
   B' annsa leam bior-chul-chas,
   A làimh Snaois mhic Uisneachan.

8 B' e Snaois a phoga mo bheul;
   Mo cheud fhear è 's mo cheud leannan;
   B' e Aille a leigeadh mo dheoch,
   'S b' e Ardan a chaireadh m' adhart.

9 Ach suil g' an d' thug Deirdri ghuanach,
   Mach air bàr bhaile bhraonuich;
   'S àluin an truir bhraithre a chi mi,
   Snàmhaidh iad na cuantan tharais.

10 Tha Ard, 'us Aille air an stùir,
   'Seòladh gu h-àrd ramhach ciuin;
   Mo ghradh a Gheal-lamhach gheal,
   Tha m' fhear féin ga stiuradh sid.

11 Ach smid na d' thigeadh air do bheul,
   Ghiullain duibh nam braon sgeul;
   Mu 'm marbhar thu gun chiontadh dheth,
   Is nior mò a chreideir mise.

12 O! Chloinn Uisneachan nan each,
   A thainig à tìr nam fear fuileach;
   An d' fhuilling sibh tàir bho neach,
   No ciod è so bha d' ar cumail.

13 Bha d' ar cumailne mach uaitse,
   An t-eabar-sea fuileach faobhar ruadh;
   Righ mac Rosnaich ceann fir Phàil,
   Air ar glacadh 's air ar dioghmhail.

14 C' àite an robh 'ur n-airm ghaisge,
   'S air lamhan tapaidh fuilleach;
   N' ar a dh' fhuiling sibh, sibh-féin slàn,
   Do mhac Rosaich bhi gar diong' ail.

15 Cadal g' an d' rinn sinn 'n ar luing,
   An truir Bhraithre druim ri druim;
   M' an d' fhairich sinn beud na feall,
   Dh' iath na sea-longa-deug umainn.

16 Cha bu mhis' nach d' innis dhuibhse,
   A Chloinn Uisneachan bho b' ionmhuinn;
   Nach bu làmh air bhlonaga ban,
   'S nach bu shurd air cogadh cadal.

17 'S ge nach biodh cogadh fui' n ghréin,
   Ach duine fadadh a thìr féin;
   Cadal fadadh 's beag a thlachd,
   Do dhuine is è air deòrachd.

18 Deòrachd 's mairg g'am biodh an dàn,
   Gur gnàthach leatha cuid sheachrain;
   'S beag a h-urram 'us mòr a smachd,
   'S mairg duine d' an dàn deòrachd.

19 Ach chuir iadsan aon sin sinn,
   An uamha shalaich fui' thalmhainn;
   F-ar an d' thigeadh fodhain an sàile,
   Tri naoi uairean gach aon là.

20 Ach aon inghean mhath bh' aig an Righ,
   Ghabh i dhinne moran truais,
   Seichdeachan a h-athar gu leir,
   Bu lionmhor ann bian èilde is aidhe.

21 Chuir i eadar sinn 's am fuar uisg,
   An ribhinn ùr bho si b' fhearr tuigse;
   Ach do bhiodh h-athair sa Chraoibh ruaidh,
   'S a chàirdean gu leir mu thimchioll.

22 Teachd mo chagair a Thiormhail,
   Cha neil rùine nam ban math;
   Innsidh iad sa chuil, na chluinn iad,

23 Ciod an rùine a bhiodh ann,
   Nach innseadh tu do t aon inghinn;
   'S an rùine a gheibbinse bh' uait,
   Gu gleitheinn bliadhna gu dill.

24 Fui' bhile mo chiche deise,
   'S an rùine gheibhinn bho chach
   Athairghràidh gun innsean duitse Arsa n-inghean.
   An Righ ga freagairt.

25 'Chuir Righ Eirinn fios air sàil
   Dh' ionnsuidh uaislean Bharr-Phàil;
   Gu 'm fuigheansa làn mo luinge,
   Do dh' òr do dh' innsridh 's do dh' ionnas,

26 . . . .
   Chionn na Ciomaich 'chuir gun fheall,
   Air chuan na h-Eirinn am màireach.'

27 Ach leig an Inghinn osna throm,
   As a cridhe gu ro mhòr,
   Threagair aisnichean an tighe
   Leis an osun 'leig an Inghinn.

28 'Cò so leig an osun throm,
   Gur duilich leo na Ciomaich,
   'S mise leig an osun throm,
   Do Chiomaich gur comadh leam,

29 Tha earrun mhòr ann am thaobh clì,
   'S gu marbhadh i caogad Righ;
   'S tha luain mhòr air mo chridhe,
   San taobh eile mo choinneamh na h-earrinn'

30 Ach thainig i thugainn d' ar fios,
   An Thiormhail bu ghile cneas
   An rabh thu ann san Dùn ud thall;
   No ciod an aithris a th' ann oirnne,

31 'Bha mise ann san Dùn ud thall,
   'S is truagh an aithris a th' ann oirbhse;
   Gu 'm fuigh m' athair làn a luinge,
   Dh' òr Dh' innsridh, 's do dh' ionnas,

32 Chionn na Ciomaich chur gun fheall,
   Air cuan na h-Eirinn a maireach.'

33 'Ach sinibh thugamsa bhur casan,
   A 's gu 'n tomhais mi na glasan;
   Nach fhag mi bonn diubh air dearmad
   Air fad air leud, na air doimhnead.'

34 'Thainig i 'n sin an Ceard cluaineach,
   Mac-an-t-saoir as a chraoibh ruaidh;

35 Eirich thusa a cheird chluainich,
   Mhic-an-t-saoir as a chraoibh ruaidh,
   'S aon inghean Righ air tighinn ga d' iarruidh.'

36 'S beag orm fein na bhitheadh ann,
   Aon inghean Righ, a shiuladh
   An oidhche gu fior,

37 ' 'S e bheireadh i dha thigh ga teach,
   Treas tuairesgeul na geamhaiche;
   'S ann a shiulas duine an lò,
   Mar a bheireas còir air aoilleachd;

38 Mirre g' an d' rinn mi am luing,
   Air onfha na mara thruim,
   Iuchraichean m' Athar gu léir,
   Bha iad agam fui' m' mhi-chéil,

39 Leum iad a mach thar a bòrd,
   'S truagh nach deacheas nan druima-lòrg,

40 An cuimhne leats' a Cheard chluainich,
   'N latha bha thu san Dùn ud thall,
   'Bualadh òir aig m' athair,
   'S a chluan oir a sgriobh iad ort,

41 'N t-òir a ghaoid thu

42 'S i 'n fhail oir 'thug mise dhuit,
   A chum an ceann sin air do bhraidhe.'

43 Ach' dh' eirich è suas an Ceard cluaineach,
   Mac-an t-saoir as a chraoibh ruaidh,
   Is rinn è na tri iuchraiche buadhach,
   Ri aiteal na h-aon-leth-uaire,

44 Ach smid na d' thigeadh air do bhéul,
   Nach gu 'n labhair 'n teintin dubh sin,
   Na an grinneal an deach' an deanamh.

45 Ach thainig i 'ris d' ar fios,
   An Tiormhail nan ciabhadh cleachdach

46 'S'nibh thugamsa bhur casan;
   A's gu 'm fuasgail mi na glasas,
   Mur dh' fhag mi bonn diubh air dearmad,
   Air fad, air leud, no air doimhnead,

47 Ach thog Snaois a chos ri eallachain,
   Ard is Aille co-fhearr-luath,

48 Thug i thugainn ar tri chloidhinn,
   Agus lòn an cuigibh oidhche,
   Seorsa cèire leth mar leth;
   'S gu bu leir leinn adhaidh' chèile,

49 Tha long aig m' athairse air sàl,
   Ann am barr a bhaile bhraonsich;
   Seisear' feathadh lath' 's do dh' oidhche,
   Agus aon fhear donn a toiseach,

50   'S gu diongadh è ceud an còmhrag.'

51 Ach ma theid sibhse na dhàil,
   Gun eagal na gun fhealsga
   Buailibh gu cothromach ceart,
   Bhur tri chloidhean na aon alt.

52 Ge bu doirche an oidhche dhoilleir,
   Gu'm bu ghairge rinneas eolas;
   Bhuail sinn gu cothromach ceart,
   Bhur tri chloidhean na aon alt.

53 Thig thusa steach ad' luing,
   A Thiormhail a's ionnmhuinne leinne,
   A's aon bhean cha d' theid os do cheann;
   Ach aon bhean san tir an d' theid thu.

54 Ciod an aon bhean a bhiodh ann,
   'S gur mi choisinn dhuibh na h-anamain,
   B' uaibhreach dhamhsa sin a dheanamh;
   'S a liuthad mac Righ 'tha gam iarruidh,

55 Na 'n trialain air cheumanan cas,
   Air sga buidhne coimhiche.

56 Leubhaidh iad ort. A Gheal shoilleir,
   Mu as fior gu bheil thu torrach,
   Mas mac na inghean a bhios ann
   Ainmich air fear 'tha 'n Dù-lochlunn.

57 'S mise aon Inghean an Righ,
   'S lughaide dhe sin a phrìs;
   Ach 's olc an saothraiche re seall,
   Nach d' thugadh aon èun an caladh.

58 Ach fanaidh mi bliadhna air do ghaol,
   Agus bliadhna eile chion t-iomraidh,
   'N ceann na cuig na seatha bliadhna,
   Thig gam iarruidh 'n sin air m' athair,

59 'S gleithidh mise do shìth dhuit,
   Bho Righ an Domhain 's bho Chonna-chothair,

PAIRT II.

Agus air innseadh na nitheadh sin dhoibh bha Deirdri ro-dhiomach dhiubh, chionn gun d' fhàg iad Tiormhail nan deigh, agus air son a feothas dhoibhsan nach iarradh ise os a cionn gu bràth. An sin ghabh Deirdri agus iadsan an turas a ris ga iarraidh agus chunnairc ise aisling.

1 AISLING a chunnaic mi 'n raoir,
  Air truir mhac Righ Bharrachaoil;
  Bhi g'an cuibhreacha 's g'an cuir san uaigh,
  Le Connachar as a chraoibh ruaidh.

2 Ach leag thusa t-aisling Dheirdri,
  Air sonach nam burthaichean àrda;
  Air maraichean na fairge muigh,
  'S air na chlochaibh garbha glasa.

3 'S gu'm faigh sinne sith 's gu'n tabhair,
  Bho' Righ an domhainn 's bho Chonnachobhair.

4 Ach co-moch 's a thain an lò,
  'S a sgaoileadh bho'r cul an ceò;
  C' àite 'n do ghabh 'ur loingeas tìr
  Ach fui' dhorus an àrd Righ.

5 Thainig Connachar fein a mach,
  'S naoi ceud-deug sluaigh leis;
  Se dh' fheoraich è gu breagha bras,
  Cò iad na sloigh, so, th' air an loingeas.
  'S iad clann do pheathar féin a t' ann,
  Is iad nan suidhe 'n caithir aingis; (ill)
  Cha chlann peathar dhamsa sibh,
  'S cha ne gniomh a rinn sibh orm.

6 Abh mo nàrachadh le feall,
  Ann am fiadhnais fir na h-Eirinn.

7 Ciod ged thug sinn uait do bhean,
  Deirdri chruinneagach chruin-lamh gheal;
  Rinn sinn ruit bàigh bheag eile,
  'S b' e 'n tra's àm a cuimhneacha.

8 'N latha s gàin do long air sàile,
  'S i làn do dh'òr is do dh' airgid,
  Thug sinne dhuits' air long fhéin,
  'S namh sinn féin cuan mu d' thiomchioll.

9 Ge d' dheanadh sibh rium caogad bàigh
  Air mo bhuidheachas gu fior;
  Air sibh cha 'a fhaitheadh sibh 'n teann
  Ach gach aon dioth bu mho g'am feudain.

10 Rinn sinn ruit bàigh bheag eile,
   'S b' e 'n tra's àm a cuimhneacha;
   'N latha mheath an t each breac,
   Ort air faiche Dhun-dealgain nois

11 Thug sinne dhuit an t-each glas,
   'Bheireadh gu bras thu 'n t-slighe;
   Ge d' dheanadh sibh rium caogad baigh,
   Air mo bhuidheachas gu fior

12 Rinn sinne dhuit baigh bheag eile,
   'S b' e 'n tra's àm a cuimhneacha;
   'N latha cathadh Beinn eudain,
   'S a thionndaidh thu rui do chùl,
   Chuir iad thu 'n innis an-iuil.

13 Chuir sinne cath muirneach mòr,
   Air do chùl'aobh an lò sin,
   Agus Bha sinn ga' d' dheidh reir,
   'S thug sinn thugadsa fui' d' iochd,
   Cinn seachd mic Righ Morfhairge,

14 'S ge d' dheanadh sibh ruim caogad bàigh, &c.

15 Ach thog Snaois a chos r'a bòrd,
   Ard, is Aille air a dhruim-lòrg;

   An truir bhràithrean, bu bhoidhche ceann-adhaidh

16 Cha bhàs leam a nis bhur bàs,
   A Chlann Uisneachan gun aois;
   Bho 'n a thorachair e leibh gun fheall,
   'N treas fear a's aird tha 'n Eirinn.

17 Ach thigsa mach a' d' luing,
   A Dheirdri chruinneagach chul-chruin;
   'S cha 'n fhaitheadh tu 'm cùill no 'n coill,
   Facal èud no achmhasain.

18 Cha d' thig mise mach am luing,
   Ach am fuigh mi m'aon ragha achuing,
   'S cha tìr 's cha n earras, s cha treoghadh.

19 Cha 'n eich gheala 's mhiol-choin;
   Ach comas tiotan beag do 'n tràigh,
   Thoirt miosgain ann deaigh graidh,
   Do na corpaibh geala cneas-bhàn.

20 Dh' fhuasgaileadh iad a folt donna-bhui' tla,
    M' an cuairt do 'n rioghain coi-reidh,
    A h-eudach gu barraibh a cos,
    Mu' n d' thugadh i leatha am braid.

21 Cothrom cro na snathaide;
    .   .   .   .

22 Ach aon fhail òir 'bha mu 'm mèur,
    'S ann a chuir i sud na beul,
    A's dh' imich i leis do 'n traigh,
    Fur an robh Clann Uisneachan.

23 Cò choinnich i anns' an traigh,
    Ach an saor a snaithe ràmh;
    .   .   .   .

24 'A shaoir a shnaitheas an ràmh,
    Ga 'm bhuil an sgian fhaobhair gheur,
    'S è bheireamsa dhuit ga cionn,
    'N aon fhail òir is fearr tha 'n Eirinn.'

25 ' Tur g'an rabh Snaois a cur cloiche,
    Air feasgar anmoch oidhche shathairne;
    Bhris e 'n fhail òir bha mu mheur,
    Le tiorruin na h-aon urachaire.

26 Thug è dhomhs' an fhail' bhriste,
    'S thug i seallan 's bu lan ghibht i;
    Thug mise dhasan an fhail lan,
    'S cha b' ann a mhoithe comainne,

27 'S na cuimhniche mo ghradh geal a bi aige,
    Cha b' eagal dà 'n seachd portaibh deug-n h Eirinn.

28 Ach ghabh an saor meamnadh goirt,
    Air an fhail is thug è Dheirdri chorc;
    A's dh' imich i do 'n traigh
    Fur an rabh Clann Uisneachan

29 Teann thusa nall a Shnaois nàraich,
    A mhic nam flatha d'fhearr àbhaist;
    Na 'n crithiche marbh roimh bheo eile,
    Chrithiche tusa (nis) rothamsa.

30 Shìn i an sin a taobh r'a thaobh,
    Agus chuir i'beul r'a 'bheul;
    As ghabh i 'n sgian gheur roimhe cridhe,
    Is dh'fhuair i 'm bàs gun aithreacheas.

31 Ach thilg i an sgian dubh 'sa chuan,
    Mu 'm fuighe an saor achmhasan,

32 Co moch 's a thainig an lò,
    Thainig Connchar féin 's a lod;
    Mìle màrphaisg do 'n mhi-chéil,
    Thug ormsa Clann mo pheath'r féin a mharbha,

33 Tha mi 'n diu gun Deirdri dheth,
    Na gun aon duine tairriside.
    Ach tiolaicidh mi 'n aon uaigh
    Snaois 'us Deirdri 'n aon leabaidh.
    'S an lus beag' thig roimh an uaigh,
    Ge b'e chuireas snaim air a bhàr,
    Gu 'm bu leis aon ragha leannain.

34 N'am bithinnsa 'n Iuthar nam buadh
    A nocht féin ga fuar an t-shian,
    Gu 'n cuirinn snaim air a bhàr,
    Ge do bhiodh an crann gu criona.

M. 3. CAOI' DHOIRDIR. 240 lines.

Caoi' Dhoirdir airson Naois agus Clan Uisnich, dhimich Deurdir uaith Chonchair righ Ulamh le Nais Mac Uisnich agus a dhithis bhrathairibh, (iodhain, Ailbhe agus Ardan) gu h Albain, ionad ann rabhadar gu sona snaibhneach re uin' fhada, gus na chuir Conchair teachdaireachd shith-aimh chairdeil nan dei' gus na phrill iad gu Righ-Eirinn, ach d' imir an righ feall orra, agus mharbh, an triuir chùraibh 'n am dheidh teachd air tìr, an sin dhruid, Deirdir nis na cuirp agus chaoine gu cumhach iad agus chuir, lamh am ach anam fein.

1   CLANN Uisnich nan each geala;
    Thainig a tir nam fear fùileach,
    Creud so do bhiodh air ar n eachaibh
    No creid e a ta g'ar cumaìl.

2   Ta g'ar cumail fada uaine,
    Creid is fa nach cumhain an ruaig
    Lamhan[1] air bhog attaibh bàn
    Nir cheol cadail dhuinn an cogadh.

3   Còdal uile 's beag a lochd,
    Do dhaòine bhiodh ri deoireachd;
    Ge d' nach biodh coga fo na ghrein
    Ach daòine bhi as an tir fein.

4   Chuirmear ar luingeas amach,
    A chaith' a chuain gu h eolach,
    Bha sinn subhach ri seoladh
    Is bha Deirdir dubhach do-bhronach.

5   Creud e fa do thuirse bhean
    Agus sinne beo 'n ar beatha
    Ni h aithne dhuinn neach d'ar bualadh
    Ni h eagal luinn fuath no sichaimh.

6   Aislinn do chunnacas an raoir;
    Oirbhse thriuir braithre barra chaoin [3]
    Ar cùibbreach is ar cuir san uaigh,
    Leis a Chònchair chlaoin ruagh.

7   Air chlochaibh sin is air chrannàibh.
    Agus air lachaibh na linne
    Is air chaileinibh na 'm fiadh chor
    Is air earbas fiar an t Seannaich.

8   Creud bheir sinne 'n daill an laoich
    Is farsaing na fairge amach
    'S a liughad cala caol is cuan
    A b' fheudar tarruing[3] gun uabhas.

9   An am luidhe do na ghrein
    Nir b' aobhar suain dhuain e
    C'ait ionnar ar ghabh long tìr
    Ach fo Bhaile mor Righ Conchair.

10 Thainig Conchair amach le
    Sheachd fichid laoch cheann-uallach
    Is dh' fhiosraich le briara brais
    Cia na sloi' 'ta air an luingeas.

11 Clann do pheathar àta ann;
    Sin triar a thainig air tuinn
    Air oineach 's air chomairc an Ri'
    Aig tagradh dilseachd ar cairdeas

12 Cha chlann peathar dhamsa sibh
    Nir bheairt saoi[4] do rinn sibh orm
    Thug sibh mo bhean nam a b' fhoill[5]
    Si Deirdiri dhonn shuileach ghlei' gheal.

13 An uair a sgaoìl do long mu làn
    Is tu a mullach na mara dìllin
    Thug sinn dhuit ar long fein
    Do bhi'mar ann nair sin a' do reir[6]

14 De d' mhàrbha sibh caogad righ
    Air mo bhui'eachas gu fior
    Ni am faigheadh sibh an diu do m' shith
    Ach gach uil' èasai' 'm faodain[7]

15 Do rinne mar dhuit bài' bheag eile
    O 's e nis an tam do chuimhnicheadh
    Chuir sinn' thu 'n comaonibh lionar.
    'S dìlleas ar còir air do chomraich.

16 An tann do chuir Murcha Mac Briàn
    Na seachd caithibh am binn Eadair[8]
    Thug sinn' thugan gun easbhui'
    Cinn Mhic righ na h Earrdheise.

17 Ge d' mharbha sibh caogal Ri'
    Air mo bhui'eachas gur fior
    Ni am bheil sibh an diu do m' shith
    Ach gach uil' eas-shith do 'm feadain.

18 Eirich a Naois is glac do chlai'
    A dheagh mhic an Ri is glan coimhead
    Creud fa 'm faigheadh a cholain shuairc
    Ach a mhàin aon chuairt do 'n anam.

19 Chuir Naois a shalta[9] ri clàr
    Is ghlac a chloi 'n a dhorn
    'S bu gharg deanal nan laoch
    Tuitim air gach taobh do bhord.

[1] (Soft brooks) threatening white hand.
[2] More than mild.   [3] Without fear.
[4] Sona.   [5] Le foill.   [6] Friends.
[7] (Ea aith) mischief.   [8] Eadinn.   [9] Resolved.

20 Gluais a Dheurdruinn as do luing
   A gheug ur nam [10] abhra dhuinn
   Is ni h eagal do ghnuis ghloin
   Fuath no 'eud no achmhasan.[11]

21 Ni 'n rachar am seasd as mo luing
   Gu 'm faighe mi mo raogha achuinge

22 Cha tir, cha talamh 's cha tuar
   Cha triuir braithre fa ghlan snua' th
   Cha 'n or, cha 'n airgiod 's cha 'n eich
   Ni mo is bean uaireach mise.

23 Ach mo chead a dhol an trai'
   Far am bheil clann uisnich nan tamh,
   Gu 'n tibhrim mo thri poga meala
   Do na tri corpa caomh geala.

24 Sgabileadh a falt dualach tla
   Aig[12] a mhnaoi bu chuana cail'
   Mu 'm bearra si leith a b feill[13]
   Atrad a bhruid bu choirle,

25 Do ghluais Deirdir an trài'
   Is fhuair si Saor aig sna[14] isheadh raimh
   A sgian aige cion[15] na leith lamh
   Is a thuagh iona[16] na lamh eile

26 A shaoir is aile am facas riamh
   Creud air an tiubhra tu an sgian
   Gur e bheirinn duit g'a ceann,
   Aon fhaine buaghach na h-Eirinn

27 C'ait an robh am fàine geasach[17]
   An la do bhaòghluisheadh clann uisnich
   'L iongna le buaighibh an fhaine,
   Mar fhuarah an cràdh no 'n guinsin[18]

28 La gu 'n robh Naoine cur cloiche
   Ann 'n ursainn cath fiann na faiche;
   Do sgaoil an fhàil[19] oir fa mheur
   'S thug dhambsa i mo ghragh da ta sgai,

29 Och do chuimhnich mo ghradh gealsa
   Am faine feartach a bhi na fhochair
   N baoghal do o gheil nan sluaghaibh
   A ghuin le thuath no le sochai'

30 An sin do shauntaich an saor am faine
   Air dheise 's air àilne
   Gur e bheirin duit ga cheann
   Aon sgian aghmhor na h-Eirinn.

31 Caoi', no Triabhunn Deirdir
   Cha ghairdeachas gun chlann uisnich
   O! s tuirseach gun bhi' nar cuallach
   Tri mic rìgh le 'n diolfai deoraibh.

32 Tri leoghain a chnuic na h-uamha
   Tri manuinn a bh' Ti Bratain[20]
   Tri seobhaig o shliabh a chuillinn,
   An triar d'an geile na gaisgich
   'S do n tiubhra na h amh thuis uram.

33 Thri Steallain do 'n ubhal oir
   Nach fuilingeadh deannal nan tir,
   Tri mic uisnich o Dhun mona',
   O tri eoin a chochail chaomh.

34 Na tri eoin a b' aille snuagh,
   A thainig air chuan nam bare
   Tri mic uisnich o 'n charra-chruinn[21]
   Tri lachaibh air tuinn a snamh.

35 Soiri'[22] soir gu h-Albain uam
   Farma mhath fraorac cuain is gleann
   Ann am biodh clann uisnich ri sealg
   Bu aobhain suidhe air leirg a beann.

36 Nior[23] b' iongna mi thabhairt grai
   Do dh' Albain ur fa re roid
   Bu ghlan mo choili na measg
   Bu leam a h-eich is a h-or.[24]

37 Bail' agus leath Albain fein
   Do bhiodh agam ard an ceum,
   Is le Fergus nan colg laidir
   Gur maisg a thainig gu h-Eirinn.

38 O ghlinn Maisinn sin gleann Maisin,
   Gor a chreamh is geal a dhosan
   Minic do rom neas codal iorrach
   Air do mhulachsa ghlinn Maisinn.

39 Gleann Darnaill sin, Gleann Darnaill
   An gleann is binne guth cuaich
   Is binne guth gaodh-air fo 'n choille chruim,
   Os ar ceann ann Gleann Darnaill.

40 Aoibhinn Dòn Meaghr is Dun Fhionn
   Aoibhinn an dùn bha os a cheann
   Aoibhinn Innis Dreoghainn leathain
   Leis sin agus Dun suibhne.

41 Cearthar sin ann Innis Dreoghain
   Far nach faodfadh na slogh ar noisheadh
   Mise fein 's ni moid an àgh,
   Naois Aillbhe agus Ardan.

42 Bhiodh Aillbhe againn ri toirbheirt
   Is Ardan ri seilg seanta
   Is Naois fein ceann ar muintir
   Is mise ri fuaim nan teuda

43 La gu 'n robh fir Alba 'g ol
   Is clann uisnich bu mor cean [25]
   Do inghean Draosach Dhun Ireoir
   Thug Naois dhi pog gun fhios

44 Gu na gheall e dhi alldaimh aon
   Agh allaigh is lao' na cois
   Is thaghaill se aic air chuairt
   Air pilleadh o shluagh Innarnis

45 Thug a bhean sin o Dhun Ireoin
   Briaran is a boid mhear
   Gur an racha Naois a dh'eug
   Nach i rachi si fein le fear

46 O choin nar chuala mise sin
   Lian mo cheann lan do 'n eud
   Tilgeadar mo churach air tuinn
   Coimheas leam bhi beo no eug

47 Do thug naois a bhriara sior
   Is a lugha more am fianuis arm
   Nach cuireadh ormsa feirg no gruaim
   Gus an rachamad air sluagh nam marbh

48 Do leanadar mise amach
   Aillbhe is Ardan a bha treun
   Is philleadar mi ris a steach
   An diais a chuireadh cath air cheudan.

49 O da chluinne sibhs anochd
   Naois dhol fo bhrot an cre
   Throm ghuile sibh gu bras
   Is ghuilinse a sheachd leath.

50 'S iad clann uisnich sud tha thall
   Is iad nan luidhe bonn ri bonn
   Is da 'n suimluigheadh marbh roimh mhairbh eile
   Gu 'n suimlighe sibhse romhamsa.

51 Tri Dreagno dhunmonai
   Triar currai' na craobh ruaighe
   Tareis nan Triath nior bheo mise
   Triar a bhriseadh gach aou ruaigh.

52 Do threigeas aoibhneas ulamh
   Fa 'n triar curaibh do b'annsa
   Mo shaoghal am feasd mor fhade
   Na 'n laighear aon fheas leamsa.

53 Lair fosgladh a phartainn
   Na deantaran uaibh le gu docair
   Biaidh mi 'm fochair na huaighe
   Far a deantar truai' agus ochain,

54 'S mor a gheibhinn do shochair
   Ann am fochair nan curaibh
   Le 'm[26] fuinn iad gun teach gun teine
   Och mise am feasd nach biodh dubhach.

---

[10] Brown complexion. [11] Reproach.
[12] Strong constitution. [13] Unintelligible. [14] Shaving oars. [15] Aon. [16] Ann.
[17] King of Charms. [18] Guin, stitch. [19] Failbheag.
[20] Albainn. [21] Round rock. [22] Bheir soiri.
[23] Rion bhi agam bu bhreagh oidin. [24] Seirc.

[25] Gheall e nar philleadh e chuairt.
[26] Na 'm faighinn.

55 An tri sgiatha is an tri sleagha
   Ann san leabai dhuinn gu minic
   Cuiri' an tri cloi' cruadha
   Sint' osceann uaigh nan gillaibh

56 An tri conaibh is an tri sealbhaic
   Biatar am feasd gun luchd seilge
   Tri triari choimhead catha
   Triar dhalaibh chonnail chearnaich.

57 Tri iallaima nan tri Iun sin
   Do bhuin osna o mo chridhe
   'S ann agamsa do bhiodh an tasgai'
   Ga 'm faicsin is aobhar caoi.

58 Och is truagh mo shealla orra
   'S e dh'fhag mi fo dhochair is fo thuirse
   Trua' nach deach mise san talamh
   Sol fa 'n do mharbha clann uisnich,

59 O 's truagh ar tuirse le Fergus
   Gur cealgach chum na craobh ruaidhe
   Le na briara blasda binne
   Fadh ma n' mhilleadh sibh aon uair

60 Och 's mise Deirdir gun aoibhness
   Anis aig criochnacha mo bheatha
   Bronnfam do 'n triar mo thri pogaibh
   Is duinas ann am bron mo laeth.

O. 15. DEIRDRE NO CLANN USNACHAN.

Dr. Irvine's MS., page 79. 312 lines. Copied by Malcolm Macphail. Edinburgh, March 29, 1872.

The name of the heroine in this poem is Tirfail, not Deardnil. It seems a different poem altogether from Mac Pherson's Darthula; only the names of the three brothers are the same. Deirdre, indeed, is mentioned as her name. And one is at a loss whether the poet gives two names, or whether the poem is a part of two poems. The beginning does not correspond with what follows. (Note by IRVINE.)

1 FAOIN do shuan oigh na maise,
   An leabaidh fhuar an cois na traigh;
   Mo chridhe tha briste le taise,
   Dom' Dhan glaiste do bhraigh,

2 Tigh gun leus do chomhnuidh
   Bronach do dhaimh 's do chairdean.

3 Turas gu 'n deachadh iad air luing,
   Uainn clann Usnachan ionmhuin;
   Dh' fhag iad Deirdre san Duth,
   Am beinn Ardre 'nan aonar.

4 La is bliadhna dhuinn mar sin,
   Am beinn Ardre nar n-aonar;
   'Se thuirt an Duth dis ruim,
   Ar bainis is mithich a dheanamh.

5 Ar bainis cha' n' eil am fath,
   Ni mo nitear i gu brath;
   Aig gun tig iad dhathaidh slan,
   Cloinn Usnachan an ceann bliadhna.

6 Cinnteach bithidh tu gu dith,
   Ged fhaigheadh tu 'm bas g'an cumhadh;
   Bithidh tusa 'san Dubh san aon leab,
   Aig an teid an ur thar a leachd. (leac)

7 Sealladh gu 'n tugas a mach,
   Air bordaibh a Bharra bhraoin;
   'S ionmhuin an truir chuantaidh chas, (chuantair)
   A shuamhas an cuan dhathigh.

8 Ardan is Ailda air an Stuir,
   A dhimras gu h-ardanach tuinn;
   Mo ruin an glac lamhach geal,
   'S e m' fhear fein tha stuiradh sud.

9 Na tigeadh smid as do bheul,
   O Ille Duith nam fann sgeul;
   Marbhar thu gun chiont dhe,
   Ma ni mu 'n creuda iad mise.

10 A chloinn Usnachan nan each,
   A thainig à tir nam fear fuileach;
   Ad' fhidir sibh tair o neach,
   No ciod a ghraidh a bha g'ar cumail?

11 'Se bha g'ar cumail bhi dol uat
   'S ann duinne gu 'm b' fhuileach an ruaig;
   Niall Mac Frasgan ceann fhear fail
   Bhi g'ar fastail 's g'ar cumail,

12 Cait an robh iad bhur n-airm ghaisge,
   An uair a dh' otha sibh bhur glaca?
   Do Niall Mac Frasgain ceann fhear fail,
   Gu bhitheadh g'ar fastail no g'ar cumail.

13 Codal gu 'n d' rinneas 'nar luing
   Air onfha na Mara thruim;
   M'an d' fharaich sinn bi *na ce* (no dhur)
   Dh' iadh na sè longa deug umainn.

14 Cha mhise nach d' innis sin duibh,
   Chloinn Usnachan ionmhuin;
   Cadal fada 's beag a thlachd,
   Do dhuine 'se air Dheorachd. (Thorachd)

15 'S ann a chuir e sinn an uamhain,
   Fada, fada fo thalmhain;
   Far an tigeadh Tharrainn an saile,
   Tri nao uairean san aon la.

16 'San sin nuair thainig e g'ar fios
   An tir-fail bu ghile cneas;
   Ghabh i gne mhor g'ar truaigh,
   Bandrach ur na craoibh ruaidh.

17 Cha robh bian eilde na aigh,
   A fhuar a nighean an Dun a h-athar;
   Nach do chuir an og bhean a b' fhearr tuigse,
   Eadar sinne sam fior uisge.

18 Dh' imich i do Dhun a h-athar,
   Tir-fail an fhuilt mhaoth sgathaich;
   Fhuaradh a h-athair san Dun,
   'Sa chairdean uile m'a thiomchuill.

19 Thigsa a'm' chogair a Thirfail (Thirbhail),
   Ribhinn fharasda dhonn thla;
   An sgeul a cheileas mi air chach,
   A ghraidh g'un innsin duitsa,

20 Mari gur olc run nam ban,
   Innsidh iad sa' chuil na chluinneas,
   'S dona 'n run a bhitheadh ann,
   Nuair cheileadh tu i air h-aon nighean.

21 Ghleithinn seachd blaidhna i gun fhios,
   Fom' chich thosgail an tasgaidh:

22 Chuir righ Eirin fios an traigh,
   Gur math Uaisle Innsefail;
   Gu faighinnse luchd mo luinge,
   Dh' or dh' airgiod, a dh' aon druinne,

23 Na cimich a chur, gun fheall,
   Dha amarach air chuain na h-Eirin.

24 Leag a nighean osnadh throm,
   As a cridhe fein gun charg la;
   Chlisg aisnichean an tighe,
   Le aon osna na h-Inghin.

25 G'e b'e leag an osnadh throm,
   Ri gur ionmhuin leis na cimich;
   'S mise leag an osnadh throm,
   Na cimich gur coma leam.

26 Tha *earrainn* ann am thaobh cli
   Gu marbhadh i caogaid righ;
   Tha earrainn eile a' m' thaobh dheas,
   Is i air luain tharis agam.

27 Sin gur thainig i g'ar fios
   An Tirfaile bu ghile cneas
   An robh thu anns an Dun ud thall,
   No 'n cual thu aithris oirnn ann?

28 Bha mi anns an Dun ud thall,
   'S bochd an aithris bh' oirbh ann;
   Chuir righ Eirin fios an traigh,
   Gu math naisle Innsefail.

29 Gu 'm faigheadh m' athairse luchd a luinge,
   Dh' or dh' airgiod a dh' aon druinne;
   Is sibhse chuir gun fheall,
   Do mairach air chuain na h-Eirin.

30 Ach sinibh thugamsa ur casan,
   'S gu' n tomhais mi na glassan;
   Ni 'm fag mi bonn air dhi cuimhne,
   Air fad mi leud, no air doimhne.

31 Rainig ise an ceird cluanach,
   Fhuaras ord Gobha na laimh;
   Is e ga shior bhualadh air innan.

32 'S neonach leam thu a nighean righ,
   A bhi falbh oidhche ann am chadal.
   'Se bheireadh dhomhsa bhi falbh oidhche,
   Cor m' fhaoineachd a bhi agad. (coir)

33 'S naorachd mise a bhi beo,
   'S coir a fhaoineachd a bhi agam;
   'S an ceann Dubh-sa thair mo bhragaid,
   Gur tu rinn dhomhsa a ghleitheadh.

34 Bha mi la pronna oir,
   An ceardach t-athar an Cluanaidh;
   Choinnicheadh ormsa an t-or a ghaideadh,
   'S gu 'm bu sgeul sid air namhaid.

35 Mire gu 'n rinneas a' m' luing,
   Air onfha no mara thruim;
   Thuit uichrichean m' athar thar bord,
   'S truagh gun mise nan struth lorg.

36 Rinn an Gobha na h-uichrichean buadha,
   Dhi ri fatail na h-aon uaire,

37 Na tigeadh smid as do bheul,
   Moch no anmoch, no ma fheasgar.
   Aig an inneas an Grinneal e!
   No 'n t-innean air an deach an DH deanamh,

38 Sin gur thainig i gur fios,
   An Tirfail bu ghile cneas!

39 Sinibh thuganisa bhur cassan
   'S gum fosgail mi na glasan,
   Mar dh' fhag mi bonn air dhi cuimhne.
   Air fad' air laid no air doimhne,

40 Thug Naois an leum gu h-ealachain,
   Ardan a b' aillde co allsa,
   Ailde an deaghai uin.

41 An triur bhrathran bu mhath diongail:
   Bheil sibh nise air 'ur cois?
   No bheil a bhos na ni 'ur diongail,

42 No' m bitheadh againn ar tri claidhean.
   Agus lon chuig oidhchean,
   Solus ceire leth mar leth.
   'S gu 'm bu leir dhuinn aghaidh a cheile,

43 Chaidh i dh' iarraidh nan tri claidhean,
   Cha b' e faoidh a b' fhusa dheanamh;
   Rainig i Gille an t-seomair,
   An ribhinn ur m' an iadh an t-Omar.

44 'S neona leam a nighean righ,
   Bhi falbh oidhche ann am chadal;
   'S e bheireadh dhomh bhi falbh oidhche,
   Coir m' fhaoineachd a bhi agad.

45 Na deanamsa ceartas dionnai,
   Nighean an righ o Dhun Meara;
   Tha mi 'g iarraidh nan tri claidhean,
   Agus lòn chuig oidhchean.

46 Solus ceire leth mar leth,
   'S gum bu leir dhuinn aghaidh a cheile,

47 Ciod a dheanadh tu 'de chloidhe,
   A nighean righ ard fhlathail,
   'S nach b' urrainn thu chuir leis catha,
   No thoirt leis latha seirbhis?

48 Bheirinn cloidhe dhiu' mar ghit,
   Do mhac a fhuar righ ri Ribhinn;
   Bheirinn cloidhe eile dhiubh,
   Do cheud marcach nan each cuin

49 Bheirinn cloidhe eile dhiubh,
   Do ard mharascail mo luinge;
   Leag i na naoi *piosan* oir,
   Air a bhord air son nam tri chlaidhean.

50 Sin gur thainig i g'ar fios,
   An Tirfail bu gile cneas;
   Tha long aig m' athairse air sal,
   Roimhe thall air chluan Ciaran.

51 Cuigar agletha na luinge,
   Aon fhear mor ann os gach duine;
   Ach buailibh cothromach ceart,
   Bhur tri buillean san aon alt.

52 Ge bu dorcha dubh an oidhche,
   Bu neo-bhorb a rinn sinn iomra;
   Bhuail sinn gu cothromach ceart
   Na tri buillean san oan alt.

53 Thigsa nad luing Thirfail,
   A ribhinn fharasda dhonn thla;
   Cha bhi ach aon bhean os do cheann,
   Anns na criochaibh Gaileach againne.

54 Cum an rachainn ann ad luing
   'S luithead Mac righ tha m' iarraidh;
   No gu 'm falbhain fein am braid,
   Air sgath buidhne coimheach eile.

55 Tilgidh iad ortsa gheal ghlonnach.

56 M'as fior gu bheil thu torrach;
   Luaidhear air fearaibh na h-Eirin e,
   'S aon nighean mi do 'n righ,
   'S mothaid dhe sud mo phris.

57 'S dous an t-aran re seal,
   Nach tabhair aon ian an cala;
   Ach bheirinn bliadhna air a ghaol,
   Agus bliadhna air a ghradh.

58 Bliadhna eile cheann bhi bhos,
   An ceann chuig *mile* bliadhna; (*bile*)
   Thig se an sin am iarraidh.

59 A ghraidh fein mar dean thu sin,
   Taghsa bean san tir an tachair.

60 (Thug Naois a mhionnan gu sior,
   As ludh e gu dian eutrom oirnn;
   Nach cuireadh e ormsa gruaim,
   Aig an tigeadh suain na marbh (racha e 'n)

61 Thug a bhean sin o Dhuntreoir,
   A mionnan mor 'sa boid mhearr,
   Aig an rachadh Naois an eug,
   Nach racha i fein à d' fhear.)

ERRAINN AIR CHALL.

62 Ach na cluinneadh ise nochd,
   Naois a bhi fo bhrod nan creuchd;
   Gu guileadh i fein gu goirt,
   Is ghuilinnsa man seach da reir.

        This from Capt. Morrison, 2nd Dec.,
        1802.

63 Thug iad a mach as mo dheigh,
   Ailld is Ardan air an t-snamh;
   Is thug iad leo mi gu tir,
   An dithis a chuir cath air cheud.

64 Nuair a shoillsich dhuinne an lo,
   Dhuin umainn an dall cheo;
   Sann ghabh ar currach tir,
   Fo mhor bhaile an ard righ.

65 Thainig Conchar a mach,
   'Sa chairdean uile ma thiomchiol;
   Labhair e gu broddan bras,
   Co na laoich tha air an loingeas?

66 Clann do pheathar fein th' ann,
   Nan suidh an Eathar ur ramh; (fhriamh)

67 Cha chlann peathar dhomhsa sibh,
   Cha 'n e an gniomh a rinn sibh orm.
   Ach mo mhaslacha' gun fheall,
   Thar fearaibh Uaisle na h-Eirin.

E

68 Ma thug sinne nat do bhean,
   Deardre fhuichar lamh gheal;
   Rinn sinn baigh bheag eile ruit,
   Be so àm a cuimhneachadh.

69 Ann la chuir Murcha Mac Lìr,
   Na seachd Cathan beinn Eduin;
   Chuir sinn thu an Innis an Iul,
   Bha sinn an là sin a dh' son run.

70 Ged dheanadh ruim mile baigh,
   Air mo bhuidheachens, gu fior;
   Bhur sith cha 'n fhaigh gun dogbair,
   O 'n righ sin Conach odhar.

71 Rinn sinn baigh bheag eile ruit,
   B'e so àm a cuimhneachadh;
   An la bhris do long air sal,
   Lan do airgiod, lan do or.

72 Thug sinn dhuit ar long fein,
   Is shnamh sinn an cuain ma d' thiomchill;
   Ged dheanadh sibh ruim mile baigh,
   Bhur sith cha 'n fhaigh sibb gu brath.
   ¹Ach gach dith is motha dh' fheudainn.

73 Eirich a Naois, glac do chloidhe,
   Dheagh Mhic righ ard fhlathail,
   Chuir Naois 'n sin a chos thar bord,
   Ardan is Ailde na sthruth lorg.
                               Part wanting.

74 Cha bhas leam anis 'ur bas,
   Chloinn Usnachan gun aois;
   O na thuit e leibh gun fheall,
   Treas Marcaich Uasail na h-Eirin.

75 Dheardhre thigsa as do luing.

   Cum an rachainn as mo luing,
   Gun mo cheud ragha ath-chanaich.

76 Cha chrobh, cha 'n airgiod, cha 'n oir,
   Cha choilich ghreagha, cha 'n eich uabhrach;
   Ach cead comas dol an traigh,
   Far am bheil clann Usnachan.

77 Thoirt m' fhios gu 'n tugadh gradh,
   Da na corpan cneas gheal;

78 Sgaoil iad a folt buigh bàn,
   Air an ribhinn fharasda dhuin thla,
   Chum nach tugadh i am braid,
   Letha imrach cro na snaide.

79 Ach aon fhail oir bha ma meur,
   Gun a thiot e sid na bheul;
   Dh' imich e 'n sin do 'n traigh,
   Far an robh clann Usnachan.

80 'S e fhuair ise 'n sin san traigh,
   Saor a snaighe a ramh;
   Shaoir sinn a shnaigheas na raimh,
   Gu'm bitheadh a chorc roinn gheur.

81 'Se bheirinn dhuitsa g'a cheann,
   An aon fhail oir 's fearr bha 'n Eirin;
   Ghabh an saor meanma goirt,
   Thug e do Dheardre a chorc.

82 Dh' imich i an sin do 'n traigh,
   Far an robh clann Usnachan;
   'S e fhuair i 'n sin gun agadh,
   An tri chuirp sinnte sios co fada.

83 Chuir i sios a beul ri beul,
   A taobh ri taobh, sa gluin ti gluin;
   Ghabh i 'n sgian gheur 'na cridhe,
   Is fhuair i bas gun aithreachas.

84 (Druid a null a craois eolaich,
   Mhath is uilc 's tu fein a dh' araich;
   Nan suilicha marbh roimh bheo,
   Gun suilicha tusa ro' amse.)
            This from Capt. Morrison, 2nd Dec., 1802.

85 Ranaig Conach Odhar an traigh,
   Is cuig ceud an coinneamh a mhnaoi;
   'Se fhuair e 'n sin gun agadh,
   Na ceithir chuirp sinnte sios cho fhada.

¹ Added.

86 Mile mallachd, mile meang (mairg)
   Air a cheill ata 'gam chumail;
   Air a cheill thug ormsa deagh (dhe)
   Chlann mo pheathar fein a mharbhadh.

87 Tha iadsan gun anam dhe,
   Tha mise gun Dheardre agam;
   Dh' adhlaic iad sios an cluan Eggir,
   Naois is Deardre san aon leaba.

88 Chinneadh lusan as an uaigh,
   Thigeadh thuige à deas 'sa tuath;
   G'e b'e chuireadh air a bharr,
   Bu leis a cheud ragha ath-chuinaich.

89 Nam bithinnse an Turin nam buadh,
   Nochd fein ga fuar an oidhche;
   Chuirinn snaim air a bharr,
   No bhitheadh an crann air crioma.
                                   Neolan.
        From Donald McIver, alias Robertson, foxhunter, as before mentioned, Loch Tayside.

Q. 6. AOIDHEADH CHLAINN UISNICH. 364 lines.
        Stewart's Collection, p. 562.

1 A Chlann Uisnich nan each geala,
  A's sibh an tìr nam fear fuileach,
  Ciod e do bhi air ur n-eachaibh,
  Na 'n ceann fath ata 'g ur cumail?

2 Ata 'g ur cumail fada uainn?
  A's gur leibh chuireadh an ruaig,
  D' a 'n lamhadh bagad ur nàmh
  Ur 'n amladh anns a chumasg.

3 Ach chuireadh leibh ur long a mach,
  A chaitheadh a chusin gu h-eolach,
  Bha Naos subhach ga seoladh,
  A's Aille, maise nan ògan.

4 Bha Ardan bu deise ga stiuireadh
  Air freasdal a dhithis bhrathar iulmhor,
  Codal shùl is beag a thlachd
  Do'n mhnaoi tha ac air deoraidheachd.

5 Tha an ghaoth gun eisiomail ri'n sceimh,
  A' cleachd r'an trilsibh grinne, reidhe,
  A's mar an oiche tha folach a boichead,
  Tha Dearduil dubhach, dubhrònach.

6 Dearduil thug barrachd an ailleachd,
  Air mnaibh eile na h-Eirin.
  Ni choimeasar rithise càch,
  Ach mar bhaideal air sgà na reultaig.

7 ' Ciod e fath do thùrsa a bhean?
  A's sinne beo re do bheatha,
  A's nach aithne dhuinn neach d'ar buadhach,
  An ceithir bruachaibh an domhain.'

8 ' Aisling chunnacas an raoir
  Oirbhse a thriuir brathar barra-chaoin;
  Ur cuibhreach, a's ur cur san uaigh,
  Leis a Chonachar chlaon, ruadh.'

9 ' Air chlachaibh sin, a's air chrannaibh,
  A's air lachaibh nan linntean,
  A's air cuileanaibh nan fiadh-chon,
  A's air iorball fiar an t-sionnaich.

10 Ciod e bheir sinn an dàil an laoich?
   A's fairsineachd na fairge a mach,
   A's a liuthad cala, caol, a's cuain,
   'S am feudamaid tarruing gun uamhas.'

11 Ceadal na h-òig mhna ni'm b'fhaoin,
   A's diomhaoin spairneadh ri gaoith,
   Loch Eite bu chian o'n iul,
   A's Conuill na crannghail ùire.

12 Cha tig soirbheas a deas mo nuar!
   Cha'n islich frith na gaoith tuath,
   Cha tig Naos air ais ri a rè,
   Cha tog e ri brughach an fhèigh.

13 Ris tha Cuiguladh a dlùthadh,
   A's Conachar an gar na mhùr ud,
   A's an tìr sin uile fudh smachd,
   Anns na ghabh Dearduil dhe[1] tlachd.

14 Bu shoineamhail le Dearduil an t òg,
   Agus aghaidh mar shoillse an lò;
   Air li an fhithich bha ghruag,
   Bu deirge na an subh a ghruaidh.

15 Bha chneas mar chobhar nan sruth,
   A's mar uisge bailbh a ghuth;
   Bha chridhe fearail, fial,
   A's sobhach ciuin mar a ghrian.

16 'Nuair a dh'eirgheadh a fhraoch, a's fhearg,
   Bi choimeas an fhairge gharg,
   B'ionann agus neart a tonn,
   Fuaim na lainn aig an t-sonn.

17 Mar reothart a buinne borb,
   Bha e san araich fri streapa cholg,
   Anns am facas le Dearduil' e'n tùs,
   A's i coimhead o mhullach an Dùin.

18 'Ionmhuinn,' ars an oigh thlath,
   'An t-aineol o bhlàr nam bèud,
   Is goirt le cridhe a mhàthar,
   A dhàinead ri uchd na streapa.

19 Is nearachd nighean do ghràidh
   An Albain àghmhor nan gèug,
   'Nuair chi si e bhord na mara
   A's e greasadh gu cala an treun.'

20 Ach a Dhearduil bu ghrinne nòs,
   Tha do chòradh air fàs fànn,
   Tha toirm nan stuadh, a's na gaoithe,
   Tabhairt caochlaidh air t'uirgiol àin.

21 'Ionmhuinn tìr, an tìr ud shoir,
   Albain cona lingantaibh
   Gur truagh nach mise tha r'a h-oir,
   Gur truagh nach mise, a's Naos.

22 Soruidh soir gu h-Albain nam,
   Far a' maith fradharc cuain, a's ghleann,
   Anns am biodh mic Uisnich re sealg,
   B'eibhinn suidhe air leirg am beann.

23 Cha b'iongna mise thabhairt graidh
   Do Albain àir bu reidhe ròid,
   Bu ghlan mo choile na measg,
   Bhiodh leam a h-eich, a's a h-òir.

24 O ghlinn Masain! sin gleann m'annsachd,
   Ge gorm a chreamh 's geal a ghasan;
   B'ait a dheanain cadal corrach
   Air do mhullach-sa ghlinn Masain.

25 Gleann Daruadhail, gleann gach buadha,
   An gleann 's am binne guth cuaiche,
   Is binn guth gadhair fa'n choille chruim
   Air a' bheinn os gleann Daruadhail.

26 Eibhinn Dùn-meatha, a's Dùn-fionn,
   Eibhinn an Dùn bhiodh os an cionn,
   Eibhinn Innis-droighin leathann
   A's lea sin Dùn-suibhne.

27 Ceathrar sinn an Innis-droighin,
   Far nach feudadh sloigh ar noigheadh,
   Mise fein, a's bu mhòid m' àgh
   Naos, Aille, agur Ardan.

28 Bhiodh Ardan agam ri teirbheirt,
   A's Aille re seilg shleibhtean,
   Naos na cheann air muintir,
   A's mise re tuirmeadh theud ann.'

29 'A nighean Cholla nan sgiath,'
   Do radh Naos, bu tiamhaidh fonn,
   'Ge fada uainn Albain nam fiagh,
   A's Eite na ciar aighean donn.

30 'Nuair shiolaidheas an fhairge bhras,
   A's a theid stad air a ghaoith tuath,
   Cothaichidh sinn cala taimh,
   No samhchair air aghaidh chuain.

31 Rachams' a choimhead an Duin ud,
   Biodh Aille re h-iul fa thuaisceart,
   Agus Ardan a faireadh na tragha,
   Mu'n tig ar namhaid mu'r tuaiream.

32 Fansa ghèug na maise
   San luing chais, gus an till sinn,
   Ni h-eagal gu tig bèud na d' dhàil,
   A's claidhean nach cearr ga d' dhidean.

33 Bu doilgheasach còr na h-Aille,
   A's i 'g eisteachd re gàirich thonn,
   B'ion thruaighe a siltshuil chiuin,
   A's a diuir mu Naos nam buadh.

34 Tha cridhe luamain re h-osnaich,
   A's nach cluinn i foram a gaoil;
   Is beag a h-uamhan roimh an donshion,
   A's a smuain air comunn a graidh.

35 A Thriath Eite nam morfheart,
   A's a bhrathairean nan dearc caomh,
   Fòiribh air Dearduil a bhròin,
   A's na leigibh an tòir na gàr.

36 Chi si ag iompaidh mu coinneamh
   Naos fudh dhoileireachd gnuis,
   Taireis da aogasg Chucbullin,
   A mhothachadh ag uilleann an Dùin.

37 B'adhbhail an Taibhse fudh sprochd
   Bu lionmhor osnaich a chleibhe
   Bha rosg fann mar lassair mhuchta,
   A shleagh na ceo re cùl a sgèithe.

38 Mar ghaoith fhàis an uaimh nan còs,
   Bha tuireadh, a's bròn na ghuth.
   Bu chianoil aigne Naois a' claistin
   Sgeala a bhais o an chruth.

39 'Cia fàth mu bheil t'aigne trom,
   A Naois a's lonnmhor nòs'
   Do radh Inghean Cholla gu tìom,
   'A's gun agams' ach brigh do ghloir.

40 Cha mhairthean ach Naos, a's Dearduil,
   Tha luchd a daimh air dol fudh lic.
   Tha mi gun athair, gun bhrathair,
   A's fear mo shàraich gun iochd.

41 Tha reulan Sheallmaith air dubhadh,
   A's a thulach air fàs donn,
   Cha leim na bric re a shruthaibh,
   Cha tog cuach na uiseag ann fonn.

42 Cha'n iongna a's gur bàs do Thruthal,
   Mo bhrathair thug urram thar slòigh,
   A's gur chaireadh Colla caomhach,
   (B'e m'athair gaolach), fudh an fhòid.

43 Bha Truthal le h-olltuadh cogaidh
   Chosnadh cothrom, agus còir;
   Tra bhiosa ma sgaradh nan tràth,
   Na m' suidhe ag aird chraoibh an lòin.

44 Thainig am ionnsuidh m'athair
   Fearsaid chatha bu lorg dha,
   Air aghaidh fhlathail cha robh sunt,
   A's osnadh air grunt a chleibhe.'

45 'A Dhearduil ghradhach,' ars an righ,
   'Ni mairthean do m' shiol-sa ach thu,
   Thorachair Truthal 's a chath,
   A's tha Conachar nan gath dhomh dluth,

46 Aith-dhioladh mo mhic, neo tuiteam,
   Is e bheir furtach do m' aois sa,
   Da faighteadh tearmunn do Dhearduil,
   B' èibhinn an àrach dhomh-sa.'

47 'Ma thuit crann iul a chatha,
   Og rathail na morchuis,
   Glacams' athair mo bhogha,
   A's tollam Conachar na adhbhar.'

48 'Glacsa Dhearduil am bogha,
   Is sodhail leam brigh do cheille,
   Ach feuch gu fuirich thu m'fhochair,
   A's do shosta air chùl mo sgèithe.'

49 'Faire na h-oidhche gu tiamhaidh,
   Ni bu chian gu madain shàrghil,
   Chaidh mis an uidheam catha,
   A's lean mi m'Athair gu deonach.

[1] Of Naos.

50 Ri beum sgèithe an aosda,
　Chruinnich a laoich air an fhaiche,
　Cha bu sochaidh iad air àireamh,
　A's an ciabhan os barr air glasadh.'

51 'Mo cho-aoisean bha tric sa bhlàr,'
　Dubhairt Colla gu blath re dhaoine.
　'Is cuimhne leibh cur a chatha
　Ann do thuit Connfada ni b'fhaoin e.

52 Ata sinn anois air liatha,
　A's ar n-òigridh chiatach san ùir,
　Thuit Truthal ar ceann treun,
　A's tha èigin am fogus ar mùr.

53 Ge do lag mata air na'r treoir,
　Rachamaid le deoin san iomairt,
　Diolamaid èug ar Macraidh,
　A's thugamaid cath gu nimhail.'

54 'Tharraing e a lann a truaill,
　A's tharraing a shluagh gach lann leis,
　Ghluaiseamar a thabhairt còdhail
　Do Chonachar san lòn ma dheas.

55 Bomhanach an iorghuil gharg,
　Mar dhealanach dearg a teine,
　Thainig an t-shaighid na srann,
　Thuit Colla nan lann air a sgèith.

56 B'ioma-ghonta mo chridh ma m'athair
　Chrom mi gu talamh ga thearnadh,
　Ach chaochail ruidhe a ghruaidh,
　Threig a shnuagh, a's a chàil.

57 Thainig Conachar 's a shleagh na ghlaic,
　Ach air m'fhaicinn ri deoir,
　Dh'iompaidh se uam a h-earrglas,
　Agus bha a labhairt le doigh.

58 Ach cia uime an tugain gràdh,
　Do fhear craidh mo bhrathair, a's m'athair,
　Agus sgiath, a's claidheamh mo dhilsean,
　Air chiosnadh le neart a chatha.'

59 'Agams' amhàin biodh do ghradh,
　A Dhearduil a's fearr a measg bhan,
　Ionann as reann air aghaidh neoil,
　Do bhriathra corr, a's do ghean.

60 Ge fada uainn Eite nam fiagh,
　A's cobhair nam Fianna trein,
　Feadh a's beo do Naos, 's do bhrathairean,
　Cha tig air mo Dhearduil beud.

61 Ni rachamaid iomroll air chuan,
　Mur bhiodh ghaoth thuath le fogha dhein,
　'G ar iomain an luib ar namhaid,
　Gun asrus, gun fhath air treine.'

62 Ach ge h-ard' a ghànras tonna,
　Ri traigh Chuiguladh nan stèud,
　Ge doineanta, luaimneach neoil,
　A toirneadh gu h-aigeal o spèur.

63 Ni bheil mic Uisnich ag iaraidh
　N h-iorguil bhuirb a sheachnadh,
　Cha b'eagal leo duine, na daoine,
　Mur biodh Dearduil chaoin air seachran.

64 Uisnich nan carbad innealt,
　Mo thuiteas do mhic san àraich,
　Cha'n innsear gun d'ob siad an iomairt,
　Cha tig air do chinneadh-sa tàir.

65 Airm ghaisge an trein shinsir,
　Cha diobair iad ach le'n anam,
　Agus ged iadh umpa miltean,
　Cha toillear leo diumadh an athar.

66 B' àm eirigh an sin do'n ghrein,
　Ni'n aobhar suaine dhuinn e,
　A's long Chlainn Uisnich air tìr,
　Fudh bhaile mor Righ Conachair.

67 Thainig Conachair a mach le fheachd,
　Fichead laoch, ceann uallach,
　A's d'fhiosraich le briathraibh bras,
　'Cia ua sloigh tha air an luingse.'

68 Clann air seachran ata ann,
　Triuir sinn a thainig air tuinn,
　Air eineach, as air cuimric an righ,
　Tha gradh dilseachd ar cairdeis.

69 'Cha chlann seachrain leam-sa sibh,
　Ni'm b'fheart saoidh a rinn sibh orm,
　Thug sibh a bhean uam am braid,
　Dearduil dhonn shuileach, ghle gheal.''

70 'Eiribh, ol Naos, glacaibh claidheamh,
　A dheagh mhac righ a's glain coimhead,
　Cuim' am faigheadh a cholun shuairc,
　Ach amhàin aon chuairt de'n anam.'

71 'Chuir Naos a shailtean re bord,
　A's ghlac claidheamh na dhorn,
　Bu gharg deannal nan deagh laoch,
　Tuiteam air gach taobh de'n bhord.

72 Thorachair mic uisnich 's a ghreis,
　Mar thri ghallain ag fàs co dheis,
　Air an sgrios le doinean èitidh,
　Ni'n d'fhag meangan, mear, na gèug dhiubh.'

73 'Gluais a Dhearduil as do luing,
　A gheug ur an abhraidh dhuinn,
　A's cha'n eagal do d' ghnùis ghlain,
　Fuath, no èud, na achasan.'

74 'Cha teid mi amach as mo luing,
　Gus am faigh mi mo raogha ath chuinge,
　Cha tìr, cha talamh, a's cha tuar,
　Cha triuir bhrathrire b'u ghlain' snuadh,

75 Cha'n òr, 's cha'n airgiod, a's cha'n eich,
　Ni mo a's bean uaibhreach mise.

76 Ach mo chead a dhol do'n traigh,
　Far am bheil Clann Uisnich na'n tamh,
　A's gu'n tugain na tri pòga meala,
　Do'n tri chorpaibh caomha, geala.

77 Ghluais Dearduil an sin do'n traigh,
　A's fhuair saor ag snoigheadh ramh,
　A sgian aige na leath laimh,
　'S a thuadh aige na laimh eile.

78 A shaoir as fearr da'm facas riamh,
　Creud air an tuibhradh tu an sgian?
　Is e a bheirear dhuit d'a ceann,
　Aon fhaine buadhach na h-Eirin.

79 Shantaich an saor am faine,
　Air dheisead, a's air aillead,
　Thiubhradh do Dhearduil an sgian,
　Agus rainig i ionad a miann.

80 Cha ghairdeachas gun Chlann Uisnich,
　O! is tùrsach gun bhi nur cuallach;
　Tri mic Righ le'n dioltadh deoraidh,
　Tha gun chòradh re h-uchd uaighe.

81 Tri magh-ghamhna Innse Breatain,
　Triuir sheabhac o shliabh a chuillin,
　An triuir dha'n geilleadh na gaisgich,
　A's dha'n tiubhradh na h-amhais urram.

82 Na tri eoin a b'àillidh snuadh,
　A thainig thar chuan nam bàrc,
　Triuir mhac Uisnich an liunn ghrinn,
　Mar thriuir Eala air tuinn a snamh.

83 Threigeas gu h-eibhneach Uladh,
　Fa'n triuir churaidh a b'annsadh,
　Mo shaoghal nan deigh cha'n fhada,
　Na h-eagar fear ath bhuailt dhomh-sa.

84 Tri ialla nan tri chon sin
　Do bhuin osnadh o m' chridhe,
　'S ann agam-sa bhiodh an tasgaidh,
　Am faicsin is aobhar cumhaidh.

85 A chlann Uisnich tha an sud thall,
　'Nar luidhe bonn re bonn,
　Da'n sumhlaicheadh mairbh roimh bheo eile,
　Sumhlaicheadh sibh-se romham-sa.

86 A thriuir threun o Dhùn-monaidh,
　A thriuir ghiollan nam feart buadha,
　Taireis an triuir ni mairthean mise,
　Triuir le'm briseadh mo luchd fuatha.

87 Air fosgladh am feartan,
　Na deanaibh an uaigh gu docair,
　Bitheam am fochair na h-uaighe,
　Far nach deanar truaigh, na ochain.

88 An tri sciathan, a's an tri sleaghan,
   Anns an leabaidh chumhain cuiribh,
   Càiribh an tri chlaidhean cruadhach,
   Sìnte os cionn uaigh nam min-fhear.

89 An tri choin as an tri seabhaic leadhar,
   Am feasd gun lochd seilge,
   Cuiribh an gar nan triath chatha,
   Triar dhalta Chonuil eughaidh.

90 Och! is truagh mo shealladh orra,
   Fàth mo dhocair, a's mo thursaidh,
   Nach do chuireadh mi san talamh,
   Sul mharbhadh geala mhac Uisnich.

91 Is mise Dearduil gun eibhneas,
   Nis ag criochnachadh mo bhea tha,
   Bronnam le'm chridhe mo thri pòga,
   As duineam am bròn mo laithean.

Mr. Mac Lean has divided this according to the metre and meaning. I quote from the book. The manuscript ought to be published.

R. DEIRDRE'S LAMENT, edit. 1200.
Report on Ossian. 1805. P. 297. 36 lines.

Do dech Deardir ar a héise ar crichibh Alban . . . agus ro chan an Laoidh.

1 INMAIN tir in tir ud thoir,
  Alba cona lingantaibh;
  Nocha ticfuinn eisoli ille,
  Mana tisain le Naise.

2 Inmain Dun Fidhgha is Dun Finn,
  Inmain in Dun os a cinn:
  Inmain Inis Draignde,
  Is inmain Dun Suib nei.

3 Caill, cuan gar tigeadh
  Ainnle mo nuar;
  Fagair linn ab bitan,
  Is Naise an oirear Alban.

4 Glend Laidh do chollain,
  Fan mboirmin caoimh
  Iasg, is sieng, is saill bruich,
  Fa hi mo chuid an Glend laigh.

5 Glend masain! ard a crimh!
  Geal a gasain!
  Do nimais colladh corrach
  Os Inbhar mungach Masain.

6 Glend Eitchi ann
  Do togbhas mo ched tigh;
  Alaind a fidh iar eirghe,
  Buaile grene Ghlind eitchi.

7 Mo chen Glend Urchaidh,
  Ba hedh in Glend direach dromchain;
  Uallcha feara aoisi
  Ma Naise an Glend Urchaidh.

8 Glend da ruadh Mo chen,
  Gach fear da na dual;
  Is binn guth cuach ar craeibchruim,
  Ar in mbinn os Glenndaruadh.

9 Inmain Draighen is treu traigh,
  Inmain Auichd in ghainimh glain;
  Nocha ticfuin eisde anoir,
  Mana tisuinn lein Inmain.

III. FRAOCH.

THE STORY OF FRAOCH. A. D. M. Z.

This story is part of the Dragon Myth, which is the widest spread of all myths known to me. Elsewhere I have written all that I know about it. The fight between a man, a dog, and a water dragon is in the Rig Veda; and I got it in Barra and Uist in 1871, associated with the names of Fionn and Bran.

Part of 'the Tain bo Fhraoich,' The Cattle-raid of Fraoch, is in the Book of Leinster, 1130. The following fragments got in Scotland are not in that book, and I can find very little about Fraoch in Irish Catalogues.

In Scotland the story is localised at the nearest place which answers to the description. It is remarkable that other traditions about great snakes or dragons, slain by a hero, helped by a dog, generally are localised where this song is remembered, and that old ruins, ecclesiastical, or civil, or pre-historic, generally are on or near the island where Fraoch uprooted the rowan-tree for Meibh. The names of these characters belong to the Story of Cuchullin and to that date. Since 1512 the story has been a Gaelic ballad in Scotland. I have the following fragments:—

A. 4. 132 lines. D. 2. 105. E. 132. G. 1. 132. M. 4. 136. R. 132. Y. Z. 11. 26. Z. 12. 79. Z. 31. 60.

I print A. D. M. Z. 31. as samples of a ballad. The story is as old as Homer, if not as old as the Vedas. About 1512 Dean Mac Gregor, of Lismore, wrote the Gaelic ballad. About 1750 Mac Nicol, Minister of Lismore, wrote it in different orthography, not materially altered as to wording. Stone got it about the same time. In 1786 Gillies printed from some unknown copy. In 1860 Mr. Carmichael, Excise officer, a native of Lismore, wrote it again from oral recitation. After 350 years the dress of words was tattered and torn, but there is the story as fresh as ever. In 1755 Jerome Stone gave the Gaelic story a new English dress. In 1855 Mr Hammerton got hold of it, and gave it a new English shape, with modern Highland dresses and decorations. G. got by Mac Diarmaid is the same as M, less one verse, and altered as to some letters and words. Z. 11. and 12. contain lines which will be considered in translating.

A. 4. FREICH Mc FEICH. 132 lines.
AUCTOR HUJUS IN KEICH O CLOAN.

1 Hossua charrit a cloan freich
  Hossne leich a gassil chroa
  Hossna zaneni tursyth far
  Agus da gwllin ban oge

2 Ag so har in carn fane wi
  Freich m'feich in ult woye
  Fer a ryn bwychis byef
  Is voe lontir carn freich

3 Gwl ein wna in crochin sor
  Troe in skail fa wil a wan
  Is say ver a hossna gyth trome
  Freich m'Feich nyn golk sen

4 Is see in nyn wan di neig in gwle
  Ag dwle da eiss gow cloan freich
  Fynowr in olt chass ail
  Inne voyve ga bead leicht

5 Innen orle is our folt
  Is freich in nocht teive er heive
  Ga mor far za derge ee
  Neir zrawig se far ach freich

6 Foyis mewe mwe foye
  Cardiss freich fa far a gleye
  Inchuss fa craichtyth a corp
  Trai gin locht a zanew zee

7 Do churre ai gussyth vass
  Teif re mrave ne tuk o nolk
  Mor a foor a hoyt la meyf
  Innossit gyn khelk in noss.
                        Hossni.

8 Kerin di weith er loch maie
  De chemist in trath za hass
  Gith rae gach mee
  Torri abbe de we er

9 Sasse bee in kero sin
  Fa millsyth na milli a ulae
  De chonkfa a kerin derk
  Far gin wey gi kend ix traa

10 Bleyn er heil gi ir di
   Churri sin fa skail garve
   Gi borin di lucht kneis
   Froth a wess is e derk

11 Di wi ainsyth no zoi
   Ga bea ley chawyr in tloye
   Pest neif zo we no vonni
   Vakki zi cath zol da woyn

12 Bein aslaynti throm throm
    Ynnin ayith ni gorn seyr
    Di curri lai fiss er freich
    Feisrych kid hane ree

13 A durde meyve nach be slan
    Mir woe lane i boss meith
    Di cheyrew in looh oyr
    Gin dwneni za woyna ach freich

14 Knossych reyve ne zarni mee
    Er v'feich gi knai zerg
    Ge ger darnis ai er freich
    Rachsit di vonni ker a veyf

15 Glossis freich fa fer a naye
    Voyne zi nave er in locht
    For a fest is ee na soynna
    Is a kenna soss ris in noss.
                    Hossni.

16 Freich mac feich an erma zeiar
    Hanik one fest gin is dee
    Hug a houlti ker nark
    Ferrin roif meyf zaa tee

17 Ach gai math in duggis latti
    I durt meyf is gal crow
    Ne oyr mis a leith loayn
    Ach slat a woyan as a bonni

18 Togris freich is ner zilli teymmi
    Naf a riss er in ling vak
    Is ner ead ach ga mor ayze
    Hech one vass in roive chwd

19 Gawiss i kerin er varri
    Targi a cran as i raif
    Toyrt doe choss zo in der
    Mogrzias zo riss in pest

20 Beris er agis ai er snawf
    Is gavis a lawf no chrissyth
    Di zave sessin is er chail
    Trow gin a skayn ag freich

21 Fynowr in olt chass ail
    Di ran chwggi skan din oyr
    Leddryth a phest a kness bayn
    Is teskith a lawe er looe

22 Di hudditeyr bone re bone
    Er trae ni glach cor fo hass
    Freich m'feich is in fest
    Troy a zai mir hug in dress

23 Ga coyrik ne coyrik car
    Di ruk lass a kanna na lave
    Mar chonik in neyn ee
    Di choy na nail er in trae

24 Eris in neyn one tave
    Gavis in laive bi laive bak
    Ga ta so na cwt nyn nane
    Is mor in teach i rin a voss

25 Voyn vass sen di foar in far
    Loch mai go len din looh
    A ta in tarm sen dee gi loan
    Ga zerma in noss guss in noss.
                    Hossni.

26 Berrir in sen gu cloan freich
    Corp in leich gow kassil chroyg
    Er in glan tuggi a anm
    Is mark varris da loo

27 Carn lawe in carn so raym heive
    A lave reyth di beast sonni
    Fer ner ympoo in dress fer
    Bo zawsi nert in drot

28 Invin im bail ner ob zawe
    Ym beddeis mnan i torvirt fook
    Invin tearn nyn sloye
    Invin groye ner zerk in ross

29 Doigh no feach bar a olt
    Derk a zroye no ful leicht
    Fa meyni na kower schrowe
    Gilli na in snacht kness freicht

30 Cassi na in kaissnai olt
    Gurm a rosg na yr lak
    Derk na partain a wail
    Gil a said na blai feich

31 Ard a ley na cranna swle
    Beynni no teyd kwle a zow
    Snawe di bar no freich
    Cho di hene a heif re strow

32 Fa lannyth na koillith a skaith
    Invin trae ve re drum
    Coiffad a land is a lawe
    Lanni cholk na clar zi long

33 Troye nach ann in gorik
    Re leich di hut freich a fronni oyr
    Durss sin a huttim la pest
    Troe a zai nach marrin foss.
                    Hossni.

D. 2. LUIDH FRAOICH. 165 lines.
From Mac Nicol's Collection. Copied by Mac Pherson,
           May 3, 1872.

1 Asne Carid fos Cuan Fraoich
   Corp 'n Laoich 'n Casil Chro
   'N Asne fom bo turisich fear
   'S fo Guile i Cress bhen oig.

2 Chi mi haul 'n Cairn fo bheil
   Fraoch mac Fiich 'n Uilt bhaoc
   Guile rine buichis Meaibh
   San air Laoinir Carn Raoich

3 Gaoil nom Ban fo Cruachon hoir
   'S mor beid mu bheil Bhein
   Co legis 'n Osne hrom
   Niin Maoich nan Colg sein.

4 Co i Nune Bhein ri Gul
   Hig mach fos Carne fraoich
   Ane 'N uilt Casbhuine Ghail
   Nin Maoich fos Mian Lui

5 Air mo Laibh nach Stiurin i
   Air mo Crie Gheir ach fraoich
   . . .

6 Ghluais Maoe machehein
   Cardis Crist 's fear fon Ghrein
   Cheut Creichdin 's Corp
   'S mor 'm beud harle leit

7 Ha Caorin fois air Loch Maidh
   Air 'n Traidh ha siar mu Gheis
   Muse Raidh na mas Mis
   Bhis Mis ùr abich fàis

8 Ha Bhuaidh air Chaorin sin
   Gur misle e na bhiul bhla
   Gum cume 'n Carin Dearig
   Duine gun Ospic gu cean naoi tra

9 Bliane haoil gach f hir
   Gheine e sin na sgeul deribh
   . . .

10 Laidh Eslaine hrom hrom
   Air Niin maoich na Corne fiaul
   Choire lee fis air fraoich
   Ghisrich 'n Laoich go de mian

11 Huirt i nach bio i Slann
   Gun Lan do bhos don dos bhaoc[1]
   Do Chaorin 'n Lochan Uain
   Gun duine ga bhuan ach fraoich

12 Cruasichd cha de gharnum riibh
   Orse Mac sin Fiich
   An Griabh erig
   Gus do chase orm 'n Nuair

13 Ghol dhuain Caore fibh
   . . .

14 Ghlais fraoich ane erig 'n aidh
   Chaidh nabh air 'n Loch
   Gur darich bheist na Suain
   Craois suais ris 'n doss

15 Mac sin fiich no Arm geir
   Hane fon Bheist is di
   Uldich aige 'n Caorin dearig
   Far 'n ro maaibh an sin ti

        [1] Or bhaoe.

16 San nuair thuirt Maoibh 's aail cru
   Go mo fost no hug u leit
   Cha stiure e mi Laoich luain
   Gan Tlat bhuain fo buin

17 Fraoich 'n Gile nach ro Tim
   Chaidh e 'naibh air 'n Lini Vug
   Cha naoid Duine air Veidaibh
   Tin as bhais 'm bi Chuid

18 Ruig e air Caorin air bhair
   Ledir Crann as e reibh
   E torst gha bhonn fo hir
   Rist gun darich' bheist

19 Rug e air 'se air 'n Traibh
   Rug i air Laidh 'na deid
   Rug eain oris air Chial
   Ochain gun 'scian aig fraoich

20 Asre 'Nuill Casbhui ghail
   Chaidh na eu si le Scian òr
   Casgur 'm beist Corp ban
   Huge Cean mach na ghorn

21 Nuair Chunig 'Niin e
   Huit na neul air an Traidh
   Nuair gharich i ase suain
   Gun duair i 'Laibh fo Lai bhug

22 Gad na thu du id Cotain Ein
   'S mor Teichd rin thu bhos
   Air Cuan gur marin Tanim
   Gur marig ghurich ra Lò

23 'S inebhin liume¹ no sluo
   'S inebhin Gruoidh 's derige na ròs
   'S inebhin beul nach Diult ri dài
   Ga bi no Mraidh terist phòg

24 Maise 's Caise bhi na auilt
   'S Gurume rosg na ere Loichd
   'S derige na partan Bheil
   Gur gile gheid na Bla fibhe

25 'S duidh na Fiich bar Uilt
   'S derig Lechd na fuil Laoc
   'S min na gach Coir srue
   'S gile na snechde Corp Raoich

26 Coade 'Laibh 's Lann
   'S Leith a *Chloghreach* na Clar Luing
   'S Le na gach Coile Scia
   Sime Friach bheir a Druim

27 'S aide Laoin na Crann suil
   'S bine na Teid Ciuil e ghue
   Snàiche bear na Fraoich
   Chaide Choir haoibh ri srue

28 'S truo nach hain Corig Laoich
   Huit fraoich le provid 'n tor
   Ochan do hutim le Beist
   'S truo Dhe nach Mairre fost Crioch.

¹ Or hiurne.

M. 4. DUAN FRAOICH. 136 lines.

THE scene of the following poem is said to have been on the south shore, and on the Island near the south side of Loch-Cuaich, or Lochfraochy, about two miles to the westward of Amalrie, and eleven west from Dunkeld. About a quarter of a mile to the SE. there is, on an eminence, a very ancient ruin, which has probably been the seat of May, and nearly the station of the Bard too, when he said, *Ann san Iraidh tha siar fui dheas*, i.e. nigh the shore to the westward on the south. May was in love with Fraoch; but her daughter (who by some is called *Ceann-geal*, or White-head,) and Fraoch mutually loved each other, and because the mother found that he preferred her daughter to herself, she contrived and effected his ruin in the manner related in the poem.²

² In September, 1870, a man sung me this at Ardfenaig, in the Ross of Mull, and pointed to the localities in Loch Laich. The story is localised near the Head of Loch Awe and elsewhere. Fragments of the ballad are still known to many.—J. F. CAMPBELL.

DUAN FRAOICH.

1 OSNA Caraid an cluain Fhraoich.
  Mar osna Laoich an caisteal Chro;
  An osna sin o 'n tuirseach fear:
  'S o 'n trom ghulanach; bean og.

2 Sud e siar an carn am bheil;
  Fraoch Mac Feadhaich, an fhuilt-mhaodh,
  'M fear a rinn buidheachas do Mhai
  'S an air a shlointeadh Carn-Fraoich.

3 Gul nam ban o 'n chruachan tuir;
  'S cruaidh am fath mu 'n guil a bhean
  'S e dfhag m'osna gu trom trom
  Fraoch Mac Feadhaich nan colg sean.

4 Gur i 'n ainnir a ni 'n gul
  Tein ga fhios do chluain Fhraoich
  Donn or-bhuidh an fhuilt (chais) aill;
  Aon ninghin Mai mu 'm biodh na laoich.

5 Aon ninghin Chòruill is greinne folt
  Taobh re Taobh a nochd is Fraoch
  Ge 'h iomadh fear a (ghradhaich) i
  Nior ghradhaich i aon fhear ach Fraoch;

6 Nuair fhuair i a muigh e
  Cairdeas an Laoich bu ghloinne gne
  'S e abhar mu 'n do reub i chorp,
  Chionn gun olc a dheanamh lei;

7 Chuir e i gu càth a bhais;
  (Taobh re mnai 's na dean a lochd)
  'S tuirseach; do thuitim le Beist.
  Dh innsin duibh gun cheilg a nos.

8 Caòran do bhi air Locha Mai;
  Ann san traidh tha siar fa dheas
  Gach a Raithe 's gach a mios
  Bhi toradh abuidh ann sa mheas.

9 Bha buaidh air a mheasa dhearg
  Bu mhilse e na mil bhla
  Gu 'n cumadh an caoran is e dearg
  Neach beo gun bhidh car naoi Trath.

10 Bliadhna do shaoghal gach fir;
   Dh'innsin duibh anois a dhearbh
   Gu cabhradh e air luchd chneadh,
   Brigh a mheasa is e dearg.

11 'N aimcheist mhor a bha na dhiaidh,
   Ge b'e leigh a chabhradh na sloigh.
   A bheist nimh a bhi na bhun;
   Gràbadh do dhuine dol d'a bhuain.

12 Do bhuail ea-slainte throm throm,
   Air ninghean Odhuich na 'n corn fial,
   Chuireadh le fios air Fraoch
   'S dfhiosruich an laoch ciod e a mian?

13 Labhair i nach biodh i slan
   Mar fagha i lan a bos maoth
   Do chàorann an lochain fhuair,
   'S gun aon neach ga bhuain ach Fraoch.

14 Cnuasachd riamh ni 'n drinneam fein
   Thuirt Mac Feadhaich nan gruaidh tla;
   Gar an drinneam arsa Fraoch
   Theid mi bhuain a chaor 'n do Mhai.

15 Ghluais Fraoch air cheimnibh aidh,
   'S chuaidh è shnamh air an Loch;
   Fhuair e bheist na suram suain;
   'S craos suas ris an dós.

16 Fraoch mac Feadhaich nan arm geur.
   Thanig e o 'n bheist gun fhios,
   'S ultach leis d'an chaoran dhearg
   D'an bhall an raibh Mai na tigh.

17 Ge maith uile na rinneadh leat;
   Labhair Mai bu chaoine cruth
   Ni 'm fodhain leamsa laoich luinn
   Gun an t slat bhuain as a bun.

18 Ghluais Fraoch, s nior Laoch tiom
   A shnamh air an linne bhoig.
   Bu deacair, ge bu mhor a radh,
   Teachd o 'n bhas an raibh a chuid;

19 Ghlac e an caoran air a bhar,
  'S tharuing e 'n crann as a fhreamh,
  Toirt a chosan do air tir ;
  Rug i air, a ris a bheist.

20 Rug a bheist air, air an traigh,
  Ghlac i a lamh ann a craos,
  Ghlac eisin i air dha ghial,
  Ochoin? gun a scian aig Fraoch?

21 Liodair a bheist a chneas bàn,
  Liodair i a lamh gu leon,
  Thainig ninghin ùr nan geal-ghlac
  'S ghrad thug i dha scian d' an or.

22 Cha comhrag sud ach comhrag gearr,
  Bhuain e an ceann na laimh leis,
  Fraoch Mac Feadhaich is a bheist,
  Mo chreach leir mar thug iad greis!

23 Gu do thuit iad bonn re bonn,
  Air traidh nan clocha donn sa 'n iar.
  Nuair chunairc an t saor ninghin aidh,
  Thuit i air an traidh na-nial,

24 Nuair a mhosgail i as a pramh,
  Ghlac i a lamh na laimh-bhoig,
  Ge d' tha thu nochd a d' chòdaibh eun,
  'S mor an t euchd a rinn thu bhos.

25 Truadh nach an còmhrag laoch,
  A thuit Fraoch le 'm pronntadh òr,
  'S tursach do thuitim le beist,
  Aon mhic de! nach mairtheann thu beo.

26 Ionmhuinn Tighearn ionmhuinn Tuath,
  Ionmhuinn gruaidh a 's deirge ros,
  Ionmhuinn beul leis an dioltath dan,
  Air am biodh na mnai ag toirbheart phog.

27 Bu duibhe na 'm fiach a ghruag,
  Bu deirge a ghruiaidh na fuil-laogh ;
  Bu mhine na cobhair an t sruth,
  Bu ghile na 'n sneachd corp Fhraoich.

28 Bu mhaise na 'n càisein fholt,
  Bu ghuirme a rosg na eir-leac
  Bu deirge na cruban a bheul
  'S bu ghile a dheud na chailc.

29 Bu treise na Còmhla a sciath
  B'iomad Triath a bhiodh r'a chul,
  Bu chomh-fhad a lamh 's a lann,
  Bu leine a chalb na clar luing ;

30 B' airde shleagh na crann seoil
  Bu bhinne na teud cheol a ghuth
  Snamhuiche a b'fhear na Fraoch,
  Cha do leig riamh a thaobh re sruth.

31 Bu mhaith spionnadh a dha laimh,
  'S bu mhaith cail a dha chois ;
  Chuaidh d' aigne thair gach Righ
  Roimh churaidh riamh cha diar fois !

32 Gu b'e sud an t uabhar mna
  A 's mo chuncas air m' dha rosg,
  Fraoch a chuir a bhuain a chrainn
  Ann deis a 'n Caòran a bhi bhos.

33 Togamid anois an Cluain-Fhraoich.
  Carn an Laoich an Caisteal-Chro ;
  O 'n bhas ud a fhuair am fear
  'S mairg as mairtheann na dhiaidh beo?

34 Air a chluain thugtadh 'n t ainm ?
  Loch Mai a raiteadh ris an Loch :
  Am biodh a bheist anns gach uair,
  'S a craos suas ris an dos.

Osna caraid an Cluain Fraoich, &c.

Z. 31. BAS FHRAOICH. 1862.

LOCH FRAOICH—MAR A THAINIG AN T-AINM AIR.

BHA bean araidh ann an Raineach, d' am b' ainm Maoidh, agus thuit i ann an trom ghaol air Fraoch—'Fraoch Mac Maothaich nan arm geur'—an duine gu léir, a bu mhaisiche 's an Fheinn. Bha nighean aig Maoidh, d' am b' ainm Aoirlinn a bha mor-mhaiseach agus aillidh ; agus thug Fraoch a ghradh dh'ise agus phòs e i. Bha mor-ardan air Maoidh. Chràidhlot e 'n a cridhe i gu 'n robh Fraoch gu siorruidh g'a dìth, agus gu 'm bitheadh e aig bean eile fo 'n ghréin ach aice féin ; agus mar so ann an spidealachd a h-anama dhulanaich i cur as da. Dh' fhàs Maoidh gu tinn, agus thubhairt i nach robh ach aon ni air thalamh a leighiseadh i. Ars' ise :—

' Fo 'n ghréin cha-n'eil leigheas mo thruaighe,
  Ach caorunn an eilean fhuair
  'S gun duine g'a bhuain ach Fraoch.'

B'e 'n t-Eilean fuar eilean bòidheach anns an lochan fhuar ; agus anns an eilean so a measg chraobhan bòidheach eile bha craobh chaoruinn ; ach cha robh aon 's am bith a b' urrainn dol a chòir an eilean, na idir a chòir na craoibhe, le béist mhòr a bha' chomhnuidh ann, agus d' am b' àite tàimh bun na craoibhe caoruinne. Maiseach, sgiamhach agus mar a bha Fraoch, bha e mar aon lùghmhor, misneachail, gaisgeanta. Shnàmh e do 'n Eilean fhuar, agus aig bun na craoibhe caoruinne fhuair e' bhéist 'n a cadal. 'Na sioram suain', 'Sa beul a suas ris an dos.'

Shrachd Fraoch meanglan bharr na craoibhe caoruinne, agus thug e dh' ionnsuidh Maoidh e. Cha robh shil 's am bith aig Maoidh gu'n d' thigeadh Fraoch air ais a dh' innseadh sgeoil ; oir ann am farmad agus mìorun dìomhaireachd a cridhe, bha dòchas aice gu 'n cuireadh a' bhéist as da. Air do Fhraoch am meanglan caoruinne thobhairt dhith, 's ann a labhair i le guth aileasach, neothaingeil mar a leanas :—

' 'S ged thug thu leat an caorunn ruadh
  O 'n Eilean fhuar bhàrr taobh an t-sruth ;
  Ni 'm foghnadh leamsa' laoich luinn
  Gun an t-slat a nuas a bun.'

Dh' fhalbh Fraoch a rithisd do 'n Eilean fhuar agus fhuair e 'bhéist, mar a dh' fhàg e i, 'na cadal aig bun na craoibhe caoruinn. 'Na sioram suain ' tuaimilse mu bhun na craoibhe caoruinn. Rug e 'n sin air a' chrann agus ghrad-spion e a a bhun e, a' toirt tir air leis le cruaidh spàirn. Dhùisg a' bhéist. A' cruaidh shnamh shìn i air deigh Fhraoich. Rug i air an uair a bha e dlùth air tir ; agus ghleachd iad an sin le gleachd spàirn bàis, gus an do 'thuit iad le chèile, bonn ri bonn,' ' air dubh-chladach nan clach lom,' ' a bhos.' 'S ann an sin a rinneadh na rannan a leanas :—

1 ' Fraoch Mac Maothaich nan arn geur,
  Thàinig o 'n bhéist gun fhios dith ;
  'S ultach aige de 'n chaoruinn dheirg
  Far an robh Maoidh na gith.

2 'S ged 'thug thu leat an caorunn dearg
  'S e 'labhair Maoidh 'bu geal cruth ;
  Ni fhoghnadh leamsa e 'laoich luinn
  Gun an dos a nuas a bhun.

3 Ghluais Fraoch air cheum mi-àidh
  A 'bhuain a' snàmh air an loch :
  A 's fhuair e 'bhéist 'n a sioram suain,
  'S a craos a suas ris an dos.

4 Rug e 'n sin air bhàrr na craoibhe,
  Spion e an crann as a bhun ;
  A' toirt a chasan as gu tir,
  'S a' bhéist mhòr 'ga dhian ruith.

5 Rug e 'n sin air giall na béiste,
  Ag èigheach air-son lann an laoich
  Ach mharbhadh am fiùran 's an chomh-stri
  O-chain, a righ ! 's gun sgian aig Fraoch.

6 Ghleachd iad an sin gu sunam trom,
  Gun aon fhoun fo bhoun an cos ;
  Gus an do thuit iad bonn ri bonn.
  Air cladach nan clach lom a bhos.'

Chualaidh Aoirlinn. Thàinig i, agus an uair a thàinig thuit i ann an neul air an fheur. Air dhith dusgadh e a peàmh ghlac i lamh ' Fhraoich a gaoil ' 'na lamhan geala-bhoga, agus le deur-dhealt air a gruaidh, agus a ciabhan air a' snamh 's a' ghaoith, sheinn i mar a leanas :—

7 O 's truagh nach ann an comhrag laoch
  A thuit Fraoch mu 'n do phronn mi deoir ;
  Ach tuiteam an so leis a' bhéist
  Mo chreach léir nach mair thu beò.

8 'S ionmhuinn tighearna, 's ionmhuinn tuath,
   'S ionmhuinn gach gruaidh air an deirge ròs;
   Ach 's ionmhuinne na sin beul air an diulte air
      daimh,
   'S air am biodh na mnai a' tagairt phòg.

9 Gu 'm bu treis, 'thu na comhladh do sgiath
   'S iomad triath a bha fo thruime
   'S iomad màighdean 's bean a bha 'n déigh,
   Air an laoch a dh' eug air thuinn.

10 Bu mhaisich' thu na sneachd nan an;
   Bu ghile do chraiceann na blar fiodh;
   Snamhadair a b' fhearr na Fraoch,
   Cha do shin a thaobh ri sruth.

11 'S duibhe na 'm fitheach bàrr t' fhiult,
   'S gile na 'n grudh caoin do chneas;
   'S deirge na 'n caorunn do dha ghruaidh.
   'S truagh nach robh sgian aig Fraoch.

12 Togamaid a nis an cuan Fraoich
   Corp an laoich an caisil-chrò;
   O 's truagh nach ann an comhrag laoch,
   A thuit Fraoch mu 'n do phronn mi deoir.

Thug bàs Fhraoich ùrachadh do chridhe Mhaoidh, agus air ball dh' fhàg a dosgainn i. Cha b' ann mar a bha 'n Fheinn. Bha màr chaoidh 'nam measg arson Fhraoich. Mar so lean Loch Fraoich air an lochan fhuar gus an latha diugh, chionn gar h-ann a chaidh Fraoch a mharbhadh leis a' bheist.

| Sgeulachd innisde le Ceite Laoruidh Port na h-Apunn | Sgriobhta le Alasdair A Mac Illemhicheil Liosmòr Do sheùbhis Shiobhalta na Ban-righ. |

Fath-sgriobhadh. Faoadaidh sinn umseadh do 'n leughadair gu 'm bheil an loch so Loch Fraoich ann Gleann cuaich an Raineach ann an siorramachd Pheairt Tha e mu 'n cuairt do dha mhile gu leith air fad agus mu leith mhile air leud. Ann an ceann na h-àirde n-iar dheas de 'n loch bhòidheach so tha 'n t-eilean bòidheach, coillteach 's an do spion Fraoch a' chraobh agus anns an robh a' bheithir a' tàmh.

Air bruaich dheas an loch tha bothan seilge bòidheach aig iarla Bhraid-Albann.

In 1870, a man in Mull recited the Poem of Fraoch to me on a heather knoll, near Ardfeenaig, almost within sight of Iona, Islay and Jura, and pointed to an island close to the village of Bunessan, to the sea wall, and to the shore, as the scene of the tragedy.

In Hammerton's, 'Isles of Loch Awe,' 1855, p. 13, will be found an English poem on this theme, localised in Loch Awe at 'Fraoch Elain,' *Fraoch* means 'heather,' also 'wrath,' and 'a ripple on water.' It probably is the same word as 'rough,' in English. 'Heather Isle' is therefore a common name.

IV. THE STORY OF FIONN AND THE FEINNE.

THE rival Tribes of Baoisgne and Morna, and Cormac Mac Art, High King of Eireann:—their wars at home and abroad, their lives and their adventures. Told chiefly in the form of metrical Dialogues between Oisein, the last of the Pagan Heroes, and Padruig, the first of the Western Saints. From manuscripts and books which purport to contain matters orally collected in Scotland, or there written; and from the recitations of men now living, in the Highlands and Isles. Chronologically arranged under numbers and letters.

I. CUMHAL.

THE Story of Cumhal, the father of Fionn, comes next in chronological order. I have made it up in English, from a great number of versions of the story told to me in the Highlands. A version is published in text Y. This is not recited as a composition, but told as history. The skeleton of the Story is shortly this:—Cumhal and his warriors, 'the Feinne,' went from Ireland to Scotland to drive out the Norsemen. They drove them out, and set up for themselves. The Irish king and the Norse king conspired against the formidable rebel, enticed him to Ireland, married him to a princess, and slew him in the arms of his wife. In the ballad of 1512, which I have placed A. 21., Fionn, and Garadh, one of the tribe of Morna, sit on a hill at a deer-pass, and Garadh there tells Fionn how and why the tribe of Morna slew his father. This slaying by the Clanna Morna is known in Ireland as 'the Battle of Cnucha.' The place is identified, and the event dated about A.D. 125. A second version of the Scotch ballad, got by Fletcher about 1750, is placed with A. 21. because it seems best to fit in there. The Story of Fionn is put into the mouth of Oisein, his son. His story comes next in order.

II. FIONN MAC CUMHAIL—FINT UAO BAOISCNE.

I HAVE placed together in Sec. 12, Introduction, a great many Pedigrees of Fionn, orally collected in Scotland, and extracted from Irish manuscripts. The following, O., was got near Dunkeld, about A.D. 1800. With it is a compilation made from Irish authorities, by the Rev. John Francis Shearman of Howth, the Beinn Eadair of ballads, and close to the scene of the Battle of Clontarf. A pedigree from such a locality has peculiar value, especially when compiled by a gentleman who is well known as an archaeologist.

III. OISEIN MAC FHINN. VARIOUSLY SPELT.

THE oldest known mention of Fionn is quoted page 293, Report on Ossian, 1805, from a manuscript which Dr. Donald Smith then supposed to date from the latter end of the 8th century. Irish manuscripts of the 12th century, later authorities, the ballads which follow, and traditions current where Gaelic is spoken, tell the same story in fragments. Fionn and the Feinne were the successors of Cumhal and Cuchullin, and the soldiers of Cormac Mac Art, High King of Ireland (213. 253.) The Gaelic speaking people amongst whom I was raised, and amongst whom I have been at work during the last twelve years at odd times, tell a story which can be traced from 900 to 1872. I have never discovered a trace of the story or history which is told in Mac Pherson's Ossian.

There is hardly a trace of his Gaelic even in collections made shortly before, and sixty-five years after the publication of Ossian in Gaelic. There is no mention of Fingal, King of Morven, in any known writing older than 1760. But the stories which I have ranged in order from I. to IV. about Cuchullin, Deirdre, Fraoch, Cumhal, Fionn, and Oisein, are so mingled and so woven with Mac Pherson's English works, that all Gaelic Scotland recognised familiar names and incidents. They unanimously condemned traditions as spurious and corrupt, and believed Mac Pherson's Ossian to be a translation from some excellent old Caledonian manuscript. I now believe that Mac Pherson's Ossian is a great original work of fiction, dating from 1760, when it appeared in print; and that the Gaelic of 1807 is one of many translations. The Gaelic ballads tell Romantic, Metrical, Popular, Scoto-Irish history about the 'authenticity' of which there can be no controversy. The outline of the story which is put into the mouth of Oisein, the son of Fionn, is shortly this:—

AFTER the general Irish war of the Tain bo Cuailgne, in which Cuchullin of Dundalk was the chief hero, in the time of Conn of the Hundred Fights, from whom many Scotch tribes claim descent, the army quarrelled. The tribe of Morna slew Cumhal, the chief of the tribe of Baoiscne (variously spelt). Scandinavians were concerned in the slaying, and they took possession in Ireland. Cumhal's posthumous son, Fionn, was saved, grew up, and fled to the wilds. Art, son of Conn, High King of Ireland, was slain; and his posthumous illegitimate son Cormac grew up in obscurity. After many adventures, Fionn Mac Cumhail returned, gathered his scattered tribe, and made peace with the rival tribe of Morna. Cormac appeared, fought the usurpers, recovered Conn's seat as High King at Teamhra. Fionn commanded the Feinne at Almhuin, which now is the Hill of Allen, near Tara. They expelled the usurping Danes, and guarded the Irish coast. Like all popular heroes, Fionn had mythical properties, of which the chief was 'Bran,' a hound, who, in some strange fashion, was his near relative. The Northern Sea rovers continued to persecute Fionn, and demand Bran, till they were conquered. All sorts of people from Spain, Sorcha, Italy, Greece, Britain, and elsewhere attacked the Feinne, and were defeated; all sorts of mythical magical people schemed their destruction, but in vain. They made raids in all directions, upon Italy and Greece, and Lochlan and Britain, and conquered everybody everywhere.

People from distant lands joined them, and served as Feinne. At last they quarrelled. Caoilte had to rescue Fionn from the King, and Cormac slips out of the story. Fionn is called 'King of Teamhra' sometimes, and the story probably was that he dethroned Cormac. Then the blood-feud between Fionn and Goll broke out. Goll slew Fionn's son, and the tribe of Baoiscne slew him. Then jealousy broke out. Diarmaid, Fionn's twin sister's son, ran away with his uncle's bride, Graidhne, Cormac's daughter. The tribe pursued, and quarrelled and fought, to the joy of Conan. Diarmaid was slain at last by the wiles of Fionn. Next, Oscar the son of Oisein, the son of Fionn, the son of Cumhal, quarrelled with Cairbre, the son of Cormac, the son of Art, the son of Conn of the Hundred Fights. They fell out at a feast at Teamhra, now Tara, and fought the battle of Gabhra, not far from Dublin. There Oscar and Cairbre slew each other, and Fionn arrived from the sea in time to see his grandson die, and carry him to Almhuin, the Hill of Allen. Long afterwards, Oisein, who had been enchanted by his mother, who lived in the shape of a deer, came back from the Isle of Youth at an impossible age, and told the story to St. Patrick. The old Pagan is made to complain of jangling bells and howling clerics, to sit upon the Fenians' Mound —that is, upon the Hill of Allen—and point to the graves of his comrades, and tell their story to the priest, who wrote it down. In this form of dialogue between Reciter and Scribe, Pagan and Christian, blind old ballad-singing warrior and audience, this Story is told over winter fires, in fragments which are now crumbling fast. In this very form the story was told in fragments to Dean Mac Gregor, in 1512-26. I have done nothing to these. I have simply gathered them and sorted them. Samples of the Gaelic poems which tell the tale in metre follow, with references to the manuscripts from which they were copied. The prose tales which I have gathered I will place when I translate.

The Heroes of Ballads seem all to have been related. 'Iodhlan' was 'Cumhal's' brother. Goll, Conan, and Garaidh were chiefs of the Clanna Morna. Fionn, Oisein his son, Oscar his grandson. Diarmaid his nephew, Faolan, Feargus, Roidhne, and Caireall, his younger sons, Caoilte, his relative, make eleven chief characters who, figure in the Ballads which follow. The Pedigrees speak for themselves.

FIONN'S PEDIGREE, COMPILED BY THE VICAR OF BIENN EADAIR.

1 NUADHA NECT, slain at Cliach in Hy Drone, Co. Carlow, by Conaire Mor, son of Ederscel, A. 4. M. Ogyia, Part III. Cap. 54.   A.M. 5090.

Hanc Genealogiam Finnii Cuballi Filii ex variis documentis authenticis haustam contexuit et exaravit Johannes Franciscus Shearman, Vicarius de Howth, juxta Dublinium.

2 FERGHUS FAILGHE.

3 Rossaruadh.
4 Finn Filedh (the Poet).
5 Conchobar Abraidhruadh.
6 Mogh-Corb.
7 Nia-Corb.
8 Cormac Gealtha-geath.
9 Fidlimidh-Fiourglas.
10 Cathair-Mor, Rex. Hib.
11 Fiacha Bacheda, so called from a wound received in his leg at the battle of Magh Agha, from Oillill, of Gabhra (Moylena, p. 57, note).

CRIOMTHANN-CULBUIDH, son of Nia-Corb, was 7th in descent from Ferghus Failghe, he was made King of Leinster, by CON-CED-CATHACH, in place of Cathair-Mor, whom he slew in the battle of Magh Agha, on the Boyne, A.D. 177. Criomthann had by his wife GAIRECH, daughter of Criomell, son of Trenmor, two sons, Eochaid-glun-gal and Fiachad Lam-gal.

TRENMOR married the widow of FELIMIDH-RECTMAR, BAINI, dau. of BALB-SCAL, of Finland. Their dau. was BODMAL, the Druidess wife of FIACHAL of Teamar-Mairghe, where FIN was born. L. na-Uidre, fol. 41, b.

3 So-Ailt.
4 Ailt.
5 Cairbre Gabhrion.
6 Baiscne, a quo Clanna [Baiscne.
7 Moah.
8 Buan.
9 Ferghus.
10 Trendhorn.
11 Trenmor, General of [the Fianna.

12 CUMHALL = TORNA, General of the Fianna Erinn, he was slain at the battle of Cnucka, by GOLL-MAC-MORNA (Castle Cnock), near Dublin, A.D. circa 210 —his palace was at Rathcoole.

she was daughter of Eochaman of the Ernaans of Duncerma (Kinsale). She married Gleor, King of the Lamraighe, in Kerry. (Ossianic Trans., vol. iv. p. 289.)

McForbes' Genealogies: Marquis of Drogheda's Copy, p. 180.

Fiontann do Tuath Daite in [Moy-Breagh.
Brocan.
Daite, a quo Tuath Daite.
Aice.
Nuadhat = ALMU.*
Tadg of Alhmain = RAIRU, dr. of Doon Duma-abban.

= MUIRENN-MONG-CRANN, she was daughter of Tadg, of Almhain (Hill of Allen, Co. Kildare).

SITH, she was mother of Caoilte Mac Ronan.

SROGHAN, the wife of Crunnechu, the father by her of Cobthach.

TULCHA.

FINN McCUMHALL General of the Fianna-Erinn, his army was defeated at Gabhra, near Screen, Co. Meath, in a valley between it and Garristown, Co. Dublin (A.D. circa 284). Finn escaped from this battle, but was attacked at Athbrea on the Boyne, by Accleach, son of Dubhdrean, and the sons of Uirgrean of the Luigne of Tara. He was pierced in the neck with a salmon gaff, and buried on Sleib Guillon (Co. Armagh, A.D. 284,) his foster son and nephew, Cailte Mac Ronan, afterwards slew his uncle's murderers.

= AILBHE, dau. of Cormac Mac Art, A.D. 227, Rex Hib., he first married GRAINE, her sister, but she eloped from the wedding feast with Dearmid Ua Duibne.

BLATH, dr. of Derg Dianschothach of Sith-Derg, Clethig, on the Boyne. (Moylena, p. 90.)

Finn McCumhall had a residence on the Hill at Fornocht, near Naas, where there are wonderful rock monuments, not unlike Stonehenge, on Salisbury Plain. The Stonehenge monuments are said to have been removed from near Naas to Salisbury. Vide Giraldus Cambrensis.

OISSIN son by Ailbhe, dau. of Cormac Mac Art, R.H.

= SAMHAIR = CORMAC-CAS, REX MUMONIÆ.

TINNI CONNLA. FEAR CORB slain at Spaltrach, in Muskerry by Aed-c. K. of Connacht.

OSGAR slain in the battle of Gabhra, Aichill, A.D. 284.

= AEDEAN, dau. of AED, of Ben Edair, of the Tuath do Dansan. She died of grief for the death of Osgar, and is buried under the Cromlech on Howth.
S. P.

* NUADHAT was Chief Druid to Cathair-Mor, he married ALMU, dau. of BECCAN, and got as a dowry Almha (the Hill of Allen, Co. Kildare), he named it after his wife Almha, it is in the plain called Magh Ludhat, which was called Magh Nuadhat, from that Druid (now Maynooth). Almain was destroyed by Garaid Mac Morna; and Fin McCumhal got as compensation from Cormac Mac Art the territory called Formael-n-bh-Fiann, near Luimnech Laighen (now Limerick, Co. Wexford). This territory was afterwards given to Dubthac Mac Ua Lugair, head Druid to Leaghaire McNeil, Rex Hib., by Crimthann, King of Hykinsellagh. Vide O'Curry's Lectures, p. 489; O'Mahoney's Keating, p. 846.

O. 40. SLOINNE FHINN LE MHATHAIR.

Dr. Irvine's MS., page 111. Copied by Malcolm Macphail. Edinburgh, March 30, 1872.

Fhinn Mhic Cuthail, Mhic Treithair, Mhic Treumhoir, Mhic Chaoil direach, Mhic Cam na creiche, aon Mhic righ an Domhain mhoir—Dean dhuit fein, thoir as do chasan.

F. 4. EACHDRAIDH mar a chaidh FIONN MAC CUTHAIL a thearnadh, altrum, agus a bhaisteadh. 61 lines prose.

Fletcher's Collection, page 84. Advocates' Library, January 18, 1872. Copied by Malcolm Macphail.

'N uair a chaidh Cuthail a mharbhadh bha bhean do 'm b' ainms Mor ni 'n Taoic mor lea-tromach air Fionn, agus bha Clanna Morne an ti air cur as do 'n leanabh 'n uair a bheirte e mar a chuir iad as da athair. Ach rinn a shean-mhathair inneal tearnaidh dha. 'N uair a rugadh an leanabh ghaoid i leatha e do choille fhàsaich, agus rinneadh àite dha ann a'm broinn craoibh mhor-fhearna, agus bha e air a bheathachadh le saill reamhar airson bainne chioch. Deirear gun rabh sreang air a ceangall mun t-sail agus lùb air a cheam eill mu ordag a choise, chum is 'n uair a bhitheadh an t-saill a' dol fada na h-amhaich gun sìneadh è a chas chum nach taichte e. Mar so ghleitheadh è gus an dh' fhàs e comasach air a shean-mhàthair a leantuinn a muigh feadh na coille. Thug i dha cloidhe agus bha i 'g iarruidh cuin a burra e ga bualadh gus fa dheireadh gun d' ghearr e pluchd don mhàs dhi leis a chlaidhe. An sin thuig i gum bu mhithich seòl a chuir air a bhaiste.

San aig Eas-ruaidh bha 'n t-àite cumanta aig an Fheinn an clann a bhaiste. Thug i leatha e air là àraid, agus bha ann moran eile an là sin a thuilleadh airsin. Do rainig i leis an taobh do 'n uisge air nach rabh cach, agus thilg i san linne e, agus chaidh e fodha. Ach an ceud leum a thug e 'n uachdar ghrad mhulc e fodha am fear a b' fhaisge dha do 'n chloinn eile agus bhathadh e. Agus mar sin air na h-uile air am fuigheadh e greim, bha e gan grad bhathadh air an t-seoil cheudna. Ach gus an do ghlaodh fear bh' air an taobh eile do'n Eas.

Cò e am fear maol feann-bhan ud a tha sior bhathadh na cloinne oirnn gun tàmh. San an sin a ghlaodh a shean-mhàthair ris.

Pedigree. Gu meal thu t-ainm Fhionna Mhic Cuthail, mhic Luthair, mhic Trenmhor, mhic Chalapadhireich, mhic Chamna-Creiche, mhic-a Bhriugail-Bhriannaich, mhic-a-Chairpe-Chalhannanaich, mhic-aon Righ an Domhunn mhoir. A mhearlaich thoir as do chasan tha do naimhdean mu d' thimchioll.'

Thug Fionn a mach air an taobh d' on Eas air an rabh a shean-mhàthair, agus rug e air chois orre chum a toirt leis, ga tilgeadh thair a ghualain air eagal gu marbhte i. Ach leis a chabhaig feadh na coille bha is ga sgalta is i glaoidhich, a chrom ruidh choille mheirlich Cha d' thug Fionn fainear ciod a bha i radh a teicheadh troidh choille.

Cha rabh aige do 'n Chailich ach a chas a bhana laimh thair a ghualain 'n uair a stad air gu fois.

H. THE INTRODUCTION TO KENNEDY'S FIRST COLLECTION. 1774.

Advocates' Library, November 24, 1871. Copied by Malcolm Macphail.

This Introduction is a sample of a dialect of English that never has been printed. It is the English spoken by men whose native language is Gaelic, but Kennedy's Manuscript is the only written sample of the period that I have ever seen. The beginning is torn off. The word 'Fingal' does not once occur in Kennedy's Gaelic.

J. F. C.

. . . . . . this son of Comhal was afraid that his own wife would do some mischief to this son, and for that reason he ordered the midwife to take him away. She went with him unto the wood and she got a wright and made a hole in the Trunk of a large oak tree, in the same manner as a Canoe would be made, and door to it, so that nobody would find her, and she nourished him their by fat and marrow, when he was coming to age, she was learning him how to fight and wrestle, when she would get the better of him, she would heartily beat him, when he came to the age of eighteen years or there about, he was going out of the woods and one day boys meet him Shinnying, the play pleased him, he went and got a rung and began with them, he was seeing that the boys was afraid of him, he would take the ball from them all; since he gained on them he began to beat them with the Shinney, and left them half dead, others he broke their hand or feet (according to his nurse's regulation, for he thought that they had the same,) when the men have seen their children abused by such a person, they call'd after him saying who is this fellow that is Fionn-ó that have done this harm to our sons, his nurse heard them, and she said let bruke his name Fingal the son of Comhal, this is the way that he was baptized; for Fionn-Gheal is a Galic word, its signification is fair and white.

Pedigree.

. . . . . . to himself; he was running away from his pursuer, and his nurse was turning weary, he took her and put her over his shoulder and was running through thorns and briers, rocks and stony places, when he stop in the middle of the wood his nurse was dead on his back, and her head dashed against rocks with the jumping; in such a manner that one half of her was lost, and he cast the other half in a water loch in the same wood called Lochluirgin, He was then alone in the wood, and nobody with him, he did not know where his father was, but that he heard his nurse saying that his father's name was Comhal. He met a man at a place called Eas-ruaidh one day and a salmon in his hand, he said into Fingal if thou wilt roast this fish without burning a spot of his skin, I will tell you where your father is, Fingal began the fish, but there was some spots burned on the fish, and he was refusing to tell him anything about his father, then Fingal took hold of him and laid him down, the man was then obliged to tell him where his father was. Fingal went to his father to the army, and this is Fingal's descent, and that he was nourished according as we are told by the oldest men who are in the country at the present time.

The King of Denmark heard in his own kingdom that, it was said by some prophecies, ... named Fingal that would conquer Ireland to himself, sometimes afterwards he heard that Fingal was in the army among the Heroes; and he ordered a great reward to be given to any one of his own men that would kill Fingal, and take his head to him. Sometimes after that Comhal's poet happened to meet the King of Denmark's poet, and they began to drink; before they departed Denmark's poet told to Comhal's poet that there was a remarkable person in their army named Fingal, and that their King had offered a great reward for his head. Immediately this was told to Comhal by his Bard, then Comhal sends his son Fingal to his mother and her friends named Chlanna morna, who inhabited all the western coast of Scotland then, a very famous set of people who was remarkable, in strength and bigness, and accordingly good warriors, to take care of him, and to learn him the art of war and hunting, which was their chief education at that time.

When Comhal died the heroes heard of Fingal's fame, likewise his wisdom and bravery, and that he would get a compleat victory over any enemy, they send for him to Scotland to be their King. Fingal succeeded his father, and continued in war against Denmark, till he had almost conquered Ireland; for they fought several battles, and Fingal would always gain the victory. Then the King thought that he would get a wife from the heroes. She would tell them how they might conquer Fingal. Then the King send to Fingal for to ask of him, if he pleased that they would make peace, and that he would take one of their virgins to be his wife. Then Fingal understood his design, he ordered the King for to come to visit him, and that he would get his choice of their women in marriage, and that he would appoint a day for to make a feast, which they settled, and before the appointed day came Fingal ordered his snith to make a set of good knives, then the smith asked of him how he would make them, and Fingal directed him as it is set down in the following verse:—

'If a blacksmith I won'd be,
How fine wou'd I make knives for fee;
With thick iron backs edg'd thin with steel,
And yellow shafts smoothly you'd see.'

Those knives are called by us Durks, and Fingal was the first contriver of them.

The day of the feast came, and there was joy and mirth within their sounding Halls; there was conditions of peace thought to be betwixt them, but it happened before the feast was over that their foul deeds appeared. Fingal gave to every one of his companions a durk (called by them a hiding knife), and he ordered them, at the hindmost end of the feast, when he would give them notice to make with their new made arms venison for the Gr . . . . . . Denmark's valiant men. Then the King of Denmark came with his men to Fingal's house with gr . . . . . . who was saluted very generously by them.

Then when dinner was prepared for them, and when it was ready, both were called. Fingal placed the King's men and his own, man by man according to his rank, and the music of bards was heard in their presence, when dinner was ended, Fingal stabbed his own durk in a piece of beef on the table. Immediately every one of his men stabed the King's men, and there was none left but the King himself, who was made prisoner. The King of Denmark then promised to Fingal the one fourth part of Ireland to himself now and for ever, and a great reward for to defend the rest from any other brutal force, if he would not trouble him any more (unless it would be his own fault), and to let him at liberty, which Fingal promised to do (and performed all his days), for the reward; since Fingal was called the King of Innis' fail, a county in Ireland, called now Leinster.

When Fingal had settled in Ireland, and had peace, he was coming twice a year to Scotland to visit his mother's friends, Chlanna Morna (the Heroes of Scotland) and to hunting, then Goll their King and Fingal joined together and made one company, and their chief command was given to Fingal, then he had the chief command of all the wester cost of Scotland and Ireland. Then he fortified places fit for building, and settled the people which he had under his command, nor was he less assisted in that matter by good conduct than by good fortune, for he was invested among them with regal authority with kingdoms. [Fingal's wisdom and bravery triumphed over brutal force; or another nobler still, that the most compleat victory over an enemy is obtained by that moderation and generosity which convert him to a friend. Here, indeed, in the character and description of Fingal, Ossian triumphs almost unrivalled; for we may boldly defy all antiquity to show us any Hero equal to Fingal. Throughout the whole of Ossian's works, he is presented to us in all the variety of lights which give the full display of a character. In him occur almost all the qualities that can ennoble human nature, that can either make us admire the hero or love the man. He was not only unconquerable in war, but he made his people happy by his wisdom in the days of peace. He was truly the father of his people, and distinguished on every occasion by humanity and generosity. He was merciful to his foes, ful of affection to his children, full of concern about his friends; he was surrounded with his family, and he instructs them all in the principles of virtue peculiar to that age. He was universal protector of the distressed, whether they would be guilty or guiltless; none of such ever went sad from Fingal; as it may be observed by the following advice to his grandson Oscar:—

'Oscar, bend the strong in arms,
But spare the feeble hand;
Be thou a stream of many tides
Against thy foes in war,
But like the gale that moves the grass
To those who ask thine aid.'

Fingal says likewise, 'My arm was the support of the injured; the weak rested behind the lightning of my steel.' These were the maxims of true heroism, to which he formed his grandson. Fingal's fame was represented as everywhere spread, the greatest Heroes acknowledged his superiority, his enemies trembled at his name, and the highest encomium that can be bestowed on one whom the poet would most exalt, is to say, 'That his soul was like the soul of Fingal.']

Fingal and his heroes combined in strength, wealth, and reputation till decripit old age was coming upon them, then they were decreasing daily. Fingal in his latter days had his dwelling-place in the Isle of Sky (which was called at that time the Isle of Mist), and the house was built on a hill above the place where Mac Kinivin's old castle lies, the north-west side of Caol reth, and they were still hunting through Sky since it was the best place for hunting at that time, for vanison was very scarce then for a while in both Scotland and Ireland, and they began to till the top of the mountains where it was bare without wood to support them; then the Heroes became lean and poor, but the women were not so, they wondered how comely and fair the women looked besides themselves. The women were always making their drink of the decoction of Southern wood, raspberries, and the like, and supposed that drink was the reason of their complexion being so fair, and besides they were keeping the best pieces of the venison and dressing it for themselves unknown to the Heroes when they would be absent. One day they went to the continent opposite to them to hunt, and they left Garbh unknown to their women in the house for to see what entertainments they would have, besides themselves. Garbh was in his bed after the rest went off for to watch the women, he fell into a deep sleep, and snored, the women heard him and immediately came to him, and tied his hair on both sides of his head, and wove it again into three plaits, and fastened it to wooden pins, and put it in the ground; they went out of the house, then every one of them cried, 'Huza, huza, huza,' with a loud voice, then Garbh wakened suddenly out of his sleep (for he thought that the enemy was at hand) and left all his hair of his head with the skin to the pins, and came out in that pitiful condition, and some of the women were laughing at him. When he had seen how he was with their contrivance, and how heartily they were laughing at his calamity, he went immediately to the wood, pulled trees out of their roots and made faggots of them, and brought them home with all speed. When he came he found the women in the house, he locked them in and put a faggot burning in every corner of the house till he set it on fire and all the women within it. Afterwards Garbh ran away into a cave to hide himself from the Heroes; Fingal had seen the house on fire, he called all his men together, and they ran in hopes that they would quench it, and jumped over the small Sound (that is betwixt Sky and the land) on their shields (accept one of them who was called Mac Reth, he was drowned there, and they called that sound Caolreth since that day). When the house could not be quenched but destroyed with the fire, and all their women, children, and furniture ruined, they searched all places about for Garbh (when Fingal told them by southsaying who was the destroyer), and found him in a cave, they conjured him to come out, and examined him about the matter, he told them the truth how all things happened. Then Fingal condemned him to be put to death. Garbh asked a petition of Fingal before he would be banished, that was granted him (for Fingal never refused a petition to any person, and particularly the distressed). Garbh's petition was that he would be beheaded on Fingal's thigh by Fingal's own sword, by the hand of Oscar (the strongest man), then they were all afraid that Fingal would loose his leg, then they thought proper to let Garbh away than to kill him upon Fingal's thigh; then some of them ordered Fingal's thigh to be buried seven feet deep in the earth, and to laid his head above Fingal's thigh upon the earth (since it would not break Fingal's promise) then Oscar cut his head off, and with the force of the stroke Fingal's leg was cut above the knee. Then he went to Rome with his attendance for to cure his leg, and left Oscar in his stead. Before he came home the battle of Cathcabhara was fought between Oscar and Cairdaidh, the King of Ireland. Oscar and almost all his men were slain; a few days after the battle was fought Fingal came home and found a few number of his famous champions alive lamenting Oscar; and we hear no more of their deeds afterwards.

After so particular examination of Fingal, I proceed to make some observations on Ossian.

Ossian lived after them all in Ireland, in the house of his daughter, who was married to Peter Mac Alpin, a man that came from Rome to instruct them in the principles of Religion there. It was that man that was writing all histories and poems of the Heroes which Ossian told him in his latter days, but never published till this age, when there is but few fragments of them to be got. The following is collected from the oldest men, who lives at present in this wester side of Scotland.

[Here follows a manifest quotation.]

Ossian had all the art and skill of pure poetry. He had the spirit, the fire, the inspiration of a poet.

He utter the voice of nature, he elevates by his sentiments. He interests by his description. He paint the heart as well as the fancy. He makes his readers glow and tremble and weep. These are the great characteristics of pure poetry. He breath nothing of cheerfulness as he expresseth himself.

How sorrowful is this old age to me, thinking on the warrior's famous deeds. Like an oak tree in desert most cold after my sheltered neighbour's laid down low.

This is a melancholy verse of Ossian, in which he compares himself to an ancient oak mouldering alone in his place, that the terrible blasts of Eolus with her cold breezes hath laid down the rest and looped his branches away.

His continual grief was of thinking that he was left alone to suffer infirmities and sorrow after all the Heroes among whom he flourished. Other times he would cheer himself thinking on their past wars, loves, and friendships. He was not like modern bards, he did not sung for to please readers and critics, for to gain food or raiment, but for to spread their fame, reputation, and generosity thro' the world, and to reveal his love to them. I do not pretend to say any more of him, for I think it too tedious, but let the reader observe the following versification :—

After this follows the First Collection, which I have arranged with other versions below.—J. F. C.

P. 1. THAOBH BREITH FHINN-IC CUBHAILL, &c.
378 lines prose.

Staffa's Collection, page 1. Advocates' Library, Feb. 15, 1872. Copied by Malcolm Macphail.

THIS fragment, written about 1800, in Mull, contains bits of 'The Battle of Magh Muchdram;' of 'Fionn's Youth;' of the 'Birth of Cormac Mac Art;' and the 'Battle of Gabhra,' all mixed in a strange fashion. It shows the tangle into which tradition gets when it has nearly forgotten an old story.

SAN amsa bha rioghachd Eirinn roinnte na cuig earrannabh ; agus Riogh air gach earrinn dhiubh. B'e athair Fhinn a b' urramicha do 'n iomlan. Bha buan-chogadh eidar athair Fhinn agus aon do na righribh sin.

Air chor 'us man do sguir a Righ ainminnach sin, gun do sgios e an t-iomlan do luchd leanmhuinn athair Fhinn. Ach bha sean fhaith—darichd na measg, ag innsa gun tachradh na nitheamhsa, ach gu fagadh e na dheidh do 'n fhuil Rioghail, na bhuidhnidh a choir air a h-ais. An latha blair mu dheiridh a thug iad, chuaidh athair Fhinn a stigh do thigh Gobhinn. Cha rabh neach a stigh ach ninghin a ghobha. Luidh e leatha, 'us ghabh e thurus gu dol a chumail a bhlair. Tamull. beag na dheigh sin thainig an gobha steach, agus air geur-bheachdachadh air gnuis a ninghin, a deir se rithe, 's ioghna' leam a ninghin, an coltas ata ortsan drast, seach 'nuair a dh' fhag mis u. Ciod e so deir ise ? Tha deir eisan gu rabh rosg Brisg maighdinn agad 'nuair a chuaidh mi mach : Agus tha rosg mali mna agad a nois. Cha neil firinn ann sna briathribh sin deir si. Tha ars eisan le feirg, agus bheir mi 'n ceann dhiot mar dean u aidmhail shaor agus fhirinneach dhamhs' air a mhionaid. Le h-eagal dh' innis I ga h-athair gun rabh an Righ a dh' fhear aice. Se mo ghuidheasa ri Dia arsa 'n gobhuinn gun eisan a philleadh air ais ni 's mo. Agus is amhluidh thachair. Dh' orduich an Righ agus a chomairle gum biodh ninghin a ghobhinn air a cur ann am priosan, agus air a coimhead ann gu am fa h-asaid. Agus air ball chuaidh orda an Righ a chuir an gniomh an graddadh.

Chaidh faire agus coimhead churamach a chur orra. Aig ceann naoi miosan iomlan dh' fhàs Cumhall tinn re saothair chloinne, agus rug I ninghin. Air faichdinn so do luchd a gheard agus na faire dh' fhag iad i agus ruith iad leis an ait-sgeuladh' ionnsuidh an righ, agus cha do phill iad ni bu mo. Ach mo dheiridh na h-aoichasa fein rug i mac. Cha rabh neach sam bith a dheanamh frithealadh dhith san ams' ach *Luas* Lurgann, Ninghin muim 'us Aoida 'n Righ dhleasanich. Cho-luath sa rugadh an leanamh mic, thog Luas Lurgann an earball a còt' e agus theich i 'us cha rabh fios caite. Rainig i cu'pan Saor a brathair, am fear ceard a b' fhearr a bha 'n Eirinn an uair sin. Leig i a ruin ris ag innse dha gach ni mar a thachair. Buichas do Dhia ars eisa mar ata chuis. Ciod e fios nach digeadh an Tarrgeannachd fathast air a chois. Ach caite nois an deid sinn am falach leis. Theid ars ise do Choill-Ulltich. Dh' fhalbh i fein agus a brathair fuidh dhuibhre na h-oidhche gun stad gun fhois, gun an do rainig iad meadhon na coilltich. Nois deir ise claodhich leaba-dhuinn ann an craoibh mhòir dhiubh sin, far am be mise agus an leanamh ann an tearuinnteachd. Rinn a brathair mar a dh' iarr i. agus chuir e dorus ris an aite dhethn chraoibh le chairt air chor 'us nach bu chomasach do neach sam bith aithnachadh na fhaotinn a mach.

Thug Luas Lurgann suil mu 'n cuart agus thubhairt i ri brathair, faic arsa ise an fhailinn ta gu h-iosal an so. Air sealtuinn dhasan gu mion. Ghlac a phiuthar an tuadh agus chuir a dheth an ceann. Nois ars ise cha 'n eil fear ruin ach mi fein. Bha i na dheidh so a siubhal sear agus iar a' cruinneachadh gach ni dh'fhaodadh i dhi fein agus do 'n leanamh. Rachadh i scriob feadh nam bailtin mora bu dluthuidh dhi, agus air uairibh do thigh a ghobhainn. Ach cha d' fhiosruich e riamh dhith cait an rabh odha, na ciod e bu chor dha, ged bha fios aig gur i thug leathe e oir dh' eug Cubhall a mhathair an uine ghearr an deidh an leanamh a bhreith.

Bha n' t' oganach a fas ann an aois agus ann an tur. Agus cho luath sa thainig caint dha thoisich i dh' fhaolim, agus air Scoil a thoirt dha agus air uairibh a cluicha leis air clar—Tathlisc, &c. Agus air fas ni bu neartmhoire dha rachadh e fein agus ise choimruith gu mullac Beinn-Eadinn. Ach man toisichidh iad comhruith bhuanidh iad le h-ordanse da gheig dhreathunn, agus chuireadh i easan air thoisach le teann orda ag iarruidh air e ga thoirt fein as orra. Bhiodh i air a dheidh a ghnath a gabhail air mo chul nan cas a stroichdidh chraichdinn agus na feola la cheile.

Ged bu chruaidh so b' fheudar fhullann car seal. Ach gach aon la mar a bha teachd, bha esan a fas ni bu chruaidhe, 'us ni bu luaithe, 'us ni bu neartmhoire. Air chor 'us nach robh an comas da mhuime, urid 'us aon bhuille thabhairt dha. Bha e nois na chomas agas bha e ga dheanamh, se sin re ràdh, gun rabh e nois ga paidheadh le riadh. Na dheid sin thoisich i air fhaolum re fearasbhodha agus ri cluich—Iomain, &c. Air dhi fhaoghlum air gach ealain a b' eol di. Dh' innis i dha co e, cionnus a thainig e ; agus ciod e bha aige re dheanamh, 'us re thabhairt gu crioch, agus aire ro mhathathoirt dha fein air eagal gun digidh an ceam dheth.

Nois Eudailna fear ars ise theid thusa 'n diugh leamsa dh' ionnsuidh na cluich-Iomain ta gu bhi air a chumail sa bhaile-mhor-rioghail. Dh' aonntuich e leatha sa chuis ged nach b' ann le dheoin. Dh' fhalbh iad le cheile, 'us ghabh iad an turus, agus air dhoibh teachd dluth do 'n bhaile chuaidh ise do aite uaignich, ach ghabh esan gun athadh gun aodenas, roimh aon neach uasal na an-uasal. Ach gam brudhadh 'us gam pronnidh thall sa bhos. Air chor 'us gum bu leis buaidh gach buille agus Bàir an la sin. Bha iad mar so car dha na tri do laithibh 'us casaid ur agus thrichd a ruidheachd cluasan an Righ air a ghille luideagach bhàn nach rabh fhios co, cia as da. B'ann mo am nan Nolluig a thachair na nithibhsa, 'us b'e Diluain-an t-sainnseail, an latha mor agus deirinnach don fheisd, agus don Iomain. Thuirt an Righ teid mise am phearsuinn fein a choimheadh air, agus chi mi ciod us coltas da. Us amhluidh bha thainig an Righ agus an gille-ban, agus Luas-Lurgunn a mhuime a geur choimhead air a garridh uaignich fein. Oir cha bheo dhealichidh i ris. Thoisich an gille ban an lathasa mar b' abhaist.

Ciod e 'n gille fionn ban ud ars an Righ tha mort sa marbhadh nan daoine. Na fanidh e agam fein chuirinn eudach, us earradh air, oir tha coltas foghuinntich air. Thuirt a mhuime 'us i tabhairt an deasachidh sin orra fein, le basibh gam bualidh eir a cheila, ag rà, O! eudail do na fearibh, b' fhad thusa gun bhaistidh. Ach tha u 'n dingh air do bhaistidh da rireadh, agus 'us tusa sin Fionn Mac Cubhaill, mhic Ludich, mhic Treunmhoir, mhic Chlama Baoisga h-Eirinn a Righdh-leasanich agus ard righ Eirinn fein ge do thugadh do choir uait le ainneart agus le h-eucoir, aich soirbhichidh leat agus gheibh u lamh an uachdar air do naimhdin, &c. Dh' eirich i agus ri siubhal a ghabh i fein agus Fionn. Agus ri siubhal nan deidh a ghabh muintir an Righ a chois 'us do dh' each, 'us chuir iad an ruaig agus an toir orra gu teann. Bha Luas-Lurgann a fas sgith agus fann 'us cha b' urrinn i cumail ri Fiom ann an ruith. Air faicainn so do dh' Fhionn thog e chaillich air a ghualinn. Agus suil cha d' thug e na dheidh, gus an d' rainig e aite comhnuidh fein. Air leagail an Eailuich dha air làr cha rabh aige da mhuime lathair ach an da lurginn. Thug e urchair dhiubh air lar agus ghuil e gu goirt. Dh' fhan e 'n oidhche sin mar bha e air a chlaoi' gun bhiadh gun chadul. Air an ath-la thug e greis air smaointichadh ciod e dheanadh e oir bha e ann an iomachomhairle.

Cha rabh a chridh aig aghidh a thoirt air aon aite leis am bu ghnath le mhuime bhi tathich. Dh' fhalbh e air fainneoladh. Agus gun fhios gu math aige caite. Agus cam gach radhid dha ach gabhail seachad air Eas gam b' ainmEas-ruaidh, agus chunnaic e fear ag iasgachair an Eas, agus thubhairt. Fionn ris tha mi deir eisan ann a faillinn mhoir, tha mi guidh' ort thoir dhamh beathach beag do na h-iasgibh sin a dh' ichis mi. Cha tabhair, deir an t-isgair. Nam biodhidh tu cho mhath arsa Fionn agus gun cuireadh tu mach an t-slat air mo t-shealbhuidh. Rinn an t-iasgair sin agus air ball dh' iasgaich e lanbhradan ; Cha toir mi 'm beathachsa dhuit tha e ro mhòr, agus ro mhath. Sann a than so iasg Righ. Nam biodh tu cho mhath 'us gun tuga tu dhomh fein an t-slat. Gheibh lhu sin ars an t-iasgar. Air do dh' Fhionn an t-slat iasgaich fhaotinn, thilg e mach an dubhan agus tharinn e gu tior braddan a bha na bu mho, na braddan an iasgair. Cha 'n fhaod mi 'm beathachs' thoir dhuit deir an t-isgair, ach bheir mi beathach beag a's ludha na so dhuit. Ach feuma tu rostadh air taobh eile an Eas, agus n connadh air an taobh so, agus ma bhios ball amh na loist' air caillidh tu do cheann ris, agus ars an t-iasgair theid mise chadul, anus biodh e rosta man duisg mi. Ga d' bu chruaidh so b' fheudar aonntachadh leis. Thoisich Fionn air teinnidh fhaddadh 'us air an iasg a rostadh 'us chuaidh an t-iasgair a chadul. Bha Fionn ga th' sharuchadh a brasnuchadh an teine sa rostadh an eisg, ach uair do na h-uairibh, dh' eirich balg loist' air a bhraddan, agus cho luath sa b' urrinn da leig e mheur air 'us lois-

Pedigree.

Wisdom tooth.

gidh gu craimh e chuir e mheur na bheul le graddadh agus dh' fhuair e fios an da shaoghail, mar a their iad. Thuair e fios sa mhionaid sin gum b'e 'n t-iasgair a mharbh athair Fhinn 'us gum b'e Forca-Dubha-ainm an iasgair 'us gun rabh cloidheamh athair lamh ris ann am falach. Dh' eirich e le cabhaig agus thuair e cloidheamh athair us thuge 'n ceann do dh' Forca-Dubha 'us ri siubhal na dheidh sin ghabh Fionn sann uaidhe so a thuradh, sgreubhadh a bhradain ri Easruaidh, cha b' fhuair e 's cha bu teth.

The king's law.

Air ball an deidh an ceann a thoirt dhe 'n iasgar, ghabh Fionn a thuras agus stad na fois cha d' rinn e gus an d' rainig Tigh a ghabhinn a sheannair. Bha e greis ga dhiomhacrachadh fein an tiogh a sheamair. Ach la do na laithibh chaidh caorich a ghobhinn do ghàradh an Righ. Dh' orduich an Righ a cheathramh cas a ghearradh dheth gach aon dhiubh. Mas fior gu rabh ni arid aig an Riogh gam b' ainm. Teamhair-nan-riogh, agus bha do Bhuaidhibh orra ge b'e uair a bheirta breith chlaon na eucorach gun tuitidh i sios chum an lair, gus an dugadh aon do 'n fhuil Rioghail breith cheart. Chruinnich iad gach sean-fhear agus gach duine gliochd san tior, ach cha d'fhuaradh nam measg neach a thug breith cheart na fhior. Ach chuaidh Fionn a mach gu aite folluiseach.

The verdict.

Agus thubhairt e ' Barr na caorach, barr na Cluaineadh, da bharr abbuich, thun am buana : Tha 'n da bharr sin coslach re cheila, 'us breith na aghich sin cha tabhar 'm.'

Cho luath sa na briathribh a mach o bheul, dh' eirich Teamhair nan Riogh. Bha iadsan uile bha lathir, lan chinntich gum b' aon do 'n fhuil Rioghail an duine so a labhir na briathran leis an d' eirich an Teamhair. Ghrad chuireadh an toir air gu, teann, ach ruith Fionn 'us cha b' ann gu mall. Thuair e as orra gun bheud 'us phill an toir gun aite fein. Ghabh Fionn air aghaidh gun chadul gun fhois, agus cha deachaidh stad air a chois na lod as a bhroig gus an do ranuig e ceardach a shean-athir.

Dhathnich an seann duine mar a bha. 'Se ni a smaointich e gun cuiridh e moran guail san teallach, agus piosan do sheann iarunn. Sin thoisich e air seididh nam balg, 'us air oibrichadh na sean iarunn, air chor 'us gun rabh do theas anabharrich 'us do shraddagibh anns a cheurduich na chum an tòir gun a chroidh aca urid 'us seasamh mionaid 'n taobh stigh da dorsaibh. Bha Fionn car uine ga fholach fein air chul nam balg agus aig an am cheudna, tollidh a bhalla gus an d' fhuair e as orra. Agus stad na fois cha do rinn e gus an do rainig e pathlis Riogh chuigibh-Colla'.

Bha Eirinn na Cuigibh san uair sin.

Bha Fionn car uine ann am pathlis an Rioghs' gun aon neach a dh' fhiosrachadh dheth co e, na cia as da. Bha e ga ghiubhlan fein gu ro fhaichdillich agus neo lochdach, mo dheiridh chuaidh a dheagh chliu, sa dheandas ma, gu cluasibh an Righ, agus se thachair na lorg sin gun d' rinnidh e na ard steuart, agus na fhear iomchar dibh 'n Riogh. Se ni arid air 'n do shochdruich an Righ a mharbh athair Fhinn, agus a chomhairlich dhiomhair, gun rachadh an Righ na phearsunn, agus aireamh dhaoine leis, air feadh na h-Eirinn uile chum ainmeannan gach duine ghabail sios ann an sgriobhadh le mionnaibh, dh'-fheuch a fuigheadh e Fionn a mharbhadh, o nach rabh a nois a lathir don fhuil Rioghail ach e. An ceann da bhliadhn iomlan thainig Cairbre-Ruadh be sin a Righ a chasgair agus a dhithlarich cairdin athir Fhinn. Am fogus do phaithlis Riogh chuigeamh Colladh, far an rabh Fionn an uair sin na stubhart. Cha do dh' fhiosruich Righ chuigheamh-Colla' fhathast cia as do dh' Fhionn, na cia b' ainm dha. Rinn Fionn e fein aithnichte dha agus leig e ruina ris agus a dubhairt e. O ! Righ 'us feudar dhamhsa teichidh as an aite so agus mo dhreuchd a lubhairt, oir ata 'm bàs am fogasg. 'S mise Fionn Mac Cubhaill, agus tha Cairbre-Ruadh agus a shluagh leis air mo thoir, oir cha d' fhag e ach mis 'm aonar don fhuil Righail, gun a dhith-lathrichadh agus a sgrios. Tha e gu bhi 'n so a nochd, agus cha 'n urrinn thus, O ! Righ mo thearnadh. Us duilich leam ars an Righ, gun rabh e na fhasan agum riamh, nach fiosrichinn do choigrich cia as da, na co e, gus an la 'm biodh e gam fhagail. Ach fan thusa agamsa, oir tha mi 'g iarruidh mile matheamhnis ort. An aite thus a bhi d' sheirbhisich agamsa sann bu cheart dhlighach dhamhsa bhi am iochdran umhal dhuitse. Agus bheir mi m' uile oidheirp air a chuis a leasachadh, agus air seasamh do chòrach. Agus thabhair a cheart aire nach h-innis u t ainm a dhaindeoin nas urra mise na a Righ eile dheanamh, oir 'us aithne dhuit fein ciod e mar a labhras tu, agus bidhidh mis' am charid math air do chùl chum do choir fhaotinn dhuit. Mo dheiridh thainig an Righ 'us thoisich e air ainmin nan daoine ghabhail a sios. Bha Fionn air ais agus air aghich, 'us mo dheir-dh' fheoruich Cairbre ciod e ainm. Dh' fhreag air Fionn agus a dubhairt e. Tha mi nois da bhliadhn 'n seirbhis mo mhaighistir, agus cha do dh' fhiosruich e co

Cairbre.

mi na ciod e mainm fathast. Agus bha sin na mhulad, agus na ogluidheachd leam, agus on a bha mi cho fhad na sheirbhis, cha 'n innis mi m' ainm a nochd gun duais, agus cha choltach do 'm leithidsa do dhuine gun iarr mi ach ni nach ionndruinn thus. O ! Righ gad dhith. An tabhair mi an toilichidh ud dha, arsa Righ chuige Colla, re Cairbre. Dh' aonntich Cairbre leis. Us feudar dhamh sin fhaotin fud laimh scriobhte. Thuair e sin. Innis dhuinn t-ainn a nois deir na Righribh ris. Tha ni beag eile dhith orm chum gach ni choimlionadh, agus se sin gun cuir an Riogh a thainig a lamh ris mar fhiannuis gach ni dh' iarras mi gu fuigh mi. Chuir Cairbre mar an ceudna a lamh ris. Thog Fionn am paipeir na laimh agus thubhairt e.

Pedigree

Eisdibh agus tuigeamh 's mise Fionn Mac Cubhail-ic-Lubhich-ic-Treunmhoir-ic-Chlanna-baoisc a h-Eirinn. Agus ard righ Eirinn fein agus a fior dhleasnach ge do thug thusa mo choir uam le h-eucoir agus le h-ainneart. Eirich as t-aite oir us leamsa e le coir cheart. Dh' fhan Cairbre na thosd ! Eirich arsa Righ-Chuiga-Colla mar a eirich thusa, eiridh mise. Cha 'n eirich arsa Fionn 's math an airidh u fein air do chathir agus air do choir.

Chuiridh Fionn na shuidhe air caithir Chairbre, agus mar sin sios.

Chuir Righ-Chuige-Colla sluagh mor le Fionn agus e fein air an ceann, gus an d' fhag e gu sochdrach sabhailte Fionn air Righ chathir athir fein gun bhàs fioir na gille.

Story of Cormac

Rann ludhich-ic con athir Fhinn.

Seachd bliadhma fichid gu fior,
Bha Ludhadh mac con na Righ ;
Gun bhàs gun ghabhadh gun ghuin,
Fior, mna na gille bha 'n Eirinn.
Crioch.

OISEIN AND PADRUIG.

The following fragments, P. P. P. O. O. Y. Z., tell in various ways part of a story which is very commonly told all over the Highlands now. It accounts for the presence of Oisein in St. Patrick's house, and for the imperfect state of 'The History of the Feinne.' When 'Peter Mac Alpin, would not believe Oisein, the old Hero threw all the history which Saint Peter had written from his dictation into the fire. Saint Peter's wife, Oisein's daughter, snatched the papers out of the fire, and saved all that remains of the history.' This has been gravely told to me as true, over and over again, in Scotland.

According to another story, 'Dabhach' was the name of Oisein's wife, who was big, burly, and fat. When he was old and blind, they fell out. The old warrior threw a deer's bone at her, and threw wide, upon which is founded the saying :—

' Urchair an Doill mu 'n Damhaich :' ' The cast at the blind at the Damhach.' The word probably meant ' The Learned' at first. It also means ' The abounding in oxen or stags,' and in later times it has come to mean ' a Vat,' which is feminine. The old Islay smuggler who told this to Hector Mac Lean converted the learned Saint and the poet's wife into a ' brewing vat.' ' So Julius Cæsar dead and turned to clay,' &c.

P. 3. MAR CHAILL OISIN A FAINNE. 12 lines.

Staffa's Collection, page 35. Advocates' Library, February 17, 1872. Copied by Malcolm Macphail.

Bha Oisin na bhuachaill re cullach na meann aig Padruig agus aig a nighin. Bha e sin la ga ascich fein agus thug e mach an Sporan anns an rabh am fainne, agus chuir e air lar lamh ris e. Agus na dheidh sin chadil e. Thanig am Biatach air Iteaig a nuas as na Speuribh, us e air Faicsin Taip mhor dhearg shaoil leis gum b' feoil a bha ann agus sgob e leis e dh' ionnsuidh aneid far an rabh na h-eoin aig an uair sin. Agus thuair e rithist e' nuair a chuir an Gille Blar odhar leis a chreig e.

P. 2. MU SHEALG DHEIRINNICH OISIN.

Same Scribe, &c.

Bha Oisian na shean aois ann an Tigh a muigh na aonar ann am Baile gan ainm Gleann-caoin-fheoir an Sgithreachd Thorasa. Chuir Pàdruig agus nighean Oisian, cul ris, le ro mheud sa dhichidh e. Chur Padruig cuireadh air Oisin athir-ceila air latha arid chum feusd a dh' umhluiche do dhream arid dheth na cairdibh. Chuir aon do na daoinibh oga, reasgach a bha nan suidh aig an fheusd, aig an rabh Calpa Feidh ga chreim, a cheist air

Oisian a faca e riamh calpa feidh bu mho nan calp ud. Rug Oisin air a chalpa agus mheurich se e oir bha e na dhall an uair sin. Agus fhreagair e 'n t oganach, agus thubhairt e ris gu fac e calpa Luin moran ni bu mho, agus gum b' aithne dha 'n aite 'n rabh e. Mar a bhi dith na Leirsin. O! se 'n t' amadan truadh ars a nighin a fear ata tabhairt creideis dhuit led Bhosd agus led Bhriagaibh. Thug i an togail ghrad sin air Easchdraidh na Feinnidh bha sgriobht' aig a companach Pàdruig, agus thilg i 'n t-iomlan ann am meadhoin 'n teinidh, agus chuaidh iad re theinidh, man do rug iad ach air ro bheag a shabhaladh dhiubh. Bha Padruig ro dhuilich air an son. Mata ars Oisin dearbhidh mise dhuibh, gur i 'n fhirinn ata agamsa. Agus a Phàdruig mo cheudichis tu dod mhac falbh leamsa lorga mi mach fathast Calpan Luin. Dh' sonntuich Pàdruig a leigidh leis. Dhalbh Oisin agus mac Phàdruig, ga 'm b' ainm an Gille-blar-odhar. Choisich iad gu iochdar Beinn an t-seallaidh, agus thog iad a mach ri achadh gan ainm Lurg Iarinn. Thubhairt Oisin re odha cid e laochain a thu nis a faichdinn, oir tha mi cluinntinn monmhor bruidhne. Tha ars odha daoine tha air Seisrich lamh rinn. Thoir mise laochain an rathid a tha iad; rinn odha mar a dh' iarr e air. 'S math a gheibhar sibh fearamh ars Oisin. Tha sin a deanamh mar dhaodas sinn ars a na fioir. Thoir dhomh do lamh ars Oisin ris a chrann-aorean cha tabhair ars odha, ach tabhair an colltair' as a chrann, agus tabhar dha e. Rinn an duine mar sin, agus ghlac Oisin 'n colltaire agus lùb e air a cheil' e.

Na dheidh sin thog iad a mach re ma ambradhadil, agus theirinn iad air Leitir Luin, air a bheil an t-ainm sin gus an la 'n diu'. Deir Oisin re odha bi furachair a faic u seana chraobh mhor dharuich agus cos na taobh. Thuair an Gille-blar-odhar i gun ro mhoran saothrich, le seoladh a Shean-athir. Chuir Oisin a lamh a stigh sa chòs 'us thug e mach as calpa 'n Luin. Dh' imich iad rompa mach as a choilluch. Seall a laochain ars Oisin a faic u cnoc mor anns a bhlar an iochdar na coille. Chi ars odha. Treoruich mis' n sin ars Oisin. Se ainm a chnoice sa Ceann-a chnoc ain. Cnoc-fraorc bu ghnath leis an Fheinn a bhi a tathich gu tric ann sna linnibh roimhe sin. Ceart lamh ris a pholl na thiodhluichd Fionn athir Oisin an coire ris an canar gu an la 'n diu' poll choir Fhinn. Thuigh iad air a chnoc agus ghabh iad mo thamh an sin re na h-oich'.

Ghuidh Oisin gu duthrachdach gum biodh Biorach-Mac-Buidheag an t-aon chu bu dona bha riamh san Fheinn air a dheonuchadh dha. Mhosguil e mu dheiridh na h-aoich' 'us e mothachadh trom air muin, a chos, agus dh' athnich e gun d' fhuair e athchuimhnich. Dh' fhan e mar a bha aige gu briseadh na faire. Dhuisg Oisin an Gille-blar-odhar, agus thug Oisian eibh na iolach mhor as chuir geilt-chrith air gach creutair gluasadach a bha anns na coilltichin man cuairt dha. Ciod e chi u ars Oisin ris a Ghille-bhlair-odhar? Tha mi faicsinn aireamh lionmhor do chreutairibh beaga seanga ruadha. Leigidh sinn seachad iad sin deir Oisin. Cha 'n eil a sin a Laochain ach sliochd na Luaithe-Luinnich. Thug Oisin an ath-èidh as. Ciod e nois a cha thu laochain. Chi mi ars odha na h-urid do bheathichibh seanga donna. Tha sin sliochd na Deirge-Dasnuiche. Leig sin seachad fathasd. Thug e an treas èidh as Dh' fheoruich e da odha ciod e bha e faicsinn. Tha mi faicsinn ars odha moran de fheidhibh troma-donna. Bis tuig Biorachmachd buidhaig. Re siubhal a ghabh an cu agus mharbh e seachd lan daimh. Bi furachail a laochain a faic u 'n cu a tighin. O! chi mis e ars an Gille-blarr-odhar agus a chraos fosgailt. Cha neil mo chuileins buidhich seilge fathasd agus marbhich e sinne. Ach feuch a stiur thusa mo lamh a stigh na bheul nuair a thig e 'm fogasg. Rinn e mar a dh' iarr Oisin air, agus chuir e lamh na chraos 'us mharbh se e.

Tha' air a nois mi far a fac u na feidh a tuitim. Chruinnich e leis iad air mullach a ghualinn 'us air uallich a dhroma, gus an ruiga e 'n cnoc air an do chaidil iad an oiche roimh sin. Chuir iad suas an turhach. Chruinnich iad connadh. Chuir iad na feidh as beoin. Thog Oisin Coir Fhinn athir as a pholl 'us bhruich iad na feidh. Nois a laochain ars Oisin ri odha fan thusa fad na laimhe uamsa man ich mi thu 'n richd toitein. Mo gheibh mise mo leoir an diugh cha bhi dith na failinn ortsa rid bheo. Ma b' fhior na fuidhidh e leoir an la sin gum fàsadh e ogail, laidir, neartmhor treubhach. Bha 'n fhagails aiga on leannan Sith. Bha crios ma mheadhoin air son a bhrù theannachadh air a cheila. Bha naoi[1] tinnachan dhethn chrios sa air a chuir seach a cheila, man do thoisich e air itha nam fiadh. Dh' fheumadh e fhaoitinn do shithinn na lionadh a bhrù 'n sin biodh an crios ann an ruidhidh gus an tinne b' fhaide mach. Ach nair chunic

[1] Tuill

an Gille-blar-odhar nach rabh coltas air Oisin gum fagadh e fuighlich, sgriob e leis pios mor do na bha air beulthaobh a Shean-athir, agus chuir e sud air a thaobh fein. Dhith Oisin na bha aig an uair sin ach cha rabh e air a shasuchadh. Dh' ionndrain e na thug odha leis, agus thubhairt e. O! laochain us ro olc thuaras du na faga du an t-iomlan agam bhithinn cho mhath sa bha mi riamh.

Thiodhlaichd Oisin an coir ann am poll choir-Fhinn. Ghluais e fein agus odha chum pillidh do Ghleann-caoinfheoir, ach se chomhairl' chinn an ceann odha Oisin gu feuchadh e fuidhidh e Oisin a shean-athir a chuir le craig. Chomhairlich a mhathir dha ro laimh sin a dheanamh. Threoruich se e gu bruaich Uiridh-Bhiatich ris an gaorir gu cummanda nois Uiridh 'n-fhithich, agus dh' fhag e sud e. Thuit e leis a chraig agus stad. e meadhoin na h-uiridh. Bha e car uine mam buirinn dha gluasad, ach cho luath sa chuir e 'm preathal sin seachad thoisich e air meurachadh man cuairt da gus an d' fhuair e fainne dheallùich ris uine roimhe so. Nois sann o Leanna sith a thuair e 'n toisich e. Bha do bhuaidh air nach cailidh e radharc agus nach fuidhidh e bas. Thanic e 'n sin dhathic, le fhainne agus le calpa 'n Luin, agus mar a thubhairt e rin man d' fhalbh e, us amhluidh b' fior, be calpa 'n Luin moran bu mho.

P. 4. PADRUIG A' TOGAIL TIGHE.
Same Scribe, &c.

Part of a Legend localised in Mull. The church is specified in Ireland. According to the rest of the story, it ought to be a church on the Hill of Allen, in Ireland, or on Tara.

BHA Padruig uair a togail tighe, agus aireamh do dhaoinibh aige, sea na seachd deug do dhaoine foghainntich, bha cleach mhor an sin nach rabh an t-iomlan do na bha lathir nan-urrinn a chur ceart san Tigh. Nan duga' sibh dhamhs ars Oisin ri Pàdruig, biadh na sea-fear-deug chuirinn a chlach ceart am aonar. Mata gheibh thusa sin arsa Padruig agus 'us math an airidh air thu. Thuair Oisin biadh chuig-fear-deug, chum a nighin biadh fior as. Dh'ich Oisin na thuair e, us dh' athnich e gun do chumadh pairt dheth.

Dh' eirich e us chairich e chlach, ach dh'-fhag e aomsadh orra mach as a bhalladh. Thuirt iad ris nach rabh a chlach ceart fathast. Tha fios agam, ach mar tha bidhidh i uamsa no fuidhinns a biadh na sea-fear-deug, chuir mi chlach ceart, ach a nois tha i 'n sin agabh, agus deanibh fein a caramh mar as aill leibh. Bha chlachsa ri faichdain ann an Gleann canoir, gus o chionn da bhliadha, bha clachfhearin a togail pairce agus bhris iad a chlach sa sios na bleidhibh le h-ord.

O. 31. MAR FHUAIR OISEAN A SHEALLA.
56 lines.

Dr. Irvine's MS., page 139. Copied by Malcolm Macphail. Edinburgh, April 1, 1872.

Part of the same story about the books made metrical.

1 RACHAMAID deire ro Ghille,
  Gu mulach an fhirich thud thall;
  'S aithne dh' an fhiagh an t-slighe,
  Comharaich damh alluidh nan crann.

2 Seol mo shaighead 'na charaibh,
  'S gu faigheam mo fhradharc air ball;
  Thainig na Feidh gu h-ualach,
  Bhuail Oisean damh alluidh nan stang.

3 Cro 'n teine le leacaibh,
  Faigh an coire 's dreachaire colg;
  Gear am Fiadh na mhiribh beaga,
  Bruich e gu deimhin na bholg.

4 Na blais a shuth, na blais a shithinn;
  'S thig mo neart 's mo shealla gun chealg;
  Uirichidh m' aois mar fheur na macharach,
  Bidheam luath mar fhiadh cheumach ard.

5 'S ioma beum a fhuair Oisean,
  Agus gath a dh' fhan na fheoil;
  O Linn doghruinn airde tuath,
  Tha mo shuil ar leonta creuchda.

6 Dh' fhalbh mo leirsean le sean aois,
  Eolas no leigheas bh' aig mo shinnsir;
  Biodh san tim so dhomh gu caoin,
  Sudh na h-eilid scoladh 'u rathad,
  'S gheibh mo radharc mar mo dhaoin.

7 An leighis ulluichta gu grad,
   Fhuair Oisean a fhradharc, n'il;
   Bha na beanntan ciar dhubh lachdann,
   'S na coilltean gun chleachd gun tùr.

8 Dh' fheuch e tuille dhe 'n leigheas,
   'S dh' fhalbh gach brethal bha dlu;
   Ach fhathasd bha chreuchdan sileach,
   Leis gach gath mille na thaobh.

9 Bhlair e 'n Conraich shudhar shladghach,
   Thuit gath 's gath caol ri caol;
   Ach dh' fhuirich aon gu daingean tearuinte,
   Dh' aindeoin fiachann sudh an fheidh.

10 A Ruadh 's olc a rinn thu oirnn,
   Bhlais thu sudh an fheidh romham;
   Cha do bhlais mi sudh an fheidh,
   Thuirt an Ruadh gu ladarna dana.

11 Bhlais thu sudh an fheidh,
   Thuirt Oisean an cainnt ghrada;
   Cha leigheas mo chreuchdan gu brath,
   Thuit gach gath o 'm thaobh ach aon.

12 Och mo raon 's truagh mi noch,
   Nan geilleadh tu dom' ghuth;
   Cha bhithinn gun luth gun treoir,
   Thuiteadh gach gath aon mar aon,
   'S bhitheadh mo thaobh gu fallain beo.

13 A Ruaidh is bochd a rinn thu orm,
   Tha mi nochd gun cholg gun treoir;
   Tha thu nochd gun tuar, gun treoir,
   Cha mhair an aois beo gu brath.

14 'S maith dhuit gu 'n d' fhalbh gach gath,
   Ach an aon nach sgar ach bas;
   Fossa! fossa! ort a Ruaidh,
   'Se d' ghliocas gun truaigh, gun tur.
   Bheir Beal dhomhsa slainnte luath,
   'S fhathasd ruaigidh fiadh san Dun.

I do not think that Ossian ever composed this, though I received it under his name. I would not, however, speak with certainty. (Dr. IRVINE's note, about 1800.)

O. 32. MAR CHAILLEADH EACHDRUIDH NAM FIANN, NO ANACREIDEAMH PHADRIC, ON DON CHEUDNA.

Dr. Irvine's MS., page 142. 63 lines. Copied by Malcolm Macphail, Edinburgh, April 2, 1872.

1 LA gu 'n robh Selma air sunt,
   Is Oisean na mhur a steach;
   Thainig 'na choir Mac Alpin liadh,
   'S dh' fhiaraich ciod bu mhiann na theach?

2 Is dh' fhalbh an Fheinn guntuar gun chlin,
   Mar shneachd o'n tur a mach;
   Cha d' fhalbh an Fheinn a shean fhir liath,
   'S beag orm do cheil gun thachd.

3 'S ioma latha thug sibh sealg,
   Oisein, air bharraibh ard nam fiadh;
   Seadh, Mhic Alpin na binn ghloir;
   San ait leam do cheol gun mhiadh.

4 'S breagh am fiadh thair a bhord,
   Oisean 's boiche *sgiamh*[1]
   'S moth a chos na damh alluidh,
   C'ait an d' fhas a leithid riamh?

5 Leig dhiot do bhaghail Phadric mhaoil,
   Chunncas lon nach b' aogas da;
   Ma 's ionann do sgeul air an Fheinn
   Cha bhi mi fein nis faid a' d' dhail.

6 Led ran teine, gach tamh loig faoin,[2]
   'S breugach do mhaoin Oisein dhoill;
   Na loisg gach sgeul, 's filidh dhan,
   Mo thruaighe, cha laithair do Ullin gaoil.

7 Cha lathair do Charull binn guth beoil,
   Cha lathair do Oran, brigh gach fonn;
   . . . . . .

8 Cha lathair do Fheargus cliu gach ceoil,
   Cha lathair do Ainnir, mor, no Sonn;
   O Chuthail, faic mo bheud,
   Tiormaich Mo dheur gun iochd.

[1] Bian.   [2] Lamh.

9 A Threunmhor tog mo lure broin,
   A Luthainn, thig a'm' choir a nochd;
   O nach robh mi 'n Innis chuin,
   Mar ri Ebhir run mo chridhe.

10 Mar ri Oscar ceann gach cliar,
   Mar ri Fionn briathar gach ni;
   Dh' fhalbh mo spionna 's mo threoir,
   'S tha mi nochd, mar cheò gun tir.

11 Thoir mi, Ruaidh, gu coill nam geug,
   Far an tric a dh' eugh an lon;
   Gu crann daraig uasal ard,
   O 'n tric a leag mi gradh nan con.

12 Sin feucham, a Phadric, gun eol,
   Nach faoin ghloir mo sgeul a nochd;
   Rainig iad a choill an truir,
   Oisean an cu, 's for,

13 Padric thainig nan deigh,
   Mar fhear gun eric, gun choir,
   Fhuaras an lon dubh ciar dhubh,
   Le saighead dian o luinne eille.

14 Shoillsich leus air anam Oisein,
   Thainig osna grad O Chliabh;
   An creid thu Mhic Alphin gun chonn,
   An d' innis Oisean bonn gun chlith.

15 An ionann do sgeulsa ri so,
   Faiceam do sgoil san fhrith;
   'S olc a rinn mi Oisein fheil,
   Dean rium baigh do sgeul tha 'm dhith,

16 Mo sgeulsa cha 'n fhaigh thu gu brath,
   A bha fhir gun tur, gun chlo;
   Gabh do leabhar leathann ban
   Sid am fath a mhill mo cheol.
          O 'n aon cheudna.

These two I take to be modern metrical versions of the old story told above.—J. F. C.

THE HISTORY OF THE FEINNE.

THE slaying of Cumhall, the birth of Fionn, and other current prose stories about Art and Cormac, and the battles of Magh Muchdram, and Crinna, when studied by the light of Keating's History, drop into their places. They are told in the reciters' Gaelic words. I will tell them in my English words, in their order. The Story about Oisein and Padruig is at least as old as 1512. The ballads were strung on this string before Dean Mac Gregor's time; but nobody ever wrote them all in order.

I place first:—The religious argument which proves itself to be a Christian's work, by the absence of every sign of the Pagan's creed. It must be confessed that the Christian imagined a strong Pagan character in this very strange old ballad. I have the following versions:—

A. 5. 6. 139 lines, taken from different parts of the Book, 1512, joined, divided into quatrains, and numbered. F. 5. about 1750. 132 lines. D. 4. 146 lines. Dated 1762. H. i. 284. About 1774. L. i. 105. 1784. O. 17. 122. About 1800.

In 1857, John Hawkins Simpson published, p. 42, a translation from a MS. procured in Kerry, by a Mr. J. O. Sullivan. In 1859, the Ossianic Society of Dublin published Irish and English on opposite pages, with notes. These two are very long versions. They take in many ballads, and differ materially from each other. But, nevertheless, all these contain verses which were in A. 350 years ago.

I print A. D. F. H. O., which all vary. To save space and cost, I do not print L. J. R. Dr. Young's version, L., is in the first volume of the Transactions of the Royal Irish Academy. Hill's version is compared with it by the Irish collector. R. Dr. Donald Smith quotes Hill's version. The object of all then concerned was to prove or disprove the authenticity of Mac Pherson's Ossian. 'Malvina' is the equivalent of 'an Damhach,' Ossian's wife, now 'the Vat'; of old 'the Learned'—to wit, 'the Saint,' to whom the blind bard is made to tell the story. The Polemics which follow, I have never heard orally repeated. Mac Lean has heard old Islay men talking over Oisein's wickedness.

A WIL NEEWA AG FANE EYRRIN?

A. 5 and 6. A HOUDIE SO OSSIN M°FINN. 139 lines.

1 INNIS downe a phadrik
   Nonor a leyvin
   A wil neewa gi hayre
   Ag mathew fane eyrrin

A WIL NEEWA AG FANE EYRRIN. A. 5. and 6. URNIDH OSSAIN. D. 4. 41

2 Veyriss zut a zayvin
  A ossinn ni glooyn
  Nac wil neewa ag aythyr
  Ag oskyr na ag goolle

3 Ach is troyg ni skayl
  Channis tuss cleyrry
  Mis danew chrawe
  Is gin neewa ag fane eyrrin

4 Nac math lat a teneir
  Vee tow si caythre
  Gin keilt gin noskyr
  Weith far zutt is taythyr

5 Beg a wath lwmsi
  Wee ym hew si caythree
  Gin keilt gin noskyr
  Weith far rwm is maythir

6 Is farr gnwss vec neyve
  Re agsin raa am lay
  Na wil doyr si grwnnith
  Vea aggit gi hymlane

7 Innis dwne a halgin
  Skayli ni caythryth noya
  Verinsi zut gi hayre
  Scaylli cath gawrraa

8 Ma sea skayll ni cathrych
  Zeawris tuss a hannor
  Gin netow gin nagris
  Gin nenkis gin nanehoyve

9 Ka id muntir neyve
  Is oyssil fayne eyrrin
  Vil kroyss na gree
  Na deilli sead cleyrri

10 Ni heynin is ni fane
  Ni cosswil sayd ree cheyll
  Neir zlass glayrre
  Wea geyrre sprey

11 Er zraw tenni phadrik
  Na fagsi ni demyh
  Gin nis di ree noya
  Ber a steach ni fayni.

12 Ga beg a chwle chronanych
  Ni in dad one zat zryme
  Gin nis din re woralych
  Ne rey fa wil a skaya

13 Ne hay sin di v'cowle
  Re math we sin ne faynow,
  Rachteis fir in doythin
  'N a thigh wle gin nearri

14 Is troygh lwm a henor
  Is how in derri teissi
  Cha chorymich a wra sin
  Ver how er mi reissi

15 Barr in chath layddir
  Verri fenni ny fayni
  Na di hearnyth crawe
  Is tow feyn lay cheill

16 Bog sin a henor
  A ne an coyra bolla
  Is far dea re hynlay
  Na fayne errin olla

17 Ga taring mi layis
  Is me derri meissi
  Phadrik na toythr ayhis
  Er mathew clynni beiskni

18 Ne hurrinn zwt aythris
  Ossin v^c in reayne
  Ach nath innyn far mathis
  Agis flathis mi heyarni

19 Di marra aggwm conane
  Far mewlass ni fayni
  Ne legfe layd wnnill di
  Chomis a cleyrri

20 Na habbir sen a ossin
  Is anmein di wrayrri
  Be fest gi fostynich
  Is gawe hugit me ryilt

21 Da wacca ni catha
  Is ni braddiche grast
  Ne wee ane reid id ter
  Ter ach moyir ni fayni

22 Ossin v^c ni flaa
  Mest tanmyn a beithyll
  Na cwne ni cath
  Cha nil ag asling sin seill

23 Da glun ni gyir
  Is meith ni shealga
  Bar lat wee na warri
  Na wea si chaythir noya

24 Troyg sin a henor
  Is meithur ni schelga
  Faychin gi honnor
  Za wil si chaythir noa

25 Na habbir sin a phadrik
  Is fallow di wrayrri
  In deggow sin daynyth
  Barr finn is no fayni

26 Er a lawe v^c eweissni
  Ne fallow mi wrarri
  Is farr angil din di hanglew
  Na finn is ni faynyth

27 Da beanyth mir a weissith
  A gath zawryth ni beymin
  Di zelin in demis
  Ver tow er ayne errin

28 Dimmyth di wor zail
  Er cath di heill
  Ni warrin did choyth lawyth
  Ach how neiss a tenour

29 Da marri mi zenissi
  Ne estin di choyllane
  Is zoywo di hemoo
  In narrik di choyrra

30 Da mardeis sin ulli
  Si goynith ra cheilli
  Ne wea mi holli lwe
  Re vii caithe ni fayni

31 Vii fegthit urrit
  Urrit vil tuss zi cleyrrew
  Di huttideis sin ulli
  Lay oskir na henyr

32 Ta tou in der di beill
  A henor gin cheyll
  Scur a neiss id wreysrow
  Is be fest zim rayr

33 Da wacca in lwcht cogthoill
  A v'fin in alvin
  Ne raacha za gomor
  Re muntir ni caythre noya

34 Aggis ner low ir dynoyll
  Nor heg most gow tawri
  Sanossil ni braythryth
  Fane woory zi rynis
  Mathwm zwt a cleyrre
  Di sgeul na hynnis.
        Innis down.

D. 4. URNIDH OSSAIN. 1762-3. 146 lines.
From Mac Nicol's Collection. Copied by Donald Mac
      Pherson, May 3, 1872.

1 AILLIS Sgeil, a Phadric,
  An Onnair do Lebhidh,
  A bheil neibh gu harrid,
  Aig Fianibh na Herin.

2 Bheirunsa Briar dhutsa
  Ossain nan Glonn,
  Nach heil Neibh aig Tathir,
  Aig Oscar na aig Goll.

3 'S olc an Sgeil a Phadric,
  A haggad 'dhos', a chlerich,
  Com am Bithimse ri Crabhidh
  Mar heil Neibh aig Fianibh Erin.
                G

4 Nach Doinnigh shin, Ossain,
   Fhir nan Briaribh baoille,
   'S gum bearr Dia re aoin Uair,
   Na Fian Erin uille.

5 Bearr leum aoin Chath laidir
   Chunigh Fion na Feine
   Na Tighearn' a Chrabhaidh shin,
   Agus Ussa 'Chlerich.

6 Ge begg a Chuil' chronanich
   Agus Monaran na Greine
   Gun Fhios don Riogh Mhoralich
   Cha deid fo Bhiligh a Sceigh.

7 N' saoil u 'm biunnin E 's Mac Cubhail
   An Riogh 'bhagguin air na Fianibh,
   Dhede gach Neich bha air Hallibh
   Dol na Tsheolle sin gun iarridh.

8 Ossain! 's fadde do Tshuain,
   Erich a suas 's eist na Sailm
   Fon chaill u nish do Lu 's do Rath
   'S nach cuir Cath ri La gairbh.

9 Ma chaill mi mo Lu 's mo Rath,
   'S nach mairin Cath a bhaig Fiou,
   Do 'd Chleirsnichd, 's beg mo Speis,
   'S do Cheoil eisdichd nin fiach liom.

10 Cha chual u co-math mo Cheoil,
    Fo hùs au Doibhiu bhoir gus a nochd,
    'S ha u aoiste ann'-ghlioc Lia,
    Fhir a dhiligh Cliar air Chroc.

11 'S trioc a dhiol mi Cliar air Chroc,
    Illigh-phadric as olc Ruin.
    'Se gair dhuitsa 'chain mo Chruit
    Fon nach duair U Guth air hus.

12 Chualas Ceol os cion do Cheoil,
    Ga mor a Bholis du do Chliar;
    Ceoil air nach luigh Letrom Laoich,
    Faothir builk ai gan Ord Fian.

13 Mara tshuigh Fion air Cnoc,
    Heinne mid port do 'n Ord Fian,
    Chuirridh nan Caddil na Sloigh,
    'S ochoin bu bhinn' e na Chliar.¹

14 Smeorich bhegg dhuth fo Ghleaun Smàil,
    Faothir nan Bàse rish an Tuinn,
    Heinnigh midde lethidh puirt,
    'S bha shin fein 's air Cruit ro bhinn.

15 Bha 13 Gaothir dheig Fionn
    Leigidh midde ri Gleann Smàil,
    'S bu bhinnigh Glasgheirm air Conn
    Na do Chlaig' a Chlerich chaibh.

16 Cuide ruinne Fion air Dia
    A riar Chliar agus scôil,
    Hug e La air pronnigh Oir
    'S an ath Lo air Meothir Chonn.

17 Aig meid Fhinthir ri Meothir Chon,
    'S e dioligh Scoil gach aoin La,
    'S aig luthad Eisamail ri Dia,
    Nois ha Fion nan Fian an Laibh.

18 'S gann a chreidas mido Sceil,
    A Chlerich, le'd Leobhar bàn,
    Gun bithidh Fion na cho fial
    Aig Duinne na aig Dia an Laibh.

19 Ann an Iffrin ha e 'n Laibh
    Fear le 'n Sath bhi pronna Oir,
    Air son a Dhimais air Dia,
    Chuir iad e 'n Tigh pian fo Leon,²

20 Na 'n bigh Clanne Morni 'Steach,
    'S clainni Baoisge na Fir Threin,
    Bheirre midd Fion a mach
    Na bhigh an Teach aguin fein.

21 Coige Choiginibh na Herin ma sheach,
    'S hair Leatsa gur mor am Feim,
    Cha duga sin Fion a mach,
    Gad bhigh an Teich agibh pein.

¹ Or Chlian.   ² Bhron.

22 Nach math an Tait Iurne fein,
    A Chlerich gan leir an Scoil,
    Nach co math i 's flaitheas De
    Ma dheothar int' Feigh as Coin.

23 Bha mise La air Sliagh Boid,
    Agus Caoilte bu chruaidh Lann,
    Bha Oscar ann 's Goll nan Sleigh,
    Donil nan Fleigh raoin fo 'n Ghleus,
    Fion Mac Cubhil Corbta Bhrigh,
    Bha e na Riogh os air Cion.

24 Tri Micibh ard Riogh nan Scia,
    Bu bhor am Mian air dol Tshealg,
    A Phadric nan Bachil fial,
    Cha leigge mid Dia os air cion.

25 Bu bheic liom Diarmad o Duine
    Agus Fearreas bu bhinn Gloir,
    Na 'm bo chead leat mi gau luaidh
    Chlerich nuaidh a heid do 'n Roi.

26 Com nach cead Com u gan luaidh,
    Ach hoir tairigh gu lua air Dia;
    Fon ha nois Deirigh air Taois,
    'S cuir dod Mhaoigh t-sheanfhir Le.

27 A Phadric, ma hug u cead
    Air beggan a labhairt Duin
    Nach aidich u (mas cead le Dia)
    Flath nan a ghra air Hus.

28 Cha dug misshe Comas duit,
    Tshean Fhir chuirt agus u lia.
    Bear Mac Muire re aoin Lo,
    Na Duinne gan danig riabh.

29 Nar ro math aig neich fon' Ghrein
    Gu 'm bear e fein na mo Tshriach
    Mac muirnich nach deitich Cliar
    Cha leiggidh e Dia os a chioun.

30 Na coabhid ussa Duinne ri De,
    Tshein-fhir Le, na brennich e,
    'S fadde fo 'n hanig a Neirt
    As marrigh e ceart gu brach.

31. Choadinse Fion nan Fleigh,
    Ri aoin neich t-sheoil san Ghrein
    Cha 'diar riabh ni air neich
    'S cha bho dheir e neich ma¹ Ni

32 Bheiramid sheic Cathin Fichid an Fhian
    Air Shean Druim Cliair a Muigh
    Cha duga mid Urram do Dhia
    Na dhaoin² Triach³ a bha air bith.

33 Sheic Caithibh fiochid dhuibhse nar Fein.
    Cha do chreid shibh 'n De nan dul
    Cha bharrin Duinne gar Slioc
    'S cha bheo ach Richd Ossain Uir.

34 Cha ne shin bu chaorich ruin
    Ach Turis Fhin a dhol don Roi
    Cummail Cath-ghaure leoin fein
    Bha e cluidh air Fein gu mor.

35 Cha ne shin chluidh shibh uille ann
    A Mhic Fionn fo 'n gear gu 'd Re,
    Eist ri Raigh Riogh nan Bochd,
    'S iar uss' a nochd Neibh dhuit fein.

36 Comrich an da Aibsdail deig
    Gabhigh mi dho fein an Diugh
    Ma rein misse pecca trom
    Chuir an Cnoc na 'n Tom a Muigh.
                                    Crioch.

*Note on the manuscript.*⁴
'Hoiran Eichdrigh Mhaistir Donil
Ha Choinigh an Cois na Tuinne—(viz. Lismore),
Au Urnigh bha aig Ossain Liaghlas
Nach ro riabh ach na' dhroich dhuinne.'

'The above stanzas were compos'd by Duncan Riach Mac Nicol, in Glenorchy, commonly called Modern Ossain.'

Laa shiùthil slethigh dho. (Fragment.)
   &c.   &c.   &c.   (All deleted.)

¹ Or ona.   ² Or Chaoin.   ³ Chliar.
⁴ In 'The Gaidheal' (No. 4, p. 84, Glasgow, 1872) this

version is printed in different orthography, from Mac Nicol's manuscripts, which I sorted in 1871. Hill's 'version J., mentioned in a note as inaccurate,' was printed from the manuscript of the Dalmally Blacksmith of 1784. I print from a copy of Mac Nicol's MS. D., and from Dr. Lauchlan's reading of A., and from Fletcher's MS. F. I have no confidence in any orthography, and believe that no two men now alive would agree as to spelling a page dictated in any one of the vernacular dialects of Gaelic now spoken.

F. 5. URNUIGH OISAIN. 132 lines.

Fletcher's Collection, page 9. Advocates' Library. Feb. 2, 1872. Copied by Malcolm Macphail.

NA OISAIN AGUS PATRIC MACALPIN AIG TAGRADH RA CHEILE.

OISAIN.

1 INNIS dhuinne, 'Phàdruic,
 Air onoir do leabhaidh;
 'Bheil neamh gu h-àraidh,
 Aig Maithibh Fiann na Feinne.

PATRIC.

2 Dh' inninse sin dhuitsa,
 Oisain nan glond;
 Cha' neil neamh aig t-athair,
 Aig Osgar no aig Goull.

OISAIN.

3 'S olc an sgeula àraidh,
 Tha agad dhuinn' a Chleirich;
 Com am bithinnse ri crabhadh,
 Mur 'eil neamh aig Maithibh Fiann na Feinne.

PATRIC.

4 Oisain gur fada do shuain,
 Eirich suas is eisd na sailm;
 Chaill thu nis do luth 's do rath,
 'S cha chuir thu cath ri la-garbh.

OISAIN.

5 Mu chaill mi mo luth 's mo rath,
 'S nach cuir mi cath ri la-garbh;
 Do d' chleirsneach gur beag mo speis,
 'S de cheol eisdeachd m 'm fiach leom.

PATRIC.

6 Nior chual tu co-maith mo cheoil,
 Bho thùs an domhunn mhoir gus a' nochd;
 'S tha thu aosda ana-ghlic liath,
 Thir a dh' ioladh cliar air cnoc.

OISAIN.

7 'S tric a dhiol mi cliar air cnoc,
 'Iulla Phàdruic is olc run;
 'S eucor dhuit a chain mo chruth,
 Bho nach d' thuair mi guth an tùs.

PATRIC.

8 Chualas ceol bu bhinne na d' cheol,
 Ge mor a mholas tu do chliar;
 Ceol air nach luigh leatrom laoich
 Faobhar cuilg ris an ord Fiann.

OISAIN.

9 N' ar a shuidhe Fionn air cnoc,
 'S a sheinneadh è port don ord Fiann;
 Gu 'n cuireadh è chadull na sloig,
 'S och-òin bu bhinne è na do chliars.

10 Smeoraiche bheag Ghlinne-smail,
 'S faothar na barr ris an tom;
 Is sheinneadh-midne leò puirt,
 'S bha sinn fhin 's air cruit ro-bhinn.

11 Bha da ghaodhar-dheng aig Fionn,
 'S leigeamaid iad re Gleann-smail;
 'S bu bhinne leam prosnuich air con,
 Na da chluigse Chleirich àigh.

12 Ach ciod a rinn Fionn air Dia,
 Rinn è rian chliar agus sgolp;
 Thug è latha ri pronnadh oir,
 'S an ath-la ri meathair chon.

PATRIC.

13 Se miad 'ur ruighe ri meathair chon,
 'S bhi diola' sgolp gach aon la,
 'S gun urram a thoirt do Dhia,
 Anis tha Fionn nam Fiann an laimh.

OISAIN.

14 'S olc a chreideas mi do sgeul,
 A Chleirich le d' leabhar bàn;
 Gu biodh Fionn Mac Cuthail no cho fial,
 Asig duine na aig Dia ann laimh.

PATRIC.

15 Tha è 'n ifrinn ann an laimh,
 'M fear le ghna bhi pronna' òir;
 'S thaobh miad a dhi-meas air Dia,
 Chuirte è 'n tigh pian fu' bhron.

OISAIN.

16 N' am biodh Clanna-Baoisge a steach,
 'S Clanna Moirne nam fear trein;
 Bheireamaidne Fionn a mach,
 Neo bhiodh an teach again fein.

PATRIC.

17 Maithean na Feinne ma seach,
 Leasta ge bu mhor an t-euchd;
 Cha tugadh sud Fionn a mach,
 Ni mo bhiodh an teach agaibh fein.

OISAIN.

18 Is ciod è an t aite ifrinn fein,
 A Chleirich a lèubhas an sgoil;
 Nach bu co-maith è ri flaitheas De,
 Na faigheamaid ann fèidh is coin.

PATRIC.

19 Ge beag a chu' ill chronnanach,
 Is mònaran na grèine;
 Cha theid gun fhios don Righ mhoralach,
 Fu'-bhar bhilibh a sgeidhsan.

OISAIN.

20 Cha b' ionnan è 's Fionn mac Cuthail,
 An Righ bh' againn air na Fiannaibh;
 Dh' fhaodaodh Tr an domhunn,
 Dol na thallasan gun iarraidh.

PATRIC.

21 Na coi-meas thus duine ri Dia,
 'Sa shean fhir leith na breithnich è;
 'S fhad bho thainig a reachd,
 Is seasmhaidh a cheart gu la bhra.

OISAIN.

22 Choi-measainse Fionna mac Cuthail,
 Ri aon neach a sheall sa ghrèin;
 Cha d' iarr e riamh ni air neach,
 'S cha mhò dh' eur è neach mu ni.

23 Thug sinne latha air sliabh Bhòid,
 Bha Caoilte am 's bu chruaidh a lamh;
 Osgar agus Gòull nan sleagh,
 Diarmad on Mhaoth 's Fraoch on Ghleann.

24 Fionn mac-Cuthail bu mhor pris,
 Bha è na Righ oirn san àm;
 'S a Chleirich nam bachull fiall,
 Cha leigeamaid Dia bhos air cionn.

PATRIC.

25 'Se sin a chuir as dhiubh riamh,
 Nach do chreid sibh 'n Dia nan dul;
 'S cha mhairthean duine d'ar sliochd,
 'S ni beo ach riochd Oisian iur.

OISAIN.

26 Cha b'e sin a chuir as dhuinn,
 Ach turus Fhinn 'dhol don Roimh;
 Bhi cuir cath araid leinn fein,
 'Se chuir as d' ar Feinn gu mòr.

PATRIC.

27 'S olc leam sin 'uaitse Oisain,
 Fhir nam briathra' bòile;
 'S gum b' fhearr Dia ri aon uair,
 Na Fiann na Feinne uile.

OISAIN.

28 B' fhearr leamsa aon chath laidir
 A chuireadh Fiann na Feinne;
 Na Tighearna a chràbhaidh sin,
 Is thusa a Chleirich

PATRIC.

29 Eisd ri radhadh Righ nam bochd,
　Is iarr a nochd neamh dhuit fein;
　'S bhon tha deire tighinn air t aois,
　Tog dod' mhaois a shean fhir leith.

OISAIN.

30 Bu bheachd leam bhi tighinn air Diarmad.
　'S air Fearghus bu bhinne gloir;
　Na bu chead leat mi gan luaidh,
　Chleirich nuadh 'theid don Roimh.

PATRIC.

31 Com nach cead leam thu gan luaidh,
　Ach thoir aire gu luath air Dia;
　'S bho tha crioch a teachd air t-aois,
　Tog do d' bhaosig a shean fhir leith.

32 ¹ Cha tugainse atha do neach,
　Leis bu dochadh mi fein na me chliar,
　Mhac muirnich a chualas riamh;
　Ach Flath nam Fiann a raite air thus.

33 Comraich an da-abstail-deug,
　² Gabhamsa dhomh fein a nochd;
　'S ma rinn mise peacadh trom,
　Biodh è an slochd nan tam nan cloich.

H. 1. THE DIALOGUE. 234 lines.

Kennedy's 1st Collection, page 168. Advocates' Library, January 3, 1872. Copied by Malcolm Macphail.

There was none alive of the Heroes at last but Ossian only, and one of his daughters married to Peter Mac Alpin, or rather St. Peter, who came from Rome to learn the Christian Religion to the Inhabitants of Ireland (to which he addressed all these Poems). And St. Patrick was endeavouring to learn his father-in-law all the principles of Religion, which was very hard to do in his old age, when all his faculties and senses waxed weak by decay and sorrow. Sometimes he had some regard for it, and some other times he would not stay to hear it; it would be as bitter to his ears as the Worm-wood and Gall to his tongue, and he would rather to sing his own Poems than the Psalms of David, and he thinks them to be nothing in comparison to his own melodious songs. He asked one day of St. Peter were all the Heroes in Heaven, and he said that they were not, and they disputed a while about that; St. Peter was still admonishing him to believe in God and to give over his foolish talking, and not to have such an opinion of God, untill he made him pray at last to the Apostles, which confirms that it was after Christ's death then, when he asked pardon of his sins from them.

DAN 29.

1 Innis dhamhsa Phádraig,
　O' onoir a dheadh leabhidh;
　Am bheil neo' gu h árraid
　Ag uaisle fearadh Eirann?

2 'Bheireamsa dearbha dhuitsa,
　Oisain nan glonn;
　Nach 'eil neo' aig d'Athair,
　Aig Oscar no aig Goll.'

3 'S olc an sgéul a Phádraig,
　A th' agad dhamhsa Chleirich;
　C' ar son a bhitheamsa re crabhadh,
　Mar bheil neo' aig Fiantidh Eirann.

4 'S górach leam sin Oisain,
　Fhir nam briathraibh bailaisg;
　'S gu b' fhearr Dia re aon uair,
　No Fiantidh Eirann uile.'

5 B' fhearr leamsa aon chath láideir,
　A chuireadh Fiantidh Eirann;
　No Tighearna chrabhidh sin,
　Agus tusa Chleirich.

6 'No coi'-meas thusa duine re Dia,
　No breathnich fhir liath re d' lá;
　'S fhad o na thainig a rath,
　Is maithridh e mia' gu bráth.'

---

¹ 'This verse ought to be placed opposite and sooner,' i.e. after the 25th verse.
² Iarramsa.

---

7 Choi-measainnsa Fionn nam fleadh,
　Ro aon neach a'ta fuidh 'n ghréin;
　Cho d' iarr e riamh ni air neach,
　'S aon ni do neach cho mhó dh' éur.

8 'No coi-meas thusa chaoidh Fionn,
　Re neach a bha ann o thús;
　Sa bhitheas anois sa rís,
　Gun cheann crioich no deireadh úin.'

9 Ciod e a ghné dhuine sin,
　A bhitheas anois 's gu bráth;
　'S neach raibh toiseach aig a bhith,
　Cho duin e ach Spiorad fás.

10 'Cho mhodha na sin is seadh,
　A fhuair bri' no blagh no cáil;
　O ni no neach tha air chuan,
　No air talmhinn fhuair a bhá.'

11 Ciod e a ghné Spioraid e,
　Nach d' thainig o neach a bha;
　Air an talamh no air chuan,
　Mor Spiorad fhuar bheantidh árd.

12 'Cho ne Spiorad bheantidh fhuar,
　Th' ann ach bith tha shuas do ghná;
　Ann 's na flaitheasaibh is mó,
　Far an lionmhor glóir is grás.'

13 Ciod idir an Spiorad e,
　A th' ann 's na neamhidh is áird;
　Far an saibhir grás is glóir,
　Feadh gach lo gun sgur gu bráth.

14 'Spiorad a chruthaich an cuan,
　Is an talamh fuaridh bráit;
　Gach ni agus neach a th' ann,
　Gun chonamh ann an sea láith.'

15 ''S ionngeantach an spiorad leom,
　A chruthaich am fónn san cuan;
　Gun chonamh no iarrtas neach,
　An sea láith le neart a suas.'

16 'Creideam gur h ionngeantach leat,
　O! neach d' fhuair thu beachd ṉo iúl;
　Air an tí tha 'm flaitheas shuas,
　Far nach criochnaich luadh nir cliú.'

17 Ciod e 'n t áite flaitheas fein,
　A Chleirich d' an leir gach olc;
　Nach coi-maith an talamh fein, (or ṛè)
　Na 'm fiu' t' ann éibhneas is loin.

18 'Oisain 's amaideach do ghlóir,
　Gun dadam eólais no sgóil;
　'N uair a choi'-measa tu fein,
　Aros De re fiathach lon.'

19 Cia ris deir thu áros De,
　'N ann ris na spéura' ud shiar;
　O 'n d' thig sneachd, is uisg, is gaoth,
　Teine bhaoghlach is mór fiath.

20 'Oisain struagh dhuit a bhi beó,
　Gun ghrásaibh, gun treóir no ciall;
　Ach mar Eilid an dalla cheó,
　Nach d' fhuair braon do dh' eólas Dia.'

21 Do fhuair mi eólas is iúl,
　Cho maith sa bha Mur na Feinn;
　Gu séinn Clarseich agus ciúil,
　D ánaibh úr, is sealg an fhéidh.

22 'No coi-meas thusa gu bráth,
　Sealg is Clarsaichibh is duain;
　Re eólas bhi air lágh Dhe,
　An tí leirsinnach tha buan.

23 'Am bheil leirsinn is fios aig,
　Air gach ni a'ta fuidh 'n ghréin;
　Gach creatair tha ann sa chuan,
　'S air an talmhinn suas le chéil.'

24 ''S deimhinn gu bheil fios sin aig,
　Air gach creutair tha air lár;
　Mar an ceudna ann sa chuan,
　S'e fein dhealbh iad suas le laimh.'

25 'Am bheil fios aige gach uair,
　Air ar cómhradhne 's air rádh;
　'N uair a bhios sinn ann ar suain,
　Is tra bhios sinn tinn is slán.'

26 'Tha fios aige air gach ni,
   A labhair gach siol is ál;
   Is gach sláinte agus león,
   A thig feadh gach ló o láimh.'

27 ''S ro' olc leom a ni e sin,
   A chuireas nimh agus cráth;
   Air na daoine a rinn e,
   C' om an deanamh sin gu brath.'

28 'Ni e e gan toirt fui' chís,
   Chums 's gu striocha gach neach dh'a;
   Gun deanamh imchuidh faidheoidh,
   Gu dol comhladh ris gu bráth;

29 'Am fuidh sinne dol gun fhios,
   'S tigh do 'n ionad sin leinn fein;
   Chum 's gu biodhmaid ann gu bráth,
   Ann na Aros le Mac De.'

30 'Uidhir na cuilaig a ni srann,
   No monaran fann na gréin;
   Cha d' theid gun fhios do 'n Righ mhór,
   D'a aros gloirmhor r'a re.'

31 'S miodharach leam fein a sheol,
   Nach d' theid monaran na gréine;
   Gun fhios d' a do fhlaitheas suas,
   Masa farsuing buan a reileach.

32 'Ni 'm fuigh gu siorruidh aon neach,
   Dol a steach gu 'n cheud on lí so;
   'S gun bhi saor o chron 's ghó,
   Cho 'n fhuigh cómhnuidh ann na Rioghachd.'

33 Cho' b' ionnan is Fionn Mac Chuthail,
   An Rígh bh' again air na Fiantidh;
   Dh' fhéudadh gach neach bheir an talamh,
   Teachd na thallasan gun iarruidh.

34 'No coi-meas a choidhch a thalla,
   Ro teach fhlaitheas is na Trionaid;
   Cha raibh eólas aig air maitheas,
   Ach air cathaibh agus piantidh.'

35 'Bha sin eólas ais is aithne,
   Cho mhaith sa tha fós re fhaotainn;
   Cha deach' e riamh a chur catha,
   Ach da aindeóin, 'n uair bu bhaoghlach.'

36 'Cha d' fhuair e eolas air Dia,
   Cha b' e mhiann o thús a lá:
   Uime sin cho 'n eil e shuas,
   Ann ionad na luth-ghair.'

37 Ciod e 'n d' ionad am bheil Fionn,
   An ti b' ainmeala a bha;
   An tigh Teamhradh bhinn nan téud,
   Far am b' eibhinn béul gach Bard.

38 'Tha Fionn ann an ifrionn shios,
   'S cho d' thig e' nios gu la bhráth;
   Le lughad sa rinn e bhun a Dia,
   Bidh e 'n tigh nam pian fui' chradh.'

39 'S olc a chreideas mi do sgéul,
   A Chleirich le d' leabhar bán;
   Gu bheil Fionn mo choi'-fhial,
   Aig duine no aig Dia an láimh.'

40 'Tha e an Ithuirnne 'n laimh,
   Ge d' b'e ghna' bhi pronnadh óir;
   'S aig mead aim-beartan air Dia,
   Tha e 'n tigh nam pian fui' bhrón.'

41 'Nam bu bheó Coirreal is Goll,
   Diarmaid donn is Oscar áigh;
   Cho leigeadh iad Fionn nam Fiann,
   Aig duine no aig Dia an laimh.'

42 'Ge d' bu bheó Coirreal is Goll,
   Diarmaid donn is Oscar aigh;
   Cho d' thugadh iad Triath nam Fiann,
   Gu siorruidh e pian s' e cradh.'

43 Nam biodh Clanna Baoisge steach,
   'S Clanna Mornna nam fear tréun;
   Bheir' maide Fionn amach,
   Neo bhiodh an teach againn fein.

44 'Cuige cutha na h-Eirann air fad,
   Air leatsa gu'm bu mhor am féum;
   Cha d' thugadh iad Fionn amach,
   Ge d' bhiodh an teach aca fein.'

45 Ciod e 'n d' áit Ithuirnne fein,
   A Chleirich gan leir an sgoil;
   Nach coi-mhaith e 's flaitheas De,
   Na 'm fuighinn ann feidh is eóin.

46 'Oisain leam 's fhada do shuain,
   Eirich suas is eist na sailm;
   O 'n chaill thu do ruth 's do rath;
   'S nach cuir thu cath re latha gairbh.'

47 Ma chaill mi mo ruth 's mo rath,
   'S nach cuir mi cath re latha garbh,
   Do d' Chleirsinnachd 's beug mo spéis,
   'S do cheól eisdeachd cho 'n fhiach leam.

48 'Cho chuala tu cho máith mo cheóil,
   O thús an domhain mhor gus a noc;
   'S thu gu h aosmhor, an-ghlic, liath,
   Fhir is tric a dhioil cliar air cnoc.'

49 'N aile 's tric a dhioil mi cliar air cnoc,
   Ille Phádraig is olc rún;
   'S ea-coir dhuitsa cháin mo chruth,
   O nach d' fhuair mi guth o thús.

50 'Cha do cháin mise do chruth,
   Ge d' thubhairt mi riut gu ciuin;
   Gu raibh thu gu h an-ghlic liath,
   'S nach d' chual thu riamh cho mhai' mo chiuil.'

51 Chualas na b' fhearr na do cheól,
   Ge mór a mholas tu do chléir;
   Ceól air nach d' luigh leith-trom laoich,
   Am faol cuilg bh' aig caoimh na Feinn.

52 'No coi'-meas gu bráth faol garbh,
   Re sailm Dhaibhidh chalma ghráidh;
   'S ni mc-choi' measas re' d' ré,
   Re Clag Teambal Dhe nan grás.'

53 'Bha sea Lothainn deug aig Fionn,
   'S leigeamaid iad re gleann smáil;
   'S bu bhinne leam frosnaich ar con,
   Na do chlog a Chleirich cháich.'

54 ''S amaideach leam fein do ghlóir,
   Feadh an ló gun sgur no támh;
   'N uair a choi-measa tu fein,
   Coin na Féinn re 'm Chlag gu h' árd.'

55 Cha bu coi-meas Coin na Feinn,
   Re d' chlog tiamhidh féin air máil;
   'S ann a bhios bronach gach neach,
   Re h ám tionail mu d' theach cráidh.

56 'Oisain 's gorrach leam do luadh,
   A toirt fuath gach uair do ghrás;
   B' fhearr leat frosnaich Chon na Feinn,
   No bhi g' eisteachd mo lua'-ghair.'

57 'B' ionmhuinne leamsa gach ré,
   Frosnaich chon na Feinn sa ghleann;
   A lathach nan Dámh 's nan Aogh,
   No na bheil a bhlagh a' d cheann.'

58 ''S baothail thu Oisain mhic Fhinn,
   Gur neo' Chinn do chómhradh cearr;
   Dhoth thu do Chona' na Féinn,
   Na 's mo no mhac De 's da rádh.'

59 Bha seachd Chathanaibh san Fheinn,
   An mháith am feum 's gach ám air bith;
   'S cha d' thug iad urram do Dhia,
   No Cheann cliar a b' fhiata cith.

60 ''Se sin a chlaoidh sibhsa riamh,
   Nach do chreid sibh Dia nan dúl;
   Cha mhaithrean an diu duine d' ar sliochd,
   'S cha bheo ach riochd Oisain úir.'

61 Cha b' e sin a rinn ar claoidh,
   Ach turas Fhinn a dhol do 'n Roimh;
   Sinne cumail Cath-cabhara leinn fein
   Sa claoidh ar Féinne gu ro-mhor.

62 'Bu chubhaidh sin eiridh dhuibh,
   Tuiteam is bhur claoidh le cách;
   Oir b'e bhur rún is bhur miann,
   Bhi cosgairt nan cliar gach lá.'

63 'Cha b' e sin a bu bhéus duinn,
   An dream chaomh a b' úire bha;
   Cha d' rinn riamh marbha' no leóin,
   Ach 'n tra' slóigh oirnn' cearr.'

64 'Ma 's fhearr leatsa gu la bhráth,
   A bhi gáirdeach no fui' bhrón;
   Thoir urram is cliú do Dhia,
   Is dean a riar gach trá-nóin.'

65 'An toir mise cliú le gean,
   Do neach nach fhaca mi riamh;
   B' annsa leam a bhi tra-nóin,
   A min eisteachd glóir nam Fiann.'

66 'Oisain 's ceanngailte re' d' bheachd,
   A Chleir-fheachd sin nach raibh tlá;
   Leis nach b' ionmhuinn cliú an Triath,
   A sheinn riamh ach iarguin bhlár.'

67 Gur beachd leam Diarmaid, is Coireall,
   'S Fearadhas bu bhaghara glóir;
   Na' m bu chead leat mi da' n luadh,
   Chleirich thruaigh a theich o 'n Róimh.

68 'C'om nach ceud leam thu d'an luadh,
   Ach thoir aithr' gu luath air Dia,
   Le d' uile dhúrachd 's do ghradh,
   Ma 'n glac am bas thu gun fhiath.'

69 A Phádruic ma thugas ceud,
   Beagan beag a labhairt dhúinn;
   Asilais ma-sa ceud le Dia,
   Flath nam Fiann a radh air thús.

70 'Cha d'thug mise comas dhuit,
   A shean-fhir churta gun chiall,
   'S ann a thuirt riut gun bhréug,
   Iarruidh neamh is lagh' o' Dhia.'

71 Comraic an dá Ostail déug,
   Gabhamsa dhamh fein a noc;
   'S ma rinn mise freadach tróm,
   Biodh e 'n luidh, san tóm san cnoc.

O. 17. URNUIGH OISEIN. 120 lines.

Dr. Irvine's MS., page 98. Copied by Malcolm Macphail. Edinburgh, March 29, 1872.

1 INNIS dhuinn a Phadrig, (aithris)
  Air onar do leughadh;
  Bheil neamh gu h-araid,
  Aig maithibh fir na Feinne.

2 Bheirinnse briathar dhuitsa,
  Oisean nan glonn;
  Nach eil neamh aig t-athair,
  Aig Oscar no aig Goll.

3 'S olc an sgeul araid,
  Th' agadas dhomh a Chleirich;
  Cum a bithinnse ri crabha,
  Mar 'eil neamh aig maithibh fir na Feiune.

4 Oisean gur fada do shusin,
  Eirich suas is eisd na sailm;
  Chaill thu nis do lugh 's do ragh,
  Cha chuir thu cath ri la garbh.

5 Ma chaill mise mo lugh 's mo *ragh*, (rath)
  Mar cuir mi cath ri la garbh;
  Do d' ghlaggar gur beag mo speis,(al. chleirsneachd)
  Do cheol eisdeachd cha 'n fhiu leam.

6 Cha chual thu riamh cho maith ri m' cheol,
  O thus an domhain mhor gu nochd;
  Tha thu aosda anaglic liath, (al. agluidh)
  Fhir a dhioladh cliar air chnoc.

7 Ghille Phadric 's olc run, (olc leam)
  'S *eucoir* dhuit a chain mo chruth, (deacair)
  'S nach d' fhuair mi guth o thus. (an tus)

8 'N uair a shuidhe Fionn air a chnoc,
  'S ghabhadh e port *as an* airde Fionn; (air)
  Chuireadh e chodal na sloigh,
  'S a chain bu bhinne na cliar,

9 Bha da ghadhar dheug aig Fionn,
  Nuair rachadh iad nan deann ri gleann;
  Bu bhinne leamsa fros nan gadhar,
  Na do ghlagsa chleirich chaisg.

10 Is leigeamaid iad ri gleann smail,
   Bu bhinne leam prosnich ar con;
   Na do thuigse Chleirich aigh.

11 Smeorach bheag ghlinn smail,
   'S faighinn na bar ris an tom;
   Shinneamaid na leth phuirt,
   Bha sinn fein 's an cruit, ro bhinn.

12 Latha dhuinne air sliabh Boid,
   Mac Connuil nan fleagh 's Ronull o 'n ghleann;
   Bha Caoilte bu chruaidh lann,
   Oscar is Goll na sleagh.

13 Dearmad na fleagh 's Fraoch o 'n ghleann,
   Fionn Mac Cuthail bu mhor brigh;

14 B' fhearr leamsa aon chath laidir,
   Chuireadh Fionn san Fheinne;
   Na Tighearna a chrabha' 's thusa chleirich,
   Cha tugainnse faimas do neach.

15 Fionn Mac Cuthail oirnn mar bhreithe,
   'Se na righ os ar ceann;
   'Sa Phadric nam bachul fial,
   Cha leigeamaid Dia os ar ceann.

16 Na coimeas duine ri Dia,
   Shean fhear liath 's na bretich e;
   'S fada o 'n thainig a neart,
   'S mairidh e ceart gu brath.

17 Choimeasainse Fionn nam fleagh,
   Ri aon neach a sheall sa ghrein;
   Cha do iarr e riamh ni air neach,
   'S ni mo dh' eur e neach ma ni.

18 Ge beag a *chuibhil* chronanach, (chulag)
   Is monaran na greine;
   Cha teid gun fhios do 'n righ mhoralach,
   Fo bhar bhilan na sgeithe.

19 Cho b' ionann Dia is Fionn Mac Cuthail,
   An righ bh' againn air na fiannaibh;
   Dh' fheudadh fir an domhain,
   Dol na thalsa gun iarraidh.

20 'S olc leam sin uatsa Oisein,
   Fhir nam briathra b' *fhoile*; (b' aile)
   Gu 'm b' fhearr Dia ri aon uair,
   Na Fionn 's an Fheinne uile.

21 'S e sin a chuir as duibh riamh,
   Nach do chreid sibh Dia nan dul;
   Ni mairrean duine do 'r sliochd,
   Cha bheo ach riochd Oisein uir.

22 Cha b' e sin chuir as duinn,
   Ach turus Fhinn dol do 'n Roimh;
   A bhi cur cath araid leinn fein,
   Sid chuir as do'r Feinn gu mor.

23 Ach ciod rinn Fionn air Dia?
   Rinn e rian chliar as sgolb;
   Thug da latha a' pronnadh oir,
   'S an treas la ri meaghair chon.

24 'Se meud 'ur rudh ri meaghair chon, (n' iugh)
   'S bhi *dioladh sgolb* gach aon la (dissal sgal)
   Gun urram a thabhairt do Dhia,
   Chuir Fionn na Fiann an sas.

25 'S olc a chreideas mi do sgeul,
   A chleirich led' leabhar bán;
   Gu 'm bitheadh Fionn no co fial,
   Aig duine no aig Dia an lamh.

26 Tha e 'n Ifrinn an lamh,
   Am fear le 'n gnath bhi pronna' oir;
   Thaobh meud a dhimeas air Dia,
   Chuirt' e 'n tigh nam pian fo bhron.

27 Nam bitheadh clann O' baoisge a steach,
   Is Clanna Morna nam feachd treun;
   Bheireamaid Fionn a mach,
   No bhitheadh an teach againn fein.

28 Cuignear a *chogaibh* na h-Eirin, (chuigibh)
   Leatsa ge bu mhor an t-euchd,
   Cha tugadh sibh Fionn a mach,
   Ni mo bhitheadh an teach agaibh fein.

29 Ach ciod an t-aite Ifrinn fein,
   A chleirich a leughas an sgoil?
   Nach bu cho maith ri flaitheas De,
   Nam faigheamaid ann feidh is coin.

30 Eisd ri rath righ nam bochd,
   As iar a nochd neamh dhuit fein;
   Ona tha duna' tighinu air t-aois,
   Tog a Mhaoisg a shean fhir liath.

31 Comrich an da Abstail dheug
   Gabhamsa dhomh fein a nochd;
   'S ma rinn mise peacadh trom,
   Biodh e 'n sloc no 'n tom, no 'n cloich.

Got from Donald Mac Iver, alias Robertson, and Charles Robertson foresaid. 1802 and 1808.

OISEIN'S LAMENT. A. 7. 8. 9.

THE following fragments from the Dean's Book, can be recognized in some shape in other places, but I have not found them orally preserved in Scotland.

A. 7. TYLYCH FINN. 16 lines.
A HOUDIR OSSAN M'FINNA.

1 Di chonna mee tylych finn,
  Is ner vai tylych teme trea,
  Aggum di chonna mee schevc,
  Di vontir in ir in nea

2 Di chonna mee tylych art,
  Far lar vac donna binni
  Far is farre ne agga mi.
  Di chonna mee tylych finn

3 Dane vaga mir a chonna mee,
  Chonna, m'ynlain fa ynna
  Owcht is mark na vagga ea.
  Di chonnek mai tylych finn

4 Goym ree ni iyg noch gi olk,
  Za vil er mo chinni.
  Sin serra marreine o faynna,
  Dyth chonna ma tylych finn.
            Di chonna mee tylych.

A. 8. IS FADDA NOCH NI NELLI FIYM. 36 lines.
A HOUDIR SO OSSIN.

1 Is fadda noch ni nelli fiym,
  Is fadda liym in nycheith ryr
  In lay dew gay fadda zoyth,
  Di bi lor fadda in lay de

2 Fadda lwmmi gych lay za dik,
  Ne mir sen di cleachta dom
  Gin deowe gin danyth cath,
  Gin wea feylim class dlweth

3 Gin nenith gin choill gin chrut,
  Gin fronith crewi gin zneiwe gray
  Gin deillych ollom zor,
  Wea gin neilli, gin oill fley

4 Gin chin er swrri na er selgi,
  In da cherd rey in royth me
  Gin dwlli in glaow no in gath,
  Oichaue ach is derrich dow

5 Gin wraith er ellit no er feyg,
  Ne hawle sin bi wane lom
  Gin loeg er chonvert no er chon,
  Is fadda noch na nelli fiym

6 Gin errith gaske gnaath,
  Gin nimert mir abaill linni
  Gin shaw zar leithre er loch,
  Is fadda, etc.

7 Din teill mir a ta mee,
  Is trewig er bea mir a ta sinn
  Menir a tarruing clach,
  Is fadda, etc.

8 Derri ni feyni far noiss,
  Is mee Ossin mor m'finni,
  Gesticht re gowow clukki,
  Is fadda, etc.

9 Faye a phatrik zoein o zea,
  Fiss in nini in bea sinni
  Gith serrir marrien roith locht,
  Is fadda, etc.
            Is fadda.

A. 9. A TARRING CLOOCH. 48 lines.
AUCTOR HUJUS OSSEANE M'FINN.

1 Anvine in nocht nart mo lawe
  Ne ell mi coozein er laar
  Is nee enyth zof waa bronych
  Ym zebil trog sennorych

2 Troyg gi neith cheddeyth doif
  Seach gi dwn er twne talwon
  Re tarring clach a hallinn
  Gow relling hulchin talzing

3 It ta wrskal aggwme zut
  Er ir zi wuntir phatrik
  Estith re astenyth inn
  Schal beg er tocht zin talgin

4 Brwin di rinnyth in swnn
  Er sleywe quoalgein moelyth lwmm
  Di churri er feanow phail
  Ywir in ta hunwail

5 Da draue din wrwin wroyth
  Chur finn er clan morn
  Agus in trane elli zeit
  Ormss is er clannow kiskneith

6 Hugas fregryth nar choyr
  Er m'cowle v'tranewoyr
  Hurd nach bein fada fa smacht
  Is nach danyth doo geilleicht

7 Di weit Finn fada na host
  In leich nac burras a cosga
  Fer gin noyin gin eggill
  Nor a quayl in doo regryth

8 Is sea coyrra di raa rwm
  Flath eanyth ny vane finn
  Bea tou schell a tarring clooch
  Ma in deyt how in weit wronyth

9 Di zeyrris is sin ra erg soss
  O vak cowle a rinzerga
  Sea lenn me din nane awnyth
  Cathrow chath croychalm

10 Fastir miss ag in nane
   Verrir royssa my wraa feyn
   In lwcht a wa gim heit ann
   Is da in deit id tame gi anvin

11 Faa meith in coythrlyth croo din nano
   In gath crwnvonyth Anvin
   Ymyth nac gin anyth ann
   Da in tallyth tame gyth anvin anvin

12 Anvin in nocht cley mo curp
   Creddwm di wraor padrik
   Eddir lawe is chass is chenn,
   It tame ullith gi anvin anvin
            Anvin.

A. 10. IN SOO CHONNICH MAA IN NAYNE.
36 lines.

THIS fragment places the House of Padruig on the site of Fionn's house, that is to say, on the Hill of Allen, in Meath. It also names many of the warriors. H. 2. I. 3. are Kennedy's versions of the ballad, collected about 1774. Dr. Smith had H. 2. from Kennedy. At page 328 of his book in the English, as he made it in 1780. At page 306 in his book of 1787 is the Gaelic which he made out of Kennedy's copy and others which he had. St. Patrick has become Malvina, and all the names have Latin endings, but nevertheless the passage and the ballad had a common ancestor in A. 10. Kennedy's second version may be compared with his first, and with Dr. Smith, and with A. 10. by those who care to investigate this subject. To me it seems clear that Mac Pherson's Ossian had got such hold of his cotemporaries that they could not leave a ballad alone. Kennedy's sins were small, as appears from a close examination of H. 1.

A HOUDIE SO OSSIN.

1 In soo chonnich maa in nayne,
  Di chonnich ma caynan is goole
  Finni is oskir mi vacki
  Rynith is art is dermit doone

2 M'lowith kynkeith ni gaege
  Garrith derk is ey beg
  Is ey m'carrith nor heynıe
  Ni tre finni is fed

3 Glass is gow is garri
  Galwe nin gead is conane brass
  Gole is cwin m'gwille
  Sokkith m'fynni is bran

4 Keilt m'ronane ni gath
  Doywn coylin is leym er gleinni
  Is caedith a fronith or
  Is fer one woyne var by vinni

5 Baynith m'Brassil ni lanni
  M'chromchin tenni m'yn smail
  Agus oskir m'carrith zerve
  Ni tre balwa is ni tre skaill

6 Tre boyane zlinni schroill
  Tre rwell o voynith reith
  Vii mic cheilt ni glass
  Tre zlassni zlessra nyn ser

7 Tre beath chnoki durt
  Be veddeis fa wurni znath
  Deach m'eithit vorni vor
  Oissi teacht er boie id tad

8 In soo a chonich ma in nane
  Boyine eall di chenchyth koyll
  In dimchill ossin is inn
  Swle zlinni di fronfre or

9 Fer loo is kerrill croye
  Di verdeis boye er gyth catht
  Fay canym is felune feall
  Di chonnik mi ead in soo
              In soo chonni.

H. 2. CAOIDH OISIAIN. 68 lines.

Kennedy, 1st Collection, page 179. Advocates' Library, January 3, 1872. Copied by Malcolm Macphail.

How Ossian lamented the Heroes one day he was walking on a hill where they had a fortress, and used to be singing, feasting, and hunting.

DAN 30.

1 So far am faca mi 'n Fhiann,
  Chonnamar ann Cian agus Conn;
  Fionn fein is Oscar mo mhac,
  Raonidh, Art is Diarmaid donn.

2 Mac-luthaich is Caoin-cheann gun chealg,
  Daoire dearg agus Aogh beag;
  Aogh mac Gharidh nach tím,
  Na tri Finn agus Fead.

3 Glais, agus Geambail, is Geir,
  Re cuimhneach nan ceud shonn bras;
  Goll mac Riogheanaich dhuinn,
  Eoghan mac Fhinn agus Bran.

4 Seachd mic Chaoilte nan lua' chas,
  Na tri Ghlais o shráid nan saor;
  Na tri Fiaghain bu ghrinn dóidh,
  'S na tri Criogheala bu mhor aoidh.

5 Na tri Oscair Gharidh ghairbh,
  Na tri Bailbh, is na tri sgáir;
  Beinnidh mac Freasdail nan lann,
  Troidh chruinn teann, is Mac-o-smáil.

6 Caoilte mac Ronan nan cuach,
  An Goll guairn, is Leum air línn;
  Ceud laoch le 'm prointe ór,
  'S fear o 'n Bhó' ain le bheurla bhinn.

7 Moran is Filidh nan duan,
  Conal suairce na caint thlá;
  Cuth-fhraoch a b' fhearr re tím crua'i,
  No caogad do shluagh Ri Pháil.

8 Muirnne Torman agus Seamh,
  Ardan Treun fhear 's Coirreal áigh;
  Cleasa mór an gaisgeach calm,
  Agus Fearr-ghuth nan lann bán.

9 Cruai' fhear lua'- bheumach gun mhéin,
  Colla féat agus Cáinl thlá;
  Muireach Meamnach agus Brian,
  Fir gun fhia' roi' iarguin bhlár.

10 Faoghlan mo dhea' bhrathair fein,
   'S Faradhas béul dearg bu bhinn glóir;
   Treun-fhear Treabhal agus Art,
   Na lán ghaisgich a b' fhearr doidh.

11 Fad- éighe nan iolcach cruaid,
   'S Raonac ruadh an leadain óir;
   Luimneach 's Leadan nan rosg máll,
   Breacan ármach, is gnúis og.

12 Maoth chruth, Torman is Caomh, bhéul,
   'S Ceolmhor bu bhinn béus tra' nóin;
   Is Faoghlan mo bhrathair fein
   Ochain nach roibh 'n d' éug do 'm chóir.

13 Cruth-geal lóinreach is Deó-gréin,
   A shoilse' measg chéud air magh;
   'S a Milidh áluin nach d' chlaon,
   Riamh na laoich re lím an gail.

14 Faoghlan, Suine, is Connlaoch,
   Na treun laoich bu mhai' sa chath;
   Muireach, 's Brastalan mac Fhraoich,
   So an t aog a rinn an sgath.

15 Dubh chuimir, s Aille mo ghráidh,
   Is mic Smáile nan cleas lúidh;
   Garbh is Conan mac Morun,
   'S mi tha air mo leon gan túrs.'

16 'S mac smhail ar luas san ló'd,
   Mar shrann-ghaoth, no ceó nam beann;
   Fionn is a dha Choin air éill,
   Bha iad fein air thús sa ghleann.

17 O nach maithrean ach mise dhiu fein,
   'S nach 'eil mi do reir na sgoil;
   'Nois o chuaidhe air mo ghleas
   'S truagh mo thuras fein an so.

I. 3. TUIRIDH NAM FIANN. 68 lines.

Kennedy's 2nd Collection, page 158. Advocates' Library. April 12, 1872. Copied by Malcolm Macphail.

In this second copy Kennedy seems to have picked up names and variations. I have marked the most important with *. It is curious to see how verse and assonance govern these changes.

1 *So far am facas an Fhiann,
  *Chunnacas ann Brian agus Conn;
   Fionn fein is Oscar mo Mhac,
   Raini', Art, is Diarmaid donn.

2 Mic Luthaich, is Caoin-cheann gun chealg,
  Daire dearg, agus Aogh beag;
  Aogh Mac Gharai' nach tim,
  *Na tri Minn agus Fead.

3 Glais agus Geambail, is Geir,
  Ri cuimhneachadh nan ceud shonn bras;
  Goll mac Riobhanaich dhuinn,
  *Eodhan mac Mhinn nan lu-chas.

4 Seachd mic Chailte nan lua-chas,
  *Na tri Glais o Aird an t-saoir;
  *Iodhlan is Luthar is Leug
  *Is tri chend do shliochd inghean Taoibh.

5 *Na tri Toscair Gharai' ghairbh,
  Na tri Bailbh is na tri Scair;
  Beinnidh mac Freastail nan lann,
  *Troi' chruinn, Cam is Mac O Smail.

6 Cailte Mac Ronan nan cuach,
  An Goll guaru is Leum air linn;
  'S an ceud laoch le 'm prointe or,
  *'S fear o 'n Bho' ain bu cheolmhor binn.

7 Moran is Filidh nan duan,
   *Conall suairc agus Caint-thla;
   Cuth-fhraoch bu treun ann san ruaig
   Bu mhor buai' air Cluana Phail.

8 Muirne, Toiman agus Seimh,
   Ardan, Treun-fhear, 's Cairil aigh;
   *Cleasamor an curaidh calm,
   *Agus Fearr-ghuth nan lann ard.

9 Cruai'-fhear lua' bheumach, gun mhein
   *Colla feut, is Deudgheal graidh;
   *Muireach, Meamnach agus Cian,
   *Laoich gun fhia' ann iargain bhlàr.

10 Faodhlan mo dhea' bhrothair fein,
   Fearadhas beul dearg bu bhinn gloir;
   *Treun-lamh, Treathall, is Triall-mall,
   Laoich nach b' fhann 's ann iomairt scleo.

11 Fad eighe nan iolach cruaidh,
   *Raonai ruadh an leadain oir;
   Luimnich, s Leadan nan rosg mall.
   *Bricain armach, is Gnuis og.

12 *Maothchruth, Mungan is Caomhbheul,
   Ceolor bu bhinn beus tra-non;
   *Is Miodhlan o Mhuthan gheug
   *Ochoin! na fir threun san toir.

13 *Cruth-geal orbhuidh is Deo-grein,
   A shoilseadh measg ceud air magh;
   *'S a Milidh aluin nior chlaon,
   *Riamh na laoich ri tim am bail.

14 Sorglan, Suimhne, is Conlaoch,
   Na treun laoich bu mhaith sa chath;
   *Muireach, Bastalan is Fraoch,
   Och 's e 'n t aog a rinn an sgath.

15 Duchuimir, is Aille mo ghraidh,
   Is mic Smaile nan cleas-luidh;
   *Garabh a sgrios an teach aigh,
   *Dunscaich nam baideal ur.

16 B' amhail ar n' imichd san lo,
   Is iom-ghaoth, no ceò nam beann;
   Fionn is a dha choin air eill,
   Bha iad fein air thus sa ghleann.

17 *Onach maithrean ach mis do 'n Fheinn
   *'S nach eil mo do reir mo thoil;
   *O na chuaidh air mo ghleus,
   'S truagh mo thuras fein an so.

MALA-MHINE. (? St Patrick.) 62 lines.
Reprinted from page 306, 'Sean Dana,' Smith. 1787.
See above, p. 47. A. 10.

Threig faraon mo sholuis fein,
Tha mo chridhe nan deigh mar earr-dhubh;
Mi falach mo ghnuise le m' eide'
'S mi tuire' gu geur na dh' fhalbh uam.
Tuiridh; a reultan an àigh,
Is blàth leam ur bròn-chuimhne.[1]

OISEAN.
Is amhuil, is caomh leam fein
Ursanna treun a chatha.
Ge trom an suain 's gun lua' ri 'm faioinn,
Tha 'n dreach gun stad ann am smuainte.
—So far am faca' mi 'n Fhiann,
Chunnacas ann Cian agus Conn;
Fionn fein is Oscar mo mhac,
Raoini' Art, is Diarmad donn;
Seimh-mhacLuthaich, 's Caoin-cheann gun chealg,
Mac Ghara garg, tri Fionain 's Fead.
Bu loinreach an so ceann-bheairt Aoigh,
'S bhiodh fead sa ghaoith ag leadan Daoire,
Gruag Dheirg mac-samhuil bratach,
'S Treunar gasda mar gheig san doire.
Bha Torman mar shruth o 'n aonach,
Ardan mar chraoibh ro cheo,
Muirne ri thaobh is Sith-bheulain,
Ag amharc sèimh thar sgiatha gorma.
Cleasamor maraon, an gaisgeach calma,
'S Fearra-ghuth nan lann bàn,

Caoireal binn, faraon is Ulann,
'S na sloigh air uilinn ri 'n dàn.
—Chunnas ann Moran is Filidh nan duan,
Conal suairce na cainnt thlà.
Lamh-dhearga le lainn deirg,
Is Curach bu mhor feirg am blàr.
—'S c' àit a bheil Liughar na féile,
'S Fad-éighe nan iolach cruaidh;
Raon-ùr-rua' nan leadan òir,
Luimne mor-chathach 's Caoilte luath.
—C'àit a bheil Leadan nan rosg mall,
Beanno armach 's Torcar òg,
Mao'-chruth, Calmar is Cao-mhala,
Luchd-sgarai' thorc air Gorm'all mor?
—C'àit a bheil Faolan mo bhrathair fein,
'S Fear'as beul-dearg bu bhinn gloir,
Crù'geal bu loinreach eide'
'S Deo-greine b'ait le laocha mòr;
—C'àit a bheil Ma'-ronnan nan cuach
'S a mhaise bha 'n gruaidh Aillidh?
Feuch dhomh ceuma Dhuchoimir,
Is Crigeal na haghaidh ghradhaich.
—Bha Sorglan, Suine 's Conn-laoch
Mar steud aonaich ann sa chath,
Goll mar shrann-ghaoth na fàsaich,
Is Conal a' cur bàis o ghath.
—Threig sibh mi, fheara mo ghraidh,
Cha 'n 'eil caomh a chàireas m'uaigh;
Tha mise ri bròn nur deigh,
Is mi fein an t aonaran truagh!
'S tiamha idh mi 'm feasd nur deigh,
Air sleibhte fàsail am aonar.
Theich oighean mo ghraidh mar reulta,
'S tha mise nan deigh brònach,
Mar ghealach tra dh' eireas a ghrian,
'S na reultan a' dian-dhol o 'n àite.

FRAGMENTS OF LAMENT.

The following fragments, O. A. 11, 12, 13, 14, can be recognised elsewhere in various shapes, but I have not found them orally preserved.

O. is a mere fragment of a Lament, got near Dunkeld, about 1800. A. 11. points to the very graves of the warriors named. A. 12. is addressed to 'Padrik,' and regrets that the clergy have got the mounds of the Faynith. A. 13. tells what music the Faynith loved, in contrast to the bells. A. 14. treats of sweet voices. These carry on the same idea. The Pagan and the Priest are characters acting a metrical play for the audience, and the scene is the House of Padruig, on the Hill of Allen, amongst the graves of the Faynith. The stage was the reciter's place, wherever that might be for the time.

O. 36. FRAGMENT OF LAMENT. 8 lines.
Dr. Irvine's MS., page 153. Copied by Malcolm Macphail, Edinburgh, April 2, 1872.

Dh' fhalbh iad bha laidir neartmhor,
Dh' fhalbh iad bha 'n treis na h'oige;
Dh' fhalbh iad bha 'n laithibh lionmhor,
'S Dh' fhag iad mise 'm chrionuich bhroite,
Mar chraobh sa choill gun gheug m'an cuart di
Gu dionadh o thuarih reota.
A' seasamh air firach nah-aonar,
'S gaoth a bagradh h-aois a leonadh.

A. 11. NA TULLYCH. 21 lines.
GUN AINM UGHDAIR.

1 Id ta fane tullych so toye
   M'veckowle is groy colk
   M'dadzail neyn in derk
   Nach tug ra erk braeir borb

2 Id ta fane tullych so dess
   M'vec goyne kness mir wlay
   Cha dor sai nach fa neith
   In gress noch char veine yth law

3 Id ta fa tullych horryth
   Ossgyr bi vath gol is gnee
   Clan morn gai math ni fir
   Noch char chur sai sen im bree

---
[1] A while, O lend us from the tomb
Those long-lost friends for whom we smart,
And fill with pious awe and joy-mixt woe the heart.
                                          Thomson.

4 Id ta fa tullych so har
   Gillyth bi van less nyth mnawe
   M'ronane dor weyth clar
   Fane tallych soo har id ta

5 Id ta fane tullych so foyme
   Innor vyth von groik is grane
   Connan dyth zaf gyth murn
   Fa tullych fume id ta.
                Id ta.

A. 12. TWLLYCH NI FAYNITH. 96 lines.

1 Troyg lwm twllych ni faynith
   Ag ni clerchew fa zeirse
   Is danyth lucht ni billak
   In nynit clannyth beisknyth

2 Dayr missi raa croychin
   Schell fada wroychow gi swgych
   Beg a hellis gi tarfin
   In talgin er di wullych

3 Dayr meith skay is sley
   Conn is gyir fad walle
   Ga ta nocht knok ni fayni
   Fa chleyrchew is fa wachlew

4 Da merra clanni morn
   Ni wee fer nordsi seadtrach
   Di zoyve schew fer grabbil
   A lwcht ni baychill breik

5 Da merra m'lowyth
   Si vi curri chalma
   Swl fowkweis in twllych
   Di wee fer cowlyth garryth

6 Da merra clanni carda
   Fir nachir chelggi bayssew
   Ne weith fer glwkgi fer bachlaa
   Nynit ni bradtych

7 Da merra clanni mayvin
   Fer nach banvin in droddew
   Ni weith di wuntir a phatrik
   Gi laydyr er ni chnoken

8 Da merra clan in dew zerri
   Da merra keilti croych
   Ne weith gayr chloogi is chleyrri
   Ga nestich in raa croychin

9 Da merra rynne roydda
   Is keilcroy m'creyvin
   Ne weith di loywr la cheyll
   Ir a laywis a bebill

10 Is ni lwrga crwnni
    Di ryn in swll doyne
    Di weith di lorga na brossna
    Da bea osgir er layr

11 Ir in trostane woye
    Di ryn in swe swnda
    Math dut nach marrin connan
    Fa manach dorn duta

12 Du marrein swlzorm seir
    Conan meil makave ni wane
    A chleyrre ga mor di zorda
    Di wonin zut dorn gi dane

13 Da marra m' o zoyni
    Er ni lwrga crossi
    Di weith di lorga sue mest
    A bresta fa chaythra clooch

14 Ir chlwga mir helim
    Da weith dering na woye
    Di weith di chlog na rabba
    Woya fa edin a chaythre

15 Ner zarga shmor a cheyth
    Er gayth geith m'roynan
    Na be di chlog gi hannis
    Ir a wanis a koyllan

16 Ni eddwm bi gi sowthych
    Ne agkwm m'kowl si woe
    Ne ekkym dearmit o doywn
    Ne ekkym keilt m'cronan

17 Ne hynyth mi way gi dowyth
    Er in tullych so phatrik
    Ne ekkym m'lowth
    Ne ekim in chwllych zrawcht

18 Ne ekkim far loo raym heive
    Ne ekkim oskir na . . .
    Ne ekkim in nymirt vor
    Ne ekkim a choanirt cheyf

19 Ne ekkim clanni smoyl
    Ne ekkim golli mar ni gneyf
    Ne ekkim feillane fayill
    Ne ekkim na zey in nayn

20 Ne ekkim ferris mi wrayir
    Layr meth layr woalta
    Ne ekkim dyrri doynicht
    O woymist koyl gi noyrra

21 Ne ekkim fa kanyn
    Nach beehow aggin er ayrre
    Ne ekkim ane gar worrin
    Di bi wor torrin a glar

22 Ne ekkim evinis na hoyl
    Ne clwnim in koyl di wee
    Soll di curri mi mi hoo
    Di fronfwn feyn or gi loyit

23 Inssim zwt a phadrik
    Da bi zayllwm hecht harsta
    Nach fayddwm a heillow
    A vacca may zeivinis agga

24 Missi is cleyrre ni bortwis
    Nocha droyinum ra chaal
    Ga ta mee nocht gi dowych
    Is troygh lwm tullych ni fayne.
               Troyg lwm.

A. 13. SKAILE ER CHOYLE. 40 lines.

1 Skaile oiknith er choyle cassil,
   Gow carn wallir berrith mee,
   Na clwnnith dwnni za glwnnith
   Gi glwnnith m'gweill ee

2 Makcowle di choill cossir
   Er sliss alwin in nor weine
   Essin oss in gend ne choll
   Finni in cessew doyr reiwe

3 Ossin dein nichticht is dermit
   Dey v'lowith leich nar zann
   Deiss nar leyr cooza coskir
   Conan feyn is oskir ann

4 Sloyne a zey leych zawsich
   Di raye fin fer gyth eyth
   Faikgen mir sin er oill inn
   Ca coyll leiwe is binni er beith?

5 Di raye conan yr we in nymirt
   Eine choyll is binni hor feyn
   Math lawe in ir re heygh
   Enrwnith fer sen gr chwnith er cheyll

6 Foskgi zi chwlg in gaith nawit
   Nach in gath ni choklit sa
   A loywe in genn is in gossith
   Koill a bar le oskir aye

7 Koill is mo ruggis zi ryin
   Di rae deomit ni derk maal
   A rozraw gin ga boa zawssith
   Coraa ban is ansith ann

8 Sowd mi choilsi a v'wurn
   Er m'lowith ni narm glan
   Leym in gleyw mi chon gow cre
   Fey ga churri in derri zawe

9 Sowd in koill is koyle dowfsyth
   Di rae fin fla in tloe
   In neym zeith bayne ley braddeiche
   Raym finleich fa atteive oyr

10 In tra weime gin eggil nin neksith
    Ossin a durt fa zoe
    Mi zane is a zoissith in daskgi
    Saif rame cloiss clastin a chole.

A. 14. BINN GOW. 16 lines.

1. Binn gow duni in teyr in oyr
   Binn a ghloyr chauyd nyth heoyn
   Bynn noaillane a nee a quhor
   Bin in tonn a bwn da treoyr

2. Bynn in fygzir a ne zeye bin gow
   Coyth oass cassyth conn
   Alynn in delryth a ne greane
   Byn in near feddyl nyth lon

3. Bynn gow illyr esse roye
   Vass kynn coayne v'moyrnye mor
   Bynn gow coythaa oyss barrye doss
   Alynn in tost a nee in coir

4. Fynn mac cowil mayr
   Fani sacht caa na eaynn gyth grynn
   In oayr a lykeyst con ra feayn
   A garrye no zeye bye wynn.
                 Bynn gow.

A. 15. NENOR COLIN CHON. 120 lines.

This is a very difficult bit of language, and the meaning is obscure. It is quite plain that nine battalions, or bands, led by Fionn, the general of the Feinne, went out with their banners, and sought all over Ireland for something. They fought, and won, a great battle, and after it, they found in a little fort 'maddith za danmist cholin.' The words seemed to the first translator, and they seem to me, to mean, 'a hound from which we might obtain a pup.' But the effort seems too great for the object. If 'chenni cholin,' line 2, and 'chinni cholin chon,' line 3, mean 'a whelp of the kindred of Conchullain,' or of 'Conn,' there is better reason for this expedition. 'A whelp of Conn,' may mean 'Cormac, the son of Art, the son of Conn of the Hundred Fights.' According to tradition, and Irish history, he was brought up in obscurity, and became the greatest of Irish High Kings, after a great fight. (A.D. 213. Battle of Crinna.) I place this ballad here, supposing that I may have guessed right. I wrote the Story of the Battle of Crinna from an old man in South Uist, in 1871, and found out what it meant when I got to Dublin. That story I will tell in its place, in English.

1. Nenor a quhyme fa chyill
   Di woyn avr chenni cholin
   Woyn avr chinni cholin chon
   Ca mo dorin sin doyn

2. Zearemir my lenyth lerga
   Is glen frethnich ni glawe nerg
   Is fer nach forrimir ann
   Maddyth za damis cholin

3. Dearemir glen dorch dow
   Glen zarve zorrith is gl claehe
   Is fer nach dorrimir ann
   Maddyth za danmist cholin

4. Dearmir scheane zrwmmi clywe
   Is finni wg leive na zei . . .
   Is fer nach dorrimir ann
   Maddyth za danmist cholin

5. Dearmir durlis war wail
   Tawyr wry is down zawrane
   Is fer nach dorrimir ann
   Maddyth za danmist cholyn

6. Dearmir glen okothyth
   Fa forrais awr ossill
   Is fer-nach forrimir ann
   Maddi za danmist cholin

7. Dearmir finni wy maye
   Tawyr wry is kintaylle
   Is fer nach dorrimir ann
   Maddi za danmist cholin

8. Dearimir erri wlli
   Eddir chonnith is donni
   Is fer nach dorrimir ann
   Maddi za danmist cholin

9. Gerrid downith mir sen
   Sin feyn pupbill muntyr
   Gin wakcamir tre cath nach
   Di clanni reith ni roylayth

10. Cath catchennith de we ann
    Is cath chonchennith na genn
    Cath drumanich in dey in ney
    Donn er chawyr in drom b . .

11. In tley a soiltich gi hard
    Er inni feyn in eingnyth zark
    In nochtyr ake cheyttyth chay
    Er we in tley . . . gead

12. In tleyg soyltich gi chert
    Er inni feyn fa gall a zlak
    Er layr skaye cheilt gyn wroyn
    Weith in tly z in g

13. In tley a soyltich gi heissil
    Er inni feyn in nagnith eywre
    In noythtyr skae chrwin charre
    We tlay ac mak chrunchan

14. Leygis cheiltyth gallan gleith
    Choylis e nalwin da reroiwe
    Iss mygh lenyth nyn lanni
    In dawr is in down reillin

15. Reggir e goole m'morn
    Faynith kenard cron woyn
    A zleyis felane m'fynni
    Agis ni balwe a borrin

16. Reggir a ze mbak mawoe breik
    Is m'elle o noye brek
    Scay bregh m'daythein dayn
    Is keill croith in nerm rai zeyr

17. Reggir e keinkeith nith golg
    Agis illin feywr zerg
    Is keill croith a croyth zrinni
    Nach estith goyth iywrin

18. Bi winni schenwrannyth sley
    Agis mowr ni meillith
    Agis rann wrattich schroill
    Ag erri a maddin zeith roeith

19. Di hoykgimir dalwe zreynith
    Brattich inni vor ni faynith
    Oyr chor sche tennal
    Fa wor chanan cheintle rwe

20. Di hoykgimir fulling doyrith
    Brattich zwlle wor v'morn
    Menkith we gach troyle chroissich
    Derryth agis tossyth foylith

21. Di hoykimir in menchenith oyrri
    Brattich rynith gin nymig sloyeg
    Sroill lay gonfee knaw is kenni,
    La leygis fwl gow fybrin

22. Di hoykimir kynill chath
    Brattich eillane darre
    Mak finni far flath ni waynith
    Gilli lay gurre tromley

23. Di hoykimir down neive
    Brattich ossin na grri
    Laywe zarg brattich v'ronane
    Is oarnay in deive elle

24. Di hoykimir akoyb zawe
    Brattich oskyr in warffee
    Re doll in gath na glaee
    Menkith zarre skopbe zawe

25. Di hoykimir loith lynith
    Brattich zarmit e zoenith awyissyth
    Noar beyth in neanith wea sche
    Awzissyth oeyrith a mach

26. Di hoykimir barne a reybgin
    Brattich oskyr nar schanith
    Danyth coyharme m'gar zlynni
    La garwe kinni is kenwr

27. Di hoykimir creiwe fowllith
    Brattich clonni var v'lowich
    Noar a heych in nane a mach
    Is sche wea er in dossych

28. Di rimimir croith chath
    In dymchill inni oyrlach
    Ma dudtych finni farri
    Eddi ni wane worchalmith

29 Marwes ni catkenich linni
   Agis di goyve ni chonchinnich
   Hutti ni drumanich wlle
   In dymchall inn alwin

30 Munnich beg fa dassi zownith
   In nynwr wrow za zownnith
   Is math forrimir ann
   Maddith za danmist cholin

31 Zearimir erre wlle
   Eddir chonni agis donni
   Is noech cha dorremir er a feyg
   Cheaddi ferr o zarve na nenor.
                  Nenor a quhyme.

CAOILTE.

CAOILTE was the Swift Man in the Story of the Feinne. He was of the tribe of Baoisgne. In the following ballads he appears with mythical characters. He is of Fionn's generation, and calls him Oide. In Irish legends he and Oisein converse with St. Patrick, and he is made to sing while Oisein tells stories. 'Caoilte and the Boar' has not been found current by any of my collectors, and has not been printed. I give three versions, D. F. H. They are not copied from any written original, and all are much broken. 'The Lay of Astray out Hunting' is of the same class. It survives in the outer Islands. I give four old versions, D. F. H. O. I have Z. 15, and the music of the Ballad, which is wild and melancholy. The last verse in H. names three chief exploits of Caoilte:—1. 'The Day he was in Dunanoir;' 2. 'The Slaying of the Boar;' 3. 'The Slaying of the Giant with Five Heads.' I have all three stories in ballads.

D. 5. MAR A BHAIRIBH CAOILT A MHUC THEISG. 64 lines. 1755.

Mac Nicol's Collection. Ossianic Ballad, copied by Malcolm Macphail. Edinburgh, March 1, 1872.

1 LA a bha shin air Gleann cruaidh,
  Coir air Fraoithidin fad uair;
  Gherich robhin air an Leirg,
  Aoin Mhuc Gheisgirnich Bhoin dearg.

2 Leig shin air shia Loinin deig,
  Rish a Mhuic agus nim Breig;
  Chuir a Mhuic Dith air air Connibh,
  As dhag I air shealg gun dianibh.

3 Thug a Bhuc orra Glean Laoigh,
  Bha Caoilte ra Tarichd Caoibh;
  Chagnidh I a T-shleighin ruaigh,
  Mar Bhun shibhaige shean Luachrich.

4 Thug a Mhuc orra Bein oistil,
  'S bha Caoilte ga hoirt a naisgidh;
  Chumigh I 'a Garmin rish,
  Mar na clachin Garraidh Glassa.

5 Cait a bheil mo Leannan shithigh,
  Na Nighin na maillich mine;
  Nach digidh I nois gam chobhir,
  'S gur O thigh Beithir I Chonnachair.

6 'S mianich leatsa Chaolte chaoin,
  Bhi 'g imra ormsa 's du 'd hegin;
  Ach cha bhianich le 'd chorp sheang geal,
  Tin gu 'm Fhios she gu shith Bhruth.

7 Nan dige du tri oiche Luain,
  Am Fhios gu shith Bhruthidh bhuan;
  Cha Bhigh air Mac Riogh san Dobhin,
  Crossa na Gessa nach fuaisglin.

8 Coir an Fainigh sheo mu d' Bheir,
  Coir an Scian sheo air Bhar Tingin;
  Beir air Chluais air a Mhuic Tsheisg,
  Na gaibh roippe Fua ne Eggil.

9 Buail I sa Bhall Dorain duth,
  Na beinnigh do Laibh ga Fuil;
  Bu Bhas do Mhac Riodh fo 'n Dobhin,
  Fuil shean' Mhuicce 'si air Aoghil.

10 Am Marach nitar do Bhannish,
   Caoilte Mhic Ronain ruinn Tshollist;
   Mas beo mi fo Ra a Cheartais,
   Gun dig mi t-iunnsuidh lo Hairrichdibh.

11 Croithidh mi ceid maoilsh mhaoil,
   An Gleann Sheirce Taoibh ri Taibh;
   Croithidh mishe shin a marach,
   Air ghilichis mhic Ronain.

12 Croithidh mi ceid Earbe Luain,
   Nach deig Cuibhne aig Craoigh ruaigh;
   Croithidh mishe shin a mairach,
   Air Dhilichis Mhic Ronain.

13 Croithidh mi ceid Daibh aulligh,
   Nach dag Cuibhne an ard bheannibh;
   Croithidh misshe shin mairach,
   Air Dhilichis mhic Ronain.

14 Le cuirt do Gheichibh don-deargidh,
   Fo Fheirribh oige Fion-arde;
   Le Gillibh gaiste Coithidichh
   Nach Curriste Dhi-armiche.

15 A Chead bhean a hig a mach,
   Air Dorrist Tathidh T-eirigh;
   Glac us' I air mheid Rathidh,
   'S or Erin fo Chean gu cean

16 Gheobhe du chion gun a gabhail,
   Ha glioccas an Dobhain uilligh;
   A Chaoilt air dol an t-aoin' Bhruinnain,
   Air gheigh sheola mnaigh shithigh,
   Nach heil an aoin Rioghichd ruinne.
                  Croich.

Am Fearr a bharraigh a Mhuc t-sheisg dheobhigh Ighin Riogh Erin ra posa; is heoil a Leannan shithe do Chaoilt cia mar bharaigh e a Mhuch agus cia mar dhainnigh e nighin an Riogh an deis a cosnidh. Shin nar ghaibh an Riogh Iunnigh ga ghlioocas sa chuir e ubhail nach bu ghlioccas saoghilte.

F. 13. EACHDRAIDH AIR MUR A MHARBH CAOILTE MAC RONAIN A MHUC GHEARR ANN AM FIONAIS, RIGH NA FEINNE.

Fletcher's Collection, page 140. Advocates' Library, January 23, 1872. Copied by Malcolm Macphail. 88 lines.

1 LATHA dhuine sealg nan Cluanan,
  Do d' Fhionn is da mor shluagh,
  'Se chunnachdar mar a tighinn o 'n leirg

4 A mhuc ghiosganda dhonna dhearg.
  Chuir i sean dearg air ar conabh,
  Chuir i sinn fhein air luath mhireadh;
  Is dh' fhag sin air seilgne gun deanamh.

8 An sin thuirt Brichdni nam buadh,
  Is tric olc ga luaidh a steach.
  Mo Ghuailibh air Ban,
  Cha bu shuairce muc gar marbhadh

12 Thairg Fionn dhoibh cumha mhòr,
   Thairg e ceud tunnadh do 'n òr;
   Agus earradh fhein do 'n t-sròil,
   Agus toiseach suidhe na seilge,

16 Air na h hard bhraon Bheannaibh.
   'S a raotha mnatha foithe toirreachastrom
   Is i fhein bho h-og altrum.
   An sin labhair Caoilte.

20 Ni 'm fear sibh mur Chlanna Riogh,
   Na mi do radh Chaoilte na beammunan,
   Deangam a mhuc Ghearr as air ceann
   Fhearaibh uaisle na Feinne.

24 Ach dh' eirich i ri Beinn laoich,
   Is bha Caoilte na hearrluine,
   Is chagnadh i na sleaghan cruaidhe,
   Mar bhun siobhagain seunn luachrach.

28 Is gun casadh i Garmain ris,
   Mo na Clachabh Garbha sleabha,
   Ach dhireach a mhuc ri Beinn asdail,
   Is bha Caoilte ga thoirt an nasguidh

32 Ochain! gun mo bhas an dee,
   Mu 'n d' rinn mi d' Fhionn breug am fhacal.
   Ach c'aite am bheil mo leannan sith,
   Na' inghin na maladh mineadh,

36 Nach iochdadh an so gam Chobhair,
   Is gur ogha peathar i Chonna-Chobhair,

Ach thainig an ùr inghin a mach o dhùnuaisl sa
　　deise shioda uaine uimpe.
　　　　Thuirt ise.
40　Bu mhian leatsa Chaoilte chaoin,
　　Bhi gam iarruidh is thu' a d' eiginn,
　　Ach bhuaidh sin a mach
　　Gun ghuth tuille bhi mo 'm dheibhin,
44　Ach cha bu mhian le d' chorp seamh gheal,
　　Tichd d' gam ionnsuidh gu sith-bhruthain,
　　Ach na d' thigeadh tu tric oidheach luain,
　　Gam fhiosracha gu sith bhrutha bhuain,
48　Cha neil ceart mhic Righ bho 'n domhain,
　　A Chaoilte nach fuasglaidhin ortsa,

　　Ach deansa suidh an so air làr,
　　Is gu 'n d' thoir mi dhuit achmhasan ;
52　Cuir am fainne so mu d' mheur,
　　Is glachd an sgian bheag air bartiongain

　　Na math do mhac mnai na fir,
　　Beir air chluais air a mhuich sheisg,
56　Na gabh roimpe fuath na eagal,
　　Is cha dual do mhac Righ nach torchair

　　Buail i sa bhual dorain dubh,
　　Is na beanadh dhuit braon ga fuil ;
60　Bu cheart mhic Righ fo 'n domhain,
　　Fuil seanna mhuic is i air aoithall.

　　A cheud bhean a thig a mach a maireach
　　Glac i air miad a rathe
64　E laimh an Righ an àrd fhlatha,
　　Air na bheil a dh' òr sa teimhrie
　　Cha b' aill le Fionn thu ga gabhail

　　A maireach a nithear do bhainneis,
68　A dheadh mhic Ronain nan lann solluis,
　　Ma 's beò mise gu tim teachd,
　　Thig mi thugadsa le harraichdeadh

　　Croghaidh mi ciad maoisleach mhaol,
72　Air Gleann-easgaduil ri d' thaobh ;
　　Ciad doran is ciad damh alluidh,
　　Nach d' fhàg an cuimhne an àrd bheannaibh.

　　Ciad comhladh do 'n chreamh Ghlas,
76　Air a bhuain 'san fhaoilteach gheamhraidh
　　Chuirean sud a steach a maireach,
　　Air bhuitheachas mo leannain.

　　Air Graidh do dh' fheachibh donna dhearg,
80　Fodh chomhlain do dh' fhearraibh feannaird ;
　　Le 'n diol do dh' fhearraibh coth-sheilg,
　　Is iad uile do dhiar mhaca.

　　Croghaidh iad mise au sith-bhruithiou,
84　Is cha d' thig mi tuille ga d' amharc
　　　　Thuirt Fionn.
　　Tha gliocas na Feinne uile,
　　A Chaoilte air dol a d' t-aonbhruinnean,
　　Na seoltachd na mna sìth
88　Nach robh ann an aon riochd ruinne.

H. 3. HOW CAOILTE KILLED A FAIRY
WHO WAS IN THE SHAPE OF A WILD BOAR. 1774.
112 lines.

Kennedy's 1st Collection, page 74. Advocates' Library,
December 12, 1871. Copied by Malcolm Macphail.

NOTE.—December 17, 1871, Dublin. Story known to
Hennessy : Poem not known.—J. F. C.

Illegible, or missing two lines　　　　　　　　.

and they had seen no beasts for sport but wild Boar,
which was of great bulk and height in proportion. They
loosed sixteen Thraves of their Dogs in order to kill him,
and pursued him till they overtook him, and then he
slew them all upon the spot. Then Fingal offered his
choice of their women with many precious gifts, to any
man who would kill the Boar. Caoilte, the son of Ronan
(who was called Terror of Battle), undertook to kill him.
He chased him through woods, mountains, valleys, plains
and smooth shores ; he at last caught him, but could not
kill him, for the Poem says he could jew his arms as
green Rushes or Reed : Then he called a familiar spirit
who was in love with him, and directed and assisted him
till he got the Diabolical beast kill. He went then home,
and was generously rewarded and got everything they
had promised him.

DAN 19.

1　LATHA dhúinne sealg na Cluanach,
　　Le Fionn Mac Chumhail gu h-uallach ;
　　'S cho d' fhuair sinn an sin do shealg,
　　Ach aon mhuc dhisgearnach dhearg.

2　Dh' fhuasgail sinn sea Lothain deag,
　　Ris an Torc, 's cho 'n aona bhréug ;
　　Chuir e earr dhearg air ar Conamh,
　　'S bha ar séilg ainne gu 'n ghonadh.

3　Thairg Fionn an sin cumha, 's leig,
　　Nach do thairg e riamh na dheidh ;
　　Fios a chogair is a sgéulaibh,
　　'S a rodhain do mhnaithibh na Féinne.

4　Maraon is deich unc do 'n òr,
　　Agus earradh fein do shról ;
　　Dh' aon fhear a mharbhadh an torc,
　　A chloidh ar conamh calm san trod.

5　'S e fhreagair e Caoilte caol,
　　Mac Ronan, bu luaith 's an fhraoch ;
　　'Gabham a chúmha uail gu deónach,
　　Dhea' Mic Chumhail is cruai' cómhrag.

6　An sin shìn Caoilte air a Mhuic,
　　O Bhéinn, aula, gu Beinn luirc.
　　O Bheinn luirce gu Beinn eudainn,
　　'S o thrái, Lia-druim gu sliagh éilte.

7　A togail re brái' Dhruim ruaidh,
　　'S ann a rug Caoilte air an Fhuath ;
　　'S ghabh e d' a shleagan géur, le chudhrom,
　　Thall sa bhos mu shlios a muinail,

8　Cho sgriosadh e slios a muinail,
　　Ach mar dhaor, chruai' no Creug-ullan ;
　　Bu luaithe iad fea' gach aónaich,
　　Na gaoth earraich fea' ghleann caole.

9　A togail re gleann an Asdair,
　　Bha 'n torc a toirt Chaoilte nasgaidh ;
　　. . . ¹casadh e ris a gharmain,
　　. . . . . r na clocha glasa garbha.

10　A tearnadh a sios air Gleann lóchridh,
　　Chuir e Caoilte gu h ann dochas ;
　　. . . . . dh e shleaghean ramhra, ruadhe,
　　. . . . . . l sheamrag, cuilc, no luachair.

11　. . . . . agh mo thuras, 's mo chrioch,
　　. . . . rinneas breug do 'm Righ ;
　　. . . . mnaithaibh feilidh Fhinn,
　　. . . . . . . heach ann an Croma ghlinn.

12　'O b' àit am bheil mo leannan síth,
　　A Dhiorbhail na malla míne ;
　　Nach d' iga tu 'uois do 'm chomhair,
　　'S gu r ogha pealhar mi Chonchair.'

13　Cho chian do Chaoilte bhi na aonar,
　　'N uair chunnacas air bharradh an aonaich ;
　　Bean luath, eatrom, léimneach mhear,
　　'S i teachd chuige le deadh ghean.

14　Bha criosan na laimh ro shéimh,
　　'S fail óir mu bharradh a méur ;
　　Sgian bheag a snaidhadh a h iongann,
　　'S i gu snuadh ghlan déud gheal io' lach.

15　''S miannach leatsa Chaoilte chéimnich,
　　Bhi d' am iomradhsa 's tu d' eigainn ;
　　Ge d' nach miannach le d' chorp séimh ghlan,
　　Bhi sínte re 'm thaobhsa 'n séimh-ghleann.'

16　'Nan d' iga tu shéimh ghleann doilleir,
　　Dhea' Mhic Ronan nan rosg soluis ;
　　Cho bhiodh air do chull a bhos,
　　Aaon ni nach d' ugainn dhuit fois.

17　'So an sgian bheag so tha 'm laimh,
　　Is glac a mhuc sheisge gu 'n sgá' ;
　　No faicear air airm mhic Righ,
　　Fuil sean torc cuthaich 'se sith.'

¹ Cut and worn MS. here.

18 Bhuail an d' oghlaoch bu tréun lamh,
    An torc nimhe le mór ágh;
    Gus an do thuit e air an lonan
    'S b' ait an sgéul le Caoilte Mac Ronan.

19 'Dean suidh' 'nois am fogus dhamh,
    'S gu d' ugaim dhuit achmhasan;
    C' om an d' ug thu air mo cheannsa,
    Aaon bhean tha san Fhéinn aig Fionn-gheal

20 'Cho d' ug mise air do cheannsa,
    Aon bhean tha 'san Fhéinn aig Fionn-gheal;
    Cho d' ug 's cho tabhair re 'm ré,
    O 'n thainig thu 'n diu re 'm fhéum.'

21 'C'om an innis thu sin dhamhsa,
    'S gu 'r h ann agam a tha eolas;
    Posar thu 'n ath la gu 'n fhuaradh,
    Re inghean Aille o Cruachan.'

22 'Si inghean Aille O Cruachan,
    Bhean is fhearr tha 's an Fhiann shuas ud,
    Seachd bliadhna bha Fionn na Féinne,
    Suirtha' air inghean Aille 's fhearr béuse.'

23 'A chéud té thig a' mach an ath la,
    Glac thusa Chaoilt i gu h ealamh;
    'S air na bheil do dh' ór na thalla,
    Cho b' áill le Fionn thu da fhaghail.

24 'Ach ma 's beó mise gu tra' teachd,
    Rigidh mi thusa le gean;
    'S bheir mi dhuit ceud maoislach mhaol,
    An Gleann seirce taobh air thaobh.'

25 Crodbeam dhuit céud alluidh,
    Nach fhaca riamh teach no talla;
    Cuiream sin gu teach a máirach,
    Air sealbhachas mo ghradhaich.

26 'Bheir mi dhuit an croisan síd' so,
    Is cho chuir ort sgios do dhroma;
    'S gu 'n toir mi dhuit an fhail óir so,
    'S gheibh thu buaidh gach sluaigh is seóilte.'

Then they departed, and Caoilte returned to the Heroes with the Boar's head; when Fingal saw that he had it, he was vexed that he promised him his choice of their women, for he was sure that Caoilte would choose his own wife. Then he thought proper to cover all their heads, and to put them out one by one, and to let him take his choice thus, (since it would not break his promise). They put out Fingal's wife first, in hopes that Caoilte would stop until a good number of them would come out; but Caoilte took the first according to his familiar love's advice, then Fingal said:—

27 'Tha gliocas an domhain uile,
    Chaoilte air a' d' aon bhruinnain;
    No seoladh mnatha sithe,
    Nach eil an aon tír ruinne.'

Then had Caoilte Fingal's wife, and he did not offer such thing any more. Caoilte went next day to meet his first love, who gave him all things she promised him and said:—

28 'Biodh déarach agad na lorg,
    Gu 'r deurach an sgéula leom;
    Gus an d' eid Beinn aulla air Boinn luirc, (*Tuirc*)
    Cho 'n fhaic thu mise o 'n diu.'

D. 4. MAR BHAIRIBH CAOILT AN FABHAIR.
95 lines. 1755.
Mac Nicol's Collection. Ossianic Ballad, No. XIV.
Copied by Malcolm Macphail, Edinburgh, March 2, 1872.

1 Là dhuin an san Bhein Bhain,
    Shin fein & Fianibh Phail;
    She dherich dhuin san Bhein bhain,
    Bhi shior chuir ri sheilg air sheichran.

2 Aig meid na Doirin a dherich ruinn,
    She thachir gar Fein challama choir;
    Nach raibh ra fhetin dhiu ma dherigh,
    Commin aon Deisse ra cheligh.

3 Chuir shin Caoill air Luas a Chas,
    Gheichin am faicce e dhuin Rathid;
    Cha duair ach Rathid gairibh sallich,
    'S oiche dhorche dhoruinnich.

4 Channairc e Toigh mor air Lar,
    Air urlar Glinn nan Ceid Oigh;
    Bha Teinne sollist air air a lar,
    Bha dha Dhorist foscailte.

5 Bha Nithin ur ann an Taibh,
    A bailigh gam faiccis do Mhnai;
    Bha Innil Baoi air a Teich,
    Bha aig Cloighin na cean Aoirt.

6 Bha Coig Mialchoin aic air Slaibhrigh,
    Bha Coig Sleigh iarrain suas ri Eallachin;
    San a ghaibh mi crith as Grain,
    Ro bhi dol a steach am aoinir.

7 Na bigh ortsa Crith na Grain,
    Mas du Oigear Inse-fail;
    Nam bigh me Ghra Gealsa a stigh,
    Riogh gum fhaolidhe ro aoithidh.

8 Hug I gho Trithir ga Biagh,
    Hug as da Thrithir ga Hedich;
    Gu de dhuisg mi as mo phraibh,
    Air un Meangean beg don La.

9 Ach an Nighin ailligh aig rait ruim,
    Eirich a suas Mhic Righ Phail,
    Bhuinne gle gheal Dorain.

10 A Mhic na Mnai e Dun dil,
    Hanig iad ort 's du air Himmairt
    Gu de an Immirt hanig orm,
    A Gheig ur fos fainne Gorm.

11 Am Fabhair Mor an tin fon Traigh,
    Bear dhuit Eig na dol na Dhail;
    Hug mi Erigh orm a Suas,
    San leom fein bu leoir a chruas.

12 'S gun chuir mi orm muin air bhuin;
    Mo sheichd Luirichin Treorigh;
    'S chuir mi orm air a bhuin shin,
    Mearrigh uaine air aoin Dath.

13 Bha mo Chlaibh ri 'm T-shlios sheibh,
    'S mo Scia Bhreic a suas ri 'm Ghualin;
    Hug mi Ruathir hun an Dorrist,
    Gu ro lua 's gu hiumscarieh.

14 Co dhorchich orm an Ro Sollist,
    Ach an Fabhair mor mun Ium ghorist
    Cum uam do Gha dirich deas,
    Cha nan air do Hise aha Mi.

15 Co air eille ho do Huil,
    Fhabhair mhoir as du 'm i ruin;
    Ha Leannan aggum san Duin,
    Nighin na Malich maul[1] I shuil.

16 An m mo Leannan ha u grait,
    Abbair Mhoir, as air do Laibhse;
    Ha Fault Bui orr' as Cuil Cleichdich,
    San orm fein uu chuidh an Coileppich.

17 Cha nuinigh leom na ha u labhairt,
    Mas tu Mac shin an Leth-luachraich;
    'S gur misshe a bhairibh Tathair,
    La Catha Beinnigh Cruaghaich.

18 'Sa bharrais haist a Mhac,
    Mar Scuir e dhim ga cho-chleichd;
    Hug mi lshe Buillin deig,
    An corp an Fhabhair as cha Bhreig.

19 Fon gherich e Ghrian san Mhaddin
    Sheal man deich' I shear san annamich;
    Hug e sheolligh sheich a Scia,
    Dheicin faicce a Ghrian.

20 Hug mi Buille beo am Broid,
    Sca mi na Coig Cinn ga Bhraigid;
    Leig mi Mullin rish an Tom,
    'Shile mo chreichin gu trom trom.

[1] Meal.

21 Co ni an Guth curainte binn,
   Air an Tullich os mo Chion;
   She bainm dhosa a tin fou Heich
   Aile Nin Riogh Connich.

22 Aile dian ussa rium Baigh,
   'S na hinnish e uille do Mhrai;
   Tog leat mo Scia gu dun Dil,
   Cha do hog Bean riabh I rothid.

23 Hog Aile an shin a Scia,
   Dhimmich I lethigh gu dian;
   Cha fhroissigh I 'n Druichd don Fheir,
   S gho bho dhuisgigh I min-ean.

24 Be shin darna Cath a bu Chruaidh,
   Hug Caoilte nan Beuminn Buaghich;
   'S nar a bhairibh e a Mhuc Ghear,
   Ann an Fiannais Riogh na Herin.
                                Crioch.

F. 14. LAOIDH CHAOILTE MHIC RONAIN,
AN LATHA BHA É SA BHEINN BHAIN. 1750.

Fletcher's Collection, page 64. 91 lines. Advocates' Library. February 6, 1872. Copied by Malcolm Macphail.

1 LATHA dhuinn ann sa Bheinn-Bhàin,
  Sinn fein agus Fionn Righ Phàil;
  'Se thachair dhuinn sa Bheinn Bhain,
  Bhio sior chuir seilg air seacharan.

2 Chuir sinn Caoilte air luathas a chas,
  Dh' fheuchain an gleitheadh e rathad;
  Cha d' fhuair e ach rathad garbh salach,
  Is oidhche dhorcha dhoiruintadh,

3 Chunnaic e tigh mor air làr,
  Air làr glinne-nan ceud oigh;
  Chunnaic e solus air a làr,
  'S a dhorus fosgailte.

4 Chunnaic i inghean air a làr,
  Ailidh ga 'm facas do mhnaoi;
  Bha inneal baoigh air a tigh,
  Bha cuig cloidhean na cheann adhart.

5 Bha cuig miol-choin aic air slabhraidh,
  Bha cuig sleaghe iaruinn suas ra fraoigh;
  Is ghabh mi moran crith is grain,
  Mu dhol a steach a maonaran.

6 Na biodh ortsa crith na grain,
  M' as tu oig-fhear Innse-Phàil;
  N' am biodh mo ghradh gealsa stigh,
  Naille b' fhaoilidh è roimh aoighe.

7 Thug i dhomsa trian ga bighe,
  Agus da trian ga h-aodach;
  Gur e dhuisg mi as mo phramh,
  Air teachd meangan beag do 'n la.

8 Inghean ùr a radh rium,
  Eirich suas a mhic Righ Phail;
  'Mhic nam mnai a Dun-dill,
  Thainig iad ort s tu air t-iomairt.

9 Ciod an iomairt thainig oirnn,
  Inghean ùr nam maogh rosg gorma;
  Fam-fhear mor a teachd bhon traidh,
  B' fhearr dhuit eug na dol na dhail.

10 Ach thug mi eirigh orm a suas,
   Sann leam fheinn bu leoir a chruas;
   Chur mi orm sid muin air mhuin,
   Mo sheachd luireaichin treoiridh.

11 Is chuir mi orm air mhuin sin,
   M' earradh uaine is i air aon dath;
   Mo chlaidhe fad air mo shlios seamh,
   Mo sgia bhreac mhor suas ri ghualain.

12 Thug mi ruathar chum an doruis,
   Gu ra luath 's gu h-ioma-sgarra;
   Gur è dhorchuich orm an ro soluist,
   Am famh-fhear mòr m' an ioma-dhorus.

13 Cum uam do ghath direach deas,
   Cha 'n ann air do thi a tha mi;
   Co air eile tha do shuil,
   Fhamh-fhear mhoir 's tu mi rùn.

14 Tha leannan agam san Dùn,
54 Inghean na malla mhealladh shull,
   'Ni mo leannansa tha thu radh 'n,
   Fhamh-fhear mhoir is air do laimh;
   Tha folt buighe 's a cul cleachdach,
58 Sann orm bu chuibhe 'n coi-leabaich.
   Cha 'n ioghna leam na bheil thu radhain,
   Mas tu mac an leigh Luaichraich;
   'S gur ann leamsa thuit t athair,
62 Latha catha Beinne-cruaiche.
   Is ann leam a thuiteas am Mac,
64 Mur sguir e dhiom da cho-ghleachd.
   Ach thug mi mo sheachd-buille-deug,
   Ann corp an famh' air is cha bhreug;
   Bho dh' eirich a ghrian gu moch,
68 Gus an deach i siar san anmoch,
   Thug e suil seach a sgia,
   Shealtain caite an robh a ghrian;
   Thug mi buille beo am braid,
72 'S gath mi na cuig cinn ga bhraidhe.
   Leig mi m' uilinn ris an tom,
   Shil mo chreuchdan gu trom trom
   Co ni 'n guth furrain ud thall,
76 Air an tulaich bhos 'mo chionn?
   Gur h-e b' ainm dhomh teachd bho 'm theach,
78 Ailligh Inghean Righ Chònuinn.
   Ailli deansa ormsa bàidh,
   'S na innis mo sgeul uil do mhnai,
   Tog leat mo sgia gu Dundill,
82 'S cha do ghlac bean riamh i romhad.
   Thog Ailligh leatha an sgia,
   'S dh' imich i leatha gu dian, dian;
   Cha chuireadh i an druic do 'n fheur,
86 'S cha mo a dhuisge i min-eun.
   Gu b' e sid treas turn bu chruaighe,
   Rinn Caoilte nam beumanan buagha;
   'N la bha ea n Dun an oir
   'S an la mharbh e a mhuc ghearr,
91 Ann am fiadhnais Righ na-h-Eirinn.

H. 4. HOW CAOILTE KILLED A GIANT. 128 lines.

Kennedy, 1st Collection, page 79. Advocates' Library. December 12, 1871. Copied by Malcolm Macphail.

NOTE.—December 17, 1871, Dublin. Not known to Hennessy, but very like the style of current popular tales in Ireland.

THE Heroes were hunting on a mountain called White Mountain; the day being fair and the air favourable; but before the night came great mist overshadowed all the Hills and valleys below, so that the darkness separated the one from the other. They use to bind Caoilte's knees, because he was so swift in running, that none of them could not be up with him, so that he would walk slowly, but they forgot to bind him that day, and when he went astray once, he made a great way through hills, rocks, mountains, and unknown valleys, and about the Twilight he saw a Hermitage far off in a Glen; he ran towards it, went in, and there was none in it, but a young dame, he was trembling with fear, for it was glittering with arms, but she invited and conforted him, and made him sit down, and was very kindly entertained and lay with her during the night, and told him that she was a King's Daughter, and that a Giant stol'd her away, and that she inchanted him not to touch her as a wife for a year and a day, the said time was expired when Caoilte came; she awakened him very early, and said that the Genie was coming from of shore and that it was better for him to die than to go to fight with him. Caoilte rose and made himself ready and met him at the door, the Duel began and lasted till sun setting, then Caoilte killed him, the wife carried his arms, and went both together to one of Fingal's Forts, named White Hill.

DAN 20.

1 LATHA dhuinne bhi 'n Gleann cruadhach,
  A cuir ar saighdan 's ar sleagh uainne;
  'Se tharladh dhuinn an 'san leirg,
  Gu deachaidh air seachran seilg.

2 Aig mead a cheó sa Bheinn bhán,
   Ann bhu mhaith ar 'n iúl a ghná;
   Ge do dh' iarta sinn cho 'n fhuighte,
   Comann diais an aon áite.

3 Ach dh' eirmais Caoilte le luas a chos,
   Air doireachan ain-eolach 's chnoc;
   Is fhuair e rathad fliuch solaih,
   'S oidhche dhorcha dhoireannach.

4 'Chunnaig e uaithe tigh mór,
   An lar glinn' air a cheud óir;
   Bha inghean úr air a lár,
   Is a dhoras fosgailt lán.'

5 'Bha inneal baoth air a teach,
   Bha seachd cloidheamhnan aica steach;
   Bha d' a shleagh a suas re fraith,
   'S da mhiol chú mhor aica stigh.'

6 'Bha earradh re crann an áird,
   Cho mhor cho 'n fhacas re' m lá,
   Ghabh mi roimpe crith is gráin,
   A dhol a steach 's mi 'm aonaran.'

7 'No gabh thusa crith no gráin,
   Ma 's tu óg-fhear Innse pháil;
   'N uair thig mo ghradh gealsa da thigh,
   Re oighe 's ro-fhailteach aigneadh.

8 'Thug i orm fein suidhe suas,
   A dh' éisteacdh a sgéul 's a duan;
   Is thug i dhamh drian d' a beathaidh,
   Agus da drian d' a leabaidh.'

9 'Ach se mhosgail mi as mo phná',
   Air theachd beagan beag do 'n lá;
   Inghean ur ag radh rium fáill,
   Eirich suas a mhic Righ Pháil.'

10 'O! ogain chaoimh ghil aluin,
   Mhic Ronan nan rosg málla;
   'S na dea' mhna' a Dun ghil,
   Thainig uair d' iomairt anois.'

11 'Ciod e 'n iomairt thainig orm,
   Ainnir ur na 'm fuarra gorm;
   Tha 'm Foghmhair mór a teachd o thráidh,
   'S b' fhearr dhuit éug na dol na dháil.'

12 ''N sin thug mi eiridh orm a suas,
   'S an leam fein bu leóir a chruas;
   'S chuir mi orm muin air mhuin,
   Mo sheachd luireich teanne truide.'

13 'Chuir mi orm air a muin dlu,
   M earradh uaine fein gu luth'r;
   Cloidheamh sínte re 'm shlios sios,
   Is sgia' air mo ghualain chlí.'

14 'Thug mi ruathar thun an dorais,
   A shealtain am faicinn am Foghmhair;
   Co dhorchaich orm an ro-sholus,
   Ach am Foghmhair mór 'm iom-dhoras.'

15 'C' um uam do ghath direach nimh,
   Cho 'n ann air do shíth 'ta mis,
   Cia air tha do shíth 's do shúil,
   Fhoghmhair mhoir is measa run.'

16 'Tha leannan agam 'san Túr,
   Gur h ann orra tha mo shúil;
   Dáil bliadhna thugsa dh' i dhuine,
   'S anois do thaingas da h-ionnsuidh.'

17 'A ni mo leannans' tha tu 'g radh,
   Fhoghmhair mhoir san air a láimh;
   A folt buidh 'sa cúl clearosach,
   'S ann dhamhsa bu chubhaidh 'n coi-leabach.'

18 ''S maith a labhair mu d' uaisle,
   Mas tu mac an Leigh luachrach;
   Mharbh mi gu 'n athadh no fuaradh,
   E la catha Beinna cruachan.'

19 'O na tharladh dh' a bhi 'm mhéin,
   'S bhi cho duilbhar rium na ghné;
   'S ann leann a thuiteas a mhac,
   Mar sguir e dhim d' a choi'-ghleac.'

20 ''S maith gu d' innis thu sin dhamhsa,
   Fhoghmhair mhóir nan arma' graineil;
   Na cuig cinn 'ta air do bhrádhaid,
   Biodh aon dhiu agam na pháidhadh.'

21 Bhuail sinn an sin air a chéile,
   Mar mhuinne shruth bhristeadh leimnach;
   'S bu chruaidh no fuaim mhic talla,
   Gaoir ar faobhar caoine gealla.'

22 'Bha eisan mar neart na gaoithe,
   A leagadh coilltach Mhorathairn aobhach.
   'S bha mise mar luas nan sruthan,
   Bhiodh re aodann gaoithe sruthadh.'

23 'Air bhi dhuinn mar sin re cómhrag,
   Omhoch madain gu trá neóine,
   O 'n dh' eirich a ghrian gu moch,
   Gus an deach i siar a chlos.'

24 'Thug mise seachd buillean déug,
   An corp an Fhoghmhair mhóir 's cho bhréug;
   Thug e 'n sin amharc seach a sgia',
   A dh' fhaicinn ciod a dhur a ghrian.'

25 ''N uair a fhuair mi fein am fáth,
   'S mhothaich mi e fuidh chrá';
   Thug mi béum beó dh' a gu gabhidh,
   Is sgath na cuig cinn d' a bhrádhaid.'

26 ''N sin leig mi 'm uilean air an tom,
   'S shil mo chreucaibh gu trom, trom;
   'N deidh builean au Fhoghmhair mhóir,
   Nach deachaidh neach riamh o león.'

27 'O ogain chaoimh ghil áluin,
   Is fhearr luas do shluagh Righ Pháile;
   Ris an goirear giorag comhraig,
   Mo cheud beannachd fein gu d chomhdach.'

28 'Co ni 'n guth curaut ud tháll,
   Air an tulaich os mo cheann;
   Gu 're 'n t ainm a ghoirear dhamhsa,
   Aine inghean Righ Connachd ór-bhuidh."

29 'Aine dean thus ormsa báidh,
   Is na h innis e do mhuaidh;
   Tog leat mo sgia' gu Dun-geal,
   'S nin do thog bean riamh i 'n glaic.'

30 Thainig Aine 'n sin gu dian,
   'S thog i mo chloidheamh 's mo sgia';
   Cho roisamh i 'n drúchd do 'n fheur,
   'S cho mho dhuisgadh i mean éun.'

31 ''Sin an treas turas a b' fhearr,
   A rinn Caoilt' nam béumaibh lén;
   'S 'n uair a chuaidh e Dhún an óir,
   Agus a mharbh e 'n torc mor.'

32 'S muladach mise re 'm ré,
   A sior thuireamh sios am béus;
   Mar chrann crion am fasach fuar,
   'N deidh cách 's mo dhuilach thoirt uam.

O. 5. CAOILTE 'S AM FOMHFHEAR. 84 lines.

Dr. Irvine's MS., page 18. Copied by Malcolm Macphail. Edinburgh, March 16, 1872. In this version the stanzas are so broken that I have numbered the lines.

1 LA dhuinn sealg beinn Aonais,
   Ler h-oigridh ghasda, fir chalma;
   La eile sa' Bheinn Bhain,
   Sir chuir seilg air seacharan.
5 Suil gun tugas a bhan,
   Chunncas gleannan nan ceud oigh, (al. aigh)
   Ainnir sholuis air a lar,
   'S a seachd dorsan fosgailte.
9 Bha seachd claidhean air a h-aghairt,
   Bha seachd sleaghan shuas air alchaig;
   Inneal baoith air a beart deas, (al. as)
   Bha seachd miol-choin aig air slabhruidh.
   Ghabh mi cridh, ghabh mi grain,
14 O na tharladh dhomh bhi m' aonar ann.
   Na biodh ortsa cridh no grain,
   Oigfhear ur à Innis fail,
   Bu mhiann leam guth a' Ghael ghlain,
18 An uair am minic chluinnin e.
   Erich thusa Mhic righ Fail,
   'S ann an diugh thain t-iomairt;
   Ciod am fath iomairt thainig orm,
22 Ighinn ur is gloine rugh.

. . . . .

Fomhfhear mor bhi teachd nad' dhail,
24 B' annsa 'n teug na dol na choir,

Rinn e dhomh mo leaba dion.
Gu beachdail air bathais an Urlair.
Gur e dh' allte leinn m' an seach;
28 Fion uisge beatha 's curmailt,
(Al'. Fion uisge, is lion is Curmailt.)

Chuir i ormsa an leanag shithe,
Leth ri 'm shlios, bu leor a mineid;
Chuir i ormsa air mun sin
32 Na seachd luirichean Freamhri.

Chuir i sgiath air mo laimh chli,
'S mo chlaidheamh geur a' m' laimh dheas,
Choluich mise ma 'n radh sholuis
36 Am Fomhfhear mor ma 'n iom dhorus,

Team as mo rathad a Chaoilte,
Cha 'n ann air a thi a tha mi,
Ciod an ti am bheil thusa,
40 Fhomh'ear mor na mi run.

Tha leannan agam anns an Dun,
Leannan ur na malla seang;
An leannan sin a tha thu 'g radhte,
44 B'ait leam agam air son mnaoi.

'S mise 'n duine mharbh t-athair
La catha Beinn A Chruachain;
Ciod e ged mharbh thu m' athair
48 La catha beinn a Chruachain.

'Se bhitheas agamsa air son paighe,
Na cuig cinn th' air a bhragaid;
Ghabh iad an sin do cheile
52 O mhoch maduinn gu luidhe greine,

Thug am Fomh' ear sealladh fiar (al. siar)
Ciod e 'm ball an robh a' ghrian;
Thug mi sealladh beag na dheigh,
56 Sealladh bochd do 'm chreuchdaibh fein.
Thug mi sgiobag dh'a m braid,
58 Sgath mi na cuig cinn de bhragaid.

Leag mi m' ullin ris an tom,
As shill mo chreuchdan gu trom trom;
Co i a bhean tha os mo cheann,
62 Dheanadh a' chainnt chaoimhneil ruim?
Theireadh ruim mu 'n tra so 'n de.
64 Ailde nighean Righ Conair.

To mo chlaidheamh tog mo sgiath,
66 Nach do thog bean romhad riamh.

Thog i mo chlaidheamh 's mo sgiath,
'S thog mi fein fo dhion, (al. o ghniamh)
Chaoilte Mhic Righ soluis.
72 An ann maireach a bhitheas do bhanais?
Ma 's mairrean mise an Dun til,
Gun tiginn t-ionnsuidh le h-airce;
Achanaich dh' iarrainn air mo leannan,
76 An ni sin nach 'eil an laimh,
Ceud Douran nach do chlathaich bruach,
Ceud eala nach do shnamh air cuan,
Ceud searach nach do chraoim air lon,
80 Ceud damh alluidh nach do thilg croc.
Ghoibhte sud ceud maosach mhaol,
An gleann seirce taobh ri taobh,
Ceud sobhrach 's creumh glas,
84 Air a bhuain san fhaoilteach gheamhraidh.

Written from the recitation of Archibald Stewart, man-servant, Dalchoanie, Rannoch, February 19, 1801.

NORSE WARS.

A WHOLE series of Ballads relate to the Invasion of Ireland by 'Lochlannaich,' Northmen, or Danes, or Scandinavians. The Sea Rovers wanted Fionn's famous hound, and his wife, his cup, his two spears, and his sword, Mac an Luinn, and sent all sorts of strange messengers in search of them. In H. 5. they send a messenger with some loud-sounding musical instrument—a Timbrel, according to Armstrong's Dict.—a Timbrel, Tabor, Drum, Cymbal, according to O'Reilly. The place of the Norsemen, generally, is about Beinn Eudainn, now the Hill of Howth; so these ballads belong historically to the Norse occupation of Dublin, in the reign of Cormac Mac Art, when the Feinne flourished, in the 3rd century. Historians may explain the myths chronologically, if they can. I leave the mythology to comparative mythologists, for I know nothing like it; and as for the geography, it must take its chance. I give the Ballads as I got them.

H. 6. describes a monstrous mythical personage. H. 7. describes an early adventure in the Story of Oscar, the son of Oisein and grandson of Fionn. I tell his story elsewhere, in English; how he got his name, and what it means.

H. 5. HOW A CHARMER CAME TO THE HEROES,
NAMED HARD SOUL, TO SING A TIMBREL TO THEM.
60 lines.

Kennedy, 1st Collection, page 66. Advocates' Library. December 9, 1871. Copied by Malcolm Macphail.

NOTE.—December 17, 1871, Dublin. Not known to Hennessy in Irish manuscripts; not known to me orally preserved.—J. F. C.

A MUSICIAN came to the Heroes, whom they called Claigean Mac Choin a chinn chruaidh, (that is, Hard Head or Hard Scul,) to sing a timbrel to them; and he would play so hard and loud that none of them could stay to hear it. Caoilte was watching; he came where he was and asked of him, how many Heroes had Fingal; he told him that they were divided into seven Cathairns, (that is, into seven Regiments or Companies, but it is not known how many were in each, but supposed to be 500,) and that every one had a wife, a servant-man, and two dogs; he went then to the house and played on the Timbrel. Since they could not stay to hear it, Fingal excused himself, saying that their women were . . . sorrowful, and that they do not like any music at present; but he would not give over playing unless he would get his own dog, named Bran, his two spears, and his sword; but Fingal refused that, saying that his music was not pleasant, and that he would not get his request, since he do not deserve it; then he gave three sounds, and the Heroes were deaf a long while afterward. They sent all their dogs after him, but in vain till they loosed Bran, who overtook him at a cave in Beinn Eúdain, and killed him. Though the Heroes did not ever get victory by human strength over any sort of evil spirits, sorcerers, and the like; yet Fingal was inchanted and happy among mortals, so that he would get the better of any sort of spirits, conspirators, inchanters, and brutal-force.

DAN 16.

1 'AILIS dhamh a Chaoilte chruadhach,
Mhic Ronan cia mor d'eibhneas;
Cia lion tha Mhaitheadh 'n ar Féinnsa,
Le 'n coin is le 'n coi'-éiridh.'

2 'Seachd Cathain tha n ar Féinn,
'S cho 'n eil neach dhiu sud gu 'n sgia;
Gu 'n bhean gu 'n ghille, gu 'n da chú,
Sud e 'n Túr fui 'n dealbhach iad.'

3 'Tha tiombain nan iarrann fuar,
Re comhla chruaidh fui 'm sge bhuirb;
'S fear no bean d'am bheil san Fhéinn,
Eisteachd ris a ghléus ni 'm fuila.'

4 Dh' imich é gu clios d'ar Túr,
For 'm bu lionmhor ciuil is báird;
Is shéinn air an tiombain phreair,
Ceól bu chruaidh' no iolach báis,

5 Cho 'n eistedh ris neach san Fhéinn,
Do bhrí géir a fuaimnach árd;
Ge'd bhiod cuan is mac talla bheann
Aig eibhich b' fhánn seach a gáir,

6 Labhair mac Chuthaill an gloir ghlic,
Mar bu nós dh' a ann 's gach drip;
'Tha bantrach' ar Féinne fui' bhrón,
Eist dhinn a'd cheól fhir.'

7 'Cho 'n eisteam gu 'n do chú glann grinn,
Mar athchuinge uait Fhinn fhéil;
Do dh' a shleagh a dhoirteas fuil,
'S Mac-an-loin is goirte béum.

8 'Ne 'm fuigh tu mo shean chu séimh,
No mo dha shleagh gu 'n chion fath;
No Mac-an-lion nan luath bheuim,
A thnú ni m fuigh tu gu bráth.'

9 'Mar sin 's bréug a bhi gu d' mholadh,
  Fhinn gu 'n fhéileachd no urram ;
  O 'n thug thu uait san aon la,
  Eúr is aithis do dh' aon duine.'

10 'Ni 'n duine thusa gu fior,
   Ach tnú nathara, nár, mhilteach
   Gu 'n iúl no oileanach riamh,
   'N tra' dh' iarradh tu duais dioleadh.'

11 'N sin lion an t arrachd a' mach,
   Bhuair e uile ar comhnuidh ;
   Rinn e tri sgreadan gábhidh,
   'S neach na dheidh cho b' fhiach am f . .

12 . eamar ris coin na Féinne,
   Thair gach maoile cnuic is sléibhe,
   'S cho raibh teamhair air luas an fhir ;
   Gu h uamh mhór am Béinn éudain.

13 Thug sinn fuasgladh do chu Fhinn,
   Is ruidh e gu dian neo-mhall ;
   Mu 'n raibh 'm fuath ach gan a steach
   Rug e air le tioleam garg.

14 Thug e an sin deanal cruaidh,
   'S Claigean mac Choin a chinn chruaidh,
   Is thorchair le Bran gu 'n fheall,
   Ceann Chlaigain air an uair,

15 Thainig e air ball do 'n Fhéinn,
   Is ceann Chlaigain ann na bhéul,
   B'ait an scalla leis an t-sluagh,
   Ceann an fhuath a bhi fui' dhéud.

H. 6. HOW SILHALAN CAME TO KILL FINGAL.
36 lines.

Kennedy's 1st Collection, page 62. Advocates' Library, December 8, 1871. Copied by Malcolm Macphial.

NOTE.—December 17, 1871. Dublin. Not known to Hennessy, in Irish MSS. Not known to me as orally preserved.—J. F. C.

A FAIRY or Ghost came into the Heroes, about sun setting, where they use to be walking, and resting themselves on a smooth yellow plain or field, named Silhilan, means little person, who was seen by all men, like a bird's shadow, on the mountains, in a calm fair evening (all names were poetical in that age) to kill Fingal, but Fingal killed him, he was but a wizard, suppose he was in the form of a fairy, for Fingal was not only unconquerable by human strength, but also by Conjurers and Sorcerers.

DAN 14.

1 LATHA dhuinn air magh ór-bhuidh,
  'Nar suidh aig cathair nam Fiann ;
  Chunnacas oglaoch neo-ionnalt,
  Tidhain air magh glinne niar.

2 Gomhal fársuidh, 's broidhe fiar,
  'S amhluidh sin do bha ann fuath ;
  Lorg iarrain air fad á dhroma,
  Da lurgain loma 's iad luath,

3 Bha súil aig am bun na cluaise,
  'S bha i gu crithanach ciar,
  'S bha súil 'eile air dhath na réulla,
  A mullach an éudain shiar,

4 An sin do dh' fhiosraich an l árd Righ,
  ' Cia 'n t iúl a thainig am fuath ?'
  Cia b' ainm dh' a fein is d' a athair,
  Is ogluidhachd air gu luath.

5 ''S mise Silhallan mac Sithaill,
  Dhoirtainn fuil is réubhainn feóil ;
  Bu mhiannach leam ruidh gu reachdmhor,
  Agus cuir as do Righ Phóil.'

6 An sin do dheargaich an t árd Righ,
  Ris a ghlóir do chan am fuath ;
  'S tharruing e lann fhada liomhidh,
  Gu fada, deas, direach uaith.

7 Gach buille da 'n liubhradh an t árd Righ,
  Le chloidbeamh cuilgearra, cruasidh ;
  Bheireadh am fuath 's moran tuillidh,
  Da bhuille mu n bhuille uath.

8 An sin do chuimhnich Mac Chuthaill,
  Air a threune chleasaibh lúith ;
  Tharruing e Mac-an-loin gu talmhidh,
  'S le ágh mharbh e 'm fuath nach b' fhiú.

9 Bu mhaith leinn gu d' imich am fuath,
  'S gu deachidh na sluaigh a cás ;
  Oir b' dara fuath bu mheasa,
  Thainig riamh air Fianntidh Pháil.

H. 7. HOW CROM NAN CNAMH KIL'D SGIATHAN, THE SON OF THE KING OF SCAIRBH.

Kennedy's 1st Collection, page 33. Advocates' Library, December 1, 1871. Copied by Malcolm Macphail.

NOTE.—Dublin, December 4, 1871. The story in some shape is in the Book of Lismore, Irish MS., 1450, but this ballad was not identified by Hennessy. I have part of it orally collected. Y. 3, Page 182.

THE ARGUMENT.

IT was the custom of the Heroes to set out watch every night in the year, and their was coming every night a valiant Hero with an inchanted music ; and the watchman would fell asleep whenever he would hear the music, then the Charmer would steal any victuals they would leave in the night-time, and everything he would see proper, they were vexed that such an Owler was coming no them, and that all their attempts was in vain. There was a young fellow in their kitchen who was called by name (at that time) Crom nan cnámh or Crom an eanrich afterwards Oscar, and he said ' I will watch the night ;' Fingal said that they would not trust themselves to his watching ; he said ' that suppose they would be watching twelve, that he would be with them ;' then Fingal allowed him to watch since they would not be but as usual. The Inchanter came as formerly and he slept, but soon awaked and pursued after him, till he overtook him, and killed him. Observe the Poem.

DAN 6.

1 ' THURAS lorgan laoich sa bhlár,
  Madainn dhiamhair fui' dhea' thrachd ;
  'S thugas briathar air mo shleagh,
  Nach bi sin lorg Fhinn no Oisain.'

2 ' No Caoilte beag nan cos lumhor,
  No neach a bha air Loch lurgann ;
  No aon fhear do mhuintir Fhinn,
  A tharlladh orms ann an Croma ghlinn,'

3 ' Thogas 'm éudach 's leigeas ris,
  Air fea' mointich is gairbh dhris,
  Bha mi fein am ruidh 's leum,
  'S cho raibh 'm fear mor ach na chruai' chéum.

4 ' Rugas air is rugas air,
  An gleann beag eidear dha chreag ;
  D' ainm 's do shloinneadh innis dhamsa ;
  No cia 'm ball am bi thu chomhnuidh,

5 ' 'S aimaidach thusa fhir bhig,
  'S ógan thu 's cho 'n eil thu glic ;
  Cho b' uilair dhuitsa 'n Fhiann uile,
  Dh' fhaghail sgéul o 'n aon duine.'

6 ' Cho 'n iarrainnsa do 'n Fhiann uile,
  Ach Fionn is Goll nan treun bhuillean ;
  A chuid nach sracamaid le 'r lamhan,
  Dhiot loisgeamaid e le 'r 'n anail,

7 ' Thugas dhamh sin 's thugas dhamh,
  An t sleagh mhór a bh' air a shon ;
  'S chosgair e i thair mo chlaigean,
  Da throidh dhéug an aodann dallaig

8 ' Thugas dh' a sin 's thugas dh' a,
  An t sleagh bheag a bh' air mo sgá ;
  Chosgair mi sud roimh a chroidhe,
  'S choisg mi moran d' a luath mhire.

9 'Oglaoich mhóir nan iomadidh créuc,
  Sgearr gus an togar do leac ;
  Innis an deireadh do latha,
  Cia thu feineach no cia t athair ?'

10 ' 'S mise Sgiathan Mac Righ Sgairbh,
   M ic an fhir ua'-bhasaich ghairbh ;
   'S gu b' e mo nós ann 's gach teach,
   Bhi sior chosgairt cuid gach neach.'

11 'Gur mi allail dhuit mar tharladh
   A Sgiathain mhóir nan sgia' gráineil;
   Rinn do Chosgairt an Croma ghlinn,
   An Gille con ata aig Finn.'

12 'Cho bu Ghille chon thu riamh,
   'S cho b' e sin thu near no niar
   Ach oglaóch fineálta do 'n Fhiann,
   Is lamh cho tréun 's tha 'n Eirinn shiar,

13 ''S mairg neach a ghoid ort do lón,
   A madainn dhiamhair re dalla chéo;
   Thu fein 's do shleagh air a tóir,
   'S mairg air 'n do thuit an trom lórg.'

14 Air ball dh' éug an treun laoch gruamàch,
   Bu cheatharnach searbh 's gach cruadail;
   Ann an cothas monidh shamhaich,
   Le buill Oscair tréun gach gabhidh.

15 Creid thusa Ille Phádraig,
   Gu raibheams uair bu mhor abhachd;
   Ge do tha mi 'nois gu dubhach,
   Gun charaid gun chath neo' shuthach.

THE MYTHICAL NORSE CARLIN.

Amongst the people sent by the Norsemen to attack and worry the Feinne are one-eyed Hags, who are associated with one-eyed Smiths. They seem to have something to do with the people who appear in the Story of Beowulf. Historically women commanded piratical fleets. The following ballads relate to these Northern Hags:— D. 5. F. 6. H. 8. X. 2.

D. 5. CAILLICH GHRAUND. 47 lines.

Mac Nicol's Collection. Ossianic Ballad, No. XIII. Copied by Malcolm Macphail. Edinburgh, March 5, 1872.

This version contains fragments of separate ballads, joined at *

1 La gan ro Fionn air Tullich For,
  Gaibhric air Erin ma Thimchil;
  Hunig e air Bharribh nan Tonn,
  A Chaillich eididh leobhor Chrom.

2 Bu bhor a Honnaigh 'sa Hais,
  Bu luath a shiubhal ra Haois;
  Bha Cuabhran aibhlean mu da Bhas,
  Bha Fiaclan shiar sheich a Craos.

3 Bha Haodin dugblas air Dhreich Guail,
  Bha Deud Cairbadich crann ruaigh;
  Bha carr ga Hinibh ma chaolibh a Dorn,
  Bha car ga Caoilt ma Choil-druim.

4 Bha Bar mar choil Chrinich air Chrith,
  Bha aoin suil gbloiggich na cean;
  'S bu luaigh I na Ruinich Meoirigh,
  Bha Claibh Meirgich air a Crios.

5 Ri am Feirge bu ghairbh Greis,
  Bha da T-shleigh air an T aibh eille;
  Don Fhua Chuil-lia Chaillich,
  Ri faicin na Fian ma Dheas.

6 Huchda ghaibh a Bhiast nan Innish,
  Hanig a Chaillich oirne le Hair;
  'S reinne lethe cion gun Chommain;
  Bheirete lethe Caogid Laoich.

7 'S bha Gairigh sheiribh na garradh Chraos,
  *Spin I lethe a Chuach fo Fhinn;
  'S Ghimmich I Erin fo Thuinn gu Tuin,
  Gun do mheith I uill' an Fhian,

8 'S cha do lean I ach aoin Trithir,
  Fion Mac Cubhail fear shraona nan raibh;
  'S coilte ro-gheal Mac Ronain,
  Leim a Chaillich har Eass Ruaidh.

9 'S bu bhor a sath do 'n Uisg uar,
  Leim I Eass Ruaigh nan Raibh,
  'S bha Cuach Fhinn na leth Laibh,
  Dirigh a mac rish an Taibh eille.

10 Hug Fionn orra urchair T-shleigh,
   Chroisg e shud ro a criogh,
   'S chaisg e Pairt ga luath Bhirigh,
   Rug Fion fein air a Chuaich,
      ba leish o Buaigh 'sa Blaoigh.

11 'S rug Caoilte nan Laibh lua,
   Air a Claibh Cruaidh 'seir da T shleigh;
   'S ghlac Fearr sraonigh nan Raibh,
   Claithibh Chaoilte Mhic Ronain,

12 Sin mar reinn shin sheoid na Caillich,
   An La bha shin ga ruigh an Bein-edin.
                                    Crioch.

F. 6. SGEULA AIR CAILLICH ARAIDH A THAINIG DH' IARRAIDH FÀTH AIR CUAICH NAM BUAGH BHA AIG FIONN.

Fletcher's Collection, page 103. About 72 lines. Advocates' Library, January 19, 1872. Copied by Malcolm Macphail.

This version is so broken, that it cannot all be divided into quatrains. Lines, which were poetry at some time, can be recognised in prose; some are printed separately, as verse 14, and elsewhere.—J. F. C.

Bha chuach so ghnà air a gleidhe an tigh tearmuinn agus le fairre Mic Righ agus cuideachd do mhòr ghaisgich churamach maille ris.

Thainig a chailleach ann riochd mna bochd, ag iarraidh aoidheachd.

1 Bhuail a Chailleach aig an dorus gu teann, tcann,
  Is thainig Mac an Righ an dorus cò san am 'ta ann?

2 Is mise Chailleach thruagh, thruagh,
  'S truaighe dh' imich am bi-buan;
  Is mise chailleach bhochd Nic-aoiste,
  Leig a stigh mi gam gharadh.

3   Freagra.
  Ma dh' imich thu Eirinn go ceann,
  Ann riochd mnatha no droch dhuine;
  Gu leanadh do bhuinn ris an làr.
  Mu 'n d' thigeadh tu stigh a Chailleach.

4 Nach mòr am maslach do mhac Righ,
  Le mhòr-ghaisgaich 's le mòr ghniomh;
  E fein bhi gu sàbhalta steach,
  'S gu diultadh uile iad ri aon Chaillich.

5 Gheibhe tu biadh naonar a mach,
  Is fuirich a' d' thos a Chailleach.

6 Cha 'n iarr mise do bhiadh peacach,
  Ni mo dh' iarram t-fhiarr fhacail;
  B' fhearr leams' ceann do theine teith,
  Is co beathadh ri d' ghaodhraibh.

7 Cuiridh mise Giulla leat do 'n Fheinn,
  Ni teine dhuit a dh' aon bheum a Chailleach.

  Rachadh an teine sin as,
  Mu 'n ruiginnse leachda Chonnail;
         Arsa Chailleach.

8 Cuir thusa do theine beag air làr,
  Is seid ris gu geur, geur,
  Agus cuir do spair fothad,
  'S dean do ghara ris a Chailleach.

  Agus dhuin è n dorus orr'
  Ach chuir a chailleach 'guala ris, a chleith.

9 Gu 'm bi sid a chailleach ghle-gharbh,
  Bhrist i na naoi comhla iarruinn;
  Mar nach bitbeadh annt' ach aon sgialan.
  (Agus bha i steach orra)
  'S griob i leatha cuach Fhinn,
  'S dh' fhalbh i leatha sios an rothad.

10 Thachair Oganach urra agus dh' fheoraich e dhi,
   Co as a dh' imich thu Chailleach?

   Is freagra fiar a thug i seachad,
   Ghabhaidh mise srath na h-amhunn.

11 Ma ghabhas tu strath na h-amhunn,
    Gu mor a th' ann do Chlanna-reath ;
    Tha cuig-ceud-deug fear fui 'n lionmhor armarchd.
    Is da choinn air laimh gach fir,
    A feitheadh ort a Chailleach.

12 Ma ghabhas tu strath na h-Airde,
    Gur lionmhor ann Clann-na-cearda ;
    Tha cuig-ceud-deug fui 'n làn armachd
    'S da choinn air laimh gach fir,
    A feitheomh ort a Chailleach.

13 Ma ghabhas tu air Bheannta dubha,
    Gur lionmhor ann Clanna-rutha ;
    Tha cuig-ceud-deug, &c.

14   Fhcagair a Chailleach.
    'Ciod e sin tbeirre tusa Iulla
    Nam fàgainnse na bheil ann sin uile
    Eadar chu luath is aon duine ?
    Theire gu bu tapaidh thu Chailleach.

15 Ach ghabh a Chailleach rathad Ach-nabainse,
    Agus thilg i gath neimhe air Fionn Mac Cuthail,
    Agus chuir i sud siar as talamh
    Seachd troidhean do dh' fhior thalamh.
    Thilg Fionn a ghath cnilg orra is bhrist e cridhe.

16 An sin leam a chailleach thair an Eas.
    Is leum gu borborra bras.
    Is leum an triuir cholgorra dheas
    An t-eas an deidh na Caillich.

17 Ghlac Mac Cuthail a chuach,
    O 's ann da fein bha buaigh 's blagh ;
    Ghlac Caoilte o' se b' fhearr luathas,

18 A chlaidhe cruaidh 's a da shleagh.
    Is rug Connan bho sè bha gu deireadh
    Air top lia na Caillich, is thilg e san Eas i.

H. 8. HOW A SPIRIT CAME IN THE NIGHT TIME TO KILL FINGAL AND THE REST OF HIS HEROES.

Kennedy's 1st Collection, page 64. 60 lines. Advocates' Library, December 8, 1871. Copied by Malcolm Macphail.

NOTE.—December 17, 1871, Dublin. A story like this is in the Irish tale of Magh Lena, published, ten years ago, from a MS. of 1720. Poem not known to Hennessy. Some verses are the same as the Muilearteach orally preserved, but the story I do not know as orally preserved.—J. F. C.

A GHOST came on the Heroes in the night to kill Fingal, Goll, Oscar, Caoilte, and Aogh, &c. ; since they would not fight with her, she cast the door of the house off its hinges, and took away with her Fingal's golden cup, they followed her till they overtook her. This spirit and Silhilan were the worse that ever came to the heroes.

DAN 15.

1 OIDHCHE bha sinn a múr Bhéura,
    'S moran do Mhaitheadh ar Feinne ;
    Chunnaig sinn a teachd gu lúthmar,
    Fuath a b' áirde no 'n fhiúidh.

2 Bu mhór ciannas air fáir,
    'S bu mhó a siubhal no h áird ;
    Bha cochall dubh sios ma bian,
    Is fiacaill seach a craos siar.

3 Bha cloidheamh meirgeach dubh air a leis,
    Re h ám féirge bu mhor a ghreis ;
    'S bha sleagh nimhe na deas laimh.
    Gheibha' buaidh air sluagh gu 'n fheall.

4 'Fosglaibh dhamh fheara' Fionn ;
    'S mi gu fliuch luidagach fánn ;
    Shiubhail mi Eirinn fa thri,
    'S cho d' ug duine th' ann dhamh dion.'

5 'Se fhreagair i Fearadhas béul dearg,
    Bu bhinne glóir a bha 'n Eirinn ;
    'Mu rinn thusa sinn a chailleach,
    'S ann do chomharaibh droch mhnatha.'

6 'Ma 'n d' ig thu a steach d' ar muthainn,
    Innsidh tu dhuinn brí do thurais ;
    'Sa ghealltain nachdean thu dó bhairt,
    Air Fiann Innse-Pháil no Freoine."

7 'Innseamsa sin Fheadharais fhilidh,
    An t ádhbhar mu 'n d' ainig mise ;
    A dh' iarruidh cómhrag air Goll,
    Air Caoilte 's air Oscar crom.'

8 'Air Mac Chuthaill nan lamh luath,
    Is air Aogh Mac Gharabh chruaidh ;
    Air (neo) gheadh duais thoirt dham gu 'n éura,
    Cho mhaith sa tha múr na Féinne.'

9 'Cho d' theid sinn chaoidh a chomhrag,
    Re fuath oidhche raibh na énrachd ;
    Gu 's an d' theid Aula air béinn Torc
    D' an deóin cho d' theid iad gu' d lot.'

10 'N tra' chuala chailleach gloir Fhearadhais,
    Lion i suas le cuthach feargach ;
    Chuir i roimpe comhla' Bhéura,
    'Sa steach chuai' i measg ar Féinne.

11 Thog i lé cuach Fhinn fhialidh,
    Gu grad lamach s'e cho d' fhaibhraich ;
    Chuartaich i Eirinn le colg,
    S' ann Fhiann gu léir air a lorg.

12 Faidheoidh chuir i sinn san fhireach,
    Cha raibh 'm fogus dh' i ach triar ;
    Fionn is fear sraoinidh nam rámh,
    'S Caoilte beag Mac Ronan áidh.

13 Do leum i gu cas Eas-ruaidh,
    Ge do bha e cuir ma bhruacha ;
    Leun Fionn air a cas léum,
    'S chuir e ghéur shleagh roi' a cachull.

14 Rug Fionn an sin air a chachull,
    O 'n bu leis a blagh sa buaidh ;
    'S rug Caoilte nan lamh tréun,
    Air a chloidheamh sa sleagh géur.

15 Rug fear srainidh nan ramh,
    Air a h usgar loimhreach báv ;
    Sin mar tharladh d' ar fir théune,
    'N oidhche bha sinn a múr Bheura.

X. 2. A CHAILLEACH.

Copied by Malcolm Macphail, from materials furnished by the Rev. Dr. Mac Lauchlan, Edinburgh. Edinburgh, February 2, 1872.

Another copy of this was sent to me by William Mackay, Esq., Law Student, 67, Church Street, Inverness, who took this down from the lips of his father, who learnt it in his youth, about Glen Urquhart.

I have numbered the lines because the stanzas are broken.—J. F. C.

A CHAILLEACH.

THAINIG a Bhuileardach Ruadh, Mathair Righ Lochluinn do 'n Fheinn a thoirt lethe le foil cuach na geasachd. Fhuair i Oisen maille re cuid de dhaona ann an Talla no Feinne.

A BHUILEARDACH RUADH, (a Chailleach).

1 'Fosgail, fosgail, laoich loug,
    Nan airm fullung faothair ghorm,
    'S feuch cuid (or pairt) do d' fhaoilteachd,
    Do chailleach bhoc a thig a Caoilte,
5 'S mise sin a chailleach thruagh :
    'S fhada a dh' imich mi 's mi buan,
    Cha n-eil an cuigibh na h-Alba,
    No 'n cuig cuigibh na h-Eirrin,
    Aon duine 'dhiultadh dhomh fosgladh,
10 Nuair 'chromuinn mo chean fo 'dhorus.'

OISEIN.

'Ma dh' imich thusa n' uigh sin uile,
    'S biadhtaichean iad ri droch úrra :
    Fuarichidh do smior a chailleaich,
    Mu 'm fosgailear dhuit mo dhorus.'

A CHAILLEACH.

15 ''S dona 'n aithne sin, a mhic righ,
    ('Us mac righ 'ga rádh ruit)
    Nuair dhiultadh tu fosgladh do dhoruis.'

OISEIN.

'Cha dhiultinn dhuit a monadh fiadh,
    Gɔd' bhiodh agad triath dy reir,
20 Chuirinn biadh naoidhnear gu d' theach,
    'S biadh feachd leat o 'n Fheinn.'

A CHAILLEACH.
'Cha bhi agam do d' bhiadh feachd,
Ni mo 's àill leam do thàir (shar) fhacal;
B' amhsa leam teas do d' aimhlibh,
25 Agus leabaidh mair ri d' ghaghradh.'

OISEIN.
'Gu dearbh cha 'n fhaidh thu teas do m' aimhlibh,
Ni mò dheibh thu leabaidh mair ri m' ghaghraibh,
Chuirninn gille leat o 'n Fheinn,
Dh' fhadadh teine dh' aon bheum,
30 'S gille eile ' dh' ulluicheadh deagh inneal.'

A CHAILLEACH.
'Cha 'neil mo choiseachdsa ach mall.
'S theid an teine sin a crann.'

OISEIN.
'Bunuig thusa leathtaobh Chuilinn,
Cuir geigibh caol fo d' spuiribh,
35 Seid gu caol geur le d' anail,
'S dean do ghàradh ris a Chailleach.'

A Chailleach sin bu ghairbh craimh,
Chuir i gualluinn ris a chleidh,
'S bhris i na seachd geamhlibh iaruinn,
40 Mur nach bidh annt' ach seann iallan.

A CHAILLEACH.
'Tha mi nise stigh 'n ur teach,
'S liubha nar mairbh na nar beo,
'S lionmhoir scolb bhios 'n 'ur teach,
Na macan beo a marach.'

45 Cheangail i iad taobh ri taobh,
Na b' eadar an caol 's an ruidh,
'S rug a Chailleach air a chuach,
'S thug i gu luadh a magh.

Chunnachdas a Chailleach le Fionn air dha
bhi tighinn dhachaidh o 'n t-sealg.

FIONN.
'A Chailleach ud a th' air an t-sliabh,
50 Dha bheil an ceum casruith gharbh dhian,
Na 'n tarladh tu air srath na h-airde,
Bu bhaodhail duit clann na ceairde;
Tri cheud deug le 'n dian armachd,
'S lothain choin aig gach fear;
55 Fir thugad a tha Chailleaich?'

A CHAILLEACH.
'Ciod a theireadh tus a dhiullan,
Na 'm fagninnsa iad sin uile,
Edar chu luadh agus dheagh dhuine?'

Leam a Chailleach an t-eas,
60 Leam gu garbh brais,
Thilg i gath nimhe air Fionn
A chaidh seachd troidhean 'san fheur uaine
Thairis air bar a dha ghuaillibh,
Thilg Fionn a shleagh taobh
65 'S bhris e ' cridhe na caol druim,
'S rug Geolach o 'n is i bu luaithe,
Air sliasaid chruaidh na Cailleaich;
'S rug Caoilte beag nan cuach,
Air a claidheamh cruadhach,
70 'S air a da shleagh.

Bha iad seachd la 'us seachd oidhche.
A roinn faobha na Cailleaich;
'S cha d' rug Oisein a bha air dheireadh,
Ach air seann chiabhag liadh na Cailleaich.

OISEIN (?)
75 'A Chailleaich o 'n is e 'm bas e,
Innis dhomsa ciod e d' aois.'

A CHAILLEACH.
'Cha neil m' aois fein ri aireamh
78 Tri cheud bliadhna 'sa dha.

Although the last four lines are recited with the piece as above, they seem to be out of place.—Of the second piece to which I referred in my letter, my father remembers but a few lines, and these, perhaps, not in their proper order—I give them as I got them from him, before I saw the version in Mac Callum's Collection.
WILLIAM MACKAY.

PADRUIG MAC ALPINN.
Oisein uaisail Mhic Fhionn,
'S tu do shuighe air Tulluich eibhinn,
Laoich mhor mhileanta nach meat,
Tha mi faicinn sproichd n ad euduinn.

OISEIN.
Dh' innsinn fatha bhron ' th' orm fein,
Phadruig Mhic Alpinn o n Fheinn,
La dha 'n robh an Fheinn a muigh,
'Nan suidh air torran coire (or Tora) Siar,
Chunnachdas a tighinn o 'n mhagh,
A bhean sin a b' ailte feamh
A nighean a b' ailte snuadh,
Bu ghile 's bu deirge gruigh,
Bu ghile no gath na greine,
A h earradh gheal fa gaodh a leine,
Labhail an oighe fo gheala bheai'd
'S lachan gaire na ceann.

This is part of the Lay of the Maiden. See below.—J.F.C.

D. 6. CRUACHAN CRAIG AN TULLICH.
Mac Nicol's Collection. Ossianic Ballad. Copied by Malcolm Macphail. Edinburgh, February 29, 1872.

D. 6. and H. 9. are versions of the same ballad. I have no other versions of it, manuscript or oral, Irish or Scotch.

1 ACH a Chruachan Chraig an Tullich,
'S mi fo Mhullich Slethidh Fanis;
Nochd a tharla mi fo d Tegil,
Gur trom a leagta do Laibh orm.

2 La shidh Dhuinne ri fiaghich,
Bha shin fo d' Dhiabhir a Thullich;
She chunnairc shin Marcich cetich,
As e teachd le sceilidh huggin.

3 Sana dhisrich Fion do 'n Mharcich,
Gu de fa Taistair fo 'd Chrichibh;
Thanig mi fo Thaibh na Shiunidh,
She labhair an Giullidh ceudna.

4 San a ghluais e 'n Cean air Corich,
Mar gu nigh Folum aig Fillidh;
Labhair e am briaribh isligh,
Mar gach Marcich shibbailt shiunnidh.

5 Bithibhse a nochd nar fairrich,
A Tsheic Cathanin na Feine;
Gu de e aobhir air Fairrich,
She ni labhair Fear gar Feine?

6 Gu de a aobhir air Fairrich
She ni labhir Fear gar Feine?
Agus nach heil Linn air bualidh,
Nochd air ochd uachoribh na Herin.

7 Naile hig i oiribh a Chaillich,
As a Harrachd othar edigh;
'S gun cumidh ruibhse Coibhrig,
Gad bhigh air Coinigh le chele.

8 San an shin a labhair Connan,
Cha 'b onnarich dhuinne Ghruagich;
Mar a fona mid do Chaillich,
Dhith fein sga Harrachd ga chruathid.

9 Shin nar huirt Gruagich an ubhil,
Air mo chuibhse a Chonnain;
Dhaindeoin Sheac Cathan na Feine,
Gu dearibh rebidh I do chollair.

10 Thug Connan shiocidh hun an ubhil,
Gad nach bo chuibhidh dha bhualidh;
San chuir e le ardan spreiggidh,
A chluas fo 'n Lechean do 'n Ghruagich.

11 Shin nar ghailibh e uain an Gruagich,
She gu fiaghich fuathich fearragich;
Mar steid shreinigh dol air aistir,
Chluint a Hartir ans gach Bearnigh.

12 An Teich shin a bha fon Ghruagich,
Gur he bualiche ra fhaccin;
San na Chean a bha 'n Trian orridh,
M ro Iunnis na Heoirp do Chlachibh.

13 Har leinne bu bhor a Ghilid,
    Do T shide do T shrol 's do Ghiunnis;
    Fo steid chois chrom a churridh,
    Le n faighe gach Duinne Duimpich

14 'S an a ghaibh e uain an Gruagich,
    Gu fiathich fuathich, le ardan shiubhail;
    Agus hanig na tri Fuathin,
    Mar a chualigh Fion Mac Cubhail.

15 Shin nar a hanig a Challich,
    As a Harrachd air a Culibh;
    Mar ri Celidh Leth a Leppich,
    'S riogh cha b' aobhir aithis duin e.

16 Cethir fichid Lan-laoich mor,
    Do chlainnibh Morni huit nan Tus;
    Uirrid eille Chlainnibh Baoisg,
    Agus Caogid a chuir leis.

17 Bha 'n oiche shin dhuinne bronich,
    An deis air Choibhrig ma dherigh;
    A Tarruing air mairibh gu Huaighin,
    'S geil bu chruaithidh leon 's nin ceillim.

18 Bu truimmigh le Fion na Fuathin,
    A ghol uaidh gun am marraigh;
    I ad gun bheim sceinnigh nan Cnaithibh,
    'S nach ro Feinn nar sleighibh garridh
    Na gad rechidh uidhir eille shorchaire
    Do na Fianibh gorama Gaithil.

19 Hanig iad oirne triuir Chlerich,
    Air Erigh Greine n Larna-bharich;
    Agus Ballan shithidh sheirce,
    Euurigh ga hoirt a Lathair,

20 Dharridh Mac a Chleirich oig,
    Air cheid chaint an Tos tus do Dfhionn,
    Ca leas a reiunigh an Teuchd,
    Na co leis an deint' am marraigh.

21 Bu duillich leomsa shud inse,
    Nam bu ni e ghabhidh ceiltin;
    Gun tuittidh iad le tri Fuaghin;
    Na bha do Tshluaidh air an Ellain.

22 Labhair Mac a Chlerich mhoir,
    Gu farriste foil ri Fion;
    Ha Fear a thogid r an Fhian,
    A bherigh an da Trian beo.

23 Ba bhath leom shin ars a Fion,
    Gad a choiste e gho ni mor;
    Do dhaoin Fhear thogidh an Fhian
    Gar 'n digidh ach Trian diu leom.

24 Dherich Mac a Chlerich mhoir,
    Le sheirbhais choir os an oionn;
    Le Draoghichd Bhallain nam Buaigh
    Gheirich a Tshluaigh suas le Fionn

25 Mar a thoirchir 's mar a thuit,
    Shin iad dhuit do Bhuintir Fhinn;
    Fon shin fein a reinn an Teachd,
    Cha ghabhamid Feich ga chionn.

26 'Mhanarain ga math do Laibh,
    Thug thu do m Fhein masla mor;
    Fhinn na gaibhse dheth Tair,
    Fhir nach tium ri dol san scleo.

27 Fhinn na gaibhse dheth Tair,
    Fhir nach Tium dol san scleo;
    Sgur Draoighichd a churridh oirribh,
    Leis 'n do Chailligh a Chlann choir.

28 Triur air nach deargidh arm,
    'S nach loisg an Teinnigh ga Bhoid;
    'S nach mo Bhaite leis an Tuinn,
    Ciod an Tium a bha nan Teichd?
                                Crioch.

H. 9. HOW AN INCHANTER WITH HIS WIFE
AND CHILD CAME TO KEEP WAR WITH THE HEROES.

Kennedy, 1st Collection, page 51. Advocates' Library, December 6, 1871. Copied by Malcolm Macphail. 120 lines.

Not known to Hennessy in Irish Manuscripts. Not known to me, orally preserved now.—J. F. C. Dublin, December 9, 1871.

AN Inchanter came to the Heroes where they were hunting one day, and told them that an old woman, with her husband and child, were coming that night to them, who would keep war with them all. The warluck went away, and came immediately with his wife and child, and killed 310 of the Heroes, and bound 140, but they came to-morrow, and lifted them all to life again into Fingal, without reward.

DAN 11.

1 LATHA dhuinne bhi re fiadhach,
   Gu' m ann mu dhiamhair na tulach;
   Do chnnnaig sinn Gruageach ea-trom,
   Le lidhachd le sgéule chugainn.

2 Do bha stéud ag a Ghruagaich,
   'S ann leinne a b' uallach fhaicsinn;
   Na cheann do bha an srian ór-bhuidh,
   Le iomcarachá dh' ór 's do chlachaibh,

3 'S ann leinne bu bhrea a dhiollaid,
   Do shiode, do shról, dh' fhiontrain;
   Air an stéud chois ea-trom churant,
   Dh' fhagte leis gach duine diombach.

4 Ghluais e ann na uile chomhdach,
   Gu Fianntidh phoil mar fhior fhilidh;
   Agus bheannaich e gu siobhalt
   Marcaich seimh nan siog- shuil sionnach.

5 Thrus sinn uile 'n sin gu déonach,
   Gu's an ogan a b' fhearr earradh;
   A dh' fhaghail sgéul gu 'n éuradh,
   Uaith gu h éibhneach uallach eallamh.

6 Dh' fhiosraich Mac Chuthaill d'on Ghruagaich,
   Ann am briathraibh uasal eibhainn;
   'Ailis dhuinne 'nois air thoisach,
   Cia as t astar gu riogh'chd Eirann.'

7 'Thainig mis' o thaobh nan sionnach,
   Do labhair an gille céalfach;
   Gu' m bi sibhsa noc nar caithris,
   A sheachd cathanaibh na Féinne.'

8 Ciod e noc adhbhar ar caithris,
   Do labhair Fionn flath na Féinne;
   'S nach aithne dhamh neach d' ar bualadh,
   Eidear ceath'r bhruacha' na h Eirann.'

9 'Do thig chugaibhsa noc cailleach,
   Is a h arrachd fein le céile;
   Is cumidh iad ruibhsa cómhrag,
   A dh' aingain conamh ar Féinne.'

10 'S an dhuinne bu nár r'a aithris,
   'Nuair a theannamaid r' a chéile;
   Gu céabhadh sin oirnna cailleach,
   Is a h arrachd fein le céile.

11 'S ann an sin a labhair Conan,
   Cho 'n eil onoir dhuinn a Ghruagach;
   Cia beag a chéabhadh oirnn cailleach,
   A céile sa h arrachd d' an cruaidhead.

12 'Do fhreagair 'an Gruagach guineach,
   Air a chubhaidh fein a Chonain;
   Thig na fuathan oirbh le chéile,
   Is reubar leó 'noc do ghon shuil.'

13 Do bha ubhall ag a Ghruagaich,
   Is thilgaibh e uaith air astar;
   Cheapadh e e san laimh cheudna,
   'S ann leinne bu treabha gaisgaich.

14 Do rug Conan air an ubhall,
   Cho bu chubhaibh dh'a r'a bhualadh;
   'S chluas a bha leith r' a leith-cheann,
   Chuir e le spreigadh do 'n Ghruagaich.

15 Do chailh a Ghruageach an t ubhall,
   Ona bu chubhaidh dh' a bhualadh;
   'S do sgar e 'n da chluais o 'n chlaigean,[1]
   Gu lom sgaphara do 'n Ghruagaich.

16 An sin dh' imich uainn a Ghruagach,
   Se gu fiathaich, fuathach, feargach;
   Air a stéud chois, ea-trom, ghasta
   Dheanamh astar thair gach garbhlach.

[1] Bha Conan maol o 'n la so suas.

17 Is gearr air imeachd do 'n Ghruagaich,
   Se sin a chula Mac Chuthaill ;
   Mar fhuaim tuinne na tri Garin,
   Sann dhuinne gu' m b' ádhbhar cumha.

18 An sin thainig oirnne chailleach,
   Is a h anachd air a culabh ;
   Is a céile leith a leaba,
   'S cho b' adhbhar aitais iad dhuinne.

19 Tri fichead déug 's caogad curidh,
   A bhuaileadh buillean le chéile ;
   Se sin a thuit leis na fuathan,
   Do Mhaithaibh 's do dh' uaislaibh ar Féinne.

20 Seachd fichead do Chlanna Mornna,
   Bha lán do chréucaibh 's do chneidhaibh ;
   Cho chulas riamh sgéul bu chruaidhe,
   No na tri fuathan d' an ceangal.

21 An oidhche sin dhuinn gu bronach,
   An deidh ar cómhraig fai dheireadh ;
   A slaódaibh ar mairbh gu h uaidhaibh,
   Sgéula ro thruagh is ni 'n ceileam.

22 Bu mheasa le Fionn na fuathan,
   Dhol slán uaithe as an áraich ;
   Na mbead is a thuit sa thorchair,
   Leó d' ar Fianntidh gorma gaidh' lach.

23 Cha loisgadh teine da mheud iad,
   Is cho bháite iad le h uisge ;
   Cho dearagamaid orra le 'r n armaibh,
   Cáit anois am biodh an guinsan.

24 B' eisean Gruageach chreag na tulaich,
   Is sinn air uileann sliabh Mhanuis ;
   Do tharladh dhuinne na f hreasdal,
   'S bu truagh a leag e a lámh oirinn.

25 Thainig chugain na tri Chleirich,
   Gu ro eibhainn 'n dara mháirach ;
   'S am ballan sìbhidh seachlidh
   Eatara teachd ann san láthair.

26 Dh' fhiosraich iad do Mhac Chuthaill,
   Mar a bu chubhaidh san uair sin ;
   ' Cia leis 'n do bhearna' na gaisgaich,
   No créud mu 'n d' rinneadh am bualadh.'

27 ' Gur decair dhuinne sin innseadh,
   No tionsgalaibh air a rádha,
   An triuir le 'n d' rinneadh air bualadh,
   Ghabh iad mu dhiamhair na dálach.'

28 ' Ma sa sinne tha 'nois uait,
   Thainig sinn gu 'n luach da cheann ;
   Comann gu 'n fholachd gu 'n fhuarachd,
   'S togidh sinn do shluabh dhuit Fhinn,

29 Dh' eirich macaidh do 'n chleir óg,
   'S an speirmaise mhór na laimh ;
   Le feartan ballan na' m buadh,
   Dh' eirich a shluabh suas gu Fionn.

30 ' Na gabhsa masladh a Righ,
   Fhir leis 'm bu mhiann dol 's gach tóir ;
   Cha raibh ach draoidheachd uil' ann,
   Leis 'n do chlaoidheadh do chlann chóir.'

D. 8. MAR CHAIDH ROCHD DO THIGH FHINN. 48 lines.

Mac Nicol's Collection. Ossianic Ballad. Copied by Malcolm Macphail, Edinburgh, March 2, 1872.

This ballad, of 1750, relates to a well-known and widely spread legend. Roc belongs to the monstrous Smiths. He is here servant to Cormac. That King sends Roc from Tara, to the Hill of Allen ; from the Palace to the Barracks, to run a race with the army. The General wins the race and slays the monster. The King will have the General's head. By 1800, this had become very Mac Phersonic.

1 TEICHDIRE bha aig mo Riogh,
  Ri Tim dol an naibbreat dho ;
  Giulle a bha aig ra ghairm,
  Rochd Mac Fhiachair she b' ainm dho.

2 Sabhail shin mar mhithigh she,
  Bha aoin Chas Chli as a t-shoin ;
  Bha aoin Laibh as uchd nach Tim,
  Bha aoin suil an Lar a Chinn mhoir.

3 Bha do ghraoighichd aig an Fhua,
  Gum bo luaidh naoin chas ghearr ;
  Gun fagigh e gach neich air bith
  San as a Rith a choir e Geale.

4 Sin nar huirt Cormaig ri Rochd,
  Mas aill leat bhi nochd gam reir ;
  Gluais gu Hallabin a suas,
  Cuir geall air Luas rish an Fhein,

5 Ghluais Rochd an Guilligh nach Tim,
  Air Choibhra 'n Fhir bu bhinn Guth ;
  Rainig e Allabhi nan Lann,
  Bheannuich e do D fhionn san Bhruth.

6 Sau nar huirt Diarmaid Donn,
  Mac o Duibhue nach trom Triogh ;
  Fhir ad a thanig on Chuirt,
  Gu de choir usa fo 'n Taoigh ?

7 'S missigh Gille Choirmaig Dhuin,
  'S air gach Druim bu bhath mo Rith ;
  Hainig mi chur Geall air Luas,
  Rish na bheil shibh T-shluaigh astigh

8 Gheirich Gille nan Cass caoil,
  Ga ruidh air feo Fraoich as Bheann ;
  Ga ghlaichde 's bu bhor a Phian,
  Dherich an Fhian uille as Fionn.

9 'S iad a tearnigh gu a Luan,
  Shin nar chaidh an sluaigh nan trott ;
  Chuir iad Bein Edin air Chrith,
  Aig meid an Rith a rein Rochd.

10 Leim e Ess Ruaigh ga bu bhor,
   'S cha do bhean a Bhrog ga Bhord ;
   Leim Mac Cubhail e gu grad,
   'S bha stad air gach Fearr do chach.

11 An uair a chunig mo Riogh,
   Bhi briste Gessin an T-shluaigh
   Ghia e 'Laibh mu aoin Chois Ruic,
   Air Aodin a Chruic thalabhi nair.

12 Gach Fearr a thige gar Fein,
   A Dhrium geur gu harruing as ;
   Sin mar chaidh Rochd do thigh Finn ;
   An connibh a Chinn sa Chas.

F. 7. RANN MAR A CHAIDH ROC A THIGH FHINN. ROC-MAC-CIOCHAIR, GIULLE BH' AIG RIGH CHORMAC. 7 lines.

Fletcher's Collection, page 80. Advocates' Library, January 17, 1872. Copied by Malcolm Macphail.

BHA an Giulla so aig an Righ, agus chaidh e chuir geall air luathas ris an Fheinn uile, is cha rabh aig ach aon chos, is aon làmh, agus aon suil, mar a deir an Rann.

   Bha aon chos fodha nach robh mall,
   Bha aon làmh as uchd nach cli,
   'S aon suil air clar a chinn mhoir,
   Bha do dhruigheachd air an fhuath,
   Gu' m bu luaithe 'n aon chos ghearr,
   'S nach beireadh air neach air bith.

H. 10. HOW ROCHD WAS KILLED BY THE HEROES. 44 lines.

Kennedy's 1st Collection, page 55. Advocates' Library, December 6, 1871. Copied by Malcolm Macphail.

NOTE.—Dublin, December 9, 1871.—Not known to Hennessy, but a man of this kind is somewhere described. Before the Celts came Ireland was infested by people of this kind called Na Fomhairain, as I learn from the Wars of the Gael, &c., printed.—J.F.C.

CORMAIC the King of Ireland had an Inchanter, named Rochd ; this was his shape, he had one left foot, only one hand, and a circular eye in the middle of his forehead, like the Cyclops Vulcan's servants. The King sent him to try race with the Heroes, for he thought that they would not gain victory in running, but Fingal overtook him, and killed him.

DAN 12.

1. Teachdair do bha ag an Rìg,
   Re h ám dol an aimhra' dhó;
   Gille do bh' aige r' a ghairm,
   Rochd Mac Fhiathchair s' e b' ainm dhó

2. Do labhair Cormaic re Rochd,
   'Ma 's áill leat bhi noc do 'm réir;
   Truss roimhad gu h Albhéinn suas,
   'S cuir geall do luas ris an Fhéinn.'

3. Dh' imich Rochd an gille nach tím,
   Le chómhradh nach bu bhinn léinn;
   Rainig e Teamhradh nan lann,
   'S bheannaich e le greann do 'n Fhéinn.

4. 'S ann mar so do bha a shnúadh,
   Bha aon chos chlí as a thóin;
   Aon lamh air uchd nach bu tím,
   'S aon súil an clar a chinn mhóir.

5. 'S e fhreagair e Diarmaid donn,
   Mac O Duimhne bu chruinn troidh;
   'Fhir ud a thainig d' ar Féinn,
   Cia do thuras fein o 'd thigh.'

6. ' 'S mise gille Chormaic chruinn,
   'S air gach dream bu mhaith mo ruidh;
   Thainig mi chuir geall mo luas,
   Ris na bheil sibh shluanh a stigh.'

7. Dh'eirich gille nan cos caol,
   Da ruidh air fea' fraoich is bheann;
   Dh' eirich ge d' bu mhór a phian,
   Dh' eirich an Fhiann uil' is Fionn.

8. Bha sinn mar sin o luan gu luan,
   A suibhal bhruach, bheann is chnoc;
   'S chuir sinn Beinn éudain air chrith,
   Le mead na ruidh a rinn rochd.

9. Léum e Eas-ruaidh ge mór,
   'S ni 'n do lean e bhórd a léum;
   'S leum Fionn e gu grad,
   'N uair a stad gach fear do 'n Fhéinn,

10. 'N uair a chunnaig Fionn nam fleadh,
    Gu d' bhris e geasan a shluaidh;
    Dh' iadh e dha láimh mu chois Ruichd,
    Air eudann a chnuc ailbhidh fhuair.

11. Mar sin a chuaidh Rochd do thigh Fhinn,
    An comhair a chinn no chas;
    'S gach fear mar thigeadh do 'n Fhéinn,
    Bho dhrim géur d' a tharrungas.

O. 18. ROC. 132 lines.

Dr. Irvine's MS., page 103. Copied by Malcolm Macphail. Edinburgh, March 30, 1872.

Cormac, A.D. 213., sends *Roc* to *Albhuin* (Allen), to run a race with *Fionn*. He catches him at *Eas Ruagh* (Ballyshannon). Then Cormac, King of *Ullin* (Ulster), is changed into *Mhullin* (of the Mill) and later into *Mhuile* (of Mull). At * * * the whole thing changes in style and rhythm. It becomes stiff, and all the names from Cuchullin downwards to the end of the last battle are jumbled together in hopeless strife. 'Oscar' slays 'Connachar.' 'Cormac' praises 'Fionn.' Somebody in the East of Scotland manifestly composed upon this theme before 1800. April 1, 1872.—J. F. C.

1. Labhair Cormac ri Roc,
   Ma 's aill leat bhi noohd am reir;
   Druid romhad a dh' Albhuin suas,
   'S cuir geall luathas ris an Fheinn.

2. Ni mise sin air a riar,
   Chormaic nan cliar 's nan long;
   Ach 's eagal nach tig air m' ais,
   O laoich bhras na mor ghlonn.

3. Roc bba eagal riamh nad' chail,
   On tharladh tu nam luinn;
   Co chuma ruit an luathas,
   Dol suas ri eudainn tuim,

4. Luath mar chcathach na beinne,
   'S a ghaoth g'a ghreasadh le toirm;
   Leum Roc na luing leathain,
   A reuba cuan athach gur traigh.

5. Latha bha sinn an crom ghleann nan cloch,
   Thainig oirnne an t-athach ioghna;
   Dh' fhalaicheadh cuig meoire a thraidh,
   Trian do urlar an righ thighe.

6. Bha mar dhruchd air an fheur
   Cha robh ach aon chas chearr o thoin;
   Aon lamh as uchd gun bhi cli,
   Is aon suil an clar a chinn mhoir.

7. Oglaoich thainig an Cuin,
   Ciod a thug thu fein do'r tigh;
   Is mise gille Chormaic chruinn,
   Air gach luim bu math mo ruidh.

8. Thaineam a chur geall luathas,
   Ris na bheil do shluagh 'nar tigh;
   'S faoin do bheachd, a Roc nan lub,
   Ann a' d' run tha beairt chli.

9. Cha 'n eil a shluagh aig Cormac nan sleagh,
   Na dh' fheucha ruinn an ruidh na fri;
   Gluaiseachd gille nan cosan caol,
   Ga ruidh feadh fraoich 's bheann,

10. Glaccadh bu mhor a shian,
    Dh' eirich an Fhiann uile 's Fionn;
    Leum e eas Ruadh, ge bu mhor,
    'S cha do bhean a bhord ga throidh.

11. Leum Mac Cuthail e gu grad,
    'Nuair stad gach fear san Fheinn;
    Dh' iadh e lamh ma aon chos Ruic,
    Air eudainn cnuic talmhain fhuar.

12. Gach fear mar thigeadh do 'n Fheinn,
    Bha lann ga tarruing as;
    Sid mar chaidh Roc gu tigh Fhinn,
    An coinneamh a chinn 'sa chas.

13. Teachdaireachd fhuair Cormac mor,   ? New.
    Gu na leona' Roc sa ghreis;
    Mhionnaich e bu diobhail duinn,
    Nach bitheadh Fiann g' an cheann thoirt leis.

14. Ghluais e Chosruidh o thulach ard,
    Gu Seallama a chuir fo thuinn;
    Bhuail e steach gu comhrag dian,
    Cu cian a charrais ud duinn.

15. Sheall Fionn o chaislidh nam buadh,
    Suas gu mullach mhill deirg;
    Co iad na h-athaich a ghluais,
    Fhearruis co 'n sluagh air an leirg.

16. Ghluais Feargus armach og,
    An rod a thainig am feachd;
    Co iad na fir chalma dhian,
    A thriall do chrom ghleann an t-sneachd?

17. So Cormac righ Mhuilin an aigh,
    Cha 'n eil baigh aige ri neach;
    Ag iarraidh coir o Fhionn nam Fiann,
    Dioladh Ruic ruaidh nan each.

* * *

18. A Chormac a chuireadh cath cheud,
    'S mor am beud do theachd air lear;
    Cuimhnich a chomain a bha,
    'S gabh baigh dhuit fein bhuil.

19. Cha chiall duit tagha gu'r feachd,
    Tha ar neart mar chreag nach aom;
    'S tric a chuir sinn do namh gu cuan,
    Tha Roc na shuain gu faoin.

20. Mar beo do Roc nan cleas luath,
    Gille bu chruaidhe an cath threun;
    Diolaidh mi a leon gu cas'
    Ma bhitheas an fhaich *am* reir (do'm).

21. Phill Fearghus bu mhor blagh
    'Sa magh a critheadh fo cheumaibh;
    Sid e Cormac righ na Muile,
    Ag iarraidh fuil Ruic is beuman.

22. Crom ghleann 's fhada bha slan,
    Is tamh aig eilid nan raon;
    Gun ghuth cogaidh gun luaidh air,
    Gun fhuaim bais a struth o Mhaoil.

23 Fheara na geillibh do 'n athach,
    'Se labhair Fionn 's cath na ghruaidh;
    Pillibh an ruaig suas Druimalba,
    Faiceadh Cormac call a bhuaidh.

24 Chaidh na fir an dail a cheile,
    Goll a' caithe na faiche;
    Oscar mo shar Mhac dealanach,
    Caoilte eridhe na gaisge.

25 Cuthullin an aigne mhoir,
    Faolan og, agus Diarmad maiseach;
    Toscar nan arm geura
    Bha mi fein a' measg nan toiseach.

26 Co sheinneadh cath nan laoch,
    Co dh' fheuda' a luaidh an t-ar;
    Thuit le laimh Ghuil Iolun armach,
    Mac righ Chormaic sios air lar.

27 Thuit le Oscar Conchar nan lan,
    'S gann dh' fheudta fheurg a chasga;
    Dh' eirich Cormac dhiona' a shloigh,
    Dh' eirich Fionn suas mar fhrascharn,

28 Thachair na fir laimh air laimh,
    Chaidh 'n gathan uam bloighdibh a' s t-athar
    Tharruing iad an lannan crodha,
    Chluinnte fead an arman dathte.

29 Dh' fhalbh clogaide Chormaic chruinn,
    Lann bu duilich a chasgadh;
    Chromaic tha do bhas a' m' laimh,
    Ach 's aithne do Fhionn Mac na maise.

30 Chormaic eirich 's leat t-armachd,
    Pill gu talla garbh na macharach;
    'S dochdair Alba ri chlaoidh,
    'S lionar suidh tha dhi teachrach.

31 Roc thuit le lubaibh fein,
    An struth Dhuithe threun nan glas charn;
    Siol gun bhaigh chatar an uachdar,
    Buaidh gu brath cha tig le taise (gaise).

32 Tha Fionn, deir Cormac nan ceud,
    Mar shruth do 'n fheur anam na tior;
    Mar reul san oidhche da na neoil,
    'San ceo a' camadh ma cheann gun chli.

33 Biodh ruim reidh, a fhlath nan ard bheann,
    Tha nam h ag iarraidh mo bhagradh;
    Eirin uile ged bu leam,
    Gheibheadh tu choinn Garna chasgadh.

THE SONG OF THE SMITHY.

CELTIC Heroes had mythical weapons like others of their class. They got them from a monstrous Smith, who belonged to the Norsemen. He was one of three brothers: 'Roc' was one, 'Lon Mac Liòbhan,' the hero of this ballad, was another, and 'the Smith of the Ocean' seems to have been the third. Their Father was 'a mighty man.' They had one leg and one eye. This one at least had seven arms, with which he plunged swords into his mother's breast. These mythical Celtic people clearly are the equivalents of Vulcan and the Cyclops, Arges, Brontes, Steropes, &c.; who were slain with arrows by Apollo, because they made thunderbolts, with which Æsculapius was slain by Jove. The versions of this ballad are so like each other, that, by the able help of Mr. Hector Mac Lean, we have hammered them into one. In April, 1872, I collated Y. 1., 104 lines, orally collected in Barra, with Y. 2, 37 lines, written in Islay, see Vol. III. 'Popular Tales.' In June, the collector of these and other versions read aloud all other versions which we had got, in their order of date, while I noted each verse of Y. with corresponding letters and numbers. We read D. F. H. M. O. V. Y. Z. From these eight versions, written between 1750 and 1872, by as many collectors, in as many different parts of Scotland, Mr. Hector Mac Lean selected various lines and readings; and, having with great trouble collated the whole, he wrote the words in his modern Gaelic orthography. The result is, that 104 lines taken down from the repetition of one man in Barra, in 1860, have grown to 175 lines, chiefly by the addition of the verses marked F. from Fletcher's version. The story told in these verses is commonly told with many more incidents, but the verse is forgotten. We next read the whole over again for various readings, and added all that concerned the story in foot-notes. By this process all dialects are lost, and the language is brought down to modern orthography. Nothing else is changed. The men named have swords assigned to them, but the same men and weapons do not always go together. They get eight swords and eight spears. Kennedy sings, H. 20:—

'B'aidhearach sinn an dara mhaireach
Ann an Ceardach Lon Mac Liomhean
Gu bu Mhaith ar 'n ochd cloidheamhnan
'S ar 'n o-chd Sleaghan righne fior ghlann.'

Four Heroes were first engaged in the adventure; a second band of four are mentioned, but seven other men are named in different versions. Eleven men and as many weapons are named. Three men and two swords are named, but not together.—

1. Fionn had   1. Mac an Liun.
2. Oisein   2. Gearr nan Callan; or Gear nan Calg.
3. Osgar   3. A Chruaidh-Chosgarrach; an Euch-
                   drigh; an Drioghleannach; an
                   Druidhlannach;
4. Daorghlas   4. An Leadarnach Mhòr; a Chreichd'ich;
                   a Chruaidh-Chosgarrach;
5. Diarmaid   5. An Liòmharrach; an Loimhcannach;
                   a Chosgarsach Mhòr;
6, 7, 8.   The three sons of the tribe of the Smithy, who
           are often named in other ballads, had three
           swords. H. 22 :—

Bha tri cloidheamhnan Chlann na ceardach
Bu ro mhaith am féum ri gaisgeadh
'S b ainm do chloidheamhnan nan, Saoithean
Feadag is Faochadh, is Fasgadh.

Otherwise, 6. Fead; 7. Faoidh; 8. Fasdal :—6. Whistler; 7. Sleep, or Rest from pain; 8. Shelter. 9. Goll; and 10. Faolan, one of Fionn's sons, have no swords. 9. A Bhagarach, and 10. Mac-na-Ceardich, or A Chonnlann-Nichd-na-Ceardach, have no masters. Sword is masculine, Blade is feminine, so the names vary in different versions. 11. Dearg Mac Droighan is mentioned once in O., a very imperfect late version; he has no sword; and he does not seem to have anything to do with this adventure. One sword has three masters. Eleven swords are named and eleven men. Caoireal, Fionn's youngest son, is not named. He comes late in the story, and makes up the 12.

Here follows the fused version of the Smithy Song: the only bit of cooking that is to be in this work.

DUAN NA CEARDAICHE.

D. F. H. M. Y. Z.

1 LATHA dhuinn air luachair leothaid,
   Da cheathrar chròdha dh' aon bhuidhinn;
   Mi fhéin a 's Osgar a 's Daorghlas
   A 's Fionn féin, gum b 'e Mac Cumhail.

D. 2.

2 Da cheathrar fhialaidh 's iad beul-dhearg,
   Da cheathrar bheul-dhearg 's iad altach;
   'Nam suidhe dhuinn air an tulaich,
   'S ann leinn 'bu chumha ar cuimhne.

D. F. H. O. M. Y. Z.

3 Chunnaic sinn a' teachd 'nar combdhail,
   Òlach mòr a 's e air aon chois;
   An culaidh dhuibh ghris-fhinn chraicinn,
   Le còtan lachdunn 's le ruadh bhrat.

Y. Le chochal (mhanhdal) dubh ciar-dhubh craicin
Y. Le cheanna-bheairt lachdann 's i ruadh-mheirg.
Y. Le i 'onnar lachduinn 's le ruaidh bheart. (bheirc) D.

D. 4, H.

4 Bha currachd mu cheann maol éitidh, (chlogad)
   B' i 'mhaol gheur a bha ro-ghruamach;
   Aon sùil mholach an clàr aodainn,
   'S e 'sior dhèanadh air Mac Cumhail.

D. F. H. M. Y. Z.

5 'S ann an sin a thubhairt Mac Cumhail,
   'N am duinne 'bhith 'dol seachad;
   Co 'm ball am bheil do thuineadh,
   'Ille le d' chulaidh chraicinn?

H. 4.

6 Nior bheannaich an truth do sheachdnar
   Fhinn Mhic Cumhail O Almhuin;
   Dhuitse 's na comainean ceudna
   Fhuath ro-dhéisnich, éitidh, chealgaich.

O. 4.

7 Lonn Mac Liomhuin gu b' e m' ainm,
  Ann tir Lochlain fhuair mi m' arach;
  Bu nearachd m', athair do 'n rugadh mise
  I 's mo dhithis bràithrean.

D. F. H. M. O. Y. Z.

7A Lon Mac Liòbhann, b' e m' ainm ceart e,
   Na 'm biodh agaibhs' orm beachd sgeula;
   Bha mi treis ri uallach gobhann
   Aig righ Lochlainn anns an Spaoili.

D. F. H. M. Y. Z.

8 Thàinig mi g' ur cur fo gheasaibh,
  O 's luchd sibh 'tha 'm freasdal armaibh;
  Sibh a bhith 'gam' ruith 'nurn ochdnar
  Siar gu dorus mo cheardaich.

D. F. H. M. Y. Z.

9 Cia 'm ball am bheil do cheardach,
  A thruth am b' fheairde sinne' faicinn;
  Faiceadh sibhse i ma dh' fhaodar,—
  Ma dh' fhaodas mise cha-n fhaic sibh.

D. F. M. Y. Z.

10 Gun d' thug iad an sin 'nan siubhal
   Air Chòige Mhumha 'nan luath dheàrg;
   'S air Ghleann an Buidhe mu bheithe
   Gun deach iad 'nan ceithir buidhuibh.

D. F. H. M. O. Y. Z.

11 Bu bhuidheann diubh sin an gobha,
   Bu bhuidheann eile dhiubh Daorghlas;
   Bha Fionn 'nan deaghaimn 'san uair sin
   A 's beagan de dh' uaislean na Féinne.

D. M. O. Y. Z.

12 Thug e as mar ghaoith an earraich
   'Mach ri' beannaibh dubha 'n t-sléibhe;
   'S cha-n fhaiceadh thu ach air éigin
   Cearb d' a éideadh thar a mhàsan.

D. F. H. M. O. Y. Z.

13 Cha ghearradh an gobha ach aon leum
   Air gach gleannan faoin romh fhàsach:
   Air sliabh Buidhe mar bheithir,

   . . . . .

D. F. M. Y. Z.

14 A' tearnadh air alltan a' chuimir,
   A' dìreadh ri bealach nam faobhar;
   Chunnaic iad uatha foir fàire
   Ionad tàimh a ghobhann éitidh.

D. M. Y. Z.

15 Fosgladh beag gun d' thug an gobhainn;
   Na druid romhain arsa Daorghlas;
   Na fàg mi 'n dorus do cheardaich
   An àite teann as mi 'm aonar.

H.

15A Chuir iad an lorg siar fui 'n teallach,
    Is teannachair do chorran caorrainn;
    No ceathair uird a bha re freasdal,
    B' fharr no sud a fhreagradh Dorghlas.

D. F. M. Y. Z.

16 Fhuaras an sin builg ri shéideadh;
   Fhuaras air éigin a' cheardach;
   Fhuaras ceathrar ghoibhnean righ Meirbhe,
   De dhaoine doirbhe mi-dhealbhach.

D. F. M. Y. Z.

17 Bha seachd lamhan air gach gobha;
   Seachd teanchairean leothair aotrom;
   'S na seachd uird a bha 'gan spreigeadh;
   'S cha bu mheasa 'fhreageadh Daorghlas.

D. F. H. M. Y. Z.

18 Daorghlas fear gharadh na ceardaich!
   Bu ghoirt 's bu ghàbbaidh a throdan!
   'S bu deirge na gual an daraich,
   A shnuadh le toradh na h-oibre.

D. F. H. M. Y. Z.

19 Labhair fear de na goibhnibh
   Gu gròmach agus gu gruamach;
   Co e 'm fear caol gun tioma
   'Shìneas an teinne crudhach?

D. F. H. M. Y. Z.

20 An sin fhreagair Fionn Mac Cumhail
   Mar 'bu chubaidh dhà 'san uair sin;
   'Cha bhi 'n t-ainm sin gun sgaoileadh,
   Bha Daorghlas air gus an uair so.'

D. F. M.

21 Fhuaras an sin airm 'n an sìneadh,
   Na claidhmhean liòmharra daite;
   'S iad coimhlionta air an deanadh,
   De dh' armaibh dìreacha, gasda.

22 Fhuair sinn an sin arn ochd claidhmhean
   De dh' armaibh dìreacha, daite;
   Tri chlaidhmhean eile 'nam fochair,
   Fead agus Faoidh agus Fasdal.

H.

23 Tri chlaidhmhean chlann na ceardaich
   Bu ro mhaith am feum ri gaisge;
   'S gum bi 'n liòmharrach lann Dhiarmaid,
   'S iomadh latha riamh a dhearbh i.

Y. Z.

24 A chruaidh chosgarrach lann Osgair;
   An leadarnach mhòr lann Chaoilte;
   Mac an Luin aig Fionn Mac Cumhail,
   Nach fàg fuigheal de dh' fheoil dhaoine.

D. F. H. M. Y. Z.

25 Agam fhéin bha gearr nan collann
   Bu mhòr farum an am truide

   . . . . .

F. 22.

26 'N sin 'nuair 'labhair an gobhainn
   'N déis am faghairt mar a dh' fhaod e;
   Cha bhi iad uile gu m' réir-sa,
   Gun am faghairt am feoil dhaoine

F. 23.

27 Chuir iad an sin croinn mu 'n timchioll,
   Co air an d' thigeadh a' chaol-sprirn;
   Co air an d' thàinig an iomairt,
   Ach air Fionn, righ chlann Baoisgne.

F. 24.

28 Dh' imich Fionn dh' ionnsuidh an doruis,
   A 's e làn carruich mu 'n aobhar;
   'Se 'tharladh air a' dol seachad
   Ceum beag rathaid 's e ri smaointeach.

F. 25.

29 Lean e gus an do ràinig e dorus,
   Bhuail e mar fhear ag iarraidh faoileachd;
   Fhreagair seana-bhean e 'bha caslaich;
   Gu glic, foistneach rinn i fhoighneachd.

F. 26.

30 Ciod na nithean 'tha thu sireadh;
   Na co as do theachd an taobh so?

   . . . . .

F. 27.

31 Fhreagair Fionn an sin gu fialaidh,
   Fios t' ainme b'àill leam fhaostainn?
   Ciod e do riaghailt air fuireach?
   Na do thuineachas an taobh so.

F. 28.

32 'Gur mise màthair a' ghobhann
   'Bu mhaith a thobbairt nam faobhar;
   'S bha mi ri còmhnuidh 'san asdail
   Anns am bheil thu 'faicinn m'aodainn.

F. 29.

33 Tha do mhac ag iarraidh t' fhaicinn'
   Siar gu dorsaibh a' cheardaich

   . . . . .

F. 30.

34 'Tha seachd bliadhna o nach fhaca
   Mi mo mhac na duine de m' chairdean;
   Ach ma tha e 'gam' shireadh an ceart uair
   Théid mi g' a fhaicinn 'san am so.'

F. 31.

35 An sin 'nuair a ghluais Fionn 's a' chailleach,
   'Siar gu dorsaibh na ceardaich;
   Chuir e 'bhean a steach an toiseach,
   O 'n a bha dosgiadh an dàn dith.

F. 32.

36 Sparr an gobha na h-airm dhaite
   Mach ceart troimh chorp a mhàthar;
   'N sin thuirt e ri Fionn—'A dhroch dhuine
   Thug orm dol am fuil nach b' àill leam!'

F. 33.

37 Thuirt e ri Fionn—'Sin di chlaidheamh,
   'S dèan a thasgaidh anns an sgàbard;'
   Thuirt Fionn, 'nuair a ghlac e 'n chlaidheamh,
   Gun robh car ann 's an robh fàillinn.

F. 34.

38 Dh' iarr an gobhainn e ri fhaicinn
   Ciod an car a bh' ann nach b' àill leis;
   B' aithreach le Fionn a thoirt seachad,
   'S dh' iarr e 'n lann air ais gun dàil air.

F. 35.

39 Sparr e 'n claidheamh anns a' ghobhainn,
   'S rinn e 'fhaghart mar a b' àill leis.

. . . .

F. 36. H. Y. Z.

40 Gun do ghabh sinn an sin mu shiubhal
   'Ghabhail sgeula de righ Lochlainn;
   Gun do labhair an righ uasal
   Le neart suarraicheas mar bu chubhaidh.

F. M. Y. Z.

41 'Cha d' thugamaid air bhurn eagal
   Sgeula do sheisear dh' 'ur buidhinn;
   Gun do thog sinne na sleaghan;
   'S gum b' ann ri aghaidh nam bratach.

F. M. Y. Z.

42 Bha iadsan ann 'nan seachd cathan,
   'S cha do smaointich flath air teacheadh;
   Ach air làr na Foide Fineadh
   Cha robh sinne ann ach seisear.

F. M. Y. Z.

43 Bu dithis diubh sin mis' agus Caoilte,
   Bu triuir diubh sin Faolan fial;
   Bu cheathrar dhiubh Fionn air thoiseach;
   'S bu chaignear dhiubh 'n t-Oscar calma.

F. H. M. Y. Z.

44 Bu sheisear dhiubh Goll Mac Morna,
   Nach d' fhulaing tàir ri m' chuimhne;
   Ach sguiridh mi nis d' an àireamh,
   O-n chaidh an Fhéinn gu sod oirnn.

D. 22.

45 O nach mairionn dèagh Mhac Cumhail,
   Cas shiubhail nam mòr-cheum doireach;
   'Bhith air làn an duirn de 'n aran
   A' tarruing nan gallanan uisge.

D. F. M. Y. Z.

46 Bu mhaith mi latha na teann-ruith
   Ann an ceardaich Loin Mhic Liomhann;
   A nochd ged as anmhann mo threoir
   Déis an sgeoil so 'bhith ga innseadh.

Various Readings.

D. 3. Lines 2, 3.

2 Le Mhantal duth ciar dhuth Craiccin
3 Le Ionnar Lachdin 's le ruadh-bheirc

D. 4.

1 Le Chloggaid mu Chean maol Èitidh.
4 Togadar air Nairm ri fhaicinn

O. 1. Lines 1, 2, 3, 4.

Chunncas tighinn o 'n Mhuna
Fear fada dubh 's e air aon chois
Le mhantul ciar dubh cricinn
'S apran de 'n eudach chianta.

D. 4.

Le chlogaid mu cheann maol eitidh
A mhaol gheur a 's ise gruamach
Linn duinn a' bhith faicinn an òglaich
Togadar ar 'n airm ri fhaicsinn.

H. 3.

1 Bha currachd ma chon-mhaoil chéiste.
3 'S 'nuair bha sinn mu chomhair a chéile
4 Thogadar ar 'n airm le fuathas

D. 5. Lines 3, 4.

Co 'n Tir ann aon bi do Bhunnadh,
Na Fhìr ud a Chuthail Chraicein?

H. 5. Lines 3, 4.

Co an tir am bheil do mhuthinn,
Fhir ud tha fui' 'n chuthall gruamach?

D. 6. Lines 3, 4.

Gur mishe an Tolla Gotha
A bhaig Riogh Lochlan San Bheirbhe

H. 6. Lines 3, 4.

Gu bheil am umhall Gomha
Aig Righ Lochlan anns a' Mheirathair.

D. 18.

4 Fead a 's Faodh agus Fasgadh

D. 19.

1 A bhagarach 's Mac Ceardich
2 Bha Chosgarach mhor aig Diarmid.

D. 20.

1 Mac an Loin b i Lann Mhic Cuthail
3 Aig Oscar bhithidh an Euchdrigh
4 'S gum bi Chreichdich lann chruaidh Chaoìlte

D. 21.

1 Agam fein bha Gearr nan Calluin.

H. 20.

1 Be Mac an Loin lann Mhic Cuthall
3 Gu b 'e 'n Drioghleannach lann Oscair
   'S bi Chruaidh chosgarrach lann Chaoilte

H. 21.

1 Gu b' i 'n Lainheannach lann Dhiarmaid
3 A-gam fein bha gean nan callunn.

H. 22.

1 Bha tri chloidheamhan chlann na ceardach
4 Feadag is Faochadh, is Fasgadh.

F. 20.

1 Fead agus Faoidh agus Fasdail
2 'Sa Chomhlann nichd na Ceardach
3 'S an lann fhada ghlas bh' aig Diarmaid

F. 21.

1 A-gam san bha geur nan calg
3 Machd an Luin a bhaig machd Cuthaill.

H. HOW THEY GOT VICTORIOUS ARMS
FROM A SMITH WHO WAS INCHANTED BY THE KING OF DENMARK.

Kennedy's 1st Collection, page 27. 92 lines. Advocates' Library, Nov. 30, 1871. Copied by Malcolm Macphail.

NOTE.—Dublin, December 9, 1871.—Not known to Hennessy as preserved in old Irish writings.

THE ARGUMENT.

FINGAL was one day walking on the face of a hill, named Luachair-leodhaid (that is, on the side of a mountain all covered with rushes; all things was named poetically by them) and seven persons along with him, viz.: Ossian, Oscar, Diarmaid, Dorghlas, &c. They saw one person coming to them on ne leg and curriously cloathed. They knew that it was for some mischief he was coming to them, for kings at that time had inchanted persons for their diversion and use, he inchanted them to follow him to the door of his smidy in hopes that he would overwhelm them to death; they followed him with all haste thro' mountains, vallies, and all rough and desert places, there was none of them near him, but Dorghlas who was called Caoilte since that day; he keeps him always in sight, and overtook him at his smidy; the rest came then one by one, they would not return home without reward for their trouble, they got their eight swords and eight spears that would get victory over any brutal force.

M. 5. CEARDACH MHIC LUIN. 104 lines.

This version is fused with the rest. It is quoted from Gillies for comparison.—J. F. C.

1 LA dhuinn air Luachar Leobhar
   Do chearar chrogha do 'n bhuighinn
   Mi fein,[1] is Oscar[2] is Daorghlas
   Bha Fionn fein ann, is b'e Mac-Cumhail.

[1] Ossian.   [2] Diarmad.

2 Chunncas tighinn o' n mhagh
An toglach mor is e air aòn chois
Le chochal dubh, ciar-dubh craicion,
Le cheann-bheirt lachdainn is i ruadh-mheirg.

3 Bu ghranda coslas an òglaich,
Bu ghranda sin agus bu duaicnidh,
Le chlogaid ceann-mhor cèutach,
Mar mhaol eidi' dh'fhàs duaicail.

4 Labhair ris Fionn Mac-Cumhail,
Mar dhuine bhiodh dol seachad;
Cia i an tir am bheil do thuini'
Ghiulla le do chulai' chraicion.

5 Lun Mac-Liobhain, 's e m' ainm ceart,
Na 'm biodh agaibhse beachd sgeul orm,
'S gu 'm bithinn re obair Gobhainn
Aig Ri Lochlainnann an Spaoili'.

6 Thainig mi gur cuir so gheasaibh
O 's luchd sibh tha freasdal armaibh,
Sibh gu mo leantain buighinn shocair,
Siar gu dorsaibh mo Cheardaich.

7 Ciod am ball am bheil do Cheardach?
Na 'm fearda sinne, g'a faicsin?
Faiceadh sibhse sin, ma dh' fhaodas,
Ach ma dh' fhaodas mise, cha 'n fhaicsibh.

8 Sin n'ar chuaidh iad nan siubhal,
Mar chuige mugha na luimedheirg
Air sliabh buidhe mar bheithir
Gu 'n robh sinn' nar ceathrar buighnibh.

9 Bu bhuighinn dhiubh sin an Gebhainn
'S bu bhuigbinn eile dhiubh Daorghlas,
Bha Fionn 'nar deidh san uair sin
Is beagan do dh'uaislibh na Fèine.

10 Cha deanadh an Gobhain ach aon-cheum,
Thair gach gleannan faoin 'n robh fàsach
Cha ruigeadh oirne ach air eigin,
Cearb d'ar n' aodach shuas ar masaibh.

11 Tearna gu urlar a choire
Dire re bealach na saothair;
Fosa beag ort, ars' an Gobhain,
Druidse romham arsa Daorghlas.

12 'S na fàg mi 'n dorsaibh do Cheardaich
Ann aite tean is mi 'm aonar.

13 Fhuaras ann sin builg g'an seide
Fhuaras air eigin ceardach
Fhuaras ceathrar Goibhnibh re meirbhidh
Do dhaoine dairbhe mi dhealbhaich.

14 Gu 'n do labhair fear do na Goibhnibh
Gu grimeach agus ga gruamach
Co e am fear caol gun timeadh,
A shineadh mach tinne Cruadhach.

15 Dubhairt Fionn fear fuasgla' na ceiste,
(An lamh nach taganih 'san fhiadhach)
Cha bhi 'n t ainm sin sgaoilte,
Bha Daorghlas air gus an uair so.

16 Bha seachd lamhan air a Ghobhin
Agus seachd teanchair leobhar aotrom,
Na seachd ùird a bha gà spreige,
'S cha bu meas a fhreagra Caoilte.

17 Caoilte fear fhaire na Ceardaich,
Sgeul deirbhte gu 'n troid e
Gu 'm bu deirge na 'n gual daraich
A shnuadh, a toradh na h-oibre.

18 Fhuaras ann sin na 'n sine,
Do armaibh dìreach daite
'S an coliana air an deanaibh
Do dh'armaibh sinte na faiche.

19 Fead, agus Faoi' agus Fasdal,
Is a Chonnlann nic na Ceardaich,
'S an lann fhad' a bh'aig Diarmad
'S ioma' la riamh a dhearbh i.

20 Agam fein a bha Deire na 'n colag,
Bu mhor farum a truide
'S Mac-an-Lùin a bh'aig Mac-Cumhail,
Nach d' fhag fuigheal do fheoil dhaoine.

21 Gu 'n do ghabh sinne ma shiubhal,
Ghabhail sgeula do Rì Lochlan;
Sin n'ar labhair an Rì uasal,
Le neart suairc mar bu chuma.

22 Cha tugamaid air bhur eagal
Sgeul do sheisir do'r buighinn
Gu na thog sinn na sleaghan
'S gu 'm b'ann re aghaidh na 'm bratach.

23 Bha iadsan ann ra 'n seachd cathan,
Cha do smuainich flath re teiche
Ach air lar na foide fineadh,
Cha robh sinne ann ach seisir.

24 Bu dithis diubh sin mis; agus Caoilte
'S bu triuir dhiubh Faolan feall,
Bu cheathrar dhiubh Fionn air thoiseach,
'S bu chuigear dhiubh an t-Oscar calma.

25 B' e sheisir Goll Mac-Mòrna,
Nach d' fhuiling tàir re m' chùine
Togaibh mi tuile dheth 'n àireamh,
O chuaidh 'n Fheinn gu sodra'.

26 Bu mhath mi la na teann-ruith
Ann am Ceardaich Lònaich Liubhain.
An nochd 's anmhann mo chàil
An dèis a bhi 'g rireamh na buighne.

A MHUILEIRTEACH. D. F. M. O. &.

This personage is described in ballads as a woman, having one terrible eye swift as a mackerel, shaggy hair, black blue complexion, and teeth encumbered with splinters of bone. According to some versions, an eagle, or a griffin with claws like a tree was on her head. So at least I read the words. She was an ally of the Norsemen. She came from the sea, and fought all the Feinne, who made a battle ring of their seven battalions before they slew her. Perhaps she represents one of Odin's corse choosers. I have the following versions:—D. 9. 84 lines. F. 9. 36 lines. J. 2. 87 lines. M. 6. 120 lines. O. 16. 105 lines. S. 1. 97 lines. Y. 2. 225 lines. Z. 3. 30 lines = 687 lines. All these were orally collected between 1750 and 1872, between Dunkeld and the Islands. I print five versions. My own version, orally collected before 1862, by Mr. Hector Mac Lean, will be found in Vol. III. In translating, I will make the best I can of the whole. I tried to fuse these versions, but could not do it to my satisfaction.

D. 9. DUAN A MHUILEARTICH.

Mac Nicol's Collection. 84 lines. Ossianic Ballad, copied by Malcolm Macphail, Edinburgh, March 1, 1872.

1 La do 'n Fhein air Tullich toir,
Re abhrac Erin man Tiomchil;
Chunnairc iad air Bharribh Thonn,
An Tarrachd eitidh aotail crom,

2 She b' ainm do 'n Dfhuath nach ro fann,
Am Muilleartich maoil ruaigh mathionn muantich
Bha Haodin du-ghlas air Dhreich guail,
Bha Deud carbadich claoin-ruaigh,

3 Bha aoin shuil gholggich na ceann,
'S bu luaigh i na riunich Maoirinn;
Bha greann ghlas duth air a ceann,
Mar dhroch Coill chrinich fo air Chritheann.

4 Ri abharc nan Fian bu bhor Goil,
T shauntich a bhiast teachd bhi nan Innis;
Mhairbh i le Habhichd Ciad Laoich,
Sa Gaira mor na gairbh Chraois.

5 Cait a bheil Fir as fearr na shud,
An Diugh ad Fhein a Mhich Cubhail;
Chuirinse shud air do Laibh,
A Mhuileartich Mhathion mhaoil chammapach.

6 Air sca Luchd chumail nan Conn,
Na bi oirne gad mhaoithidh;
Gheibh u Cubhigh as gaibh shith,
Huirt Mac Cubhil an tard Riogh.

7 Gad' gheibhinse Brigh Erin uille,
A Hor 'sa Hairgid sa Hiunbhis;
Bearr leom u Chosgairt mo T-shleigh,
Oscair a Raoine, sa Chaorrail.

8 An T-shleigh shin ris a bheil u fàs,
San aice ha do dhian-bhas;
Caillidh tu Dos a Chinn chrin,
Re deo Mhac Ossain a dhearraigh.

9 Busa dhuit ord crothidh nan clach,
A chaigna fod 'l Fhiaclan
Na cobhrig nan Fian fuillich.

10 'N shin nar dherich Fraoch na Beist,
Dherich Fionn Flath na Feinigh;
Dherich Oscar Flath nan Fearr,
Dherich Oscar agus Iullin.

11 Dherich Ciar-dhuth Mac bramh,
Dherich Goll mor agus Connan;
Dherich na Laoich nach bu tiom,
Laoich Mhic Cubhail nan arm grinn.

12 Agus rein iad Cro-coig-cath,
Mun Arrichd eitidh san Ghleann;
A cheartbir Laoich a b' fhearr san Fhein,
Choibhrigidh i iad gu leir,
Agus fhrithilidh I iad ma sheach,
Mar Ghath Rinne na Lasrich.

13 Hachir Mac Cubhail an aigh,
Agus a Bhiast Laibh air Laibh;
Bha Druchd air Barribh a Lainne,
Bha laibh a Cholla ri Guin bualidh.

14 Bha Braoin ga Fhuil air na Fraochibh,
Thuit am Muileartich leis an Righ;
Ach ma thuit cha b' ann gun strith,
Deichin cha duair e mar shin.

15 O La Ceardich Loin Mhic Liobhain,
Ghluais an Gothidh leis a Bhrigh;
Gu Teich Othar an ard Riogh,
'S bu sgenligh le gotha nan cuan,
Gun do bharraigh am Muileartich maithion maol ruagh.

16 Mar dechidh e an Tailibh tolc,
Na mar do bhathigh am muir dobhain Long,
Cait 'an ro Dhaone air bith,
Na bharraigh am Muileartich mathionn.

17 Cha ne bharbh i ach an Fhian,
Buighin leis nach gabhir Giabh;
'S nach deid Fna na arrachd as,
Fon T sluaigh aluin Fhalt-bhui-iompaidh.

18 Bheir mise Briathar a rist,
Ma bharbhigh am Muileartich min;
Nach fhag mise soin na Ghleann,
Tom, Innis na Eillain.

19 Bheir mi breapadich air muir,
Agus cnagadich air Tir;
Agus ni mi croran Coill (crocoian)
Ga tarruing hugamasa Taithichean (Treibhichean).

20 S mor an Luchd do Loingeas ban,
Erin uille do Thog bhail
'S nach dechidh do Loingeas riabh air sail,
Na thoga Coigibh do dh' Erin.

21 Mile agus Caogid Long,
Sin Caibhlich an Righ gu trom
A dol gu Crichibh Erin
Air hi na Feinigh nan taragh (fanagh).

F. 9. CHAILLEACH 'THAINIG GU TULAICH FHOIRR.

Fletcher's Collection, page 75. 36 lines. Advocates' Library. January 17, 1872. Copied by Malcolm Macphail.

NOTE.—March 21, 1872. Wars of the Gaedhel with the Gaill. Todd, 1867. xcv Introduction; page 41, Text. Examples of female adventurers taking command of a fleet are not uncommon in Scandinavian history. The ships of the russet damsel, 'Inghin Ruaidh,' and the ships of 'Oduind' appear amongst the names of Sea Rovers in the Danish invasions of Munster, together with the name of Carl Otter, the black, who was slain in Scotland by Constantine III., A.D. 916.

In this version the poetry is partly written as if it were prose.

Là ga 'n rabh Fionn na shuidhe air Tulaich Fhoirr 's an Fheinn uile ma thiomchioll, chunnacadar a' teachd ar barr nan tonn, Cailleach eidigh, leothar, chrom, aig teachd a dhubhairt comhraig orra.

1 AIR bhith do Fhionn air tulaich Fhoirr,
'G amharc Eirinn mu thimchioll,
Air faicinn dha teachd air bharra thonn,
Earrachd eidigh, fheall, chrom.

2 Bu mhòr a h-ionnud 's a fàs,
Bu luath cuid siubhail ri h-aois.
Bha cuarain iarruinn mu dà mhàs,
Bha fiaclan siar seach a craos;

3 Bha claidhe meirgeach air a crios,
Ri àm feirge bu gharbh greis,
Bha da shleagh iarruinn air an taobh eile
Do 'n fhua' chul-liath Chailliche.

4 Bha car ga ionain mu chaol a duirn,
Bha car ga caothair mu chaol-druim;
Bha h-aodan du-ghlas air dhreach guail,
Bha deud charabadach chrann ruadh.

5 Bha aon suil gholach na ceann,
'S bu luaith i na rionnach maoire,
Bha greann-ghlas orra' mar bhi
Na mar choill chrionaich air crith,

6 Air faicsinn dhi an Fhiann mu dheas,
Chuca ghabh a bhiast nan innis.
'N sin thubhairt a Chailleach ruitha,

7 Thainig mis' dhuabairt còmhraig;
Air Fionn mac Cuthail 's air Goull, mac-Morne,
Is air mac Luthaich bu gharg gair
Air Caoirreal agus air Baoisge.

8 Thainig a Chailleach oirrnn n' ar n' àireamh,
Is rinn i oirrnn cion gun chomain,
Mharbha leatha ceud laoch,
'S bha gaire na garbh chraos.

M. 6. DUAN A MHUIREARTUICH, NO MHUILEARTUICH. 120 lines.

1 LATHA d' an Fheinn air tulaich shoir
Ag amharc Eirinn mu 'n timchioll
Chunnairc iad ag teachd air fonn
An t-arracht eitidh creathoil crom.

2 'S e b' ainm d' an fhuath nach robh tiom
Am Muireartach maol ruadh Muingeann
Bha eadan du-ghlas air dhreach guail
Bha deud a charbuid claon ruadh.

3 Bha aon suil ghlogach na cheann
'S bu luaithe e na rionnach maodhair
Bha greann ghlas-dubh air a cheann
Mar choille chrionnich fo chrith-reo.

4 Re faic'inn na Feinne bu mhor goil
Shantuich a bheist a bhith nan innis

5 An tosach miredh agus àir
Rinneadh leis gean gun chomain,
Mharbh e le abhachd ceud laoch
'S a ghaire na gharbh chraos.

6 O loch nan Cuach thainig mi
Gu teith diomasach deadh dhian,
Geill as gach aon fhear sa chath
Gur e dh' iar am fuath gu comhrag.

7 Fear is fear ma chomhrag cheud
Chuireadh an righ dh' fhios na beist,
'S mar ruitheadh a mhuir-chlach muigh
Mharbhadh am Muireartach Muingeann,

8 C'ait am bheil fir a 's fear na sud;
'S e labhair am Muireartach Muingeann,
San tir san tainig mi chugaibh,
Mhic Cumhail, gu grain nan oilein.

9 Chuirinn-se sud air do laimh
A Mhuileartuich Mhuingeann chlaoin chaim,
Air scath luchd chumail nan cón
Na bith oirnne ga d' mhaoitheadh.

10 Gheibh thu cumhadh 's gabh sith,
    Thuirt Mac Cumhaill an t-ard righ,
    Deich ceud ubhall d' an òr ghlan
    'S tog dh'inn a chulanuichnan coin.

11 Ge d' gheabhuinu-se brigh Eirinn uile
    A h or a h airgiod 's ah ioumhas
    B' fhearr leam fo chosgairt mò shleagh
    Oscar, is Raoine, is Cairioll.

12 Labhair laoch nach d'fhuiling tair
    Mac Mornai d'am b' ainm Conan,
    Caillidh tu dos a chinn chrin
    Re deagh Mhac Oissain d' fhoir righ.

13 B' asadh dhuit ord crothadh nan cloch
    A chagnadh fo d' dheudaich
    Na comhrug nam Fiann fuileach
    Air nach do bhuadhaich aon duine.

14 Dh'eir'ich Fionn flath na Feinne,
    Nuair chunnairc e colg na beiste
    Dh'eir'ich Oissain flath nam fear
    Dh'eir'ich Oscar agus Iulunn.

15 Dh'eir'ich Ceothach nan arm nuadh
    Dh'eir'ich sud is Raoine ruadh

16 Dh'eir'ich Ciar-dhubh Mac Brabh
    Dh'eir'ich Art Mac Morain nam Mionn.
    Dh'eir'ich diais a b' aluin dreach
    Cuchuluinn is Faolan neo mheas.

17 Dh'eir'ich na laoich nach bu tiom
    Laoich Mhic Cumhaill nan arm grinn
    Rinn iad cro chum a chatha mhoir
    Mu 'n arracht air faiche nan scleo.

18 A cheathrar laoch a b' fhearr san fheinn
    Chomhruigeadh e iad gu leir
    Is fhrithealadh o iad mu'd seach
    Mar ghath rainne na lasrach.

19 Thachair Mac Cumhaill an aigh
    Is a bheiste laimh air laimh ;
    Bha taobh a cholla re guin bualuidh,
    Bha braon d' a fhuil air na fraochuibh.

20 Thuit am Muileartach leis an righ,
    Ach ma thuit cha b' ann gun stri
    Deuchainn cha d' fhuair e mar sin
    O la ceardaich Lóin Mhic Libhainn.

21 Dh'fhalbh an Gobhain leis a bhrigh
    Gu teach athar an aird righ ;
    Rinneadh beud, deir Gobhain nan cuan,
    Mharbhadh am Muireartach ruadh.

22 A righ Beatha dhuit is nair
    Ar saruchadh le luchd aon oilein.

23 Mur do loisg teine, mur do bhath tonn,
    Mur do shluig muir leathann lom,
    Cha robh do dhaoinibh air domhain
    Na Mharbhadh am Muileartach Muingeann.

24 Cha b'e mharbh e ach an Fhiann
    Buidheann leis nach gabhtadh fiamh ;
    Cha d' theid fuath na airrachtas
    O 'n t-sluagh aluin fhalt-bhuidhe chas.

25 Bheir mise briathar a ris
    Ma mharbhadh am Muileartach min
    Nach tog mi do Eirinn aigh
    Tom, innis, no oilein ;

26 Nach tog mi an corruibh mo long
    Eirinn chorranta cho-throm

27 Cuiream breabanuich air muir
    Ga togbhail as a tonn-bhalla,
    Crocain chroma re tir
    Ga tarruing as a taibhe.

28 Is mor an luach do loingis bhain
    Eirinn uile a dh' aon laimh
    'S nach deachaidh loingear air sal
    A thogadh cuige do dh' Eirinn.

29 Chuir e fios gu flathaibh Fail
    Am Muireartach fhaotain da slan
    No barra brigh Eirinn uile
    Eadar mhac righ is aon duine.

30 Gabh mo chomhairle, 's in choir
    Labhair Mac Cumhail mhic Trein-mhoir,
    Is fearr or cruinte nan clach
    Na comhrag nam Fiann fuileach.

O. 16. AM MUIREARTACH.

Dr. Irvine's MS., page 93. 105 lines. Copied by Malcolm Macphail. Edinburgh, March 29, 1872.

Fragments of the ballad which is current in 1871, with lines from other ballads introduced near the end, where the whole is much broken.

1 La dhuinn air tulaich *Soire* (Soiruidh),
   Ag amharc Eirin uile mar tiomchioll ;
   Chunncas tighinn air'bharraibh thonn,
   Arc ailid agus Iall chrom.

2 Is e b' ainm do 'n uamhanach ghlan,
   Am Muireartach Maol ruagh Mhaighe (mhara)
   Bha a h-eudainn du' ghlas air dreach guail,
   'S a deud charbad garbh ruagh.

3 Aon suil ghlogach na ceann,
   Na bu luaidhe na sionnacha maighe (rannach) (mara)
   Agus greann liath-glas troimh a ceann ;
   Mar choille chrionaich fo chrith-reoth (do chrithionn).

4 Air faicsinn nam Fiann fo geasamh (ma coinneamh),
   Tigeadh a bheisd do 'n Innis ;
   'Se steud mile gan tionndadh,

5 Mharbh i le gean gun choman,
   Deich ceud laoch,
   Agus a gaire na garbh chraos,

6 Co iad na laoich a b' fhearr na sud,
   O 'n ti o 'n d' thainig mi ;
   A thug sibhse air saile,
   Air sgath Chonalaich nan con (Choniallaich).

7 Oirnne na bitheadh gach maoithe (Mhaoidhe),

8 Bannsa air barraibh mo shleagh,
   Oscar is Raoini is Caoirrall.

9 Deir an laoch nach d' fhulang tair,
   Mac Morna do 'm b' ainm Conan.
   Fagaidh tu dos a chinn chrine,
   Re Mac Oisein iarraidh ;

10 Triath as gach naonar 'sa' mhagh,
   Gur e dh' iarr a bheisd gu comhrag ;
   Comhrag de luchd comhrag ceud,
   Chuir sinne a dh' ionnsuidh na beisd.

11 Bha bheisd gam frith lannadh seachd,
   Mar *fhiodh chonna* air lassadh (*Iolum*).

12 Gun tharla Mac Cuthail an aigh,
   Agus a' bheisd laimh air laimh ;
   Earlunn cha 'n fhacas air sir,
   O Cheardach Loin Mhic Liomhuin.

13 Cha bu dona Ioghuir an aigh,
   Rinn cobhair air an laoch ann ruadh ;
   Oisean le 'n deargar na gil,
   Oscar arm ruadh agus Iolunn.

14 Ach thuit a bheisd leis an righ,
   Ma thuit cha b' ann gan chis (stri) ;
   Gun deach an Gabhainn leis a bhrigh,
   Gu teach Gobha an ard righ

15 A dh' innseadh gu 'n do mharbhadh a Mhuireartach (mhin).

16 Mar do shluig talamh toll,
   No Muir leathan lom ;
   Cha robh air an talamh sa a shluagh,
   Na mharbha' a' Mhuireartach ruadh.

17 Cha ni rinn e ach am Fionn (an Fheinn),
   An dream leis an cuirte gach geill ;
   'S ann duitsa ta a naire a righ,
   Do chis chatha bhi aig luchd *oilean* (*elan*).

18 Ma mharbhadh a Mhuireartach mhin,
    Bheir mise briathar dhi;
    Nach fag mi ann an Eirin clach,
    Ald, no amhainn no fireach,

19 Gun an toghail air bharraibh mo long,
    An corpa cothromach co trom,

20 Gun tugainn breabanaich air Muir,
    Gun togail as an tighibh;

21 Corr is nao mile long,
    Thug righ Lochlain leis ;
    Chum foid na h-Eirin a ghabhail,

22 Dh' ionnsuidh bas na h-Eirin uile
    Edar righ agus ro dhuine.

23 Teachdaireachd gu Flath Fail,
    Chuir Fionn flath an t-sluaigh ;
    Gabh cumha is dean coir,

24 Is gheibh thu deich ceud bratach chaol datha,
    Deich ceud ealtainn chaol chatha,
    Deich ceud lan chu thar chonnaibh.
    Deich ceud con iall lan trom,

25 Deich ceud cu coilair *eille* (*eile*).
    Bheireadh Fionn flath na Feinne,
    Gabh cumha is dean coir ;
    Agus gheibh thu deich unga de 'n òr dhearg.

26 Ged fhaigheadh e gach seud bhuagha,
    A bh' ann Eirin uile ;
    Cha phill se a long,
    Gus am bi Eirin aig air aon *rugha* (*rutha*).

27 Fearus filidh toscar righ,
    Fear a labhradh gu iular mìn,
    Labhair e gu fior ghlic, sar ghlic,
    Ris an righ bu neo-bhrathail ;

28 Ge b' e beag leat tha 'n Fhoinn ann,
    Bheir thu do theann leum air ais,
    Do d' luing ghlais,
    Air no fuilingeadh tu t-aimhleas.
    An laimh do fhraoich is d' fheirge.

29 Ille 's breugach do bheul,
    Trian na bheil an so do shluagh,
    Cha robh agaibhse riamh an Eirin ;
    Dhuinne bu mhairg dol nan dail,
    Agus dhoibhse bu mhairg teachd thugainn.

30 Ba iomadh muinial gu maoladh,
    Agus corp g' an trom aomadh ;
    O thus greine gu comh fheasgar,
    O laimh treuna an Oscair (lamha).

31 Bha lamh an Oscair an tiugh an t-sluaigh,
    Agus leigeadh leis cuig ceud fear sleagh gach
        uair.
    Ach gu 'n thuit air dbith 'n t-sluaigh,
    Aon righ air meud ionmhas.

32 An sin do chuir sinn an ruaig
    Mar chliath chatha ri 'n sailtibh bha sinn ;
    Nar cleath chatha g' an ioman,
    Air pilltinn duinn air ais,
    Air leinn gu 'm bu cruaidh an coltas ;
    Riun corran nan sleagh,
    Na tolta troi chom an Oscair.
                Neo-iomlan.

From John Stewart, tenant, Bohaly, aged 86. November 1, 1808.

&. MUILEARTACH. 30 lines.

Written by Mac Phail from the recitation of Norman Murray Habost Ness Lewis. 1866. This fragment is curiously altered.

1 La do 'n Fhiann air tullach Oirm,
   'G amharc Eirinn mu 'n timhchioll ;
   Chuala iad gaoraich air mhuir lom,
   Chunnacas mar mhuc air bharr thonn.

2 'S b' ainm dha an Fhuath nach gann,
   Am Muileartach maol ruadh moirean ;
   Bha h-aodau air dhreach a ghuail,
   Deud Charbad cho ruadh.

3 An aon suil gbollach bha na ceann,
   Bu luaithe i na riomach moimo ;
   'S am falt liath bh' air a ceann,
   Mar choille-chrion-chribhean.

4 Ach mar do shluig talamh toll i,
   No mar do bhàth muir sleamhainn lom i ;
   Cha d' thainig chum an -tsaoghail a riamh,
   Lion a mharbadh a Muileartach.

5 Thuit arsa Gobha nan cuan,
   Mur eil am Muileartach maol ruadh moireann ;
   Clach cha 'n fhag mi dh' Eirinn ud thall,
   Ann alt no 'm fireach no' n amhain.

6 Togaidh mi an coire mo luinge Eirinn,
   Chomhanta-cho-throm ;
   'S chluinntear bragadaich muir,
   Ga tarruing as a tathan.

7 'S mor an cualach de luingeas bàn,
   A thogadh an cuigleadh de dh' Eirinn :
   Cuig fichead 'us mile long

8 A thog an righ 's gur achd-throm.
   Gu cis Eirinn a chur fo smal,
   'S righ na Feinne na *fenadh*.

MANUS, &c. D. G. H. I. M. O. &.

THE demand for Fionn's Wife, and for his magic cup, and for his arms, and mythical hounds, led to the slaying of the mythical people above-mentioned:—The Musician, and the Witch, and Roc, and the seven-armed Smith his brother, and the Smith's mother ; and the King's foster-mother, the 'Muirearteach.' The Smith of Ocean, whoever he may have been, tells 'Manus,' and the King himself in person leads a great fleet to avenge his 'Muime' and conquer Ireland, and the Celtic Heroes. Ballads about 'Manus' were universally quoted as 'the originals' of 'Fingal' from 1762 till Mac Pherson's 'originals' appeared in 1807. Collectors in all parts of Scotland wrote versions of the Lay of Manus ; and many of these still exist, as they were gathered by the Highland Society, about 1800. All versions known tell the same story, which is not Mac Pherson's.

'The Battle of Ventry,' A. 19, proves that ballads about battles fought on the coast of Ireland, between foreign invaders and Celtic Heroes, were current in Lismore in 1512. In 1739, Pope got C. 4. 'The Battle of Gabhra,' in Sutherland, which belongs to the series. About 1755, Mac Nicol, minister of Lismore, got D. 11, 12, 13, 14. About the same time, Fletcher, in Achalladar, got F. 12, and other bits of the story in Argyll. About 1762, Mac Diarmaid wrote G. 2. in the Central Highlands. About 1774, Kennedy got H. 12, 15, and I. 4, 6, &c., about the coasts of Argyllshire. In 1780, Hill got J. 3, at Dalmally, from a blacksmith, and printed what he got. Before 1784, Mac Arthur got K. 1, 2, 3, in Mull ; and Dr. Young, an Irishman, got in Scotland, L. 5, &c., which he printed. In 1786, Gillies, of Perth, printed M. 7, 8. In 1789, Miss Brooke printed N. 3, which is an Irish version of the ballad of 'Manus.' About 1801, Dr. Irvine, of Little Dunkeld, wrote O. 9, 14. In 1805, the Highland Society quoted the ballad in their report. R. About the same time they got a transcript which is marked ' 16, Poems of Ossian, collected by Io Mac Donald in the western parishes of Strathnaver, Ross, and Inverness-shire, Sept. and Oct. 1805 ;' S. 1., 400 lines ; S. 7., &c. In 1813, Mac Callum printed V. 8, 9. In 1862, I printed part of the story. Y. 2., orally collected in Uist, and Y. 11, part of the sequel. I then had in MS. Z. 18, 22, 23, 26, 40, 63, 71. Seven fragments of the poetry. I have lots of scraps besides.

In 1871, the Policeman at Tiree sang me the Lay of 'Manus.' John Cameron, at Castlebay, in Barra, sang 41 verses, 164 lines, almost as in Gillies, omitting one verse. September 26, Angus Mac Donald, in South Uist, sang me his version, in which was this verse:

> 'Sin a labhair Fionn
>   Onair agus buaidh
>   Bheir mi a'r fear theid sios
>   Le sgeual a nuas o 'n t-shluagh.'

The place for this verse is after the 11th in D., and the 8th in G., the 10th in H., I., and the 7th in M., O. The place of it is vacant in all the versions which I had gathered from 1750 downwards ; and the gap was filled by a clever old fellow who cannot read a word.

In June, 1872, I got a copy of S. 1, and there found an equivalent verse.

This seems to me conclusive. This ballad has pervaded Ireland and Scotland for more than a hundred years, it has been orally preserved ever since it became a ballad. Mac Pherson got hold of it. It is worked into the English Fingal, but there is none of it in the Gaelic Fingal. Few ballads in any language have such a pedigree. But, on the other hand, I never heard a reciter repeat any part of Fingal as it was distributed *gratis*, in Gaelic, in 1818. Nor can I find a single verse of it in any ballad, from A. to Z. In 1805, Dr. Donald Smith picked more than 800 lines out of Manus and other ballads, which he arranged and printed above passages selected from Mac Pherson's English of 1762. In 1807, 'The Originals of Ossian's Poems' were published. In 1872, I print many of the very ballads out of which Dr. Donald Smith picked lines, in order that Gaelic scholars may judge for themselves.

In 1805, Mac Donald and his authority, Alexander Mac Rae, North Erradale, P. of Gerloch, aged 80; had recited and written in order:—1. The Muireartach. 2. Manus. 3. The Banners. 4. Fionn's Banner. 5. Fionn's Tribute. 6. The Battle of Beinn Eidin. All these exist separately. I had arranged them in this order, long before Mac Donald's manuscript was discovered by Mac Phail, in a heap of papers, in a drawer at the Advocates' Library, in 1872.

The story is, therefore, metrical popular history, orally preserved, which believers in Mac Pherson's Ossian condemned as spurious, and cast aside. The chronology needs explanation. If any Scandinavian Monarch invaded Ireland in the 3rd century, the dates agree. If the Monarch meant be 'Magnus Barelegs,' who was slain in attacking Ulster, 1103, then popular bards or Irish historians err. Cormac's army of the 3rd century conquer Manus about 900 years after their date, and Oisein, one of them, goes back 670 years, to tell the story to St. Patrick.

In order that scholars may read, I print:—D. 10, dated 1755, with notes from G., dated about 1762; which versions are alike. D. 12. The Banners. A similar passage from A., 1512, follows, in the place which seems to belong to the ballad in which it occurs. It also occurs in S. 1. I print H., the first of Kennedy's copies, with I., all that he added in his second copy. J., got from a Smith at Dalmally, can be read in the Gentleman's Magazine, 1782-1783. K. is in the first number of the Transactions of the Royal Irish Academy. M. 7. I reprint from Gillies, as the first printed Scotch version, 1786. N. is the first and only printed Irish version. The book is easily got at, and I want room. I print O. with references to M., to show, that a book, printed at Perth, had not affected oral recitations at Dunkeld, after 14 years, and to show that Mac Pherson's Gaelic Fingal was then unknown in his own district, a few years before it was printed. I do not print Mac Callum's version, 1816, V. A short fragment marked &. 8., illustrates the present fragmentary preservation of ballads even in districts where their recital has been forbidden. In it the Dialogue between Padruig and Oisein survives. I do not print my own collection. To print all existing versions of Manus is more than I can undertake single handed. As Mr. Kennedy says:

'Observe the Poems.'

G. 2. ORAN A CHLEIRICH,

or the Description of a Battle between the Fiands and the Danes. 1872. 168 lines.

G. 2, copied from a manuscript wrote in the year 1762, by Eobhan Mac Diarmad, possessed in 1872 by John Shaw, meal-miller, at Kenlochrainneach. Copied by John Dewar, June 11, 1872. Collated with Mac Nicol's version, and all notable variations entered in italics.

D. 10. OSSHAIN AGUS AN CLEIRICH. 1755.
188 lines.

Mac Nicol's Collection. Copied by Donald Mac Pherson. Advocates' Library, May 3, 1872. These two had some common written ancestor, as I believe, from their accordance.

g. 1.—Osshain.
1 A Chlerich a chanfas na Sailm,
  Air liom féin gur borb do Chial,
  Nach eist hu Tamuil re sgeil
  Air an Fhein nach fhachd hu riamh.

g. 2.—Cleirich.
2 Air mo Chumhasa Mhic Fhoin
  Ga bein leat bhi teachd air Thein,
  Fuaim na 'n Sailm ar feadh mo Bheoil
  Gur he siud bu cheoil damh Fein.

g. 3.—Osshain.
3 Na bi tu Coimheadadh do Shalm
  Re Fianachd Erin nan Arm nochd,
  A Chlerich, gur làn olc lium
  Nach sgarain do Chean red Chorp.

g. 4.—Cleirich.
4 Sin faoid Chomrichsa, a Fhir mhoir
  Laoidh do bheòil gur binn leum fein,
(G.) *Togbhar leatsa* Fagamaid suas Altair Thein.
Scallan ann.   Bu bhinn liom bhi teachd air Thein.

g. 5.—Osshain.
5 Na mbidhin thu, Chlerich chaoimh,
  Air an traidh ba siar fa dheas,
  Aig Eass libhridh nan' Shruth sheamh
  Air an Fhein bu mhòr do Mheas.

g. 6.
6 Beannachd air Anam an Laoich
  Bu ghairbhe Fraoch ans gach Greish,
(G.) *Ard righ* Fean mac Cumhail, Cean nan Sloigh
Laghan O san air a laointe 'n Teass

g. 7.
7 La dhuinne fiaghach na 'n Dearga
  'S nach derich an Tealg nar Car,
(G.) *Tomairt n'an* Gu facas deich Mile Bàrc
ramh on o'ir. Air an Tràidh a teachd air Lear.

8.
8 Sheasabh sinn uil air an Leirg,
  Thionnail an Fhein as gach Taoibh;
  Seachd catha-urcharie gu prop,
  Gur e dhiadh mu mhachd Nin Taoig.

9.
9 Thanic an Cabhlach gu Tir
  Greadhin nach bu bhin hair leinn
  Bu lionmhor ann Pubul Sroil
  Ga thoigbhail leo os an Cean.

10.
10 Hogiad an Coishri on Choill
  'S chuir iad orra an Airm ghaidh
  'S an air Gualin gach Fhir mhoir
  Is thog iad orra on Traibh.

g. 8.
11 Labhair Mac Cumhail ri Fhein;
  An fhidir shibh fein co na sloigh,
  Nan nd fisruigh sibh co Bhuidhin bhorb
  Bheir an Deannal cruaidh san Strachd.

g. 9.
12 Sin nuair thuirt Connan a ris;
  Co bail leat, a Righ, bhi ann?
  Co shaoleadh tu Fhinn nan Cath
  Bhiodh ann ach flath na righ?

g. 10.
13 Co gheomid an air Fhéin,
  Rechidh a ghabhail sgeul don sluadh,
  'S a bheiridh hugain e gun chleth,
  'S gu beireadh e breith is buaidh?

g. 11.
14 Sin nuair huirt Conan a ris:
  Co bail leat, a riogh, dhul ann;
  Ach Fearghus fior ghlic do Mhachd,
  O she chleachd bhi dul nan Ceann?

g. 12.
15 Beir a Mhallachd, a Chonain mhaoil,
  Huirt an Fearghus bu chaoin Cruth,
  Racharsa ghabhail an Sgeil
  Don Fhein 's cho bann air do Ghuth.

g. 13.
16 Ghluais an Fearghus armail og
  Air an rod an Coinneamh nan 'm fhear
  'S dh fisrich e le Comhradh foil;
  Co na Sloigh so hig air Lear?

OSSHAIN AGUS AN CLEIRICH. D. 10.

G. 14.

17 Manus fuileach, feasich, fial,
(G.) *A Mhean* Mac Riogh Beatha nan Sgia dearg,
Crioch. Ard Riogh Lochlan, Ceann nan Cliar,
Giolla bu mhor Fiabh as Fearg.

18 Ciod a ghluas a Bhuin bhorb,
O Rioghachd Lochlan nan Colg seann
Mar han a mheadacha air Thian
A hanig air Triath thair Lear ?

G. 15.—*Various.*

*Cia ass a ghabhadar a bhuidhin bhorb
Gas ridh Righ Lochlin na 'n Colg-senu,
A dhiaridh commun na 'm Fian
Ma chian ris an Traidh fa near ?*

G. 16.

19 Air do laimhse, Fheargheas fhoile,
As an Fhein ga mòr do Shuim ;
Cha ghabh sinn Cumha gun Bhran
Agus a bhean a hoirt o Fhean

G. 17

20 Bheiridh an Fhein Comhrag cruaidh
Do d' shluadh ma 'm fuighe tu Bran
Is bheridh Feau Comhrag tréun
Dhuit fein, ma 'm fuighe thu Bhean.

G. 18.

21 Hanig Fearghus mo Bhrair fein
'S bu chosmhuil ri Grein a Chruth
'S dhisidh e Sgeile go foil
Ga b' osgaradh mor a Ghuth.

G. 19.

22 Mac Riogh Lochlan sud faoi 'n Triath,
Go de 'n fa dhomh bhi ga chleth ?
Cha ghabh e gun Chomhrac dlu
Na do Bhean 's do Chu faoi bhreth.

G. 20.

23 Choidhe cha tugamse mo Bhean
Do dh' aon neach a ta fuidh 'n Ghréin
'S cha mho mheir mi Bran gu brath
Gus an teid am Bas 'n a Bheil.

G. 21.

24 Labhair Mac Cumhail ri Goll
'S mor an Glonn duin bi nar tosd
Nach tugamid Combrac borb
Do Riogh Lochlann nan Sciadh breachd.

25 Seachd Altramain Lochain lain[1]
'S e labhair Goll gun fhas Cheilg
'S air libhse gur moran Sluaidh
Bheir mi 'm Brigh 's am buaidh gu léir.

26 'S e huirt an Tosgar bu mhor Prios.
Diongamsa Riogh Inse Torc
'S Cinn a dha Clomhirlich dheug
Leig faoi m' choimhir fein an coisg.

G. 22.

27 Iarla Muthuin (Munster) 's mor a ghlonn
'S e, huirt Dianamaid donn gun Ghuin.
Coisge mise sud dar Féin
No Tuitim fein air a shon.

G. 23.

28 Gur e ghabh Mi fein fos Laimh
Gad tha mi gun chail a nochd
Riogh Termin na 'n Combrag teann
'S go sgarain a Cheann re Chorp.

G. 24.

29 Beribh Bearmachd 's bumibh Buaidh
Thuirt Mac Cumhail na 'n Gruaidh dearg,
Manus mac Gharra na 'n Sloigh
Diongaidh mise ge mor Fhearg.

G. 25.

30 Noiche sin duinne gu Lo
Bainmig lein a bhi gun Cheoil
Fleagh gu fairsing, fion is Céir
So bheidh aig an Fhein ga òl.

[1] Probably the Baltic, which never ebbs.—Mac Nicol.

G. 26.

31 Chuneas mu 'n do 's car an Lo
A gabhail Doighansa Ghuirt
Meirg Riogh Lochlin an Aigh
Ga hogail on Traidh nan nuchd.

G. 27.

32 Chuir sinn Deo-ghreine ri Cran
Brattach Fhein bu gharg a Treish
Lomlan do Chlochaibh Oir
A guinne bu mhor a Meas.

G. 28.

33 Iommad Cloimh Dorn chron oir
Iommad srol ga chur ri crann
An cath mhic Cumhail Fean na 'n fleadh
Bu lionfar Sleadh o sair Ceann.

G. 29.

34 Iommad Colan iomad Triach,
Iommad Skia as Lurich dharamh
Iomad Draoiseach as Mac Riogh
'S cha raibh fear riamh dhiu gun Arm.

G. 30.

35 Iommad Cloigid maiseach Cruaidh
Iommad Tuadh is iommad Gath
'N iath Riogh Lochlan na 'm pìos
Bu lionfar mac Riogh is Flath.

G. 31.

*Rinneadar an uirnigh theann
Bu cosmhaluch re grian na 'n ord
Cath fuileach an da Riogh
Gu ma ghuinneach brigh an Colg.*

G. 32.

36 Rinneadcr an 'Nuirnidh chruaidh
'S bhriaseadear air Buaidh na 'n Gall,
Chrom sinn ar Cean an sa Chath ;
Is rein gach Flath mar a gheall.

G. 33.

37 Thachair mac Cumhail na 'n Cuach
Agus Mànus na 'n Ruag aidh,
Re Cheil' ann an Tiugh (*Tuitem*) an Stlnaigh
Chlerich nach ba chruaidh an càs.

38 Go 'm be sud an Turleim tean,
Mar Dheann a bheridh da Ord,
Cath fuileachdach an da Riogh
Go 'm bu ghuineach briogh an colg.

G. 34.

39 Air Brisseadh do sge an Dearg
Air eridh dhoibh Fearg as Fraoch
Theilg iad am Buil air an Lar
'S hug iad Spairn an da Laoich.

G. 35.

40 Cath fuileach an da Riogh
'S an leinne bu chian an Closs
Bha Clachan agus Talamh trom
A mosgladh faoi Bhonn an Coss.

G. 36.

41 Leagar Riogh Lochlan gan (an) adh
Am fianuish Chaich air an Raoch
'S airsan ged nach bhonair Riogh
Chuireadh Ceangal nan tri Chaol.

G. 37.

42 Sin nuair huirt Connan maoil,
Mac Mornadh bha riabh ri Holc,
Cumar rium Manus nan Lan
'S go scairrin an Ceann re Chorp.

G. 38.

43 Bha neil agam Cairdeas (*na caomh*) G.
Riutsa Chonnain mhaoil gun Fhaalt
O 'n harla mi 'n Grasan Fhein
'S ansa leam na bi fu 'd smachd.

G. 39.

44 O barla thu 'm Ghrasabh fein
Cha 'n iommair mi Beud air Flath
Fuasgeath mi husa o 'm Fhein
A Lamh Fhreun gu cur mor Chath.

L

G. 40.

45 'S gheibh thu do Raoghin a ris
   Nuair a treid thu do 'd Thir fein
   Cairdeas is Comunn do ghna
   No do Lamh a chuir faoi 'm Fhein.

G. 41.

46 Cha chuir mi mo Lamh faoi 'd Fhein
   'N cian a mhairtheas Cail am Chorp
   Aon Bhuille Taoighe Fhein
   'S aithreach Leinn no reinneas ort.

G. 42.

47 Mi fein agus Mathair is Goll
   Triuir bo mho glonn san Fhein
   Ged tha sinn gun Draosich no Colg
   Ach easteachd ri Hord Cleir.

D. 12. CUBHA FHINN DO RIGH LOCHLIN.

Mac Nicol's Collection. 43 lines. Ossianic Ballad. Copied by Malcolm Macphail. Edinburgh, March 1, 1872.

1 Deich ciad cuilain deich ciad Cu,
  Deich ciad slaibhridh air Milchu;
  Deich ciad sealtuin chaoil chatha (*sleigh*)
  Deich ciad Brat min Datha

2 Deich ceud Gearaltich cruaidh dearg, (*Each*)
  Deich ceud nobul don or Dhearg,
  Deich ceud maighdin le da Ghun,
  Deich ceid mantul don shid ur,

3 Deich ceid sonn a dherigh leat
  Deich ceid shrian oir agus airgid.

RIGH LOCHLIN.

4 Gad a gheibhidh Riogh Lochlin shud,
  'S na bha Mhaoin 's do T sheidin an Eirin;
  Cha fhillidh e T-shluaigh air ais,
  Gus 'm bigh Erin uille air Earras.

5   Suil gun dug Righ Lochlin naidh.

THE FLAGS.

1 Chunnairc e Brattich a tin a mach agus Gille
  Gaiste air a Ceann air a lasa do Dh'òr Eirinich

2 Dibhuille Duibhne dualich,
  'Ni sud Brattieh Mhic Trein-bhuaghich;

DIBHUILLE.

3 Cha ni sud ach an Liath-luid-neach,
  Brattach Dhiarmaid O Duibhne,
  'S nar bhigh an Fhian uil' a mach,
  'Shi an Liath-luid-nich bu toisich.

4   Suil gan dug Righ Loch, &c.

DIBHUILLE.

5 Cha ni sud ach an soinchasach ruaidh
  Brattach Chaoilte nan mor T-shluaidh
  Brattach leis an sgoiltear Cinn
  'S le an doirtir Fuil gu soibranibh.

6   Suil, &c.

DIBHUILLE.

7 Cha ni sud ach an Scuab ghabhidh
  Bratach Oscair Chro-laidir,
  'Snar a ruighte Cath nan cliar,
  Cha biach fhiarich ach Scuab-ghabhidh.

8   Suil, &c.

DIBHUILLE.

9 Cha ni sud ach a Bhriachil Bhreochil
  Brattach a Ghuil mhoir mhic Morni,
  Nach dug Troigh riabh air a hais,
  Gus an do chrithan an Tailibh trom ghlass.

10   Suil, &c.

DIBHUILLE.

11 'S misa dhuitsa na bheil ann,
   Ha Ghile ghreine an sud a tighin
   As naoigh slaibhrinin aist' a shios,
   Don or Bhuidh gun *Dal* sgiabh. (Dail)

12 Agus nao nao lan-ghaisgeach
   Fo chean a huille slaibhrigh
   A togairt air feo do T-shluagh thibh

13 Mar Chliabh-tragha gu Traigh
   Bigh gair chatha gad iummain.

H. 12. HOW MANUS, THE KING OF DENMARK, CAME TO TAKE AWAY FINGAL'S WIFE BY FORCE.

284 lines.

Kennedy's 1st Collection, page 11. Advocates' Library, November 28, 1871. Copied by Malcolm Macphail.

Dublin, December 9, 1871.—Known to everybody in Ireland, but no copy older than the 18th century known to Hennessy.—J. F. C.

THE ARGUMENT.

OSSIAN one day began to tell Peter how Manus, the King of Denmark, came to Ireland to make war on Fingal, unless he would get his dog and wife.

The Heroes have seen one day a navy coming from the north towards their shore, and when the navy came to harbour, they send Fergus to ask what news, and from what country they came from. They told him that they came from Denmark for Fingal's wife and dog, or if he would not deliver that willingly, that they would take them by force. When Fingal heard the news, he prepared for them the next day, then they drew up their army on both sides. Fingal and Manus said that they would try combat themselves first, and they ordered their men not to go near them, and whoever would be Conqueror that he would get his desire, and the army on both sides would be spectators. Fingal defeated Manus, and bound him hand and foot. Then he repented that he came at all, and promised with an oath that he would never come to war against him any more. Fingal upon these conditions loosed him, and went away for his own country, but on his way going home, his men said that suppose Fingal was stronger than he, that they were stronger than Fingal's men, and if he would allow them to return back and give a battle, that they would surely gain the victory, to which he consented. Then Fingal asked of Manus, when he came to him the second time, thus,—

'Dost thou remember valiant Manus,
Last day thy promising oath to all us?'

'Most mighty Fingal, that I do,
It's left upon the mountain dew.'

Then the battle began with swords unsheathed in hand very smart, till not one was left of Manus's host alive, except any person that asked pardon, or fled and hid himself in a solitary place. But Peter Mac Alpin said to Ossian that he had not much regard for his Histories and Poems (at present), besides the Psalms of David. When Ossian heard that, he said that if he would compare his Psalms again to Fingal's melodious poems, that he would separate his head from off his body.

Observe the Poem.

DAN 2.

1 A CHLEIRICH a chanas na sailm,
  Air leam fein gu'r baoth do chiall;
  Nach eiste tu tamull sgéul,
  Air an Fhéinn nach cual thu riamh.

2 'Air do chubhi 'sa Mhic Fhinn,
  Ge binn leat teachd air an Fheinn;
  Fuaim nan sailm air feadh mo bheóil,
  Gu 'r e sin is ceól leam féin.'

3 C' oni bi tu coi-meas do shalmaibh,
  Re Fionn gaidheal nan arm noicht;
  A Chleirich ge lán oil leam,
  Gun sgaram do cheann o d' chorp.

4 Fuidh d' chomric tha' eams fhir mhóir,
  Laoidh do bheóil is binn leam fein;
  'S ma 'n alla chualas air Fionn,
  Gur binn bhi teachd air an Fheinn.

5 Na 'm biodh tusa Chleirich cháich,
  Againn air an traidh mu dheas;
  Aig Eas loitheann nan sruth séimh,
  Air ann Fheinn bu mhór do mheas.

M. 2.

6 Beannachd air anam an laoich,
  Bu gharg fraoch ri dol 's gach greis;
  Ard Righ Lochlan ceann an t sloigh,
  'S an air a shlointear an t-Eas.

7 'Se sin fein an t-Eas so shiar,
  Eas mu 'n deanamh an Fhiann Seilg;
  Eas eibhain a b' aille srath,
  Bu lionmhor ann loin is deirg.

M. 3.

8 Latha dhuinne fiadhach san leirg,
  Cha d' thainig an t seilg n ar car;
  Chunnacamar na h iomadibh lóng,
  Seoladh gús an traidh o near.

M. 5.

9 Thainig an cablach gu tir,
  Buidheann nach bu mhidhur lein;
  'S bu lionmhor sar phubul shróil,
  Ga thogail dhoibh os an ceann.

10 Dh' fhiosraich Mac Cuthail d' a Fhinn,
   'An d' fhidir sibh an cabhlaich árd;
   No cia 's Ceannard air no sloigh,
   Do ni 'n total mor is traidh.'

11 ''Se fhreagair e Conan maol,
   Mac Mornna bu chaoil gniomh;
   Co shaolas tu Fhinn nan cath,
   Do bhi sud ach Flath no Righ.

12 'Dh' fhiosraich a rís Flath nan cuach,
   Do mhaithidh sluagh Innse-fáil;
   Co rachadh a ghabhail diu sgéul,
   O 'n Fhinn bu mhaith buaidh is ágh.'

13 ''Se fhreagar e Conan maol,
   A Righ co shaoleas tu dhol an;
   Ach Fearadhas fir ghlic do mhac,
   Oir 's 'e chleachd bhi dol nan ceann.'

14 'Mallachd dhuitsa Choinain mhaoil,
   Do ra Fearadhas bu chaoin cruth;
   Reacheamsa dh' fhaighail dhiu sgéul,
   O 'n Fheinn 's cho nan air do ghuth.'

15 'Dean thusa sin Fhearadhais fhéil.
   Reach a dh' fhaghail sgéul o 'n t sluagh;
   'S cho fhad is bhitheas tu beó,
   Gu fuigheadh tu moran duais.'

16 'Dh' imich Fearadhais armach óg,
   'S an rod an có-dhail na 'm fear;
   'S dh' fhiosraich é na comhra' fóill,
   Co na sloigh thainig air lear?'

17 'Tha Manus orra na Thriath,
   Mac Righ Meaghich nan sgia' dearg;
   Ard Righ Lochlan ceann nan cliar,
   Gille is ro' mhor fia is fearg.

18 'Ciod e ghluais a bhuidheann bhorb,
   O ard rioghachd Lochlan nan colbh sean;
   Ma sann a mheadachadh air Feinn,
   'S e beatha bhur tréun thair lear.'

19 'Gur e ghluais a bhuidheann bhorb,
   O ard rioghachd Lochlan nan arm bras;
   Gu d' ugamaid a bhean o Fhionn,
   Da ain-deoin leinn agus Bran.'

20 'Air a laimhsa Mhanuis mhóir,
   As do shloigh cia mor do mhuirn;
   Cia mhead sa thainig leat thair tuinn (lear),
   Cho tabhair sibh Bran thair tuinn.'

21 'Do bheir an Fhiann cómhrag cruaidh,
   Do 'd shluagh mam fuigheadh tu Bran;
   'S bheir Fionn cath tulchuiseach dlú,
   Dhuit fein ma 'm fuigh thu a bhean.'

22 'Air a laimhsa Fhearadhais fhéil,
   As an Fheinn cia mor do ghreann;
   Cho ghabh mi cumha gu 'n Bhran,
   Gun a bhean no cómhrag teann.'

23 'N sin phill Fearadhas mo bhrathair fein,
   'S bu chosmhuil re grein a chruth;
   B' fhoisneach a dh' innseadh é 'n sgéul,
   Ge b' osgarra tréun a ghuth.

24 'Se ard Righ Lochlan a tha 's tráidh,
   Ciod é 'm fáth dhuinn bhi d' a chleith;
   Gun chómhrag díbhragach dlú,
   Air ghea' do bhean 's do chú fai bhreith.

25 Do dh' fhan Fionn fada na thosd,
   'S bha moran sbrochd air an Fheinn;
   Oir bu phéin ro' dhoilich leó,
   Am brosnadh mor a rinn an tréun.

26 Cha tabhair mise mo bhean,
   Do dh' aon fhear a tha fui 'n ghréin,
   'S cho mho liubhream Bran le' m dheóin,
   'N fhea' sa bhios an deó am chré.

27 'Is labhair e rís re Goll,
   'S mor an trom dhuinn bhi nar tosd;
   Gu 'n chómhragh díbhragach tréun,
   A thabhairt dhoibh sud fein a noc.'

28 Bha freagradh aig Oscar dh' a,
   'S cho bu nár dh' a teachd gu prop;
   Leigeadh dhoibh codal gu lá,
   Is bio' sa máireach air an corp.

29 'S do labhair Oscar a rís,
   Dionamsa Righ innse torc;
   'S ceann an da chomhairlaich dhéug,
   Cuiream iad gu léir o 'n corp.

30 'Seachd Iarlacha Locha luan, (1. *Maighreachan*)
   'Se thuirt Momad mor gu 'n cheilg;
   Iadsan fein ge mor an cruas,
   Coisgidh mis' am buaidh san leirg.'

31 'Iarla Muthann is mor glonn, (1. *oighre chumainn*)
   Do rá Diarmaid conn gu 'n oth 'n;
   Coisgeamsa cia mór an t-eachd,
   No tuiteam fein air a shon.'

32 'Truir mas Innse torc 's mor cith,
   Do rá Caoilte nimh nan leirg;
   Iadsan cia mor feum is treóir,
   Ni mi 'n lot 'san león le feirg.'

33 'Seachd oighreacha' ghleann nam fuath,
   Do rá Fearaghuin luath gu león;
   Cnuassaichidh mi 'n corp le 'm airm,
   Gus an traoigh an gairg 's an treóir.'

34 'Seachd Mic Maitheannis borb feirg, (1. 33. *Nathais nan rosg borb*)
   Do rá Garabh bu tréun lamh;
   Cuireamsa gu bas iad fein,
   No tuiteam fein air a bhlár.'

35 'Seachd oighribh na Beirathair bhán, (1. 34. *Maighre*)
   Do rá Faoghlan bán gun ghó:
   Coisgeamsa cia mor 's cia tréun,
   No tuiteam fein air an lón.'

36 'Seachd Mic Luthaich O Rois ruaidh (1. 35. *On lir uaine*)
   Do rá Caoireall bu cruaidh gharg;
   Coisgeamsa cia mor an teachd,
   No tuiteam fein leó air ball.'

37 Da Mhac Mhanuis ceann an t-sluaigh, (1. 36. *Braithrean*)
   Do rá Feardhas buadhach gráidh;
   ' Coisgeamsa cia mór an gruaim,
   'S dheanadh gniomh cruaidh sa bhlár.'

38 ''S ann an sin a dubhras fein,
   Ge ta mi mar tha mi noc;
   Righ Garabh nan cómhrag teann, (1. 37. *Scairbhe*)
   Gu sgareamsa cheann a chorp.'

39 'Mile beannachd dhuibh is buaidh,
   Do rá Mac Cuthaill nan ruag áigh,
   Manus mu 'n tional na sluaigh,
   Coisgidh mise bhuaidh sa bhár.'

40 Air bhi dhuinn mar sin gu lá,
   Cho bu ghná' leinn bhi gu 'n cheól,
   Fion is fochlas, feóil is céir,
   A bhiodh aig an Fhéinn mar nós.

41 Air madain an dara mháireach;
   Ghluais iad a dh' fhagail ar puirt;
   'S meirgeach Righ Lochlan an áigh,
   Da thog' ail o thraidh 'n ar uchd.

42 Leig iad an gadhair fui 'n choill,
   'S cheangail iad orra 'n airm áigh;
   Eallach guaille gach fir mhóir,
   Thogadar leó féin o'n traidh.

43 B' iomeadach ann clogaid cruaidh,
   B' iomeadach ann tua' chum sgath;
   'N cuideadch Righ Lochlan gu fior,
   'S cho raibh aon neach ann gun ghath.

44 B' iomead cloidheamh 's b' iomead sgia',
   B' iomead Triath le luireach gharg;
   B' iomead craosach air Mic Righ,
   'S cha raibh aon neach dhiu gu 'n arm.

45 Thionail iad an ear san iar,
   An sin an Fhiann as gach taobh;
   Seachd Cathain na h iorgaill gu prop, (I. 44. *cnoc*)
   Thionail sin mu mhac inghean aoigh. (*Taig*)

46 B' iomead cloidheamh an ceann bheairt óir,
   B' iomead sról da chuir re creann;
   Aig fuileachdaich Fhinn nam fleagh,
   'S iomead sleagh bha os ar ceann.

47 Thog sinn Gill ghreine re creann,
   Bratach, Fhinn, bu gharg 's gach greis;
   'S i lán do chlochaibh do 'n ór,
   A Phádraig nach bu mhór a meas.

48 Chuir sinn a mach dh' fhulang d' oghrainn, (I. 47.
                                            dorainn)
   Bratach Fhearadhais óigh mo bhrathair
   'S thog sinn a mach bratach Chaoilte,
   'N Lia luidagach b' aoibhneach dealradh.

49 Thogadh suas mo bhratach fein,
   A shoillse mar a ghrein an dúibhre;
   'S thog sinn a mach an Lia luidagach, (I. 48.
                                        luimineach)
   Bratach Dhiarmaid óig o duimhne.

50 Thog sin a' mach bratach Fhaoghlain,
   Ghuill is Oscair aobhaich amhlaich;
   Agus bratach gach ard cheannard
   Bh' ann 's na Cathanaibh san uair sin.

51 'N sin thional Fionn Eirann gu tráidh,   (I. 51.
                                            Fionn.)
   Thoirt coinneamh do chlanna gall,
   Air toirt dhuinn ar cinn gu cath,
   Deanamh gach flath mar a gheall.

52 Do thachair Manus nam buadh,
   'S dea' Mhac Cuthaill nan ruag áig;
   Ra chéile 'n toiseach an t-sluaigh,
   A Phádraig nach bu chruaidh an cás.

53 Thilgeadar uathe 'n airm áidh,
   Chuaidh iad gu spáirncachd laoich;
   Gu cómhrag dibhragach teann,
   'S fathram an lann air an raon.

   I. 53. (*various.*)
   Shuidh sinn an sin an da shluagh,
   Air ar n' uilinn shuas sa ghleann;
   'Sann leinne bu mhor an gniomh,
   Na 'm fuigheadh Manus di air Fionn.

54 Shuidh sinn an sin an da shluagh,
   Air uileann mu thuath a chnuic:
   'S air leam fein gu bu mhór ar modh,
   Cho deach aon laoch dhinn dá 'n cluich.

55 Thug iad an sin deannal cruaidh,
   Mar nach d' ugas riamh re 'm linn;
   Coi meas dhoibh a near no niar,
   Cho 'n fhacas riamh ag fianntidh Fhinn. (I. 54.
                                          Fiannachd)

56 Clochan agus talamh trom,
   Charaicheadh iad le spoirneach chos;
   A charachd siar is a niar,
   O! Phádraig nach bu chian gu 'n chlos.

57 Do leag Mac Cuthail uam buadh,
   Manus nan ruag air an raon;
   'S air leim fein nach b' onoir Righ,
   Chuir Fionn ceangal nan tri chaol.

58 ' Labhair an sin Conan maol,
   Mac Moruna bha riamh re h olc;
   Gluais siar O Mhanus nan lann,
   'S gu sgaream a cheann o chorp.'

59 ' Cho 'n eil cáirdeas dhamh no gaol,
   Riutsa Choinain mhaoil gu 'n chéil;
   Tharlladh mi fui' ghraisaibh Fhinn,
   'S céud fearr leam no bhi fui' d' mhéin.'

60 'S mu tharladh tu fui' m ghrásaibh féin,
   Cho d' rinn mi riamh béud air flath;
   Gheibh thu do chomas dhuit féin,
   A lamh thréin a chuir mór chath.'

61 ' 'S do dha roghain dhuit a rís,
   No dal da thigh do d' thir féin;
   Combanas, comman is grádh,
   No do lamh a thoirt do 'n Fheinn.'

62 ' An fheadh sa bhios mise beó,
   No bhios an deó ann am chorp;
   Cho toir mi buille t adhaidh Fhinn,
   'S aithreach leam na rinneas ort.'

63 Dh' imich iad an sin a dholbh,
   Do rioghachd Lochlan nan colbh sean, (I. 62. *O*
                                         riogh-'chd Eireann)
   A eagmhuis bean 's a choin, (*Fhinn*)
   Gu 'n bhuill' thoirt le 'n loinn do neach.

64 Bha iad fui' aimheal ro mhór,
   Air an t sligh dol d' an teach;
   Nach do' fhéuch iad a chuis air chóir,
   'S gu biod fios ac co bu treis.

65 Se sin a dubhairt na sloigh,
   A bhris le mór ghó an reachd;
   Ge do bhuadhaich ortsa Fionn,
   Gheibh sinne buai' air arm gu beachd.

66 Chuir iad iompaid air an Righ,
   Gu pilleadh a rís air ais;
   An dochas gu fuigheadh iad buaidh,
   Air an t-sluagh bu chruaidhe 'n cath.

67 Phill iad an sin dh' ionnsuidh Fhinn,
   'S thuirt e re Manus gu' n ghruamaich;
   ' C' áit am bheil do mhionnan mór,'
   ' Fagas le gó fa' r an d' fhuaras.'

68 'N sin fhreagair e an laoch borb,
   Air am bitheadh colg 's gach ghreis;
   Dh' fhagas e air dhruc an fheóir,
   Air an raon mhór ud mu dheas.

69 Thug sin an sin deannal cruaidh,
   Da chéile gu buailteach cas;
   Gus 'n do bhuadhaich sinn gu cuanna,
   Air sluagh Mhanuis uaibhreach bhras.

70 Mach o fhear a ghabh a shith,
   No rinn a dhidinn gu géur;
   Da chuideachd Righ Lochlan gu fior,
   Chc deachaidh duine d'a thir fein.

71 Bheireamsa briathair gu fior,
   Do 'n fhior Chriosduidh fhuair a chéusa
   Gu bu mhaith a chuir sa fhuaradh,
   An latha sin sluagh na Feinne.

I. 4. THE INVATION OF MAGNUS. 296 lines.
A POEM.

Kennedy's 2nd Collection, page 10. Advocates' Library,
   April 4, 1872. Copied by Malcolm Macphail.

NOTE—A few various readings are printed in the margin of version H. in italics. Verses which are not in H. are printed below.

THE ARGUMENT.

MAGNUS, King of Denmark, sailed for Ireland with a strong fleet in order to deforce Fingal of his wife and famous dog (called Bran). At their arrival Fergus one of their most ancient Bards was sent by his Father Fingal to ask their design in their hostile appearance, and if for peace, to invite them to his Hall. Upon enquiry Fergus was told of their view which he communicated to Fingal. Upon the day following Fingal drew up his army and marched towards the shore in order to engage the Danes. Both armies met and Fingal and Magnus agreed to decide the cause in a single combat, wherein Magnus was defeated and bound hand and feet upon the spot. Magnus was set at liberty upon giving oath that he would give no further trouble to Fingal for a year and a day. Magnus sails off for Denmark, and is upon his way persuaded by his army to return back and engage the Fingalians, observing to him that tho' Fingal was stronger than him that they by superiority would overturn Fingal's troops. After they landed and pitched their tents Fingal sent out a scout who spoke to them after this manner:—

C'ait am bheil mionnan mora Mhanuis?
Fagus far an d' fhuaras.

Upon the scout's return Fingal marched against the Danes who he eagerly attacks. Magnus is kilt, and his whole army are either slain or taken Prisoners.

The Poem is addressed to the Son of Alpine.

I. 63.
Thog na trein an suil gu h ard,
Air gach Barc thainig air lear;
Mar chuilc loch Leuga bha 'n aircamh,
Triall o 'n trai' san airde near.

I. 64.
Bha na sluaigh fui' aimheal buan,
Air cuan stuathach nan tonn sgith;
Nach do chomhraig Cathain nam Fiann,
Bu mhor frioth, is fiach san stri.

I. 65.
'S e comhairle thug na sloigh,
Air Manus mor nan long aigh;
Tigh 'n thuige air an ais o 'n chuan,
Gu Maithibh sluaigh Innse phail.

I. 66.
A dubhradar ris an Riogh,
'S mor an di dhuinn triall an diu;
Gun chomhrag catharra cruaidh,
A thoirt do 'n Fhiann mu 'n gluais thair muir.

I. 67.
Phill na laoich nan caogad borb,
'S bu mhor an toirm air an trai';
Mar fhuaim tuinne bha gach trend;
Is fathram nan cend nar dail.

H. 67. I. 68.
Chuir Fionn teachdire gu luath,
Gu Manus nan ruag 's nan gniomh;
C'ait am bheil do mhionnan mor,
Fhir nach cum a choir ach cli.

H. 68. I. 69.
Fhreagair an Triath, gu fiata borb,
Air am bithidh, colg 's gach greis;
Th' fhagas iad ann dealt an fheoir,
Air an lon ud siar mu dheas.

H. 69. I. 70.
Thug sinn an sin deanal cruaidh,
Mar nach fac, 's cha chuala mi;
Mar theirbirt teine na nial,
Bha gach Triath a' sgathadh sios.

I. 71.
Mar choill chrionaich air an t sliabh,
'S an osag dhiann ann nan car,
B' amhail is slachdraich nan sonn,
Bha tuiteam fui' r bonn sa chath.

I. 72.
Thuit Manus armann an t sluaigh,
Mar leug teine 'n cuan nan sruth;
B' an-eibhinn iolach nan laoch,
'Nuair chualas gach taobh an guth.

H. 70. I. 73.
Mach o fhearr a ah' iarr a shith,
'S ghabh a chideinn far sgeith:
Do chuideachd Riogh Lochlan, gu fior,
Cho deachaidh duine d' a thir fein.

H. 71. I. 74.
Bheireamsa briathar d' om Riogh,
Riamh ann stri nach d' fhuiling tair:
Gun do thuit do na seachd Cathain,
Drian do mhaithibh Innse-phail.

I. verse 74, otherwise.
Bheireamsa briathar do' m Ri,
Mu 'n deachai' crioch air a ghreis;
Centhrar is ceart leth na 'm Fiann,
Th' fhag sinn air an t-sliabh mu dheas.

M. 7. COMHRAG FHEINN AGUS MHANUIS[1]
172 lines.

1 Ge b' e bhiodh leinne an laoi,
   Air an traidh tha siar foi dheas,
   Aig uisge Laoi're na 'n sruth seamh,
   Air an Fheinn bu mhor a mheas.

2 Beannachd air anam an Laoich,
   Bu gharbh fraoch anns gach treis,
   Ard Righ Lochlainn ceaun na 'n treun,
   'S ann air a shloinnteadh an t-eas.

3 La dhuinn ag fiaghach na 'n dearg
   'S nach d' eirich an t-scalg 'nar car,
   Gu faca sinn mile bàrc
   Air an traidh ag teachd air lear.

4 Sheasamh sinn uil' air an leirg,
   'S thionail an Fheinn as gach aird,
   Dh' fhiosrachadh co iad na sloigh,
   Rinn cruinneachadh mor air traidh.

5 Thainig an cabhlach gu tir,
   Greadbuinn [2] nach bu mhin 'ar leinn,
   Bu lion mhor ann pubull sroil,
   Ga thogbhail leo os an ceinn.

6 Thog iad an gasradh o 'n choill;
   Ghlacadh leinn' ar 'n airm ghaidh,[3]
   Da shleagh air gnalainn gach fir mhoir
   Agus thog sin oirn gu traidh.

7 Cea a ghcabhamaid na'r Feinn
   A rachadh ghabhail sceil d' an t-sluagh,
   'S e radh Fionn flath gun chleith,
   Gu 'm beireadh e breath is buaidh.

8 Sin nuair labhair Conan a ris
   Co a Righ, b' ail leat a dhol ann,
   Ach Fearghus fior ghlic do mhac,
   O 's e chleachd a dhol na 'n ceann?

9 Mallachd ort a Chonain mhaoil,
   Labhair Fearghus bu caoine cruth,
   Rachain-se ghabhail sceil
   Do 'n Fheinn 's cha b' an air do ghuth.

10 Ghluais Fearghus armoil óg,
   Air an rod an coinne na 'm fear,
   'S dh' fhiaruich e le comhradh foil,
   Co iad na sloigh a thig air lear.

11 Manus fuileach fear'a fial,
   Mac Righ Beatha na 'n sciath dearg,
   Ard Righ Lochlainn ceann na cliar,
   Giolla bu mhor fiamh [4] is fearg.

12 Ciod a ghluais a bhuidhean bhorb,
   O chriochaibh Lochlainn na 'n colg sean,
   An ann a chuideacha na 'm Fiann
   A thainig an triath thair lear?

13 Air do laimhse Fhearghuis fheil,
   As an Fheinn ge mor do mhuirn,
   Cha ghabh sinn cumha gun Bhrán,
   No a bhean a thoirt o Fhionn.

14 As do laimh ge mor do dhoigh,
   'S as do shloigh ge mor do mhuirn,
   Mhead agaibh 's thain' thair lear,
   Cha tugadh sibh Bran air tuinn.

15 Bheireadh an Fheinn comhrag cruaidh,
   Do d' shluagh mu 'm faigheadh tu Brán
   'S bheireadh Fionn comhrag treun
   Duit fein mu 'm faigheadh tu bhean.

16 Thainig Fearghus mo bhrathair fein,
   'S bu chosmhuil re grein a chruth,
   'S dh' innis e sceula d' an Fheinn,
   'S gu 'm b' oscaradh treun a ghuth.

[1] Magnus.   [2] Greadhann?   [3] Chaith'?
[4] Fraoch?

17 Mac Righ Lochlainn sud o 'n traidh,
   Ciod e 'm fath dhamh bhi ga chleath?
   Cha ghabh e gun chomhrag dluth,
   No do bhean 's do chuth a bhi foi bhreath.

18 De cha d' thugainn-se mo bhean
   Do dh' aon fhear ata foi 'n ghrein,
   'S Cha mho bheirinn Bran gu brath,
   No gu 'n d' theid am Bas am' bheul.

19 Labhair Mac Cuthaill re Goll,
   Am mor an glonn duinn bhi 'nar tosd,
   Nach tugadhmaid cath laidir borb
   D' Ard Righ Lochlainn na 'n sciath breac?

20 Seachd altrumain an lochain lain,
   'S e labhair Goll gu 'n fhas-cheilg,
   Ge lionmhor acasan an sluagh,
   Deangaidh mis' am buaidh 'san leirg.

21 Thuirt an t-Oscar bu mhor brigh,
   Leig mise gu Righ Innse-torc,
   Clann a dha chomhairlich dheug
   Leig fa m' chomhair fein an cosg.

22 Labhair e Conull a ris,
   Deangam-sa Righ Innse-con,
   Is ceinn a shea-comhalta deug,
   No biaidh mi fein ar an son.

23 Iarla Mumhan⁵ ge mor a ghlonn,
   Labhair Diarmad donn na 'n con,⁶
   Caisgidh mi sud d' ar Feinn,
   No tuitidh mi fein ar a shon.

25 'S e feimeas a ghabh mi fein,
   Ge ta mi gu 'n treine an nocht,
   Righ Teurmann na 'n comhrag teann
   Gu 'n scaruinn a cheann r'a chorp.

25 Beiribh beannachd' beiribh buaidh,
   Arsa Mac Cuthaill, na 'n gruaidh dearg,
   Manus Mac Garadh na 'n sluagh,
   Coisgear leam ge mor fhearg.

26 An oiche sinn duinne gu lo,
   B' ainmic leinn a bhi' gun cheol,
   Fleadh gu farsuing, fion is ceir
   Gheibhte aig an Fheinn nias leor.

27 Chuncas mu 'n do scar an lo
   Gabhail doigh ann sa ghuirt,
   Meirgh' Righ Lochlainn an aigh
   'Ga togbhail o' n traigh 'nar uchd.

28 Chuir sinn Deo-ghreine re crann,
   Bratach Fheinn bu ghairge treis
   Lomlan do chlochaibh 'n ór,
   'S ann leinne⁷ gu 'm bu mhor a meas.

29 'S iomad cloidheamh dorn-chrann oir,
   'S iomad srol ga chuir re crann,
   Ann Cath Mhic Cuthaill na 'm fleadh,
   'S bu lionmhor sleagh os ar ceann.

30 Iomad coitein iomad triath,
   Iomad sciath is luireach gharbh,
   Iomad tóiseach is Mac Righ,
   Is ni 'n raibh fear dhiubh gu 'n airm.

31 Iomad clogaid maiseach cruaidh,
   Iomad tuadh is iomadh gath
   Ann cath Righ Lochlainn na 'm buadh,
   Bu lionmhor ann Mac Righ is flath.

32 Rinneadar an urnaidh chruaidh,
   Bhriseadar air sluagh na 'n Gall,
   Chrom gach fear a cheann sa chath,
   Is rinneadh leis gach flath mar gheall.

33 Thachair Mac Cuthail na 'n cuach
   Is Manus na 'n ruag aigh,
   R'a cheilo ann tuiteam an t-sluaigh,
   'S ann leinne gu 'm bu chruaidh an dail!

34 Gu 'm b' e sud an tuirlin teann,
   Mar ghreann a bheireadh da órd,
   Cath fuileach an da Righ,
   Gu 'm bu ghuineach brigh an colg!

35 Air briseadh do sciath an Deirg,
   Air eirigh dhoibh fearg is fraoch,
   Thilg iad am buill air lár
   'S thug iad spairn an da laoch.

36 'Nuair a thoiseach stribh na 'n Triath,
   'S ann leinne gu 'm bu chian an clos!
   Bha clochan agus talamh trom
   Mosgladh foi spoirn an cos.

37 Leagadh Righ Lochlainn air an traidh,
   Am fianais chaich air an fhraoch,
   Air-sin, ge d' nach b' onoir Righ,
   Chuireadh ceangal na 'n tri chaol.

38 Sin nuair thuirt Conan a ris,
   Mac Morna bha riamh re h-olc,
   Leigir mi gu Manus na 'n lann,
   'S gu 'n scarainn a cheann r'a chorp.

39 Cha 'n 'eil agam cairdeas no caoin,
   Riuts' a Chonain mhaoil gu 'n iochd.
   O tharladh mi 'n lamhaibh Fheinn
   'S ionsa leam na bhi foi d' smachd.

40 O tharladh tu m' lamhaibh fein,
   Cha 'n imir mi beud air flath,
   Fuasglaidh mi thusa o m' fheinn
   A Lamh thereun a chuir mor-chath.

41 'S gheabh thu do roghainn a ris,
   Do chuir dhathigh do d' thir fein,⁸
   Cairdeas is comunn a ghnathach,
   No do lamh a chuir fa m' Fheinn.

42 Fa t-Fheinn cha chuir mi mo lamh
   An cian a mhaireas cail am chorp,
   Aon bhuille t-aghaidh Fheinn
   'S aithreach leam na rinneas ort.

43 Cha 'n ann ormsa rinn thu e,
   'S ann duit fein a rinn thu 'n cron;
   Do na thug thu shluagh o d' thir
   'S beag a philleas ris an sinn.

O. 14. EAS LAOIRE, NO CATH MHANUIS.

Dr. Irvine's MS., page 73. 136 lines. Copied by Malcolm Macphail. Edinburgh, March 25, 1872.

NOTE.—The letter and figure M. 1, &c., refer to Gillies, which had been printed about 14 years. It will be seen how this varies from the book and from earlier versions.

1 A PHADRIC a chanadh na sailm,
  Air leam fein gur baoth do chiall;
  Nach eisd thu tamull ri m' sgeul,
  Air an Fheinn nach fhac thu riamh.

2 Air do chumhsa Mhic Fhinn,
  G'e binn leat teachd air an Fhinn,
  Guth nan salm air feadh mo bheoil,
  Gur e sid bu cheol leam fein.

3 Nam bitheadh tu comhada do shalm,
  Ri righ tearmuin nan arm nochd;
  A chleirich gur lan olc leam,
  Nach sgarainn do cheann o d' chorp.

M. 1.

4 Nam bitheadh tusa a chleirich aigh,
  Air an traigh ud siar fo 'n ear;
  Aig Eas Laoire nan sruth seamh,
  Air an Fheinn bu mhor do mheas.

M. 3.

5 Latha dhuinne siubhal bheann,
  Cha do thachair an t-sealg nar car;
  Chunnic sinn a teachd gu traigh,
  Iomadh barc bu *lionair* fear (nall thar lear.)

M. 6.

6 Thog sinn ar gas ruidh o 'n choill,
  Bratach Fhinn bu gharg a greis;
  Air a *dioua* an clochaibh oir (duna)
  Air leinne gu 'm bu mhor a treis.

⁸ Nuair tharlas tu d' thir fein.

---

⁵ Mudhan.   ⁶ Gun on.
⁷ Aigh an Fheinn bu.

M. 7.
7 Dh' fharaid Mac Cuthail ga shluagh,
San uair bu mhoir a ghean;
Co theid uainn a ghabhail sgeoil,
Co iad na seoid a thain' thar lear?

M. 8.
8 Thuirt Conan mearachdach maol,
Co a righ a b' aill leat a dhol ann?
Ach Fearghus fior ghlic do Mhac,
On 'se chleachd bhi dol nan ceann.

M. 9.
9 Mallachd dhuitse Chonain mhaoil,
Thuirt amf Fearghus bu caoin cnuth;
Rachainnse a ghabhail sgeul,
Do 'n Fheinn 's cha b' ann air a ghuth.

M. 10.
10 Ghluaisidh Fearghus armach og,
San rod an comhdhail nam fear;
'S dh' fhiosraich na choradh foil,
Co iad na seoid a thain thar lear?

M. 11.
11 Manus fuileach corrach fial
Mac righ Betha nan sgiath dearg;
Ard righ Lochlain ceann nan cliar,
Gille bu mhor feach a 's fearg.

M. 12.
12 Ciod a ghluais a bhuidinn bhorb,
O rioghachd Lochlain na colg sean?
An ann r chuideachadh nam Fiann,
A thainig bhur triall thar muir.

M. 13.
13 Air a laimhsa Fhearghuis threin,
As an Fheinn ga mor a mhuirn;
Cha ghabh sinn gun chomhrag fhear,
No bhean is bran a thoirt o Fhionn.

M. 14.
14 Air a laimhsa Mhanuis threin,
Asad fein g'a mor do spion;
Air mheud sa thug thu leat thar lear,
Cha tugadh sibh Bran thar tuinn.

M. 15.
15 Bheireadh an Fheinn comhrag cruaidh,
Do d' shluagh nan liodhra iad Bran;
'S bheireadh Fionn comhrag treun,
Dhuit fein mu 'n faigheadh tu bhean.

M. 16.
16 Gluasadh Fearghuis thugainn fein,
'S bu cosmhuil ri deo greine a chruth;
Dh' innseadh e an sgeul gu foil,
'S gu 'm b' osgara mor a ghuth.

M. 17.
17 Sid e Manus air an traigh,
Ciod e' m fath dhuinn bhi ga chleth,
Cha ghabh e gan chomhrag dlu,
No do bhean 's do chu fo bhreth.

M. 18.
18 Chaoidh cha tugainnsa mo bhean,
Da dh' aon fhear a sheall sa ghrein;
'S cha dealaich mi ri Bran gu brath,
Gus an teid am bas na bheul.

M. 19. 21.
19 Labhair an t-Oscar ri Goll,
'S mor an glonn dhuinn bhi nar tosd;
Chann a she-comhalta deug,
Leig mar coinneamh fhein an casg.

20 Deangamsa Cithach nam buadh,
Thuirt Caoirreal bu chruaidh colg;
G' an lethtrom a chuir air cach,
G' e b' e laoch g' an tig am cho-dhail.

M. 23.
21 Iarla Mutha 's mor an sonn,
Thuirt an Dearmad donn g'an chealg,
Dheangainse e 'n lathair chaich,
No bithidh mo bhas air an leirg.

M. 32.
22 Chrom sinn ar ceann sa' chath,
Agus rinn gach flath mar gheall;
Bha airm righ Lochain an aigh,
G'an togail air an traigh nar sgairt.

M. 33.
23 Chonnuich Manus agus Fionn,
Mar dheann a thigeadh o dhà ord;
Cath fuilleachdach an dà righ,
Gum bu guineach brigh an colg.

M. 35.
24 Air an sgithach air an leirg,
'S air sgoltadh an sgiath 's an lann;
Thulg iad uatha an airm ghabhi,
'S chaidh iad gu spairn an da laoch.

M. 36.
25 Clachan agus talamh trom,
Mhosgladh sud fo bhonn an cos;
A sraoineachd an ear san iar,
B' fhada 's cian a chluinnte an clos.

M. 37.
26 Leagadh Manus air an traigh,
Am fianuis chaich air an raon;
Airsan cha b' onoir righ,
Chuirteadh ceangal nan tri chaol.

M. 38.
27 Thuirt Conan mearachdach maol mac Morna
Am fear bha riamh ri h-olc;
Cumar duinn Manus nan lann,
'S gu 'n sgarraim a cheann o a chorp.

M. 39.
28 Cha robh comhdhaltas no caomh,
Eadar mise 's tu Chonain mhaoil gun fhalt;
O 'n tharla mi to ghrasaibh Fhinn,
B' annsa leam no bhi fo d' smachd.

M. 40.
29 O 'n tharla tu fom' ghrasa' fein,
A lamh threun a chuir mor chath;
Ni mi do dhionadh om' Fheinn,
'S cha 'n iomar mi beud air flath.

M. 41.
30 Gheibh thu da roghain a ris,
Cead dol dathigh do d' thir fein;
No gaol, is comunn, is pairt,
Ach do lamh a thoirt do 'n Fheinn.

A NEW VERSE.
31 Rach dathigh do d' thir fein,
'S na tig air h-ais a dh' eighach cron;
Lean fiadh do bheanntan ard,
'S na taghail gu brath a' m' chor.

A NEW VERSE.
32 Tha mo bhaighse ri neach gun treoir,
'S cuimhne leann an la a chaidh;
Foghlum ceart a' d' aros mor,
Sid a righ an ceo nach luidh.

M. 42.
33 Bheirinnse mo bhreathar a righ,
Am fad sa mhaireas cail nam chorp;
Nach toir mi buille t-aghaidh Fhinn,
'S aithreach leam na rinn sinn ort.

M. 39.
34 Cha b' ann ormasa rinn thu e,
'S am ort fein a reinn thu 'n call;
A mheud sa thaineadh leat thar lear
Cha teid iad air ais ach mall.

From Mr. Mac Intyre foresaid, Glenylon.

S. 1. PART I.—A BHUIRBHURTACH, to line 97.
PART II.—CATH BHEINN EIDIN, from line 97 to
the end. 1805. 399 lines.

From Mac Donald's Collection from Alexander Mac Rae in Gairloch, Ross-shire. Copied by Donald Mac Pherson, Advocates' Library, June 11, 1872.

1 La dhuinn air Tulach sòir
'G amharc Erin mu ar tiomchal
Chunnaic sinn air bharra thonn
Aoghalt, athrachd, chuthal, chrom

2 Bha h' aogais air dreach a ghuail
'Sa deud cairbartach enamh-ruadh
Bha crion-fholt glas air a ceann
Mar choille chriona, cbrith-thean

3 Bha aon suil ronnach na ceann
'S bu luaith i no ronnach muigh'r
Bha cloidheamh meirgeach fo crios
Air gach taobh don chrithal chois

4 'S gur b' ainm don Fhuagh nach tiom
A Bhuirbhurtach, mhaol ruagh mhordhin
Re amharc nam Fiann fo dheas
Gun ruith a bheisd na h' innis

5 Rinn i gean gun chomann duinn
Mharb i le h' abbachd ceud laoch
'S a gaire na garbh chraos

6 Cait on robh sluagh bu chiallich
'S bu narich na sud agibhs'
Measg Fianna Innse-Fail
No air Mhathibh na h' Erin?

7 Labhair laoch nach d' fhulaing sàr
Mac Moirna' dha m' b' ainm Coinean
A bhuidhin sin bha fann
Annta dheargadh do bhreim lann

8 Agus air sgath cullanich [1] nan con
Oirne na bithid ga' muighadh
Cha n da-fhear dheug a b' fhearr san Fheinn
Thabhart Comhrag do 'n Bheisd

9 'S urrad eile ged bhithidh iad ann
Bhiodh marbh san aona bhall

10 Ach gheibh thu cumha 's gabh còir
Caogad Iuna dhe 'n dearg or
Agus ga' m b' fhearr or onodidh nan cloch
No cogadh nam Fiann fhaobbaraoh

11 Ged fhoidhin buaidh [2] Erin uile
'H or 'sa h' airgiod 'sa crionachd
B'fhearr leam fo choisgeard mo shleadh
Oscar is Reinne is Cairil.

12 O 'n se do phughair a thig dheth
Se dheibh thu gun chumha comhrag
'S caillidh tu dos do chinne-chrion'
Re deagh mhac Ossian iarruidh

13 Dar dherich colg na Beisd'
Gan derich Fionn Flath na Feinne
Dherich Oissean Flath nam fear
Dherich Oscar 's dherich Iollin

14 Gan derich Diarmad donn
Dheirich leis an lion-bhuidhean
Dherich laoich nach tim 's aach tais
Dherich an Glas le mhor neart

15 Sin dar dherich iad uile
Eadar mhac Ri 's gach aon duin'
'S mar Bheisd' dhioghair 's a ghlean

16 Rinn iad Cro chrotha cathmhor
Mar Mhuir ri clochan a mhol
Bha dol aig a Bhuirbhurtach orr'

17 Ach fhritheal i iad mu seach
Mar ruith sradagan lasarach
Ach an tus iorghal an aigh
Thuit cabbair air na Laoich lann

18 Thuit a Bhurbhurtach leis an Ri
Is ma thuit cha b' ann gun gan stri
Deachan cha d' fhair e mach sud
O la Ceardoch Lon Mhic Liobhin

[1] Cullanach, a dog boy, or dog-keeper, gloss.
[2] Some say buur, cattle.

19 Ghluais an Gobh' leis a bhrigh
Gu teach athair an ard Ri
Rinneadh beud ars' Gobhan nan cuan
Mharbhadh a Bhuirbhurtach ruagh

RI.
20 Mar do slugadh i 'n talamh toll
No mar do thagh a mhuir leathan lom
Cha rath do dhaoin air an domhain
Na mharbhadh a Bhuirbhurtach mhoidhean

GOBH.
21 Cha ne mbarbh i ach an Fhiann
Buidhean nach gabh roimh dhuine fiamh
Cha d' theid Fuath no arrachd as
On t shluagh aluin fholt-bhuigh

RI.
22 Bheir mise mo mhionnan Ri
Na mharbhadh a Bhuirbhurtach mhin
Nach fag mi do dh' Erin an aigh
Innis no Ealan no Tom

23 Nach tog mi 'n coir-thaobh mo laong
Dh' Erin churanda ao-throm

24 'S chuirin breabanich air muir
Ga togail as a tonna bhalladh
Le Crocan croma ri tir
Ga tarring as a tamh-thonnadh

GOBH.
25 'S mor an luchd do luingeas ban
Erin uile db' aon laimh
'S cha deach do luingeas air sàl
Na thogadh Cuigeadh do db' Erin

26 Deich fichid agus mile Laong
Thog an Ri sud 's gum b' fheachd throm
Gu geill Erin thabbart amach
Agus air shith na Feinne nam faradh.

MANUS.
S. 1.
27 Bha ceathrar air farthar a chuain
Do ghlan daoin' uailse Innse-Fail
Oscar agus Reine Ruagh
Ossian nam buadh agus Cairil ard

FING.
28 'N d' fhiosraich sibh an deas no 'n tuagh
Co ni n' teannal chruaidh san traigh?
Chan eil am ach Flath no Ri
Thuirt Coinean maol gun fholt

29 Och nam foidhius' am Fheinn
Fear a ghabhadh sgeul an t' sluaigh
'S e labhair Fionn flath nam fear
Gum fordheadh e breith agus buaidh

CONAN.
30 Sin thubhart Coinean a risd'
Co a Righ b' aill leat dhol ann
Ach Feargus fior-ghlic do mhac
O 'n se a chleachd a dhol nan ceann

FERG.
31 Mallachd dhuit a Choinean mhaoil
Labhair Feargus bu chaoin cruth
Reachinse a ghabhal sgeul
Dha 'n Fheinn 's cha b' ann air do ghuth

32 Ghluais Feargus armal og
Air a rod an coimhneadh nam fear
Dhoinich e le comhra foill
Cia na sloighs' tha air lear

LOCH.
33 Ma Manus oirne mar Thriath
Ard Ri Lochlin nan sgia airm
Se Ri Lochlin ceann na Triath
Gille bu mhor fiach us fearg.

FERG.
34 Thubhart Feargus rubh gu min
'N ann do chuideacha' nam Fiann
Thanig an Triath tha so air lear
'S Ri Lochlin orr mar cheann

Loch.
35 Air do lamhsa Fhearguis fheile
  'S as an Fheinn cia mor do mhuirn
  Cha ghabh sinn cumha gun Bhran
  'S a bhean thabhart o' Fhionn

Fearg.
36 Tha Ri Lochlin air an traigh
  Ciod e 'n sta a bhi ga chleth
  Cha ghabh e cumh' o' Fhionn
  Gun a bhean sa chu fo bhreith

Fingal.
37 Cha d' thugams' sin bhean
  Do dh' aon fhear tha fo 'n ghrein
  'S cha mho dhealaichinn ri Bran
  'M feadh s' a bhiodh an deo 'mo chre

38 Ach air bhi fada dhuinn nar tosd
  Gun smuainich Oscar an aigh
  Dhol a labhairt re a sheannair
  'S a Chleirich bu mhor an cas

39 Bheir mise mo bhriathar doigh
  Thubhairt Oscar 's cha be 'n sgleo
  Cia be laong as fhaide seoil
  Mug iad air an turas leo

40 Gan seol i le'mfuil fo druin
  Air neadh nach eil i nan coluin

41 S' b' fhearr na bhi gan iarnudh thuinn o' thuinn
  'M foidhean cruinn air aona bhall

42 Siud dar thubhart mi fein
  Ged eil mi mar tha mi an ochd
  Ri Lochlin nau Comhrag theann
  Gu agarruin a cheann o' chorp

43 Sin dar thubhart Reine Ruadh
  Cia mor a thac' a shluagh baoth
  Naodh fichid do Gheard an Ri
  Dhaindeoin an stri, bheir mi an sar

44 Gan dubhart Caoilte nam Fiann
  'S cur a sgia air a lamh
  Naodh fichid Curamh gun diomh
  Diolidh mis iad air an traigh

45 Ghlac an Duth mac Rivin colg
  Le guth borb 's e labhart aird
  Naonar a luchd comhrag chéud
  Nam chomhair Fein air an traigh

46 Sin dar thubhart Coinean re Goll
  'S mor an glonn dut bhi nad thosd
  Nach d' thugamid cath laidir teann
  Do Mhac Mheathan nan airm noichdt'

47 Labhair Cuaire gill Fhinn
  Tog dhiot do sheinn is bi slan
  'S ged thanig iad uil' air thuinn
  Cha mhor dhiubh theid air sal

48 Beirim beannachd 's beirim buaidh
  Thubhart Mac Cumhil nan gruaidh dearg
  Maonas Mac Garrie nan sloigh
  Leagidh mis cea mor fhearg

49 Air mhoch erigh n' la air 'n mharach
  Ghluais Fergus File gu gle dhan
  Air chombail mar bu choir
  A dhiondsaidh Mathibh Ri Lochlin

50 Chuir e air a Luirach mhor
  'S a Chlogaid de 'n or mu cheann
  Gun chuir e a chloidheamh ri chrios
  'S a dha shleagh re lios 's a chrann

51 Bheannich e dar cha e mhan
  Dh' fhear a sheasomh aite Ri
  'S dhoinnich e le comhradh foill
  Ciod e a mor shluaghs' a tha air tir

52 'Saimideach thu reir mo bheachd
  Co b' urra sa chleas dhluth?
  Ach Maonas Ri Lochlin nan Laong
  Le fheachd trom gu cosnadh clin

Ferg.
53 'S aimideach a bhuail thu 'n speach
  'S nach d' iomradh mi creach no toir
  'S ge mor a thug sibh luibh an all
  Gum feudadh sibh bhi gann a falbh

Loch.
54 Co b' urra sa chleas dluth?

Fearg.
55 Ch b' urra sa chleas dluth
  Ach Fionn ur a b' fhearr buaidh
  Nach do theich roimh dhuine riabh
  Ach gan teicheadh na ceuda uaith

Loch.
56 Ni mise cogadh oirbh le 'm fheachd
  'S bheir mi creach o Fhianna Fail
  Bithidh Sgeollach¹ agam 's Bran
  'S bithidh Fionn sa bhean nam lamh

Fearg.
57 Feudidh tu a chantan gu beachd
  Gur creach neart sin oirn gu brath
  Ach cait am biodh Oscar og
  Agus Ri nun Fear mhoir ann 'n lamh

Loch.
58 Dhechinn fein Oscar og
  Ossian mor is Goll nan cnamh
  Dechinn sliochd Ri nam Fiann
  Is Fionna fial cia mor a lamh

Fearg.
59 Feadidh ta bhi triall an tir
  Thubhart Fergus as caoin cruth
  'S tu laoch as mo fo 'n ghrein
  Ma dhearbhas tu fein do ghuth

60 Ciod e a choirre 's mo rinn Fionn
  Man d' thanig sibhs a thogail gheall?

Loch.
61 Se choire 's mo rinn Fionn
  Muisne Ri Lochlin nan gleann
  Gun mharbhadh i 'n Eriu shuas
  Seal mas d' fhuairis le Clann—

Fearg.
62 Cha b' fhiach a choslas a bh' ann
  Bha h' aogas air dreach a ghuail
  Bha crion-fholt glas air a ceann
  'S co dheanadh clann ri Fuath?

Loch.
63 Cha b' Fhuath bhann ach Bean
  Cha robh i fann na tir fein
  'S nam foidhidh i comhrag naodhnar
  Chuireadh i di air an Fheinn.

Fearg.
64 Chan fhaca sinne bean ann
  Ach Cailleach chann 's i gann do cheill
  Bha aon suil ghlonnach na ceann
  'S chuir i anntlachd air an Fhein

FIONN'S TRIBUTE.
65 Dheibidh sibh Cumh' s gabhibh coir
  Caogaid Tunna do dhearg or
  'S gum b' fhearr 'or cnodidh nan cloch
  No na bheir na Feachd da chuinn

66 Dheibh thu seachd ceud nighin bhais-gheal-bhan
  Is seachd ceud Curadh theidha nan dail
  Seachd ceud bó gun bhlodhan riabh
  Seachd ceud Each le 'n deagh thriall

67 Seachd ceud Daimh chabair nam beann
  Ghlacadh gun ghuth cinn no coin
  Seachd ceud aogh le n' seachd ceud Maogh
  Chuiradh an lamh an' Leitir Shoir

68 Seachd ceud seobhaga rinu sealg
  Seachd ceud Gadhar garg am beinn
  Seachd ceud Ealla dho 'n t' snamh
  Seachd ceud Lach le Ràe air Leinn

69 Seachd ceud Ruagh-Chearc dhe 'n fhraoch
  Seachd ceud Coillach-chraobh air chrann
  Seachd ceud Iolair o Thuath
  Seachd ceud Earb' a luath ran gleann

70 Seachd ceud Cubhag seachd ceud cuach
  Seachd ceud smeorach ' ghluais o 'n bheinn
  Seachd ceud Lon duth am beinn aird
  Is seachd ceud ni nam b aill' luibh

¹ Fingal's two dogs.

Loch.

71 Ged fhoidhin buaidh Erin uile
   'H or sa d' airgiod 's a crionnachd
   Cha phillinn mo Lòd air Sal
   Ach am biodh Erin uile air earras

(Here follow the Banners, as in other versions.)

Loch.

72 Co i a Bhrachs' Fhili Dhuanaich
   Ne sud Brach Mhic-treun Bhuadhich
   Chi mi Gille gathasd air a ceann
   'S air a lasadh dhe 'n or ebhin ?

Fearg.

73 Cha re sud ach an Lia Luathnach
   Bratach Dhiarmid og o' duinne
   'S dar thigeadh an Fheinn a mach
   Gheóbhidh an Lia-Luathnach toiseach.

Loch.

74 Co i a Bhratach ud Fhili Dhuainich
   Ne sud Bratach Mhic-treun bhuadhich
   Chi mi Gille gath'sd air a ceann
   'S air a lasadh dhe 'n òr ebhin.

Fearg.

75 Cha ne sud ach an Duth-Nea' (or Nimh')
   Bratach Fhoilte Mhic Rea
   Dar chruinnicheadh Cath na Cliar
   Cha bhiodh iomradh ach air on Duth- Nea'

Loch.

76 Co i a Bhratach ud Fhili Dhuainich
   Ne sud Bratach Mhic Treun bhuadhich
   Chi mi gille gath'sd air a ceann
   'S air a lasadh dhe 'n òr ebhin

Fearg.

77 Cha ne sud ach an aona-Chasach ruagh
   Bratach Reine na mor shluagh
   Bratach leis am briseadh eirm
   'S leis an dorteadh Fuil gu faobartan.

Loch.

78 Co i a Bhratach ud, Fhili Dhuainnich
   Ne sud Bratach Mhic-treun bhuadhich
   Chi mi gille gath'sd air a ceann
   'S air a lasadh dhe 'n or ebhin

Fearg.

79 Cha ne sud ach a Sguab-ghabhi
   Bratach Oscar chro-laidir
   Leis an leigta cinn gun amhichin
   'S nach tugadh troidh air a h' ais
   Ach an crithidh an talamh trom-ghlas

80 Sgaoil sinn an Deo-ghréine re crann
   Bratach Fhinn bu theann sa chath
   Loma-lan do chlochan dhe 'n or
   'S ann luinn gu 'm bu mhor a meas—rath

Loch.

81 Saolamid gun thuit a Bheinn———

FIONN'S BANNER.

Fearg.

'S durra dhuit na bheil ann
Geal-gheugach Mhic Cumhil re crann
Is naodh slabhrin aisde sios

82 Dh 'n or bhuidhe gun dall-sgiamh
   Is naodh naodhnar a lann ghaisgich
   Fo cheann na h' uile slabhridh
   Mar Chleath treamhadh gu traigh
   Bithidh a gair-chath ga d' ioman.

Loch.

83 'S breugach do bheul Fhili bhinn
   Cia mor agads' sluagh na Feinne
   Trian na h' agams do shluagh
   Cha robh aguibh riabh an Erin.

Fearg.

84 Ge beag leatsa an Fhiann theircs
   A Ri Lochlin na mor chamhlach
   Bheir thu do theann leum fo 'n fheasgar
   Roimh lanna glasa ni t-aimhleas.

85 'Arsin an toisich a chomhrag chruaidh
   Se lathair Mac Cumhil nam buadh
   Cromadh gach fear a cheann sa chath
   Is deantar leis gach Flath mar gheall.

86 Bu lionmhor guaillin ga maoladh
   Agus coluin a snuaghadh
   Bu lionmhor ann tuitim fleasgich
   O eirigh Greine gu feasgar.

87 'S cha deach faobhar airm gu muir
   Ach aona mhile do shluagh bàrr
   Theich iad mar shruth air bhara-bheann
   Is sinne sa chath gan ioman.

88 Deich fichid 's mile sonn
   Thuit eadar Garrie agus Goll
   O 'n dherich a ghrian gu moch
   Gus an deach i fo san anmoch.

89 Seachd Fichid 's seachd Cathan
   Na bha do shluagh aig Ri Mheathan
   Thuit sud le Oscar an aigh
   'S le Cairil mor na corra-chnamh.

90 Bha Mac Cumhil 's a shluagh garg
   Mar chaoir-theina na mor fheang
   Mar shardagan diana cas
   'M feadhs' amhair Lochlinach ris.

91 Thachoir Mac Cumhil nam buann
   Is Maonas nan ruag aigh
   Ri cheil an tuiteam an t' sluaigh
   'S ann luinn gum chruaidh an cas

92 Dar thoisich stri nan laoch
   'S ann luinn gum chian an clos
   Bha clochan agus talamh trom
   Fuasgladh o' bhonn an cos

93 Air briseadh don cloidhean ha dearg
   Dheirich orr fearg agus fraoch
   Thilg iad am buill' air an lar
   'S thug iad sparn an do laoch.

94 Thuit Ri Lochlin an aigh
   M' fianuis chai air an Fhraoch
   'S airse ged nach b' onair Ri
   Chuireadh ceangal nan tri-chaol.

95 Sin dar labhair Coinean maol
   Mac Moirne bha riabh bha riabh ri h'olc
   Leigibh mise gu Maonas nan lann
   'S gu sgarruin a cheann o' chorp.

96 Cairdeas cha neil agam no gaol
   Dhuitsa Choinean mhaoil gun fholt
   'S o 'n thurladh mi 'n lamhan Fhinn
   'S annsa leam e na bhi t' iochds'.

97 Cha n' iomar mi beum air Flath
   Fuasglaidh mi thusa o m' Fheinn
   A Laoich threin chuir mor-chath.

98 Dheibh thu do rughan a risd'
   Dhol as gud thir fein
   Cairdeas is comunn is gaol
   No thighin led lann gu m' Fheinn.

99 'M fadsa bhithis ceill am chorp
   Cha bhuail mi buille t' aghaidh Fhinn
   'S aithreach leam na rinnis ort.

100 Cha n' ann ormsa rinn thu n' lochd
    'S ann rinn thu 'n cron duit fein
    Dhe 'n thug thu do shluagh o' d thir
    'S beag a philleas a risd dhiubh sin.

101 Ach cia be thigeadh anns an nair
    Gu mullach Bhein-Eidin fhuar
    Chan' fhac 's cha n' fhaic e gu brath
    Urad do dh' fhaobh ann' aon la.

&c. MANUS. 30 lines.

Mrs. Taylor's, 7, Dalry Park Terrace, Edinburgh.
December 23, 1871.

I picked up—from the recitation of an old man—the *enclosed* in Lewis three years go. You will see how closely *it* and Kennedy's *version* agree.

I remain, yours very sincerely,
MALCOLM MACPHAIL.

J. F. Campbell, Esq.

1 Là dhuinn a' fiadhach air leirg,
  Cha do thachair an t-sealg n'ar còir;
  Gu faca sinn mìle bàrca,
  Air sàl a' tighinn o near.

2 Thachair Mac Cumhail nan cuach,
  'S Manus nan gruaidhean àigh;
  Air leth air iomall an t-sluaigh,
  'S a Chlèirich nach bu chruaidh an càs.

3 Stad sinne taobh air thaobh,
  'S leinne bu chian an clos;
  'S nac faodah duine dhol non dàil,
  Gus am faiceadh cach an lachd.

4 Gidheadh ged nach b' onair rìgh,
  Chaidh ceangal nan trì caoil air.

5 Oin thuirt Conan 's e thall,
  'Ged tha mi mar tha mi nocht;
  Leig mise gu Manus nan long,
  Ach an sgath mi cheann o chorp.'

6 'Cha 'n eil càirdeas 's cha 'n eil gaol,
  Riutsa Chonain mhaol gun fhalt;
  'S an tha mi fo ghràsan Fhinn,
  'S e 's àill leam na bhi fo d' iochds.'

7 O' na thachair thu fo m' ghrasan féin,
  Cha 'n iomair mi trèun air flath,
  Leigidh mi thu dhachaidh a làmh thrèun,
  'S iomadh a chur treun an cath.

8 'Gheibh thu do dha roghainn a rìs,
  'N uair a ruigeas tu do thir féin,
  Càirdeas is carantas is gaol,
  Ach do làmh a bhi saor o 'n Fheinn.'

A. 17. FLEYGH. 84 lines.

In this a messenger comes over sea to ask Fionn and his warriors to embark, with their two famous hounds. They fall out with the Herald, and do not go. The last two verses are part of Oisein's Lament to Padruig.

1 FLEYGH wor rinni lay finni
  Innoiss dowt a halgin
  Fa hymmi dwn we ann
  Deanow albin is errin

2 Fearis m'morn mor
  Din reane fa gall glor
  A waktow fleywi zar
  O hanyth tow weanow errin

3 Di reggir sen finni wane
  Fa math wle tor is tear
  Dowrt gi wak fleywi zar
  Na gi fley ane reywe in nerrin

4 Chongimir huggin won tonn
  Leich mor ayrrichtich foltinn
  Gin ane dwn ag ach ay feyn
  Fa math in toglach essane

5 Mir hanyth shay in gen ni wane
  A dowrt in toglach fa keyve keyll
  Tarsyth lomsith noss inni
  Is ber cayd leich id di hymchill

6 Deych mek eichit morne mor
  Ber let in dowss di henoyll
  Fer is ocht zet chlonn feyne
  Ber is oskir di zane wane

7 Ber deachnor di clannith smoill
  Is feichit di clanni ronane
  Ber di clanni mwin let
  Deachnor elli gin dermit

8 Ber let dermit o dwnith
  Bar ni swr is no schalge
  A feyn is kerril id lwng
  Deychnor di zanith is di zorrin

9 Ber nenor do zillew let
  Fa farda how ym bee aggit
  Agis twss fen a inni
  A v'awasse erm zrinni

10 Ber C leich let er twnni
   Di zna wnntir inn v'kowle
   C skay gin m wi nor
   Dinni m'kowle v'tranewor

11 Berssi let in nossa inni
   In da chonni is ferri in nerrin
   Ber bran is skoillin let
   Lowt di zorrin i gimicht

12 Na beith fadcheis ort a inni
   Di ray in toglach ard evin
   Tuggir fa woye id heith
   Di we er ar sloye is soiche

13 Glor auwit hare id chenn
   Ogle out hanik chwggin
   Min fayin tow in weanoss inn
   Di wea di chen gin chollin

14 Di choraa ni churffe in swm
   A chonane meill ni beymin
   Is mest in sloye di wee ann
   Id ta tow agrow anwin

15 Errissyth clanni biskni ann
   Erss conane in nani
   Gowis gi neach zeiwe erm leich
   Tig ni feanith ass gi ane teiwe

16 Marwar in sen mak di zinn
   Feani gall a zassgi zrinn
   As mak a zillin m'morn
   Fa math in gath chrwnwoynyth

17 Errissyth arriss ann
   Is daniss a wurrill
   Fearyth yn beinni cwt
   Ag gowle di chonan in nani

18 Di wersi a wraa feyn di zinn
   Di ray gowle mor nim beymin
   War conan na mess a chinni
   Na bonfeit ass in tinchin

19 Ferris koill D\r eichid in glen
   Er nach leyr rawe cheith in ferrin
   Ay gin fiss nyth feanith ag finn
   Troyg in skaill so halgin

20 Faddi lommi a halgin trane
   Nach wagga ma dunni zi nane
   Ead a shelgi o zlenni gow glenn
   Is nith aewlt no dymchol

21 Binvin lom ossin m'finni
   Na hanich kenn nach deach zee
   Ter gi dwni gar royve ann
   Di binvin leom finni wley.
                              Fley.

FIONN'S EXPEDITION TO LOCHLAN.
D. F. O. P. 261 lines.

This ballad belongs to the Story of 'Manus,' but I am not certain that it is correctly placed in this order. This Scandinavian Herald might be reasonably explained as an old one-legged, one-armed, one-eyed Viking, with a gauntlet on; but as the five toes of his single foot covered two-thirds of the floor of the King's palace, a good deal must be allowed for poetical license. It is best to leave him as a Celtic myth. The King's questions, and the answers of the Feinne show that a great deal of the story is lost. I have nothing about the slaying of the King's sons, or the battles named. In the form of stories a great deal more of this Expedition to 'Beirbh' is told in the Islands. The stories I will place in translating. Mr. John Hawkins Simpson, in 1857, at page 209, printed a Mayo version of 'Fionn Mac Cumhal goes to Loughlin,' which is the same story.

D. 11. AN TATHACH IUNIGH. 67 lines.

Mac Nicol's Collection, Ossianic Ballad, No. XII. Copied by Malcolm Macphail, Edinburgh, March 5, 1872.

1 Là dhuinn an Tigh Chromghlin nan Cloch,
  Hanig gar 'niusuidh an Tathich;
  'S dholliche coig Meoir a Thraigh,
  Trian do Dhurlar an Riogh Thaigh.

2 Bha aoin Suil an Lar a Chinn,
  Bha aoin Chas chli as a thoin;
  Bha aoin Chrog uasich as uchd.
  'S bu duthidh I na Gualich Gothin.

3 Hog Connan an Dorn le Durichd,
  Gu Hathich mor na haoin suiligh;
  Stad a Chonnain fanna' d cheil,
  She a labhair Fion flath na Fein.

4 Bu bhor an Taobhir Reachd leom,
  Gum buailte Teichdire Riogh Lochlin;
  Sheo a chiad La a hain u gu 'm Theich,
  A nois Athaich Aonigh.

5 Fhir as gorm aoin suil gun Tlachd,
  Innish duinne Toir¹ as limm michd;
  Hanig me fon Lochlin lethich,
  Agus fon Chudichd ghorm Tsleighich.

6 Hoig mi shinigh nach ro male,
  Hanig mi fo chrichibh Lochlin;
  Ighin Riogh Lochlin bha bhuig,
  Chuir i Fios air Fion gun tairbeart.

7 Missigh labhairt ri Riogh Flath nan Fian.
  E dhol ga sirigh gu Lochdruim-cliar:
  Bha sheich ciad Fichid Cota shroil,
  An Tigh Bhic Cubhail Mhic Treinbhoir.

8 Bha Clogid as Scia as Lurich,
  Air gach Laoich iursich Ard-ghlunich;
  Bha Innil gasta air gach Fear,
  Fraoch teth air gach Laoich lanmhear.

9 Bha Ullich air gach Fearr don Droing,
  Do Luchd nan Urchair innilte;

10 An dug shibh am iunsuidh Cithich
   Oran Buaigh? Ars Manus

11 'S mis 'a bharibh Cithich nam Buaigh,
   Huirt Mac Cubhail nan Arm ruaigh;
   Air an Traigh ha shiar mu Thuath,
   Fenigh far 'n do thuit mor T-sluaigh.

MANUS.

12 An dug shibh gam iunsuidh Gorm T-shuil nan Cath?

13 'S mis' a bharibh Gorm T-shuil nan Cath
   She labhair an Tosgair arramach:
   Gabhigh mi fostaibh Marraigh an Fhir.
   Fon a thuit e leom an Iurril.

MANUS.

14 An dug shibh gam iunsuidh Laibh nam Beud mo mhac fein?

15 'S miss' a bhairibh Laibh nam Beid
   She labhair Diarmaid O Duibhne,
   'S nar ro Math agguibh ga chion,
   Gad ha mi am Buisgain Fheribh Lochlin.

MANUS.

16 Ceanglibh an Fearrbogg ud.

17 Cait a bheil na Miunnin mor a Bhanis?

MANUS.

18 Ghagas far an duaras iad.

19 Harruing shin an shin air sheic Fichid Scian,
   'S gu la Bhrach gum' bard air Miagh;
   She bharaibh shin trithir mun Fheir,
   Shail man dranig shin an Dorrust.

20 Bhrish shin Buaghinin an Tuir,
   'S barbh shin an Dorsair,

21 Chaigh shin gu durragha steach,
   Shog shin ubblidh na Cairich;
   Hainig shin air an Fhaichigh amach.
   Nar Droing aigintich arramich.

22 Ghlaic shin Riogh Lochlin nan Buaigh,
   Hug shin lein u niar gu Herin;
   Sriabh uaigh shin amach
   Bha Ciosh agguin air Feiribh Lochlin.
   Crioch.

¹ History.

F. 11. MAR A CHUIR RIGH LOCHLUNN FIOS FEALLSA GU FIONN MAC CUTHAIL.

Fletcher's Collection, page 18. 92 lines broken. Advocates' Library, January 12, 1872. Copied by Malcolm Macphail.

1 'S AN aig tigh Chrom-ghlinn nan clach,
  Thainig an Tathach ioghna;
  Dh' fholuich cuig meoir a throighe,
  Trian do dh' ùrlar ar Righ-thighe.

2 Bha aon chos fodha nach clì,
  Aon suil air clar a chinn mhoir;
  Bha aon lamh iarnuigh as uchd,
  'S bu duighe i na gualach gothain.

3 Thog Conan an dorn gun duire
  Gu A' athach mòr na h-aon sula bhualadh.

4 Stad a Chonnain 's fan a' d' chèil,
  Se labhair è Fionn fein,
  Bu mhòr an t-aobhar reachd leam,
  Thu bhualadh teachdair Righ Lochlunn am theachsa.

CEIST.

5 Nach è 'n diu an ceud latha,
  Thaing thu gu m' theach Athaich ioghnaidh;
  Fhir is guirm' aon sùil gun tlachd,
  Innis dhomhsa t-airre is t-iompaidh?

FREAGRADH.

6 Thanaig mis' o 'n Lochlunn leathaich,
  Is o 'n Chuideachd ghorm shleaghaich;
  Thug mi sinteag nach robh mall,
  Thainig mi bho chriochaibh Lochluinn.

7 'Chuir Inghean Righ Lochluin Bhà-bhuig,
  Chuir i fios gu Fionn gun toirbeairt;
  Leamsa fios a dh' ionnsuidh 'n Triath,
  Dol na h-iarraidh thair Loch-druim-cliar.'

8 Is è bhi seachdain bho màireach,
  Aig cathair na Bèirbhe ann Lochluin.

9 Bha sid againn seachd ceud fichead còta sròil,
  Ann tigh Mhic Cuthail, mhic Trenmhoir;
  Bha da shleagh is lann 'us luireach,
  Air gach laoch iorsuch àrd ghlunmhor.

10 Bha inneal gasda air gach fear,
   Agus fraoch teith air gach laoch lanmhear;
   Bha ùlach air gach fear do 'n droing,
   Do luchd na 'n urchair innealta is dh' fhalbh sinn.

11 Rainig sinne Cathair na Bèirbhe ann Lochluin. Thachair Righ Lochluin oirnn a muigh 'us chuir è fàilte chridheil oirnn, agus thug e cuireadh dhuinn a steach. Ghabhadh bhuainn an sin ar cuid àrm, 'us chuir iad an tigh taisge a muigh iad, ach thugadh dhuinn fein an iuchair ga gleitheadh. Thug iad a steach sinn an sinn do Righthigh mòr bha aca 'us dhuinte dorsun an tuir sin do oirnn. Do shuidh fear a dhaoine Righ Lochluin air gach gualain do na h-uile againne, agus bha fear eile a' frithealadh do na h-uile truir a shuidh fui 'n làn armaibh, agus gun againn ach a mhain sgianan foluich oirnn (mar bu ghnà leinn ann an àm cunnairt). Bha 'n Righ na shuidhe air Cathair os-ar-cionn, d' ar nurail 'us d' ar nearrail. Ach 'nuair bha gach cuirm an deidh an cuir thairis 'S e dh' iarr an Righ fios Ceist.

12 Cò mhàrbh' mo mhacsa Ciothach nam buadh?

13   Am Freagradh.
   Is mise mharbh do mhac Ciothach nam buadh,
   'S è labhair è Goull arm ruadh,
   Air an trài' ud siar mu thuath,
   Am feinne mun do thuit mòr shluagh.

14   Deir an Righ a rist.

15 Cò mharbh mo mhac Gorm-shuil nan cath;
   ' Is mise mharbh do mhacsa Gorm-shuil nan cath,
   'S e labhair e an t-Oscar armach,
   'S cha 'n-àicheadh mi bàs an fhir,
   Bho 'n a thuit e leam san iorghaill.'

CEIST.

16 C' àite an db' fhag sibh mo mhac fein,
   Lamh nam bèud am Biugal-briagha?'

FREAGRADH.

17 'S mise mharbh Lamh nam bèud,
    Do mhac fein am Bingal-briagh;
    Se labhair è Diarmaid-o-duinne,
    'S nior robh math agaibh da chionn,
    Ge d' tha mi 'm builsgein fir Lochluin.

18 Beirbh air an fhear bheag ud 's ceanghlaibh è,
    Arsa Righ Lochluin

19 C' àite bheil na briathra mòra a Mhànuis? Arsa Fionn.

20 Tharruing sinn an sin ar seachd ceud fichead sgian,
    Agus aig meud ar gaisge bhu mhoid ar gniomh;
    Mhairbhte leinn truir mu 'n d' rainig sinn an dorus,

21 Bhriste leinn dorsun an tuir,
    Agus mhairbhte leinn an dorsair,
    Ach phill sin gu dùr a steach
    Is thog sinn ulaidh na Cathrach.

22 'S bha sinn a mach air an fhaiche,
    Mar droing aigneach uallaich;
    Agus riamh bho sin a mach,
    Tha cis againn a fearaibh Lochluin.

O. 38. CARRACHD RIGH LOCHLAIN AIR FIONN.
92 lines.

Dr. Irvine's MS., page 158. Copied by Malcolm Macphail. Edinburgh, April 2, 1872.

The poem which follows, in the beginning, resembles the beginning of 'Roc,' see page 103, but the rest is different. It is called 'Carrachd Righ Lochlain air Fionn.' (Collector's note.)

1 Tur a chuir righ Lochlain fios gu Fionn,
   San aig tigh chrom ghleann nan clach;
   Thainig oirnne an tathach ioghna,
   Dh' fholuich cuig meoir a throidhe
   Trian do urlar ar righ thigh.

2 Bha aon chos fo 'n nach robb cli,
   Aon suil air clar a chinn mhoir;
   Bha aon lamh iarnuidh as uchd,
   Bu duibhe i na gualach Gothainn.

3 Thog Conan an dorn g' an tiorca,
   Gu athach mor na h-aon suil a bhuala;
   Stad a Chonain 's fan a' d' cheill,
   'Se labhair e Fionn fein.

4 Bu mhor an taobhar reachd leam,
   Thu bhuala teachdire righ a' m' theachsa;

5 Nach e 'n duigh an ceud latha,
   Thain' thu gum theach athaich ioghna;
   Fhir is guirme suil gun tlachd,
   Innis dhomhsa taire 's t-iompaidh.

6 Thainig mise o Lochlan laghach (al. learach)
   'Son chuideachd ghorm shleaghach;
   Thug mi sinteag nach robb mall,
   Thainig mi o chriochaibh Lochlain.

7 Chuir nighean righ Lochlain bhla bhuig,
   Chuir i fios gu Fionn gun toirbeart;
   Chuir i fios dh' ionnsuidh 'n Triath,
   Dol ga h-iarraidh thar Loch druim cliar.

8 'Se bhi seachdan o maireach,
   Aig Cathair na Beirbh an Lochlain;
   Bha sid againn seachd ceud fichead earra shroil
   An tigh Mhic Cuthail, Mhic Treunmhoir.

9 Bha da shleagh, is lann is luireach,
   Air gach laoch iorsach ard ghlunmhor;
   Bha inneal gasda air gach fear,
   Agus Fraoch leth air gach laoch lar.

10 Bha ulach air gach fear g' an droing,
    Do luchd nan urcharan innealta.

11   Is Dh' fhalbh sinn.
    Air sgiathaibh gaoithe a' siubhal cuan,
    Dh' fhalbh sinn gu h-ualach ard;
    Mar coinneamh chunnaic sinn mar stuagh
    Cathair na Beirbh an cois na traigh.

12 Thachair righ Lochlain oirnn a muigh,
    'S chuir e failte chridheal oirnn;
    Thug e cuire dhuinn a steach,
    'S ged a thug cha 'n ann chum aigh.

13 Ghabhadh uainn ar cuid arm,
    'S thaisgeadh iad an carn a muigh;
    Thuga dhuinn fhein an Iuchar ghatha,
    Cha smuain gleithe bh' air ar n-uigh.

14 Chaidh sinn steach do thigh 'n righ mhoir,
    Dhuinte oirnn dorsan an tuir;
    Shuidh fear a dhaoine righ Lochlain air guallain a h-uile fear againn: fear a frithealadh do na h-uile truir. Iadsan fon lan armaibh, gun againn ach ar sgenan foluich.
    An righ na shuidhe os ar ceann gar n-earail;
    nuair bha gach cuirm an deigh dol thairis.
    Se dh' iarr an righ fios co mharbh mo mhacsa,
    Ceothach nam buadh.

15 'S mise mharbh do mhac Ceothach nam buadh,
    'Se labhair Goll nan arm Ruagh Cha 'n aicheadh.
    Air an traigh ud siar ma dheas,
    Am Feinne ann do lot a chneas.

16 Co mharbh mo Mhac Gormshuil nan cath?

17 'S mise a mharbh do Mhac Gormshuil nan cath,
    'Se labhair an t-Oscar armach.
    Cha 'n aicheadh mi bas an fhir.
    O na thuit e leam san Tiorghuil.

18 C'ait an d' fhag sibh mo mhac fein,
    Lamh nam beud am beag a bhriathra[1]

19 'S mise mharbh lamh nam beud,
    Do mhac fein am Beuga Briagha.
    'Se labhair Diarmad o Duighne,
    'S nior robh math agaibh ga cheann, (chionn)

20 Ged thu mi builagean fir Lochlain,

21 Beiribh air an fhear bhragaid,

22 Ceanglaibh e ars righ Lochlain,

23 C'ait a bheil na briathra mora Mhanuis?

24 Dh' fhagas far an d' fhuaras.

25 Tharruing sinn seachd ceud fichead sgian,
    Aig meud ar gaisge bu mhor gniomh,
    Mharbhta leinn truir m' an fhear.
    Seall mu 'n d' rainig sinn an dorus.

26 Bhrisear leinn dorsan an tuir;
    Mharbthe leinn an dorsar dur,
    Ach phill sinn lann gu dur a steach,
    'S thog sinn ulamh na Carachd.

27 Bha sinn a mach air an fhaiche,
    Eutrom aigeanach uallach,
    Agus riamh o sin a mach,
    Bha cios agalnn air fearaibh Lochlain.

This evidently differs from the other, though the character of the messengers answers the Champion of Cormac —from the MS. of Mr. Mac Iver foresaid. (Collector's note.)

P. 10. TURUS FHINN DO LOCHLUNN.

Staffa's Collection, page 65. 64 lines. Advocates' Library, February 23, 1872. Copied by Malcolm Macphail.

1 Innis thus dhuinn a Phadruig,
   O 'n a 's tu a 's fearr meadhair,
   Greis air Scialachd Fiannibh Fhinn,
   La àrid a bha sinn an Cromaghleann.

2 La dhuinn an Cromaghleann nan clach,
   Thanig oirn an t-athach angabhi;
   Thuirt e le gloir bhuig nach tìom,
   Nach càithte leinn cuid an Cromaghleann.

3 'N sin labhair Fionn le guth mor,
   Uist a Chonain 's coisg do dhorn,
   'S mor an t-abhar reachda leinn
   U bhualidh Teachdaire Riogh Lochlunn

[1] Breuga Briagha.

4 Ach fhioir as buirbe suil gun tlachd,
  Sloinnsa dhuinn t-ar agus t-iomachd.

5 Thanig mis o Lochlunn Leathunn
  O'n chuideachd chuirm fhleaghich,
  Thug mi treun cheim gun bhi mall
  Ann an cein o chriochibh Lochlunn,

6 Thug nighin Riogh Lochlunn nam bla buig,
  Dhuit fein Fhinn a gaol gun dearmad
  'Us dh' iarr i ortsa Mhic Cubhaill,
  A tabhairt o luchd a troma chleigh.

7 Cairibh air cotana sroil,
  Air ar corpibh seanga sithar
  Air Luirichin 'us math maise,
  Scabbuill òir fui fhillidh gasta.

8 Sciath bhreac nan eangach dar dion
  Trogamid a ghaoil gun Iomaghuin,
  Sciath bhil oir 'us Lann 'us Luireach
  Air gach Gill-Oglaoch Ard ghluinich,

9 Inneal comhann air gach fear,
  Fraoch Siubhail air gach Gille,
  Ulà' ach air gach aon do 'n dream,
  Do luchd nan uarachairin Innealt,

10 Thog sinn ri drummachull a chuain,
   A Bhuidhinn 's cha b' fhurast air diongabhail
   Cath-eagar do dh' Fhiannibh Fhinn,
   Gun smaointin eagal na Ionaghuin.

11 Latha dhuinn sa mheirbh ag òl,
   Pobull Fhinn 'us Riogh air tonail
   Ag òl sa 'g iomairt air leinn,
   Sinn fein 'us sluaghan Riogh Lochlunn.

12 Sin labhair Riogh Lochlunn fein,
   An dug sibh leibh Lamh nam beud,
   Na Cìthùch mo mhachd eila,
   Na Gomunn na Miogthsul briatha.

13 Us mise mharbh lamh nam beud,
   Ars Osgar 's ni b' iomadh breug
   Gun tainc do dhuine ga chionn,
   Na na bheil do fhine 'n Lochlunn,

14 'S mis a mharbh Gomunn do mhac,
   Arsa Raoini but gheal glachd,
   Air Traigh a chliabhain fui' thuath
   Siar o rudba na morchuan,

15 'S mis a mharbh Ciùth' ich do mhac eila
   Arsa Diarmuid Donn o Duibhne ;
   'Us gabham re mar bhadh an fhiòir,
   O 'n sann leam a thuit 'n Iorgbuill,

16 Ghabh sinn air an fhaich' a mach,
   Nar dream aiginnich ualich,
   Scolt sinn roimh Dhorsibh an Tùir ;
   Agus thuair sinn buaidh air na Loch-lunnich.

17 Agus phill sinn air ar 'n ais a chum air 'u aite
   fein a ris.

Q. 2. AIREAMH FIR DHUBHAIN.
Stewart's Book, Vol. II. p. 547.

As this book is by no means rare, I print this from a modern Irish MS., bought in Dublin. The figures are the same, but the words differ. As this is a numerical puzzle, the arrangement of the men who represent the numbers must always be the same. The Scotch and Irish words by which the numbers are remembered differ, but not materially. The problem is so to arrange two rival parties of 15, as to make every ninth man a foe and slay him. The game is very commonly played with black and white pebbles, ranged in a circle in alternate lots :

4. 5. 2. 1. 3. 1. 1. 2. 2. 3. 1. 2. 2. 1.

Beginning to count at 4, white for Fionn and his men, the 9th is the last of the first black lot of 5. The 18th is in a black lot of 2, and so all the 'black strangers' are cast out as nines, and slain by the craft of Fionn according to the tale. This arithmetical legend seems to fit where cunning was pitted against cunning.

GOID FHINN AGUS DHUBHAIN.

4 Ceathrar fionn fiadha ar thùs
  Fa merbhar liom aniomthus
5 Cuigear dubha na n dail
  de lucht derbh chogar dhubhain
2 dias o Fhinn borb g bheath
1 Fear o dhubhain teibhartach cath
3 Triur o mhac cubhuill fheill
1 As fear o dhubhain dhreich reidh
1 Suighios Fionn san mbrogh bhan
2 Gha dhias dhubhe ar a laimh deis
2 Ia dias eile do mhuntar fhinn allmhuine
3 Truir o dhubhan mo chion
1 Fer fiadhaigh na n aghaidh sinn
2 dha fhear ou lioch nar lag lamh
2 dias o Fhinn
1 as fear o dhu ban
─
30

Copied December 29, 1871, from a modern Irish MS. bought in Dublin from O'Daly. See Stewart, p. 547, Vol. II., where the figures are the same, but the words differ.

AN BRUIGHEAN CAORTHUIN. 1603.

THIS Fenian tale seems to be a copy made by a Scotch scribe, who used Irish characters and orthography. The story is common in Irish MSS. of late date. This is an old copy, and the language looks still older. I give it as a sample of language, in hopes that some one will print the entire manuscript. The following note is by the gentleman who copied the fragment :—

Copied June, 1872, by Donald Mac Pherson, Advocates' Library, from a transcript made into current hand by the Rev. Donald Mac Intosh, 1804, from the Dunstaffnage MS., written by Ewen Mac Phaill, dated, October 22, 1603.

Among the Gaelic MSS. in the Library there is also a transcript of 'Bruighean Caorthuin' made into current hand in 1812 by Ewen Maclachlan, Old Aberdeen, from another MS. now in the Library (see Appendix to Ossian, Vol. III. p. 566, ed. 1807). This MS. has no date, but the name 'Magnus Mac Muirich' appears on its first remaining leaf. It consists of five Tales in prose, interspersed with pieces of poetry that relate to the subject, a Vocabulary of obsolete words, and a short historical Poem on the Kings of Ireland.[1]

On the page cited, MS. 2 is said to consist of 193 pages. The writing is ascribed to about 1600. The poetry is said to be very beautiful, and some of it is ascribed to Cuchulin. Probably this belonged to Clanrannald's Bards, who were commonly educated in Ireland.—J. F. C.

The original is written, in Irish character, on paper, quarto, in a clear hand ; but the ink is faded, and the MS. much damaged. This story seems to be a copy from some older writing. It is still current orally preserved See 'Popular Tales,' vol. ii. Y. p. 168. See also 'Fionn le Feachd na Féinne air cùl Bheinn Eidin a' sealg,' orally collected, 1871, by Donald Mac Pherson.—June 20, 1872.

THE STORY OF THE ROWAN TREE DWELLING.
A FRAGMENT.

RI UASAL oireadh ro gabhusa flaitheas & saor lamhas ar na clithre treabhaidh Lochloinnach ar feachd naill i colgean cruaidh armach mac Do ain & do co onn (c)aon & ard oireachdus laisan righ slos ar saithd na beirbh loch luin bannaigh & rangadur an ceither treabha Lochlanach na chomhdhail la air IS ann sin do labhuir righ Lochlain do ghuth ard mor follus ghlan innain naonnadh & a feadh adubhuirt Lochluin ar se anaithidh dibh lochd no ainimh mar rigare mar tigheana orumsa a dubhuirt cach uile daitheas aon fhear nar barcuidh a dubhuirt an righni mar sin daisa fein ar se is aith nid damh locht ro mhor oruim o sfheain (shean) creud-he an locht sin

[The ten following lines in the MS. are illegible.
. Top of page 2.]

agus forglun na Lochannach is do chaidhe d . d. ar magh duireadnab fomharach & is an do thuirtabhain ce iodhon. Ceaithlann chaladh craos fhiaclach & is ann ata a feart an dun Ceaithlann don taoph at uaidh do mhagh Duir. Is ann sin do duirt Niamhadh cruth taoluis inghean Neidh gConair slaghuibh & gcona cloinn & is ann ata dfeart don taoibh tshiar do sin & do tuit ann sin clanna Uaneid & is ann ata abfeart ag clar Luighne & agcarn Uineid amarl' Eareann do cheannladh bal' Luigh uidh Lamh fhada IS ann sin a dubhuirt ri L. l. iseadh is ailliomsa ar se dul an Eairinn dfhaighuil cioss mo sinnsr o

---
[1] Maclachlan's Analysis, p. 20.

Eaireann & dfaghuibh braghad gill re comhall damh a dubhradur maithe Lochlann gar maith leo fein an turus sin re deanamh & gar miste leo a fad condearn e & a dubhuirt ri Lochlann gaism¹ sluaigh do chuir ar an L. l. uile & do chruinnidar chuige U. ruagh chatha ro mhor ar faithce na Beirbe Lochlann aid & do dainighnidar a longa & aluath bharca & do chuaidar ionnta go lid mheach lhgaireach & thugadar leimh sanntach isin a bfairge go fior neartmar & nir bfeuchadar dolc no dan fⁿ lann da furadar no gar gabhadar chuan ad taisc eart Ulladh & tangadar athair co tinneanus nach & do gabhar ag arguin na crìche co coim diochra & is e pa ri air Eirinn an tan sin iodhon Corbmuc mac Art mhic Cuinn ceud chathach & rainic fios na trom daimhe sin go Teamhrindhe mur roibhe Conn ceud chathach & do chuir Corbmuc deachda gu Healmuin Laighean mar roibhe Fionn mac Cuphuill da radha ris an trom daimh dho iongabhail sin diochra deareanachaibh iarna cluin strin sin dFionn do chuir trional ar & cathuip na Féinne tangadar go hobann athlamh da ionnsuige isin mbaile & tigid ag coinne na nallmarach ina drongadh disgire dasachtach & mor aguiradar don ruadh'ar no go rangadar ag comhdhailne Lochlan: & ar taicsin a ceile doiph tugadar ionnsuighe neamhais³ naimh deamhuil fair a cheile & do tuitadar socheidh iondeat ara airg leith don tuireann treun neartmhar sin. IS ann sin do fhearguidheadar an Fian do an datha go Poirt & ll ferdam laidir dala Ghuill Morna ar bfaicinn na Feinne ambaoghal ag na Hallmarachuibh do ionnsuighe mara bfaicuid Meairghe righ Lochlann & do nochd a lann liomhtha leathan leadarach & ro gabhadar urluighe adh garbha amiarmartaca di ar na Lochlandachuibh & diaigh sin tarla he fen & ri Lochlann da cheile Eac do rondadar comhrac disgir dachdac do eudrain re cheile & do tuid ri Lochlainn abfoir ceann an comhruic sin do beamannuibh ghlac laidir Ghuil mhic Morna & do bhriseadh air na Lochlanaich o do tind atdriath & a tighearna & do chuaidh ar tri mhic ri Lochan do chathadh ag an catha o do dhuit anatar & do mhsrbh dios diobh & ainic Fionn an tres mac diobh, iodhon, Nioch mac colgan & do churadh ar na Lochlanaich ar dtuidim an triar treun fhear sin uadha & ni deacha eal' chach beatha as diobh gan mharbha & do ghabh Fionn Midch & do bean alan fuaslagadhas & do goireadh ri Lochlan do mhidhach ar sin a dubhuirt Mioch re Fionn do tugais manam damh a lathair cath & gar tuilleas bas dfaghuil ni bfuicfeam thu gu brath & do bheura cios na Lochlannach chugam an Eirinn & caidhfeud maille friotsa he & anfad agad go brath imthusa miodhindh do an se a bfochuir Finn & drong mor da mhuinntir maiileadh fris seal fad do miodach acgcoimhidis & a dubhuirt Conan mac Morna re Fionn is mor an gusaschd duit a find ri Lochlan do beadh ad gcoimhidachd go gnath ar marbhadh a athar accath dhuit do radh Oisin mac Fhinn is fior do Chonan sid ar se & o nach aill le ri Lochlann sgaradh friotsa tabhuir fearan do deanam tigaduis & na biodh s'e ad coimhidachd ni siad no do bise. In ann sin do goir Mio mac Colgain cuga & dubhuirt Fionn frios toigis do deanamh & do dtiubhradh se feain a rogha do da triucha cheaudh d fhearaim an Eirinn do & rugh Miodh do roghainn & triuch .c. aon tuaith taoibh tuaith dhi & aseadar far gabh se an fearonn sin, iodhon, Fairsinge an chuain do bhi eaidar an da tir sin & nach biodh coimheud do gña fair adhbhar eile far gabh se an fearann sin anochus go bfeudfan se Lochlannaidh & Greugaidh do tabhairt lais ar an chuan sin an trath do geubha se baoghal faille re deanamh air na Fianasibh & do haindead³ an fonn sin le Miodach mac Colgain & do liondoice trom conach aige ceithre bliadna do ar anordanadh⁴ sin aon do lo da dtàing Fionn & Fian Eirin do tseilg & dfiadhach fa triucha chcaoin⁵ ri & fa chriochaibh bfear more ris a raitar Hi Connal Gabhra a Mugh & do suigh Fionn na dumha tseulga ar tulach n fairg sgana fris aratar fearoinn ua ag Conniul anuid & drong dfianaibh Eacpionn ma raon fris an'

Nior cian doibh annsin go bfhocadar aon og laoch da nionnsuighe & he mor mileanta ag teachd do lathair chuga & trealamh comh daingean catha uime, iodhon, cotun suaithnidh sroil & ceannbheairt corr chlochimh buadhach uima cheann & sgiath dond dath aluinn re na ghualuin chli & da shleagh tahith fhoda na laimh dheas & tainic do laithar do bheannuidh d Fhionn & d Fhianuibh Eairinn & do fiarfuidh Fionn sgeala dhe do raidhsean fear dana me ar se tainic re dan cugadsa IS iongnadh an cul⁶ fir chatha & fir comhruicgiodh at sin mar sin.

IS fear dana mise ar se tanag re dan chugadsa tri hion⁷ dana do diol so ar Fionn & tarsa liomsa go bruighuin eaigin do bhruighnibh Eairinn & do geabhar do diol ann uimse a dubhuirt an toglaoch gabhuim mar diol uaidh ar son mo dhana a ciall do thuicain damh & cuirim fo geasuibh tu fon attuicsin damh gabh dan ar Fionn in loisge teine uair ge creach.

Ad connuirc teach isin tir, as nach tabhair geill do ri maith sean leur gabhadh eon righ teach tuigim sin ar Fionn is e sin brogh na boinne iodhon, teach Aonghus oig mhic an Dagha or ni feudar a losgadh na creacha is e sin tuigsin an roinn sin ar an fear danadh. Ad connuirc fear sha leith tuaith nach beiras a lan do buaidh ni fear leis amh na bruith. No comhin agarbh cluith. Tuicim sin ar Fionn is e sin cloidheamh Aonghasa oig ad connarcas & ni fearr lais amh na bruithe ag eairaadh cnamh & corp do laimh eachdaidh Aonghas ciodh mall a ceaimtar gach tuaith is luaithe.

Ad connarc beannsa leith theas agas clann treu na cneas, iodhon. Noach luath & asiad achlann do connarcus, Treana-Tuigim an bean sin, ad connarcus, iodhon, an boinn do leaith teas cneas, iodhon, Bric mall chorcra & a bhradain eaochair breagauir ciodh mall nan sruth sin is luaithe he Eaoch luath oir siubhluidh se an domhain re bliadhuin & no dhiongann each do luas an siubhal sin isi sin tuigsin an rainn sin air an fear dana abhuir tuilleadh dod dhan damh air Fiond dconnuirc ceathearnadh go mbuaidh fan neirgidis iomad sluaigh Eaochuir og is Eaochuir tslat ciod fa frith ad connuirc Tuil' eaile tuigion sin ar Fionn is cara daonghus og tusa & ni cara damhsa & is i slighe do gabh se leathtreana luthgort fein & ad conuaircus beith beaga os bar dos & deagh bile ag tional ag cnuasaigh & is iad sin an ceatharn ad connaircus is fior sin ar an fear dana ishi sin tuig sin an dana ud do rinne asaduitse cia thusa fein a dubhart Conan mac Morna ane nach aitheaochnur⁸ tusa he ni aithnim ar Fionn do aitheanta mise & Osgar & Oisin creud noch aithion uinn si mo mhuinntir fein & ni aithnim an fear ud ar Fionn is dod mhuinntir fein sud ar Conan & ni caruid dhuit e & do budh cona de noach a namhuid daithne no charuid oir isse do dheanad olc dho & is e sud Miodhach Mac Colgan & is leatas do chuid athuir & a dis dearbh brathair ag cath buidhe Beirbhe & do beanus alan fuasgladh as fein & ata se riceidar mbliadhnaibh deug ag oglaochas agad & ni tugse biadh no deocha duit fris an re sin. A dubhairt Mioch Mac Colgan ni mise as ciontach fris sin a Conain ar se uair us roibhe me aon mi rsin nach beith fleath agam fan chomhair. & us thaonic se da caitheamh & us mo tugas cuireadh do & atan fleadh agam dho anochd tigeadhse da chaitheamh & ata bruidhean air tuinn ata an fleadh & annsa mbruighuin ata air tir do bheirthar da caitheamh iodhon cuirimse Fionn fo geasaidibh uatha as haith le sin & a dubhuirt Fionn re h-Oisin ansa ann so & drong dFiann Eireann maille friot & na leig dionnsuighe bruighne anoilein iad & cuirfead fios sgeula cugadsa cionas a bfias an druidhean:

IS iad so an cugar do a fan abfochair Oisin isin duha tsealg. iodhon. Diarmuid O Duibhne & Cailti mac Ronain & Fiacha Mac Finn & Fath Canantar mac mhic Con & Ainn'si mac Suibne tsealga & siad so do cuaidh le Fionn gus an mbruighin iodhon. Goll mac Morna & Conan Mac Morna & Mac Lughach luimneach laiceachdach & Sgiath bhreac bhreac mac Dathchain & Glas mac don a cearta bearta & da mhac Aodh bhig mhic Fhinn & Daolgus & Conan mac an Leith Luachra & Gallan mac an Luachra & da ri Fheinnidh Chonnachd iodhon. Coir cosluath ceud guinach & ceid chinnidh mac Conall Cruacha & da ri Fhianuidh Fhian Laighean. iodhon. Flaitheas bfear Leith broighe & Doncha mac Breasuil & do chuaidh dfiachuin le Fionn & do chuaidh Conan rompa steach ansin mbruighin & ni fhair aon nduine innte & fusir se ag comh maith do Bruighnibh riamh & euduighe sioda so masacha & bruit aille ioldathach or snaithacha ar leath ugadh⁹ ar urlar na bruighne & gach re clarinnte. iodhon. clar gle gheal & clar dubh & clar gorm & clar uaine & clar dearg & gach ar doman ar cheann do mol Conan go mor suighugha na Bruighne & do chuaidh asteach innte an tan sin & do shuidhadar ar na bratuibh sioda fuaradar argcionn insin mbruighin & nior baill leo aneuduighe fein beith eatsara & euduidhna Bruighne & do bhi baladh sar mhaiseach ag teachd do tinnadh ionnus gur fasadh & gar meuduughadh meanman aigionta an baladh sin Dubhuirt Fionn ann sin IS iongna liom ar se fad go faghtar ni eigin do biadhadh na Bruighne si chuguin dubhuirt Goll mac Morna ata ni is iongantuigh leam pein ina sin. iodhon. an tine roibhe boladh suaghuinadh so maiseach ag teachd ann so duinn gar breine hi anois na camra an domhain & is si is mo deathach do deintibh an domhuin uile a dubhuirt Glas mac Aoin Chearta beurrta ata ni is ionganthadh leam fein ina sin. iodhon. an Bruigh-

---

¹ gairm, *gloss.* in MS. ² neo-thais, *gloss.*
³ Ainmichead, *gloss.* ⁴ anochdadh, *gloss.*
⁵ chrioh caoin, *gloss.* ⁶ culaidh, *gloss.*
⁷ hionna, *gloss.*

⁸ aithnich, *gloss.* ⁹ ugona, *gloss.*

ean a roibhe gach re ndatha deurasamh-lachd gach uile datha gan aon clar anois innte ach iarna dluth daingniughadh ar e cheile re slataibh cruaidhe caorthuin & re cula `tuath & farchadh da mbualadh eire cheile a Dubhuirt Faolan mac Aodh bhig Finn ata ni is ionganthadhe leam spein ina sin. iodhon. an Bruighean ar a raibhadar seachd n doirsi ag teachd ann so dhuinn nach bfuil anois orrtha ach en doras & a dubhuirt Conan mac Morna ata ni is ionganthuidhe leam spein inasin. iodhon. euduighe sioda & na bruit aille en samhla do bhi fuinn[10] ag suighe ann so duinn nach bfuil en snaith fuinn anois diobh & daïr leam gar bi hi cre na talmuin reurgcreathadh anois & gar fuaire i no sneachdadh fhuar en oidhche IS ann sin a dubhuirt Fionn is geis damhsa abeadh am bruighin aon an doruis ar se & is eaguil leam garab bruighean a Fhaill a bhruighean sa a bfuil muidh & gearradh druim ar taoibh i di deanamh mar sin air Conan & tug lamh laochadh tapadh ar armuih & mor feud en cor do chor de IS ann sin a dubhuirt Goll mac morna a Fhinn cuir hortog fad geud fise & foilladhsi duinn creud he an corsa oruinn is deacuir leamsa sin ar Fionn ciodh deacair is eigin damh a deanamh.

Cuirus Fionn ordog fan geud & do foillseadh. iodhon. fios & fior eolus do IS annain a do leig Fionn osna mhor as & a gabhaim ar son mor saoghuil a bfuaras go nuigid so uair ata ri Lochlann re ceithre bliadhni deug ag dealbh na faille chugain & a nois do fuaire se arach ar deanamh agus tug se tre[11] fhear do Ghreugachuibh lais dangoirtar righ an domhuin mhoir & ata se righe deug na fairadh & seachd catha tional gach righ diobh & ata tri righe Innse-Tile orrtha sin. iodhon. tri draoidhe duaibhseacha diabhladhe & tren fhear talcara treun chalma iad sin. iodhon. Nemh & Agha & acuis anamana & is iad do chuir an uirse fuinn da bfuilmuid ceanguilte & ataid am bruighin anoilein & is gearr gottigid gcuirne cumbhais & ni feudmuid ne an bruigheansa dfagbhail no go gcomuiltar fuil na tri righesi do cuir anuirsi fuinn duinn & ba truagh laisan bfein an sgeul sin & do ronnfad caoineadh-adhbal mhor ag cluinsin.

A dubuirt Fionn na deanaidsi sin ach gabha meud meanmuin chugaidh re huchd euga oir ni roibhe do saoghal aguinn ach abfuaram & sinnadh an dord fiansa dhuinn mar oirfidhadh duinn rea mbas & do rinnadar amhla sin. IS ann sin a dubhuirt Oisin mac Fhinn do gheal Fionn fios do chuir chugam da ttaitnadh an teannadh andeachuidh fris & agus cia do rachadh d fhios sgeul cugamsa achadsa ar Fiacha mac Fhinn uair is mi duine oige annso rachadsa leat ar Innsi mac Suibhne taealge agus do gluaisadar rompa chum na bruighne & do chualadar an Dord Fian ag seinnimh go ceolmur & a dubhuirt Innsi mac Seaga Suibhne Is olc ata ar ac an droing do ni `an ceol sa ar se uair is re linn do broin is gnath re Fian. uibh eirionn an ceolsa do dheanamh do chuala Fionn comhradh na deise deagh laoch sin & a dubhuirt Fionn ane guth Fiacha mhic Fhinn so ar se-is e go dearbh ar Fiachadh ma se na leig ni is neasa na sin duine e uair atamuid ceanguilt don talamh & duir Innse Tile & do fiarfuidh Fionn deasaich ua do bhi ina foireadh ata do dalta. iodhon. Ainnsi mac S. S. teaidhleas & na leig an gar cath rachna nallbharach e a dubhuirt ainnsi mac S. S. a Fhinn ar se do bolc an luach oileamna damhsa teideadh romhadsa an tan is cruaidh duit & tu an guasachd bais a dubhuirt Fionn o nach ail leatsa deitheadh ar se cuiridh fen & Fiacha ar an athsa ar agath na bruighne & coanaidh he no go beura drong eaigin dFiannuidh Eairionn oruibh do rinneadh ar amhladh sin IS annsin a dubhuirt Fiacha a mhic S. ar se comeadai an tathsa, &c.

[10] Foghain, *gloss*.   [11] Treun, *gloss*.

B. 4. BRUIGHIN CHEISE CORUIN.[1]

Twelve stanzas (by Fergus) forming part of the above tale, copied July, 1872, by Donald Mac Pherson, Advocates' Library, from Rev. Donald Mac Intosh's Transcript of Ewen Mac Lean's MS., page 157; and fol. 105, or page 20 of Book II. of MS., finished December 9, 1690.

This was written at Ardchonail, in Argyllshire, in the Irish character. See Account of Texts quoted. —J. F. C.

1 BUADHACH sin a Ghuill go mbuaidh
   Is prap ro fhoros na sluaigh
   Do bheithmis uile gun chinn
   Muna tliocfas chugin

2 Giodh mor anuar ro fhoirus riamh
   Oruinne a Ghuill na nardghliaidh
   Do bu mo in cas oirne an uar
   Ar mbeith ceanguilte anenuaimh

[1] See Lists of Authoritie, No. 46.

3 Camog agus Cuillin chiar
   Is leo do cheangladh an Fhian
   Occus Iarnach fa garbh gleic
   Do cheangal sin tre croibhneart

4 Nuar do bbail leo ar ceinn
   Dho buan dinn gan eislinn
   Do chuaidar na triar amach
   Is dfag siad amhsion go bronach

5 Nior cian doibh sin ar an leirg
   Na tri deamhnadh fa claon cerd
   Go facadar ag teachd na gar
   Goll mor is e na aonar

6 Tiagaid na tri mnai mora
   Accomhdhail an an churaidh chrodha
   Occus comhracus riu tre rath
   An dorus beoil na huamhadh

7 Nior ghnath leis cothrom a diarraidh
   Goll mor anaignadh fhiallaidh
   Comhruccus riu go teann
   Dar mharbh Camog is Cuillin

8 Daon bhuile don loin luim
   Aghearus iad araon fa ndruim
   Gur thorcuir Camog an bas
   Is Cuillin gar cruaidh an cas

9 Iadhas Iarnach leadh da druim
   Gion calma an curaidh comhlan
   Iompus Iollain ri go ceart
   Occus ceanglus i tre croibhneart

10 Nochdas Iollain an lann
   Is di do bbeanfadh an ceann
   No gur gheall si an Fhian uile
   Aisde o og go seann duine

11 Sgaoilus Iollain di iar sin
   Tigid araon don bhruighin
   Agus sgaoileas dinn uile
   Edur ri agus ro dhuine

12 Aon gair bheannochd uaine uile
   O oglach go sean duine
   Do Gholl ar mbreith amach
   Don bhuine bhrioghmur bhuadhach.
                          Buadhach.

C. BRUIDHEAN CHEISE COREUNN.

I copy the following from fragments tied with 'Pope's' papers, but not in his hand. July 3, 1872.—D. M.

AIR bhi don fhein ceangailt ambruidhean Cheise Coreunn trid draodheachd le inghin Chontrain mhic aimideil agus air feachain do Fheargus air Goll a teachd dam fuasgladh a dubhairt e an Laoidh.

1 BUADHACH sinne gus an diudh
   Is bras ro eudheas an sluadh
   Bha sinn uile gun chinn
   Mun an tigeadh tusa thugainn

2 Ga mor gach uair dh' fhoir thu riamh
   Oirnn a Ghuill nan ard ghliadh
   Bu mho an cas oirnn an uair
   Bha sinn ceangailt an aon uaimh

3 Caomag agus Cuilionn chiar
   'S ann leo do cheangladh an Fhiann
   Agus Iornach le garbh gheas
   Do chuibhrich sinne tre chroneart

4 An uair do baill leo air cinn
   Do bhuin dinn gun eislan
   Dochaidh an triuir amach
   Is dh' fhag iad an fhiann gu bronach, &c.

S. 9. IOMACHD NAODHNAR
(*i. e.* THE ENTERPRISE OF NINE).

52 lines.

Copied by Donald Mac Pherson, Advocates' Library, June 14, 1872.

This and the following version illustrate changes in oral recitations. The ballad is rare.

ARGUMENT.

FINGAL with only eight of his train, resting themselves on the heath after the fatigue of the chase, are attacked by the King of Lochlin and his Troops. The Lochlins are slain and the nine Fingalians survive the battle.

1. Och a shithean sin 's a thulaich
   Air am bheil mi 'n diugh lan boichdcas
   Bha mi uair 's a b' ionga leam
   Bhi nam aonar orta'

2. Mis is m' aithair is mac Luthach
   'N triuir sin dom chubhi 'n t' sealg
   Nuair a nochda sinn nar n arma
   Gur e thuiteadh lium Fiadha dearg

3. Oscar is Goll is Caoilte
   Faoghlan is Carril is Diarmad
   'S air m' ullain fein a Phadric
   Gun cuireadh sinn far air fiadhach

4. Le air naodh coin 's le air naodh goodbir
   'S le ar naodh sleaghana mora'
   Is le ar naodh claidheamhana glas
   Bu ghathasd an toisich comhrag

5. Leig sinn anna sin ar naodh gadhair
   Thug sinn faoch ar feadh nam beannta
   'S gan mharbhadh leinn aghana donna
   Agus Doimh throma nan gleannta'

6. Air bhi dhuinn bhi sgi airan tulach
   Thanig thugainn olach gabhodh
   Dhomich ri Fionn gu h' umhaill
   'N tus' Mac Cumhail aghmhi

7. 'S e sin mise Fionn nam buadhan
   Cia be thusa do shlnagh an domhain
   'S mas ann thugain tha ar 'n iorghil
   Tha sinn naodhnar ma ar comhair

8. 'S tana leam sin re 'n ar n' aodan
   'S a liuthad laoch treuna sleagh
   Thanig a mach o' Ri Lochlin
   Thogail creachan is cis dhibh

9. Air laimh t' athar 's do dha sheanair
   'S air laimh do leannan shuarich
   Da mhead 's tha sibh dhaoine ann
   Rheir a naodhnar 's dhuibh bualadh

10. Dhimich an teachdair gu siubhlach
    'S shuidhich iad iul mu ar combair
    Mharbh gach fear again diubh deichear
    Sud mar reicadh sinn nar gnothach

11. Ach thug sinn sin an ruathar dàn
    Bu lionmhor ann far a sluaigh
    Bu lionmhor ann gaineadh sleagh'
    Bu lionmhor ann fleasgach a snuaghadh

12. Bu lionmhor ann cloigin gan sgoltadh
    Bu lionmhor ann coluin ga maoladh
    Bu lionmhor ann fear criosa geal
    A freasadh fol air na fraochadh

13. Ach 'n tim dhuinn sgur do chur a chath
    'S na mathibh uile dhiochairt
    Shuidh sinn sin 's cha bu dochridh
    Fear is ochdar air an t'-shithean.

X. 2. DUAN NAN NAONAR.

Copied by Malcolm Macphail (56 lines), from materials furnished by the Rev. Dr. Mac Lauchlan, Edinburgh, orally collected in Caithness. Edinburgh, February 8, 1872.

This fragment belongs to the Norse Wars, and seems to fit in here.

1. Shithean sin is thulach ard,
   Air a bheil mi 'n diu làn goirteas,
   Bha mi uair is b' ioghnadh leam,
   Gu 'm bithinn m' aonar ortsa,

2. Mi-fhein is m' atb'r 's mac an Lobhar,
   A'n triuir do 'm b' chubhaidh an t-sealg ;
   'S nuair a rachadh sinn air ghleus,
   Se dh' eireadh dhuinn feidhean dhearg.

3. Oscar is Goll agus Caoilte,
   Faolan is Coireal is Diarmaid ;
   Och air m' olluinn fhein Phadruig,
   Dheanamh sinn fàth air fiadhach.

4. Le naoi coin 'a le naoi gaodhair,
   'S le naoi sleaghan geur gabhaidh ;
   'S le naoi claidheamhan geur glas
   Bu ghasd iad an tùs combraig.

5. Leag sin na coin is na gaodhair,
   Bha faoghaid feadh nam beanntibh ;
   Se mharbhte leo aghan donn,
   Is daimh thromh nan gleanntibh.

6. Air bhith dhuinn bhi sgith do 'n t-shocair
   Chunnaic sinn tighinn eolasch gabhaidh ;
   Dh' fheoraich e dhuinn gu h-umhaill,
   An tusa mac Chumhail aghmhor ?

7. 'Se sin mise Fionn nam buadh,
   Cia b' e thusa do shluagh an domhain ;
   'S ma 'sann ruinn tha ur 'n iorgbuil,
   Tha sinn naonar ma ur comhair.

8. Is tana leam sin ri ur 'n eudan,
   Is liuthad treun ceud laoch gabhaidh ;
   Thainig o righ Lochlinn do chosnadh na h-Eirinn.

9. Air laimh t-athair is do sheanair,
   Is air dà laimh do leanan shuaraich ;
   'N aindeoin na chuireas sibh ri ur comhair
   Bheir sinn dhuibh bualadh.

10. Dhalbh an teachdair gu siubhlach,
    'S shuidhich e iul ma ur coinneamh
    Mharbh gach fear againn diubh seisear,
    Sud mar reiceadh leinn ur gnothuich.

11. Thug sinn nis ruair dana,
    'S bu lionmhoir gearradh sleagh ;
    'S bu lionmhoir sleagh air slios greis-laoch,
    'S iomadh greis-laoch bha na luidhe.

12. Bu lionmhoir ann clagain ga spealtadh
    Is fleasgach bha ri ioghnadh
    Is fear shlios goal bha traogbadh,
    Thala air na fraocha.

13. Bu mhath Gall an tùs a chath ud,
    Bu mhath m' athair fein is Caoilte ann ;
    Cha b' aithne dhomh co aca nach molainn,
    'S ! bu ionmholta an naonar.

14. Air bhith dhuinn bhi sgith do 'n fhuileach,
    Is na maitbibh chuir a dbith orra ;
    Shuidh sinn 's cha bu doscaluich,[1]
    Fear is ochdnar air an t-shithean.

Crioch.

[1] *Doscal*, afflicted, from *di* privative and *focal* a word ; hence doscal etymologically means mute, silent, which is invariably the accompaniment of grief and sorrow.

P. 5. TURUS FHINN DO THIGH ODHACHA BEAGANICH. 1802.

Staffa's Collection, page 38. 177 lines. Advocates' Library, February 20, 1872. Copied by Malcolm Macphail.

This is a sample of the kind of repetition which is called 'Ursgeul,' = a noble or Heroic tale. It is not a fair sample of oral recitations ; but as it was written in Mull about 1800, and was still remembered there in 1871, I print this curious story just as it is in the Advocates' Library. 'O Finnla' is now called 'Righ Fionnaghal,' that is to say, King of the Fair Strangers. The Norsemen, distinguished from Danes, are so named in old Irish writings. At the end comes a man from Orkney, in a red garment, with a black dog, to challenge Bran. The well-known and greatly admired ballad of 'The Black Dog' follows. The whole seems to be part of the Northern endeavours to secure or destroy that mythical hound. Like other prose stories about the Feinne, this is more mythical than the verse.—J. F. C.

Bha Fionn agus aireamh mhor do dh' uaslibh na Feinne maille ris aig seilg, agus seachran seilg orra san uair sin chunnic iad fear mor an ard, agus e tighin nan comhdhail, agus fior dhroch colltas air. Bha dorn Gulbunn do dara suil a muigh agus dorn Gullbunn do 'n t-suil eila stigh. An deidh failte chuir air Fionn us air an Fheinn, thubhairt e cha chreid mi fein nach bheil seachran seilg oirbh. Dh' fhreagair an Fheinn e, agus thuirt iad ris nach rabh, gun rabh an suil ria ged nach dh' fhuair iad fathist i. *This is told of Cuthullin and others.*

Cia as dhuit fein arsa Fionn, agus ciod e brigh do thuris san aitesa.

Thainig mis ars eisan air theachdaireachd a dh' iarruidh Fhinn agus a mhor uaislin, chum cuirm as cuid oich gha-

Ballyshannon, in Ireland.

bhail ann an tigh Odhacha-beaganich a nochd. Cha 'n fhaod mis ars a Fionn a fhreagar, oir tha mi fuidh gheallidh gu bhi aig Ban-rioghn Eas-ruaidh air an oicha nochd fein.

Cha sin us coir dhuibh a dheanamh arsa Conan, ach da earrunn a dheanamh air na daoinibh a tha maille riut agus Goll a chuir air ceann an dara buidhid gu Ban-rioghn Eas-ruaidh, agus u fein air ceann na buidhnidh eila gu Tigh Odhacha-beaganich Smath a labhair u Chonain arsa Fionn ni mis a mar a dh' iarr thu ach feuma tu fein a bhi leam.

Roinn iad a chuideachd, agus chuaidh Fionn air ceann an dar buidhne, gu Tiogh Odhacha-beaganich da 'm bu chomhainm Riogh-Finnla. Agus air ruidheachd dhoibh chuiridh Fionn sa chuid daoine ann an tiogh mor fada farsainn gun aon neach a chumail cuideachd na caitheamh aimsiribh leo. Thuigh gach aon do chuideachd Fhinn air aon taobh don Tigh, be Conan fear coimhead chon Fhinn an uair Sin. Thuirt e ri Fionn an deigh greis don oiche dol thairis orra gun cheol, gun òl, gun aidhir, cha neil a choltas oirn arsa Conan gu fuigh sinn a bheag do thoilinntin an so nochd. Tha mi toileach eiridh agus crann a chuir air an dorus, 'us gun duine leigidh a stigh tuilidh a nochd. Dean a Laochain arsa Fionn ma thoilichis tu fein. Dh' eirich Conan agus chuir e 'n crann air an dorus, agus sheas e fein an taice ris.

Cha b' fhada na dheidh so nair a chualas fosgladh san dorus.

Co sud arsa Conan? Tha 'n so mise machd mor O Finnla, agus sea garbh ghaisgich dheug leis, a tiogn a chumail cuideachd us caitheamh aimsirich le Fionn machd Cubhaill a nochd. An leig mi stigh iad Fhinh arsa Conan. Dean a Laochain mo thoilichis tu fein arsa Fionn. Thainig iad a stigh, agus shuidh iad air an taobh eila do 'n tigh, mo choinnibh Fhinn sa chuid daoine, us cha dubhairt aon neach ri neach eila failte dhuit na cia do sgeula Thanig fosgladh ann san dorus. Co sud arsa Conan. Tha 'n so mise Ninghin mhor O Finnla, agus sia maidhdinna-diag leam a tign a chumail crachdaireachd us caitheamh aimsirich, re Fionn mac Cubhaill a nochd. An leig mi stigh iad Fhinn arsa Conan. Dean a Laochain mo thoilichis tu fein, arsa Fionn. Leigh Conan a stigh iad sud Thubhairt Nighin mhor O Finnla, us i togail a guth air aird, cuiridh mi mo cheann rid cheann Fhinn ic Cubhail nach bheil fear dheth do chuideachd nach leag mis ann an cothrom Gleachd. A Bhitch arsa Conan ciod e mam biodh a chroidh na dh' anam agad do cheann a chuir rim mhaighistirsa. Theid mise Ghleachd riut. An caramh a cheila ghabh iad. Air an dara car chuir i Conan air a dhruim air an urlar, agus cheangail i cheithir chaoil gu daor agus gu dainginn le cord agus le sea snaom-annadiad fhagail air. Bha Conan greis fuidhn chuibhrich sin oir bha naire air Gaisgich Fhinn eiridh ga fhuasgladh, chionn gur a bean a cheangail e. Rachadh fear an drast sa rithist a mach a choimhead na h-oicha, agus dh' fhuasgladh e snaoim san dol seachad.

Agus mar so lean iad gus an d' fhuasgladh an t-iomlan. Cho luath sa ghabh Conan a chasan an caramh na h-Inghin a bha e an dara h-uair Leag e i air a cheud char, oir bha e air fheargachadh gu h-anabharach. Nach bheil fios agaibhs Fhinn ic Cubhail nach do leag mise bean na nighin riamh a rachadh gam 'euchinn ann an gleachd: nach rabh mi dh' fhear aice nan leaginn i. Man leiginn air a cois i. Tha 'm fios sin agam arsa Fionn. Bha Conan a dh' fhear aice 'n lathir na bha stigh. Nach bheil fios agads Fhinn nach bheil te bha mi riamh a dh' fhear aice nach dug mi 'n ceann dhith. Tha fios sin agam arsa Fionn agus bu leoir a dhonadas.

Thug Conan an cean dhi, agus thog e leis i eidar cheann 'us chasan, agus thilg e nach i air taobh muigh an Tighe, agus cha dubhairt aon neach ris gum b' olc. Chrann e 'n dorus agus sheas e aige: cha b' fhada na dheidh sin nair a chualas fosgladh san dorus. Co sid arsa Conan ? Tha 'n so arsa fear a bha muigh mise tiogn le Torc gu Fionn mac Cubhail agus gu ass-lin cuiridh e mach daoine bheir a stigh e, sann air son suipeir Fhinn a tha e. Bha fear an deigh fior a dol a mach ach cha rabh a h-aon idir a pillidh. Sheall Conan a mach agus faiccar aireamh do chuidichd Fhinn marbh air an Dùn. Chaidh Conan a mach agus ghrad thiontaich e 'n taobh air an rabh ca'g-neimh an Tuirc ris an fhear a thug Ionns' an tigh e, agus bha e marbh air ball.

Thug Conan a stigh an Torc agus Bhruich 'us dha' se e, agus roinn se na thri earannibh e. Thug e da earinn don Fheinn. 'us ghleidh e earinn eadar e fein agus na coin Labhair aon do chuideachd O Finnla agus thubhairt e chuala mi riamh Iomradh math air an Fheinn, mar dheagh bhiatuich agus chreid mi e gus a nochd, ach tha mi faicsin a nois nach fior e. 'Ne sin a tha u 'g radh arsa Conan 'us e toirt an urchair sin do ghuala mhor an Tuirc a bha e creim, agus chuimsaich e fearsa labhair man cheann, agus

spriod e 'n Teanachainn as ris a bhalla: ag radh se mo bharail gu bheil do leoir agadas dheth. Cha do labhair neach gum b' olc do chuideachd Fhinn no O Finnla.

Cas na dheidh so thanig bualidh san dorus, co tha sud arsa Conan?

Tha 'n so fear aig a bheil cu dubh air eill, ag iarruidh comhrug chon air an Fheinn. An leig mi stigh e Fhinn ic Cubhail. Dean a Laochain mo thoilichis tu fein arsa Fionn. Cho luath sa thanig an cu dubh a stigh, am bad chon na Feinne ghabh e, us mharbh e tri chaogid cu air an Fheinn man d' fhuasgladh Bran. Ach cha do chuimhnich Conan a. Cha rabh neimh sa bhroigs ge do theirta Brog neimh ria, ach na b' fhior gun rabb spuir neimh air Bran agus gu biodh e feumail air uairibh a bhrogsa bhi mo chois gan geard.

Bhrog neimh a thoirt dheth chois Bhrain us bha 'n cu dubh a faotinn a chuid a b' fhearr do bhran.

Labhair Fionn agus a dubhairt e shaoil mi riamh gum bu ghille math chon u gus a nochd a Chonain. Sann a so a chuimhnich Conan nach dug e bhrog neimh dhe chois Bhrain. Dh' eirich Conan ann an gradidh, a thoirt na Broige do Bhran, ach man d' fhuair e sin a dheanamh thug na coin sea falannan diag air Conan. Cho luath sa thuair Bran a bhrog ri lar dh' fhuair e chuid a b' fhearr an chu dhubh, agus mharbh e thiotadh e. Be so 'n riasan man do chanadh Laoidh a choin duigh, agus so i (see page 49).

N.B.—This venomous claw and golden shoe are accounted for in a long story orally collected by myself in 1871.—J.F.C.

P. 6. LAOIDH A CHOIN DUIGH. 115 lines.

Staffa's Collection, page 49. Advocates' Library, February 20, 1872. Copied by Malcolm Macphail.

The sequel in prose continues the story of Fionn's adventure with the Norsemen, who appear as magicians able to cast enchantments on their enemies. Bran by glamour is made to slay the Fenian women and children in the seeming of deer.

1 La gan dh' eirich flath na Fiann,
Greis man dh' eirich Grian air fonn;
Chuana sinn a tiogn on Traigh,
Fear earraidh dheirg sa choin duidh.

2 'S gile na gath greine ghnuis,
Sa dha ghruaidh air dhreach na suth,
'S gile na gach blath a chorp,
Ged thachar fholt a bhi dubh.

3 Cha do ghabh e eagal ro bhair,
Sann a dh' iarr e comhrug chon,
Leig sinn na coin chatha cheanndubh,
Leis nach bn mhiann dol air chuil

4 An cu dubh bu gharbh a threis,
Bhuidhnidh leis tri chaogad cu,
Dh' eirich Fionn a measg an t-sluaigh,
'S dh' amhairc e gu truagh air bran,

5 Nair dheargich e 'n tor na cheann,
Dh' eirich gart us greann air Bran,
Nair chrath Bran an t-slabhruich oir
Measg an t-sloigh man doirt an fhuil

6 'Sann a sin bha Scann-fhuil ghlan,
Eidar Bran 'us 'n cu dubh,
Thug iad cuir eifeachdach gharbh,
'Us dhagadar marbh 'n cu dubh.

7 Oganich us aille delbh
On thorachairidh leinu do chu,
Fios do shloinnich b' aill leinn uait
Na co 'n tior as na ghluais u.

8 Ti-mhi-fhortain se 'n diugh m' ainm,
Thani mi fuidh stoirm air con,
Shaoil mi nach rabh ann san Fheinn
Aona chu bhuidhnadh creuchd air *Fòr*.[1]

9 Mar a bhi Geola nan car, (? *Sgeolan*)
Agus Bran le miad a luis,
An cuilein man duinte 'n Iall,
Cha 'n fhagadh e siar nar Dùn.

[1] *Ainm a choin duibh.*

10 'N sin thiodhllaichd an Fheinn gu leir,
   An tri chaogad cu fein,
   'Us thiodhlaich an Laoch a chu fein,
   Air chul aonich 's air aghidh Grun

11 'S iomad gruagach dheud gheal og,
   'Us binn Gloir 's us Guirme suil
   Thiodhlichdadh an Dun nan Torc,
   Bheiridh biadh a noch dom chu.
                   Crioch.

Na dheidh so chaidh Conan a mach agus rug e air a chu dhudh air earball air dha bhi air fheargachadh airson na mharbhadh do choin Fhinn, agus air son a mhi ghnathich agus an droch aodheachd a thuar Fionn a mhaighistir, agus chuid daoine, phron, 'us bhru, 'us mharbh e na dhamis air ga naimhdibh air Taobh muigh an tighe. Ghlaodh son do mhuintir O Finnla. 'O! ars eisan nach dig sibh a mach agus gun caisgidh sibh a fear maol malluicht aig a bheil 'n cu dubh ria Earball.' 'Cha 'n fhag e duine beo man stad e.'

Leum gach aon do chuideachd Fhinn a mach as an tigh, a dh' fhaicsin co bha ann, agus dh' fhagadh Fionn na aonar. Dh' eirch na bha stigh do mhuintir O Finnla, chum Fionn a mharbhadh agus chuir iad air Imain e gu Oisin an tighe. Chrom gach aon a chaidh a mach an ceann sa cath maille re Conan. Bha Fionn san ams' an eigin mhoir. Thug e eidh air an sgiath ahnithaich. Chluinnte i ann an cuig cuigibh na h-Eirinn. Cha tughta uair sam bith eidh orr' ach uair a bhidh Fionn na Eigin, agus mar a digidh comhnadh ga Ionsuidh, man dugadh i 'n treas eidh, bhiodh e cailte, chuala odh Fhinn gam b' ainm Oscar an eidh, agus a dubbairte, tha mo shean-athir ann an eigin mhoir. Leum gach aon ann am Beairt-thuimhnich, agus cho luath sa ranig Oscar, chaidh e stigh air druim an tighe. Cha rabh e comas dha dol a stigh air an dorus, a chionn gun rabh Geard laidir air. Chaidh e eidar a th' sean athir agus muintir O Finnla, agus shaor e sheanathir as an lamhaibh. Agus cha d' fhag iad fear Innse sgeoil, na chumadh Tuairc asgeoil, ach nachd mor O Finnla, chaidh eisan a mach air mullach an tighe, agus thuair e as orra.

Air madinn an la b' fhoisge ghabh na bha lathir dhiu 'n turas gu pillidh ions' an aite fein. Agus thachir machd O Finnla riu ann an coltas eila, oir bha draoidh-eachd aige. Thubhairt e ri Fionn, a bheil an cu sin math, tha arsa Fionn? A marbh e feidh? marbhich arsa Fionn. Cuiridh mise geall ars eisan nach marbh. Tha e ruit arsa Fionn. Mo thachris na feidh oirn. Cha b' fhada dhoibh mar sin, nair a chunnaic iad aireamh lionmhor dhiubh Stuig Fionn Bran, ach cha ghabhadh Bran stuigidh uaidhe. Cha deanadh each a chluasan a mhaoladh agus fheamman a chrathadh. Nach dubhairt mise ruit arsa fear a thachir orra.

Faic a nois gu bheil do gheall ort. Stuig Fionn an dara h-uair e. Ach cha deanadh Bran ach a chuasan a mhaoladh, 'us earball a chrathidh. An treas uair bhuail Fionn e agus ri siubhal a ghabh bran agus thug e fotha s tharl a, us triod us rompa, agus cha mhor nach dug e dith air an Imlan diubh. Nair a chaidh an Fheinn gan aite fein, cha d' fhuair iad mnathan na clann rompa. Bha iad air a marbhadh le Bran ga aindeoin, oir chuir machd Righ Finnla fu gheasabh iad.

D. 20. LAOIDH A CHOIN DUITH. 38 lines.

Mac Nicol's Collection, Ossianic Ballad. Copied by Malcolm Macphail, Edinburgh, March 4, 1872.

1 She chunnig shin tin fo 'n Traigh,
   Fearr Earra gheirg as Coin duigh;
   'S gille nan Gegan a T-shnuaigh,
   Bha dha ghruaigh air Dhath nan suth.

2 'S gille na gach Bla a Chorp,
   Gad harla da Fhalt bhi duth;
   Egil cha do dhaibh e robhin,
   She dhiar e oirn Coibhrig Chonn.

3 Leigadar rissin Coinn Chaich,
   Lois nach bu ghna dol air Cul;
   She 'n Cu duth bu ghairbhe Greis,
   Thorchir leis tri chaogid Cu.

4 Dherich Fionn am measg an T-shluaigh
   'S ghaibbric e gu cruaidh air Brann;
   Dhearragich a dha T-shuil na chean,
   Dherich gairt as Grean air Bran.

5 Nar chrath Bran an T-slaibbrigh oir,
   Measg an T-sloigh le 'n doirte Fuil;
   San an shin bha Scainnirt Ghlann,
   Edir Bran as an Cu duth.

6 Thug iad Cuir eifchdich gharag,
   Fagadar mairibh an Cu duth;

7 Oganich as ail'igh dealbh,
   Neis fon horchir lein do chu;
   Fios do Loinnigh' bail lein uait,
   Na co 'n Tir as 'ndo Ghluais u.

8 Ebhin Ossain be sud mainm,
   Hanig mo stoirm air Conn;
   Haoil mi nach ro sud nar Fein,
   Na bhuinigh creichdin air For.

9 'S ma bhuithur Geola nan car,
   Agus Bran aig meid a Luigh;
   Cha ro Cullain mun druid' Ial,
   A ghagigh For shiar mun Dun.

10 Suimmid maodin deud-gheal og,
   'S binne Gloir sas bui cul;
   Ha na suithidh 'n Dun nan Torc,
   Bherigh Biagh a nochd do 'm Chuith.
                   Crioch.

F. 15. RANN A CHOIN DUIBH. 60 lines.

Fletcher's Collection, page 117. Advocates' Library, Feb. 7, 1872. Copied by Malcolm Macphail.

Eachdraidh air fear a thainig a thagairt comhrug chon air Fionn agus air an Fheinn uile.

1 Moch eiridh rinn flath nam Fiann,
   Seal mun d' eirich grian air magh;
   Chunnachdar a tighinn o 'n leirg,
   Fear chochul deirg 'sa choin duibh.

2 B eibhin è ri amhrace suas,
   Bha dha ghruaidh air dhreach nan subh;
   Bu ghile na chailc a dheud.
   Fhalt o tharladh dha bhi dubb.

3 Thainig thugin gu mur Fhinn,
   Fleasgach grinn sa bhar mur lon;
   Bho fhuil an fhir ghabh e sga,
   'S ann a dh' iarr e air cach comhrug chon.

4 Fhuasgladar uile coin chaich,
   Leis nach bu glnath dol air cul,
   An cu dubh bu gharbh a ghreis,
   Mharbha leis naoi caogad cu.

5 'Sann an sin a labhair Fionn,
   Si shoh an Iorhuil is cha bheag;
   A' tionndadh bho charruibh an t-sloigh,
   Is dh' amhric e gruamach air Bran.

6 Nuair chralh Bran an t-slabbruidh oir,
   A measg an t-sloigh bu gharbh a gaoil;
   Dh' eirich gart is greann air Bran,
   Gu bhi an sealbhan a choin duibh.

7 Buinnibh an iall do 'n chuilean gu fior,
   Bu mhaith a ghniomh gus an diugh;
   Is gu faichdeadh sibh sgaineart ghlan,
   Eidir Bran is an cu dubh.

8 Leig iad na coin sroin ri sroin,
   Measg an t-sloigh gun do dhoirt iad fuil;
   Le Comhrug diamhar gu dlu,
   Gus 'n do mharbha an cu dubh.

9 Ach fhir ud a thainig gur Feinn,
   Bho 's ann leinn a mharbhadh do chu,
   Innis do shloinne na t-ainm,
   No co an tir as an d' thainig thu.

10 Eibhun Oissian b'e sud m' ainm,
   Thainig mi fodh stoirm air cohn;
   Shaoileam nach robh sud nar Feinn.
   Aon chu chuireadh creuchd air For.

11 Mur bhi Geola nan car,
   Agus Bran le miad a luis;
   An cuilean mu 'n duineadh thu an iall,
   Cha 'n fhagadh mo Thriath san dun.

12 Dan a choin duibh an dun ud shior,
    Flath nam Fiann bu gheall a mhur;
    M' achuings air Padruic nam fear,
    Gu 'm faichdar a leachd san dun.

13 'S ioma maoidean deud gheal og,
    Bu bhuidhe cul is bu ghuirme suil;
    Tha na 'n suidh an dun nan torc,
    A bheireadh a nochd biadh do 'n chu.

14 Thiolaichd sinne am fiorlach fial,
    An leabuidh chruaidh chon an cu;
    Gur e thiolaichd sinn nar Feinn,
    Aon fhichid deug caogad cu.

15 Deichid ceud fichead na narm glan,
    An la shin a mharbh Bran an cu;
    Bha aig mac Chuthail nan corn òir,
    Aig iomairt is aig òl san dùn.

H. 14. HOW BRAN KILLED THE BLACK DOG.
84 lines.

Kennedy's 1st Collection, page 48. Advocates' Library, December 5, 1871.

Dublin, December 9, 1871.—Story known to Hennessy: Poem not.

A MAN early in the morning came to the Heroes with a Black Dog, named For (means literally a Dog who would go far and near to get venison and prey for himself), in hopes that he would kill all their Dogs, and killed 150, till they loosed the vanquisher Bran. Observe the Poem.

DAN 10.

1 AIR bhi dhuinn la sa Bheinn t-seilg,
    Bu phuthar leinn bhi gu 'n choin;
    Ag eisteachd re gárraich ian,
    Re buirich fhiadh agus lon.

2 Do rinn sinn ár ann gu 'n chealg,
    Le 'r conaibh 's le 'r 'n armaibh neimh;
    'S thainig sinn d' ar teach tra' neóin,
    Gu subhach ceolmhor le gean.

3 'N oidhche sin dhuinn an teach Fhinn,
    Ochóin bu bhinn ann air cor;
    Re dhuinne bhi sgathadh théud,
    Re caitheamh ean, fhiadh is lon.

4 Moch eiridh rinn Fionn 'n ath lá,
    Mu 'n d' ainig grian ar a bhruth;
    Is chunnaig e teachd o 'n leirg,
    Fear chochaill deirg is choin duidh.

5 'S ann mar so do bha a shnuadh,
    Bha dha ghruaidh air dhreach nan sugh;
    'S bu ghile nan canach a chneas,
    Ge d' tharladh d' a fholt bhi dubh.

6 Thainig thugainn gu mór chrá,
    'N Gille grinn 's a bhár mar lon;
    Air urrlam cho luidheamh sgá,
    'G iarruidh air cach comhrag chon.

7 Leig sinn thuige 'n tus a bhláir,
    Gach greadhain a b' fhearr bha 'n ar múr;
    An cú dubh bu gharg a ghreis,
    Mharbhadh leis tri chaogad cú.

8 'S ann an sin a labhair Fionn,
    ''S e so an iorgaill nach lag;' (1. *s' mor slad*)
    Thiondaidh e chul ris an t-sluabh,
    'S dh' amhairc e le gruaim air Bran.

9 'N sin chrath Bran an t-slabhruidh óir,
    A measg an t-slòigh bu mhor a ghal;
    Do las a dha shúil na cheann,
    Is dh' eirich grann air gu cath.

10 ' B uineadh an iall do 'm chú gu fior,
    Bu mhaith a ghniomh gús an diú;
    'S gu faicamaid sgannail ghlan,
    Eidear Bran is an cú dubh.'

11 Leig iad na coin sróin re sróin,
    Measg an t-sloigh do dhoirt iad fuil;
    B' e sin an deobhidh ladair gharg,
    Mu 'n d' fhagadh leis marbh an cú dubh.

12 'Fhir ud a thainig d' ar Feinn,
    O 'n mharbhadh leinn fein do chú;
    D' ainm 's do shloinneadh ailis dhuinn,
    Is an tir as na ghluais thú.'

13 'Eibhainn Oisain gur e 'm ainmsa,
    O riogh'chd torc mu stoilbh ar con;
    Shaoil mi nach raibh ann 's an Fhéinn,
    Aon chu dheanamh créuc air For.

14 'Mar bhitheadh[1] Geola nan car,
    Agus Bran le mead a lúidh;
    Cha raibh cú mu 'n duinte 'n iall,
    Dh' fhagadh mo thriath beó 'n ar Túr.'

15 ''S maith a chuma bh' air mo chusa,
    Bha alt luidh fad o cheann;
    Meadhan leathann, leodhar-chliabh,
    Uileann fhiar agus speir cham.'

16 'Sboga buidh 'ta air Bran,
    Da thaobh dhubh, agus tárr geal;
    Drim uaine re suinn san t-seilg,
    'S da chluais bhiorach, chorrach dhearg.'

17 ''S iomad gruageach fhionn gheal donn,
    Is gurme súil 's is ór bhuidh folt;
    Tha an duthaich mhic Righ Torc,
    Bheireadh biadh do 'm chusa noc.'

18 'N sin thiodhlaic am fior laoch fial,
    An leabuidh chaol chria' a chú;
    'S do thiodhlaicaibh leis an Fhiann,
    'S an Dún shiar tri chaogad cú.

19 Dh' imich Eibhainn Oisain uainn,
    'S cho bu bhudhach leis a theachd;
    O na chaill é a dhea' chú,
    Bu mhor eolas ludh is neart.

20 'S deich céud fichead do 'n arm ghlan,
    'N la sin a mharbh Bran an cú;
    Bh' aig Mac Chuthaill nan cornn óir,
    Re h-iomairt 's re h-ól san Túr.

21 Creid thusa Phádraig gur fior,
    Gu raibh sinn uair bu mhaith cliú;
    A chleirich ge d' tha mise noc,
    Ann am aon chéilainn bhochd a d' mhúr.

I. 7. AN CU DUBH. 84 lines.

Kennedy's 2nd Collection, page 60. Advocates' Library, April 6, 1872. Copied by Malcolm Macphail.

As this is a second version, written by the same man, I give variations only.

THE fame of Fingal's Hounds for the game was spread over a great part of the world, especially that of his own Grayhound, Bran. A man came from Inis-torc (supposed to be the Orknies) with a large and monstrous Black Dog, not doubting but he could kill all the dogs that pertained to Fingal. At his arrival, For, being the name of the Black Dog answered to, engaged and kilt three fifties of Fingal's hounds. Fingal liberated Bran, which soon dispatched Forr. Fingal seemed to have had an extraordinary notion of chusing and training these animals being found very useful upon several occasions, especially for the game, and chasing and banishing wild beasts.

AN CU DUBH.

2 Do rinn sinn ár air an leirg,
    Bu mhor ar seilg is ar coin;
    B' armach, eibhinn sinn tra'-noin,
    'N teach Riogh Phaile Triath gun òn.

3 Triath na feile b' eibhinn tim,
    Ag caitheamh ean agus lon

9 Bu bhorb a ghreann, 's bu bhuirbe sgal.

12 Fhir ud a thainig d' ar Feinn,
    On' thorchair leinn fein do chu;
    Do dh' fhearadh an domhain gu leir,
    Cho 'n eil fiosam fein co thu.

---

[1] Mathair Bran, agus bha a colg no a fionnadh min.

13 Eibhinn-cosgar gur e m' ainm,
   O Innse-torc ma 'stoilbh ar con ;

14 Mar bhitheadh Geola nan gath, (? *Sgeolan*)
   Agus Bran le mead luigh ;

16 Spogan buidh' ta air Bran,
   Tarr-geal uaine dhath san leirg ;
   Suil mar airneig spuirean comhlach,
   'Sda chluais bhiorach, chrodha dhearg.

17 'S iomad gruagach rinn-gheal, àrbhuidh,
   'S guirme suil, 's is aille folt ;
   Th' ann an Innse-torc nan armann,
   Dheanamh bhaidh ri 'm Chusa noc.

19 Dh' imich Eibhinn-cosgar uainn,
   Cha bu bhuadhar leis a theachd ;
   O na thorchair leinn a Chu,
   Bu mhor alla ludh is neart.

DUN AN OIR.   D. F. H. I. O.

THIS Golden Mound or Fort or Castle is identified with a castle on the island of Cape Clear, at the southern extremity of Ireland. See note page 127, Book of the Dean of Lismore, and Miscell. of Celt. Soc. p. 143. In the poem noted it is mentioned as a remote place, from which guests came to Castle Sween, in Argyllshire, about 1472. The Tribe who owned the Golden Castle are named in 'The Lay of the Heads' as slayers of Cuchullin, who were themselves slain by Connal. This ballad, therefore, seems to describe an outbreak of an old feud between the Northern and Southern tribes of Ireland, during a pause in the Norse Wars. Of the six warriors engaged, one may either be 'Fergus Sweetlips,' Fionn's son, or their Norse ally, who appears in a later ballad as a foe. Many places in Gaelic countries are named 'Golden.' A Golden Rock is in Sutherland ; and a Golden Mountain is in Jura : somewhere in the middle of Scotland is a place called 'Dun an Oir,' which has been identified with a Fenian story. In this ballad the place meant was in the West, and the narrator was speaking to Padruig, on the Hill of the Feinne, that is on or about the Hill of Allen. Probably some place on the West coast of Ireland was meant. This exploit is mentioned in one of the ballads about Caoilte. See above : page 55, line 89.

D. 19.   CATH NA 'N SEISEIR.   62 lines.

From Mac Nicol's Collection. Copied by D. Mac Pherson.
May 3, 1872.

1 SEISHEAR ga 'm biodhmaid ma 'n Riogh,
  Cho bi 'n T-seishear bu bheg Briogh,
  Sgar Ban diu Fearragan Fial.
  Coilt is Caoireal nan gorm Shrian.

2 Leig sinn air Cuachan re Sruth,
  Is reinn sinn an Tòl gun Ghuth,
  Cuach Fhein a bhuidhin an Geall,
  Shiabhladh i na haoinaran.

3 Thaineic seachd Sheasheair nar Ceann,
  Don T-sluagh fhuilleach fhaoibhar fhionn,
  'S a 'm Fear bu taribh dhibh sinn,
  Go 'n 'diongadh e Ceud an Ceud an Comhrac.

4 Bhiodh ma Bhragad gach Fir mhoir,
  Scabbul daingean do 'n dearg shrol,
  Osean na Craoisiche nimhé,
  Lanna saoibhir 's iad doth-chaithe.

5 Da Luireaich an Eidibh Theann
  Ma Chuirp sheanga na 'n saor-chlann
  Bhiodh air uachdar sin orr' uille,
  Earreadh Uaine air aon Dath.

6 Thairg Fean doibh Cumha mhor
  An Earreadh fein de 'n dearg shrol,
  Ceud Bean no Baintreach sa bhron
  'S fear os a Chean sa Chomh-ol.

7 . . . .
  Se huirt Clann a Chuilg na 'n Cleass
  Cho bhi sinne reidh go Hoiche.

8 Sin nuair dhiosluigh Fean a Gloir,
  'S e 'g amhrac ar Sluadh a Chomh-oil,
  Bheil sibh gabhail Teabheachd dheth,
  Dul a bhualadh na 'n seachd Sheisear ?

9 Bha mi Latha 'n Ruaig na 'n Gleann,
  Huirt an Tosgar bo mhor Greann,
  'S reinn mi Gniobh bu dorra leum,
  Na 'n Ceinn a bhuintin do Sheishear.

10 'S huirt Fearragan mac an Riogh,
   Marbhaidh mi mo Sheashear dhiobh,
   'S cho chuir e Truim' air Neach eille,
   Na thig slan o 'n Ioruidhailse.

11 Diongidh misidh Sheissir eille
   She huirt Caorril nan arm gaiste
   Is cha chuir e trom air Chach
   Aoin Laoch a big am Chobhail.

12 Labhair caoilte nan Arm nibh'
   Marbhaidh mi mo Sheshear dhibh,
   Go ma dearg o bhun go barr,
   'M Ball an tairngin mo Gheur-lann.

13 Gur mairg a dhagadh air Dail
   Diaish leis an craimte Craimh ;
   Marbhaidh mise 's Goll a Ghaisge,
   Air da Sheishear 's an aoin Aitteal.

14 Chrom sinn ar Cinn anns a Chath,
   Is reinn gach Flath mar a gheall ;
   Mharbh mi fein mo Sheisear ar tus ;
   Sud a Phadric mo cheud Chuis.
   Mharabh Osgar Sheisear is Fear (? Fean)
   Se mo dhochun bhi ga iomradh.

15 An Fear mu dheire bha aig Fean
   Mar bhuinne edar dha leann,
   Ghabh e, is bu mhor an Teachd,
   Air seachd Buillin na aoin Sgedh,
   'S mar bhiodh Osgar nan ceud Radh
   Cheangladh e sinne nar Sheisear.

F. 10.   RANN AN FHIR SHICHD' IR.
DUN AN OIR.   35 lines.

Fletcher's Collection, page 10. Advocates' Library, January 17, 1872. Copied by Malcolm Macphail.

In this version the poetry is broken. The same lines can be recognised in other versions, which follow.

LATHA araid' bha Fionn sa bheinn sheilg,
   agus seisear do 'n Fheinn comhla ris ;
   chunnacas Laoch a teachd na 'n comhail ris
   an do chan Fionn am fear Sichd'ir,
                     ag radh

1 Fhir Shichd' ir sin agus fhir Shichd' ir,
  Ciod an t-àite as an d' thigeadh tu ?

2 Thainig mis' a Dùn-an-òir,
  An Dùn a ta an fhiar ;
  An Dùn nach d' thugadh a gheil riamh,
  Nach d' thugadh a bhroighdean a muigh,
  'S d' am biodh a naimhdean diomach

3 Rainig Sinne Dùn-an-òir,
  'S chrom sinn ar cinn mu 'n cho-òl ;
  'S thainig seachd seisear d' fhearaibh mòr
     na ar ceann.

4 Do shluagh fuileach faobhar arm,
  'S am fear bu tàire dhiu sud
  Gu 'n diongadh è ceud an còmhrag.

5 Bha mu bhraidhe gach fir mhòir,
  Sgabull daite do 'n dearg òr ;
  Craosach mhaille na 'n làimh neimhe,
  'S lannan leobhra' bha dò-chaithe.

6 Tùs slòigh 'n àm dol san teagmhail,
  Agus deire tighinn a mach ;
  Bho se' thoga buaigh na buidhne,

7   Deir Fionn.
  Ma db' fhàg sibh air deireadh cliar,
  Dithist leis an croimear cnai
  Diongaidh mis' 'us Goull a ghaisge,
  Air da sheisear a dh' aon aithim.

8 Ach bha 'm fear mu dheire bh' aig Fionn,
   Mar Sheobhag eadar dhà lion;
   Fhritheal è 's bu mhòr am feum,
   Air seachd buillean na aon sgeith
   'S mur bhith Oscar nan rath,
   Cheangail è sinne mar seisear.

H. 13. HOW FINGAL, WITH SIX OF HIS NOBLES, WERE INCHANTED TO GO TO KEEP WAR WITH CLANN CHUILAGADAN IN THE GOLDEN HILL. 88 lines.

Kennedy's 1st Collection, page 57. Advocates' Library, December 7, 1871. Copied by Malcolm Macphail.

Dublin, December 9, 1871.—Except as part of the Cuchullin Story, this is not known to Hennessy in any shape.

THE ARGUMENT.

FINGAL was one day with six of his Nobles, was walking out, and they saw a Fairy, coming unto them, when he came he looked narrowly on Caoilte, and Caoilte asked of him from whence did he come, thus:—

> You little wise man,
> From whence did you come?
>
> I did come from the Golden Hill,
> Which lieth still westwárd;
> Its prisoners were never got out,
> Inconquered in all war.
>
> For what reason did you come,
> To us most mighty hands,
> Who are unconquered yet by men,
> And exceeds all in war?
>
> I came to inchant you six men,
> With Master to our hands,
> To dine with us to day in Hill,
> And then to keep us War.

Then the conjurer ran away, when he inchanted them to follow him to the Golden Hill, Caoilte keeps him always in his sight; and had a faggot of sticks, and he would stab a stick in the . . . of every hill, and mount, that the rest would know where to follow him, which he use to do always when he would be in extremely hurry, and he would cast three shadows then, his two foot, and his head, when he came to the hill, he found a Table covered and all kind of victuals and liquor on it, which was to be found in that age. In a while after that the rest all came one by one, each according to his swiftness, and tho' they were both hungry and thirsty and also tyred, they were afraid to eat or drink any, for fear of punishment; since there was none present to invite them, but one of them said, because it was presented to them that they would take some of it, they were not long eating when Four Men came among them, and the weakest of which would kill one hundred in conflict; Fingal offered them a great reward for to touch him not, but they said since they were able to do it, that they would take no reward, but their six heads and to make himself a prisoner, then they rather to give an attempt to them, tho' they were sure to fall, than to surrender otherwise; they began and killed them all, and brought home with them their arms, apparel, and every precious things which they had in their Tower.

The Gaelic dual.

DAN 13.

1 LATHA bha Fionn is seisear ag ól,
   'S iad nan suidh mu 'n aon bhórd;
   Thainig seachd seisear 'n ar ceann,
   Do shluagh fuileachdach faodbbhar arm.

2 B' iad sin na gaisgich ro mhór,
   A b' ualhmharra cruitheachd croic;
   'S am fear a bu táire dhiu,
   Gu 'n diongadh e céud gu 'n diú.

3 Bha clog mu cheann gach fir mhóir,
   An comhdach clocharra córr;
   Is cotaibh ionnealta grinn,
   Mu chuirp thréun na fear neo' thím.

4 Ghabh sinn eagal rompa uile,
   Nach d' ghabh sinn riamh roi aon bhuidheann;
   Gu marbhadh iad sinn gu 'n sóradh,
   Oir cho deach neach riamh o'n comhrag.

5 Do thairg Fionn dhoibh cumha mhór,
   Corr agus céud unc do dh' ór;
   Céud satth ris nach deachidh srian,
   Is céud bean bhantrach choi' fhial.

6 Céud cloidheamh 's céud earradh óir,
   Is suidh os a cheann ann 's gach ól;
   Coimhdachd Righ 'm baile mór,
   'S dol a dh' fhulang lús a leóin.

7 Se thuirt na curina tréune,
   O na 's comasach dhuinne dheanamh,
   Cho ghabh sinn cumha no geall,
   Ach bhur sea cinn air aon bhall.

8 An sin dh' ioslaich Fionn a ghloir,
   Is sheall e air luchd a choi' óil;
   A dhaoine 'n gabha' sibh deisainn,
   Dhol a bhualeadh nan seachd seisair.

9 Se thuirt an t-Oscar bu mhór greann,
   ' An lá chuireadh ruaig nan gleann;
   Rinn mi túrnn bu chruaidhe leam,
   No ge d' bheiream an ceann do sheisear.'

10 ' Diongaidh mise seisear dhiú,
   Do rá Fearraghuin bu mhór lúth;
   Cho chuir e lé-trom air cách,
   Aon laoch a theid o 'm láimh.'

11 ' Diongaidh mise seisear eile,
   Do ra' Caireall nan arm teine;
   'S dearg mo fhraoch re sgalhadh cheann,
   'N uair a nochdams' mo chruai' lann.'

12 ' Diongams' Caoilte nan lámh luath,
   Fear is seisear do 'n mhór shluagh;
   Gu 'r guineach iomairt mo lámh,
   'N uair a nochdam lann gu h-ár.'

13 Diongams Oisain is grad lámh,
   Mo sheisear fein air aon bhlár;
   Cho chuir e dragh air aon aitim,
   Aaon fhear theid o Ghearr-nam-callunn.

14 ' Mu dh' fhagadh gu deireadh cláir,
   Diais leis an creumar cnáimh;
   Diongaidh mis' is Goll a ghaisgidh,
   Ar da sheisear a dh' aon aital.'

15 Lean sinn an an sin air a chéile,
   Seisear do Mhaithidh na Féinne;
   Is Clann Chuilgadan nan cleas,
   Gu 'm bu choidhliont ar coi' ghleac.

16 Do 'n shiubhail mi 'n bhuidh bhraonach,
   Cho 'n fhacas riamh an coi' baodhlach;
   'G eisteachd re slacraich ar 'n arm,
   Mar bhuailt innain le trom fhaithrich.

17 Dhiongas mo sheisear air thús,
   A Phádraig 's bu mhór a chliú;
   Dhiong Oscar a seisear le aon bhéum,
   Mo sgéul goirt a bhi d' a iomradh,

18 Rinn na curina mar gheall,
   Mar rinn mise 's mo ghradh calma;
   Ach am fear mu dheireadh a bh' aig Fionn,
   Bha mar bhuinn' eidear dha lionn.

19 Ghlac e 's bu mhór an téuchd,
   Ar seachd builleau na aon sgé;
   'S mar bhitheadh masg Oscair le rath,
   Mharbhadh e sinne le ghath.

20 Dh' imich sinn o Dhún an óir,
   Gu subhach le gean gu 'n león;
   'N deidh cosgairt na tréun aitim,
   Gheibha' buaidh 's gach bláir is batailt.

21 Thug sinn leirn an airm 's an eideadh,
   'S gach gné shéudaibh bu mhó féume;
   Le moran do dh' ór an Tearmain,
   Gu sólasach gu Tigh-teamhra.

22 Creid thusa chleirich na h-Eirann,
   Gu raibh sinn uair bu mhor eibhneas;
   Ge d' nach maithrean aon anois dhiu,
   Ach mis' am aonar gu snitheach.

I. 5. DUN AN OIR. 92 lines.

Kennedy's 2nd Collection, page 56. Advocates' Library, April 6, 1872. Copied by Malcolm Macphail.

As this is a second version written by the same man I give variations only.

THE GOLDEN HILL.

FINGAL and six of his nobles and brave Heroes were taking their walk of an evening and saw a Fairy like person making towards them, who Fingal knew to be with Intelligence from far and address'd him as follows:—

    FHIR shicir toir fios duinn,
    Cia 'n t-uil as an d' thigeadh tu?

    Thainig mis O Dhun an oir,
    An dun ud siar nan Triath fiontruinn ;
    An dun as nach d' thuighte bhraidean a mach,
    'S da' am bithidh a naimhde diomach.

    Ciod e ghluais o Dhun nan cliar,
    An t-oglaoch fiato, gearr ;
    A dh' ionnsuidh Cathanaibh na Feinn,
    Nach d' fhuiling beud am blar ?

    Thainig mis' am theachdair cuilg ;
    O Chlann Chuilgeadan nan cleas ;
    A tha ri feist a thoirt do 'n Fheinn,
    Do mhead sa dh' eile leis.

Fingal instantaneously followed this scout to the Golden Hill, where they arrived much fatigued and found none of Clan-chuilgadan at home. The Women treated them very hospitably and were eating and drinking by the time Clan-chuilgadan came upon them (being 42 in number) who attempted immediately to make Fingal prisoner and kill his attendants. Fingal offers them great many rewards, to no purpose, and be friends. The brave Fingalians seeing they had either to do or die encountered and kilt Clan-chuilgadan and came home victorious to Tura, loaded with arms and valuable accoutrements from the Golden Hill.

1 LATHA chuaidh Fionn do Dhun an Oir,
    E fein sa sheisear mun aon bhord ;
    Thainig seachd scisir nar ceann,
    Do shluagh fuileachdach, fao bhar arm.

3 Is cota creithilte grinn,
    Mu chuirp nan treun nach bu tìm.

4 Mar fhuaim tuinne chluint an comhradh,
    'S cha deachaidh neach riamh o 'n comhrag.

6 Ceud cloidheamh, ceud earrad buaidh,
    Ceud ceann-beairt is sligneach chruaidh ;
    Coimhdeachd Riogh anns gach toir,
    'S dol a d' fhulang tus an leoin.

8 Dhol a bheuma nan seachd seisear.

16 'G eisteachd ri slachdraich nan dornn,
    Gach beum mar innein nan ord.

19 Mar bithidh Masg Oscair nan geusan,
    Mharbhadh e sinne 'nar seisear.

20 Dh' imich sinn o Dhun an Oir,
    Gu subhach eibhinn gun leon ;
    An deidh Clann-chuilgeadan nam beum
    A chosgairt 's bu mhor an sgeul.

21 Bu deurach bantrachd nan sonn,
    A caoidh na dh' eug air an tom ;
    Mar ghàrraich ean air an tràidh,
    Chluinte iolach bhròin gach mnàith.

22 Thug sinn leinn an arma geura,
    Liobhaidh, leudara, san t-eug-bhail;
    Gu muirneach, miolainte, meamnach,
    Triall thair gach magh gu Tigh-teamhra.

23 Creid thusa Phadraic nan cliar,
    Gu raibh sinn la bu mhor miadh ;
    Ged nach maithrean ach mise noc,
    Am aouaran snithich fuidh sprochd.

O. 4. DAN AN FHIR SHICAIR. 73 lines.

Dr. Irvine's MS., page 15. Copied by Malcolm Macphail, Edinburgh, March 16, 1872.

In this version are lines which do not seem to belong to the ballad.

1 CHUNNACAS tighin o 'n lear,
    An t-aineil mor athach ioghna ;
    Fhir Shicair nan ceuma borb,
    Ciod an t-ait as an tigeadh tu?

2 Thainig mise á Dun an oir,
    An Dun ata an aird an Iar ;
    An Dun nach tug a gheill riamh,
    'S gu 'm bitheadh a naimhdean diomach.

3 Rainig sinne Dun an oir,
    'S chroma ar cinn man cho-ol ;
    Thainig seachd seissir 'nar ceann,
    Do shluagh fuileach faor arm.

4 Am fear bu taire dhui, sud,
    Gn 'n deanga e ceud an comhrag ;
    Bha ma bhraigh gach fir mhóir,
    Sgapul daite dhe 'n oir dhearg
    Craosach mhaille nan laimh nimhe
    'S lannan liobhra bha do-chaithe.

5 Thairg Fionn doibh cumha mor,
    Thairgeadh leis ceud unga òir.
    Ceud saoi ris nach deacha srian.
    Ceud bean bhantrach co-fial,
    Tus sloigh 'n 'am dol san teugmhail,
    Agus deire tighinn a mach,
    O 'se thogadh buaidh na buaighne.

6 Ach fhreagair na cuiridhean calma.
    O 's comasach dhuinn a dheanamh,
    Cha ghabhar lein cumha no geall,
    Ach 'ur cinn uile air aon bhall.

7 An sin dh' islich Fionn a ghloir,
    Sheall e air luchd a cho-oil ;
    Dhaoine an gabh sibh fuathas deth,
    Dol a bhualadh nan seachd seissir ?

8 Deir an t-Oscar bu mhor greann,
    An la thugadh ruaig nan gleann ;
    Rinneadh gniomh bu chruaidh leam,
    No na cinn a bhuin do sheissir.

9 Deangar leamsa seissir eile,
    'Se thuirt Caorrul nan arm gasda ;
    Bu dearg fraoch a sgaradh cheann (sgatha)
    Deangai mise seissir righ.

10 'Se thuirt Feargu an gloir mhin,
    Cha chuir iad leatrom air chach ;
    Gach aon laoch a thig a' m' choail. (cho-dhail)
    Deangaidh Caoilte nan cas luath,
    Fear is seissir do 'n mhor shluagh.

11 Deangaidh fear saothrach nan ramh,
    A sheisir fein air aon bhall ;
    Deir Fionn Mac Cuthail
    Ma dh' fhag sibh air deire clair,
    Dithis leis an croimear cnamh,
    Diongaidh mise 's Goll na gaisge,
    An dà sheissir a dh' aon aitim.

12 Bha 'm fear ma dheirebh aig Fionn,
    Mar sheodhag eadar dha lion ;
    Fhrighail e 's bu mhor am feum,
    Aiar seachd buillean na h-aon sgeth ;
    'S mar bhi Oscair nan nadh.
    Cheangail e sinne 'nar seissir.

The following fourteen lines do not seem to belong to the rest in any way, but they are written here, so I leave them.

13 Croilhidh mi ceud maoslach mhaol,
    Air gleann Easgadail dan laogh ;
    Ceud Douran 's ceud damh alluidh,
    Nach d' fhag an cuibhne an ard bheann.

14 Ceud comhladh do 'n chreamh ghlas,
    Air a bhuain san fhaoileach gheamhraidh,
    Chuirinn sid a steach am maireach,
    Air bhuidheachas mo leannan.
    Air greigh do eachaibh donn dearg,
    Fo cholainn do fheara feannaid :
    'Se 'n diol do eachaibh co-sheilg,
    'S iad uile do dhi armacha,
    Caoithidh iad mise an sith bhrugh,
    Ach cha tig mi tuille a' d' amharachd.

TEANNDACHD MOR NA FEINNE.

I AM puzzled where to place this ballad. According to peasant reciters, people from many foreign realms joined the Feinne when their fame had spread. They had beaten Manus, the Northern invader, and the Southern tribes at Dan-an-Oir. According to this ballad, two recruits, of whom one was a son of 'Leir,' or Liuir, who seems to have reigned in the Isle of Man, took umbrage, and deserted to the King of Lochlann. According to current tradition, the warrior had a love-mark on his brow, 'Sugh Seirc.' The Northern Queen, who was a daughter of the King of France, and newly married, eloped with the deserters, who returned to their comrades. The injured King pursued. Fionn sent a princess, probably one of Cormac's ten daughters, to offer gifts, and herself. The invaders would have nothing less than Fionn's head. The Lady blessed them, and rode away. The Banners were hoisted, in a passage which is very old, and common to several ballads, and battle was joined. Goll and his tribe, backed by the Clanna Baoisgne, after eight days, nearly exterminated the Northmen, but a third, or two thirds, of the Irish army died. It somewhere appears that Fearragin had served with the Feinne, and that he, not Manus, enticed them to Lochlann.

More of this family appear in prose tales, serving with the Feinne, and slaying giants in Ireland.

This ballad is very popular. Copies of it were in Irish MSS. before 1784, and these are in Dublin still. In December, 1871, Mr. Hennessy, who is well read in old Irish MSS., did not know this ballad, of which I had Kennedy's version.

Something like the story is told by Mac Pherson in the Battle of Lora (p. 111, edit. 1762), but that is not the ballad story. No Gaelic for Mac Pherson's poem exists. It is certain that this ballad pervaded all Scotland more than a hundred years ago, and that it was then commonly recited. A great many versions were orally collected:— 1. Pope, 1739, had a version which he called Dibird fli. Apparently it was the same which begins Dibir Dlighe in Mac Donald's collection. 2. Mac Nicol of Lismore, had two fragments, about 1755, 192 lines. 3. About the same time, Fletcher of Achalader had 224 lines. 4. Kennedy had 248, and 268 lines collected in Argyllshire. 5. In 1780, Hill got 46 lines in Argyllshire. 6. In 1784, Mac Arthur had 10 lines, got in Mull. 7. About the same time Bishop Young had 159 lines. 8. In 1786, Gillies had 236. 9. About 1800, Dr. Irvine got 194 lines from a man who learned the ballad from his grandmother, in Mac Pherson's country. This version contains many lines which are not in Gillies', printed at Perth, 1786, and lines which are in no other version known to me. 10. At some late date Mac Donald got 84 lines from George Mackay, in Dalvig House, parish of Farr, aged 55; John Mackay, Knockbreac, parish of Durness, aged 50; and Donald Mackenzie, Duartbeg, parish of Eddrachellis, aged 61, in Sutherland. 11. In 1816, Mac Callum printed 180 lines and 95. 12. In 1862, I had 106 lines orally collected in Barra and Uist by Mac Lean. 13. In 1871-2, I found that the ballad was known to many, and got a great deal of the story from old men in the outer Islands, but few could then recite the ballad itself. I have collated all these, more than 2040 lines.. Were I to fuse the versions, they would make about 300 lines. I print D. Mac Nicol's version, in his own orthography; extracts from F., which is very like D.; Kennedy's first version, H.; and extracts from his second, I.; extracts from O., and from S. The books quoted can be read. All that is in them, and all that I have collected is represented in the following samples of this curious old historical ballad. It belongs to the Norse Wars. The language is not like the old written language. I believe this to be a popular traditional ballad that was first written early in last century. When it was composed I am unable to guess, but part of it was old in 1512.

D. 14. CATH BEIN EDIN. 112 lines.

From Mac Nicol's Collection. Copied by D. Mac Pherson, May 3, 1872.—J.F.C.

TEANNTACH MOR NA FEINE.

1 La ga 'n raibh Padric na Mhùr
   Gun Sailm bhi air Uigh ach òl
   Chuaidhe Thigh Osseinn mhic Fhinn
   O san leis bu bhin a Ghloir.

2 Failte dhuit a shean Fhir shuaire
   'T ionsaidh air chuairt thanig sinn,
   A Laoch mhili baile Dreach,
   'S dearbh nach deir thu neach snad ni.

3 Sgeul a bail linn fhaotin uait,
   Ogha Chumhail, bu chruaigh Colg,
   'N teantach 's mo an raibh an Fhian,
   O na ghin thu riamh nan Lorg.

4 Dhinsinse sin dhuit gan Tamh,
   Ghiolla Phadric na 'n Salm grinn,
   Teantach smo an raibh na Fir,
   On a ghineadh Fianachd Fheinn.

5 Dearmad Fleagha ga 'n drin Feann
   'S an Albhidh ri Linn nan Laoch,
   Air Chuid don Fhein shuas Druim dearg,
   Gu 'n derich a 'm Fearg san Fraoch.

6 Ma dhibir sibh sinne ma 'n Ol,
   Huirt Mac Ronain le Gloir bhinn,
   Bherinse is Ailte ur
   Freiteach Bliana ri Mur Fheinn.

7 Thog iad gu sgiobalt an Triath
   An Cloimh sa 'n Sgiadh dan Luing
   An Deish Fhenidh, Armach, Fhial
   Go Riogh'chd Lochlan na 'n Sgia slim.

8 Muinteris Bliana do 'n Riogh
   Se thug an Deish a bfhear Dreach
   Mac Riogh Carchair[1] nan Sleigh Geur,
   Agus Ailte nach 'd eur neach.

9 Thug Bean Riogh[2] Lochlan nan Sgiadh donn
   Gaol gu trom 'scha bann go deas
   Do dh' Ailte greadhnach an Fhuilte deirg
   Dh folbh' I leish an Ceilg sám Braid.

10 Dh folbh' I leish a Leabaidh 'n Riogh,
    Sud an Gniomh ma 'n doirte Fuil,
    Sa nionsaidh Flaitheas na 'm Fhian,
    Ghabbadar an Trial thar muir.

11 Fhionnail Riogh Lochlan a Sluadh
    Cabhlach cruaidh sam bhi go deas,[3]
    Se dheireadh leis re aon Uair,
    Na naodh Rioghre sa 'n Sluadh leis.

12 Lochlanich a Bhuin bhorb,
    'S ro mhaith 'n Colg re dul an Cein,
    Thug iad um Freitiche Triath,
    Nach pilleadh iad Srian na 'n deigh.

13 Thogadar an Abhaist[4] ard,
    Re Crich Eire garbh an Greish
    'S chuirthear a 'm Puible a muigh[5]
    Gaoirid on Bhruth an raibh Feann.

14 Teachdaireachd thanig nar Ceann,[6]
    Teachdeareachd[7] chuir rinngo Truadh,
    Comhrac cruaidh o Fhiana Fail,
    { Fhetin air an Traigh mu thua } *Interlined.*
    { Gur e bail leo fhaotin uain. }

Note.—Here fit in' verses 15 to 32, Fletcher's version.

15 Fhregair Ailte 'n Comhrac treun,
    Fear thabbairt Lan-gheil sgacch Cath
    { Ceann ali mhic Leirg na lir, } *Inter-*
    { Ceann Mhic Neamhi, 's Ceann Mhic Lir } *lined.*
    Maoithear leis an dara Beum.

16 Seachd fichid Ceannairt dar Foin,
    Agus Ailte fein air Tùs
    Thuit sud le Laimh Fhearagain mhor,
    Ma 'n deachaidh na Sloigh an dlus.

17 Se raite Feann Flath nan Cuach
    'Se gambrac air Sluadh Inse fail,
    Co dhiongas Fearagain san Ghreish,
    Mu 'n leigemid Leis air tair?

18 Se ni ghabhadh sud le Goll,
    An Sonn nach burraste chluidh,
    Diongamsa Fearragain san Ghreish,
    Leigir edir air Cleis Luidh.

19 Cuchulan is Diarmaid Donn,
    Fearra-chu crom is mac an Deirg, (Leidh)
    Dhidin o Bhuillibh an Laoch
    Cuir dish air gach Taobh d' Sgeth.

---

[1] Riumachain.   [2] Bann riogh.
[3] Adras gu treish.   [4] Colvurs.
[5] gu tiugh.   [6] gu Fionn.
[7] Sgeil Fiom a.

20 Buin leat an seachd fichid Fear mor,
　　Nach uras a chloidh ar Chul,
　　Cuir air Laimh Shoisgeal mo Riogh
　　Chlannaibh morna na 'n Gniobh borb.

21 Buin leat Cath feugra na Fein
　　Nach d fhidir Ceum thoirt air Cùl,
　　Cuir sud air do Ghualin deish,
　　De Shiol Cumhail na 'n Cles luth.

22 Ochd Oichin duinn is ochd Lo
　　A sior chuir ar air as Tloigh ;
　　Ceann Riogh Lochlan na 'n Sgia donn
　　'S e mhasidhe Goll air an 9ᵗʰ Lo.

23 Tuille is seachd fichid sonn,
　　Thuit sud le Gara 's le Goll,
　　On a gherich a Ghrian moch,
　　Gus an deacha I siarr Anmoch.

24 Seachd fichid do Chlanaib Riogh,
　　Bu mhor Gaisge agus Gniomh,
　　Thuit sud le Osgar an aidh,
　　Is le Caorreal Cnes-bhànn.

25 Air a Bhaiste thug thu orm,
　　Chlerich a chanfas na Sailm
　　Thuit leumsa 's le Feann nam Fleagh
　　Coimhliona Ceann ris a Chearthair.

26 Ach nan fuighe E Cothron nan Airm,
　　Deadh mhac Innil nan Lann glass,
　　San Albhaidh na 'n abairte Thriath,
　　Cho ghlaodhta ach an Fhian as.

27 Tuille agus Leth air Fein,
　　Thuit sud air an T-sliabh fa dheas,
　　Ach na 'n lughamid a Ghrian,
　　Cha mho na Trian thanig as.

28 Ach nan lughamid an Riogh
　　A Phadric, le 'm mian gach salm,
　　Ge 'd thanig Droing dar Maithibh as,
　　Cho drin sinn ar Leas san La.

D. 13. COBHAIRLE A CHINN AIG FION.　80 lines.
From Mac Nicol's Collection.　Ossianic Ballad No. xxv.
Copied by Malcolm Macphail.　Edinburgh, March 7, 1872.

1 COBHIRLE a chin aig Fion,
　　'S aig Maithibh Eirin gu leir ;
　　Nighin Riogh nan gaibhte uaip,
　　Gun faithidh e sa bhean fein.

2 Hug shinne gha nighin Riogh,
　　Bu ghuirme suil 's bu ghrinne meir ;
　　Chuir shin ga coibhidichd ceud Eich,
　　A' bear rish an dechidh strian.

3 Chuir shin ga coibhidichd ceud Each,
　　A bear rish an dechigh strian ;
　　As ceud marcich air am muin,
　　Le Cullidh T-shriol (oir) le 'n laiste Gniobh.

4 San herrin I air an Raoin,
　　'S ghagadar na' doigh na Heich ;
　　San a hug I ceim ga choir,
　　'S da ubhil oir na Laibh dheis.

5 Da Chaillin ¹ air Gualin a Guin,
　　Dealibh a Chruin fo Gheil nam port ;
　　Do naichd 's e Pubil Fhinn,
　　Innis duin a Bhrigh sa Bheichd.

6 Mo Naichds' e Pubil Fhinn,
　　Gu 'n Insin a Bhrigh gu ceart ;
　　Mu reinn do Bhean ort Beart chli,
　　Gun' dimmir I gniobh gu cear.

7 Mu reinn do Bhean ort Beart chli,
　　'S gun 'dimmir I Gniobh gu cear ;
　　Cairdeas as Commun ri Fionn,
　　Gun faigh du 's mi na Geall.

8 Dheothidh du shud as ceid Leig,
　　As ciad sheud don Tairbhi T-shaoir ;
　　Dheothidh du ceud shoebhac suairc,
　　Air am bithidh Buaidh nan Ian.

¹ Chainnil.

9 Dheothidh du shud as ceud Corn,
　　Dhianigh do 'n Uisg ghorm an Fion ;
　　'S ga be dholigh aiste Deoich,
　　Cha reichidh a Hart am meud.

10 Gheobhidh du shud as ceud Mios,
　　Cuir sa Riogh a Bheathidh 'naigh ;
　　'S ga be ghlethidh iad rim beo,
　　Chumigh iad Duin og do Ghna.

11 Dheobhidh du shud as ceud Graoidh,
　　As lan Glinne do Chroigh ban ;
　　Mar gaibh u shin beannichd leat,
　　Hoir leat do Bhean 's dian ruin shi.

12 Co duginse Shith do Dhail,
　　Na Mhaithibh Erin gu leir ;
　　Ach Fionn fein a dhoil fo 'm Bhreth,
　　Agus Creich a hoirt gu Traidh.

13 Ach cha dug u leat do neirt,
　　Na bherigh a Chreich gu Traigh ;
　　Fallaigh mishe 's beannichd leat,
　　Fon chaigh Teinnich bun do riunn.

14 Cha nailibh thuss' a chiabh nan cleichd,
　　Riobhin fhairiste Bheoil bhinn ;
　　Gheobhidh du no sheide saoir,
　　'S guilain u fein ri 'm Haibh deis.

15 Cha 'n fhan mish' a Chean nan Cliar,
　　Fonach traoigh mi Tiabh na Fhearg ;
　　Fonach faithin saoir fom Bhreth,
　　Cean na Deishe bu ghann cial.

16 Cha 'n fhagin aguibh do Dhearras,
　　Do Dfhon na Dfherin na Hullich ;
　　Ach Erin na croichdan Glass,
　　A hogbhail leom ann am Loingis.

17 Gun thiuntaich I riuthidh a Cuil,
　　'S mharcich I Cuirsa gu dian ;
　　'B iummid Sroil ga hoiggail suas,
　　'Nordibh gu lua chaidh an Fhian.

18 Doilfin nic Ghailcin fon Ghreig,
　　Muimme Fhearragin as ni 'm breig ;
　　Ri faicinn a Chinn ga Daulte,
　　Righ bu neo ailidh a himmichd.

19 Goul & Oscar an aigh,
　　Connil as Caorril Cneas-bhan ;
　　Mo bhuilher mi 's Fionn nan Fleigh ;
　　Gam bunnigh I 'n ceann don Cheirir.

20 Mar Fearr chaidh as o Beul airm,
　　Na chaigh le Maim don Ghreig ;
　　Do Riogh Lochlin na ga ni,
　　Cha dranig riabh an Tir fein.

F. 12. TEANNDACHD MOR NA FEINNE, AGUS
MAILLE RIS, ORDAMH, AGUS TEACHD A MACH NAM BRA-
TAICHEAN.　224 lines.　Extracts.
Fletcher's Collection, page 49.　Advocates' Library,
Feb. 5, 1872.　Copied by Malcolm Macphail.

I. PAIRT.

13 'M FOGUSG do 'n rugha 'n raibh Fionn.

23 Gheibhe tu sud is ceud crios,
　　'S cha d' theid slios m' an d' theid iad eug ;
　　Chaisge iad leum-dromma 's sgios ;
　　Leug riomhach nam bucal bàn.

24 Gheibhe tu sud is ciad long,
　　Sgoilte tonn air bhuinne borb ;
　　Air an luchdacha gu teann,
　　Deis gach aon-ni a b' fhearr doigh

25 Gheibhe agus ciad mac Righ.
　　Bhuineadh cis air chluiche bhuirb ;
　　Gheibhe is ciad scobhag shuairc,
　　Air am bitheadh buaigh nan eun,

　　　This also occurs in Manus.

II. PAIRT.

Sgaoil Fearrghus a Bhratach re crann,
Mar chomthar gun do dhiult Righ
Lochlunn cumhadh.

1. Air faicsinn 'sin ghluais an Fheinn ghaolach gu foil.
   M' am biodh Eirinn uil' air earras.

2. Thainig sluagh thair iomch' rum thonn,
   Thainig sud 's bu trom am feachd;
   Suil gon d' thug Righ Lochlunn uaith,
   Chunnaic è Bratach a tighinn a mach,
   Is Giulla gasda air a ceann,
   Air lasadh do dh' òr Eireannach.

   DEIR RIGH LOCHLUNN.

3. 'Co i a Bhratach sid Iulla dhuanaich,
   An i sud Bratach Mhic Trein-bhuaghaich,
   Chi mi Giulla gasda air a ceann
   'S i fein aig togra thair sluagh.'

   DEIR FEARRGHUS.

4. Cha ni sud ach an Liath-luidhmeach,
   Bratach Dhiarmad-odh-duimhne;
   'N tra thigeadh an Fheinn uile 'mach,
   Ghabhadh an Liath-lui' neach toiseach,
   'S gur h è bu shuaichneas don t-srol-bhuighe
   Toiseach teachd is deire falbh.

5. 'Cia i 'Bhratach so Iulla dhuanaich,
   An i sud Bratach Mhic Trein bhuaghaich
   Chi mi Giulla,' &c.

6. Cha ni sud ach án aon chosach (ruadh)
   Bratach Rhaoine na mor shluagh ;
   Bratach leis an sgoiltear cinn
   'S le doirtear fuil gu h-aobrainibh

7. 'Co i Bhratach so Iulla ghuanaich,
   An i sud Bratach,' &c.

8. Cha ni sud ach a Bhriachail-bhròchuil,
   Bratach Ghuill mhoir mhic Morne;
   Nach d' thug troigh riabh air a h-ais,
   Gu 's 'n do chrith an talamh trom-ghlas.

9. 'Co i Bhratach so Iulla,' &c.

10. Cha ni sud ach an Dubh-nimhe,
    Bratach Chaoilte Mhic Reathe;
    Air a mhiad 's gu 'm bi sa chath,
    Cha bhiodh iomra ach air an Du'-nimhe.

11. Co i Bhratach so Iulla ghuanaich,
    An i sud Bratach Mhic Trein-bhuaighaich.
    Is Giulla gasda air a ceann,
    'S i lasadh le h-òr aoibhinn.

12. Cha ni sud ach an sguab-ghabhaidh,
    Bratach Oscair chrodha laidir ;
    Nuair a ruigte cath na cliar,
    Cha' b' fhui' fiaruich ach an Sguab-ghabbaidh.

13. Ach thog sinn' Deò-ghreine ra crann,
    Bratach Fhinn bu teann 'sa chath ;
    Lom' lan do chlochamh 'n òr,
    'S cosmhail bu mhor meas is rath

14. 'S air faicsinn dha bratach Fhinn,
    'Shaoileadh e gu 'n thuit a bheinn.'

    FEARRGHUS.

15. 'S duilich dhuitsa na bheil ann.
    Gath-greine Mhic Cuthail ra crann ;
    Is naoi slabhruidhean aiste sios,
    Do 'n òr bhuighe, gun dall sgiamh,
    Agus naoi naoi làn-ghaisgeach.
    Fu' cheann na h-uile slabhraidh
    Aig togairt air feadh do shluaigh.
    Mar chliath treoghaidh gu traigh
    Thoir an aire dhuit féin,
    Biodh gair chatha ga d' iomainn.

    RIGH LOCHLUNN.

16. 'S breugach do bheul fhili bhinn,
    'Trian na ta agamsa do shluagh;
    Cha rabh agaibhse sann Eirinn.'

    DEIR FEARRGHUS.

17. Ga beag leatsa an Fheinn thearc so,
    Bheir thu d' gheann mu 'n d' thig am feasgar,
    Roimhe 'n lana glassa no ni thu d' th aimhleas.

    BROSNUCHA FHINN.

18. 'Cromaibh bhur cinn sa chath,
    'S deanadh gath Flath mar a gheall.'

19. Seachd fichid d' mhaithibh air Feinne,
    'S Ailte fein air an tùs,
    Thuit sud le laimh Earragain mhor,
    M 'an deachnaidh na sloigh an t-lùs,

20. D' fhuirich Fionn fada na thosd,
    Luigh sproc air 'n Fheinn gu leir ;
    'Co dhionghas dhomh Earragain so ghreis,
    No 'n leigeamaid leis air tàir ?'

21. Sin nuair a labhair Goull,
    An sonn bha docair a chlaoidh,
    Leigear mi 's Earragain sa ghreis,
    'S gu 'n feachamaid air cleas luigh,

22. Mac-luthinn agus Ciaran crom,
    Diarmad donn is Mac-an-leigh,
    Ga d' dhiona bho bhuillinn an laoich,
    Tog dithis air gach taobh mar sge,

23. Seachd fichead agus mile sonn,
    Thuit sud le Garra' is le Goull ;
    Dha urrad le Oscar an aidh,
    'S le Caoirreal cora cnaidh.

24. 'S air an ainm a thug thu orm,
    Iulla Phadruic nan salm binn ;
    Gun do thuit leom fein 's le Fionn,
    Choi-lion cean ris a chearthar,

25. Mur rabh duine ann,
    Chuaidh 'mach o bheul airm ;
    Na theich le maoim do 'n Ghreig,
    Do Righ Lochlunn no da shluagh,
    Cha deachaidh duine d' a thir fein.

26. Thuit sinne cor is leth air Fiann,
    Air an traigh tha siar fo dheas ;
    Ach n' an lughainne a ghrian
    Cha mho na air trian a thair as.

H. 15. THE BEST BATTLE THAT THE HEROES EVER FOUGHT. 248 lines.

Kennedy's 1st Collection, page 1. Advocates' Library, November 27, 1871. Copied by Malcolm Macphail.

THE ARGUMENT.

Two Kings came to Fingal, named Aile and Caoilte, to learn his art of war, hunting, &c. The custom of the Heroes was, that they would make a Feast every Thursday in the year. But the first Thursday after they came the Heroes forgot to hold the feast ; Aile and Caoilte thought it was for them they delay'd to hold it. In a short time afterwards the Heroes went all to the mountains to hunt, they left Aile and Caoilte at home to take care of their Habitation (since they were strangers, to rest themselves), there came a heavy shower of hail stones, and the Heroes asked of Fingal what he would give to each of them if the shower was gold (to entice him). Fingal said that he would give a great sum to every one of them, because they would love him ; but he did not mind to mention Aile and Caoilte. Fingal would place every man of honour at the formost end of the table, and every man according to his rank would sit there till they would come to the least. They were one day in haste in going away on some Journey, and they did not mind to call them in time, and they sat that day on the Hindmost end of the Table. They thought then that the Heroes had not much regard for them at all. Immediately they swore that they would stay no longer with the Heroes, and that they would not dine with them for a year and a day. They went away then to Denmark, and bound themselves to serve the King for a year and a day, that they would learn his Art of War, Eloquence, &c. When the said time was expired, the Queen fell in love with Aile, they ran away and Caoilte along with them to the Heroes for refuge. The King of Denmark gathered nine Kings with their host along with his own, to revenge himself on Aile and the Heroes, for to gave him refuge. Then the Heroes fought the sorest battle that ever they fought in their life, as you may observe by the following Poem :—

DAN 1.

1 LATHA bha Pádraig na mhúir,
  Cha robh Sailm air iugh ach sgeúl ; (ag ol)
  *Chuaidh [1] e thigh Oisain Mac Fhinn, (Mhic)
  Oir Sann leis bu bhinn a bheúl. (gloir)

  * Labhair Oisain an so mar gu bu neach eile labhradh.
  [1] Gluais.

2 'Fáilte² dhuitsa! shean fhir shuairce,
  T' ionnsuidh air chuairt thainig nu;³
  Laoch mhili' is caoin dearg dreach,
  Cha d' eur thu riamh neach mu ni.

3 'Sgéul⁴ a b' áill leam fhaghail⁵ uait,
  Ogha Chuthaill bu chruaidh colg;
        An teanntachd 'ás Moghadh 'n raibh.
  'N Cath is teinne chuir an Fhiann
  O na ghen thu riamh nan lorg,'

4 Bheireamsa lán deaɪbh dhuit,
  Ille Phádraig nan sailm bínn,
  Mu 'n chath 's teinne chuir na fir,
  A na gheinamh fianntidh Fhinn.

5 Dearmad fleagha do rinn Fionn
  An Albheinn ri linn nan laóch,
  Bha cuid do 'n Fhɪinn fui dhruim dearg,
  'S dh' eirich orra fearg is fraoch.

6 Dhioir iad sinne san ór, (ol)
        Mac Ronain nan gloir ceún binn
  Dubhairt Caoilte is doidh leinn,
  'S ni mo fhuair sinn mar bu choir
  Ionad suidhe mor mhur Fhinn.

7 'An eiric a mi-mheas dhuinn,
  'S o neach do chum fleagh na Féist,
  Bheir mis is tus Ailli' úr,
  Freiteach bliadhn re mur na Feinn.'

8 'N sin thogadar orra gu triall,
  An cloidheamh san sgia' nan luing;
  'N diais laoch bu chaoin dearg dreach,
  Gu Righ Lochlan nan srian sliom,

9 'S bu Righ air Lochlɪn san uair,
  Fear a gheibhadh buaidh ' sgach blár;
  Fearraghuin mac⁶ aon fhear nan long,
  O' Righ bu mhaith a lann sa lámh.

10 Muintearas bliadhna do 'n Righ,
   Thug an diais bu chaoin dearg dreach,
   Caoilte Mac Rannaghuin⁷ nan sleagh geúd
   Agus Aillidh nach d' eur neach.

11 Ach Ban Righ Lochlan nan sgia donn,
   Ghabh i gaol trom nach roibh deas;
   Air Aillidh greadhnach nan arm dearg,
   Gus an d' rinn i chealg ud leis.

12 Ghluais i a leabiadh an Righ,
   B' e sin an gniomh mun dhoirteadh fuil;
   'S gu Albheinn aobhneach na 'm fiann,
   Thogadar an triall thaɪr muir.

13 'Mo chomric orts Fhinn nan coin,
   Labhair e ghu cro-dhearg aill;
   Nuair tharlas mi 'n cás na toraichd
   Tensairgibh mi sloigh Righ Pháil.'

14 'Gabham do chomric thair muir,
   Roimh aon neach a sheall sa ghréin;
   Tra tharlas tu an cás san toir
   Gabhidh 'n slogh do dhion fui 'n sgeith.'

15 Thionail Righ Lochlan a shlugh,
   'N cabhlach a bha gu cruaidh deas;
   'S e na thional e mn thuath
   Naoi Righridh san sluagh leis,

16 Sheól iad an cabhlach gu h-árd,
   Gu rioghachd Eirann bu ghearg ágh;
   'S gu h-Albheinn oigheach na 'm fiann,
   Thogadar an triall o thráidh.

17 Shiuthich iad am Priplean gu luath,
   Righ Lochlan sa shluagh nach raibh tiom,
   Air na tillichean a muigh,
   Gairid o' n bhruth an raibh Fionn.

18 Teachdaireachd thainig o 'n Righ;
   An sgéul tím chuir ruinn gu truagh;
        No 'n laodhad Innseabh phail
   Cómhrag fear do mhuintir Fhinn,
   Fhaghail air a ghlinn mu thuath.

² Umplachd.   ³ Suinn.
⁴ Fios.   ⁵ fhaotain.
⁶ Bè athair a bu mho loingas a bha r'a fhaghail san aimsir sin.
⁷ Mac Riogh Connachain.

19 Fhreagair Aillidh o 'n cómhrag cruaidh,
   'N sgéul truagh sin thainig an céill;
   Ceann aillidh dea' mhac Righ Liuir,
   Thuit leis air an dara beim.

20 Deich Ceannaird fhichead d' ar Féinn,
   Is Aillidh féin air an tús;
   Thuit sud le laimh Fhearraghuin mhoir
   Ma 'n deachaidh na slóigh an dlús.

21 Thuit nach fhagadh againn teach,
   No amhuinn no béinn no tulach,
   Ach Eirinn na cragan glas,
   Nach d' uigte steach ann na loingas.

22 Do thairg Fionn dhoibh cumha mhór
   Do na sloigh thainig an céill, (ceinn)
   'S do Righ Lochlan nan colbh sean,
   Faraon agus a bhean féin.

22   Thug sinne dhoibh ingin riogh
P. 89. 'S guirme suil sa 's gille deud
   Chuir sinn ga coimhdeachd ceud each
   As fearr ris n' deachadh srian.

23 Ach Lochlanaich a bhuidheann bhorb,
   Aig mead an colg is an ágh
   Cha ghabha iad cumha fui 'n ghrian,
   Gun an Fhiann a chuir nan dáil.

23   'S ceud marcach air a muin
P. 89. Le 'n earradh sroil on laiste grian
   Nuair theirrin 'n sin air 'n t-sraid
   Sa' fhag i no deigh na heich.

24⁸ Cha mho ghabhadh Fearraghuin mor,
   Aig mead a dhóchas as féin
   Duais no bhean air tir no tuinn,
   Ach suinn Eirinn bhi fui mhéin.

25 Ach comhairl eile chinn aig Fionn,
   'S aig maithaibh Eirinn gu léir,
   Inghean Righ nan⁹ gaibhte uath,
   A thabhairt dhosan na géill.

26 Fhuaradh an sin inghean Righ, (ur)
   Bu ghuirme súil 's bu ghrinne méar,
   Bha snuagh a ghnuis mar a ghrian
   'S b' fhearr gu mor a ciall 's a gné.

27 Chuir sinn d' a coimhdeachd céud each,
   Bho mhaith ris an deachidh sriann;
   Is ceud marcaich air a muin,
   An culaidh shróil bu lasrach fia.

28 'N uair a thurlig iad air an raon,
   'S a fhag iad nan deidh na h-eich;
   Thug i céum an sin d' a cóir
   'S d'a ubhal óir na láimh dheis,

29 'Coid do nuaghachds' o phobull Fhinn,
   Ainuir ghrinn sa chiabh nan clearc,
   'S an t' adhbhar mu 'n d' ainig thu féin,
   Aithris gu 'n chaird e le gean.

30 'Se mo nuaghachds' o phobull Fhinn
   Gu 'n innseam dhuit e gu 'n cháird;
   O 'n rinn do bhean ort beairt chlí
   'S a dh' imair i e gu cearr.

31 Cairdeas is comman re Fionn,
   'S gu fuigheadh tu mi na geall;
   Anois 's a rís feadh mo láith
   'S gach aon séud is ághoir thall.

32 Gheibhadh tu sin is céud léng,
   Is céud séud an talla saor;
   Gheibhadh tu sin is céud scobhag,
   Air am bitheadh buaidh gach aon.

33 Gheibhadh tu sin is céud crios
   'N slios mu 'm bi cha tuit am blár,
   Coisgidh iad leum drom is sgios,
   Séud riomhach na 'm bucal léan. (amlag)

34 Gheibheadh tu sin is ceud cornn,
   A ni do 'n bhurn ghorm am fion,
   'S ge b'e dh' olas asta deóch,
   Cho bhi dhochartas gu 'n dion.

⁸ This 24th Stanza claims as his own composition.
⁹ Nan dual arbhui óir.

35 Gheibheadh tu sin is ceud mias,
   An luchuirt Righ am beatha 'n áigh ;
   'S a b'e ghleadhas iad re bheó,
   Cumidh iad óg an duine ghná,

36 Gheibheadh tu sin is ceud lórg,
   A sgoilteas tónn air mhuinne bórb ;
   Air an luchdeachadh gu trom,
   Leis gach aon ni 's buadhaich colg,
                From 37 to 53 are not in I.

37 Gheibheadh tu sin is ceud each,
   Cho mhaith ris an deachidh srian,
   Is céud marcaich air a muin,
   An culaidh shróil is lasrach fia [10]

38 Gheibheadh tu sin is ceud Ghreadh ;
   Is lán glinne do chrobh bán
   Is mar a gabh thus iad sin,
   Thoir leat do bhean 's dean ruinn saimh.

39 Cha tobhair mi sibh gu brath,
   Do mhaitheadh Eirinn gu léir ;
   Gus am fuigheam Fionn fui 'm bhreith,
   Is a chreach a thoirt leam féin.

40 Cha d' ug thu féin leat do neart,
   Choidh na chuireas Fionn fui 'd bhreith,
   'No bhuidhneas a chreach dhuit fein,
   Ach folbhidh mis' is beannachd leat.'

41 ' Cho 'n fholbh thusa chiabh nan clearc,
   A righ bhinn fharast a bheóil bhinn,
   Gheibheadh tu gach seud gu saor,
   'S ceannghlam thu re 'm thaoibh geal slím.'

42 ' Cho 'n fhan mise Cheann nan cliar,
   O nach traoidh mi d' fhia no d' fhearg,
   'S o nach fhuighean féin o d' bhéul,
   Sith dh' fhiann Eirann gu 'n chath searbh.'

43 Cha tabhair mi sith do dh' Fhionn,
   Air son aon ni tha fui 'n ghrein,
   O 'n thug e tearman do 'n fhear,
   A mheall uam mo dhea bhean fein.

44 'N sin charich i riu a cúl
   'S mharcaich i d' ar cúirt gu dian,
   B' iomad sról gu chur a suas,
   An ordamh luath chuaidh an Fhiann.

45 Dh' imich Fionn an sin air thús
   Dea mhac Cuthail a ghnuis ghil,
   A Chumail Comhrag ris an Righ,
   'N gniomh sin mun do thuit na fir.

46 'S deich fichead air a laimh dheis,
   Do shliochd Cuthail nan cleas lúi ;
   Agus naoi fichead fear mòr,
   Bu docair a chuir air ceúl,

47 Dh' fhiosraich an sin flath nan cuach,
   Do Mhaitheadh sluaigh Innsa fail ;
   Co dhiongadh Fearraguin sa ghreis,
   Mu 'n deanadh ar mi leas le táir.'

48 Do bha fhreagradh sin aig Goll
   Are sonn bu docair a chlaoidh
   Leigear ni 's Fearraghuin sa ghreis,
   'S gu feuchainn a chleasaibh lúi,

49 Cuimhnich cath feargarra na Féinn
   'S Chlanna moruna nan cleas lúi,
   Is mac Cuthaill nan arm noicht,
   Air a threune chleasaibh lúdh.

50 Thor leat seachd fichead fear mòr
   Do Chlanna mornna nan cleas lúi,
   A dh' fheitheamh air eacoir an fhir,
   Cuir Sin air thaobh cúil.

51 Mac Lubhidh is Diarmaid donn,
   Oscair crom, is mac an Léig,
   A' d' dhion o bhuillean an Laóich,
   Biodh diais air gach taobh do' d' sgè.

52 'N sin chuaidh sinn an dáil a chèile,
   Slóigh nan deich Righ is Suinn Eirann,
   'S bu luaithe na greann ghath earrich,
   Sinn a dol an tús na t-eúg' bhail.

[10] Is fearr cruth.

53 Bu luaithe no millidh sruthan,
   A ruigh an aon slugan o árdaibh ;
   Bhiodh a béucaich gu tréun meamnach,
   Le toirm Geamhraidh o gach fásach.

54 Cho bheacadh tréun thonn na tuinne,
   'N uair bhuailt iad re créugaibh ard ;
   Le neart na gaoith tuath san fhaoillach
   Cho stuaghda re gaoir an ard chath.

The three following poems belong to some other poem,
i.e., Dearg Mac Druibhail.

P. 93. DR. YOUNG.

55 Ochd laithean duine gun tamh
   Sior dheanabh ar air no sloigh
   Cean in riogh Lochlunn no 'n sgiath donn
   Se buidhin Goll air a naothaobh lath

55 Ceart choimeas cómhrag nam fear,
   Cho 'n fhac mi riamh re 'm la ;
   Ceann Righ Lochlan nan sgiá donn,
   Bhuidhinn Goll air an naoi' amh trá'.

56 Tréunlamh ingheann Bhalcain o 'n Ghréig,
   Muime Fhearraghuin gun aon bhréug
   'N uair thugadh an Ceann da Dalta
   Rí bu' neo' amhluidh a céill,

57 Bha Goll ann, 's Oscar an áigh,
   Conall 's Coireall a chneas bháin :
   Mar bithidh mi 's Fionn nam fleagh,
   Gu 'n d' ugadh i 'n ceann do 'n cheathrar.

58 Deich fichead is mile sonn,
        Ceith ir fichead is coig mile sonn (5080)
   Thuit sud le Garadh 's le Goll ;
   Uighir le Oscar an áigh ;
        A dha urradh le Oscar an aigh (10160)
   'S uighir le Coireall is Sonn,

59 Air a bheastadh thugas orm,
   Phádraig a chanas na sailm ;
   Gu 'n do thuit leam féin 's le Fionn,
   Ceann is uighir ris a cheathrar.

60 O 'n dh' eirich a Ghrián moch thrá,
   Gus an deachidh i siar an moch ;
   Cómhrag aon fhear air an t-sliabh
   'S beag nach do thuit iad gu h-iomlan.

61 Mach o mhead sa chuaidh leinn fein,
   No theich air a bhéigh mu dheas ;
   Do Righ Lochlan is da Shluabh,
   Cho deachadh duine dhiu uainn as.

62 Ach lutheams' air anam mo Righ,
   Mu' deachidh crioch air a ghreis ;
   Ceathrar is ceart leith nam fiann,
   Thuit sin air an t-sliabh mu dheas.

I. 6. FEARGIN.—A POEM.

Kennedy's 2nd Collection, page 1. 204, 64 torn out, =
268 lines. Advocates' Library, April 3, 1872. Copied
by Malcolm Macphail.

IN this manuscript about 64 lines are torn out. Marginal
notes in various hands bear upon each writer's own share
in the Ossianic Controversy. Extracts.

THE ARGUMENT.

ALLY the son of Lear, and Cailte the son of Rangin, (two
petty Kings in the South of Scotland) were sent by their
Fathers, Lear and Rangin, to Fingal to be disciplined in
the arts of War, Hunting, and Poetry, during their mi-
nority. Fingal at their arrival happened to be engaged
by Clan-Chuilgidan,[1] a rebelious Clan who took up arms
against the Lawful King of Ireland, in which he became
victorious, and came home loaded with plunder, which
was distributed among the Fingalians according to their
rank. Ally and Cailte expected a share of the Prize, as
well as those who fought for it ; they likewise expected
that Fingal ought to hold a feast on account of his victory
and their arrival, and that they shou'd occupy the fore-
most seats in the King's Hall. Fingal being not in his
own Hall cou'd'nt observe these rules to which he was
accustomed. Ally and Cailte protested against staying
any longer under the tuition of Fingal, and set sail for

[1] See the Ballad of Dun an oir.

Feargin, King of Denmark, to whom they promised obedience during their pupilarity, on condition he would treat them as becometh their rank, and discipline them in the sciences above mentioned; to which Feargin consented. Soon after their arrival the Queen of Denmark (Feargin's spouse) fell in love with Ally with whom she fled accompanied with Cailte to Fingal for protection. Feargin raised a powerful army, and all the Kings of Scandinavia with their troops, being nine in number, and sailed for Ireland, assuring themselves of a total defeat of Fingal and overrun his Dominions if he should attempt to protect Ally the delinquent. The outrageous Danes landed, and Fingal sent Ally accompanied with thirty of his bravest men to Feargin to ask his pardon, and offer him his wife back. Feargin kilt the thirty men and Ally leading the van. Fingal equipt his grandiloquent daughter Semhrosg accompanied with one hundred chosen men on Horse-back, and proposed herself to Feargin in place of his own wife, with great many warlike rewards and provisions, and proclaim peace with her father, which he obstinately refused. At the return of Shemrosg Fingal marched against the Danes, who were totally overturned. Fingal lost in the action upwards of one-half of his army, on which account this battle is reckoned to have been the most severe day the Fingalians ever fought.

The Poem is addressed to the Son of Alpin.

5 Ri linn do Mhac Rannghuin og,
   'S do Aillidh an t-ogan treun;
   Teachd, gu mac Cumhail nan sluagh,
   Gu Auna nan duan 's nan teud.

6 Bha Fionn an cath Dhun-an-oir,
   'S Riogh nan sloigh bu mhor ann gniomh.
   Measg clann-chuilgeadan nan cleas,

7 Philleadar mo Thriath a b' fhearr cliu,
   Chum an tuir 's nach diulta daimh;
   B' eibhinn aidhearach an Fhiann,
   Mar thoirm ealtain ian gu traidh.

8 Ann Auana do chlann nan laoch:

10 An comain an teirbirt dhuinne,
   'S nach do chum iad fleagh nan ceud,
   Bheir mis' is tus' Aillidh ur,
   Freiteach bliadhn' ri mur na Feinn.

12 Fearghinn mac aon fhear nan long;

15 'S gu h-Auna aobhach nam Fiann.

16 O 'n Mhereir-bhàn sheol na laoich,
   Leis a ghaoith air chuantaidh mear;
   Clos cho d' rinn i 'm port air seimh-shruth,
   Ach mar ean gu mein nam fear

18 Gabham do chomraic thair muir,
   Dhea Mhic Liuir nan arman treun;

20 Gu riogh'chd Eirinn bu gharg àr;
   Gu h-Auna aigheach nam Fiann,

22 Teachdaireachd thainig gu Fionn,

25 Ach Eirinn na crogan creaicht',
   Nach d' thuighte steach ann na loingeas.

27 Cho ghabhadh iad cumha fui' n ghrein,
   Ach an Fheinn a chur nan dail.

28 Cha ghabhadh Fearginn nan ruag,
   Cìs o 'n t-sluagh air son a mhnà;
   Ach Eirinn o thuinn gu tuinn,
   'Sa suinn a chosgairt fui' phna.

   Here the Princess gets a name.

29 'S aig Maithibh Eirinn nam peall;
   Seimhrosg nan dual arbhuidh oir,
   A thaibhairt dhosan na geall.

30 Fhuaradh a mach Seimhrosg ur,
   Bu ghuirme suil 's bu ghrinne mear;
   Bha snuagh a gnuis mar a ghrian,
   'S b' fhearr gu mor a ciall 'sa gne.

31 Chuir sin d'a coimhead ceud each,
   A b' fhearr ris an deachaidh srian;
   Is ceud marcaich air pheill oir,
   'N eulaidh loinreach bu mor fiadh (miadh)

33 Ciod do sgeul o phobull Fhinn,
   Annir bhinn an-reinn-fhuilt thlà;
   'S an t-a' bhar mun d' thainig gu tuinn,
   Airis dhuinn, ma 's leinn do ghradh.

34 'Se mo sgeuls' o phobull Fhinn,
   A laoich nach fiom ann tus a bhlair;
   O 'n rinn do bheann ort beairt chli;
   'Sa dh' imir i 'n gniomh gu cearr.

35 Cairdeas is comann ri Fionn.
   'S gu fuigheadh tu mi na geall;
   Le run dileas feara-phàile,
   'S gach aon seud is aghoir thall.

36 Gheibheadh tu sin is ceud leug,
   Is ceud seud ann tuail nidh saor;
   Gheibheadh tu sin is ceud seothag
   Air am bithidh buaidh gach taobh.

40 Le ionnas na tonn a folbh.

57 ¹Ghluais sinn uile le Riogh-phaile,
   Triath nan armann, b' fhearr san stri;
   Bu chosmhuil ri toirm an-fhaslaich,
   Sinn a' doll an dail a ghniomh.

58 Mar ghaoth earaich, no lon sleibhe,
   Bha gach treud a' triall nar ceann;
   Mar shruth uisge chluinte 'm beumna,
   A' tuiteam far sgè nam beann.

59 Mar leachda' tuinne san fhaoilich,
   Sruth dian a' maoma nan dàil;
   B' amhail is slachdraich nan laoch so,
   A' cosgairt na dh' aom o 'n traidh.

61 Treunlamh Mac Bhalcain o' n Ghreig (muline)
   Aide Fhearginn 's cho 'n aona bhreug;
   Nuair chunnaig e 'n ceann d' a dhalta,

62 Thug e' n ceann le shleagh do' n cheathrar.

63 Is le Cairill, an t-armann donn.

64 Air an iargain thruim so th' orm,
   A Phadraic nach dean stoilbh a h-eineach;

65 Ona dh' eireadh a ghrian moch,
   Dhuinne gun chlos fad tri la;
   Comhrag Riogh Lochlan nan sluagh,
   'Sa chath chruaidh ann gairte bron.

   ¹ Pages 7 and 8 are wanting.

M. 8. TEANNTACH MOR NA FEINNE. 236 lines.

1 DEARMAD fleadha gu 'n d' rinn Fionn,
   San Albhainn¹ re linn nan laoch,
   Air cuid d'an Fheinn shuas Druim-dearg,
   Gun d' eirich am fearg 's am fraoch.

2 Ma dhibir sibh sinn mu 'n ol,
   Thuirt Mao Ronain le gloir bhinn,
   Bheirims agus Alde ùr
   Breiteach bla'na re mur Fheinn.

3 Thog iad gu sciobalt an triall,
   An cloidheamh 's an sciath d'an luing,
   An diais fheinnidh, armaidh, fhial,
   Gu Righ Lochlainn na 'n srian sliom.

4 Bu Righ air Lochlainn san uair,
   Fear a bhuidhneadh buaidh gach blar,
   Earragan Mac Ainnir nan long,
   Gu 'm bu mhaith a lann 's a lamh.

5 Muintearas bliana d' an Righ,
   Tug an diais a b' fhearr dreach,
   Moc Righ Conchair na 'n sleagh geur,
   Agus Ailde nach d' ear neach.

6 Thug Bann-ri'nn Lochlann na 'n sciath donn,
   Trom ghaol trom 's cha b' ann gu deas,
   Ba ilde greadhnach an fhuilt deirg,
   Is dh'fhalbh i an ceilg lois.²

7 Ghluais i leis a leabai 'n Righ,
   Sud an gniomh mu 'n doirtear fuil,
   'S a dh' ionnsuidh Flaitheas na 'm Fionn,
   Thogadar an triall thair muir.

8 Chruinnich Righ Lochlainn a shluagh,
   Cabhlach cruaidh a dh'fhas gu deas,
   'S e dh'eirich re aon uair
   Na naoi Righrin 's an sluagh leis.

   ¹ Almhain.   ² Leis.

9 Lochlainich a bhuidheann bhorb,
Is ro mhaith colg re dol am feim,
Thug iad am mionna ag triall
Nach pilleadh iad is Fiann nan diaidh.

10 Thogadar an Albaist ard,
Seach criocha Eirinn nan colg teann,
'S ann Albain leathann na 'm Fiann,
Thugadar an Triath air traidh.

11 Shuidhich iad am puible gu tiugh,
Righ Lochlainn 's a shluagh nach tim,
Air an tulach a bha muigh,
Guairid o 'n bhrughann raibh Fionn.

12 Teachdaireachd thainig gu Fionn,
Teachdaireachd chuir rinn gu truadh,
Comhrag dluth d' Fhiannaibh Fheinn,
Fhaotain air na gleinn mu thuath.

13 Thairg Fionn doibh cumha mor,
Do na sloigh a thain' ann cein,
Do Righ Lochlainn nam arm sean,
Far aon is a bhean fein.

14 Comhairle chinn aig Fionn
'S aig maithibh na Feinne gu leir,
Nighean righ na 'n gabhtadh nap,
Thoirt do Righ Lochlainn nan arm geur.

15 Ach Lochlainnich a bhuidheann bhorb,
Aig feabhas an colg is am mein,
Ni 'm b' ail leo cumha chunnaic grian,
'S an Fhiann fhagail na 'n diaidh.

16 . . . . .
Ach Mun foghain leasta sin,
Thoir leat do bhean is dean rinn sith.

EARRAGAN.

17 Cha d' thugainn-se sith d' Ailde fein,
Mo mhathaibh na Feinne gu brath,
Ach Fionn fein a chuir fo 'm bhreth
Is a chreach a thoirt gu traidh.

18 Cha 'tug thusa leat do neart,
Do bhrigh mo bheachd-sa, thair sal,
Na chuireadh dhuit Fionn fo d' bhreth,
No na bheir a chreach gu traidh,

19 Fhreagair Ailde na 'n comhrag cruaidh,
Sceul a thainig truadh dha fein,
Ceann mhic Neimhe 's mhic Lir
Madhar leis an dara beum.

20 Seachd fichead do mhaithibh ar Feinne,
Agus Ailde fein air thus,
Thuit sud le laimh Earrgain mhoir,
Mu 'n deachaidh na sloigh ann dlus.

21 'S e labhair Fionn flath na 'm buadh,
'S e 'g amharc air sluagh Innse-fail,
Co dhcangas Earragan sa ghreis
Mu 'n leigeamaid leis ar tair?

22 Do bhi freagradh sud aig Goll,
An sonn bu deacair a chlaoidh,
Deanamsa Earragan sa ghreis,
Leagar eadrinn le 'r cleas-luidh.

23 Cuimhnichibh cath feagarra Feinne,
A Chlanna Morna 's mor cli
A Chlanna Baoige na 'n arm deas,
Leigibh ris bhur dea-ghniomh.

24 Beir leat Oissain is Diarmad donn,
Fearr-chuth crom is Mac an Leigh,
Ga d' dhionadh o bhuillibh an laoich,
Cuir diais air gach taobh mar sceith.

25 Buin leat cath feagarra na Feinne
Nach d'fhidir ceum a thoirt air cul,
Cuir sud air do ghualain deas,
Do shiol Chumhail nan cleas-ludh.

26 Ochd latha dhuinne gun tamh
Sior chuir air ais an t-slogh,
Ceann Righ Lochlainn na 'n sciath donn
Bhuighinn Goll an naodhamh lo.

27 Naoi fichead is mile sonn
Thuit sud le Garaidh 's le Goll,
O na dh' eirich a Ghrian moch
Gus an deachaidh i siar anmoch.

28 Seachd fichead do chlannaibh Righ,
Ga 'm bu dual gaisg' is mor ghniomh,
Thuit sud le Oscar an aigh
Is le Cairioll Corra-chnamh.

29 Mun' fear a chuaidh as o fhaobhar arm,
No 'n comhrag le maon do threig,
Do righ Lochlainn no do shluagh,
Cha deachaidh duine do thir fein.

30 Na 'm faigheadh e co'throm na 'n arm,
Earragan Mac Ainnir na 'n arm glas,
'S an Albhuidh na 'n abairt, *air Triath*,
Cha ghlactadh ach an Fhiann as.

31 Corr agus leath ar Fiann,
Thuit sud air an t-sliabh mu dheas,
Ach na 'n luadhimid a Ghrian,
Cha mho na ar trian thainig as,

32 Ach na 'n luaidhimid ar Righ,
Cha mhnaoi is Triath fo bhron,
'S ge d' thainig d' ar maithibh as,
Cha d'rinn sinn ar leas san lo.

NA BRATICHEAN.

MANUS, RIGH LOCHLAINN.

33 Ge d' gheabhadh Righ Lochlainn sud,
Na bha mhaoin 's do sheuda 'n Eirinn,
Cha philleadh e shluagh air ais,
Gus am biodh Eirinn, uil' air earras.

OISSAIN.

34 Scaoil Fearghus a Bhratach o chrann,
Mar chomhar gu 'n dhiult Righ Lochlainn cumha,
Ghluais an Fhiann ghaolach gu foill
Gus am biodh Eirinn uil' air earras.

35 Thainig sluagh fairim chairim nan tonn,
Thainig sud 's bu throm an fheachd;

36 Suil d' an tug Righ Lochlainn uaidh,
Chunnaic e Bratach ag tidh'n amach,
Agus gille gasta air a ceann,
Air a lasadh do dh' òr Eireannach.

MANUS.

37 Cia i a Bhratachsa Fhili dhuanaich;
An i sud Bratach Mhic Treun-bhuadhaich?
Chi mi gille gasta air a ceann,
Is I fein ag togradh thair[3] sluaghadh.

FEARGHUS.

38 Cha 'n i sud ach an Liath-luineach,[4]
Bratach Dhiarmuid o Duibhne,
'N tra thigeadh an Fhiann uil' amach,
Ghabhadh an Liath-luineach toiseach.

MANUS.

39 Cia i a Bhratach-sa fhili dhuanaich,
An i sud Bratach Mhic Treun-bhuadhaich?
Chi mi gille gasta air a ceann,
Is i fein ag togradh thair sluaghadh.

FEARGHUS.

40 Cha 'n i sud ach an Aon-chosach[5] ruadh,
Bratach Raine na 'm mor shluagh,
Bratach leis an sgoiltear ceinn
'S le 'n doirtear fuil gu aobranaibh.

MANUS.

41 Cia i Bhratach-sa Fhili dhuanaich,
An i sud Bratach Mhic Treun-bhuadhaich?
Chi mi gille gasta air a ceann,
Is i fein ag togradh thair sluagh.

FEARGHUS.

42 Cha 'n i sud ach a Bhriachaill Bhrochaill,
Bratach Ghuill mhoir mhic Morna,
Nach d' thug traigh riamh air a h-ais;
Gus 'n do chrith an talamh trom glas,

43 Gur h e bu shuaimhneas d' an t-srol bhuidhe,
Toiseach teachd is deireadh falbh.

. . . . .

[3] Bhar.   [4] Luidnaech.
[5] Fhionn-chosach.

MANUS.

44 Cia i a Bhratach-sa Fhili dhuanaich,
   An i sud Bratach Mhic Treun-bhuadhaich?
   Chi mi gille garta air a ceann,
   Is i fean ag togradh thair sluaghadh.

FEARGHUS.

45 Cha 'n i sud ach an Dubh-nimhe,
   Bratach Chaoilte Mhic Reatha;
   Air mheud d' am bitheadh sa chath,
   Cha bhiodh iomradh ach air an Duibh-nimhe.

MANUS.

46 Cia i a Bhratach-sa Fhili dhuanaich?
   An i sud Bratach Mhic Treun-bhuadhaich!
   Agus gille gasta air a ceann,
   's i lasaradh le h-òr soibhir.

FEARGHUS.

47 Cha 'n i sud ach an sguab-ghabhaidh,
   Bratach Oscair chrodha laidir,
   Nuair a rigteadh cath na 'n cliar
   Cha b' fhiu a fiaraich ach an sguab-ghabhaidh.

OISSAIN.

48 Thog sinn an Deo-ghreine⁶ re crann,
   Bratach Fheinn bu teann sa chath,
   Lom-lan do chlochaibh an or
   'S cosmhuil gu 'm bu mhor a (meas) rath.

MANUS.

49 Saoilidh mi gu 'n thuit a bheinn.

FEARGHUS.

50 Is doilich dhnise na bheil ann,
   Gath-greine Mhic Cumhail re crann,
   Is maoi slabhraidih aiste sios
   Do 'n or bhuighe gun dall-sgiomh;

51 Agus naoi naoi lan ghaisgeach,
   Fo cheann na h-uile slabhraidh,
   Ag togairt air feadh do shluaigh,
   Mar chliath⁷ traodhadh gu traidh

52 Biaidh gair chatha ga d' iomain.

MANUS.

53 Breugach do bheul Fhili bheinn,
   Trian na ta sgam ann so do shluagh
   Cha robh riamh agaibh-s' ann Eirinn.
   Ge beag leats' an Fhiann thearc-sa,⁸

54 Bheir thu do theann leim mu 'n tig am feascar
   Roimh lanna glas, no ni thu d' aimhleas.

FIONN.

55 Cromaibh bhur ceinn sa chath,
   'S deanadh gach flath mar gheall.

OISSAIN.

56 Bu liona ceann ga mhaoladh,
   Ag us gualain ga shnaigheadh,
   .   .   .   .   .   .
   O eirigh Greine gu feascar.

57 Cha deach' o fhaobhar lann gu loingis,
   Ach aon mhile do shluagh barr;
   Theich iad mar shruth o bharraibh bheann,
   Is sinne san chath ga 'n iomain.

58 Bu lionmhor Fiannaidh agus sonn,
   Agus curaidh bu throm trost;
   Ach samhuil d' Oscar mo mhac-sa
   Cha robh aca bhos no thall.

59 Seachd cathai do bharr an t-sluaigh
   Thuit sud le Oscar na 'm buadh,
   'S an naonar mac a bh' aig Manus Ruadh.

.   .   .   .   .   .

60 Seachd fichead agus mile sonn
   Thuit sud eadar Conan is Goll;
   Ach Mac Cumhaill 's a shluagh garg,
   Mar chaor theine na 'm mor fhearg;

61 Le shradagaibh diana cas,
   Bha buille gach laoich ann sa ghreis
   Fhad 's a mhair Lochlannaich ris.

⁶ A Ghile-ghreine.
⁷ Chliabh.
⁸ Earrasuidh-se.

O. 9. TEANNDACHD MHOR NA FEINNE.

Dr. Irvine's MS., page 41. 194 lines. Copied by Malcolm Macphail, Edinburgh, March 21, 1872.

THIS was orally collected near Dunkeld, about 1800. I have carefully collated it with all the older versions which I have. To save space, I print only lines which do not occur elsewhere—20; and 6 with various readings. 168 lines are in other versions, and vary chiefly in orthography and *names*; e. g., by a very natural change, we get 'Albuin' for Mac Nicol's 'Albhidh,' Kennedy's 'Albheinn,' Fletcher's 'Alabainn,' Kennedy's 'Auna,' Gillies' 'Albhainn.' The place meant clearly is 'Almhuin,' according to Irish orthography, and according to these Scotch reciters. But scribes so write the sound, that modern writers contend for Mac Pherson's geography, and call 'the Hill of Allen,' 'Scotland;' 'Almhuin,' 'Alba.'

TEANNDACHD MHOR NA FEINNE. Extracts.

12 Gu Albuin bheag ladhaich nam Fiann;

43 De righ Lochlain, no de shluagh,
   Cha deach duine do 'n tir fein;
   Dh' fhag sinn coir as leth air Finn,
   Air an traigh bha siar fo dheas.

44 Ach nan tughainna a' Ghrian,
   Cha mhotha na ar trian thainig as;

45 Ach nan lughamaid ar Righ,
   Chaidh mnai is Triath fo bhron;
   Ged thainig de' r maithibh as,
   Cha d' riun sinu ar leas san la.

46 Tog arsa Fionn, gu grad,
   Tog gu h-arda cliu an Laoich;
   Bu neartmhor nn Triath na bhad,
   Ged tha e 'n diugh fo bhac an fhraoich.

47 'S iomadh suil an Lochlainn fhuair,
   Sileadh nuas gu frasach geur;
   Cha 'n fhaic sibh a chaoidh na thuar,
   An curridh nis a leag air feur.

48 Tha thalla gun chliu gun chlar,
   'S damhaich lan broin m' an fhear;
   Ard righ Lochlain donn an sar,
   Se mi agh thug o thu thar lear.

49 Cluinuibh fuaim a Chaoilte ciara,
   Dh' fhalbh aighir nan cliar 's nan con;
   Am bheil a thannasg a' siubhal gu fialadh,
   Na thuit an Triath am beann nan lon.

Charles Robertson learn'd this poem from his said grandmother, and also heard it from others many years ago.

S. 5. DIBIR DLIGHE. 84 lines.
(*i.e.*, THE NEGLECT OF RIGHT.)

Copied by Donald Mac Pherson. Advocates' Library, June 1872.

THIS version contains lines which are not in other manuscripts. There are many slight variations in words, &c., which I have not thought worth notice. The following is the Collector's

ARGUMENT.

FINGAL gives an entertainment to his Heroes, but neglects Alvin and the King of Rona's son. They, taking this as an affront, took their journey to Lochlin. After being some time there the King of Lochlin's wife fell in love with Alivin. Having made an elopement, they return to their native country. In consequence of this rape, the King of Lochlin collects his troops and navy, and invades Scotland, where it is said the Fingalians were at the time. A keen and bloody battle ensued, in which most of the Lochlins fell. Gaul encounters the King in person, and, after a long and severe engagement, the latter falls.

1 LA do Phadric san Tuir
  Gun churam air ach 'g ol
  An tigh Ossian mhoir mhic Fhinn
  Gur ann luinn bu bhinn.

2 Fios bu mhath lium fhoidhean uat
  Ogh' Chumhail 's cruaidh colg
  'N cath 's cruaidh chuir an Fheinn
  Se bha mi fein air a lorg.

3 Agams' tha dheagh bhrath dhuit
   Phadric sheinnis na sailm bhinn
   'N cath is cruaidh chuir na fir
   O 'n la Ghinneadh Feinn o' bhinn

4 'N Dibir-Dligh do rinn Fionn
   San Albhi[1] ri linn nan laoch
   Air cuid don Fheinn air Druim-dearg[2]
   Dherich orr am fearg 's am fraoch.

5 Dhibir iad sinne san ol
   Mac Ri Rona bu do-luinn
   Agus Elbhin[3] Mac Iavir Ruaigh[4]
   Buidhean a dheargadh gu cruaidh rinn.

6 Dhimich an dithis ud don' Iar
   'S thog iad an triall uainn air muir
   Do thir Ri Lochlin nan laong
   Gur ann luinn bu trom an cean

7 Thug bean Ri Lochlin nan laong
   'N troma-ghradh nach robh ro-dheas
   Do dh' Elbhin greadneach nan airm
   Rinnis les a cheilg gun fhios.

8 Ghluais i e leabidh an Ri
   (Sud an gniomh mu 'n dhortar fuil)
   Gu h' Albhi fhlathach nam Fiann
   Thog iad leo an triall gu muir.

9 Gan thog Ri Lochlin nan laong
   Fheachd gu trom re chur an geill
   Deich Cathan fichid o' Thuath
   Don t' sluagh b' fhear bha fo n' ghrein.

10 Aon Cath deng bha sinn nan dail
   Do Fhiannidh Fail bu mhath grinn
   Taghadh gach fear a rug bean
   San teagheach ghlan an robh Fionn

11 Par dh' fhas an Ri lom-lan rachd
   Thog e a Bhratach re crann
   'Shuidhich e a luingeas gu tingh
   Muigh o 'n bhruth 'n robh Fionn.

. . . . . .

12 Gach treas claidheamh 's gach treas cù
   'S gach treas Luireach ur ni 'n Fheinn
   Gach treas maighdin og gem fhear
   Thabhart do Ri Lochlin sa bhean fein

13 Bhagair Elbhin comhrag cruaidh'
   Sgeul thruagh re chur an leud
   Bhiuieas le Iorghil nan lann
   A cheann air 'n dara beum

14 Deich Ceannaidan fichid do n' ar Feinn
   Is ceann Elbhin fein air thus
   Gan thuit le lamh Iorghil mhoir
   Mun deach na firr anns an luths'

15 Dhoinnich Mac Cumhail nan Cuach
   Re mathibh sluaigh Innse Fail
   Co choinichas Iorghil re dreis
   Mun leigadh sibh leis ar sar

16 Gar e fhreagair esan Goll
   Sonn bha deacair ri chlaoidh
   Mis agus Iorghil re dreis
   Leigar eadrin an cleas dluth.

17 Beannachd bhi ais do bheul
   'S minic a labhair thu sgeul mhath
   Chuirt leat cath a chlaidheamh chruaidh
   'S ioma neach a chuaidh led chath.

18 Gabh Oscar is Diarmid donn
   Carril crom is Mac an Leith
   Dod dhedean o' bheuma 'n Laoich
   Dithis air gach taobh dhed sge

19 Tri la is tri oidhch gun bhiadh
   Bha na firs' an sgainnir dhearg
   Ach na bhuineas le Mac Moirni han lann
   A cheann air an t' seachda tra.

20 Moch neach a dhalbh le moim
   No neach a chaidh as don Ghreig
   Aon do chuideachd Ri Lochlin
   Cha deach dh' athchidh gu thir fein.

21 Fear agus ceart leth nam Fiann
   Thuit air an t-sliabh fo dheas
   Ach ma dhinnsis mi mo sgeul gu fior
   Cha deach a bheag 's ar trian as.

A. 16. YMICH OCHTYR. 52 lines.

CATH SEISIR. The Defeat of Carthonn. Tuirbhs re lein tarlach dara. Bardachd Dheireannach Oisein. Carthonn, &c.

ASSUMING that the conquest of Fearagin and nine Northern Kings ends the Norse Wars, and frees the Feinne, their next exploit seems to follow in this ballad. It is rare. Eight Warriors: Oscar, Caoilte, Mac Luaith, Fionn, Diarmaid, Oisein, Raodhne, and Caoireal, went forth to war in Italy, France, Spain, and Britain, where they fought and conquered, as Oisein, one of the band, tells Padruig. In Kennedy's version, they are but six. In Kennedy's second version, name, argument, and story, are changed. To this belong fragments of Oisein's Lament. One came to me from Islay, in 1859; the other came from Dr. Mac Lauchlan, with its pedigree, March 31, 1872. This last fragment was printed in the Inverness Courier, with a translation and dissertation by 'Nether Lochaber.' The versions here printed explain points which seemed obscure. Whether this be of the time of Charles II., or a poem by Ossian, it certainly is very unlike Mac Pherson's Ossian, and very like other popular ballads. It has the characteristic Celtic imagery, which 'Ossian's Poems' have not. This poet, in Oisein's character, identifies himself with his natural, familiar woodland image of withering solitary age. He is not *like* the last nut in the husk. He *is* that solitary, withered, relic of past seasons, wavering in the autumn breeze, about to fall; the last of six. These were, Oscar, Caoilte, Oisein, Ruidhne, Goll, and Gorri. The King of Greece, in the 2nd verse, identifies the story, which was the same in all versions. In Kennedy's second version, lines marked * were altered. They suit a new 'Argument.' Where Kennedy's English 'Arguments' are his own his Gaelic Poems remain like others of their kind. When his English improves, his oral ballads yield to Arguments which are not his. The Feinne become Mac Phersonic, *pro tanto*. Something vaguely like part of this story, was in Mac Pherson's English, p. 127, 1762. In the latest editions, vol. I., p. 192, are 371 lines of Gaelic, of which I cannot find one in this ballad. No Gaelic for the end of Carthon exists, unless it has been found or composed since 1871.

YMICH OCHTYR.

1 Coya lwm ymich ochtyr
   Chor tocht er my venmyn
   Cut da nymich cha chellwm
   Gin gur wellwm gi calmi

2 Oskir is keilt crowith
   Is m'lowith fa moltyr
   Finn agis Dermit deadzale
   Quogr leyttych zar noohtyr

3 Misse agis rynith is kerrill
   Keyve in norrin gin lochti
   Chinnimyr er chreith banwe
   Gir wea anmyn nochtyr

4 Ymich orrin skaill darwe
   Inni gi calm fane sottill,
   Daggimir downe vec cowle
   Cowin lwm ymich ochtyr

5 Zawrmir downe re albin
   Bi chalme dwne a rochtin
   Hut reith lay m'kowlle,
   Cowin lwm ymich ochtyr

6 Er zorttymir zwle tagsin
   Ymith class inta is corkir
   Finni a wade gi brow
   Cowin lwm ymich ochtyr

7 Huggymir cath sin neddall
   Di fre tegwalle na porteiv
   Rugimir boye is cowe
   Cowin lwm ymich ochtyr

---

[1] Fingal's Hall.
[2] Red or bloody hill.—Mac Donald.
[3] Alvin, the same with Aldo, in the Battle of Lora.
[4] This is similar in Mac Pherson's Battle of Lora.—J. Mac Donald.

8 Hugimir caith ni frankgi
   O sann di fre·gi doggir
   Zowimir geylle is cowe
   Cowin lwm ymich ochtyr

9 Hugimir cath ne spane
   A tantyn is a tochtyryn
   Quhoye r my ray fane doyne
   Cowin lwm ymich ochtyr

10 Hugimir caith brettin
   Bi zeglich ay is be doggir
   Hoggymir gayle doyne
   Cowin lwm ymich ochtyr

11 Warrimir Crom ni carne
   Er fargi is ay er ottill
   Foyrrymir gi ter owille
   Cowin lwm ymich ochtyr

12 Na rey harnik ni clossich
   A phatrik ossil hochmyn
   Finni wayde er cowe
   Cowin lwm ymich ochtyr

13 Noewe a manmsyth phadrik
   Is hard crawe is sochyr
   O phakgyth missi id coithr
   Cowin lwm ymich ochtyr.
                     Cowin lwm.

H. 16. HOW SIX PERSONS WENT FROM FINGAL
TO LIFT TAXES FROM ALL KINGS, OR ELSE TO KEEP
WAR WITH HIM. 60 lines.

Kennedy's 1st Collection, page 31. Advocates' Library,
Dec. 1, 1871. Copied by Malcolm Macphail.

NOTE.—Dec. 4, 1871, Dublin.—As Tradition this story is common in Ireland, but the ballad was not identified by Mr. Hennessy.—J. F. C.

THE ARGUMENT.

THERE went away six persons of the choice and ablest of the Heroes from Fingal to lift tribute on every King; or else to keep war with Fingal; they first went away to the King of England (for Scotland was paying a yearly tribute to him) for to get the down off him, and when they got that, they did not go no further. Observe the Poem.

DAN 5.

1 'S BRISTEACH mo chroidhe sa Phádraig,
   'S mi tigh 'n air na bha sinn deanamh ;
   'Nois ged nach maithrean Mac Chuthaill,
   Leam is cumhain cuid d' a bheasaibh.

2 Gu 'n innseam dhuibhsa Mhic Alpainn,
   Aig bheil beannachadh uile Eirann ;
   An treabhantas do rinn seisear,
   Nach gabhadh eagal no éuradh.

3 Ailis sin dhamh Oisian nárairch,
   A dhea' Mhic Fhinn bu leóir abhachd ;
   Ciod an treabhantas rinn seisear,
   D' ar laoich éibhneach, threisail áluin.

4 Ghluaiseamar o 'n chathair amlaich,
   Seisear fear armach do bhuidheann ;
   A dh' iarruidh freagradh gach tíre,
   'S a thogail cìs do Mac Chuthaill.

5 Do ghluais sinn an tús ar teachd' reachd,
   Dhionnsuidh Righ Sasgan nan géur lann ;
   Ochóin ! bu mheamnach ar 'n aigneadh, theachd
        ro deisainn.

6 Teachdaireachd chuir gu Righ Sasgan,
   Do bhrí nearta bu chubhaidh ;
   Géill a thoirt dhuinn air ar 'n eagal,
   Air ghea' freagradh do Mhac Chuthaill.

7 Do fhreagair dhuinne 'n Righ buadhach,
   Do bhrí uabhair agus treise ;
   Nach d' ugadh e géill no freagradh,
   Is gu b' ion eagal do 'n t-sheis.

8 Do thogamar ris air sleaghan,
   'S gu b' ann r' a ádhaidh ar bratach ;
   Re aithris air ár nan gaisgeach,
   Bha mnái' o 'n fhairsneach gu galach.

---

9 Thogamar leinne d' an uaisle,
   Cuig ceud gu 'n fhuasgladh do dh' Eirinn ;¦
   Sin dhuitsa sgéul a mhic Alpainn,
   Aig bheil Laideann agus Beurla.

10 Sin na rinn sim suas do bhraidhdean,
   Le tilgail ar saighde calma ;
   Is na thog sinn d' an uaisle,
   Mu 'n d' fhuasgail sinn bann do dh' Albinn.

11 Bu diais dhiu mise 's Caoilte.
   Bu triar dhiu Faoghlan fearrbhuidh ;
   B' e 'n ceathramh dhiu 'n t-Aogh Mac Rosaich,
   'S b' e 'n cuige dhiu 'n t-Oscar calma

12 B' e 'n Seathamh dhiu Milidh áluin,
   Nach do chlaón riamh bair re' m chuimhne ;
   'S a noc gu' r muladach a' ta mi,
   Re tím bhi 'g àireamh na búidhne.

13 Phill sinn air ar 'n ais do dh' Eirinn,
   Sinn mar cheathairn éibhneach shutha ;
   Agheilleachdain air a bhagar,
   Do bhrí feartean Fhinn mhic Chuthaill.

14 Rainig sinne na seachd Cathain,
   Dream nach deachidh riamh air theicheadh.
   'S air clor réidh na fola Feinne,
   Cho raibh dhinne 'n sin ach seisear.

15 B' iad sin fein a chuigear chruthach,
   A dh' fhag gu trom dubhach mise ;
   Dh' fhag iad urseann mo chleibh snitheach,
   Agus crún mo chroidhe bristeach.

I. 11. THE DEFEAT OF CARTHONN. 72 lines.

A POEM.

Kennedy's 2nd Collection, page 26. Advocates' Library,
April 4, 1872. Copied by Malcolm Macphail.

THE DEFEAT OF CARTHON.

IT is very probable that this Carthon or rather Carthonn, is the usurper Carausias, who had frequently fought and overcame the Caledonians and forced their neighbour Kings and Lords that possessed the south countries of Scotland to pay him a yearly tribute. These oppressed petty Kings sent for Fingal to whom they agreed to pay him an adequate tribute, upon condition he would rid them of the tyranny of Carausias and recall the Tribute, to which Fingal consented, and sent off three hundred men of the flower of his Bands commanded by six of his brave and most valarous champions to reclaim the tribute of Carthon, who at their arrival upon demanding the tribute (or appoint a day to engage Fingal and his army), were furiously attacked by Carthon's Legions, of whom the brave Caledonians took 500 prisoners to Scotland where they were kept under close confinement till Carthon laid down the tribute. This and several other successes helped greatly to establish Fingal's authority over all Scotland, and procured him the love and favour of his neighbouring Kings. The Poem is addressed to the Son of Alpine or St. Patrick.

All this is an afterthought. See above, A. 16. H. 16.—J. F. C.

1 'S BRISTEACH mo chroidheasa Phadraic,
   'S mi tigh 'n air na bha sinn deuramh ;
   Noc ge d' nach maithreann Mac Cumhail ;
   Leam is cumhainn cuid da bheusaibh.

2 *Gun insinn duitse Mhic Alpinn,
   *Bheireadh claisteachd do dhea' sgeula ;
   Ann treubhantas do rinn seisear,
   Nach gabhadh eagal no euradh.

3 Ailis sin damh Oisein naraich (dhainich)
   A dhea' Mhic Fhinn bu leoir abhachd ;
   Ciod an treubhantas rinn seisear,
   *Le 'n laoich bu treise sa ghabbadh,

4 Ghluaiseamar o 'n Chathair amlaich,
   Seisear fear armach le 'r buidheann ;
   *A dh' iarruidh freagradh ar Rioghradh,
   'S a thogail cìs do Mhac Cumhail.

5 Ghluaiseamar an tùs ar teachd'rachd,
   Dh' ionnsuidh Ri' Sasgann nan geur lann ;
   *Ochoin ! bu mheamnach san astar,
   *Na laoich a chaisgeadh an t-eug-bhail.

P

6 *Teacdaireachd chuir gu Riogh Carthonn,
   *Do bhri' calmachd, mar bu chubhaidh ;
   Geill a thoirt duinn air ar 'n eagal,
   Air neo-freagradh do Mhac Cumhail.

7 Do fhreagair dhuinne Riogh buaghar,
   Do bhri' uabhair agus treise ;
   Nach d' thugadh e geill no freagradh.
   Is gu b' ion eagail do 'n t-seisear.

8 *Dhoirt iad chugainne na sluaigh,
   *Mar theachd a chuain air rua' rugha,
   *Gu beucach, buidhneach 'n ar co' ail,
   *'S nach tuigt' an comhra' san uighe.

9 *Mar èitil nan ean ann soininn,
   *'S doinnean a dubhadh an àbharr ;
   *Bha toirm nan Treonach, na millidh,
   *Le gathan liobhaidh, gu 'r bearnadh.

10 Do thogamar ris ar sleighan,
   'S gu b' ann ri aghaidh ar bratach,
   Ri aithris air àr nan gaisgeach,
   Bha mnài' o 'n fhairsnich gu galach.

11 *Mar shileadh nam beann air aonach,
   *Bha 'n creuchdan nan laoch a' dortadh ;
   *Mar ghaoth charranach Beinn-auna,
   *Bha gàir nam fann ann sa chòmhrag.

12 Thugamar leinne da 'n Uaislibh,
   Cuig ceud gun fhuasgladh do dh' Eirinn ;
   Sin duitse sgeul a Mhic Alpainn,
   *Ga 'm biodh Laidinn agus Greigis.

13 Sin mar rinn sinn suas do bhraidean,
   Le tilgeil ar saighdean calma ;
   Is na thog sinne da 'n Uaislibh,
   *Ma 'n d' fhuasgail a chìs do dh' Albinn.

14 Bu diais diu mis' is Caoilte ;
   *B' e 'n treasamh dhiu Faolan fearr-bhuidh ;
   B' e 'n ceathramh dhiu 'n t-Aogh Mac Rosaich,
   'S b' e 'n cuigeamh dhiu 'n t-Oscar calma.

15 *B' e 'n seathamh dhiu Aogh Mac Dàire,
   Nach do chlaon riamh bair ri 'm chuimhne ;
   A noc gur muladach ata mi,
   Ri tim bhi 'g aireamh na buidhne.

16 *Philleadar air ar 'n ais do dh' Albinn,
   Sinn mar cheathairn armaich, shuthaich ;
   A gheilleachdain air a bhagradh,
   Do bhri' feartan Fhinn Mhic Cumhail.

17 Do rainig sinn na seachd Cathain,
   Dream nach do chuaidh riamh air theicheamh ;
   'S air clor rè na folbha Finnidh,
   *Rainig sinn iad sin nar seisear.

18 Gu b' iad sin a chuigear chruthach,
   A dh' fhag gu trom dubhach mise ;
   Dh' fhag iad ursann mo chleibh snithich,
   Agus crun mo chroidhe bristeach.

Z. 9. TUIRBHS RE LEIN TARLACH DARA.

Sent by Ion Mac Fergus, Port Weeymss, Islay. Ceud Mios Feadharadh 10 ladh. 1859.

SEISEAR bhraithrean sin air sliochd
Seisear sinn nach d' fhidir lochd ;
Is-cha mhair ean t de 'n seisear gu beachd
Air an Lichd ach mise nochd.

This verse is printed in Kennedy's Hymns, page 102, as 'Cumha nam braithrean,' which Kennedy got from a Craignish man, who could recite more of the Poems of Ossian than any other between the Mull of Kintyre and Highbridge in Lochaber.

X. 5. BARDACHD DHEIREANNACH OISEIN.
36 lines.

Copied by Malcolm Macphail, from materials furnished by the Rev. Dr. Mac Lauchlan, Edinburgh. Edinburgh, January 29, 1872.

1 SEISEAR sinne saor o shliochd,
   Seisear nach do smaonaich lochd ;
   Chaidh fear dheth 'n t-seisear fo lic,
   'S mor fath mo chlisgidh nochd.

2 Cuigear sinne 'dol air ghleus,
   Sid e thugad righ na Gréig ;
   On 's dearmad dhuinn a dhol air chuairt,
   Bhuineadh uainne fear an treud.

3 Ceathrar sinn a' sealg ré seal,
   De bhuidhinn armaibh nach gabh g'
   Air cho cruaidh 's gan cuirte leinn cath,
   Bhuineadh uainne fear na fir.

4 Triùir sinn 'an gniomhan còr,
   'G aithris thairis air chleas arm ;
   Shiubhail a' Ghrian o ear gu iar,
   'S bhuineadh uainn an Triath gun chealg.

5 Suidhidh sinn 'nar dithis a muigh,
   Sgailidh sinn fo nar gean ;
   Thainig an t-Aog mar bu dlighe,
   'S bhuin e uamsa 'n dara fear.

6 Mise 'n am ònar 'n an déigh,
   Cha bheatha dhomh ach am bàs ;
   Cha d' thainig air thalamh 'nuas,
   Aon neach leis nach cruaidh an càs.

7 'S mi 'n aon chnò 'dh' fhàs 's a mhogan,
   Gun chnò eile 'n am fhasgadh ;
   'S gearr mo bhogadh gu tuiteam,
   'S a ghaoth' dol fotham gu farsuing.

8 'S mi 'n aon chraobh a dh' fhàs 's a chnoc,
   Mar stoc a bhuaileas an tonn ;
   Cha bheatha dhomh ach am bàs,
   'S mairg do 'n fàgair a làmh lom.

9 Caoillte, Goll, agus Gorri,
   Agus Oscar, uallach slios-gheal ;
   Mise 'us Ruidhue o 'n a mheanbh bheinn,
   Gu-m b'e sid ainm an t-seiseir.

'The above verses have been taken down, by Farquhar Mac Donnell Plockton, from the recitation of an old man, Farquhar Mac Rae, Kintail, who on his deathbed repeated them a day or two before his death.'

'Plockton, Lochalsh, February 1, 1866.'

M. 14. LAOIDH LAOMUINN MHIC AN UAIMH-FHIR. 106 lines.
Gillies, page 302.

I have one other version of this ballad ; Gillies gives no hint where he got it before 1786. It is part of the Dialogue between Oisein and Pádruig, with the same actors in it. Laomuin, the Giant's son, would seem to have something to do with the name of Beinn Laomuin (Ben Lomond.) Supposing him to be one of the people conquered in the last ballad, I place him here. The rhythm of this differs from the usual rhythm of these ballads.

1 Is cian o sin a Thulach ard,
   Gu facas air do bharr uair
   A bhuigheann nach diultadh roimh neach,
   Ge d' tha thu 'n diu gun teach gun tuar.

2 'S ann ortsa bhiodh Laomann mor
   Mac Nuagh-fhir [1] a chlaoi gach treis,
   Fear a chuir Alb fo aon chain,
   Le spionna dha laimh 's a chleis.

3 Acruineachd, a h-airgiod 's a h-or,
   A h-iasga geal, a feoil 's a fion,
   A leuga logmhor is a maoin
   Ghabhadh leis an laoch gun fhiach.

4 A ris thainig cairioll 's an Fhiann
   Mac Righ Alba na 'n sciath 'n oir ;
   Cha bu ladhaid thu sud mu d' rath
   A thulach dhaite dhea' ghlan snuagh.

5 Bha sinn ann cath niar thiom,
   Nach do phill re aite cruaidh,
   Gun easbhuidh faobhair no rainn,
   Ge mor a bh'air ar ceinn do shluagh.

6 Thainig Diarmad 's Caoilte cruaidh,
   Fo 'n bhrataich euchdaich arm-ruaidh,
   Le 'n eathaibh milltach gun dail
   Bu dearg sochair an iomairaidh.

[1] Cha bhi mi 's an laoch a riar.

7 Thaing an ceathramh Cath d' ar Feinn,
  Curaidh bu mhaith feim air tos,
  An laoch nach tugadh briathar tais,
  Iolunn bras Mac Mornai moir.

8 Naoi mic-fhichead Mornai moir
  Thainig chugainn le 'n sloigh mhear,
  Naoi fichead sciath gharg ann goil,
  A dheangadh ceud gach aon fhear.

9 Thainig chugainn Faolan fial,
  Deich ceud sciath is cloidheamh glas,
  Goisridh do mhaithibh na 'm Fiann,
  Gu Dun-laomunn nan ciabh cas.

10 Glaisein connachdach na 'n tonn
   Choncas an cath trom ag teachd,
   Fa choinne Feinn flathail Fiann
   Gu Dun-laomunn na 'n ciabh cas.

11 Thainig chugainn Galdui' mor
   Agus Fiannachd Abarneachduinn,
   Fa choinne Feinn flathail Fiann,
   Gu Dun-laomunn na 'n ciabh cas.

12 Thainig chugainn an deis noin
   Cath Fheinn Mhic Cumhail Mhic Treunmhoir;
   Gu 'm b' i sud an Toirc ghreadhnach
   Fionn fein 's a lan teaghlach.

13 Thainig an Fhiann ghaolach gu mor,
   Leis na glas laoich bu chruaidh neart;
   Sluagh, fothrom is caithreim na 'm Fiann,
   Thainig sin, 's bu trom am feachd.

14 Bha fear rompa bu caoine gloir,
   Gun easbhuidh sioda na saor-shroil,
   Bhiodh air taobh deas an fhir mhoir
   An cuiseir gasta an-mor.

15 Or gu pailt air na h-earluinn
   Air slios an laoich mhoir mheanmnich

16 Chuige thionaileadh an Fhiann
   As gach sliabh an ear 's an iar.
   Bu lionar sin a bha sinn ann
   Lireach agus lann is fear.

17 Corr agus naoi mile Burc
   Dh' iath sinn iad mu Dhun na 'n dos;
   Raineadh sinn Tulach na 'm blath
   Ghabh sinn tur is tamh is fois.

18 Chuaidh sinn fo 'n Ghil-ghreine
   Seachd catha na gna Fheinne,
   Fo 'n chrann chiuil bu mhath buaidh,
   Foi 'n Reilin daite arm-ruaidh.

19 Chunnaic sinn mu 'n cuairt d' an Dun
   Comhlaoich re daoradh dluth shleagh,
   'S an laoch fuileach air an ceann,
   'S cinnteach gu 'm bu sean a bhias.²

20 Dh' eirich Laomunn gu deas,
   Air teachd oirne greis d' an lo,
   'S iomadh lamh agus cos
   A theangadh leis agus ceann.

21 'S iomad sleagh a chorcradh leis,
   'S lionar cneas sna chuir e lann,
   Bu lionar draoiseach 'nar Feinn,
   B' aillsidh creachdan fo laimh.

22 Dh' eirich Oscar an aignidh mhoir,
   A chosgadh 'n fhir bha 'n gar dho ;
   Dhosan comhrag chaogad laoch
   Niar dh'eitich an saoi sa chleo.

23 An t-Oscar mor bras-bhuilleach
   Fear a reubadh gach cath,
   An tuil mhor gharbh ghasta,
   Ur mhacan an ard-fhlath.

24 Mo mhac-sa bhuadhaich an cnoc,
   Le h-Oscarr a thuit an t-aoidh,
   'S ioma' reuba bha na chorp,
   'S ioma' loit na dheas-thaobh.

² Sean, no teann a mheas.

25 Seachd ràthain do 'n Almhain uir
   Ga leigheas ann cuirt na 'n Gall,
   'S cha dubhairt Oscar aich no iòd,
   Ge h-ioma cnead a bha ann.

26 Is mise Oisain dea' mhac Fheinn,
   Is ann rinn gu leigeadh e run ;
   An la sin bu mhor mo rath,
   Bu mhi an dara cath air thus.

27 Beir mo bheannachd uam an nochd,
   Beir m' anam bochd gu Dia ;
   Soruidh uam ad' chuideachd Fheinn ;
   Leinn a Thulach ard is cian.

THE STORY OF DEARG.

THE last story was a broken history of a blood feud between Celts and Scandinavians, lasting through several generations, and ending in the 'tightest battle' the Heroes ever fought. This seems to be another story of a blood feud. We are told that Cumhall, Fionn's father, slew the father of Dearg mac an Deirg. A prose story tells that Oisein's mother was daughter of Dearg, and that she was enchanted, wooed, and won under the form of a deer. In a third story the Feinne go hunting with Dearg. To test his wife, they pretend that he has been slain by a boar. The wife prepares the funeral feast, sings a ballad, and dies. Dearg invades Ireland from Scotland ; some specify Mull as his kingdom. The Feinne, who had gone from Ireland to hunt with Dearg, fight him when he invades their country, and Goll slays him in a ballad. Of this ballad 10 versions are known to me :—1. About 1690 a version was written at Ardchonail, 267 lines. 2. About 1750 Mac Nicol wrote a version at Lismore, 290 lines. 3, 4, Kennedy wrote two versions, 256 and 256. 5. About 1780 Bishop Young got 36 lines in Scotland somewhere. 6. About 1800 Dr. Irvine got 38 lines about Dunkeld. 7. Mac Donald got 60 lines in the North of Scotland. 8. Mac Callum printed 294 lines in 1813. 9. In 1862 a great many people knew the story, and some few could repeat parts of this ballad. 10 Mac Donald's version, S., I never heard, but I read his version in June 1872.

Fionn next went from Ireland to Scotland to hunt. He fell asleep. Diarag og Mac Righ Deighir, one of the Feinne was with him. A stranger wished to avenge his father on Fionn. Diarag defended Fionn, and was slain. Fionn awoke, lifted the dead warrior, lamented him, and had him buried at Albhi, where the Feinne were buried.

The next bit of the story is well known as a ballad. Conn, the son of Dearg, possibly brother to Diarag òg, came from Scotland to Ireland to avenge his father's death on the Feinne. Goll, who slew the father, also slew the son. The warrior is described as a giant. The Story then concerns four generations : Cumhall, Fionn, Oisein, Oscar :—Irish at blood feud with :—Dreabhal, Dearg, Dearg Mac an Deirg, and Conn Mac an Deirg, Scotch chiefs alternately friends and foes, but with the vendetta always behind. Dearg's wife says (O. 28., verse 2) that she was the daughter of Laomain, the son of Roc. In M. 14. Laomain, the Giant's son, is invaded and overcome. But Roc (p. 63) was the name of the one-eyed, one-legged runner slain by Fionn ;— brother of the Smiths, who were allies of Manus, the Scandinavian foe. So the whole system hangs together. A great many stories are all brought to the same point. Whatever the story may be, it ends about Teamhra, or Albhinn, the seats of the Irish High King and his army. According to tradition, 'The praise of Goll was sung after the slaying of Conn Mac an Deirg.'

Verses (33 to 37. D. Conn Mac an Deirg) indicate another blood feud between the Clanna Baoisgne and Clanna Morna, which began in the days of Cumhall and ended in the overthrow of the Feinne.

Parts of this series of ballads have been indentified with passages in Mac Pherson's 'Calthon and Colmal,' p. 219, edit. 1762. I cannot see the resemblance. Dr. Smith seems to have composed a poem upon this theme, p. 277. edit. 1780, 'Dargo the Son of Druivel.' The Argument contains part of the Story of Dearg, but the poem itself and the Gaelic equivalent differ entirely from the Gaelic ballads which Dr. Smith's neighbours, Mac Nicol and Kennedy, gathered orally in the same parish and district, Of Conn Mac an Deirg, I have D., 188 lines ; F., 210 ; H., 130 ; I., 176 ; L., 170 ; M., 144 ; O., 159 ; S., 116 ; Z., orally collected by myself, 16, 158 ; 17, 66 ; 19, 139 ; 27, 191 ; 32, 60. In 1871 I heard the ballad sung by peasants in the Highlands. Of this story in verse I have of Dearg's Story, 1513 ; of his son's story,

2,047; in all, 3,560 lines, which I have collated. I print a selection below. Were they fused these would make about 600 lines, but to fuse them would be to lose the variations which seem to bear upon subjects of general interest, namely, Philology and Tradition.

D. 16. DUAN AN DEIRG. 290 lines.

Mac Nicol's Collection, Ossianic Ballads. Copied by Malcolm Macphail, Edinburgh, February 29, 1872.

A comparison of this version with Kennedy's proves that they had no written original from which to copy. Both wrote from oral recitation in different districts, and their versions vary accordingly.

1 GLEIS air caithreim an Fhir mhoir,
  Thainig thugain an ceud uair;
  An treun Laoch bha lan do dh' oil,
  B' e 'n Dearg dana Mac Dreithin. (Treithin)

2 Thug e a Mhuinnin do,
  An ceud La aig dol air sail;
  Nach faighadh e geil air bith;
  Aigh aon Fhianaigh air Fheobhas.

3 Go Thasg nan Fiann as mor Goil,
  Gluasaidh an Dearg Mac Dreithin,
  An oir fo Thir nam Fear fionn,
  Gu crichibh Iaradh Fear Eirin.

4 An Dithist Laoch nach d fhuillin Tair,
  Aig aibhric a Chuain chobhair bhain;
  Bha Raoidhne Rod-gheal Mac Finn,
  San Caoil Crogha Mac Cribhinn Righin.

5 Tra-shoir an Ti thin thair chuan,
  Thuitidir nan Guilibh Suainn,
  Gus an do ghaibh Barc an Fhir Bhoir,
  Car air an Traigh dan geur Choibhidh.

6 Thug an Laoch fa theintidh Dreich,
  Leim thair a crannibh craosach;
  'S tharruing e a Bharc air snaigheadh,
  Air an Traigh dhil ghaineich.

7 Bha Fault Fion-bhui mar or cheard,
  Oscion a mhaillcathin nach Duigh;
  'Sa dha Gheare ghorma mar ghlainnidh,
  'S bu dhealbh-ghnuis do 'n mhilidh.

8 Bha dha shleigh chrann-reibhir chath,
  An Laibh Mhic an ard Fhlath;
  'Sgiath oir air a ghualin chlith,
  Aig Mac uasal an ard Riogh.

9 Lann nibhe ri liodairt chorp,
  Aig an Laoch gun eagal coibhraig;
  Neul cuntuidh clocharra corr,
  O 'n mhilidh shocharra shuil-ghorm.

10 Geil gaisgaidh an Doibhin Toir,
   A choissin an Dearg Mac Dreithin;
   Air mheid a Thappa air Dheilibh,
   Air choibhrag ceart air cheudibh.

11 Dhuisgidh Raoidhne Rod nior Thiom,
   'San Caoil Ceutanuch crogha calma;
   Glaccadar an airm Laoch nan Laibh,
   Agus Ruidheadar na choibhdhail.

12 Habhair sgeul dhuinn Fhir mhoir,
   Oirn' a ta gaibhrac a Chuainn;
   Da Mhac Riogh le sar phailt shinn,
   Dion lan uaislin na h-Eirin,

13 An Toisg fo 'n taine mi nois,
   Cho 'n ium aon neach da ain-fhios;
   'S mi 'n Dearg Mac Riogh nam Fear-fionn,
   'G iarruidh ard Rloghachd Eirin.

14 Labhair Raoidhne 'n aigne mhir,
   Ciod e an Rioghan Dearg Mac Dreithin;
   Freigairt na geil air Tir Fail,
   Com am faigheadh tus e Laoich Iumlan.

15 Ge maith shibhs' a Dheishe Laoich,
   Do bhrigh Farmaid & Fraoich;
   Co bhacca dhim a gabhail,
   A glaccadh na hiom ghabhail.

16 Nan sloininse dhuitsa na cathan,
   A Dheirg Mhic an ard-Fhlath;
   Slionbhar an Teibhra Laoch Lainn,
   A dh' euridh riutsa da'd choibhrag.

17 'S mo Bhriathar ge borb do Raithin,
   Deir an Caoil Ceutanaeh croagha calma;
   Gun rachains do'd dheichuin anois,
   A Laoich ud a thainig thairris.

18 Air a chaol chrogha bu mhath Dreich,
   Leimidh an Dearg gu dasanach;
   Le Fraoch mor & le feirg,
   'S mairg air an do bhuail an treun Laoch.

19 Dhianaigh an Dearg coibhrag cruaidh,
   'S an Caol crogha le mor uaill;
   Agus thug iad Torrinn deas teann,
   Re sgolta sgiath & chath-bharra.

20 Gum iomrapa na Deishe,
   Ann san Iurrughail nior thairris;
   Gu do-cheangladh leis an dearg,
   An Caol crogha san Chrodh-linn.

21 Dh' eirich Raodhne Rod-nior thiom,
   An deis an Caol crogha do chriplidh;
   Mac Riogh na Fein gu sar,
   Choibhid an Treun-fhear 'sga chonbhail.

22 B' iongantach an cheassibh Goil,
   Eattara san air chruaidh Feime,
   Gus 'n do cheangladh leis an Dearg,
   Raodhne nan Rod 's nan Luath bheumanan.

23 'S ro mhaith 'n gniobh san Cala dhuit,
   Shinne mar Dithis do cheangal.
   Fuaisgail an Crioplaidh Laoch Lain,
   'S bigh shinne nar dithist ma 'd thiomchil.

24 Fuasglaidh an Dearg 's nior threish Fiach
   Cuibhreach na Dushe deo Laoch;
   'S ghaibhe an Briathar leth far leth,
   Nach toga shiad arm na Aoghaidh.

25 Gluasadar an shin gu Teibhra,
   Gu Cormaig a bhoir Theoghlaich;
   Mac Driethin nan geur Lann buaghach,
   Gu Triath Teabhra nan deagh Luaidhrean.

26 Dh' eirigh na Fir shin a Thoabhra,
   Fir mhora dhireacha dheallabhach;
   'S gu 'm b' iumma Fear dhonn-bhroit-shroil,
   An tiomchioll Chormaig an ceud uair.

27 Labhair Triath Teabhra gun oir,
   Suighibhse Chliar chalma churanta;
   'S cha 'n uabhar dhuibh Fearg an Fhir,
   'S na Togaibh airm na aoghaidh.

28 Air Eachdaridh na Faiche dho,
   Dho Mhac Dreithin nam mor scleo;
   Leigas na Roidin Riaghailleach,

29 Bheannuich an Dearg le gloir bhinn,
   Do Thriath Teabhra gu aobhinn;
   Agus fhreagair am Flath agus Doruinn,
   De Chath mhilidh na treun oige.

30 Suighidh an Dearg is nuon thiom,
   Agus fiarruiche [1] ard Riogh Eirin;
   Do bhriogh do Thuruish gu Teabhra,
   Innish e Laoich mhoir mheanmnuich.

31 She beachd mo Thuruishe dhuit,
   Mhic Airt Churanta Chormaic;
   Treis do dh' Eirin bu mhaith leom,
   Na Fiass bheumanan mu d' Thiomchioll.

32 Geil Eirin do tabhairt air muir,
   'S mairg a dhiaraigh i a threun Fhir;
   A Prish cha choissin I gu brach,
   A deis a tabhan le aon oglach.

33 Mu 'n faighinse nalsa Chormaic,
   Flathas uille gun Doruinn;
   Coibhrag chuig ceud do chlannibh curaidh,
   Uaisle Mhic Airt ghrinn churant.

[1] Fiosruiche.

34 Chuir Cormaig a cheud calma,
A chluidheadh an Deirg ga Bhuintir;
Da cheud eille bu ghniobh dho,
Chlaoidh an Dearg san aon Lo.

35 Chuir e Teachdarichd gu luath, luath,
Gu Mac Cubhail a mhor shluaidh;
Thainic air an Lamabhaireach,
Mac Cubhail gu mor-dhailich.

36 Le nao mile gaisgeach glan,
Nach pillidh ascail na scainnir;
Aillibh oir mu cheann gach Fir,
Do shluaidh Fheine a h-Albhuinn.

37 Sgiatha Fithidh le 'n Imlibh oir,
Le 'n Earraidh sheibhidh saobh-shroil;
'S gheabh sluagh Mhic Morna nau creach,
Cuirm is poit an Taigh Teabhradh.

38 B' e Iomrapa Mhic Riogh na Mionn,
Air Tighin a steach ga'r Pobbul;
Thug na nao mile cleass Luth,
'S ann ab' aobhar Iomruinn.

39 Gun bheannuich Fionn gun Dail,
'S fhreagair an Dearg Dreach-bhor dha;
'S dhiar e Cubha gu luath,
Air Mac Cubhail na Coibhrag.

40 O 'n La 's math do Laibhsa Fhir,
'She thubbairt Flath Feinn Albhuinn;
Thoirbheirtinse Braidin ³ dhuit,
A Dheirg air Eggal coibhraig.

41 Mas sanu thuggamsa thrialfas shith,
A Laochidh le 'r claighin solluist;
Uailse ceud ullabh Fhinn,
A Mhic Cubhail airm ghrinn.

42 Chuir Fionn a cheud calma,
A chlaoidh an Deirg da mhuintir
Air Chonn 's air Dhorn Mac Smail,
'S air Lann Mac Lonain.

43 Thuit Connan Mac an Lein,
Agus an Dorn da reir;
Thuit le Laibh gun Lochd,
Ceud Fear Fuilleach faobhar-nochd.

44 Dh' eirigh Faolan le Feirg mhoir,
'S togair a Mheirg shaorridh shroil;
Agus phrosduichir a Chip Chatha,
Dol a chosnadh mhic an ard Fhlath.

45 Gith Teine gith Cailce cruaidh,
Do bhi dheth 'n Lannibh san uair;
Agus Gith eille do nimhe,
Do bhi do Lannibh na Mhilidh,

46 Gun do thaisgeadar an Lannaibh,
Air an Corpadh caobha cneas-ghealla;
'S gun do ghlaic Iad cuim a cheile,
An deis an urnaidh do aidbhail.

47 Gun do cheanladh leis an Dearg,
Faolan Crogha nan Caoibhruin,

48 A Ghuil Mhic Morna nach miolta,
Gniobh do mhir Crogha na Calmhuinn;
Caisg dhiom coibhrag an Fhir,
Bheirigh Gaisge a mhor shluaidh.

49 'S leat fein shud air tus do Dhala,
Trian Cubhadh & Feudalach;
Deich ceud Uighe do 'n oir fa thri
Gheibba tu uams' ars an Ard Riogh.

50 Gad a Dhraotar le Feine,
Clanna Morna Mhunga bhuighe;
Bheirin fein mo Choibnne dhuit,
A Riogh na Heirin da d' Fhurtachd.

51 Shin mar a ghluasadh Mac Morna,
Na chullaidh Chatha, chruaidh choibhraig;
A chasg Uabhar an Laoch Lain,
'S mairg a phrosnuiche na choibh-dhail.

52 Shinn mar thogadar an Fhola,
An Dithist mhilidh ro ghlanna;
Le snaidheadh chloggad is sgiath,
Eadar Mac Dreithin is Iulluin.

³ Hostages.

53 Shin nar thogadar an cleass,
Aig an Dreinnadar am mor chleass;
'S aig 'n do Thost Fir Eirin uille
Ri Fiass-bheumanan na h-Iurraghaille.

54 Sheichd oichin & sheichd Lo,
Far m bu tuirsich Mic is mnai;
Gus am fac iad Goll Mor,
An uachdar air an Dearg aibhidh.

55 Fuatr Goll mar a ghealladh leis,
Fo Mhac Cubhail gun aineas;
'S bu bhuigheach am Flath gun duair,
Do choibhrag Iullain arm-ruaidh.

56 La is Bliaghan an Dubhar Ghuile,
An deigh bhi coibhrag an Laoch Lain;
Bha Mac Morna le Fios,
An Taigh Teabhra ga leigheas.

57 Mishe Fear is Fili Fhionn,
Air sgath Feine Mhic Cuibhail;
Teachd an Trein Fhir air Tuinn,
Trian a ghaisgidh nior dh' Innish.

VARIOUS.

58 *Ca bheil h-uille neach dhiu shin,
She labhair an Dearg Mac Dreithin
'S gun fiacha midde ra cheila,
Mar Fheichin is mar an-fheichin.

H. 17. HOW DEARG WAS KILLED BY GOLL.

Kennedy's 1st Collection, page 83. 256 lines. Advocates' Library, December 14, 1871. Copied by Malcolm Macphail.

NOTE.—December 17, 1871. Dublin. Not known to Hennessy.—J.F.C.

THE ARGUMENT.

THERE was a king on a part of Scotland called Dreabhall, or rather Draó-bhoil, means an Inchanter in Battle, who would get victory over any set of people by his evil wisdom, and he had a son named Dearg; for his cheeks was very red and most beautiful to behold. When he came to manhood, and had learnt how to make use of arms, he thought proper to go to Ireland, in expectation that he would gain all that Island to himself, against all the force of the Cormac. But if they would give him a reward for his fear, he would not want no more, but if not, he wants 100 of their best Champions at once to keep com-flight with him. He killed 1,200 of Cormac's best Champions in one day; then he sent for Fingal, who lives at Alibin (at that time) in the said Kingdom, for to get his aid. Fingal came, and Dearg killed 200 of his best Heroes in one day: then he send Goll to him, and the Duel last six days and a half before he could kill him; and he was a day and a year lying with his wounds before he was cured.

DAN 21.

1 GREIS air caithream an fhir mhoir
A thainig oirnne cheud oir;
An treun laoch s' e lan do mhear ghoil,
Gu b' e 'n Dearg dana Mac Drea-bhail.

2 Thug e freiteach an laoch lán.
Seal mu 'n d' ainig e thair sáil;
Nach pilleadh gu 'n ghéil gu mór-thir,
Do bhri' na Feinn' s Chormaic cómhraig.

3 Gu nós na Feinn 's bu gharg a lon,
Dh' imich an Dearg Mac Dreabhail o noir;
O thir na 'm fior feara tréuna,
Gu criochaibh fiorann Fiann Eirann.

4 Air dol do 'n laoch lom a sheóladh,
Seal mu 'n d' uabhair e gu cómhrag;
Do chomharaich an Dearg déud gheal,
Air Beinn éudain nan sluagh aoibhain.

5 Diais do bha aig an tráidh,
Coimhead a chuain chobhair bháin;
B' iad sin Righ nan ród mac Fhiun,
'S an Caol-cro mac Ribhinn bhinn.

6 Cho do dh' fhair iadsan an cuan,
Ach thuit iad nan sioram suan;
Gus an d' ainig Bát an fhir mhoir,
Air an tráidh mhíu da 'n ceart chóir.

7 Chuaidh an tréun laoch bu mhór neart,
  An gathaibh a chaol chrann neo-meat;
  Leag e beairteachadh gu teóma,
  'S tharruing i gu cithe caolais.

8 Dh' imich an Dearg bu mhaith dreach,
  Chucasan an sin a steach
  'S bha fholt donn bhuidh mar ór ceard,
  Os ceann a chuirp a b' áille dreach.

9 Bha da dhearc shuil ghorma ghloin,
  Ann an gnúis a mhilidh bhail;
  'S bha dha ghruaidh cho dearg re corcair,
  'S cho chaoin re iughar nan cnocaibh.

10 Bha da shleagh reamhar gu sgathadh,
   An laimh mhic Righ nan ann latha;
   'S cloidheamh sínte r'a shlios garbh-gheal,
   Gheibha buaidh air sluaigh d' an calmas.

11 Bha clogaid do 'n teannda mu 'n cheann,
   Bu tréun aobhneach, neartmhor calm;
   Is sgia' uain air gualain chlí,
   Deadh mhac uasal an árd Rígh.

12 Barr áill is gaisgidh an t-shaóghail,
   Do choisain an Dearg mac Draobhoil;
   A mead an gilead, an aóibhneas,
   An cómhrag deise 's an ceatfaidh.

13 Bha a milidh clocharra córr,
   Fuidh chochalach úr-ar ghorm;
   'S bha lann nimhe gu claóidh 's gu lcónadh,
   Air leis gun eagal cómhraig.

14 Ghluais an diais bu mhór ágh,
   Na choinneadh nach d' fhuilaing táir,
   Dhol a dh' fhaghail sgéula dhe',
   Cia e, no cia as a theachd.

15 'Ailis sgéula dhuinn fhir mhóir,
   Oirnne tha coimhead an t-slóigh;
   'S diais laoch sar mhaith sinn,
   Do dh' uaisle maithaibh fiann Fhinn.'

16 'Ma san chugams' thainig bhur treis,
   Cho deachaidh aon laoch riamh o 'm ghreis,
   'S mi an Dearg mac Righ nam Fionn,
   Thoirt Eirinn gu leir o Fhionn.'

17 'A Dheirg nan iomadidh sgleó,
   'S faoin do bharail, cia ro mhór;
   Treise do lamh is do chuim,
   Gu dean thu re 'r la an túrun.'

18 'Mar a fuigheam fein gu deónach,
   Géill air eagal mo gharbh chómhraig;
   Gheibh Eirinn Dhamh fein re 'm linn,
   A dhainn-deoin Chormaic is Fhinn.'

19 'Na 'm feacha' tusa re 'r maitheadh,
   A Dheirg mhic Righ nan ann lathaibh;
   'S iomad laoch a gheibht' d' ar seorla,
   Nach stuatha' tu choidh r'a chómhrag.'

20 'C' áit am bheil aon laoch dhiu sin,
   Se labhair an Dearg le cith;
   'S gu feachamaide r' a chéile,
   Le fiathach mór 's le h-aun réite.'

21 'Air a ghlóirsa ge binn aoibhneach,
   'S e labhair an Caol-cro céatfach,
   Gu reachamsa fein gu d' chlaoidh,
   O na thainig thu thair tuinn.'

22 Chuaidh iad an sin chuig a chéile,
   Na fir mhora bu leóir géire;
   Choi-sgreadadh gach beann d' an lannaibh,
   'S chrithaichadh am blár fui 'n casaibh.

23 B' e sin an cómhrag teth teann,
   A sgoltadh sgia' is chruaidh lann;
   Gus 'n do chlaoidheadh leis an Dearg,
   An Caol-cro, is a thréun fhearg.

24 Chuir e a chaoil gu teann daingann,
   Na cuigear fuidh 'n aona cheangal;
   'S cho raibh fannadh air gu cómhrag,
   Na 's mo na tréun tuinn re mór ghaoith.

25 Dh' eirich Righ nan Ród gu sgiobalt,
   'N deidh an Caol-cro a chriophladh;
   Mac Righ na Féinne gu 'n táir,
   'N coinneadh an tréun fir 's na dháil.

26 Bhuail iad an sin air a chéile,
   Mar bhriseadh tréun tuinn ag eibhaich;
   Agus chluinte toirm is gaóiraich,
   Ac mar shrann ghaoith teach thair aonach.

27 B' e sin an cómhrag ro gharg,
   A sgoltadh sgia' is chruaidh lann;
   Gus 'n do chlaoidheadh leis an Dearg,
   Righ nan Ród, is a thréun fhearg.

28 Cheangail s' e e gu teann gabhidh,
   'S cho raibh sin na throm d' a lamhan;
   Oir cheangladh e céud lán ármaicht,
   Do thréun laoich fhuileachdach chalma.

29 ''S maith do ghniomh agus do ghabhail,
   Sin faraon a bhi fuidh d' cheangal;
   Fuasgail air cuibhreich a laoich láin,
   Is tog sinne faraon mu d' láimh.'

30 'O' na tharladh dhuinn fui' d' mhein,
   Deansa iochd oirnn le deadh ghné;
   'S bheir sinn braithar dhuit gu deónach,
   Nach tog airm a' d' aidhaidh 'n cómhrag.'

31 Dh' fhuasgail an Dearg bu mhór neart,
   Cuibhreach na' deis' bha 'n deadh dreach;
   'S cho d' iarr e briathar air neach,
   Ach leig e mu sgaoil iad as.

32 Ghluais iadsan an dara mháireach,
   Gu teach Chormaic na mór abhachd;
   'S mac Dreabhaill nan geur lann buadhach,
   Gu teach Auna na mor shluaghaibh.

33 Rainig iad pobull Righ Auna,
   Na fir bha mór díreach calma;
   'S b' iomaid neach le dhonn bhrat sróil,
   Mu theach Chormaic teachd d' ar coir.

34 'N sin labhair Cormaic gu 'n oth 'n,
   'Suidheadh a chliar chalm san tród;
   Na stuathadh re feirg an fhir,
   'S na togadh bhur 'n airm dh' a gin.'

35 Air suidh do 'n Dearg, 's nior thím,
   Sin a dh' fhiosraich ard righ Eirann;
   'Bri' do thurais-sa thair múir,
   Innis dhuinne laoich mhóir thruid.'

36 ''Se bri' mo thurais o Albinn,
   Ard-righ Churanta Chormaic;
   Géill Eirinn do bhuntain leom,
   No fras bhéumanna' gu 'm chom.'

37 'Geill Eirinn thabhairt thair muir,
   Gi de ge d' iannadh tréun truid;
   'S cís nach togar i gu brath,
   Air tathach le aon lámh.'

38 'Mar a fuigheams' uaisla Chormaic,
   Maitheas agus duais gu deonach;
   Cómhrag céud do chlanna curidh,
   'S áill leam fhaghail gu aon tulaich.'

39 'N sin do chuir Cormac céud calma,
   A chlaoidh an Deirg a dh' aon aurra;
   Thuit an céud sin le roid bhorbsan,
   Is ceud eile mhuintir Chormaic.

40 'N uair chunnaig an Righ an Dearg,
   'Dol air a luthchleas le fearg;
   Chuir e teachdaire gu luath,
   Gu mac Chuthaill na mor shluagh.

41 Thainig orra 'n dara mháireach,
   Fionn Mac Chuthaill na mór dhálach,
   Le seachd mile gaisgeach allail,
   Nach sgiuthadh air ais le sgannail.

42 Bha sgia' uain' an iomlaig óir,
   Air earradh síde séud óir;
   'S bha sailm mhór mu cheann gach feinnidh,
   Air fir Fhinn a h-Albheinn eibhainn.

43 Air teachd gn sa mhagh dhuinne,
   'N ar buidheann churanta shuthach ;
   Thog an Dearg mac Righ nam Fionn,
   Pubull mór gu fulang teann,

44 An sin 'n tra thainig Fionn féin,
   Is a phobull d' a dheadh réir ;
   Bheannaich e gu binn do 'n Dearg,
   Do 'n óg innealta dhon dhearg.

45 Do bheannachdsa Dheirg áluin,
   ''S deirge gruaidh na subhan fásaich ;
   'S gile bian no canach sleibhe,
   No úr shnachd air bharra ghéuge.'

46 'Fhir is ághoir neart is uaisle,
   Raibh mar charraig re h-uchd bualte ;
   Innis dhamsa bri' do thurais,
   O Albinn nan armaicht curidh.'

47 'Innseams' sin dhuit Fhinn gu 'n táir,
   Is do d' shluagh o Albheinn árd ;
   A dh' iarruidh cumha neo cómhrag,
   Ortsa mhic Chuthaill a 'm ónrachd,'

48 'Air a laimhsa ge maith 'n gabhadh,
   Se labhair Fionn nam béum gáidheal ;
   Cha toir mise géill dhuit deónach,
   A Dheirg air eagal do chómhraig.'

49 'Mar a fuigheams' uaits' Fhinn shuthaich,
   Duais mhór air eagal mo luinne ;
   Cómhrag ceud do dh' fhearra calma,
   'S áill leam fhaghail air a bhall so.'

50 'An sin do chuir Fionn céud calma,
   A chlaoidh an Deirg a dh' aon surra ;
   Thuit an ceud sin le roid ghábhidh,
   Is céud eile shluagh Righ Pháile.'

51 'N sin 'n uair chunnaig Fionn an Dearg
   A dol a' rís air a luthchleas ;
   Bhrosnaich e a chip chatha,
   Is uaislean 'sa mhór mhaithaibh.

52 Dh' eirich Faoghlan am fearg mhor,
   Le chraosaich rinn iomad león ;
   A dhol a dhiongail an laoich láin,
   'S bu mhairg a bhrosnaich e na dháil.

53 B' e sin an cómhrag nach b' fhánn,
   A sgoltadh sgia' is chruaidh lann ;
   Gus 'n do chlaoidheadh leis an Dearg,
   Faoghlan fuileach le thréun fhearg.

54 'A Ghuill mhic Mornna na mor ghniomh,
   A churaidh chrodha, 's tréun air dion ;
   Nach coisg thu cómhrag an fhir mhóir,
   A lamh a ghaisgidh sa lamh mhór.'

55 'Gheibh tu suidh' air thús 's gach áit,
   Da drian bo is each, is áil ;
   Deich céud unca do 'n ór fhior,
   Is nas modha o 'n ard Righ.

56 'Ge do thuit le d' chinneach fuileach,
   Clanna Mornn' Mungaridh uile ;
   Cho duilt mi mo chonadh dhuit,
   A Righ Pháil re d' fheum an diu.'

57 Dh' eirich Goll 's nin d' fhuilaing táir,
   Na chulaidh éididh iomlan ;
   'S na h-airm sheanta do bha 'm bruid,
   Thog mac Mornna milidh 'n truid.

58 Bhuail iad an sin ait a chéile,
   Gu cruaidh cuidreach, is cho bhreugach ;
   Chuaidh 'n leirg air chrith fui' an casaibh,
   'S chuaidh teine d' an arma glasa.

59 Bhuaileadh iad gu neartmhor dobhidh,
   Mar dha mhuinne bhiodh re cómhrag ;
   Choi'-éighadh creagaibh is beanntidh,
   Re airm nan curine calma.

60 Se la agus aon tra' déug,
   A thug na curine sa bheum,
   Mu 'n do chlaoidh Goll nam béumaibh,
   'N Dearg mór a cheart reiginn.

61 'S olc a chuir a ruinn an Dearg,
   Dhiol e oirnna throm fhearg ;
   Thuit leis da cheud do dh' fhir Fhinn,
   'S uighir do fhir Chormaic ghrinn.

62 Thuit sin leis an da la,
   D' ar fir bu mho neart is ágh ;
   Gu 's an do mharbh Goll nam beumaibh
   E 'n seachdamh la cheart reiginn.

63 La is bliadhna 'n leabaidh Goll,
   An deidh leadairt an laoich luim ;
   An tigh teamhra' gu 'n fhios,
   Bha mac Mornna dá leighas.

64 'S mise Oisain, filidh dubhach,
   Bha do ghna' am Fiann Mhic Chuthaill ;
   'S mu dh' éug am fear ud air thoisach,
   Gu 'r cian re ailis ar dochann.

I. 12. BAS DHEIRG. 256 lines. *Extracts.*

Kennedy's 2nd Collection, page 31. Advocates' Library,
April 5, 1872. Copied by Malcolm Macphail.

DEARG the son of Dreathal is handed down by tradition in this manner. That he was a petty Lord of an island called Innis-dreithin. That his Father Drathal or Draubail was kilt by Comhal (Fingal's Father) on account of his frequent invasions into Ireland, and his alliance to the Danes. When Darg come to Man's state he sailed with 100 chosen men to Ireland, and protested he would be revenged upon both Cormac (then King of that realm) and Fingal for the death of his Father Dreathal. Upon the first day after his arrival he engaged 200 of Cormac's army, who were all slain. Cormac sent an express for Fingal, who happened to be not far off. Fingal and his army arrived, and two hundred men are sent out to engage Darg's party. In this action both parties are kilt. None remained now to disturb them, but Darg, who is engaged and kilt after a conflict of six days by Goll the son of Moirne, who lies sic of his wounds for a year and a day.

1 GREIS air caithream an fhir mhoir,
   A thainig oirnn le ceud sloigh ;
   An treun laoch bu mhaith sa bhail,
   Gu b' e 'n Dearg dana Mac Dreabhail.

3 Gu tir nam fior fheara treuna,
   An criochaibh foireann Fiann Eireann.

4 Air doll do 'n laoch throm a sheoladh,

7 Leag a' siuil ar lar a taomaidh,
   'S tharuing i an sglithe caolais.

8 Bha fholt fionn-bhuidh mar or ceard,

10 Bha da shleagh liobhar gu sgathadh,
    Ann laimh Mhic Riogh nan ann-latha ;
    Cloidheamh sinte air slios a Ghaidheil,
    Gheibheadh buai' air sluagh Riogh Phaile.

11 Bha clogaid do' n tointe mu cheann,
    An laoich, cheutaich, neartmhoir, chalm ;

12 Ann comhrag deise sann t-eug-bhail.

13 Is loinn nimh a choisgeadh torachd,
    Air a leis gun eagal comhraig.

19 'S iomad laoch dhinn dhol an torachd,
    Nach stuatha tu choi'ch a chomrag.

21 Gu feuchamsa fein an turnn,
    Ona thainig thu thar tuinn.

22 Thug iad an sin chuige cheile,
    Na suinn bu trom ann san t-eug-bhail ;
    Choi-èigheadh gach beann d' am beum.
    Chreithnich an leirg le fearg nan treun.

24 Ach mar threun tuinn ri h-euchd doilinn.

26 Sheas na suinn ri h-uchd a cheile,
    Mar bhriste buinne bha 'm beumaibh ;
    Is chluinte torrainn nan laoch,
    Mar chreag Ulan roi 'n iom-ghaoth.

27 An comhrag sin, bu gharg, teann,

28 Cheangail e 'n sonn air an traidh,
    Cha raibh sin na throm da laimh ;
    Oir cheangladh e ceud gun armadh,
    Do threun laoich fhuileachdach Chormaic.

30 Noch dhuinn einich ann dea' ghnè ;
    'S bheir sinn freitich dhuit gu deonach,
    Gur leat ar 'n airm, is ar conamh.

34 Na stuathadh ri fearg nam fear,
 'S na togadh ur 'n airm gu mear.

35 Bri' do thurais-sa d' ar rioghachd,
 Innis dhuinne, laoich, mhor, mhilidh.

37 'S cis i choi' ch nach tog u 'n comhrag,
 Air a tathach le d' cheud og-laoch.

38 Cis is luachmhoir na mo thorachd;

42 'S bha sai'l mhor mu cheann gach Feinnidh,
 Air fir Fhinn nan arma geura.

45 No cathamh cuir air bharr gheuga.'
 [The introduction of Morven is worth notice.

47 Ortsa Mhic Cumhail na mor bheann.

49 Mar a fuigheams' Fhinn na feile,
 Duais Mhic Riogh, gun stri, gun eura',

55 A thi dh' eiris air thus na seilg,
 Gheibh thu drian do mhaoin gach leirg;

56 Ge do thuit le d' chinneach borb,
 Clanna Mungairidh nan colbh;

58 Bhuail na suinn air druim a cheile,
 Gu cruaidh cuidreach, is cho bhreugach;
 Chreithnich an leirg 's chlisg no sluaigh
 Nach d' thigeadh Mac Moirne uaith.

59 Bha 'n airm liobhara sa bhail,
 Mar theine na nial sa mhagh;
 Dh' eigh na creagan sgread na glinn,
 Da' m beumannaibh druim air dhruim.

60 Mun do mharbh Goll nan geur lann,

61 Thuit leis ceithir cheud d' ar sluagh,
 'S an leith sud air Fionn nam buadh.

62 Thuit sud leinn an Dearg mor, mear,
 'S na laoich a thug e air lear;
 Trein nam buadh bu chruaidh san toir
 'S trugh a thuit san iomairt-sgleo.

63 'N tigh Teamhra, gun fhios nan coi' each,
 Do bha Mac Moirnne ga choimhead.

64 Bu deurach, tursach ann Fhiann,
 A' caoidh nan treun air an t-sliabh;
 Ma thuit an Dearg bu trom docair,
 Bu chian ri ailis ar dochann.

S. 8. DUAN DHIARAG, i.e., DIARAG'S POEM. 60 lines.
COLLECTOR'S ARGUMENT.

A KING of the name of McCanno, whose father, it seems, Fingal had slain, comes to revenge his death upon the Fingalians. He finds Fingal asleep on the heath, and Diarag, who was an intimate companion of Fingal's, sitting beside him. Diarag, rather than disturb Fingal, encounters the King in person, and falls in the action. Fingal awoke, found Diarag expiring at his side, and not finding the perpetrator, pours out his lamentations over his lifeless body.

1 SGEUL th' agam air Fionn fior ghlic
 'S air Diarag og nan geallamh
 'S air macan nan colg dhiomhasach
 Thanig anios a tir Ri Channibh.

2 Air Mac Cumhail Mhic treunmhoir
 Sud an sgeul tha mi ginnse
 Thanig e do shealg do Alba
 'S ann a Erin urghlan Innsin.

3 Geisdachd ri fuaim na srutha
 Sri gutha nan Eoin Cheinne
 San thuit suain nach robh gu h' eatrom
 Air Fionn-ghlic ogh Threunmhoir

4 Gun luidh sin air Fionn na Feinne
 'S e air Tulach fhiorghlas sheamhoir
 Gun bhi maille ris don Fheannadh
 Ach Diarag og mac Ri Deighir

5 Labhrin riut am briathra fionald
 Agus dhinnsin dhut mo sgeul
 Ma se Fionn is e na chadal
 Na togair 's dhol do dh' fheuchan.

6 Ach air m' ullain fein a Dhiarag
 Cha 'n ioslaich mis an ceums' duit
 Ach an diobhil mi fein m' athair
 Air Fionn oir gur flath nam Fiann e.

7 'S baoth a ghloir a theiradh tusan
 Mhic Ceannibh o' ghleann sleibhe
 Bithidh do cheann do'd dhimus fhabh thu
 Led ghloir chinn air ro-bheag ceill.

8 Sin ghluais fearg an da Ghrugair
 Agus thugadh iad gu cheil
 'S b' fhaid a chluinte no glaothil Curra'
 Faoch am buillean 's am beuman.

9 Tharruing iad sleaghan nimh
 Tharruing iad claidheamhan geur
 Bha cuirp is cnamhan gan gearradh
 'S iad sior chur fol air a cheile.

10 Sin dar dhuisg Fionn na sleagha gabhi
 'S e 'n lathair nam fear chalmund
 Thog e air a dheas laimh Diarag
 'S e shinte sin gun anmuin.

11 Ach air m' ullain fein a Dhiarag
 Nam dhidean dhomh do thearnadh
 Truagh nach bu naodh naonar do 'm mhaithibh
 Chaidh dhith do 'm ch Chaithibh, t'aitse

12 'S e mor an-Eric sin air Diarag
 'S labhair ris an sluagh lamhich
 'S a luithad laoch treun re chathamh
 Bh' agads' do shluagh na h' Albhi.

13 So an lamh nach diolradh mise
 Re m' aois no' re m' aineol
 Ach an d' thanig an fheachd dhubhach
 Thugads' o' thir Channibh.

14 Sud am meur bu ghlinn air theudan.
 Fo 'n bheul bu ro mhath guth
 Sud an lamh a b' fhearr an ionas
 Cha ionald riabh san t' sruth.

15 Togamid e chlaodh na h' Albhi
 Far an t' iolaicir na Fein
 Agus beannachd a bhi air t' anam
 A dheagh Mhic Alpin Fheile.

M. 11. DEARG MAC DEIRG. 40 lines.

BHA fhios aig an Dearg gu 'n robh mór ghradh aig a mhnaoi dho; ghabh cuid fa laimh a dhearbhadh dho nach robe agradh treibh-dhireach, agus chum na criche-sin; chuir iad teachdair d'a h-ionnsuidh, le cuid eadach lan fola, a dh' innseadh dh'i gu do mharbhadh an Dearg le Fiachullach. Air cluintin an sceil dhubhaich, chum i an dan so, ghabh i air a clairsich e, bhris a cridhe agus chaochail i.

1 AN Dearg Mac Deirg gur mis a bhean;
 Air an fhear ni 'n [1] d' fhidir lochd;
 Ni 'm bheil saoi nach d'fhuair a leireadh [2]
 'S truadh ata mi fein an nochd.

2 Dearg Mac Cholla[3] craobh d' an Tu'r [4]
 Leis an seinnte gu ciuin cruit;
 'S ionmhuinn aoidh air nach luidh fearg:
 Chlaoidheadh an Dearg leis a mhuic.

3 B' ionmhuinn t-aghaidh mhin-dearg mhor,
 Bu deacair a cloth ann an cath
 Sin is cridhe farsuing fial,
 'S bu ghile na Ghrian a dhath.

4 Mac Cuinn [5] a Innis Da-bhi,
 B' ionmhuinn Righ air son ar sealbh; [6]
 Giolla gun ghaol bo no eich
 Re am creich, ach cloidheamh Dearg.

5 Ni 'n eitich e duine mu d' ni,
 'S ni 'n d' iarr ni air neach fo 'n Ghrein:
 Fear bu mho 's bu ghlaine dealbh:
 Cha 'n fhacas ann ach Dearg fein.

6 Ni 'n d' iarr tha duine fa sheud,
 Ni 'n d' rinn breug 's ni 'n d' fhidir lochd;
 'S niar mho dhiult thu comhrag arm
 O neach 'gan robh an 'm na chorp.

7 'S mi nighean Laomuinn Mhic Roidh,
 Dha 'n trio 'na phronnadh or air cheird; [7]
 Ge b' iomadh ga m' iarruidh saoi
 B' fhear leam bhi 'nam mhnaoi aig Dearg.

---

[1] Sud am fear nach. [2] Leir. [3] Mac cholla.
[4] An iuil. [5] Print, picture. [6] Saoghn'.
[7] B' ionnann 's Righ ar sealbh.

8 Gur mi nighean Athain fheinn
   Leis am fiosraichteadh gach dealbh;
   O sgaradh mo cheud fhear uam
   Cuirear mi san uaigh le Dearg.

9 Sud a sheabhac 's a dha choin,
   Leis an doi'lich [8] cron na sealg;
   An tea leis am b' ionmhuinn an truir
   Cuirear i nochd uir le Dearg.

10 Bha mi ann tigh an rair, [9]
   Dia an t-sliabh sin Chnoc na learg,
   'S biaidh mi ann an uaigh an nochd
   Mu 'n scarar mo chorp re Dearg.

   [8] Le ceard.   [9] Gorta.

O. 24. DEARG MAC DEIRG. 28 lines.

Dr. Irvine's MS., page 116. Copied by Malcolm Macphail. Edinburgh, March 30, 1872.

Rannan briste, or Fragments of Poems, from Captain Morrison Greenock, upwards of 80 years. 1801.

1 Dearg Mac Deirg gur mise bhean,
   Air an fhear cha didir lochd;
   Cha 'n eil saoi nach d' fhuair a leira,
   Gur truagh tha mi fein de nochd.

2 'S mi nighean Laomain mhic Roc,
   Do 'n tric a phronna òr nan ceard;
   Ge b' ioma ga 'm iarraidh saoi,
   Gu'm b' fhearr leam bhi nam mhnaoi aig Dearg.

3 Gur mi nighean aithin Fhinn,
   Leis am fiosraicheadh gach dealbh;
   O 'n sgaradh mo cheud ghradh uam,
   Cuirear mi san uaigh le Dearg.

4 Mac Cuiun á Innis Da-bhi,
   'S ionmhuinn righ, a sona ur sealbh;
   Gille gun ghaol bo no eich,
   Ri am creich ach cloidhe dearg.

5 'S ionmhuinn t-aghaidh mhin dearg mhor,
   Bu deachdair a cloth 'n cath;
   Sin is Cridhe farsuing fial,
   Bu ghile na a ghrian a dhath.

6 Sud a sheobhag sa dha choin,
   Le 'n deanar moran cron an sealg;
   Am fear lem b' ionmhuinn an triur,
   Cuirear iad san uir le Dearg.

7 Bha mi ann an tigh an Raoir,
   Air an t-sliabh sin chnoc na leirg;
   Bithidh mi ann an uaigh a nochd,
   Mar sgarar mo chorp o Dhearg.
                                Multum caret.

O. 28. DEARG MAC DRUIDHAN. 11 lines.

Dr. Irvine's MS., page 121. Copied by Malcolm Macphail. Edinburgh, April 1, 1872.

DEARG MAC DRUIDHAN. (al. DROIGHAN)

1 Treis air chaithrean an fhir mhoir,
   Thainig an oir fo dhiombuidh (baigh)
   An treun fhear as e lan do ghoil,
   An Dearg dana Mac Druidhan.

2 An oir o thir na fear Fionn,
   Gu sith thoir rann Fiannachd Eirin,

Chuid eile air chall ach an Rann ma Dheiri.

3 Seachd oidhche agus seachd la,
   Bu tuirseach Mic agus mna;
   Sgathadh chlogaid is cheann,
   Edar Goll agus Mac Druidhan.

   Got from Mr. Macdonald, of Dalchosnie, February 26, 1801.

D. 17. CONN MAC AN DEIRG. 188 lines.

Mac Nicol's Collection. Advocates' Library. Copied by D. Mac Pherson, May 3, 1872.

1 Sgeala air Conn mac an Deirg
   Air a lionadh le trom Fheirg,
   Dol a dhileadh Athar gun Fheall
   Air (Chriochaibh ro-mhor) na Herin.
        (Uislith 's air Mhaithibh)

2 Airis duinne, Osshain narich,
   Mhic Fhein uasail so-ghradnigh,
   Sgelachd air Chonn fearrdha fearroil
   An sonn calma ciun ceannail.

3 Cia bo mho Conn na 'n Dearg mor,
   Osshain na 'n Briathra Binn-bheoil;
   No 'm bionnan dealbh dho is Dreach
   'S do 'n Dearg mhor, mhearr, mheanmnach?

4 Bu mho Conn gu mor mor
   Tighin an caradh air sloigh
   Tarruing a Luinge a Steach
   An Cumhang Cuain is Caoilis.

5 Shuidh e air an Tulich gar coir,
   An Fiuidh curanta ro-mhor,
   Sgabhadh e ga Chlesibh gargadh
   Siar an am Baileibh na 'n Niarmoilt.

6 Chaidh e 'n frilinibh nan Neul,
   Os air Cionn an sa ath-mhoid. (or *mhiad*)
   Is ni 'm baile neach faoi 'n Ghréin.
   No Conn nan Arm faobhar gheur.

7 Gruaidh chorcur mar Eughar caoin
   Rosg gorm faoi Mhala chorrich, chaoil;
   Falt orcheardail, grinnail, grinn,
   Fear mor meanmnach, fearroil eibhin.

8 Colg nimhe re Liodairt Chorp,
   Aig Laoich teug-bhuailteach na mor olc,
   Bhiodh a Chlaimh re sgadh Sgeidhe
   Aig an Laoich ri ath-réite.

9 Buaidh sgach Ball an raibh e riabh
   Air ghaisge air meud a ghniomh.
   Ghabh e coibhlan Neart gun Sgios,
   Re tabhairt Geil a moir chiois.

10 Go 'n tugainse Briathar cinteach,
   A Phadric, ge nar ri ins' e
   Gur ghabh an Fhian Eagal uille,
   Nach do ghabh iad riabh roimh soin Duinne.

11 Ri faicsin doibh Conna Choinn
   Mar Onna Marha le Toinn,
   Agus Falachd an Fhir mhoir,
   An coinnibh Athar a dhioladh.

12 Se huirt Connan maoil mac Morna,
   Leiger huige an ceud uair mi,
   'S go 'm buinin an Cean a mach
   Do Chonn di-measach, uaibhreach.

13 Marmhasg oirt a Chonnain mhaoil,
   Nach sguir thu 'd Lonnan a choidhch,
   Cha bhuinne thu 'n Cean do Chonn,
   'S e huirt Osgar na mor-ghlonn.

14 Gluasidh Connan le (*mu*) mhi-cheil,
   Dhaindeoin na Feine gu lei:,
   An Coinneabh Choinn bhuadhaich bhrais,
   Mar Char Tuaghal ma Aimh-leas.

15 Nuair chonnairc Conn bu chaoin Dealbh,
   Connan a dol an sealbh Arm,
   Thug e sioca air an Daoi,
   'S e teachadh gu luadh do Dh' Albhidh.

16 'S iommad Crap is Bailc is Meall,
   Bha gat a suas air droch Cheann,
   Air Cean Chonnain mhaoil gu reamhar,
   'S na coig Caoil san aoin Cheangal.

17 Beannachd air an Laimh a reinn sin
   'S e labhair Fear na 'n Cruth nuadh,
   'S go ma Turis gun eridh dhuit,
   A Chonnain mhi-cheile gun Fheall.

18 'N sin se Comhairle chinn doibh
   Deagh Mhac Fhein bu bhinn Gloir
   Chuir ghabhail sgeula 'n Fhear dhocair
   Gluasidh Feargheas binn Fhoclach.

19 Gluasidh Feargheas binn, badhach,
   Glioc cialach mor-dhalach
   Air Comhairl' Athar mar bu chòir
   Ghabhail Sgeul do Chonn ro mhor.

20 A Chuin mhor, bhuadhaich, bhrais,
   Fhir shugich, ait, eibhin,
   Ghabhail sgeul Thanas o Fhean
   Cea Fath do Thuris do D'h erin.

21 Insimse sinn duit gu beachd,
   Fheargheais, agus buin e leat,
   Eirig Mathar bail leum uaibhse,
   O Mhaithibh Teaghlaich ar mor uaisle.

22 Cean Fhein 's dha Mhic mhora,
   Ghuill, Ghridhe agus Gharadh,
   'S cinn Chlann Morna gu Huile
   Fheatuin an Eirig aon Duine.

23 Na Erin o Hoinn go Toinn,
   A gheileachd in do 'm aoin Chuing,
   Na comhrag coig Ceud dar Finneadh
   Fhaotain air Mhadain a Marach.

24 Gluasidh Fhearghuis thughain fhein,
   A Phadric, ni 'n Canam Breug,
   Go 'n do thosd an Fhein uille,
   Re cluintin Sgeul an aoin Duinne

25 Cia do sgeula o 'n Fhear mhor,
   Se raite Fean Flath an stloigh,
   Ailis dùine e go propadh
   'S na ceil oirn' e a dh' aoin olcaid.

26 Se mo sgeula o 'n Fhear mhor,
   Gur ail leis Ceud dar sloigh
   Fhaoitin air Mhadain a Maroch,
   Gu Comhrag na Dioth-mhaileadh.

27 Se labhair cuig Ceud dar Finneadh,
   Caisgidh sinne a luath Mhire;
   Cha robh sud doibh mar a radh
   Bhi dul ann san Iommairt bhaite

28 Hug e a mach Cloimh an Deirg mhoir
   Le conna Catha cheud Uair,
   Thug e ruadhar Fhir an Gran
   Mar Sheabhaic measg Ealta mhin-eun.

29 Biomad Fear sa Ghair a bhoss,
   Iomad Laimh ann is leath-choss,
   Iommad Cloigin ann is Ceann,
   Cuirp gun choigleadh air a Bhall.

30 Cuig Ceud eile ge 'd bhi ann,
   Go 'n tuiteadh iad air aoin Bhall,
   Is Conn a cailceadh a Sgiadh,
   'G iarridh Comhraic 's go m b' ain-riar.

31 Hagh sinn seachd fichid Fear mor,
   Do Mhaithibh Teaghlaich ar mor sloigh
   Hoirt a chinn do mhac an Deirg,
   'S dhaithnigh sinn Fear faoi Throm-fheirg.

32 Chaidh ar seachd Fichid no dhail,
   'S anu orra thanic an Di-mhail,
   Thug e ruadhar Fir forthuin
   Bu luadhe e na Roth Gall-mhuillin.

33 Thuit ar seachd fichid Fear mor,
   Babhar Tuirse e 's Do-bhroin;
   Go 'n 'd leig an Fhein gair Chruaidh
   Re dioghugha a mhoir-shluaidh.

34 Fhir a chleachd mo chamhair riamh,
   Ghoill Mhic Morna no mor-ghniomh,
   Bu mhian Suile gach 'b aile
   'S a Phrionsa Tola na Dio-mhaladh.

35 'S dana leam Conn bagra ort
   'S air Clanna Morna gu huille,
   Nach buinne thu 'n Cean deth gu fearroil
   Mar rein thu ga Athair roimhe.

36 Dheanainse sin duitse Fhein,
   Fhir na 'n breathra, blath, binn,
   Chuir gach Fuadh 's folachd air cuil,
   'S go biodhmaid uille dh' aoin Run.

37 Gedo mharbhadh thu m' Fhein uille,
   Gu diothugha an aoin Duinne;
   Bhithin fein 's mo Threuna leat
   A Riogh na Feine ga d' chabhair.

38 Gluaisidh Goll na Chulaidh Chruaidh,
   Ann an Fianis a mhor-shluaigh,
   Bu gheal, dearg gnuis an Fhir,
   Na Horc garg dul an Tus Iorudhail.

39 Huidheachad an sin na Cip Chatha
   A dhoil a habhairt an ard Latha,
   'S na Airm sheanta a bha 'm Braid,
   Thog Mac Morna mileant Iad.

40 Nuair chaidh iad an Dail a Cheile,
   Cha nacfas riabh an Co-Baoibhail;
   Na Curidhnin bu gharmh Cith,
   Chuir iad an Tulich air bhall-Crith.

41 Dith Fola do chnaimhibh an Cuirp,
   Dith Teinne do 'n Armaibh nochd,
   Dith Cailce do sgiaibh 'n Aidh,
   Dul siar ans na Hiormailtibh.

42 Biomad Gaoir do Theinne ruadh,
   Teachd o Fhaobhar an arm Cruadh
   Os cionn na Ceanna bheartibh corrich
   'S iad a cuimhnich na mor fhalachd.

43 An da Churidh bu gharibh Cith
   Chuir iad an Tullich air bhall-Chrith
   Le 'm Beumnibh bu leor meud,
   'S bha 'n Fhein uille gan easteachd.

44 Seachd Laethe agus aon tra Deug,
   Bu tuirsich Michd agus Mnaidh,
   Gus 'n do fuit le Goll na 'm Beum,
   Ann Sonn mor air cheart egin.

45 Gair eibhin gun d' reinn an Fhian,
   Nach dreinnibh leo roimhe riabh,
   Re faicsin doibh Ghoill Mhic Morna
   Nuacar air Chonn Treun-toirich.

46 Se tabhairt Chonnain a Sas,
   'N diaghaidh Lonnan a mhi-ghrais.
   Naoidh Raidhin do Gholl an aigh
   Da leaghas mun raibh e slan.

47 An seachd Fichid sair cuig ceud,
   A Phadric, ni 'n Canam Breug,
   Gon d' thuit sud le Mac an Deirg,
   Is bu chruin air Fein na dheaghaidh.
                                        Crioch.

F. 17. EACHDRAIDH A BHA EADAR PADRUIC
AGUS OISSAIN MO CHONN MAC AN DEIRG.
210 lines.

Fletcher's Collection, page 161. Advocates' Library,
February 9, 1872. Copied by Malcolm Macphail.

NOTE.—Collated with Mac Nicol's version: this has
many variations, which follow. This evidently is an ill-
written version of a very good oral recitation.

2 AIR maitheamh is uaisleabh na Feinne.

3 A mhic Fhinn shuairchde shoth ghraich;
  Sgialachh air Chonn, fhearr fearail;

5 A' toirt a bharcan a steach,
  Air an traigh ghil ghainmheach.

6 A dol siar am bailceabh nan Iarmailtean.

8 Bha folt buidhe mar òr ceauird,
  Bhos ceann gealla ghuala a mhileadh.

9 An laoch mòr mear muirneach fearail-eibhin
  Bha chalg neatha ri leaduirt chorp;
  Aig laoch teagaisg na mòr olc.

13 Ach coimhrle a chinn aig Fionn,
   Is aig maitheadh na Feinne gu leir;
   Cò rachadh a ghabhail sgeulachd do 'n choltach,
   Ach gluaiseadh Fearguth beul dearg binn fhoch-
       dlach.

14 Gluaiseadh Fearguth gu ba binn,
       Gu glic, suairce sòth ghradhach;

15 Do mhac an Deirg bu gharbh cleachd,
   Bheannuich Fearghuth gu fior ghlic;
   Is fhreagair Conn è mur bu choir,
   Fearghuth fiolanta binn a bheoil.

FHREAGAIR CONN.

17 Dh' innsin-sa naichd dhuit Fhearghuth bainse-
  leat,
  Eiric m' athar a b' aill leam uaibhse,

FEARGHUTH.

18 Ciod an eiric a bhi thu 'g iarruidh air d' athair,

CONN.

19 Ceann Fhinn sa dha mhic mhoir,
  Ghuill, Ghriuir, Airteair, Chaoirail, agus Chormig,
  Uaislean Chlanna Morna uile fhaoitin an eiric
    aon duine.
  Na eiric bho thuinn gu tuinn.

20 A gheilichdean do m' an a Chuinn,
  Na coig ceud bh' uaibhse air mhoch mhaduin a
    maireach,
  Is gu 'n sgarin an Cinn re 'n Corp,
  A dhaingean Fhinn agus Chormig.

THUIRT FEARGHUTH.

23 Gur e b' aill leis fhaoitean uaibhse,
  Air mhoch maduin a maireach,
  Deich ceud gar Fiannaibh,
  Is gun sgaradh e an Cinn re 'n corp
  A dh' aindeoin Fhinn agus Chormig.

24 Is gun buineadh midne an ceann a muidh,
  Do chonn dimeasach uaimhreach.

25 Ach air dhuine dol na dhail,
  Ni an robh sùd duinn mar a ghrathain;
  Thug e ruathar fir am foirrin.
  Bu luaithe è na roth galla mhuilin.
  Dol troimh ialt do dh' ianuibh an t-sleibh.

26 Air an fhaiche is e 'g iarruidh comhruig

27 Is d' fhaireach sinne Fionn foidh throm fheirg.

[This is a kind of Chorus repeated.

28 Chaidh air seachd fichead na dhail,
  Is thug è ruathar fir a ghna,
  'S iomad fear sa ghair a bhos,
  'S iomad lamh a bh' ann is cos,
  'S iomad claigean bh' ann is ceann,
  Is cuirp gun choigleadh air aon a pheall,
  Is urrad eile ged bhiodh iad ann.
  Gu 'n tuitfeadh foth aon a cheann,
  Is bha Conn a cailceadh a sgiath,
  Air an fhaiche g iarruidh comhruig gu han fhial.

30 Ionnach orst a Chonain mhaoil,
  Deich ceud ad leitheabh air traith,
  Cha dugadh ceann Chuinn an Iomain,
  Ni 'm buinneadh thusach an ceann do Chonn,

31 Do labhair Osgar na mor ghlonn,
  Ach gluaisidh Conan mu mhi cheill;
  A dhaingean na Feinne gu leir,
  An comhail Chuinn bhuaidheagh bhrais,

32 Mu char tua'll ga aimhleas,
  Nuair a chunnaic an Conn bu chaoin cruth,
  A teicheadh dhachidh gu h Alabuinn,
  'S iomad cnap is faob is meall,
  Bha 'g eiridh suas air dhroch ceann,
  Air mhaoil Chonain gu dearbh deamhin
  Chuir e a choig caoil foidh naon cheangnill

33 'S iomad screud is iolach chruaidh,
  Bh' aig Conan am fianuis an t-sluaigh;
  'S bu luaithe na fuaime tuinne a teachd,
  Is an Fhiann uileadh 'g eisdeachd

34 Gu ma slan do 'n laimh a shin duit,
  'S e labhair Fionn nan crodh nuadh;
  Gu ma turas gun ghniomh eiridh leat,
  A Chonain mhaoil mhi cheili.

35 A mhiann subhla bhois gach bhain.
  Aurd fhlaith na teaghmhalach.

37 Cuir fuachd is falachd air cul,

39 An sin nuair a shuidh iad na pruip-chatha
  A dhol a thoirt an aurd latha;
  Na h-airm tsheandachd a bhachda am braoid,
  Gun do thog mac Moirnie melenta iad

40 An sin nuair chaidh Goll na chulaich chruaidh
  Na phrop am fianuis an t-sluaigh;
  Bugheal dearg gnuis an fhir,
  Na thorc aurd an tus na hiarghuill,

41 An sin air dhoibh dol an dail a cheil,
  A d' fhiaschuin co a b' fhearr beuman;
  Chuiredh iad di cailceadh d' an sgiabhibh
  Is di teineadh gan armaibh.

42 Di foladh do chneasuibh an cuirp,
  Le 'm buileabh baoibhail,
  Dol siar am bailceabh nan iarmailtean

43 Am folt a falbh le gaoth nam beann,
  Le sgleo nan cuirridhean co teann;
  An da churridh bu gharbh lith,
  Chuir iad an tullich air bhalla chrith.

44 'S iomadh caoir do theineadh ruadh,
  Bha teachd ò neimh nan arm faobhar cruaidh.
  'S ceann nan ceannabheirtibh corrach,
  Is iad a cuimhneacha na mòr fhalachd.

45 Latha agus aon tra deug,
  A chum iad comhrag is ni 'm breug;
  Gun do bhuithin Goll nnm beuman,
  Ceann a Chuinn mhoir air lòm eigin.

46 Gair gun do leig an Fhiann,
  Nach do leig a leithid roimhe riamh;
  Air faichdin doibh Goll a crodhadh;
  An uachdar air Chonn treun torachd.

47 Bhi fuasgladh Chonain è sas,
  An deis Ionan a mhi ghrais,
  Naoth raithean do Gholl an aidh,
  Ga leithis mu 'n robh e slan,
  Aig òl fionadh a dh' oiche sa la,
  Sa stroiche òir le trom a dhaimh.

Crioch.

H. 18. HOW CONN, THE SON OF DEARG, CAME
TO REVENGE HIS FATHER'S DEATH ON THE HEROES.
180 lines.

Kennedy's 1st Collection, page 92. Advocates' Library,
December 15, 1871. Copied by Malcolm Macphail.

NOTE.—December 17, 1871. Dublin. Except a general
knowledge of the story, not known to Hennessy.

CONN came to revenge his Father's death on the Heroes,
to Ireland, and he was but a child when his Father was
slain, and killed 1540 of the ablest of the Heroes, in
three day's time, but he was killed by Goll, at the end
of seven days.

DAN 22.

1 Sgeulachd air Chonn mac an Deirg
  Air a lionadh le trom fheirg;
  A dhiol bas athar gu treabhach,
  Air fianntidh fearoil 'n h-Eirann.

2 ' Ailis sin dhamh Oisain nàraich,
  A shean fhir shuairce theó-ghràdhaich;
  Sgéulachd air Chonn fearraidh fearail,
  An sonn calma, caomhe, ceanail.'

3 ' Am b' ionann d' a dhealbh is d' a dhreach,
  'S do 'n Dearg mhor, thréun, mheamnach mhear;
  Na 'n raibh e cho chalm gu leòn,
  Ris an fhear a b' athair dhó.'

4 Bu mhoda Conn na e gu mor,
  A teachd am fiadhnais ar sloigh;
  A tarruing a luinge caoile,
  An cithe cuain agus caolais.

5 Shuidh air an tulaich d' ar coir,
  'N fhiuidh churanta ro mhór;
  Bha ghruaidh chorcair mar iughar caoin,
  Rosg màll agus mala ro chaol.

6 Aigneadh mhór do 'n fhine ghrinn,
  Mor, meamnach, fearail, eibhinn;
  Bha lanna nimh gu leadairt chorp,
  Air slios an laoich gun eagal trod.

7 C' áit am b' áille laóch fui 'n ghréin,
 Na Conn nan arm faodhbhar, géur;
 A leithid cho 'n fhacas riamh,
 'G imtheachd rathaid na mór shliagh.

8 Ghabh sinn eagal roimhe uile,
 Nach do ghabh sinn riamh roimh aon dhuine;
 'S an a chite con-fhathadh Chúinn,
 Mar on fhathadh mara re tréun túinn.

9 Se chomhairle chinn aig Fionn,
 'S aig uaisle Eirann nach b' fhann;
 Chuir a dh' fhaghail sgéul 'n fhear dhocrach,
 Fearadhas béul dearg, binn fhoclach,

10 Ghluais Fearadhas gu binn bádhach
 Gu muirneach, meadhach mor aghach;
 Air chomhairl' athar mar bu choir,
 A dh' fhaghail sgéul do Chonn ro mhór,

11 'Fhir mhoir a thainig d' ar fios,
 Do radh Fearadhas fior ghlic;
 Sgéul a b' áill leam fhaghail uait,
 Ciod fath do theachds' o chuan.'

12 'Se fath mo theachdsa gu beachd,
 Fhearadhais ma 's áill leat;
 Eiric 'm athar a b' áill leamsa,
 Do dh' uaisle fiann Eirann 's Albann.'

13 'Ceann Ghuill is Ghreathair mac Mornna,
 Fhinn agus a dha mhic mhordha;
 Is ceann Chormaic agus Oscair,
 'S na bheil sibh beó dh' Fhiann nochdamh.'

14 'Is Eirinn o thuinn gu tuinn,
 Fhaghail dhamh fein fui' m aon chuim;
 Sin no cuig céud d' ar fine máireach,
 Gu cómhrag dibhragach dana.'

15 'Cho b' ionann sa radh air dóidh,
 A Chuinn le d' iomadidh sgleo;
 Nan d' igadh cuig céud d' ar fine,
 Choisgeadh iadsan do luath mhire.'

16 Phill Fearadhas mo dhea' bhrathair,
 A dh' inns' an sgeoil mar a b' ábhaist;
 Do 'n Fhéinn gu socrach foillidh,
 Ge b' osgarra tréun a chomhradh.

17 'Conn mac an Deirg sud tha 's tráidh,
 O Albinn nam beanntidh árd;
 Gu marbhadh Ghreathair is Ghuill,
 Is Chormaic is Oscair chruinn.'

18 'Fhinn agus a dha mac mór,
 Chormaic is ar 'n uile shlóigh,
 Sin is Eirinn 'n eiric athar,
 No cuig céud fui' iochd an ath-la.'

19 Bha 'n Fhéinn uile 'n sin du bhrónach,
 Le eagal roimh 'n churidh chómhraig;
 Gu marbhadh e 'n Fheinn le cuthach,
 Is sluagh Chormaic fein le luinne.

20 'Dh' fhiosrach Fionn an sin gu 'n sólas,
 Co reachadh an dáil an ógain;
 'S gu fuidheadh e duais gu deónach,
 Nan d' igeadh e nios o chómhrag.'

21 'Se fhreagair e Conan mac Mornn',
 Leigear mi chuige chéud óir;
 'S gu d' ugainn dhe 'n ceann gu fearail,
 Mar thainig d' a athair cheanag.'

22 'Mallachd dhuitsa Choinain mhaoil,
 Cha sguir thu d' lonan a choidhch;
 Deich céud a' d' leithid air traidh,
 Cho chuireadh ceann Chuinn gu lár.'

23 A dh' aingain na Féinne gu léir,
 Do ghluais Conan le mhi-chéill,
 A dh' ionnsuidh Chuinn bhuadhaich, bhras,
 Gu car aimhleis gu luath cas.

24 'N uair chunnaig Cónn bu chaoin dealbh,
 Conan a dol an seilbh arm;
 Thug e sitheadh gus an daoi',
 'S e teicheadh uaith ag caoi'.

25 B' iomaid crap, is faob, is meall,
 Bha 'g eiridh air a dbroch ceann;
 'S chuir caoil Chonain gu daingeann,
 Na 'n cuigar fuidh 'n aon cheangal.

26 B' iomad sgairt aig 's iolach chruaidh,
 Re am cruinneachadh a mhor shluaigh;
 Bu labhaire no fuaim tuinne, teachd,
 An Fhiann uile d' a eisteachd.

27 Cuig céud 's cho bu ghniomh dhó,
 Chuaidh a chlaoidh Chúinn a cheud ló;
 Chuaidh Conn rompe gu 'n mhéin,
 Mar sheobhag roimh ealtainn éan,

28 Bha Cónn a cailceadh a sgia',
 'S e 'g iarraidh cómhrag gu dian;
 Air Féinn Innse pháil is Freoine,
 Le misg dhearg catha gu 'n soradh.

29 Cuig ceud 's cho bu ghniomh dho,
 Chuaidh a chlaoidh Chúinn an dara ló;
 Chuaidh Cónn rompe gu 'n mhéin,
 Mar sheobhag roimh ealtainn éan.

30 Bha Conn a cailceadh a sgia' moire,
 'S e sior iarraidh tuillidh cómhraig;
 Air Mac Chuthaill bu mhaith eólas,
 'S gu deanadh e lot is leónadh.

31 Cuig ceud 's cho bu ghniomh dhó,
 Chuaidh a chlaoidh Chúinn an treas ló;
 Chuaidh Conn rompe gu 'n mhéin,
 Mar sheobhag roimh ealtainn éan.

32 Bha Conn a cailceadh a sgia' móire,
 'S e sior iarraidh tuillidh cómhraig;
 Air Fiann Eirann agus Albann,
 'S gu deanadh gu leir a marbhadh.

33 B' iomad ar garraich a bhos,
 B' iomad lámh ann is leith chos;
 B' iomad claigeann ann is ceann,
 'S cuirp nan caiginn air aon bhall.

34 Thagh sinn seachd fichead fear mór,
 Do mhaithaibh teaghlach ar sloigh;
 A tboirt a chinn do mhac an Deirg,
 'N uair chunnaig sinn Fionn fui' throm fheirg,

35 Thuit ar seachd fichead fear mór,
 Adhbhar turs' agus do-bróin;
 Chómhraigidh am fear bu táire,
 Céud calma nach b' fhánn an gábhadh.

36 Thug Cónn ruathar fir chuthaich,
 Bu luaith' e no galla mhuilinn;
 'S e cailceadh a sgia' le sólas,
 A sior iarraidh tuillidh cómhraig.

37 'A Ghuill mhic Mornna na mor ghniomh,
 O! 's tu chleachd ar cabhair riamh;
 Cha 'n ann oirnn tha Cónn a bagradh,
 Ach ortsa Ghuill is mó aigneadh.'

38 'Dearbhamsa sin leats Fhinn,
 Fhir nam briathraibh bláth binn;
 Cuireamaid fuath agus falachd air cúl,
 'S biodhmaid uil' air an aon rún.'

39 'N sin chuaidh Goll na chulaidh chruai,
 Ann an fiadhnais a mhor shluaigh;
 Is bu chraobh dhearg gnúis an fhir,
 A dol an tús na h-iorgaill mhir.

40 Na curina bu gharg cith,
 Chuireadh iad an tulach air chrith;
 Le 'm beumanna mead air mhead,
 'S iad a cuimhneacha' neo' mhéin.

41 Le sgreadail an lanna garbha,
 R' a chéile le géur neart calma;
 Chuireadh iasg nan cuntaidh stuadhach,
 Ann an caoilte caole fuáraidh.

42 Chuireadh feidh nam beanntidh árda,
 Gus na gleanntidh fuaraidh fasaich;
 'S ealtach binn fhoclach nan coilltach,
 Ann 's na speura le crith oilte.

43 Cho 'n fhaca mi riamh re 'm láithibh,
 An leithid an cath no 'n gabhadh;
 Chuireadh dith teine da 'n lanna,
 'S dith fola da 'n cneasa geala.

44 Seachd oidhchean, is seachd lá,
   Gu bu tursach fir is mnáith;
   Gus an do chlaoidh Goll nam beumaibh.
   An Cónn mór a cheart reigainn.

45 Seachd ráidhean do Gholl an aigh,
   D' a leigheas gus an raibh e slán;
   Ag eisteachd ceól a dh' oidhch 's do lá,
   'S caithreamh óir fuidh throma dhaimh.

I. 14. BAS CHUINN.

Kennedy's 2nd Collection, page 40. 176 lines. Advocates' Library, April 5, 1872. Copied by Malcolm Macphail.

Con being a Minor when his Father Darg was kilt by Goll, whose death he sincerely regreted, and whose loss time cou'd not efface until he would be revenged upon Fingal and Goll. When Con came to man's state he sailed from Inis-drain, or rather Inis-drethin, with a Band of 500 chosen men, in hopes of a compleat conquest, make himsel King of Ireland, overturn Cormac the King and Fingal and his valiant Bands. At his arrival he engaged 500 chosen men, which were all kilt. Upon the day following other 500 men were turn'd out to engage Con and his valiant Band, who were all slain. Upon the third Day other 500 men were turned out by Fingal of the flower of his army to encounter Con, who all fell in the action, which occasioned great lamentations among the Fingalians seeing Con always victorious. Con's army being by this time reduced to 140 men, Fingal upon the fourth day musters his army, and picks up 140 of the best and most experienced warriors out of the Bands of Baisge and Moirnne to encounter Con, who all fell in the attack. Con is left alone now without a single man to assist him, and desires to be engaged by Cormac, Fingal or Goll in a single combat. Goll undertook the fight, which continued for seven days with equal courage and ardour. At last the brave and valarous Con fell by the hands of the mighty and tremendous Goll the son of Moirne.

2 Ailis sin duinn Oiseinn naraich,

3 Na 'n raibh e co chalm san leirg,
  Ri Mac Dreabhail bu trom fheirg.

9 Chur a ghabhail sgeul do 'n fhear dhocrach,

12 Eiric m' Athar is aill leom,
   Neo' fras bheumanna' gum chom.

15 Cho b' ionann sa radh air choir,

18 'S na ghluaisis d' ar sluaigh san toir;
   Is Eirinn an eiric an Deirg,
   No cuig ceud fui' bheum san leirg.

19 Bha Cormaic fui' thime throm,
   Riogh na Feinne, 's an treun Goll;
   Mu phrosnachadh an laoich lain,
   Bu docair s' ann iomar-bhaidh.

20 Dh' fhiosraich mo Riogh, flath nan cuach,
   Do mhaithibh Eirinn nam buadh;
   Co reachadh an dàil nam fear,
   Dhiongail an comhraig air lear.

21 Mar thainig d' a Athair le Goll.

23 A dh' ionnsuidh Chuinn, bu trom greis,
   An tnu 's cha b' ann air a leas.

28 A mesg chothann, gun sgath comhraig.

29 Chuai' Conn rompa gun fhia',
   Mar sheobhag roi' ealtainn ian.

30 Air Mac Cumhail nan arm geur,
   'S nan sonn bu docaire beum.

32 Air na Fiantaidh gorma ceut'ach,
   Na suinn bu docair san t-eug-bhail.

36 Thug Conn ruathar fir cuthaich,
   'S bu luaithe no ghrian a shiubhal;
   Ag iarruidh comhraig na Feinn,
   'S gun duine beo, ach e fein.

39 'S bu chraobh, or-dhearg gnuis nam fear,
   A' dol an tus na h iorgaill mhear.

41 Chuireadh feidh nan sleibhtidh ard,
   Gus na gleanntaibh fuarruidh fás;
   'S eanlach binn-fhoclach nam beann,
   'S an a'bharr le sgrcideil lann.

42 Cho 'n faca mi riamh ri 'm linn,
   An leithid ann comhrag Fhinn;
   Chuireadh dith teine d' an lanna,
   'S dith fola d' an cneasibh geala.

M. 12. CONN MAC AN DEIRG. 144 lines.

1 Aitheis dhuinne, Oisiain dhanaich,
  Mhic Fhinn shuairce sho-ghrádhaich,
  Sgheulachd air Chonn feardha fearail,
  An sonn calma, caoin, ceanail.

2 Sgeulachd air Chonn mac an Deirg,
  Air a lionadh le trom fheirg
  Dol a dhìoladh Athar gun fheall
  Air uaislibh 's air maithibh na Féinne.

3 Cia bu mhò Conn na 'n Dearg mòr,
  Oisiain nam briathra binn bheoil?
  No 'm b' ionann dealbh dha is dreach
  'S do 'n Dearg mhòr, mhear, mheanmnach?

OISIAN.

4 Bu mhò Conn gu mòr, mòr,
  A' teachd an garadh ar slòigh,
  A' tarruing a luinge a steach
  'An cumhang cuain agus caolais.

5 Shuidh e air an tulaich 'gar còir
  Am fiuidh curanta ro-mhòr,
  Mar thrágha mara re treun thuinn,
  Aig ro-mheud falachd an t-suinn.

6 Chaidh e 'm frithleanaibh nan neul
  Os ar cinn san ath-mheud;
  Is ghabhadh e d' a chleasaibh gairge
  Siar ann am bailcibh na h-iarmailte.

7 A mhac-samhail cha 'n fhacas riamh
  Ag imeachd magha mo mòr shliabh;
  'S cha b'àillidh neach fo 'n ghréin
  Na Conn nan arm faobhar-gheur.

8 Gruaidh chorcuir mar iubhar-chaor;
  Rosg chorach ghorm fuidh mhala chaoil;
  Falt ùr, òr-bhuidh, amlach, grinn,
  Air an òg mheanmnach, fhearail, aoibhinn.

9 Colg nimhe gu liodairt chorp
  Aig laoch àghmhor nan trom lot:
  Bhiodh a chlaidheamh làimh r'a sgéith,
  Air an laoch re h-aimh-réit'.

10 Buaidh sgach ball an robh e riamh
   Air ghaisge, air meud a ghnìomh;
   'S gu 'm b' iomadh laoch a bha gun sgìos
   A' tabhairt da géill agus mòr chis.

CONAN.

11 'Se labhair Conan maol mac Morna,
   'Leigear thuige an ceud uair mi,
   'S gu 'm buin mi an ceann a mach
   Do Chonn dì-measach naibhreach.'

OSCAR.

12 'Marbhaisg ort, a Chonain mhaoil,
   Nach sguir thu d' lonan a chaoidh?
   Cha bhuineadh tu 'n ceann do Chonn,'
   Do ràdh Oscar nam mòr ghlonn.

13 Gluaisidh Conan na mi-chéill
   A dh' aindeoin na Féinne gu léir
   An coinneamh Chuinn bhuadhaich bhrais
   Mu char tuathal aimh-leas.

14 'Nuair a chunnaic an Conn bu chaoin dealbh.
   Conan dol 'an sealbhaidh arm,
   Rug e le sichd air an daoidh
   'Se teicheadh gu luath uaith.

15 B' iomad sgread is iolach chrnaidh
   O bheul Chonain nam diom-bhuadh:
   Chaidh air Conan maol gu deimhin
   Na cùig caoil fuidh 'n aon cheangal.

16 'Beannachd aig an láimh rinn sin,'
   'Se labhair Fionn a' chruth ghil.
   Is sheall iad an sin air a chéile
   Mòran do mhaithibh na Féinne.

17 Gur i chomhairle chinn doibh
    Sár mhac Fhinn bu chaoine glòir
    Chur a ghabhail sgeul do 'n fhear dhocrach:
    Gluaisidh Fearguth binn-fhoclach.

FEARGUTH.
18 'A Chuin mhòir, bhuadhaich, bhrais,
    Fhir shùgaich, ait, aobhinn,
    A ghabhail sgeula thàinig mi.
    Ciod é fàth do thurnis do 'n tìr?'

CONN.
19 'Innseamsa mo sgeul dhuitse,
    Fhearguth, agus buin leat e.
    Eiric m' athar b' àill leam uaibhse,
    O 'r maithibh is o 'r mòr uaislibh.

20 'Ceann Ghuill 'sa dhà mhic mhòir,
    Ceann Fhinn flath an t-slòigh;
    Cinn chlanna Morna uile
    Fhaotainn 'an éiric aon duine:

21 'An tìr uile o thuinn gu tuinn
    A ghéilleachduinn do m' aon chuing;
    No còmhrag cùig ceud d' ar fineadh,
    Fhaotainn air madainn am màireach.'

22 An sin labhair cùig ceud d'ar fineadh,
    'Caisgidh sinne a luath mhireadh.'
    Cha robh sud doibh mar a ràdh
    Re dol anns an iomarbhaidh.

23 Thug e mach claidheamh 'n Deirg mhòir
    Le confhadh catha sa' cheud uair.
    Thug e ruathar fir forthuinn,
    Mar sheobhag measg ealta mhìn eun.

24 B' iomad cruth a chaochail greann,
    Is cuirp ath-chumta le cruadhas lann:
    Iomad làmh ann is leth chos,
    Iomad cloigeann thall 'sa bhos.

25 Cùig ceud eile ged' bhiodh ann
    Gu 'n tuiteadh sin air aon bhall;
    Is Conn a' calcadh a sgiath,
    Ag iarruidh còmhraigh, 's gu 'm b' an-iar.

26 Thogh sinn seachd fichead fear mòr
    Do mhaithibh theaghlach ar mòr shlòigh
    A thoirt a' chinn do mhac an Deirg;
    Is dh' aithnich sinn Feann fuidh throm fheirg.

27 Chaidh ar seachd fichead 'na dhàil;
    'S ann orra tháinig an dìobhail:
    A' dol 'an cumasgadh na buidhinn
    Bu luaithe e na roth Gall-mhuilinn.

28 Thuit ar seachd fichead fear mòr;
    B' aobhar tuirs' e is do-bròin:
    Gu 'n do leig an Fhiann gàir chruaidh
    Re dìothachadh a' mhòr shluaigh.

FIONN.
29 'A Ghuill mhic Morna nam mòr ghnìomh,
    Fhir a chleachd ar cobhair riamh,
    A mhiann sùile gach baile,
    A laoich làidir na teugmhaile.

30 'Is dána leam Conn a bhagradh ort,
    Is air clanna Morna uile,
    Nach buineadh tu 'n ceann dheth gu fearail
    Mar a rinn thu dheth athair roimhe.'

GOLL.
31 'Dheanainnse sin dhuitse, Fhinn,
    Fhir nam briathra blàtha binn.
    Cuireamaid fuath is falachd air cùl,
    Biomaid uile dh' aon rùn.

32 'Ged' mharbhta an Fhiann uile
    Gu dìothachadh an aon duine,
    Bhithinn féin 's mo threuna leat,
    A righ na Féinne, 'gad chobhair.'

33 Gluaisidh Goll 'na chuladh chruaidh
    Ann am fianuis a' mhòr shluaigh.
    Bu gheal is dearg gnùis an fhir
    Re dol 'an tùs na h-iorghuile.

34 Dh' èirich frith, is fearg, is fraoch
    Air dà mhalaidh an dà mhòr laoich.
    An dà churaidh bu mhòr cith,
    Chuir iad an tulach air bhall-chrith.

35 Aon là deug agus tràth
    Gu 'm bu tuirseach mic is mnài,
    Gus 'na thuit le Goll nam beumannan
    An sonn mòr air cheart éigin.

36 Gàir aoibhinn gu 'n d'rinn an Fhiann
    Nach d' rinneadh leo roimhe riamh
    Re faicinn Ghuill chròdha 'n uachdar
    Air Chonn meanmnach, mòr, uaibhreach.

O. 7. CONN MAC AN DEIRG. 159 lines.
Dr. Irvine's MS., page 29. Copied by Malcolm Macphail, Edinburgh, March 20, 1872.

THIS version collated with Gillies proves that the book had not affected oral tradition in the Eastern Highlands; compared with the Western versions, it is easy to see how a popular ballad changes. All that is in Gillies is in the older versions; but in the East there is a tendency towards the Caledonian Fingalian theory, which changes words. In the same district Mac Pherson took no notice of this traditionary ballad. Not a line of it is in his Gaelic.

1 SGEULACHD air Conn Mac an Deirg,
   Lionnta le mor throm fheirg
   Teachd dhioladh bas athar gun fheall,
   Air uaislibh 's maithibh na Feinne.

2 An sgeul sin rainig Fionn,
   An Farmail nan creugan Ard;
   Sheall mu 'n cuairt air armuin ghreadhnach,
   Ghreas gach laoch gu bhuil chath sgith.

3 Co dhiu' is mo Conn n' an Dearg Mor,
   'S e labhair Oscair nam binn ghloir?
   No 'm b'ionann Dealbh agus Dreach,
   Do Chonn Mor mear meamnach?

4 Chunnacas Conn thar steudaibh glasa,
   A' tarruing a luinge a steach,
   Ann Carrais Cuain nan caolas.

5 Shuidh air an Tulaich 'nar coir,
   Am Fiui Curranda, dian, mor,
   Gabhail do chleasa gu garg,
   Ann am barca nan iarmailtean (thaca na h-earmailt)

6 Bha lann nimhe a liodairt chorp,
   Aig a Chonn theugbhalach na mor olc;
   Ealtuinn cheardail ghlan ghrinn,
   Air an fhear mhor, mhear, mheanmnach,
   A 's e gu fearrail suilbhear eibhinn,
   A mhac samhuil cha 'n fhacas riamh,
   A' siubhal sratha, no mor shliabh.

7 Gruaidh chorcara mar Iudhar caoin,
   Rosg ghorm fo mhala chaoil;
   Suil a tilgeadh teine ruaidh,
   A' loisgeadh gaisge na mor shluaigh.

8 Bha lann fo sga a sge,
   Aig an laoch gu aireite;
   Dh' iomar o iomadh cleas luthaidh,
   Do 'n Fheinn gu 'm b' aobhar tuirse.

9 'S e comhaire chinn aig Fionn fein,
   'S aig maithibh na Feinne gu leir;
   Deagh Mhac Fhinn bu bhiune gloir,
   A chuir thuige an ceud thos,
   Dh' fhiosrachadh sgeul dhe 'n fhear dhocrach
   Chuir sinn Fearas beul dearg binn fhoclach.

10 Chuinn mhoir mhir mheanmnaich,
   Gheig uir ghil dhealbhaich;
   'Se m' fhiosrachadh dhiot gu beachd,
   Ciod fath do thurnis a dh' Albuinn?

11 Dh' innsinse sin duit gun chleth,
   Fhearais mas aill beir leat?
   Eiric m' athar b' aill leam uath,
   Na bheil sibh a Mhatha san Fheinne. (al. Eirin)

12 Cean Fhinn oirt 's Ghuill,
   Cinn chlann Morna uile;
   Fhaotainn an eiric aon duine
   No comhrag cuig ceud uath.
   Do 'r maithibh 's do 'r garbh shluagh,
   Gu 'm buinnin na cinn diubh a mach,
   Dh' aindeoin Fhinn as Chormaig.

13 'N uair phill Fearas o 'n fhear mbor,
    'S e labhair Fionn flath an t-sloigh;
    Innis an sgeul dhuinn gu nochte,
    Na ceil oirm dh' aon lochd.

14 'Se sid Conn Mac an Deirg,
    Air a lionadh le trom fhearg;
    Teachd a dhioladh bas athar gun fheall
    Air uaislibh is maithibh na Feinne.

15 Eiric athar is aill leis,
    O na bheil sibh mhaithibh 'n Eirin,
    Ceann Fhinn oirt a Ghuill,
    Cinn chlanna Morna uile.

16 Fhaotainn an eiric aon duine,
    No comhrag cuig ceud uath,
    Do 'r maithibh, 's do 'r garbh shluagh,
    Gu buineadh e na cinn diubh mach,
    Dh' aindeoin Fhinn 's Chormaig.

17 An sin thuirt Conan maol Mac Morna,
    Leigear thuige mi 'n ceud thos,
    As gu 'm buininn an ceann a mach
    Dhe 'n Chonn dhimeasach uabhrach.

18 Inich ort Chonain mhaoil,
    Cha sguir thu do loineais ri d shaoghal
    Cha tugadh tu 'n ceann de Chonn,
    'S e labhair Oscair na mor ghlonn.

19 Ghluais Conan na mi-cheil,
    Dh' aindeoin na Feinne gu leir;
    An caramh Chuinn bhuaidhich brais,
    An car bu tuaile dh' eirich leis.

20 B' iomad sgread is iolach chruaidh,
    Bh'aig Conan nan diombuaidh;
    B' iomad faob is crap, is meall,
    Ag atadh suas air a dhroch ceann.

21 Air ceann Chonain gu reamhar,
    'S a chuig caoil an aon cheangal,
    Bu chruaidhe eigh na toirm tuinne,
    Is an Fheinn uile ga eisdeachd.

22 An sin thuirt fichead fear Finne,
    Leagaidh sinne a luath mhire;
    Rachadh Conn a romha sud,
    Mar sheobhag troimh ealtainn eun.

23 Thug e ruadhar fir ri foirre,
    Nas luath ma roth muillein;
    B' iomadh ionmhas 's am bar a bhos,
    B' iomadh lamh ann 's leth chos.

24 Airp gun chogull air aon bhall; (al. cuirp)
    Uiread eile ged bhiodh ann;
    Thuiteadh le Conn air aon bhlar.

25 Bha conn a' cailce a sgiath,
    Ag eigheach comhraig le an-rian,
    Chuir sinn cuig fichead fear uain
    G' ar maithibh 's g' ar mor shluagh,
    A thoirt a' chin a Mhic an Deirg,
    Dh' aithnich sinn Fionn fo throm fheirg.

26 Rachadh Conn troimh sud,
    Mar sheobhag troimh ealtuinn eun
    Rha Conn a' cailce a sgiath
    Ag eigheach comhraig gu dian.

27 Dheagh Mhic Morna nam mor ghniomh,
    Fhir a chleachd mo chomhair riamh;
    Nach truagh leat conn a' bagairt ort,
    Is air chlanna Morna nan geur lot?

28 Nach d' thugadh tu an ceann deth,
    Mar a thug thu dhe athair roimhe?
    Dheanainse sin duitse, Fhinn,
    Fhir nam briathar blatha binn.

29 Chaidh gach fuachd 's falachd air chul,
    Biothad uile a dh' aon run;
    An sin chaidh Goll na chulaidh churaidh,
    An fiannis a mhor shluaigh.

30 Bu gheall dearg gnuis an fhir,
    Na mheall garbh an tus Iorghuill,
    Ghluais e gu ciocrasach dana,
    Dh' ionnsuidh na teugbhalach.

31 Tha ceth teine de 'n airm chruaidh,
    Tha ceth fala de chnaimh an cuirp.

32 Tiomadh caor theine ruaidh
    Teachd o nimh nan arm chruaidh,
    Os ceann nan ceann bheartain carrach,
    Is iad a' cuimhneach na mor fhalachd.

33 An da chuiridh bu mhor cith,
    Chuir iad an tullaich air chrith
    Am folt sguabadh gaoth nan gleann,
    Gleac nan curridhean bha co teann.

34 Seachd laithean agus nao tra,
    Bu tursach fir is mnai,
    Aig na bhuidhinn Goll na mor bheum,
    Ann Conn mor a cheart eigin.

35 Aon ghair eibhinn rinn an Fhiann,
    Nach do rinn a leithid riamh,
    Ri faicinn dhoibh Ghuill an uachdar,
    Air Conn treun, bras, uabhrach.

36 Tri raian aig gun robh slan,
    Toirt Chonain chrin a sas,
    Leigheas Ghuill mhic Morna.

37 Sgeulach air Chonn feara fearrail,
    An sonn mor calma ceanail.

X. 9. DUAN CHOINN MAC AN LEIRG.
171 lines.

Copied by Malcolm Macphail, from materials furnished by the Rev. Dr. Mac Lauchlan, Edinburgh, February 9, 1872.

THIS was orally collected in Caithness, 19th and 20th April, 1854, by George Mac Leod and James Cumming, from the oral recitations of Christina Sutherland or Widow Simpson. She was born 1775 in Rhea, on the West of Sutherland. I print it because Sutherland Gaelic is not often printed. Lines in this MS. are not numbered. It is printed as written, in paragraphs.

1   INNIS dhuinn Ossein naraich,
    Mhic Fhinn uaisle shuairc sho ghradhich;
    *Do sgeul air Conn, Fearg, is Fearail,
    *Na soinn chalmant coghineal.

2   Co bu mho Conn na 'n Dearg mòr,
    Oissein nam briathar ceolbhinn;
    Am b' ionann dealbh dha is dreach,
    Is do 'n Dearg mhaiseach mhoralach.

3   Bu mho Conn gu mòr mòr,
    Teachd o mhara le shloigh;
    *Tarruing a luingeas a steach,
    *Gu teamhair¹ cuain is caolas.

4   *Bha sgiath nimh air gu leagadh a chorp,
    *Air crios teug-bhoil na mòr olc;
    *Is claidheamh air sgath a sgeith;
    *Air an laoch ud gu h-aimhreaith.

    *Bha gruaig cuirc² air mar iuthar caomh,
    *Rosg gorm, an dà mhala cho chaol;
    *Folt buidhe aghmhor teardail,
    *Uasal fearal aoibhinn grinn.

6   Sheas air an tulach ma ur comhair,
    Milidh curannt' bha ro mhor;
    Leis an gabhta' chleas gu garbh,
    Ann am³ bailcul na h-iarmailt.

7   Bheireams' mo bhrithar cinnt,
    Phadruig cha bu nar ri inns';
    Gu na ghabh sinn d' eagal
    Roimh uile is nach do ghabh,
    Sinn riamh roimh aon duine.

8   *'S e chomhairl a dh' inntrig aig Fionn;
    'S aig fearibh uailse Eirinn;
    Aig clann na mara muirne,
    Deagh mhic Fhinn o 'n binn gloir,
    'Chuir ghabhail o 'n laoch dh' shocarach,
    Bhaigheach bhinn fhocalach.

¹ Teamhair, a shaded walk on a hill, hence *Teamhair cuain*, a harbour or bay naturally protected from storm.
² *Gruaig cuirc*, curling hair like the gentle yew.
³ In sword exercises the thrusts and cuts made thro' the air.

9 Ghluais Fergus air comhairl athair, mar bu choir,
   Do ghabhail sgeul churaidh
   O Chonn bu ro mhor.

10 Bheannaich Fergus le gloir bhinn,
   Do Chonn tairise[4] bha ro' Fhinn;
   Fhreagair Conn e mar bu choir.
   Fhergnis fhillidh fhir choir.
   Mhic an fhir[5] dhimeasidh mhear,
   Dhuainn bhuadhich dheud ghil,
   Thainig a ghabhail sgeul o Fhionn.
   'Cia fath do thochd do Eirinn?'

11 Fios mo thurnis ann gu beachd,
   Fhergnis nam b' fhear a b' àill leat?
   Eiric m' athair a b' aill leam,
   Dhibhse mhaithibh fir Eirinn.

12 Gu ceann Ghoill is dà mhac Mhuirn,
   Fhinn is Chribhinn 's Chori-Chorn;
   Gu ceann Chlonnairt na Muirne uile,
   Gu 'n ditheachadh mar aon duine,
   Cormaic Mac Airt agus Fionn.
   'S na th' beo do fhearibh Eirinn.
   O thuinn gu tuinn fhaotainn
   Dhomsa fo 'n aon chuinge,
   Comhrag air coig ceud ur sloigh;
   Air mhoch mhaduinn a maraich,
   Gu sgarinn an cinn o 'n corp
   An aindheon Fhinn is Chormaic.
   Gluaisidh Fergus thugain fein,
   Phadruig na abairim breug.

13 Chlost sinn sud an Fheinn uile,
   'G eisdeachd ri sgeul Fherguis,
   Labhair Fionn flath nur sloigh
   Fhergnis ciod do sgeul o 'n fhear mhòr?
   Innis duinn gu beachd.
   'S na ceil romhainn na h-ainiochd.

14 Se mo sgeulsa o 'n fhear mhor,
   Nach fhearr leis gun choig ceud ur slogh
   Air mhoch mhaduinn a màirich,
   Gu cath comhraig diobhalaich,
   Gu ceann Ghoill, is da mhac Mhuirn,
   Fhinn is Chribhinn 's Chori-Chorn,
   Gu ceann Chlonnairt: na Muirne uile
   Gu 'n ditheachadh mar aon duine,
   Cormaic Mac Airt agus Fionn,
   'S na tha beo do dh' fhearibh Eirinn,
   O thuinn gu tuinn fhaotuinn
   Dhomhsa fo 'n aon chuinge,
   Labhair Conon mac Muirn mor,
   Leigibh mise chuige sa cheud doigh
   Gu sgarainn an ceann ud de,
   Air a cheann diomsa air a cheann desa,
   Beir a mholach!—a Chonoin mhaoil!
   So an onoir nach fhaidh thu chaoidh,
   Cia fath gu 'n coisgeadh tu Conn
   Fhuirbidh[6] Oscar na mor lom,

15 Gluaisidh Conon le mhi-cheil,
   'N aghaidh na Feinn gu leir,
   'N aghaidh Choinn bhuadhich bhrais,
   Gu car tuasaideach aimhleis,
   Dar chunnaic an laoch bu chaoin a dealbh,
   Coinean dol an sealbh uan arm
   Thug e sidheadh do 'n fhear,
   Is ghabh e teicheadh a choin fhalbbidh,
   Ach 's lionmhor scread is iolach cruaidh.
   Bha aig Conoin ri aon uair,
   Bu luaith e na tuirm tuile teachd,
   'S an Fheinn uile ga choimhead,
   Bu lionmhor cnapain agus meall.
   Bha 'g eiridh suas air a dhroch ceann,
   Air maoile Choinean gu reamhar,
   Na coig caoil sa 'n aon cheangail,
   Beannachd aig an laimh shin riut.
   Labhair Fionn flath na Fiann,
   Gu ma turus gun eiridh dhuit,
   Choinean dhona mhi cheillidh.

16 Ach chuir sinn ur coig ceud a mach,
   Gu mear meanmarach moralach
   Cha an laoch ud trompa gun ghrainn,
   Mar sheobhag dol troimh altan mhin eun,
   Is mas tionndadh tu barr a bhois
   Bu lionmhor leth-laimh agus cos,
   Bu lionmhor colluinn bha gun cheann,
   Nan coinnlean marbh air 'n aon lamh,
   Coig ceud eile ciod bhiodh iad ann,
   Bhiodh iad marbh air 'n aon bhonn,
   Ghluais sinn seachd fichead fear mòr,
   Ionnas gu 'n d' thainig an diobhal oirnne
   Chaidh e trompa mar mhaoil muileann,
   Bu luaithe e na rotha gall mhuileann
   Thuit na seachd fichead fear mor
   Ionnas gu 'n d' thainig an diobhal oirnne,
   Far an d' rinn an Fheinn an gair cruaidh,
   Bhi ditheachadh ur mor shluagh,
   Fhir nach d' aitheachadh cabhain riamh
   Air thapiachd 's air mhor ghniomh,
   Mhiann suile gach borr:[7]
   Is phrionnsa gach teugbhoill,
   Nach fhaic thu Conn 's e maoitheadh ortsa,
   Ghoill churaidh gach namhaid,
   Nach cuireadh tu an ceann ud de gu fearal
   Mar chuir thu de athair roimhe,
   Dheanainn sin dhuits' Fhinn.
   'Bhriathraribh nan ceol bhinn,

17 Na 'n cuireamaid gach fearg is fuil air chul,
   'S gu 'm bidheamaid uile de 'n aon runn,
   Dar bha Goll na chullaidh chruaidh'cht,
   Am fianuis fhlathaibh is a mhor shluagh
   Bha geal dearg an gnuise an fhir,
   'S bha shealladh garg an tùs gach iorghuill
   Shin an da churadh bu mhor cith[8]
   Chuirte leo tulach air ball-chrith,
   Le an ceumibh b' fhearail linn,
   An Fheinn uile ga 'n coimhead
   Bha cith fala chruinn chorp,
   De las-fhaobhar nan arm nochdt
   Ann bail cul nan sgiathibh gu ard.
   Is e dol sios do 'n iarmailt.
   Latha is aon trath deug.
   Bha na laoich ud nan sgainnir dheirg
   Ach na thuit le Goll nam beum
   Conn mor air cheart 's air eigin,
   Sin an gair soibhinn thug an Fheinn
   Mar nach d' thug fos droigh a riamh
   Bhi faicinn Ghoill chruadhant,
   An uachdair air Conn treun.
   Is fuasgladh Chonain a càs.
   'Eideadh cuir lannan na mi ghraia,
   Seachd ràithean do Gholl an aigh
   Gu 'leigheas ach am bi e slàn,
   'G eisdeachd ciul a dh' oidhch sa lò
   I! pronnadh òr fo thromh dhaimh.
   Sin mo sgeulsa air Conn mhic an Deirg.
   Thainig thugain fo throm fheirg
   Do dhioladh bàs athair gun fheallsa,
   Oirbhse mhaithibh fir Eirinn.

(Cia fad an duan ruigear a cheann gnath fhocal.)

Crioch.[9]

[4] Fingal's pledge of fidelity. *Tairis*, trustworthiness.
[5] Proud and sportive.
[6] Fuirbidh, in derision, ironically, You who are so strong as Oscar.

[7] Borr, a bully, a noble, a prince. Borr also means a court, such as that of a King.
[8] Cith, ardour; *Cith-fala*, a shower of blood. *Cith fala chruinn chorp* is a rare, yet most elegant and descriptive, term for any liquid falling in frequent and heavy drops. *Cruinn chorp*, round bodied, spherical. *Cith* contains the idea of the falling shower with all its ordinary accompaniments. The Poet, as if this were not enough, tells that the shower of blood was *cruinn chorp*.
[9] The annotations are the Collector's.

X. 9. BAS CHUINN. Extracts.

Copied by Malcolm Macphail, from materials furnished by the Rev. Dr. Mac Lauchlan, Edinburgh, February 7, 1872. 106 lines. Orally collected in Tiree, 1857, by Mr. Cumming, from a man locally known as Alisier Mor. He learned it from a man who went to America afterwards. Of this version 1 print Mr. Cumming's Gaelic Argument and lines which vary from other versions, or are not written elsewhere. Lines in this MS. are not numbered.

Mas fhior beul-aris chomhnuich Conn san Eilean Mhuileach an deigh bàs athair, a mharbhadh an Eirinn. Air do Chonn thighinn gu lan neart ruinnich e bas athair a dhioladh. Ruig e Eirinn chum na crich so. 'S cha robh duine sheasamh roimh. Chuireadh teachdar do dh' Albain os iosal on riochd deircach a dh' fhaicinn an robh doigh ann air am feudta buaidh fhaotain air Conn. Thainig an teachdair Eirinneach gu ruig Mull gu tigh mathair Chuinn. Neach a dh' fharraid dhe na choigreach co e, is cia as da, is ciod a naigheachd a bh' aig.

Fhreagair easan gun d' thainig e a Eirinn, gum bu deirceach e, 's nach robh naigheachd aig ach gun d' thugadh buaidh air Conn-Mac an Deirg. Eu-comasach ars mathair Chuinn, oir nan cumtadh fion dearg is mnathan o Chonn cha neil an Eirinn na dh' gheabhadh buaidh air. Mar so fhuair na h-Eirinnich mach an doigh an claoidheadh iad Conn ; oir thug an teachdair dhachaidh air ; air ball chuireadh meadhonean claoidh Chuinn ri aghaidh is an deigh sin chaill e bhuadhan do chionnsuichte.

1 Co dhiu is mo Conn no 'n Dearg mor ?
　No Oissean nam briathraibh hinn bheoil ;
　No 'n ionnan dealbh agus dreach,
4 Dha fein 's do 'n Deargan mheamnach.
　Chuir e 'dha shleagh air a sgàth,
　Teugbhoileachd na mor lochd ;
　'S a chaitheamh air sgath laoich,
8 Gun eagal aimhreat.
　Eiric m' athair a b' aill leam,
　O uilsean uile na h-Eirinn ;
　Ceann Chonain 's dha mhic Ghuill,
12 Ghuill is Chonain is Chormaic.
　Is na bheil beo do mhaithibh Eirinn,
　No Eirinn o thuinn gu tuinn,
　'Gheileachdan do m' aon chuim,
16 No cuig ceud fear mor chuir so
　A chomhrag ri m' fhear-dioladhsa maireach.
　Sin mar labhair Coirliomhan,
　Leagaibh mis' da ionnsuidh ;
20 'S gun d' thugainn an ceann de,
　　　　Thubhairt Fionn.
　Heisd thusa Choirliomhan,
　Na bi tighinn air comhasdh cho cli sin ;
　Cha cheanusaichean e gun fhoill,
24 Le da thrian 's na bheil an Eirinn.
　Bu lionmhoir sin a chluinnte ann,
　Pluc is garbh mheall,
　Glaodh is iolach ard,
28 Ann am beul Chonain
　Cuim an deanuins' sin ruit Fhinn,
　Fhir nam briathribh binn a bheoil,
　'S gur fhein a thuit clann a Morla a mhor theachd,
32 Thigeamaid is suitheamaid a dh' aon ruinn,
　'S cuireamaid fuath is folachd air chul,
　It chuireannsa mo Threun a leat,
　A righ na Feinn gar comhnadh,
36 Nuair bha Goll dol an cula chomhraig
　A nuair sin am fiannais a mhoir shloigh,
　Chuir e sgiath bhucaideach,
　Bhacaideach air a laimh chli
40 Slacan cruadhach curannta,
　Claidheamh na laimh dheis,
　Fhalt mhor mhaiseach fhearail ghrinn,
　Iuthair gharbh eibhinn,
44 Gruadh corrach mar iuthair chaon,
　Fo rosg na mala cuma chaoil.
　Air an seoladh ann an caol bheortan corrach,
　Is e ri cuimhneachadh na mor olc,
48 Sin dar thoisich an da laoch bu gharbh sgiath,
　Chuireadh an talamh air balla chrith,
　Ri sgoltadh na sgeana sgiathach,
　Is sgoltadh na sgiathibh sgealbach,
52 Ri doirteadh na fola moir,
　Fo lamhan uneachdach a cheile,
　Gus an d' thainig an oidhche,
　'S 'n d' thainig sithichean nach as na cnuic,
56 Gabhail ioghnadh is mor aithir.

B. 6. AN DEARG MAC DRUIBHEIL. 1690.

Copied June, 1872, by Donald Mac Pherson, Advocates' Library, from Rev. Donald Mac Intosh's Transcript of E. Mac Lean's Manuscript, p. 169, and fol. iii, or p. 31, Book II. of MS. 1690. The original, written at Ardchonail, in Argyll, is in the 'Irish' character.

This Poem ought to be placed first, as the oldest bit of the Story of Dearg. I only got the copy July 8, so it is placed here.

The note copied with this poem is curious, there is not a line of Mac Pherson's Gaelic Ossian in this composition which is quoted to prove 'authenticity.' It is an epitome of the usual Arguments : 'Because these Heroic Ballads were current, an epic poem, which differs from them, in every respect, is authentic ; and they are spurious, corrupt editions of the Epic, of which there is no trace outside of the printed books.'

'... I am happy to add, that Mr. Kennedy's ignorance will turn out rather favourable than otherwise for Ossian's authenticity in the part of the proofs which respects the transmission of his Poems to our times. This will appear from the curious circumstance I am now to mention.

'I have collated the Poem in Kennedy's called ' Bas Dheirg' (page 32 of his MS.) with a Poem 'Dearg Mac Druibheil,' transcribed by Mr. Mac Intosh from a MS. of Major Mac Lachlan, written, in 1690, by Ewen Mac Lean, who copied it from an older MS. The Poems are the same in substance, and correspond astonishingly as to measure and expressions, many lines are precisely the same in both. This coincidence is the more striking because the old copy is in the Irish dialect and Mr. Kennedy's in our vernacular Gaelic. The Poem, too, has every claim to antiquity which internal evidence can yield.'

　　Letter from Rev. James Mac Donald, Minister of Anstruther, dated January 3, 1803, to Mr. Lewis Gordon, Depute Sec., H. S., Edinburgh.—D. C. M., July 3, 1872.

DEARG MAC DRUIBHEIL.

1 Treis ar caithrem an fhir mhoir
　Do thanic an oir fa deaghbhail
　An tren fhear a bhi lan do ghoil
　An Dearg dana mac Draoibhill

2 Briathra go thug an laoch lan
　Seall far thriall se ar sall
　Nach geibhadh gun gheille leis
　O gach Feinidh da fheabhus

3 Gus na Fianuibh bfearr goil
　Triallas a Dearg mac Draoibhil
　Onoir o thir na fear Fionn
　Ga criochadh oirar Fian Eirionn

4 'N uair thanic an laoch lan
　Ar animearmist comhlan
　Gabhas an Dearg dead gheal cuan
　Go Bein Eadin mor shluagh

5 Dias noch ar chumhail dail
　Chaidh choimhead an chuan cobhar ban
　Feidh na roid¹ geal mhac Fhinn
　Agus an Caol crodha mac Chreamuinn

6 Sin dias rach ar coimhead cuain
　Ach tuitim na seairum suain
　No ghabh barc an fhir mhoir
　Caladh is trachd naimhdion

7 Leimidh an Dearg bu mhaith dreach
　Ar tir do chrannuibh a chraoiseach
　Tharuing e a bharc bu maith snas
　Ar an trachd gheall ghainmhidh

8 Folt fionbuidh mar or cerd
　Os cion amhach in gruaidh 'n Dearg
　Da dreach gormshuil gar gloinn
　Bu ghlan gnuis a mhilidh

¹ Swift, gloss, in MS.

9 Da leccion remor chatha[2]
   An laimh mhic an athar fhlatha
   Sgiath oir ar aghuallan chli
   Ag mac uasal an ard ri

10 Lann nimhe le leadart corp
   Agan laoch gan eagla comhruic
   Mhian chumhduigh chlochara chor
   Fan mhilidh fochar suil ghorm

11 Geall gaisgadh an an domhan toir
   Ar mhead ar neart ar dheilbh
   Air chomhrac cheart ar cheduibh

12 Eirghus Reidh na roid mac Fhinn
   Agus an Caol crodha mac creamhinn
   Do ghlacadar an airm nan dorn
   Is reathadur na chomhdhail

13 Tabhar sgela duin a fhir mhoir
   Os oruin ata coimhead an chuan
   Da mhac ri gu sar bhuaidh sinn
   D Fiannaibh lan uaisle Eirionn

14 Crioch as an tlanic me anois

15 Is me an Dearg mhic ri na bFionn
   Ag teachd do dhiaruidh ardrighachd Eirionn
   Labhrus rer unaghaidh mhire
   Go dian leis an Dearg mac Draoibhil

16 Ni bfuaidh tusa a laoich lan
   Urram no geill feraibh Fail
   Cia maith siese a dhias laoch
   Canus formud agus fiach

17 Cia bhacas diom a gabhail
   Da nairisiod duit gach flaith
   A Dheirg mhoir mhic an ard fhlatha
   Gur biomadh an Teamhrae laochlann

18 Neaoch a gheibhadh leat comhlan
   Ca bfuil aon reach diobh a nois
   (Os maithrionn an Dearg mac Draoibhil)
   Gu bfechmiste ar a cheile

19 Ar bfiach agus ar naimhreite

20 Dar mo bhriathar giodh pro libh
   Do radh an Caol crodha mac Creinrinn
   Racha me do chlaoithsi a nois
   A laoich iad a thanic thairis

21 Air chaol crodha bu mhaith dreach
   Leimus in Dearg dasachdach
   Le feirg mhor is le fiacha
   Mar gar bhuail in trein laoch

22 Do fhogar an Dearg comhrac chruaidh
   Gus an Chaol chrodha go mor nuaill
   Thugadar an toran teath teann
   Le sgoilte sgiath agus caura[3]

23 Gur beath iomghreis na deisi sin
   Ansan iomruaigh do bhi e eatora
   No gur chcangla san rolan roth
   An Caol crodha san g Comhlan

24 Eirghus Re na road Mac Fhinn
   Tareis an Chaoil Chrodh do chreachda
   Mac Ri na Feinne gan tor
   Ag coine an fhir mhoir sna chomhdhail

25 Gur biomdha gcleas ansan gala
   An san iorghrail mar leig thairis
   No gur cheangla cruaidh an ceim
   Re na rod na luath bheim

26 Maith an gniomh dhuit san ghoil
   Uaitsi sinne araon do chreapill
   Fuasgail ar cuimhraich a laochlau
   Beir leat sin ad timchioll

27 Duasgail Dearg nan arm siach
   Cuimhrich na deise deadh laoch
   Is do ghabha bhriathar air gach fear
   Nach togfadh airm na aghaidh.

28 Gluasadar an sin go Teamhradh
   Dfhios Chormic sa mhor theaghluidh
   Mac Draorbhil na goar lann buaidh
   Gu triath Teamhrach na ndeluaidh.

[2] Re mor chatha, *gloss.* [3] Cabhara, *gloss.*

29 Do ejrghadar amach fir Theamhradh
   Fir mhor dheagh croidhach dhealbhach
   Gur biomadh fear duin bhruit sroil
   Attiomchiol Chormaig na gcedach

30 Labhrus triath Theamhra gun onn
   Suidh a chliair chalma chuirinn
   Ni huarfidhe diobh meirg aon fhir
   Nach togadh airm na aghaidh

31 Suidhis treinfhir Innis Fail
   Greis ar cheil an chomhdhail
   Le teachd chuga dho go dana
   Fear foistinach fior mhalla

32 Se teachd ausna maidhinh dho
   Do mac Draoibhthil na mor ghleo
   Don og innilta chuimsach
   Leagadar an rod re shoilsach

33 Beanuidhus an Dearg da ghloir bhinn
   Do thriath Teamhrach go haobhin
   Is do fhreagair an flaith gun do dobhruin
   Chathmhilidh na tren fhodhla

34 Le suidhe don Dearg noch ar thinn
   Labhrus ard ri Eirionn
   Brigh do thurus gu Teamhradh
   Airis a laoich mhoir mheanmnadh

35 Gur be beachd mo thuras duit
   A Mhic Art Churanta mhic Chormaic
   Treise na h-Eirionn gur bail leom
   Dar neamh fis bheamena tiomchioll

36 Geilluid Eirionn ar muir
   Giodh gur minic shaor siad treinfhir
   Ni fritur sin fogur gu bruth
   Eire tabhach le aon oglach

37 Ciodh nach ail leatsa chormic
   Flaithus a thabhart dum gan dobhruinn
   Combrac ced do chlann curadh
   Uaitse a mhic Art a Nulladh

38 Do churios me curaidh calma
   Achlaoith anocgmhir Fhinn almhura
   Thog ameirg noch ar tim
   Le fearg moir do chum an chomhlain

39 Gur be comhrus a mhic ri na bhfionn
   An ced sin do thuitim na chomhlan
   An da ched eile fa ghniomh do
   Do chlaoidh an Dearg an enlo

40 Nuar chonarc Teamhra Dill
   An Dearg ar deanamh na hurlaidh
   Bhrosnuidh teachd go luath
   Tar mac Cumhail na mor shluagh

41 Agus tanic chugan iarmarach
   Mac Cumhail ga mor dhalach
   Tri mile gaisgach geas glan
   Nach fuar osadh no sgannill

42 Fleise oir fo chean gach fir
   Do mhuintir Fhinn o h-Almhuin
   Sgiath fhiodadh go hiomchar air
   So Eairion sioda sigi sir shroil

43 Gath miuic lan is luirach
   Fa gach laoch og ard sugach
   Inniol lasta ar gach fear fruoich
   Deoibhtur ar gach laoch lan gheal

44 Le teachd anns na madhimh dhoimh
   In t-sluagh curauta chumhduigh
   Togbhus an Dearg bu maith dreach
   An pubil oirthuidh iollanach

45 Chuaidh fo Chormac an tim
   Cnr failte ar feinnibh o Ealmhuin
   Fuar elnoite Mhio Murn na gercach
   Pog is cureadh attighe Teamhradh

46 Ghluais mac Ri na bFionn
   Asteach uain ansa pubill
   Do thog tri chaog cleis luidh
   Fa mor an tabhur iomghruis.

47 Gluaisis Mac Cumhail fheil
   As teach uair ara chead leim
   Agus beannuidhus se don Dearg
   Don og aithelach fhionard

48 Beamughus Fionn noch fhruiluing tar
   Freagras an Dearg dreach dhana
   Do gar cumha go luath liom
   Ar mac Cumhail no comhlan

49 Cia math do lamhsa fhir
   Do raidh flaith na Feinidh o Ealmhuin
   Braighde na h-Eirion ni beiridhmise duit
   A Dheirg le h-eagla do chomhruic

50 Mas thugamsa do thriall sibh
   Aleachradh osleibhte Laighean
   Fear chomhrac ced ullamh sin
   Uaitse a mhic Cumhail arm grinn

51 De chuiris no ched ansin
   Do chlaoidh in Dearg dom mhuintir
   Do chuiris mo dhorn mo chonn mhic smoil
   Do chuiris mo Chonn mac Chonan

52 Tuit mac Conan mhic aleigh
   Thuit an dorn nach roibh go re
   Is do mharbha le na laimh gun lochd
   Gach ceda fear gu faobhar nochd

53 Nuar chonarc mac Cumhail fheil
   An dearg ur deananh na hurluidhe
   De bhrosnaich se a chip chatha
   Do chosg mic anathur fhlatha

54 Eiroghios Faolan le fearg mhor
   Ghlac ameirg tsaoilhadh shroil
   Glacadar cumpara cheile
   Tareis anurnadh do Draoibheil

55 No gur chlaoithadh leis an Dearg an
   Faolan calma na ccaomh chealg
   A mhic morna nach meata
   Chaon chrodheata calma

56 Coisg dhin comhlan an fhir mhoir
   A cheann ghaisgadh an mor shluagh
   Deich ced naonnuighe fa thri
   Uaimsi duit ar antard riogh

57 Agus is leat fein o shoin amach
   Trian a cumha fa hedola
   Cia gur fhogradh le teinnidh
   Clanna Morna no morbhuaidh

58 Mo chumhnadh do bheiram duit
   A Ri na Feinnadh go turtachd
   Eirghus Goll nach ar fuiling tar
   Na chulidh eididh iomashlan

59 Chosg chomhlan an laoi lan
   Mar bhrosnuidh na chomdhail
   Tugus an Dearg do chlaoth Ghuill
   Na hairm nimhe do bhi agcoige

60 Thanic se go diomsach daua
   Gi ciochrach anait teagmhala
   Chuimhleadur abfoltanus re cheile
   An dias dileanta deagh laoch

61 Re snoidhe chloigean is cheann
   Lionidhe mac Draoibheil is Iollan
   Bheathadar mur sin fa ghreis
   No go tugadar an mor theais

62 No gur thost fir Eiroinn uile
   Le clos beimanach na hiorguile
   Dith teine, dith cailce, dith cruaidh
   Do bhi da sgiathuibh san uair

63 Agus dith fola do nimhe
   Bhi fo chriosanadh na miliah
   Beathadar comhrac tri là
   Far thursach mic agus mna.

64 No gur chlaoithadh an Dearg an
   Le mac Morna na bemanadh
   Do fuar Goll mar gheulla leis
   O mhac Cumhail gan ainbhfios

65 Gar buidhach an flaith go mbuadh
   Do chomhrac Iollain arm ruadh
   Luidhe bliadhna anuthar Ghuill
   Tareis comhrac an laoic lonn

66 Attigh Teamhradh gon fhios
   Agus Feinidh mhic Morna da leighios

67 Do rin an Dearg dithchiol borb
   Oruin le na moir cholg
   Thuit ced dar muimtir na throd
   Agus tre ched do mhuintir Chormaig

68 Is mi Fergus filie Fhionn
   O gruidh Feinie mhic Cumhail
   O thrial on feroin ar tuin
   Trian agaisgidh ni airiosiomh.
                                Finid.

THE PRAISE OF GOLL, AND OF FIONN.
A. M. N. V. Y.

These two Poems are in short metre, and would fit a quick cheery tune. The first is attributed to Fionn's son, Fergus of the Sweet Mouth, the other to Fionn's son, Oisein.

Tradition places 'The Praise of Goll,' after the victory over Conn Mac an Deirg. The Poem is still remembered in fragments in the Isles.

'The Praise of Fionn' is forgotten. Oisein sings the praises of his Father; but his song is half a Lament to Padruig. After a reconciliation between the rival Tribes, family rejoicings came naturally, so these two are placed together. With them is M. 13, from Gillies. N. 7. Miss Brooke's Irish version, is at page 298, edit. 1789. Mr. Mac Lean has transcribed this. No Irish type is available. V. 14. is another version printed by Mac Callum. Y. 5. is at page 293, vol. iii. 'Popular Tales,' and was orally collected in Barra, before 1862.

A. 22. ZOELL. 141 lines.

A HOUDIR SO SEIS FARRIS FILLI.

1 Ard agne zwlle,
  Fer coggi finn
  Leich loyvir loonn,
  Owil ne timmi.

2 Seir anich soss,
  Ser snaig heive
  Murrich er sloyg,
  Goole crowich keive

3 Mak mornyth marri,
  Fa croith in goll
  A clew fa schen,
  Far geinnoll sen

4 Reith finnith fayl,
  Ne timmi glor
  Ne seywe a chail,
  Leich eyve mor

5 Noor heyd a gayth,
  Rayme flath feich
  Ga meine a chness,
  Ne in tass in neith

6 A waid ne i myn,
  Oosi geagi torri
  Say is glenny gen,
  Eyddi ni skoll

7 Ooss barri benn,
  Errir sen rynn
  Fa heggill lenn,
  A hagri hecht rinn

8 Derrim rwt a inn,
  Na drillis noonn
  Di warr agli zwle,
  Hagni gi tromm

9 Gin chur ra wath,
  Si cath ne in doe
  Inseich chayth,
  Kinseleich sloe

10 A anich ne min,
   Fullich in fer
   Dossi ni skoll,
   Ossil a zen

11 Wrrik a loeg,
   Torvirdych fayll
   A throst cayth is boyn,
   Foss flath a chayl

12 Dwn na olt,
   A wrunni mir chelk
   Wmlane mi chorp,
   Lomlane da herk

13 Memnycht a weiss,
   Dalweich a znwss
   Ne elle re oos gowle,
   Ne chell ort a inn
14 Tress ni doon,
   A zasga zrin
   Flaaoll foss,
   Daytholl a kness
15 Er zoole ne cless,
   Ne slim er hass
   Broontych a zale,
   Convych a royr
16 Ferriddi mein,
   Melleddi moyr
   Da rayth gi brayth,
   Aw agis eich
17 Nawch ri cayth,
   Lawch a leich
   Claa chonis woyn,
   Sonnis ni wayne
18 Monmurrycht coyn,
   Illericht dane
   Loyvin er aw,
   Croyth na grewith
19 Loyvir a layve,
   Royg ni reith
   Sonnis ni rowd,
   Sollis a zaid
20 Curris say layve,
   Gych trayn da wayd
   Boyn rowni a nir,
   Boy corrik er
21 Leydwich a zolli,
   Egni in sterr
   Leich cwnych loonn,
   Neawnych la lynn
22 Targissi goole,
   Argissicht lynni
   Leich arm mar,
   Fargycht ra chin
23 Colg convych er,
   Onchon or zoll
   Fer zalle ni gonn,
   Royt zraw ni ban
24 Beith dawe gin non,
   Di znaa na zarr
   La beowe rod,
   A rot ne in tlaa
25 Meith ni grayth,
   A zrayth fa blaa
   Seyor a chrow,
   Awzor a rath
26 Ne in tranith shrow,
   Na reym in gayth
   Math morn is dane,
   Fa orryth a zoyl
   Innoyr a zloyr,
   Beith woyn a chrayn
27 Trayth marri mer,
   Fayle ferri a chorri
   Gin tayr na zerr,
   A zaille er forri
28 Mak teadis cheiwe,
   Nach tregi dawe
   Gin choggi reith,
   Nar laggi a layve
29 Oowir a cholk,
   Is borbe a zloa
   Nor erris arg,
   Trane shelga zea
30 *A v cowle zrinn*,
   Coythwil ess gyle
   Sss boynych di zoell,
   Gin noa gin nawle

31 In ness rame lay,
   A zuayn zoo
   Werrin gin chelga,
   Trayn selga zoo
32 Ni twlli a ann,
   Far nass i gor
   Graw tenni inn,
   Trane chon a zooll
33 Treg heich a zwle,
   Be seichith ronn
   Nad ray gin ving,
   Trane feich finn
34 Zoywidsi sinni,
   Arriss a ayll
   Is skeil mi zroym,
   Ne wor mi wane
35 Carri gin kelg,
   Bail tanni derg
   Anich si low,
   A clow oss ard.
           Ard agni zwl.

A. 23. FINN FLA RE NO VANE.
         120 lines.
   ACTOR HUJUS OSSANE M'FINN.

1 Sai la guss in dei
  Oy nach vaga mai finn
  Chanaka rem rai
  Sai boo zar lym
2 *Mak neyn oe heik*
  Ree nyth wollych trom
  Meddi is mo raith
  Mo cheyl is mo chon
3 Fa filla fa flaa
  Fa ree er girre
  Finn flu re no vane
  Fa treach er gych ter
4 Fa meille mor marre
  Fa lowor er lerg
  Fa shawok glan geith
  Fa seith er gi carde
5 Fa hillanich carda
  Fa markyth nor verve
  Fa hollow er zneith
  Fa steith er gi scherm
6 Fa fer chart a wrai
  Fa tawicht toye
  Fa hynseith naige
  Fa bratha er boye
7 Fa hai in techter ard
  Er chalm is er keol
  Fa dwlta nyn dawf
  O zaik graig ni glar
8 A kness mir a galk
  A zroie mir in ross
  Bi zlan gorm a rosk
  A holt myr in tor
9 Fa dwle dawf is doonna
  Fa haryth nyn aw
  Fa hollow er znee
  Fa meine ri mnawe
10 Fa hai meille mor
   Mak mwrna gi mygh
   Bar lynyth nyn land
   An crânna os gych ig
11 Fa saywar in rygh
   A vodia mor zlass nyth
   Din zort zar zewe
   Terf nocha thra
12 . . .
       brone bane
       er nyth tloye
   Fa bi chroy cham

13 Fa chossnw in greit
   Fa vanve ni bann
   Gin dug in flath
   Trechaid cath fa chann
14 Er scrattych o zea
   M'Cowle nor chail
   Id deir fa zoo
   Ne closs goo na vail
15 Ner earne er nach
   Zor air voo ynd
   Cha royve ach re grane
   Re reyve vass a chynn
16 *Neir aik pest in locht*
   Na arrych in noef
   Neryn nyn neve
   Ner varve in ser soyve
17 Ne hynasse zneve
   A beine gin de bra
   Ner ynasse voym trane
   A voye si waa
18 Ach is olk id tam
   In dei ind ni vane
   Di quhy less in flath
   Gi math wa na zei
19 Gin angnow in vor
   Gin annith glan geith
   Gin nor in mne ree
   Is gin wre ni leich
20 Is tursych id tam
   In dei chinni ni gaid
   Is me in crann er creith
   Is me keive er naik
21 Is me chnoo cheith
   Is me in teach gin schrane
   Achadane mi nor
   Is me in toath gin treath
22 *Is me ossin m'fynn*
   Er trane ym zneith
   Nad be voa finn
   Di bi lwm gi neith
23 Vii sliss er y hyg
   M'Kowl gyn blygh
   Vii fythit skae cliss
   Er gi sliss deu sen
24 Kegit ymme oole
   In dymchale mi ree
   Kegit leich gin ymzwn
   Syth gith ymme zeive
25 X* pley bane
   Na hallith re hoil
   X* urskir gorm
   X* corn in noor
26 Ach bi wath in traive
   A wag finni ni vane
   Gyn dochil gin drow
   Gyn glw is gyn gley
27 Gyn talkis ind er
   In err za ayne
   Ag dol er gi nae
   Di weith cach za rar
28 *Finn flath in tloye*
   Sothran er a lou
   Re nyn wlle aig
   Roy zwnni ni ner zwlt
29 Ner zwlt finn ree nath
   Ga bi veg a lynn
   Char churre ass i heach
   Nach zor danyth ann
30 Math in donna finn
   Math in donna ai
   Noch char helic nath
   Lai zor helic sai.
                Sai.

M. 13. AIR GOLL MAC MORNA.
36 lines.

1. Ard aignidh Ghuill
   Fear cogaidh Fhinn,
   Laoch leoghar-lonn,
   Fulangach, nach tiom,

2. Laoch fionn, fial,
   A 's milse glòir;
   Ni 'n saoibh a chiall,
   Laoch aoibhidh mòr.

3. A mhèine mèin,
   'Sa sgèimh gun chron,
   'S e 's gloine gean,
   Oide nan sgoil.

4. Ni bheil righ os Goll;
   Ni 'n ceil ort, Fhinn :
   Treise na 'n tonn,
   Air ghaisge grinn,

5. Leòghan air àgh,
   Cròdha 'na ghnìomh,
   Neartmhor a làmh,
   Rogha nan righ :

6. Cliath chòmhraig bhuan
   Do shonas nam Fiann,
   Mordhalach sluaigh,
   Iorghuileach dian :

7. Buan rùin an fhir,
   Buaidh chòmhraig air,
   Leumnach a ghoil,
   Euchdach a stair.

8. Fear deud-gheal caomh,
   Nach tréig a dhàimh ;
   'An cogadh righ
   Ni 'n lag làmh ;

9. Proinnteach a ghàir,
   Confhach a threoir ;
   Fiùranda mìn,
   Mileanta mòr.

N. 7. ROSG GHOILL MAC MORNA.
Copied and divided by Hector Mac Lean, June 21, 1872. From Miss Brooke's Irish Collection.

1. Ard aigneach Goll.
   Fear cogaidh Finn.
   Laoch leabhair lonn.
   Foghail nach tim.

2. Goll cruthach caomh.
   Saor, eineach suadh.
   Saorsnasidhach athaobh,
   Maraighe na sluagh.

3. Mac Morna mear
   Fa cródha aghal ;
   A chliu fa sean,
   Fear seineamhuil sin.

4. Laoch feinnidhe fial,
   Is gile glór ;
   Ni saobh a chiall,
   Laoch áobhdha mór.

5. Ni tais do ní,
   Mar théid accath ;
   Réim flatha faoi ;
   Ce mín a chneas.

6. A mhéin ni mion,
   Sa sgéimh gan ghron ;
   Is sé is gloine dfhior
   Oide na Sgel.

7. Níor lag a làmh,
   Fear déidgheal caomh ;
   Nach theigean Dáimh
   A ccogadh riamh.

8. Os barraibh beann,
   Iarras ort roinn ;
   Sa heagal linn,
   A thagra riot Fhinn.

9. Ge trom a chliu,
   'S maith Goll um nídh ;
   Gidh mór ni tréith,
   Sáith sluaigh do righ.

10. Caidreamh na ndámh,
    Leadrach na slóigh ;
    Tonn fairrge thrén,
    Goll meanmnach mór.

11. Budh heagal dhuit a Fhinn
    Laoch ciunte ceart ;
    Fraoch mbillte a neart
    A deirim riot.

12. A Fhinn an fhuilt tais
    Air Goll na bris ;
    A mheirge ni tais
    Is mairg thagmhus ris.

13. Flaith gan fheall ;
    Gràin chéad ar Gholl ;
    Air mhéad ar theann,
    A ccath ni tim.

14. A deirim riot a Fhinn,
    Comhail is geall ;
    Sith bhuan do Gholl
    Gan fhuath, gan fheall.

15. Haigneadh go trom.
    A deirim riot a Fhinn,
    Na ndrithlis ndonn ;
    Bi ar eagla Ghuill.

16. Ge buan re maith,
    A ccath ni dóigh ;
    Ionnsaightheach áigh,
    Cionsealach slóigh.

17. Uasal a ghean,
    A eineach ni mion ;
    Fuilteach an fear,
    Duasa na sgol.

18. Oirdheirceach re sluaigh,
    Toirbheartach trén ;
    Cosg catha is buan,
    Fós flath e.

19. As fial lomlán da sheirc,
    Doinne ina fholt ;
    A bhruinne mar chailc,
    Iomlan a chorp.

20. Eire fa chíos
    Budh cóir dha chúis ;
    Is meanmnach bhíos
    Is dealbhach a ghúnis.

21. An gaisgidheach grinn
    Ni bhfuil ní os Goll ;
    Ni cheilim ort Fhinn,
    Is treise e na tonn.

22. Flaitheamhuil a fhós,
    Daitheamhuil a chneas ;
    Ar Goll na clis
    Ni slim a ttreas.

23. Míleata mór,
    Bronntach a dháil ;
    Confadhach a threóir,
    A fheargo brut ágh.

24. Agus fioch a bhuannachd ar chách,
    Lámhachadh laoch ;
    Rogha na riogh
    Leomhan ar ágh.

25. Cródha na ghníomh,
    Leabhar a làmh ;
    Cleaith chonus bhuan,
    Sonas na bhfian.

26. Mórdhálach, caoin ;
    Iorghalach dian ;
    Eígneach astair,
    Buan rún an fhir.

27. Buaidh comhlann air,
    Leidmheach, aghail ;
    Sonas na rod.
    Solas a dhead.

28. Cuiridh se lean
    Air gach tréan da mhéad ;
    Do gbnáth na ghar
    Organ na ccon.

29. Ro ghrádh na mban,
    Bion daimh mar sin ;
    Flaith leasgach caoimh,
    Flathchleach úr.

30. Fear clisde saor,
    Fear bris múr ;
    Na ccraoiseach ccòrr,
    Leathan a lann.

31. Cathar Goll,
    Rithaoiseach teann ;
    Treig thfioch a Ghuill,
    Bi siothdha riun.

32. Re do réidh gan mheirg,
    Trian fiodhaidh o Fhionn
    Ni fuar mo mhéin,
    Tréighimse mfíoch.

33. Dibh a Fheargnis fhéil,
    Do aguir mo ghruairn ;
    A chara gan cheilg,
    A bhéal tana dearg.

34. A eineach ar lúth,
    Do chliu os áird

THE STORY OF LIUR.

I know only two versions of this ballad, both written by Kennedy. He tells the story in his quaint English Arguments. Four different Yarns here join :—1st, the general History of the Feinne ; 2nd, the Blood-feud of Fearragin or Erragon and the Norse Wars ; 3rd, the Blood-feud of Goll and Fionn ; 4th, the Story of Liur, whose son eloped with the wife of Erragon. Dr. Smith had Kennedy's first copy, and quotes a stanza (page 268, Gaelic, 1787, 'Sean Dàn') of a similar ballad. He introduces Dan 'Liughair' in his poem of 'Conn.' The translation is at page 306, Engl. edit. 1780, 'Cuthon, the son of Dargo.' Mac Pherson's Caledonian Fingal is instead of 'Fionn ;' 'Selma' is instead of Teamhra or Almhuin ; and Conn Mac an Deirg is named anew like Liur. Possibly Shakspeare's 'King Lear' may be the same person. A mythical Manx king, Lir, often appears in Irish tales.

H. 20. HOW LIUR MADE PEACE BETWEEN FINGAL AND GOLL. 128 lines.

Kennedy's 1st Collection, page 73. Advocates' Library, December 5, 1871. Copied by Malcolm Macphail, Dublin, December 9, 1871. Not known to Hennessy at all.—J. F. C.

THE ARGUMENT.

A DISPUTE rose betwixt Fingal and Goll one day till they cast out. Goll went away to gather his army, and to get assistance from other Kings to give battle to Fingal. Fingal then went to an intimate friend named Liur, who was a King, to get his assistance ; and when the time of battle came Liur made a peace between them. Liur before he died was beging from house to house, he happen to come where Fingal was hunting one day, then he recompences him all the kindnesses ever he had done to him, got him his Lands and all things which he had before.

DAN 9.

1   LATHA chuaidh Fionn do thigh Liuir,
    Le aon fhichead déug fear gu fior ;
    'S bu cheannard tri naonar fear feachd,
    An t-aon fhear bu táire dhinn.

2   Shuidh bean Liuir air gualain Fhinn,
    Shuidh Fionn air le' ghualain Liuir ;
    Shuidh Righ Arta na re Aogh,
    Aogh Mac Garabh a ghnúis ghil.

3   Shuidh Conchair is Cormaic cruinn,
    Na re Aogh a b' áille bian ;
    'So sin a' rís a mach,
    Shuidh gach neach bh' ann air am biadh.

4   Bha cruitean da shéinn san teach,
    'S dáin da ghabhail gu ceart chóir ;
    Bha bodha druinais air gach clár,
    A deanadh gairdeachas is ceól.

5   Mar sin dhuinne caitheamh tím,
    'S gu bu bhinn leam fein ar dóidh ;
    Gu 'n easbhuidh air mil no air fion,
    No air fidhlairachd is ceól.

6   Mar sin bha gu la roi' n dáil,
    Gu subhach, samhach gu 'n bhrón ;
    Gus an d' ainig mor shluabh Ghuill,
    'N 'ar fradharc air tuinn d' ar cóir.

7   'S ann an sin air labhair Fionn,
    ' Chi mi ni is an ait leam ;
    Chi mi thall ud cabhlach Ghuill,
    Seóladh a nall gu Drim feann.'

8   ' Is chi mi bhratach gu h-árd,
    An gathaibh chrann thair Drim blagh ;
    'Sa chomraic ud as mo cheann,
    Nach raibh mi ann coi' leon sleagh,

9   ' Comhairle Cailleich cluain,
    Comhairle chruaidh dhuinn gu beachd ;
    Gach neach tha sibh eolach gu gniomh,
    Deongidh sibh tri air an fhear.'

10 ' Sann an sin a labhair Liur,
    Tha comain agam air Goll ;
    'S ma sa cumhain leis an fhear,
    Bu ro aithridh mi air fonn.'

11 'N sin ghluais Liur an co'-ail Ghuill,
    Triuir air eachamh is e féin ;
    Is bheannaich e gu bhinn dho',
    Mar a nochdsa glóir mo sgéil.

12 ' Gu beannsich an t-agh thu Ghuill,
    Fhir is fearr a' ta fuidh 'n ghréin ;
    Fhir is fhearr comain is coir,
    'S fhearr thu gu mór na mi féin.

13 ' An cumhain leat la an eich bhric ?
    Air fraochan os cionn Tom cliar ;
    Thug mise dhuit an t-each glas,
    Bheireadh tu gu bras do 'n t-sliabh.'

14 O 'n rinn thusa sin a Liuir,
    Fir is fhéilidh tha fuidh 'n ghréin ;
    Ma tha t-athchuinge a bhos,
    Eirich agus gheibh gu réidh.'

15 ' Oighe do bha 'm thigh an róir,
    Fionn Mac Chuthaill taobh mar thuinn ;
    Thu da leigail slán thair sliabh,
    O 'n tharladh mo bhia 'na bhróinn.'

Dh' ordaich a bhean chomhairlachidh bh' aig, Liur,
do dhaoine Finn fear a dhol mu chomhair triuir
do dhaoine Ghuill o na bha iad cho lionmhor ;
Mharbhadh each Ghuill latha, agus mhairbhte e
fein mar an ceudna, mar a d' thuga Liur an
t-each glas dha.

16 ' Imichaibhsa air ar 'n ais,
    A shluabh bras o Innse freóine ;
    'S mar ghabhsa an t-anam 'n ar corp,
    No briscadh focal mo bheóil.'

17 Ghluais sinn uile do thigh Liuir,
    Is fhuair sinn ann mil is fion ;
    Ge d' tha e 'n diu na fhasach fuar,
    Bha e uair a b' áros Righ.

18 Do chunnaig mise tigh Liuir,
    'S bu lionmhor ann mil is fion ;
    'S chunnaig mi na dheidh sin,
    Liur 's a bhean fhial fuidh dhí.

19 'S chunnaig mi na dheidh sin,
    Gu 'n spéis dhi aig fear no maoi ;
    Aig imeachd o thigh gu tigh,
    Dh' fheuch cia 'n tigh a b' fhearr dha mhaoin.

20 Latha do bha Fionn a sealg,
    Le Fheinn chalma aig Beinn luire ;
    Co chunnaig fad o lamh,
    Ach an t-árd Righ d' a b' ainm Liur,

21 Dh' imich gu grad na dháil,
    Le gean agus gradh is subh ;
    'S cho d' leig e neach leis do chach,
    Chum 's nach cuirte náir air Liur.

22 Se do bheatha fein a Liur,
    Fhir a chomain ghasta ghrinn ;
    Fhuair mi moran do' d chuid,
    'S cho d' iarr thu dadum da chionn.

23 Thug thu dhamh 's tu d' shuidh ag ól,
    Aon fhichead déug bo le 'n laoidh ;
    Is baothan an cois gach bó,
    Air Fraoch os ceann Drim caol.

24 Thug thu dhamh naoi fichead each,
    Gu 'm iomeachair a cás claoidh ;
    'S aon fhichead déug fui 'm beairt,
    Da 'm thabhairt gu tráidh steach thair tuinn.

25 ' Thug thu sin dham gu 'n bhréug,
    Gu 'n éura' gu féilidh cóir ;
    Gu 'n luach no dioleadh da cheann,
    Fhir is céillidh caint is glóir.'

26 ' Cho mhise féin anois Liur,
    Ors am fear a bu mhór iochd ;
    B' fhearr leam bás fhulang am theach,
    No gu 'n gaibhte mi na riochd.'

27 ' Gu deimhin 's tu fein 'nois Liur,
    Ors 'm fear a b' aille bian ;
    'S air an ádhbhar sin gheibh thu,
    Coi' dhioleadh a d' úir gu fial.'

28 ' Bheir mi dhuit bó air a bhó,
    Bheir mi dhuit each air an each ;
    'S bheir mi dhuit lóng air an lúing,
    Da d' thabhairt gu traidh tuinn a steach.'

29 ' Fuasglaidh mi dhuit d' fhearann saor,
    O gach aon lán laoch d' am bheil ;
    Ni mi thu a d' thoicach lán,
    'S cuiridh mi thu slán gu d' theach.'

30 Choi' lion e dha sin mar rádh,
    'N tra' chaith iad sea laith a cluich ;
    Chuir e da thigh e mar gheall,
    Is céud calm d' a dhion o uilc.'

31 ' Sin agaibh iomlaid an da Righ,
    Mar dh' iochd iad caoimhneas da chéil ;
    Bu sheirceil, caomhannach, cóir,
    Gu 'n an-iochd no gó iad féin.

32 ' Mile beannachd dhuit gach ré,
    Oisain fhéilidh is binn glóir ;
    Air son an sgeoil co mai' blagh,
    'S a dh' aithris thu dham re 'm bheó.

I. 15. KING LEAR.—A Poem. 124 lines. Extracts.

Kennedy's 2nd Collection, page 44. Advocates' Library, April 5, 1872. Copied by Malcolm Macphail.

THE ARGUMENT.

Fingal and Gaul had disputed upon a certain topic, as they had frequently had wrangled for several rights and priviledges Gaul had formerly held when supreme King of Clan Moirne. Gaul went to levy an army among his Friends and Alies to Inis-froon to re-enforce himself and give battle to Fingal. Fingal went to Lear a petty King in Ireland, upon whose aid he depended if Gaul was to surprise him, by whom Fingal and his army are entertained very hospitably. Gaul arrived with a powerful army to engage Fingal, upon which the amicable and courteous Lear marched with three attendants to meet Gaul, who he reconciles with Fingal by his affability and easy address, and invites him to his hospitable Hall, where he makes up amity and good friendship between the two Clans. Lear in his old days was reduced into a state of indigency, whether by the tyranny of the usurping Kings of Ireland or by the brutal force of the Danes is hard to determine. However, it is clear that he was reduced to poverty, and beg'd his livelyhood from one place to another, and happened to come to Fingal in disguise who knew him, replaced him in his regal authority and all the properties which he formerly possessed, and requited him all former favours done him, which had been many and great. We can find no instances in any History that can excel that of the hospitable, generous, and benevolent Fingal requiting the noble, amicable, and charitable Lear all former favours done him with the greatest gratitude and tenderest sensation of love and compassion. The Poem begins with Fingal's arrival at Lear's splendid Hall, wherein they are entertained with great decorum, plentifulness, and the Music of Bards and Harpers.

LIUR.

1 Le aon fhichead deug fear gu gniomh;

3 Lamh ri Aogh a b' aobhach fiadh;

4 Bha cruiteann g' an seinn san teach,
'S dain g' an gabhail, seach gu lo;
'S blagh-bhinn druinneis air gach clàr,
A deanadh gairdeachais is ceol.

6 Teach na feile, teach na baigh,
'M bu mhor àbhachd nan ceud sloigh;
Gus an d' thainig cabhlach Ghuill,
Am fradharc air tuinn d' ar coir.

8 Is chi mi bratach an àigh,
Ann gathaibh chraun seach Druim-bhagh.

9 Comhairle Chormaic nam buadh,
Comhairle chruaidh dhuinn gu beachd;

15 Oigh do bha 'm thigh an raoir, (aoigh)

17 Ghluais iad uile do thigh Liuir,

19 Chunnaig mi feile nam fear,

20 Ach an t-Aghor d' am b' ainm Liur.

24 Gu 'm iomachar a cas Chuinn;
'S aon fhichead deug Long fui' m beairt.

27 Ors am fear a b' aille 'n Fhiann;
Gheibh thu 'n comain do dhea' ruin,
Coi-dhioladh a d' reir gu fial.

29 Choi-lion mo Riogh mar a gheall,
Mo Riogh gun fheall do Ri'-Liur;
Am fiontruinn dh' eidich maraon,
A bhean 'san laoch bu mhor cur.

30 Chuiread ceud calma gu dhion,
Gus an tir ann d' fhuair e iul;
B' eibhinn aidhearach an Fhiann,
A triall leis an Triath gu mhur.

31 'S e sin iomlaid an da Riogh,
Mar dh' iochd iad eineach na fèil;
Bu cheanail caomhanach, coir,
Gun an-iochd na go am beus.

These mutual presents of Fingal and Lear may with propriety be compared to those of Solomon to Hiram, King of Tyre.—(Kennedy's note.)

THE LAY OF THE MAIDEN.

O'Donovan's Catalogue, 266.

H. 2. 17. Trinity College, Dublin.

'An ancient romantic Feniau tale, Bàs an Mhacaoin Mór Mic Righe Na Easpaint. He was killed, according to the story, by the Great Warrior Oscar, the grandson of Finn Mac Cumhaill, in the reign of Cormac Mac; but the whole story is purely legendary, but still worth attention, as it preserves some ancient Irish notions.' (Two leaves of small folio, vellum, bound up with part of the Book of Leacan.) It somewhere appears that this champion had a cat's head, and that Oscar's first exploit was this victory.

At least three metrical stories about distressed damsels are preserved:—

1. A Princess of Lochlann is pursued by Dearg, a Greek Warrior. They come to the Feinne while they are out hunting, and the end of the story is that Goll binds the mighty Greek.

2. The Princess of the Land under the Waves is pursued by Maighre Borb. They come by sea to the Feinne at Easruagh. Goll slays the pursuer, and the Lady lives with Fionn for a year as his wife.

3. A Princess of Greece is pursued by Illin or Iolun, Prince of Spain, to the mound on which the Feinne dwelt. The pursuer binds Fionn's younger sons, and slays the Lady. Oscar, Fionn's grandson, slays the Spaniard; Oisein tells the story to Padruig, and points to the graves.

4. This story first appeared in print in Mac Pherson's 'Fragments,' 1760, pp. 26 to 30. It begins thus:—

'Son of the noble Fingal,
Oscian, Prince of men!
What tears run down the cheeks of age?
What shades thy mighty soul?

Memory, son of Alpin;
Memory wounds the aged.
Of former times are my thoughts;
My thoughts are of the mighty Fingal.'

Mac Pherson's 'Oscian' then tells the story. The daughter of Cremor, Prince of Inverne, is pursued by Ullin. They come over sea to Fingal. The Pursuer binds his three sons, and slays the Lady. Oscar slays him. Oscian tells the story to the Son of Alpin, and points to the graves.

5. The story next appeared (P. 45, Fingal, Book 3, edit. 1762), as an episode in an Epic, transformed, and polished. 'Oscar I was young like thee when lovely Fainasolis came, that sunbeam, that mild light of love,' &c. The Lady, 'The Maid of Craca,' is pursued by 'Borbar;' he slays the Lady; Ossian slays him, and he tells the story to his son Oscar. Craca is supposed, in a foot-note, to be one of the Shetland Islands.

In the latest edition of Ossian's poems (1870, vol. I., p. 496) Mac Pherson's last version is printed as his translation from his Gaelic original; but there is no Gaelic original for this episode.

I have got together more than 2,500 lines of versions of these ballads, of which the oldest was written about 1512, and the latest I wrote myself in Barra, in 1871, from the dictation of a man who cannot read. I suppose that Mac Pherson paraphrased a version, and that he worked it into his Fingal, together with similar paraphrases of genuine ballads, and his own imaginations. Readers may judge for themselves from the samples which follow. Of the first ballad, I have but one version; of the second, and third I have many; of the fourth and fifth, none. Here is a list:—

			lines				lines
A.	18.	Essroyg	162	D.	18.	An Invin	106
D.	19.	Eass Ruaidh	139	D.	29.	An Ionmhuinn	22
H.	19.	Maighre Borb	124	F.	18.	Duan na h-Inghin	128
I.	13.	Maire Borb	128	L.	2.	Dan na h-Inghin	100
M.	10.	Cath, Righ Sorcha	136	M.	9.	Dan na h-Inghin	84
N.	5.	Moira Borb	160	S.	2.	Dan na h-Inghin	84
S.	3.	The Fall of Roya	104	V.	11.	Dan na h-Inghin	130
			553				654

Of No. 1, 82 lines; of 2, 953; of 3, 654; of fragments gathered by Dr. Mac Lauchlan, 288; of fragments gathered by myself, 418. Twenty-three versions, 2,395 lines. Versions, heard in 1870-1871, were not counted, but they were numerous.

P. 11. LAOIDH MAODH-CHABIR 'US CHAMAGICH. 82 lines.

Staffa's Collection, page 69. Advocates' Library, Feb. 24, 1872. Copied by Malcolm Macphail.

I HAVE no other version of this ballad. It is written for repeating every half stanza, which manner of singing Heroic Ballads I heard in 1871.

THE Princess of Lochlann comes to the Feinne for protection. Her dress is described. She is followed by a personage who is not easy to explain. He seems to be a Greek, and his name is Dearg, Mac Na Deirga Dàsniche. This name is applied to Deer in a legend, and Dearg's sister was transformed into a Hind, according to another. This warrior overthrew eleven hundred of Fionn's men, and was himself overthrown and bound by Goll, who held him to ransom.

1   LA gan rabh fiann alabinn,
    Air maol-fhionn chnoc-o grianan,
    Air maol-fhionn chnoc-na dàlich,
    Nach d' fuair Fionn riamh a lagidh,

2   Air maoil fhionn chnoc na dalich,
    Na d' fhuair fionn riamh a lagadh
    Dh' eirich fionn gu fianntachd
    Gu h' ard os cionn na feinne,

3   Dh' eirich fionn, &c.
    Sgaoladar na fhiannis,
    Luchd seilge gach a sleibha

4   Sgaoilada, &c.
    Man dug an luchd seilge sin,
    An athannan o cheila

5   Man dug, &c.
    Chunnachdadar sna maoghannan,
    Bean sa h-uidhe ro threun 'ar

6   Chunnachdadar, &c.
    A Bhaobh fharsinn mhoralach
    Tiogn thuginn mar mhnaoi mhalla.

7   A Bhaobh, &c.
    Amhluidh 's do bha 'n og bhean sin,
    Bha orrase buaidh dealbha

8   Amhluidh, &c.
    Brat dò 'n t-sioda bhuidhe bha,
    Mo nighin an t-seanga bheoin,

9   Brat do 'n,
    Folt dualach donna thlath
    Le ochd oireanna fleadha,

10 Folt
    Brat do neaghuinn orlucht,
    An in-chuinc òir ma braghid.

11 Brat
    Air cheangal le h-òr dearg,
    Sud uimpe sa Phadruig,

12 Air
    Air an tulic fhod bhuidhe,
    Eada rinn ga feuchin

13 Air an
    Do dh' fiosruich fionn finnla
    Do Nionaig cas thanig

14 Do dh' fiosruich
    O chathir na Sochai
    Thainin ars an nionag

15 O chathir
    'S nioghn do dh' Ard Righ Lochlunn mi
    Maodhchabir a b' ainn dhuine

16 'S Niogn 'n
    Se 'n Righ a bha 'r an Inno
    Gan d' rugadh mo mhathir

17 Se
    Sann sa chabar Lochlunnach
    A rugadh mi san oiche

18 Sann
    Dhaolidh mi san fhearann
    Us se Gealluch l' 'n air mo Bhrathir

19 Dhaoilidh
    Rugadh mi mar Bhanacheila
    Don Dearg muinn mac an dreugmhuinn

20 Rugadh
    An Dearg mor bha toibheumach
    Cha d' fhuair e toil mo mheanmnadh

21 An Dearg
    Gun rabh an curi cath-mili
    O 'n latha sin gam leanmhuinn

22 Gun rabh
    Gum b' iomadh Tonn Thorr-bhuan
    Fuidh sparradh an Deirg-Eibhinnich

23 Gum b' iomadh
    Thiubhail mis an Domhan,
    Agus m' aghich air gach aon neach

24 Thiubhail
    Fear ghabhail mo chuimrichdsa,
    Cha d' fhuaras riamh a mhichd Cubhuill,

25 Fear
    Ne eagal an Deirg mhoir-chuisich
    A theachd o Rioghachd na Greiga,

26 Ne
    Nach gabhainnsa do chuimric 's,
    Arsa Fionn Flath na Feinne.

27 Nach
    Gabhsa Ghuill mo chuimricsa
    A ghaoil a dh' fearubh Morna

28 Gabhsa
    O nach bheil nan chumhachdabh
    Bhi n aghaigh an fhioir mhor achdannich

29 O nach
    Cuirims an Ad-mhullich
    Arsa Goll an lamh bu treina

30 Cuirims
    Nach bhuil air an Domhan
    Laoch a gheibha tu air eigin

31 Nach
    Cha b' fhada fuin chuinnic sin
    Do dh' fearamh Fiann Eirinn.

32 Cha
    Nair chunnachdar a sonna mhili
    A tign o 'n bheinn gu cheila

33 Nair
    Mac na Deirga Dàsniche
    Nach facas riamh mhac samhla

34 Mac
    Na chaoiribh dearg mar bharr-laair
    Tiogn thuginn gu dian dana

35 Na
    Bha lann liobh ro-gharbh-mhor,
    Aig an an Laoch an ceanna dearna,

36 Bha
    Far fearibh na feorni
    Maodhchabir sna bearnibh

37 Far
    Deich ciad toisich Tuarasdil
    'S ciad eila leis na bhuidhnidh

38 Deich
    Mo leagadh an Deirg Mhorchuisich
    Gum b' ann dar Feinn a chlaoidhadh

39 Mo
    Nair mhothuich Goll gniomhachdach
    Fiannabh Fhinn gan leagadh

40 Nair
    Dh' eirich o na fhior-theasamh
    Mo Iomachd mhic an Dreagmhuinn

41 Dh' eirich
    Dh' eirich an da chath-mhili
    Gu bras an aigh'ch a cheila

42 Dh' eirich
    Eidar an da ro-mhili
    Gum b' olc an ioghnadh treina

43 Eidar
    Sann le 'n casan morchuisach
    A mhosgladh iad Trom talabhinn

44 Sann
  Nochdadh an fhuil ghrinnis leo
  Dol n innibh a cheila
45 Nachdadh
  Bhiota forra forragharg
  Na Laoich sin man cloit' ad
46 Bhiota
  B' e deiridh an imarsgeilsa
  Dimeas mhich an Dreugmuinn
47 B' e
  Gun dug Goll leis ceangailt
  Ann a fiadhnuis fheara Mornne,
48 Gun
  Us Mile Marg o 'n Dearg
  A thoirt a nall a Rioghachd na Greiga
49 Us
  Sud thoirt do Gholl gealamhor
  Airson Dheirg thoirt uaidh' air eigin.

A. 18. ESSROYG. 80 lines.

A HOUDIR SOO OSSEIN.

1 ANNIT doif skayle beg er finn,
  Ne skayle nach currein soym
  Er v'cowle fay math golle,
  Fa cowin sen rame ray
2 Di wamyn beggane sloyeg,
  Ag *essroyg* nym neggin mawle
  Di chemyn fa holta yr trae,
  Currych mor is ben ann
3 Keigit leich zownych mane leich,
  Fa math er gneeit er gych gart
  Fir rar ness is marg a cheith,
  Di gowmist er gi ter nert
4 Derrymir wlli gi dane,
  Ach finn no wane is gowle
  Dethow churrych fa hard keym
  Wa na reym scoltyth nyn donn
5 Ne yarnyth tam in na techt
  Gir zoywe calle si fort ynaa
  Yth techt dey her in ness
  Derre ass m'cayve mnaa
6 Gilli a darli no syth graanne,
  Is ser mayne nossyth dalwee
  In nynin hanyk in gane,
  Di waymin feyn rompyth sorve
7 Heg thuggin gu pupaill finn,
  Is banneis gi grin doyth
  Reggir m'kowle na heiner,
  In bannow beinn gin toyth
8 Darrit in reith fa math drach,
  Gi hard di neyn dath zlan
  Ca trawe as danith in wan,
  Toywr skaylli gi gar rowne
9 *Neyn may re heir fa hune,*
  Innosit gyth crwn my zayll
  Ne elli trawe fa neyin grane
  Nar earis feyn di leich feal
10 A reithyin hwlle gi royd
  A neyn oyk is math dalwe
  In tosga fa daneis an gane
  Tawiris doyth pen gi darve
11 Mi chomryth ort mass tow finn,
  Di rae run in makayve mna
  Daywis towr loyryth is di loye
  Gave mi chomre gi loyth tra
12 Derrich in reith fa math fiss
  Sloneit a niss ca ter a hei
  Goym rayd chomre a wen
  Er gi far za will in gteit
13 Tay la feich a techt er murri
  Leich is math gol er mi lorga
  Mak re na Sorchir is geire erme
  Is do fa anm in *Dyr borb*

14 Di churris gessi ne chenn
  Gi berre fin may er saylle
  Is nach bein aggi mir wnee
  Gar wath a ynee is awge
15 Di raye osgir gi glor mir
  Far sin di chosk gi reith
  Gin gar for finn di yess,
  Ne rach tow less mir wneith
16 Di chemyn techt her stead
  Leich si wayd oss gi far
  Sowle ni farga gi dane
  Si nwle chadni zoyve a wen
17 Clokgit tenn teygne ma chenni
  Far nar heme is bi tren
  Skar yawnnych you er a zess
  A drum lin cless era claa
18 Clawe trome tortoyl nac genn
  Gi tenn er teive in ir vor
  A gymirt class assi chind
  Is a techt in genn tloye
19 Za voneis zasg gi moya
  A sessow in gawlow skay
  Er nert er zask er zolle
  Ne elle far mir achay
20 Naill flath is rosk reith
  In kenn in ir fa keive crow
  Math in noyth fa gall a zayd
  Is loayth a stayd ne si srow
21 Tanik in stead sin in deir
  Sin far nar weine riss in nayne
  Kegit leich wemir ann
  Zonyth ra hynsyth gar nar
22 Er eggill in ir is a heyth
  Ne royve leich zin gan zrane
23 Da twne mir hanik in deir
  Darrit in reith fa math clu
  In nathin tow feyn a wen
  In na sud in fer a der tow
24 Haneym a v'coulle a ynd
  Is fowir linn a zi tane
  Darg say miss wra less
  Ga math di thress a inn aylle
25 Derre oskir agus Gowle
  Bi worbe coskir lonn ni gath
  Nane sessow in gar in tloye
  Eddir in far mor si flaath
26 Hanik in leich bi wath tlacht
  Le feich is lay nart no genn
  Aggis foddeis woyn in wen
  Di we gar a zolin inn
27 Tuk m'Morn in turchir dane
  Gi croy na zey din tleyg
  Ner anni in turchir nar hay
  Za sky gin darny da wli
28 Di crath oskir fa mor ferg
  A chrissi yerg za layve claa
  Aggis marveis stayd in ir mor
  In teaach a rinyth lai
29 Nor hut in stayd er in lerg
  Zimpoo la ferg is la feich
  Agis fokgris borbc in teme
  Corik er in kegit in leich
30 In tewe moe zinsyth fene is dinn
  Kegit leich nar heim no zall
  Gar waat in tessow sid drost
  Di zyle in gask la nyth lawe
31 Varrit da willi gi marri
  Gi dane di gi far zew sin
  De nemist wlli fa hur
  Mir hu ac coryk fir
32 Chaywill tre nenor gi moy
  Sin nirrill chroy solli di scur
  Ga croy chaywill ni de cheill
  Er gi eine dew sin a churr

33 Di zrwt gowle in nagni vir
   Gu leddirt in ir in gor roit
   Ga bea chewic eads in sin
   Bi zarve in gell sin gloe

34 Horchir m'Morn la laive
   M're nyth sorchir skaylle mor
   Is margk trave in danik in ven
   Fa hut in far in gar roit

35 Is er tuttym in ir vor
   In gar zi choyn croye in ceme
   Di we neyn re heir fa hwne
   Bleygin ac finn ansyth nane

36 Flann m'Morn croy in cass
   Hor bass fa mor in teacht
   Ne reive leich a danik as zeivc
   Gin a chneis lane di chrecht

37 Mathirsyth feine by wath tlacht
   Neach a wackyth reyve neir er
   In nis ass derri dym zneith
   Er inn is annit doth skayll.
              Annit doth skayll.

38 Do zawe sea churre no o skay
   Leith na thraa zor royve ann
   Na gin dug ayr mor er ir wane
   Is gin dranik se a feyn fynn.

39 Mir wee kegit leich garwe
   In daall in narm zo gi loor
   Wemjst gin choywir fa smach
   Da goyvys woyn in cor

40 Di weit in glywe gin tocht
   A cluyith chorp agus skay
   Co math chorik pen a deiss
   Ne aykyth reiss er mi ray

41 Eligir aggin ag in ess
   Fer bi wath tressi is gneive
   Currir fa wrayth gi moyer
   Fane oyr in nonor mi reith

42 Deyth bleyin zoolle in narm naye
   In leith worb nar loyeth in reith
   M'Morn fa deyiss lamm
   Gai leygiss ag finn ni fleygh.

D. 19. EASS RUAIDH.

Mac Nicol's Collection. 139 lines. Ossianic Ballad. Copied by Malcolm Macphail. Edinburgh, February 27, 1872.

This is the same as A. 18. 'Mac Riogh na Sorcha' is supposed to be the son of the King of Portugal. It is exceedingly curious to note the changes which have taken place in this ballad, written by the Dean of Lismore about 1512, and by the Minister of Lismore about 1755 to 70. Every line has changed, but so as to preserve something like the sound, and something nearly equivalent to the meaning of each line, and each quatrain. A few verses have been forgotten; one verse in the second version is not in the first. The Story and the Ballad continue the same in spite of the changes.

A better illustration of the power of tradition I never saw.—J.F.C.

1 Laithidh dhuinne beggan sluaidh,
   Aig Eass Ruaidh nan Egin mall
   Chuncas aig sheola air Lear,
   Curach mor & Beann ann.

2 Sheisibh shinn uille gu dion,
   Moch Fionn nan Fiann & Goll;
   Aig aibhric a Church b' airde leim;
   'S bean da reir a scoltadh Thonn.

3 Aithne cha dreinn neach ach tost,
   Gus 'n do ghaibh i Calla sa phort sheibh;
   Shin nar dh' eirigh air an Eass,
   Thanig as Macca Mnaoi.

4 B' ionnin dearsa dhith 's do 'n Ghrein,
   'S bu thaoir a Mein ann 's gach Dealbh;
   Inghin og thaing an Cein,
   Beithemid fein roipe sòirbh.

5 Bheannuich I do phobul Fhinn,
   Gun bheannuich I gu binn doibh;
   Fhreagair Mac Cubhail na Fein,
   Gu h-ubhail grinn dith 's gu foil.

6 Dh' fhairid an Riodh bu mhath Fios,
   Cia t-aird a nighin ghlan ur;
   Nach innish u dhuinn a Bheann,
   Cò 'n Treabh as an tainig tu.

7 'S Inghinn mi do Riogh Fa-thuinn,
   Dh' insin Shin dhuit ge Crainn mo Dhail;
   Nach h-eil Tir mu 'n do Dh' iath Griann,
   Nach d' iarras thusa a Fhlath Phail.

8 Do bhrigh do Thurish air gach Rod,
   Inghin og as ro mhath dealbh;
   An t-abhar mu 'n tainig tu 'n lein,
   Nach tabhair thu fein du'nn a Dhearbh;

9 Ort mo Choimirin mas tu Fionn,
   Thoir dhaibh Linn a Mbacca Mhnai;
   Do bhrigh Furluinn is do Bhuaidh,
   Glac mo Choimirin gu luath tradh.

10 Glacam do choimirin a' Bhean,
   Dh' aoin Fhear da bheil an Crich;
   Ach innish dhuine gu beachd,
   Co an neach bhiodh air do Thi.

11 Ta ga 'm Bheor-uidh ruagidh air Muir,
   Laoch bu bhor guin air mo Lorg;
   Mac Riogh na Sorcha 's geur airm,
   Neach thin da 'm b' ainm Maidhre-borb.

12 Geassin a chuirin na cheann,
   Fhadsa bhithidh Fionn air sail;
   Nach rachadh du leis mar mhnaoi,
   Ge math a ghniobh is a Laibh.

13 Labhair Osgar le Gloir bhirr,
   An Laoch a chaisgidh sud gach Reir;
   Gad nach foirin Fionn fa Gheass,
   Cha rachadh tu leis mar mhnaoi.

14 Bliaghna dhuinne san Labh threin,
   Chuncas an steud air an Leirg;
   Agus a mheid as gach Fear
   Shiubhal na Fairge gu dian
   San Rod cheudna reinu a Bhean.

15 Bha cloggadd teann tuinntaidh mu cheann,
   Air an Fhear nach bu thiom 's bu threun;
   Sgiath dhruimnich nach teid air a h-aish,
   O Imlaig gu cneas a chleibh.

16 Bha claibhibh trom toirtoil nach gann,
   Do bhi an Laibh an Fhir mhòir
   Aig iommairt a chlessibh gu dian
   A teachd ann Druimlibh a chuain.

17 Bha neul Flath & Rosg Riogh,
   An ceann an Fhir bu chaoin cruth;
   Gabh mhaidh a shnuaigh 's geile dheid,
   Bu luathidh' steud na na shruth.

18 Badde labhan na creann Iughir,
   'S bu bhinne na Eoin chiuil a ghuth;
   Tighin o 'n Tuinn gus a chrich,
   Aig 'u do fharraid an Riogh bu mhath cliu.

19 An saoileadh tu fhéin a Bhean,
   'Ne thud an Fear a deireadh tu;
   Saolidh mi Mhic Cubhail Fheinn,
   Gur a Coibhlan nach tiom e,
   Gun tairg eisin mo bhreath leis
   Ge mor do neart as an Fhein.

20 Thainig an Laoch bu bhor Tlachd,
   Le Fraoich as le neart nar ceann;
   Cha 'd fharraid e Curruidh na Triath,
   Na Laoch gar Fianibh gu raibh ann.

21 Sheisibh Osgar sheisibh Goll,
   Bu mhor Cosg air Lonn an cath;
   Nan Dist an Iummil an t-shloidh
   Eddar am Fear mor sam Flath.

22 Do fhuadich e leis a Bhean,
   Do bhi 'n cairibh Gualin Fhein;
   Thug e Tair mhoir air an Fhein,
   Gus an d' rainig e fein Fionn.

23 Thug Mac Morn an urchair threun,
   Gu crothidh as a dheidh da shleagh;
   'S cha do bheann an urchair da chre,
   Ach reinneadar da sgeith da Leath.

24 Do thilg Osgar an aigh,
   A chraosich dhearg as a Laibh chlith
   As maratar leis steud an Fhir,
   'S mor am bend a chinneadh leinn.

25 Do thuit an steud air an Leirg,
   Thiuntaidh e le Feirg 's le Fraoich;
   Dh' fhogair ge bu mhor an Taom,
   Coibhrag air an ar caogid Laoch.

26 Tuilleadh dhiomsa fein 's do Fhionn,
   Chaidh ceud nach bu tiom na dhail;
   Ge bu mhath an aigne san Tosd,
   Gh eall eisin an cosgairt le Laibh.

27 Clann a Morna cruaidh an cas,
   Fhair Bas ge gairg am Beud;
   Cha raibh neach a thainigas,
   Nach raibh chneaslach lan do chreuchd.

28 Bliadhna dhoibhsan gun airm aigh,
   Gach Laoch gairg a shath a shleagh;
   Nan Luithidh fa theagasg Fhinn,
   Dan leighis aig Fionn nan Fleagh.

29 Dh' eirich Goll an aignuidh mhir,
   A Liodairt an Fhir san chaol-rod;
   Ge b 'e chithidh iad an thin,
   Bu bhor an gail' is an scleo.

30 Bha claighinin soc ri soc,
   Re lioddairt chorp & sciath;
   Tinnil catha' bh' aig an Deiss,
   Cha 'n fhaccas ris roibh riabh.

31 Ga do chlaoidh Mac Morna le Laibh,
   Mac Riogh na Sorcha as theibh snuaidh;
   'S mairg Treabh on dainig a Bhean,
   Leis 'n do Thuit am Fear on chuan.

32 Thiolica a choir an Eass,
   An Gilli bu mhaith cleass as clith;
   Churigh mu Bhraithidh gach Meoir,
   Fain oir an onnoir mo Riogh.

33 Bha Inghin Riogh Bhara fo thuinn,
   Fad Bliadhan aig Fionn ann san Fhein;
   An Deigh Tuitim an Fir mhoir,
   O Choitha Chuain truadh an sgeul.

34 Mathair fein bu ro-mhath Dreach,
   Cha do dhuilt e neach da Thruadh no Threin;
   A nois o 's deire dha' m' chliuth
   Gu suim gur aithne dhaibh 'n sgeul.

H. 19. HOW MAIGHRE BORB, THE SON OF THE
KING OF SORACHA, WAS KILT BY GOLL.
124 lines.

Kennedy's 1st Collection, page 22. Advocates' Library, November 29, 1871. Copied by Malcolm Macphail.

Dublin, December 9, 1871.—Known to everybody in Ireland, but no copy older than the Dean's known to Hennessy: A. 18. above.

It is curious to watch the minute changes that have taken place in one man's version of this old ballad: so I print his two Arguments, and his various readings.

THE ARGUMENT.

MAIGHRE BORB was courting the daughter of the King of Tir-fuidh-thuinn; and she was not willing to marry him; they happened to be one day walking out together, and he said to her, 'Who is in life under the sun that is able to keep you from me now?' 'You are wrong,' says she, 'I shall go to Fingal to Ireland, and he will defend me from you for a year and a day;' he ordered her to go to Fingal immediately, and that he would take her from him, the spite of all his might and force. She went away with some attendance to Fingal to defend her from him, he pursued her in hopes that he would take her from Fingal; for he was of extraordinary height and bigness, and of strength accordingly, besides being a great Inchanter or Conjurer, but neverless he was kilt by Goll at last. Observe the Poem.

DAN 3.

1 THA sgéul beag agam air Fionn,
  A chuireas mi 'n suim gach uair;
  Air dea' mhac Cuthail na 'm fleadh,
  Leis am buinte blagh is buaidh.

2 Ailis sin dham Oisain fhéilidh,
  Nach d' éur aon neach riamh mu sgéul,
  Ciod an gniomh rinn dea' mhac Cuthaill,
  Bhios tu cuimhneacha' gu h-eibhneach.

3 Latha bho Fionn is beagan sluaigh,
  Aig Eas-ruaidh nan leag sruth máll;
  Chunnacas a seóladh o near,
  Curachan óir is aon bhean ánn.[1]

4 Sheaseamar nil air au tom,
  'S Flath nam fiann agus Goll trom;
  A feitheamh a churachain a b' fhearr gléus
  Is e na reis a sgolteadh thonn.

5 Air a churach cha' d luigh smal,
  Clos ch d' rinn am port no támh;
  Gus an d' rainig e an t-Eas.
  Is dh' eirich aiste maise mná.[2]

6 B' ioneann dealradh dh' i 's do 'n ghréin,
  Is b' fhearr gu mór a méin no dealbh;
  A bhean a thainig an céill,
  Bha sinn gu léir roip' gu 'n fheall.

7 Do ghluais i gu pubul Fhinn,
  Is bheannaich i gu grinn dó;
  Fhreagair Mac Cuthail gu grinn,
  A beannachadh binn le dóidh.

8 'Mo chomraic ort mas tu Fionn
  Labhair rinn a macaidh mná;
  Le feodhas t-ainme 's do bhuaidh,
  Mo chomraic ort gu luath tráth.'

9 Dh' fhiosraich mo Righ bu mhaith dealbh,
  Cia as teachd na triall gheal úr;
  Cia an t-ainm a ghoirte ri,
  No cia b' athair dh' i air thús.

10 'Inghean Righ Tir-fuidh-thuinn,
   Dh' innsin dhuit gu cruinn mo sgéul;
   Cho 'n eil rioghachd an d' eirich grian,
   Nach d' iarras dhutsa Righ Fhinn.

11 'Brí do thurais as gach ród,
   Ainnir óg is gloine gné;
   'S an t-adhbhar mu 'n d' sinig thu 'n Fheinn,
   Aithris gu 'n dáil dhamh fein é.'

12 'Torachd a tha orm air muir,
   Laoch is trom guin air mo lorg
   Mac Righ Soracha' nan sgia' airm,
   Triath d' an goirear Maighre borb.'

13 'Geasan do chuir s' e am cheann,
   Nach cumeadh Fionn mi o sháil;
   'S nach bithainn bliadhna aige mar mhnaoi,
   Cia mór leis a ghniomh is ágh.'

14 'Labhair an gaisgeach le glóir mhir,
   'N laoch leis an coisgear gach Righ;
   Gus an liubhreadh Fionn a gheasan,
   Nach reachaimsa leis gu sior.'

15 'Glacam do chomraic a bhean,
   Roi' aon neach a tha an clé;
   'S a dh' ain deóin a Mhaighre bhuirb,
   Fad bliadhna gheibh thu uam dion.'

16 Chunnacamar a tigh 'n air stéud,
   Laoch do bha mhead thair gach fear;
   A caitheamh na fairge gu dian,
   An t-iúl ciadn' thainig a bhean.

17 B' fhad a leac bu gheal a dhéud,
   'S bu mhire stéud no gach sruth;
   Adhaidh fhlathail is rosg rioghail,
   'N ceann mhilidh bu chaoin cruth.

18 Bha cloidheamh trom toirtail nach gann,
   Teainnte re slios an fhir mhóir;
   Sgiath chreinneach dhubh air a leis,
   'S e 'g iomairt air chleasaibh gach doidh.

---

[1] Cho b' ór e ged bha e cho loinrach re h-ór.
[2] No macaidh mna.

19 'Deir ruinn mar a thainig thu' Clí,
　　Dh' fhiosraich mo Rìgh bu mhai cliú;
　　An aithnich thu fein a bhean,
　　'N e sud am fear a deir thu,'

20 Aithnicheams' e mhic Chuthaill Fhinn,
　　'S gur puthar leam e do d' Fheinn,
　　Tairgidh e mise thoirt leis,
　　G' e mór ar treis asaibh féin.

Not in I.

21 ' Mo cheud beannachd dhuit a' nois,
　　Is dean mise fein a dhion;
　　O 'n ghaisgeach is buirbe gruaim,
　　O 'n a dh' fhuathaich mi roi ghniomh.'

22 'N laoch sin a thainig o 'n chuan,
　　A eagmhuis sluaigh bu mhor pris;
　　Do bhuidhinn é lois a bhean,
　　'S i gairid o laimh mo Righ.

23 Dh' eirich Oscar, 's dh' eirich Goll,
　　Bheireadh losgadh lom 's gach cath;
　　'S dh' eirich iad uile na sloigh,
　　Eidear am fear mór 's am Flath.

24 Goll mac Mornn nan urachair tréun,
　　Asa dheidh do thilg e sleagh;
　　B' i 'n urachair bu truime 's bu tréine,
　　D' a sgé do rinn da blaigh.

25 Thilg an t-Oscar le lán fhéirg,
　　A chraosach dhearg le laimh chli;
　　Do mharbhadh leis stéud an fhir,
　　'S mór an cion do rinneadh lé.

26 Charaich e ruinn air an leirg,
　　An laoch bu mhor fearg is prís;
　　'S chlaoidh é naoi naonair gu luath,
　　'S an iorgaill chruaidh shultidh shíth.

27 Mar bhithead an caogad laoch gárg,
　　Bhi 'g iomairt ar 'n arm fai leith;
　　Dh' fhagadh é sinne fui' sbrochd,
　　'S cho ghaibhte uainne cosg leis.

28 Goll Mac Mornna nan lámh tréun,
　　Bhuail s'e e gu geur le shleagh;
　　Mu chothair a chroidhe le threóir,
　　'S thuit e air an lon gu 'n fheith.

29 Thug e dha buille na dha,
　　Gus ac d' fhag an deó a chré;
　　Bu mhairg aen bhean mu 'n de thuit,
　　A leithid do chleitheach treun.

30 Thiodhlaicadh leinn taobh an Eas.
　　Macaidh mor nan cleas 's nan gniomh;
　　'S chuir sinn mu bhradhaid gach meóir;
　　Fáinn óir an onoir mo Righ.

31 Bha inghean Righ Tir fui' thuinn,
　　Bliadhna shlan aig Fionn 's an Fheinn;
　　An deigh tuiteam an fhir mhóir,
　　Le neart an t-sluaigh 's mor sgéul.

I. 13. MAIREBORB, MAID OF CRACO, OR EAS-RUAGH.—A POEM. 128 lines. Extracts.

Kennedy's 2nd Collection, page 20. Advocates' Library, April 4, 1872. Copied by Malcolm Macphail.

NOTE.—Kennedy's Geography is not to be depended upon, but it is the traditional geography attributed to this ballad.

'Sorcha' is either 'Portugal' or 'Ardnamurchan.' 'The Land under the Waves' is either 'Holland' or the small Island of 'Tiree.' 'Sorcha' means 'Light,' and possibly this may be a Gaelic form of 'Saracen Land.'

THE ARGUMENT.

MAIRE-BORB, the son of the King of Soracha or Ardnamurchan, a District of Argyleshire, fell in love with Semhchruth, daughter of the King of that Island Tirrie, then Tir-fui-thinn. Semhchruth, being not fond of Maireborb, seeing her Father willing, they should make it up, sailed (accompanied with a few hands) thro' the night to Ireland, to be protected by the great generous and hospitable Fingal, who at her arrival was hunting along with a small party at Eas-ruai. Semhchruth made up to Fingal, and made known her story.

Fingal undertook to secure her for a year and attack Maireborb if he should attempt to take her off by force. Presently Maireborb approached upon the shore, mounted his steed and took away Semhchruth who sat upon Fingal's right hand upon the Hill. Goll threw after him his spear and broke his shield. Oscar kilt his steed. Maireborb seeing himself so desperately handled, attacked and overturned four-score and one of Fingal's party. And if Fingal had not sent fifty men one after another off to Bera for their arms, he would have been overcome by Maireborb and his small Party, and have taken off the captive Lady. Maireborb is kilt by Goll, and interr'd with great solemnity by the Fingalians.

Semhchruth resided in Fingal's Hall for a twelvemonth mourning for the brave and valarous Maireborb.

The Poem is addressed to the Son of Alpine.

MAIREBORB.

1 CHA raibh ann ach fear is ceud;
　　Leis am bui'nte blagh 'sgach euchd.

2 Ailis sin damh Oisein thim,
　　Laoich is binne bhriathraich beul;
　　Ciod e 'n gniomh rinn dea Ri'-phaile,
　　Triath nam fleagh, nam blar, 's nam beum.

4 Flath nam Fiann, is an triath Goll;

6 Bha sinn gu leir roipe soirbh.

7 Is bheannaich i gu binn do;

8 Labhair ruinn dea' mhais gach mnà;

9 Dh' fhiosraich mo Riogh a b' fhearr dealbh,
　　Cia as teachd na Triath ghil ùr;
　　Bu deirge gruaidh, bu bhinne guth,
　　'S bu ghile cruth no ghrian air mur.

10 Inghean Riogh Tire-fui-thuinn,

13 Nach cumadh Fionn mi na dhàil;
　　'S nach bithinn blia 'n aig mar mo mhiann,

14 Nach reachainnsa leis sa gniomh.

15 Roi' aon fhear a' ta ann clì;
　　Re blia 'n bi 'n tuilg 's an sith.

16 Chunacamar a' tigh 'n mar ean,

18 Sgia' chreimneach, dhu air a leis,

21 Mar èitil nan ean ri gaoith,
　　Bha 'n laoch a tign 'n air ar muin;
　　Suntach, sligneach, sran-ard ceum,
　　Mar steud eisg a' ruigh le sruth.

22 Labhair a bhean fhionn gheal og,
　　Fhinn nan cornn gur an cruas;
　　Tionaladh ann Fhiann na cho-ail,
　　So i 'n torachd-'s leoir a luas.

27 [1] Charuich e ruinn air an leirg,
　　An laoch bu mhor fearg agus pris;
　　Chlaoi' e naoinaonair gu luath,
　　'S an iorgail chruaidh, shultaidh shith.

29 Goll tha' Moirnne nan arm geur,
　　Bhuail e 'n treun laoch ann sa bhail
　　Thuit an t-armaicht, ceanail calma,
　　An lamh gharbh a b' fhearr sa mhagh.

30 Triath na Sorach bu doirbh ri leon,
　　Chaill e 'n deo, 's bu mhor am beud; [2]

32 Bha inghean Riogh Tir-fui-thuinn,
　　Blia' na aig Fionn ann san Fheinn;
　　An deidh tuiteam an fhir mhoir,
　　Le neart an t-sloigh, 's cruai' an sgeul.

[1] We are apt to believe this passage to be a mere fiction, and beyond credibility that Maireborb could vanquish upwards of fourscore of the flower of Fingal's army; yet we find in Sacred History many actions more wonderful. Abishai, the son of Zeruiah, had lifted up 'his spear against 300 of the Philistines, whom he all slew at one time.' (Collector's note.)

[2] In Kennedy's first version they hit him when he was down: in this second version they say that it was a great pity he lost his life.—J. F. C.

M. 9. DAN NA H-INGHIN. 84 lines.
Gillies, page 35.

1. La d' an robh sinn uille an Fhiann,
   Air sliabh Sealmath nan sruth dian,
   Chuncas ag teachd sa' mhagh,
   Inghean 's i 'g imeachd 'na h-aonar ;

2. An inghean bu ghloine siuuagh,
   Bu ghile 's bu deirge gruaidh :
   Bha dà rosg àillidh 'na ceann,
   'S i 'gamharc falachaidh m'a timchioll.

3. Bha léine do 'n t-sròl a b' ùire
   M'a cneas gràdhach, caoin, cùraidh,
   Is gu 'm b' àillidh na 'n gath-gréine
   A bràghad a suas o caomh léine.

4. Chuir i comruich air Fionn,
   'S air Goll muirneach Mac Morna,
   'S air Oscar an àigh,
   Làmh chosgair gach teugmhail.

An Inghean.

5. ' Mo chomruich oirbh, Fhianna matha,
   Eadar chloinn righ is ard fhlatha.'
   Ceist gach aon fhir do theaglach Fhinn,
   San uair sin thugadh do 'n Inghin.

Fionn.

6. Dh' éirich Fionn féin 'na comhair,
   ' A rìoghainn donn bhois gheal nàrach,
   Am bheil tòrachd air do lorg,
   A gheug mhàlta nan saor cholg ? '

An Inghean.

7. ' Tha sin tòrachd orm féin,
   Fhinn uasail is rìoghail Féinn,
   Iulann an airm dheirg a 's àillidh,
   Mac oighre righ na h-Iarsmàile.'

Caireall, Roidhne, Faolan, agus Feaeguth.

8. Dh' éirich ceathrar mac Fhinn gu baoth,
   Caireall agus Roidhne ruadh,
   Faolan agus Fearguth òg ;
   'S dh' àrdaich iad 'an glòir san uair.

9. ' C' àit' am bheil e 'n oir no 'n iar,
   No ann an ceithir rannaibh an domhain,
   Nach fàgadh eanchainn a chinn,
   Mum buineadh e leis thu, Inghean.'

An Inghean.

10. ' 'S mòr m' eagalsa, Fhianna matha,
    D' ar leadairt is d' ar mòr dhòrainn.
    Tha 'm fear mòr, mìleanta, treun,
    Fiùranta, mear, bras san teugmhail.'

Fionn.

11. ' Suidh thus' an so air ar sgàth,
    Inghean o 'm màlta combràdh,
    'S cha bhuin am fear mòr thu leis,
    Ge mòr do dhòchas as fheobhas.'

12. Chuncas am fear mòr uainn
    Ag teannadh gu cal' as a' chuan,
    Ag tarruing a luinge gu tìr,
    Toirt gu 'r 'n ionnsuidh le h-ain-mèin.

13. Mar illbhinn aillbhinn chraige,
    Mar stuadhan ainmheasach thugainn,
    'Na chaoiribh teinntidh o chladach,
    Gu 'm b' e sin coslas a' mhìlidh.

14. Bha seuchd do 'n t-sròl bhuidhe mu 'n fhear,
    A cheannbheairt chlochara nèamhain ;
    A lùireach mhòr iursach uallach,
    'Sa dhà shleagh 'nan cuilg re ghualainn ;

15. A chlaidheamh mòr froiseach neimhneach,
    Cruaidh cosgara 's e co'-dhìreach :
    Sgiath inneait, òrbhui', le 'm briste blagh,
    Air dorn toisgealt' a' mhìlidh.

16. Thug e ruathar fir gun chéill ;
    Cha do bheannaich e dh' Fhionn no 'n Fhéinn.
    Leum an t-saighid le sàr bheachd,
    'S thorchair le a làimh, an Inghean,

17. 'S cheangail e ceathrar mhac Fhinn ;
    'S bha 'n t-Iulann gu h-armach eutrom.

18. Thionndaidh mo mhac-s', air an leirg,
    An t-Oscar 'se làn do throm fheirg ;
    'S thug e 'n aire gu dùr, dàna,
    Air an òglaoch mhòr, a thàinig.

19. B' e sin an còmhrag creuchdach,
    Fuileachdach, feumannach,
    Bos-luath, beumannach,
    Ard-leumannach, gàbhaidh.

20. Mar abhuinn a' ruith le gleann
    Bha sgrios am fola cho teann ;
    Mar chaoiribh dearga o theallach
    Torran nan laoch namhadach.

21. Ach thug Osgar beum feardha mear
    Gu h-Iulann ard an deud ghil,
    S' thorchair leis a' bheum ghràineil
    Mac oighre righ na h-Iarsmáile.

M. 10. CATH RIGH SORCHA. 136 lines.
Gillies, page 162.

1. Ta sgeul beag agam air Fionn,
   Ge bè chuireadh an suim e
   Air Mac Cuthail bu dearg dreach,
   'S eibhinn leam re mo rè.

2. Lath dhuinn air bheagan sluaigh,
   Aig eas ruadh na n' éighin mall,
   Chunnacas fui sheòl o 'n Ear
   Curachan oir is bean ann.

3. Caogaid Laoch sinne fa thrè.
   Bu mhaith air gniomh cairt,
   Fir nar deigh gur mairg do chi,
   Ge be tir am bi mid cuairt.

4. Dh' eirigh sinn uile gu dian,
   Ach Fionn n' am Fiann agus Goll,
   Dh fheitheamh an Curachan a b' airde
   'S do bhi treun aig sgolta thonn.

5. Nior ghabh si eùradh no cosg,
   Nior ghabh si caladh a 'm port gnàth,
   Air teachd don churachan air an eas,
   'Se dheirich as macaibh Mnà.

6. B' ionann dealra dhi 'S do n' Ghrèin,
   'Saoibhir a mead, maith a deilbh,
   An Inghin ùr do thàinig an cèin,
   Do bha sinn fein roimpe soirbh.

7. Do ghluais i gu poball Fhinn,
   Is bheannuigh i gu grinn dhà
   Fhreagair Mac Cuthail gu binn
   Am beannacha a roin li dhà

8. ' Brigh do thurais air gach ròd,
   Inghean òg as àilte dealbh,
   Airis an toisach do sgèul,
   Cia thu fein no creud è d' ainm.'

9. 'S Inghean mì do Righ na Suain (*Sweden*)
   Innsìm Dhuit gu cruinn mo sgèul,
   Is ni bhuil sruth fui luidh grian,
   Nach suibhlain, air iarrtas Fhiannibh fial.

10. Mo chomarich ort fein ma 's tu Fionn
    Se thuirt ruinn an macaibh mnà,
    Do bhri do mhorachd 's do bhuaidh,
    Gabh mo Chomruich uam gu trà,

11. ' Ghabhamsa do Chomruich a bhean,
    Thaìr aon fhear ga bheil sa Chrìch,
    Labhair mo Righ bu mhaith fios,
    Cia noise atà air do thi.'

12. Fiachaibh ata orm thair muir,
    Triath is mòr gaol air mo lorg
    Mac Righ na Sorcha is gèur Airm,
    Gur è 's ainm dha Daighre borb,

13. Do chuirfeas geasa ann a cheann,
    Gu 'm beireadh Fionn mi air sàil,
    'S nach bithin aigesan mar mhnaoi,
    Ge mòr leis a ghniomh is àgh.

14. Se thuthairt Oscar le ghloir Mhir,
    An Laoch sin a chaisgeadh gach Righ,
    No gu 'n cuireadh Tionn do Gheis,
    Ni 'n rachadh tù leis mar mhnaoi.

15 Chunnaca a teachd air steud,
    Fear 's a mheud thar gach fear,
    Marceach na fairge gu dian.
    'San iùl cheudna, thainig a bhean.

16 Da Chraòiseach Catha na dhòrn.
    A teachd san ròd air a stéud,
    Air ghile, air dheirge, 's air dhreach,
    Ni 'n faca mar neach mar e,

17 Do bhi flath agus rosg Righ,
    'S an aoghaidh b' ailte li is cruth,
    Bu bhinne a ghuth no gach teud,
    'S bu mhireadh a steud no gach sruth.

18 Cloidheamh trom trosdail nach gann,
    An teannt air taobh an fhir mhòir,
    Sgiath leobhar nach mochd air ais,
    Se g 'iomairt a chleasa corr.

19 O thuinn trá thainig se gu tìr,
    Labhair mo Riogh bu mhaith cliù,
    An aithnuigh thu fein a bhean,
    'Ne sud am fear a deir thù?

20 Aithneachas a Mhic Cuthail ghrinn
    'S mòr am pughar leibh gur he,
    Tairgidh se mise a bhuin leis,
    (Ge mòr bhur treis) as an Fheinn.

21 Na dean'sa bòsd a bhean,
    As aon fhear da bhuil da phòr,
    Ge 'd shiubhladh se n' domhain gu leir
    Gheibh't san Fheinn fear da chomh,

22 Dheirich Cairioll agus Goll,
    Dias a fhuair an losgadh trom an cath,
    'Nan seasamh an gar an t' sloigh,
    Eadar am fear mor 's na Flaith.

23 Ni 'n d'fheuch é lann no sgiath,
    Do Laoch na Triath da 'n rabh ann,
    Gu 'n draoinn é tair air an Fheinn,
    Gus an d' thainig é gu Fionn,

24 Air teachd do oig fhear bu mhaith, dreach
    Thugainn le neart, feachd, is feirg,
    Gu 'n d' fhuaidich e uainn a bhean
    Bhi 'n deas-ghar do laimh Fhinn eilg,

25 Thug Mac morn an urchair dhian,
    Gu fada na dheigh do shleagh,
    An urchair nior chuaidhe da reir,
    'S da steud chearna si da bhloidh.

26 'N trà thuit an steud air an leirg,
    Thionnda e le feirg 's le fraoch,
    Smaoinntich e ge cruaidh an càs,
    Comhrag na 'n tri chaogad Laoch.

27 Mar-bhith na laoich a bhi garg,
    Is fhagail doibh do t' airm an leoir,
    Bhidh siad fa chobhair a smachd,
    Da 'n geibhte uaithe a cheart choir.

28 Leig e naò naònar gu luath.
    San iarguil chruaidh mu 'n do sguir,
    Ceangal guineach nan tri chaol,
    Air gach Laoch dhiubh sin do chuir,

29 Clann Morna cruaidh an càs,
    Fhuair iad bàs bu mhor an sgeul,
    'S ni n' raibh aon neach a chuaidhe as,
    Gun a chneas fa ioma créuchd.

30 Dheirigh Goll an aigne mhir,
    Leadairt an fhir an cath gh' leo,
    Ge be chifadh iad an sin,
    Bu gharbh an gaoil is an sgleò.

31 Re sgoltadh sgiath, 's re leadairt chorp,
    Gu feardha feur treun calma cruaidh,
    Na leoghainn laidir, ghuineach, dhisgir,
    Araon comh chiocrach gu buaidh.

32 Do chlaoidh Ioluinn na mòr fheachd
    Mac Righ na Sorcha sgeul truagh,
    Gur mairg gus an 'tainig a bhean,
    Far thuit am fear ou chuan.

33 Do Dhalaicmar aig an eas,
    An gaisgeach bu mher treis is brigh,
    Is chuirfadh air fa bharr gach meoir,
    Fail òir ann onoir mo Righ.

34 Do bhi inghean Righ fa thuinn, (under waves)
    Bliadhna na mhnaoi aig Feann san fheinn
    Taréis tuiteam an fhir mhòir,
    Le neart an t-sloigh, truagh an sgéul!

In the last verse the name is the same as it was in A. In verse 9 the name has the same sound, and has the meaning given in italic.—J. F. C.

S. 3. THE FALL OF ROYA, OR THE KING OF SORA'S SON.

Copied by Donald Mac Pherson, from Mac Donald's Collection. Made in the North of Scotland about 1800. This is the same ballad, in a different dialect of Gaelic, and interesting to students of Gaelic. Therefore I print it, though it is repetition.

THE ARGUMENT.

A WOMAN pursued by the King of Sora's son, by name Mayro Borb, escapes to the Fingalians and claims their protection. The Royal Hero appears and falls upon the Fingalians, kills a number of their troops; at last, in single combat with Gaul, he falls on the field of battle.

1   LA do Fhionn as bheagan sluaigh
    Aig Eas-Ruagh Mhacear mna
    Chunncas a seoladh o 'n Ear
    Cuireach oir agus beann ann

2   Sheasamh sinn uile air an t'sliabh
    Be Fionn nam Fiann agus Goll
    'G amharc Curach bu chiun ceum
    'Si gu trean a sgoltadh thonn

3   Cha d' rinn i fuireach no tamh
    'S cha mho ghabh fois am port gnà
    Ach 'g imeachd gu bruach an Eis
    'Se dherich as Macear mna

4   'Se labhair ruinn Macear mna
    Gabh mo chomrich ma 's tu Fionn
    Air ghaol t'earlaid is do bhuaidh
    Gabh mo chomrich gu luath trath

5   Dheanins' sin ruits a bhean
    Seach aon neach athafon ghrein
    Na 'n innsidh tu dhomh re seal
    Co 'm Fear a th' air a shith

6   Geasimh tha orms' re muir
    Laoch is trom toir air mo lorg
    Mac Ri Sorach na sgiathan airm
    'S gur e 's ainm dha Maighre Borb

7   Geasimh cha chuir am' cheann
    Gu 'n d' thiginn gu Fionn air sal
    'S gu 'm bithin aige mar mhnaoi
    Aig feamhas aoidh agus aill

8   Sin dhuinn an tus ar bruidhna
    Dhoineachd man Ri bu mhath fios
    'N athnichadh tu nis a bhean
    'N e sud am fear a th' air do shith

9   Ocha dan Mhic Cumhail Fhinn
    'S pughar teinn leam gur e
    'S tairgidh e mis a thabhart leis
    Cia mor do threis as an Fheinn

10 Cha d' ghlac claidheamh na dhorn
    'S cha mho chuir sleagh o 's chionn
    Aon fhear a bheiradh tu uainn
    A dhaindeoin sluagh Innse Fail

11 Chunncas tighin air 'n steud
    Am fear mor 's a mhead as gach fear
    Marcaeh' na fairge gu dian
    'N siubhal ceudn' rinn a bhean

12 Bu dubh a cheann 's bu gheall e dheud
    Bu luaith air an steud e na gach sruth
    B' fhaid a lamhan no cruinn iuil
    Bu bhinne no eoinn ciuil a ghuth

13 A chlogaid gu teintidh mu cheann
    Air 'n Laoch nach tim 's nach tla
    Sgiath chruaidh mheaumnach air a leas
    A 'g iomard chleas air a chle

14 Claidheamh trom toirteal nach pill
    Gu dluth ri taobh an fihr mhoir
    Dha-shleagh ghaisgeal 's cruaidh rinn
    Nan seasamh air cul a sgé

15 Dherich Oscar 's dherich Goll
   Broisbuinn bha tron sa chath
   Sheas iad air garadh an t-sloigh
   Eadar 'm Fear mor sam Flath

16 Cha d' ath e do churrag no thriath
   Na dh' onoir Mhic Ri gu robh ann
   Ach sior chuir far air an Fheinn
   Gus 'n dranig e fein air Fionn

17 Thanig an Laoch bu mhor tlachd
   Thugain le neart 's le gniomh
   'S gan d' fhuadich e uainn a bhean
   Bha air guaillin deas an Ri

18 Thilg Oscar ann an sin na dheigh
   'N urchair nach bu re an t-sleagh
   'S mun do sgath i idir re chle
   Rinn i dhe a sge da-bhluidh

19 Chrath an t-Oscar bu mhor feirg
   A Chraosach dhearg as a lamh chlith
   Leis an urchair thuit steud an fhir
   'S mor an cion a chinnech leo

20 'N cra thuit an steud air an leirg
   Thiounda' e le fearg 's le fraoch
   Bhagair o cia bu mhor am beum
   Comhrag treun air cheuda laoich

21 Chuir sinn tri chaogaid do Laoich gharg
   A chosg meanmneina 'n oig mhir
   'S chuire ceangal nan tri chaoil
   Orra is fuil air taobh gach fir

22 Chlann Mhic Moirni smor 'n gniomh
   Gau chaochail iad be 'n truagh sgeul
   Cha roibh a h-aon diubh thauig as
   Nach robh o 'n criosa lan do chreachd

23 Mar bithidh tri chaogaid do Laoich gharg
   Bha dh' annas airm ann ar comhair
   Bhithimid fo phughair gun smachd
   Nam feuchaid dhasan ceart choir

24 Dherich Goll nan aigriadh mhir
   Fianal an Fhir bu mhor feum
   Coltas ann comhrag an dithis
   Chan fhaca mi rithisd na dheigh

25 Thuit le Goll nan aignadh mhir
   Mac Ri na Sorach ba sgeul thruagh
   'S mairg ait as na ghluais a bhean
   'N tra thuig i seal a dhinnisidh chnain

26 Nis tiolaic mid fo bhonn an Eis
   'M fear mor 's a mhead 'as gach fear
   'S¹ curamid mu chainneal gach meoir
   Faithin air mar onoir mhic Ri.

¹ al. 'S cuiramid mar on air ain an Ri
   Faithn air mu chainneal gach meoir.

D. 20. AN INVINN. 1766. 106 lines.
From Mac Nicol's Collection. Copied by Donald Mac Pherson, May 3, 1872.

1 OSSAIN uasail mhic Finn,
   'S tu 'd shuidh air an Tullich eibhin,
   A Laoich mhoir mhiligh nach mettidh
   Gun faic misidh Bron air Hintin.

2 Cuid do dhaoibhar mo bhroin fein,
   A Chlerich, mas àil leat eist,
   Chunnairc mi uair Teoghlich Fhinn,
   Bha e mear, mor, meorich eibhin.

3 Air an Tullich sheo bha 'n Fhian
   (Bha shin uil ann a dhaoin riar)
   'S co Chunnig shin tin san Mhaoigh
   Ach Ighin huggin 's i na haoinir.

4 An 'Nighin ùr a 'bailidh suuaidh
   Bu gheal as bu dearg a Gruaidh,
   Bu ghilidh na gach Gath Greine,
   A Braidh huas fa caoil Lenigh.

5 Bha da Rosc gharichdich na Ceann,
   Bha Earridh àlin ma Timchil,
   Bha Dunidh do 'n or ma Bragid
   Bha slabhridh oir ma caoin àrin,
   Bha Lenidh don Tsroil ab ùridh,
   Le ra cneas graich sheibh, Cùlin.

6 Hug shin air trom-ghaoil di uille,
   An Teoghlich shin Fhinn e Allabhin¹
   Gun neich do 'n Fhein Gaoil do mhnaoi fein,
   Ach do 'n Ninbhinn.

7 Chuir i a Comrich air Fionn,
   An Righin 'si gu bog gheal binn ;
   Chuir i a Comrich air Goll,
   Be sud Laoich alin nan some
   Air Oscar mac Ossain au an Righ
   'S air a Chaoil Chroigh mac Greidh.

8 Ma Chomrich oirbh Fhiannibh mais
   Eddar Chlannibh Righ as Fhlath
   Co sheo torichd air do Lorg
   A Nighin uir as aoibhir colg.

9 Ha shin a torichd orm fein
   Fhir uasail as ribhich fein,
   Illin mor milainte mear,
   Oiridh air Riogh na Hespainte.

10 Gur eigcoir leom Fhianibh phail
   E gar leidirt as gar dorin
   Am Fear mor milainte treun
   'S airm gu faobharich rein-gheir.

11 Cait an raibh e an Niar na 'n Noir,
   Na o Cheir raintibh an Dobhain,
   Nach faiceidh Eannachiu a Chinn
   Man legimid leis thu Inbhinn.

12 Inbhinn bhois-gheal, bhog-gheal, bhinn,
   Ighin ùr nan gorm-rosc mall,
   Suidh ussa an seo air me sga,
   Inghin ga graunte do Chobhra
   Man doir am Fear mor u leis,
   Ga mor leat do *Dhoigh* as Fheothis. (Bhost)

13 Chunnairc shin am Fear mor uain
   Caibh gu Callidh on Chuan,
   A tarruing a Luinge gu Tir
   'Sa teachd huggin le Hanna-méin.

14 Gu 'm be sud am Fear mor *màilte* (miltich)
   Na stuaidh annibh allabharigh,
   Le Fraoich feirg gu Fianaibh Fhinn,
   'S e teachd na Chaoir Heinte huggin.

15 Bha Chlaibh mor froissuch neibhnich
   Cruaidh osgaridh co-dhirich   (interlined)
   An Cean-bheirt hoecrich fhir chiutich,
   Bha Scia Oir le 'm hriste Blaoigh,
   An Dorn Toisgealt a Mhilidh.

16 Bha Lurich ard iursich uarich (uallich)
   Bha sa threin Scabbal breachd busich,
   Bha Ceanna bheirt chlochara sheibh
   Oscion Aghaidh hochridh Inmaccain.

17 Bha Dunidh do 'n noir mu 'n Fhear,
   'S ceansichidh shididh gan ceangal,
   'S da Thleidh fa 'm bunn bu chruaidh reinn
   Nan Cuilg shesibh suas ra ghualin.

18 Hug e ruathir Fir gun Cheil,
   'S cha do bheannuich e Dhionn na 'n Fhein
   Bharibh e Ciad do Dhianibh Fhinn
   Agus mheribhte leis an Innabhin.

19 Cheangil e Faolan mac Fhinn
   As tri naoinar da Luchd leannabhin
   Do 'n Chinnidh bhoir mheamnich mhear
   'S bha 'n Tillin gu harramich etrim.

20 Hiuntaidh mo mhac 's air an Leirg
   Oscar 's e lan do Throm Fheirg,
   Sgun do dhuabir e Cobhrig
   Es an Fhear bhor bhois-gheal bha rarich

21 Hiuntaidh Iullin ri 'm mhac fein
   'S dheante leo cobhrig trein
   O 's fear Ceanrlach ceoich Ceann-dearg
   Grad-leimuich, bras-bheimnich, ainnasich.

22 Mar Hruibh aùnn le Gleann,
   Bha Scrios am Folidh co tean,
   Mar Chaoir Heinte tin e Teallich
   Toirin nan Laoich naudich.

¹ Or Allabhitt.

23 Hug Oscar Beim fearraghlan Fir,
   Gu Illinn arramich deid-ghlann,
   She mhaoigh e leis Bheim ghraunte
   Cean mhic Riogh na Hespainte.

24 Air an Tullich sheo ha Leachd,
   A Mhic Alpin, ha sheo fir;
   Leachd na mnaidh air an taoibh eille
   A Dheo mhic Alpin e Hallabhidh.

25 Bha leinnidh gum bo mha eid,
   'S nach roibh aoin neich dhiu ach sheid
   Ach Beannichd air an nannim gu leir
   'S hugis beannichd eil air Ossain.
                              Crioch.

D. 22. AN IONMHUINN. 22 lines various.
From Mac Nicol's Collection. Copied by Donald Mac Pherson, May 11, 1872.

13 various.
Chunnaic sinn am fear mòr uainn
Ag caitheadh gu cala o 'n chuan
Ag tarruing a luinge gu tìr
'S a teachd chugainn le h-an-mein.

14 various.
Gu 'm b' e sud am fear mor millteach
Na stuaidh ainneamh, allambaraich,
Le fraoch feirg' gu Fiannaibh Fheinn,
'S e teachd na chaoir theinlidh chugain.

15 various.
Bha chlaidheamh mor froiseach, neimhneach,
Cruaidh coscarra coi-dhireach
Bha sgiath ordhadh bhristeadh bladh
Ann dorn toisgealt a mhilidh.

16 various.
Bha luireach ard, Irseach, uallach,
Fo thréun sgabull breac, buaghach;
Bha ceann-bheirt chlochara sheimh
Os cionn aghaidh shocraidh a mhacaimh.

17 various.
'S da shleagh o 'm bun bu chruaidh rainn
Na 'n cuilg seasamh suas ri ghualainn.

22 various.
Mar shruthadh amhain le gleann
Bha sgrios am fola coi-teann,
Mar chaoir theinnte teachd a teallach,
Toradh Toiriunn nan Laoch namhadach.

F. 18. DUAN NA H-INGHINN. 128 lines.
Fletcher's Collection, page 1. Advocates' Library, January 12, 1872. Copied by Malcolm Macphail.

1 Ach Oisain uasail mhic Fhinn,
  'S tu a' d shuidh air 'n tulaich èibhinn;
  Laoich mhòir mhileant' nach meat,
  Gu faiceamsa bròn air t-inntinn.

2 Dh' innsins' aobhar mo bhròin féin,
  A Phàdraig na 'm b' àill leats' éisd;
  Mi cuimhneachadh air Fèinn nam Fiann,
  Bhi air an tulaich so dh' aon rian.

3 Air an tulaich (so) bha sinn araon,
  Ille Phàdraig (naomh) na breith saoir;
  Chunnaic mis' uair teaghlach Fhinn,
  'S iad gu mear, mòr, meamnach, aoibhinn.

4 Air an tulaich so bha 'n Fhiann,
  Latha dhuinn' ann dhaon rian;
  Chuannacas leinn bean ann sa Mhaoth,
  'S i teachd thugainne na h-aonar.

5 'N ainnir ùr a b' àille snuadh,
  Bu ghile 'us bu dèirge gruaidh;
  Bu ghile na gach gath grèine,
  'Bragud shuas fui' caomh lèine.

6 Bha dà rosg àrusgach na ceann,
  Bha earradh àluin mu timchioll;
  Bha dùmhna do 'n òr mu bràgud,
  Bha slabhruidh òir mu caoin àraidh.

7 'S bha lèine d' an t-sròl a b' ùireadh,
  Leath ri cneas gràdhach, caomh, curaidh;

8 Thug sinne air tromma ghaol uile,
  An teaghlach sin Fhinn a h-Albainn;
  Gun aon fhear dhinn ga mhnaoi fèin;
  Ach air gaol uile do 'n Inbhinn.

9 Chuir iseadh còmruich air Fionn,
  'N ribhinn 's i gu bos-gheal binn;
  Chuir ise còmruich air Goull,
  'S b' e sid laoch àluin nan sonn.

10 Air Oscar mac Oisain fhèile,
   Is air a Chaol-chrogha mac Grudhein;
   'Mo chòmhruich oirbh Fhianna maithe,
   Eadar chlanna Righ is Fhlaithean.'

11 Cò thà tòrachd air do lòrg,
   Ainnir ùr a 's àille dealbh;
   'Tha sin a tòrachd orm fèin,
   Fhir uasail a 's riobhaich Fèinn.'

12 'An t-Iolun mòr mileanta, mear,
   Oighre Righ na h-*Eispainte*;'

14 'S eagal leamsa Fhianna Phàil,
   Bhi d' ar leadairt 'us d' ar doruinn,
   Leis an fhear mhòr mhileanta thrèun,
   'Airm iuranta, roinne-gheur.'

15 Dh' eirich suas ceathrar mac Fhinn,
   Caoirreal, agus Rainne ruadh;
   Faolan, agus, Fearrguth òg,
   Is dh' àrdaich iad an glòir san uair.

16 C' àite an d' imich è niar na noir,
   Na bho cheitbir àirdibh 'n domhunn;
   Nach faiceamaid eannchuin a chinn,
   Mu 'n leigeamaid leis thu Inbhinn.

17 A ghèug bhonne-gheal, bhosgeal ghrinn,
   Inghinn ùr nan gorm-rosg eibhinn;
   Luidh thusa ann so air ar sgàthne,
   Inghean ge dana' do chòmhradh.

18 'S cha d' thoir am fear mòr thu leis,
   Ge mòr leat do dhòigh is fheothas;
   Chunnacas leinne fear mòr bhuainn,
   A' caitheadh a chalaidh 's a chuain.

19 'S è tarruing a loingeas gu tìr,
   'S è teachd thugainn le h-aon-meir.

20 B' e sid 'm fear mòr bosgheal mi-nàrach,
   'N a stuaghaibh allùidh almharadh,
   Na fhraoch fèirge gu Fiannaibh Fhinn,
   'S è teachd 'na chaor theintich, thugainn.

21 Bha chlaidhe mòr froiseach neimhneich,
   Is è cruaidh cosgurra, co-direach;
   Bha sgiath òir m' am bristeadh blaoth,
   Ann dorn toisgeal a mhìli.

22 Bha luireach ard-iorsach uaibhreach,
   Bha treun sgàbull breachd buaghach;
   Bha ceanna-bheairt chlochra' shèimbidh,
   Oscionn adhaidh shòchri'-ghaisgich.

23 Bha seachda do 'n òr mu 'n fhear,
   Bha ceansuichean sioda ga' n ceangal;
   Bha dha shleagh 'os bun, bu cruaidhe, roinn,
   'S iad na 'n cuilg sheasamh ra ghuailnibh.

24 Thug è ruathar fir gun chèil,
   'S nior bheannaich è dh' Fhionn na 'n Fheinn,
   Mhairbhte leis ceud d' fhianna Fhinn,
   Agus mhairbhte leis an Inbhinn.

25 Cheangail è Faolan mac Fhinn,
   Is tri naoithnear do luchd leanmhuinn;
   Do 'n chinne mhòr mhileanta, thrèun,
   'S bha an t-Iolun gu h-armach eatrom.

26 Thionndaidh mo mhacsa air an leirg,
   Oscar 's è làn do throm fheirg;
   Sann a dhu'abair è geur chòmhrug,
   As an fhear mhòr bhosgeal mhi-narach.

27 Thionndaidh 'n t-Iolunn ri 'm mhac féin,
   Is dheanta leo còmhrug treun;
   Bho 's fear mòr creamhach creuchdach,
   Bas-luath, bras-mheineach, ard-leumnach.

28 Mar shruthadh amhuinn le gleann,
   Bha sgrios am fola co-teann;
   Mar chaoir theinntich teachd à teallach
   Bha torra na 'n laoch namhadach.

29 Thug Oscar bèum fearraghlan fear,
   Gu h-Iolunn armach deud-ghlan;
   Sann a bhuin e leis a bheum ghrannda,
   Ceann mac Righ na h-Eispainte.

30 Air an tulaich so tha leac,
   Dheadh Mhic-Alpin tha so fior;
   'S tha leac na mnai air an taobh eile,
   A dheadh Mhic-Alpin a h-Albainn.

31 Air leinne gum bu mhaith iad,
   'S cha robh 'naon neach dhiubh ach siad,
   Bennachd air 'n annam araon,
   Is thugadh beannachd eile air Oisain.

X. 3. LAOIDH NA NHIGHINNE. 52 lines.

Copied by Malcolm Macphail, from materials furnished by the Rev. Dr. Mac Lauchlan, Edinburgh. Edinburgh, January 30, 1872.

This was orally collected for me by Mr. Carmichael, in Skye. A copy was sent to Dr. Mac Lauchlan afterwards.

Eachun Donullach—Eachun mac Iain mhic Iain, mhic Eoghain an Talamh—sgeir anns an Eilean Sgiathanach.

1 La dhomh romh 'u Fheinn a muigh,
  'S mi nam shuidhe air tulach Coire-siar,
  Chunnacas a tighinn o' n mhaogh,
  Nighean 's i g-imeachd na h-onar

2 Nighean a b' ailli snuadh,
  Bu ghile 's bu deirge gruaidh,
  B' ailli no gathan na greine,
  Geala bhrollach fo caol leine,

3 Bha lacha 's gaire na ceann,
  'Us slamhraidh oir mu geal bhraigh (pro bhrè).

4 An gaol a thug iad uile dhi,
  O theaglach mar Fhinn na h-*Eeilebhinn*,
  Cha robh speis aig duine 's an Fheinn,
  Ga mhnaoi fein ach an nighinn,

5 Mo chomraich air Fionn nam Fiann,
  'S mo chomraich air Fiann nam flath,
  Edar righ agus ard fhlath,

6 Mo chomraich air Diarmad donn,
  'S air Faolan nam faotha (? rogha) sonn,
  Air Goll 's air Oscar an aigh,
  Luchd chasgairt na teugmhallach,

7 Tog do chomraich dhiomh a bhean, (Goll)
  'S gur mi 's laige tha fo' n ghrein,
  'S laige mi nam Boc mac smail,
  'S laige mi na Greanachar mac Greanacharbhig

8 'S gur mi 's laig thig no thainig.
  'S ionagh mor leam thu bhi lag, (oighe)
  'S mi ga d fhaicim an ana-bheachd,

9 'S gur tu 's cuimichte da chois,
  Dhe 'n shluagh aluinn chruinn choitchean,

10 Chunnacas am fear mor ud uainn,
   Taoghadh cala as a chuan,
   Tarruing a luinge gu tir,
   Tighinn thugain gu h-ana min,

11 Le fhraoch uchd 's le chruaidh chlogaid,
   Be sud am fear mor mall,
   Mar stuaidh dhirich as gach gleann,
   Le cheanna-bheairt chlochorra chomhar

12 'S cinn shochair a mhac,
   Be sud am fear mor gun chiall,
   Mharbh ciad do dh' Fhianntaichean na Feinn,
   Agus an nighean

13 Thionndaidh mo mhac air an leirg,
   Oscar 's e lan do throm fheirg,
   Rinn e combrag ris gu garg,
   Gu faobharach fuilteach garbh,

14 Gu ceann-ru dorn-ru tulachain,
   Mar chaora (chaoire) teinteach teallaich,
   Bha fuam nan laoch na-udach (? namhaidich)

15 Thug Oscar am beum faradhantach bras,
   A'r gille donn an deud ghlain,
   Sgaradh leis a bheum ghraneil,
   Oighre araid an easpuig.

THE BATTLE OF FINTRATH.

Fionn traigh means 'white strand.' In Islay, to the north-west, near Bolsa, is a white sandy beach, on which, as it is said, Fionn and his people fought a great battle with the Northmen. The place is called 'Fionn-traigh,' and is said to take its name from Fionn. The ballad taken from the Dean's Book is not now remembered, but part of the story of it is localised. Mr. John Hawkins Simpson, in 1857, published a translation of an Irish version: 'The Battle of Ventry Harbour. The battle at the harbour of Ventry (*fair strand*) is supposed to have been fought about A.D. 240. A translation of the Epic poem relating to the battle is here given. It is not known who was the author of this very ancient work.'

Then follows a good English version of an exceedingly wild, extravagant Irish prose story, which has the marks of old manuscript tales. All the Kings known to the composer of the story, including the Kings of India and France and the Emperor of the World, invade Ireland. Fionn beats them in Homeric single combats. The Ossianic Society of Dublin were about to publish 'Cath Fhinn Tragha,' an account 'of the battle fought at Ventry, in the county of Kerry, in the third century of the Christian era, between Daire Donn, Monarch of the World, and the Fenians. To be edited by the Rev. James Goodman, A.B.'

'This battle lasted for 366 days; the copy at the disposal of the Society is the earliest known to exist, having been copied from a vellum manuscript of the fifteenth century, now deposited in the Bodleian Library, Oxford, by the Rev. E. D. Cleaver.'

Unfortunately the Ossianic Society came to an end after printing six volumes, in 1861; so this 'Battle of Ventry' is buried in the Bodleian, which has no catalogue of Irish manuscripts.

This victory over the whole world seems to place Fionn at his highest point, so I place it, after victories over single foreign champions. Possibly, a real battle might have been fought somewhere, at sometime, during the reign of Cormac; but the battle described never was fought by men anywhere. The 'fabulous romantic' tale of Cath Finn Tragha was mentioned by Keating. See p. 344, O. Mahony's translation.

A. 19. TRAYE FINTRATH. 168 lines.
ACTOR HUJUS OSSIN.

1 Lay za deach say zai keill,
  Patr^k zrynn ni bachal ..
  Rug e in tossin less er wurn,
  Gow was aa gi ... sl ...

2 Is di bail awzail uoid,
  Ossan nau roak nach teym
  Coo in teiu neaach gin a loyith,
  Smow chur groym er feanow fynn

3 A cleryth ni bachill brek,
  Bi wor ym beacht zut reid lin
  A churri a wrayr a znaath,
  Ne wai zaw er fanaw fynn

4 Onyth harly zut gin noinc,
  A Ossin gin doll uane dey
  Bee say er chathris gi braa,
  How gathris di znaa nyn fane

5 Kegit blyin di bein boa,
  A geyskych reid choel syth heill
  Ne hynossit zut gow maik,
  A luit eacht a rin feanow fynn

6 Fa ranew in doyn traane,
  Wa agginn fene er gyth ...
  Keiss ga hokwail gow fane fin,
  Na noe in tegwail ...

7 Ne reive ansyth si doythin vor,
  Nach da bi chor bea na ...
  Ne reive in nalwe nin lann brek,
  A darveith ...
                                    T

8   Da nynnosit zeive in ness,
    A Ossin nin gress noch mein.
    Coo yn tein neach bi zar lave,
    Wa sreyith . . .

9   Mor in feine, a churris orm,
    A cleyrrith oyd nyth f . . .
    Ni hynossit gow lay looin,
    Ne way loye . . .

10 Onyth harlyth how nane dey,
    A Ossin da dane . . .
    Coo nyth leich bar lat mait skay,
    Ri dol din ane ansyth gath

11 Oskir is keilt is gowle,
    Is m'lowith nyn lanni maath
    Fa hymchill v'kowle ayl
    Boyin di bi raa si chath

12 Farzone fullych m'ynreith
    Is kerrill ri sneive zaath
    Dermin daath alin gyn nawle,
    Re hor skaath chin bi waath

13 Collyth m'cbeilt er wley mynni,
    Kyrkeith curri nyn genk maath
    Agus rynnith m'ynreith,
    Myrychin nar wenyth in gaath

14 Felane foltinn bi wakith ind,
    Agus garryth in deim narv
    Derring m'doyrin gyn none
    Aygh m'garryth bi waath law

15 Me fene is g. m'smail
    Is dyryth darrith m'ronane
    Tre mek nyth kerd gyn chalk,
    Re oyr hentyth di barm yark

16 Mir a zana ma zut goo,
    A cleryth wor furt nyth mynni
    Cha noch banit dossyth din nane
    Ach gith fer fane a braath a zille

17 Soo id chaithir is gawe di fenni
    Is wayassi in narm gi ler
    Gi ein neach ga bi zar laiwe,
    Hanyth o chaaith guss in nane

18 Hanyth reith lochlin er ler,
    Daor done skaa by wor gnaa
    Di wraa keiss errin er koyne,
    Fane deyryth r sloyg gyth ler

19 Hanyth ith chawr zar wane,
    Twoa dey hug ass gi knok
    Carbryth losechr bi waath lawe,
    Iiij chayth slane gow port

20 Vii caythin hanik in nane
    Huggar in near o lea cuynni
    Ne . . . sa nyth deacha rir gerrow,
    Oo roe zein slane o zaryth dwnni

21 Is sai waa na chawlyth long,
    Daryth deown syth hylych fene
    Xxx caath feit di loyith
    Nath dea woyin dar der feine

22 Waa ga weeow er in trae,
    Cown krer bi lawe gin locht
    Ruk sloyg nyn hynes zeive,
    Is di hog ea kenni reith er knok

23 Cown m'reith wllith nin eacht,
    Agus dollir nan greath trom
    Di zagamir er in traa
    Er ym bayth fo zar tonni

24 Iij mec doytith ga bi rane,
    Yth toythit o lar yn long
    Fer tenni is kerkil a flwk,
    A zaik sinni a gorp gi lommi

25 Oor armyth neyn reith grekga,
    Agus forni nyn beyme trome
    Di zagamir fa zaar byve,
    Is ner aig synn in vyve fa bron

26 Iiij mec reith lochlin
    Bi a chasgr sein de neive arm
    Ne tre balwe one vorrin or,
    Neyn deacha sayd voyn ach marg

27 Re in doythin ga bi wor,
    Dare done skayth bi zall gnaa
    Di zaig sinn sin a chorp er trae,
    Er ni lot fo wail nyn nane

28 Di loyew in doythin trane
    Neyn deacha woyn fene sin nar
    Ach reith ni franki mir hea
    An lyn say brea er in nail

29 Er eggill in oskir wll,
    Cha di leggi ay voyeni er lar
    Gow glen baltan mir ta hest,
    Is and di zawe ay foss is tawe

30 Er traye fintrath ni goyn
    Fer in churri ni sloye in tar
    Er reow in doythin trane,
    Di zoil sein fene er sar

31 Di bimmi o reith r narm,
    Leich a waa marve er in lar
    Di bimmi clawe agus skayth
    Na blaya har er in traye

32 Er traye fintraithin nyn port,
    Di bimmi ann corp ferrane
    Di bimmi leich fa zar byve,
    Is di bimmi ann fyve ar

33 Phatrik V'Alpin ail,
    Neyn danith zar wane wo rae
    Ach da cath eggr gyn locht
    Is ny roif in gorp slane

34 Cath di clanni bisskyni zeive,
    Boein noch char vennyth in law
    Cath di clanni mornyth nyn grath
    Is in darne lay clannow smail

35 Er fr lawsyth ath halgin trane,
    Say zaik sin dar wane sin nar
    Coyk cathin eggr zar sloyig
    A legga woyn er in tra

36 xxxth ca feizit gin rath,
    Deechcayd feithyit gith cath zeive
    Zarremay loyg zar zoynn,
    Nach dranik er toynn a reiss

37 A halgin da wreggin clar,
    O baillait deym pen gych skail
    Gow dukgai caa zawryth nyth glann,
    Noch cha danik ken r lay

38 Di rynni sin a gawli long,
    Agus argit trome in reith
    In noor sin eydda sin neycht,
    In neirrin er gi lea dee

39 A Phatrik matha ny mynn
    An id keilli a waym bass
    Cur feyn talla her mo knees
    Oss aggit hay fiss mo skail

40 Ossin o taa tow skeith,
    Dane a noss di heith gou bass
    Gau turnigin is ear tlws,
    Is gew Dea mowch gi lay

41 Ar sleyve Seyane la luain
    Agus ni sloye er a lar
    Meichall is mur is mac Dey,
    Dy hoyrt fene er an law

42 In da espil deyk si wlay
    Gi cleryob may is gi faye
    Edrwme agis effrin or di
    Wi gi croy er my lay.
                    Lay.

A. 25. NEYN A WRATA INN. 84 lines.
THE MAID OF THE WHITE MANTLE.

THIS ballad, or the story of it, is known in Irish writings. It is not remembered in Scotland now. It indicates cause for strife amongst the Feinne, and names many of their wives. Though it does not immediately belong to any Story in the series, it fits where the Feinne have reached their glory, and begin to decline.

A HOUDIE SO——.

1 LAA zane deach Finn di zoill
In nalwe is ner ymmit sloyg
Sessir bann is sessir far
Iyn zhil is anneir ucht zaall

2 Finn fayn is Dermoit gin on
Keilt is ossain is oskir
Conan meithl gom maal er myg
Agus mnan nin vi leith sen

3 Mygin is ban einn bi zane
Is annir ucht zall mi wan feyn
Gormlay aolli is dow rosg
Neaof is neyn enneiss

4 Nor a zoyf meska no mnan
Tugsiddir in gussi raa
Nach royf er in doythin teg
Sessir ban in goyth inrylk

5 A dowirt an nynnilt gyn on
Is Tulych carnich in doythin
Ga maath sewse is ymmith ban
Nach drynn fes ach re in ar

6 Gerrid er ve zawe mir sen
Tanik in van dar rochtin
Ein wrata wmpa gin alda
Agus e n iyn naygh

7 Tanik *neyn a wrata inn*
An vaenissi v'kowle
Banichis din re gin non
Agis swis na arrygh

8 Feafryth finn skail zyi
Din neyn lwchr lawzill
A wan a wrat gin alda
Koid a rad ow is tein naygh

9 As giss dym wrat gin alda
Ban ann ac na ennaygh
Nocht chay naygh dein fame wrat
Ach ben in ir gyn ralocht

10 Tawir ym brat dym wreith feyn
Do ter conane mor gyu chaele
Go westmist im brear mir
A twg na mnawe wo chanew

11 Gawis ben chonnane ym brat
Is curris wmpa la rachta
Gom bea sen an loyth locht
Dar lek rys wlle a gall ocht

12 Mir a chonnik connan meil
Ym brat er cassyth fa teyf
Tawris in chreissyth gin neaf
Agis marveis in neyn

13 Gavis ben dermoit a zeil
Ym brat wo wrei chonnan meil
Noch char farr a wassi zyi
Cassi ym brat fa keiyf

14 Gawis ben oskyr na zey
Ym brad coo adda coyve ray
Ga loyvir skayth a wrat inn
Noch char ally a hymlyn

15 Gawis myghinis gi saal ym brad
Is di churri fa cann
Di chass is di chwar mir sen ym brat
Gi loa fa clossew

16 Tawir ym brata er m'raa
Dym wneissi is ne cwss clae
Go vestmist in ness gon non
Tres elli da hymlit dewe

17 Di warynsi brair riss
Agis ne brair eggiss
Nach darnis di weiss ri far
Ach dol dutsi in neiss lenew

18 Nochtis ben vek ree a teef
Curris umpi ym brat fer chei ..
A sayth eddir chass is lawe
Na gi ley er a lwdygnane

19 Ane phoik doaris in braed
O wak o zwyne darmit
Di reissi ym brad owm laar
Mor wea see na hynnirrane

20 Tawrew mi wrat doyf a wnaa
Is me nein in derg zrana
Noch cha dernis di locht
Ach fess ri finn fyvir noch

21 Ber mo wallych is ymith woygin
Se der m'kowle gin boy
A dagis fa mhaalych er mnawe
Na tyr huggin ane lay.
                    Lay.

CAOILTE'S RABBLE.

THIS curious production is not remembered in any shape, so far as I know. It indicates a quarrel between King Cormac and his General. In a list of the Irish collection of the Rev. James Goodman of Skibbereen, I find mention of 'The Quarrel of Cormac and Finn at Teamhair.' In this old Scotch version Caoilte rescues his chief and kinsman from Cormac. In the next ballad Oisein slays Cormac. According to current Scotch tradition, and Keating's History of Ireland, Cormac choked on a salmon bone. The very bone is specified in Scotch tales.

A. 28. C'HORYMRYTH KEILTA. 288 lines.

A HOWDIE SO KEILT M'RONANE.

1 HEYM tosk zoskla fynn
Gow tawri ni draive nevin
Gow hormy moyr mhorlat mhirr
Gow cormik m'art inir

2 Ner cleacht me meith my zloon
Orss afwllych fer eddrwme
Gi waldeis feynth fail
Oss word locht a foyall

3 Warwemir in leich lan
Mir a warmemir in crayc
Di charmisdir leich fane lay
Mir a charsamir a ray

4 Hugssmir a cann gin cherri
Guss a gnok oss boyamir
Di rynis feyn boya tra
Di roynis fogryth owlay

5 Di warwiss mun er zlinn
Fer gi inwal in nerrin
Di roynissi boya tra
Di roynissi fogryth owlay

6 Di raddis mun er zlinn
Gwl gi inte in nerrin
Di roynissi boya tra
Di royniss fogryth owlay

7 Ni leith di legin fa boywa
Doybis sin nerrin awwor
Di roynissi boya tra
Di royniss fogryth owlay

8 Ni dorssa er a beith a zeith zark
A dosslin ead gi hymard
Di roynissi boya traa
Di royniss fogryth owlay

9 Ni gurt abbe um halvon
Di loskgin eid gu lassal
Di roynissi boya tra
Di royniss fogryth owlay

10 Noch char aggis reim linn
As na mullin in nerrin
Insin di leyggiddir rwm
Eech albin is errin

11 Teym boach er loyss mi chass
Gr ranegiss ross illirzlass
In sin glossimsi schear
Gow taura ni widdir chane

12 Ner harrin eine each zeive
Zea roym in dawra za essin
Tugis in dawra fa laa
Ben in ir chommi za cheilli

13 Is ben in r chomisso nach gwss
   In fer commisso ella
   Tugis in dawri gi beach
   Ben carbre zi cormik

14 Is ben chormik er sin
   Di raddis ee zi charbre
   Tugis lwm claywa in reith
   Uch fa hay mor a wree

15 Mi clawe feyn fa gin gutti
   Fagwm in droyl chulk chormik
   In sin di quhoyis in nwnn
   Is eaddi in dorsser owym

16 Inn nygyth sin doef ge beacht
   Is me bi kyllor ze chormik
   Is bert ooklachis is tei
   Hawle a vaonissi reith errin

17 Ga zaynith leve raa mi zloor
   Da hwle cheilt yn kyllnor
   Na habbirsi sen er finn
   Er ardre ny feyn voltynn

18 Ga tamsi in layve id tei
   Na ber tar er my wntir
   Ni hay sin ague cheilt
   Far a will ay in vorwilty

19 Cha mir sen a connil chynni
   Er a will dor er talvinn
   In sin tarnik toylli
   Ag in re ro zast rawor

20 IIII choss geym in genn ni genn
   Teym less a is tee cotkin
   In sin chayis fa zass
   Di bi wlyg ay di maylass

21 Agis tuggis lwm ym zoyn
   Kone esgin ard orwayll
   Eynit lwm in nee riss a ben
   Ers in re fati firzzlin

22 Balli kness cheilti za zoyn
   Di chone esgin orwoyl
   Na habbirsi sen a re
   Er wiss in ryth a zillin

23 Brarryth broggodych a derri
   Corsi hoich er orvidi
   Er a layve a keilt chaylle
   Mir wee finn flaa eyni

24 Gid tani ne hurfin gyle
   Derrow albin no errin
   Er maneach do gi beacht
   A deaffryth mis zi chormik

25 Gawa tow cow thlaa
   Woyme zoskla mydda
   Ne warrir fin lat id te
   Er ane chowe er talwon

26 Ach ane chow a keilt chaye
   Da bi toylling tow faywayll
   Da waya a tow zoif re lay
   Lawnon woada di gi feayne

27 Di zoyve tow hed er gi
   Cart cowe cwnnvill
   Di nasgis in brar mir
   Er chormik m^c art inir

28 Gin leggi gi ray in re
   Da waya ay ni feyweill
   Mar nasgis in brar beynn
   Er re errin ni nwlt inn

29 In deymsow gar zeggir royve
   Heymsyth ze in dymf
   Glossim turriss o hawre
   Fa turriss fr gi mannee

30 Do hymsow ni heltin
   Gar skeltyth a chwddychi
   Tuggis lwm ii zelt zark
   Is ii znew ignyth ym ard

31 Aggis fey fy za won ii lach
   Siu loch a seyllin
   II hynnith sleyvecwllin
   II zaw awlle a burrin

32 II zessivey zowrane zurm
   II chellych fey a farzhram
   II hyane kylty creive
   Di latteve zrom zawreim

33 II zoyvrane a hen a mach
   O charri donnwane doyvr
   II eillin o thrae leith lee
   II rulli a port larga

34 IIII snekga on vrostna wane
   II anoyk charga d . .
   II eachte one eachte ard
   II smoyrych lettreth lom ard

35 II zroyllane downe yve
   II cheinkych ni corywe
   II chur one chorrin cleyth
   II harreich mwe o foyall

36 II illir chargi ni glach
   II bawik a keyndyth
   II fess o locht melws
   II cherk usaga o locht erne

37 II cherk reich one vowna math
   II zergin zow locha
   II chreithrane mw cowlin
   II wentane my foyllin

38 II cheythane a glenn awlle
   II zalvon ni sen awle
   II phedda oywrri a claa
   II onchon o chroda claach

39 II zoyane o thrae za wan
   II erboyk loychir yr
   II chollum one chess chur
   II lon a lettir fin chwle

40 II eddoyk letter roye
   II thrudda tawrych teyve oyr
   II choneyn a schee doe doynn
   II wuk awlde cloyth chur

41 II choyag o zrom dave
   II ane oywryth layn de
   II yghrgane lanenyth furrith
   II chreithir one chreive roye

42 II sperr hawk in swn o cleyve gla
   II loch lay o lwnycht
   II oyr ane one woyn
   II ussock on vownych wor

43 II oynlayk a hon chnoyth
   II brok a creich ollonych
   II rynith strayth sinnyth
   II zlassoyk o wroch urri

44 II chrottych o chonych zawlwe
   II weil won wor hawni
   II earrinnyth phillborrych
   II awllinnych seith boygh

45 II zassidi one wyg wylle
   II cheith cheinekyche chnaw chyle
   II woyok oo wrowych brn
   II neiskin o zowdyr

46 II zerrin o leyve za ane
   Da chyill wreane turle
   II annan ar o wy walg
   II chonlane zatta o zranard

47 II zrin zarrych o zruing
   II vronargane on vor cheyyl
   II wlyrrych o zowne ni burga
   II elli zalle on zaltraach

48 II royin o challow charga
   II wuk wor on worarga
   II eskar locht m'lanene
   II zarzart my ni nellane

49 II ane vek o wess a chwle
   II eggin ess v'mowrn
   II ellit zlinni zlinn smoyl
   II woyif o haach mow mor

50 II onchon loyath o loch conn
   II eychat a hoyw chroychin
   II ohyraa schee zoyvlane zil
   II vuk vwlcow vlyr

51 Rath is ker chorkrych chass
   Tugis lwm o einnis
   Tugis lum each agis lar
   Di zrey vassych vanynane

52 Tarve is bo zarri o zrwm kein
   Tugis lwn o wurn vunchane
   Do chonni di chonnew ni wane
   Di hir cormik orrum gi dane Teym

53 Gi neith zar chursin ym chenn
   Tugis lwm is teym
   Er in dymsychyth ull doyf
   Gow lar ane ew

54 Nor a baillwme a meyow
   Zobbredir voyme ach skeillych
   Di choy in feaych woym o zess
   Di bi wlya dom awles

55 Di rukgis er in glenn da wan
   O orrir loch a lurgin
   Di quhoy mi lach fa layve
   Nach chussit faywail

56 Ter schroyow berwe brass
   Gow aych inn zowlass
   Di zowis e er wrawit
   Gin ger walaa heach hanye

57 Tugis lwm ee lach gin wacht
   Dosli fin o chormik
   Ne fooris zolk roya
   Heg rwm nyg ve me boa

58 Cha deyd ass mi chree
   Chinn gin nawleggir may in dalvon
   Lass ane nane beg lassane nane
   Dolle a chass ymon

59 Er ni tullych er gi ay
   Cor fa lawe rg lassyn ane
   I chonwaille fynn ag in layve
   Er seiltin gin ead wawne

60 Is vin zeyntyth ay sin de hoyrt
   Er a gowe dinn fosslow zoywayl
   In dymsychow sin mir sin
   Ner toylling fir in doythin

61 Tugis ead gow taura lwm
   Gow mowr a vor hyle
   Doss gi zokkir a kin
   Oppir ead in nyich sin

62 Caythir a wee si walli
   Er ix dorss fossgillyth
   Cormik hug zeyve in teacht
   Mir zoy ym bea gi skei

63 Mir chonni may za gwryth
   Sin wrow arsing ill wrunych
   Legga brudlychyth gawe
   Vin a guddichtyth greithane

64 Huggi ay brow slatzall sollis doyf
   Er chegit fre zorre
   Gi in dorris deyve downtyth
   Ner way in soyve cond in ..

65 Ead sin is tee gi bronych
   Miss a mwe gi anoyith
   Mi chree cowe connis
   Fa la er gi in dorris

66 Ga mor nolk forris royth
   Wonyth skeythow choolyth
   Ner leigis ane deyve a mach
   Gi tra erre in in varrich

67 Anmi ny hyrri skeiltyth
   A *chorymryth keilta*
   Ach a wag sin teyve ra teyve
   Ne dor chormik za soyve

68 Nor a leggi finn a mach
   Di skeillidir gi skeiltytht
   Cha deacha deis na trear
   Wo hawra zeive er in ..

69 Mi reith feyn agus reach fenn
   Merrolta cheme wass mi chinn
   Ni tre neachin fa darryth zoyve
   Ni troyth sin di hymsichow

70 We skay zoym er mi clow
   Creddwm in crist is ow
   Mimirche ass in ew inn
   Gar vewwm lwm ne weym ..

71 Gar wadda mi leymsi har
   In dawr lochra ni wayn,
   Is fadda in laym rugis ter
   xx kead try in dawr

72 In sen fa lowwr mi leym
   Wagis si viddircheyn
   Gin ach bar mi choss a geill
   Mawl gith tosk er deym.
                    Teym tosk.

OISEIN'S COURTING. D. 28. L. 6. M. 15.

THIS ballad is rare. I have three versions, which differ chiefly in spelling. Besides the names of Heroes who flourish elsewhere, three are named who seldom act. Twelve go to seek a Bride for Oisein; she was the foreign love of Cormac. There was a fight with Cormac and the Firbolg. Oisein beheaded Cormac. This is the end of a quarrel between the High King and his army, and makes another blood-feud, which ends only in the Catastrophe. Oisein is made to tell this to a woman. In text L. 6, Dr. Young identifies this with an episode in Fingal (book 4, Clerk's Ossian, vol. II. p. 3). There is not a line of this ballad in the latest Gaelic text of Ossian, though it was twice printed before 1786.

D. 28. NINGHIN IUNSA. 70 lines.
From Mac Nicol's Collection. Copied by Donald Mac Pherson, May 11, 1872.
Compared with Gillies, page 11, May 24, 1872, with Hector Mac Lean.—J.F.C.

1 'S Cuth Duinne far nach Ionbhuin
  Deirimsa riutsa Nighin Iunsa
  Gu raibh mi m' dheo-laoch air bheirt eille
  Gad ha mi m' sheann Laoch san Lathas'.

2 La gu deachas leinn
  Eibhir-Aluin Chas-fhalt Fheinn
  Shi Ninghin fa 'm Geallabhach Glac
  Leannan Choigrich Chormaic.

3 Gun do ghluais shin gu sruth Locha leige
  An da Fhear-dheug a b' fhearr fuidh 'n Ghrein
  Ge be fhidreadh air Ruin
  Robhain bu teichbheach droch Cuth.
                    8 in Gillies.

4 Dh' fhosgladh dhuinn an Grianan Corr
  Air a Thughadh do 'n Chloth dhuinn
  Lion Meanmneadh shinn uille
  'Gaibhrac Eibhir Chassfhalt Bhui.
                    7 in Gillies.

5 Labhair Brian[1] 'scha duirt e Breug
  Gad bhiogh ann da ninghin-deug
  Aig feobhas do Chliuth san Fhein
  Bhiogha Cheud Roghin diubh aig Ossain.
                    10 in Gillies.

6 Gun ghluais shinn gu Druim Dha-Th
  S bha Cormaic robhin na Long-phort
  'S e dar fethibh gu dana
  Le sheac Catha deug do 'n deo-mhath-shluath.
                    11 in Gillies.

7 Sluadh Chormaic gu do Chass
  Aig na ghaibh an sliaigh bla-lassair
                    12 in Gillies.

8 Ochdfhear do bhi aig Cormaic Cruinn
  Ionnun an Gniobh dh' fhearibh-bolg
  Mac Olla 's Daire nan Creuchd
  Mac Tosgair[2] treun & Taog.
                    13 in Gillies.

9 Freasdal Baighach Mac an Riogh
  Daire nan Gniobh bu bhor aigh
  Daora 'b fhearr fullang san Chuing
  'Smeirge Chormaic Chruinn na Laibh.

[1] Bran.
[2] Toscar for the first time mentioned. D.M.—Scribe's note. Supposed to be a mistake for an t-Oscar.

NINGHIN IUNSA.
14 in Gillies.

10 Ochd-fhear do bhi aig Oissain ard
    Iunnan san Cath ga dhion
    Molla mac Sgeine gu fial
    Sgeuliche fial Flath nam Fiann.

15 in Gillies.

11 Faolan & Caorril Cass
    'N Duibh mac Riobhain nior thais Colg
    Toscar an tus shiar na Chlann
    Chuadh fo 'n Chrann an ceann nam Fear bolg.

16 in Gillies.

12 Thachair Tosgar thachair Daoil
    Taibh ri Taibh an Lath'r ant shluaidh
    Bha Coibhrig an da Churidh Chaoibh
    Mar gun doirtigh Gaoth a Cuan

17 in Gillies.

13 Bu Choibhrag dha Leobhan shinn
    'S cho n' iarruidh e sgian da 'n goin
    Ge bu mhath Saoirsneachd nam Fear
    Bu bheo na Taosgibh am Fuil.

18 in Gillies.

14 Chuibhnich Tosgar air a Sgithin
    Arm bu mhian leis an Fhear mhaith
    Chuir e naoidh Goinibh an Taobh Dhaoil
    Sheal bog mu n' do chlasin an Cath.

19 in Gillies.

15 Bha Cormaic aig Corbadh an t-sluaidh
    Mar Fhuaim Uird le Deirnibh Laibh
    Giarruidh gu Hoissain gach Uair
    San Cath cruaidh do bheir e dha.

20 in Gillies.

16 Do sgoilt Oissain air an T-sliabh
    Caogid Sgiath gu Cormaic Cruinn
    'S gun bhrist Cormaic mac Airt
    Caogid Lann ghlass air an Druim.

NINGHIN IUNSA.
21 in Gillies.

17 Thugas an Ceann do Chormaic Cruinn
    Air an T-sliabh gus a Nochd
    'S gun do gluais mi leis gu Flath Fail,
    'S an Ceann sin am Laibh air Fhalt.

22 in Gillies.

18 Ge be ghinse dhoibhsa shin
    An La sin a cuir a Chath
    Fheiridh rium mar bha mi nochd
    Gum faigheadh e olc fo 'm Laibh.

The story of this is, that the Feinne went to Loch Leige to seek the sweetheart of Cormac, Eamhair. They killed Cormac, and Oisein carried home his head.

M. 15. SUIREADH OISEIN AIR EAMHAIR ALUINN. 88 lines.

1 ¹Is Cuth duine far nach Fionduin²
   Deirimse riutsa nighean Iunnsai,
   Gu 'n raibh mi 'm dhea' laoch air bheirt eile,
   Ge ta mi 'm sheann laoch san latha-s'.

2 Latha gu 'n deachaidh leinn,
   Eamhair aluinn fholt-ghrinn,
   Nighean bu ghéal-lamhach glac,
   Leannan coigrich Chormaig.

3 Ghluais sinn gu saoith Locha Leige (perhaps *taobh*)
   An da fhear-dheug a b' fhear foi 'n ghrein,
   Ge b' e dh' fhidireadh ar run,
   Romhain bu theichmheach droch cuth.

4 Bheannuich an sin Bran³ mac Leacan
   D' an t-sluagh aluinn, ard, gheal-ghlacach,
   Gu narach, treoireach, néo-mheata,
   Nach do phill scannal no ascal.

5 Dh' fharaid e dh' inn an gloir bhinn,
   Ciod e an taisc⁴ mu 'n d' thainig sinn?
   Caoilte fhreagair air ar ceann,
   A dhiarraidh do nighin ortsa.

6 Co dha ta sibh ga h-iarraidh?
   Do dh' Oisein uasal mac Fheinn,
   'S i mo nearac a gheabh thu.
   A Laoic h-laidir long-phortaich.

7 Labhair Brán 's ni dubhairt breug,
   Ge do bhiodh agam da nighin deug,
   Aig feabhas do chliuth san Fheinn,
   Bhiodh a cheud nighean aig Oisein.

8 Dh' fhosgladh dhuinn an Grianan⁵ corr,
   Air a thuthadh do chloth dhuinn, (perhaps *clùth*)
   Lion meanmna sinn uile,
   'G amharc Eamhair chas-fholt bhuidhe.

9 'Nuair a chunnairc Eamhair fhial
   Oisein Mac Fheinn flath na 'm Fiann,
   Thug an Ribhin a b' aille dreach
   Gaol a h-anma d' an dea' mhac.

10 Gu 'n ghluais sinn gu Druim da-thorc,
   'S bha cormac romhain na long-phort,
   'S e dar feitheamh gu dana,
   Le seachd catha d' an dea' mhalaidh.⁶

11 . . . .
   Sluagh Chormaig gu 'n do chás
   Aig na ghabh an sliabh bla lasair.

12 Ochd-fhear do bhi aig Cormag cruinn,
   Ionann an gniomh dh' Fhearaibh-Bolg,
   Mac Colla is Daire nan creuchd,
   Mac Toscair' treun agus Tuog.

13 Freasdal baghach Mac an Righ,
   Daire na 'n gniomh bu mhor agu,
   Daol bu mhaith fulang sa chuing,
   'S Meirge Chormaig Chruinn na laimh.

14 Ochd-fhear bhi aig Oisein ard,
   Ionann sa chath gharg ga dhion,
   Mulla Mac Scein agus Fial,
   Sgeulaiche fior flath na Feinn'.

15 Faolan agus Cairioll càs,
   Dubh Mac Ribbinn nior thais colg,
   Toscar an tus siar a Chlann,
   Chaidh foi 'n chrann an' ceann na 'm Fearbolg.⁷

16 Thachair Toscar thachair Daol,
   Taobh re taobh an lath'r an t-sluaigh,
   Bha comhrag an da churaidh chaoimh
   Mar gu 'n doirteadh gaoth a cuan.

17 Bu chomhrag dha leomhain⁸ sin
   'S cha 'n iarradh e scian d' an guin,
   Ge bu mhaith saoirsinneachd na 'm fear,
   Bu cheo na taosgaibh am fuil.

18 Chuimhnich Toscar air an scein,
   Arm bu mhiann leis an fhear mhaith,
   Chuir e naoi guine, an taobh Dhaoil,
   Sealan beag mu 'n chlaon an cath.

19 Bha comhraig ag borbadh an t-sluaigh,
   Mar fhuaim uird le dearnaibh lamh,
   Ag iarraidh gu Oisein gach uair
   'S an cath cruaidh do bheir e dhoibh.

20 Do scoilt Oisein air an t-sliabh
   Caogad sciath gu Cormag Cruinn,
   'S gu 'n bhris Cormag mac Art
   Caogad lann ghlas air an druim.

21 Thugas an ceann do Chormag Cruinn
   Air an t-sliabhsa gus an nochd,
   'S gun do ghluais gu Flaith Fail,
   'S an ceann sin am laimh air fholt.

22 Ge b' e dh' innseadh dhamhsa sin
   An la sin ag cuir a chath',
   Deireadh rium mar tha mi nochd
   Gu 'm faigheadh e olc o m' laimh.

⁵ A round turret or tent. ⁶ Mhal-shluagh?
⁷ Ceann na 'm Bolg.   ⁸ Leoghain.

---

¹ *Lit.* A man is a chief when he is not a Fingal.
² Iundriun, ionmhuinn?   ³ Brian.
⁴ Taiscealadh, taisge?

THE FAIR MAID'S HILL. A. H. I.

THE oldest version known is here reprinted from the Dean's Book, arranged according to the metre. Hunting rights were always matters of dispute; and here, as it seems, the army have taken the King's preserves, in addition to their own. This hunting song is remembered in the Long Island in 1871, but the most of it has been reduced to mere narrative.

It is worth remark, that the method of hunting described here, corresponds to the description of a similar hunt by Taylor, the Water Poet, in the reign of James 6th. V. 13, p. 197, Mac Callum, is a short version of this. A great many hunting stories are current in the Highlands still.

A. 20. SLEYVE NY BAN FINN. 68 lines.
AUCTOR HUJUS OSSIN.

1 La zay deacha finn mo rayth,
  Di helg er sleyve ny ban finn
  Tri meillith wathyon ny wayn,
  Ne zeaath skaow vass in ginn

2 Ossin is vinni lwmmi di zloyr,
  Bannicht foiss er anmyn finn
  Agus innis gay wayd feyg,
  Hwtti er sleyve ny ban finn.

3 Ga mor lewe crathamar slee,
  Or ni deatha voylte in loy
  Di hutti er sleyve ny ban finn,
  Di zeyith lay fin nyth wlygh

4 Innis doyf royth gith skayle,
  Bannith er a waill gin zoyth
  A bayig eaddith no ermmi,
  A doll leive a helg gi lay

5 Di weith eaddith agus ermmi,
  A doll leine a helg mir senni
  Ni weith feanee zeiwe ym zoe,
  Gin leynith roylle is men

6 Gin chottone schee schave,
  Gin lurych sparri zeyr zlynn
  Gin chenvart clooth di chorrith,
  S zay ley in norn gi fer

7 Gin skay neynith warryth boye,
  Gin lanni chroye eskoltith kenn
  A nearryth in doythin fayn scheath,
  Ne royth nath bi zer no finn

8 Is schea a barri enicht is awge,
  Ne zeath lav vassa chinn
  Doll in dastill a choyn zill,
  Gi aggin er farri mir finn

9 Cath eggr a choymir schear,
  A helg er sleyve ni ban finn
  A phatrik ayd chinni ni glar,
  Di balin grann vass ir ginni

10 Noyr a hwyth finni r gonni
   Da binni seirri agus schear
   Gow gyir o chnok-gow cnok,
   A meskeith hork is feaygh

11 Di weith finn agus brann,
   Nane swe selli er in tleywe
   Gyth fer rewe in nayd helg,
   No ger eirryth kolg in feark

12 Di leggymir tre m cowe,
   A barri lowe syth way gi garga
   Warwe gith cowe zewe da eyg
   Selli fa neyd yn eyll na hard

13 Di hwtti vi meill feyg bar
   Er a zlann di weith fane tleyve
   A haggus eyg agus arbe
   Ne zarne selgi mir sen reywe

14 Gir bee deirrith ir selgi hear,
   A clarre oyd ni glar is ni glok
   Deich kayd kow fa lawre loyr
   Hutti fa leon x c tork

15 Di huttidir lyne ni twrk,
   A roynith ni helg er in lerga
   Mir a weyg r lanith is r lawe
   Di verdis air er in telga

16 A phatrik ni baichill fear,
   A wakka tow hear no horri
   Selga in lay raid lin
   A waynew fin bi woyth no sen

17 Ach sen selga a roinith finn
   V'alpin ni minni blayth
   Gar ni goyllane ansi cheille,
   Gi bi winni laym ane lay
         Lay za deach.

H. 21. THE BEST DAY THAT THE HEROES EVER HUNTED. 68 lines.

Kennedy's 1st Collection, page 69. Advocates' Library, December 11, 1871. Copied by Malcolm Macphail.

Not known to Hennessy, but nevertheless in the Transactions of the Ossianic Society. Dublin, December 17, 1871.—J. F. C.

THE ARGUMENT.

They loosed 3000 dog and each dog killed two deers which was 6000, and Bran had slain 6001, tho' he was but a puppy, which makes 12001; but the one-third part of their dogs (which was at that day 1000) fell by 100 wild Boars, but they killed them all by their arrows and spears; for they did never go to hunt, or any other way, without being in compleat armour, for it was dangerous at that time to travel a quarter of a mile otherwise.

DAN 17.

1 Latha da deachaidh sinn siar,
  A shealg air sliabh na 'm ban fionn;
  'S mile do Mhaithaibh nam Fiann,
  Cho deachaidh riamh os a cheann.

2 Oisain gu 'r binn leam do ghlóir,
  Beannachd fos air anam Fhinn;
  Ailis dhuinne cia lion fiadh,
  Thuit libh air sliabh nam ban Fionn.

3 Ailis o thoiseach do sgéul,
  Beannachd air do bhéul faidheoidh;
  'M biodh bhur 'n eideamh is bhur 'n airm,
  A dol libh 'n bheinn t-seilg gach ló.

4 Gu 'n ar 'n eideamh 's gu 'n ar 'n airm,
  Cho reacheamaid a sheilg nan cnoc,
  Bhiodh air gach feinnidh gach ló,
  Léine shroil 's air eill da choin.

5 Bhiodh cót air do 'n t-síde shéimh,
  Lúireach, is Barghil r' a shlios;
  Is ceannbheairt chochalla chórr,
  'S a dha shleagh an dornn gach fir.

6 Bhiodh agia úain air a gheibha' buaidh,
  'S cloidheamh cruaidh gu sgoltadh cheann
  Bodha (*meadach*) agus iudhair,
  'S caogad guinach ann am balg.

7 Siubhail an domhan mu seach,
  'S cho 'n fhuigh thu ann neach mar Fhionn
  A b' fhearr inmhe 'sa b fhearr ágh,
  Cho deachaidh lamh os a cheann.

8 Re cath teagair bha sinn siar,
  A sealg air sliabh na 'm ban Fionn;
  A Phádraig a cheann nan cliar,
  B' áluin a ghrian os ar ceann.

9 'N uair a shuidhich Fionn a choin,
  Air an t-srath a bha fui 'n t-sliabh;
  Shuidh gach féinnidh air tom seilg,
  Gus an d' eirich sgeilg nam fiadh.

10 Dh' fhuasgail sinn tri mile cú,
   Bu mhaith lúth, sa bha ro gharg;
   'S mharbh gach cú dhiu sin da fhiadh,
   Seal mu 'n deachaidh iall air aird.

11 Iodhnadh 's mo 'a chunnacas riamh,
   No chuala Fiann Innse pháil;
   Gu d' mharbh Bran is e na chuilein,
   Fiadh agus idhir re each.

12 Leag[1] sinn naoi mile fia' barr,
   Air an t-srath a' ta fuidh 'n t-sliabh;
   A Phádraig san agams tha beachd,
   Sealg mar sud cho 'n fhacas riamh.

[1] . . . 9000 Harts, besides Hinds and Roes.

13 Thuit leinn naoi mile fiadh bar,
   A eagmhuis earb agus adh;
   Thuit sin air sliabh nam ban fionn,
   Do dh' fhiadhach le Fionn nam fleagh.

14 Ach an deireadh ar seilgne shiar,
   A Phádraig nan cliar 's nan clog;
   Deich céud ou le 'n slabhruidh óir,
   Thuit sin faidheoidh le céud torc.

15 'S ann leinn mharbhadh na tuirc
   A rinn na h-uilc air an leirg.
   'S mar bhitheadh ar lamha 's ar lann
   Cho deanamaid ár air an t-seilg.

16 Biomad laoch fuileachdach fial,
   Na sheasamh air sliabh Innse-crot,
   Gu 'n ach iall a choin na laimh,
   'S e pilleadh o ár nan torc.

17 Sealg mar sud cho d' rinn sinn riamh,
   A dhea' Mhic Ailpain na mionn tlá;
   Guth do cheólain ann sa chíll,
   'S mór bu bhinne leam an lá.

I. 8. SLIABH NAM BEANN FIONN. 68 lines.

Kennedy's 2nd Collection, page 29. Advocates' Library, April 4, 1872. Copied by Malcolm Macphail.

THE FAIR HILLS.—A POEM. Extracts.

OSSIAN recollects by this poem the best day the Heroes had ever hunted the deer upon a place, called Sliabh nam beann Fionn, i. e., The fair and beautiful Hills. 3,000 Heroes handsomely accoutred entered these Mountains with 3,000 Dogs or Hounds, each Grey-hound had slain two Deer, and Bran, Fingal's Grey-hound, slew as many as all the rest. 1,000 of their hounds fell by wild Boars, and beasts, and 1,000 of their Men were so far overcome with fatigue, before they kilt the Boars and gathered the venison, of which ever after they did not get the better. The Poem is addressed to the Son of Alpin.

3 BEANNACHD air do bheul ni 'n ceol;

4 Cho reachamaid a sheilg LAN lon;

5 Bhiodh cot air do 'n fhitidh sheimh,

6 'S cloidheamh cruaidh, bu mhaith sa cholg;
   Botha cruadhach air dhea' luthadh,
   Chuireadh siubhal fui' n ghath bolg.

7 A b' fhearr eineach, sa b' fhearr agh.

10 Bu gharg luth ri aonach ard;

13 Thuit leinn naoi mile fiadh bar.

H. 22. HOW GOLL FALL A HUNDRED OF CLANNA BAOISGE WRESTLING. 68 lines.

Kennedy's 1st Collection, page 36. Advocates' Library, Dec. 2, 1871. Copied by Malcolm Macphail.

Dublin, Dec. 9, 1871.—Not known to Hennessy. Not found in the Catalogues of Royal Irish Academy. This carries the blood-feud between Goll and the Clanna Baoisgne into the hunting field.

THE ARGUMENT.

FINGAL was one day hunting and Goll was not present, they began to let their dogs after a wild swine, for diversion, and to know which of their dogs would be the vanquisher; Conan, Goll's brother, ordered them to stop the dogs till his brother would come: Faolan, Fingal's son, rose and fall Conan; who was viewing them but Goll, he ran, and before he stop, he laid down one hundred of them on the Hill, a bloody battle immediately began, but not deadly.

DAN 7.

1 LATHA dhuinne bhi 'n gleann diamhair,
  Bha sinn re fiathach Muc alte;
  'S bha Fionn fein ann, Caoilte 's Oisain,
  Luchd a bhrosnacha gach sealga.

2 Bha sinn uil' ann clann Mhic Chuthaill,
  Bha faraon ann Coireall ceàrnnach;
  'S an t-Oscar óg laidair neartmhor,
  Nach cuireadh an cath air chàird.

3 Ochagain air taobh a ghlinne,
  Shuidh sinn uile Clanna Baoisge;
  Do shuidh monad mor air bharradh.
  'S cho bu toiseach rath d' ar daoin ain.

4 Chuir sinn air coin ris an fhireach,
  Gu claoidh is milleadh na béiste;
  Dh' fheachainn co d' ar conaibh gruamach,
  A gheibheadh lán bhuai' air bréine.

5 'S ann an sin a labhair Conan,
  B' e aon laoch comais gach áite;
  ' No leigadh bhur gathair gu fireach,
  Gu 'n chlann 'm athairsa bhi láthair.'

6 'S ann an sin dh' eirich Faodhlan,
  B' e aon laoch spáirnneachd gach gnothaich;
  'S ann dhuinne bu lóir a dhonas,
  Gun d' ug e leagadh do Chonan.

7 An sin do thainig Goll gruamach,
  Bu shar bheumeannach 's bu chruai' buillean,
  Seal mun d' fhaodar leinn a chumail,
  Do leag e céud air an tulaich.

8 'S ann an sin a dh' eirich Oscar,
  'N laoch leis an coisgte 'n cruaidh chómhrag;
  Mar bhitheadh dhamh 's deachainn mo gheallidh,
  'S ann dhuitsa b' aithreach am borbadh.

9 Urram cho 'n fhuigh thusa uamsa,
  'Se labhair Goll gruamach re Oscar;
  Gu 'r h-ann leamsa thuit do Shinnsir,
  'S bu dearg linntidh le mor lotaibh.

10 'N ar measgna dh' eirich a' bhuidhin,
   Bhorb na curina r'a chéile;
   Bu lionmhor sgia' bhreac air leith lamh,
   Agus lann bu leathan gle gheal.

11 Chuaidh gach fear air chul a chloidheamh,
   'S chuaidh gach Flath air chul sgéitha;
   Chum 's gu d' fheachamaid le 'r gathaibh,
   Cia bu treise dhinn no chéile.

12 Chuaidh Goll mor na chulaidh chatha,
   'S cho bu toiseach rath d' ar daoin ain;
   Aig truimead 's aig tricead a bhuillean,
   'N sin air chlaignaibh Chlanna baoisge.

13 S ann an sin a labhair Conall,
   ' Ma 's beó duine Chlanna baoisge;
   Diolamh an fheall is a mheodhair,
   'N dui' air chlaignaibh Chlanna mornna.'

14 'N sin do fhreagair an Righ Féinne,
   G 'e maith do chomhairls 'a Chonaill;
   Fuidh 'm iochdsa thainig Clanna mornna,
   'S b' iad son laoich sor-ghlic an domhain.

15 An sin do dh' eirich Fionn fialaidh,
   Is Diarmaid déud gheal o duimhne;
   'S chuir iad na saoi' ean o chéile
   Ge d' bu mhor iargain na bruidhne.

16 A togail dhuinn ris a mhullach,
   'S a direadh re uilean an t- sléibhe;
   Ge do tharladh gu 'n bhi marbh dhuinn,
   B' iomadach ann osnaich chléibhe.

17 Bu lionmhor ann cuirp gu silleach,
   Agus laoich fui' iomad creacaibh;
   'N deidh nu 'm buillean troma dóbhidh,
   Thug Goll mac mornna mhic neamhain.

I. 9. GLEANN DIAMHAIR. Extracts.

Kennedy's 2nd Collection, page 63. 72 lines. Advocates' Library, April 6, 1872. Copied by Malcolm Macphail.

THE SOLITARY VALE.

THE Fingalians were hunting and chasing Wild Beats and wild Boars thro' the woods and Mountains. The tribe of Baisge wanted to set of their Dogs after the Boar in Gaul's absence. Conan who was always a Foamer of strife and wrangles with his impertinent loquacity stopt their Dogs untill his Brother Gaul and his Hounds wou'd draw near and see the sport. Instantly Faolan (one of Fingal's sons) fell on Conan and beat him smartly. Gaul approached and saw his Brother so severely used in his absence, fell furiously upon Clan-baoisge and overturned one hundred of them upon the Hill before his career could be retarded. Thereupon a battle ensued between the two Clans in which the invincable and brave Caledonian Gaul was like to overcome the Tribe of Baisge. The amicable Fingal and curteous Dermid restored peace and amity between both Clans.

1 Bha Fionn fein ann, Caoilt, is Toscar,
　Luchd a phrosnachadh gach sealga.

3 Shuigh sinn uil' ann 's Clanna-ruri;
　Do shuigh Momad mor air bharradh,
　Cha bu toiseach ratha dhuinne.

4 Chuir sinn ar coin ris an uchdaich,
　A chlaoi', muice nan calg geura;
　Bu treine gainne nan cuileann,
　Bha friodh mullaich mar choill chreithich.

5 B' e aon laoch conais gach aite;
　No leigibh ur gadhair fui 'n fhireach.

11 Chum 's gu feuchamaid gan athamh,

12 'S cho bu toiseach rath d' ar taith-ne;

13 Mar charraig air aodann tuinne,
　Air an eireadh buinnean arda;
　Bha 'n laoch a teirbirt gach buille,
　Beuma guineach docair gabhaidh.

H. 23. HOW FINGAL AND GOLL CAST OUT HUNTING THE LEANA. 132 lines.

Kennedy's 1st Collection, page 38. Advocates' Library, December 4, 1871. Copied by Malcolm Macphail

Dublin, December 9, 1871.—Not known to Hennessy.

I HAVE no trace of this particular composition, but I have many stories about great mythical deer hunts. In this case the scene is laid in Glen Eite, in Argyllshire, not far from the Royal Castles of Dunstaffnage, and ancient forts. In verse 20 Fionn is called 'High King of Connaught,' though he is in Morven, and in verse 26, the illustrations are drawn from Beinn Eidian, the Hill of Howth.

If these ballads be historical, this belongs to the Dalriads who came to Argyllshire about A.D. 311, and later. The story is part of the Blood-feud of Fionn and Goll, the cause of which is in the next ballad.

THE ARGUMENT.

FINGAL was one day hunting at a place called Leana, nigh Gleaneilte, in Argyle shire, and either of the parties was too lazie, and they were not doing so much as themselves, Goll and Fingal thought proper to devide the muirs, and that every one would stay on his own side; their agreement was that whoever would shut the Deer (if he would go after he would get the arrow), on whatever ground he would fall that it would be theirs which had the ground by Lot; Oscar struck a hart, and fell on Goll's march and took it away, but Goll, according to their agreement, would not allow him the hart since it was his own, they cast out that moment, and a bloody battle began betwixt both parties.

DAN 8.

1 LATHA dhuinne sealg na Leana,
　A tathach an fheidh o 'n Chlach leadh'd,
　Shuidh mi fein air Guala buidh;
　'S shuidh Mac Chuthaill air Coir-eassain.

2 Shuidh Caoilte air Coire-domhnail,
　Fear a chomhdacha' ar Féinne;
　'S cho d' fhag a choin no gathair a bhos
　Aon fhiadh gu 'n tathach gu h-Eite.

3 Shuidh Diarmaid donn gheal o duimhne,
　Gille muirnneach na morchuis;
　Maille r'a fhir thréune chatha,
　Thall air uilean cnoc na h-Og' ghnuis.

4 Shuidh Mac Mornna san Lia' ghumh 's,
　Tacan siar o Ghuala chuirnn;
　'S g' b' e chidheadh sealg nam fear,
　Bu lionmhor ann bás daimh dhúinn.

5 Mu 'n d' ainig deireadh an ló,
　Dh' eirich gniomh bu doilich léinn,
　Eidear Iodbleann nan arm glas,
　Agus Oscar Mac Righ 'n leirg.

6 Damh do mharbh Oscar an áigh,
　Tacan beug o bheulamh Ghuill;
　'S thug Goll a bhriathar gu beachd,
　Nach feuchadh é blas an daimh dhuinn.

7 Do thog Oscar e dh' a fein,
　'S e 'g eisteach re briathar Ghúill;
　'S gu b' eisean an Gille fial,
　Thog e air a sgiá 'sa lúin.

8 Thainig an t-Oscar donn gu Athair,
　Thainig Maithadh Chlanna baoisge;
　Thainig ormna sgiá na cobhair,
　'S thainig Colla, mac cruaidh Chaoilte.

9 Thainig Fionn fein an ceannard,
　Bu chrann teann air Chlanna baoisge,
　'S labhair e le iolach uabhair,
　Thugaibh urram 's biadh do 'm dhaoine.

10 Thainig Fionn bán Mac Chuathan,
　Le aon fhichead déug furail ghaisgeach;
　'S le uidhir eile do dh' fhianntidh,
　Do thainig Maighre Mac Baistail.

11 Thainig a Macaidh dubh siobhalt,
　Gille gu 'n di meas lan dóghrainn;
　Le aon fhichead déug sgia' nach fannaich,
　'S cho bu charaid Chlanna mornna.

12 Thainig Mac Nic o-theanraig,
　A bu roi' mbaith thun an trotain;
　Le aon fhichead déug sgia' nach sgannail,
　'S a bu roi' mbaith theanndadh totail.

13 Le deich ceud curidh do dh' fhianntidh,
　Do thainig Diarmaid o dùimhne;
　Le 'n gathaibh fiata, feargach fuileach,
　Gu fior mhulleach sliabh Mhic súimhne.

14 Thainig Caoilte fiamh gach catha,
　Le cuig céud 's tri laoich gu súimhne;
　Le 'n lanna' fior chruaidhe geala,
　An gleus catha chum ar coibhreach.

15 Le deich ceud 's fhichead laoch calma,
　Do thainig Garbh lámh Mac Mornna;
　Gu Iodhleann nan armaibh fada,
　D' a thearnadh o 'r tional mór-ne.

16 Le tri fichead tréun laoch catha;
　Do thainig Garbh Mac Mornna,
　'S bu cheannard air tri fir fheachda,
　Gach aon neach dhiu teachd gu comhrag.

17 Le céud nrsann chath gu 'n athadh,
　Do thainig Grad lamh gu deonach;
　'S na bha air cul gach curidh,
　Truir laoch fuileachdach gu cómhrag.

18 Thainig le cuig fichead calma,
　Daoir' airmailtach Innse freóine;
　Gu Momad na 'm buillean grada,
　'S cho bu rathail d' ar fir mhór-ne.

19 'Beannachd dhuit 's no fuilaing táir,
　A Ghuill mhoir do radh Conan;
　Thoir cath do 'n Fheinn gu 'n laigsa,
　'S do rath fein a Righ cho donaid.'

20 'No deansa sin orsa Daóire,
　'S feairrde ciall a comhairleachadh;
　Beannachd dhuit is fuilaing táir;
　Do dh' Fhionn árd Righ Connachda.'

21 'C' om am fuilaingeamsa táir,
　Do dh' Fhionn, 's na gabhsa a pháirt,
　'N uair bheiradh é mo dhlighe dhim,
　C' om am fuilaingam e gu brath.'

22 Thionail Fionn an sin a shloigh,
　Gu Momad mór nan tréun bhuillean;
　Bu lionmhór ann bratach úr dhearg,
　Agus laoich fuidh Lúirich bhuidh.

23 Bha deich dorsan air sluabh Ghúill,
　'S iad eaguaichd drim air dhrim gu dochann;
　Is bha caogad Luireach sholuis,
　A coimhead gac aon dorais.

24 'N sin chuaidh na fir r' a chéile,
　Gu fuileachdach tréunmhor cruaidhe;
　'S b' iomad corp a bha d' an sineadh,
　Le buillean a Mhílidh ghruamaich.

25 Gu b' iomad leith lamh, is leith chos,
　An deis an leadairt le géur lann;
　Le buillean a Chuinne chrodha,
　Bha air an lón shios gu 'n eiridh.

26 'S an a chluinte fuaim a luinne,
　Mar chreag ulean no Beinn eudain;
　A sgathadh chnaman is feóla,
　B' e sin an sgéul bróin nach b' éibhneach.

U

27 Chluinte fuaim air buillean uile,
   Mar thoirm tuinne re la gábhidh;
   No mar Easaichaibh na 'm beanntaibh,
   Tuiteam ann gach gleann chaol fasaich.

28 Cho raibh brochd no torchd, no taothan,
   Bh' ann an sgilp no 'n creag no 'n uamh;
   Nach do theich ann an gleanntidh,
   'S ann am beanntidh fada uainn.

29 'Oscair an cumhain mo chomain,
   'N uair a bha an Fhiann da leonadh;
   Thug mi airm laoich a' d' laimh,
   'S mo chonamh nach b' fhann an cómhrag.

30 'G' e do dheanamh tu dhamh fein,
   Gach aon mhaith a bha fui 'n ghréin;
   C' om am fuilangeam tailceas Fhinn,
   'N fhear sa bhios an deó am chré.'

31 'Cho 'n iongeantach leams ogh Fhinn,
   Bhi neo chumaillach air fhocal;
   'S a bhi borb gu 'n iochd gu 'n dáimh,
   R' a thréun naimhde re la dochaint.'

32 Cho deachidh an Fheinn le gráin,
   Lead aon iomaire o 'n bhlár;
   O' na dh' eirich a ghrian moch,
   Gus an deach i siar a thámh.

33 Theic Mac Mornna bu mhor gniomh,
   Is mu theich cho b' ann gu 'n dí;
   Thorchair drian d' ar Féinne leis,
   'S dh' fhag mise fuidh león gu sior.

I. 10.   THE CONFLICT OF LEANA.   132 lines.

Kennedy's 2nd Collection, page 33.   Advocates' Library,
April 6, 1872.   Copied by Malcolm Macphail.

UPON this day Fingal and Gaul seem'd to have divided the Forests and Mountains into two equal parts, whereby the two Clans were bound by this agreement, that the one Clan shou'd not encroach upon the others Property during the time they were to hunt, and that the Deer shot belonged to whoever Party that occupied the ground whereon he was to fall. Soon after they entered the Mountains and Muirs of Glen-eta, Glenurchy and Glenfinlas in Argyle-shire. Oscar had had chased a stag close upon Gaul's marches and wounded him. The stag fell upon Gaul's property. Oscar pursued him and took him away. Gaul (according to terms of Agreement) wou'd have the stag, but Oscar wou'd not part with him. Upon this dispute the two Clans were gathered together and an engagement ensued in which great many of Clan-baisg were killed, but the brave and valarous Gaul was at last defeated, and Ossian acknowledges to get wounded, of which he was lame ever after.

LEANA. Extracts.

2 SHUIDH mi fein air Guala-chuilinn,

3 Thall air uilean cnoc nan Ogan.

7 Thog e leis am fiadh, sa loinn.

8 'S thainig Colla Mac cruaidh Chailte.

9 Thugar urram buaidh do 'm dhaoin

10 Thainig Fionn bàn Mac Cuathan,
   Le aon fhichead deug curaidh gaisgidh.

11 Thainig a Mhacraidh o 'n Isboin,
   Gillean gun mhio-mheat an doruinn.

12 Thainig Mac Riogh na Eite,
   Nan lanna geur 's nan trodan.

13 Le deich ceud 's fichead do dh' fhiantaidh.

14 Le cuig ceud sonn gu sliabh suimhne,
   Na laoich bu docair le geur loinn.

15 Gu Iolann nan arma geura,
   'S bu mhor am beud do Riogh Phaile.

16 'S e na bha air cul gach curaidh,
   Triuir laoch fhuileachdach gu coi-stri.

17 Do thainig Grad-lamh gu conamh,
   'S bu cheamard air tri fir fheachda,
   Gach laoch neartmhor teachd gu comhrag.

18 Gu Momad nam buillean treuna,
   'N laoch nach euradh an cruai'-chomhrag.

20 'S feairde Triath a chomhairl eachadh.

22 B' iomadach ann bratach ur-ghorm,
   Agus laoch ann luraich luthaidh.

23 Bha deich dorsan air Cathain Ghuill.

24 Bhuail sinn an sin air a cheile,
   Mar dha bhuinn air sgé nan cuantaidh;
   B' iomad laoch a thuit gan eiridh,
   Le buillean a Mhilidh ghruamaich.

26 A' sgathadh nan sonn sa chomhrag,
   Sgeula broin ata an-eibhinn.

27 Chluinte toirrm ar beum sa chumasg,
   Mar fhuaim tuinne ri la gabhaidh.

28 Cha raibh broc, no torc, no baothan,
   Bh' ann an cos nan creag, no 'n uaimh.

29 Nuair a bha thu' m bruid ga d' leonadh,
   Thug airm laoich ann a d' laimh.

30 'N fhea' sa bhiodh an deo am chré.

31 A bhi borb gun iochd no baidh,
   'S ann iomar-bhaidh na luchd cosgairt.

32 Cha do theich an Fheinn le grain,
   Lead aon iomaire le sgàth.

33 'S dh' fhag mise fui' leon gun leigheas.

HOW CUMHAL WAS SLAIN.   A. F. O.

IN this ballad, which is old, Fionn and Garradh, of the tribe of Morna, sit at a Pass, and Garradh tells how he and his tribe slew Fionn's father. I will tell all that I have learned about this story when I translate. The ballad seems to fit here amongst Hunting Songs and tribal quarrels. The first is from the Dean's Book, 1512. The second is from the Collection of Fletcher, who could not himself write what he could recite. The third is from the Collection of Dr. Irvine, of Little Dunkeld, about A.D. 1800. The ballad is therefore ancient, and it was widely known in Scotland. In the Dean's Book this fragment is joined to a bit of Cuchullin's Story, to which it does not belong. It is at page 75, Gaelic. Page 1 above.

A. 21.   KINNIS DI WARVE SEW COWLL?
72 lines.

1 . . . . feyne in tulg churr
   Ay deis er gi . . . .
   Hw a feyne agus garri
   Teive er heive in nane tr za

2 Gin darrith Finn di zarri
   Er su zoith na arrith
   Or is twss do wee ann
   Kinnis di warve sew cowll

3 Di weyr si zwt mi wrarri
   Er bee zwt orm za earre
   Gir heith mi laive laytich lomm
   Chur in kead za in gowll

4 For in caddrew zoiss sin
   A clanni morn mar zilli
   Is wulling is reawor zoif
   Zess dew mathr a varwi

5 Mass for in catdrew leat sin
   Inn vec cowill a halwin
   Leig in carri dr bwnskinni
   Is tog in nallydis chatchin

6 A dog mis zew lawe
   A clann morn is mor grane
   Fa toylling missi wlle
   For gir gow deith eine dwn

7 Mass di zlassi tussi sin
   Ymichtin er slycht haithr
   Bith lemenor sinni er linni
   Mir weith ein eillytin chowale

8 Gowal chor sinn in woyew
   Cowle huc orn mor withwr
   Gowal di zoichir a mach sinn
   A greithew ni geith

9 Chor dram zeine in nalbin inn
   Is dram elle in dow lochlinn
   In tress dram si zreyg zilli
   Beddit woe cheyl r . .

10 Wemir seableyn deyg
    A hagwss errin is ner wrag
    Ner weg in smach downith
    Sinni gin er dew zagkin

11 In kead lay choymir er teir
    Zinse errin or weimin
    Warveir dein is ner wraik a ray
    Xvi c dein lay

12 Di warvis clanna morn
    Dan leichew is . .
    Cha roif eine dwn zew sen
    Nach cow caydi di v . . .

13 Gonith caslane da galnew
    Clanni morn mor vanmnith
    In ginni feyn bi leytich
    Ann a weaniss far nerrin

14 Er a lawsi olach ni wane
    Cha nakgis horri no har
    Eine neith hug pask er mi hwle
    Ach fagsin a choskir

15 Hug say teim fame chree
    Re fagsin ni slintee
    Huggimir nein teyg
    A crithew mowin mor zerg

16 A royth gasge in r
    Bassid zown owin a warvi
    Gyn deyve er in twlli hawle
    Ymbi woa dwnni clann chwle

17 Ronimir reith nach royve maule
    Gus in ty in roif cowl
    Huggimir gwn zothin gr fr
    In gorp chwall zor sleywe

18 Gir gar ruggi missi ann
    In nor a warve she cowall
    Ne gneive roym scho ma haa
    Dielmissi orr wa mer lay.
                Lay za roymir.

F. 3. MAR A CHAIDH CUTHUL A MHARBHADH.

Fletcher's Collection, page 122. Advocates' Library, January 22, 1872. Copied by Malcolm Macphail.

This version is very much broken. Many passages have returned to prose, and some were written as prose, which turn out to be quatrains, e.g. No. 9, which can nevertheless be identified with No. 18 of the oldest version.

Thuirt Fionn ri Gairidh Mornne.

Bho nach d' rugadh mise san àm,
Cionnus a mharbh sibh Cuthal?

B' e Cuthal Athair Fhionn,
Deir Garra.

1 Is e Cuthal a rinn oirnne an tàir,
   'S e rinn a' mòr sgaradh,
   'S fhada dh' fhògair Cuthal sinne
   A mach air chriochabh nan coimhach.

A. Verse 2.

2 Chaidh dream againn do dh' Albainn,
   Is dream eile do 'n Du-lochlan,
   'S an treas dream do 'n Ghreige a muigh,
   Air chriochaibh nan coimheach.

A. 11.

3 A choud latha do bha sinne,
   Air foid Eirinn nan gorm lann,
   Mharbh e dhinn is bann r 'a 'n aireamh,
   Seachd ceud deug air aon leanuin.

4 Do mharbhadh do Chlanna Moirnne,
   D' ar Fiannaibh 's d' ar maithibh;
   Is rinn e an sin càrn d' ar cnamhan,
   Ann am fiadhnuis na Feinne.

5 'S e rinn trom air cridheachan,
   Air cuing a bhi na bhi na slinndeiribh.

An sin an uair a thug iad an aireadh,
Cuthal a' tighinn dhachaidh an deidh;
Dh' fhaighinn fios sho a mharbhadh,
Do chlanna Moirnne, bha fios aig
Garadh gu 'm bu toil le Cuthal na mnathan.

Chuir Garadh a phiuthar a mach, gu tachart ri Cuthal mu 'n tigeadh e far an robh iad; Bha do bhuaidh air Cuthal 'nuair a tharladh e ri mnaoi gu 'n tuiteadh e na chadul. Agus co-luath 's a thach-air ise ris thuit e na chadul.

Thainig Mor-nin-Taoichd a mach agus glaodh i le h-ard iolaich, ma bheò duine do Chlanna Moirnne, a dhioladh na maithean.

A. 17.

6 Thug 'ear leinne ruith nach robh mall,
   'S rainig sinn an tigh san robh Cuthal,
   'S chuir sinn guin ghoirt gach fear.
   Ga shleagh ann an corp Cuthail.

7 Bheuchdadh è mur gu 'm biodh mart ann,
   'S raoichdeadh è mur gu 'm biodh torc ann
   Is ge nach b' onair e mhac Righ,
   Bhramma Cuthal mar ghearran.

8 Sin agadsa Fhinn mhic Cuthail,
   Beagan do sgeula mu d' athair;
   Gun fhuath gun fholachd o shin,
   Gun eiseamail na gun urram.

D' thubhairt Fionn an sin.

A. 18.

9 Ge nach d' rugadh mise
   Ri linn Chuthail na 'n gear lann.
   An gniomh a rinn, sibhse gu tàireal
   Diolaidh, mise ann an aon là è.

A deir Garadh.

10 'S maith a gheibh thusa sin fhir,
   Bhiodh 'g iomachd an slighe t-athar;
   Cuirse ad cairdeas air cul,
   'S tog do 'n fholachd choit-chionta.

O. 3. BAS CHUTHAIL.[1] 90 lines.

Dr. Irvine's MS., page 11, 1801. Copied by Malcolm Macphail. Edinburgh, March 25, 1872.

The old ballad and the current story are in this composition, so that both can be certainly recognised. But upon their ruins some new hand has built up a Mac Phersonic structure, which lacks the merit of the works of that able architect. Verse 2 has a good deal of one of the addresses to the Sun about it.

[1] Cuthal is somtimes spelt Cumhal, and Cubhal. I consider the first as the most correct. Collector's note.

1 Innis Ullin nam binu ghlor,
   Beud chlanna Morna air M' athair;

2 Phill Cuthal le soibhneas,
   Mar ghrian ag eirigh gun smal,
   Rinn a thalla buadhach gaire
   A' cur failt air righ nan Cath.

3 Bha cheuman dearg le fuil riamh,
   'S lionmhor osna craidh 'na dheigh;
   'S lionmhor treun a thuit air lair;
   Rinn e clann a Morna tana.

4 Gu 'n robh gean air is gair,
   Bha braon a tuiteam o 'n speur,
   Fraoch ag eiridh gu h-ard,
   An ceo bha lasadh le ioghnadh,
   As torran broin a buireadh bais.

5 Chunnaic Garra ceum an fhir,
   Chunnaic 'sa chridhe g'a chradh;
   Bha smuain a snamh am fuil,
   Bha aghuin a' sireadh aich.

6 Le smeatha breige a dh' fholuich run,
   Chuir e failt air Cu nan ceud,
   Failt ort a Chuthail bhuadhaich,
   Failt is buaidh leat anns gach ball.

7 Chuir thu t-sealg gu h-ard uabhrach,
   'S maith do philleadh uatha gun chall
   Gabh mo phuithar is aille dealbh,
   Biodh air di-chuimhn sealg an Duin.

8   'S leat i ga mor beartas,
    Dean do cheart ri, is do run;
    Mar reult an oidhche shaimhe,
    Dealradh air linne bhuig,
    Las a maise a cruth crodhearg.

9   Bu deas direach grinn a ceum,
    Mar gheug uaine fo lan meas,
    Thug an righ a throm ghaoil trom,
    Do ighinn Mhorna nan cruaidh cholg.

10 Chaill e luathas, thuit fo gheasaibh,
    Cùridh riamh nach d' fhuair a chlaoidh;
    Sgith is fann an ghleann nan lon,
    Cha b' ioghnadh ged a dhonadh e.

11 Cheangail iad an righ mu lar,
    Rinn iad tair ga chuir fo smachd;
    Mharbhte leo an cùridh calma,
    Bu mhor 'armachd ag neart.

12 Mar cheo air mullach na beinne,
    'S don shion a' bagradh mu 'n cnairt d'i,
    Sheall Fionn is osna broin.
    O chom a' dusgadh.
    Cha bhi Cuthal gun diolodh.

13 Chunnacas tighinn nar dail,
    Garra Mor a mhi aigh;
    Las ar fearg mar chaor theallach,
    Thog gach fear a shleagh o thalamh.

14 Thuirt Fionn o neoh d' rugadh mi san àm,
    Cia mar mharbh sibh Cuthal?

15 'S e Cuthal a rinn oirnn an tair,
    'S e rinn oirnn am mor sgaradh,
    'S fada dh' fhogair sinne Cuthal
    A mach air chriochan nan ciomheach.

16 Bheuca e mar gu 'm bi mart ann,
    Roiceadh e mar gu 'm bi Torc ann;
    'S ged nach b' onoir e mhach righ,
    Bhrama Cuthal mar ghearran.

17 'S in agadsa Fhinn Mhic Cuthal,
    Beagan do sgeulaibh t' athar;
    Gun fhuachd gun fhalachd o sin,
    Gun eiseamail gun urram.—

THUBHAIRT FIONN.

18 Ged nach d' rugamsa ri linn nan geur lan,
    An gniomh a rinn sibh gu tarail,
    Diolamsa an aon la e,

19 'S maith a gheibh thusa sin Fhir,
    Bhi 'g imeachd an slighe d' athar,
    Cuirsa an cairdeas air chul, (naimhdeas)
    'S tog do 'n fhalachd mhiruin.

20 Cairdeas cha do thoill sibh uam,
    Chlanna Morna na mor naill;
    'S mar bithinn baigheil ribh,
    'S fada o 'n a chlaoidh 'ur faram.

GARRA.

21 Mar chreag an aonaich ud shuas,
    Cruaidh sheasmhach ata sinn;
    'S cuirear an cath gun fheall,
    'S nir lubar ceann do chlanna Baoisge.

22 Chaidh cuilin is aighir mu 'n cuairt,
    Dh' fhogar bròn gu fuachd nam beann;
    Dh' ulluich gach gaisgeach e fein,
    Gu euchd caithream nan lann.

23 Dh' fhalbh an oidhche san ceo duinte,
    'S ghoir a chuach air bharraibh chrann;
    Dhuisg a' mhaduinn o leaba san ear,
    'S dh' or a' ghrian gach leachd is fonn.

THE DEATH OF BRAN. D. F. M. O. Z.

THIS probably was the great traditional dog fight, in which Graidhne saw the love-mark on Diarmaid's brow. The first two verses are curious, because they make the Wren, who is king of all birds everywhere, Fionn's doctor. I print D. M. is the same so far as it goes. F. is nearly the same. O. is a mosaic of fragments. Z. is a fragment with another fragment tacked on to it, in the mind of an old man who is now living in Ness, Lewis. This bit about Fionn's cup belongs to the Death of Diarmaid, but I have no other version of it. The story is part of the blood-feud of Fionn and Goll. The Hound which caused all the Norse Wars dies at last by the hand of his master's favourite son; and here begins the obituary of the Heroes, who conquer each other, because nobody can conquer them.

D. 22. CHAIDH BRAN A MHARAIGH. 56 lines.

Mac Nicol's Collection. Ossianic Ballad, copied by Malcolm Macphail. Edinburgh, March 5, 1872.

1   LAG as lag oirn ars a chorr,
    'S faddidh crom mo Luirg' am dheigh;
    Nam bristin se I a nochd,
    Cait am faighin Luss na Leigh?

2   Leithisidh mish' I ars an Dreolan,
    Fon leithis mi moran robhid;
    A Chorribh ha fos mo chion,
    'S mishe leithis Fion nam Fleigh,

3   An La bharibh shin an Torc liath
    'S iummid Fian a bhan 'sa T-shleigh;
    'S iummid Cuillain T-aoibh-gheal sheang;
    Bha taibh ri taibh san Bheinn bhuig,

4   Nar a tshuich Fion an Tealg,
    Shin nar ghaibh Brann Fearg ra Chuid;
    Throidd an da Choin an san T-sliabh,
    Bran gu dian agus Cu Ghuill.

5   Man daodas smachd chuir air Bran,
    Dheallich e naoigh uilt ra Dhruim;
    Dherich Goull Mor Mac Smaile,
    Cuis nach bu choir mu Cheann Coin.

6   Bhagair e 'n Laibh an ro Bran,
    Gun Dail hoirt da ach a bharaigh;
    Dherich Ossain beg machd Fhinn,
    'S coig ceid deig an cothail Ghuill,

7   Labhair e an Cora ard,
    Caisgin do T-shluaigh garg a Ghuill,
    Bhusil mi Buille don Eil bhuigh,
    'S do na Balagibh F-iundirrmich.

8   Dhanlig mi an Tor na Cheann,
    'S truaigh reinn mi 'm Beid ro i sheann;
    T-sheoil mo Chulain har a Ghualin,
    'S gu 'm iunigh leis mi ga bhualidh.

9   T-shruthidh e na Frassibh Falla,
    Fo Raisginin mearrigh glannigh;
    An Laibh leis 'ndo bhuail mi Bran,
    'S truaigh nach han fon Ghualin a scar.

10 Mun dreinn mi am Beid a bhos,
    Gur truaidh nach hann eig a chaithis;
    Ciod a Bhuaidh a bhigh air Bran,
    Arsa Connan uaibhrich mear.

11 Fou ab aois Cullain do Bhran,
    'S fon a chuir mi Conn-ial air;
    Cha nachd fas am Fianibh Fail,
    Lorg Feigh an deis fhaghail

12 Bu bhath e hauthin Dorain Duin.
    Bu bhath e hoirt Eisg e Hothin;
    Gum bear Bran a mharaigh Broc,
    Na Coin an Talaind' a thanig,

13 Cheid Leiggidh a buair Bran riabh,
    Air Druim na Coille coir lia;
    Naonar do gach Fiagh air bith,
    Bharibh Bran air a cheud Rith.

14 Cassibh buigh bha aig Bran,
    Da T-shlios dhuthidh as Tarrageal;
    Druim uaine mu'n iaghidh¹ an T-ealg,
    Da Chluais chorriche chro-dhearg.
                                    Crioch.

¹ Sui.

F. 15. MAR A CHAIDH BRAN A MHARBHADH.

Fletcher's Collection, page 127. 58 lines. Advocates' Library, January 22, 1872. Copied by Malcolm Macphail.

PHONETIC spellings in this version are of value for the local dialect. It is very close to Mac Nicol's version.

MAR A CHAIDH BRAN A MHARBHADH. F. 15. M. 16. CUMADH BHRAIN. O. 2.

1 'S FHADA lag arsa Chorr,
   'S fada crom mo lurga 'm dheidh ;
   'S cha na Briseansa mo chasan,
   Cia mar gheibinn lus na leigh.

2 Leighsidh mis' thu arsa 'n Dreolan,
   Bho leighis mi moran romhad,
   A chorr ud' tha os mo chionn,
   S 'mise a leighis Fionn na fleadh.

3 An latha mharbh sinn an torc liath,
   'S iomad Fiann bha ann sa shleagh ;
   'S iomad cuilean caomh gheal caomh,
   Bha taobh retaobh sa mhointich bhuig.

4 Nuair a shuidhich Fionn an t-sealg
   'S am a Ghabh Bran fearg r 'a chuid ;
   Throid an da choin ann san t-sliabh,
   Bran gu dian agus cu Ghuill,

5 Mu 'n fhaod sinn smachd a chuir air Bran,
   Thug e na naoi uilt o dhruim,

6 An sin 'n uair chunnaig,
   Goll mar thachair ghabh e fearg.

7 Dh' eirich Goll mor mac smàil,
   Cuis nach bu choir mo Cheann coin ;
   Bhagair è 'n lamh san robh Bran,
   Gun dail thoirt da ach a mharbhadh.

8 Dh' eirich Oisain beag mac Fhionn,
   Is seach ceud deug an cothail Ghuill ;
   Is labhair e an comhradh aiord
   Caisgeam d shluagh a Ghuill.

9 Bhuail mi buille air do 'n eile bhuidh,
   Is do na bailgeabh iundairnich,
   Is dh' adhlaiceadh an tor na cheann,
   'S truagh rinneadh 'm beud co-teann.

10 B' ioghna leam chuilean féin,
   Mise ga bhualadh le h-eil ;
   Is shileadh è na frasa fola,
   Air a rosgabh ranna ghlana.

11 An lamh leis an do bhuaileadh Bran,
   'S truagh nach ann o' n' ghuailean sgar ;
   Mu 'n d rinneadh am beud a bhos,
   'S truagh nach ann eug a chaidheas.

12 Ciod a bhuaidh a bhiodh air Bran,
   Arsa Connan uaibhreach mear ;

13 Bho b' aois cuilean do Bhran,
   'S o dhuineadh con-ial-air ;
   Cha 'n fhacas a niar na' n oir,
   Lorg feidh an deigh fhagalach.

14 Bu mhaith e thathan dorain duinn,
   Is cha mheas thoirt eisg e h-amhuin ;
   B' fhearr Bran a mharbha' na brochd,
   Na coin na talmhin a thainig.

15 A cheud leigeadh a fhuair Bran riamh,
   Air druim na coille corra-liath ;
   Naoinear do gach fiadh air bith,
   Thuit le Bran air a chiad ruidh.

16 Cosa buidhe bhiodh aig Bran,
   Da shlios dhubha is tar geal ;
   Druim uaine an suidheadh sealg,
   Da chluais chorrach chro-dhearg.

M. 16. MU MHARBHADH BHRAN. 46 lines.

1 AN la mharbh sinn an Torc,
   'S iomad Fiann a bha san t-sliabh,
   'S iomad Cuilean taobh gheal seang,
   Bha taobh re taobh sa bheinn bhuig.

2 'Nuair a shuidhich Fionn an t-sealg,
   'Sin nuair a ghabh bran fearg ra chuid ;
   Throid an da choin sa 'n t-sliabh
   Bran gu dian agus Cu Ghuill.

3 Mun d' fheadas smachd a chuir air Bran,
   Dhealaich è naoi uilt ra dhruim,
   Dh' eirich Goll mòr mac smàil,
   Cuis nach ba choir mu cheann coin

4 Bhagair e 'n lamh an raibh Bran
   Gun dail a thoirt da ach a mharbha,
   Dheirich Ossian beag mac Fhinn,
   'S cuig ceud deug an codhail Ghuill.

5 Thainig bran mun cuairt,
   Sann leam bu chruaidh gu n'tainig,
   Bhuail mi buille do 'n eil bhuighe,
   'S do na bailgibh fui an dairnich,

6 Dh' adhlaic me 'n tòr na cheann,
   'S truagh a roinn me am bèud ra theinn !
   Sheall mo chuilain thair a ghualainn
   Bioghnadh leis mi ga bhualadh ;

7 An lamh sin leis an do bhuaileadh Bran,
   'S truagh on ghualain nach do sgath,

8 Mun d rinn mi am beud a bhos,
   Gur truagh nach ann eug a chuaidheas

9 —Ciod a bhuaidh a bhith air Bran ?
   (Arsa Connan uaibhreach mear)

10 On a 'b aois Cuilean do Bhran,
   'S on chuir mi riabh Coin-ial air ;
   Cha 'n fhacas le Fiandaibh fàil,
   Lorg feigh an deigh 's fhagail.

11 'S bu mhaith e thoirt a Bhruic a tuill,
   Bu mhaith thu chuman Dorain duin.

12 Achèud leigeadh fhuair Bran,
   Air druim na caoilleadh coir-liath,
   Naonar do gach Fiadh air bith,
   Mharbh Bran air a cheud rith.

13 Cosa buighe bhiodh, aig Bran,
   Da shlios dubh, is tarr geal ;
   Druim uaine on suighe sealg,
   Cluasa corracha cro dhearg.

14 An lamh sin leis an do bhuaileadh Bran
   Struagh o 'n ghualain nach do sgath.

O. 2. CUMADH BHRAIN. 137 lines.

Dr. Irvine's MS., page 5. Copied by Malcolm Macphail.
Edinburgh, March 15, 1872.

THIS is a fusion of fragments of three different ballads :—
The Battle of Manus, the Song of the Black Dog, and
the Slaying of Bran. I print it to show what happens
to popular songs when they are going out of fashion,
and get into the hands of scribes out of the mouths
of forgetful reciters.

1 'S FADA lag mi arsa choir,
   'S fada crom mo lorg a' m' dheigh ;
   Ach nam brinsinnsa mo chosan,
   Cia mar gheibhinn lus an leigh.

2 Leighidh mise thu, arsa Dreolan.
   S' ni leighess moran romhad ;
   A choir ud tha os mo cheann,
   'S mise leighess Fionn nam Flath.

3 An latha a mharb sinn an Torc liath,
   'S iomadh Fionn a bh' ann le 'shleagh ;
   'S iomadh cuilean com gheall caomh,
   Bha taobh ri taobh sa' mhointich bhuig,
   'Nuair a shuidhich Fionn an t-sealg,
   'S ann a ghabh Bran fearg ri chuid.

4 Bhuail mi buille air do 'n eille bhuighe,   Bran's
   'S do na balgaibh iondarnach,   death.
   Dh' adhlacadh an Tor na' cheann,
   'S truagh rinneam beud co teann.

5 B' ioghna leam chuilean a bhualadh le h-eille,
   Is shileadh e na frasau fala ;
   Air a roisgibh roinn [1] ghlana.
   An lamh leis na bhuaileadh Bran,
   'S truagh nach ann o 'n ghuailin a sgar,[2]
   M' an d' rinneadh am beud a bhos,
   'S truagh nach ann do 'n eug a chaitheas.

6 'S iomadh cleachda cruaidh dian,
   San robh Bren triath nan cù ;
   'S truagh a nis a dhol do 'n eug,
   'S nach faic a' m' dheigh mo chù.

[1] rann.   [2] agath.

CUMADH BHRAIN. O. 2. BRAN. Z. CUACH FHINN. Z.

Black dog.

7 Chunnacas la a teachd o 'n leirg,
Fear a chochuil deirg sa chulan duibh;
Bha Ailde na dheigh agus Nuath. (al. mar nuath)
'S dha ghruaigh air dhath nan sugh.

8 Bu ghile nan cobhar a chorp,
'S fholt sinnteach e dubh;
'Leigeamsa sar chuilean mo Righ,
Cha 'n fhiach gniomh g' an chuir air chul.

9 An cu dubh is gairbhe treis,
Mharbhadh leis tri mile Cu.
Ach 'nuair thainig deireadh an lò
Labhair Fionn gach gloir cheart
Dh' eirich e measg an t-sluaigh,
'S dh' amhairc e gu truagh air Bran.

Goll's dog-fight.

10 Throideas dà choin air an t-sliabh,
Bran gu dian is Cu Ghuill;
M' an dh' fheud sinn smachd chuir air Bran
Thug e na naoi uilt o dhruim.
Oganaich o 'n thain' thu steach,
Sid mar thorchadh do chù.

11 Dh' eirich Goll mor mac Smail,
Cuis nach bu choir ma choin a leas[3] cheann;
'S bhagair e 'n lamh an robh Bran
Gun dail a thabhairt ach a mharbhadh.

12 Dh' eirich Oisean beg Mac Fhinn,
'S seachd ceud deug an combail Ghuill;
Labhair e an comhra iad,
Caisgeam do stuagh gharg a Ghuill.

13 Mhosgail clachan 's talamh trom,
Mhosgail sid fo bhonn an cos;
Ma dheire geill do Oisean thug
Goll mor nan cleas leith.[4]

14 Thainig oganach a' m' dhail,
Ciabh bhlath a leagh mo chre;
Thog e 'n t-sleagh gu uabhrach dian.
'S sheol gu fiadhaich chum mo bholg.

15 Ach sealan mu 'n rachadh tu eug,
Innis dhomh fein co thu;
Eibhin, Oisean gur e m' ainm,
Thainig mi o storm le m' choin.

16 Shaoileam nach faighinn san Fheinn,
Na chuireadh creuchd air For;
Ma ri[5] dhomh siubhlach nan car,
Agus Bran le meud a luth;
Cha 'n fhaca mi cu san Fheinn,
Nach fhagainn a' m dheigh san Dun.

17 Dun a' choin duibh, Dun os niar,
Far an eireadh grian gu moch,
Sin thuirt Conan maol gun fholt,
Faighear dhomh m' annsachd nan lann,
'S gu 'n sgathain an ceann de chorp,

Manus.

18 Cha' 'neil cairdeas agam ruit,
A Chonain mhaoil gun fholt;
B'annsa leam bhi fogheasaibh. (alias fogharsaibh)
Fhinn na bhi fo d' smachd.

19 Ma tharladh dhuit, fom gheasaibh fhein,
Cha.'n imear mise beud air flath;
Ach cuiream thu do d' thir fein,
Lamh threun a rinn mor chath.

20 Gheibh thu do roighinn a ris,
Cleamhnas, no Comunn, no pairt,
No do lamh a chur fo 'n Fheinn.
Cha dean mise ort Fhinn,
Am fad a bhitheas an deo a 'm chorp,
Aon bhuille t-aghaidh, fhlath gu brath.
'S aithreach leam na rinn mi ort.
Cha 'n ann ormsa rinn thu e,
Ach ort fein tha bblath a nochd.

[3] lias.
[4] Baigh bhagain riamh.
  Labhair Caoilte bu mhine Cruth.
  Tha gliocas na Feinne uile.
  A Chaoilte air dol a dh' aon bhreuim ean
  No seola na mnai sitha.
  A chaidh an aon riochd ruinne.
[5] Marbhi.

There follow four lines which I saw only in one edition, which are probably modern, and which are scarcely intelligible. I did not think myself, however, justifiable in rejecting them altogether. Collector's note.

21 Ach mar teid e do 'n Ghreig,
No rioghachd na greine air ais;
Aon duine cha teid do thir fein,
A thainig a dheigh a mach.

22 Ciod a bhuaidh a bhiodh air Bran,
Arsa Conan uabbrach mear;
O b' aois cuilein do Bhran,
'S o dhunadh con iall air
Cha 'n fhacas an Ear no 'n Iar,
Lorg Feidh a riamh a dh' fhag e.

23 Bu mhaith e thagun Doutan duinn,
Cha mhiosa thoirt eisg a h-amhainn;
B' fhearr Bran a mharbhadh nam broc,
No Coin na talmhainn[6] a thainig.

24 A cheud leagadh fhuair Bran riamh,
Air druim no Coille Coire liath;
Naonar do gach fiadh air bith,
Thuiteadh le Bran air a' cheud ruidh.

25 Casa[7] buidh bha air Bran,
Da shlios dhubha 's tarra gheal;
Druim uaine air cuilean na seilge,[8]
Da chluas Chorrach, chro dhearga,[9]
'S truagh a nochd bhi gad dhith.

[6] a Albuin.
[7] Otherwise thus described:—
  Bha cosa dubha air Bran,
  Da thaobh bhuidhe is tarr gheal,
  Druim uaine air cuilean na seilge.
[8] Al. druim uaine air an suidheadh seal.
[9] Bhiorach.

Z. BRAN. 10 lines.

Written by Mac Phail, from Murray, 1866.

1 Spogan buidhe bha aig Bran,
Da shlios Dhubh 'us tàr geal;
Druim uaine air dhreach na seilge,
'S da chluais chomhanta-cho-dhearg.

2 Cha do shil mi deur a riamh,
Ach mu Bhran 'us mu Oscair aill;
Mu mhac ionmhainn an taoibh ghil,
'S mu Chreachail a chnamh mo chridh.

3 Ach an lamh leis na bhuail mise Bran,
'S truagh nach an bho 'n ghuailean sgar.

Z. CUACH FHINN. 8 lines.

Written by Mac Phail, from Murray, 1866.

These two verses belong to a mythical ballad; but the rest I have never found.—J.F.C.

1 An corn thug i do Threun,
'S an sgian gheur do Fhionn;
Soilse 'us rath-dorcha-dubh,
Chite sud am fad a crinn.

2 Cha robh deoch a dheidheadh 'sa chorp,
Nach deanadh fion dearg na beor,
Na deoch bhriagha laidir ghlan,
Air am bitheadh iad sea aig òl.

FIONN'S CONVERSATION WITH AILBHE.

The story told, is, that Fionn made love to Cormac's daughter. He married one, who eloped with Diarmaid; so I suppose that he consoled himself. These Questions are current in the Scotch Islands. I have Q. 3., in Stewart's book. Y. 6., p. 36. In December, 1871, I found two copies in Dublin. H. 3. 9. A quarto paper MS., described by O'Donovan, p. 296, transcribed during the last half-century, by Maurice O'Gorman, from some ancient vellum MS., from Sir John Sebright's collection, purchased at Col. Vallancy's sale, June, 1792. It contains a Law Tract, copied from the Book of Ballymote; a Description of Tara, copied from H. 2. 16; a satirical Poem, ancient; the Questions, which I copied; and Cormac's advice to his Son, of which, a copy is in the Book of Ballymote.

The second version is in H. 1. 15, p. 653, (1738). 'The Psalter of Tara,' O'Donovan's Catalogue, p. 86. The composition is described as, 'a curious specimen of old Irish proverbial sayings.' The book is a large paper folio, of 961 pages, beautifully written. It purports to contain copies of older vellum MSS., such as the Book of Leinster, of the 12th century. 'Fionn's Conversation with Ailbhe,' is like the vernacular of Scotland, and the North of Ireland. It differs from the first version. Mr. Whitley Stokes was kind enough to transcribe it. He says, 'the MS. is horribly corrupt, and of some passages I can make nothing.' From this I gather that the language is vernacular, spelt by an unlearned scribe. I give both versions: my own first attempt at transcribing from an Irish manuscript, and a transcript by one of the best living Celtic scholars, who is familiar with the difficulties of the oldest Irish manuscripts.

For lack of Irish type, 7 stands for et = agus = and. 4 for ar. 7/⁴ means et-ar. Sh7uibh means she*t*uibh. úr 7 cr'ón means úr *ocus* crion. 2 means r.

This sample may help to explain how difficult it is to read the contracted Irish writings of country scribes.

Page 58, H. 3. 9. Trin. Coll.

·SLISNECH seghuinn Fhinn h-bhaoiscne fri h-ailbhe gruib-ric Inghen Corbmaic Scann.

1 Ciodh as lionm̄e ina fér ar Fion? Drúchd ar an inghen.
2 Ciodh as teò ina tine ar F—? Gnuis dhuīe maith graneguid aoidhidh gan biadh aige doib ar an i.
3 Ciodh as luaithe ina gaoith ol F—? Memna mna ar an ī.
4 Ciodh as millsi ina mil ol F—? Biathra tochmhuirce ar an i.
5 Ciodh as duibbe ina fiach ol F—? Ég ar an i.
6 Ciodh as r bhe ina neibhe ol F—? Athais namhot ar an i.
7 Ciodh as faobhre ina clīon ol F—? Cíall mna 7⁴ dha f⁴ 4 an i.
8 Ciodh as fer do sh7uibh ar F—? Sgían ar an i.
9 C. as maoithe ina cīuim ar F—? Dearna f'a lecain ar an i.
10 C. as ling f'a gᵉ luš ar F—? Tenchoir ghobhaīn ar a. i.
11 C. as gile ina snesa ar F—? Firine ar ā. ī.
12 C. lion crn fil accoill ar F—? Adho ar an i. i. úr 7 cr'ón.
13 C. as aille dath ar F—? Ruidhedh saor cloiñe ar ā. ī. Anúar amolta no an aortha.
14 C. as b'osga ina curulán ar F—? Aign7h mna 7⁴ 2 f⁴ ar an ī. (etar da fhear).
15 C. ar nach gabh glas ina slabhre ar F—? Rosg.
16 C. as f⁴ do mhnaoi ar F—? Tlás fos feile ar ā. ī.
17 C. as f⁴ do rosg ar F—? Fuar dorcha codladh ar ā. ī.
18 C. lion each imghes taillte ar F—? A dho ar ā. ī. .i. firec, 7 baiñec.
19 C. as f⁴ do bhiadh ar F—? Blioš ar ā. ī.
20 C. as f' do láóch ar F—? Griomh ard 7 uaill isiol ar ā. ī.
21 C. as mesa do bhiadh ar F—? Sblionach ar ā. ī. 7 ól còza ar c. long ᵈ.

Maith tra a. i. ar Fion mainbh coll reasa do co2mᶜ do luidhfiñ let. imthiaghor coill seach caillte ar ā. ī. do meillt' tlaš gan corcar. eabho2 lion gan mhiodh . imthiagho2 taillte g̃ chairpte . Rano2 forbo gan faobhra iengoid eich g̃ s'ana . dluighth" f'óñ cen tnathoibh . brist' cnu g̃ dédu. Toghadh cách athogha tocm̃huirc, sec Co2m̄c. Dia bhfaghoinsi t bᶜin uaedhoir do dhentaoc bᶜin iochtair diom Rt''

Page 653. H. 1. 15.

CUMHBRIATHAR¹ FINN 7 AILBHE.

1 Cidh is letheo na rian [sea]? ar Fionn. Is letheo in ceo, ar Ailbhe inghen² Cormaic, uar gabaidh se ar muir 7 a tir.
2 Cidh is ferr do sheadaibh? ar fionn. Scian ar Ailbhe.

¹ MS. cuinbratar.   ² MS. ingea.

3 Cidh is gile na sneachta³? ar Fionn. Firinne bhar Ailbhe.
4 Caidh is luabhu [sic] berbthar [sic] re gach lucht? ar Fionn. Tenchar gabhann bar Ailbhe.
5 Cred is ma[o]ithi na clumh? ar Fion[u]. Dernu re leacain ar Ailbhe.
6 Ca lín crann adchí suil? ar Fionn. Adó ar in ingen .i. úr 7 cr'ón.
VII. Ca mac beo genes o mnai mairbh? ar Fionn. Fadad ingni [sic] gaim [sic] air in ingen.
8 Caidh⁴ is ailli dath? ar Fionn. Ruidhiudh saorchlainne ar in ingen.
9 Cid his briscidh na cularain⁵? ar Fionn. Aignedh mna baithe eamhaire ar in inghen.
10 Cidh in [sic] nach gabh glas? ar Fionn. Rosg daonᵈa im caraid ar in inghen.
11 Cidh is maith do rosc? ar Fionn. Fuar olar [sic] dorcha ar in inghen.
XII. Cidh is mesa do rosg? ar Fionn. Gros gris gorta ar in inghen.
13. Cidh is ferr do righ? ar Fionn. Gniomh ard uaill iseall ar in ingen.
14 Cidh is fearr do mnai? ar Fionn. Tlas fos feile ar in inghen.
15 Cidh is ferr do biudh? ar Fionn. Blicht ar in inghen uair maith a the, maith a thiugh, maith a thana, maith a ur, maith a crion.
16 Cidh⁶ biadh is mesa⁷ ar domhan? ar Fionn. Splionach dorchoirp [sic] te ar in inghen.
17 Cidh is teo na teni? ar Fionn. Gnuis fhir fel gos degaid damha gan a cuid aige ar an inghen.
18 Cidh is luaithe na gaoth? ar Fionn. Men[ma] mna ar in inghen.
19 Cidh is millsi na mil? ar Fionn. Briathra carad im chuirm vel tochmairc ar an inghen.
20 Cidh is duibhe na fiach? ar Fionn. E'ug ar in ingen.
XXI. Cidh is ud maille na íara⁸? ar Fionn. Comhairle fir bhaith ar in inghen.
XXII. Cidh is ollraichi [sic] na saill tuirc mesa? ar Fionn. Miosgais dobherar ar shearc ar in inghean.
XXIII. Cidh is failti cimesgi [sic]? ar Fionn. Boidhi mna fo macamh ar in inghen.
XXIV. Cidh is truma slataibh? ar Fionn. Fuacht ar in inghen.
25 Cidh as [s]erbhi [ná] neimh? ar Fionn. Aithais namhad ar an inghen.
26 Cidh is geri na cloidemh? ar Fionn. Ciall mna bhis idir da fer ar in ingen.
27 Ca lion each tegaid go Temraidh?⁹ ar Fionn. A dhó ar in ingen .i. baineach 7 feareach.
XXVIII. Cidh as tana nan tuisgi? ar Fionn. De bar in ingen.
29 Cidh as luaithi na gaoth? ar Fionn. Menma¹⁰ duine bar in inghen.
XXX. Cid is lethin corbhadh [sic]? ar Fionn. Lethiu lear ar in inghen.
XXXI. Cidh as gairbi carrag? ar Fionn. Traigh tairgeach ar Ailbhe.

Maith trath a ingen ar Fionn . minbhadh milliudh rechta no cana do Cormac ar is faomfainn [sic] tocht i caoimhteach do chuirp.

NOTE.—The Roman numbers are not in H. 3. 9., or Stewart, or 'Popular Tales.' The first in Stewart, and H. 3. 9., and 'Popular Tales,' is not here. The whole lot makes 32.

³ MS. sneachtadh.   ⁴ MS. ciadh.
⁵ A cucumber.
⁶ MS. cadh.   ⁷ MS. mesadh.
⁸ Is this a mistake for *iathlu*, 'a Cat'?
⁹ What number of steeds go to Tara?
¹⁰ MS. menmna.

THE STORY OF DIARMAID.

I print (A. 26. H. 24. I. 18.) (H. 25. I. 19. M. 17. O. 25.) (A. 27. D. 21. H. 26. I. 20. M. 18. O. 12. Z. 6. &.) These three lots tell three parts of the story, cover dates 1512 to 1872, and great part of Scotland.

I do not print C. 3.; J. 6. 7.; V. 15.; Y. 6. 7. 8.; Z. 50. 67., and a great many scraps and large fragments collected by myself, which I mean to use when I translate.

THE Story of Diarmaid runs with the Story of Fionn and his family from the beginning. He is described as a man, gifted, like his comrades, with superhuman attributes. He was invulnerable, save in the sole of his foot. On his brow was a love-mark, 'sugh seirce;' the woman who saw it loved Diarmaid. The character, like all the rest, is consistent in every story, and every scrap of verse. The elopement of Diarmaid with Graidhne is an old Aryan story, founded, as I believe, upon human nature. It has been a theme for poets, and it has got entangled with many histories. Fragments of this particular elopement are known to unlearned speakers of Gaelic all over Scotland. In Ireland it is mentioned in a very old list as one of 150 chief stories which Bards used to recite before Kings and Princes; it is known to readers by old and modern Irish writings and books. It is perfectly familiar to the Gaelic speaking population; but the rest of the population know very little about it. The skeleton of the story is in the Story of King Arthur, and it is in the Tale of Troy. This is the skeleton :—After a great many adventures, Fionn, the old leader and chief of his tribe, courts or marries Graidhne, daughter of Cormac mac Art (H. I.). Kennedy tells the story in his quaint English Arguments. At a great feast, during a dog-fight, the Helen of the Drama sees the mark on Diarmaid's brow, loves the nephew, schemes to entice him, succeeds by wiles, and they elope. Fionn, the uncle, makes love to another sister, as above in the last ballad. Diarmaid laments for his comrades. (A. H. I.) The unfaithful wife is unfaithful to her lover. The husband, uncle, and commander, Fionn, with the Feinne, pursue the fugitives. At Newry (H. I.) Fionn's tribe quarrel, and Goll's rival tribe rejoice. Thereupon, Fionn counsels his grandson Oscar (H. O.), whom he wishes to succeed him. After many adventures, through the cunning of Fionn, whose gift was a knowledge tooth, Diarmaid is enticed into a boar hunt. He slays the Boar, which no one else could overcome. The uncle bids him measure the Boar against the bristles; he wounds the sole of his foot with a poisoned spike, which was the Boar's mythical gift. The uncle will not cure him with his mythical cup. He recites his exploits, declares that he is Diarmaid of Newry, Connaught, and Beura, and he expires. The whole story is exceedingly mythical and exceedingly old.

From ballads we learn the place of other ballads. Diarmaid mentions:—1. Latha shuimhne; 2. Am bruth chaorain; 3. Tigh Teamhra; 4. Latha bhothain. 1. I have not got; 2. is at page 86 above; 3. I believe to be 'The Lay of the Buffet,' which follows in the Story of Goll; 4. I cannot identify, but I have many stories about adventures in booths. In other versions of this ballad other exploits are named; Y. page 70, verse 22, mentions—5. The Combat of Conall, and a Battle with Cairbre, which I have not got. After he is dead, somebody sings a Lament for Diarmaid, Gradhine, and two Grayhounds.

The Dublin Ossianic Society published a prose Irish version of the Pursuit of Diarmaid and Grainne in 1855. The earliest and the latest versions, oral and manuscript, agree as to the story; and cross-references to other parts of the Fenian story abound in these Scotch ballads. From Cape Clear to the Ord of Caithness the story is known, and localised. 'Graidhne's Bed' is in the island of Tiree, and such beds are shown all over Ireland. The well and knoll where the tragedy ended are near Oban, near Loch Carron, in Skye, and somewhere in Sutherland. Beinn Gulban, where the Boar was roused, is in Sligo and Skye, and somewhere in the middle of Scotland; where also is Gleann Sìth, where the mythical Boar abode, with his mythical owner, Mala Lìth. The Campbell tribe are said to descend from Diarmaid; their crest is said to commemorate the slaying of this mythical Boar: in short, the Story of Diarmaid is traced in topography, genealogy, and Gaelic mythology throughout the regions where Gaelic is spoken. 'Against the bristles' of the national myth. Mac Pherson printed in 1760 fragment VII., at page 31. Ossian tells the Son of Alpin that Dermid and Oscar were one. They killed Dargo (Goll killed Dearg). Dargo's daughter, who was Oscar's grandmother, was loved by both (one was her grandson), but she loved Oscar. Dermid politely requests Oscar to pierce his bosom. Oscar ignorantly calls his uncle 'Son of Morny,' politely refuses, and begs him to wield his sword, and slay him. They fight by the streams of Branno, and Dermid dies. Oscar grieves, tells a big story to Dargo's daughter, and makes her shoot him by stratagem accidentally. They converse awhile, she stabs herself, and begs to be buried with Dermid. (Oscar was killed at the battle of Gabhra.) The Deer feed on their graves. Miss Dargo was Oisein's mother, and a woman transformed into a deer. The story of the ballads is all there; but, like the sun's image on a rough sea, it is broken, and scattered, changed and altered, so that the real shape of it utterly disappears in the reflections of a clever but distorted mind.

The following quotation bears upon the Death of Diarmaid, and the mythical Mistress of the mythical Wild Boar. I owe the reference to Mr. Hector Mac Lean, who first called my attention to Tacitus, cap. 45, 'Germania,' in December, 1862. Bohn's edit., Tacitus, 'Germany,' 1854.

'On the right shore of the Suevic Sea[1] dwell the Tribes of the Aestii,[2] whose dress and customs are the same with those of the Suevi, but their language more resembles the British.[3] They worship the Mother of the Gods[4]; and, as the symbol of their superstition, they carry about with them the figures of wild Boars.[5] This serves them in place of armour and every other defence; it renders the votary of the Goddess safe, even in the midst of foes. Their weapons are chiefly clubs, iron being little used among them.

[1] The Baltic Sea.
[2] Now the Kingdom of Prussia, the Duchies of Samogitiae and Courland, the Palatinates of Livonia and Aesthonia, in the name of which last the ancient appellation of these people is preserved.
[3] Because the inhabitants of this extreme part of Germany retained the Scythico-Celtic language which long prevailed in Britain.
[4] A Deity of Scythian origin, called Frea, or Fricca. See Mallet's 'Introduction to History of Denmark.'
[5] Many vestiges of this superstition remain to this day in Sweden. The peasants, in the month of February, the season formerly sacred to Frea, make little images of Boars, in paste which they apply to various superstitious uses. (see Eccard). A figure of a Mater Deûm, with the Boar, is given by Mr. Pennant, in his 'Tour in Scotland,' 1769, page 268, engraven from a stone found at the great Station at Netherby, in Cumberland.

A. 26. 1512. DYTH WYLELYSS MYSCHI ZRAYNNYTH. 41 lines.

1 Dyth wylelyss myschi zraynnyth
  Hwnggis nayrri w'cowle
  Wee myr it tayme sin nagyn
  Is bert nach fadyr a wllyng

2 Dyth zhagis clwycht is couzar
  Er chompan zaw neyss tayr
  Dyth zhagis mnan gin gillaa
  Is dyth wilelis myschi a zraynna

3 Dyth zhagis murnd is meygzegr
  Curme is greygzin is garae
  Dyth zhagis clwithi fylli
  Is dyth willis myschi a zraynnaa

4 Keiltaa mor is m'lowith
  Deyss er nach drwngi taayraa
  In feyth nayr roywaa rynnaa
  Dyth wilelis mischi a zraynna

5 Gold is oskyr is osseyne
  Acma nach corrith partaa
  Dyth bynnwynne leo sen synnyth
  Dyth wylelyss myschi a zraynna

6 Fynn fane in agnaa raawoyr
  Is woygh zaifmost failtaa
  Dyth zhagis murndnych hee
  Is dyth wilelys mischi a zraynna

7 Myr aweyss in noyf chaythi
  Zoyschi ne hewyr zayrraa
  A coyad oywaa byggi
  Dyth wilelis mischi a zraynnaa

8 It doll ter wennew borrifaa
  Is er wollyth forynnych ban . .
  Ne mor nach tursych synnaa
  Dyth willelis myschi a zraynnaa

9 It doll ter ess roygh roinyth
  Is beg nar obyr my wayle
  Faa rohwyr geltti glinni
  Di villiss missi a zrannyth

10 Waym gi faddi is gi haazar
    A tastil eyrrin ani
    Is trane di woyr sen sinni
    Di williss mischi zrany.
            Di willis missi.

H. 24. HOW FINGAL GOT GRAINE TO BE HIS WIFE, AND SHE WENT AWAY WITH DIARMAID. 88 lines.

Kennedy's 1st Collection, page 100. Advocates' Library, December 16, 1871. Copied by Malcolm Macphail.

Dublin, December 17, 1871.—Story known to everybody in Ireland; this version not known to Hennessy.— J. F. C.

THE ARGUMENT.

THE King of Denmark sent a Messenger to Fingal to Ireland, to inchant him to go to visit him, and not to take with him any of his own men, since he would give him men to convey him, till he would send him home safe again. Fingal answered the King of Denmark's order, and went away with the Ambassador. When they came to the King's Court, the Inchanter said, 'Here is Fingal now, and do with him as you please.' The King had no business with Fingal, but to torment and punish him few days, and then to kill him; they began to lay hands on him, but he drew his sword, and killed eighty-one of them, before he stopt, but unluckily he broke his sword. Then they bind him hand and foot, and the King ordered him to be put in the day time under the droping of the Roasts, and in the night time under the droping of the Lintels. They did so, and confin'd him in that sad and woeful condition during a fortnight, then they loosed him, and asked of him whether he would chuse to be beheaded by the sword, than to suffer more punishment, or to go through a valley that was in the Kingdom where no man would not pass, by reason of evil spirits and wild beasts that was in the valley, for in Ossian's works besides Spirits or Ghosts of departed men, we find some instances of another kind of Machinery spirits of a superior nature to Ghosts and some other of Fairy beasts that were troublesome and ruinous to men in lonesome places, and Fingal choosed rather to go and pass through the Glean, than to fall by their arms or to suffer more punishment. Away he went, and got no arms but his own broken sword, he entered into the Glean and went through it by great dangers too tedious to be mentioned, and the hindmost end of it a wild dog exquisitely fierce met him and his mouth open he was in great confusion what would he do since he had no arms, but he remembered that his stepmother gave him a belt (named in Gaelic *Con-taod*) and that she ordered him to take a special care of it, and that he would have some use for it sometimes, he took it out of his pocket, and shaked it to the dog, when he saw it he became tame, and fawning to him where he was, he tied the Rope about him, and brought it along with him, he traveled on forward and at last a smith's house met him, he ordered him to mend his sword, and the smith mended it. There was a fair Virgin along with him exquisitely prety named Gràine, and the smith took her away against her will, and they hide themselves in that lonesome valley but she inchanted the smith not to lay with her for a year and a day. She fell in love with him and besieged him to kill the smith, and that she would go with himself, which Fingal did very willingly; then they went away and stole one of the King of Denmark's vessels and came safe home to Ireland.

When Fingal came home the Heroes made a great feast, and Fingal and Gràine were married together. When they were at meat Gràine saw the loving spot that was in Diarmaid's forehead, that instant she fell in love with him, and with the leave of the company she took Diarmaid to the door, then she said unto him with inchantment, 'Thou must be my husband, and go along with me'; he refused to be her husband, saying, 'I will not go with you in the day nor in the night, a foot nor on horse back, without or within a house, in light in darkness. in company or alone.'

When Diarmaid said thus, he returned into the company. Gràine was contriving in her mind how she would break Diarmaid's inchantment. She left her bed about the break of day, and found an ass. She brought the ass to the door of the house and walked Diarmaid, and said, 'Thou must now go with, for it is not day nor night, light nor darkness, I am not on horseback nor on foot, I am not in Company nor alone, neither am I within or without a house, therefore your inchantment is loosed, and you must be my husband and go with me.' Then Diarmaid was obliged to go along with her, and lost his Friends and his Effects, his joy was turned into grief; they would not walk publickly but privately thro' lonesome places, such as woods, deserts, valies, for fear of the Heroes, and their abode were rocks, caves, or dens, and their food were fruit, venison and fish. They came over to Scotland, and on their traveling they found a cave at Lochow side in Argyleshire where a Giant was living named Ciach, meaning Fierceness, he and Diarmaid began to play on Dice, the Gigantic gained the play, and took from Diarmaid his wife (for she rather stay than be traveling any more with Diarmaid), and since he had nothing more to give.

They departed then, and the unlucky hero went away alone like a beggar from Country to Country, and sometimes thereafter he came to Ciach's cave for a night's quarter, the giant made him sit down, Diarmaid had a salmon, he began to roast and dress it for himself, and when it was ready he gave the first piece to Graine, then she knew him; for Diarmaid was inchanted not to eat or drink in any place where women would be till they would take the first of it: That he would not hear the howling of dogs chaising, that he would not answer and follow them: That he would not see any people playing, but he would direct the one that would be going wrong: And that he would never refuse the Heroes anything that they would desire him to do: He and the Gigantic cast out some way or other, and Diarmaid killed him. Gràine stabed a knife in Diarmaid's thigh, (for she endeavoured to kill him when he killed the Giant). Diarmaid ran away and did not touch her: then she do not know what she would do. She thought proper to follow him to be his wife again the second time, and overtook him about the dawn of day at a mountain in Argyleshire near Cintire, named Sliabhgaoil, the Heron cried and she asked of him, why did she cry so early; he answered her, and lamented his fate by her faults in these following verses.

DAN 33.

1 ''S MOCH a ghoiras a Chórr,
  Air an lón a' ta 'n Sliabh-gaoil,
  A mhic o duimhne d'an d' ug mi grábh,
  Ciod e 'm fáth mu 'n d' rinn i 'n glaodh.'

2 'A Ghráine inghean Ghormla' nan stéud,
  A bhean nach d' rinn an céum cóir;
  Innseamsa sin dhuit gu ceart,
  Do lean a cas re leac reót.'

3 'A Ghráine is áille snuagh,
  No bláth chrann uaine fui' bhlath;
  Ach tha do ghrádh cho ioma luath,
  Re neoil fhuachd an tús an la.'

4 ''S olc a dh' imir thu do bhéus,
  'N uair dh' fhuasgail gu léir mo rádh;
  Chuir thu mi gu h-ánradh cruaidh;
  'S truagh a rinn thu orm a Ghrain.'

5 'Thug thu mi o lúchairt Righ,
  Gu bi 'm dhibarach re 'm la;
  No mar chumhachag na h-oidhch,
  Ag caoidh aoibhneas feadh gach áit.'

6 ''S ann tha mi mar agh no fiadh,
  Feadh ghleanntidh diamhair gach la',
  Cho mhiannach leam f haicsinn aon
  D' an raibh gaol dhamh teach nan slógh.

7 'Threig mi mo dhaoine gu léir,
  Bu ghile cré no sneachd air fáir,
  Bha 'n croidhe dhamh ionmhuinn fial,
  Ma a ghrian 's speuran ard.'

8 'Ach lion iad anois le fuath,
  Dhamh a suas mar chuan nach traoidh,
  O na mheall thu mi a Ghráin,
  O! Cho b' ághor dhamh do ghaol.'

9 'Chaill mi 'm f hearran leat re 'm ré,
  'S mo chabhlach bréid gheal gu air sail (brath)
  Chaill mo shéuda agus 'm ór,
  'S goirt a león thu mi le d' ghrádh.'

10 'Chaill mo dhúthaich is mo dhaimh,
   'S 'm fhir nach b' fhann air chulamh sgé';
   Chaill mi caoimhneas agus grádh,
   Fheara Pháil 's nam Fiann gu léir.'

11 'Chaill mi aoibhneas agus ceól,
   Chaill mi coir air 'm onair féin;
   Threig Eirinn mi 's na bheil ann,
   Air son d' aon ghrádh is do spéis.'

X

12 'Cho 'n fhaod mi pilleadh gu bràth,
   Re Fianntidh Pháil bu mhor daimh;
   'S fuathaich le Fionn mo bheus,
   No ua' bhéiste is géire greann.'

13 'A Ghráine is gile cruth (snuagh)
   Cho b' fhearr do ghluasad dhuit féin;
   Roghnaich thu dol leams' mar fhuath,
   No bhi 'n suaimhneas Righ na Féinn.'

14 'A Dhiarmaid is gile gnúis,
   No sneachd úr, no canch sléibh;
   B' ionmhuinne leam fuaim do bheóil,
   No na bha do shról san Fheinn.'

15 'E' ionmhuinne leam dreach do shúl,
   'S do rosgaibh úr ghorm mar fhéur;
   No na bha do neart 's do dh' ór,
   An talla mór Righ na Féinn.'

16 ''S am ball seirce bha d' ághaidh ghil,
   B' ionmhuinne no mil' air srabh;
   'N uair a chunuaig mi e shuas,
   B' ionmhuinne no shluagh 's Righ Pháil.'

17 'Thuit mo chroidhe féin a sios,
   'N uair chunnaig m d' iomhaidh[1] 's d áill,
   'S mar a fuighinns thu re 'm thaobh,
   Cho bhithainn is t-shaogh 'l aon la.' (mar tha)

18 'A laoich chaoimh is gile bos,
   Ge d 's mi rinn do lochd gu léir;
   Gabhsa arís leam mar mhnaói,
   'S bheir mi móid a chaoidh nach treig.'

19 'C 'om an gabhamsa mar mhnaói,
   Thusa' bhean cia maith do ghlóir, (maoth)
   Aaon le a threig Righ na Féinn (dhibir)
   Is mi féin na dheidh gun ghó.'

20 'Is ge do threig mise Fionn,
   Mun tuitim le caoidh is brón;
   'S ge do threig mi rís thu féin,
   'N uair bha mi gu léir lan leoint.'

21 'Cho treig mi thu 'nois a chaoidh,
   Ach grádh ionmhuinn dhuit sior fhas;
   Mar mheanganaibh ur a craoibh,
   Le teas caomhail fad mo lá.'

22 'Coi-lion thusa bhean do rádh,
   'S go do mhár thu mi gu brón;
   Gabhidh mi riut fein mar mhnaói,
   Ge d' roghnaich thu 'm Foghmhair mór.'

They followed them one another as before, and continued in an island, where was a cave in a rock and an hid Bed: though any one would find the cave out, he would never find the Bed, and there was also fresh water in't: and that Rock is supposed to be a small island at the coast of North Knapdale named in Gallic Carric-an-daimh, opposite to Dura in Argylshire, for both things is in it unto this day.

[1] Liobharachd.

I. 18. THE DEATH OF DIARMAID. 92 lines.

Kennedy's 2nd Collection, page 91. Advocates' Library, April 8, 1872. Copied by Malcolm Macphail.

THE ARGUMENT.

THE Story of Dermid as handed down by tradition in the following manner, is both tedious and tragical; but we shall narrate it as brief and perspicuous as the connexion of the Poem will admit. Fingal had set out on an Expidition to Denmark, where at his arrival he and his attendants were very hospitably entertained by Gormala, or Gorm-lamh, then King of that realm, who had a beautiful Daughter, named Grany, or Gradhinghean, signifies the Loveliest of Maids, with whom Fingal fell in love and married to the great joy and satisfaction of both parties especially Gormala, the King, not doubting thro' this connection and alliance with Fingal, but he might be re-established in such parts of the Hebrides and Western Islands of Scotland, as Fingal did not himself occupy. 'Tis on this Expidition that Fingal is said to have taken Geolay, the dame of Bran, his famous and well-known Dog, in the Glen of Ghosts, which defied the experience of the Danes to catch for many years before. It is by a Charm or Belt (called Con-taod), left Fingal by his Foster mother this monstrous Bitch was taken. Fingal set sail for Scotland and arrived at Dunscaich in Sky, where he held a feast for some days, and sailed from thence to Ireland, and arrived at Turra, where a general and sumptuous feast was holden, which was attended by the seven valarous and most victorious Caledonian Bands. Dermid O Duimhne, being a brave and eminnent warrior, Lord of Conacht, and Fingal's near friend or nephew, was seated opposite to Fingal and his wife at the table whose beautiful complexion graceful mein agreeable carriage, great actions and harmonious voice procured him the applause of all the Fingalians and admiration of Grany, who fell in love with him, and who watched an opportunity to run away with him. Upon discovery of her growing passion and incidious proposal, Dermid strenuously refused to consent to such perfidious scheme which might be of dismal consequences to both, and swore that he never would go with her by night nor by day; on foot nor on horseback; within nor without; with company nor alone. Grany being artful and perspicacious enough to accomplish her treacherous design, she got herself equipt by the dawn of day, and seated upon a Pole she got fixed accross the door of Tura, and sent for Dermid, and told him his oaths were to no effect. That it was neither night nor day, that she was neither upon horseback nor a foot, neither within nor without, with company nor alone. Thus the brave and beautiful Dermid O Duimhne found himself wheedled by a treacherous woman, for whose insinuative humour and base love he forfiets his honour and possessions, protector and friends. They then fled to Scotland and lived among the woods and most solitary places and caves upon fish and venison. They of an evening happened to light upon a Cave where a Giant lodged called Cithich Mac Daol with whom they stayed that night; next morning Cithich quarreled with Dermid for the wife, whom he wanted to stay with himself, finding herself inclinable. Dermid finding himself engaged by both Cithich and his own incidious Wife kilt the Gigantic, and left Grany to do for herself, and fled towards a Mountain in South Knapdale, near Cintire, in Argyleshire, called to this day Sliabh-gaoil, where he is pursued and overtaken by Grany, his wife, who addressed herself to him in the following manner, and who is pardoned by the good-natured and tender hearted Diarmid. Sliabh-gaoil, signifies the Hill of Love, on account love and amity was restored between Diarmid and his wife.

NOTE.—The lines which follow differ from the first version; the rest are identical or vary so little that they need not be printed twice.

DIARMAID. Extracts.

4 'S TRUAGH a dh' imir thu do bheus,
  Dh' fhuasgail thu gach roi' la;
  Stiur thu mi gu h-ànradh cruaidh,

5 Stiur thu mi o aros Riogh,
  Bu mhor pris, gun iomar-bhaigh;
  Teach na feileachd teach nan sluagh,
  Am bu lua'-ghaireach na baird.

6 Thug u mi o luchuirt Fhinn,
  An bu bhinn na teuda ciuil;
  An diu' mar Mhenbhaig nam beann,
  'S bronach, fann tha mi gun mhur.

8 Bha 'n croidhe dhamh daimheil dlu,
  Mar a ghrian ann iul an la.

10 Chaill mi m' fhearann agus m' fheil,
   'S mo chabhlach breideach nan tonn;

11 'S m' fhir a b' fhearr ann cath nan cèud;
   Chaill mi eineach agus ceol,

12 Chaill mo run a bhos, is thall;
   Chaill mo cheanal anns' an Tur,
   Bu mho cliu ann Innis Ghall.

13 Fu Fiantaidh Phail, nan gearr lann;

14 B' olc an gluasad, 's cruaidh an sgeul;
   Roghnaich thu al'mhaidh nam beann,
   Seach a bhi aig Fionn 's an Fheinn.

15 A Dhiarmaid is glaine gnuis,
   No na bha cheol 's an Fheinn.

16 'S do ruisg ur mar osnach rè;
   No na bha do thuilmhidh oir,
   Ann talla mor Riogh na Feinn.

17 Am ball seirc bha t-aghaidh ghlain,
   B' annsa na sa mhagh, na bha;
   Nuair a chunnaig mi do shnuadh,
   B' ionmhuinne no nuall Riogh Phail.

? Cormac.

? Sgeolan.

18 Las mo run, is leagh mo chroidh,
   'N uair chunnaig liobhearachd t-aill ;
   Mar a fuighinnse do ghaol,
   Cho bhithinn is t-shaogh' l mar tha.

19 A laoich chaoimh is gile bos,
   'S mor mo lochd, ach 's mor an sgeul ;
   Gabhsa inghean Ghormla nan sonn,
   Bheir mi moid nan tom nach treig.

20 Aon tè dhibir Riogh na Feinn,
   'S a thug speis do 'n Amhair mhoir.

21 Ge do dhibir mise Fionn,
   O na b' annsa leam do ghloir ;
   Cha do thaobh mi 'm Famhair treun,
   'S mor a b' eibhinne do cheol.

22 Cho treig mi thu choi'ch a ruin,
   Ach gradh as ur a sior fhas,
   Mar mheanganaibh maoth nan craobh,
   Le teas ghradh nach traoidh gu brath.

H. 25. HOW THE HEROES FOUND OUT DIAR-
MAID AND HIS WIFE IN THE NEWRY, AND HOW
OSCAR KEPT HIM FROM BEING EXECUTED THAT
DAY.

Kennedy's 1st Collection, page 107. 212 lines. Advocates'
Library, Dec. 18, 1871. Copied by Malcolm Macphail.

THE ARGUMENT.

AFTER some continuance in Carric-an-daimh, Diarmaid went to a great wood in Ireland named Newry, to hide themselves there from the Heroes : they one day saw a Ran-tree full of Berries, they climb'd into the top of it, and were gathering some of the fruit. The Heroes were hunting in the woods that day, they were getting no sport : they were tir'd and said that they would sit down there it self, they all sit down among the trees ; Oscar and Fingal happened to sit aside the Ran-tree under Diarmaid, and began to play on Dice, for to see which of them would play on the Fiddle.[1] Oscar was not playing right, Fingal wish they began again, Diarmaid saw that Oscar was not playing right, (and to perform his promise, see) he cast a berry down on the table so straight, they looked up and saw Diarmaid and Graine in the tree ; immediately Fingal ordered Diarmaid to be executed, but Oscar would not allow him to execute Diarmaid that day, because it was directing himself Fingal noticed him ; Ossian and all his sons came to Oscar to wage a battle to Fingal and all his Heroes and preserved Diarmaid from being executed that day.

[1] Fiddle is a corruption for 'fithchioll,' a chess-board, or board for playing some game.

DAN 24.

1 'S CUMHAIN leam an iomairt ud,
   A bha aig Flath na 'm Fiann ;
   E fein is mo mhac,
   'S ann Iughar so shiar.

2 Shuidheadar san Iughar,
   Eidear Mbith is Mhaith ;
   Is theannadar re h-iomairt,
   An t-Oscar is am Flath.

3 Theannadar re h-iomairt,
   Is cha b' i 'n iomairt bhaoth ;
   S dh' iomaireadh an Fhidhal,
   Eidear an diais laoch.

4 Dh' iomair iad an Fhidhal,
   Eatarra gu propail,
   Gus an d' eirich an fhocal,
   Eidear Fionn is Oscar.

5 Bheamar fein ann,
   Is bha mo dhiais mac ;
   Air leith ghualainn Fhinn,
   'S gur h-ann leinn a b' ait.

6 Dh' iomairadh an ceud chluich,
   Air Oscar le Fionn ;
   Mar tha mi d' a aithris dhuit,
   Gu ro' mhaith 's cumhain leam.

7 Air iomairt na h-ath chluiche,
   Dh' eirich an t-olc braghad ;
   Air leigail do Dhiarmaid,
   An caorann air a chlar.

8 'N uair a chunnaig Oscair
   An caorann air chlár ;
   Rug e air gu dea' thapidh,
   Is chuir e fear na áit.

9 Air aithneach nan coarann,
   D' aonnan sin do dh' Fhionn,
   Labhair e gu faodhbharach,
   'Tha neach os ar cionn.'

10 Chunnaig sin gu h-árd,
    Os ar ceann san Iudhar ;
    Diarmaid agus Grainne,
    So an sgeul is cumhain.

11 So mar bhiodh na briathraibh,
    Eidear ruinn gach la ;
    Bhiodh na caogad mallachd,
    D' a thabhairt air Grainn.

12 'N sin labhair Fionn fialidh,
    'N laoch curanta cosgar ;
    'B' e teagasg díreach Dhiarmaid,
    Is iomairt calamh Oscair.'

13 Labhair an sin Oscar,
    Gu socarach calma ;
    'Nach fhaodadh an laoch Diarmaid,
    A briathraibh a shal' cha.

14 'Na cuir mi air mhearaichain,
    A laoch cia maith do làmh ;
    Air ghea' bidh an Sheasgair,
    Thall sa bhos mu 'n chlár.'

15 ''S cho séinnar an Fhidhal so,
    Am feast ann am fhia' nais ;
    Gus am fuigh mise,
    A ni s' ta mi 'g iarruidh.'

16 'Labhair an sin Oscar,
    Mo dhea' mhac 's mo rún ;
    Cia Righ do na feara so,
    Ann sam bheil do shúil.'

17 'An eiric na h-as-umhlachd,
    A fhuair mi as bhur leith,
    Cho b' uilair leam Diarmaid,
    Fhagail fuidh mo bhreith.'

18 ''S olc a bhreith Righ Fheinne,
    A bheir tu fein Fhinn ;
    G' e fuathach leat Diarmaid,
    Bu choir a leigail leinn.'

19 'Cho 'n olc a bhreith Righ Féinne,
    Bheir mi fein air mealtoir ;
    A dh' imich le Gráinne,
    'S an diu gu dán rinn falsachd.'

20 Labhair an sin Oscar,
    'Cho d' rinn e riamh d' fhaoil ;
    'S nam biodh laoch d' ar 'n uireasbhuidh,
    Bu choir a chuir ruinn.'

21 An sin do labhair Faoghlan,
    Deadh mhac eile Fhinn,
    'Gur ro bhorb leinn Oscar,
    A labhras tu ruin.'

22 'Ciod dheanamh tu Fhaoghlain,
    Re dol an láthair cathanaibh ;
    Gu gearrainn do chnámhan,
    Mar bhitheadh ánnsachd d' athar.'

23 'Bha fhreagradh sud aig Faoghlan,
    'S cho bu fhreagradh meathaich,
    Bheireamsa dhuit Oscar,
    Mo dhulain a' d' aghaidh.'

24 'Nin urrainn thu Fhaoghlain,
    No aon neach mun chlár ;
    Aaon fhocal d' an abarainnsa,
    Ghabhail claoidh os laimh.'

25 'Gur mór an guth sin Oscair,
    Fhir nan cosgar catha ;
    Gun toir thu oirnn eiridh,
    'S an iorgaill le 'r 'n athair.'

26 'Cia maith thus' is d' athair,
    'S na cathaibh gun tiome ;
    Gu toir mi mac o duimbne,
    O Chlanna baoisge nile.'

27 ' Bu mhor dhuit sin Oscair,
Do radh Goll tósd nam beumaibh ;
Gun doir thu 'n laoch d' ar ain deoin,
O thionail Fiann na h-Eirann.'

28 ''S duiladha leam do bhrosnacha,
A Ghuill chosgara threabhaich ;
'No 'n Fhéinn bhi dhamh mi fhreagarach,
'S gach laoch le bhagairt treabhidh.'[1]

29 ' Ma se sin a deir thu,
Fhir le 'n caomhe d' fhacal ;
Dean do dhiocheall dhuinn,
Air an turnna sin a ghlac thu.'

30 ' An turnn so 'nois a ghlacamsa,
An láthair na Féinne,
Ni 'm faodar gu bheil agaibhsa,
Na bheiras dhiom e reigainn.'

31 ''S mór a chúis a deir thu,
Ge maith gu león is leadairt,
Dean do dhiocheall dhuinn,[2]
Air an turnna sin a sheasamh.'

32 'An túrnn so' nois a ghlacamsa,
Am fiadhnais feara Pháil ;
Druid a'nuas a Dhiarmaid,
Is glacams' thu air láimh.'

33 'Thig mis orsa Diarmaid,
Chugadsa 's gu d' athair ;
Gur mor leam bhur barantas,
A dhol an láthair catha.'

34 Thainig Diarmaid chugainne,
'S cho b' ann air ar leas ;
B' iomadach laoch againne,
A dhiothnaichadh sa ghreis.

35 B' iomadach corp créacaidh,
Ce urlamh na Féinne, (Fui)
Agus lanna leadarach,
Ag leadairt a chéile.

36 Cho 'n fhacas re' m chuimhne,
Urlamh bu mhó géire,
No clann Fhinn is Oisain,
Air corpaibh a cheile.

37 Seachd-céud 's fichead Toisach
Do mhuintir Oscair úr,
Chuir Faoghlan gu dea' thapidh,
Le aon laimh air cúl.

38 An sin do labhair Oscar,
Fear chosnadh mor urantais,
Feach co le 'n deacair,
Bhi feachainn greis d' ar fulangas.

39 Bu chosmhuil re fuaim tuinne,
Guth na luinn' aig Oscar,
'S bu deacair r' a aireamh,
Na bha armaibh a cosgairt.

40 Bu luaith' e no eas oghann,
No seobhag trid na h-ealtainn,
'S gu 'm bu leóir a dheacirachd,
Na phronnadh e fui' chasaibh.

41 ' Gun togar oirnn mar innisge,
'S am feaste mar sgéul ;
Gun na laoich so theasargain,
O leadairt a chéile.'

42 ' An sin do labhair Conan,
'S 'e cuimhneachadh na falachd ;
Leigar do Chlanna Baoisge,
Cuirp a chéile ghearradh.'

43 ''S mise Conan iongantach,
Is tusa Goll nam beamaibh ;
Leig do Chlann Fhinn is Oisain,
Air corpaibh a chéile.'

44 ' An cumhain leat an t-iomruagadh,
A rinn iad oirnn' a h-Eirinn ;
O Rioghachd na Feadailte,
Gu rioghachd na Gréige.'

[1] I. 28. A bagairt sgreadail geurlann.
[2] I. 31. No dibireadh ao rùa
O na 's duth ach dhuit bhi seasadh.

45 ' Seachd bliadhna do bhiamar,
'S na Beagaibh fui' mhealamh ;
'S nac leigadh an t-eagal dhuinn,
Loc cadail a dheanamh.'

46 ' Nach cumhain leat roimhe sin,
Gu coidleamaid gu suaimhneach ;
Air urlar nan leabaiche,
An cleitaiche sról uaine.'

47 ' Seachd bliadhna do bhiamar,
An rioghachd Breatan blá'- mhor ;
Aig Cumhall d' ar 'n iomruagadh,
'S aig Iodhlan a bhrathair.'

48 ' Cho 'n fhaod mi fein innseadh,
Gu deireadh an domhain ór- bhúidh,
Na thuit an sin le Cuthall,
Do Mhaithedh Chlanna Mornna.'

49 Seachd láithe do bhieamar,
Tiomcheall air an Iudhar ;
Seach ceud, is caogad Toisach,
Do thuit anu gu h-uilidh.

50 A nochda' ceart an sgéule,
Dhuit a cheann nan cliar ;
Do thuit caogad laoch,
Le' m fhaodhbhar do 'n Fhiann.

51 Is briathar nach bréugach,
Dhamhsa fein re rádh ;
Do thuit céud calma,
A thuileadh air cách.

Differently placed in I.

52 'N sin labhair Fionn re h-Oscar,
' A laoich cuir cosg air h-armaibh ;
Mam bi Clanna Mornna,
Na 'r deidh beó an Albheinn.' (Albainn in I.)

53 Sin e 'n d' úr-sgéul fior,
Dhuitsa Chleirich chaich ;
Mar dh' eirich an d' iombhriseadh,
Eidear Fianntidh Pháil.

Oscar kept Diarmaid from being killed that day, and told Ossian the very fact, how Graine loosed his inchantment, and all what happened to them since the time they left them, but Fingal would not believe him, and his wrath increased more and more against him, since he lost so many of his men by his faut that day, and for that reason the unlucky Heroe was obliged to fled from Fingal a second time to preserve his life.

Verses 43 to 51 tell part of the Story of Cumhal and Iodhlan, and of the feud between the clans of Morna and Baoisgne. Conan Mac Morna speaks.—J. F. C.

I. 19. DIARMAID. 304 lines.
Kennedy's 2nd Collection, page 96. Advocates' Library,
April 9, 1872. Copied by Malcolm Macphail.

THE ARGUMENT.

In this forlorn and disconsolate state Dermid and Grany pursued their journey to a small in the Chanel between the Continent and the Island of Turra, supposed to be Carig-an-daimh, but it is more propable, it has been Carrig-fergus, where they lodged, hid for some time till they got an opportunity to move into the woods of Newry, that country was a property of Diarmid, but is confiscated in favours of Fingal on account of his misdemeanour in complying to run off with Grany. Dermid was upon oath that he should ever pursue the horn and howling of Dogs in the chaise. That he should relieve the distressed and help to redress the injured. That he should oppose the strong and assist the feeble hand. That he should to contuse the Winer and direct the Losser to reclaim his loss at Gamboling. That he should ever obey the highest power or the voice of Fingal, &c. All these vows helped in their turn to shorten his days and hasten his death. Fingal and his Bands happened to be on a hunting party, came into the woods of Newry and rested himself under the shawdow of the very rantree, whereto Dermid and Grany had climbed when they observed Fingal coming. Fingal and Oscar begun to Gambol in which the later had lost three times after another. Dermid upon recollection of his oath directed Oscar by the berries upon every point he should move whereby Oscar won and Dermid was discovered, who was ordered by Fingal to be instantly executed. Oscar insisted upon his reprive. Disputes ran so high that the whole tribe of Clan Baisge were divided into two factions the one with Fingal and the other with Oscar. A bloody engagement ensued in which Oscar was like to overpower his Grand Father. Peace is patched up with loss upon both sides, and Dermid is acquited for that Day. The following part of this Poem is composed by Ossian in a Lyrick verse, which renders it very agreeable and entertaining and can easily be played upon the Lyre or any Stringed Instrument. It is known in the original among the Caledonians by the name of 'Crosanachd an Iughair,' signifying, the Lyrick of Newry—but orthographically one is ready to take it to be, Our bad luck at Newry.

NOTE.—After this introduction, follows a copy of the ballad written in the First Collection, lent to Dr. Smith. A few variations are noticed. The chief is the alteration, of verse 52, from Albheinn to Albainn.

M. 17. BRIATHRAN FHINN RE OSCAR. 26 lines.

1 A MHIC mo Mhic, 'se thuirt an Righ,
   Oscair, a righ nan òg fhlath,
   Chonnaic mi dealra do loinne, 's b' e m'uaill
4 Bhi 'g amharc do bhuaidh sa' chath.
   Lean gu dlùth re cliù do shinnsreachd,
   'S na dìbir a bhi mar iadsan.
   'N uair bu bheo Treunmhor nan rath,
8 Is Trathull athair nan treun laoch,
   Chuir iad gach cath le buaidh,
   Is bhuannaich iad cliu gach teugmhail;
   Is mairidh an iomradh san dàn
12 Air chuimhn aig na baird 'an déigh so—
   O! Oscair, claoidh thus' an treun-armach,
   'S thoir tearmann do 'n lag-làmhach fheumach;
   Bi mar bhuinne-shruth reothairt geamhraidh
16 Thoirt gleachd do naimhdean na Féinne,
   Ach mar fhann-ghaoth shèimh thlà shamhraidh
   Bi dhoibhsin a shireas do chobhair—
   Mar sin bha Treunmhor nam buadh
20 'S bha Trathull nan ruag 'na dhéigh ann:
   'S bha Fionn 'na thaice do 'n fhann,
   'Ga dhìon o ainneart luchd eucoir.
   'Na aobhar shìninn mo làmh,
24 Le fàilte rachainn 'na choinneamh,
   Is gheibheadh e fasgadh is càird
   Fo sgàil dhrithlinneach mo loinne.

O. 25. COMHAIRLE OISEIN DO OSCAR. 6 lines.

Dr. Irvine's MS., page 117. Copied by Malcolm Macphail. Edinburgh, March 30, 1872.

In this fragment the adviser of Oscar is changed from Fionn to Oisein.—J. F. C.

COMHAIRLE OISEIN AIR OSCAR AN TUSEUCHD.

Oscar caomh an treun armach;
Bi cuin ris an anfhann fheumach;
Bi mar shruth reodhairt gheamhraidh,
A caithe naimhdean na Feinne,
Ach mar thoth chiun sheamh bhlath shamhraidh
Dhoibhsan tha 'n gantar eigin.

A. 27. 1512. DERMIT M'O'ZWNE. 104 lines.

A HOUDIR SO ALLANE M'EOYREE.

1 GLENNSCHEE in glenn so rame heive,
   A binn feig agus lon,
   Menik redeis in nane,
   Ar on trath so in dey agon
2 A glen so fa wenn Zwlbin zwrm,
   Is haald tulchi fa zran
   Ner wanew a roythi gi dark,
   In dey helga ò Inn ni vane
3 Estith beg ma zalew leith
   A chuddycht cheive so woym
   Er wenn Zwlbin is er inn fail,
   Is er M'ezoynn skayl troyg
4 Gur lai finn fa troyg in shelga,
   Er V'ezwn is derk lei
   Zwll di wenn Zwlbin di helga,
   In turkgi nach fadin erm zei

5 Lai M'ezwnn narm ay,
   Da by gin dorchirre in tork
   Gillir royth ba zoill finn,
   Is sche assne rin do locht
6 Er fa harlow a zail,
   M'ozunn graw nin sgoll
   Ach so in skayll fa tursych mnaan,
   Gavr less di layve an tork.
7 Zingywal di lach ni wane,
   Da gurri ea assi gnok
   In schenn tork schee bi garv,
   Di vag ballerych na helve mok
8 Soeyth finn is derk dreach,
   Fa wenn Zwlbin zlass in tolga
   Di fre dimit less in tork,
   Mor in tolga a rin a shelga
9 Di clastich cozar ni wane,
   Nor si narm teach fa a cann
   Ersi in a vest o swoyn,
   Is glossis woyth er a glenn
10 Curris ri faggin nin leich,
   In shen tork schee er freich borb
   Bi geyr no ganyth sleygh,
   Bi traneiseygh na gath bolga
11 M'ozwnn ni narm geyr,
   Fragor less in na vest olk
   Wa teive reyll trom navynyth gay,
   Currir sleygh in dayl in turk
12 Brissir an cran less fa thre,
   Si chran fa reir er in mwk
   In sleygh o wasi waryerka vlaye,
   Rait less nochchar hay na corp
13 Targir in tan lann o troyle,
   Di Chossin mor loye in narm
   Marviss M'ozunn fest,
   Di hanyth feyn de hess slane
14 Tuttis sprocht er Inn ne wane,
   Is soyis sea si gnok
   Makozunn nar dult dayve,
   Olk less a hecht slane o tork
15 Er weith zoyth faddi no host,
   A durt gar wolga ri ray
   Tothiss a zermit o hocht,
   Ga maid try sin tork so id taa
16 Char zult ay achonyth finn
   Olk leinn gin a heacht da hygh
   Toissi tork er a zrum,
   M'ozunn nach trome trygh
17 Toiss na ye reiss,
   A yermit gi meine a torc,
   Fa lattis troygh ya chinn,
   A zil nin narm rind gort
18 Ymbeis be hurrus goye,
   Agus toissi zayve in tork
   Gunne i freich neive garve,
   Boonn in leich bi zarg in drod
19 Tuttis in sin er in rein,
   M'O'Zwne nar eyve fealle
   Na la di heive in turk,
   Ach sen ayd zut gi dorve
20 A ta schai in swn fa creay,
   M'O'Zwne keawe in gleacht
   Invakane fullich ni wane,
   Sin tulli so chayme fa art
21 Saywic swlzorme essroye,
   Far la berrit boye gi ayr
   In dey a horchirt la tork,
   Fa hulchin a chnokso a taa
22 Dermit M'O'Zwne oyill,
   Huttom tra ead nin noor
   Bi gil a wrai no grane,
   Bu derk a wail no blai k..
23 Fa boe innis a alt,
   Fadda rosk barglan fa lesga
   Gurme agus glassi na hwle,
   Maissi is cassi gowl ni gleacht

24 Binnis is grinnis na zloyr,
   Gil no zoid varzerk vlaa
   Mayd agis evycht sin leich,
   Seng is ser no kness bayn

25 Coythtyc is maaltor ban,
   M'O'Zwne bi vor boye
   In turri char hog swle,
   O chorreich wr er a zroy

26 Immir deit eyde is each,
   Fer in neygin creach nar charre
   Gilli a bar gasga is seith,
   Ach troyg mir a teich so glenn.
                              Glennschee.

D. 21. MAR MHAIRIBH DIARMAID AN TORC NETHIDH. 66 lines.

Mac Nicol's Collection, Ossianic Ballad No. xi. Copied by Malcolm Macphail. Edinburgh, March 4, 1872.

1 Eistibh beg mas aill leibh Laoidh,
  Air Chuidichd *O Chaoid sheo chaidh*;[1]
  Air Bein Ghullibin sair Fion fial,
  'S air Mac o Duibhne nan sceul truaidh.

2 Dhimir iad 's bu bhor an Fheal,
  Air Mac o Duibhne bu dearg Beul;
  Dol do Bhein Ghullibin a T-shealg,
  Tuirc nach feididh arm a chlaoidh.

3 Dharich a Bheist as a suain,
  Dhaibhirc i uapidh an Glean;
  Dhairich I Faragra nan Fian,
  Teachd a noir san niar na ceann.

4 Mac O Duibhne nach' dob Daibh,
  Chuir e 'n T-shleigh an dail an Tuirc;
  Bhrist e inte an crann mu Thri,
  Bu reachdar leis a bhi san Mhuic.

5 Harruing e t-shean Launn fo 'n Truail,
  A bhuinigh Buaidh ans gach Blar;
  Bhairibh Mac O Duibhne a Bheist,
  Hachir dha fein a bhi slan.

6 Huidh shin uille air aoin Chnoc,
  Laidh mor shrocht air Cean Flath fail;
  Air bhi gha fadda na Thost,
  Labhair e 's gum olc a Chail.

7 Tobhis a Dhiarmaid fo soc,
  Cia miad Troigh san Torc a niar;

8 Shia Traighin deig do dhfhir thobhis,
  Ha an Friogh na Muice fiaghich;
  Cha ne shin iddir a Tobhis,
  Tobhis a rist I Dhiarmaid.

9 Tobhis a Dhiarmaid a rist,
  Na aoghidh gu minn an Torc:
  'S leitsa do Raothin ga Chionn,
  Iulligh nan arm rein-gheur goirt.

10 Dherich e, 's be 'n Turris gaidh,
   As thobhis e ghaibh an Torc;
   Houll am Frith bha nibhail garg,
   Bonn an Laoich bu gharg san Trodd.

11 Aoin Deoch ghosa e d chuaich Fhinn,
   Fhir nan Briaridh blatha binn;
   Fon chaill mo Bhrigh 's mo Bhlaoigh,
   Ochoin gur a truaigh mar dobhir.

12 Cha doir mishe dhuit mo Chuach,
   'S cha bho choibhris mi air Hiota;
   Fon 's beg a reinn thu dom Leas,
   'S gur mor a reinn thu dom, aibhleas.

13 Cha dreinn mishe Cronn ort riabh,
   Houll na Bhos an oir na 'n iar;
   Ach immichd le Grain am Braid,
   Sa Huar gam thobhairt fo gheissibh.

14 Gleann shi an Gleann sheo rar Taoibh,
   ' Slionbhor Guth Feigh ann as Loin;
   Gleann an trioc an roibb an Fhian,
   Anoir san niar an Deigh nan Conn.

[1] sheo chaidh uain.

15 An Gleann shin fos Beinn Ghullibin Ghuirm
   'S aligh Tullachan ha fon Ghrein;
   'S trioc a bha na shruthain derrg,
   An Deigh nan Fian bhi shealg an Fheigh.

16 Shinn e na t-shin air an Raoin,
   Mac O Duibhn air haibh Feall;
   Na t-shiuigh ri Taibh an Tuirc,
   Shin sgeul fhaithin duit gu dearribh.

17 Giulligh Edidh oir as Each,
   San Eigin nan creich nach gann;
   Laibh bu bhor Gaisge a Gniomh
   Ochain mar ha 'n T-saoigh san Ghleann.
                                    Crioch.

H. 26. HOW DIARMAID WAS KILLED BY A WILD BOAR.

Kennedy's 1st Collection, page 116. 344 lines. Advocates' Library, Dec. 20, 1871. Copied by Malcolm Macphail.

THE ARGUMENT.

DIARMAID and Graine deserted from Fingal to a place called Eas-ruaidhe, in the county of An . . . a steep river which empties itself into the . . . and made his abode in the woods there abo . . . The Heroes were passing by the sea shore at the end of the Cataract one day, and Fingal saw a speal that Diarmaid cut off a stick in the water, and immediately knew that Diarmaid was in the woods thereabout, for the speal curled round nine times, and it was s . . . quarters long; there was none in Ireland that could do the like) loosed his dogs and let them through the wood after a wild cat which meet them there (for he know that Diarmaid would not break his vows, see. When Diarmaid heard the dogs howling he appeared unto them; then Fingal did not know how to kill him because he was an excellent warrior unconquered in combats; unless he would break his law, and this was it, he would let but one go to fight with any person once, (for he know that they would conquer the whole world by that regulation;) and for another reason none of his best Heroes would answer him to kill Diarmaid since he was guiltless in taking away his. But Fingal was very cuning, he went to a . . . . . a mountain, called Beinnghulban, to kill . . . . . . iperous Boar, who was always slaying their Dog and none of them did never venture to go nigh him for fear of being killed. Fingal ordered Diarmaid to kill the Boar; according to his vow, see. Diarmaid obeyed Fingal, went after the Boar and killed him.

Fingal was very sorry that he came safe from the Boar without any detriment: Diarmaid was inchanted, tho' he would get a wound in any part of his body, it would not be deadly, but there was a Mole spot on the sole of his right feet, and if anything would bleed it, he would empty all his blood to the ground till the last drop: Fingal knew that, and he ordered Diarmaid to measure bare feet the Boar, and that they know how many foot in length that was betwixt his snout and his tail, on his back; he measured the beast downward with great care and leisure and nothing happened to him: Then Fingal desired him to measure the horrid Boar upward against his Bristles, and that he would get any reward or request he would ask: The unfortunate Hero was in great confusion for he dare not break either of his oaths, nor measure the beast upward, but he knew if Fingal would fetch to him out of the Fount, in his own golden Cup, by his own hand and the will of his heart, that it would quench the issue of his wound. He measured the Boar upward on his back . . . . Bristles wounded the spot, then his blood ran down on the Hill like a rivulet's . . . He asked then a drink of the Spring of Fingal, but he would not gave that untill he lost the least drop of his blood and fall on the heath; Then the Bards and his . . . . lamented over his grave exquisite bitterly, and repents more than ever he did, that he put the excellent warrior who was also his nephew to such a shamefull painfull and pitiful death.

DAN 25.

1 'S GLEANN sith an gleann so r' ar taobh,
  Far am biodh faóidh fhiadh is lon;
  'S gnáthaichte ruidheadh an Fhiann,
  'S an srath shiar an deidh nan con.

2 Eisteadh beag, mar áill libh Laoidh,
  Air a chuideachd chaoimh so ghluais;
  Air Beinn-Ghulbann 's Flath na 'm Fiann,
  S' mac o duimhne nan sgial truagh.

3 'C' om nach eisteamaid re d' Laoidh,
   Oisain ionmhuinn 's binne glóir;
   No eoin nan cladachd ag caóidhran
   No eoin chóill re teachd an ló.'

4 Latha do bha mo Righ fialaidh,
   . . . fhianntidh nach b' fhiadhach sgà',
   . sealg feadh ghleanntina diamhair
   Theirrin sinn sios gus an tráidh.

5 . . sin chunnaig mo Righsa,
   . ir thus fior f hir thréune Pháil;
   . . . shlisag na cuartaig fhinn gheal,
   'Si naoi filte teachd gu sáil.

6 Rug e orra na bhois fhoir-ghlain,
   'S dh' ambairc gu bior-shuilach géur;
   Thomhais e i le chois mhaisaich,
   'S b' e fad cuig traidhe is réis.

7 An sin do labhair gu fiathaich,
   ' S'e Diarmaid rinn so gun bhréug;
   'S cho 'n aon neach do dh' fhearra Chormaic,
   No do cholgaraich na Féinn.'

8 Dh' eitich mo Righsa gun bhréug,
   ' Nach gabhadh e béidh no deoch;
   Gus am faichte gnúis an fhéinnidh,
   Ma bha 'n Eirinn beó an sloc.'

9 Chuir sinn ar gadhair fui 'n t-sliagh,
   'S fui' n choilltich ro' dhiamhair chaoin;
   A deidh fia' chat nan carnn,
   'S gu cluineadh e' n sgairnn san gaoir.

10 Chual an laoch nach b' fhann am blár,
   Gaoir an áird re slios an t-sleibh;
   Agus labhair e r' a mhnaoi,
   ' Cho' n éist mi gadhair na Féinne.'

11 ' A Dhiarmaid eistsa na gadhair,
   'S nach eil ann ach fadhaid bhréige:
   'S deacair taobsain re Mac Chuthail,
   Leis is cumhair bhi gun chéile.'

12 ' Ge de cho 'n eist mi na gadhair,
   'S taodhlidh mi gach fadhaid sleibhe,
   Bu nár nan leigain mo shealg dhir
   Air son an-rún Righ na Féinne.'

13 Do thainig Diarmaid gus a ghleann,
   Gu Féinn ainmeil Innse pháile;
   Is b' ait an sealadh le Fionn,
   A thighain nan ceann 's nan lámhe.

14 Chuaidh sinn gu Beinn-ghulbann ghuirm,
   'S áille tulach tha fuidh 'n ghréin;
   Bu ghnáthaicht' le a shrathaibh dearg,
   Sealg bhi orra dh' Fhionn na Féinn.

15 B' i Beinn-ghulbann leab an tuirc,
   A bha tric fuidh chosaibh fhiadh;
   Mu chomhair deadh mhac o duimhne,
   Do chaill Grainne cónn sa cíall.

16 Shuidhich Fionn 's bu dearg a leac,
   Mu Bheinn-ghulbann ghlais an t-sealg;
   ' Fair a Dhiarmaid air an torc,
   'S mor an lochd a rinn an fheall.'

17 'G eisteachd re con-ghaoir nam Fiann,
   Near sa niar a teachd n' ar ceann,
   Dhuisg an an-beist as a suain,
   'S dh' imich i uainn air a ghleann.

18 Chuir air re faicsinn nan laoch,
   Sean torc nimhe nam fraoch borb;
   Bu treine gháinne nam fiodh,
   'S bu ghéire ghath nan gath bolg.

19 ' Sean torc diamhair do tha 'n sud,
   Lán do fhuil alluidh 's do ghuin;
   A Dhiarmaid mhic o duimhn ud fhéil,
   Leansa féin an an-beist uilc.'

20 Lean an laoch bu tal'mhidh lámh,
   An an beist a' b' áirde friodh;
   Charaich e chuige 's na dháil,
   Mar fhuaim tuinne n' áirde lith.

21 An t-sleagh o' n bhois bhar-ghil bháin,
   Chuir eisean na dháil ga lot;
   Do bhris e 'n crann air na thri,
   'S dh' fhag e 'n ceann aic shios na chorp.

22 Tharruing e 'n t-sean lann a truaill,
   Leis am buidhnte buaidh 's gach blár;
   Thorchair le O duimhne bhéist,
   'S thainig e fein uaithe slán.

23 Do luidh sprochd air Flath nam Fiann,
   'N tra' shuidh e siar air a chnoc;
   Leasan cho bu turas áigh,
   Diarmaid a theachd slán o' n torc.

24 Air bhi dh' a tamull na thost,
   Labhair e 's gu b' olc re rádh;
   ' A Dhiarmaid tomhais an torc,
   Cia lion troidh o thochd ga shail.'

25 Riamh cho d' eitich aon ni 'n Fhéinn,
   A chuir iad r' a ré na dháil;
   Thomhais e 'n torc air a dhruim,
   'S thainig e féin uaithe slán.

26 ' Tomhais na adhaidh arís,
   A Dhiarmaid 's ma ni do lot;
   Do rodh athchuing' dhuit d' a cheann,
   Ille nan arm ranna ghéur goirt.'

27 Thomhais e 's bu mhór a sgá',
   Mac O duimhne dhoibh an torc;
   'S ghuin am friodhan barr gheur trom,
   Bonn an laoich bu gharg san trod.

28 Do thuit e 'n sin air an t-sliagh,
   Mac O duimhne ciabh nan clearc;
   Aon laoch fuileach dach na 'm Fiann,
   Air an tulaich siar o 'n teach.

29 Bha fhuil a ruidh o chorp caóin,
   Mar shruth caól o fhuaran árd;
   Bu truadh bhi faicsinn a leóin,
   Gun chionta no gó fuidh chrá'.

30 Ge d' bu deirge ghruaidh nan t-subh,
   Bhiodh air uilean chnuic san fhéur;
   Dh' fhás iad gu dubh nealach uain,
   Mar neal fuar air neart na gréin.

31 ' Aon deoch anois a' d' chuaich Fhinn,
   Fhir nam briathraibh binn, subhach;
   O 'n dhoirt mi moran do 'n fhuil,
   Thoir deoch as an fhuaran chugam.'

32 ' De cha tabhair mi dhuit deoch,
   A choisgas do ghoi' no d' iota;
   'S nach d' riun thu dhamh riamh do 'm leas.
   Nach d' rinn thu faidhoidh do 'm mhi-leas.'

33 ' De cha d' rinn mi d' aimh-leas riamh,
   Thall no bhos, an ear nan iar;
   Ach Gráinne dholbh leam am bruid,
   'N uair a bhris i orm mo bhriath'r,

34 ' Aon deoch anois a' d' chuaich Fhinn,
   Fhir nam briathraibh binn, subhach;
   O 'n dhoirt mi moran do 'm fhuil,
   Thoir deoch as an fhuaran chugam.'

35 ' De cha labhair mi dhuit deoch,
   A choisgas do ghoi' no d' iota;
   'S nach d' rinn thu dhamh riamh de 'm leas,
   Nach d' rinn thu faidheoidh do 'm mhi-leas.'

36 . . . m bu chumhain leat latha shuine (shui mhne)
   . . . o 'n eil fáth a bhi da chuimhneach;
   . . . o mharbhas tri, is ochd ceud dhuit,
   . . . meisg chothann, 's le 'm ghéur chuinsair.'

37 ' Aon deoch anois a' d' chuaich Fhinn,
   Fhir nam briathraibh binn, subhach;
   O 'n dhoirt mi moran do 'm fhuil,
   Thoir deoch as an fhuaran chugam.'

38 De cha tabhair mi dhuit deach,
   A choisgas do ghoi' no d' iota;
   'S nach d' rinn thu dhamh riamh do m' leas,
   Nach d' rinn thu faidheoidh do 'm mhi-leas.'

39 ' Am bruth chaorainn bha thu 'n láimh,
   O! Fhinn bu mhaith dhuit mi feinach;
   'N uair a bha 'n Deud-gheal, gu d' ghuin,
   'S tu ann an eigainn san d' éug-bhail.'

40 ' Aon deoch anois a' d chuaich Fhinn,
   Fhir nam briathraibh binn, subhach;
   O 'n dhoirt mi moran do 'm fhuil,
   Thoir deoch as an fhuaran chugam.'

41 'De cha tabhair mi dhuit deoch,
  A choisgas do ghoi' no d' iota;
  'S nach d' rinn thu dhamh riamh do 'm leas,
  Nach d' rinn thu faidheoidh do 'm mhi-leas.'

42 'La eile bu mhaith dhuit mise,
  An Tigh teambra' 's tu mor iomgain;
  Bu mhi 'n cosgarrach sa bhail,
  'S mi gu d' chosnamh as gach iorgaill.'

43 'Aon deoch, anois a' d' chuaich Fhinn,
  Fhir nam brathraibh bláth, subhach;
  On dhoirt mi moran do 'm fhuil,
  Thoir deoch as an fhuaran chugam.'

44 De cha tabhair mi dhuit deoch,
  A choisgas do ghoi' no d' iota;
  'S nach d' rinn thu dhamh riamh do 'm leas,
  Nach d' rinn thu faidheoidh do 'm mhi-leas.'

45 'Tri mic Innse Tir-fuidh thuinn,
  Mharbh mi iad uile d' an ain-deoin;
  'S dh' ionail mi nam fuil thu steach,
  Ge do chlaoidh thu mi le h-an-iochd.'

46 'Aon deoch anois a' d' chuaich Fhinn,
  Fhir nam briathraibh binn 's na cabh;
  O 'n chaill mi mo bhri' 's mo bhlagh,
  Deoch do 'n fhuaran, neo' na tabhair.'

47 'De cha tabhair mi dhuit deoch,
  A choisgas do lot gu siorruidh;
  'S nach d' rinn thu dhamh riamh do 'm leas,
  Nach d' rinn thu faidheoidh do 'm mhi-leas.'

48 'Nam bu chumhain leat la Chonaill ('Chothain')
  Bha Cairbnidh roimhad sa mhuintir;
  Thu fein is an Fhiann ai d' dheidh,
  O! 's truagh 'm ádhaidh gu Beinn-ghulbann.'

49 'Na 'm biodh fios aig mnái' na h-Oighe,
  Mise sheoladh ann san luib so;
  Bu tursach am fir nan ádhart,
  O! struagh'm ádhaidh gu Beinn-ghulbann.'

50 'Gur mi Diarmaid an Iudhair,
  Chonnachd, agus Buidh, 's Béure;
  'S mi dalt Aondhais a Bhrodha,
  Neach air an raibh rodhe deilbhe.'

51 ''S mi dalt Aondhais a Bhrodha,
  Bheirainn todhaidh do gach ur 'chair;
  Thug barr air gach fear le fádhaid,
  O! struagh 'm ádhaidh gu Beinn-ghulbann.'

52 ''S mi seobhag shuil ghorm Eas-ruaidh,
  Leom a bheirte buaidh 's gach blár;
  O! struagh mo thorachairt le muic,
  Mu thulachainn a chnuic so' ta.'

53 Do thiodhlaic sinne faidheoidh,
  Le cumha, le brón 's le snith;
  Aon mhacaidh fuilteach nam Fiann,
  Air an tulaich siar fuidh lic.

54 'Nuair a chunnaig Gráinne uilc,
  Gu do chiuresdh e fuidh 'n lár;
  Chaill i h-aithne is a gné,
  'S thuit i an neal air a bhlár.

55 Nuair dh' aithrich i as a pná;
  Sheinn i le crá' is le brón;
  Cliú Dhiarmaid bu ghile snuagh,
  Sios gu duainidh air an lon.

56 'Tha leaba deis' ann sa charraig,
  Bha Fionn da farraid ré bliadhna;
  Tha sruith' os a ceann do sháile,
  'S cha fhliuchadh mo ghradhsa Diarmaid.'

57 ''S' i sinn an leab an raibh Leadan,
  A thogadh t-éug-bhail air fiadhach;
  Am fear nach do smuaintich eagal,
  Roimh cheilair nan con san t-sliagh ud.'

58 'Ochóin b' i sin uair a chéusaidh,
  Gur goirt 's gur géur dhamsa h-iar-guin,
  Do ghorm-shuil a bhi gun leirsinn,
  Fhir a b' eibhinn beul is briathraibh.'

59 'Gur tu mac peathar an Ard-Righ,
  Bha gu badhach ághor fialidh;
  O! struagh a chuir e gu bás thu,
  Gun chion fáth a ghraidh a Dhiarmaid.'

60 'Bu tu aon laoich feara Pháile.
  A dh' fhaotainn buaidh láir an comhrag;
  Thug bárr orr' uile ann 's gach cluiche,
  'S thug an subhachas 's an sólas.'

61 'Bu ghile da chneas nan canach,
  No úr shneachd an gleanntidh caola;
  Thug do chruth barr air an t-sluagh uil';
  Fhir bu deirge gruaidh nan caorann.'

62 'Bu ghuirme do suil nan dearcag,
  A bhiodh air uilean chreach bheann árd,
  'S bu chiuine prioba do rosgaibh,
  No osnach lúbas féur gach fair.'

63 'Bu ghile do dhéud nan gagan,
  A bhiodh air chrathadh feadh an lá;
  'S bu bhinne fuaim do bheoil ionmhuinn.
  No ceól eoin choilteach, 's gach clár.'

64 'Mar dhrisinna' gréine tha d fhalt,
  Gu fionn bhuidh casarlach gradhach;
  Tha do chneas cho mhín san cobhar,
  Fhir a b' fhodhainntach 's gach áite.'

65 ''S dubhach mi gun iolach sólais,
  Ach turs' is brón a sior eibhich;
  A chruit chiuil is binne mire,
  Cha tog mo chroidhe gu h-éibhneas.'

66 'Thuit mo spiorad an cuan stuadhach,
  Gun chlos, gun suaimhneas ag gárraich;
  A sior chuimhneacha' do nosaibh,
  Och! Mo leonadh is mi gun abhachd.'

67 'Cho chluinn mi tuille do chómhra',
  A b' éibhnaiche no ceól Fiodhail;
  No 'n smeórach 's na gleanntidh fásaich,
  'S dubh a' dh' fhag gu bráth mo chroidhé.'

68 'Cho 'n fhaic mi ni 's mó do ghnúis-sa,
  No deábradh do shuil ghorm shoitbeamh;
  Ochóin s mi fuidh thuilteach gabhaidh,
  Cho 'n eirich gu bráth gu soluis.'

69 ''S doracha do chomhnuidh fui 'n fhód,
  Is cumhan do leab reót gun fhuinn;
  'S cho dearla mhadain gu lá bhráth,
  A dhuisgas tu a' d' phná a shuinn.'

70 'Ach folaichde chaoidh ann san úir,
  Mhiannaiche gach súil do chiabhag;
  Bennachd leat fein is le d' áille,
  Anois agus gu brath a Dhiarmaid.'

71 'Dh' ullaich gach filidh a chlársach,
  A shéinn moladh do 'n lán laoch chúinn;
  Gu do-bhronach 's gu ro thime,
  Ceól 's bu shnithach fann gach súil.'

72 'Gu ma beannaicht' thusa Dhiarmaid,
  Fhir a' b' fhearr briathraibh is ágh;
  Do na tha am fiamtachd Eirann,
  'S an-aoibhinn an diu ar gáir.'

73 'Bha do neart mar thuiltach uisge,
  A dol a sios a chlaoidh do námh,
  An cabhaig mar iolair nan spéur,
  No stéud eisg a ruigh air sáil.'

74 'A Thriath Bhéura b' áille leadan,
  No aon fhleasgach tha san Fheinn;
  Gu ma samhach a raibh d' ór-chul,
  Fuidh chudrom an loin gach ré.'

75 'Ni 's mo cha 'n fhaicar thu air chuan,
  Air an eireadh stuathan árd,
  No 'n doire re sealg an fheidh,
  No 'm blár chéud a sgatha' chnamh.'

76 'Cho mhó chluintar nual do bheóil,
  A bu bhinne na glóir nan ean;
  An Tigh-teamhra' gu lá bhráth,
  Fhir bu ro mhaith grádh is gné.'

77 'Gur dubhach an diu gach rosg,
  Bu gheal do bhos, 's bu ghil' do chneas;
  Bu tréun tabhachdach thu laoich,
  Bu phailt mais, is aoigh' is clearc.'

78 'Mile mallachd air an lá
  A thug Gráinne grádh do d' ghnúiss
  B 'e sin a chuir Fionn gu bréin,
  'S a chuir thu a' d' thréin gu h-úir.'

79 'G' e b' iomad daoin agus neart,
   Mu d' thiomcheall a chlearc nan áill;
   'S tu lamh a b' fhearr iomairt is ágh,
   Ochain do na tha sa ghleann.'

80 'Ach mhealladh do chuma gach bean,
   A mhic o duimhne bu mhear buaidh,
   'S do shuiridhe cha d' thog do shuil,
   Gus an deach úir air do ghruaidh.'

81 'Cha do ghlac cloidheamh na dhornn,
   Nam brat sróil is fhearr san Fheinn;
   Aon neach a bheireadh tu uainn,
   A dh' aingain sluagh Righ na Feinn.'

82 ''S cha mho ghlac e sgia' na lann,
   Neach d' an raibh ceann teachd a' d' ghao';
   Mhic o duimhn ud a' ta marbh,
   'N uair a bha thu 'n arm nan laoch.'

83 'Ach o na dholbh thu le Grainn,
   Feadh gach áit' mar fhuath no éilt;
   Ghabh gach duine dhinn ort fuath,
   'S gu h-araid Fionn 's truagh an sgéul.

84 'Cho 'n ionadh mi bhi gun chlí,
   Is dubhach, tiamhidh gun sólas;
   'S a liuthad curidh tréun calma,
   Thuit dhinn air gach ám an cómhrag.'

85 'Thuit iad uil' ach mis' am aonar,
   Mar chrann musgain, maol, gun duileach;
   Gach darag maóthan is ógan,
   Ge d' bu lionmhur mor re 'n tuireadh.

86 'Ge d' tha 'n diu gun tréin no comhdach,
   Bu mhor mo chonadh 's mo lúth;
   Gun easbhuidh daoine no nith.
   Dh' fhag sin saoghal mu seach dhuinn.'

I. 20. BAS DHIARMAID O DUIMHNE. 320 lines.
Kennedy's 2nd Collection, page 104. Advocates' Library,
April 9, 1872. Copied by Malcolm Macphail.

THE ARGUMENT.

AFTER the battle of Newry was over, Dermid related to Fingal how Grany had enchanted him to run away with her, and implored his pardon; but Fingal's incredulity and inclemency would not permit him to forgive so atrocious a crime as Dermid was constrained to be guilty of. Therefore Dermid and Grany were obliged to fly a second time from the awful presence of Fingal, and continue their Hermitage in the lonesome Woods and dark Caverns of the Rocks as formerly. Fingal upon the day following went to the woods, and loosed his Hounds after a wild Cat he spied hard by him, in order he should alarm Dermid to the sport. Dermid heard the howling of the Dogs and bawling of the Huntsmen; against the instigation of Grany would appear in the chase and throw himself into the hands of Fingal a second time, who wished his death, could it be carried on accidentally without being a wilful murder. Upon the ensuing day Fingal ordered his Bands to go a hunting to a mountain called Bengul-ban. A huge and viperous wild boar hunted this mountain, which defied all the artifice of Fingal's army and strength of their hounds to kill. The dogs alarmed and pursued the Boar, but durst not come near him. Fingal ordered Dermid to pursue and kill the Boar, and that he would be freely pardoned for his offence. Dermid pursued, attacked, and kilt the dreadful Boar. Fingal recollected that there was a Mole or Mark on the sole of Dermid's right foot, which if touched by the venemous gristles of the Boar that he should bleed to death. Accordingly he commanded Dermid to measure the Boar, and find out his length from the snout to the tail. Dermid measured the Boar downward and came off safe. Fingal ordered him to measure the Boar upward, to which Dermid consented on condition Fingal would grant him a speedy remedy if he happened to be wounded, whereto Fingal agreed. The brave, valarous, and beautiful Dermid O Duin measured the Boar against the gristles, wherewith he got wounded, and Fingal after he is fallen refused him any remedy, not suspecting his death would be occasioned so suddenly by so slight a wound. We can find few or no instances of this nature in all the actions of Fingal, which has been occasioned by the inconstant and perfictious Grany in deluding Dermid to the detestable crime of adultery. Fingal is seldom possessed with the spirit of cruelty and revenge. We find him of a compassionate disposition, even to his professed enemies; hospitable to all strangers.

Full of tenderness and charity to the afflicted; Ready to relieve the miserable, and inclined to Forgive offenders. Slow to cast out with the strong, and powerful to overcome them in war, which is manifested by his advice to his grand son Oscar, one of which we take the liberty to mention here.

1 O OSCAIR! Claoidh an calma treun,
  Ach dion fui' d' sgeith am fann;
  An aghaidh namham tabhair beum,
  Mar neart sruth leug nam beann.

2 Bi mar an osag sheimh sa mhagh,
  Do 'n dream is laige gniomh;
  Gu maoineach, meineach, meat a leon,
  Na 'n coimheach broin a striochd.

3 Na tabhair beum, ach gus am fèum,
  Do chom is treine dhion;
  No h-ob bhi mall gu comhragg lann,
  Mar eagal call do d' Riogh.

The following Poem or Lament of Dermid opens upon hunting of the Boar, Dermid expostulating his innocency, enumerating his frequent and great services, and imploring a remedy of Fingal. After his death Grany laments over him in a moving and pathetic manner. Then the Bards sung to his praise and memory in a very tragical and beautiful strain. And Fingal mourned for him many days in the Hall of Turra and Tur-ana.

Note.—Here follow lines which differ from the other version (H.). All the rest are identical, and in the same order.—J.F.C. June 6, 1872. Collated with H. Mac Lean.

3 OISEINN fheilidh is binne ceòl,
  No eoin air linnidh nan leug,
  Mar choill cheud tha fuaim do bheoil.

4 Latha do bha mo Riogh Fionn,
  Is fhiantaidh bu treun am blar;
  A' sealg fea' ghleantaidh is leirg,
  Theiring a mheirgeach gu traidh.

5 Do chunnaig mo Thriath geal ur,
  Bu mhor iul measg fheara Phail;
  Sliseag nua' gu cuan nan tonn,
  Air traidh nan clach donn, 's nam barc.

6 Ghlac Mac Cumhail an t-sleis og,
  A b' fhearr doidh na cornaibh cruinn;
  'S ann leinne bu mhor an t-euchd,
  Bha seachd reisean ann a druim.

7 Do labhair Riogh Phail nan cuach,
  'Se Diarmaid truagh rinn an t-euchd;
  Cho 'n gon fhear do Chathain Chormaic,
  No ghabh tamh fui' cholbh na Feinn.

8 Dh' eitich mo Riogh bu mhor miadh,
  Nach gabhadh e biadh no deoch;
  Gus am fuighte Diarmaid donn,
  Ma bha' n Eirinn nan lon phort.

10 Chuail an laoch, nach b' fhann am blar,
   Gadhair bhan ri slios an t-sleibhe;
   Agus labhair e ri Graine,
   Cho' n eist mi ri gàir na Feinne.

13 Thainig Diarmaid gus a ghleann,
   Gu Feinn m' ansachd Innse-Phaile;
   Is b' ait an sealadh le Fionn,
   E tigh' n os ar cionn air fàire.

36 Mharbhas tri fichead, is ceud duit,
   Bu mhor m' fheum le lanna cuinsear.

48 Na 'm bu chumhainn leat latha Clothan,
   Bha Cairbridh roimhead, 's a mhuintir;
   Thu fein is an Fhiann a d' adhaidh,
   O! 's truagh m' adhaidh gu Beinn-ghulbann.

50 Gur mise Diarmaid an ludhair,
   Chonnachd, agus Buidh, 's Beura;
   'S mi dalta Naois nam fear bodha,
   Laoch air an raibh rodha deilbhe.

51 'S mi dalta Naois nam fear bodha,

54 'N uair chunnaig ingheau Ghormala nan steud,
   An treun na luighe 's an ùir;
   Chaill e h aithne,—thuit san fheur,
   Mar leug gun charuchadh sùl.

55 Tra dh' airich i as a pnà,
   Sheinn gu craiteach iolach bhròin;
   Cliu Dhiarmaid bu ghile snuadh,
   Shios gu duainidh air an lòn.

59 Gur tu mac peathar Riogh Phaile,

60 Bu tu aon laoch fheara Phaile,
   A bhuidhinn buai' làir ann comhrag;
   Thug barr orr uile 's gach luth-chleas,
   'S thug a d' ghiulan, sugach, solach,

61 Bu ghile do chneas no 'n canach,
   No 'n cathadh 's na gleannaibh caola;
   Dhealradh do chruth ann 'sna leirgean,
   Fhir bu deirge leac no 'n caorann.

62 Bu ghuirme do shuil no 'n dearc,
   Air uileann nan leacann ard;
   'S bu chiuine iomairt do rosg,
   No 'u seimh osnach air feur fair.

63 Mar dhrisinne greine t-fhalt,
   Am-lubach, cas-lubach,-ar-bhuidh;
   Tha do chneas co geal 'san cothar,
   A laoich, nach d' fhodhain na blàir dhuit.

64 'S dubhach mi, gun iolach sholais,
   Ach tursa bhroin a' sior eughach;
   A chrùit chiuil is binne mire,
   Cho duisg mo chroidhe gu h-eibhneas.

65 Thuit m' aigneadh 's ann aigeal stuathach,
   Gun chlos no suaimhneas a' garraich;
   A sior chuimhneacha' do nosaibh,
   Och! Mo threodbaid bhroin gun abhachd.

67 Ni 's mo cho 'n fhaicear do ghnuis,
   A dhealradh gu h-ur ann tur Chonail;
   Ochoin! Mi! fui' thuilteach gabhaidh,
   C'uin a thig a ghraidh ort solus.

68 'S dorcha do bhuthainn fui 'n fhod,
   'S cumhann reot do leaba leom;
   Cho dearl' a mhadainn, gu la bhrath,
   A dhuisgeas mo ghradh an sonn.

71 Gu ma h-aghor thusa Dhiarmaid,
   Fhir is fearr briathra' is àgh;
   Do na tha am Fianntachd Eirann,
   'S an-eibhinn an diu' ar gàir.

73 A thriach Bheura b' aille loinreadh,
   No aon ogan tha san Fheinn;
   Gu ma samhach a roibh t-òr-chul,
   Fui' chudram an loin gach re.

77 Mile mallachd air an la,
   A thug Graine gradh do d' chruth,
   Chuir sin Fionn nam Flath o cheill,
   'S truagh an sgeul mar dh' eug u 'n diu'.

78 Ge h-iomad laoch bu mhor neart,
   Mu thiomchall nan clearcan aill,
   'S lamh a b' fhearr iomairt, is agh,
   Ochain-do na bha sa ghleann.

80 Arm ann uasal nan luath bheum.

82 Ach o na dh' fholbh e le Grain,
   Fea' nan carun mar fhuath nan eug;
   Ghabh gach duine dhinn air grain,
   Is Riogh Phaile-'s truagh an sgeul.

84 Bu lionmhor sloigh aig Mac Cumhaill.

M. 18. BAS DHIARMUID. 104 lines.

1 Eistibh beag[1] ma 's aill libh laoidh
   Air a chuideachd' chaoimh so chuaidh,
   Air Grainne, air Fionn fial
   'S air Mac o Duimhne nan scial truadh.

2 'N Gleann sith sin 's an gleann r'a thaobh[2]
   Far 'm bu bhinn guth feidh[3] is loin,
   Far am minic an robh 'n Fhiann
   An Ear 's an iar an diaidh an con.

3 Air an t-suth sin Ghulbunn ghuirm
   Is aillidh' tulachain tha fo 'n ghrein,
   'S tric a bha na sruthain dearg
   An diaidh na 'm Fiann bhith sealg an fheidh.

[1] Beagan. [2] R'a'r thaobh. [3] Fead feidh.

4 Dh' imir iad 's bu mhor a chealg
   Air Mac o Duimhne bu dearg li,
   Dol do Bheinn-Ghulbunn a shealg
   Tuirc nach feadadh airm a chaoidh.

5 A Dhiarmuid na freagair an fhaghaid
   'S na tadhaill am fiadhach breige,
   Na rach teann air Fionn Mac Cumhaill,
   O 's cumhadh leis a bhi gun cheile.

6 A ghradh nam ban a Ghrainne
   Na toill-se naire do d' cheile,
   Fhreagairinn-se guth na seilge
   Dh' ain-deoin feirge fir[4] na Feinne.

7 Dhuisg iad a bheist as a shuain,
   Bha freiceadan air shuas an gleann,
   'G eisteachd re garaich nam Fiann
   Is iad gu dian fo cheann.[5]

8 An seann torc nimhe a bha garg
   Thainig o Bhall ard nan Alla-mhuc,
   B' fhaide iongna na gath sleagha
   Bu treise fhriogh na gath builge.

9 Leig iad ris na deadh ghadhair,
   Gadhair Fhinn is fir na seilge,
   Chuir iad a mhuc a bhan le liodra[6]
   'S bha na t-eun choin air a tionntadh.

10 A mhic o duimhne fhir threin,
    Ma 's e 's gu 'n d'rinneadh euchda leat,
    Bith-se cuimhneach air do laimh,
    So an ti fa 'n dearnar leat.

11 Mac o Duimhne nan arm aigh,
    Air faicinn do a bheist uile,
    O 'n t-slos thaobh-gheal shlamhnuich thla
    Chas e 'n t-sleagh an sail an tuirc.

12 Tharruing e 'n t-sleagh o 'n dorn gheal bhan
    Chum a sathadh ann a chorp,
    Bhriseadh leis an cran na thri
    Gun aon mhir dh' e bhith san torc.

13 Tharruing e 'n t-seann lann as an truaill,
    O 's i bhuidhneadh buaidh 's gach blar,
    'S mharbhadh leis an uile bheist
    Is thearuinn e na dhiaidh slan.

14 Luidh sproc air Fionn fial
    Is leig e siar e ris a chnoc,
    Mac o Duimhne nan arm aigh
    A dhol as gu slan o 'n torc.

15 Air dh' a bhith tamull na thosd
    Labhair Fionn 's gu 'm b' olc r'a radh;
    A Dhiarmuid tomhis an torc
    Cia meud traigh o shoc gu shail.

16 Cha do dhiult e achuing' Fhinn,
    'S aithreach leinn a theachd o 'n tigh,
    Thomhis e 'n torc air a dhruim
    Mac o Duimhne nior throm traigh

17 Se traighe deuga do dh' fhior thomhas
    A tha 'n druim na muice fiadhnich,
    Cha 'n e sin idir a thomhas
    Tomhis e ris a Dhiarmaid.

18 A Dhiarmid tomhis a ris
    Na aghuidh gu min an torc;
    Roghainn a gheabhadh tu ga cheann
    Togha nan lano rinn-gheur goirt.

19 Thomhuis e, 's cha bu turus aigh,
    Mac o Duimhne nach trom traigh;
    Tholl am friogh nimhe bha garg
    Bonn an laoich bu gharg san trod.

20 Aon deoch dhamh-s' a' d' chuaich Fhinn
    Dheadh mhic mo righ do m' chabhair;
    O chaill mi mo bhlagh 's mo bhrigh,
    Ochoin! is truadh mi mur tabhair.

21 Cha toir mise dhuit deoch
    'S cha mho choisgeas mi air h-iota,
    O 'S beag a rinn thu do m' leas
    'S is mor a rinn thu do m' aimhleas.

[4] Fhear. [5] Is iad ag cuir gu dian mu cheann.
[6] Mhan gu leath-trath.

22 Cha d' rinn mise cron ort riamh
   Thall no bhos, an ear n 'n iar;
   Ach im'eachd le Grainne am braid
   'S a tuar gam' thabhairt fo gheasuibh.

23 Thuit se an sin fo chreuchd,
   Mac o Duimhne ciabh nan cleachd,
   Sar mhac fulangach nam Fiann,
   Air an tuluich siar fa dheas.

24 Cumhachdach gu mealladh bhan
   Mac o Duimhne bu mhor buaidh;
   An t-suireadh cha do thog a suil
   O chaidh an uir do ghruaidh.

25 Bha guirme bha glaise na shuil,
   Bha mine bha maise na ghruaidh,
   Bha spionnadh bha tabhachd san laoch
   Bha sud saor fo chneas bàn.

26 Dh' adhluic iad air son tuluich,
   Air sith-dhun na muice fiadhuich,
   Grainne Ni Chormaig a churuich,
   Da choin gheal' agus Diarmud.

O. 12. BAS DHIARMAD O DUIGNE. 131 lines.

Dr. Irvine's MS., page 60. Copied by Malcolm Macphail, Edinburgh, March 22, 1872.

1 AN gleann Sì, san gleann ri thaobh,
  An gleann an tric an robh fead laoich;
  Eoin is Lomhuinn;
  Far an tric an robh an Fheinn;
  An ear 's an iar deigh nan con.

2 Air an t-shi Ghulbuin ghuirm,
  Air an tulaich is ailde fo 'n ghrein;
  Air an tric an robh froidhean dearga,
  An deigh sealg fir na Feinne,

3 Eisdibh tamull ma 's aill leibh,
  Air a' chuideachd chaomh so chuidh;
  Air beinn Ghulbunn, air Fionna fail,
  Air Mac O Duighne nan sgeul truagh (sgial)

4 Shuidhich Fionn bu chruaidh cheilg,
  Air Mac O Duighne bu deirge lith;
  Dhol a bheinn Ghulbhunn shealg an tuirc,
  Nach d' fheudar leis na h-airm ga dhith.

5 Dhiamaid na ruig an fhagad,
  'S na taoghail am fiadhach leirge;
  Na rach teann air Fionn Mac Cuthail,
  O' s dubhach thu bhi gun cheille.

6 A ghradh nam ban, a Ghraine,
  Na toillsa tamailt do d' cheud ghradh;
  Rachainse dh' amharc na seilge,
  Cheart aindeoin feirg fir na Feinne.

7 Cha d' fhas mi riamh a' m' chrionaich chrithunn,
  'S ionnan sa chreag mo runsa;
  Co a shealladh air graine le toigh,
  Nam fasadh Diarmad na mheall unich.

8 B' e mo mhiann bhi 'n cois na seilge,
  An toir air Torc a' chraois namhainn;
  'S tric a leag mi 'n lon a luadhas,

9 Shuas air eudainn beinn a Ghulbhuinn,
  Dh' fhalbh Mac O Duighne le ceum ard;
  Bu dubhach bu chraiteach Graine.

10 Shil a deoir Mar fhros na Maidne,
   Mar cheò glas bha da shuil (al. a gnuis)
   Cha' n fhaic mi tuille Diarmaid,
   Tha m' anam gu dian na dheigh,

11 Mhic Cuthail bi baigheil ri' m leannan,
   Cha bheannachd dhuit m' aighir a chlaoidh;
   Dhuisg iad an uile bheist as a shuain,
   Freicedan air chluas gach beann.

12 'G eisdeachd ri Coin ghairaich nam Fiann,
   'S iad gu dian a ruith fo ceann;
   Leig iad rithe na deagh ghathair,
   Gathair ann fir na Feinne.

13 Thug iad a' mhuc bhan ga leadradh,
   'S na sair choin gheala ga teumadh (ga tionndaidh)
   B' fhaide e teanga na gath sleagha,
   B' fhaide a friogh na gath builge.

14 An seann Torc nimhe bha garg,
   A ghineadh o ardail nan torc;
   Bhriseadh leis an dorn gheal bhlar,
   Thachda dha na bha na chorp,
   Bhriseadh leis an crann na thri,
   Gu 'n son mhir dhe dhol san torc.

15 Tharruig e 'n seann lann dubh o 'n truaill,
   O 'n si b' ioghna buaidh sgach blar;
   Mharbha leis an Uile bheisd,
   As thearnadh na dheigh e fein slan,

16 An sin luidh sproc air Fionn nam Fiann,
   Luidh e siar ris a chnoc;
   Air dha bhi tamull na thosd,
   Labhair 's gum b' olc a radh.

17 Dhiarmad tomhais an torc,
   Cia meud troidh o shoc gu earr?
   Na duilteam t-achuinich Fhinn,
   O 'n 's dan leam cinnteach tighinn o t-iochd[1]

18 Dhiarmad tomhais e ris,
   Na aghaidh gu min an torc;
   Uam gheibh tu g' a chionn
   Tagha nan lann geur bhar goirt.

19 Thomhais Diarmad bu tuirseach da,
   Mac O Duighne nan trom troidh;
   Tholl am friogh nimhe bha garg,
   Buinn an loich bu gharbh an trod. (al. bu gharg)

20 Aon deoch a' d' chuaich Fhinn,
   Laoich Mhic Cuthail o 'n chro choinich
   O 'n theirigear mo bhrigh, 's mo bhlath,
   Laoich foir no na doir dhuit. (al. no na deoir dhuit)

21 O 's aithne dhi leigheas gach feachd, (gach creuchd)
   Cha' n eil leigheas ann mo chuaich;
   A Dhiarmad 's truagh leam do chor,
   'S truagh leam Graine bhi gad' chaoidh

22 'S truagh an gniomh a rinn an torc,
   Gam chaoidhsa cha bhi Graine aild;
   Ged 'sann gu bas a theid mi nochd,
   'S aithne dhi cleas nan lub,
   A t-iulsa cha teid g 'a toil.

23 Tha gaol domh daingean mar chrios;
   Tha misneach mar Ghailbhin ard,
   G' a mor a h-osna cha leig fios,
   Ged thuit mi le sligh mo namh.

24 Co so tighinn mar cheò,
   'S a deoir a srutha gun chaird,
   Cò ach Graine 's binne gloir,
   Annir cha bheo do d' ghradh.

25 Mar Ghill eigin nach deach snac till,
   Mar Mhacan is ailde nan t-sugh;
   Ochadan gad' chaoidh saghleann (mar t-aoidh)
   Bha guirme, bha glaise na shuil,
   Bha mine, bha maise na ghruaidh,
   Bha spionnadh, bha tabhachd sano lach.
   Bhi sid saor o shliosean ban,

26 'S truagh mise bhi gad chaoidh,
   Ne m' ainmsa, cha 'n uigh do ghrain,
   Marbhaisg air an torc,
   Ach cha 'n e a rinn m' olc san àm.

27 Cha 'n e, ach Fionn nan cleasan baoth,
   Mallachd aig un fhaobh gun tamh;
   A Ghrain na bi-sa a' d' dhiom,
   Tha Fionn mar Dhiarmad gu d' dhion.

28 Dh' fhalbh e 's b' olc leam,
   Cha 'n e me run a rinn an gniomh;

29 Thuit Graine gun cobhair a h-aigh,
   Air gnuis Ailde Dhiarmad duinn,
   Stad a chreuchd bha doirt a fhuil,
   Truagh a bhuil an lo sin duinn.

[1] O 's cinnteach leam tigeinn lochd.

30 Dh' aidhlaiceadh iad air aon tulach,
　Air friodhnaich na Muice fiadhaich;
　Graine nighean Tormaid Mhic Curri,
　Da choin gheala as D'iarmad.

31 A Ghulbhronn, cluinnear do chaoidh,
　'S beag m' uigh dhol gu t-ianach;
　Codail a thuire 'n ad chonnuich,
　Tha do chomhnuidh seasgair dionach.

32 Luidh smal air an Fheinne,
　M' athair fein bha dheth diomach,
　Chlarsach na tog fonn a bhroin,
　Tha deoir a cheana a' taomadh.

From the recitation of Archd. Stewart, man-servant in Dalchoanie, 19th Feb., 1801.

Z. 6. DIARMAID. 56 lines.

Written by Macphail from the recitation of Norman Murray, Habost, Ness, Lewis, 1866.

I HAVE a great many more versions of this, orally collected by myself and by other collectors in late years. The song is well known in the Islands of South Uist and Barra, 1871. This is a sample of decay, and curious for that reason.

LAOIDH DHIARMAID.

EISDIBH beag ma 's aill leibh laoidh,
　Air a bhuidheann chaoimh a dh' fhalbh uainn,
　'S mac-o-Duimhne nan sgeul truagh.

1 Tha srath a 'm beinn Ghuilbean, ghuirm,
　'S àrda tulach fo 'n a ghrein;
　Far an suidheadh sinn pubull àgh,
　'D ol do 'n t-seilg le Fionn nam Fiann.

2 Triall do bheinn Ghuilbean a shealg,
　Air muc nach feudar aimn dhi;
　Dhuisg an uilbhiast as a suain,
　'S dh' imich i bh' uainn air a ghleann.

3 'N uair chuala i tartar nam Fiann,
　Ghabh i an Ear san I iar fo ceann;
　'N uair chuala i tartar nan laoch,
　'S i 'n gleann Sìth an robh Fraoch borb.

4 Bu deirge i na graine fiodha,
　'S bu gheire friogha nan gath balg;
　Bhriseadh leatha an t-sleagh mar stri,
　An crann bu rioghna fo na mhuic.

5 Bho 'n bhus 's deirge eilltrich bhlàth,
　'S bu chradh leinn nach b' ann na corp;
　C' uim' nach ciosnaicheadh tu an torc,
　Le tarum nan laoch bu mhor naimhdeas.

6 Air bhi dha fada na thosd,
　Labhair e ge b' olc ri radh;
　Tharruing e an t-seann lann bho 'n truaill,
　Or bu leasan buaidh guch blàir.

7 Dhiarmaid tomhais an torc,
　C' ia lion troidh o top a ta;
　Thomhais e mhuc àir a druim,
　Mac-o-Duimhne nach truime troidh.

8 Dhiarmaid tomhais i rìst,
　'Na aghaidh 's mine an torc;
　Thiomdaidh 's cha bu turns àigh,
　Cha d' thomhais ach a dha san torc,

9 Chaidh a gath nimh bu mhor craidh,
　A 'm bonn an laoich nach tlà san trod;
　Aon deoch an uisge dhomh Fhinn,
　'S gheibh thu athchuinge da chinn.

10 Rogha nan arm rionn geur gort,
　Chi thu air a chnoc ud thall;
　Cha tabbair mise dhuitse deoch,
　'S na 's mo cha choisg mi air t-iota.

11 Cha d' rinn thu riamh dhomh leas,
　Nach d' rinn thu 'n aon uair dhomh dh' aimhleas;
　B' fhada leis an Fheinn bu chuimhne,
　Mar a bitheadh Fionn gha iarraidh.

12 Ge bu ghorm an dè an tullach,
　Bu dearg e 'n diudh le fuil Dhiarmaid;
　Thielaiceadh sud anus an tullach,
　Fo thunnachd na muic fiadhaich.

13 Grainne ni-Chormaic, ni-Chuilleann,
　Le da dhealbh chuilean 'us Diarmaid;
　Gu 'm b' fhada, 'us gu 'm bu bhuidhe fhalt,
　Mall a rosg us fada a leac.

14 Bha maise 'us guirme na shuilean,
　Maise 'us caise an cul nan cleachd;
　'S mionaig a ruitheadh an Fheinn,
　Air an t-sliabh an deigh nan con.

&. EXTRACT FROM A LETTER

Addressed to Miss Mac Leod of Mac Leod, by a Lady, sent April 18, 1872, from Dunregan.

THIS shows that Heroic Ballads are known to the very poorest classes in the Highlands, and that they are localised everywhere.

'Beinn Ianabheig, a peaked hill above the Bay of Portree, was once called *Beinn Gulban*, where Diarmad, the friend of Fionn, was wounded when measuring the wild boar.

'At Sgor is the grave of Diarmad; and at Benmore is *Tobar-an-Tuirc*, from which, when dying, he besought Fionn to fetch him a drink.

'Margaret Macleod, a poor forlorn woman at Portree, knows these places, and can sing the songs about them.'

THE STORY OF GOLL MAC MORNA.

P*. 3. (D. 23. I. 16. O. 20. Z. 25.) (H. 27. 1. 17. P. 8. X. 13. &.) (A. 24.)

THE Story is told by Kennedy in his 'Arguments,' and the Ballads tell it for Gaelic readers. I will tell it in English when I translate. Goll was the nickname of Iodhlan: it means 'one eyed.' The name was earned in a story about a trip to Lochlann, which I picked up orally. The hero was Chief of the Clanna Morna, the biggest and strongest of the Feinne, with the title of 'Gaisgeach na Feinne.' In this capacity he, like Bhima, in the 'Mahábhárata,' was concerned about the Commissariat. He had a right to all the marrow, and all that could be got out of the bones. Fionn, Chief of the Clanna Baoisgne, quartered his grandson Oscar upon Goll. He was called names equivalent to Gnawbones and Lickpot, and so played the character whom Dasent named Boots.

Gnawbones slew a dragon in a prose story, which I have got and will translate. He earned his nickname of Oscar, and rose from cook's mate to be a chief. As Goll got old Fionn quartered his youngest son upon Goll; when he grew up he challenged Goll, and proved the strongest. They fought, and Fionn's son was slain. Thereupon the ancient blood-feud about the slaying of Fionn's Father by the Clanna Morna, whom he had driven and oppressed, broke out. Fionn's tribe, as I was told, in 1871, in South Uist, bound Goll, and set him with his face to a gale in a sand-drift, so he was blinded; then they drove him into a cave, and thence on to a rocky point, where he starved to death. His wife came to him, and he bade her marry a Spaniah warrior, the only one who ever had vanquished him. In the Ballads which follow it is easy to trace this story, which may be true. It is curious to trace the changes. In 1512, they were going to seek a man's head; in 1871, the story current amongst the people savours of the ways of Lapps, who live on venison and set great store by marrow bones; but, in 1760 or thereabouts, the poetry savours of chivalry.

Instead of the quarrel about marrow bones and food, which must have been a real cause of strife amongst hunters in the middle of the third century, Caoirreal hangs his shield above the shield of Goll in the House of Almhuin. (D. 5. below.) Possibly that pretension was a cause of strife when the Poem was composed or shortly before; but the popular tradition is most probable.

A curious underground dwelling in North Uist, discovered a few years ago, was strewed with marrow bones, beef bones, mutton bones, and deer's horns, and edible shells. In Ireland cattle raids were fertile causes of strife, and famines caused cattle raids. In the hands of Dr. Smith, the marrow bones and shields turned into sentiment as any English reader can see by turning to 'Gaelic Antiquities, Edinburgh, 1780, by John Smith, Minister of Kilbrandon, Argyllshire.'

P*. 3. LAMH-FHAD. 146 lines.

Rev. Alexander Campbell's MS. Copied by Donald Mac Pherson, Advocates' Library, July 16, 1872.

WHILE printing these sheets a collection made, about 1803, by the Rev. Alexander Campbell, Minister of Portree, in Skye, was found in the Gaelic drawer at the Advocates' Library. I got a list of the contents, and marked it P*. Some person unknown condemned the collection thus: 'Style low; versification harsh and clumsy,' 'Dargo pretty correct,' and so on. Wishing to judge for myself, and let others judge, I got this extract.

A story about Longhand and Goll, in Lochlann, is current in 1871. I wrote it myself in Uist from the telling of Mac Isaig. A story and ballad of the same purport were mentioned by Hill as current about Loch Awe in 1780. It is quoted by Dr. Donald Smith, p. 120, 'Appendix, Report on Ossian, 1805.' That story and this ballad belong to Fionn's Expedition to Lochlann. See above, p. 83. They explain how 'Iollan' got the name of 'Goll' = One-eyed. A ballad called 'Laoidh an Duirn,' or the Lay of the Buffet, is often mentioned in Scotland as one to be greatly admired, and a standard for Lays; but I have never found anyone able to repeat it. A ballad known by that name is common in Modern Irish MSS. In one, which I have, the chief characters, are Iollain Mac Morna, or Goll, and Lughaidh Lagha. In another Lughaidh Lamha is the name. In Mr. Campbell's Skye ballad the Metre is peculiar. A pronoun connected with the Sun is written e=he, instead of i=she, which is a mistake, because the noun is correctly made feminine by its aspiration. The sentiment is foreign to ballads, and belongs to a later class of Gaelic songs. I conclude that this is a modern version of the old ballad which is known as the Lay of the Fist, or Buffet, or Cuff, of which I have no other Scotch version.

1 CHAIDH Fionn is Oscar is Mac Morn'
'S moran do mhaitheamh nam Fiann
'Lochlann le cuireadh o Tarcum
Gu cairdeas is gaol a choimhead

2 Gu sith am bannamh gun cheilg
Cheangal gu dian 's gu daing an

3 Tiaruinte dh' imeach na h-armuin
Gun chunnart gun ghabhadh gu calla
Choinnich slioc Lochlann air traigh riu
'S an t-ard Righ dh' altuich am beatha

4 Seac la agus oich' gun sri,
Ri ceol 's ri iomairt 's ri aighear
Bha Fionn is Tarcum nan long
'S a laoich gu fonnar ga chaithibh

5 Ach 's mealta gun fhuras a saoghal
Ge broscalach faoilteal a shealladh
Chi' thu e direadh 's a tearnadh
'S tric e na scaileadh mar fhaileas

6 Tha Ghrian sa mhadain ag soillseadh
'S e g eiri gun nial air athar
Le mor theas togaidh e 'n driuchd
Gu suilbhir seallaidh gach fearainn

7 Ach duthaidh go h' alamh nan speuran
Tathaidh neoil thiuidh air na beannamh
Chitir an dealan a dearrsadh
'S cluintir an tairnean le forum

8 Silidh an t-uisge gu nuath' alt
Diridh e nuas oirnn na mheallan
Croicidh an tuil o 'n a bheinn
'S an earbag teachaidh gu falach

9 Mar sin caochlaidh ur dochas
'S dolas leannuidh fo ghruaim
'N diudh tha thu aobhach gun douruinn
'S labhraidh le solas do bheul

10 Treigidh a mairaich do bharrail,
Thig norr'uinn faireas le fuaim;
Gun fhios thig saighid cho guinneach
'S tuislidh le turraig do cheum.

11 Rinn Tarcum feadhachas mhor
Bha Fionn 's mhaitheamh fo ghean
San dochas gu n' chairid an Righ
Is sioth nach bristeadh e tuillidh.

12 Ach mealta bha fhocall 's a ghniomh
Ceilg rinn e shniomh gus am milleadh
A ghuin sa neimhdeas dha 'n Fheinn
Cheil e fo dhuthar nam faolladh

13 Bha Lamhfhad gu borb aig a chuilm
Mac baoth na Muirirdeach ruaidh
'S b' ionmbuinn le Tarcum an laoch
Ge b' aognaidh aogas 's a ghabhail

14 Scian orbhui chlocharra cheanngheal,
Riabh ris nach do dhealaich Mac Chu'aill;
Groim thuair Lamhfhad le feall orr,
'S b' aill leis dha fein gun gleidh

15 Ach ghlac Mac Morn i na laimh
Is Lamhfhad ged dh' iarr cha 'n fhaidh
Tus na h-iorghuil 's na dournin
Gu truagh se Tarcum choireach

16 Dh' eirich greann is fearg a laoich
Ach Goll cha chaochladh am bharail
Cha d' thugadh e seachad gun sri
Scian bhuadhar an Righ si aig'.

17 'Com am bheil thu dusgadh iorghuil?
Com bheil thu 'g iarrui dosuin?
Do dh' Fhionngheal buinidh an scian
'S do Lamhfhad a chaoidh cha tabhair

18 Suidh fhir mhoir 's na mill a chuilm
Na bachd toil-inntinn na cuideachd
Na brist snaim daingann na sioth
Rinn bhur Righre treun an cheangal.'

19 Cha d' dh' eist an t-umpaidh an laoch
Cha d' gheill e le sioth dha chomhairl
Dh' arduich e ghuth fiadhaich cruaidh
'S chluinte fada fuaim a mhuineal

20 'Is tric se Morna a rinn thu beud
Air maitheamh is treunfhir Lochlann
Cha till thu tuilleadh air sal
Gu brath cha tarrning thu cloidheamh.'

21 Tharruing e 'n dorn le laimh chearr;
Mac Morna ghearr e gu fuilteach
Thuit e fein alamh na dheigh
Bho lar cha d' dh' eirich e tuilleadh

22 Sparr Goll a scian orbhui na thaobh
Chraobb fhuil a choim as a dèadh
Ghlaodh e gu cruaidh chaill e chli
Cha b' urrainn Tarcum ga chobhair

23 Glac' mid ars' Tarcum bhur 'n airm
Suas eirimh uile shliochd Lochlann
Doirtibh fuil nam Fiantidh gu lar
Na teichidh aon-aonan diubh dhachaigh

24 Tuiteadh iad le 'r faobbair chruaidh
'S biodh aoibhneas air mna'an 'n fhearain
Tuillidh cha chaill oighean an gaoil
'S mac cha bhi mathair a tuireadh

25 Bidh Morbheinn 's a feidh aig Laoich
Nach striochd a dh' iorghuil na dh' eagall
Fionngheal 's a ghaisgeach san uir
Cha dhùisgir tuillidh dhuinn cogadh

26 Bha 'n Fheinn gun chlogaid gun sceith
Gun cheilg cha d' smuainteach air cogadh
Gun duil ri tuasaid no sri
Gu siothail na suidhe ma 'n t-shligeadh

27 Ach alamh ghlachd iad au airm
'S ged' thionail na ceudan curri
Dhion iad an cuideachd gu treun
'S an ceum a gluasad gu loingeas

28 Rheubadh lamh Oscair an aigh
Le geur lann guineach Righ Lochlaun
Ach scaradh eisin gu teann
'S bu tiamhaidh buillean nan gaisgeach

29 Bha forrum a sciath san shluasaid
Mar fhuaimneach thartarrach chreige
Nuair bhuailis dealan i'm fuathas
Ga bloidhidh na caoban le ghlaoidhir

30 Mar sin chluinnte fuaim an sciath
Gu mor uaibhreach anns a' chath
'S dh' arduich air gach taobh an iorghuil
Aig 'n d' rainig an traigh na maitheamh

31 Bhiodh Tarcum na Oscar 'n uair sin
Na sineadh gu luath gun anam
Mar brist a sleaghan na cheile
'S gu na dh' eighmh mac Chumhail air Oscar

32 A mhic mo mhic Oscair aigh
    Bachd do lamh is fàg an t-aineol
    Tha ghaoth na deannamh gu Morbheinn
    'S air siuil bhana ard ri 'n crannaibh

33 Chaill Tarcum urram de laoich
    Bhuinig thu cliu air 's an deannal
    Nach d' choisinn sinn buaidh na h-àraich
    Rinn foum mar b' abhaist dhe 'r lannamh

34 Sheas an iorghuil scuir an t-shri
    Sheol laoich nam Fiann bho'n chala
    Is chluinte neimhdean na 'n deigh
    Ri glaoidhaich eildol gun aighear

35 Deach agus fichead fear mor
    Gu fuilteach leonadh le'r lannibh
    'S a dha dheug eile 'sa naoidh
    Sin thuit air an raoin gun anam

36 Chaill sinne Faoilte gun ghruaim
    Is Luath-chas dhireadh nam bealach
    Dithis bu shuthach aig cuilm
    'S nach tiuntadh an cùl san deannal

37 Thog Fionn leis an Coirp ar sàl
    Air ard bheinn chaireach san talamh
    Bha mnaoi fad bliadhna gan caonidh
    Is Righinn tuireadh an caulla.

LAOIDH AN DOIRNN. 124 lines. Irish. Extracts.

THE story current in Scotland makes this a quarrel in Lochlann. The Irish ballad makes it a civil broil in Ireland, at a feast at the King's House, at Teamhra, in the reign of Lughaidh Mac Con, who reigned, according to Keating, A.D. 182—212. Oisein, who was present, is made to tell the story to Padruig, whose mission began A.D. 432. I have made shift to copy ten verses from a second Irish copy of this Lay, in which there are 124 lines. I bought both MSS. from Mr. John O'Daly, Dublin, in December, 1871, and I know nothing of their pedigree. If I have erred in reading, I have not done it on purpose. Irish is not my business, but I have done my best to copy it letter by letter.—J.F.C.

OISEIN.
1 Do chuadh mar go tos Teamhrai,
    As bu líonmhar linn teacht ar d-Teaghlaidh;
    Ar chùir Mac Con na g-cath,
    Rígh Eireann árd fhlaith.

2 Is e buidhin do tháinigh nár g-cionn,
    Do mhathaibh Eireann gan feall,
    Da árd rígh catha ceata,
    Mac Con a 's Fionn flaith na Feinne.

3 Cormac Mac Iollalaidh chais,
    Dear bhrathair Mhèic Con Mac a Mhàthar;
    Brasair bèara fear do bhuaidh,
    Righ Laigheann re h-iomad sluaigh.

4 Tháinigh cugainn as Cruachna,
    Liagan luaimhneach luachra;
    An tréin fhear do bhí lan do ghoil,
    Iollann Mac Mórna fortail,

5 Do shuidh Iollann Mac Morrna Mór,
    Gach fear díobh an-ionad áir;
    Fir Eireann ag-Cathaoir n-uáill,
    Ag-tigh righ Teamhrai na mór sluagh.

6 Do shuigh Lughaidh Làmha na g-creach,
    Ar ghualainn Ghoill go dána;
    Ar aghaidh Fhinn Mhic Cumhaill,
    As ar ghualainn Bhrasair Bhéara.

7 Ann sin adubhairt Lughaid Lámna focal,
    A 's níor bh-feirde friotal,
    Bheir muintirsi marseo a d-tir Chuinn,
    Ni fhacadh tusa a threan Ghoill.

GOLL.
8 Do chonairc mise Muintir mhór mhaith,
    A d-tigh Chuinn ceud catha ag òl;
    Builli dho dá samhuil a ngloann Catha,
    Da ghnuis uasal a 's árd fhlatha.

LUGH.
9 Níor comòradh raimh Conn,
    Re Mac Conn ar toinn;
    Buillidha da samhuil a ngleann Catha,
    As dà ghnuis uasal ardfhlatha.

GOLL.
10 Do dhlígh tusa guth thabhairt ar Chonn,
    Tur mhairbh se do shinsir
    Gur ab e do mhairbh to-scai
    Mogha Nuadhat as Maicmadh Mac Luigheach.

D. 23. A CHIOS CHNAIMH. 66 lines.

Copied from Mac Nicol's Collection by Donald Mac Pherson. Advocates' Library, May 3, 1872.

THIS fragment is part of the quarrel between Caoirreal, Fionn's youngest son, and Goll, chief of the Clanna Morna.

1 SIN iad hugaibh hun an Oil,
    Air mo shithse maodhain mhor,
    Gun aon Sgiadh air duinne dhibh,
    Gun a còmhdach uille dh' or.

2 Dath na 'm Flath air dhath an Eug
    Dath an S sneachda thig a nuas
    Dath as aile no air Chach,
    Rosg Riogh orr uille gu leir.

3 Ha aon Duin' air thus an Sluaidh
    'S na biodh a Mheud mar ha Bhuaidh.
    Cha d' imigh e 'm Fear ga Choish
    Aon Neach ga 'n cumhaidh ris comhrac.

4 Caoirreal ceutach mar bu Dual
    A chi thu ar thus au T-sluaidh,
    Da Trian Ruim ort Fhein gan Fheall
    Rheitichir a Rum roimh Chaoirreal.

5 Go 'n chuir Caorreal ma Mhi-cheil
    Am Flaitheas a Shean-ath'r fein,
    A sgiadh osciom sgeithe Ghoill
    Am an Tulachin Tighe na Halbhaidh.

6 Go de bheireadh sinn duit, Fhir,
    Do sgiadh chuir acionn mo sgeithe?
    Gar m' fheabhas do Mhac Flath,
    Agus mo chruas a chuir Chath,
    Mo mhi mion re Bannal Bhan,
    Agus mo bhi fial re Fili.

7 Dh' fairid Caorreal seach a Lamh,
    Dheadh Mhic Cumhail na 'n Arm sean
    Cia ma 'm biodh a Chios Chnamh
    Ga cuir uille a dhaon Lathair?

8 A Chios Chnamha, a Chiois Chamha,
    Gur mairg leinne air 'n do thar Thu
    'N fheoil ma 'n do las meanmna an Fhir,
    Cho raibh 'n sud ach Ciois trian fir.

9 Ge be bheireadh uain an Smior,
    Chion agus nach bann dom dheoin,
    Bheirin breitich ris a Chnaimh,
    Go La bhrath nach blaissin Feoil.

10 Cnaimh an Daimh aillidh san T-sliabh
    Gun a chuir an coire riamh,
    Thugthar sud an Laimh na Deishe
    Air an lar nar fianishne.

11 Leanabh leanabidh is Laoich làn,
    Cho 'n ann' Comh' fhad theid an Comhrac,
    Cho leanabidh is Mac Riogh thar soal,
    On Tim the e fein air airtheast.

12 Dheridh Sheishear laidir Laoich
    Edir an Leanabh san Toglaoich
    Gun Fhiu na sgein air an Crios
    Air Eagal a Cheile mharbhadh.

13 Se huirt Connan maol mac Morna
    'M fear a bhadh riamh ris an olc
    Thugthar dhamhsa ma Sgian fein,
    S go 'm bithin thall eattora.

14 Se huirt Oissean beg mac Fhein,
    Leith mar leith air an leath Roinn
    Thugthar dhamhsa mo Sgian fein,
    'S thugthar a sgian fein do Chonnan.

15 'S iomad Og an Earradh Gaisge
    Agus Laoch ar faicsin Gabbaidh,
    'S iomad Laoch luanaich air Lannaobh,
    Gheibhte thall ma Cheannaibh Chnamha.

¹ Gem bheilm.

16 Am facadh tu Iongnadh riamh
    A Chlerich, channadh gach Cliar²
    Bu mho na 'n Fhein uill a theachd slan,
    Ga 'n edrigin on aon Chnainh.

² Cleas?

I. 16. BAS CHAIRILL. 128 lines.

Kennedy's 2nd Collection, page 117. Advocates' Library, April 10, 1872. Copied by Malcolm Macphail.

NOTE.—This fragment is a second bit of the Quarrel between Caoirreal and Goll. It describes the death of the young Hero, and ends with Fionn's Lament for his son. It is not in Kennedy's First Collection. It seems to be more modern than the other, but it is fine Gaelic poetry.

THE ARGUMENT.

THE manner by which the death of this famous Hero was brought about was very tragical, whose story is related traditionally as follows :—Gaul being the most experienced Warrior of all the Bands of Fingal; and the only one living of the royal race of Clan Moirne, of whom he held command under the famous Flag and special advice of Fingal, and who upon all occasions and at all solemnities was honoured and regarded above any Man of either Clan—Gaul having always occupied the next seat to Fingal, and enjoyed the best and most delicious Messes, especially a Roast or Colop (called Mirmora) over and above the wont ratio of all the Grand Bands created him in his declining years ill will and aversion, by the ambitious Sons of Fingal, in particular Caril.—This Mirmora, or rather Mircorra, was a favourite Mess of Fingal and Gaul, which was but a choice Colop choped and mixed with marrow and herb seeds : It is described thus :—

Mirmora nan laothan saille,
Mar shruth meal air barach gheugan;
Is greadhainn nan lus ga charadh,
Do Mhomad armann nan geur-lann.

This Mirmora and every other reward conferred upon Gaul was claimed by Caril, finding himself the bravest and most accomplished Champion among the Sons of Fingal, seeing Gaul aged and unfit for distant services, disputed his birth by dint of arms. The invincible Gaul and inveterate Caril entered the lists and engaged each other in wrestling whereby they could not decide the cause that day, being both equally overcome.

The day following they met, well clad in armour, furnished with sword and Lance (against the presuation of Fingal) whereby they shewed great courage and bravery, and Gaul gave the decisive stroke to Caril, who has been lamented by Fingal for many days. Gaul fled and hid himself in a Cave full of grief and sorrow, not chosing to rely upon the friendship of Fingal till his days of mourning elapsed. The Poem opens at their engagement and ends by Fingal and the Bard's lament over Caril's corpse.

BAS CHAIRILL.

1 ANN Tigh-teamhra nan cruite ciuil,
   Air dhuinne bhi steach mu' n ol;
   Dhuisg an iomar-bhaidh na laoich,
   Cairill caomh, is Momad mor.

2 Dh' eirich gu spairneachd na Suinn,
   Bu truime no 'n tuinn cuilg an cos;
   Sroinich an cuim chluinte cian,
   'S an Fhiann gu cianail fui' sprochd.

3 Clachan agus talmhinn trom,
   Threachailte le 'm buinn san stri;
   A cliarachd re fad an la.
   Gun fhios cia dhiu b' fhearr sa ghniomh.

4 Air madainn an dara mhàireach,
   Chuai' na suinn an dail a cheile;
   Cairill cuilgeara nam buadh,
   Agus Goll nan cruai' lann geura.

5 Dh' iathadh, dh' imiridh, agus thàirneadh,
   Iad gu naisinnich sa chumasg;
   Gu cuidreach, cudramach, gàbhaidh
   Bu chian le cach gair am buillean.

6 Bu mhinig teine d' an armaibh,
   'S cothar garbh d' an cneasa' geala;
   Chuai' an sleaghan righne bhernadh,
   'S an sgiathan gu lar a ghearadh.

7 Thuit Cairill caoin, calma, ceanail,
   Gun anail fui' n Chuinne-chrotha;
   'S beudach, baolach, borb am buille,
   Leag an curaidh sa chruai' chomhrag.

8 Mo laogh, mo leanabh, mo ghradhsa,
   'S truagh a chraidh do bhas an t-athair;
   Do radh Fionn an aignidh chianail,
   Bu truime no ghrian fui' phlathadh.

9 O Chairill ! A Mhic, a ruinein!
   Dhruid do shuil, is ghlais do dheud-geal;
   Ghluais do neart mar osag uamsa,
   Chaochail do shnuadh mar bhla' gheugan.

10 Cho 'n fhaicear ni 's mo do thighin,
   Air an t-sligbe chum na coi-stri;
   Cho mho chluinn mi fuaim do sgeithe,
   Ghaoil nam beum a' teachd do' m chonamh.

11 'S truagh nach b' ann le ain-neart choimheach.
   No Riogh an domhain a bhuailt u;
   'S bheirinnse t-eiric a Chairill,
   O Chrigaile nan arm buadhar,

12 Beannachd dhuit a Chairill Cheutaich,
   'S iomad ceud a dhiong thu 'n combrag;
   B' fhad a thriall u, b' fhaide cliu ort,
   Ann 's gach iul ann d' fhuaras eolas.

13 Bu mbuirneach, misneachail, meamnach,
   Thu 'n Tigh-teamhra measg nan ceudan;
   A laoich fhuilichdich san torachd,
   Sgeula broin an diu' mar dh' eug u.

14 'S truagh nach ann cathan mhilidh,
   Leaigt u mhin laoich nan dual arbhuidh;
   Bhiodh sliochd Cumhaill toirt diu torachd,
   Fea' gach roid g' an leon san àraich.

15 'S tursach, deurach ceol na Feinne,
   Caoi' an treun laoich, b' eibhinn gaire;
   'S tiamhaidh, dolach Fionn ga d' bhron,
   Nach faicear beo u 'n teach nan armann.

16 'S dosgach eug a ghaisgich euchdoil,
   Thuit gun t-eug-bhail ann sa chumasg;
   Mar neul oiche ghluais e uainne,
   'S e sin an sgeul truagh is cumhainn.

17 Oighean Shora seinnear bron leo,
   A leith an Ogain chaoimh, aillidh;
   Mar cheo nam beann tha gach muthainn,
   'S nithich, cumhach air lag mharan.

18 Tha' n laoch araiceil toirteil, talmhaidh,
   Gun iomairt gun arm, gun uigheam;
   'S cumhann conart, t-ionad comhnuidh,
   Chois an loin-gur mor am puthar

19 Air cuan nan leug, scian a ghluas e,
   Air sumainne uathmhunn, cair-gheal;
   Ceolmhor, ceileireach san leirg,
   Re tim seilg' a tathach lan-daimh.

20 A laoich, mheidhich, mhuirnich, bhàdhaich,
   Labhraich laidir luimnich, bheimnich;
   Mar shruth neartmhor u measg namhan
   Soraidh leai a ghraidh nan geur-lann.

O. 20. GOLL IS CAORULL. 16 lines.

Dr. Irvine's MS., page 111. Copied by Malcolm Macphail. Edinburgh, March 30, 1872.

THIS fragment, got near Dunkeld, is part of the same ballad of which two fragments are given above.

C.

1 BHEIRINN boid ris a chraimh,
   Gu brath nach blaisinn an fheoil;
   Nan tugta dhiom an smear (smior)
   Cheana 's nach b' ann a' m' dheoir.

G.

2 Chailleadh tu a smior,
   Ga mor do chion air feoil;
   B' fhearr do Ghaisgeach luidhe air airm,
   Na gaoil a thoirt a bharan fheoir.

C.

3 Air bhar an fheoir, ga mor do thair,
  'S tric a sharuich thu 'n damh donn;
  Ruag thu 'n eild air a bhar,
  'S a dh' eirich tra ri ard nan tom.

G.

4 Chaorul 's beag mo speis,
  Do d' chull nach robh riamh ach gann;
  Cha 'n fhui' cuis lann air son smior,
  'S eu ni troda ma chnaimh.

Z. 25. COIREAL. 60 lines.

Orally collected by Hector Mac Lean, in Barra, September 30, 1860.

So far as it goes, this version is almost word for word the same as Kennedy's version, I. The man who sang this, lives still, in Barra. As Kennedy's manuscript never was published, this shows what national memory is capable of accomplishing. Donald Mac Phie could, and did, repeat and sing to slow tunes, nearly all the Heroic Ballads which Gillies printed in 1786. The book is very rare. He did not know any part of the Gratis edition of Ossian, distributed in 1818; but the Catechist quoted used to give readings from that book.

National memory will not be instructed, but is ignorantly conservative.

Z. 38. is another version, of 44 lines, written by Alexander Carmichael, and recited by Kenneth Morrison, in Skye, about 1860. A second version was recited to the same collector, by Kenneth. I have them both in vol. 12 of my unpublished collection, see Index, vol. iv., 329, 330. How old this ballad may be, or who composed it, I cannot guess, but it is more than a hundred years old: it was known in Dunkeld, Barra, Skye, and Ceantire, long ago, and it is commonly sung still by the uneducated classes, in spite of the educated, who try to put down this kind of entertainment.

COIREAL. 'S ann a thaobh bàis Choiril a bha mìorun aig Fionn do Gholl gus an do mharbh e Conn Mac an Deirg.

1 An taigh Teamhra nan cruite ciuil,
  Air dhuinn a bhith steach mu 'n ol,
  Dhuisg ann an iomar bhaidh na laoich,—
  Coireal caomh a 's Mòmad mor.

2 Dh' eirich gu spairneachd na suinn,
  Bu truime na 'n tuinn cuilg an cas,
  Strònaich an arm chluinnte cian,
  'S an Fhìnn gu cianail fo sprochd.

3 Clachan agus talamhan trom,
  Treachaillte le 'm buinn 's an stri;
  Cliarachd aca fad an la,
  Gun fhios co dhiu b' fhearr 's a' gniomh.

4 Air madainn an la 'r na mhaireach,
  Chaidh na suinn an dàil a cheile,—
  Coireal cuilgearra nam buadh,
  Agus Goll nan cruaidh-lann geura.

5 Dh' iadhadh, dh' iomaireadh, agus thairneadh.
  Iad gun nàisneachd anns a' chumasg;
  Gu cuidreach, cudthromach, gabhaidh,
  Bu chian le cach gàir am buillean.

6 Bu mhinig teine d' an armaibh;
  Cobhar garbh dh' an cneasaibh geala:
  Chaidh an sleaghan ruighne 'bhearnadh,
  'S an sgiathan gu làr a ghearradh.

7 Thuit Coireal caomh, calma, ceanail,
  Gun anail, fo 'n Gholl chròdha;
  'S beudach, baoghalach, borb am buille,
  'Leag an curaidh 's a' chruaidh chomhrag.

8 Mo ghaol! mo leanabh! mo ghradhsa!
  'S truagh a chraidh do bhàs an t-athair!
  Gu 'n robh Fionn an aigne chianail,
  'Bu truime na 'ghrian fo phlathadh.

9 O! Choiril! a mhic! a rùnain!
  Dhruid do shùil a 's ghlais do dheudach;
  Dh' fhalbh do dhreach mar oiteig, uamsa;
  Chaochail do shnuadh mar bhlàth gheugan.

10 Cha 'n fhaicear na 's mò do thighinn.
   Air an t-slighe chum na comh-stri;
   Cha mhò a chluinnear fuaim do sgéithe,
   A ghaoil nam beum, a' tighinn gu m' chomhnuidh.

11 Is truagh nach b' ann an cathan mhìlidh
   A leagt' thu, 'mhìn-laoich nan dual orbhuidh;
   Bhiodh sliochd Chumhail 'toirt dhiu tòrachd,
   Feadh gach ròid 'gan leon 's an àraich.

12 Is truagh nach b' ann le ainneart choimheach,
   Na righ an Domhain a bhuailt' thu,
   Is bheirinn-sa t' eirig, a Choiril;
   O Bhreatannaich nan arm bhuadhar.

13 Beannachd dhuit a Choiril cheutaich,
   'S iomadh ceud a dhiong thu 'n comhrag;
   B' fhada 'thriall thu, 's b' fhaide cliù ort,
   Anns gach iuil an d' fhuaradh eolas.

14 Bu mhuirneach, misneachail, meanmnach
   Thu 'n taigh Teamhra 'measg nan ceudan;—
   A laoich fhuileachdaich 's an tòrachd,
   Sgeul a bhròin, an diugh, gu 'n d' eug thu.

15 A laoich mhithich, mhùinich, bhàghaich,
   Labhraich, làidir, lainnich, bheumnaich;
   Mar shruth neartar thu 'measg nàmhaid;
   Soraidh leat a ghràidh nan geur-lann.

From Donald Mac Phie, Breubhaig, Barra, who says he learnt it from Roderick Mac Donald, Catechist, North Uist, about 32 years ago. Mac Donald died shortly afterwards, at an advanced age. Breubhaig, Barra, September 30, 1860.

H. 27. HOW GOLL DIED. 288 lines.

Kennedy's 1st Collection, page 128. Advocates' Library, December 22, 1871. Copied by Malcolm Macphail.

THIS version was given to Dr. Smith. With it compare 'Gaul, a Poem,' p. 150, edition 1780, and 'Tiomna Ghuill' (Gaul's last will), 1787, 'Sean Dana', page 40. The Doctor says in a note that the most common editions are much adulterated by a mixture of the Ursgeuls or 'tales of later times.' He quotes mention of Goll Mac Morna in Barbour, &c. But nevertheless Mac Lauchlan of Old Aberdeen declared that Dr. Smith himself composed his 'edition' of Gaul. I have never been able to find any trace of it outside of these two books. Nevertheless, they contain the usual traces of the traditional poetry in a curiously altered yarn upon which the poetry is strung.

THE ARGUMENT.

FINGAL had a son named Coirall who was an excellent warior, and learnt in all the art of war. Goll was the foremost Hero in the Company, besides Fingal (for he was the first man that would go down in battle, and the last one that would come up). The reward he had for that, was a great Collop every day of the venison, called by them, Mirmorradh, and equal share with the rest again; likewise all the marrow of the bones (for there were none of them so big as Goll, and accordingly he would eat and do more than). Coirall was in enmity with Goll for having such a reward, and said: If he was worth, that he might have this Reward for himself before any other. He ordered Goll to come, and that they would try a single Combat and whoever would be the victor that he would have the Reward afterwards. Goll answered him, and began first to wrestle, the solid ground would shake under them, with their vast strength, but the one would not overcome the other. Again they began with their Arms, and tried several ways, they had for fighting; their swords would glance like a wandering star, and the sweat running down from their bodies like small rivulet's stream on the plain, and that of a bloody colour, with equal skill and strength, so that the one could not overcome the other. Lastly they tryed the Cross-beam (that is a large piece of Timber they had betwixt them, a cross, and the one drawing it from the other). The one sat on the inside, the other on the outside of the threshold of their house before they gave over, they broke the door, and Coirall gained the victory.

Goll was sore vexed that Coirall had gained the victory, and took it as a great afront and shame; Then he asked of Fingal how he would kill Coirall, and Fingal did never refused a petition to any one; he told him if he would go to the middle of the shore and to give a trial there again, when the flowing would come and the waters would become deep, that he might overcome Coirall, because he was lower than him; but if he would kill him that he would loose the kindness of the Heroes now and forever. Goll rather die than to loose his Reward and to sustain afront also: they went away to the shore with their Arms, and began to strike each other, and so lasted untill the tide came to Coirall higher than the navel and could not stand no longer in the water, then Goll killed him. Goll fled then into a cave full of blood and wounds for he durst not go to the Heroes any more, since he killed Coirall. When Oscar heard where Goll was, he went to see him into the cave (for they were fellow-companions in every place and battle), and after a while's conversation, Oscar went away, and Goll cast his spear after him, and if he would not have his shield on him, he would fall on the spot. Oscar let him alone, but unluckily to him Oscar's shield got some damage, and when Fingal saw the shield, he ordered the Heroes to go and kill Goll. They all went away to kill Goll, but he ran into a Peninsula that runs into the sea, and Fingal set watch on the Isthmus, so that he could not come out till he would starve in the Island. He made there his last will to his wife, and told her the man she would marry after him, and starv'd at the end of twelve days and a half on the Peninsula.

DAN 26.

1 ' A Righinn is binne ceól,
  Gluais gu nárach 's na gabh brón;
  Mar bu bheairt shubhach le saoi,
  'S mar bu chubhaidh do dhea' mhnaoi.'

2 ' Na faicar do dhéur a bhos,
  A righinn is míne bos;
  No dean déur mu ni nach fhuigh,
  Agus na dean an tír fhailh.'

3 ' Cuimhnich d' airgead 's cuimhnich d' ór,
  Cuimhnich do shíde 's do shról;
  Cuimhnich sior leanmhuinn an fhir,
  'S olc a thig diodhlain bean dea' fhir.'

4 ' Cuimhnich air do mhiosair mheamnach,
  A bhiodh againn an Tigh-teamhra;
  'Nuair bhiodhmaid air magh na bárach,
  Bhiodh gach aon neach dhinn re gard' chas.'

5 ' Cuimhnich air do sheachd coin sheilge,
  Thug mi dhuit an cath Chruai'-leirge;
  'S gach aon chu dhiu sin gun sóradh,
  Gu marbhadh s' e fiadh na onrachd.'

6 ' C' áit am fuigh mi calma cómhraig,
  A dhea' Ghuill mheamnaich mhic mornna;
  'S maith is aithne dhamhsa 'n lán laoch,
  'Aogh mac na Caillich o 'n Spáilte.'

7 ' Air a laimhsa Ghuill ghreadhnaich,
  Air fhineach is air a dhaoine;
  Cha bhi mo chomann glan caoin,
  Aig aon mhac Caillich a choidch.'

8 ' Ni mac Caillich a tha 'n Aogh,
  Ach mac na mná 's fhearr san t-saogh'l;
  An t-shaor shlat do 'n chinneadh Oscar,
  'S an lamh fheum is fhearr gu Lochlan.'

9 ' Beiridh tu dh' a naonar mac,
  Agus inghean is geal glac;
  Gur aithne dhamh béud a bhos,
  Gun d' theid i éug d' a ceud toraich.'

10 'Aine nan suidheadh tu air lár,
  Gun innsainn dhuit úr-rachd;
  Air an dea' churidh dhána,
  Mhead sa dh' aithrich mo threun lamhsa.'

11 ' Latha do bha air Chruachan curidh,
  Shinn air fhineach Fhinn mhic Chuthail;
  Bha sinn fein agus Aogh glinnaich,
  'S ann ag ól agus ag iomairt.'

12 ''S ann uamsa thuit an guth dona,
  Ris an do ghabh Fionn a chorraich;
  'S labhair e gu fiatidh cró'-dhearg,
  A sior iarruidh tuilidh cómhraig.'

13 ' De man sguir mis agus tú,
  ' D' ar 'neud is d' ar 'n namh-rún;
  Cha bhi d' ar comann glan grinn,
  Ach an dara fear an Eirinn.'

14 ' Gun toir mi ort a mhic Mornna,
  Sgur do d' thair-fhocail 's do d' chómhrag;
  Gu b' fhearr dhuit úr-labhr' gun chuimhne,
  No bhi sior mharbhadh mo mhuintir.'

15 ''N sin labhair fear ciuineadh gach fearg,
  B' e sin Breacan mac Righ Cro-dhearg;
  Greasamar na laoich so luidhe,
  Tha na laoich air mheisg a mire.'

16 ' Chuaidh Fionn a chodal air thús,
  Chosgar 'n éud is ar namh-rún;
  Is na bruidhn' agus na t-éug-bhail,
  O! 's ann d' a bu chubhaidh geur-bhail,'

17 ''N oidhche sin dhuinne gu ló,
  Sinn re h-iomairt is re h-ol;
  'G eisteachd re gáiraich luchd ciuil,
  'S re duain fhilidh bu bhinn búr.'

18 ' Bha sinn uil' air theachd an ló,
  Re h-imtheachd do dh' Innse-freoin;
  Bha fuaimneach air ann gu lionmhor,
  Agus mnái a' dol nan diolaid.'

19 ' Rainig sinn Corcair-an-leirg,
  'S do bha an amhuinn na feirg;
  'N uair bhiodh i na muinne bras,
  Cha 'n fhéudadh aon neach dol thairt.'

20 ' An sin dhuinn gu meadhan ló,
  Gus an sgaoileadh am fionna-cheó;
  Ag éisteachd re fuaim nan gleann,
  Gus an traoidhadh i gu fánn.'

21 ' Amharc da d' thugeamar uam,
  Air an t-sligh a bha mu thuath;
  Gu facamar Righ na Féinne,
  Cosgairt nam fiadh, is fhir thréune.'

22 ' Do Rainig mi aigneadh mhor,
  Ge d' nach raibh mi lionmhor sloigh;
  Gun do dheasaich mi mo lothainn,
  Air an t-sliagh a bha ma chomhair.'

23 ' Do chunnaig sinn a teachd marcaich,
  An-mhor treabhach, se ro-ghasde;
  'S gu b' e marcaich na meisg chothan,
  Marcaich a b' áille san domhan.'

24 ' Marcaich cuirnnainach, cas-dhonn,
  Sa Chuirnne ghlas air a ghualain;
  Fuidh sgé phoiblidh gu neo' thime,
  'S fui' éideadh sróil agus sligneach.'

25 ' Air each ceann-fhionn ceannard, cleasach,
  Fad mhuinealach, mhaó, chneasach;
  B' e 'n stéud eatrom, úrar, mhearcach,
  Fuidh 'n ti eibhinn, uasal, mheamnaich.'

26 ' Ghluais iad uile 'n sin Fiann Eirann,
  A dh' fhagail sgéul do 'n treun fhear;
  Ciod a b' ainm dh' a, nn da bhuthainn,
  No ciad e ádhbhar a thurais.'

27 ' Dh' innis eisean gu neo' sgáthach,
  Aogh mac na Caillich o 'n Spáilte;
  A dh' iarruidh mo roghain d' ar mnái,
  Cia dhiu 's aingain libh 'no 's áill.'

28 ' Do fhreagair e Fionn gun lán,
  'S faoin do dhuil a churidh láin;
  Gu 'm fuigh thu do mhiann d' ar mnáith,
  A dh' aingain dea Fhianntidh Pháil.'

29 ' Mar a fuigheamsa gu deonach,
  Mo roghain d'ar mnáithaibh ór-bhuidh;
  Cómhrag naoi naonair d' ar calmaibh,
  'S áill leam fhaghail air a bhall so.'

30 ' Chuir iad naoi naonair laooh calma,
  A chlaoidh Aogh ghil a dh' aon aurra;
  'S thuit iad uile leis an-ógan,
  Air uilean an t-sleibh na onrachd.'

31 ' An sin chuir Fionn caogad ceannard,
  A chlaoidh Aogh ghill a dh' aon aurra;
  'S thuit iad ach Fearr ghuin is Faoghlan,
  Agus Mor-lámh bu chruaidh baoghlach.'

32 ' Ghluais iad an sin le mór phnámhan;
  Leis gu teach Fhinn na mór ábhachd;
  An deidh an curine calma,
  Gheibh buaidh is blagh 's gach an la.'

33 ' An sin do chuir Fionn mac Chuthail,
  Fios chugam fein gu luath lunach;
  'S du fuighinn, síth, 's duais gun aireamh,
  Nan d' thiginn a chlaoidh an lan laoich.'

34 ' Dh' imich mi fein le 'm fhir mheamnach,
  Gu luath luinneach gu Tigh-teamhra;
  Air iartas beoil Fhinn mhic Chuthail,
  Gu coimhead a mhná' o 'n mhuirach.'

35 'Thug e leis gun gheilt roi 'n lámhan,
　　A roghain d'a mnaithaibh sar-gheal;
　　Co cho' alaich e gun fhann-chrith,
　　Ach mi fein is 'm fheara calma.'

36 'Bu tréun marcaich an eich shonraicht,
　　Thug tri ruaig roimhainn mar sheóchdain;
　　Is do dh' fhag e marbh air an drim,
　　Naoi naonair gach aon uair dhinn.'

37 'Do mharbhadh leis naoi mic Fhilidh,
　　'S do mharbhadh leis naoi mic Mhinne;
　　Do mharbhadh leis naoi mic Pháil,
　　'S do mharbhadh leis naoi mic Aille.'

38 'Do mharbha' leis Aogh mac Doire,
　　Fear a dhioleadh gach mor bhaile;
　　Fear nach do dh' éur riamh aon neach,
　　A bhiadh no dheoch le fiaradh leamh.'

39 'Ghluaiseamar fein ann na dháil,
　　Is ma ghluais cha b' ann gun cháil;
　　Mar neart na tuinne gu mór thir,
　　B' amhluidh sin ar buillean cómhraig.'

40 'Eisean cha d' fhodhain d' a ghniomh,
　　Is cha d' fhodhain dhosan mi;
　　Thug e spuir sa Bhan-righ leis,
　　'S mharcaich e san amhuinn deis.'

41 'Ghluaiseamar fein ann san áth,
　　'S de ma ghluais cha b' ann mar thá;
　　'N uair bha an saoghal air sórd,
　　Gu bu nós dhamh laoch a leon.'

42 'Thairneamar cloidheamh a truail,
　　'N deidh briseadh air sleagh lán-chruai';
　　'S deacair inns' no aithris ulleadh,
　　Do bhuaileama rgu cruai' cuidreach.'

43 'Mar fhadhadh teine a dornn,
　　'S mar eabhal air cloidheamh gorm;
　　Do dh' imich a sgiathsan nach cruinne,
　　'S gun do dh' imich mo sgiaths' uile.'

44 'Eisean cha d' fhodhain d' a ghniomh,
　　Is cha d' fhadhain dhosan mi;
　　Thug leis a spuir sa chéile (cheile)
　　'S mharcaich e san amhuinn chéudna.'

45 ''N sin thainig Fionn fein a' mach,
　　An Righ ea-trom suairce glan; (suairce)
　　Thug e sgairt as air an fhaithche,
　　Is tri pogan do 'n mharcaich.'

46 'Mile failte dhuits' Aogh áluin,
　　A mhic Righ na h-Eas-spáilte;
　　Cia na sloigh a bh' air do cheann,
　　Ailis Aoigh nam beumaibh calm.'

47 'Sluagh aluin, árd-gheal, neartmhor,
　　Treo'rach, nárach, 's iad neo' meate;
　　Gun easbhuidh air each no air duine,
　　An treise nan dreach nan cruitheachd.'

48 'Na h-ursanna catha calma,
　　Gheibha buaidh gach sluaigh is armailt;
　　'S ann dhamh fein a bha san dáu,
　　Teachd o bhuillean trom an lámh.'

49 'Rinn iad an sin reit is ól,
　　Fionn is Aogh bu chalma dornn;
　　Gabh mo chomhairl' is mo ghrádh,
　　'S rig le d' mhaitheas e gun cháird.'

50 'O! 's coma leam ciod a ni mi,
　　Mar an d' thig thu steach a mhílidh;
　　Tuilidh mi air sgá' a chuain so,
　　Fuidh ullach broin agus uamhan.'

51 'Aine fagsa chreag chruaidh,
　　A righinn is gile snuagh;
　　Gus an cinn fraoch air muir mear,
　　Cha d' theid mi chugad a steach.'

52 'Tri triathibh fichead dhamh gun bhiadh,
　　Mar nach raibh neach roimham riamh;
　　A bhi air sgáth na fairge fuair,
　　Ag ól an t-sàile shearbh ruaidh.'

53 'Nach tárr thusa steach a laoich,
　　'S dean an codal so re 'm thaobh;
　　Is bheireamsa dhuit mar ioclaint,
　　Do d' chabhair bainne mo chioche.'

54 ''S measa na sin mar a tha,
　　Inghean Chonaill chaoimh an áigh;
　　Comhairle mná near na niar,
　　Cha ghabh 's cha do ghabhsa riamh.'

55 'Oir do dh' fholbh mo cháil a choidch,
　　Mar mhaóth shneachd no duileach cóill;
　　Mar chrionas gach luibh sa Gheamhradh,
　　Dhubh mo chroidhe le nimh is campar.'

56 'Is dh' fholbh 'm aimsir agus 'm úin,
　　Mar gach cách a chuaidh san úir;
　　Cha mho gháiras grian air fáire,
　　No madain a dhuisgas 'm árdan.'

57 'Beannachd leatsa Aine ghradhach,
　　'S leis gach ní, is neach, is ábhachd;
　　Ach ullaichadh 'm fheara cómhraig,
　　Uaigh dhamh air an eilain ór-bhui 's.'

58 'Thuit an tréun laoch air a charraig,
　　Ge d' bu mhór a neart sna cathain;
　　Aon laoch fuileachdach na Féinne,
　　'N uair a dh' éite cath is t-eug-bhail.'

59 Thuit Aine 'n sin air a bhlár,
　　Fuidh thúrsa, gun treis no cail;
　　Is labhair i le fánn chómhradh,
　　Air an amhail so do-bhronach.

60 'A laoich mhílidh bu mhor maitheas,
　　'S truagh thu chaochla' air sgeir mhare;
　　A dhiobhail deoch ach an saile;
　　Fhir a gheibha buaidn 's gach gabhadh.'

61 'Ni 's mo cha chluinar thu sgathadh,
　　Na naimhde mar ghéuga baraich;
　　Na do ghuth an teach nan céuda,
　　Fhir bu mhor blagh, fonn, is tréune.'

62 'Bha neart do chuim mar thréun tuinne,
　　'S na blára mar fhiadh air chuthach,
　　Na mar sheobhag a measg eanlaich,
　　Na iolair neartmhor gun mheinach.'

63 'Cha b' e airm Righridh chuir gu bás,
　　Thu laoich an truid, bu mhor áill;
　　Ach fuachd, is ocras, agus iota,
　　Air sgá' a chuain fhuaraidh fhior-ghlain.'

64 'A Thriath slios Alba bu mhor agh,
　　Samach dò leaba, gu lá bhrath;
　　Cho d' thig a mhadain sin a choidhch,
　　A dhuisgas tu o úir gu soils.'

65 'Threig thu Tigh-teamhra' gu siorruidh,
　　Is Fionn fialaidh is mor ghniombach;
　　Bu tu tréun a dhion 'a gach cómhrag,
　　Tha 'n diu cnmhach is cha' neónach.'

66 'Cha chluinn gu bráth fuaim do sgétha,
　　'S cha mho tharlas orm le h-eibhneas;
　　'S truagh a thachair dhamh am ónrachd,
　　Fuidh mhor thime, snithach, bronach.'

67 'Cha mhó chi do shiuil air chuantidh,
　　Na do bhratach dhathach uaine;
　　Na oran do rámhach armaicht,
　　Bu bhinn iol-ghair air stuath chalma.'

68 'Cha mhó chi mi sa bhéinn t-seilg,
　　Thu Ghuill mhearcaich bu mhai' eirmis;
　　Na cothanu do ghadhair sheange,
　　Air aonach roi' d' fhir mhor, mheamnach.'

69 'Thuit mo chroidh' gun drislsa deábiach,
　　Ann an dubbachas gun abbachd;
　　Mar a ghrian dorcha le nealaibh,
　　Nach dean gáir air béinn nan seimh-ghleann.'

70 Tha mi lan shálbach ag amharc,
　　Air do lanna gorma glana;
　　Fhuair buaidh air gach neach an cómhrag,
　　Fhir bu mhai' cruth, mór treun, solach.

71 'A chip chatha bu mhear cómhrag,
　　Gu ma beannaichte do chomhnuidh;
　　Séinneàm da chliú gu neo' éibhinn,
　　Le deó dheireannach mo chreabhaig.'

72 'Cho 'n ionadh mi bhi gun sólas,
　　'S mi mar chraoibh an gleann na h-on rachd;
　　Mu seach dh' fhag iad mi gam leiradh,
　　Le nimh-chrá' gach la nan deidh uil.'

I. 17. BAS GHUILL. 288 lines.

Kennedy's 2nd Collection, page 121. Advocates' Library, April 10, 1872. Copied by Malcolm Macphail.

This second version has been considerably altered. Verses are recast, and names are changed in accordance with the changes in the Argument which are remarkable. It seems that Kennedy was falling into the fashion of his time, and altering his texts. The lines which are left out are repetitions of the first version. Whoever composed this wrote very good Gaelic poetry a hundred years ago.

THE DEATH OF GAUL. Extracts.

THE ARGUMENT.

GAUL the son of Moirne remains in the cave whereto he fled after he kilt Caril in a melancholy and forlorn condition, without any other company than his wife, and was frequently visited by Oscar, his trusty companion, they being the only two that were sent upon the most dangerous enterprises by Fingal. Notwithstanding Oscar's great love and favour, Gaul was afraid he would sometime discover his place of abode to Fingal who seemed still inclinable to be revenged upon him for the death of Caril. Gaul of a day Oscar had gone to see him, when they departed threw his spear after him whereby Oscar was slightly wounded. Oscar did not chose to requite the injury, went home, and was soon obliged to divulge how it happened with him to get wounded to Fingal, who instantly ordered Gaul to be pursued and banished. Gaul fled into an Island or Pininsula. Fingal ordered not to pursue him any further, and planted a watch upon the Isthmus in case he should make his escape. Thus the great, valarous, and invincible Caledonian, Gaul, the Chief of the Clan of Moirne famished upon the desolate Island where he lived for eleven days upon dilse and vegetables. The Poem begins by Gaul comforting his wife Malag who sat upon the opposite shore giving her a charge to carry his effects with her from the Hall of Fingal, and to marry Aogh, a former lover of hers, of whom he gives an account how he had engaged him at a river called Corcar-an-deirg. After his death Malag laments over his grave in a most tragical strain.

2 No dean bron mu ni nach fuigh
   A choi' ch no dean tìr shaigh.

3 Toir leat t-airgead, agus t-òr
   Toir leat do sheudan, 's do shròl;
   Cuimhnich sior leanmhuiun an fhir,
   'S olc na h-aonaran bean dea' fhir.

5 Na coin luthar, luimneach, laidir
   Mharbhadh feidh ann an cuilg na damhair.

8 An t-shaor shlat do 'n fhine chosgar,

10 A Mhalag nan suighe tu air lar,
   Gun insinn duit ur-sgeul;

15 An caomh Brecan Mac Riogh Cro-dhearg;
   Greasamar na sloigh so luighe,
   Tha laoich air mheisg a' mire.

16 Laoch na ful gun iomar-bhàidh,
   Bu mhor speis do dh' fhiantai' Phail.

17 Ag eisteachd ri seinn luchd ciuil,

18 Bha fuaimneachd lann oirn' ag eiridh,

19 Nuair bhiodh i na buinne bras,

20 Ag eisteachd ri fuaim nam beann,
   'S Corcair a' traodhadh nan gleann.

21 A' cosgairt nam fiadh bu mhor feileach.

23 Gu b' e macan na misg-chothann.

24 Fui' sge' chreimnich gu neo thime,
   Le eideadh loinreach, is sligneach.

26 Ghluais iad uile Fiann na h-Eireann,
   A dh' fhaghail sgeula do 'n treun laoch;
   Dh' fhiosraich Fionn gu meigheach, baghach,
   A thuras thair druim gach bearna.

27 Dh' innis an laoch gu neo'-sgàthach,
   Aogh Mac Mhanalain o 'n Spailte;
   Dh' iarruidh mna' a' d' bhantrachd Fhinn,
   Is aille cruth is snuadh cinn.

28 Do fhreagair e Fionn gun on,
   'S faoin do thriall o Innse-toir;
   Gu fuigh u rodhain na mnai;
   A dh' aidneoin dea' Fhiantaidh Phail.

30 Air uilean an t-sleibh air lonan.

31 An sin chuir Fionn caogad toiseach,
   A chlaoi Aogh ghil, cearta comhla;
   Thuit iad ach Fearginn is Faoghlan,
   Agus Morlamh nam beum baoghlach

32 Ghluais iad iule le mor phnàmhan,
   Leis gu teach Fhinn na mor àbhachd;
   An deidh nan cur' aine treuna,
   Bu mhor buaidh ann cumasg cheudan.

33 An sin do chuir Fionn Mac Cumhail,
   Fios chugam fein gu Sliabh buidh;
   'S gu fuighinn Sith, is cìs aghor,

35 Thug e leis sa ghreis an t-àrmann,
   Seimhrosg nam buadh, nam bos bana;
   Co chomhlaich e gun fhann-chrith,
   Ach mi fein nach treigeadh bantrachd.

38 Fear nach diobradh an cruai' ghabhadh;
   Laoch nach do dh' eur riamh aon neach.

39 Is mu ghluais, cho b' ann mar thà;
   Mar neart na tuinne gu mor-thir,
   B' amhluidh sin ar beum sa chombrag.

40 Thug e steud sa Bhan-riogh leis.

44 Thug e leis a steud sa chèile,

47 Gun easbhuidh sa ghreis air duine,
   An treise no 'n dreach, no 'n cuma.

48 Na suinn chatha, chalma, chalgach,
   Bu mhor, treubhach, euchdach, armach.

49 Rinn laoich sith reit, is ol,
   Fionn is Aogh le 'n glaoite ceol,
   A Mhalag nam ban glac mo ghradh,
   Srig an Triath nach iargain agh.

50 O! 's coma leom ciod a ni mi,
   Mar a tarr u steach a mhilidh;
   'S cian mo bhron air sga' a chuain,
   Ag caoi gach lo na dh' imich uainn.

51 Cho 'n fhaic u mi choi'ch air lear.

55 Dh' fholbh mo chàil agus mo chlì,
   Mar chathadh cuir, no coill chrìn;
   Mar mheathas an luich sa mhagh,
   Mheath mo chroidh nach diongaite 'm tail.

56 Ghluais mo laith mo bhai' mo mhuirnn,
   Mar gach àll a chuai' san uir;
   C' uin a ghaireas grian air fàire.

57 Ainnir og nan rosgaibh ciùin,
   'Sguir a' d; bhron,—na leon do rùn;
   Beannachd leat a ghraidh nam ban,
   'S cianail bas Och 's cian a dh' fhan.

58 Thuit an treun laoch air an traidh,
   Bu mhor neart ann cneas nam blar;
   Aon laoch fuileachdach na Feinne,
   Ann combrag lann, ri am na t-eug-bhail.

59 Thuit geug nan ciabh air a bhlar,
   Mar ghealach fui' neul an là;
   Dhuisg a h-aigneadh, las a comhradh,
   B' fhann a guth, gu tursach bronach.

60 A laoich mhilidh, bu mhor agh,
   'S truagh do dhiobradh air tir tràit;

61 Ni 's mo cho chluinnear u sgathadh
   Na naimhde mar gheuga' barraich;
   Do ghuth Chluinte cian thair ceudan,
   C' uin a chluinn mi fuaim do sgeithe.

62 Bha neart mo ghràidh mar ghair tuinne,
   Ann 's na blaraibh, b' aghoir buille;
   Mar sheobhag u measg nan eun,
   No iolair nam beann gun mhein.

63 Cho b' airm Rioghraidh chuir gu bas,
   An laoch nach dithneicht' am blar;
   Ach fuachd, trosg, is gort, is iota,
   Air sgath a chuain fhuara' fhior-ghlain.

64 A Thriath nan lear, 's nam beann àrd,
   'S mor an sgeula t-eug 's an traidh;
   C' uin a thig a mhadainn chiuin,
   A mhosglas an sonn a h-uir?

65 Dhibir u Teamhra' nan lann,
　　Fhinn na feile 's bèud a th' ann;
　　'S tric a sheas an treun do chomhrag,
　　Laoch nam beum nach euradh coi'-stri.

66 Tarma liobharra, trom, geura,
　　C' o ni 'm teirbirt, co ne feum leo?
　　'S truagh a thuradh dhamh bhi 'm onrachd,
　　Fui' throm thioma, snithach, bronach.

67 C' uin a chi, mo run air chuantaidh,
　　No do bhratach dhathach, uaine;
　　No orain do ramhachd armach,
　　Ba bhim iol-ghaire air stuath chalma.

68 Cho mho chi mi sa bheinn t-seilge,
　　Thu Ghuill mheargant a b' fhearr eirmis;
　　No cothairt do ghadhar seanga,
　　Air aonach nam beann a teamh-ruigh.

69 Chaochail dhamh gu bron a chlarsach,
　　Le luchd nan deur dh' eug mo mharan;
　　Luigh m' aigneadh mar cheo air sleibhti'
　　Nach gluais gaoth nam beann a cheilidh.

70 B' amhail an laoch is crann-giusaich,
　　Dhionadh a lann gach fann ghluineacht
　　Fhuair buaidh air gach borb an comhrag,
　　Fhir a b' fhearr cruth, 's dubh do chomhnuidh.

71 A Thriath nan lann, 's fann a dh' fhag mi.
　　Snithich mo rosg nach coisg àbhachd;
　　Seinnim do chliu gun run eibhinn,
　　'N cian is beo, cho' n eol damh threigsinn.

72 Cho' n iodhnadh mi bhi gun sòlas,
　　Mi mar chrann ann gleann na h-onrachd;
　　Mu seach dh' fhag na h-armainn threibheach
　　Mi fui' chradh, gach la gu deurach.

P. 8. MOLADH AOIDH LE GOLL. 20 lines.

Staffa's Collection, page 62. Advocates' Library, Feb. 22, 1872. Copied by Malcolm Macphail.

This fragment is part of the Death of Goll, picked up in Mull, about 1800.

1 CHA Mhac Caillich idir e:
　　Ach machd na nna 'us fearr fun Ghrein,
　　Oig-fhear gasta glanar f rinn
　　Gaisgich e do dh' Fhiannibh Eirinn.

2 Chunnachdar a tign na cubhich
　　Marchdach air Each Barr-fhionn buidhe,
　　Each-bus-leabh a geug-mhor glan,
　　Ceann aigionnaich eadtrom earroil;

3 Crios leathann mo thaobh an laoich,
　　'Us cha bu chrios Leathunn do 'n rod chaol,
　　Ceann corr glagganach Leadhar,
　　Scian fhada ghorm Dhìsnich,[1]

4 Bha 'n Abhuinn na buinne bràs
　　'Us cha 'n fhaoite le neach dol thairt,
　　Ach Marchdach ro ghast an Eich mhòir,
　　Leum eisan thairt 'n ceud-fhear

5 Th' seasamh mis' m' bèul an àth,
　　'Us th' saòlis gum bu mhath mo làmh,
　　Chluinnte screadail air sciath ma seach,
　　Ach scoilt e mo sciath re 'm sceamhail.[2]

[1] *Spotted.*
[2] *To his shoulder.*　} In a different hand.

X. 13. DAN AN EICH BHARR-BHUIDHE.
130 lines.

Copied by Malcolm Macphail, from materials furnished by the Rev. Dr. Mac Lauchlan, Edinburgh. Edinburgh, February 10, 1872.

This is another fragment of Gaul's last Dialogue with his Wife. Taken from the recitation of Betty Sutherland, in 1857, in Caithness.

1 AITHNE chragach a chraig a chruaidh,
　　'S a ribhinn aluinn aon uair,
　　Ach an d' tig fraoch tre mhic an fhir,
　　Cha bhi diolain aig bean deagh fhear,

2 Aithne na cluinnear do ghul,
　　Ma ni nach gabh ri do chruadh chàs,
　　'S na biodh do bhron ma ni nach eil,
　　I! nach eil e 's 'n tir thalmhaidh

3 Cuimhnich t' airgid cuimhnich t-òr,
　　Cuimhnich do bhuan ghreidh
　　'S iad gach uair ga d' ardach',
　　Cuimhnich do sheachd coin seilg
　　Thainig o thaobh muigh an leirg,

4 Ciod am buaine na fir,
　　Be so uair de 'n iomairt.
　　Bha mi aidhear 's an Albinn fheile
　　Air fineacha Mhic Cumhail,

5 Mise agus Aodh Dioreach
　　Air fineachan' chruinn thalmhinn,
　　Air an t' shreoil is an t' shide ghlan,
　　'G òl fion 's a 'g thoirbheirt

6 Is mise a labhair aig an fhion
　　Comhradh nach b' fhiach ri radh,
　　'S ann uam dh' imich an guth carr
　　Ris na ghabh Fionn a chorruich

7 Labhair sin gu foill
　　Ghoill mheanmuinich ro mhor,
　　B' fhearr dhut thiginn air labhradh eile
　　Na bhi marbhadh ur muintir,

8 Chaint sin theireadh tu nochd
　　Mhic Muirn na labhradh ard
　　Gu faigheadh tu fo do dhorn gu glinn
　　Gach dara fear a bha sa 'n Eirinn

9 Dh' eirich fear stiuraidh an tigh
　　Macan mac fir chràbhaidh
　　Dar bhitheas sluagh air mhisg
　　An fhir b' fhearr an closd,
　　Nan leabaichean

10 Luidh sinne sud uile an Fhiann
　　Eadar an ear 's an iar
　　Leinn ciod be ur n' aonadh b' fhearr,
　　Thug sinn ur trial gu dealachadh

11 Fir dhonn nan each mear
　　Sheang shuairc o 'n ear
　　O bhinn na slait a Greagh
　　Gu binn dol da 'n diollaid.

12 An oidhche sin duinn gu ullumh,
　　Marcachd an deigh a bhuinne
　　Ach an d' rainig sinn an leirg
　　Is an abhainn na fath feirg
　　Is i na buinne cas

13 Cha rachadh duine againn thairis
　　Bha sinn sin gu brioghal beachdal
　　An oidhche sin duinn gu diarmadach
　　'G eisdeachd ri gaoth nam beann

14 Ach an traoghadh an abhainn

15 Cha robh sinn a bheag ann
　　Do 'n t' shluagh b' fhiach an aireamh
　　Do 'n t' shluagh adhmholtach laghach,
　　De eich tagbadh d' dheagh mharcaich,

16 Sin dar sgaoil an ceo
　　Dar thainig meadhon an lò
　　Sgaoil pobull Fhinn gu farsuing
　　Is leag e thugainn aon mharcach,

17 Marcach an eich bharr bhuidhe
　　Thainig thugainn da nr guidh.
　　'S e eanghach taoruingeach leasach
　　Muinealach mor fad shiosach.

18 Marcach an eich chungantach chorr
　　Naoi uairean chaidh e trombhainn,
　　Air a bhàs gus 'n deach ur sluagh
　　Aithne air mun deach e uaithne

19 Thuit le caol druim na suairc
　　Naonar ris gach aon uair
　　Mharbhadh leis Airtair mac Doir,
　　Fear gu biadhadh a chruidh mheanmh

20 Fear nach do dhiult biadh na deoch,
　　Do dhuine riamh 's e 'n ainnis
　　Thug mi mo sgriob thunn an àth
　　B' fhearr leam gu 'm b' ann na thrà

21 Shaoil leam dar bha saoghal air surd
   Gu 'n gleachduinn aon laoch costadh
   Chuir mi mo dhruim ris an àth
   An d' shùl gu' 'n robh druim agam dha

22 Ge truime leamsa do shleagh
   Cha chumadh i ris an laoch ud aon bhuile
   Thug e spuir do na bharruinn uaithne
   Chaidh e 'n abhainn d' aon uair

23 Chrath oirne barr a shleagh
   Sgaoil e sinn mar chreathlagan
   Chaidh e fein is each uaithn slàn
   Air dhealachas a leannan

24 An ainm a chailinn chneasd
   Edar anam anus ionmhuinn,
   Gur e do bheath thighinn dachaidh slàn
   Oighre aluinn na Esbuig

25 Cia mar bha sluagh bh' aig Goll.
   Air taobh tuath na h-eiler?
   Bha sluagh baighach gradhach ragach
   Ciallach narach neo-mhisgeach,

26 Na fir og gharg ghast,
   Ard uaisle a Phannal
   Cha b' e olcas an t-sluaigh.
   'S cha mho gu 'm b' e an diomb buaidh,

27 Thug dom s' thiginn dachaidh slàn
   Ach bhi bàn air an eathar
   Aithne mas falthalt an saoi
   Gur math leat fear ri do thaobh,

28 Tagh do dhionmhaltachd fear
   Nach nàr leat fhaicin ad leabaidh
   Ciod e marach bhiodh sin?
   Aodh cas mac na caillich

29 Cha b' e a chailleach a mhathair
   Ach aon ceann cheud thar cach
   Is b' e fath' shluinneadh air a mhnaoi
   Luathads' a chlaoidhadh athair,
                              Crioch.

&. TIOMNADH GHUILL. 118 lines.

Orally collected, in Islay, by Hector Mac Lean, as shown in this extract from his letter:—

'Ballygrant, Islay, Dec. 25, 1865.

'SIR,—I send you a fragmentary Fenian Poem, which I wrote down Saturday evening from the dictation of Angus McEachern, brother to Duncan the piper. The old men who recite old Gaelic ballads and stories are disappearing rapidly. Both James Wilson and Malcolm McPhail died in Glasgow, but were taken home, and both are buried at Keills, near Portaskaig. I have not seen this fragment in any book. The old man recited it for me a couple of years since. But a young man, who had read much Gaelic poetry, thought he had seen it in some book, and I accordingly made inquiries among friends in Glasgow, but have not been successful in finding any book which contains it. The old man himself has a notion that it was published in Mr. Woodrow's book; but Mr. Woodrow's book contains no Gaelic, and he published no Gaelic book. His notion is that his father learned this and others from Mr. Woodrow, and that Mr. Woodrow got them in Ireland. This I suspect to be a mistake arising from a confused recollection of the conversations taking place between Woodrow and his father. He called the poem 'Tiomnadh Ghuill,' but it has nothing in common with 'Tiomnadh Ghuill' in the 'Sean Dana.' It contains some curious words, and is evidently the remains of a larger poem. Goll is upon a rock in the Sea, and his Wife is upon the opposite shore talking to him, and endeavouring to persuade him to come ashore, but he persists in remaining on the rock, fully resolved to meet his destiny.

I am, Sir, yours faithfully,
HECTOR McLEAN.'

'J. F. Campbell, Esq.,
   Niddry Lodge, Kensington.'

The second verse is not easy to understand. Goll being blind, and his Wife near him, the dialogue comes in naturally, but the language is difficult, because we know nothing about the personage named Mugan beag Mac Smàil in the third verse. The Reciter said that he was a supernatural being, trysted to meet and slay Goll on this rock; a tall, bloody, fierce-eyed youth, like *shòr na cuirce*. *Sòr* of the swine on his body, is something very like Odin in his boar's hide, but in the meantime we can make nothing out of this supernatural personage.

GOLL.

1 SEALL a mach a lurain,
   Na 'bheil a' mhaidinn braonach?
   Na 'm faic thu laoch a' tighinn o 'n tràigh?
   'S ann an dingh a 's teann mo chuibhreach.

ISE.

2 Chi mi chugam òglach ard,
   Fear finleachdach faobhar-gharg,
   'S e mar shòr na cuirce,
   Sòr na muic' air a cholainn.

GOLL.

3 'S e sin Mugan beag Mac Smàil;
   An diugh a gheall e teachd a' m' dhàil;
   Air bhith dhasan anns na càsaibh,
   'S ann dàsan a 's dàn mo mharbhadh.

4 A righinn a 's binne ceol,
   Gluais gu nàrach 's na gabh bròn;
   Na dean deur mu 'n ni nach fhaigh thu,
   'S na bi' taigbich 's an tir airguidh.

5 Cuimhnich t'airgiod agus t' òr;
   Cuimhnich do shìoda 's do shròl;
   Cuimhnich geur leanmhuinn t' fhir;
   'S olc thig diòllannas bean deagh-fhir.

6 Cuimhnich air do theachd o 'n t-sealg
   Thainig chugad o chath Dhruim dearg;
   A' h-uile h-aon le bhuadh-chrann àgh,
   'S gu marbhadh e fiadh 'na aonar.

7 Àinne nach fag thu' chreag chruaidh
   A righinn èitidh an-fhuar,
   Gus an tig am fraoch romh mhuir mear,
   Cha tig an laoch gu d' chobhair.

ISE.

8 Na 'n tigeadh thu 's teach a laoich,
   'S cadal a dheanadh ri m' thaobh;
   Bheirinn fhein mar iocshlaint dhuit
   Bainne mo dha chìch gu d' chobhair.

GOLL.

9 'S miosa na sin mar a tha
   A nighean Chonail,—'s ni 'm breug e;
   Comhairle mnatha, ni h-oir na h-iar,
   Cha do ghabh mi riamh;—'s ni 'n gabham.

ISE.

10 C' àit am faigh mise fear eile
    Ann a' t' àite-sa' Ghuill ghreadhnaich?

GOLL.

   Nàille dh' innseamsa sin duitse;—
   Aogh gasda, mac na caillich.

ISE.

11 Air do laimh-sa a Mhic Morna
    Air t' fhine 's air t' onair;
    Cha bhi mo chomunn glan grinn
    F araon agus aona mhac caillich.

GOLL.

12 Chá bu mhac caillich dhuit Aogh—
    Mac na mnatha 's fhearr fa 'n domhan!
    Ainne do bhi air a mhathair,
    Nighean Chuinn o 'n Chrònan.

13 Beiridh thu dha naonar mac
    Agus nighean fa 'n geal glac;
    Dh' innsinn dhuit a beud a bhos,—
    Theid i fhein gu ceud asaid.

14 Latha dhuinn air Cruachan Còrr
    Mi fhein agus Aogh Doireach;
    Air sìoda 's air sròl mu seach
    Biotar ag òl 's ag iomairt.

15 Thuit nam fhein gu dona mach,
    Gu 'n d' ghabh Fionn rium corruich;
    Nach biodh d' ar comunn glan, grinn
    Ach an darna fear 'bhith 'n Eirinn.

16 Thug sinn ionnsuidh air 'n-eich mheara,—
    'S ar n-eich thaghta g' ar giùlan;
    Fuaim na feoirn' o cheann na slaite
    Agus bean a' dol gu diòllaid.

17 Biotar an oidhche sin mar sin,
　 Sinn ag imeachd air Sliabh Muin,
　 Gus an d' rainig sinn Corc air leirg ;
　 'S gu 'n robh 'n abhainn 'na feirg.

18 Aig teinnaneachd a' bhuirne bhrais,
　 Nach fhaodadh duine dol thairis.
　 Bha sinn mer sin gu meadhon là
　 'G eisdeachd ri faoghaid nam beann.

19 Gus an do sgaoil an ceo ciabhach,
　 Gus an do thraigh an abhainn.
　 Sùil gu 'n d' thug mi fada uam
　 Air an fhaiche 'bha mu thuath :

20 Faicear Fionn fein am flath,
　 'S e 'na sheasamh 'na chèir chath ;
　 Faicear a' tighinn am faiteach,
　 'S eo phuball Fhinn a' marcachd.

21 'S e 'm marcaiche bhitheadh an sin
　 Am marcach a b' àille fa 'n domhan—
　 Am marcach cuirneimeach glas donn,
　 'S a bhuirne ghlas air a ghualainn.

22 Sgiath phìobaill de 'n or air a shlios
　 'S fhèile sròl gu sligeannach.
　 A ta 'chluig agus dorn gath,
　 Sgian fhada, lom air dheagh dhath,

23 Air slios odhar an laoich dhuinn
　 A' dol an cath 's an cruaidh chomhrag ;
　 'S aig uallaichead an eich chòrr
　 Thug e na tri ruaigean roimhinn.

24 Mharbhadh leis naonar d' ar muinntir :
　 Mharbhadh leis naonar mic eile :
　 Mharbhadh leis an gaisgeach mu 'n can¹
　 Aille Mac Giollagain.

25 Chaidh mi fhein air mo steud chath ;
　 'S ma chaidh cha b' ann mar shratha :
　 Na 'm biodh an seic air soirn
　 Bu dual domhsa 'ghasdadh.

26 Thairngeadh leinn claidheamh a truaill :
　 Bhuail sinn gu cruaidh cuidreach ;
　 Mar shradag tein' ann a' d' dhorn,
　 Na mar reul ainneil adhar bu d' gharbh,

27 'S dh' imich a sgiath-san uile,
　 'S dh' imich mo sgiath-sa gu bile ;
　 Esan cha deachaidh *a dhrioma*²
　 'S mise cha d' thug èireadh dhàsan.

28 Thug e spuir 's a' bharan leis ;—
　 Chaidh e 'san abhainn cheudna :
　 Thainig Fionn fein a mach ;
　 An righ feuta fcarail.

FIONN.

29 Co na sloigh a bhiodh an sin,
　 Ailis duinn Aoigh nam beumannan ?

AOGH.

Sluagh geal, maoth-gheal, and gheal, gleachdach,
Ard mhuinealach mhi-leasach.

30 Air bhith dhomhsa 'n dàn ;
　 Gu 'n d' thainig mi slàn o 'n iomasgail.

GLOSSARY.

Sor, I think should be *sorn*, a snout. *Sorn na muice*, the snout of the sow.
Tir airgnidh means land of robbery, but reciter says it means *tigh seinnse*, a public-house.
Ainne. This word, I suspect, is a corruption ; reciter calls the mother of Aogh *Ainne*, and Anglicises the name, *Ann*.
Do bhi, the Irish form for *bha*.
Cruachan Còrr. There is a pretty little round hill in the moors west of Staonaha called by this name.
Feoirne, gen. of *feuran*, grass.
Corc air leirg, the town of Cork.
Teinneineachd, tightness,
Cèir chath, probably a corruption of *cith cath*, battle-rage.
Bhùirne, Reciter explains as *sgiath* or *lùireach*. Birnie, probably.
Phìobaill. Reciter could give me no explanation of this word.
Sratha, a sluggish, inactive person.

¹ Means ris an can iad.　　² A 'ghrime.

A dhrioma. I should have written this *a 'ghrime*, out of his battle, *hors de combat*.
Eireadh, yielding ; from *eirr*, a shield.　　H. M. L.

O. 6. CATH CHLOINNE BAOISGE AGUS MORNI.
117 lines.
Dr. Irvine's MS., page 23. Copied by Malcolm Macphail.
Edinburgh, March 18, 1872.

THIS is part of the Quarrel between Fionn's tribe and Goll's tribe, but it seems to me that some modern hand has been at work upon a ballad. I place it here supposing that the ballad was part of the Dialogue between Goll and his Wife.

1 LATHA dhomhsa 's do Fhionn fiall,
　 Air sliabh luachair 's bu chubhi leim ; (chumha
　 Uamsa dh' imich an Guth,　　　　　　dhuin)
　 Dhe na ghabh Fionn nam flath coiruich.

2 Air bhi dha g' am iarraidh,
　 Air feadh bhal is Islar ;
　 Air feadh airde nam beann,
　 Is leug iosal nan Eirthire.

3 La dhuinn air sliabh Mhuill, (Moilina)
　 Chunnacas Fionn teachd le sheachd Cathan ;
　 Dhomhsa bu chuis sheachnadh sin,
　 As e g' am shireadh 's g' am shir-leanmhuin.

4 Shuidhich Fionn na pubuil gheala,
　 Air na tulchana Ceardaich ;
　 Shuidhich mise na pubuil eile,
　 Air a' mhagh na fhianuis.

5 Mar gu 'm biodh Co-uriad sloigh,
　 'S cha robb duine agam b' fhiach ;
　 Ach ochd fichead deug deagh ghaisgeach,
　 Thuit an tour air a bhinn,
　 Leum a Ghaur eadarinn.

6 Dh' fhas an amhainn bras,
　 Cha taradh treun laoch thairis ;
　 Ach eisdidh sinn ri gaoth nam beann,
　 Aig an tragh an amhainn.

7 Ghluais a mach o phubuill Fhinn,
　 An t-aon each buidhe baobhail bras ;
　 A's e tighinn fo leasanaibh soluis,
　 Bior-chluasach donn, bar fhionn blar,
　 Uchd leathann donn taobh gheal sholuis.

8 Marcach air muin an Eich mhoir,
　 As ailde gu 'm facas thar sloigh ;
　 Luarach le nao srethain oir,
　 Ma chorpan sheimh shith shroil,
　 Sgiath bhulganda bhalganda chor.
　 Air a ghuailinn deas ro mhor,
　 Sgian mhor air a thaobh chli,
　 Air mac uasal an ard righ.

9 Thug e spor do 'n ghearran bhlar,
　 Nach do thaghail riamh an t-ath ;
　 Chaidh e nao uairean troimhinn,
　 Marcach an Eich shuntaich chuanta ;
　 Cheangladh leis an Donnan fhiodhi,
　 Naonar Mac Ghill Ibhi.—

10 As naonar Mac Tuirmi nan clar, (ne clar)
　 Is Garbhan Mac Maolar ;
　 Is Eadargan Mac Doire,
　 Fear nach do dhiùlt biadh no deoch,
　 Do neach riamh san aoduinn. (al. san fheudare)
　 Sguich mi fhin roimh san ath,
　 Leam bu mhiltich 's bu tra.

11 Uair gu 'n robh saoghal air sogh,
　 Chleachd mi aon laoch a chosgadh. (fhasda)
　 Rug e air mo sgiath ro laothach,
　 'S ma mo cheann rinn di bloighdean,
　 Mar bhitheadh mo chlogaide ghlan,
　 Chaillinn an ceann lem leanmhuinn,

12 Thug am Marcach mach an t-atha ;
　 Thugas steud bhuigh stad bhuigh ;
　 T-abhra phog do 'n t-sar mharcach,
　 G' an dith do bheatha a Mhic Righ Fail,
　 Laoich churranda shoghraidh.

13 Ciod an sluagh a fhuair thu thall,
  Aig Goll Mac Morna na mor lann?
  Sluagh tuigseach ciallach,
  Narach neo-mhisgeach,
  Mar bithe d' ghrasan domh Fhinn.
  Cha tiginn slan uath thairis,
¹ Ach a nis o 'n tha mi triall,
  Air an anam a tha 'm chliabh,
  Fad mo laimh no mo lainne,
  Cha do chum ris a chuirridh,
  Ach an t-aon chruaidh bhuille.

14 An sin chaidh sinn an dail a' cheile,
  Bu treun 's bu dochdair a' chomhrag;
  Thug an Fhiann tulga air ais; (al. turrag)
  Thog clann Morna sgal doibh,
  Chriothnaich am fonn fo 'r casaibh,
  Stad na sruthain le doghruinn.

15 Chlanna Baoisge nam mor ghniomh,
  Dream bha misneachail riamh;
  Sliochd threunmhoir nam blagh,
  An geill sibh do 'n Gharbh dhragh.

  Cumhichibh cruadhas na Feinne,
  Buailibh dannara treuna;
  Pillibh le tabhachd gu cumasg'
  Gleithibh an arach, tionda 'm buinne,

15 Sheall gach fear air a chlaidheamh liomhi
  As air a shleagh shlan chosgi,
  Chual gach fear luaidh a' bhaird,
  Dh' iarr le naire a dheagh chliu,
  Chunnacas Fionn a tearnadh nuas,
  B' anbharach a chith sa choslas,
  Bu chiùn tosdach na Duilean,
  A bheinn chrath le mor ioghnadh,
  Phill sinn an ruaig gu grad.

16 Co dheanga Fionn sa ghreis?
  Thachair Fionn is Goll na mor chleas;
  Thug iad an cath gailbheach dobhi,
  Dh' fhalbh nam bloighdean an sgiathan ball bhreac
  An clogaidean sgealb air an raon
  An sleaghan chaidh nam miribh san adhar,
  Tharruing an claidhean foinnidh fine.

17 Sheas sinn uile an da shlogh,
  'G amharch garbh chath na mor thriath,
  Bheuc na h-uilt le eagal;
  Sgoilt na creagan le mor thoirm.

18 Lub a choille le fuathas,
  B' oilteil torun uamham nan speur,
  Taighse 'g itealaich sna neulaibh;
  Sgreadail gu fiadhaich sa' bheinn
  Thog iad an talamh le 'n Cruaidh spairn.

19 Lub Fiann guthail a ghruaidh,
  Ran an Fhionn le meud an eagail;
  Ran, 's cha b' aobhar eagail doibh,
  Co chuireadh air Fionn?
  Co sheasadh ris san spairn?

20 Thuit mac Morna nan cruaidh bheum,
  Shil ar deoir mu Gholl nan ceud;
  Eirich a Ghuill a leon thu fein,
  Cha 'n imear mo lannsa ort beud,
  'S cuimhne leam an Damh a babhaist,
  Fhionn riamh nach iarradh lochd,
  Tha mi fo d' gheasibh, cian a nochd,
  Glac mo chlaidheamh, glac mo lamh,
  Thoir dhuinn sith is bithidh slan.

21 Clann Morna tha direach deanta,
  Co tha cosmhuil ruitse Ghuill;
  An cath gailbheach nan crom ghleann,
  Co sheasadh tu ach Fionn fial,
  'S co sheasadh Fionn ach Goll ciar.

22 'S eibhinn a nochd sith nam braithrean,
  Sgaoil dhuinn fleagh' aird iar ceol—
  Buail clarsach nam fonn aosda.—
  Oighean thigibh caoin nar coir,
  Caoin thainig reultan na maise
  Bha fo smal car tamull an dall cheò,
  Las an gnuis mar ghrian ag eiridh
  Cuir aoibhneas air feidh is coilltean.'

A. 24. KINN ZULLE. 28 lines.

If there were any doubt as to the antiquity of the Story of Goll, this fragment from the Dean's Book (English, p. 71; Gaelic, p. 50) is conclusive. It places the death of Goll late. Three of the Clanna Morna—Gorraidh, Conon, and Daoire are going to avenge the death of Goll on Ossin, Oscar, and Caoilte. Caoirreal was slain before Goll, Goll was in the slaying of Diarmaid. These three are out of the story. The six here named are in later bits.

1 A *zorri* tryillmyt gow find
  Ighilk ernacht sowch linn
  Zarre kinn zulle er in ree
  Gyn gurmist aye gai keive cleith

2 Is lesk lumsyth zwle anna
  Onach clwnnwn gr fan chenna
  Is nach feadmist a zeilt
  Kenna v'morn vor znewe

3 Kail lusse ne is allwm pen
  Id durd *conan* mor gyn keale
  Marmy for mach gyth dunna
  In deilt zwle olt voe

4 Suyth in trur var mon din nane
  Onach lamyt di zin fen
  Abbir a *zorre* is lawr
  Fayr sinni sin trom alle

5 Marvesyth *ossin* mor m'fyn
  Marve mai in tosgir nach teymmi
  Marve *dyrre kilte* kaye
  Fayir sinni wlle er in lawe

6 Matht is aggwm ne veis anna
  Cha dik linna movil er finn
  Tuttmy ulle sin alle
  Cha dikge gowle dr gowrne

7 Da byth *inni* byth le a nort
  Dyth churmist finni za leacht
  Is ferr nyth brar gyn nelle
  A derssi rwt a zorre.
        A zorre.

THE DEATH OF THE WOMEN; OF GARAIDH, AND HIS SON AODH; AND THE BURNING OF TEAMHRA.

F. 19. H. 28. I. 21. O. 8. P. 7. 9.

From this ballad, which never has been printed so far as I can discover, it appears that Fionn and his Feinne had taken possession of the High King's House at Tara. Goll's brother left behind, at the suggestion of Conan, another brother, fell asleep. The women wove his long hair to stakes, and shouted a war cry. He started up and tore his hair. In revenge or in prosecution of the blood-feud, he set fire to the house, and burned women and children, rings and garments and plenishing. The Feinne put Garaidh to death, but through his last petition he cunningly made Fionn suffer. Thenceforth Fionn was lame, according to tradition. None of the Heroes whose death songs I have placed earlier appear in this ballad. Padruig is not mentioned in it, but the person who is telling the story points to the mound above him, so this is part of the Story told by Oisein to Padruig upon the Hill of the Feinne, which begins in the Dean of Lismore's Collection, runs through all the rest, and is still current.

I have Z. 51. 7 lines, of the story, localised at the Narrows between Skye and the main land, orally collected by Mr. Carmichael in 1862, bound in Vol. xii. MSS.

On the 5th of September, 1871, I arrived at Tobermory at 11, and walked up the hill to the house of William Robertson, who was weaving blankets. I invited him to the Mishnish Hotel, and set him to spout Gaelic while I wrote as best I could. He said that he was 87, that he

---

¹ Got from Roderick MacLennan Taksman, in Kintail, who took it down from the oral recitation of Murdoch Mac Lennan—Kintail—aged about 60, who learned it by heart from his father many years before, who had many more poems of the Heroic ages, but which had not been preserved. Miltown Ramoch, 25th August, 1802. Present, Mr. Alexander Stewart and many others.

could not read or write, and he could speak no English. I wrote from his dictation, 21 verses of the Lay of Diarmaid, which contained nothing worth adding to versions given above. I read what I had written, and he put his 'mark' on the paper. He next sang me 21 verses of the Lay of Garaidh. There are many variations in this version, but it is the same ballad and story which others got from people of this class. But the explanations given to me were wilder. Instead of being stretched on a noble bed, with a purple or red coverlet, the spy was stretched on the ground with his head under the lid of the cooking pot: ''S a cheann fo bhrot chosgair a chuain.' That was the name of the great Caldron. The liquids and some other letters were so quiescent that it was exceedingly difficult to catch the words. Moreover, the old man wandered about the whole Fenian Story directly he was put out of his pace. He localised this story at Jarvis's Field in Glen Forsa. He did not know what 'Tail' meant, but in the same line elsewhere the place was 'Innse Phàil.' He explained a line to mean, 'They let away their falcons to the hills,' and said 'they used to go about with sticks between two men and falcons sitting upon them.' Here he got a dram, and said, 'That is the stuff, many a time I made it. I have made Treas tarruing so strong that three fulls of water would need to go to it. That's the stuff.' His story told after singing the ballad was this:—

Garaidh was left at home to find out what food the women took because they were so fat. It was Conan who said that they should do it, out on the hill. He said, 'We are lost and tired, hunting; and these women are as fat as seals,' So Garaidh was left. He hid under the kettle, and went to sleep. The food they had was birds' blood and deer's blood mixed with 'Carigean us staimh' —(I first wrote the word Caliguirn)—The root of the Tangle, which still is eaten. Some say that they bled themselves to make this mixture, and that made them so fat.

Then they found Garaidh, and they wove his long hair, and pinned it to the ground with pegs. When they had done that, they gave a battle cry, 'Gaoir chath,' and he sprang up and left some of his skin. He went to the wood, and got faggots and drove them all in, and put bars on the door, and set fire to the house, and so he burned all that were in the House of Farmalach. That is not far from here for they smelt the fire.

'But,' said I, 'the house must have been near Skye, because of the strait where Mac Reathain was drowned.' 'That must be so,' said Robertson. 'The kettle is here, still, in Loch Sguapain. If you throw in a stone in winter, it gives a sound still.' (I may remark, that the kettle is in many other places, and that a man told me all about it in Cape Breton beyond the seas.) 'The last who took it up was Oisein. That was the time when he went for the big deer for Padruig. It was Oisein who made all these Luidhean (Lays).' By this time it was 4 p.m. After a rest, we began again, and got to the Lay of Oscar, after which we fell into the Lay of the Great Fool, from which we got to Conan and the Lay of the Buffet. Then he sang the Muilearteach, and at last we finished. So long as this old fellow was allowed to sing a ballad at his own pace he went right through so much as he knew, but questioned or stopped, he was as hard to follow as a grasshopper. It was this man's talk in 1870 that first made me feel that this Fenian Story might be arranged. On the 27th of September at Polchar, in South Uist, Angus Mac Donald, a crofter, gave me the end of the Story of Garaidh.

'His son Aòdh Mac Gharidh took Misg chatha, the drunkenness of battle, when his father was slain. He worried the Feinne. They put him into geà' chladaich, a rift in the shore to hold battle against the speckled people—the breaking waves, and he broke his heart fighting with them, and so he was put to death.' I read him Robertson's ballad. He had never heard it, but the story told with it was all right.

From notes of this kind I mean to tell my version of these old Heroic legends when I translate the Ballads.

[1] This word is in Icelandic.

F. 19. LOSGADH BRUTH FARBAIRN. 84 lines.
Fletcher's Collection, page 111. Advocates' Library, February 23, 1872. Copied by Malcolm Macphail.

NOTE.—This, learned by a man who could not write, and dictated by him to a scribe, must be genuine as an oral recitation. In it Fionn is called King of Teamhra, therefore, as appears in other places, he had taken up his abode in the palace of the Irish High King, Cormac Mac Art.

1 Sgriob a chaidh Fionn le Fhiannibh,
   Thair sruibheadh Glasa Innse fail;
   Chuir iad as na leirgibh gasda,
   Daimh na Beann baisge dha.

2 Dh' fhag iad nan diaghidh an corn buadhach
   Is deadh mhachd Morn nan gruaidh dearg;
   Aghaidh chiùil a labhradh ra bhinn,
   Eoin chiùin an torraibh nan cran.

3 An sin nuair a leig Gara mor machd Morn
   E nunn ann san leppidh chùil;
   Luidh suain gu trom air a rosgaibh,
   'S cheann fuidh' n' bhrat chorcair chiùin.

4 Comhairle a chinn air bheag ceille,
   Aig beantreabhach ùr nan falt cam;
   Dealgadh caol am brottadh gasda,
   Folt an laoich an glach dibh chrann.

5 Aisling a chunnaic Mac Morna,
   Air bhi dha 'na chadal trom;
   Chunnaic e Garradh fuidh dhiamhir,
   Cha raibh luaidh air Fhiannuibh Fhinn.

6 Thug e fosgladh air a rosgabh,
   Ais an aisling fa na deur;
   Dhealluich an tonn o 'n eannuichin,
   Fuil an laoich a dheargadh feur.

7 Mead sùgraidh Ban na Feinne,
   Chaidh e an chaoill is cha cheum deas;
   Dhuin na dorsan mar a chualas.
   Is thug criainn air ghualan leis.

8 Bha ceud cotan ceud fainne seunta,
   Ceud srian bulgach nan each ard;
   Bha ceud bratach chaol uaine dhathan,
   A ghabhadh gaoth ri gathaibh chrann.

9 Bha ceud cuilean le muineal airgid,
   Bha ceud nighan bu ghrinne meur;
   Bha ceud machdan len brollach sioda, fior ghlan
   Is ceud bean na muim aig gach machdan.

10 A fhuair urram an teach na bean treun,
   Air mo chuigh bha sud san talla;
   Bha ceud cailleach chasliath ghreanach,
   Agus altrum a steach air glun gach callaich.

11 Suil gan tug è thair a ghualain,
   Deadh mhao Chuthail na gruaidh dearg;
   Chunnaic e ceo talmhi daite
   A thigh farabairn is lasair aurd.

12 Cuiribh oirbh a leoghain ghasta,
   Gach aon laoch tha an so rim linn,
   Sid agaibh an caismeachd anamoch,
   Is teanachdabh gu grad banntrach Fhinn.

12 Miad air dochais as air laochaibh,
   Thug an talla dhuin breith chaol;
   Leum gach fear air barr a shleaghe,
   Is dh' fhag iad Mac Reithe sa chaol.

13 An sin anuair a thuirt deadh Mhac Chuthail,
   San gaisgeadh air dol air cul;
   Cuirrmid air druim ris an talla,
   Is caoine mid Garadh air thus.

14 Bu luaithe air cas do 'n talla,
   Nam biodh fios co leanta ann;
   Chuir Fionn a mheur fo dheud fios,
   Fhreagair cach am fios mur dh' fhuair.
   Iarruibh gu maith fear am folach,
   Sann tha Garadh ann san uaimhe.

15 Thig thusa a mach a nis a Gharadh,
   A mhic Morna na cleas truagh;
   Na 'm faithin achuing gu harridh,
   Is gun manam a thoirt uam.

16 ' Gheibheadh tusa d' achuinge gu harrid,
   A dh' aon seol ga 'm bheil an criodh;
   Mo dheibhin t-anam na h-iarr e,
   Bho sann do na Fiannuibh u,'

17 Mac an Lion a bhi guin manma,
   B' e sid m' achuing u mhic gu fior;
   Is mo bhraghad a chuir an giurradh,
   Air caol sleisde gile Fhinn.

18 Ach chruinneach uaislean na Feinne,
    Is bha sud na choimhrle chruaidh;
    Bu mhor a gheil dhuinn air Garradh
    An Righ san talla bhi uainn.

19 A sin annuair a dh' fhuasgail iad na geasan
    Le Clann Righ Innse Cuinn;
    Thioluig iad cas Righ na Teimhre,
    Fodh fhoid ghlais don talmhinn thruim.

20 Chuir iad an ceann do Mhac Morna,
    Is chaidh mac an Lion bhos a chionn;
    Leig aiteal beag don chalg neatha,
    Fuil daite gu traighibh Fhinn.

21 Is bu dluithe na driuchd air dearna,
    Bha fuil bhos cionn glun gearte Fhinn.

H. 28. HOW GARABH KILLED THE WOMEN.
152 lines.

Kennedy's 1st Collection, page 140. Advocates' Library, December 26, 1871. Copied by Malcolm Macphail.

THE story of this ballad is told by Kennedy in his Introduction to his First Collection. See above p. 36.

FOR this part we need not say much about it, for it is seen in the Definition largely how Garabh killed the Women, and how Fingal got a severe cut at the time that Oscar beheaded him.

DAN 27.

1 LATHA do chuaidh Fionn le Fhianntaidh,
   Gu srath lia ghlas Innse-pháil;
   Shuithich sinn ar lomhainn ghast,
   Air feidh nam beann a bf haisge laimh.

2 Re cath leagair feadh nan gleanntaidh,
   Gu binn labhrach, calma bha;
   'S leag sinn air na leirge casa,
   Feidh nan glacag is nan ard.

3 Bha againn Aogh nan cornn buaghach,
   Mac Righ Fighail nan cul cam;
   Le croinn chiuil a labhradh ro'-bhinn,
   Mar eoin air bhara nan crann.

4 Gach séud a loisgeamh san talla,
   Innseam dhuibh ma 's meoghair leam;
   Nin raibh teach bu liughe céudan,
   'S gach neach air dhea' eideadh ann.

5 Ceud seacamh 's ceud ceann-bheairt bholgach,
   Is ceud sgia' le 'n comhdach crann;
   Is cuig ceud luireach bu lóinreach,
   Le 'n ùr-mhaillaibh ór-bhuidh ann.

6 Ceud cupa 's ceud fáinne seanta,
   Ceud clach bhuadhach 's ceud córnn cam;
   Is ceud Bratach uaine dhalhach,
   Ghabhadh gaoth an gathaibh chrann.

7 Ceud cuilain le 'n coilair airgaid,
   Bha 'nn san Teaghlach bu dhoi' leinn;
   Ceud laoch a choidil le seantachd,
   Is ceud saor bhean an teach Fhinn.

8 Ceud macain le 'n earadh uaine,
   'S ceud maighdean bu ghrinne méar;
   Is ceud bean bu mhuim do 'n mhacridh,
   Choisainn cliú an teach nan tréun.

9 Ceud earradh le 'm broilach airgeid,
   Le 'n leintaibh sróil finn-gheal bán;
   'S ceud sligneach philleadh gach urchair,
   'S ceud srian bulgach nan each árd.

10 Ceud cloidheamh le 'n ceann-bheairt airgaid,
    'S ceund sleagh lainnrach bu mhai' ágh;
    'S ceud Craosach le clanna Righridh,
    'S ceud Tuadh milidh bu mhór ár.

11 Ar 'n ór 's ar uigheam gu h-uilidh,
    Dh' fhag sinne steach am Bruth Fhinn;
    B 'e sin teach nan séuda lomhar,
    Fa 'r 'm biodhmaid seinn ceól gu binn.

12 Dh' fhag sinn Garabh mor mac Mornna,
    'N taobh an talla 'n leabuidh úir;
    Luigh suain gu trom air a rosgaibh,
    'S a cheann fui' 'n bhrat chorcair chlúi'.

13 Tamall do bha e san t-shuain sin,
    Air chúl bantrach nan dual sam;
    Cheangail iad air dhealga gasta,
    Falt an laoich an glaca chrann.

14 S' e sinn a chunnaig Mac Mornna,
    Air bhi dho na chodal fáill;
    Gun raibh e fein 'n áite diamhair,
    'S gun iomradh air Fianntidh Pháil.

15 An sin do mhosgail Mac Mornna,
    'N caslaigeamh a chodal trom;
    Dhealaich an[1] tonn ris an ionmhar,
    'S fhuil nach b' ionmhuinn sios ga bhonn.

16 Ruigh e 'n sin a mach géur leóinte,
    Le misg chómhraig 's a ghuil gu géur;
    'S dh' aithnich e co rinn an crá' dha,
    'S truagh a tharladh dhuinn gu léir.

17 An deidh sugradh bhan na Feinne,
    Chuai' e 'n choillidh 's cho chéum deas;
    Dhruid na dorsan gu teann cruai',
    'S thug crionach air a ghuaille leis.

18 Do loisg e an sin an óigridh,
    Dheanamh imtheachd mar bu dual;
    'N tra lasamh gu druim an talla,
    Dh' imich e gu grad gu h-uaimh.

19 Suil do thug e thair a ghualain,
    Deadh Mhac Chuthail nan ruag áigh;
    Chunnaig e ceo talmhidh daite,
    Thigh Teamhra' is lasair árd.

20 C' ait am bheil sibh fhear Fiann Eirann,
    Freagradh a chaisamachd banbh;
    Nach fhaic sibh ceó talmhidh daite,
    Thigh Teamhra' is lasair dhearg?

21 Thionail iad an leomhain chatha,
    'S gach Fiann a bha 'n sin r' ar linn;
    Do chum teasarginn Tigh Teamhra',
    Is a theanacas bantrach Fhinn.

22 Do bri' 'n dochais bh' aig na laoich,
    A lúth an cos 's cho bhreith chlaon;
    Leum gach air bar an sleaghe,
    'S dh' fhag iad Mac Reatha sa chaol. (fear)

23 'N uair rainig sinn taobh an talla,
    'N deidh do 'n d' eug-bhail dol air cúl;
    Chuir sinn ar druim ris an talla,
    'S chaóinte leinn Garabh air thús.

24 'N sinn chruinich Fiann aili' Eirann,
    'S shuidh iad air tulaich nan deur;
    Gur mor an dí dhuinn air talla,
    'S gun ni ann o 'n leanar é.

25 Chuir Fionn a mhear fui' dhéud fios,
    Fhreagair cách am fios a fhuair,
    Leanamh gu lua' fear ar falachd,
    'S gheibhar leibh Garabh san uaigh.

26 'Thig thusa mach orsa Mac Chuthail,
    A mhic Mornna nan gniomh truagh;
    Theid nam fuighinn 'm chuing áraid,
    Gun chead 'm anama iarruidh uait.'

27 Ghheibh thu sin d' athchninge áraid,
    Do dh' aon ni am bheil do shúil;
    A h-eagmhuis d' anama no h-iarr,
    O 'n tharlamh air na Fiantidh thu.

28 Mac-an loin thoirt an laimh Oscair,
    Se sin 'm ath-chuinge gu grinn;
    Is mo bhradh'd a chur an giorad,
    Air druim sleiste gile Fhinn.

29 Thainig Garabh 'mach san uair sin,
    A dh' fhulang air son a ghò;
    Air tí fhirinn a chumail,
    'S sinn a mio-run uile dho.

30 Dh' innis dhuinn gach ni mar tharla',
    'S mar a rinn na mnáith a león;
    'S mar a sgrios e sios gu leir iad,
    B' e sin dhuinne sgeul a bhróin.

[1] Ata tonn ris an ionmhar a ciallacha gu do dhealaich fholt agus a chraicean ra chlaigean mar a dhealaichas an tonn re tír, no mar a ruighas an t-uisge re bratha' mar sin a ruigh fhuil o chorp.

31 Chrunnaich sinn Maitheadh na Feinne,
   Air tulaich nan deur 's bu truagh;
   Bu mhor an geall leinn air Garabh,
   Ar Triath s air talla thoirt uainn.

32 'S iad clann Pháil Innse-teamhra,
   Dh, fhuasgail na geasan gu grinn;
   Fhuaradh sin gun iarruidh uathe,
   Ni uach truailleadh briathraibh Fhinn.

33 Chlathaich iad seachd troidhean do 'n talmhinn,
   'S an tulaich ghuirm os ar cionn;
   'S thiodhlaic cas gheal Rí' Teamhra,
   Seachd troidhean fui 'n talmhinn truim.

34 Shin e uaithe 'm bhragaid sochridh,
   'N eiric air a gniomh a thoill;
   'S ghearr an cloidheamh sud gu h-an-mhor,
   Is seachd troidhean do 'n talmhin truim.

35 Leig aiteal a chuilg nimhe,
   Fuil dhaite gu throidh gheal úir;
   'S bu luaithe na druc air dearn,
   Chuislean geairt oscionn a ghluin.

36 'N sin chruinaich Fiann áillidh Eirann,
   Gu dubhach, déurach, ro-thruagh;
   Bu bheag an dí leinne Garabh,
   Ach ar Triath 's ar tall' thoirt uainn.

37 Labhair Mac Chuthail gu fior-ghlic,
   Cuma' cháint sin na tosd,
   Oir cho 'n fhiach ar glóir a h-ath-ra',
   'S leóir dhuibh na th' agaibh do dh' olc.

38 Chlathaichadh uaigh do 'n fhear chalma,
   'Se Mac Mornna nan gniomh truagh;
   Am fear a dh' fhag sprochd air cháirde,
   Cuireadh e san talmhminn fhuar.

I. 21. GARABH. 148 lines.

Kennedy's 2nd Collection, page 131. Advocates' Library, April 10, 1872. Copied by Malcolm Macphail.

In this second version the scribe has polished his language or he has got better versions from other reciters. I give various readings. The rest of the lines are duplicates.—J. F. C.

The Death of Gary and Destruction of Dunscaich.

The Story of this Poem is both dismal and tragical. Fingal at this period of his life resided in Dunscaich, in the Isle of Sky, who and his Bands had landed one on the adjacent side upon the Continent for game, and left Gary, the son of Moirne, as a scout at home to watch the Fortress, Wives, and Children. Gary had disobliged the Women in Fingal's absence, for which they watched an opportunity of being revenged.

Gary had lien upon his Bed, fell asleep and snored. The women crowded about him, and wove his hair upon stakes which they fixed in the Earth, and with great acclamation huzza'd three times, and alarmed Gary who left both hair and skin upon the stakes. He finding himself thus cruelly scalped and mocked by the women, had set the Fort on fire and sacrificed all that had been within to the flames, and flew into a distant Cave where he hid himself. Fingal, observing the Fortress of Dunscaich on fire, alarmed his Bands in the chase, who soon assembled, and ran in full carreer towards the shore, and as many as wanted Boats to transport them is said to have leaped upon their spears over the sound, where one of them called Mac Rei was drowned, whereby the sound retains the name of Caol-Rei ever since.

At their arrival they saw the conflagration could not be extinguished, neither could they trace out who occasioned the misfortune. Fingal discerned the fact by his magic art which he performed (as traditionary related) by getting one of his Fingers into his mouth and chewing it to a joint, whereby he found out where the Traitor sculked. Gary was apprehended and sentenced to death after the manner he himself would chose, which was to be beheaded by Oscar upon the thigh of Fingal. Fingal's thigh was buried seven feet under ground and Gary's head laid perpendicularly theron and behead by Oscar: Fingal's thigh being desperately cut by the tremendous stroke of Oscar. This deplorable and lamentable accident and the destruction of Dunscaich, intimidated greatly the Fingalians, who accompanied Fingal to Rhome or some distant Kingdom to get his thigh cured. At this Interim Cairbre the Usurper, supreheme King of Ireland, used every means to get Oscar (and as many as remained at home under his command) overthrown in the Battle of Cathcavara.

1 Shuidhich sinn air leoghain chatha,
  Air feidh nam beann an cathain aigh.

2 Feidh nan glac a b' fhaisge laimh.

3 Mac Riogh Miodhlan nan dual cam;
  Mar eoin bhinn air barra chrann.

6 Ceud cuilein coileirich, ball-bhreac,
  Ceud cruit labhrach nan teud binn;
  Ceud laoch a dhithinich an-fha' inn,
  Is ceud bean do bhantrachd Fhinn.

7 Ceud oigh bu ghrinn snuadh, is meur;
  Ann 's gach iul mar lasair neul.

8 Ceud sligneach nan luthain cuimite,
  'S ceud srian bulgach nan steud àigh.

9 Ceud cloidheamh le amailt airgid,
  Ceud sleagh creucach nam beum àigh;
  Ceud craosach bu bhao' lach imairt,
  Is ceud tuath rinn iomad àr.

10 Ar 'n or, ar 'n airgead ar 'n eididh,
   Dh' fhag sinn gu leir am bruth Fhinn,

14 Mhosgail gair na ban Mac Moirne,
   Ann caisligidh a chodal trom;
   Mar dhealaichidh tonn ri ionmhar,
   Bha fhuil nach b' ionmhuinn gu bhonn.

15 Dh' eigh an gaisgeach las a chomhradh,
   Chlisg a dhochas, dhoirt a chreuchd;
   Dh' aithnich e co dhealbh a leon,
   Bu truagh an gò, 's bu mhor an sgeul.

16 An deidh sugradh ban na Feinne,
   Ghluais an treun do 'n choill mu dheas;
   Spìn e gach crann mar a tharladh,
   As am bun le ghairdein deas.

17 Chuir e teine ris an oigridh,
   Dh' iomaradh ceol an teach nan duan;
   Dh' imich an Garabh gu h-naimh.

19 C' ait am bheil sibh Fhearad Eireann,
   Cruinnichibh gu leir o 'n t-sealg;
   Nach faic sibh ceo tallmhuidh daite,
   Tigh-teamhra' na lasair dhearg?

20 Fiann nam flath air srath a ghlinn;

22 'N deidh do 'n bhannal dol air cul;
   Chuir sinn ar druim ris a bhathan,
   'S chaointe leinn gach silleag ur.

23 Gun neach beo gu airis sgeil.

25 Theid na 'm fuighinn athchuing araid,
   Gun chead mo bhais iarruidh uait.

26 Ged' chuir u àbhachd air cul;

28 Thainig Garabh mor Mac Taige,

29 Dh' airis dhuinn gach ni mar tharladh,
   Mar a rinn na mnai' a leon;
   A loisg e mar lasair Beinn-Aula,
   B' iomad iolach ann, is bron.

32 Threachail iad 's olc ann san talmhainn,

33 Shin e uaithe bhraghad dhocair.
   An eiric air an olc a rinn;

35 Air an tulaich dheurach thruagh;

36 Cumadh ar 'n innseadh na tosd;
   Oir cho 'n fhiach ar gloir a taghairt.

O. 8. LOSGADH FARMAIL. 108 lines.

Dr. Irvine's MS., page 36. Copied by Malcolm Macphail, Edinburgh, March 20, 1872.

This is a very interesting sample. The first part is a version of the same ballad which Fletcher, Kennedy, and other collectors found; the latter part is 'Ossianic,' and quite different in every respect. It was got in Mac Pherson's country 48 years after he had begun to publish Ossian, and one year after the publication of his Gaelic originals.

LOSGADH FARMAIL. O. 8.

1. La chaidh Fionn a shealg le Fhiannaibh,
   Gu strath Ghuirme an Inse-fail,
   Chuir e air na leugaibh glasa,
   Feidh nam beann a b' fhaisge dha.

2. Dh' fhag iad Gairi Mac Morna,
   Na shineadh ann an leaba ùir;
   Luidh suain gu trom air a rosgaibh,
   'S a cheann fo 'n bhrat chosgarna chuin.

3. Dh' fhag iad aogas nan corn buadhach,
   Aig oigridh shuairce nan cul seimh,
   Teudan shinneidh, Gaoth ro ghlinne,
   Mar eoin chùin air bharr nan crann,

4. Cinn comhairle air bheag ceille,
   An lo sin aig Banrigh Fhinn;
   Cheangail si le dealgaibh gasda,
   Falt an laoich an glacaibh chrann,

5. Thug e turrag 's turrag eile,
   'S e ag taomachadh nan deur
   Dhealaich an t-sonn ris a chearral,
   Folt an laoich, bu dearg a chre.

6. 'S ann air guallinn beinn a Feinne,
   Ghluais an Gallan air cheum deas;
   Dhun gach dorus mar a thuair e
   An creann beag aig a ghnaillinn leis.

7. Sul gu 'n tug e thar a' chuan null,
   Deagh Mhac Cumhail nan gruaidh dearg,
   Mhothaich e ceo talma daite,
   De thigh Fharmail is lasair ard.

8. Druidibh leam a leomhna gasda,
   Mheud 's a tha sibh ri m' linn;
   Gabhaibh sid mar chuis anama,
   'S feuch an teirc sibh bantrach Fhinn,

9. Aig meud an dochais bh' aig na Laochan.
   As an sleaghan gan bhi claon;
   Leum gach fear air bar chrano sleagha,
   Chaill iad mac Reagha sa' chaol,

10. Mu 'n d' thainig iad am baile
    'S ann bh' an talla air dol gu cul,
    Chur Fionn a dhruim ris a bhalla
    Is chaointe leis Gairi an tus.

11. Mheud 's a chaidh losgadh san teach ud,
    Cha bu dualach dhoibh bhi buan;
    Bha ceud faighne, ceud cota seang ann,
    Ceud srian bhuclach nan each ard.

12. Bha ceud diollaid 'n deidh òra ann
    'S ceud leabaidh choir nan crann;
    'S ceud brat uaineach athach,
    A sheoladh gaoth air ghathaibh chrann.

13. Bha ceud rimhinn bu ghrinne mear ann,
    Deich ceud bean 's Banrigh Fhinn;
    Bha se ceud Muime nan se ceud mac ann
    Nach d' fhuair urram an teach no 'n ti.
    Bha ceud laoch fo bhrat seang ann,
    A chosgadh feirg ann arnadh stri.

14. Chuir Fionn a mheur fo dheudh fios,
    Gabhsa m' an fhios a fhuair,
    Leinnibh iorg fir an fholach,
    'S gheibh sibh Gairi anns an namhaidh.

15. Teann a muigh a sin a Ghairi ?
    Dheagh Mhic Morna nan cleas truagh,
    Mach a so cha teid mi 'n tra so,
    Gun m' achninich araidh fhaotainn auth.

16. Achuinich t-anama na h-iarr i,
    O 'n tharladh air na Fiannaibh tu ;
    Achuinich tha mi sireadh,
    'S cha 'n e m' anam a leagadh leam,
    Ach Mac an Luinn chuir an laimh Oscair,
    'Se bhi cosgairt diom a chinn.

17. Mo bhragad a chur an giorraid,
    Air caol sleisde gile Fhinn;
    Cladhaichibh seachd troidhean dhomhsa
    San tulaich ghorm sin os 'nr ceann ?

18. 'S adhlaicibh mo chas le tethail,
    Fo fhoid ghlais na talmhainn truim;
    Nuair ghearr an claidheam a' chloch,
    'S na seachd troidhean os a cinn.
    Chuir faiteil a' chuilg nimhe,
    Fuil daithte gu troidhean Fhinn.

LOSGADH TIOGH FARALA. P. 7.

19. 'S daor an ceannach ort a Ghairi,
    Ar mnai 's ar talla thoirt dinn;
    Dh' fhag thu Fionn gun bhean gun Tearmun,
    'S cha do choisinn thu g' a chionn.

20. A Mhalmhin, 's truagh an sgeul,
    Braigh soluis fo bhraid a noch;
    Bha li mar chanach air gruaigh.
    'S a deud mar gheal stuagh an slochd.
    Da shuil mar reultan soillse,
    Do fhear turuis an oidhche duaichni.

21. 'Sa folt a' tearnadh mar chrann fo bhlath,
    'S an taile gu seamh gu luasgadh;
    Bu chuin, suairce soimhe re dh' fhas,
    Guth a beoil mar theud a' bhaird;
    Aoidh mar bhrat Loinn ga chomhdach,
    'S a gnuis mar ghrian an lo do 'n ann.

22. Och nan och 's cruaidh am beum ud,
    Ruleni dh' fhalbh le cach ;
    Bha maise mar dhealradh na greine,
    Bha ceum gu h-aighantach ard.

23. Bra gile co chuma ri comhra,
    An tuisge an eol an greis no 'n dan :
    ' A Mhalmhin is cuimhne leatsa,
    Beus nam bannal,
    Tionnaich an deur,
    Scian ri leanail.
    Mo ghnuise tha cruaidh mar chlach,
    Mo shuil cha tiormaich gu fras.
    Mo chridhe dh' fhas cruaidh mar chullin,
    Cha bhris e ged aom an tuite.'

This last part is quite different.

(IRVINE'S NOTE.)—From Charles Robertson, Loch Tayside, who learned it 18 years ago from Helen Mac Lenan, his grandmother. In presence of Mr. Macdonald, Minister of Fortingale, Manse of Fortingale, 24th November, 1808.

P. 7. LOSGADH TIOGH FARALA, 'US GUN A 'N FHEINN AIG A BHAILE. 72 lines.

Staffa's Collection, page 57. Advocates' Library, Feb. 21, 1872. Copied by Malcolm Macphail.

THIS is a very curious sample of the decay of tradition in the hands of scribes. Here are two distinct metrical stories:—The Death of Goll, and the Death of Garaidh, his brother, run into one short prose story, in which lines of the ballads occur in sentences. The language is good Gaelic, written by an educated man, in Mull, about 1800. But, in 1871, an uneducated man, aged 87, repeated the Burning of the House and the Death of the Women to me, and told the story as it was written by Kennedy and Fletcher, about 1774.

DHALBH an Fheinn latha don Bheinn th' sì n' agus th' seilga mar bu ghnath leo. Agus dh' fhàg iad Goll a gleidhidh nan Ban. Bha Goll fuidh thromadas, agus fuidh airsneol, Leag e cheann air Glun a mhna, agus thuit e na chadil, leig a bhean a cheann air làr, agus si chomhairle chinn aica fein, agus aig càch gun ceangladh iad gach dual da fhalt re cipeanibh air an sparradh anns talamh. 'N sin thug na mnathan Gaoir chath asd' le 'm basibh gam bualidh air a cheila.

Mhosgul Goll ann an teas feirge. Ghlais e 'n dorus air na mnathibh 'us chuir e 'n tigh re theina orra, ach gun d' fhuair aon na dha dhiubh mach us b' ann do 'n aireamh a thuair as bean Ghuill. Nuair a chunna Goll gun deach an tigh re theina us gun do loisgidh na mnathan, theich e agus dh' fholuich se e fein ann an uadhich.

Air sealltuin do chuid do 'n Fheinn faich-dar Tiogh Fàrala re theinich.

Thug gach aon re astar, agus ghabh iad ri siubhal. Rinn ad iad fein cinntich, gun danig namhid eigin air Goll. Rinn iad sealg mhor aobh-ach Ionganntach. O m' bu Dorn-dheary Laòch 'us O m' bu cheann dearg Cù, 'us o m' bu trom eallach Gille. A fear bu mhoille se bu diombuiche. Thanig iad gu taobh chaol-rathain, 'us leum gach fear air cheann a shlegha, 'us chaillidh Mac Rathin sa chaoil. Stad na fois cha d' rinn iad gus an d' ranig iad. Dh' fhiosruich iad do na mnaibh ciod e chuir an Tiogh re theine. Dh' innis iad gur e Goll a rinn e. Bha 'n Fheinn fui' throm fheirg an aghaidh Ghuill, th' suich iad cuirt agus thugadh binn bais a mach na aghich.

Ach bha iad fui' eagal gun dugadh e Scrios air moran dhu. Se chomhairle chunnachdas doibh gun cumadh iad e ann am priosan gus am biodh e air anannachidh, a dhi bi agus dibha. Bha orda teann o 'n Fheinn gu cuirte gu bas neach sam bith a bheiridh dha biadh na deoch. Bha e la 'n sin sa phriosan, agus bha bhean maille ris, agus thubhairt e. Tha mi ro lag an diugh. O! mo Dhunaich a thanig ormsa ghraidh do na fearibh, us gun a chroidh agam ni sam bith a dheanamh dod chomh-nadh, ach a ghraidh nan deobhla tu mo chiochan, cha deobhail ars eisan. Carson ars ise. Tha ars eisan gu rabh mi lòs sin a dheanamh mar a h-iarradh tu e. Ach a nois cha 'n fhaod mi do bhri' gun do chuir mo mhuime mi fui' mhionnabh gun aon ni dh' iarradh Bean orm a dheanamh.

Mata ghraidh ars ise nair a bhios tusa marbh, tha mi cinntich nach leig an Fheinn leamsa gun fhear eila phosadh, agus bu mhiann leam fios fhastinn uatsa co fear a Luidheasicha tu dhamh ann ad aite. Se 'm fear a dh' iaras mis ort a phosadh. Aodh cas machd na Caillich. O! ars ise na Leiga ni math gu sininnsa mo thaobh ri Aodh cas machd na Caillich ann an aite do ghlachda Geala.

P. 9. ATHCHUING GHUILL. 24 lines.

Staffa's Collection, page 64. Advocates' Library, February 22, 1872. Copied by Malcolm Macphail.

THIS is the sequel to the prose story, with one verse of the ballad in it.

AIR teachd do 'n la sin anns an rabh Goll re chuir gu bas, Thugadh a mach e chum a mhillidh. Bha e mar Lagh aig an Fhiann, gu fuidhidh gach neach a chuirte gu bas an raoghinn athchuinge. A reir an Lagh sa bha Goll re achuinge fein iarruidh agus fhaotinn a reir an Lagha sin.

    Mac an Luin a thoirt do dh' Oscar
    Achanich a dh' iaras mi,
    'S mo Bhraghid a chur an giorrd,
    Air bun sleisde gile Fhinn.

B' e ni arid a bha ann run Ghuill; sa bha gu tachirt ann an Lorg na h-achanichs, gu 'n caillidh Fionn an t-sliasaid, agus a chas do bhri nach d' fhag Oscar fuighill buille riamh.

Ach se chomhairle chunnachdas dhoibh gun cuireadh iad naoi Dachdairin do Leathar-liath, agus naoi brebain do dh' Iarinn Tùr fuidh amhuich Ghuill, agus air muin sliasuid Fhinn. Thugadh cleidheamh Fhinn, ga 'm b' ainn Mac an Luin an Laimh Oscair. Bhuail e Bhuile, agus leis a bhuile sin fein chuir e 'n ceann do Gholl, ghear e 'n Leathrach, san t-Iarunn us dh' fhuilich e air aliasuid Fhinn.

THE CATASTROPHE.

THE BATTLE OF GABHRA, AND DEATH OF OSCAR.

A. 29. 30. C. 4. D. 26. G. 3. H. 29. I. 22. J. 8. K. 3. L. 7. M. 19. 20. N. 6. O. 13. V. 17. X. 12. Y. 9. Z. 6. 7. 8. 45. &c.

I HAVE more than twenty large fragments of versions of this old Ballad, collected in Scotland, from Caithness to Dunkeld, Lismore, and Ceantire; between 1512 and 1871. Many people sing it still in the Islands, and the Story is widely known to the uneducated Gaelic population. Kennedy tells it in his quaint English. A few words and phrases show that even he was affected by the Ossianic epidemic of his time, but the main story, which everybody knows now, is told in all versions of the Gaelic Ballads. A great many Irish manuscripts, of last century, contain versions of this Poem. Part of it, certainly, is as old as 1512, and I believe that it was traditionally recited long before part of it was written in Lismore, by Dean Mac Gregor, in the reign of Harry the Eighth. The poem is not known in any older writing so far as I can discover. In 1853, the Dublin Ossianic Society began the Fenian Story with this Catastrophe. A first volume, of 161 pages, tells the story of the last Fenian battle.

About 1763, Mac Pherson put the story of Oscar's death into the first book of Temora, but he so changed the story, and the manner of telling it, as to make the Epic his own. English readers could not believe in a second Gaelic Epic, and would not believe in 'Ossian.' Irish scholars were driven to despair: they held the battle to be historical. The Book of Leinster, 1130, contains a short poem, ascribed to Ossin, which mentions the battle. Gabhra is close to Dublin; Teamhra is Tara, the seat of Irish High Kings; Almhuin is *not* Alba (Scotland), but the Hill of Allen. That pestilent Scotchman had shaken the whole system; to make Caledonian Epics with fragments of the ruin which he made. To smash Stonehenge and build a Parthenon; to hew modern antiques out of the Elgin Marbles; to paint pictures by Zeuxis upon Raffael's Cartoons; or to write Cuniform Inscriptions on the Book of Kells, could hardly afflict antiquaries more than the publications of Mac Pherson. A comparison of Kennedy's 'Arguments,' now printed, with Mac Pherson's Arguments of 1762-3, shows the havoc which was made of Scotch Traditions which still survive. At least fourteen Scotch Collectors, who are quoted in this volume, had versions of this Story, which correspond with each other, and to Irish versions; they are all condemned as 'spurious,' and they were left unnoticed in their drawer; while the 'Ossianic controversy' went wrangling on over one Gaelic manuscript, written by Mac Pherson, revised after his death, and printed as the original of 'Ossian's Poems.'

These are facts, and readers of this volume can form opinions for themselves.

I cannot find room for twenty versions of one ballad, which filled a whole Irish volume. I reprint the oldest version from 'the Book of the Dean of Lismore,' beside other versions selected from unpublished manuscripts, with references to the rest. All are versions of one Gaelic Poem, none are versions of 'Temora.'

Only five of the Heroes are in this ballad: Fionn, Fergus, Raoidhne, Oisein and Oscar. The Clanna Morna are out of the Story. Garriadh and Goll were slain in their ballads, which I have placed above, in Kennedy's order.

I have nothing about Conan, but no doubt his end was described. Caoireal and Diarmaid were slain in their ballads. I have no account of the end of Caoilte and Faolan.

Seven are out of the Scotch version of the Battle of Gabhra.

Oscar the eighth and Raoidhne the ninth are slain in this ballad. There remain at the end, Fionn and two of his sons, Fergus the Bard, who tells him the Story, and Oisein, who tells the whole to Padruig on the Mound of Tears, long after the Feinne have passed away.

A. 29. CATH ZAWRYCH. 232 lines.

A HOUDIR SO SEISS ALLAN MᶜBOYRE.

THIS I believe to be the oldest written version of this ballad known. I do not believe that Allan Mac Royre made it. I believe that he said it. Lines and verses and long passages and the story can be identified in all later versions known to me.

1 MOR in nocht my chow feyn
    A halgin a ta zim rair
    Re smeinten a chaa chroy
    Huggemir is *carbryth* cranroy

2 A *maksen chormik ochwnni*
    Merga in neyn harlyth fa chung
    Reith gin chass vin chaath
    Di churri ris gin zrane royth boe

3 Kailswm gith ollith fame
    Hwnni inni is clanni keive chwnn
    Guss wyve sen charbre roye
    Nir smeine seine olk na anweine

4 Di chan carbryth ranyth loyeth
    Agus di be in nellith chroye
    Gir bar less twttwm er mygh
    Agus in nane la cheille

5 Nassyth reithre wea vir
    Agus in nane a weith er nerrin
    Di chan barrin gi prap
    Cwneich mwkre agis art

6 Fir sinsir huttwm in sin
    Di wreith fellith ni faynith
    Cwneich a gessith chroye
    Is cwneich in non oywir

7 Is nach reym cogeith rame linni
    Ach na hoggeith vakkowle
    Ba corle clonni cwne
    Agus carbre a lay trome

8 Ead feyne a hawrt dar ginni
    Agus sinni di zochin
    Gow marreith na zey wleyg
    Is gin nane a weith in nalwin

9 Is weadeist baiss fa zoem
    Tra nach bedeis in mir zlee
    Hug sen gi feich fergich
    In cathsin *cacht zawraa*

10 Di hut in nane bonni ri bonni
   Is reithre olsa errin
   Ne roygh a nynea nor
   Gow fodleith earra in doythin

11 In reith nach roygh far smacht
   Rar linni gwss a chaa sen a halgin.
   O churre an sen r nar ner
   Zoive rwneni keiss na kayn

12 Is ne roye ag dwn keith rwn
   Ach far gwde di zea nerrin
   Ymmi er fey in doyn worre
   Nach lar wey ln dey in tloye

13 Ni fonyeith la er lai
   A huttym la ny cheillith
   Da deg feith awlwarreith in seu
   Orrew in nerrin eazlyn

14 Ossin cred a zaneith finni
   Agus ersemi far nerrin
   Er a lave a cleyrre chaye
   Ne royith si vanve vane

15 Beggane di leichre erse
   Agus ogre gin darve
   Ga bea reith heyssyth in sin
   Zoive sai fodleith in naageith

16 Gin cath gin nirril gin nawg
   Gin none gin achassen
   Churr sin ir techta sor
   Gow faa mayk v^c conni

17 Di hoith orrin nar genni
   Di zowell reithreith errin
   Mor in tysin dymith
   Orweith a reith taureith fa mo torm

18 Twlleith owyr a tug
   Gow dul di warwa er ollea
   Ossin innis doive skail
   Nor chorsew in nirril trane

19 Nor hutyth di waksi si chaa
   Na drwg tow er er lawryth
   Oskin mi vee osgir ayen
   Hanyth miss er curreith in nar a

20 Id tanik keiltyth er sen
   Oskir a hechtir clynni
   Hanik in roze boa zar weane
   Woskin in garrith dyth feyn

21 Drong roe lawrrit or sin
   Is weith drong ellith gin armyn
   A cleyrreith na baichil bane
   Ga bea zeith chewith in toyr

22 Byth vor in troye rar lin
   Olsa errin di hwttim
   Ymmeith caithraa codeith keive
   Ymmi loereith heith her

23 Ymmeith skaith harsi si wygh
   Agus a trea gin armin
   Cha dewith sin din tloyg
   Mirri baale er in roygh boye

24 Cha dwg sin lynni ass a chaa
   Ach feve reith na ardlacht
   Sanni a hor mo mi wag feyn
   Na lea er a wllin claa

25 Is skaa nawriss er in layr
   Agus a lanni na zess lawe
   Donnwl allith er gith
   Lea dea er bley a looreicha

26 Leggwm erla mi ley re lar
   Is di bi rynis oss a chinni tawo
   Sminum a healgin er sin
   Cred a zanvin na zeye

27 Di hillith osgir rwmsyth soss
   Agus bi lor lam a chross
   Di hein a hwggm a laave
   Er wayn er ym choaailli

28 Di zoyve may lawe mi vec feyn
   Is dyth hoeis ranyth crea
   Is aon tw sin a lea
   Char churreis caiss sin teil

29 Hurrt rwmsyth mi wak
   Farryth agus a nar armyth
   A woe riss ni dwllw sin
   Di wesith slane a aythir

30 Ne zanwmsyth zewsytht gaeth
   Ne roe aggwm fregreith zoe
   Gin danik keilt worsin
   Huggin a zeyzin oskir

31 A dowirt mak ronane in nawe
   Ach keynis tazes a zrawg
   A tame er oskir mir is dlee
   Dul a gowar seil awzeive

32 Crachtea sley carbre roye
   Fa ymlin oskir armroye
   Lawe cheilt ga wllin
   Doe reach in greachte nyth sley

33 Sirris keilta a knee er choyr
   Id toyr a inni na zoee
   It toyr a zrwme crechti kyn
   Er a zerre din zorley

34 Skreddis makronane sin
   Agus tuttis gow talwin
   Id dowirt keiltyth ym meille trane
   Er weith zoe er tryle in dyvenail

35 Feirane sen a oskir aile
   A skarris ranyth wane
   Is skar raa caath ra fynni
   Bae in keiss ag seil mor chwne

36 Gerrit a weith zone mir sin
   A vec alpin a chlerich
   Gi waka a huggin wo nar
   Ne roye boea zanew phail

37 Feichit keaid zonyth mir sin
   Eddr ogre is arse
   Ne roowe dwne slane dew sin
   Aggin din neychit cadsin

38 Ach fer ix gonni gi reive
   Fath low ag gin di chreactew
   Togmir in tosgir arne
   Er chrannew sley in nardew

39 Bermoyn e gu tullych zlin
   Dyth howirt dea a heydyth
   Lead nyth bossyth zane chorp
   Cha royve slane wo na alt

40 Na gi ryg a wonyth lar
   Ach a ygh na hynirrane
   In nyith sin dwn sin naar
   Geillingua churp gow laa

41 Gir hogsin clan v^c ne finni
   Er chnokew ard evin
   Neyr choneith neach a v^c fen
   Nir chein a wrar fa zeyth

42 Re fegsin me vecsi mir sin
   Kaach wllyth a kenyth oskir
   Gerrit a wee zown mir sin
   Er curryth in a churp cheive zil

43 Gow vaka chuggin fa nona
   Fin m'kowle vic tranevor
   Gow dugsidir annsyth nar
   Drane boe di zanew phal

44 Er fyail clynni boissni neyr
   Fa chassil chroo sin nirril
   Di bi roye baekeith ni werri
   Agus akranil ni meillyth

45 Gow vaggi sin verga finni
   Re cranni sley voss er gin
   Hugsaid huggin assin nar
   Dl hug sin na goail

46 Di vannych sinn ullyth zinni
   Agis char reggir a sinni
   Dulli er in tullych na rane
   Far in rowe oskir armzar

47 Nor a wowych oskir finni
   Er tocht daa voss a chinni
   Togissa nye neachla
   Is bannythchis da hanathir

48 Id dowirt in tosgir in sin
   Re m'murnaith sin nor sin
   Mi chin fest riss in naik
   Er haggin a inni armzar

49 Troyg a oskir arne
   A zey v⁶ mo v⁶ syth fen
   Miss er a zey is fanne
   Is er dye fane errin

50 Mallych art in r gym moye
   Sai sa dwe tanyth reym loyith
   Di leon a orrwm a her
   Na gi reach ma in noeneith

51 Slane wome a zirril is di zawe
   Slane di gi keiss di hoikwail
   Slane di gi math woym in nossa
   Ach ne waym zin chomso

52 Re clastin kelwein nyth finni
   A arrwm a hosgir zi ling
   Di hein a woa in dai lawe
   Is di zea a rosga rinwlaa

53 Di hynta finni runna a chwle
   Di hilla deara gow dour
   Ach fa osgir is fa wranna
   Cha drin sai dar er taivin

54 Ach missi wane agis fin
   Ne royve a zayn woss a chin
   Hug ait tree zayryth sin noyr
   A class fa errin awoyr

55 Coyk fichit kead x
   Is deich kead er in goayrren zin fen
   Wa din nam marwe er a wygh
   Gyn nane dwn za essen

56 A zaa urdill sin is ne goe
   Is reith errin skail fa moe
   Wa marve er in teive ellith
   Di loyg errin armylin

57 Neyn roye finni swllor na saive
   O hen gow hyig a wass
   Woyn zloossin ne far da less
   Reithre wea zi werrin

58 Woyn chath sen cath zawryth
   Noch cha drone ma tyn nawryth
   Cha rowe in oor roea na loo
   Nar leg maa ossni lan wor
                    Mor noch.

A. 30. CATH ZAWRYCH. 53 lines.

A HOUDIR SO FARRIS FILLI.

This answers to Kennedy's 2nd part, and is very like it. It is not composed by Farri⁶ Filli. A character in the story questions him, and he answers. It is his speech as much as the speeches spoken by Celts, in Tacitus.

1 Innis donn a earris
  Ille feynni errin
  Kynis tarle zevin
  In gath zawrych ni beymin

2 Ne math v'kowle
  Mo skael o chath zawrich
  Cha warr oskyr invin
  Hug mor coskir calm

3 Cha warr seachta vec keilt
  Na gasre fean alwe
  Di hut oyk ni feani
  Inn in eadyth arryoh

4 Di marwe m'lowith
  Si vi mek sin tathryth
  Di hut oyk ni halvin
  Di marwa feyn brettin

5 Di hut m⁶ re lochlin
  Fa linnyth veith chonyth
  Bi chre fael farri
  Bi lawe chalma in gonyth

6 Innis doif a ille
  M⁶ mo vec is marrwm
  Kynis di we oskyr
  Scolta ni gathwarri

7 Bi zekkir a innis
  Di bi vor in nobbir
  Ne royve marve sin gath sen
  Hut la armow oskyr

8 Ne loyth ess oyvin
  Na seaywok re eltew
  Na re vwnni sroyth
  Na oskyr sin gath sin

9 Weith say ma zerri
  Mir willith ra trane zeith
  Na mir chrann voass ewee
  Si wew gi a nauetee

10 Hug oskyr na chonew
   Mir harwe twnni traa
   Mir chonnik sen carbre
   Di chraa in tlye hantych

11 Gir chur treith a chinnbir
   Gir bea in couva cadna
   Ner impoo sin oskyr
   Gin dranyth re errin

12 Gin dug beym gin deichill
   Gir zoichin ay garlyn
   Bollis art mac carbre
   Er in darna bull

13 Is mi ferris filli
   Dar hwil gych innis
   Troyg er essni feynith
   My skeall re innis.
                 Innis.

G. 3. BAS OSGAIR 154 lines.

Copied, 1872, by John Dewen, from a manuscript by Mac Diarmaid, 1762-1769.

June 27, 1872. Compared with Gillies, p. 313. This has 38 verses; Gillies, 64. It is not a copy because of the orthography. The verses follow in their order, so that the story remains the same, but various readings occur, *e.g.* 19, 32, 35, which are worth notice. This contains the Introduction, which is commonly repeated with the ballad now, but which is very difficult to explain. See version in Vol. iii. 'Popular Tales of the West Highlands.' 1862. Y.

BÀS OSGAIR,

Or the Death of Osgar, the son of Ossian, and grandson of Fian Macull.

Copied from a manuscript wrote by Eovan Mac Diarmaid in the year 1762, & in possession of Mr. John Shaw, miller, Kenlochraineach, in the year 1872.

1 Cho 'n abair mi mo thriath re m cheol,
  G a b' oil le Oissin a nochd,
  Osgar & Cairbre calma
  Fraothadar uille neath Ghauradh.

2 Ni sleagh nimhe is i n laimh Chairbre,
  Go n crothte i re uair feirge
  Theireadh am Fiadhach re goimh
  Gur ann leadha mhairbhte Osgar.

3 'S misseadh heireadh e ris fein,
  Am Fiadhach dubh ma mhicheil.
  A chuig fhear a tha sibh ma 'n chlar[1]
  Ach suil fir a bhi ga thachda.

4 Dh' fharaid sinne a Rath gun cheil
  Com an tachda air suil fein,
  Go de a ghoimh a h air air Rosg,
  Nuair a chaonamaid a chaol Reachda.

5 Gaoraidh am fiadhach moch a maireach
  Air a ghruaidhsa ann san àroich
  Ach gus an taining an 'nuaigh
  An fhaobh sin cho bolc a-hinneal,[2]

6 A Bhaobh anidheas an teudach
  Deansa dhuinne faisneachd choudna
  A tuit aon duine dibh linn
  Na 'n deid sin uille neimhne

7 Marbhair leatsa cuid ceud,
  Is godhnar leat an Riogh fein.
  Araon sa 'm fear lagh a dheth
  Air saoghal uillo go 'n thainig,

[1] About the table.   [2] Beauty.

BAS OSGAIR. G. 3.   CATH GHABHRA NAN BEUMAMANIN. D 26.   183

8 Na cluineadh e thu Rosg mac Ruaidh
   Na duine bhuine ga shluagh
   Na 'n cluineadh an Fhein thu nochd
   Ma 'm bi sinn uile go meirsneach.

These eight verses correspond nearly to Gillies' nine.
19 in Gillies.   Various.

9 Tomalaid³ Cinn gun iomalaid Caoin,
   Beug còrach sud iarruidh oirn
   Se fath⁴ ma 'n iarruidh tu sinn
   Sinne bhi gun Fhian gun Athair,

10 Ga do bhithe an Fhian is t-Athair
   'A là ab fearr bha iad na 'm Beatha
   Cha buileoir⁵ leamsa re 'm linn⁶
   Gach siod a dhiarruinn ga m faghain

11 Na 'm biodh an Fhian agus m-Athair
   'N là 'b fearr bha iad na 'n leath bheatha,
   Steann air am faghaidh tu 'n sin,
   Aon leud do throighe ann Eirinn.

24 in Gillies.

12 Briathar buan sin,⁷ briathar buan,
   A Bheireadh an Cairbre ruadh,
   Go 'n cuireadh e sleagh na 'n seachd siong
   Edir aradh agus Tomlag.

13 Briathar eille na aghaidh sin
   Bheireadh an t-Osgar gle chalma,
   Go 'n cuireadh e sleagh na naodh siong,
   Ma chumadh fhuilt agus Eidin.

14 'N oidhche sin dhuine go Lò
   Mar re mnaoi Teineadh comh-ol,

Part of 22 Gillies.
   Briathar garga leath mar leath
   Edir Cairbre agus Osgar.

26 in Gillies.

15 Briathar buan sin, briathar buan
   A Bheireadh an Cairbre ruadh,
   Go 'n tugadh e sealg is Creach⁸
   A h-Albuinn an la air na marach. (mharach)

27 in Gillies.

16 Briathar eille na aghaidh sin
   Bheireadh an t-Osgar gle chalma
   Go 'n tugadh e Sealg is Creach
   Do Dh' Albuinn an la air na mharach.

30 in Gillies.

17 Dh eirg sinn an la air na mharach
   Agus air Sluagh bilidh, badhach,
   Thogadh linn a h-Eirinn Creach.
   Da Chreich-dheug as gach Coig-dhibh.⁹

18 Nuair a ranaig sinn ann,
   Bealach¹⁰ cumhaing ann Caol ghleann,
   Lann a bhiodh an Cairbre glan,
   A Lona maireachd a teachd nar Comhail.

19 Cuig fichid Albannach ard,
   Than tharr muir chairginigh ghairbh,
   Thuit sud le laimh Osgair thall,
   Is e mosgladh re Riogh Eirinn.

20 Cuig fichid fear Chloidheamh ghlaish,
   Nach deach aon cheim riamh air aish
   Thuit sud le laimh Osgair thall,
   Is e mosgladh re Riogh Eirinn.

21 Cuig fichid fear bogha
   A thainig oirne nar comhair,
   Thuit sud le laimh Osgair thall,
   Is e mosgladh re Riogh Eirinn.

22 Cuig fichid fear feachdaidh,¹¹
   Thainig oirne a tìr an t-sneachdaidh,
   Thuit sud le laimh Osgair thall,
   Is e mosgladh re Riogh Eirinn.

23 Cuig fichid Caibre ruadh,
   Thainig no mhaithibh an t-sluaigh,
   Thuit sud le laimh Osgair thall,
   Is e mosgladh re Riogh Eirinn.

³ Exchange.   ⁴ Reason.   ⁵ Not too much.
⁶ Time.   ⁷ An oath.
⁸ Booty.   ⁹ Province.
¹⁰ A passage.   ¹¹ Man of War.

24 Nuair a chunnairc an Cairbre ruadh,
   Osgar a snaithe an t-sluaigh
   An t-sleagh nimhe bha ma laimh
   Go 'n do leige sin na Chomhail.

25 Thuit Osgar air a ghlun deas
   'Sa 'n t-sleagh nimhe roimh a chneas
   Go 'n chuir e sleagh na naodh siong
   Ma chumadh Uilt agus Eidin.

26 Eirigh Art is glac do Chloidheamh,
   Is seasamh aite t-Athar,
   'S ma thig thu beo n' na cathaibh,
   Go ma Riogh rath thu air Eirinn.

27 Thug e urchair eile a nairsde
   Air leinn bu leoir a hairde
   Leagadh leis le meud a chùimeas
   Art mac Chairbre air an ath urchair.

28 Chuir iad Crùn an Riogh ma cheap.
   Los go buidhinte leo an Larach,
   Thog e leachdag chonard chruaidh
   Bhar na Talmhuin taobh ruaidh,
   Bhris e Crun an Riogh man Cheap
   Gniomh ma dheireadh mo dheagh mhic.

29 Togaibh libh mi noise Fhiannaibh
   Cho do thog sibh roimh riamh mi,
   Togaith mi go Tulloch ghlain,
   Ach go 'm buin sibh dhiom an t-eudach.

30 Marbhaisg ort a mhic na buaidh
   Ni thu breugau dhuinn an darna h-uair
   Loingeas mo shean-Athar a h-ann
   'S iad a teachd le Cobhair thu gainn

31 Bheannuigh sinn uile do Dh Fhian
   Ga ta cha do bheannuigh Dhuinn,
   Gus an dainig e Tulloch na 'n deur,
   Far an raibh Osgar arm gheur.

32 'S misseadh mhic a bhiodh tu dheth,
   Latha Catha Dun-Dealagan,
   Namha na curthan roinh d chneas,
   'Si mo Làmhse rinn do leigheas.

33 Mo Leigheas cha neil e m-fath,¹²
   Cha mho dheantar e go bràth,
   Chur Cairbre sleagh na 'n seachd siong
   Edir m' àradh agus m' iomlag.

34 Chuir mise sleagh na 'naodh siong
   Ma chumadh fhuilt agus Eudain
   'S na 'n ruige mo Dhuirn a chneas,
   Cho deanadh aon Leigh a leigheas.

35 'S misseadh Mhic a bhiodh tu dheth
   Latha Cath Bhein Eudain
   Namhadh na feidh roimh do chneas
   Si mo laimhse rinn do Leigheas.

36 Mo leigheas cha n eil e 'm fath,
   Cha mo dheantar e go brath,
   Goimh an Donaigh am thaobh dheas,
   'S¹³ dorride do Leigh mo Leigheas.

37 Mo Laogh fein thu Laogh mo Laoigh,
   Leanabh mo Leanabh Ghil chaomh,
   Mo chroidhe leimnigh¹⁴ mar Lon,¹⁵
   Go la bhrath cha 'n eirigh Osgar.

38 Cha do chuir Fian dheth crith no grainn
   O làtha sinn go latha bhrath,
   Cha ghabhadh is cho b fearra leis,
   Ach Trian do 'n bheatha ga'd abrain

¹² Being or Existance.   ¹³ w' more difficulty.
¹⁴ Leaping.   ¹⁵ Eilk.

D. 26. CATH GHABHRA NAN BEUMAMANIN.
166 lines.

From Mac Nicol's Collection. Copied by Donald Mac Pherson. Advocates' Library, May 11, 1872.

THIS is a genuine fragmentary version; all its verses are elsewhere, with slight variations. These sometimes explain obscurities, e.g. It seems in most versions that a great number of Cairbres were slain. A genitive, in verse 21, makes the line mean ' seven score of (the people of) Cairbra ruaidh.' This version is equivalent to Kennedy's First and Third Parts. The only additions that I can see are the two last words 'An Albin' = in Scotland.

The battle was in Ireland, and they carried Oscar on spears to Fionn's House, which therefore was not in Scotland, but at Almhuin, which is near the field of battle.

1 SMULLADICH mi 'n deigh Chaoilte
  'S nach marthion Luchd mo cho-aois
  Lion mi lan Gallair as Goirt
  An Tim scarichdin ri 'm Choilto

2 Be Caoilte mo Choilte ceart
  San do dhimirin Buar as Brat
  Be Caoilte mo Leth-chuir Chatha
  Ri Hardan na ri haoin Athigh

3 Thainig 'n Cairbrigh tabhich lagg
  Ghlachda leis Erin fo Smachd
  Chuir Fios oirne gu Teibhridh
  Gar 'n immirbhuidh mach e Hallabhi
  Dhianibh griobh bu dullich lein
  Dhol a bhuintin din air Tigbearnais

4 Fhregair shinne an Curidh dana
  A lion uille do na bha shin
  Cha roibh shinne 'dfbein ann uille
  Na choisne dhuin am bith buidh

5 Air an Rathid ghle-gheal chleichdich
  Oichd Fiochid deug deo Mharcich
  Huair shin Onnoir huair shin Biadh
  Mar a huair shin roidh riabh
  Bha sinn gu subhich a steach
  Cubhil as Cairbra san Teiridh

6 An La ma dheridh don Oil·
  Huirt an Cairbra na Ghuth mor
  Imlait Cinn Sleigh a bail leam uaitse
  Oscair dhuin e Hallabhi

7 Ciod an Imlait Cinn bhigh ort
  A Chairbra ruaigh nan Long-phort
  'S gur leat mi fein as mo Tshleigh
  An Tim Catha na Coibbrig

8 Cha buillair leom Cios na Cain
  Na aoin Sheoid a bhigh nar Tir
  Cha buillair leom rim Linn a bhos
  Gach sheoid a Ghiarin gun faithin

9 Cha neil Oir na Earras gu fior
  A dhiarigh oirne an Riodh
  Gun Tair gun Tailceas duin dheth
  Nach bu leatsa a Thigbearnas

10 Cha buillair liom Imlait Cinn
   Cha 'n aidichin Caoichlaigh Croinn
   Imlait Cinn gun Imlait Croinn
   Begarich shud iarruidh orrum
   Gur he Fa man Shiridh du shinn
   Mishe bhi gun Fhian gun athair

11 Gad a bhigh an Fhian as Tathair
   Mar 's fear gan ro iad nam Bethidh
   Cha buillair leom fo na Fianibh
   Gach *aoin ni* dhiarrin gun faithin (sheoid)

12 Nan bithidh an Fhian as mathair
   Mar a bha iad riabh nam Bethidh
   Cha'naithidh uissa a Riogh,
   Liad do dha Thraidh an Erin.

13 Bheir mishe dhuit Briathar buan
   She huirt an Cairbra Crann-ruaigh
   An Tshleigh shin mu bheil do Laibh
   Gur hann inte ha do lua Bhas.

14 Bheir mishe dhuit Briathar eille
   Ars an Toscar Donn e Hallabhi
   Gun togbhar leom Shealg as Creach
   'S gun reichin do Dhallabhi marich

15 Lion Fuarrichd na Laoich laun
   Ri clasin na Himirbhuidh
   Bha Briaribh gairbh leth mar leth
   Edar an Cairbra san Toscar

16 Bha 'n oiche shin duinne gun Doir (Chobbir)
   Haull & a bhos mun Obhin (River)
   Bha Doir lan leth mar leth,
   'S bha Doirlan mar Edaruin.

17 Hog shin oirn an Larna bharich
   A lion uille do na bha shin
   A t-shealg sa dhiaghich har lein
   Gun f'hiarich do Riodh na Herin

18 Bharaibh shin Riogh Luthidh nan Lann
   Laoich fuillich le Faobhir arm
   Hog shin ri Sliagh gaoil Creich
   Gu Cria laoisgirnich luthor.

19 Mungan mac Sheirc a bha 'n Uaidh
   A choibhrigidh ceud Claithibh cruaidh
   Huit shud le Laibh hall
   'S he mosglidh gu Riogh na Herin

20 Sheichd Fiochid do Chlannibh Riodh
   Bu bhor Gaisgidh & Gniobh,
   Huit shud le Laibh Oscair hall
   She mosglidh gu Riogh na Herin.

21 Sheichd Fiochid Cairbra ruaidh
   Bha colsach ri Cairba an Tshluadh
   Huit shud le Laibh Oscair haull
   'S he mosgla gu Riogh na Herin

22 Sheichd Fichid do Dhearibh Feachd
   Hanig e Tir uair an Tshneachd
   Huit shud le Laibh Oscair hall
   'S he mosgla gu Riogh na Herin

23 Sheichd Fiochid Gaigheal[1] garg
   Thainig fo 'n Tir uaridh ghairibh
   Huit shud le Laibh Oscair haul
   She mosgla gu Riogh na Herin

24 Sheichd Fiochid do Dhearibh Bogha
   Hanig air Cairbra ga chobhir
   Huit shud le Laibh Oscair haul
   'S he mosgla gu Riogh na Herin

25 Chogir ab fhaisge don Riogh
   Bhairibhe e iad sbu bhor an Gniobh
   Huit shud le Laibh Oscair haul
   She mosgla gu Riogh na Herin

26 Nuair a chunnairc an Cairbra ruidh
   Oscar a smathidh an Tshluaidh
   A Chraosich nethidh bha na Laibh
   Leige huiggidh I na Chothail

27 Huit Oscar air a Ghlun deas
   San Tshleidh nethidh roibh a Chneas
   Hug e Urchair eill' a nun
   As bheiritidh leis Riogh na Herin

28 Erich Airt as glaic do Chlaibh
   Shesibh ann an Aite Tathar
   Ma dheibh thu do dhiol Saoghil
   Saolidh mi gur mac Rath thu

29 An Toscar bu mhoithid Buaidh
   San bhairibh e Cairbra an Tshluaidh
   Huit le Oscar gniobh nach cuimisich
   Art mac Chairbra air an ath Urchair

30 Sluaidh Chairbra bu ghairibh Cleichd
   Hog iad Cath-Chara mun Cheip

31 Oscar mac Ossain an aigh
   Hog e Leig Chloichidh fo 'n Bhlar
   Bhrist e 'n Cath-bhara mun Cheip
   Gniobh mu dheridh mo dheo mhic

32 Mo Laoigh fein thu Laoigh mo Laoidh
   Leinibh mo Leinibh ghil chaoibh
   Mo Chriodh a Leimnich mar Loin
   'S gn la bhrach cha 'n erich Oscar

33 'Bhic 'm bu mhissa bha thu dheth
   Na 'n La hug shin Cath Bein edin
   Tshnathidh na Coirrin rod Chneas
   Shi mo Laibhsa reinn do leithis.

34 Chaneil mo Leithis am Fa
   Schla bho nitar e gu brach
   Chuir Cairbra Sleigh nan sheichd sheim
   Eddar Mairnin & Mimleag

35 Hug mishe 'n shin Urchair eille
   Bhiuthir gu 'm ban air a gainnid
   Chuir mi sleigh nan nao Sheim
   Mu Chumidh Fhuilt & Aodin
   'S nan rigidh mo Dhuirn a Chneas
   Cha dianigh na Leigh a lethis.

[1] Or gargheal, or gas gheal.

36 Erich Ossain 'sglaic do Ghath
  Fo 'nach marthion Oscar arramach
  Cha surd Curridh bhi caoidh mu Chloin
  Ma ha iad 's na Cathin huggin

37 Cha dainich orm Duinne riabh
  Gur Criod Feola a bha 'm Chliabh
  Ach Criodh mar Cluibhne cuir
  Air a Chuilbhriche le Stailin.

38 Bha Donnaillich nan Conn rim Thaoibh
  Agus Ullartich nan Shean Laoich
  Gal Bannail a caoidh ma sheach
  Gu 'm be shin a chraidh mo Chriodh.

39 Cha chaoinidh Bean a mac fein
  Cha chaoinidh Fear a dheara-bhrathair
  Air an Tullich huas ma dheas
  Bha shin uille caoinidh Oscair

40 Hog shin lein an Toscar aluin
  Air Gualibh sair Sleighin airde
  Hug shin as Imriche grinn
  Gus an drainig shin Tidh Fhin an Albin.
      Crioch.

H. 29. HOW OSCAR WAS KILLED. 580 lines.

Kennedy's 1st Collection, page 145. Advocates' Library, December 30, 1871. Copied by Malcolm Macphail.

THE ARGUMENT.

FINGAL went to Rome for to cure his leg after it was wounded by his grandson Oscar when he beheaded Garbh, and every one of the old Heroes went with him except Fergus the celebrated Bard (Ossian's brother), they gave the chief command to Oscar above what was left at home of their Army. Cairbar was the King of Ireland then, in the room of the lawful King Cormac. Kings in these days use to keep Counselor or a choise man in wisdom for to direct them how to do any action both in the time of peace and war. Cairbar's Adviser said to him that he was very foolish when he was a subject to Fingal and his men, when they might be subjects to him; (for Fingal had a man and a dog's due on every dwelling that was in Ireland and many other tributes besides that, which is too tedious to mention here) and that he was also honoured above Cairbar in every place, that he would get the praise of every action in Wars and not him, and that his reputation would never decay; Cairbar asked then, how they could make the Heroes subject to himself? the Counselor answered and said, Take you the opportunity immediately while you have it since all the Heroes are in Rome, except Oscar and few number of their young men, therefore if you will invite Oscar and his Men to a Feast, and get the shaft of his victorious spear, for the Blade of your own Spear, and then you need not keep them to defend this Kingdom from any brutal force whatsoever no more, and if Oscar will not deliver the spear willingly, take it from him by force and make them subjects as others while you live, and in case Oscar will overcome you, have all thy force ready here before he will come. This pleased the King exceedingly well, and he ordered all his army to be at his court in compleat armour while the festival days would be holden in the Isle of mist (where their House, women and Garabh were ruined,) to the feast. Oscar and his men came. They were feasting, singing and dancing during six days, and at the seventh day Cairbar asked Oscar's spear, Oscar refused that unless Cairbar would give him his own spear, which he would never do, they cast out that moment, and it is said that Cairbar burnt a great number of Oscar's men, where they slept that night (but it is not mentioned in the Poem, therefore it is hard to determine whether it is true or not). To-morrow Oscar fled with his men in fear that Cairbar's numerous Host would find means to overcome him, but when they saw that he fled they pursued him by 360 and 360, and overtook him. Oscar returned to them, and fell into a madness of strife and killed them by 360 and 360 as they were coming. It is not known what his men did at all, for they were all young, and since they were not well prepared for Battle, so few beyond the rest, they were greatly discouraged. They were all slain on both sides, except a few number that fled at the end of the day. Oscar and Cairbar themselves fell at last by each other, and then Arth, Cairbar's son, when the .. was over, what was alive of Cairbar's men made Cairbar's image, and they put the Crown on its head, and set it on the field opposite to where Oscar was almost dead, for to vex him; he lifted a great stone that was under him, he threw it on the image, and broke it into pieces. It is supposed that none of his men escaped, but his uncle, Fergus the Bard, he only was left at home of the old men to compose songs to what deeds they would perform worthy to be remembered till Fingal and the rest would return back from Rome, for they had no Historians at that time, but Bards; they were not taught neither to read nor write. Fergus fled to the Western coast of Ireland, and saw his Father and his attendance coming ashore. The Poem is divided into three parts: First, how the Battle was fought; Secondly, how he told the story by way of episode to his Father when he saw him; and Thirdly, how they discoursed with Oscar himself on the field. They carried him to the Fortress of Alvin, when they burried him; his Father and Grandfather lamented over his grave by way of Epitaph, exquisite bitter. Note that the first part is composed by the Poet when he fled on the way towards the shore; it is not addressed to any one.

DAN 28. Compare D.

1 'S MULADACH mi fad o 'm dhaoine,
  'S nach maithrean luchd an coi'-raonte;
  Na caoimh bha fuileachdach bras,
  Re h-ám d' éug-bhail is mor chath.

2 'S muladach mi' nois am aonar,
  Gun Athair gun Mhac gun chaomhach;
  Gun Bhrathair no coi'-luchd catha,
  A dh' ath-dhiolas bás nan cathan.

3 'S muladach mi 'n deidh Chaoille,
  'S nach fhaic mi fear a choi'-aogaisg;
  Bu luaithe na cathadh mara,
  'N uair dh' eireadh cruas catha.

4 B' e Ioilainn mo bhrathar cómhraig,
  Ann 's gach ionad am biodh comhstridh,
  Is b' e Aogh mo leith chur catha,
  Re h-ardan no re h-ann la.

5 B' e Daoire mo chamhalte ceart,
  Leis a dh' imrinn buaigh is brat,
  Ciod e 'm fáth dhamh bhi gan ainmach,
  'S gun iad bhi 'n lathair Chath-cabhara.

6 'N uair chualas leo turas Fhinn,
  Ann 's gach ionad a bha 'n Eirinn;
  Lion iad do dh' éud is do dh' ann-run,
  Do na h-ogain úra chalma.

7 'Sin thuirt Comharlaich 'd Ard-righ,
  Comhairl chum guin a bhais dhuinn;
  O! 's amaidach thusa Chairbnidh,
  Paidheadh cís do 'n Fhéinn, cia calma.

8 'N all' air sgaoileadh fea' gac áite,
  'S ceann no crioch cha d' thig gu brath or;
  Thusa mar icidh chaoi' gun innseadh,
  Re h-ám cath is cómhrag mhilidh.

9 Cia mar chiosnaichar na garbh laoich,
  Do radh Cairbnidh fuaridh falachidh;
  D ream nach do chlaoidheadh an cathaibh,
  Re gábhadh no ri h-ann latha.

10 An fhea' sa raibh Fionn air thuras,
  Cian air chuan gun luaidh air fuireach,
  Cuir fios air Oscar do dh' Albinn
  'S fuigh crann nan naoi sean do 'n-lann-ghill.

11 Bidh sea-seana deug a 'd lannsa,
  'S cho 'n fhuigh buai' ort sloigh no armaibh;
  Ceannsaich ann sin Oscar 's ógain,
  'S glaine cruth no gagan shórnach.

12 Gh áirdaich so na mílidh ghruamach,
  A chuir sinne sios gu truaighe;
  'S Cairbnidh fuileach, lámhach bras
  A ghlac Eirinn fui' aon smach.

13 Choi-aontaich an cinneach cruaigh;
  'S uile dhaoine Chairbnidh ruaigh;
  Le comhairl' fear-iúil na mio-loinn,
  Chum 's nach fuighte cliú no císe.

14 Chuir iad chugain cuireadh dána,
  Dh' Albinn úr an raibh air 'n abhaist;
  A dheanamh gniomh bu deacair leinn,
  Bhuntinn ar Tighearnais dhinn.

BB

D. 4.

15 Fhreagair sinn an curidh dána,
   A thug uile guin a bháis dhuinn;
   Dhol a ghabhail féiste uaithe,
   Da 'm bu chrioch cradh agus truaighe.

16 Cha raibh sinn ann do 'n Fhéinn uile,
   Na chomhraigadh an laoch curidh;
   Air an rathad ghle' ghlan chleacaidh,
   Bha ochd míle 's caogad marcaich.

17 Rainig sinn an dara mháirach,
   Teaghlach Auna nan sluaigh gáirdach;
   Is Oscar caomh, calma, suairce,
   Air ar tús gu h-iom-ard uallach.

D. 5.

18 Fhuair sinn urram agus miadh,
   Ceart mar fhuair sinn roimhe riamh;
   F ad sea oidhchean is sea ló,
   Gun easbhuidh air fion no air ceól.

19 'S ann seachdamh latha dhuinn san ól,
   Labhair Cairbnidh le guth mór;
   Iomlaid cinn sleagh b ' aill leam uait,
   Oscar nan arm faobhrach cruaidh.

20 Ciod e 'n iomlaid cinn sleagh th' ort,
   A Chairbnidh dhuinn nan lóng-phort;
   'S gur leat mi fein is mo shleagh,
   Re h-ám d' éug-bhail 's do mhor bhail.

21 Cho bfhulair leam iomlaid cinn,
   'S cho 'n aidmhichain caochla' crainn;
   Uait Oscair an leadain amalaich,
   Cho 'n fhuilair leam air a bhall so.

22 Iomlaid cinn gun chaochla' crainn,
   B' ea-corach r'a iarruidh choidhch;
   S' e fáth ma 'n iarradh tu 'n ath-chuing,
   Mise bhi gun Fhiann gun Athair.

23 Ge do bhiodh tu, s d' Fhiann is d' Athair,
   Ceart mar bha iad riamh r' a 'n latha;
   Cho b' fhuilair leamsa gu dheimhinn,
   Aon séud a dh' iarrainn gu fuighinn.

24 Na 'm bithinsa 's 'm Fhiann is 'm Athair,
   Ceart mar bha sinn riamh r' ar latha;
   Cho 'n fhuigheadh tu Chairbnidh dhuinn,
   Do dh' Eirinn lead do dh'a bhuinn,

25 Lion fuarachd an laoch lán,
   Re claisainn na-h-iomar-bháidh;
   Do dh' úr Oscar, ionmhuinn, armaicht,
   Is d' a oig-fhir shnuaghar chalma.

26 Mar sinn dhuinne gu tra' neóin,
   'G eisteachd ris na suinn bu mhó;
   Is leith mar leith briathraibh garge,
   Eidear Oscar agus Cairbnidh.

27 Bheireamsa briathar san uair,
   Do ra' an Cairbnidh claon ruagh;
   An t-sleagh nimh mu' m bheil do lámh,
   'S ann nimpe bhios do lua'-bhas.

28 Bheireamsa briathar eile,
   Do radh Oscar nan arm teine;
   Gun tog mi dhiot sealg gun áireamh,
   Is theid mi dh' Albinn a máirach.

29 An oidhche sinn duinne gu ló,
   Eidear mnaithaibh fionn 's a 'g òl;
   'S briathraibh garge fuaridh falachidh,
   Eidear Oscar agus Cairbnidh.

30 Air madain an dara mhàirach,
   Do ghluaiseamar gu mor ghàirdach;
   A thoirt seilg leinn le coi' éibhneas,
   'S cho d' fhiabhraich sinn Ri 'n h-Eirann.

31 Thog sinn Gleann-caothann nan úr rós,
   Gu luath, laisgairnach luthmhor;
   'S chunnaig sinn a teachd nan tean-ruigh
   Buidheann fhuilach fhaobhrach chalma,

32 Macsamhailte do bha 'n daor-ruigh,
   Mar an t-shran-ghaoth teachd thair aonach;
   No mar fhrois o 'n iar na gathaibh,
   Roi' na gaothaibh baoghlach plathach.

33 'N tra' chunnaig Oscar na slóighaibh,
   Dh' fhás e mar fhiadh-bar air móintich;
   No mar chú air éill no lothainn,
   Re h-am teachd do 'n t-sheilg ma chothair.

34 A deir Oscar r' a luchd seilge,
   O! chaomh chalmaibh is mai' eirnnais,
   Tha cluich eile teachd nar caraibh,
   Ni 's fhearr no claoidh fhiadh air bharrabh.

35 Tha ar naimhde tigh 'n nan grunnaibh,
   Chum an t-sleibh gu feithach fuileach;
   A thoirt sgrios oirun ann an aon la,
   Mar strioc sinn gu sior do Chairbnidh.

36 Pilleamaid riu gu déonach,
   'S na geillamaid chaoi' da 'n comhrag,
   Man di-measaich no man táiraich;
   Sinn gu sior an dream o 'n d' thainig.

37 Sin a deir na Luthaich chalma,
   O! na d' thugaibh buille dhaibh 'n diu;
   'S fhearr dhuinn réite riu is cordamh,
   No tuitcam uil' air an lón ud.

38 Fhreagair Oscar Caomha grádhach,
   'N 'e sin a deir sibh a lán-laoich
   B' fhearr leam tuiteam air na Maghaibh,
   No teicheamh no geill do bhaile.

39 Sin thuirt Raoinidh soibheil gáirdach,
   'S baoghalach dhuinn dol do 'n ghábha';
   Ach ged thuiteas sinn gu h-uillidh,
   'S ro alloil gu bráth ar cumha.

40 Mile beannachd dhuitsa Raoinidh,
   Fhir is fhearr re lím na caobhrach;
   Do ra Oscar an Ceann catha,
   'N curidh calma, armach, gathach.

41 A rís a deir na Luthaich ághor,
   Re caomh Oscar cosgair, aluin;
   Cha do thréig sinn riamh na cathaibh,
   No air cáirdean gradhach gathach.

42 Bha sinn riamh an tús gach gábhadh,
   F 'ar 'm bu mhinig buillean lán-laoch;
   Cha d' rinn fós am bás a sheachna',
   Le meath-chrith no leanbachd mheata.

43 Ach 'n diu' chi sinn sloigh doth-áiridh,
   'S dubhadh shliagh is bheann d' ar námhaibh;
   'S baoghalach dhuinn doll nan caraimh,
   'S gun air 'n áireamh dhoibh am fagus.

44 Bheir aon leagamh sinn sa ghábha 's,
   Chaoi' na dheidh nach d' theid am blára;
   'S fhearr dhuinn fheuchain le cuthach,
   No bhi rís gu sior fui' Chumha.

45 A cheann-catha 's farsuing ainmein,
   Thoir thusa 'n ceann seant' do Chairbnidh;
   Oir cho mhaslaich síth re laoich sinn,
   Gus 'n d' thig Fionn le chalmaibh gaolach.

46 Ach ma's raonaich leats' imtheachd,
   Chuca siar gu pian no pilleadh;
   'S ullamh thogas sinn ar 'n arma,
   'S tric a dheálr' an dubhra garbh-chath.

47 An sin do ra' an t-Oscar calma,
   'S 'e cath fuileach mor mhiann' manma;
   Far an cluinte fuaim nan luinne,
   Mar thorainn no sreotha' muinne.

48 A deir e 'n sin r' a bhuidheann dheálrach,
   Fhir rathail is cruaidhe 'n gabhadh;
   'Sgaoileadh uaibhe meath-chrith chatha,
   'S biodh r' ar féum an gléus nan Cathan.

49 Faiceam uile sibh an órdadh,
   Aiteam chathach, rathach, lóinreach;
   'S gluaiseamaid gn luthar, calma,
   Mar bu nos leinn ann 's gach ann la.

50 An sin dh' imich sinn air an fhraoch,
   Chum buaidhe no báis maraon;
   Ar gnúis lóinreach le ar 'n armaibh,
   Chlaoidheadh fradharc mar ghrian Shamhraidh.

51 B' fhuaimnaiche sios slios an t-sléibh sinn,
   No coill Mhorairn' roi' ghaoi' threun-mhor;
   Na toirm ua' mhannach na mara,
   'Nuair bheucadh i ris gach carraig.

52 Bha ar luas mar fhéidh nan áonach,
   Bhiodh roi 'n fhaghaid a sior dhaór-ruigh,
   No ceathach nam beanntaidh árda,
   'N uair bheanadh dh' a neart an fháilidh.

53 Rainig sinn a bhuidheann lónoil,
   'S bhuail chugain mar thuinn an damhair;
   Bhiodh o bosraich gu treun calma,
   Ris gach Carraig Chruaidh sa Gheamhra.

54 Bhuail sinn orra mar an céudna,
   Gu luath lamhach, is cho bhréugach;
   Mar mhor easaieh nan gleanntidh,
   'S reotbadh sios re slios nam beanntidh.

55 Choi'-fhreagradh na creagan árda,
   Do sgreadail ar 'n armaibh dealrach;
   'S dheargadh a Magh fui' ar cosaibh,
   Le fuil námh is ghrádhach cosgairt.

56 Mar sin dhuinne gu tra'-neóin,
   Gun fheith gun fhurtachd, ach león;
   A cosgairt gach buidhne nan dithadh,
   Mar a b' fhaigsa dhuinn a thigadh.

57 Faidheoidh thuit sinn air gach láimh,
   Mach o fhear a theich o 'n ár;
   'S cha d' thainig o 'n ghreis d' ar Cathain,
   Ach mis am aonaran galach.

58 Na b' aithne dhamh féin do 'n t-sluagh,
   Aiream dhiu na thuit gu h-uaigh;
   Sin re ra' d' ar namha gabhidh,
   Gun aithris air sluagh Ri' Pháile.

59 Mogan Mac Seirce bha 'n uaimh,
   Chomhraigadh céud cloidheamh cruaidh;
   Thuit sud le láimh Oscair thréibhaich,
   'S e mosgladh gu Righ na h-Eirann.

60 Rígh Loitheann nan iomad lánn,
   Geur fuileachdach, faobhrach rann;
   Thuit sud le láimh Oscair thréibhaich,
   'S e mosgladh gu Righ na h-Eirann.

61 Seachd agus ceud mungau maiseach,
   Le 'n clogaid cinn uallach gaisgach;
   Thuit sin le láimh Oscair thréibhaich,
   'S e mosgladh gu sluagh na h-Eirann.

62 Seachd céud do dh' fheara feachd,
   Thainig oirnn o thír an t-shneachd;
   Thuit sin le láimh Oscair thréibhaich,
   'S e mosgladh gu sluagh na h-Eirann.

63 Seachd ceud Albannach calm',
   Thainig thair muir gáidheal garbh;
   Thuit sin le láimh Oscair thréibhaich,
   'S e mosgladh gu sluagh na h-Eirann.

64 Seachd céud do dh' fheara botha,
   Thainig oirnn, 's cha b' ann dar comhair;
   Thuit sin le láimh Oscair thréibhaich,
   'S e mosgladh gu sluagh na h-Eirann.

65 Seachd céud do dh' fheara scairbh,
   Thainig o 'n tír uasaidh ghairbh;
   Thuit sin le làimh Oscair thréibhaich,
   'S e mosgladh gu sluagh na h-Eirann.

66 Seachd céud do chlanna Rígh,
   Bu mhó gaísgeadh, 's bu mhor gniomh;
   Thuit sin air láimh Oscair cheatfaich,
   'S e mosgladh gu sluagh na h-Eirann.

67 Seachd céud Cairbnidh ruagh,
   Bu chosmhuil re Cairbnidh 'n t-sluaigh;
   Thuit sin le láimh Oscair thréibhaich,
   'S e mesgladh gu sluagh na h-Eirann.

68 Seachd is míle calma cruaidh,
   Chosgara' naoi' míle sluaigh;
   Thuit sin le láimh Oscair thréibhaich,
   'S e mosgladh gu sluaigh Rí Eirann.

69 Seachd is fichead míle rís,
   Do lán ghaisgaich bu mhó gniomh;
   Thuit sin do náimh Oscair aghoir,
   'S e mosgladh gu sluagh an Ard-righ.

70 Míle mor-laoch is a dha,
   Le 'n sleagh chorranach gu crádh;
   Thuit sin da láimh Oscair aghoir,
   'S e mosgladh gu sluagh an Ard-righ.

71 Seachd céud fear tuaighe gu h-ár,
   A sgath sios sinn ann 's gach áit;
   Thuit sin do náimh Oscair ghrádhaich,
   'S e mosgladh gu sluagh an ámghair.

72 Seachd céud Toiseach loinreach, árd;
   Fhuair urram air magh gach bláir;
   Thuit sin le láimh Oscair thréibhaich,
   'S e mosgladh gu sluaigh Ri' Eirann.

73 'N seachd céud eile b' fhaisge láimh,
   Le 'n Creathaille cruadhach bán;
   Thuit sin le láimh Oscair fhéilidh,
   'S e mosgladh gu sluaigh Rí' Eirann.

74 Seachd céud eile is nior ghó,
   Ge' d bha sligneach orr mar or;
   Thuit sin le láimh Oscair áluin,
   'S e mosgladh gu Rí' nan ámhghar.

75 A chuigear a b' fhaisge do' n Righ,
   Bu mhó meas is bu mhór prís;
   Thuit sin le láimh Oscair ghradhaich,
   'S e mosgladh ris na bha láthair.

76 'N uair a chunnaig Carbnidh ruagh,
   'N d' Oscar a snaitheadh a shluaigh;
   A Chraosnach nimhe bha na dhornn,
   Thilg e i chuige le threóir.

77 Thuit Oscar air a ghlun deas,
   'S an t-sleagh nimhe roi' a chneas;
   Thug e ath' urchair dh' i 'n ceud-rod,
   Is mharbhadh leis Righ na h-Eirann.

78 Art mhic Chairbnidh glac do chloi' eamh,
   Is seas fein an áite d' Athar;
   Mar toir thu 'n t-éug do na Caithain,
   Gur leóir dhuit fein mead do rabhaidh.

79 Thuit le Oscar sluagh gun áireamh,
   Do mhaitheadh 's do dhaoine ághor;
   Agus faidheoidh gniomh gun chuimhne,
   Art mac Chairbnidh 'n dara urchair.

80 Chuir iad an sin na bha láthair,
   Camhar Chairbnidh suas san áraich;
   Chum a león le smuaintidh tiamhidh,
   Aon laoch Eirann is nam Fianntidh.

81 Dh' imich an deidh na garg ghreis,
   Iarmaid an t-sluaigh fhuair gun treis;
   'S nan rigeadh mo lámh an cneas,
   Cho slánaicht' gu bráth an cneidh,

82 Oscar mac Osian an áigh,
   Thog e leac chloiche o 'n lár;
   'S bhris e 'n cabhar is an ceap,
   Gniomh mo dheireadh a dhea' mhic.

PAIRT II. This is a version of Ballad A. 30.

83 O! 's mise Fearadhas filidh,
   Is chuartaich mi gach innais;
   A noc an deidh na Feinne,
   Struagh mo sgeul r'a innis.

84 Innis sgèul Fhearadhais,
   Fhilidh fiann fear Eirann;
   Cionnas mar a tharladh,
   Cath camhara nam béumanna'.

85 Nior mhaith e mhic Chuthail,
   Mó sgeulas o Cath-camhra;
   Cha bheó an d' Oscar ionmhuinn,
   Achuir mor chosg air chalmaibh.

86 'S cha bheó a bhrathair eile,
   Aon laoch fial nan gaisgeach;
   'S ann leis a Choran calma,
   A thorchair am fear sin.

87 'S mharbhadh fear a Mhantail,
   'S leinne do bha chónamh;
   Tha chroidhe gu fuar fal' chaidh,
   'S a lámh chalm an comhnuidh.

88 'S mharbhadh na Mic Luthaic,
   Na sea Mic san d' Athair;
   Mharbhadh og Righ Auna,
   'S mharbhadh ann Righ Laitheann.

89 Mharbhadh Mugan seirce,
  Bha air thús nan sloighaibh,
  'S mharbhadh luchd nan Tuaghadh,
  A rinn mór thruaigh' sa chómhrag.

90 Mharbhadh na sea Cuinn,
  Na suinn bu mhai' sa chomstridh ;
  'S mharbhadh Raoinidh 's Art,
  Na laoich bu dáite, loinreach.

91 Mharbhadh Glais is Geambail,
  Is seachd mic Chaoilt' Mhic Ronan,
  Daoire dearg is Aogh geal,
  Fead is Faoidh is Mor-lamh.

92 Mharbhadh an Dubh-chuimir,
  Cruinne 's Balbh is Gáire ;
  Fir nan créuce calma,
  'S iad gu fal' chaidh fásail.

93 Mharbhadh Oscar Gharidh,
  Béirnnidh is Fad-lamhach ;
  Is Clann-pháil o Teamhradh,
  Agus Fearraghuin gradhach.

94 Mharbhudh naoi mic Mhine,
  Dénd-gheal agus Ardan ;
  Mor-ghlan maiseach fialaidh,
  'S Connlacoh ciatach áluin.

95 Mharbhadh ann an Tréun fhear,
  Deó-gréine agus Aillidh ;
  'S tha Lubhar agus saor-ghlan,
  Shios r' a 'n taobh gun mháran.

96 Mharbhadh naoi mic Cholla,
  Goille 's na tri Sgáire ;
  Ioghlan is Fionn Breatan,
  Mac Bhreastail 's naoi mic Smáile.

97 Cho 'n ionann sa deireamsa,
  Ach mac mo mhic is manam ;
  Cionnas a bha Oscar
  A sgoltadh a chatha ?

98 Gur deacair sin r' a innse,
  Le ro mhead na h-obair ;
  Na thuit sa chath gun áireamh,
  Le armaibh 's lámhaibh Oscair.

99 Bu luaithe' e no Eas omhann,
  No seobhag trid na h-ealtainn ;
  'S mar rua'mhuinne sreothadh,
  Bha Oscar a g' aiseag.

100 'S bhitheadh e 'n uair eile,
  Mar bhile re tréun ghaoith ;
  A lámh air gach fiuidh,
  'S a shúil air gach tréun laoch.

101 Chunnaig e Righ Eirann,
  Shios air lar a chatha ;
  'S thug e ruathar chuige,
  Mar Mhuinne re carraig.

102 Mharbhadh leis an tréun laoch,
  Is an coran nime
  Mac peath'r a Mhathar,
  Am fear a chráidh sa ghuin e.

103 'S Art mac a Chairbnidh,
  Air an dara buille ;
  Sgoilteadh e na creagan,
  Le leadairt a luinne.

104 'Nam biodh beachd mo sgéulas,
  An criochaibh na Gréige ;
  Bhiodh Mnathan ann gu túrsach,
  Is fir air bheagan céille.

105 'N sin do rádbait 'm Athair,
  G' am b' aile Righ na Féinne
  'Struagh anois a tharladh dhamh,
  Bhi gu bráth an-eibhinn.

106 Tha mi' nois gu caointeach,
  An deidh gach cath is comhraig ;
  An deireadh mo láithe,
  Gun fhir gun mhnái' gun sólas.

107 Imicheamaid roimhainn,
  Anois a chosg mo chomhraidh ;
  Far am bheil an t-Oscar,
  A chuir mor chosg air slóighibh.

PAIRT III.

108 Thainig sinn an sin is Fionn,
  Air an tulach os an chionn ;
  'S chunnaigh sinn air magh na t-éug-bhail,
  Ar laoich chaomhe, chalma, cheatfach.

109 Iad marbh gu h-uilidh san áraich.
  'San clab ris gach gaoith gun mháran ;
  O ! b' e sin an sealladh deurach,
  A dh' fhag sinne chaoi' an-eibhinn.

110 Fhuaras Oscar mo mhac féin ann,
  'S 'e na luigh air uilain thréibhaich ;
  'Sa shleagh sint air lar lom ruisgte,
  Is fhuil sios tríd magh a Luireach.

111 'S mease bhi tu dhe' a dhea' mhic,
  Na latha catha Béinn-eadainn ;
  Ghabham na corrain roi' d' mheadhan,
  'S fhuareamar aris do leaghas.

112 Mo leaghas cho 'n eil e 'm fáth,
  'S cho deanar e gu lá bhráth ;
  Chuir Cairbnidh sleagh nan seachd aghan,
  Eidear 'm iomlag agus 'm áirnnean.

113 'N uair thainig Cairbnidh nan lann,
  Le fheachd a chur cath nach gann ;
  C' om nach do mharbh thu gun sóradh,
  E air thús' ma 'n d' rinn do leonadh.

114 'S misc 'm feasd nach guineadh Cairbnidh,
  Air na bheireadh long thair fairge ;
  Gus an guineadh mi gu neimhail,
  Sinn clann na deise dearbh pheathrach.

115 Do thug mise urchair bhathast,
  Mhiodhair 's g' a 'm bu leoir a guinne ;
  'S chuir mi sleagh na naoi saoilean,
  An cumachd an fhuilt san aodain.

116 Thuit e 'n sin air magh na d' eug-bhail,
  Le mor chrádh air muin nan ceude ;
  Bha ionchain a sios gu shúilean,
  'S fhuil a taomadh magh a Lúireach.

117 'S truagh a mhic nach d' rinn thu trá' sin,
  Man d' thug é am buille báis dhuit ;
  Cha slánaichear thu gu siorruidh,
  Fhir a b' aghoire measg mhilidh.

118 Ciod e 'm fath chaoi sin a radbait,
  'S nach fhéud duine le mead ághan ;
  Tighain o 'n bhás a fhuar órda',
  Ge d' bhitheadh gach sloigh ga chaonadh.

119 'N sin thug leinn an t-Oscar áluin,
  Air bharadh ar sleaghan árda ;
  'S thug sinn d' a' iomchar grinn,
  Gus an d' rainig sinn tigh Fhinn.

120 Chruinnaich iad an sin na sluaigh,
  'S gu 'm b' iad sin na buirich thruagh ;
  Cha chaoineadh bean a fear fein,
  'S cha ghuileadh a bhrathair e,

121 Cha chaoineadh piuthar a brathair,
  'S cha chaoineadh a mac a Mathar ;
  Ach iad uile ann sa phlosgail,
  A géur chaoineadh mo chaomh Oscar.

122 Donnalaich nan con re 'm thaobh,
  Agus buirich nan sean laoch ;
  'S gal gach bannail ann gu snitheach,
  'S iad is modha chraidh mo chroidhe.

123 Mar sin dhuinn gus an ath-lo,
  Fuidh uallach uamhain is bróin ;
  Ag amharc air a chaomh dhochaint,
  Gus 'n do cháill e 'n deó ra phlosgail.

124 Thug sinn leinn e 'n sin gun ghâir,
  Air ghuaillean is sleaghean árd ;
  Gus an tulaich uaine dhosrach,
  'S thiodhlaiceadh leinn an sinn Oscar.

125 'S ann an sin a labhair Fionn,
  Air an tulaich fhuair gu fànn ;
  Air an amhail so du-bhrónach,
  'S dh' éist sinn uile ra chaoi-chomhradh.

126 Mo laogh fein e, laogh mo laoigh,
    Leanadh mo leinadh ghil chaoimh ;
    Mo chroidh' léimnich mar Lon dochaint,
    Chion gu bráth nach eirich Oscar.

*Here begins a passage which seems to be modern;
compare I. The metre is different.*

127 Ach anois sa rís gu brath,
    Gun treise gun dreach mar thá ;
    Fui lic fhuaraidh chruai' gun chomhdach,
    Gun luadh gu la bhrath air comhrag.

128 Bha do chroidh mar ghathaibh gréine,
    'S do spiorad mar chanach sléibh ;
    B' e do nós bhi aoibal fáilteach,
    Mar na rósaibh air gach fáire.

129 B' fhearr no sinu do chruth is d' aogasg,
    Fhir a b' áille bh' ann is d' shaoghal ;
    Mar a ghrian a teachd roi' néalaibh,
    Bha do shnuagh a measg nan tréun-laoch.

130 Bha do ghruaidh cho dearg san caóran,
    Na ruiteaga suas gu craobhach ;
    'S bha do rosgaibh du-ghorm calma,
    Mar an osnaich chiuin is t-shamhradh.

131 Bha do chneas gu finn-gheal deálrach,
    Mar ghealach uo sneachd an fhásaich ;
    Thug barr air gach neach a móideachd,
    'S thug an neart re tím a chómhraig.

132 Bha re h-am cath agus d' éug-bhail,
    Mar easaiche bheann ag éabhaich ;
    Is chlaoidheadh e sios gach aiteam,
    Mar a charraig tuinn na mara.

133 'S truagh a tharladh crioch mo láithe,
    Bhi gun Fheinn gun ghean gun abhachd ;
    Thuit mo chroidhe gu lár fui' shuimneadh,
    'S cha tog ceól re 'm bheó as úr e.

134 Cha tog clarsach o an-eibhneas,
    No Figheal is mire gleus é,
    Anois no gu brath gu sólas,
    'S tiamhaidh a dh' fhás crioch mo loithe.

Here comes in the current ballad.

135 'S ann an sin a dubhras féinach,
    'S mi sior chuimhneacha mo dhea' Mhic,
    Cho 'n ann dhamhsa 's fhearr a tharladh,
    A bhi chaoi' gun mhac gun ábhachd.

136 Chráidh a bhas gu bráth mo chroidhe,
    'S an-eibhinn mise ro' shnitheach ;
    'S ionmhuinn a neach fui 'n lic ata,
    'S tearc laoch air am bheil a radh.

137 O ! s truagh nach mise thuit ann,
    Ann Cath-cabhara gniomh nach gann,
    'S bhiodh Oscar a near sa niar,
    A diol mo bhás air gach Cliar.

138 'S ge d' bu tusa thuiteadh ann,
    An Cath-cabhara gniomh nach gann ;
    Cho chluinneadh neach a chaoi' osann,
    No iargain a' d' dheis ag Oscar.

139 'S olc a chreideas mi do radhsa,
    Nach bitheadh an d' Oscar grádhach ;
    A dioleadh mo bháis gun chlos aig,
    Ann 's gach áite ghná' a cosgairt.

140 Tha mi lán sháthach ag amharc,
    Air a lionn a b' fhearr sna Cathain ;
    Fhuair buaidh air gach neach an cómhrag,
    Le láimh chalma an-mhor sheolta.

141 Osain glacsa an gath calma,
    O nach maithrean an d' Oscar armach ;
    'S biodh súrd Curidh ort gun tiom-chridh' ;
    'S na Cathain a teachd mu d' thiomcheal.

142 Cho d' fhidir duin ormsa riamh,
    Croidhe feola bhi am chliabh ;
    Ach croidhe do chuine lán-dáimh,
    'N déis a chuibhreach leis an stállin.

143 Se Cath-cabharra mhil gu leir,
    Sinne 's air laoich chaomhe thréun ;
    Cairbnidh is Garabh mac Mornna,
    'S cho b' ann dhoibh fein b' fhearr an leonadh,

144 Na thuit ann an cath nan céud,
    Innseamsa na thuit oirnn féin ;
    D' ar fir shnuaghar, chalma, og,
    Bu luathghaireach mu thra'-noin.

145 Fear air fhichead, s fichead cénd,
    A choi áireamh Fionn san Fhéinn ;
    A dh nighir sin 's nior ghó,
    Dh' oigridh Eirann sgéul is mó.

I. 22. BAS OSCAIR. 572 lines.

Kennedy's 2nd Collection, page 137. Advocates' Library,
April 11, 1872. Copied by Malcolm Macphail.

At page 143 of the manuscript are stanzas claimed by
Kennedy as his own composition. They are to be found
elsewhere, and they differ from the rest in clink, rhythm,
and metre. Compared with the first version, the passage
is found to be recast and greatly improved. Verse 51
mentions ' Woody Morven,' which is struck out in the
second version. This passage was greatly admired by
Dr. Smith. See verses 29 to 58. Admirers of Ballads,
we think that it contrasts unfavourably with the rest, e.g.
with the second part ; and that it is an imitation of the
style of Mac Pherson's English. The verse lacks the
usual harmony of vowels and liquid consonants ; vowels
are cut in half, and the imitation is inferior to the old
poetry in many respects.—H. McL. and J. F. C.

THE DEATH OF OSCAR.

THE ARGUMENT.

Fingal having departed into Rome to cure his thigh,
attended by a strong Detachment of the Fingalians, gave
Oscar the command of his Bands at home during his
absence, which by this time were reduced very low thro'
various misfortunes and disasters. About this time Cair- *Cairbre*
bre found means to make himself supreme King of Ire- *was son to*
land in the minority of Cormac the lawful King. He *Cormac.*
therefore studied to strip Fingal in his absence of all the
privileges, properties and Tributes he held and enjoyed
for many years in Ireland. To accomplish this design, he
sent for Oscar to Scotland to congratulate him in his
great success, in order to pick a quarrel with him, and
find him utterly overthrown before Fingal should return.
Accordingly Oscar arrived and was joyfully received by
Cairbre who held feasting and various Music in his Hall
for seven days. Cairbre sought as a complement the
victorious Spear of Oscar, who would agree upon no
terms than an exchange of Spears. Upon the Day
following Oscar departed with his small army, in case he
should be overpowered seeing Cairbre's treachery, who
was re-inforced from every place. Cairbre pursued and
eagaged Oscar. Both armies are mostly cut off, and
Cairbre is kilt by Oscar, and Oscar is mortally wounded
by Cairbre. Arth the son of Cairbre commands the Irish
army who is likewise kilt by Oscar after being wounded.
Cairbre's image is errected on the field when his son fell,
which Oscar throws down by a stone, which remains in
that deplorable condition till the Fingalians' arrival. We
cannot learn by the poem that any of Oscar's army sur-
vived after this dismal battle, but Fergus, the celebrated
Bard, who watched the shore, longing for his father's
arrival upon the coast. By and by Fingal arrived who
had Intelligence of the action as soon as he landed. The
Poem is divided into three Parts. The first part relates
the action, and enumerates the number slain upon Cair-
bre's side. The second part passes by way of an Episode
between Fergus and Fingal when he landed. The third
part (called Oscar's Lament) contains how Fingal and
Ossian converse with Oscar on the field, when they had
carried him upon their spears to Temora, where he ex-
pired, and where Ossian lamented over him in the most
tragical and pathetic manner.

BAS OSCAIR.

3 Luimneach, leimneach, treun gun athadh,
  Nuair a dh' eireadh euchd a chatha.

5 Laoich nach iochda cis do Chairbni',
  Gus na dhithinnich láth-cathar iad.

6 Ann 's gach bail air fea' nah Eireann ;
  Do na ogain shnuadhar, shamhraidh.

7 Do radh Comhairlich an Ard-riogh,
  Comhairle gu 'n iul gun àbhachd ;
  'S mor an sgeul, gun euchd a Chairbni',
  Cis na h-Eireann aig Fiann Albann.

8   Sgaoilt an cliu, is cian ata i,
    Mar a mhadainn mhoch a dealradh ;
    Thus' a' d' iochdaidh choi' ch gun eiridh,

9   Cia mar chisnichear na calma,
    Dream nach do dhithinnich comhrag,
    A noir no niar, nach d' fhiar conamh.

10 Cuir fios air Oscar o Albainn,
    'S iochdadh e dhuit lann, is barr-ghil.

11 Ghardaich sud a milidh gruamach,
    A dhithinnich an t-og snuadhar.

13 Dhol a ghabhail feist is dhuana,
    Sgeul nach b' eibhinn do 'n Fhinn bhuadhar.

14 Bha ochd ceud is caogad marcaich.

15 Is Oscar caomh calma, buadhar.

16 Fad sia oichean, is sia lo,

23 Do dh' ur Oscar suguach, armach,
    Is da oig-fhir cheolmhor chalma.

29 'S chunnaig sinn cian nan teann-ruigh,
    Buidheaun fhuileach nan arm cam-geur.

30 Bu mhac samhail triall nan laoch ud.

31 Nuair a chunacas leinn na sluaigh,
    Chaochail Oscar gean is snuadh;

32 A deir Oscar ri luchd seilge,
    A laoch nan arm glan gun mheirgeadh ;
    Tha iomairt nan calg mar caradh,
    Is fearr no ruidh fhiadh air bharadh.

33 Tha ar naimhde tcachd nan ceudan,
    Na suinn ghuithich ghathach, gheura ;
    Gu toirt ar Tighearnais dhinn,
    Dlighe dea' Mhic Cumhaill Fhinn.

34 Mun di-measaich ne mun tair oirm,
    Bhi da 'r dì an Riogh o 'n d' thainig.

35 Do fhreagair na Luthsich àghor,
    Rinn laith o chian eagnadh fhagail;
    Gun bhi dian gu triall ann comhrag,
    Laoch no miannaich doll nan comhail.

36 Fhreagair Oscar treun gach gàbhadh,
    Leam is eibhinn triall gu gàirdeach ;
    Ann comhail nan fearadh armach,
    Geill mo Riogh cho 'n iochd do Chairbni',

37 Fhreagair Raonaidh loineach, làthair
    'S bao' lach, baoth a chaochail àbhaist ;
    Togaidh mi mo lann gu 'd chonamh,
    'S cian ar cliu ge d' thuit sa chomrag.

39 Do radh ris na Luthaich àghor,
    La an àir, air lar a chatha.

42 H.

40 Sheas o thus au tus na t-eug-bhail,
    Am bu mhinig iomairt geur-lann ;
    Eug nan creuchd an d' eur e sheachnadh,
    No beum ceud no threig le meatachd.

43 H.

41 Thuirling an diu sluagh gun àireamh,
    Fea' nam beann, 's gun Fhionn a lathair ;
    'S bao' lach Oscair doll nan dàil,
    'Stu air oigridh Innse-phail.

44 H.

42 Tha beum nan ceud eughach athach,
    Choi'ch na dheidh bidh 'n Fheinn air bhadhal ;
    'S an-iochd feirg, 's tha buirbe dian,
    Co ni stri ri tnu gun fhiadh.

43 'S mor ar tuiteam, 's mor an t-àr e,
    'S cruai' an sgeul gach re ra chlaistin ;
    Oigridh shaghach armach Fhinn,
    A sgathadh sios drim air dhrim.

44 Oscair na 'm buadh uaraich, chalma,
    Toir iomlaid cinn-sleagh do Chairbni' ;
    Cho mhasladh dhuit sith ri laoch,
    Gus an d' thig Fionn le chalma' gaoil.

46 H.

45 'S ulladh thogas sinn gach arm,
    Is tric a dhears' ri la garbh.

46 Far an cluinte toirm ar lann,
    Mar fhuaim tuinne, no sruth bheann.

47 Duirt arìs an t-Oscar aluinn,
    Oigridh mheamnach, no biodh sgàthach ;
    Sgaoileadh uaithibh meith-chrith Chatha,
    'S biodh gach treun aun gleus nan Cathan.

48 Gluaiseamaid gu luthar ea-trom,
    Mar bu nòs leinn ann 's gach t-eug-bhail.

49 Dh' imich na fir uir an t-sliabh,
    Chum buaidh no bas, mar ealt ian ;
    An gnuis shoilleir le 'n armaibh caol,
    'S cian a dhealradh air an raon.

50 Dh' imich Oscar air ar tus ;
    Mar mhadainn, no solus ur ;
    A chruth mar ghrian, a leac mar ros,
    Eitidh, borb, mar cholb an t-sloig ;

51 Bha fuaim ar cos ri dos an t-sleibh,
    Mar a choill roi 'n osaig dhein ;
    No toirm na tuinn air an Tràidh,
    'Nuair a bheucadh stoirm an ard.

52 Bha air luas mar fheidh nam beann,
    Bhiodh roi 'n fhadhaid siar sa ghlean ;
    No ceathach nan sleibhti cian,
    Ghluaiste le an-fheath na nial.

53 Bhuail chugainn a bhuidheann mhor,
    Laidir lionmhor, milti' sloigh ;
    Mar thuinn fui' fhathrum nan ramh,
    Shug na ceudan beum gu h-àr.

54 Bhuail sinn orra mar an ceudna,
    Gu luath-lamhach is cho bhreugach ;
    Mar thoirm nan easaiche dian,
    Chluint ar slachdraich astar cian.

55 Choi'-fhreagradh Mac talla bheann,
    Do sgreadail ar 'n arm 'sa ghleann ;
    Dheargadh a magh fui' ar cosaibh,
    Le fuil namh 'san araich cosgairt.

56 Mar sin dhuinne gu tra-noin,
    Gun fheidh sa ghreis ann teas leoin ;
    A' cosgairt an t-sluaigh nan ditbidh,
    Mar a b' fhaisge dhuinn san t-slighe,

57 Faidheoidh dhithinich gach taobh,

58 Mar dh' imich a sios an sluagh.
    D' ar naimhde treun euchdach aillidh,

Here begin parts of current ballads.

60 Thuit sud le laimh Oscair thall,
61 Thuit sud le laimh Oscair thall,
62 Thuit sud le laimh Oscair thall,
63 Thuit sud le laimh Oscair thall,

68 Seachd agus ceud calma cruaidh,
    A dhithinich sin gu truagh ;

69 An seachd ceud a b' euchdail gniomh,
    Le creathaille chruaidh san stri ;

75 H.

70 A chuigear a b' fhaisge do 'n Riogh,
    Bu mhor meas is bu mho pris ;
    Thuit sud le laimh Oscair threibhich,
    'S e mosgladh gu Riogh na h-Eireann.

71 Thilg e i chuige, 's na chomhail.

74 Thuit le Oscar nam beum gaidheal,
    Maithibh Eireann beud do aireamh ;

75 Chuir na sluaigh a ghluais gu traì'-uainn.

PAIRT II.

81 Cho bheo a bhrathair eile,
    Aon laoch fial nan creach bheann ;
    'S ann le Mungan calma,
    A mharbhadh am fear sin.

87 Fir nan euchda' calma,

88 Is Beinnidh brionnach, bla'-bhinn ;
    Feargìnn, is Fad-lamhach.

89 Bhu bhinne no choill bhla' or ;
    Morglan maiseach, ceutach,
    Deudgeal agus Ardan.

91 Ioghlan, is Fionn Breatail,

97 Mharbhadh leis an Cairbni',
    Air an dara buille ;

100 An sin do labhair m' Athair,
   Mo Riogh air bhadhal ceille;
   'S tursach, truagh a tharladh dhamh,
   Ghluais na lai' bha eibhinn.

101 Tha mo thim gu deurach,
   An deidh nan Cathan comhraig;
   Gu h-aosmhor, an-fhann, cianail,
   'S mo laoich nach iarar beo iad.

102 Gluaisemaid o 'n trai' so,
   No cluinneadh cach sinn bronach;
   A dh' fhaicainn Oscair chreuchte,
   A choisg na ceudan sloighe.

Pairt III.
This is current still.
CUMHA OSCAIR.

103 Air tulaich nan deur sa ghleann;
   Na Cathain chaomh, chalma, cheutfach,

104 Tostach, bolbh, gun cholbh, gun chàradh,
   An clab ris gach gaoth, gun mhàran;
   Ochoin, ri luaith, 's cruadh an sgeul so,
   Adh' dh' fhag sinne choi' ch an-eibhìnn.

107 Chuir Cairbni' sleagh nan seachd gainne,

108 Gus an guinte mi os iosal,
   Gur sinn clann da pheathrach dileas.

109 Do thug mise urachair bhrathast,
   Chuir mi sleagh na naoi faobhar,

110 Thuit an Triath air magh na t-eug-bhail,
   Claoidhte crait' air earr an t-sleibhe;
   'S fhuil a' maomadh magh a luireach.

111 Cho slanaichear u gu dilinn,
   A laoich mheamnaich, mheighich, mhilidh.

113 'S cho ghuileadh a bhrathair deur.

116 Mar sin duinne gu tra-non,
   Gun fheith, gun fhurtachd, ach bron,
   Ag amharc air mo ghaol Oscar,

117 Thug sinn leinn mo ghaol, an t-armann,
   Here begins a passage which seems to be modern;
   compare H. The metre is that of some of the
   Gaelic Paraphrases.

120 Mar neul a ghluaiseas thair fàir,
   No cothar cuain air an tràidh;
   Chaochail do chruth Oscar ur,
   A laoich! Ni smo cho' n fhaicear thu.

121 Och a laoigh, cho' n fhaic do ghradh,
   Tu teachd o 'n leirg le lua'-ghair;
   'S fuar do leac mo chreach! gun chomdach,
   Gun luaith gu la bhrath air comhrag.

122 Do chroidh caoin mar ghath greine,
   A laoich meaghaich, mhuirnich, ghle-ghil
   B' e do nos bhi aoibheil failteach,
   Mar na rosaibh air gach fàire,

123 Bu mhor do chruth, is b' fhearr t-aosgasg,
   Fhir a b' aille bh' ann is t-shaoghal;
   Mar a ghrian a' teachd roi' neul,
   B' amhail do thriall, is do neal,

124 Chite 'n laoch mar aiteal ceo,
   Neartor, luthar eibhinn, òg;
   Ann comhrag nan Cathan dlu,
   Mar am feur fui' n osg chiuin.

125 Bha do chneas mar chothar sruth,
   Air an trai' mar chatha cuir;
   A laoich bu docair san leirg,
   Nuair a dhuisgt u, choisgte feirg.

126 Cia uime dh' eireas a ghrian,
   Air mo chruth mar cheo na nial;
   Nach an-eibhinn a bhi beo,
   Tursach deurach ann talla bhron.

127 Co dh' eireas air teachd an lò,
   Gu comhrag ceud, 's ann iomairt sgleò;
   O nach maithrean Oscar ur,
   A choisgeadh euchd nan coimheach dhuinn.

128 Co dhiongas ann comhrag sluaigh,
   Armailt almhai', eitidh, chruaidh;
   Onach maithrean Occar àigh,
   Bu truime beum, 's bu treine lamh.

129 'S amhail m' fhonn 's an tonn gun chli
   A caoi' nan sonn bu trom 's an stri;
   Gun Fheinn gun aidhear, uo gun duan,
   Is mor an sgeul, 's an t-Oscar uainn.

130 Co ni ceol an teach nan ceud,
   'San t-Oscar og fui 'n fhod gach rè;
   Na milte sgia' gun triath sa mhur,
   Is sleaghah geur nan treuna ciuin.

131 Chaochail ceol gu bron gach sonn,
   Gach cruit is clarsach dh' fhas i trom;
   Cho ghluais an t-aosmhor lia' gu stri',
   No 'n t-Oscar og nach beo gu gniomh.

132 'S ann an sin a dubhras fein,
   O mhic! a luaidh gur truagh an sgeul;
   Do leon ag Caothann nan sruth màll,
   Gun Fhionn, gun Fhaodhlan a bhi ann.

133 Chrai' do bhas gu brath mo chroidh,
   'S an-eibhinn mo laith, gun chli;
   'S ionmhuinn an laoch fui' lic ata,
   Is tearc laoch air am bheil t-iom ra'.
   Here comes in the current ballad, but apparently altered and added to.

135 Ge do thuiteadh tusa thall
   Ann Cath-cabhara gniomh a chalb;
   Cho chluinneadh neach eigh no osann,
   No iargainn a d' dheidh ag Oscar.

136 'S olc a chreideas mi do sgeul,
   Nach dioladh an t-Oscar treun;
   Mo bhas air gach Triath gun chlos,
   Laogh mo ghraidh cho 'n iaradh fois.

137 Bu mhaiseach mo laogh san leirg,
   Bao'lach treun, 'nuair dh' eireadh fheirg;
   Aluin mar Anna nan leug,
   Chuireadh crith air bratach cheud.

138 'S cian is cumhainn leamh do ghniomh
   A laoich nan arm tana min
   A Bharghil s' an Driolanach àigh
   Co ni feum do sheud moghraidh

141 H.

139 Oiseinn glac an cloidheamh calma

141 'Se cath-cabharra chuir fui dhi,
   Na laoich chaomh nach oba stri;
   A ghluaiseadh 'sann iomairt sloigh.
   Eididh, armach, calma corr.

142 Na thuit aig Caothaun nan leug,

143 A dha nidhir, 's mile sloigh

M. 19. BAS OSCAIR. 256 lines.

1 CHA 'N abair mi mo thriath re m' cheol,
   Ge be' oil le h-Oisein e nochd
   Oscar agus Cairbre calma',
   Tradhar iad an Cath Ghabhra.

2 An t-sleagh nimhe 's i 'n laimh Chairbre,
   Gu 'n croithteadh i re uair feirge;
   Deireadh am fiach ri [1] ghoimh,
   Gur ann lea' mhairbhteadh Oscar.

3 'S measa deireadh e ris fein,
   Am fiach dubh mu mhi-cheill,
   A chuigear ata sibh mu 'n chlar
   Ach fuil fir a bhith ga thachdadh.

4 Dh' sharai finn, a Rath [2] gun cheil,
   Cuim an tacdadh ar suil fein;
   Ciod i ghiomh a th'air ar rosgaibh,
   Nuair a choineamaid a chaol reachda?

5 Gairidh am fiach moch am maireach
   Air do ghrudhsa ann san àr-fhaioh,
   Cuireadar do shuil [3] a gluc,
   As e sin a thig a thuiread.

6 Is dearg an fhaobh sin ta thu nigheadh,
   'S dearg an t-aogas do bhi uirre,
   Ach gus an d' thainig an din',
   An fhaobh sin cha b' olc a h-inneal.

[1] Thre. [2] Bhaobh. [3] A shuil.

7 A Bhaobh a nigheas at t-eadach,
   Deansa dhuinne faisd' neachd cheudna,
   An tuit aon duine dhiubh leinn,
   No 'n d' theid sinn uile do neo-ni?

8 Marbhas leasta cuig ceud,
   Is gonar leat an Righ fein,
   Araon 's am fear a laghadh[4] dh'e,
   Bhar saoghal uile gu 'n d' thainig.

9 Na cluinneadh e thu Rosg Mac Ruaidh,
   No duinne bhuineadh d' a shluagh,
   Na cluinneadh an Fheinn thu nochd,
   Mu 'm bith sinn uile gun mheisnich.

10 An cuala sibhse turus Fhinn,
   Nuair ghluais e gu h-Eirinn?
   Thainig an Cairbre sleaghach garg,
   'S ghlac e Eirinn fo aon smachd.

11 Dh' fhalbh sinne le dian damhair
   A lion d' an Fheinn as a bha sinn,
   Leagadh leinn ar feachd 's ar sluagh
   An taobh mu thuabh do dh' Eirinn.

12 Chuireadh le Cairbre anuas
   Fios air Oscar cruaidh na Feinne,
   Dol a dh' ionnsuidh fleadh na Feinne,
   'S gu faigheadh e cìs de reir sin.

13 Ghluais, o nach d' ob e namh,
   An t-Oscar aluinn gu leachd an Righ,
   Triachad fear treun dh' imich leis,
   A fhreasdal d' a thoil 's da fheim.

14 Fhuair sinn onoir fhuair sinn biadh,
   Mar a fhuair sinn roimhe riamh,
   Bha sinn gu sughach as teach,
   Maille re Cairbre san Teamhraidh.

15 An la mu dheireadh d' an òl,
   Thuirt Cairbre le guth mor,
   Iomlait ceinn sleagha b' ail leam uait,
   Oscair dhuinn na h-Albhainn.

16 Creud an iomlait ceinn a bhiodh ort,
   A Chairbre ruaidh na 'n Long-phort?
   'S tric bu leat mi fein 's mo shleagh,
   Ann latha catha agus comhraig.

17 Cha b' uileor leamsa cis no cain,
   No aon seoid a bhiodh na 'r tir,
   Cha b' uileor leam re m' linn a bhos,
   Gach seoid a dh' iarrain gu 'm faighinn.

18 Cha 'n 'eil òr no earras gu fior,
   A dh' iarradh oirne an righ,
   Gun tair gun tailceas duinn d' e,
   Nach bu leatsa Fhighearnas.

19 Ach malairt cinn gun mhalairt crainn
   B' ea-corach sud iarraidh oirn,
   'S e 'm fath mu 'n iarradh tu oirn e,
   Mise a bhith gun Fhiann gun athair.

20 Ge do bhiodh an Fhiann is t-athair,
   Co maith 's bha iad riamh na 'm beatha,
   Cha b' uileor leamsa re m' linn,
   Gach seud a dh' iarrain gu 'm faighinn.

21 Na 'm biodh an Fhiann agus m' athair,
   Co maith 's a bha iad na 'm beatha,
   Is teann ar am faigheadh tu sinn
   Leud do thaighe an Eirinn.

22 Lion fuarachd na laoich làn,
   Re claistin na h-iomar-bhaidh,
   Bha briathra garbha leath mar leath
   Eadar an Cairbre 's an t-Oscar.

23 Bheirin-se briathar buan,
   'S e thubhairt an Cairbre ruadh,
   An t-sleagh sin ata na d' laimh
   Gur h-ann innte tha do luath-bhas.

24 Briathar buan sin briathar buan,
   A bheireadh an Cairbre ruadh
   Gu 'n cuireadh e sleagh nan seach siong,
   Eadar airne agus imleag.

25 Briathar eil' ann aghaidh sin,
   Bheireadh an t-Oscar calma,
   Gu 'n cuireadh e sleagh nan naoi siong,
   Mu chuma' fhuilt agus eadain.

[4] Laoidheadh.

26 Briathar buan sin briathar buan,
   A bheireadh an Cairbre ruadh,
   Gu 'n d' thugadh e sealg agus creach
   A h-Albainn an la 'r na mhaireach.

27 Briathar eil' an aghaidh sin,
   Bheireadh an t-Oscar calma
   Gu 'n d' thugadh e sealg agus creach
   Do dh' Albainn an la 'r mhaireach.

28 Bha 'n oiche sin duinne gu 'n chabhair,
   Thall agus a bhos mu 'n amhainn,
   Bha doirlinn leath mar leath
   Bha doirlinn mhor eadar-inn.

29 Chualas Olla le guth tiom,
   Air chlairsich bhinn ag tuireadh bais;
   Dh' eirich Oscar am feirg
   Is ghlac e airm na dhornaibh aigh.

30 Dh' eirich sinn an la 'r na mhaireach,
   Ar sluagh uil' ann fin na bha dh 'inn,
   Thogadh sealg agus creach leinn,
   Gu 'n fhiaraich do Righ Eirinn.

31 Mharbh sinn Righ Luthaidh na 'n lann,
   Laoch fuileach le faobhar arm,
   Thog sinn creach re sliabh Goill,
   Gu luath lois gearnach lu'-mhor.

32 An uair a rainig sinn ann
   Beallach cumhaing an caoil-ghleann,
   'S ann a bhlodh an Cairbre ard,
   Ag lonmaireachd ag teachd na 'r co-dhail.

33 Cuig fichead Gaidheal garg,
   Thainig o 'n tir fhuair ghairbh[5]
   Thuit sud le laimh Oscair thall,
   'S mosgladh re Righ Eirinn.

34 Seachd fichead do Chlannaibh Righ,
   Bu mhor gaisg agus gniomh:
   Thuit sud le laimh Oscair thall,
   'S e mosgladh re Righ Eirinn.

35 Mungan Mac Seirc a bha 'n naimh,
   A chuimhricheadh ceud cloidheamh glas,
   Thuit sud le lamh Oiscair thall,
   'S e mosgladh re Righ Eirinn.

36 Cuig fichead fear cloidheamh glais,
   Nach deach' aon cheim riamh air ais;
   Thuit sud le laimh Oscair thall,
   'S e mosgladh re Righ Eirinn.

37 Cuig fichead fear bogha,
   A thainig air Cairbre d 'a chobhair;
   Thuit sud le laimh Oscair thall,
   'S e mosgladh re Righ Eirinn.

38 Seachd fichead do dh' fhearaibh feachd,
   A thainig a tir an t-sneachd;
   Thuit sud le laimh Oscair thall,
   'S e mosgladh re Righ Eirinn.

39 Cuig fichead Cairbre ruadh,
   Bha cos'lach re Cairbre an t-sluaigh;
   Thuid sud le laimh Oscair thall,
   'S e mosgladh re Righ Eirinn.

40 A chuigear a b' fhaigse d' an Righ,
   D' am bu dual gaisg' is gniomh;
   Thuit sud le laimh Oscair thall,
   'S e mosgladh re Righ Eirinn.

41 Nuair chunnaic an Cairbre ruadh,
   Oscar ag snoigheadh an t-sluaigh,
   A chraoiseach nimhe bha na laimh
   Gu 'n do leig e i na cho-dhail.

42 Thuit Oscar air a ghlun deas,
   'S an t-sleagh nimhe troimh a chneas,
   Thug e urchaire eile nunn,
   Is mharbhadh leis Righ nah Eirinn.

43 Eirich Art is glac do chloidheamh,
   Is seasamh ann aite t-athar,
   Is ma gheabh thu do dhiol saoghail,
   Saoilidh mi gur mac righ thu.

[5] Cuig fichead Albannach ard,
   Thainig thair muir chairginich ghairbh.

44 Thug e urchair eile 'n airde,
   Ar leinne gu 'm bu leoir a h-airde
   Leagadh leis aig meud a chuimseadh
   Art mac Cairbre air an ath urchair.

45 Chuir iad chum an Righ mu cheap,
   Sluagh Chairbre bu gharbh gleac,
   Los gu 'm buidh' nte leo buaidh laraich,
   Air faicin doibh Oscair gu craiteach.

46 Thog e leacog chonart chruaidh,
   Bharr na talmhainn taobh-ruaidh,
   Bhris e 'n Cath-bharra mu 'n cheap,
   Gniomh mu dheireadh mo dheadh mhic.

47 Togaibh libh mi noise Fhiann
   Nior thog sibh me roimhe riamh,
   Thugaibh mi gu tulaich ghlain,
   Ach gu 'm buin sibh diom an t-eadach.

48 Chualas aig traidh mu Thuath
   Eimheach sluaigh is fadhar arm',
   Chlisg ar gaisgich gu luath,
   Mu 'n raibh oscar fadhasd marbh.

49 Marbh'-asg ort a mhic na buaidhe
   Ni thu breug an darna h-uair dhuinn,
   Loingis mo shean-athar⁶ ata ann.
   'S iad ag teachd le cabhair chugainn.

50 Bheanniuch sinn uile do Fhionn,
   Ge te cha do bheannuich dhuinn,
   Gus an d' thainig e tulach nan deur
   Far an robh oscar na 'n arm geur.

51 'S measa mhic a bhiodh⁷ tu dh'e
   Latha catha sin Beinn-eadain,
   Shnamha na corran throimh d' chneas
   'S i mo lamhsa rinn do leigheas.

52 Mo leigheas cha 'n 'eil am fath,⁸
   'S cha mho nithear e gu brath ;
   Chuir Cairbre sluagh na 'n seachd siong
   Eadar m' airnin agus m' imleog.

53 Chuir mise sleagh na 'n naoi siong,
   Mu chuma fhuilt agus eadain,
   'S na 'n rigeadh mo dhuirn a chneas,
   Cha deanadh aon leigh a leigheas.

54 'S measa mhic a bhiodh tu dh'e
   Latha catha sin duindealgainn
   Shnamhadh na geoidh throimh d' chneas,
   Is i mo lamhsa rinn do leigheas,

55 Mo leigheas cha 'n 'eil am fath,
   'S cha mho dheantar e gu brath,
   An gath domhainn am thaobh deas,
   Cha dual do leigh a leigheas.

56 Sin an uair a chaoidh Fionn,
   Air an tulaich os ar cionn,
   Shruthadh na deoir sios o rosgaibh,
   Thiontadh e reinn a chulthaobh.

57 ¹ 'Mo laogh fein thu, laogh mo laoigh
   Leanabh mo leinibh ghil chaoibh,
   Mo chridhe leimnich mar lon,
   Gu là bhràth cha 'n eirch Oscar.

58 'S truadh nach mise thuiteadh ann
   An Cath Ghabhradh, gniomh nach gann,
   Is thusa an Ear 's an Iar,
   A bhi roimh na Fiannaidh Oscair'.

59 Cha d 'fhidir duine roimhe riamh,
   Gur cridhe feola bha 'm chliabh,
   Ach cridhe do chuimhne cuir
   Air a chumhdachadh le staillinn.

60 Donnalaich na 'n con re m' thaobh,
   Agus buraich na 'n sean laoch,
   'S gul a Phannail caoidh mu 'n seach
   Gur e surahdom eadh chridh'.

61 Thog sinn leinn an t-Oscar aluinn,
   Air ghuailibh, air sleaghaibh 'arda
   Thug sinn as iomchara grinn
   Gus an d' thainig sinn tigh Fheinn.

⁶ Shean-'ar.   ⁷ Bhi.
⁸ An dàn.

62 Cha chaoineadh Bean a mac fein,
   Cha chaoineadh fear a bhrathair caoin
   Cia lion 's a bha sinn mu 'n teach,
   Bha sinn uil' caoineadh Oscair.

63 Bas Oscair a chradh mo chridh',
   Triath fear Eirinn 's mor d' ar di ;
   Cait am facas riamh re d' linn
   Fear co cruaidh riut air chul lainn ?

64 Nior chuir Fionn d' e crith is grain,
   O 'n latha sin gu la bhrath ;
   Cha ghabhadh is cha b' fheirde leis
   Trian d' an bheatha ge d' abrainn.

M. 20. MARBH-RANN OSCAIR. 120 lines.

This version is so broken that it cannot easily be divided
into verses.

1 An cuala sibhse truas fhinn,
  'N uair a ghluais è gu h-innse Eirionn,
  Cairbhair sleaghach lamhach garga,
4 Ghlac è Eirionn fa aon smachd.
  Sud sgeul bu duilich leinn,
  E bhuntainn uain ar Tighearnais.
  'S dh'fhalbh finn le dean damhair,
8 A lion do 'n Fheinne uile 's a bha sinn,
  Leagadh leinn ar feachd 's ar sluagh,
  An taobh mu thuath do dh' Eirionn.
  Chuireadh le Cairbhair anuas,
12 Fios air Oscar óg na Féinne ;
  Dhol a dhionsuidh feisd an Righ.
  'S gu faigheadh e cis da rèir.
  Ghluais (o nach d ób e uamh,)
16 An t 'Oscar aluin gu teach an Righ,
  Tri-chéud fear trein a dh imich leis,
  A fhreasdal da thoil 's da fheum,
  'S dhás briathra garbh leith mar leith,
20 Eadir Cairbhair agus Oscar,

CAIRBHAIR.
   Malairt sleagh a baill lcam uait
   Oscair dhuinn a' h-Albuinn :
   An t-sleagh a bha an talla an Righ,
24 Gur ann dhomh fein bu dual ì,

OSCAR.
   Ciod a mhalairt sleagh a th' ort,
   A Chairbhair mhoir n' an long-phort ?
   'S tric bu leat mi fein 's mo sleagh
28 An la cuir catha na comhraig,
   Ach malairt cinn, na iomloid croinn,
   B' eucorach sud iarradh oirn,
   'S e am fath mu 'n iart oirn è,
32 Sinn a bhi gun Fheinne gun athair,

CAIRBHAIR.
   Ged a bhitheadh an Fheinne 's t-athair,
   Co maith sa bha iad re 'n lathaibh,
   Cha builear leamsa re m' linn
36 Na seoid a dhiaruinn gu 'm fuighinn.
   ¹ 'Na 'm bitheadh an Fheinne agus m' athair
   'Co maith sa bha iad ra 'n laithaibh,
   Cha 'n fhuigheadh tus a Charbhair Ruai
40 Leud do thraighith do dh' Eirinn.
   ² Ghluais fuarachd na 'n Laoch gach lamh,
   Ri cluinntin na h-iomairt aca bha,

CAIRBHAIR.
   'N sin nuair a labhair Chairbhair ruadh,
44 Briathra bheirimse gu ni' uaimh,
   An t-sleagh sin ann ad laimh,
   Gur ann uimpe tha luaidh do bhàis.
   Chualas Orran le guth tiom,
48 Air clarsaich bhinn a tuireadh bais,
   Dheirich Oscar le mor th' eirg,
   'S è mosgladh gu Righ na h-Eirionn,
   An t-seisear a b' fhaisge do 'n Righ,
52 Da 'm bu dual gaisg 's gniomh,
   Thuit sud le lamh Oscair thall,
   'S è mosgladh gu Righ na h-Eirionn.

¹ Oscar speaks.   ² The Bard speaks.

Nuair chunnaic an Cairbhair ruadh
56 Oscar asnuigheadh a shluaigh,
An t-sleagh neathe bha na laimh
Leig è sud na cho-dhail.
Chnaidh Oscar air a ghlùn deas,
60 'S an t-sleagh neathe t-roimh a chneas,
Thug e urchair eile nunn—
'S mharbbadh leis Righ na h-Eirionn.

Cairbhair.

Art mhic Carbhair glac do chlaimh,
64 'S dean seasamh an aite t-Athar,
'S mar dean an 't eug do thoirt
Diol mo bhas le meud do ratha,
Thuit le Oscar gniomh nach cuimseach
68 Art mac Chairbhair air 'n ath urchair,
Sgar è dheth an clogaide, 's an ceann,
Be gniomh mu dheirre mo dheagh-mhic.
Chualas aig an traigh mu thuath,
72 Eigheach sluaigh is faoghair arm,
Chlisg air gaisgich gu luath,
'S fhuaras Oscar—leith-mharbh.
'Sin nuair thainig oirne Fionn,
76 Air an tulaich os ar ceann,
Shileadh na deoir air a rosga,
Thiondaidh é ruinn a chul-thaobh,
' Mo laogh fein thu 's laogh mo laoigh !
80 ' Leanamh mo leinimh ghil chaomh !
' 'S é mo chridh th' air a lot gu trom,
' 'Sgula bhràth cha 'n eirigh Oscar,
' ——'S measa a mhic a bha thu dheth
84 ' Ann la cur catha beinn Eudain
' Shnamh na corrain roimh d' chneas,
' Si mo lamhsa roinn do leigheas.'

Oscar.

' Mo leigheas cha n' eil ò n' dàn,
88 ' 'S cha mho nithear è gu brath,
' An gath domhain am thaobh deas,
' Cha dual do n' Leigh a leigheas.'
Chuir Carbar sleagh na 'n seachd seang,
92 Eidar m 'airnean agus 'm iomlag
Thug mise urchair eill a nunn
Mu chumachd fhuilt agus eadain,
'S n' an ruigeadh mo dhuirn a chneas
96 Cha deanadh Leigh a leigheas.

Fingal.

'S truagh nach mise a thuitheadh ann,
An cath 'g àrach gniomh nach gann ;
'S thus a near 's a niar.
100 Bhi roimhe na Fiannaidh Oscar !

Oscar.

Ge 'd bu tusa thuiteadh ann,
An cath 'g àrach gniomh nach gann ;
Ochoin ! a near no niar
104 T' iarguin cha deanadh Oscar.
Cha didir duine riamh,
Gur criodhe feola bha am chliabh,
Ach criodhe do chuilbhne cuir,
108 Air achomhdacha le stàilinn
Tathanntaich n'an con re 'm thaobh,
'S buireadh n'an sean Laoch,
'S gul a pannail ma seach
112 Gur è sud a chraidh mi 'm chridh,
Thog sinn oirn an 't-Oscar aluin,
Air ghuailibh n'an sleagh a 'b airde,
Thug as iomchar 's giulan grinn
116 Gus an d' thainig sinn Tigh Fhinn,
Cha chaoineadh fear a mhac Fein
'S cha mho a chaoineadh fear a bhrathair
Cia lion 's a bha sinn mu 'n teach
120 Bha sinn uile a' caoineadh Oscair.

O. 13. CATH GABHRA' NO MARBH OSCAIR.

Dr. Irvine's MS., page 66. Copied by Malcolm Macphail, Edinburgh, March 23, 1872.

THIS makes the whole agree with the Irish story. Cairbre, Cormac's son, had taken all Ireland, and wished to drive the Feinne out of *Almhi* (Allen) their possession. The King of Ireland and his troops fell out, and the mutineers were exterminated. This version, got by Dr. Irvine in Glenlyon, about 1800, close to Mac Pherson's country, and just before the Gaelic of 1807 was published, seems to me conclusive. This traditionary version closely agrees with the version written by Dean Mac Gregor, who was a native of Glenlyon. After an interval of nearly three hundred years, oral tradition had lost something, but nothing was added or altered. In the hands of Kennedy the ballad was lengthened, and polished: In the hands of Mac Pherson it was rolled up in a mist of words, and hidden in the English poem of Temora, which some one translated into Gaelic, as I firmly believe.

1 'S MEANMNACH tha mise ma Chaoilte,
O nach mairrnee fear mo cho-aoise ;
B' e Chaoilte mo cho aoise ceart,
Leis am buighnte buaidh is beachd. (san fheachd)

2 B' e Caoilte mo leth churruidh chatha,
Ri furtachd is ri h-aonnar :
An righ bu cheannard dhuinn uille,
Ard threun fhlath nan Triath. (al. nam Fiann)

3 An sin do ghluais siubhal Fhinn,
Gach slios bhaile bha 'n Eirin ;
Cairbre luath lamach neo lag,
Chuir e Eirin uile fo aon smachd.

4 Chuir e fios oirrnne g' ar teinn ruidh,
G' ar n' ioman a mach à Almhi ;
Dheanamh gniomh bu tursach dhuinne,
A bhuintinn dhinn ar Tighearnas.

5 Fhreagair sinn an curruidh dana,
A lion ann uile na bha sinn ;
Cha robh sinn ann dhe 'n Fhinn uile,
Na chosnadh a' phiob bhuaidhe.

6 Air an rod gheal, glo gheal, cleacach,
Bha sinn ochd ceud ann sar mharcach
Chaidh sinn gu aoibhinn a steach,
'S bha cumha Chairbre an t-oighre.

7 Iomlaid cinn sleagha b' aill leam uatsa,
A dheagh Oscair aluinn ;
Iomlaid cinn g'an iomlaid crainn,
B' eucoir sid iarraidh orm.

8 Gur e 'm fath m' an iarradh tu e,
Sinne bhi gun Fhiann, gun athair ;
Ged a bhitheadh am Fiann 's t-athair,
Mar a b' fhearr a bha riamh nam beatha,
Cha b' uilear leamsa ri m' linn,
Gach seud a dh' iarradh gu 'm faighinn.

9 Nam bitheadh an Fheinn agus m' athair,
Mar a b' fhearr a bha nam beatha ;
Cha bhitheadh agadsa, o righ,
Leud do throidhe ann Eirin.

10 Dh' fharaich fuarachd nan laoch lan,
Bhi cluintinn na h-iomar *bhaigh* (al. maigh)
Briathra garbha leth mar leth,
Eadar Cairbre fiat 's Oscair.

11 Gun tugainnse briathra gu nuadh,
Arsa an Cairbre crann ruadh ;
An t-sleagh sin m'a bheil do lamh,
Gur ann leatha bhios do luatha bhas.

12 Gu 'n tugainse breathra eile,
Arsa an Oscar donn a h-Almhi ;
Gu 'n togar leam sealg is creach,
Gu 'n rachainn do Dh' almhi a maireach.

13 Oidhche a' faireach leinn gu là,
Mar ri *mnathaibh* Fhiann Co-ol ;   (mathaibh)
Shuidhich sinn Dour leth marleth,   (Doubhir)
'S bha Dour eadaruinn.

14 Thogadh leinn an la air mhaireach,
Do Almhi bhitheadh ar 'n ards,
Thug sinn ri sliabh Baoisge nan creach,
Gu luath laoisgairneach luth-mhor.(laoisginneach)

15 Mogan Mac Seirc a Nuadh,   (al. Nuath)
Dh' ionga dhe deich ceud claidhe' ruadh ;
Thuit sud le laimh Oscair thall,
'S e mosgladh ri ard righ Eirin.

16 Deich fichead de mhacaibh righ,
'S air leinne gu 'm bu mhor am pris ;
Thuit sud le laimh Oscair thall,
'S e mosgladh gu h-ard righ Eirin.

17 Doich fichead Cairbre ruadh,
   Bha cosmhuil ri Cairbre an t-sluaigh;
   Thuit sud le laimh Oscair thall,
   'S e mosgladh ri gu ard righ Eirin.

18 Deich fichead Albannach ard,
   A thainig a' tir Ghael gharg;
   Thuit sud le laimh Oscair thall,
   'S e mosgladh gu h-ard righ Eirin.

19 A chuigear a b' fhaisge do 'n righ,
   G' a choimhead o dhosgainn 's o ghniomh;
   Thuit sud le laimh Oscair thall,
   'S e mosgladh ri ard righ Eirin.

20 'N uair a chunnaic an Cairbre ruadh,
   Oscair a' snaithe an t-slúaigh;
   An t-sleagh nimhe bha na laimh,
   Thug e urchoir dhi cho dhail.

21 Thuit Oscair air a ghlun deas,
   'S an t-sleagh nimhe troimh a chneas;
   Thug e urchoir eile null,
   Is *mharbhta* leis ard righ Eirin. (thorcha)

22 Art mhic Cairbre glac do chlaidhe,
   Seasamh dana 'n aite t-athar;
   'S mu gheibh thu do dhiol saoghail,
   'S aoildh mi gur Mac radh thu.

23 Thug Oscar an t-sleagh air a h-ais.
   'S mharbh e Art air an ath-urchair;
   Sluagh Chairbre garbh an cleachd,
   Chuir sinn an cath garg mu 'n cheap.

24 Oscair Mac Oisein an aigh,
   Thog e leac cloiche na laimh;
   'S bhris e crun an righ mun cheap,
   Gniomh mu dheire mo dheagh mhic.

25 Mar Ealtuin air a sgapadh bras,
   Mar duilleach sguaibte le cruaidh fhras;
   Mar cheò sgairte briste le pronn ghaoth;
   'Sin mar theich shiagh Chairbre as.

26 Bu truagh an gaoir gan tannadh sios,
   Thiomaich mo chridhe, 's mo chliabh;
   Le mi-run Chairbre chlaon.
   Bha àr a leanachd a dheagh dhaoin.

27 Oscair glac baigh na treig,
   Tha d' fhuil fein a strugha comhla;
   'S gearr 'se m' eagal do latha,
   Tha t-athair a cheana dhe bronach.

28 Mo latha-sa tha buain mar ghrian,
   Ghleidh mi dion mo chliu san stri;
   Thuit Cairbre nan cleas fo m' laimh,
   Cha bhas ach beatha mo thi.

29 Thuit Oscar air a thaobh,
   Phill a shluagh mar iom-ghaoth;
   Fo dhubhar crainn Cuillin tuidh;
   B' iomadh suil bha dian a ruidh.

30 Bu mhiosa Mhic bha thu dheth,
   Latha catha beinn Edinn;
   Shnamh na Corran tro do chneas,
   'S i mo lamh a rinn do leaghess.

31 Mo leigheas cha 'n eil e 'n dan,
   Cha mho nithear e gu brath;
   Chuir Cairbre sleagh na nao seang (seamh)
   Eadar m' airnean 's m' iomlag.

32 Chuir mise sleagh nan seachd seang,
   Edar cumha fheuilt is eudainn;
   'S m' an ruigeadh mo dhuirn a chneas,
   Cha deanadh aon leigh 'a leigheas. (na laoich)

33 Sin nuar thainig oirnne Fionn,
   Air an tulaich as *an* cleann; (ar)
   Shil na doir air a rosgaibh;
   Thionndaidh e ruinn a chul-taobh.

34 Laogh mo leinibh mo laogh fein thu,
   Laogh mo chuilein ghlain chaomh;
   Mo chridhe leumartaich mar lor,
   Gu la bhrath cha 'n eirich Oscar.

35 'S truagh nach mise a thuit ann,
   An cath *gabhi* gniomh nach gann; (gabhra)
   'S tusa bhi 'near san iar,
   Roimh na Fiannaibh Oscair.

36 Nam bu tusa thuiteadh ann,
   An cath gabhi gniomh nach gann;
   Cha chluinte 'n ear no 'n iar.
   Iarguin ma dh:imhin aig Oscar.

37 Thogainn thu gu tulaich ghlain,
   Sguirinn am feasd gad chaoidh;
   Thogar leinn an t-Oscar calma,
   Air bharraibh ar sleagha arda.

38 Gus an tulach bha shuas an tigh,
   'S bhitheamaid uile caoineadh Oscair;
   Sgalartaich nan Coin ri m' thaobh;
   Agus buruich nan seann laoch.

39 Donnal as shannail nan seach,
   Gur e sud a chraidh mo chridhe;
   Leac Oscair a chraidh mu 'm chridh,
   Treun ri treun san uir rithe

40 'S iomadh neach gan teirca tabaist,
   'S tearc laoch air a bheil t-iomradh.

From — Macintyre, Glenlyon, who can neither read or write.

THE DEATH OF FIONN. F. 20. O. 19.

THE usual tradition is that Fionn went away, and that he is living somewhere still. Fletcher's Collection contains a story about the Death of Fionn, of which I have but one other version. Fionn went courting one of the Clann Chuilgeadan, who appear in the Lay of the Heads, and in the ballad of Dun-an-oir. He is challenged to leap, and when he wins he is challenged to leap backwards. He falls, and is beheaded. But the slayers lived near Cape Clear, according to Irish authorities. Taileuchd mac a Chuilgeadan was the man, Gleann Dochart the place, an Island in Loch an Iubhair, near Beinn Mhòr, in Scotland, was the spot, and Fionn was buried at Cill Fhinn, a place near the end of Loch Tay. The slayer was slowly put to death by twisting off his arms and legs. This looks like broken poetry; and it certainly was a current story, because two men got different versions of it. The only Heroes named are Fionn and Oisein: so this comes after the Battle of Gabhra.

See Fionn's Irish Pedigree above for the Irish account of the Death of Fionn. Page 34.

F. 20. EACHDRAIDH MAR A CHAIDH FIONN A MHARBHADH. 93 lines broken.
Fletcher's Collection, page 132. Advocates' Library, January 22, 1872. Copied by Malcolm Macphail.

AIR bhi do dhuine àraidh d' an goirte Taileachd-mac-Chuiligeadan, mar ainm, a gabhail tamhachd ann an Eilean Lochan Iubhair laimh ri Beinn-mhòr ann an Gleann Dochart, aig an robh leannan sith, mar Chonaltra san aite sin.

Air bhi do Fhionn-mac-Cuthail air faoiteann fioara-chadh mu timchioll, Chaidh è a steach ga faicsinn, agus ghabh e tlachd fuireach comhla ri. Ach fa dheireadh air bhi do Thaileachd air faigheann a mach gu 'n robh Fionn a tachairt tric an rathad a leannan. Air dha ransachadh eatara mu dheibhinn. Thuiteadh leotha le cheile ann an eud co mòr, agus gu 'n rabhadar a' dol a bhualadh a cheile.

Ach a deir ise gu deanamar dhuibh riaghailt, na bitheabh am feirg ri cheile.

1 AM fear a 's fearr buaidh an leum, is e leannas mi fein le tlachd,
   Dh' imich na Laoich an sin a mach a leum,
   Leum Taileachd o' n Eilean air tir tioram, is leum Fionn gu sgiobalt treun 'na dheigh.

2 A deir Taileachd,
   Leumainse an linne air m' ais
   Is mur a leum thusa an cothair do chùil,
   Biodh agamsa an cliù gu ceart.
   Leum iad araon air an ais,
   Ach 'se Taileachd a leum an toiseach;
   Agus bha è air tìr tioram Eilan,
   Ach air leum an sin do dh' Fhionn,
   Chaidh e foidhe gu Cheann.

3 Agus ghlac Taileachd an sin an
   Corom bha thaobh cùil air agus bhuin e an ceann do dh' Fhionn mu 'm burrain e riamh tionn- dadh ris.

Theich Taileachd le h-eagal fuathas na Feinne,
   agus ceann Fhionn aige
Gu 'n d' rainig e ceann Loch-laoidain, agus air bhi
   dha' sgìth ga ghiulan, chuireadh leis air stob
   è air tom dubh aig àth na h-aimhne d' an
   goirear àth Chinn o sin a mach.

4 Agus air do 'n Fheinn corp Fhionn fhaotainn ri
   taobh an Lochain,
Thogadar air Rìgh 's ar Triath,
Air Ghuailibh briagha nan laoch,
Is dh' amhlaig sinn è air cùl tnim,
An uaigh do 'n goirear Cilfhinn mar ainm.
Bha an Fheinn uile fodh' throm fheirg
Co dheanadh orra an tàir,
Dh' iomaichidair air toir a chinn,
Na suinn mu 'n do Gabh iad Caird.

5 Gus an d' fhuaras leò ceann an laoich,
Air cnoc fraoich an taobh Ath-chinn;
Is rinneas toireachd air an laimh,
Bha co dana is dol na dhàil.

6 Chuir iad miar foidh dheud fios,
Dh' innseadh dhoibh am fios mur bha;
Taileachd a bhi fo fhiamh,
Air son a ghniomh am Beinn-all-air.

7 Dh' fhuaras Taileachd ann san uaigh,
Is chuireadar gu cruaidh ris ceist;
A Thaileachd an aireach leat Fionn,
Is fhreagair gu h-aiugidh air ais,
Cha 'n aireach mur aireach le Goll nan cleas
An ruaig a chuir e air Clann Chuiligeadar.

8 An lamh dheas air son a' ghniomh,
Bhuin sinn do Thaileachd gu fior;
Bhuin sinn dheth an lamh eile,
Air son gniomh na mòr chionta,
Chuir iad ceist an dara h-uair,
A Thaileachd an aireach leat Fionn.

9 A d' thuirt Taileachd,
Air mo Riogh nach aireach;
Mur aireach le Goll nan cleas,
An ruaig a Chuir è air Clann Chuilgeadar.

10 Shniomh sinn an leth chos o 'n toin,
Le teannachuir righin chruaidh;
Agus phronn sinn a chos eile,
Le leachdibh cruaidhe na sceire,
A Thaileachd an aireach leat Fionn
Dubhairt Taileachd.

11 Air mo Riogh nach aireach leam,
Mur aireach le Goll nan cleas;
An ruaig a chuir e air Clann Chuiligeadar.

12 An da shuil a bha na Cheann,
Loisg sinn le lionn gaoileach garg;
A Thaileachd an aireach leat Fionn
Dubhairt Taileachd fa dheireadh thall;
Air mo riogh nach aireach leam,
Mur h-aireach le Goll nan cleas
An ruaig a chuir e air Clann Chuiligedar
Chuir sinn air sleagha troimh chridhe
Thaileachd is mharbh sinn e.

O. 19. BAS FHINN LE TAOILEACH. 43 lines.

Dr. Irvine's MS., page 108. Copied by Malcolm Macphail. Edinburgh, March 30, 1872.

1 ELAN an nidhir, Leannan sith,
Leum mar dhuais graidh
Leum Taoileach mach as an Elan,
4 Leum Fionn a mach
Leum Taoileach a steach an coinneamh a chuil
Leum Fionn, is thuit san uisge.
Chuir Taoileach an ceann deth.

8 Dh' fhalbh leis a' cheann, is chuir air stob aig
   Ath Fhinn, aig ceann shuas na cruaich an
   Ranach. Dh' fhalbh iad an toir iar Fionn.

Cha robh fios co thug an ceann deth; Thachair iad air
   a cheann. Ma 's fior a labhair an ceann 'Nuair tharruing iad deud; Thuirt aon dui, as sid guth Fhinn.
Guth chinn air a chrann. Thug iad a nuas an ceann.
Chuir fear a mheur fo dheud fios, fhuair fios co rinn
an gniomh. Thuirt Oisean Mac an Righ. Diolaidh
sinn bas Fhinn.
No 's masladh gu brath dhuinn.

12 Dh' fhalbhas air toir air Taoileach; Fhuaireas e
   an namh aig ceann shuas Beinn Arlar.
Thaoileach an aithreach leat Fionn,
Air mo righ, cha 'n aithreach leam;
Mar aithreach le Goll nan cleas.

16 An cath ruaig bh' air Clann Chuilgadan.
An lamh dheas a rinn an gniomh.
Bheir sinn do Thaoileach gu fior,
Bheir sinn deth an lamh eile.

20 Ann an cionta na moir choirre.
A Thaoileach, an aithreach leat Fionn,
Air mo righ cha 'n aithreach leam.
Shniomh sinn deth an leth chos

24 Le Teanchar gramail cruaidh;
Phronn sinn a choss eile,
Le leacaibh garbh na sgeire;
A Thaoileach an aithreach leat Fionn,

28 Air mo righ cha 'n aithreach leam.
An da shuil bha na cheann,
Loisg sinn le lionn goileach dearg,
Bhuin sin an ceann de Thaoileach,

32 An comain an droch ghniomh a rinn e
Nan abradh Taoileach gu 'm bu bheud
An ceann a thoirt de chom nan ceud,
Cuach Fhinn bheiridh beo,

36 Chuireadh an ceann ris a chlo
Phill sinn gu bronach tuirseach
Ghiulainear leinn ceann Fhinn,
Gun t-aite an d' fhuaireas a choluinn;

40 Ghiulan sinn e gu aluinn,
Air chrannaibh sleagh Arda,
Dh' adhlacadh leinn e an cill,
Is deirear cill Fhinn ris gu 'n duigh.

THE DEATH OF OISEIN.

THIS Ballad does not describe the death of Oisein, but is part of his Lament for his comrades. Some marginal writer on the manuscript says that this is equal to anything in the books of Mac Pherson or Dr. Smith. To me it seems to be made up of fragments and mended. Some verses I recognise as in other ballads; others bear the stamp of popular poetry, others do not, according to my opinion. The metre varies. Current tradition sends Oisein off to the Isle of Youth with his mother in the form of a deer, or with a mythical hound. In any case this ends Kennedy's Second Collection, and leaves Oisein the last of the Heroes alive. An Irish manuscript, called the Book of Lismore, contains a long composition called the Dialogue of the Old Men. In it Caoilte and Oisein converse with Saints and Chiefs, and wander about telling stories in Ireland.

I. 23. BAS OISEIN. 140 lines.

Kennedy's 2nd Collection, page 160. Advocates' Library, April 12, 1872. Copied by Malcolm Macphail.

THE DEATH OF OSSIAN.

IT is certain that Ossian survived all the Fingalians, and lived till that Era Christianity was introduced into Ireland by St. Patrick, who is no other than this Son of Alpin he addressed his Poems so frequently to. It is applied till this day to an aged man, who live after all after all his Friends, relations and children. 'That he is left alone as Ossian after the Fingalians:' 'Tha e mar Oiseinn an deidh na Feinne.' Ossian seems to have lived with an eminent man Conar in Glencathan, or the Glen of Wars, in his latter days. Conar's wife being a distant relation of Ossian wanted that he should immortalize and flourish the Fame of her own Family beyond that of Fingal's upon his death bed, but he refused, finding it unparalel and unreasonable. Ossian discovers by this Poem the strength of Fingal's army when in the height of his glory, and ranges over their actions in war and joy in peace. He regrets in the softest and most pathetic strain, That he is left alone like a bird wounded and benighted in the solitary woods, longing for the dawn to renew his joy and lull his grief. Or to a mouldering oak in the desert which is ready to fall by the least blast, without joy, music, groath or grandeur. Where is my Friend to lament my fall, and rear my Tomb; and who shall dig my grave but cruel Aliens? Where art thou, O Fingal!

Oscar and Cailte, with all your hosts my Days are expired. My time is past. My Friends are extinct. My peace and ease is over. My joy is done. My pleasure is gone. The grave is my home, so let me now die and live no more!

1. 'S TIAMHAIDH bhi noc ann Gleann-caothan
Gun ghuth gadhair ann gun cheol;
Mo chroidhe cho dean e do 'm reir,
'S mi fein an sean fhear gun treoir.

2. 'N uair reachamaid do Ghleann-caothann,
Bu bhinn bladhar againn ceol;
B' iomad dea' fhear dhinn air chint,
'S cho toileamaid diomb d' ar deoin.

3. 'Nuair thogamaid ri Gleann-caothann,
Bu lionmhor fadhaid gach iul;
A cosgairt an daimh, 'san fheidh,
'S iomad ceud nach eireadh dhiu.

4. B' iomad laoch a dh' eighte mach,
A dhireadh gu bras an sliabh;
Le shleagh 's i ruisgte na dhornn,
Le cloidheamh mor agus Sgiath.

5. Fionn mo ghaoil caogad Triath,
Le cheile air grianan ard;
Is Gile-ghreine ri crann.
Os a chionn, a bhratach aigh.

6. Bu chian ar sgaoileadh o cheil,
Fea' gach sleibh air barra bhac;
Laochrai' chalma, churant Fhinn,
'S am botha gach tiom nan glaic.

7. 'Nuair a dh' eireadh seilg an fheidh,
Dh' fhuasgladhmaid na ceuda Cu;
'S ioma' damh, earb, agus Adh,
A thuiteadh sa bhaoil gach iul.

8. Philleamaid le 'r seilg tra-non,
Gu Teamhra' cheolmhor nan teud;
Am bu lionmhor cruit is clar
'S ioma' bard a sheinneadh sgeul.

9. B' ioma' slige doll mun cuairt,
'S dana nua 'ga luadh le cheil;
A' caitheamh na feist 's ann Tur,
B' aluin, ur na Flathaibh Feinn.

10. B' eibhinn nos na Feinn a ghluais,
Ceolmhor, cuannar, snuadhar treun,
Fion is fochlas agus feoil,
Speis gu leoir, 's cho b' eol duinn breug.

11. Na suinn chaomha, chalma, ghraidh,
Bu mhor baidh' 's bu chian an cliu;
Feileachd, furan, 's a bhi dian,
A dhion choitheach, ciau o' n iul.

12. La a chath air magh na bàir,
Co, na b' fhearr, cho chualas riamh;
Chomhraigeamaid fear is ceud,
Gach aon fear do 'n Fheinn bu Triath.

13. Cha do ghluais sinn riamh d' ar deoin,
Ach gu foill do chomhrag dian;
An t-onrachdan dhion gu treun,
'S an coitheach creuchta f' ar sgia.'

14. B' e 'n t-aireamh a bha ri' m linn,
Ann an Teamhra' bhinn nan teud;
Ceithir mile deug, is caogad,
N' ar cairdean gaoil air bheag beud.

15. Gun luadh air oglaoich Ri' Phail,
Aosmhoir sharaicht, no mnai' og;
No gillean freasdail nan lann,
Och! Gur fann tha mi fui' bhron.

16. Siubhail an domhan mu seach,
'S cho' n fhuigh u ann neach mar Fhionn;
A b' fhearr eineach agus agh,
Cho deachaidh lamh os a cheann.

17. Ghluais na laoich do 'n uaigh gun lo,
Sin a dh' fhag mar cheo mo shuil;
Mar aon ean leointe sa choill,
Gun solas a' caoi' 'sa mhur.

18. Gun leirsinn, ur-fhas, no fonn,
Mar an sonn a sguir a dh' fhàs;
No chnu tha sa ghreadhain chrion,
Gu tuiteam, 's cho 'n eiridh dha.

19. 'S neo eibhinn do 'n chroidhe bhroin,
Nach nochdar sòlas o chaoimh;
Mar fhiadh a bhais tha mo chruth,
Dh' eig mo ghuth le dealt na h-oi'ch.

20. Chaochail mo fhradharc, 's mo shnuadh,
Ach cho choisg an uaigh mo ghradh;
O Chailt, is Oscair nam buadh,
Is Fhinn uaibhrich dea' Ri' Phail.

21. Tha m' osnaich a teachd gach taobh,
Mar ghluaiseas a ghaoth gach nial;
Tha mo bhron a teachd amach,
Mar uisge bras, no sruth dian.

22. Ailis dhuinne Oiseinn fheil,
Gus a bhas o' n tha thu doll;
C' ait am fac u deas no tuath
Teach is mo' a shluaigh no so.

23. Chunnacas latha teach Fhinn
Air an iargain thruim so th' òrm;
Bu lionmhore gile fir feachd,
No Conar a' d' theach gun stoilbh.

24. C' ait am bheil na fir mhora,
Bhiodh aig Conar gach tra'-noine;
Nach d' thugadh iad an t-Oisein amach,
Air caol chas, 's a chab 'san otrach.

25. Cha bu chubhaidh dheanamh orm,
Na thuit u le colg a bhean;
'S laoch mi a rinn iomad àr,
Ged' tha 'nois gun chail gun ghèan.

26. Is mi Oisein, dea' mhach Fhinn,
Bha mi uair, 's bu ghairdeach leam;
Gur mi shuithichidh an t-sealg,
'Nuair a dh' eireadh fearg air Fionn.

27. 'Nuair a bha mi ann san Fheinn,
'S mi gu treun a measg nam fear;
Thigeadh caogad Inghean donn,
A dh' fhalcadh mo chinn a bhean.

28. Cho b' e failceadh nan ceann caomh,
Air do mhaoil bu mhiann leam feinn;
Ach beist nimhe Loch-leathean,
Reubadh do shean leathair lèi.

29. A laoich nach mol u mo mhur
Nan ceudan cu, 's nan teud mear;
'S ceolmhoire no Teamhra' bhinn,
Anns gach tim bhiodh comhrag fhear.

30. Cha toir cliu do theach fui 'n ghrein,
Mar mhur feilidhe Fhinn mo ghraidh;
A leithid cho 'n fhacas riamh,
A near no niar taobh a bha.

31. Bha mi la bu mhor mo phris,
Ann Teamhra' nan ceuda cliar;
Tha i 'n diu 'n h àbhaidh fhuar,
Is mise mo thruaigh! gun mhiadh.

32. Mo dhea' Inghean bha mi uair,
Ghlacaim an eilid air chluas cinn;
Bhairinn am bior fuinn amach,
Ann 's an oi' che dhorcha dhaill.

33. Ochoin, is mi 'nois gun treoir,
Gun neach beo a ni mo chaoidh;
Gun chaomh a thogas mo leac,
Is m' uaigh cho treachail, ach buirb.

34. Gun Chailte gun Oscar, gun Fhionn,
Gun fhear m' osnaich gu tiom truagh;
Gun fhear m' osnaich ann gu fior,
'S mi' n crann crion a chaill na sluaigh.

35. Ghluais mo re mar sgèul, no sgàil,
Ghluais mo chairdean, is mo shith;
Ghluais mo sholas, is mo bhaidh,
Mar ata mi-Gu brath biom.

That the above seven Poems were transcribed or collected by Mr. Duncan Kennedy, as they appear in the preceding pages, is certified by John Macfarlane, Assistant Minister. Kilbrandon, May 1, 1785.

THE STORY OF OISEIN:
AND FOURTEEN VERSIONS OF A BALLAD.

THE traditional Story of Oisein I got from the following people in 1870-1:—Pages 56, 57, 104, 131, 136, 169, &c. MS.

1. A travelling tailor, on board the Dunvegan steamer, between Uist and Barra. Sept. 18, 1871. He lives at Ballymarten, in North Uist.
2. Patrick Smith, South Uist. Sept. 17.
3. John Cameron, Borve, Barra. Sept. 25.
4. Duncan Mac Lellan, Carnan, South Uist. Sept. 27.
5. A boy, unknown, who came in while I was writing. Oct. 6.
6. Hector Mac Isaig, South Uist. Sept. 30.
7. A Lady's Manuscript, North Uist. Oct. 6.
8. William Robertson, weaver, Tobermoroy, Sept. 16, 1871. page 131. It agrees generally with the story told by Kennedy and Fletcher; and told already in text Y. vol. III. I will tell it in English, when I translate. As a sample of oral collections, I add these notes. They were written in English, while the reciters told what they knew in Gaelic, and very little altered, when written out.

William Robertson questioned—'Why was Oisean so called?'

'I will tell you that.' 'The sister of Conchullin Mac an Dualtaich laid spells (*geasan*) upon Fionn that he would marry any female creature that he might chance to meet. Fionn fell in with a deer. . . . Then the deer turned to him, and said, "Now I have two. Come here again, and you will have a son." Then Fionn put his finger under his wisdom tooth, and he knew that the deer was a woman enchanted. He came to the place at the time, and found a man child, and he had *colg an fheidh*, deer's hair, upon his temple; and that is why he was called Oisein. On the corner of the brow here,' (touching his own temple,) 'because the deer's hair was upon his temple, he was called "Corner." That was "Oisein," the son of Fionn. His mother was the daughter of the Dualtach, under spells.' From this, Oisein was Conchullin's nephew. (137.) 'When Oisein was old, amongst the Feinne, and his son was dead, Fionn took care of him. He was commander of the world. A pretty woman met Oisein, when he was out walking one day, and saluted him warmly, "Will you not go one day with your mother?" She said, "You have been long enough with the Feinne." He went away with her. She opened a door in a rock, and they went in. He staid with his mother for a week. But these days were so many hundreds of years. He wanted to go back to the Feinne. "Since you came here," said his mother, "nor Fionn, nor a man of the Feinne, lives."' And here came a long story, of which part only is in the Ballads and Arguments printed above.

Mac Isaig, in South Uist, and from others next year, 1871.

Reciter.—'Oisein was the son of Fionn Mac Cumhail. He was born of a hind, (*sailearachd fheidh*.) His mother was a woman, under spells, (*fo gheasibh*.) She lived long in the mountains as a deer.'

Instructed Boy.—'Oisein was suckled by a hind; and that is the true story. His mother was a woman.'

Scribe.—'You have not got the story at all.' (Boy departs, snubbed.)

Reciter.—'Most of the old men say that Oisein's mother was a woman, in the form of a deer. I do not know how it all came about, or how it was, but they say that Fionn also was under spells;' &c., &c.

Scribe.—'That must have been when he fled, after he got his wisdom tooth, and slew Arc Dubh, at Eas Ruagh, in Eirinn?'

Reciter.—'Yes. When Oisein was born in the mountains, it was so that if his mother licked him, as deer lick their calves, he was to be a deer, like his mother. If not, he was to be a man, like Fionn, his father. She had so much of the deer's nature in her, that she begun to lick the child, and she gave one sweep of her tongue to his temple. The deer's hair (*colg an fheidh*) grew on the corner of his brow at once. When his mother saw that, she had so much of the woman's nature left that she wished her son to be a man, she stopped licking him, and he grew up to be a man, and they called him "Oisein." (Angle, or corner.) He was the best Bard in the world.'

Scribe.—'Do you know the song that he made to the deer, his mother?'

Reciter.—'That is Oran Luaidhe, (a fulling song) which the women sing now, when they are fulling clothes. A great many people can sing that song. That's a woman's: my wife knows it better than I do, but she is too old and weak to come here.' After some persuasion, sings as much as she knows; and says that Carmichael, his neighbour, has got it written. Here follows the Song, as I wrote it myself.

OISEIN'S SONG TO HIS MOTHER.

WRITTEN by J. F. Campbell, from the dictation of Hector Mac Isaig, September 3, 1871, at Carnan Inn, South Uist, and from other versions orally collected in September.

The first verse is written at length and fills the tune. The lines are written without the chorus afterwards. In singing songs of this kind one woman sings a line, and all the rest sing chorus, while the whole bevy of women and girls mark time merrily with hands or feet upon their work. I have tried to spell the chorus so as to give it meaning, but no meaning is attached to these words now. They are sounds made musical like instrumental music.

At page 76, vol. I., 'Barzaz Briez,' Paris, 1846, Villmarqué has treated a similar chorus more boldly.

Tan! tan! dir! oh dir! tan! tan! dir ha tan!
Tann! tann! tir! ha tonn! tonn! tir ha tann!

*O feu! ô feu! ô acier! ô acier! ô feu! ô feu! ô acier et feu!

O chêne! ô chêne! ô terre! ô flots! ô flots! ô terre et chêne!

I am not sure that we have done right, but we have similar materials in these two Celtic songs, with vocal accompaniment.

1 *†Tha tùchran beag air m' anail,
    Bheir mi ho horo hàw
  Cha chluinn mo leann an mo guth;
    Bheir mi ho ro Righ; o hàw;
    Bheir mi ho ro Righ; o hàw;
    Eigh! Haogh! ro Righ; bha gh' òl
    Bheir mi ho ro ho, tha; Righ! thù.

2 Chu chluinn mo leannan mo guth
  Ma 's tu mo mhathair gur fiadh thu.

3 *†Ma 's tu mo mhathair gur fiadh thu
  *†Faicail ort o ghniomh nan con.

4 Faicail ort o ghniomh nan con
  Ma theid thu gu beannibh arda.

5 †Ma theid thu gu beannibh arda
  Faicail ort o Chlanna MORNA.

6 Faicail ort o Chlanna Morna
  Clanna Morna 's an cuid con.

7 Clanna Morna 's an cuid con
  'S da chu dheug air lon aca.

8 'S da chu dheug air lon aca
  'S a chu fhein air laimh gach fir.

9 Ma theid thu gu gleanntibh fòdh
  Faicail ort o chlann a BHÒ.

10 Faicail ort o Chlann a Bhò
  Clanna Bhò 'us an cuid con.

11 Clanna Bhò 'us an cuid con
  'S da chu dheug air lon aca.

12 'S da chu dheug air lon aca
  'S a chu fhein air laimh gach fir.

13 Ma theid thu gu beannibh arda
  Faicail ort o Chlann na GRAISGE.

    Repeat 14. 15. 16. as 10. 11. 12.

17 Ma theid thu gu beannibh iseal
  Faicill ort o Chlann na BAOISGE.

    Repeat 18. 19. 20.

21 Ma theid thu air bheanntaibh arda
  †Faicill ort o Chlann na CEARDAICH.

    Repeat 22. 23. 24. as above.

Here Mac Isaig stopped and said: 'I have no more, but that is a long song. When Oisein was out in the Hill the Hind was always coming near him, but he would not follow her. He was ashamed of his Mother, but he made that song.' (P. 170, &c.)

(P. 56). The Tailor said: 'There is a song about that story. I have very little of it, Carmichael has written it.' Then he sang it to a very wild tune. The lines which are the same I have marked above *. The rest are added below.

25 Ma theid thu gu gleanntaibh domhain
        Bheir mi o huro ho.
    †Faicail ort a chlann a GOBHAIN
        Bheir mi o huro ho
        Bheir mi o huro ho
        Bheir mi hi ri Righ riabhag
        Ho i ho ro, haw.
    Repeat 26. 27. 28. as above.

October 6, 1871.—Copied at Dunvegan, a version lent by Miss Mac Leod of Mac Leod, written this year in North Uist, by Miss Tolmie, from the repetition of women who used to sing this song at their work, but who have been forbidden to sing any secular music, and have given up the practice as wicked. Lines which are the same are marked † above. The chorus varies a little and indicates a different tune. As the Lady is a musician, probably her version is right, and the tune varies.

1 BHEIR mi hò ri u o hò
        Tha tucharan beag air m' anail
    Bheir mi hò ri u o hò
        'S tha sior ghabhail air mo ghuth.
    Bheir mi hò ri u o hò
        E ho i ri ri ibh og o ho
        Ri o hò ho rò.

The repetition varies thus :—

29 Ma theid thu air beanntaibh iseal
        Bheir mi hò ri u o hò
    N' aire dhuit o Chlann na FRITHEADH
        Bheir mi hò ri u o hò
        Clann na Fritheadh 's an cuid con
        'S da chu dheug air lon aca
        'S a chu fhoin air laimh gach fear.

Repeat 30. 31. 32. with Chorus as above.

The song ends with the Chorus :—

    Bheir mi hò ri u o hò.

In one verse is the line :—

    ' Eirich m' an eirich a ghrian.'

This counsel, according to the story told, was given that the Deer might break the spell which bound her, since the period before Oisein's birth. The same origin for 'Oisein's' name was given. He had a mole on the side of his face or the corner of it.

June, 1872.—Having collected and arranged these fragments myself, and having found three similar verses in Fletcher's Manuscript at the Advocates' Library, (F. 6. 11. 12. 13., p. 60 above), I wrote to Mr. Carmichael : who was kind enough to send me the following extracts from the Collection which he has been making during seven years in the Long Island.

Taking all these versions together, it is easy to extract the meaning. But it is impossible to convey any idea of this kind of vocal industry without transporting the reader to the scene where women and girls sing songs without words, and dance wildly to their own wild music, as merry and busy as a hive of bees.

OISEIN'S WARNING TO HIS MOTHER.

TRANSLATED from Mr. Carmichael's Gaelic Argument, transcribed and collated with other versions, by J. F. Campbell, July 4, 1872.

1. From Donall Mac Phie, smith, Breubhaig, Barra, December 10, 1866.

A hind was mother to Oisein. His mother Graidhne, Fionn's wife and Oisein's mother) was under spells. Surely it was a fairy sweetheart that put her under spells. They (the fairy sweethearts) used always to be at that kind of work. It was on a pretty little green island, which is called Eillan Sandraigh (or otherwise on a sea rock —sgier) in Loch-nan-ceall, in Arasaig, that Oisein was born. His mother laid her tongue on him, to lick him, above the eyebrow, before he was taken from her. Hair grew upon the place where his mother put her tongue, and because of that they called him 'Oisein' by name. Oisein knew that the Feinne wanted to kill her, and he used to warn his mother against the hounds, and tell her the gifts of every hound, and the might of every Hero in the Feinne. It is said that this was the first Lay that Oisein ever made, when he was a suckling little lad (na phroilleachan beag gille). Graidhne was the first wife Fionn had, and mother of Oisein. Oisein was near about as big as he would be before Graidhne got free from the spells. He was giving her warning to beware of the dogs. (Carmichael's Note). It is curious that O'Curry in his valuable Lectures on the MSS. Materials of Ancient Irish History, page 304, says :—' Oisin, a word which signifies literally the little fawn.' There is some similarity between this and the Story of Romulus and Remus, the founders of Rome, who are said to have been suckled by a she-wolf.—A.C.

A reference to the Story of Diarmaid and Graidhne will shew how this varies from the story generally told about Fionn and Cormac's daughter. Nothing is said about any transformation of Graidne anywhere else.—J. F. C.

A FRAGMENT OF THE SONG.

MAS tu mo mhathair 's gur a fiadh thu,
    Bheir mi hoiriou o ŏhoa !
Orst an sliabh muin tig an teasach (hunt fever)
    Bheir mi hoiriou o ŏhoa
    Shŏ hirir-bheag
    O na haoi o ro hou
Faicil orst romh Chlanna Morna
    Bheir mi hoiriou o ŏhoa
    Ehŏ hiri riabhag
    O na haoi o ro hoa
Clanna Morna 's an cuid cŏn
    Beir mi hoiriou o o-hoa
Da chiad diag a dh-aireamh fhear
    Bheir, &c.
'S a chu fhein an laimh guch fir
'S a shleagh fein an laimh guch laoich
Ma theid thu gu srath-na-h-amhunn
Faicail orst romh Chlanna Ghobha

    Here repeat as above.

Ma theid thu do bheannaibh domhain
Cuimhnuich an t-saigh earblach dhonn

    Here this fragment ends.

2. From Aonas Mac Leoid, crofter, Baile Mharstam, Uist, a chinne Tuath, March 26, 1868.

MU 's tu mo mhathair 's gur fiadh thu,
    Bheir mi hoireann o a haw !
Faicill orst romh ghniomh nan con
    Bheir, &c.
Eho heir ir eubhag
Ho-haoi o a ro haw
Ma theid thu (a) bheanntaibh domhain
    Bheir, &c.
Faicill orst romh Chlann a Ghobha
    Bheir, &c.
    Eho, &c.,
    Ho, &c.,
Da chiad diag a dh aireamh fhearaibh,
'S a chu fein an laimh gach aon fhir,
'S iad air eil aig Leide mac Liannain,

    Here follows a verse as above with the name, Clan-
    n-na Ceairde, and two more lines which an
    old woman in the Island of Baile shear
    South Uist placed at the end of each verse.

'S fear beag 'ad air sgàth chreagain.
'S eugail leis nach tig ige (thuige ?)

3. From Oirig Nic Iain, Tao Loch-euphorst, Uist a Tuath, September 27, 1868.

MUS tu mo mhathair
Us gur fiadh thu
    Bheir mi hoirean o haw.
Eirich mu 'n eirich grian orst.
    Bheir, &c.,
Faicill orst romh ghniamh nan conaibh
Ma theid thu romh struth-an-lonain ;
Faicill orst romh Chlanna Morna
Clanna Morna 's an cuid con.
Da chiad diag a dh-aireamh fhearaibh,
Fear beag beag ri sgiath creagain
'S a dha-chu-dhiag air lothain aige.

    Here follow verses with the names, Clanna Ghobha,
    Clanna Baoisge.

4. From an old woman, met in a shepherd's house, at Lisdal, close to Prince Charles's Cave at Borrodale, South Uist, May 29, 1868.

Mà 's tu mo mhathair 'us gur fiadh thu
    Bheir mi oirrinn o haw
Bi d' fhaicill romh ghniamh nan conu
    Bheir, &c., (*same as in 2nd version.*)
    Ehŏ, &c.,
    O na, &c.,

'S iad eir bheannaibh arda romhad,
'S iad ag innse dhomh nach tig thu.
Faicill orst romh Chlann Ghil 'e ain
Clann Ghil' e' ain san cuid chon.

Here follows a verse with the name Chlann ic Phairce, and this note by Carmichael :—'This old woman said that all the Finneachann (tribes) were mentioned in the song. This I think doubtful. The part of the song mentioning the Clans must have been a later composition, for the rest of the song seems to me old—older than the mediæval time of the Clans. The Parks are nearly extinct here now. I only know one man of that name in the whole of South Uist, where there were many of that name formerly. All names seem to have been represented here. The Long Island seems to have been the Cave of Adullam to which all criminal and political offenders betook themselves.'

5. From Kenneth Morison, pauper, aged 80. Nisisi na h-Earradh, July 12, 1870. 25 lines, of which the whole are in the next version.

---

6. OISEIN GA MHATHAIR. 63 lines.

Seinnte le Do 'ul Macaphi Gobha Breubhaig Barraidh, 10th December, 1866.

1 Mà 's tu mo mhathair 's gur a fiadh thu,
    Bheir mi hoirion o ahaw,
Mà 's tu mo mhathair 's gur a fiadh thu,
    Bheir mi hoirion o ahaw,
    Ehŏ hir-ir ibh-ag ò
    Na haoi o a ro haw
Eirich mu 'n eirich grian orst
    Bheir mi hoirion o ahaw, &c.
Eirich mu 'n eirich grian orst
    Bheir, &c.
Siubhail sliabh mu 'n tig an teasach,

2 Mà 's tu mu mhathair 'us gur fiadh thu
Faicill orst romh ghniamh nan conaibh
'Siad air bheannaibh arda romhad.
'Seachainn Caoilte seachainn Luathas,
'Seachainn Bruchag dhugh nam bruach,
'Seachainn an t-saigh eàrblach dhúgh (dùgh)
Bran mac Buidheig namh na 'm fiadh,
Agus Geolai bheag nan car.

3 Mu theid thu do bheannaibh iosal,
Faicill orst romh Chlanna Baoisge,
Clann na Baoisgne 's an cuid con,
Da chiad diag a dh' aireamh fhear,
'Sa shleagh fheinn an laimh gach laoich
'Sa chu fhein an laimh gach fir,
'Siad air eil aig Leide mac Liannain,
'S fear beag, beag ri sga creagain
'S da-chu-dhiag eir lothain aige.

4 Mu theid thu eir { strath an Ionain / bheanniabh mora
Faicill orst romh Chlanna Morna
Clann na Morna 's an cuid con
Da chiad diag a dh' aireamh fhear
'Sa shleagh fein an laimh gach laoich,
'S iad eir eil aig Leide mac Liannain
'Sa chu fein an laimh gach fir,
'S fear beag, beag ri sga creagain
'S da chu dhiag eir lothain aige

5 Mu theid thu { gu strath na h-athun / romh ghleanna domhain / eir chuanta (chluanta?) domhain
Faicill orst romh Chlanna Ghobha,
Clanna Ghobha 's an cuid con
Da chiad diag a dh' aireamh fhéar
'S a shleagh fein an laimh gach laoich
'Sa chu fein an laimh gach fir
'S iad eir eil aig Leide mac Liannain,
'S fear beag, beag ri sga creagain
'S da chu dhiag eir lothain aige.

6 Mu theid thu do bheannaibh arda
Bi d' fhiacill romh chlann { a chearta / na ceirde / na ceardach
Clann na ceairde 's an cuid con.
Da chiad diag a dh' aireamh fhear
'Sa shleagh fhein an laimh gach laoich
'Sa chu fhein an laimh gach fir
'S iad eir eil ais Leide mar Liannain
'S fear beag beag ri sga creagain
'S da chu dhiag eir lothain aige.

7 Gu 'n gleidh an sealbh thu o 'n t-srannan
Mu 'n cluinn do leannan do ghuth,
'Sa dha chu dhiag eir faire mire
'Sa chu fein an laimh gach fir dhiu.
Bha mi la 's bheinn sheilg
'S chunnacas fiadh a chabair aird
Gu 'n ghear e torra leum dha 'n loch

Mu theid thu romh ghleannaibh domhain
Cuimhnich an t-saigh earblach dhonn
(Cuimhnich an t-saigh earblach dhonn ?)

July 4, 1872.—From these six versions gathered by Carmichael, and from my own collection of eight versions, this appears to have been a popular woman's waulking song all over the Islands. It had never been written or printed so far as I know, and the tune has still to be recovered. Like its class, a very few lines would tell the story. It is a kind of muster-roll of the chief Feinian tribes. The object of this kind of singing is to promote Rhythmical movement, and lighten toil with vocal music. Still this song without words must rank as one of the Celtic Heroic Ballads, upon which later growths were grafted in the 4th version. It would be easy to add any names without interfering with the old Heroes first named, as it is said, by OISEIN THE LAST OF THE FEINNE.

PARODIES.

THE following are founded upon Heroic Ballads and Traditions, but are not of their age. They prove the antiquity and popularity of the compositions which they caricature or imitate. As they are older than Mac Pherson's Ossian, they indicate the nature of popular poetry current in Scotland, and ascribed to Oisein before Mac Pherson was born.

P. 12. LAOIDH NA SUAIMHNICHE DUIBHE. 35 lines.

Staffa's Collection, page 74. Advocates' Library, February 26, 1872. Copied by Malcolm Macphail.

AN imaginary dialogue between the Bard and a Black Mantle. It is asked to tell a tale of Eirinn; and tells to whom it belonged, from the reign of Cormac till the Ollamh gave it to the man of strings, (the harper) and the harper, to a hoary Parson. It hopes still to tell a tale from a white book; and now the hopes of the Black Mantle are accomplished.

1 FAILTE dhuise th' suaimhnich dhubh,
    Caite 'n d' fàg u do chruth corr,
    Sgeul na h-Eirinn a thoirt dhuinn
    'S dheistamaid gu ¹shùin re d' Ghloir,

2 Sgeul
    'S òg a thaini' du rem sgeul
    Nan tuigta leat fein mo dhan

3 'S òg
    Sann re linn Chormaig ic Art,
    A chuiridh re slait mo th' snàth

4 Sann
    Bha mi Tamull aig an Riogh
    Gann Imrachadh air dhruin each

5 Bha mi
    Ge sean suamhnach mi gun phrìs
    Chunnachdas òl air fion us creach

6 Ge sean
    Thani mi ²malairt an Deirg,
    Gù Riogh Eirinn meiag an àigh.

7 Thani mi
    Thani mi m' dhìlib air Goll,
    O mhac Dreagmhuinn na fonn saor

¹ sèimh.   ² imlaid.

8   Thani mi
    Bha mi rist aig Iolluinn greis
    A coimhead air cleas nan Arm.

9   Bha mi,
    Bha mi rist aig Oscar òg
    'N deidh do mhac morla bhi marbh

10 Bha mi
    Oscar ualich nan arm gèur
    Cha ghleidhidh e sèud ach seal

11 Oscar
    Dhiolnich e mise ro am
    Mhac O Duihhne na lann sean,

12 Dholuch
    Thug O Duibhne mi da mhac
    An comaine seachd Lann,

13 Thug
    Bha mi aig Diarmaid an t'-slòigh
    Fad so mhair a Ghloir na cheann

14 Bha mi
    Gus an d' thanig a sgeul truagh,
    A mharbhadh leibh th' suas sa Ghleann

15 Gus an
    Thug an t-Olla mi n' fear thèud
    Thug a fear theud do 'n Bhàrd (Twice)

16 Thug
    Tha mi nois ann a mor phian
    Aig a phearsan liath an drast (Twice)

17 Tha
    'S bi risd mas aill Dia
    Gabhail sgial a Leabhar Ban.

O. 33. AITHRIS AIR ORAIN NAM FIANN.
Bonadar. 85 lines.

Dr. Irvine's MS., page 145. Copied by Malcolm Macphail, Edinburgh, April 2, 1872.

A TAILOR'S Parody on the Feinne, traced back to about 1760, but as old as 1603. The people parodied, are not Mac Pherson's people, but the people of the Ballads, and of the Stories: the Feinne, the Giants, the Hags, and even the Foxes of the fables. The composer seems to have been a Roman Catholic.

1   An raoir chunncas aisling,
    An leaba 's mi gun dusgadh ;
    Ach ma 's fior na faidhean,
    Bha pairt dhi mor na breige.

2   Am fear sin chaidh shiolacadh,
    O cheann tri cheud bliadhna ;
    A tighinn a dh' iarraidh deallachadh,
    'S bhean air dol am fiadh air.

3   O chunnaic mi na slobanan,
    'S na tobraichean air treasga ;
    An fhairge ghlas na h-iomaran,
    Fo chriuthneachd, 's fo bhuntata.

4   Na bha 'n sin a dh' namh bheathachaibh',
    A nuallaich air an smagaibh ;
    Ag iarraidh aite gearrasdain,
    Dh' fhearann thighearna Ghrannta.

5   Chunnadh neud na curra, is i,
    Na cuirridh air Mulan arbhair ;
    Is i cor as tri miosan ag innseadh,
    Mar bha 'n aimsir,

6   An dreadhan donn na shanselar,
    Fo laimh an righ an Alba ;
    Ag iarraidh aite sheanlair,
    An iolar eir a *meanmh chro.* (*spreidh*)

7   O thachair Fionn Mac Cuthail orm,
    Is buighinn de na Fiannaibh ;
    Is miol choin aca air iallaibh,
    Is iad a' dol air iarghlas.

8   Dh' aithnich mi na dh' fheud mi dhiubh,
    Bha Caoillte ann bha Diarmad ;
    Bha Goll mor ard, bha Ioluin ann,
    Cha d' fhuirich mi ri 'n sgeulachd.

9   Direadh ris na uchdanan,
    Bha cor is dusan mile ;
    Chaidh gach fear na armachd diubh,
    Mharbhtar mi mar pillteadh.

10 Ach suil a thug mi shealltuin orra,
    Bha Coll air each gun diallaid ;
    Chaidh mi steach do ghlean bha 'n sin
    Cha tarla dhomh bhi siamh ann.

11 Bha lan a mhada alluidh ann.,
    Le 'n strathruichibh ale 'n chabhaibh ;
    O thug mi dhoibh mo thombaca math,
    Is b' ait a rinn iad sgeulachd.

12 'G iarraidh pass o 'n chomhairle,
    Cead gnothuich dol a Ghrianaig ;
    Chaidh mi steach an talla 'n sud,
    Bha lan caithream chailleach ann.

13 Thug gach aon te riamh dhiu,
    Lamh a dh' iarraidh fairce ;
    Ghuidh mi, ma bha ciall aca,
    Gun seola 'n righ na b' fhearr dhoibh.

14 Thuirt am Fomhear mor 'se casdaich,
    Na leag a mach an Tar ghallach ;
    Rug e air a thuaidh mhoir,
    Is ghluais e chum an urlar.

15 Rug mise air mo *rosail,* (rosary)
    'S gu 'n deanain doigh g ionnsuidh ;
    An sin dh' aithnich mi gu' m b' fhogarach,
    An t-oglach mor mac Rusgaidh.

16 Ged thachair e measg bhiastan,
    Gun mhoran riasain annta ;
    Thachair mi air Gille Martain,
    'S thug mi straid a chaint ris.

17 Dhi fhaoineachd mi san tra ud,
    C' ait a dol fo armaibh ;
    Thuirt gu 'n robh a dh' iarraidh tagraidh,
    Air fear an cois na fairge.

18 'S gu 'm bitheadh esan paighte dheth,
    Co ceart ris bas a shean mhathair ;

19 O chunnadh mise sessaraich,
    Nan seasamh ri ball cainbe
    Mhuca mhara cho ghaoisidh,
    No cearca fraoich no calman.

20 Pass air an *Roimh* an sud (Rome)
    An seomar an cois armailt ;
    Slaod Sichaillinn na Cimaisd as a h-earball.

21 O chunnaic mi na Muilearnan,
    Nan curraidh air an deghan ;
    Ag iarraidh sneachd 's reota,
    Teann mhor theachd as na speuran.

22 Gur s nn th' air as sarachadh,
    A cur nan ald ri cheile ;
    Gleth ar leachd as grotan dhuinn,
    A steach a chor nan edhlan.

Written from Alexander Cameron, tailor, in Easter Druimcharry, who got it 50 years ago from Donald Cameron, tailor there, 1802.—(DR. IRVINE's Note.)

O. 34. AN TAILFHEAR DO NA FIANNAIBH.
68 lines.

Dr. Irvine's MS., page 149. Copied by Malcolm Macphail, Edinburgh, April 2, 1872.

A TAILOR's parody on the Fians, of the Ballads and their domestic and family broils. Composed, as appears from the costume, about 1715 to 1745, when the dress of the Highlanders was to be changed by Act of Parliament, and men wore velvet breeches and cassocks of silk. This is very good. The metre is not the metre of the Ballads, but it is near about it.

1   Chaidh mi turus dheanamh eudaich,
    Chlanna Baoisge mach a h-Albuin ;
    Cha tug iad a nasgaidh mo shaothair,
    Gu 'm b' iad fhein na daoine calma.

2   'S tric a rinn mi cosag mhaiseach,
    Do Gholl mhor an aigne mheanmnaich ;
    'S cha lugha leam na Guini (Guinea)
    D' ur shineadh e a lamh dhomh.

D D

3 Chaidh mi tur a dheanamh triuthass,
  Do Chuchullin an Dun-dealgain;
  An am dhomh suidh gu chumadh,
  Thainig Fomhear mor a' m' ionnsuidh.

4 Tharruing Cuchullin an claidhe,
  'S mairg a tharla air san uair sin;
  Sgath e na cuig cinn de mhuineal,
  'S mise chunnaic bhi g' am bualadh.

5 Gheibhte forras a' d' thigh Righail,
  Piobaraicheachd is cruit, is clarsach;
  Gheibhte coin sheang ann air slabhruidh,
  Iomad spainteach ghlas air alachaig.

6 Fion g 'a aisig, ol g 'a iomairt,
  Fir ura ag iomairt air thalaisg;
  Mnathan deud gheall fualadh anairt,
  Ceur a' lasadh ann an coinleir.

7 'S lionar clogaid is ceann bheart,
  'S iomadach dearg is naine;
  'S ioma dioghailt as srian bhucallach,
  Pillan oir is cuipean airgid.

8 'S lionar sleagh le 'n roinn gheur fhaoir,
  Bha 'n taic ri laoich a' d' thalla;
  Gheibhte Tombac is sgeulachd,
  Brandi Eireanach gun aircess.

9 Chuir Fionn teachdaireachd gam shireadh,
  Dheanamh Briogas da de Bhalbhaid;
  'Dean farsuing e am bac na h-iosgaid,
  Los gu 'm faigh mi ruidh gu calma.'

10 'S mise an duine as luaith a theirte,
   B' ann an seachd cathaibh na Feinne;
   Air a chluais na freagair duin aca,
   Gus am bi thu ullamh m' sheirbhis.

11 Thuirt Oscar 'se gabhail mi-thlachd,
   Ciod an sta dhut bhi ga shireadh;
   Mar fhaigh mise moch a maireach,
   Sgudaidh mi 'n cleann dhe mhuineal.

12 Oscar is mise do shean athair,
   'S e thachairt agam na shuidh;
   Gus am bi e ullamh 'm serbhis,
   Cha dean e greim a dh' aon duine.

13 Ge bu tu m' athair 's mo shean athair
   Cha bhi mi nis faide ruisgte;
   Mo chaodan side ri fhuathail,
   Bheirinn duais chionn a dheanamh.

14 Thuirt Conan 'se dusg a chogaidh,
   Ge b' ail le Oscar is le Fionn e;
   Gheibh sinn cuid ar croinn dhe 'n Tailfhear,
   Gu eudach bainnse mhic Morna.

15 Dh' eirich Caoilte, dh' oirich Diarmad,
   'S neonach ciod a chiall th'-agaibh;
   Stri mu lan puids' a Thailfhear,
   Is nach riaraich e air fad sibh.

16 Gabhaibh gu suidh is gu siocha',
   'S ni mi innleachd air an ceart uair;
   Cuiribh gu foich na Feinne,
   An Tailfhear m 'an eirich leis breamas.

17 Math do chomhairls' Dhiarmad,
   O 's craobh shiocha dhuinn air fad thu;
   Cuiribh an Tailfhear as an teaghlaich,
   Cha mhair a chaonag nis faide.

O. 35. LABHAIR DIARMAID. 27 lines.

Dr. Irvine's MS., page 152. Copied by Malcolm Macphail, Edinburgh, April 2, 1872.

THIS poem was composed about the year 1715 by a Mac Nicol, tailor, in Arimane Glenlocha, the same on whom McIntyre made the satirical song. Taken from Angus Stewart, tailor, Bunrannoch's recitation, who had it from Donald Dewar, tailor, now dead, at Dalchosnie, Feb. 25, 1801.

It mentions King George and King James and the Battle of Sheriff-Muir (Nov. 13, 1715), at which John Duke of Argyll commanded on one side. The tailor says that the Duke of Gordon fled .. Diarmaid wants to know why they did not send for him and his people to drive away the Saxons to Newcastle.

---

1 LABHAIR Diarmad gu glic soisneach,
  C' ait am b' abhaist domh bhi chomhnuidh;
  Thuirt mi fhein le briathraibh ailde,
  Gu 'm b' abhaist dhomh bhi 'n gleann Locha.

2 Cia mar tha iad mo luchd cinnich,
  Edar dhuine, Ghille 's ogan;
  Cia ma tha 'm Baran 'sa bhrathair,
  'S na bheil a lathair an t-sheorta.

3 Nan robh duine aca sna cathair,
  B' ac' air machair Alba;
  Eadar righ Deorsa 's righ Seumas,
  No ma thearuinn iad gun mharbha.

4 Bha mise ann an cath an t-siorra,
  'S innsidh mi dhuitse Dhiarmaid;
  Rinn clann Domhnuil riamh an dlighe,

5 Theich Diuc Gordan as na cianaibh,
  Mar-aisg oirbh chuideachd an donais;
  Ciod uime nach do chuir sibh fios oirnne,
  'S chairtemid nunn na Sasganaich,
  Thar a Chastail Notha aon uair.

6 Ma thig an righ air a philleadh,
  Steach a Shiorrachd na h-Alba;
  Cuiribh litir bharra g'ar sireadh,
  'S gu Diuc o bearrag 's enrachd.

7 Biodhse 'g imeachd a dh' Albuin,
  'S feuch am faic sibh mo dhaoine;
  Beir sorruidh uams mo cheud beannachd,
  Aithris dhoibh gu 'n chaisg mi chaonag.

X. 6. LAOIDH AN TRUISEALAICH. 43 lines.

Copied by Malcolm Macphail from materials furnished by the Rev. Dr. Mac Lauchlan, Edinburgh, Jan. 29, 1872.

THIS is an imaginary conversation with a great standing Stone in the Ness of Lewis, in the Parish of Barras. It is curious because made up of names, and of single lines of Ballads which are recited entire in the neighbouring Islands and printed above. It is a very good sample of the decay of tradition, a good ending to the Story of Cuchuillin, Deirdre, Fraoch, Fionn, and the Feinne. Murray, the reciter, asserts that it was the custom in his youth to recite this 'Lay of the Truiseal Stone,' near the butt of Lewis in Shawbost.

1 EISDIBH beag ma 's aireamh laoidh,
  Chailin O! an stiùir thu mi?

2 Sgèula leat a Thruiseal mhòir,
  Cò na slòigh bh' ann ri d' aois;
  Robh thu ann linn nam Fiann,
  Am fac thu Fionn, Fial, no Fraoch?

3 Fraoch mac Chumhail nan cuach òir,
  Lèonadh e gun chomhla an airm;
  Le biast a ghlinne bho thuath,
  Thuit mac Chumhail fo chruaidh cheilg.

4 Bu mhòr am beud an fhuil bhaor,
  Tuiteam le guiomh nam bean baoth;

5 A cheud là a chaidh Fraoch a shnàmh,
  Lu guth mhneimh thàrladh olc;
  Thug e làn a bhruit gu tìr,
  A chaorrainn abuich min gun lochd.

6 Sud an lus am bheil mo mhian,
  A laimh Mhic Chumhail nan ciamh càm
  Ubhallan na craoibhe a 's arda dos,
  Chi mi air an loch ud thall.

7 Labhair Mac Chumhail nan cuach,
  'S lasair a dhà ghruaidh mar fhuil
  Chaidh e shnàmh an loch air uair,
  'S an eadh-uair am fuachd ga ghuin.

8 Mothachaidh gach fear fo 'n ghrèin,
  A bhean féin mu 'n dean i chron;
  Ma 's bi iad uile gu leir,
  Mar tha bhaobh an deigh nan corp.

9 Seachd righrean chuir i gu leàs,
  Thàrladh sud 'na dàil 'us gum b' olc;
  Cearaill, 'us Earaill, 'us Fraoch,
  'S Cuchullin a sgoilteadh sgiath,
  'S Fear Liath an taoibh ghil,
  Oissian Mac Shigheigh nan cliar,
  Nach diult biadh do neach air bith.

10 Bha mise an cath an dè,
    'S gu'n robh mi féin an cath cnuic,
    An cath callan bho 'n taobh tuath ;
    'S cath carran bho 'n cruaidh trod.
11 Is Truisealach mi an dèigh nam Fiann,
    'S fada mo phian an deigh chaich ;
    Air m' ulain 'san aird an iar,
    Gu bun mo dhà sgiath an sàs.

      As recited by an old Lewis-man (Norman Murray, Habost, Ness,) in the Spring of 1867. Given to Rev. Dr. Mac Lauchlan by Malcolm Macphail.

LATER HEROIC BALLADS.

THE Story of the Feinne as told by Oisein to Padruig ends here, so far as I have been able to gather. But the story has a sequel.

The 'Lay of the Great Fool,' according to Fletcher's version, concerns the last branches of the Feinne. According to Staffa's version, the Hero was a son of Dearg. The scene is laid at Dun-an-Oir, where Fionn was slain, where Connal avenged the death of Cuchullin, where Caoilte fought his best fight. Padruig and Oisein are out of the story, but the story still goes on. Different minds have been at work on this, but it bears the marks of genuine popular verse.

I print, F. O. O. P., all late versions of this ballad, which still is exceedingly popular. I have already printed a version (Y. vol. iii. p. 154.) It is there placed with the story of Fionn's birth and education, and with part of the Arthurian story of Peredur and Peronnik, the Breton Idiot, who is the equivalent character, as I supposed.

In December, 1871, after ten years, I found, p. 166, O'Donovan's Catalogue, Trin. Coll., Dublin, H. 2. 6., MS. written about 1716. Eschtra an Amadain mhoir. 38 pages of pure Irish prose, supposed to be a translation from Welsh ; a story in which King Arthur's knights are introduced, and necromancers, 'Gruagacha.'

I conclude that this popular Ballad represents the Fenian story passing into the Arthurian story, and clad in ideas of the date of Arthurian stories of the early age of printed books.

This Poem was first printed separately in Glasgow, in 1800, by Thomas Duncan. In 1861 the Dublin Ossianic Society printed a version of 720 lines. In 1862 I printed a version of 256 lines orally collected. In 1813 Turner printed 212 lines. All these are versions of the same poem ; and all, as I believe, have been orally preserved ever since wandering bards first begun to recite the 'Lay of the Great Fool,' who was of the old Fenian breed, and a Hero true to his word.

F. 21. RANN NA DUAN MU 'N AMADAN MHOR, AGUS MU GHRUAGACH DHUN-AN-OIR.
238 lines.
PAIRT DO 'N DREAM MU DHEIREADH BHA BEÒ DO NA FIANNIBH.

Fletcher's Collection, page 89. 238 lines. Advocates' Library. January 19, 1872. Copied by Malcolm Macphail.

1 CHUALAS sgèul luainneach 's cha bhreug,
   Air an Oinid d' an geill na slòigh ;
   Laoch meamnach air nach deargh àrm,
   'S b' e b' ainm dha 'n t-Amadan mòr.
2 Smachd an Domhain de ghlac se,
   Giulla nach d' fhaod gun bhi bòrb ;
   Cha b' ann gleachda sgia na lann,
   Bha neart a bh' ann ach na dhoid.
3 'S amhluidh sin do bhitheadh e,
   'S iomad triath' bha fui' smachd ;
   'S sgèula gearr na dheireadh thall,
   Tuig mo rann 's gu bheil i ceart.
4 Lò g' an rabh an t-Amadan mòr,
   Air chriochaibh Lochlain le seòl gaoith ;
   E-fein is aon mhac-o-mnai,
   'S ni 'm facas riamh h-ailte mhnaoi.
5 Ann gleann diomhair tharla dhoibh,
   'N gleann bu bhoidhche bha fui 'n ghrèin :
   B' aile srath 's bu mhine fonn,
   Fuaim a thonn ri slios a shlèibh.
6 Sin 'n uair thuirt mac-o-mnai,
   Fhir is fearr làmh ga bheil ann ;
   Chuairtich mi 'n domhain mu thrid
   'S ni facas tir mar tha 'n gleann.
7 'S chunnacadar a teachd an ròd,
   An Gruagach bho bu bhreagha brot ;
   Saothach dh' òr loisgte na dhorn,
   Coltach ri corn sam biodh deoch.
8 Sin 'nuair 'labhair am fear mòr,
   Ni 'n rabh mise fòs ri m' rè ;
   Aon uair bu mhò thart,
   B' ait leam a theachd no cò è.
9 Comhairle a bheirinn ort arsa bhean
   Na h-òl a dheoch 's na blais a bhiadh ;
   Gus am fiosraicheadh tu 'n gleann,
   'S nach rabh thu ann roimhe riamh.
10 Air dhoibh teachd air cheann gach sgeoil,
   Shuidh an Gruagach bu bhreagha brot ;
   Deansa suidhe Oghlaich mhòir,
   Na biodh dubhach is òl do dheoch.
11 'S na commaine ceudna dho,
   Thuirt an t-amadan le gloir ghlic ;
   'S e toirt sioca sugha draotha borb,
   'S cha d' fhàg braon sa chorn nach dibh.
12 'S air imeachd do Ghruagaich a chuirn,
   Bu neo-buaghar a chuirm r' a h-òl ;
   Na cosa bho na gluine sios,
   Bha sid a dhith air an fhear mhòr.
13 Sin 'nuair 'labhair a Mac-o-mnai,
   'S truagh a fhlath mar tha thu nocht ;
   'S tearc do charaid san domhain mhòr,
   'S ni .'n oill leo thu bhi gun chos.
14 Sin 'nuair' thuirt an t-oglach mòr,
   Biodhsa ribhinn òg a' d' thosd ;
   Cha bhi cos air duine a s' tir,
   Na gheibh mi ris mo dha chois.
15 Chualas uatha sa ghleann,
   Guth a ghaothair bu bhinn ceòl ;
   Tog leat mo lann is mo sgiath,
   Chum an aonaich is fearr doigh.
16 Dh' imich iad an sin faraon,
   Bhean 's an laoch bu gharg san trod,
   'S bu luaithe è air a dha ghlun,
   Na seisear le lugh an cos.
17 Air dhoibh suidhe air an t-sliabh,
   Chunnacas fiadh shuas Gleann-gorm ;
   Gaodhar geal cluas, dearg na dheigh,
   Tathunn gu geur air a lòrg.
18 Sin 'nuair thilg an t-oglach mòr,
   Urchair ghasda le seol geur ;
   'S chuireadh le neart laimh an laoich,
   An t-sleagh troidh' dha-thaobh an fheidh.
19 Ghlaca leis an gaodhar bàn,
   'S chuireadh è na laimh air èil ;
   Biodh tu agam deanamh ceoil,
   Na gu 'n d' thig duine na toir ad dheidh.
20 'Se chunnacas a tighinn bho 'n ghleann,
   An Gruagach gan rabh dealra òir ;
   'S ann liobhadh air a thaobh clì,
   A dha shleagh 's a sgiath na dhorn.
21 Bheannaich an Gruagach deas donn,
   Do 'n Amadan mhòr is ga mhnaoi ;
   'S ghabh e sgeula dheth gu beachd,
   Ciod am ball an do chleachd an t-saoi.
22 Is mise Gruagach a ghaodhair bhàin,
   Tha air do laimhse Mhaca-mòr ;
   Riddire Curand gu b' è m' ainm,
   'S anns' gach baile gu gleithinn buaidh.
23 Bheirinnse mo dhearbha dhuit,
   Mhacain sin is ailte dreach ;
   Nach bi Gruagach a ghaodhair bhàin,
   Gu là bhràth r' a radhain ruit.
24 Nach leoir leatsa Mhaca-mòr,
   Leth-bhreth na dho, air an roinn ;
   An t-sealg uil bhi air do laimh,
   'S an gaodhar bàn a leigeal leam.

25 'S mise féin a rinn an t-sealg,
Se thuirt an t-amadan garg dian;
Ge b' e againn is treise lamh,
Biodh aige an gaodhar bàn 's am fiadh.

26 Bho thàrladh mo ghaodhar ort,
IS po chosa, a bhi d' dhith;
Biadh is aodach fad do rè.
Bheirinnse dhuit fein is do d' mhnaoi.

27 Sin 'nuair' labhair am Maca-mnai,
Bheir thusa 'n gaodhar geal do;
Gheibh e sin is an gaodhar breac,
N' am b' eairde leats' ni bu mhò.

28 Thog an t-Amadan am fiadh,
A lann a sgiath agus a bhean;
Agus dh' imich iad nan triuir,
Ann san iul a rinn am fear.

29 'Se chunnacas uatha sa ghleann,
Cathair gan rabh dealra òir;
'S ni 'm facas riamh sealla sùl,
Nach faighte annsa chuirt na s leoir.

30 Sin 'nuair labhair am fear mòr,
Cò i chathair òir bhui' ùr;
'S boidhche dealbh s is aile dreach,
Na faigh' sinne breith na h-iul.

31 Dùn-an-òir an dùn am bhuil,
Dùn-a-ghuil gu b' e sid ainm;
'S ni mairtheann a Fhiannaibh fail,
Ach mise 'mhàin agus aon bhean.

32 Chuannacas aon bhean anns' an Dùn,
'S ni 'm facas sealla sùl bu bhreagh;
Bu ghile na 'n cabhadh a cneas,
'S guirme rosg sa deud mar bhla,

33 Dh' fhiosraich an ainnir òg,
An tùs an sgeoil da fear féin;
Cò i maca-deud-gheal-òg,
Is am fear mòr do 'n d' thug i spèis.

34 'N-t-Amadan mor gu b' e ainm,
'S iomadh triath a bha fui' smachd;
Fir an domhain bha ga reir,
'S mise fein gu do gheil do.

35 'S neònach leam na bheil thu radh 'n,
Mhiads air 'n do thar e doigh;
Mu chuir e domhain fui' smachd,
Com na leig a chosan leò.

36 Righrean an domhain gun gheil do,
A roghainn sin an Ionhoir òir;
'S mur bhi druigheachd a chuirn chrosd,
Cha leigeadh e chosan leò.

37 'S air dhoibh suidhe air au òl,
An da mhnaoi òg a b' fhearr cliù;
Bha Gruagach dhùn-an-oir nan treis,
Is Amadan mòr nan cleas lùgh.

38 Ach 's mithich dhamhsa dol a shealg,
A Dhùn-deilg 's do Ghleann-smàil;
Gleith mo rath dhamh air mo chùl,
Mo chuid òir is gleith mo mhna.

39 'S ge' do robh mi fad a mach,
Na cadail is na crom do cheann,
'S na leig aon duine a mach,
Na duine' steach ach na bheil ann.

40 Sin 'nuair thuirt an t-òglach mòr,
Thigse ribhinn òg fui' m' cheann;
Tha 'n cadal a teachd am thuar,
'S ni togair leam suain ann Gleann.

41 Ach air bhi dha na chadal trom,
Thainig Gaisgeach donn a steach;
'S do mhnaoi a' Ghruagaich thug e pòg,
'S cha b' oill leis an òigh a theachd.

42 Ach dh' eirich an ainnir mheirbh,
Is tharruing i gu garbh a cheann;
Biodhsa t-fhairreach—oglaich mhoir,
Ma rinn thu 'n t-suain cha b' e 'n t-àm.

43 Mur bithinse am shuain gu leoir,
Cha d' tigeadh iad oirnn a steach;
Gu d' thig Gruagach Dhùn-an-oir,
Mu 'n rachadh am beò a mach.

44 Choir an doruis do ghabh è,
Ghlacadh leis a sgiath na dhorn;
'S cha d' bhuail gobha' ceard na saor,
Combladh bu daingne na 'n laoch borb.

45 Dh' eirich an Gaisgeach deas donn,
'S a dha shleagh sa sgiath na dhorn;
Fàg an doruis oglaich mhoir,
Cha bhall coir am bheil tu tàmh.

46 Righ! gu fuilling mis' am bàs,
Bho ghabh mi e tras am cheann;
Mu 'n d' theid aon duine a mach,
Na duine steach ach na bheil ann.

47 Gheibhte tu m' airgead is m' òr,
Mo chulaidh mhath shròil is m' each;
Bu choi-dheas leam muir na tir,
N'an leigeadh tu 'ris mi mach.

48 Ge do 's math t-airgead is t-òr,
Do chuladh mhath shroil is t-each,
Ach gu d' thig Gruagrch Dhùn-an-òir,
Cha racha' do bheò a mach.

49 Mo chomraich ort oglaich mhòir,
Gabh naoi dachunn do dh' òr glan;
Fonn is earras 's fearann saor,
'S leig mi 'n raon a dùn-nam-ban.

50 Bheirimse briathra na dho,
Nach rachadh do bheò a mach;
Ach an d' thig Gruagach an teach-òir,
'S gu dioladh e pòg a mhna.

51 Gheibheadh tu do leth-chos fud,
Mar a b' fhearr gan rabh i riamh;
Deir an Gaisgeach a bha glic,
Leigse nise dhomh bhi triall.

52 Sin 'nuair thuirt am fear mòr,
Dean thusa ort fos gu mall;
A chos eile gu ceum cruaigh.
Gu d' thig bh' uaitsa na do cheann.

53 Mo chomruich ortsa a bhean
Didinn mo chorp 's glac mo lann;
Do dhidinn cha neil on bhàs,
A mhacan is ailte dreach.

54 Do dhidinn cha neil, &c.,
A mhacan, &c.
Ach a chas eile thoirt do,
'S bi 'g imeachd an ròd a mach.

55 Fhuair thu nis do chosan fud,
Mar is fearr gan rabh iad riamh,
Deir an Gaisgeach a bha glic,
'S mithich dhomh a nis bhi triall.

56 Na cosan so fhuair mi ceart,
Ni 'n leiginn iad leat na leo;
'S ni 'n rachadh tu fos a mach,
Ach an d' thig gruagach an teach òir.

57 'S mise gruagach 'ghaodhair bhàin,
'S mi chuir ann 's gach càs thù;
'S mi thug do chosan bh' uait,
Dh' idreachduinn do luais 's do lugh.

58 Bho a tharla dhuinn bhi 'n sìth,
Thugainn 'n ar dithis dol a mach;
Siubhlaidh sinn an oir san iar,
Is ann 's gach tir gu 'n gabh sinn neart.

59 Dh' imich iad ann sin a mach,
Mein air mhein is gràdh air ghràdh;
'S chualas sgeul luaineach 's cha bhreug,
Air an Eoin d' an geil na sloigh.

60 Laoch meinmach air, &c.
Ga b' aim an t-Amadan mor.

O. 11. LAOIDH AN AMADAIN MHOIR. 146 lines.
Dr. Irvine's MS., page 54. 144 lines. Copied by Malcolm
  Macphail. Edinburgh, March 22, 1872.

COMPARED with Fletcher's version, this shows how a
Ballad orally preserved alters. Every verse, almost every
line, differs in some degree; but so as to preserve the
story, the sequence, and the general sound of the language. In this manner a Ballad might last for centuries,
changing with the dialect and the locality in which it is
remembered.

LAOIDH AN AMADAIN MHOIR. O. 11.

1. Chualas sgeula luanach gun bhreig;
   Air Onaid gan gheill na sloigh;
   Fear meanmhnach air nach deard arm,
   'S e b' ainm dha un t-amadan mor.

2. La do bhi an t-amadam mor,
   Au crich Lochlin na seol gaoith;
   E chuideachd air aon mhacan mna,
   Gum b' ailde briagh i mar mhnaoi.

3. An gleann diomhar gu'n tharla doibh,
   Nach romh iad fos ann roi riamh;
   B' fhiui shrath 's b' ailde fhonn,
   F uaim a thoun ri slios a shleibh.

4. Chunncas tighinn o'n traigh,
   Gruagach o'n dealradh brat;
   Sadhach oir lasta na dorn,
   Coltach ri corn am bitheadh deoch.

5. Comhairle Bheirinn ort,
   Na feuch a dheoch, na blais a bhiadh;
   Ach gu'm fiosraicheadh an gleann,
   'S nach robh sinn ann roi riamh.

6. Bheannaich gruagach a bhrait oir,
   Do'n Amadan mhor 's do mhnaoi;
   Na bisa dubhach fhir mhoir,
   Ach bi-sa subhach 's ol deoch.

7. An comain nam briathra dha,
   Ghlac e fein an corn na laimh;
   Thug e satha draosda borb,
   Nir dh' fhag braon sa chorn nach dibh.

8. Dh' imich gruagach a chuirn,
   'S b' fhuathach a cuilm ri ol (cal cuirm)
   Na cosan o na gluinibh sios,
   Bha dhi air an fhear mhor.

9. Sin do'r thuirt a Macan mnà,
   'S truagh an cas am bheil thu nochd;
   'S tearc do charaid san domhainn mhor,
   'S ionmhuinn leo thu bhi gun chos.

10. Thuirt an t-amadan ra mhnaoi,
    Tog a' d' chaoidh 's bi nad thosd;
    Cha 'n eil aon chos ann san tir,
    No gleithidh mi ris mo chos.

11. Dh' imich iad an sin an dithis,
    Bhean san laoch bu gharg trod;
    Bu luaithe esan air a dha ghluin,
    Na seisar air futh a chos.

12. Chualas fagbaid anns a ghleann,
    Guth gadhair unn bu bhinne ceol;
    Imrich mo sgiath 's mo lann,
    Gu aonach is fearra doigh.

13. Air dhoibh bhi tamull a' triall
    Chunncas fiadh a beannaibh borb;
    Gadhar cluas dearg na dheigh,
    Taghunn gu geur air a lorg.

14. An sin gun tug an t-oglach mor,
    An uirchir ghasda le seol gaoith;
    Chuir e fada lamh an laoich,
    An t-sleagh ro' dha thaobh au fheidh.

15. Rug e air a ghabhar bhan,
    Nn laimh is chuir e grad air eill;
    Bithidh tu agamsa ri ceol,
    Aig an tig an toir a' d' dheigh.

16. Chunncas tighinn o'n traigh,
    Gruagach aluinn o'n dealradh òr;
    Lann min geur air a thaobh chli,
    Da shleagh is sgiath na dhorn.

17. Bheannaich Gruagach a' bhruit oir,
    Don Amadan mhor, 's d' a mhnaoi;
    Ciod i do rioghachd gu beachd,
    No 'n tir anns na chleachd thu bhi?

18. An Ridire Corcur gur e m' ainm,
    Anns gach ball bheirinn buaidh;
    'S mi gruagach a ghadhair bhain
    Ma' r'[1] a lamhsa Amadain mhoir.

19. A mhacan is ailde dealbh,
    Bheirinn fhein mo dhearbh dhuit
    Nach bi gruagach a ghaidhir bhain,
    Gu la bhrath ri radha ruit.

[1] *ir* sic in MS. 'ill.'—M.P.

20. Cum nach foghna leat fhir mhoir;
    Leatrom na dha bhi sau roinn?
    An t-sealg uile bhi air a laimh (al. lann),
    'S mo ghadhar ban a leigeadh leam.

21. 'S mise fein a rinn an t-sealg,
    Arsa an t-amadan garg dian,
    'S ge bi againn 's fearr lamh, (al. lann)
    'S leis an gadhar bàn 's am fiadh.

22. O 'n tharla mo ghadhur ort,
    'S do chosan a bhi ga d' dhith;
    Biadh is eudach fad do re, (al. gad reir)
    Bheirinnse dhuit fein 's do d' mhnaoi.

23. Sin do labhair Macan mna,
    Thoirsa an gadhar bun domh?
    Bheireadh as an gadhar breac,
    O'n b' *aill* leatsa 's ni bu mho. (al. ge b' ait leis)

24. Dh' imich iad an sin nan truir,
    Anns an iul na ghabh am fear;
    Thog e air a mhuin am fiadh,
    Chrannag, a sgiath, is a bhean.

25. Dh' imich iad an sin a shealg,
    [2]Air Uamhuinn dearg s air ghleann smail;[2]
    Amhairc mo chaithir 's mo chuil,
    Mo chuid oir 's caithir mo mhna.

26. Mu caithir tharladh mi ri d' thaobh,
    Caithir ann o n dealra òir;
    Ni 'm faca mo shuilsa riamh,
    Dath air nach robh air nis leor.

27. Ach gu'n tig mise fhir mhoir,
    Na luidh, is na crom do cheann;
    Na leig duine 'nad choir a steach,
    Na duine mach dene th' ann.

28. Chois an dornis do shuidhe,
    Rug e air a sgeth na dhorn;
    Cha d' rinn Gobha riamh na saor, (ceard)
    Comhla 's dainge nan laoch mor. (borb)

29. Thuirt an gruagach *cas* don (deas)
    Is na laimh rug air an sge;
    Druid as sin Oglaich mhoir;
    Cha 'n aite coir sna shuidh thu fein.

30. Mar bithinnse am shuain na leoir;
    Cha tigeadh tu a' m' dheoin a steach,
    O na tharladh mise ann an so,
    Do bheo cha rachadh mach.

31. 'Nuair bha 'n gruagach na luim,
    Leum e suas an uchd a mhna;
    Gabham do chomhrich, a bhean,
    Amhairc mo chor 's mo lann.

32. O nach umhail duit am bas,
    Fhleasgaich tharladh a' d chas teann;
    Chas eile gu ceum cruaidh,
    'S fearr dhuit uat na do cheann.

33. Ach mo chosan a bhuin diom,
    Cha leiginn ris leat na leo;
    Ni mo rachadh tu a mach,
    Gu'n tig a gruagach na Teach, oir.

34. Buaidh is beannachd ortsa fhir mhoir,
    'S mor mo dhoighsa as do run;
    'S mi gruagach a ghair bhain,
    'S mi choinnich air lamh thu.

35. 'S mise thug do chosan uat,
    Dh' fheuchain do luathas 's do luth;
    Chaidh iad an sin a mach,
    A ghabhail beachd air gach uil.

36. Ghlacadh iad cheile air laimh,
    Muin air mhuin 's gradh air ghradh;
    An domhain uile gu beachd,
    Am fear mor gu smachd fhuair.

37. An aill leibh sgeul luanach[3] gun bhreig,
    Air an Oin g an geill un sloigh.

[2] Air uain an deirg an gleann smail.—Robertson, Charles.
[3] Ruanach.

O. 37. LAOIDH AN AMADAIN MHOIR. 96 lines.

Dr. Irvine's MS., page 154. Copied by Malcolm Macphail. Edinburgh, April 2, 1872.

This begins about verse 26 of the last version, and varies in the same manner and degree.

(See page 205.) Seol eile 'n a chramaig, is a sgiath, is a bhean.

1. Chunncas uatha sa ghleann,
Cathair dhe 'n robh dealbra' oir ;
Cha 'n fhacas riama an sealla sul,
Nach faca anns a' chuirt nis leor.

2. Dh' fhaoineachd a Maca Mor,
Co i a chathair oir righ ur :
'S aille dreach 's is gloine dealbh ?
Am faigh sinn brath no iul.

3. Dun an oir sin dun a bhuil,
Dun a bhuil gur e sid ainn ;
Ni mairean de fhiannaibh fhail,
Ach mise a mhain 's m' aon bhean.

4. Chunncas ainnir anns an Dun,
Na suidh an cathair uirigh oir ;
Bu ghile 'n an cathamh a cneas,
Bu ghorm a rosg 's a deud mar bhla.

5. Dh' fhaoineachd[1] an ainnir og,
Toiseach gach sgeoil ga fear fein ;
Co e am macan deud gheall og,
Nam fear mor gu bheil sibh geill.

6. An t-amadan corcara gur e ainm,
Anns gach ball gu 'n tug e buaidh ;
Sluagh an Domhain tha fo smachd,
Is mise fein gan ghulla dha.

7. 'S ioghna leam na bheil thu 'g radh,
'S liuthad Triath 's 'na shar e dhoibh ;
Mar geill an domhain da air fad,
Cum na leig e chosan leo.

8. Bheirinnsa mo dhearbha duit,
Ainnir mheirbh mhin a bhrat bhreagh ;
Mar ri duigheachdan a chuim chrosd,
Cha do leig se a chosan leo.

9. Leag iad air iomairt 's air ol (perhaps ceol)
An da mhnaoi og a b' fhearr cliu,
Gruagach Dhuin an oir na treis,
Is amadam mor nan cleas luth.

10. 'S mithich dhomhsa dol a shealg,
Air uan an Deirg an gleann smail ;
Glethsa mo rath air mo chul,
Gleth mo Dhun oir gleth mo mhnaoi.

11. Ged fhuirich mise fada mach ;
Na caidil no crom do cheann,
Na leig duine air bith a steach.
No duine a mach de 'n bheil ann.

12. Sin dor thuirt a Maca Mor,
Tair a Rigbinn oig fom' cheann ;
Tha 'n cadal g 'am thoirt air chuairt,
Gu 'n togair leam suain sa' ghleann.

13. Air do bhi na chadal trom,
Thain' an gaisgeach deas donn a steach ;
Do 'n mhnaoi ghruagaich thug e pog,
'S cha b' ail leis an oigh a theachd.

14. Sin dor thuirt an ainnir mheirbh,
'S tharruing e gu garb a cheann ;
Biodhsa a' d' fharach, oglaich mhoir,
Ma rinn thu 'n t-suain cha b' e 'n t-am.

15. Mar bithinnsa am shuain gu leór,
Cha tigeadh se oirm a steach ;
'S gu tig Gruagach Dun-an-oir,
Mun teid esa an rod a mach.

16. Chois an dornis do ghabh se,
An laoch air nach teid gun bhi garg ;
Cha do bhuail Gobha, ceard, no saor,
Comhla 's daingne n' an laoch borb.

17. Sin thuirt an gaisgeach deas donn,
'S rug se air a sge na dhorn ;
Fagsa 'n dorus, Oglaich mhoir,
Cha bhall coir sa' bheil thu ghna.

18. Ach gu' m faighinnsa am bas,
O 'n ghabh mi 'n tra so e' m cheann ;
Ma thig aon duine a steach,
Na duine a mach ach na bheil ann.

19. Gheibheadh tu m' airgiod 's m' or,
Mo chulaidh mhaith shroil, 's m' each ;
'S co annsa leis muir no tir,
'S leag seachad mi ris a mach,

20. Ge maith d' airgiod agus d' or,
Do chulaidh mhaith shroil, is t-each ;
Gun tig Gruagach Dun-an-oir,
Mu 'n teid thusa 'n rod a mach.

21. Gabh mo chomraich nam fhir mhoir,
Gabh nao dabhichan de 'n or ghlan ;
Mo chrobh 's m' eich 's m' fhearann saor,
'S leag dhomh an raon an Dun nam ban.

22. Chuirinnse do leth chas fodhad,
Mar a b' fhearr a bha i riamh ;
Se thuirt an gaisgeach a bha glic,
'S mithich dhomhs' anis a bhi triall.

23. Deansa fossa ort gu mall,
Thuirt an t-oglach nach robh cli ;
Chos eile le ceum cruadhas,
Bhitheas i uat air neo do cheann.

24. Do dhidin cha 'n eil o 'n bhas,
A mhacan is ailde dealbh ;
Gun a chos eile thoirt dha,[2]
'S gabh sa 'n rod a mach,

Crioch Laoidh an Amadain,
Air sheol eile.

P. 13. LAOIDH AN UMPI. 148 lines.

Staffa's Collection, page 76. Advocates' Library, Feb. 26, 1872. Copied by Malcolm Macphail.

This version differs from the others. It is written as a song, in which each couplet is repeated, so as to double the length of the song and fill in the tune of each quatrain. This manner of singing Heroic Ballads survived in Uist in September 1871. Towards the end this is written without any divisions, so I have divided it into quatrains.—J.F.C.

Dan comh-ainm Laoidh an Amadain mhòir.

1. Sgeul uainich chualas gun bhreug
Air Eoin gan a gheill na sloigh
Fear mor meamnach mac an Deirg
Ga 'm b' ainn an t-amadan mòr
Fear mor

2. Neart an Domhuin do ghabh se
'N Laoch nach faod gun bhi gu borb
Neart

3. Cha do ghlachdadh leis Sciath na Lann
Ach a neart a bhi ann a dhòid
Cha

4. Latha gan deach n t-amadan mor
Do th' sean Riogh' chd Lochlunn ceol-eaomh
Latha

5. E fein us aona mhachdaibh nna
'S bu leoir a h' aillichd mar mhnaoi
E fein

6. Chasidh leo Gleam Diomhair roid
Nach rabh siad ann roimhe riamh
Chasidh

7. Do dh' fiosruich a machdaibh mna
Fhir a fearr lamh rabh tu ann
Do

8. Th' siubhail mi 'n Domhan mar thri
'S cha 'n facas tioir mar an Glean
Th' siubhail

9. 'B aill fiodh us feur 'us fonn
Us fuaim a thonn ri slios a th' sleibh
B' aill

---

[1] Dh' fhiosrachadh.

[2] 'S mi chuir anns gach cas thu.

10 Achanich a dhIarrams ort
    Na h' ol a dheoch 'us na cath a bhiadh
        Achanich
11 Gus a fiosruich u cia 'n Gleann
    Nach rabh u ann roimhe riamh
        Gus
12 Gu bheil mise fos rem re
    On la glachd mi Sceith na lann
        Gu
13 An uair b' mho bhiodh mo thart
    Sin an uair bu th' seachda bearl'
        An uair
14 Chunnachadar a teachd san ròd
    Gruagach ùr o 'm breocha brot
        Chunnachadar
15 Sa chorn Ialluichte na dhorn
    Coltach re corn am biodh deoch
        Sa chorn
16 Bi nad th' suidhe oglaich mhor
    Na bu dubhach us òl deoch
        Bi nad
17 Ruge air a chorn gu brisc borb
    'S cha rabh braon sa chorn nach ibh
        Ruga
18 Nair mhothuich Gruagach a chuirn
    Nach buadha a chuirm ra h-òl
        Nair
19 'N da chois o na Gluinibh sios
    Bhiodh a dhith air an fhear mhor
        'N da
20 Sin nair labhair Gilbhan òg
    'S mor a m' brons thair imeachd ort
        Sin
21 'S tearc do charid san Domhan mhor
    'S cha n' òil leo u bhi gun chios
        'S tearc
22 Uist a nis a Ghilbhann òg
    Tog thus ad bhron 'us bi d' thosd
        Uist
23 Cha bhi aona chas ann san Tiòr
    Neo gheibh mi rist mo dha chòis
        Cha
24 'N imraich thu mo Sciath 's mo Lann,
    Gu an Inbh us fearr dreach us deal bh
        'N iomrich
25 Dhimchidar a sin a raon
    A Bhean sa a Laoch bu mhor trot
        Dhimchadar
26 Bu luaithe eisan air a dha Ghlun
    Na seisar air lus an còs
        Bu
27 Chunnachdadar a teachd san Ròd
    Gruagach ur fuidhn dearsadh òir
        Chunn
28 A Lenn than' air a thaobh cli
    A dha th' sleadh sa sciath na dhoid
        A Lann
29 Bheannuich Gruagach a bhruit oir
    Don Amadan mhor 's da mhnaoi
        Bheannuich
30 Us ghadhadh leo sgeula gu beachd
    Cia 'n t-sliogh as na chleachd an t-saoi
        Us
31 Riodaire chorcair se m' ainm
    As gach ball do bheirinn buaidh
        Riodaire
32 'S mi gruagach a Ghadhair Bhàin
    Air do Laimhsa mhachdaibh mhòir
        'S mi
33 Bheira mise dhearbadh dhuit
    A mhachdaibh 'us fear dreach 'us dealbh
        Bheira

34 Nach bi gruagach a Ghadhir bhain
    As a so ri raitin riut
        Nach
35 Nach foghnadh leatsa mhachdaibh mhoir
    Leathrom na dho bhi san roinn
        Nach
36 An t-sealg uile bhi air do laimh
    San Gadhir Bán a leigidh leinn
        An
37 'S mise fein a rinn an t-sealg
    Ars an t-amadan Garg dian
        'S mise
38 'S ge b' e neach 'us treisa lamh
    'S leis an Gadhir Ban sa fiadh
        'S ge
39 On tharladh dom Ghadhir ort
    'S na cosan a bhi gad dhi—o 'n &c
        On
40 Biadh agus aodach mar th' feum
    Bheirinn sid dhuit fein 's dod mhnaoi
        Biadh
41 Sin nair labhair Giolbhann òg
    Thoir dhosan an Cadhir Ban
        Sin
42 Gheibhadh e sud san cù breac
    'S nam bu leatsa ni bu mho
        Gheibhadh.
43 Dhimchidar a sin na triuir,
    Ann san iùl a rinn a fear
    Thog e air a mhuinn a fiadh
    An crannagibh sgiath sa Bhean
44 Chunnachdadar a teachd ren taobh
    Cathir ùr fuidlin dearsadh òir
    Cha rabh dreach ga faca suil
    Nach rabh air a chuirt gu leoir.
45 Air chromadh dhuinn anns an Dùn
    Cha 'n faca suil ni bu bhreoich
    'S giola na 'n canach a corp
    'S guirme rosg sa deud mar bhla
46 Do dh' eirich a machaimh òg.
    Mchdaimh Gruagach an dun deirg
    Cia e machdaimn steud-gheal òg
    Na 'm fear mor gan dug u Geill
47 Se sud an t-amadan mor
    Agus Gilabhann mheirbh an rois
    Righre 'n Domhuin tha na mhèinn
    'S mise fein a gheilladh dho
48 'S ioghnadh leam na bheil thu 'g radh
    Righre 'n Domhuin bhi fuidh smachd
    'S gun leigidh e chasan leo
    Sa liudhid sloigh a thug dha geill
49 Bheiradh mise deirbha dhuit
    A mhachdaimh 'us fearr dreach 'us delbh
    Mar bhi Draoidheachd chuirim chrosd
    Nach leigidh e chosan leo
50 Bi mis' a nois falbh a th' seilg
    Uadha deirg fuidh ghleann a Smeoir
    Coimhead thusa Bhrathrin ghraidh
    Caithir mo mna 's mo chuid oir
51 'S air fhad 'us gam bi mise muigh
    Na deann luidh sna crom do cheann
    Na leig thusa duine mach
    Na duine steach gan dig ann
52 Tarinn a ghilabhann fuidh 'm cheann
    San cadil gan th' suain gu mor
    Tharinn i a cheann gu cruaidh
    Rinn thusa 'n t-suain 's cha b' e 'n t' àm
53 Thanig an Gruagach deas Donn
    'S do mhna ghruagaich thug se pòg
    Lathir an Doruis sann thuigh se
    'N Laoch nach faod gun bhi borb
54 'S cha do chuir Gobhinn na ceard
    Comhla b' fearr na 'n Laoch borb

55 Nair bha 'n Gaisgich an cas cruaidh
   Leum e gu luath 'n uchd na mnà
   Tha mi cuir chuimric ort
   Coimhliontachd no chos 's mo lamh

56 Ach cha 'n eagal duit do 'n bhas
   Cha nann an cás tharladh tu
   Gus an dig gruagach dhuin an oir
   'S gun dioladh e pog a mhnà

57 Thug mise le 'm Dhraoidheachd fein
   Do leith chas do 'm luing a steach
   Gheibha du fuid mar bha u riamh
   'S mo leigail sa ròd a mach

58 A chas eila gu ceim cruaidh
   Bheira du uait na do cheann
   Gus an dig gruagach dhun an oir
   'S gun dioladh e pòg a mhnà.

                                  Chrioch.

X. 7. IULAIREAN. 61 lines.

Copied by Malcolm Macphail, from materials furnished by the Rev. Dr. Mac Lauchlan, Edinburgh, February 1, 1872.

Collected by Donald Mac Pherson, at Lochalsh, now Sub-librarian in the Advocates' Library. January 1872.

THIS is an Arthurian Ballad. There are many of the class in Irish MSS.; but this is the only Scotch one I know. I have a third version, written in Tiree, by John Dewar.

IULAIREAN.

IULAIREAN 'us horo hì !
Là 'chaidh Oscar nan sluagh,
   Iulair ohon horo chò !
Gu tulach nam buadh a shealg ;
   Iulairean 'us horo hì !
Gu 'm facas eige 'n ä shuain,
   Iulair ohon, &c.
Ribhinn a b' fhèarr snuagh na 'ghrian,
   Iulairean 'us, &c.
An fhior bhealaidh ruadh bha 'n a bun,
   Iulair ohon, &c.
Chunnacas 'an iomall a' chuain,
   Iulairean 'us, &c.
Iùbhrach nam buadh tigh 'n gu tir,
   Iulair ohon, &c.
Bu lionmhor innt' cuach agus cup,
   Iulairean 'us, &c.
Aon bhean innt' 'an cathair òir,
   Iulair ohon, &c.
Ag iomairt 's ag òl mu seach,
   Iulairean 'us, &c.
Dh' fhoighneachd e de 'n mhnaoi oig,
   Iulair ohon, &c.
' An àill leat mise mear fhear ? '
   Iulairean 'us, &c.
Labhair ise 'm briathran bò
   Iulair ohon, &c.
' Cha-n àill leam thu air son fir,'
   Iulairean 'us, &c.
A fhleasgaich, ge boidheach do dhreach,
   Iulair ohon, &c.
'S ge briagha leat fhéin do shlios,
   Iulairean 'us, &c.
Tha mi 'nis a' dol a nach,
   Iulair ohon, &c.
Is sgéula na bheil agaibh orm,
   Iulairean 'us, &c.
Tha sgéula beag agam no dhà
   Iulair ohon, &c.
Air Fionn mac rìgh nan arm,
   Iulairean 'us, &c.
Ruitheam, caisgeam, traogham, d' fhearg,
   Iulair ohon, &c.
Cuiridh mi dealg 's an fhear mhòr,
   Iulairean 'us, &c.
Cia mar a dheanadh tu sin,
   Iulair ohon, &c.
'S nach tu laoch a 's fèarr 's an Fhéinn ?
   Iulairean 'us, &c.
Goididh mi 'n claidheamh o 'chrios,
   Iulair ohon, &c.

'S gearraidh mi gun fhios deth 'n ceann !
   Iulairean 'us, &c.
A laoch a thainig a 's teach,
   Iulair ohon, &c.
'S ann leat a chinnich an t-euchd :—
   Iulairean 'us, &c.
Mharbh thu dithis de chlann rìgh Gréig—
   Iulair ohon, &c.
'S tu fhéin a mharbh an treas fear,
   Iulairean 'us, &c.

Z. 3. RIGH BREATAINN. 46 lines.

Orally collected in Islay, by Mr. Hector Mac Lean, 1860.

1 CHUNNA rìgh Breatainn 'na shuain,
  An aona bhean a b' fhearr snuadh fo 'n ghréin
  Gum b' fhearr leis tuiteam 'n a gean
  Na còmhradh 'pheathar mhath féin.

2 Labhair Sior Bhoilidh gu fial :—
  ' Théid mise g' a h-iarraidh dhuit ;
  Mi féin, mo ghille, 's mo chù
  'Nar triuir a shireadh na mnài.'

3 Seachd de sheachduinn ean 's tri mìosan
  Bha sinn sgìth ri siubhal cuain ;
  Ma 'n d' fhuaras fearann, na fonn,
  Ionad an gabhadh long tàmh.

4 Latha throimh iomall a' chuain ghairbh,
  Clachan meadha, min-geal, gorm ;
  Uinneagan gloine ri stuaigh ;
  Cupaichean a 's cuaich, a 's cùirn.

5 Latha dhomh 'seòladh g' am bun,
  Thàinig an t-slabhraidh chuir a nuas ;
  Cha do ghabh mi sgreamh na sgaoim ;
  Chaidh mi urra 'm dheaun a suas.

6 Chunnacas a' bhean dheud-gheal òg
  'Na suidhe 'san òr a steach ;
  Sgàthan gloine air a da ghlùin ;
  'S bheannaich d' a gnùis ghil.

7 Fhir a thàinig oirnn o 'n chuan,
  'S truagh fear beannachaidh an-so ;
  Aig fear na cathrach so féin
  Nach do dh' fhidir treun na truaghas.

8 Air do shuidhe-sa, 'bhean mhàld :
  'S coingeis leam a ghràdh na fhuath,
  Chuir iad Sior Bhoilidh fo chleith,
  Thàinig a stigh am fear mòr.

9 ' Ulaidh, 's a Thasgaidh, 's a Rùin,
  'S mòr an cùram th' agam dhiòt ;
  An cuir thu do cheann air mo ghlùùi,
  'S gun seinninn duit ciuil a 's cruit ? '

10 Thuit e 'n sin 'na shioram suain
   An déis 'bhith 'cuartachadh chuain ghaùbb :
   Thug iad a chlaidheamh o 'chrios,
   'S thug iad deth gun fhios na cinn.

11 Cheanghail iad an sluagh gu léir,
   'S bha 'bhean féin fo chumha thruim ;
   Fhuair iad gach ni mar a b' àill,
   'S thug iad an lamh do 'n taobh tuath.

12 Gus an tulaich ghuirm ghlais ùir
   Far am bu lùghuhor cù na fiadh.

STORIES IN PROSE AND VERSE ABOUT PERSONS WHO FIGURE LATER IN HISTORY.

FROM Cuchullin to St. Patrick covers a period of about 450 years, according to Irish historians. About 464, Conall Gulban, son of Niall of the Nine Hostages, was slain. His name is associated with that of Colum Cille (St. Columba), whose ancestor he was. A whole series of prose tales, now current in the Islands, relate to this worthy. A great many versions of these tales are preserved in Irish manuscripts, of which mention is made in Irish catalogues. I printed a version of Conall in Vol. iii. Y., 1862. O'Donovan supposes that these tales were composed about 1400, during the reign of Magic and Knight Errantry. Old copies of this tale are in the Advocates' Library.

O CEINS LEG.

This Story of Conall Gulban and a whole series of other stories of the same kind were framed in a story about the breaking of a man's leg. A man now living in Paisley repeated this compound story to Mr. Hector Mac Lean, who wrote it out in 1870. By fusing and mending versions of the tales which are told in this frame, it would be easy to make a larger volume than this one. Samples of the tales in question are in Text Y. Conall Gulban, The Knight of the Red Shield, Murdoch Mac Brian, The Lad of the flapping Gray Garment, The slim swarthy Champion, &c., &c. Modern Irish manuscripts are full of stories of this kind, and several from older writings have been published. Amongst these is the 'Battle of Clontarff.' The following ballad is a sample of Gaelic of 1654-5. It is a parody, and consists of catchwords and first lines of stories and recitations, of which many are known to Irish scholars, many are forgotten, and some are in this book. The 'Battle of Clontarff' is mentioned at the 12th line.

It follows that this composition dates between 1014, the date of the Battle, and 1854, the date of the writing.

CATH CHLUAIN TARBH. 69 lines.

Transcribed June, 1872, by Donald Mac Pherson, Advocates' Library, from No. xxxv. Kilbride. 'Report on Ossian,' 2956, No. iii. written in the Irish hand, by Eamonn Mac Lachlain, 1654-55.

1 Nar mhaireann teamhair attuaith
Ni fan easa ruaidh na chochd
Fionn mac cubhail fiath na bhfiann
Ab theid go sliabh dha chon

5 Do chonarc mi ceisd dha cur
Cia as luaithe anugh no an chearc
Do rinne og earannan feall
Ar o cconnaing na ceall mbeag (comḡ)
Ni bhfaicionn tu an bràthair bochd

10 Mairg a nochd ata gan arm
Innis duinn a bheansa amuigh
Nar chuireadh cath chluain tarbh
Do thoglach bruighin da dhearg
Cuma liom sealg shleibhe crot

15 Iomdha sionnach aslach gua
Fada fuar anoidhche anochd
Do rinne Fionn eirighe mhoch
Ni hionann broc agus fiadh
Do bhean na fagthar ar faill

20 Tangadar gaill anath cliath
Do fuair mac samhain aghuin
Gana ccluin na bidh gan airm
Fad liom garaidh is Goll
Tainn longh asliabh cairn.

25 Do dhearg mac lughaidh alamh
Is iomdha bad ar an Siuir
Tarla do chrann air an tsop
Druid romham gu ros mac criuinn
Do thuit meirge cath cuim

30 Leig don luing teacht attir
Mairg na bfan abhfearann ceall
Ait an cuirfinn ceann no linn
Math an maraidhe mac leoid
Do thoghladh fa dho an traoi.

35 Ni fansa saoghal ach scal
Is aithne dhomh fear gun mhnaoi
Do chuala mi glaodh sa bpurt
Nach ionan muc agus miol
Do mharbhadh gaill accluain tarbh

40 Eire aird innis na riogh
Seacht mar oninid anochd
Tainn long a bport a bháid
Do bhi claidheamh ag mac ceacht
Is iomdha sgeul air na mnaibh

45 Conall cearnach do mharbh Conn
Is aluinn fonn mhuighe ré
Do chuaidh an claiceuch ar cuairt
Ambaile i Ruairc bhios o neill
A bheansa fa ndeanann tu ead

50 Is binn beul na ceol crot
Do thuit ean cheann innis fail
Na Deana do dhail ga bog
Ne hionand cearc agus coir
Ad bathadh long asliabh liag

55 Cia don fhein rer ceangladh roc
Dail catha idir cearc is miall
Mac Subhaltach na sleidh slim
Ds chinn ar chach
Do mharbhomhair fiadh araon

60 Don taobh thiar don thsliabh bhan.
Is mor mo dhonas tar chach
Beag nach bfhear am bas ren bheul
Iomdha aracht a ghledh ruic
Ag sin an cruit ar na ghleas

65 Donncha mha guidhir nar ccreach
Fear nach cuirionn cearc air eill
Na leigese a choir le cach
Na leigamar ail leis fein.

Nar mhairiann.

THE PRAISE OF CONAL'S SWORD.

The Stories which celebrate the exploits of Conall Gulban and later Heroes are characterised by certain passages, which are called 'Runs.' They contain curious obsolete words, and they are repeated so fast that it is exceedingly difficult to take them down. Samples of this kind of recitation are given above at pp. 1, 2. Similar passages abound in Irish manuscripts.

The following passage was written by Mr. Carmichael in the Long Island, and I myself heard many such passages recited in various Islands, in 1871 :—

&c. Moladh Claidheimh Chonaill.

Orally collected by Alexander Carmichael.

'S e mac mnatha sìthe a bha ann an Conall Gulbann. Chuir rìgh Lochlainn fo dhraoidheachd e ; agus bha e fad trì ràidhean 's a' phrumh (bruth ?) agus diul aige nach robh e ann ach aon oidhche. Fhuair Conall an claidheamh o a shean-athair, ain bodach sìth, 'nuair a bha e ann am prumh Bheinn Ghulbann.

'Nuair a rachadh an saoidh 'n a chulaidh chatha chruaidh chomhraig, 's e bu chulaidh chatha chruaidh chòmhraig dhà, a chrios strìlean, stròlain, a léine shleamhuinn de 'n t-sìoda bhuidhe, 's a lùireach aigileineach iar-ruinn, a chlogada clocharra ceanna-bhuidhe gu dìon a mhuineil agus a gheala-bhràghaid, Chuireadh e sgiath bhu caideach, bha caideach mhìn-dearg air a thaobh clì, air am bu lìonmhor dealbh leòmhain, lìobairt, gri-bhlnnich, nathrach bheumnaich losgnaich shlignich.

Fin an uair a dheasaicheadh an laoch a Shlachdan geur, cruaidh, curranta claidheimh an déigh a tharruing as a chisdidh chaoil ghuirm ghiumhais. A cheann air a chur ann gu socair, mar chùismhdta, 's e gu' fhocal air a linntean. 'S e gu llomha, llomharra ; 's e gu làidir, fulangach ; gu ruighinn, geur, ri iomarachadh ; gu so-chur, sàthta, so-bhuailte 'n a làmhuinn Geur, eutrom, iongantach. B' e sin an claidheamh, Slosantach, Suasantach. Ghearradh e naoi naoinear a null, agus naoi naoinear a nall, agus ghlacaoth e fhéin anns an làimh cheudna a rithi 's e ; maille ri a dha agithinn ghuineana, ghoineana, mar arm gheur ghorrag, mar arm ghorm sgian. Sgian a ghearradh ubhal air uisge agus fuiltean foinnearra, fìorghaidh ; a bheireadh uisge air stiornannan, agus teine dearg air an earrliun annta air an toiseach agus asta air an deireadh ; far am bu tiugh e bu tanae, 's far am bu tana bu luath-sgaoilteach, bu dùn-mharbhach. Cha 'n fhàgadh e fear inneeadh sgeoil na maoidheadh an tuairisgeoil, mar an rachadh e 'n talamh toll na 'n sgeilpeannan chreag ; ach aon fhear claghann ruadh air leith-shùil, 's air leith-ghlùin, 's air leith-chluais ; 's ged a bhiodh deich teang-annan fiilidh fior-ghlic 'n a cheann, 's ann ag innseadh uilc fhèin agus uilc chàich a bhitheadh e, agus treuntan a' ghaisgich.

Q. 3. CORADH

Tiamhaidh eadar Inghean oighre Bhailacliath, agus Murcha Mac Brian, Rìgh Erin. 88 lines.

The only version known to me of this beautiful popular ballad is here reprinted from Stewart's Book, p. 549. The Hero of Clontarff and the Heiress of Dublin are the characters.

1 Innis dhomh-sa fhir fudh chreuchdaibh,
A mhic cheutaich an earraidh uaine,
Ciod e 'n leath, na 'n cath o 'n tain' thu,
'S iad mo bhrathairean mo chuis truaighe.

2 Innis thusa dhomh-sa air thoiseach
Aobhar t'osnaich a gheug mhalta,
Na 'n robh daimh agad, na caradh,
Ri feuraibh nan cridheacha calma.

3 Tri trianan de chloinn mo mhàthar,
   B'iad mo bhrathairean iad san uair sin,
   'S ar leam fein gu 'n robh iad caomhail,
   'S a' naonar ann an earradh uaine.

4 Na 'n tugadh tu dhomh-sa cobhair,
   Deoch fhuar o thobar ua h-iocshlaint',
   Gu 'n innsin duit na comain sgeula
   Air naonar an earradh shioda.

5 Sin ghluais a bhean gu suilbhir,
   Gus i chluinntin sgeul a brathairean,
   A 's fhuaras lea 'n tobar tuinn-ghlan,
   'S e lomlan an cois na tràighe,

6 Thog i lea làn a cuiache
   De uisge an fhuarain 'san àm sin,
   'S gu 'n tug i dh'ionnsaidh an laoich e,
   S' bha 'n sgeul ud faoilidh o 'n bhantraich.

7 A nis o chaisg thu t'iota tharta
   Innis dhomh-sa pairt de d' sgeula,
   Ach a laoich na biodh ort iomghuin,
   'S an leam fein gur mor do chreuchdan.

8 Latha dhomh-sa bhi sa bhlàr,
   Anns an robh na curaidh chalma,
   Le m' chlaidheamh geur, a 's mi m'aonar,
   Leam a thuit do naonar brathairean.

9 Thuit mo bhrathairean-sa 'n Cath chluaine,
   'S air leam fein gur cruaidh an aoidh,
   Sgal a chuilein chaoin a chualas
   A 's mò a rainig riamh mo chridhe.

10 Ach mus cruaidh leat sgal a chuilein,
    Na bi caoidh cloinne do mhathar,
    Air ghradh t'einich na ceil orm,
    Co thu fein, na co e t'athair.

11 Inghean oighre Bhailacliath,
    Cha cheilinn a thriath nan lann,
    'S do ghruagach Eilein nan eun,
    'S ann a rug mi fein mo chlann.

12 Mis' a 's gruagach a chuirn Cheusda,
    An triuir macan, a 's an cu,
    An t-seisear a b'ailli fudh 'n ghrein,
    Gus n' do mhill sin fein ar cliu.

13 A mhacain siu a ghearr na spaoidh,
    O 'n a thog thu do shleagh ri sion,
    A nis o thainig mi do d' fhios,
    Innis a ris co thu fein.

14 Mise Murcha sin mac Brian,
    'S ioma sciath a sgoilt mi 'n cath,
    Gus an diugh gu 'n diongain ceud,
    Le m' chloidheamh geur, a 's le m' ghath.

15 Triochad bliadhna thug mi beo,
    Mar chuilean na chluainean fein,
    Cha robh bàigh agam ri neach,
    Ach ag sior thoirt chreach an geill.

16 Latha dhomh-sa bhi san Dùn,
    'S ann domh fein bu chruaidh an sgèul,
    D'fhag mi 'n gruagach, 's a thriuir mac,
    Sinte fudh 'n bhrat shioda, sheamh.

17 'S air an taobh mu thuath de 'n Bhrugh sin
    Chunnacas an tobar a b'àluinn',
    Bha na bric a' snamh gu h-eatrom,
    'S iad ag leimeadh suas re bhraghad.

18 Na tri bric àluinn, iongantach,
    Re faicinn sgàile m'aodain-se,
    Thuit iad fuar ann an tinneanas
    'S ann domh-sa a b'aobhar thursaidh sud.

19 'Nuair a chual' an cuilean sitheadh,
    Gu 'n robh mis' a caoidh na cloinne,
    Leig se na tri sgalan uaith,
    'S thuit se fuar mar neach eile.

20 Chladhaich mi uaigh dhoibh san Innis,
    O na d'fhalbh iad de 'n aon tinneas ;
    Ach a Mhurcha nan sciath laidir,
    Sin agad mur d' fhag mi 'n Innis.

21 Ach a Mhurcha nan gruaidh corcair,
    O 's ann leat a lotadh mo dhaoine,
    Gur e chobh'readh air mo dhochunn,
    Làn a chopains' dhe d'fhuil chraobaich.

22 Tog thusa leat làn do chuaiche
    De 'n fhuil fhuair, a 's i gun tiomadh,
    Eineach deighionach ch 'n èuram,
    Thoir leat mo sgeul, agus imthich.

D. 25. MURCHADH MAC BRIAN. 52 lines.
Mac Nicol's Collection. Ossianic Ballad, No. xv. Copied by Malcolm Macphail. Edinburgh, March 7, 1872.

As these old tales decay and the old language becomes difficult, it becomes a feat to be able to recite a particular passage. The man who can 'put Murdoch Mac Brian in his riding dress' is famed now.

The following is from Mac Nicol's Collection. I give it, with a parody which I got from a Gentleman, in Tiree, in 1871. He got it somewhere in the east of Scotland from a man who could say it by heart.

The Hero of the story was one of the Heroes of the Battle of Clontarff. The composition must therefore date between 1014 and 1750, when Mac Nicol flourished. An old weaver at Tobermory recited a version of this to me in 1870. John Dewar wrote a version in 1869; and generally this pervades Scotland.

An sin do ghabhadar Leinteog shithe sheimh shroil do 'n Shioda bhuithe, on Deilg ghreiste 'n teannta ri ghealachneas. Do dh' iathas mu 'n Leinteog ud an Coitein caomha, cuannta, ceos-bhla, baobha, cros-mhor, cotharaichte, suainmhor sroldearg, sioda, air uachdar na h-or Leinte sin.
Do dh' iathas mun Choitein sin an scabul fighi, fiondeirgin, orchum, cearnach, coileirich, farsuing, caomhghorm, cloch-corraghin, air a chomdach cloch-corramhogaill, fuaim cneans da Chudram air taobh an treun scabuill, ioghain mu 'n Chlet-taobh uchd agus aona-bhreth. Do dh'iathas mun Scabul sin an Luirreach shithe, threun-amalach, thorrun, ghleusta, gharbh, ghabhalach, fhad, eatrom uilleanach, fharsuing, leobhar, Lochlanach, gun fheautas, gun fhotus, gun fheaus-fhotas, air uachdar an treun scabul sin. Do dh' iathas mu 'n Luirich sin da Chrios amalach, an or Litir daingin, duillich, deo-mhaiseach, suamhain, clar-leathun, an Eugasg samhaillte, don amhaillte, ballach, breac-chiar, buagh-sciamhach air a chomhdach gu Ceard amhail do Chlocha buaghacha, breac-mhaiseach, as a Chath-chrios cho-uchdach, gu dion Cneas a Cha-mhili as na Cathamh creuchdmhor.

Ansa Chrios sin do chuirte a Chlaidheamh, claisleathan, co-shinteach, fir-chruaidh, agaiteach, gorm- sholluist, baobha, beumchearnach, bleithich, uasal, an t-Ealt Chlaidheamh a luin, orlitrich, do 'n Ghoineachd ghlan, ghorm-sholluist, nungh, aluinn, aon Dorruist. Or-thruaill ga uime dhidin, air taobh cli an treun-churaidh, an aghai na h-Iorraghail 's gach Iorraghail da iomain.

Air sin do ghabhar dho sgia dhonn, dhualach, aon dualach da Ghualain dha thaobh sleagh chudrom, Chro-fharsuing, le seamanabh oir 's le Fairistibh airgid.

An sin do ghabhar a Chath-bharra, chudramach, Chneas-bhuaghach, Chloch co di ga 'm bu choainm Clogaid ann san t-sheanna Ghailic.

An sin do dh' uimicheadh Each dha ga m' b' ainm Gorm-steud, ghasta, ghniomh-ealamh, mion forasta, Foltleamhar, uaibhneach, fhoillseach, iombathach, toiniceach, Tos-luath torunmher, mungaech, meamnach, mor chroidheach, sul-ghorm, seang-ard, scocail, fallain, feolmhor, feadreach, 'n Eugasg Orahrian sitir bhlar do mharcaichidh trid na 'm Ballachan co math sa mharcaichidh e Machair min agiamhach.

EOGHAN O NEILL A CHIUR AIR EACH.

From the Revd. John Campbell, Minister, Tiree, September 15, 1871. A Caricature of Murcha Mac Brian, or of some other such person.

(From Harry . . . . Beadle of the Strowan Church, Blair Atholl, Perthshire, 1859.)

Cliu an Eoghain b' uaisle, b' ainneamh, Bi ga mhaoidheadh.
Gille uaibhreach ioghnach nan gart gàbhail Ceannas foilleart, beag an t-ùilleart, Fhuair an t-òig-fhear, gu oighnachd Néill òig más éiginn.
Ge iomadh laoch bha 'n latha sin an teach Eoghain, gabhail gu buan ris na bath-chiall, buar an t-anachiall, srath Lathruinn o shlios Teamhraidh, mar bha Fearghus 's sur Phillimore, Saor Dhunoighre Maos Dhun dealgaidh, 's gearr an ùine gus am faic sibh rùn nan cludalach latha Dhundealgaidh. Gheill còig còigean nan dàna Mhac-a-Duibhne ; 's ann da b' umhail neart nacàine, do na daoidhean 's na daoi-rùine.

Dh' éirich Clann o Biorrachdainn a Borrachdainn'a Buidheanaich, Clann a Diomassach a Duamassach, deagh mhearra, deagh mhorra, deagh Dhomanullach, Clanna Righ, ruadh, rud fir air urram, a sheasaich éididh dh' Eoghan o Néill san uair sin gun uireasbhuidh.

Chuir iad an laoch na chaol léine ghréis, innealta, air a dion-chriosadh, 's a maise gu muincheall.

Chuirte 'n taice ris an léine an triùbhsan eutrom, each-darach ;

Chuirte 'n taice ris an triùbhsan a bhròg chaol dhòreach, 's a bhròg dhiònach dheagh-chumta, gun a rabhadh romhòr ;

Chuirte 'n taice ri sin na sà-spuir àillte, innealta, ruighinn, chroda, cheardalach ;

Chuirte 'n taice ri sin an còta stiomach, taitneach, an-ùracha, an-òracha, an-uilinneach, breac-eangach, sgiamhach, sguamhach, sgobhanta, cnaparra de 'n òr, ro-iasgaidh mun fhuasgladh.

Chuirte 'n taic ri sin an claidheamh tana, diasd-gheal, bòdarra, làidir, leadanach, air chumadh bhalgan àiridh, 's mar bhòrd de 'n uibhar iòchdarach.

'S e bu sgeul agus bàird 's luchd filidh, gun robh a dhiòl eididh ás airm d 's inneil aig Eoghan, nam biodh a dhiòl eich aige ;

'S iomadh mùillein indorlach agus ite laoich bha 'n latha sin ann an each Eoghain.

Bha trì gnèithean de ghnè na mna ann an each Eoghain, tòn mhòr, meadhon seang, 's mairinn buar air a mharcachd ;

Bha trì gnèithean a ghnè an t-sionnaich anu an each Eoghain, Earball meadhon mòr, car an aghaidh cuir, agus cluas ri cuisdeachd ;

Bha trì gnèithean de ghnè na gearra ann an each Eoghain, sùil mhòr cholgarra, sròn bhiorach, mhingeanda, muineal reamhar 's ceann cas ;

Bha còig gnèithean deug de ghnè na saoidh ann an each Eoghain, bha e gu h-easgaidh, òg, innealta, ciar, gearanta, cluas, mas dhuilleig, uch-d mar ghearran, fad-shreathach, stad-spreathach. mòr-shùileach balg shròin-each, na tharbh truisgte, 's na bheithir bheumnaich, tighinn, bho àite nan ionad gu ionad na h-éiridh

'S e bu sgeul ceaird d 's bàird d 's luchd filidh, gun robh a dhìol éididh, d 's airm, d 's inneil, d 's eich aig Eoghan, nam biodh an diollaid air each Eoghain.

Fhuaras dha an diòllaid chòmhnard, bhucaideach, thorrach, shneineach, thacaideach, ghlasach, ghiortach, stiorapach, srian o dhruim leathar nan tarbh 's a thàrr leathar nan aighean, o làimh greusaich a 's gobhainn, air a sparradh an ceann na sruide, 's meòis bhoga nan saoidh ga sreang-thuigeadh ;

'S chaidh e trì uairean tiomchioll an òtraich, 's ghabh e eagal mòr, 's phill e.

NOTE.—The reciter, if still alive, will be about 60 years old. He said there were only two in the country who knew this piece, himself and another. Both learned it in their youth.

B. 7. Upon ARCHIBALD, EARL OF ARGYLL, who was beheaded at Edinburgh, June 30, 1685. 52 lines.

Copied from Mac Lean's Manuscript, 1693, by Donald Mac Pherson, Advocates' Library, July, 1872.

THE series of Historic Ballads which began with Cuchullin is carried to later times in a regular sequence. The following is written in the 'Irish hand,' at Ardchonail Castle, in Loch Awe ; date, between 1685 and 1693. The inference to be drawn is, that all the rest were first composed about the dates of the events celebrated, and that Heroic Ballads are Metrical Popular History, orally preserved and orally collected.

Thus far these Ballads make a consecutive, though broken, series, into which Mac Pherson's Story does not enter, though his story contains traces of these Romantic Histories.

1 Is maith mo leaba is olc mo shuain
   An sgeil so chualas osaird
   Gillaspic buachail a chrun
   Ar na ghlasadh san tuir fo gheard.

2 Dia cobhur ar ar feidhm
   Cur tuallas na bréag ar chaird
   Cur car na consboid mun cúairt
   Beir consboil na slúagh a baird.

3 Fuasgail e o dhórsnibh béis
   Rétuidh an ród dho gn deas
   Ge[3] hóba phrisoil na sluagh
   Ort ni bfhuil ni cruaidh no cheisd.

4 Do ghairdean laidir na thóir
   Air gach póir ga faighid an fheill
   Dhaimh Dheóin a mhí ruñ sa ceilg
   Gabh na leoghan garg mad smachd

5 Impire Babiloin mhóir
   Chuir an iombuigh oir san leirg
   An eimhnin lasrach na colg
   Mug aisde na bóighe o fheirg.——

6 D' uasgdil thu na geinhla crúaidh
   Do Pheadar na buagh na fheidhm
   Charn thu an fhairge súas le sruth
   Tha ú an deudhgh mar bath- (bha ndé)

7 Fagfuidh a churadh fa dhíon
   Are na ri aneart
   Leoghan do lochd smérbe mor
   Chunarc mi na slóigh fad smachd.

8 Seobhac don ealtuin abfearr
   O dreim Artuir a ba garg colg
   On chú chréu re búan na gereac
   Feinich fearail na mbfeun[1] borb.

9 O Duibhne o Dhún na gouach
   Gan tioc fadh na sloigh fa tiochd
   Bruth sollas ba niamhd bés
   Mbiadh coimhlion na ced go d

10 Iomdha toiseach trén admhagh
   Fa lionmhar fleadh agus lann
   Armuin fo dhidion do sgeith
   Deiridh le triath Dhundalbheann.

11 Do bhandrachd ad bhaile dérach
   Gam biodh do theach na thigh stóir
   Gaisgidh go huaibhreach na gcléus
   Mar ghuar do bhés tra nòin.

12 Ba chleathach calma do 'n chrúin
   Libh o thús o lín go lín
   Bhi ga fhreasdil anns gach buaidh
   Is ro bheg liom do dhuais da cionn

13 Tuirsach mé tuiribh do bhéis
   Chraoibh thuinnidh deiradh rath
   Iosa le mbeirar gach buaidh
   Tabhair eistachd dom dhu[2] go maith.

[1] Na Feineborh geors.   [2] Dhuan. D. M. P.

MYTHICAL BALLADS.

BESIDES the Heroic Ballads, of which samples have been given above, certain Mythical Ballads are current. The following are samples. I have another attributed to a Fairy, who wanted to steal a child ; but these are foreign to my present subject.

Z. 4. GILBHINN. 40 lines.

Orally collected, in Islay, by Mr. Hector Mac Lean, in 1860.

BHA duine 'chòmhnuidh làmh ri coillidh, agus bha nighean dhreschmhor aige. Chaidh i mach latha, 's choinnich fear i, agus 's e 'n t-ainm a thug e air fhéin Gilbhinn Thòis ich iad air leannanachd o latha gu latha. Dh' innis i d'a piuthair e—agus gheall a piuthar nach innseadh i do dhuine 'sam bith e ;—gun d' thigeadh e mach air a glùin ma 'n d' thigeadh e 'mach air a beul. Ach ma dheireadh dh' innis a piuthar d' a muinntir e, 's chaidh ise chuibhreachadh a stigh an sin. 'S e leannan sìth a bha ann. Cha robh i fada beò an déigh so ;—ach bhàtar 'ga cluinntinn daonnan a neas a bha i beò a' gabhail an òrain so.

GILBHINN.

1 GRAIDHIN Gilbhinn hùgaidh ò.   Fonn.
   Hùgaidh horò hùgaidh ò.
   Gràidhin Gilbhinn hùgaidh ò
   Thug thu 'n céile cadail diom.

2 Air an luan na air an luan,
   Cha d' théid mise 'chrò nan uan ;
   'S cha mhò théid mi 'chur an fhrois,
   O nach bi mi bhos r' a bhuain.

3 Air a' bhiolair 'ud 'san t-sruthan,
   'S air a' chuthaig a ni 'n' t-seinn ;
   Air a' choill ud thall ma dhuilleach,
   Cha d' fhuair duine riamh mo sgeul.

4 Chi mi mo thriuir bhràithrean seachad,
  Air na h-eachaibh loma luath;
  Sgeanan caol 'bhith throimh an crios,
  'S am fuil fhein 'na sitheann fhuar.

5 Chi mi m' athair air an tràigh;—
  Gur h-e fear an triubhais bhàin;
  A righ nach fhaicinn na h-eoin
  Os cionn a bheoil a' bigearsaich.

6 A phiùthrag de phiùthragan,
  'S ann riut a leig mi mo rùn;
  Gur luaithe thàinig an sgeul,
  Air do bheul na air do ghlùn.

7 Ach a nighean 'ud 'san dorus,
  Gu faicinn triuir air do bhanais,
  A ni sgoltadh a' bhradain fhìor-uisg,
  Eadar do dha chìch 's do bhroilleach.

8 Cha dèan mi mire ri Macan,
  Na ri mac an Iarla ruaidh,
  Gus an cuir am bradan tarra gheal
  Tri chuir dheth an crò nan uan.

9 Cha dèan mi mire ri Macan,
  Na ri mac an Iarla ruaidh;
  Gus an déan fiolair mhòr nan spògan,
  Leaba chlòimh an druim a' chuain.

10 'S a' chraobh chaorainn 'ud 's an dorus,
   'S ann urra théid mi do 'n chill;
   Bheir sibh m' aghaidh air Dun Sealbhain,
   'S ni sibh dhomhsa carbad grinn.

X. 4. DUARAN (SUARAN?) AGUS GOLL.

Copied by Malcolm Macphail, from materials furnished by the Rev. Dr. Mac Lauchlan, Edinburgh. January 31, 1872.

I WROTE a long English version of this Story from the Gaelic dictation of Mac Isaig, in South Uist, in September 1871. There is an Enchanter in the story, whose name is 'Duaran,' not Suaran. This was sent to me before 1862, by Mr. Carmichael, who afterwards sent a copy to Dr. Mac Lauchlan. See Vol. xii., Y. 58, MS. 334. I will give my own version with other translations.

BHA gaol aig Duaran (Suaran?) agus Goll air an aon nighinn, agus bha namhaideas aca ri cheile leis a sin. Bha fear a ruith, eadar riu ag innseadh an darra fear gu de bha am fear eile 'g radh mu dheighinn. Bha *fuas, fuas* aig Ian mac Iain ic Eoghain air an laoidh Choidheich so. Ach cha 'n eil cuimhne agumsa ach air beagan fhacal. Cha chuala sibh riamh, riamh na bha aige do bhardachd agus do laoidhean Oisein, agus cha chuala duine beo riamh bardachd bu bhrisgha na i. Chumadh e fad na seachduinn gheamhraidh sibh a seinn laoidhean Oisein, agus Ochain! Ochain! 'se fein a sheinneadh iad. Agus aig deireadh na seachduinn cha chuala sibh leth 's na bha aige. Nis bhiodh an tigh aige dian lan a chuile h-oiche, a cuir a mach air an dorust, agus nach faigheadh sibh suidhe no seasadh ann. Cha 'n eil duine beo 'n diugh aig a bheil laoidhean (bardachd) Oisein mar bha aig Iain mac Iain-ic Eoghain (an Talamh-sgeir).

Coinneach Moireastan, (Mac Illemhoire?) 's an Trithean 's an Eilean Sgiathanach.

Sgriobhta Deiruair (Dec.) 12mh, 1862.

1 THUG an dís an ainnir gaol,
  Ach air Goll bha gorm shuil chaoin;
  B' e fa a h-aislig, e 's an oiche.
  'S fa a broin mu chaothan, no chaoirean, choilltead.

2 'A Dhuarain (*Shuarain?*) cuim a sheas?
  A Ghoill cuim a thuit?
  A Dhurain (*Shurain?*) cuim an cualas-riamh
  Luaidh air a shliochd?'

3 Fhuaireadh an aileag 's i bronach.
  'S beo cha bhuinte bho gaol i,
  Beul ri beul (*ri bheul?*) 'us uchd ('s a h-uchd,) ri uchd,
  Mar fhitheadh slat ri (*mu?*) stoc aosda.

This fragment indicates a lost poem, with part of the Story of Goll in it.—J.F.C.

&c. 1. COLLUN GUN CHEANN. 22 lines.

A fragment written by Mac Phail, from the recitation of Norman Murray, Habost, Ness, Lewis, 1866.

I HAVE no other fragment of this ballad. A headless body comes to the Feinne, and gets her wish. There is something like the story in Vol. iii. Y. 403. No. 86. A hideous creature turns into a beautiful woman, who, in some strange fashion is mixed up with a grayhound, and turns out to be the daughter of the King of the Land under the Waves. I suppose that all these strange mythical legends were told in alternate prose and verse, and that the verse is almost forgotten.

1 LA bha 'n Fheinn ag 'ol,
  A' caitheamh 's ag iomairt lagha,
  Chunnaic iad collum gum cheann,
  Direadh o ghleann an dà chlaidh.

2 'Mo chomraich oirbh Fhiannaibh maith
  Eadar mhac righ 'us mhac Fhlath;
  'S mo chomraich ort ma 's tu Fionn,
  Os an ceann uile gu leir.'

3 'Or 'us airgead 'us cuid,
  Gheibheadh tu sud bh' uam gun airc,
  Ach cha luidhean leat mar f hear,
  Air na chuir na neimh gu làr.

4 Ni mo a shìnean ri do thaobh,
  Air a bhi gun mhusoi gu brath;

5 Fhinn mhic Cumhail a ghin Leigh,
  Cha robh mi' feum do chuid òir;
  Ach thu luidhe leam mar f hear,
  'S gun thu ga ehleith air an Fheinn.

6 Labhair Treun mo ghiollan féin
  Ge do labhair bu bheum laoich;
  'Luidhidh mise leat mar f hear,
  'S cha chleith mi e air an Fheinn.

HEROIC GAELIC POEMS, LIKE MAC PHERSON'S OSSIAN.

AMONGST the numerous manuscripts ransacked for Heroic Ballads I have found only the following, which resemble Mac Pherson's 'Ossian,' or form part of it. D. 30. Malvina's Dream. O. 26. a fragment got from Captain Morrison, who was Mac Pherson's assistant. It is exceedingly like Mac Pherson's Ossian, but I do not know the passage if it is in that work. Two addresses to the Sun, in which the sun is masculine, whereas the word is feminine. Goll and Fionn. The Death of Goll by Muchtan. 'Connlaoch and Cuthon,' 184 lines of the book, which was printed soon after this MS. collection was made by Dr. Irvine. I print these in order that believers in the antiquity of Mac Pherson's Ossian may compare quantity, date, and quality. I have no other fragments of Mac Pherson's Ossian in manuscripts older than 1807.

O. 26. TOIR AIR NA TUATHAICH. 44 lines.

Dr. Irvine's MS., page 118. Copied by Malcolm Macphail, Edinburgh, March 30, 1872.

THIS metre differs from the Ballads, but this looks like original Gaelic composition. Maigh ich: Plain-men, or possibly people of Meath, and Fionn, are the only two names by which to identify this with any part of the Fenian Story. Apparently it was got from Captain Morrison, who was one of Mac Pherson's assistants. The writing dates about A.D. 1800.

1 TAOM a Char amhain, taom do shruth,
  An aoibhneas an diugh siubhail sios;
  Dh' fhalbh coigreach b' airde guth,
  Cha 'n fhaicear an steud each san t-sliabh.

2 Tha stoirm cogaidh fada thall,
  Aig Clanna Gall o thuath;
  Dh' fhalbh iad mar mar aileas chrann,
  Ar lamha dearg am fuil Lochlain.

3 C' ait a nis a bheil thu Eite,
  C' ait a bheil do bhreugan dana (granda)
  An dean iad do chobhair an cruas (cruadhas)
  An dean iad suas cron do chairdean.

4 Fheara faicibh 'n tuil ag, aomadh,
 Thar sgeir fhaoin o mheadhon sgairnich;
 Sid mar ruagais naimhdean scurse (or sairse)
 O ghleannaibh, so chraobh nam fasach.

5 Lean sinn an ruaig gu diana dana,
 Chualadh Tuaid guth an air;
 Glaodh mor thighearn, baighail, baighail,
 Faic a bhaigh a righ ma 's fearr.

6 Ciod uime deir Fionn, A threig thu,
 Lleachd nun ceud fhearan a bha;
 Ciod uime dh' airr thu coghna dhaonnan,
 Chuir tha Fionn 's a dhaoine o bhlar.

7 Thainig Maighich orm mar thorrunn,
 Losg mo thighean 's mo mhna;
 Ruisg C mo choilltean aobhinn aluinn,
 'S dh' fhag iad mi mar eun gun sta.

8 Chuir mi flos a Lochlainn uabhrach,
 A philleadh uam neart an air;
 Tha mi nis mar sgeir ga cuairteach,
 Le mear thonnaibh buaireach ard.

9 Tha mi nis fo d' chuim a threun-fhear
 Faic mo bheud dean rimm baigh;
 Tog m' uallach tha trom ri ghiulan,
 Tha mi cuirte anns gach airc.

10 Tha Fionn mar oiteag a gheamhraidh,
 Do naimhdean eilan mo ghraidh;
 Ach caoin mar aiteal an t-samhraidh,
 Do shliochd aimbeairt thig a' m' laimh.

11 'S leat mo chloidhe, s leat mo laochruidh,
 Cha 'n fhaoin an iomairt nan lann;
 Pillidh Lochlan mar thonn na sgeire,
 'S bithidh Breatann dhe fathast slan.

O. 1. GOLL AGUS FIONN. 104 lines.
Dr. Irving's MS., page 1. Copied by Malcolm Macphail,
 Edinburgh. March 14, 1872.

This writing dates from about A.D. 1800. I have tried to divide the quatrains. This is part of the civil wars of the Tribes of Morna and Baoisgne, and seems to be a popular ballad broken and mended. I have no other version.

1 Ma shealgachan mor a' ghlinne,
 Ma Leitrichein ghlinn Loire;
 Ma ghleann dubh mu loch mu lach,
 Ma theach righ Soch righ Suine.

2 Chaidh Fionn gu sliabh maigh Macharach,
 A chruinneachadh steach na seilge;
 An nualan mor Glu bhinn glao bhinn,
 Gur e leig O-baoisg agus Obair ghlic.

3 Chruinneachadar an Fheinn uile,
 Iar claisdinn doibh na glaoth Feinne;
 Lomlan a' d' fhuil agus a' d' fheithibh,
 Dh' ionnsuidh na Tulich san robh O-baoisge,

4 'Se Fionn fein a rinn an t-sealg,
 Do na Fiannaibh uasal banbhidh;
 A 's nir dh' fhag e san Fheinn, g' e b' ioghnadh,
 Aon[1] laoch deanach no fear dearmad[2]

5 Tus eiridh do na Fiannaibh,
 Aois Feinne do Mhac Cumhail;
 Is b' eigin do Gholl gaosraidh,
 Tùs uigh na Feinne fhulang.

6 Air do laimhsa Ghuill Mhic Morna,
 Fhir nam briathra togha, treuna;
 'S ann mur sud bhiteas am fiadhach,
 Ged nach fan thu am fiannachd Eirin.

7 'Se labhair Goll nan ceuma calma,
 Dhuitsa Fhinn a bhreitheamh bhaoilich;
 Dh' fhagas mi 'm aogh braonach meamnach[3]
 Gur e dh' agair Goll air Oisain.

8 A' gheug a chosnadh dhuinn gach feum,
 Aisig sinn a near do Albuin;
 O mo h-Erlin gu mo h-Irlin[4]
 Gluasadar 'nur longaibh leothra.

[1] Aon laoch dionach no fear dearmad.
[2] I suspect Tearman is the true reading.
[3] Ball bhreac no banbhidh.
[4] O Dhun Erlingu Dun Irlin.

9 Is ann 'ur barcaibh fada reamhra,
 Ann an ait a' bhreitheamh bhaoilich;
 Gabhail gloir na gaoithe gaoibha.

10 Thug sinn bliadhna an Dun Erla,
 Ann an aite gle ghlic tosdach
 Ar mnathan agus ar clann an Albuin,
 Is bha ar n-annsachd an Dun Monidh.

11 Ghluasadar an ceart cheann na bliadhna,
 Ann an trom ghoil dian na dile;
 Fear nach do chleachd ionmhuin obaich,
 Deich ceud sgiath bu dearg dealradh.

12 Chruinnich torr[5] nan treun fhear,
 Chanadar gloir gle bhinn ghaosruidh;
 Chuir sinn Teachdaire chum nam Flath,
 Gu 'm b' e sud na Catha calma.

13 Is neonach a chlanna Morna,
 As ar tighin foigula do'r[6] n-aois;
 Teacha dh' fhuabairt Cath a dh' Albuin,
 Gu aibhine chlanna Baoisge.

14 Agus nach b' ionan coimeasg[7] Gobha,
 Dhuinne agus dhoibhse;
 Agus nach b' ionan cruas do'r sgeinibh,
 No do'r lannaibh no do'r doidibh.

15 Agus nach b' ionnan coimeasg catha dhuinne,
 Agus do chuiridhein O-baoisge[8];
 O mhac Morna gu Dun Miogha,
 No o laimh na Sotha Saoiaich.

16 Aobh agus Oscar agus Oisean,
 Seachda ceud deug agus tri fichead,
 Fionn agus fine mhic Cumhail,

17 Thainig Mac Iain righ Ianric,
 Fear nach do chlechad ionmhuin obaich,
 Deich ceud sgiath bu dearg dealradh.
 Gu 'm bu bhanbh ri dol san trod iad,

18 Thainig Ioluin nam beumana;
 Fear nach d' thugadh geill a nasgaidh,
 Cabhlach mor de mhaithibh Eighne,
 Thainig fo'n cath-eididh thugainn;

19 Thainig clann Fhinn uile,
 Dh' fhuilingeadh mor cheum docrach,
 Agus clann na Meara Mora,
 A' bhuidhean shogha sheasmhach.

20 Chanadar an sin ri cheile,
 An comhara bu leoir a ghnogha;
 A chuireadh Mac Ialla a creagaibh,
 Is à barcaibh reamhra reithe.

21 Thuit leamsa Duthan,
 An cios iomain a bhuille;
 Aobh agus Goll Mac Laghair,
 Dh' fhag mi ann iad a thri buillean.[9]

22 Mar thuill a' ruidh le gleann,
 Trom bhuirich am measg nuu crann;
 No mar fhiadh ri firach beinne,
 Is gadhair dian 'na dheigh mar theine.

23 Sid mar theich clanna Morna,
 Dhearg am feur le fuil nan treun fhear;
 'S iomadh creuchda a bha ri chasgadh,

24 Thog am bard an Iolach bhroin.
 'S truagh clanna Morna caithte.
 Bhuail e chlarsach, gu trom, trom,
 Am fonn tha 'm chluasaibh taisgte,

25 Phill sinne gu dun Fhinn,
 Le caithream binn a ceumadh faiche;
 Thainig ar mnathan 'nar comhail,
 A seinn oran, 'failte gaisge.'

26 Tha seachd dorsan air teach Fhinn,
 Air an eugnadh druim thar dhruim;
 Caogad luirich shuairce sholuis,
 Bhitheadh air gaslinu gach aon doruis.

[5] cor. [6] dol.
[7] coimeas. [8] O-bocair.
[9] Chaidh dibhail anns an teugmhail,
 Farson agus beagan buidhne,
 Seachd ceud deug tri chathan,
 Thuit le Maithibh na h-Eirin.

O. 21. BAS GHUILL LE MUCHTAN. 46 lines.

Dr. Irvine's MS., page 112. Copied by Malcolm Macphail. Edinburgh, March 30, 1872.

THIS was got from a Loch Tayside Fox-hunter, about 1802, according to the Collector's note. It seems like a verse of a Ballad on which some one has enlarged. The Story is nowhere, but the verse is a vague ejaculatory rhapsody, like 'Mordubh,' and a few other Gaelic compositions, which all came from the same neighbourhood. I have no other version of this.

1 'SE sin Muchtan beag Mac Smail,
   An diu gheall e teachd a' m' dhail;
   Mar charaid o bhlar na macharach,
   A' d' dhail tha mi gun fhiamh.

2 Smithich an gniomh a chuimhnicheadh,
   'S tu mharbh m' athair am beinn a Chatain;
   'S dioladh tu a bhraise an uair so.

G.

3 Tha mi nis aosda liath,
   Dh' fhalbh mo thrian fada nunn;
   Bha mi uair nach geillinn diut,
   Mhuchtan ga garbh do bheum.

4 Thainim slan as na cathaibh,
   Ged sann duitsa tha 'n dan mo mharbha;
   Cha bhi sealbh do threun fhear arm
   Thionndaidh e aghaidh ris a bhalla,
   'S dh' fhalbh anam ann an ceo.

5 An ceo ged dh' fhalbh cha lag,
   An t-anam bh' aig a ghaisgeach mhor;
   Bha e ard mar sgeir an aonaich,
   Bha e aild mar chraobh fo bhla.

6 Bha e ciuin mar oigh na maise,
   Nuair bhiodh fleagh ma bhord is caird;
   Bha e garg an trod nan ceud chath,
   Mar madadh alluidh reuba bha.

7 Tionnail do Gholl cha 'n fhaigheadh,
   Cha 'n fhacadh, is cha 'n fhaic gu brath;
   Dh' fhalbh Fionn ceann na maise,
   Esan araon air Feinne bi bar.

8 Ach dlu dha tha Goll mor cheum,
   Och nan och cha bheo thu gradh;
   Cuime a dh' fhagadh mi nam aonar,
   Mar theann darag am faon ghleann.

9 Gun gheig gu fasgadh o 'n don-shion,
   Ach c grad lubadh nuas a ceann;
   O co chaireas mi gu uaigneach,
   San tigh chumhan, dhuchnai, dhall,

10 Far nach cluinn mi guth na teugmhail,
    'S nach tig leus gum' chridhe fann;
    Ruige mi Oscar Mac mo cheud ghraidh,
    Ruigidh Ebhir, run Alba.

11 Bithidh sinne subhach anns na neulaibh,
    Co 'n sin a dh' iarras baigh;
    Eutrom bithidh ar n-anam ait,
    Fhinn thig athair mo ghraidh,

12 Bha mise roimh neartmhor luthar,
    Ged tha mi 'n diugh ciurte dall.

These fragments got from foresaid D. Mc Irvine. In mist, though fled, not weak, the soul of the mighty chief. He was tall as the cliff of the hill; fair as a tree in blossom; mild as the maid of beauty—when round the table went the feast of friendship; fierce in the strife of hundreds, as the wolf tearing the herd. A match for Gaul never can be found, never was seen, and never will be. (Dr. IRVINE's Note.)

MALVINA'S DREAM. D. 29. M. 22. 23.
(In Carthon.)

A COPY of this fragment is in Mac Nicol's Collection, of 2,819 lines, of which samples are printed above. It is the only fragment of Ossian's Poems which I have found in any manuscript written before A.D. 1800. It looked so different from the rest of my collection, that I took some pains to trace this fragment.

In 1762, Mac Pherson printed the English of Croma, p. 249.

The Gaelic was quoted by Shaw, as an example of Gaelic, in 1778. Edinburgh, 4to., Shaw's 'Analysis.'

Amongst Mac Nicol's papers I found 56 lines of Gaelic, written in a hand of the period, and marked on the back, 'Astarruing' (extract). It is headed, 'Fragment of a Poem attributed to Ossian,' and ends with a line of . . . It is corrected in a different hand, with blacker ink, and the second hand has inserted a line. The collector was in correspondence with Mac Pherson, but neither hand-writing is Mac Pherson's. In 1786, Gillies published, at p. 29, and p. 210, two copies of this extract 'Aisling Mala-Mhin,' and 'Mhahline's Brughdar le Ossain.' In 1787, p. 46, Dr. Smith printed the fragment in 'Sean Dana'; 57 lines.

The extra line and the corrections are in Gillies; not in Smith. All vary in spelling, e.g., 'an t-Oscar,' (the Oscar) of the MS., is printed 'Thoscair,' in Gillies; 'Toscar,' in Smith.

Similar orthography occurs elsewhere, e.g. 'Aig Tathir,' (father,) which shows that 'Oscar' was meant by the Scribe, not 'Toscar.' Avowed translations from English Songs, and 'Maccaronic Poetry,' (Gaelic and English mixed) are in Mac Nicol's MS., and in Gillies. Therefore people could, and did, then translate from English into Gaelic.

In Mac Pherson, the Sun is masculine. 'The flower on which the Sun has looked *in his* strength.' In the 'extract,' the Sun is also masculine. Nuair sheallas e sios na shoilse (p. 30, Gillies). This manifest error is corrected in later 'texts,' but it is the sort of error which a translator might easily make; especially if he were stronger in classics than in Gaelic. This same error runs through the whole of 'Ossian's Poems,' and so marks the composition of one man.

In 1807, Croma was published, p. 211, vol. i. of the large edition of Ossian, in Gaelic.

It was printed from Mac Pherson's manuscripts, revised by able vernacular scholars.

In 1807 Mac Pherson's Gaelic Text was translated into Latin. Mac Nicol's 'extract' is there. The worst of the Anglicisms in it, and in Gillies, are struck out or softened. Sentences are recast, words, even lines, are changed. The sense remains as it was in 1762, but *the Text is amended.*

In 1818 the Gratis Ossian, revised from the printed text, contains the extract, but further improved towards modern orthography, and current local idiom.

In 1870, Mr. Clerk's Gaelic text, revised from older printed texts, departs from the oldest known form, which is the 'extract.' The editor claims no authority, but his own, for his alterations. Mr. Clerk's translation of his text differs from Mac Pherson's English. The question is, which of all these is the 'original' of the 'extract,' which contrasts so very remarkably with the rest of Mac Nicol's Collection, and with all older written Gaelic; and which corresponds to Mac Pherson's sample of Gaelic, printed 1763.

I have no doubt that Mac Pherson's *English* was 'the original,' and that all the Gaelic 'texts,' are altered from a first translation. All the successive changes, from the oldest known, tend towards modern provincial dialects of Scotch Gaelic, and depart from the language of Mac Nicol's Collection, and the rest, which tends towards the language and spelling of Text A., except in this 'extract.'

Mac Pherson's original English is idiomatic.

The Gaelic equivalents seem to be struggles to express the same ideas in equivalent words. For example, Mac Pherson wrote, in 1762:

'*I feel the fluttering of my soul.*'

In 1807 Mac Pherson's text is:—

'*Tha forum mo chleibha gu h-ard.*'

The closest rendering of that line is

'*The noise of my side (or thorax) is above.*'

Mr. Clerk says that the line is probably 'spurious,' and translates it freely

'*The throbbing of my heart is loud,*'

For lack of a Gaelic verb 'to flutter' in Mac Pherson's sense, and because of the fetters of verse, it was necessary to change the image in the Gaelic 'extract.'

Mac Pherson's original character *felt* a fluttering inside.

The Gaelic *heard* a clattering on high.

I think that the idea was first clothed in English, in this case, and throughout the fragment.

In 1762 Mac Pherson said—

'*When thou didst return from the chase in the day of the sun.*'

In the 'extract' the line added by another hand is

'*Nuair phill thu flathail o 'n t seilg.*'

The line is in Gillies.

Something was wanted to lengthen this Gaelic translation and make it scan, so the meaning was enlarged to

'*When thou didst return* (NOBLY) *from the chace.*'

In 1807 'nobly' was taken out, and '*of the Cairns*' put in, and the construction was altered to

'*Nuair thearnadh leat o sheilg nan carn.*'

'*Quando descendebatur a te a venatu molium saxearum.*'

Mr. Clerk translates the line—

'*When from the mountain chace thou comest down.*'

The passage stood in Mac Pherson's English text thus in 1762, at first, so far as we know,

'*When thou didst return from the chace in the day of the sun.*'

A close translation of the last text, 1870, is

'*When thou hadst descended from the chase* (OF THE CAIRNS) *in the* (CALM) *day of the* (HIGH) *sun* (IN THE SKIES).'

I suspect the first idea was

'*When you came back from the Hill* ON SUNDAY.'

Translators commonly enlarge on texts. In this case the text, which purports to be Ossian's of the 3rd century, has grown by additions and alterations from Mac Nicol's 'extract' onwards. I have never seen another bit of Mac Pherson's text in writing of this period, and the evidence seems to me conclusive. It seems to prove that this 'extract' from Mac Pherson's 'text' is a translation from Mac Pherson's original composition, that he is the author of 'Malvina's Dream,' and of 'Croma,' from which Mac Nicol somehow got an 'extract,' Dr. Smith another copy, and Shaw a third.

Saving these 56 lines of 'Croma,' no part of Mac Nicol's collection of 2,819 lines is in the Gaelic Ossian of 1807.

M. 21. MHAHLINE'S BRUGHDAR LE OSSAIN.
57 lines.
This will not make verses.

1 'S e guth anam mo Ruin a tha 'nn!
O! 's ainmach gu aislin Mhalmhin' thu,
Fosgluibh-se talla nan speur,
Aithir Oscair nan cruaidh-bheum;

5 Fosgluibh-se doirsa nan nial,
Tha ceumma Mhalmhine go dian.
Chualam guth a' m' aislin fein,
Tha fathrum mo chleibh go ard.
C' uime thanic an Ossag a' m' dheigh

10 O dhubh-shiubhal na linne od thall?
Bha do sgiath fhuaimneach ann gallan an aonaich,
Shiubhall aislin Mhalhine go dian,
Ach chunnic is' a run ag aomadh,
'S a cheo-earradh ag aomadh m' a chliabh:

15 Bha dearsa na greine air thaobh ris,
Co boisgeal ri or nan daimh.
'S e guth anaim mo ruin a tha 'nn,
O! 's ainmach gu m' aislin fein thu.
'S comhnuidh dhuit anam Mhalmhine,

20 Mhic Ossain is treine lamh.
Dh 'eirich m' osna marri dearsa o near,
Thaom mo dheoir measg shioladh na h oiche.
Bu ghallan Aluin a' t-fhianais mi Oscair,
Le m' uile ghenga uaine ma m' thimchiol?

25 Ach thanic do bhas-sa mar Ossaig
O 'n fhasach, i dhaom mi fios.
Thanic earrach le fioladh nan speur,
Cha d' eirich duill' uaine dhamh fein;
Chunic oigha me samhach 's an talla,

30 Agus bhuail iad clarsach nan fonn.
Bha deoir ag taomadh le gruaidhean Mhalmhine;
Chunic oigh me 's mo thuirladh gu trom.
C' uime am bheil thu co tuirseach, a' m' fhianis,
Chaomh Aiunir-og Luath-ath nan sruth.

35 An robh e sgiamhach mar dhearsa na greine?
Am bu cho tlachdor a' shiubhal 's a chruth?
'S taitneach t-fhonn an cluais Ossain,
Nighean Luath-ath nan sruth dian.
Thanic guth nam bard nach beo,

40 Am measg t-aislin air aomadh nan sliabh,
Nuair thuit codal air do shuilean soirbh,
Aig cuan mor -shruth nan ioma fuaim,
Nuair phil thu flathail o 'n t-seilg,
'S grian la thu ag sgaolta na bein.——

45 Chual thu guth nam bard nach beo:
'S glan faiteal do chiuil fein.
'S caoin faiteal nam fonn o Mhalmhine!
Ach claonidh iad anam gu deoir;
Tha solas ann Tuireadh le sioth,

50 Nuair dh 'aomas cliabh tuirse gu bron;
Ach claoidheadh fad-thuirse fiol dorthuin,
Fhlath-nighean Oscair nan cruaidh-bheum.
'S ainmach an la gan nial
Thuiteas iad, mar chuisag, fo 'n ghrian,

55 Nuair sheallas i sios 'n a soilse,
Andeigh do 'n dubh cheathhach siubhal do 'n bheinn,
'S a throm-cheann fo shioladh na h-oiche.

THE SUN HYMNS. O. U. 5. 6.

GRANT (U.) printed (4) the 'Address to the Sun,' in Caricthara, 11 lines, and (5) 'The Address to the Sun,' in Carthon, 38 lines.

These were got January, 1798, from Donald Grant Ulnish, in the Isle of Skye, who wrote (4) from the dictation of an old gentleman at Vaternish. Older copies exist, and versions vary. The report on Ossian is quoted. The originals were amongst Mac Pherson's papers, and his assistant, Captain Morrison, gave a copy of No. 4 to the Rev. Mr. Mac Kinnon, of Glendaruel, before 1780, 11 lines.

The Rev. Mr. Mac Diarmaid is also quoted. He said, April 9, 1801, that he got these two poems 'about 30 years ago' (1771) from an old man in Glenlyon, who learnt them in his youth. In 1760 Mac Pherson began to print translations from Ossian's Poems; in 1763 he printed his Gaelic. No. 4 was in Mac Pherson's Gaelic text, 1807. No. 5 is not in the Gaelic Carthon of 1807 and 1818, but Mr. Clerk has placed it in the edition of 1870.

After reading passages in Carthon the conclusion seems obvious,

'They saw battle in his face,' 1760.

'*An còmhrag a snamh air a ghnuis*,' 1818.

The fight; a swimming on his face.

'Tell him that we are mighty in war,' 1760.

'*Innis da sa chòmhrag ar brìgh*,' 1818.

Tell him in the fight our broth (pith).

'The tear is on their cheek,' 1760.

'*Dear a' siubhal lic bhanail gun ghiomh*,' 1818.

Tears a travelling cheeks female without exploits.

I set a far better Gaelic scholar than I am, Mr. Mac Lean, to read Carthon for Anglicisms, and we came to the conclusion that we ought to mark the whole Gaelic text; because of language we were satisfied that the Gaelic is really an unfinished translation of the original English, which Mac Pherson composed upon some text.

In the first and second editions of the Gaelic Ossian the 'Sun Hymn' is omitted. It is added in Clerk's Ossian, page 220, from 'The Report of the Highland Society,' with the Pedigree quoted by Grant, which lands it in Glenlyon, near Mac Pherson, about the date of his first Gaelic publication.

The end of the English Carthon never has been found in Gaelic. On a margin of a copy of the first edition of Mac Pherson's translation of Ossian, which was found at his house, was this note,—

'Delivered all that could be found of Carthon to Mr. John Mackenzie.'

It has been said that this address is but an imitation of Milton's, in 'Paradise Lost,' and I suppose that it may be a free translation. At all events, 'Carthon' and the 'Sun Hymns' are very unlike any Gaelic Ballads which are orally preserved.

O. 22. FAILTE NO URNUIGH NA GREINE.
38 lines. (IN CARTHON.)

Dr. Irvine's MS., page 93. Copied by Malcolm Macphail. Edinburgh, March 30, 1872.

THIS writing dates about A.D. 1800. The poem was got from Mac Diarmaid of Weem, and from Mac Pherson's assistant, Captain Morrison. It is the equivalent of a passage in Ossian. Judging by the language, I think that this was translated from English. It certainly differs from the popular ballads, and the Sun is masculine, which is a mistake.

That the Sun personified in Gaelic verse ought to be a woman, and not a man, is proved by a song written by an Inverary Bard. in 1871, when the Princess Louise came home. He wrote—

'Bho 'n a dh' èirich a Ghrian
'S gu 'n do chuir i fo a sgiath na nèoil.'

Because the Sun has arisen; and because *she* has put the clouds below *her* wing (or shield).

1 O THUSA fein a shiubhleas shuas.
  Cruin mar lann sgiath chruaidh nan triath,
  Cò as tha do dhearsa gun ghruaim,
  Do sholus tha buan a Ghrian.

2 Thig thu mach nad aille fein,
  Is follaichidh reill an triall;
  Theid geallach gun tuar o 'n speur,
  Ga cletha fein fo stuagh san iar.

3 Tha thusa ann ad astar a mhain,
  Cò tha dana chi nad choir;
  Tuitidh darag o 'n chruaich ard,
  Tuitidh carn fo aois is scoir.

4 Traoghaidh is lionaidh an cuan,
  Cailear shuas an rè san speur;
  Thusa a' d' aon a chaoidh fo bhuaidh,
  An aoibhneas do sholuis fein.

5 'Nuair a dhuthas m' an Domhain stoirm,
  Le torran borb is dealan Berr;
  Seallaidh tu nad aille ro 'n Toirm,
  Fiamh gaire ort am bruaillean nan speur.

6 Ach dhomhsa thà do sholus faoin,
  'S nach faic a chaoidh do ghnuis,

7 Sgaoladh cuil as orbhuidh ciabh,
  Air aghaidh nan neul san ear;
  No 'nuair chritheas tu san Iar,
  Aig do dhorsa ciar air lear.

8 'S maith dh' fheudta gu bheil thu 's mise fein,
  An am gu treun, 's gun fheum an am,
  Ar bliadhna tearna o 'n speur,
  A' siubhal le cheile gu 'n ceann.

9 Biodh aoibhneas ort fein a ghrian,
  'S tu neartmhor. a thriath, nad' oige;
  'S dorcha mi-thaitneach an aois,
  Mar sholus faoin an rè gun chail.

10 'S i a sealladh o neoil air an raoin,
   Is liath cheo air taobh nan carn;
   An oitetag o thuath air an Reth,
   Fear siubhail fo bheud 'se mall.

O. 23. URNUIGH NA GREINE AN CARRAICTHURA.
11 lines.

Dr. Irvine's MS., page 115. Copied by Malcolm Macphail. Edinburgh, March 30, 1872.

BECAUSE the Sun is called 'a mhic' (son) whereas the word is feminine, this cannot possibly be an old Gaelic composition: 40 years before 1801 accords with the publication of Mac Pherson's Fragments 1760, and with Jerome Stone's translations 1755, and to that date I would attribute this Sun Prayer. The verbatim agreement of all the numerous copies of this composition indicate a common manuscript original. Oral Ballads differ, as shown above.

1 AN d' fhag thu gorm astar nan speur,
  A mhic gun bheud, as orbhuidh ciabh;
  Tha dorsa na h-oidche dhuit fein, (reid)
  Is pailliun do chlos san iar.

2 Thig na stuaidh mu 'n cuairt gu mall,
  Choimhead fear is glaine gruaidh;
  A togail fo eagal an ceann.

3 Ged fhaicinn co alluin na shuain,
  Theich iadsan gun tuar o d' thaobh;
  Gabhsa cadal ann ad chos,
  A ghrian is pill an tos le aoibhneas.

  Got these two addresses from Mr. Mac Diarmaid, of Weem, July 29, 1801, who says he got them from Duncan Robertson, Craigelig, Glenlyon, upwards of 40 years ago, when a student at College. Compared with two I got from Captain Morrison with which they agree almost verbatim.—Dr. IRVINE'S Note.

O. 29. CONNLAOCH AGUS CUTHONN. 181 lines.

Dr. Irvine's MS., page 121. Copied by Malcolm Macphail. Edinburgh, April 1, 1872.

See Stewart's Collection, 1804, page 581.

IN this the language savours of the North Country and of the Isle of Skye. *Nial*, becomes *Neul* in Stewart's Book. The printed version has all the seeming of a version revised and corrected by some one whose own ideas of Gaelic differed from those of the scribe or composer.

1800. Irvine's MSS., O. 181 lines.
1804. Stewart's Collection, Vol. ii. 581. 184 lines.
1870. See Clerk's 'Ossian,' Vol. ii. 562. 184 lines.

This looks like an extract from the manuscript which was printed in 1807. All known copies correspond in all respects, and differ from the Ballads, which vary as shown above. This is printed as written to show the broken irregular metre of 'Ossian's Poems.'

CONNLAOCH AGUS CUTHONN.

1 AN cual Oisean gnth neo-fhaoin,
  N' an gairm latha fo aoma' th' ann?
  'S tric mo smuain air aimsir nan raon,

  Mar ghrian fheasgair tha claon an gleann,
  Nuathchear mor Thorman na seilge,
  Sleagh fhada na marbh ann am laimh.

2 Is ceart a chual Oisean an guth,
  Co thusa shiol duilhir na oidhche;
  Clann gun gniomh an suain fogha,
  Gaoth a meadhon an talla gun soillse.

3 Tha sgiath an righ a fuaim air am,
  Ri osag carn is airde gruaim;
  Sgiath chopanach balla mo thalla,
  Air an cuir mi car tanull mo lamh.

4 Ceart gu 'n cluinn mi mo chara fein,
  Is fada guth an treun o luaidh;
  Cuinn astar air dubh neul gun fheum.

5 A shiol Morna ua bcum cruaidh,
  Sar Oscar neo-bhaoth air cul sgè;
  Is tric a bha 'n gaisgeach rid' thaobh,
  A Chomlaoich an am aoma na sleagh.

6 A bheil cadal air Tais Chonnlaoch mhin ghuth,
  A meadhon talla fo mhor ghaoth toirm;
  An cadal tha e Oisean, nan corr ghniomh,
  Is an ro chuan ma chomhnuidh fo stoirm.

7 Cha' n' eil uaigh tha fo leirsinn an Innis,
  Cia fada bhias sinne gun chliu;

8 A Ri Sheallama 's fuaimear gleann,
  'S truagh Oisean gun mo shuil ort fein (leirsinne)
  'S thu suidh gun fheum air do nial,
  An ceo thu air Iano a threun?

9 No tein adhair gun bheum air sliabh,
   Co dheth tha cearb do thrusgan baoth?
   Shiubhail e air osaig de ghaoith,
   Mar fhaileas fo aom na nial.

10 Thigsa naithe do bhalla fein,
   A Chlarsach nan treun le fuaim;
   Biodh solas na cuimhne air beinn,
   Ithonn an eirigh a chuain.

11 Faiceamsa mo chairde an gniomh,
   Chi Oisean gun trian na treuna;
   Air Innis tha dubh ghorm fo nial,
   Cos thorma nan sian aig eirigh
   Air carraig chanuich nan crom chrann.

12 Tha struth a tornan aig a bbeul,
   Tha Toscar a' Croma' thar fhuaim;
   Tha Fearghus fo mhulad na threun,
   Cumha thonn nam beus fada shuas.

13 Am bheil gaoth air aoma' nan tonn?
   N' an cluinn mi air chrom an guth?

14 Tha 'n oidhche Thoscar fo ghailinn nan sian,
   Thuit g' an trian o chruaich;
   Tha dubh shiubhal mara fo nial,
   Tha biacail nan crion thon m 'an cuairt.

15 Thainig tein adhair le beum,
   Le sealla na fearnaich do threun; (doi)
   Chunnaic mi Fhearghus gun bheud,
   An tais de na bha treun an oidhche,
   Gun fhocal sheas e air bruaich,
   'S a thrusgan a' cuir fuaim air gaoith.

16 Chunnaic mi a dheuran le truaigh,
   As e 'n duine gun tuar 'se baoth;
   As a smuainte ga claon an cliabh,
   'S e t-athair Feargus, a Thoscar a t' ann,
   Tha e faicinn a bhais ma shiol.

17 Mar sin bha choslas san am,
   'Nuair thuit Mor Ronan fo nial;

18 Eirin nan cnoc uaine fo fheur,
   Gur annsa domh fein an gleann;
   Tha samhchair mu ghorm thuit do bheann,
   Tha griane air do raon gun bhi mall,
   A sean fonn do chlarsaich air Sealama.

19 Glan guth do shealgair an Cromla,
   Tha sinne an Ithonn nan garbh thoirm;
   Trom is duilich fo mhara bheuc thonn,

20 Na tonna le geal cheannaibh baoth,
   Leuma thairis air aoma na traigh;
   Mise crith a meadhon na oidche,

21 C' ait a shiubhail Toscar anam a bhlair,
   A dheagh Fhearghus nan leadan liath;
   Chunnaic mise thu gun eagal o bhas,
   Do shuilean solus nan sgiath
   C' ait a shiubhail anam a bhlair?
   Cha robh eagal g' ar saruch riamh.

22 Gluais Coimhead air glas lom nan sal,
   Thuit a ghaoth le sarachadh sian;
   Tha crith air na tonnaibh fo fhiamh,
   Ri crith le grian na stoirm.

23 Gluais a Choimhead a mhoir chuan gu thrian,
   Tha Mhadainn gu iar, as i liath;
   Seallaidh solus nan speur o 'n oir,
   Le morchuis mar fhear, ma shoillse.

24 Sgaol mise mo sheolan le solas,
   Fo thalla ard Chonlaoich nan triath;
   Mo thuras gu Innis gun chala,
   Glan chumh thonn air toir nan ruagh ciar.

25 Chunnaic mi mar dhearsa na soillse,
   Teine bolg 'se boillsge fo nial,
   A leadan mar dhu' chul na oidhche,
   Air geall Urla ag eiridh gu dian.
   Is 'g aomadh a tarraing na teud,
   A ruigh glan air a deigh dol sios.

26 Mar shneachd air Cromla gun bheud,
   Thigsa gu m' anam a lamh gheal,
   A bhan shealgair nan sar Innis faoin,
   A tha uaire fo dheuraibh gun aireamh.

27 Tha i smuaineach air Conlach neo-bhaoth,
   C' ait a bheil do shithsa Oigh?
   A chumh thonn na mor throm ciabh,
   Craig ag aoma air sal,
   Liath chranna fo aois air le coinich.

28 Na tonna a' gluasa' ma thraigh,
   Air a thaobh Innis bhla nan Ruagh;
   Oighan nan sealg gu 'n phill o bheinn,
   Chunnaic e 'n sealla' air an cul;

29 C' ait Ighinn Rurmar nam beum?
   Cha do fhreagair na oighean fo ghruaim,
   Tha mo shithse iar cruachaibh Mora,
   A shiol innis na tir fada shuas.

30 Pillidh Toscair an oigh gu sithse fein,
   Gu talla nan teud aig Contach;
   A 's caraid do Thoscair an treun,
   Bha fleagh do mo reir na mhor thir.

31 Uaigh Eirin air osaig thla,
   Cuir seola' o thraigh gu Mora;
   Air Mora as samchair do 'n oigh bhain,
   Lai Thoscair a snamh gu doghruinn.

32 Is mise ann on cos fo dhian,
   Is mi sealla' air grian an raoin;
   Tha aiteal nan cranna o nial,
   Gu cuin a ghlan ainnir neo-fhaoin,
   Cumh thonn nan saoi le guth broin.

33 As fada o mo chluais an oigh,
   Ann talla Chonlaoich nan corn fial;
   B' e nial, tha Cumh thonn tuiteam orm fein,
   Tha 'g imracha mo threuna shuas.

34 Tha mi faicinn trusgan gun fheum,
   Mar liath cheo air astar ma chruaich;
   Cuin a thuiteas mi a Rurmar threun,
   Tha mulad mo chleibh gu bas.

35 Cum nach faicinnse Conlaoch na beum,
   Ma' n tuit mi gun leus an tigh caol?
   Chi thusa ghlan oigh, Oisean do run fein,
   Tha astar an treun air a chaol.

36 Bas Toscair a dorcha ma shleagh, (Thoscair)
   Tha lot is e dubh na thaobh,
   Tha e gun tuar aig tonnaibh na h-uaigh,
   Is e feuchaim a Chruth is e baoth.

37 C' ait a bheil thu fein le deuraibh, (deoir)
   Is ard thriath na Mora gu bas;
   Threig an aisling ghlas mo chliabh,
   Cha' n fhaic mi na treatha nis mo.

38 A bhaird nan am neo mhosguil riamh,
   Cuiribh cuimhn air Conlaoch le deoir,
   Thuit an gaisgeach so iomall a la,
   Lion doirche 'thalla le bron.

39 Sheall a mhathair air a sgiath air balla,
   Bha ise snamh fala gu coir;
   B' aithne dh' ise gu 'n do thuit thu threun,
   Chualas a guth fo bheud am Mora.

40 Am bheil thu, oigh gun tuar, gun fheum,
   Air taobh gaisgich nan beum a Chuth thonn?
   Tha 'n oidhche tighinn, pillidh ghrian,
   Gun duine g' an toirt sios g' an uaigh.

41 Tha thusa cuir eunla fo fhiamh,
   Tha do dheuran mar shian mad' ghruaidh;
   Tha thu fein mar nial is e glas,
   Tha 'g eiridh gu fras o lon

42 Thainig siol Sheallama o' n ear,
   A fhuair iad Cu' thonn gun tuar;
   Is thog iad an uaigh gu leir,
   Bha fois di ri Conlach nam buadh.

43 Na gluais dom aisling a threun,
   Fhuair Conlach nam beum a chliu;
   Cum fad do ghuth om' thalla,
   Tuitidh cadal fo fhaileas na oidhche.

44 Truagh nach di-chuimhnichin mo charai,
   Gus nach fhaicear air aird mo cheum;
   Gu' m bithinn le solas nan gara,
   Gus an cuir mi chairis gun fheum,
   M' aois is beud san tigh tha caol.

Ceann-finid.

TEXT C.

Copied by Donald Mac Pherson, July, 1872.

Collected by the Rev. Alexander Pope, A.M., Minister of Reay, in Caithness, about 1739. He was son of Mr. Hector Paip, Minister of Loth. He took his degree at the University and King's College, Aberdeen, April 15, 1725. He died March 2, 1782. See Fasti Eccles. Scot., part v., p. 367. A letter from Mr. Pope to the Minister of Thurso, November 15, 1763, is quoted, p. 52, Report on Ossian, 1805. He is mentioned in the Report, at page 25, as 'well known for his abilities as a scholar, and his great knowledge of the Gaelic language.' About 24 years before 1763—1739, Mr. Pope, and a gentleman living on Lord Reay's estate, entered into a project of collecting the old Gaelic poems which they admired. When he heard of Mac Pherson's translation, 1760, 2, 3, Mr. Pope was curious to see it; and in the summer of 1763 he compared the translations with his own collection. He identified passages: he says, 'Many of them (the Heroic Ballads) indeed are lost, partly owing to our clergy, who were declared enemies to these poems; so that the rising generation scarcely know anything material of them.' Many old people could and did sing to peculiar tunes, the ballads which Mr. Pope collected, and which he identified with Mac Pherson's translation. 'Duan Dearmot,' an elegy on the death of that warrior (No. 3, below), was in esteem amongst a tribe of Campbells, who lived in Caithness, and would derive their pedigree from that Hero, as other clans had chosen others of them to be their patriarchs. The Minister of Reay says :—

'There is an old fellow in this parish that very gravely takes off his bonnet as often as he sings "Duan Dearmot." I was extremely fond to try if the case was so, and getting him to my house I gave him a bottle of ale, and begged the favour of him to sing "Duan Dearmot;" after some nicety he told me that to oblige his parish minister he would do so, but to my surprise he took off his bonnet. I caused him stop, and would put on his bonnet; he made some excuses; however, as soon as he began, he took off his bonnet, I rose and put it on. At last he was like to swear most horribly, he would sing none, unless I allowed him to be uncovered; I gave him his freedom, and so he sung with great spirit. I then asked him his reason; he told me it was out of regard to the memory of that Hero. I asked him if he thought that the spirit of that Hero was present; he said not; but he thought it well became them who descended from him to honour his memory.'

Mr. Pope's manuscript was found in a drawer at the Advocates' Library, in 1872, amongst a mass of papers, all tightly folded in bundles, like old bills. From these I extracted many samples of authentic Gaelic poetry myself, e.g. 'Fraoch.' Mr. Mac Phail and Mr. Mac Pherson also found collections; and possibly many more still remain in these bundles, disregarded as worthless rubbish. Mr. Pope's hand is very small and difficult to read; his orthography is phonetic, and almost as hard to understand as Dean Mac Gregor's; but it is quite possible to make out the words, and the meaning. I print the whole collection, as it came to me, July 20, 1872. I place it next to fragments of Mac Pherson's Ossian, orally collected about 1800, traced back to Mac Pherson's assistants, to his own papers, or to people living in his neighbourhood.

Any one who will take the trouble to compare these fragments can form an opinion on 'The Ossianic Controversy.'

Any one who will travel into the remote districts of the Highlands, as I did in 1871, will find people singing Ballads which the clergy have condemned ever since 1567, when Carswell wrote. These the clergy also collected about 1800, and this book is made of these wicked Ballads which will not be silenced, and which will not be forced out of their natural growth by the publication of printed books. Here follow Gaelic Ballads orally collected in Caithness, about 1739, before Mac Pherson appeared, in which the history is Scoto-Irish, and there is no mention of the Kingdom of Morven.

	Contents.	Lines.
1.	Iomachd Nionar	56
2.	Iomachd Ochdnar	35
3.	Duan Dhiarmaid (Glenshee)	85
4.	Duan Dùurug	61
5.	Duan Lermon	98
6.	Duan na Clainn	108
7.	Duan na Sealg	92
8.	Duan Conlaoch	82
9.	Manus. Fragment	16
10.	Muirbhurtach	123
	Total	756

July 13, 1872.—The whole written very small and almost illegible.—And two lines illegible.—D. M.

July 20, 1872.—Manus missing.—J. F. C.

C. 1. IOMACHD NIONAR. 56 lines.

Rev. Alexander Pope's MS. Copied by Donald Mac Pherson, Advocates' Library, July, 1872. See above, p. 104.

1 Shian sin sa Hullaich
   Er vel mi ndiu' lan goirt
   Va mi uair sa bin liom
   Mi vi maonir ort

2 Mis is mathair is mac Lu'ach
   N triuir sin leis mo chu' an tealg
   Oscair Goul is Caolte
   Filan Connal is Diarmaid

3 Och er mullin a Phadrich
   Chuir shin fair er fiu'ach
   Le nar ni Conn le er ni geuir
   Le er ni slei'in moir

4 Le er ni claivin glass
   Bu ghast an tuis gach Coruig

5 Leig shin sinn er cud gai'ir
   Er fei'il fea na beanta
   Mharved aün don lim
   Agus daimh throm no gleuntu'

6 Nde dhuin serios do n' alach shin
   Hunicus mar bavish
   Na hairm ghcal is ghlass
   Vi gun casu' eir no fairach

7 Hui shin shinn air an Tullich
   Is haing huggin steach gari
   Ghearich ruinn gu humhilt
   Shiu' is mac Cuil ai ar

8 Mise Fionn na mbuo s'in
   Ca be shuis do luath in domhan
   Mis san huggin ha er nirighiol
   Ha shin nionar mar er comhair

9 S teinn liom sud ri er nedin
   Is i liu' ceud fear calma caslua'
   Hanig vo Ri Lochlin
   Gu' cosun' na Herin

10 Er laimh tathar is do sheanar
    Is air laimh do Leannan huarich
    Cha diggu' huggin dar shirru'
    Nach duggu shin dhoibh bualu'

11 Ghimich in Teachtir gu siu' lach
    Charich iad iuil ma er comhair
    Varbh gach fer agin diu seasar
    Sud mar chrech shin er gnoàch

12 Hug sin shin ruaar daan
    Go mo lionar gann fear slei
    Go mo lionar clagin ga skoltu
    Gor lionur flesgach snoiu'
    Gur lioner fear chosu' geal
    Frassu' fall er no triochu

13 Bo mha Goul ntùs gach ca'
    Bo mha mathair an is Caolte
    Co ziu' do shin nach molain
    Oh ri bo honne nionar

These Fragments of Mac "Phersonic" Ossian, when traced back, converge upon the author, his friends, his district, and the date of his early publications. I have placed them last, because I believe them to be later growths, sprung from the older series of traditional, Heroic, Gaelic Ballads, of which I have printed samples. I have arranged these according to their story. That corresponds to romantic Irish History, as written by Keating and others. It does not correspond to the story told by Mac Pherson. He was a great original genius, and master of fiction, as I now believe.

14 Ndea vi Ca' n' an la
    Ia mai' us er in diochart
    Hui shin scha bo dochi
    Fer ls ochtar in tshian.

C. 2. IOMACHD OCHDNAR. 35 lines.

Advocates' Library, July, 1872. See above, page 104.

1 O s' cui liom Iomachd ochdnar
   Shi ghag sprog er mo mhermuin
   Ceud fa nois gni ceilam
   Is nach eil mi ach anvin

2 Oscar Goul is Caolte
   Filan agus Diarmad deud ghiall
   Couignur ghluisi dar n ochnar
   Mis agus mathair s Ferghus
   Truir gheal sharbh sin tottal
   Phadrich mo Chredis du mo sheancus
   Bo sudaguds ainm mo n' ochdnar

3 Ranig shin Cuirt ri Sassan
   Bha ioma glass an gu' forcum
   Thuit an ri le ma Cuil
   O Cuidh liom iomachd ochdnar

4 Bha shin an Carri na halb
   Biomu ann Fer Calmind Cass lua'
   Hug shin dius Cios is cubh
   O cnibh liom iomach ochdnar

5 Bho Erin nan skia Alpin
   Gu crioch Lochlin no stru seimh
   Bho sud agus Maonus o Daiv
   Va sud fo chain og an ochdnar

6 Glac shin Crom na Cairge
   Er in n Fhairge min le Oscar
   Go bu hearc shin er a Bhru' ich
   O scuidh liom iomachd Ochdnar

7 Ghlac shin Bale na Beirm
   Thog shin in term eg ri Lochlin
   Rein shin sud no bo mhodh
   O scuidh liom iomachd Ochdnar

8 Phadrich nan clag binn
   San lett bo mhin no Cleru
   Thug shin ghachi go ntuasclu
   Ceud don Uaislu do dh Erin.
                                Finis.
                       IOMACH 8ᵈⁿᵃʳ.

C. 3. DUAN DIARMID O DUIN. 85 lines.

Advocates' Library, July, 1872. See above, Diarmaid.

1 GLEN shi sho ri er taobh
   Gur bin an gu' laoich is loan
   Gar minig vi an Fhein
   Eir in tliabh er dei na Conn
5 Glen fo na bhin Guilbin ghoirm
   Is ard i Tullich fo no ghrein
   Is er buinnachd er duni go teann
   G' ull do healg gu Ri na Fhein
   Coismachd ni baill len loach
10 Er i chuidachd chaomhs cha Noin
   Er i bhin Guilbin is er i bheist
   Mar ghabh e vo 's laimh an torc
   Gealad er de ghualin Fhion
   Errach liom gun drinnis gloc E
15 Er bi gha bhi tamul na hos't
   Labhar Fion is holc ri ghra
   Dhiarmad tomhais in torc
   Cia mead trei vo hoic gu hail
   Cha do dhiult e schoneich Fhion
20 O lir gun danig fo bir
   Tomhsid e ntorc er i dhrim
   Mac o Duin bo truim treidh
   Teanta i s tomhais i risd
   Dhiarmid vol is min in torc
25 Lott in bir neimh gu garg
   Bon in fhir bo hearbh san trod
   Vol ha fer rohan do chin
   Tadha gach slei rin gheur ghort
   Heante cha ba tarrus ai

30 Agus toisid e on torc
   Tuidid e shud er i haobh
   Mac O Duin le trom feile
   No shint ri taobh in tuirc
   Rin sud aer ghut mar dheall
35 Er bi dha traoin' fhul chreach
   Mac O Duin Ciabh na cleachd
   Aoin mhaics faitach no fein
   Er in tullich siar fo lic
   Sbui do chean agus tault
40 Guirm rask mar vin dearg ceilt
   Va guirm is glassid do huil
   Caiss is mass in Cul no u Cleacht
   Binnid is Glinnid do ghloir
   Chin sprog er mo dhoi oin dearg bhea
                              (deargbhla)
45 Vo mead is tabhacht an laoich
   Corp shaoi seimhi fo chrios ban
   Skeimhach meittar bhaun
   Mac O Duin bo va buaidh
   Neis cha throg sin suil
50 Vo cha nuir ehur er i ghruai
   Si meudad her e er each
   Fer les in trogad chreach i beais
   Nar trua leibs mar gun cual
   Gun huit e le fua i ghlinn.

55 Seasid air urlar ghaibh
   Mac O' Duin grai na scoll
   Sceul vo utursach na mnaoi
   Mar ghabh e vos laimh an torc

   Se ntorc shi fo rüch borb
60 Go m beid no ngavu er eabh
   S bo gharbh i huit no no ca bolg
   Lottid e le chran faraoin
   Staddid eir so voic
   Sin tlei vo no Caosh bla
65 O lin gui ha no corp
   Diarmad mac O Duin eile
   Mo hurchir les in tuc bheist uice
   Chur taobh trom lei in vi ga
   Schur slei an in arm tuirc
70 Tra dhuisg in urlan na truail
   Nti chossin buai as gach blar
   Gun varbh mac O Duin in bheist
   S' hanig e fein dachi slan
   Sin lei sprog er Fin no fein
75 Er ullin shiar er i chnoc
   Mac O Duin cha do dhiult e
   Se ain dachi slan vo intorc
   Sgon huigh Fion bo dearge dreach
   Er bhin ghulbin ghlas san tealg
80 S mo huit Diarmad leis on torc
   S' mor an tole rinn a chealg
   Geisdeach ri conghair no Fion
   Sin arri shiar tean er cean
   Gun dhuisg in ulbh bheist e suain
85 S gun dimich voin in glean

C. 4. DUAN DURUG. 61 lines.

Advocates' Library, July, 1872. It is impossible to give anything like an accurate copy of this piece.—D. M.

ARGUMENT.

DUAN DÜRUG, a most entertaining poem, giving account how K. Fin came to Scotland to hunt, and his mighty men with him. In course of their hunting Fin is seized with a profound sleep, and none attending but a young man named Dürug . . . guard that attended the King. In the mean time on M'Annu' comes with a body of men to attack King Fin, who had slain his father. After some arguing Dürug and Mac Annu attacked one another, and after fighting most desparately both were slain upon the spot. When Fin wakened and saw Dürug slain before him he lamented sorely, and at last ordered the body of Dürug to be buried in the burying-place of those mighty men. It is really a most moving description.—See above, p. 112.

1 NOACHT hagam er Fin fiorghlic
   S' er Diurag on no gealla

```
        S' er vaccan no calp diomsach
        Hanig hugin sior Brugh Anna
     5  Mhic Cuil vic trenvor so shone ha
        Gun danig e healg do Alb
        S ann a Erin urghlan ri insin
        Gesidinamh ri fuaim na struan
        Is ri gu no neon Bin
    10  Gun huit suain nach ro go hedrum

        O nac feci shin fionn e slein
        Se er tullach gorm ghlas dovin
        Gun Ni Cudrish don Feinn
        Nioch Diurag don mac i Deir
    15  Labhrin in Coura finaid
        Is gun innsin dhut mo sceal
        Ma se fionn na do chol
        Na so gin ghul do dheuchin
        Sai nach insin dut in ceinsin
    20  Ach in dül mi bas mathar
        S bu chaint hered ossin
        Vi Aunu e glen sleav
        Bhi du gun chean na fale
        Le do Chaint Buirb do ro bheag
    25  Tra ghluais fearg an da Dhreggan
        Is do thiodu ad vo cheil
        Gum baid na glaoh curri
        Faoich im buillin is am beuman
        Do ghluais Fionn no slee gavi
    30  Do ghul an lathar na fir chalmand
        Rug e er deas laimh Dhiurag
        Sa na shint sin gun anmin
        Hairigid leo na sleün reamh
        Hargid leo na cloibhin geuru'
    35  Bi Cuirp is cnamhan gan gerru
        Ach gu riggu aid i cheil
        Adir Diurag og no gealla
        Is mac Annu' e glen Sleave
        Och er mulins i Dhiurag
    40  Na mb eidin do hearnu
        Thuogm ni maru do mo vahu'
        Do mo gbi sdo no chahu Calamund
        S mor cliu sin le Diurag
        La vir ris su lavard
    45  S liu treun laoch re chau'
        Vagads la na halair
        Ach so lamb nach dibir misin
        San le maoin no re macunne'
        Ach gun danig na seachd stran
    50  Hugads vo bruich Annu'
        Se so mer bo vin er hedin
        To no vene bo ro va tigus
        Cumb bu ghil sbear ionas
        Gun dach ionalt ruimh in ing
    55  Ach trogamid a nis gu alvi
        S far in Dioligaid in
        Mo vil beannach vi er tannim
        Voe soto' dea vic Alpin Chlerich.
```

C. 5. DUAN LERMON. 98 lines.

Advocates' Library, July, 1872. I cannot guarantee that this is a correct copy. It is so indistinct.—D. M.

THE subject of the Poem is to the following purpose. Ossian, sitting upon the eminence where the Palace Royal of King Finn stood, tho' then it was in ruins, begins with a most moving Lamentation for the loss of his people and nation, and seeing the ruins of the Palace, and from thence takes occasion to point out the time, cause, and original of the downfall and destruction, and he plainly shows that private quarrels generally, and animosities occasioned divisions among them. In particular that one of their mighty men named Lermon deserted them at a very critical juncture when they were invaded by a most numerous fleet from Norway, and after they had assembled warriors and marched to Lermon's Castle he could not be persuaded to oppose their common enemy. It is true they fought a battle and defeated their enemies tho' they wanted Lermon. Then from that period they might date their misfortunes for they were no more united, and their own divisions finally terminated in the extinction of their very race.

DUAN LERMON.

SOME say that King Finn attacked Lermon's Castle, and killed him and numbers of his followers, as a traitor to his country; and there is a very strong presumption that Lermon aspired at royalty or else meant to crush King Finn's family as much as he could. See above, p. 106.

```
     1  Is kionol shin Hullaich ard
        Er i var gu vacuis uair iad
        Bhuion nach diultu vo neach
        Cid ha i nochd gun teach gun tuar innt
     5  Is ann int ghebt Lermon mhor
        Mac conil cha ghloir er aish
        Fhir chuir Alb fa Choimh
        Le neart i lamh is i threis
        Int gun tigeadh gach aon lo
    10  Imeart amnan sloi is ri
        Croinnacht is Alb fial
        Hargid se hor sa fion
        Cha do veggich sud do mhuirn
        Hullich uir bu bhrea toir
    15  Ach go dainig Carryl e fein
        Go mac ri Alb na shiain oir
        Hanig tri Chaan er fein
        Le gull 's na fiein in toir
        Laoich nach diulta corrug do dheir
    20  Iullin mor mac Muirna moir
        Diarmaid agus Caoilte cruaidh
        Hannig Clann in Iver ruai
        Buion dhargu s lua rinn
        Ca mor er cairdas is er daimh
    25  Do huabh fearg is mor bhai
        Hanic triuir vac chlann Dhuin
        Hanig er Buoin ser nionos
        S deich fiaid skia dhearg na gall
        Diolta gach aon fhear ghiu ceud
    30  Ca imu agus er eis
        Dombralach uir gach sheoil
        Hanig nis o ca' gach mei
        Sho do fil neul i cruai
        Er egil fuair no vri
    35  No no va er mo chin do lua
        Deich ceud sluaigh le neomhir oir
        Bu decir na clo an ni ca
        Do mahu marach ner sloi
        Hanig sin rua gu brais
    40  Hanig sud is Filaon fial
        Se chaogad ski is cloir glass
        Bho Dhuine fir ghlic na feine
        Gu Dun Lermoin nan clais cass
        Hanig Fiom a ries cheil bui mhoir
    45  Agus glasriu o Gach neach
        Rein biovu as gach trein
        Er lin gom bo trom er feachd
        Er bhi dhuinn tamul mu eidim
        Huncas thir na slei
    50  So agin in erei vors
        Sho buion an treal is fear
        Co luinas in mol in treol
        Ach ni mo vaicins do cumih gloir a hear
        Bha scabbul oir er i guslin
    55  Le cean veairt do chlach i Buai
        Le gui lei ad chil dirich
        Le cloi Cruai co hirt rish
        Bo sin laoch fergach fulach
        Osgir calmund cruai vullach
    60  Bo cho rdil leis gach Cai
        Mac an voir vic na hard la
        Er bi ga hin gidis doin tli
        Lein gu Osear nanairm neih
        Ghluais an ar tarug mor meirat
    65  An sin gur an gu lan teilach
        Heis sin ma na ghil ghrein
        S deich Caan ea gne erin
        Van Bhratach uir dhail glan
        Ma rivin alun in dait i
    70  Deich eigins deich mil bargu
        Hanig steach in trai no doss
        Sud cluei no gabh iad tar
        Fannin agus Blas is fois
        San gu Dun Lermoin nan lann
```

75 Voi bo lionor ann iomad fer
   San hig linai nin ian
   As gach aliar near is niar
   Imu skiá gun shorbtu leis
   Agus Oros es na haird lan
80 Sioma le lamh is cos
   Gun gherrin leis agus cean
   San leis choisgen in loi
   Mo vaicins oscuir nan Caan
   Vo chorug Lermon no closs
85 Hug mor go aniov leis gu haov
   Ghern duit Phadric uir
   Shall beg edrinn in Dun
   Le hurpih nio chiu mo chleas
   Nan marrin fein no Clessin dlu
90 Gur mi Oisin bochd mac Fin
   San orm legid gach run
   Scad harlin mi nochd gin ra
   Sim udar Ca er linn
   Ghisin duit Phadrik no Bochtu
95 Osdu chunis mo chos gu noi
   Vo nads cho drin mo laimh lottu
   S fad liom so nochd sgur Cion.

C. 6. DUAN NA CLAINN. 108 lines.
Advocates' Library, July 12, 1872.

I HAVE no other version of this Ballad. It ought to come next after those which describe the Battle of Gabhra, and the Death of Oscar. In this, Oisein tells Padruig that he and Caoilte were the only survivors. This Caithness Ballad joins the Scotch system of Heroic Ballads to the Irish system. In early Irish Manuscripts are copies of long dramatic recitations, in which the characters are Oisein, Caoilte, and Padruig; and their subject, the adventures of the Heroes who figure in these Scotch collections, namely, the Feinne and Cormac Mac Art, High King of Ireland.—J. F. C.

1 INIS ghuin Osein eile
   Vie fin va seach min sceul
   Ca cah bo truoi leat fein
   Chuirt le do laoich airm gheur
5 S meirg us dheinich sin diom
   Phadrick se do mo dhion
   S-gur e ca bo truai lium
   La san chuir sin Dir Chloinn
   Vo cha gaura na slei geur
10 Phadirk na abram breug
   Nach do lean linn dor fein
   Ach mis is Caolt di aon vein
   Hug shin as sin er dios
   Gu [tigh] te alvi na mor chios
15 Far an bi mnaoi na fein
   Agus Claunna na Caomh chlev
   Oir guvaighin vi er Cloin chaomh
   Phadrick chri chaomh
   Harlin nach dainig riamh
20 Nar no oru no an ceal
   Hanig techderacht don tir
   Vo ri Lochlin gu hanmin
   Er Kios nockaigh na lamh
   No ar ni uille agail
25 Chur shin techdire vuain
   Gu ri Lochlin vor luai
   Cha dugamid da cios no caimh
   No ni fo do' on duaval
   Ach ca gur ha ardur gundaal
30 Les i Chlan sin va gioman
   Sud dar hunig i chlan va
   Curi aid am bol ri lar
   'S tilgir vo na Camainan
   Sud lavir mac Oscar in aig
35 Na leig vo na cha slan
   Mar bans lin kor aiv
   No ma in don donval
   Sud laver mac Cairry e risd
   Na i e so no cha nios
40 Fer cruit rachis leo sios
   Mis mait er mor chios
   Hagaid hugin aid ro mi

   Churt leo tullach er bal chri
   Sud hug e mnaoi fein
45 Choit glic s bo gei cheil
   Gun cha hord san uair
   Ve ach erin vor luas
   Na Covid suas chloin slan
   Gun denmid nein Col-on
50 Charich sin cotan streol
   Ma ni mionin sionnh saish (?)
   Na cuirtin bear maish
   Na scibulin oir er ghleist
   Le ceanveart chloch int chuain
55 Togimid ris i Clann gun imru
   Le lanna fo niumui buai
   Le Crios cru crann vue
   Togimid sud ri tiv suas
60 Bratach Fin fla na mor lúch
   Ach gun dranig sin i mbrue
   Toggar hun in duin
   Der hunig sin aid uil er lar
   Chloin gin ta bo lag bo neimnach
65 Tsarlin gur or fearu Phail
   Agin su chnoc er co'al
   Mhin shin garh cha sin uaiv
   In ochd ri Lochlyn no mor luai
   Chuir sin in treis va trua
70 Dhimid aid uile san aon uair
   Gun neach do hannu vo bheinn
   Ach Dearg Dünach nairm gheur
   Dur hanig mac ri Lochlyn vuai
   Mar sin cur di er sluai
75 Chuir sin in treis va truai
   Dümid aid uile san ocu uair
   Henta nderg mac nio va fein
   Ri mac ri Lochlyn no narom geur
   Cean da ord dhe
80 Do bhem Currind Cloimh
   Chuir e slei no tre chrios
   Na hinsa linn eolvi
   Noich sin duin fo bhron
   N alvi gom bi no sloi
85 Geisdach ri gair van go trua
   Sri Connard mhoir luai
   Doanalach no con sin rithai
   Ri gair Bannal na gna fion
   Hug deir er mo chu nach tim
90 Ha sud no habri er
   Leg sin Cuainard Fin voir
   Ghe na slaurün dearg oir
   S hi' gach cu er hom pfein
   Vic Phadric vic Alpin eile
95 Leig sin sin na goir ma seach
   Am feüld gun aon neach
   Sealg an la sin ri mo linn
   Vo rei ist elvin ri aon lo
   Chlerich cha neic mar sin
100 Scalg an lo sin mar sin chleri
   Churta er da chul ri cheil
   Er de no hinnil le ao Ceil
   Von lo shin cha nac mis
   Do vac pfear in ard ri
105 Ca be neach chreddi uam
   Mar hunnig mi uair an Tullach
   Phadrick leais na sailm
   Smor mo thruai ri innish

C. 7. DUAN NA SEALG. 92 lines.

THERE is another version, dated 1813, 'taken down from the oral recitation of Robert Gunn, from the Parish of Lathecon, Caithness-shire.' 69 lines.

1 LA do dhfin e shelg ni Cluani
   Cuir na feild fad vuain
   Go vacuis tiin do n telg
   Maidin uir an beart chrodherg

2 Crios du crios du' er i taobh
   Crios is ailt cha er mnaoi
   Va erra oir er chean chrios
   Sin go mbo decir do heoid ga val

3 Le cullanin seddi uain
     Er dorn ivhin deis na fer chruai
     Tamul duin mar sin
     Shin fuairach err na conn

   4 Gur e ghuscir in golan geilrach
     Tartir in ci bo vor meinmi
     Vo ntom er ro Paul
     Gus in ntom er ro Connon

   5 Dur leg Connan in giall mor
     Do chur in ei var i heol
     Cha ro e ach gerrid na ghail
     Sud na lei cu Chonain

   6 Gunni leig Dermad mac in ri
     N da Chon dherg hu mha gniomh
     Ma'ar na cuainn va glinn
     Dhag na ley cu Illan

   7 Go no leg nosu fla na fian
     Gach cu faa cean sliabh
     Cha rachu cu ai na ri
     Gun damh argindach aoni

   8 Glacigh mo gha chu 's i fen
     S gur i feilt aid heir is hiar
     Se cu na riin glan
     Ghramich ris in annir accein?

   9 Heis in riin gu dur dur
     S ghlacci milchu er i mer
     S gun leiggi gu cumsach ceart
     Na tri choin da nin loan

  10 Beannact ossin er i mheul
     Agus innis do skeul er chon
     M Bio'u oribhs erru no airm
     Dir he i sibh don telg nach lo

  11 Cha viu agiu in er mor
     Gun lein sreoil gun da choin
     Gun chean bheart choichlich oir
     S gun da lei an dorn gach fir

  12 Gun chotun don Tid sheimh
     Gun luirich malich sheimh ghlain
     Gun skia uain chosnu buai
     S gun lann chruai gu skoltn chean

  13 Beannach Ossin er u dhei
     Beannach fos er t' anam fein
     Innis duim Ca miad fia
     Thuit er sliabh na Beann fin

  14 La gin rachu Fion do shealg
     Sgo mbo shealg sin fo bheannu borb
     Gin vi cudrish don eainn
     Ach e fein san ni'in òg

  15 Sealg in lo sin ri mo linn
     Vic Alpin in go glinn bla
     No gu' na ceol as in chil
     S me gur bin linn an la

  16 Ossian is bin liom do ghloir
     Beanach fos er anam Fhin
     Is inis duin ca miad fia
     Gun huit er sliav na beann fionn

  17 Huit er tri mile fiadh ban
     Gun ari er erb no er ai
     Gun huit er in trai fo na ghlean
     Do feivich le Fionn na flea

  18 Beanacht Ossin er a bheul
     Is innis duinn do skeul er choir
     Bin oirbh erru no airm
     Nam dol don telg gach lo

  19 Cid hiult in doinn ma seach
     Cha nait neach mar sid ach fionn
     Fer beur innach is aine
     Cha do chrai lamh vosa cion

  20 Biomu an ard leoch fuilach fial
     Er ullin sliabh insi Crot
     Guinnach ialach an i lamh
     Ghabhas leis vos laimh in torc

  21 Sin do gherich Cuain an' tuirc
     Leig sin na huilc er i sheilg
     Mar biou nar lannan snar lamh
     Cha chuiri shin far er in telg

  22 Leig shin sud deich ceud cu
     Bo ro va lus is va garg
     Vorv gach Cu ghiu da ia
     Mis drug in ein er in lorg

  23 Heis in riin gu dur dur
     Ghlacci milchu er i mer
     Fer i corug cha ro slan
     Vo madin aone la.

C. 8. DUAN CONLAOCH. 82 lines.

Advocates' Library, July 13, 1872. See above, p. 9.

   1 HANIG hugin dhe bar Bivil
     Curru' croind Conlaoch
     Le gissin moir e garbh glinn
     Vo Dhun scaich do Gherin

   5 Dhiarich Cuchullin ri cach
     Co churramind do ghiss an olich
     Do dhetin beachd no skeul dhe
     Sgin teachdir do dhanin voi
     Gluais Connal buaach brais

  10 Do dhetin sceul do na mhacan
     Go bo mhoir agin sparn in laoich
     Chealt Connal le Conlaoch
     Fianis no Fein uile
     Agus Ri no Currei comhraite

  15 Ceud do nar sloi gu 'n cealte leis
     Bu deacair a sceul ri hinnis
     Ach Cuchullin no slei slim
     Nuair hunnig e coirich Chonnail
     Gluais e le neart trenne lainn

  20 Do dhetin sceul dhe no mhacan
     Comhrug riomse seudir duit
     No do loinnu dho mar charrid
     Go do roian do gach cuid
     Ach cha chuid toighi dhuit mo chomhrag

  25 Gissin hug mi no mo Theadh
     Nach fedin skeul hord do neach
     Ach na dugu do neach fo no ghrein
     Ban duitse ghnuis airal
     Ach verrinse dhuitse mo mhoid smo Briathar

  30 No do hoilte mi mar an criathar
     Nach teanta mi go tealach Fhin
     Gun ao chean no do loinnu'
     Fhir agus fhir Vig
     Ga do labhair cha baghlin

  35 Cha buiral duitse an Fhein ùile
     S nach deanins mo loinnu ri aon duine
     Ach na digu Fienu' Phail
     Sho chuid be les ghiu ri ghra
     Chuiru du tainme ri tar

  40 Is bedur dhuit do loinnu
     Ach huggaid shin gu cheil
     Fo deachin is tha ban gu reitac
     Macan sin gun duaire ghoinu
     Agus doltan sin do na chruaidh chubha

  45 Leg a uillin er in tom
     Clubhu all gu ro throm
     Olaich mhoir ort fein do chroinn
     Bear do loinnu bho chionn
     Deanis do loinnu nois gu lua

  50 Sna bimid na seid n' ainmheus
     O solc dainich leat mise
     Do mhac seimh sualdach
     Nuair chrai 'n gu fuar fann
     'N tsleidh i ha ort a harlig

  55 Inise Connlaoch macce Chonn
     Eir dliach dhuin Dialbhin
     Is mi n' run dhag u mbroin
     In Dun scaich go mfholam
     Seachte Blian deug dho sin tir hoir

  60 Foghlam goisgiu vo mo mathair
     . . sin na hurchir sin
     Cho ro oirn do essi triuir
     Oh o Dun a mhiic Sheimhe
     Do heisge dheunin go crioch mfhulig

  65 Gul do chorug nios le grain
     Och o dan nach truadh an turras
     Do mharbh mi us gun aon lochd

S trua' nach e mo bhas ghiar mi
Mis do dhearg mi er do chaomh chorp
70 Ach a Chonlaoch chri
'S merg mi ghirich er do shivil
No mbi du meriom cho bhiins no maonir
As ma do ghoul sma do gheisi
Sma do mhac Culluin chelli
75 Sma dhaimh uile nach an leo huit maon vaccs
Bhoc mharvin anne terig
Ceud no ceuda da dhaoine
Ach ha mi nios e de sar laoch
Gun mhac dilis no gun Bhrathar
80 Agus gun Chonlaoch tha is dun
Och o dair mo lusi tra'ai

Here follows:—
   'Collected by the late Rev. Mr. Alexr. Pope,
   Minister of Reay, in the county of Caithness.'
           (Signed) · 'W. P.'
D. Mac Pherson, July 13, 1872.

C. 9. AN DEILGNIACH MHOIR. 16 lines.

Advocates' Library, July 15, 1872. I can find no trace of the beginning.—D. M.

ARGUMENT.

THIS poem is compleat beyond many of them that are of the same nature and antiquity with it, and contains an account of a Battle fought betwixt Fin mac Cooil, King of the Heroes in Ireland, and Magnus, King of Norway. It appears that this battle was fought near Colrain or Londondery in Ireland, and that it was fought with great valour.... N' Deilginach mhoir, or the Great Hunting at the fall or cataract of Colrain in Ireland. See above, p. 71. Manus.

1 Bho harla du mo ghrasin fein
  Laimh threune chur mor Cha
  Skaoili mis u an i tein
  Is cha doir mi beum er fla

2 Gheibh u' do rahan e risd
  Dhul dachi go do thir fein
  Cardui is Commun is part
  No do lann hor fo n Fein

3 S' cha dugin feiu gu brach
  Ne is bhios Ca'l mo Chorp
  Aon Bhuil a tai aidh i Fhionn
  Is errach liom no rinnis ort

4 Mis agus m' ahair is Goul
  In trnir bu mho gloinn sin Fhein
  I cid ha mi gun chrislich gun choun
  Eisdi mi nochd ri ordu Chleir
               ndelginach mhoir.

C. 10. AMHUIRBHIRTAD. 123 lines.

FRAGMENT.

Advocates' Library, July 18, 1872. See above, p. 66.

1 CHA 'n e mharbh I ach an Fhian
  An drong dheth nach buinear geil
  S mor nair do Flath Fail
  Bhi geiligh do luchd aon Eilean
5 Gad bhigh sluagh a domhain uille ann
  Eidir chumant is Uaislibh
  Fuath na duine cha rachaghar
  O Shluagh Fheain aluin alt bhuigh
  Trogar hugam ms thealagh còir
10 Rith na Hespuin is a Lod
  Righ Greig Righ Galum glan
  S gun trogar lein deich mile Barnich
  Oir trial mis an Iar
  Trialam agns trialam fos
15 Agus bherins mo mhionan Rith
  Ma mharbhaigh mo Mhuirirtesch mhin
  Nerin na fhag mi clach
  Aun Alt nan toran no Fireach
  Gun trogail ann corain mo long
20 Eruint choimhiunt cho throm
  Ruinn brebanaich air muir
  Gu tarrin as a tachair
  Smor spliagh do Loingeas bhan
  Dheanaigh Eruin a thogail

25 'Snach do Loingeas eir bith
  No throgaigh do Dheruin Coig dhiuth
  Deich fichid is deieh mile long
  Throg an Righ sba Rachd bha trom
  Eir shith Eruin chuir as
30 Eir mhian na Heruin na faraigh
  Cha ro port na leth phort ann
  Ann an Coig Coigibh na Heruin
  Nach robh lan de na Lougeas mhath
  Ach Birlinin fo Thighearnan
35 Chuir E teachdaireachd gu Flath Fail
  Muirirteach hium an drast slan
  Le beorbugh Eruin uille
  Eidir Mhac Righ is ro dhuine
  Bhiugh mac Cuil sud
40 Do Righ Lochlain gun diombail
  Deich ceid skia is Claimh crudaichd
  Deich ceid uthal den dearg or
  Deich ceid Sualtar chaol Chath
  Deich ceid Bratach min daite
45 Deich ceid Saoth nam beigin leis
  Deio ceid srian ler agus Diaghlaid
  Gad fhaighigh Ri Lochlain sud
  Na bha sheoid bhuaghach ann an Erinn
  Mionaich nach tiligh e sluagh
50 Ach an buigh Eruin na Tor ruagh
  Fear labhairt a chonrath chiùn
  Tre mhic Tamhan mhic Treunmhor
  Bear na siarnaigh o thuir gu tuir
  Air faitur uille eir an aon bhonn
55 Sin dar thuirt Garaidh nan Gleann
  Ma ghabhas sibh comhairle Finn
  Bheir air sar eir Flath
  'S bith sibh gu brath fo Eanibh
  Fhogair Julin 's bu cheim Laoich
60 Gach neach lean e taobh eir thaobh
  Ga leadraigh chaid on atha
  'S min bail lois Neach da fhastagh
  Stads Iulain mar a ta
  Se labhair Macuil an-aigh
65 Ga olc iumpith an Irr
  S ro mba lamh san Irghiol
  Huird Osgar 's e gabbail leo
  Ga be long dhiu 's aird sheoil
  Snamhas i fuil eir a druim
70 No cha neil urad nan culunn
  Gluaisigh Filigh freigirach Finn
  Git thagraidh gu hiolach
  Sa labhair gu fir ghlic E
  Ris an Rith gu neo-ghraite
75 Ga beg libhs an Fhian ann
  Na seachd cathan cochalmant
  Bheir sibh air teanc leim tre lann ghlas
  Oir ni shibh uille air ainleas
  Breugach do bheachd fhilibh Fhiun
80 Se labhair gu feargach an righ
  Cha ma na trian na bheil ann sud
  Ni bheil dh Fhian ann Eirinn
  Trogar hugain fearg an righ
  Lan do mheirg s bo dhanrium
85 Nam bolc dhuinn bhi eir a cumi
  Cha bear dhaibh tiin huggin
  Rinn iad croth mor air maigh
  Sluagh Ri Lochlann mu nar timchioll
  Ach nar serios uille eir an aon bhall
90 Briomaigh sa chroth Mili fear
  Dhianaigh colg gush choman
  Bu lionor claigan ri chuir ri lair
  Agus colann dha maolaigh
  Briomaigh ann geur lot sleigh
95 Agus Toscair caol rinneach
  Buma lamh Thrum danair eisamh
  O Erith Grein gu con Fheasgar
  Bhar Osgar an tiugh an sluaigh
  Ceid Fear Sleigh sa chiad uair
100 'S ceid eille sa Phobuil a risd
  S e deanamh gus an ard Rith
  S ceid eile da mhath shluagh na Fear
  Eir an taobh eille do Rith Lochluin
  Eidir na saothan ma seach

105 San gheibht an Tosgar gu criatach
    Ach na mharbhaigh le dithr na sluaigh
    Ruith air mhiad on arach
    Dar chunnaig iad gun huit a Rith
    Aig miad amir san aire
110 Leig le strathaibh gu sàl
    S bha chor chath eir an iomthan
    Fichid mille Ri Lochlain do tshluagh
    Eir ochd Cath Bein Edin re aon uair
    San deach o aobhair arm as
115 Ach aon mhille gu an Loingeas
    'N de tan toir don aire
    Chite guma chalp a dha
    Gu rachaigh roi thualagh na sliagh
    Na Coriun tro Druim Osgar.

120 Nam buigh du an la sin
    Eir Ochd Cath Beinn Edin
    Cha chual lethart do ghuin
    O bhas na Fian a dhaon La.

Finid.

Here follows a short Sermon in Gaelic, ending with—
'Is fo dheirigh Codhuinign le fuinn chleachdaith.'

Donald Mac Pherson, Advocates' Library, July 18, 1872.

A very slight study of this Collection shows that it is like the rest, and unlike 'Ossian's Poems' by James Mac Pherson. Monday, July 23, 1872. Niddry Lodge, Kensington.—J. F. CAMPBELL.

CRIOCH.

NOTE.—*August 3, 1872.—Kilmakillogue Harbour, County Kerry, Ireland.—I think it due to Scribes and Printers to note here that these 224 pages of Gaelic were printed with extraordinary accuracy in less than two months, by men who do not understand the language. If any errors be left I have failed to discover them. Gaelic and English are printed as written and spelt in copies carefully made by the Scribes named from the manuscripts quoted. The orthography varies exceedingly, but generally it is the orthography of those who collected the poetry orally, in Scotland, between 1512 and 1872.*

www.ingramcontent.com/pod-product-compliance
Lightning Source LLC
Chambersburg PA
CBHW081228080526
44587CB00022B/3856